成华年鉴

CHENGHUA YEARBOOK

2022

成都市成华区人民政府 主办
成都市成华区地方志办公室 编

方志出版社
Publishing House of Local Records

图书在版编目（CIP）数据

成华年鉴. 2022 / 成都市成华区地方志办公室编. — 北京：方志出版社，2022.12

ISBN 978-7-5144-5583-0

Ⅰ. ①成… Ⅱ. ①成… Ⅲ. ①区（城市）—成都—2022—年鉴 Ⅳ. ①Z527.14

中国版本图书馆CIP数据核字（2022）第256534号

责任编辑：王海荣
责任校对：刘玉霞
责任印制：梅中英
出 版 者：方志出版社
地　　址：北京市朝阳区潘家园东里 9 号（国家方志馆4层）
邮　　编：100021
网　　址：http://www.zgfzcb.cn
发　　行：方志出版社图书营销中心（010-67110500）
印　　刷：成都市兴雅致印务有限责任公司
开　　本：889毫米 × 1194毫米 1/16
印　　张：36.25
字　　数：1080千字
版　　次：2022年12月第1版
印　　次：2022年12月第1次印刷
定　　价：268.00元

成 华 区 行 政 区 划 图

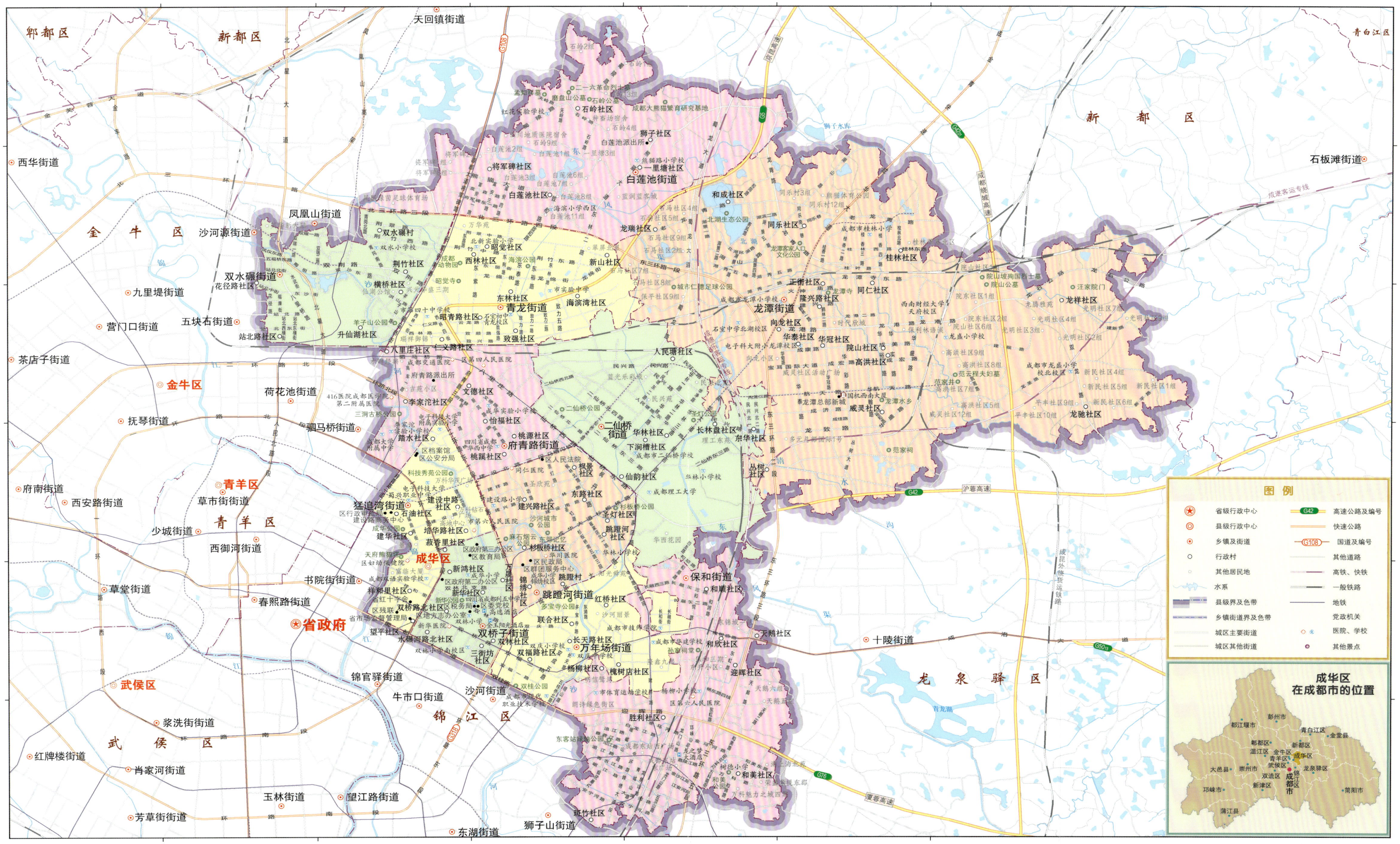

成都地图出版社编制　审图号：川S【2021】01084号

2021年12月

〖成华区地方志编纂委员会〗

顾　　问　赵春淦　王德运　周万生

主　　任　袁顺明

副 主 任　刘嘉宁　李宏坤　徐　宏

委　　员　成华区区级各部门主要负责人

各街道党工委书记、办事处主任

〖《成华年鉴（2022）》编辑部〗

主　　编　李　云

副 主 编　罗　兰　罗铁鑫　黄　海

执行主编　杨宗学

责任编辑　杨宗学　王　翠　李金洁　李锡清　郑家红　杨为桥

图片编辑　杨宗学

图片提供　成华区融媒体中心　各有关单位

《成华年鉴》编写组成员名单

中共成华区委办公室

石　杰　周巧灵　耿　涛　吴　奎　秦　勇
蒋东霞　张磊卿　马旭东　李凤来　潘文蓉
万　敏　王　希　彭　江　郝　放

成华区人大常委会办公室

王德运　王　文　谢　恩　叶　佳

成华区人民政府办公室

廖　锐　李　云　陈　弦　刘晓萍　王壮志
王　磊　曾　波　肖　勤　龙　洋　赵　喆
罗　兰　罗铁鑫　王道乐　张瀚霞　杨浩波
杨雪凡　王　翠

政协成华区委员会办公室

于伟鹏　田福盈　李凤莲　杨　丽　林　原

中共成华区纪律检查委员会（成华区监察委员会）

周　敏　何峻浩　袁万银　刘谢平　熊　平
朱春坡　蒋佳兵　薛枭枭

中共成华区委组织部

冯　军　李　刚　周　浪　贺　鑫　张立佳
邱常健　蒋永达　彭长贵　许茂栀　王翠芳
武竞立　郑睿樱　王　琦　贺　萌　杨从波
陈婉佳　张安正　肖昌运　梁　梁　李冬捷
李　斌　彭杰涛　李忠伲　刘朝军　杨　航
何郗郗　白中胜　李韦葳　熊国如　李晓华
敬江婷

中共成华区委宣传部

马亚炜　贺　勇　周　卫　龚育雄　杨建春
刘蓄瑞　梁正学　张卫军　杨宗忍　胡雯娟
周　亮　邓成伟　文　健

中共成华区委统一战线工作部

张明英　曾绍海　董　斌　郭志勇　张明波
李　芸　蒋兆龙　黄　彬　蒋建峰　刘　彬
林康琪　周　映　余　莹　秦中原

中共成华区委政法委员会

欧泽春　姚银林　戴延刚　钟永康　王占成
何　军　漆　涛　李红兵　杨　阳　李　剑
吴　刚　莫　毅　胡黎明　钟　锴

中共成华区委政策研究室

王　磊　张素生　胡　鹏　郑　飞　谢　珂
吴　阳　段雨君　向一玮　杨　逸

中共成华区委社区发展治理委员会

李科伟　肖高林　邓　幸　陈勇军　李　彬
谭　捷　雷　鹏　宋　进　卢玥玲　徐建彬

中共成华区委机构编制委员会办公室

刘莉蓉　王向伟　卢大林　鞠怀芙　杨　颖
曹国巍　张先勇　王静秋　唐彬彬　李　博
彭　圆　王可宇

中共成华区委老干部局

郭　惠　王燕敏　徐　槐　鲁　晴　赵国冯

中共成华区委党校

李晓锋　李　平　王元常　干庆文　何徐兴
李钰瑶

成华区人民武装部

吴多平　潘运中　陈致聪

成华区人民法院

王泽轩　李　锐　董力华　吴春琳　丁一芹

成华区人民检察院

钟　磊　周宏亮　朱　远　邹小康

成华区发展和改革局

邓　伟　张　寒　王文君　刘　巍　刘晋峰
许　爽　蔡　亮　刘彦兵　李　智　雷　庆
谢　锋　朱　江　马子豪

成华区教育局

高　峰　陈　惠　汪建辉　刘小葵

成华区新经济和科技局

胡　甦　胡　勇　王　春　徐菲菲　刘　虹
何光亚　邓　科　刘振辉　罗　豪　徐晨晨
陈子云

成华区民政局

雷　霆　梅报春　唐　海　张金龙　陈　平
樊海英　杨欣锟　曾　巍　包　梅　游　勇
王　勇　杨婷婷　闫金瑞　卿主彬　汪超人
李　兵

成华区司法局

郑敏逸　胡　波　曹晶晶　李玉明　李　松
郭　浩　牟雪琴　周　游　魏　戊　易立新
王　莉　焦自连　冯莉霞　赵　欣　张　苓
蔡思静

成华区财政局

张　敏　陈子超　张　瑾　先　艳　刘　毅
张兴兰　谭　澈　丁晓颖

成华区人力资源和社会保障局

黄　龙　李　红　刘杰伟　文　华　张青艳

马　敏　张延茜　胡　苏　张　黎　曹姝婷
王　丹　侯佳明　张扶阳　王禹权　王　红
唐舒岚　张金平　吴　频　蒋　宝　陈　凌
胡清杰　杨　茜　唐彩霞　张　敏

成华区住房建设和交通运输局

刘　杰　刘　刚　冯　燕　李　冕　徐建红
孙　峰　张晓莉

成华区农业和水务局

陈洪波　刘　武　王　卉　杨忠馗　王贵明
马　凌　幸兆云　邓　鹏　李沅媛　李亚男

成华区商务局

戴运书　陈红松　骆　林　王　波　姚延峰
秦　峰　彭　湖　刘海兵　龙　洋　刘　文
汤小东　张艾芸

成华区投资促进局

辛　甜　贾元波　苟苓琳　王永春

成华区文化体育和旅游局

杨　楠　罗雪松　刘　曦　钱　勇　潘　葵
张　娇　周　锐　陈　新　安　媛　周晓娅
李　俊　李金陵　叶　恒　黄　静　蒋松谷
朵　磊　邱　俊　庞智彬

成华区卫生健康局

何　梅　徐菲菲　罗　岚　蒋　楠

成华区退役军人事务局

肖　伟　叶家俊　邓　嵘　马　玲　谢文辉
肖扬凡　陈　亮　金煜夔　王卫兵

成华区应急管理局

王建沣　杨　攀　张　仙　陈世平　奚海锋
康鹏程　刘　宇　王文军

成华区审计局

方祥兰　王　堃　杜金津　苏　科　刘子旖
王松权　范　勇　王　锋　张丽蓉　冯昱夫
张　挺　杨皓体　向　桃

成华区国有资产监督管理和金融工作局

刘　源　喻　哲　张同林　张仕泽　黄　凯
杨　骁　代虎立　张艺千

成华区市场监督管理局

陈庆睿　汪兴元　何　涛　肖　月　宋　军
马　庆　张　勇　周　庆　廖俊杰

成华区统计局

程　松　何昌福　邹　珊　龙渝冬　董彬影
安雪旖　何　庆

成华区机关事务管理局

罗　曦　王雪峰　陶　磊　周　琪　宋　阳
王　红　常小红　蒲洪波　刘　静　曾　珠
江　李　廖　聪　李吉利　徐　朦

成华区信访局

张　帆　储呈晖　李　剑　孔燕林　夏振华

成华区行政审批局

王　萍　李晓波　赵煜坚　李　莉　杨　阳
曾炳钞　邓恢宏　杨　涛　王中宇　马骁骁
杨婉棣　王朝荣　高　强　龙　波　崔德智
刘光勇

成华区综合行政执法局

黄章钧　娄方恩　承　楠　肖　斌　张　帆
陈　鹏

成华区公园城市建设和城市更新局

李　君　代兰平　王　赟　李　剑　龙小莉
邱甲勇　刘嘉琦　冯华昆

成华区医疗保障局

陈道勇　张　军　谢瑞珍　章　鑫　胡璐琳
魏东升

成都市熊猫国际旅游度假区管理委员会

李建科　刘姝闱　吴　阳　袁嘉璐

成都市龙潭工业机器人产业功能区管理委员会

邓　旭　张明德　康　鸥　王　瑶　何志鹏
邓晨媛

成都市成华区东客站TOD新城建设办公室

张金龙　童　浩　孙宇峰　朱　艳

成都市成华区东郊记忆艺术区管理委员会

王　猛　杨晓川　谭宜波　王胜利　黄　苇

成都市成华区新北天地商贸旅游发展区促进中心

谭开德　杨　眉　杜　龙　欧春涯　陈怡然
张　冀　杜　倩

成都市成华区建设路金融商务总部发展区促进中心

董洪彬　赵　珣　周　游　颜春旭　肖钦文
陈彩红

成华区智慧城市治理中心

苟　霞　张　军　李　萌　卢俊杰　赖欢欢
罗　勤　李玉婷　欧　波　杨　婧　付丽娟
崔黎晗　何　婧

成都市公安局成华区分局

李佩弦　张　力　王　莹　李　文

国家税务总局成都市成华区税务局

吴介伟　黄志飞　钟　原　赵元培　张灵翼
任思颖

成都市成华区规划和自然资源局

陆　军　黄　涛　张念龙　姜　潇　文小冬
余　波　李本鳌　徐国芬

成都市成华生态环境局

陈　新　胡族涛　蒲洋博雪　张苏攀

成华区总工会

谢记明　王云杉　郑佳辉　杨祝英　龙万富

赵　勇　胡　晓　喻海龙　朱　静　王　勇
谢　良　黄　茜　张心怡

共青团成华区委员会

郑　丽　彭莎莎　曾　飞　王　兵　范晶晶
王鹭宁　韩彦龙

成华区妇女联合会

张国珍　方　虹　吕超君　曾　英　李　仪
王仙文源

成华区工商业联合会

董　斌　钟绪阳　易双波　于　俊

成华区残疾人联合会

韦　华　严旭松　曾　庆　黄小芳

成华区科学技术协会

向天红　殷洪彬　许　静　谢　立　龙俊霖
张蓉佳　姜　垚

成华区红十字会

刘　燕　梁　超　朱世芬

中国国民党革命委员会成都市委员会成华区支部

张兴栋　冯新荣　王浩禹

中国民主同盟成都市成华区总支委员会

李宏坤　文　兵　蒋　瑜　张　涛　王焰激
孙利民　王　恒

中国民主建国会成都市成华区总支委员会

曾维明　季　筠　傅小容

中国民主促进会成都市委员会成华区支部委员会

徐　宏　冯　炯

中国农工民主党成都市委员会成华区支部

陈　英　王少坤

中国致公党成都市成华区支部委员会

王学俊　陈建萍　李　放

九三学社成都市成华区委员会

付　超　冯延伟

成华区人民政府双桥子街道办事处

屈　何　袁建平　母　芸　罗治理　张力元
杨　博

成华区人民政府猛追湾街道办事处

郭凤杰　曹　云　彭祖燕　徐　跃　杨　戈
何凌潇

成华区人民政府府青路街道办事处

赵　林　张　庆　梁　琳　侯　瑞　马雪艳
刘　格　蒲建波

成华区人民政府二仙桥街道办事处

邹　涛　邹　锐　刘　涛　何　源　裴　蓓

成华区人民政府跳蹬河街道办事处

李　睿　吴　刚　梁培源　丁　超　邱　媛

成华区人民政府万年场街道办事处

王　力　陈红松　印　舸　胡钟月　张良丹

成华区人民政府保和街道办事处

段莹莹　周　娱　马旭东　张素生　曲运欢
黄诗忆

成华区人民政府双水碾街道办事处

欧　果　杨　健　张　科　鲜立雷

成华区人民政府青龙街道办事处

张道印　赵鲁星　张　剑　张森皓　姚航宇
冯仕鹏

成华区人民政府龙潭街道办事处

杜坤扬　刘　敏　吕　毅　颜　佳　李逢春

成华区人民政府白莲池街道办事处

马健伟　陈　勇　周　赟　骆　勇　杨桂琳
李　辉　罗　斌　干永红　徐　航　张健康
张　黎　李光荣　张　勇　王　刚　潘洪敏
乐　明　高　萍　钟鸣宇

成都市成华发展集团有限责任公司

孙学东　覃　雯　邱庆丽　李婷玉

成都成华城市建设投资有限责任公司

罗渝江　卢绍斋　冉　苒　倪　雪　曹露丹
杨文意

成都成华国资经营投资有限责任公司

肖　波　淦正纲　沈　阳　李　瑛　杨　澜

成都成华旧城改造投资有限责任公司

赵　华　邱　皓　陈爱农　李　娜　黄　丹

成都成华棚户区惠民改造建设有限责任公司

胡生亮　曾光宾　孙　军　文　博　张　琪

成都东方广益投资有限公司

晏永康　袁雪飞　李垚非　彭春梅

成都兴华生态建设开发有限公司

曾维斌　李俊明　任凇江　栾沛芸　胡　伟

成都市公安局交通管理局第五分局

杨蜀治　廖炳权　廖尚君　杨　力

中国邮政集团有限公司成都市成华区分公司

庞有科　陈　勇　李　菁　牟妍妮

电子科技大学

周　鹏　王　军　郑　毅　肖　鹏

成都理工大学

龚　灏　刘清友　谢　琨　刘人嘉　应　杰
吕嘉成

西南财经大学天府学院

黄纯国　李　锐　李　璐

成都开放大学

谢育新　张绮蓝　王莉珊

编辑说明

一、《成华年鉴》是中共成都市成华区委、成都市成华区人民政府组织编纂的地方综合年鉴，按照“区委领导、政府主持、单位供稿、志办总纂”的编辑原则，由成都市成华区地方志办公室全面负责年鉴的编纂和出版发行工作。

二、《成华年鉴》以马克思列宁主义、毛泽东思想、邓小平理论、“三个代表”重要思想、科学发展观、习近平新时代中国特色社会主义思想为指导，坚持辩证唯物主义和历史唯物主义的立场、观点和方法，以其全面、系统、客观、精确、实用的特性服务成华建设，展示成华风采，弘扬成华精神，为区委、区政府决策施政提供借鉴与参考，为社会各界人士和国内外投资者了解、研究成华提供基本资料。

三、《成华年鉴》2022年卷是成华区第14部以一年为记载断限的综合年鉴，系统地记载2021年度成华区政治、经济、文化、社会各方面发展的轨迹和取得的成绩，多角度、全方位展示“成于中优，华在文商”风采。

四、本年鉴在遵循基本编纂规范的基础上追求创新，在体例设置和内容收录上紧紧围绕区委、区政府中心工作和事关全区建设与发展的大事要事，既保留常规性固有框架结构，又与时俱进地增设具有年度特色的新版块，发挥年鉴承前启后的作用，充分体现年鉴的纪实性、指南性、知识性和时效性特点，是一部内容丰富、体裁严谨、表述规范、地方特色鲜明的资料性工具书。

五、本年鉴采用分类编辑法编纂，正文以成华区自然经济社会为标准设计结构，加以标引形成框架，按类目、分目、条目组成内容，以条目为基本记述单位和检索单元，条目标题均加【】表示。全书设特载、专记、大事记、成华概览、中国共产党成华区委员会、成华区人民代表大会、成华区人民政府、中国人民政治协商会议成华区委员会、中共成华区纪律检查委员会成华区监察委员会、民主党派、群众团体、法治、军事、生态建设、城市建设、经济管理、应急管理、产业功能区发展、都市农业和工业、建筑与房地产业、服务业、教育、科技、文化、卫生、体育、社会·民生、街道、人物·荣誉、附录共30个类目。

六、本年鉴采用公报语体，正文结合运用记叙文体和说明文体，语言文字严格使用国家规范的简化汉字，以现代书面语为表现方式，称谓一律用第三人称，时间用年、月、日表示。

七、本年鉴数字用法、标点符号用法分别采用国家标准《出版物上数字用法》（GB/T 15835—2011）、《标点符号用法》（GB/T 15834—2011），计量单位采用国家技术监督局《量和单位》系列国家标准。

八、本年鉴图片和文字资料由成华区区级各部门、各街道、各民主党派、各群众团体及驻区有关单位提供并经撰稿单位核实，综合性数据由区统计局提供。

美丽成华

公园城区

高铁城市公园 >>>

毗邻成都东客站及成昆铁路线，为全市首个以高铁为主题的综合性绿色生态公园，创建“旅游、商业、休闲、文化”一体化公园场景，形成“高铁运动、锦绣天府、乐学康养、天府熊猫卡丁车公园”四大主题片区。

（区城市更新局、成华城投公司供图）

>>> **城东体育公园**

融美丽生态、体育业态、创意生态于一体，在“金色中环”片区建成公园绿地、专业赛场、运动场馆、配套设施、文创空间等场景，将乒乓球、羽毛球、网球等球类运动项目贯穿公园景观。

（区城市更新局、成华国投公司供图）

保和公园 <<<

展现“和”文化与客家文化，集休闲、运动、游乐于一体的综合性公园。

（区融媒体中心、成华城投公司供图）

>>> **龙潭新区公园**

1月1日，总面积7.73万平方米，其中水体占地面积1.9万平方米，构建“一湖一廊双轴”景观，以“生态、科普、亲子”为特色的龙潭新区公园正式对外开放。

（区融媒体中心、成都东方广益公司供图）

驷马桥公园 <<<

以“凤求凰”典故为切入点，通过融入城市文化符号，全新打造承载美好记忆的公园。

（成华棚改公司供图）

新人在红豆树下宣读爱情誓言

红豆古树公园 <<<

2月26日，成都市首个古树公园熊猫小镇红豆古树公园正式开园。　　（毛艺宏　摄）

2月6日，新华坊公园城市首批业态焕新上线对外开放　　（成华旧改公司供图）

圣灯公园　　（区融媒体中心供图）

北湖生态公园　　（区融媒体中心供图）

宜居水岸沙河、方家河　　（区融媒体中心供图）

公园春色　　（区融媒体中心供图）

初冬银杏　　（毛艺宏　摄）

旅游强区

成华区擦亮文商旅融合发展品牌，充分利用“大熊猫”“大枢纽”“大文创”“大都市”等特色文旅资源，构建“成华之窗”“梦想之塔”城市阳台和“网红美食打卡地”等特色场景，形成“大熊猫+国际范”生态文旅场景、“工业风+文创范”泛娱乐体验场景、“老成都+时尚范”夜经济消费场景，让历史文化资源由静态存在到活态呈现，获评天府旅游名县、四川省全域旅游示范区。

成都大熊猫繁育研究基地

（成都熊猫基地、区融媒体中心供图）

熊猫“滚滚”搬新家

假日期间的熊猫基地

成都熊猫基地观光瞭望塔

339天府熊猫塔景区

（区融媒体中心供图）

东郊记忆景区

（区商务局、区融媒体中心供图）

川西第一禅林——成都昭觉寺　　（区融媒体中心供图）

成都动物园　　（青龙街道供图）

成都自然博物馆　（成都理工大学供图）

猛追湾市民休闲区　（猛追湾街道供图）

11月23日，成华萌想星球·107文创园区、K160火车火锅入选成都市第五批“新旅游·潮成都”主题旅游目的地

（区融媒体中心供图）

特色街区

熊猫地球村特色文旅街区

（王雅妮、刘东洋　摄）

羊子山古蜀文化创生街区

（赵霞　摄）

玉双路特色街区绚丽互动灯光秀亮相，市民打卡感受高品质生活　　　　（赵悦　摄）

“成华之恋·爱转角”红色主题文创街区
（赵悦　摄）

昭青里特色街区"唤醒"青龙场记忆 （王雅妮　摄）

4月30日，地勘路咖啡文化产业特色街区获评市级"文化产业示范街区" （赵霞　摄）

10月26日，龙潭客家文化休闲特色街区全新亮相　　（成都东方广益公司供图）

3月21日，由四川省青少年文学艺术联合会主办的“博物之眼——首届成都自然影像大赛不荒书屋分享荟”在新华坊特色街区举行　　（区融媒体中心供图）

最美街道

东郊记忆路获成都市2021年“最美街道”、成都10条最美“回家的路”称号　　（成华城投公司供图）

6月16日，双成二路获2021春季成都“最美街道”称号　　（区综合执法局、万年场街道供图）

府青路桥下运动空间获评2021年成都生活美学大赏“十大空间”　　（成华城投公司供图）

活力成华

2月26日，成华区重大项目集中签约，涉及新兴金融、现代商贸、医疗健康等领域，总投资280亿元 （区融媒体中心供图）

12月7日，成华区智能制造产业推介会暨重大项目签约仪式在深圳举行，现场签约重大产业化项目6个，总投资120亿元
（龙潭机器人产业功能区供图）

6月1日，成华区在澳门举行投资座谈会，与30家澳门企业携手共创未来 （区投促局供图）

5月11日，成华区互联网经济发展高峰论坛暨电子商务产业投资推介会在协信中心举行，互联网代表企业、行业协会代表500人参加，8家企业现场签约，总投资122亿元　　（赵悦　摄）

10月29日，天府国际动漫城启动仪式暨展示区亮相仪式举行　　（胡斌　摄）

8月26日，上海金地威新实业有限公司与成华区政府签约，投资50亿元建人工智能创新基地　　（胡斌　摄）

12月10日，成都智慧油服产业基地揭牌暨油气产业集群共建启动　　（建设路商务中心供图）

12月14日，成都东客站枢纽经济发展区举行投资环境推介会，五大项目签约投资30亿元
（滕铭　摄）

6月26日，成都首个印象城开业，首日客流达16万人次　（赵悦　摄）

4月26日，“在成都·游社区——‘天府社区游’旅游产品发布会”在望平社区纸云广场举行
（区融媒体中心供图）

12月31日，漫威新年狂欢季在万象城启动（万年场街道供图）

4月28日，新潮中国·时尚成华2021时尚之夜活动（区商务局供图）

5月25日，“2021花young成华潮流消费季”在王府井Discovery启动（区商务局供图）

12月10日，2021中德经贸合作暨中德暖冬集市活动在猛追湾街道滨河路举行
（区商务局供图）

4月12日至13日，成华区领导到长沙市开展投资促进活动，拜访步步高集团、芒果TV、远大科技集团等企业，就加强务实互利合作进行洽谈　　（胡斌　摄）

9月26日，成华区联合重庆市江北区在东郊记忆举办“寻美成华·觅彩江北”——庆祝中国共产党成立100周年“微镜荟”短视频大赛
（区委统战部供图）

10月22日，“音蔚成都·乐动四海”2021成都国际友城青年音乐周在东郊记忆开幕。音乐周设置15个分会场，通过“线上+线下”的方式举办，共有36个国家（地区）的47支艺术团现场或视频参加
（区融媒体中心供图）

幸福成华

幸福美好生活十大工程

3月2日，成华区实施幸福美好生活十大工程动员大会暨2020年优秀纳税企业表扬大会举行，现场发布《成华区幸福美好生活十大工程实施方案和2021年工作计划》　（区委社治委供图）

4月21日，成都市幸福美好生活十大工程首批机会清单发布会暨首次项目建设现场推进会在北湖生态公园举行。成华区发布56项幸福美好生活十大工程投资机会清单，涉及经济、教育、医疗、民生等相关领域建设项目，成都熊猫国际旅游度假区应用场景受关注（胡园春　摄）

龙潭街道龙驰社区举办第二届农民丰收节

（龙潭街道供图）

5月20日，二仙桥公园婚姻登记处“520”集体婚礼

（区民政局供图）

成华区推进幸福美好生活十大工程，城市更新落实“以人民为中心”理念，坚持“片区化开发+集成化打造”实现社区街区园区景区“四区合一”

（区委社治委供图）

3月30日，成华区实施优质教育倍增工程，与四川交响乐团签约共建成华区青少年交响乐团，举办金熊猫教育艺术团基地校授牌仪式

（区教育局供图）

6月25日，成华区与四川大学华西医院共同开展“华西成华百人义诊 线上线下共办实事”联合义诊活动。25名华西医生送医到社区

（区卫健局供图）

家门口的社区商业

（区委社治委供图）

幸福过年

2月26日，成都339天府熊猫塔线上AR灯光秀为元宵佳节献上一场光彩夺目、宏伟壮丽的视听盛宴（区融媒体中心供图）

春节期间，“点亮一环路市井生活圈”沉浸体验式灯光秀展演　（赵霞　摄）

2月25日，府青路街道李家沱社区举办“民俗大庙会”文化传承主题活动　（府青路街道供图）

2月11日除夕，47位“就地过年”的农民工朋友受邀齐聚一堂
（区融媒体中心供图）

街头年味浓
菜市腊味香
（区融媒体中心供图）

义务教育

（区教育局供图）

9月1日，成华小学举行开学典礼，齐声诗朗诵《请党放心 强国有我》

成都华西中学老师把生活中的常见物品当作乐器带入课堂，让学生感受音乐的趣味和美

成都双语实验学校老师和学生在一起

成都华西中学、成都石室中学入选2021年“小平科技创新实验室”项目“认定授牌”类建设学校

4月20日，成华区率先推出学生体质健康促进行动方案

新学校

熊猫路中学

双林小学新校区

锦城北湖小学

文体惠民

3月13日，“客遇龙潭·梦启东山”2021年第四届龙潭乌米粿·客家文化节活动在北湖生态公园开幕　　（魏炳婷　摄）

9月16日，2021年成华区“走基层”文化惠民活动在二仙桥街道开演　　（区文体旅局供图）

2月26日，十二月市·桃蹊书荟·书食生活——民俗贺春闹元宵集市在毛边书局·桃蹊书院举行　　（朱海玲　摄）

3月25日，2021年成华区社区运动节棋类比赛在猛追湾街道文化活动中心举行（赵霞　摄）

9月12日晚，龙潭街道举行第二届环北湖荧光MINI马拉松活动（龙潭街道供图）

5月21日，成华区第八届全民健身运动会暨2021年成华区社区运动节趣味体育比赛在市网球运动中心举办（毛艺宏　摄）

妇儿保护

6月24日，区法院在区妇联挂牌成立了“豌豆荚未成年人保护法官工作室”（区法院供图）

3月26日，全市首个父爱教育空间落户成华　（王雅妮　摄）

区检察院加强对未成年人的综合保护（区检察院供图）

3月8日，成华区庆祝2021年“三八”国际劳动妇女节暨“运动你最美”健身舞蹈大赛　（胡斌　摄）

3月18日，区妇联开展推动女性创业就业活动
（区妇联供图）

儿童之家亲子活动
（区妇联供图）

3月5日，区妇联会同区人社局等单位联合举办“成华区2021年春风行动招聘会” （区妇联供图）

10月24日，开展“大手牵小手·温情暖长者”手工公益暨未成年人保护法宣传活动 （区民政局供图）

扶老助残

5月8日，市人大代表民生考察团到万年场街道红桥社区悦年华颐养中心调研社区养老建设工作 （区民政局供图）

11月3日，成华区民政局与中国建设银行成都第三支行举行安心养老综合服务平台战略合作协议签约仪式 （区民政局供图）

9月1日，区特教学校教师手语舞蹈 （区教育局供图）

杉板桥社区养老服务综合体沉浸式体验区 （区融媒体中心供图）

4月9日，成华区创新服务方式助力残疾人无障碍生活，开展桌上冰壶运动（区残联供图）

3月11日，全市首家星巴克手语咖啡店在万象城开业，6名听障咖啡师用温暖的咖啡连接着有声和无声两个世界

（王雅妮　摄）

双桥子街道残疾人手工制作活动

（区残联供图）

猛追湾街道开展助残服务活动

（猛追湾街道供图）

党史学习教育

7月1日，成华区广大党员干部和群众认真收听收看庆祝中国共产党成立100周年大会直播　　（区融媒体中心供图）

喜庆建党百年　成华熠熠生辉　　（区融媒体中心供图）

11月2日，成华区级领导干部党史学习教育专题读书班 （区融媒体中心供图）

成华区5130名老党员荣获“光荣在党50年”纪念章 （赵霞 摄）

6月18日，成华区举行庆祝中国共产党成立100周年文艺演出，激励全区党员干部凝心聚力开拓奋进（胡园春 摄）

6月24日，全国首个“学习强国”主题街区在成华区双林路99号开街　（区融媒体中心供图）

4月11日，龙潭街道启动“2021年社区治理红色筑梦营”主题活动　　（龙潭街道供图）

4月9日，“宏明记忆”党性教育示范基地正式揭牌（赵悦　摄）

6月18日，青龙街道昭青路社区举办“百年逐梦　续写华章——庆祝中国共产党成立100周年主题活动”　（青龙街道供图）

4月15日，猛追湾街道举办国家安全教育日主题党日宣传活动
（猛追湾街道供图）

5月8日，保和街道举行“学党史、守初心、知使命”专题党课
（保和街道供图）

5月26日，下涧槽社区开展“红色故事”直播访谈活动
（二仙桥街道供图）

6月8日，石油社区开展“学党史、办实事、送服务”志愿服务活动
（赵悦　摄）

9月15日，区委政法委机关在双桥子街道开展“我为群众办实事”实践活动进社区　　（区委政法委供图）

6月25日，区检察院扎实开展“我为群众办实事”实践活动——进社区、进企业、进学校　　（区检察院供图）

区人社局常态化开展“听民意 梳端口 跑服务”活动
（区人社局供图）

区司法局践行“为民办实事”理念，开展多种形式普法宣传
（区司法局供图）

新冠肺炎疫情防控

11月2日，成华区疫情防控指挥部第70次会议召开 （胡斌 摄）

7月29日，区委书记赵春淦（中）到SM广场、圣欣苑小区及隔离酒店督导检查疫情防控工作 （区委办供图）

9月29日，区委副书记、区政府区长袁顺明（左二）到成都东站、昭觉寺汽车站检查重要交通卡口疫情防控落实情况 （区政府办供图）

7月28日，区文体旅局检查娱乐场所防疫情况

（区文体旅局供图）

7月29日，社区工作人员查看药店商店经营情况

（区融媒体中心供图）

8月30日，区市场监管局检查学校食堂安全

（区融媒体中心供图）

物资保障充足　居民心态平稳

（区融媒体中心供图）

传递爱心
阻断疫情
（区融媒体中心供图）

爱心车队

党员先锋队

居民主动配合防疫工作

“95后”退役军人请缨到一线

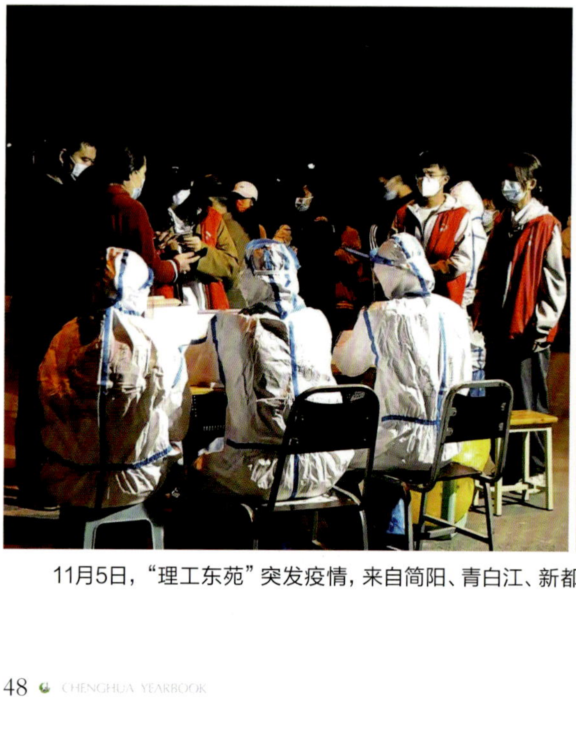

11月5日，“理工东苑”突发疫情，来自简阳、青白江、新都、蒲江、新津、龙泉驿、金堂的医护人员，驰援成华、协力抗疫
（区融媒体中心供图）

双水碾街道团工委青年突击队

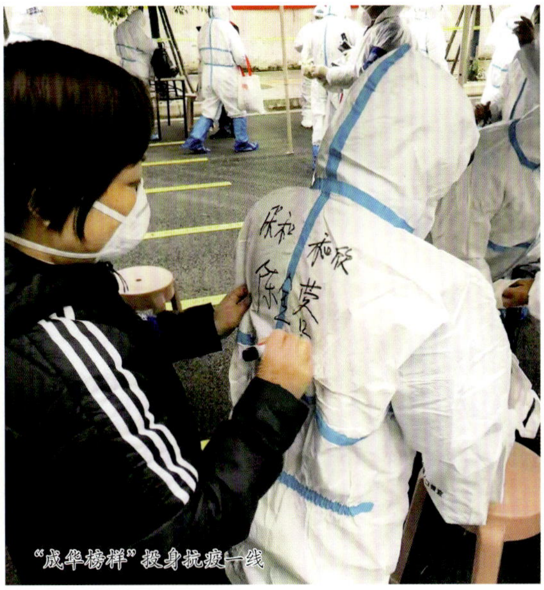
"成华榜样"投身抗疫一线

充满"烟火味"的生活回来了！

（区融媒体中心供图）

数字成华

2021年成华区主要经济社会指标

土地面积 **109.3** 平方千米

年末户籍人口 **82.98** 万人

年末常住人口 **139.68** 万人

年末新增就业人员 **1.5** 万人

全年环境空气质量优良天数 **294** 天

地区生产总值 **1273.27** 亿元

第一产业增加值 **0.03** 亿元

第二产业增加值 **383.10** 亿元

工业增加值 **399.90** 亿元

第三产业增加值 **890.14** 亿元

第一、第二、第三产业构成 **0.00∶30.09∶69.91**

人均地区生产总值 **91642** 元

一般公共预算收入 **86.56** 亿元

税收收入 **64.40** 亿元

一般公共预算支出 **77.25** 亿元

固定资产投资增长 **19.0%**

社会消费品零售总额 **623.38** 亿元

外贸进出口总额 **178438** 万美元

实际利用内资总额 **226.74** 亿元

实际利用外资总额 **31.28** 亿元

驻区世界500强企业 **69** 家

高新技术企业 **315** 家

旅游总收入 **329.35** 亿元

幼儿园 **143** 所 入园幼儿 **3.64** 万人

中小学校 **56** 所 在校学生 **9.59** 万人

普通高等院校 **4** 所 在校大学生 **16.29** 万人

卫生机构 **809** 个 卫生机构病床 **7374** 张

文化馆（分馆） **16** 个

图书馆（分馆） **14** 个

剧场、影剧院 **40** 个

体育场馆 **12** 个

博物馆、展览馆 **3** 个

各类文物保护单位 **14** 处

一般不可移动文物保护点位 **25** 处

国家AAAA级旅游景区 **2** 个

绿地面积 **1465.22** 万平方米

在岗职工平均工资 **106766** 元

城镇居民人均可支配收入 **55349** 元

城镇居民人均消费支出 **33216** 元

教育事业投入 **17.52** 亿元

科学技术事业投入 **0.68** 亿元

文化体育事业投入 **1.44** 亿元

卫生事业投入 **6.09** 亿元

社会保障和就业投入 **6.95** 亿元

目　录

CONTENTS

特　载

专　记

大事记

成华概览

中国共产党成华区委员会

成华区人民代表大会

成华区人民政府

中国人民政治协商会议成华区委员会

中共成华区纪律检查委员会 成华区监察委员会

民主党派

群众团体

法　　治

军　事

生态建设

城市建设

经济管理

应急管理

产业功能区发展

都市农业和工业

建筑与房地产业

服务业

教　育

科　技

文 化

卫 生

体　育

社会·民生

街道

人物·荣誉

附　录

主题索引

特 载

编辑 李锡清

中共成华区委常务委员会工作报告

［2022年1月18日在中共成华区委八届第三次全体会议暨区委经济工作会议上的报告］

中共成华区委书记 赵春淦

过去一年，区委常委会坚持以习近平新时代中国特色社会主义思想为指导，深入贯彻习近平总书记对四川及成都工作系列重要指示精神，认真落实党中央和省委、市委各项决策部署，把握新发展阶段、贯彻新发展理念、融入新发展格局、推动高质量发展，锚定"1556"总体发展思路，鲜明"三先三升"工作取向，扎实推进"631"重点项目建设，聚焦经济发展"十大重点领域工作"精准发力，统筹推进疫情防控和经济社会发展，统筹发展和安全，全区各项事业取得新的重大进展。预计全年经济总量有望突破1200亿元、再次迈过一个新的百亿台阶，地区生产总值、规上工业增加值、服务业增加值、区级税收收入等主要指标增速排名五城区前茅，成华在全国百强区中的排名提升至91位、获得省政府表彰，全区经济社会发展稳中有进、积极向好，顺利实现"十四五"良好开局。

一年来，区委主动服务国家战略和省市发展大局，集中精力抓好了四件影响深远的大事要事。

一、深入学习宣传贯彻党的十九届五中、六中全会精神和省委、市委重大决策部署

聚焦全面贯彻落实党的十九届五中全会精神，召开区委七届十一次、十二次全会，高质量编制"十四五"规划建议、"十四五"规划纲要和28个专项规划，专门部署经济发展"十大重点领域工作"，有力推动成华高质量发展再上新的台阶。聚焦深入学习宣传贯彻党的十九届六中全会精神，通过区委常委会、区委中心组学习会、干部培训班和分层分类宣讲等多种形式，引领各级党组织广泛开展学习研讨活动1600余场次，持续推动全区上下深刻认识"两个确立"的决定性意义和"十个明确"的内涵要义，深刻把握党的百年奋斗的五大历史意义和"十个坚持"历史经验，进一步激发了广大党员干部以史为鉴、开创未来的壮志豪情。聚焦全面贯彻落实省委十一届十次全会、市委十三届十次全会等会议精神，深入研究部署"传承红色基因""推进绿色低碳发展""做优做强核心功能"等事关成华发展全局的战略性问题，广泛汇聚全区各方面智慧，制定"激励广大党员干部传承红色基因担负时代使命，在新征程上争做五得干部"和"以实现碳达峰碳中和目标为引领优化空间产业交通能源结构促进城市绿色低碳发展"两个实施意见，提交本次全会审议。

二、扎实组织开展党史学习教育和庆祝建党100周年活动

成立区委庆祝中国共产党成立100周年活动暨党史学

习教育领导小组，召开11次常委会会议、6次领导小组会议，出台《实施意见》等一系列文件，全面推进“学党史、悟思想、办实事、开新局”总体要求落深落细。深入学习党的创新理论，高标准举办党史学习教育读书班，创新推出“五大课堂”，大力开展以“四史”为重点的系列宣传教育，实现全区1462个基层党组织、5万余名党员干部学习全覆盖，“学习强国”主题街区及“一街百站”学习矩阵纳入全市党史学习教育重要成果。深入开展庆祝党的百年华诞系列活动，组织全区各级党组织和党员干部收看建党100周年庆祝大会，深学细悟习近平总书记“七一”重要讲话精神，隆重召开庆祝中国共产党成立100周年座谈会，扎实抓好“四展三会演三比赛”等12项区委重大活动及各级各部门“百大”庆祝活动，精心组织开展“两优一先”评选表彰，进一步激励全区党员干部从党的百年奋斗重大成就和历史经验中汲取奋进力量、担负时代使命。深入挖掘利用红色资源，策划开展大东郊“三线”精神传承、院山坡烈士陵园缅怀革命先烈等红色教育活动，精心组织“成华工匠”等20类模范评选表彰活动，创作了“北斗星下”“再唱山歌给党听”等红色文艺精品，有力提升了党员干部群众对党和国家的政治认同、思想认同和情感认同。深入推进“我为群众办实事”实践活动，坚持将文明创建、环保督察、教育“双减”、老旧院落改造等纳入为民办实事活动，创新“三问三亮”工作法和“百佳十优”项目评选，用心用情办好群众“急难愁盼”实事5935件，我区党史学习教育工作受到中央第八巡回指导组和省委市委领导充分肯定，全区上下学史明理、学史增信、学史崇德、学史力行的思想自觉行动自觉更加坚定，广泛凝聚起奋进新征程、建功新时代的磅礴力量。

三、圆满完成全区集中换届工作

坚决贯彻习近平总书记关于换届工作重要指示精神，严格落实省委市委部署要求，成立全区换届工作领导小组，多次召开区委常委会和专题会研究部署，始终把加强党的全面领导贯穿换届工作全过程。认真选好“两代表一委员”，坚持对人选的政治素质、思想品行、廉洁自律、履职能力、群众基础、遵纪守法、社会形象等进行全面审查考察，在充分征求有关方面意见和酝酿协商的基础上，择优选出898名政治坚定、能力过硬、堪当重任的代表和委员。精心组织换届重大会议，胜利召开区第八次党代会、区第八届人民代表大会第一次会议、政协成华区第八届委员会第一次会议，科学绘制了未来五年全区“争当公园城市示范区排头兵，建设社会主义现代化新成华”的宏伟发展蓝图，顺利选出区委、区人大、区政府、区政协、区纪委新一届领导班子及区监委主任、法检“两长”，实现新老班子平稳有序交替。严肃换届工作纪律，认真落实“十个严禁、十个一律”“四个必须”等要求，扎实抓好思想政治教育、纪律规矩教育和换届警示教育，制定换届纪律监督等6个配套文件，组建5个专项督查组开展巡回督导，分层分类开展严肃换届纪律谈心谈话，营造风清气正换届环境，我区换届工作圆满实现“绘出好蓝图、选出好干部、配出好班子、树立好导向、形成好气象”目标。

四、坚决打赢疫情防控遭遇战阻击战

面对严峻复杂的疫情防控形势，我们坚决落实“动态清零”总方针，着力筑牢“外防输入、内防反弹、人物同防”防线，严格落实疫情常态化防控措施，全面守好小区、单位、市场和成华区“四道大门”，不断巩固来之不易的疫情防控成果。坚决扛起疫情防控政治责任，11月3日我区出现首例本土病例后，按照市委“坚决切断疫情传播链、坚决把疫情对经济社会发展和市民生活的影响降到最小、坚决防止疫情外溢”等部署要求，迅速充实强化组织指挥体系，制定“1+5”作战指挥图，完善隔离酒店三级责任体系，统筹抓好流调溯源、核酸检测和分区分级防控等重点工作，10天实现疫情“动态清零”、三周实现全域调整为低风险区，理工大学校园内没有发生一例教职员工和学生感染，成华区疫情防控工作得到国务院联防联控机制成都工作组、教育部和省教育厅、省市疾控等领导专家的高度评价。积极应对疫情对经济社会发展的不利影响，坚持“三产损失二产补、消费损失投资补、疫情损失人勤补”，认真落实促进经济增长、强化运行保障、助企纾困解难、行业领域支持等政策措施，扎实抓好项目建设、企业帮扶、消费复苏、民生服务各项工作，有力推动了城市秩序和市场活力迅速恢复。

一年来，区委坚持稳中求进工作总基调，以建设践行新发展理念的公园城市示范区为统领，完整、准确、全面贯彻新发展理念，真抓实干、锐意进取，统筹推进经济、政治、文化、社会、生态文明建设和党的建设，主要开展了以下七个方面工作。

一是坚持“稳增长、调结构”，持续推进经济高质量发展。聚焦做好“六稳”工作、全面落实“六保”任务，大力推进供给侧结构性改革，坚定实施扩大内需战略，深入实施“产业提质”五大提能工程，不断做强高质量发展硬核支撑。

我们深入实施产业建圈强链行动，加快建立重点产业链长制度，大力推动主导产业强链补链延链，做优做强都市工业和现代服务业两个“3+3”产业体系，加快建设龙潭智造科创谷等73万平方米高品质科创空间，成功落户金地威新等10个重大工业项目和四川银行成都分行等一批高能级服务业企业，加快建设中投华影等8个重大产业化项目，华灏鲲鹏项目一期10.6万平方米标准化厂房建成投产，王府井Discovery等高品质商业综合体开业运营，预计全年规上工业增加值、社会消费品零售总额、税收收入分别增长13.5%、12%、15.2%，产业发展质效明显提升。

我们牢固树立“项目为王”理念，扎实开展两轮项目招引攻坚行动，新签约引进高能级产业化项目21个、“专精特新”工业项目5个、生产性服务业项目27个。坚持每月召开项目调度会、每季开展项目集中开竣工活动，锁定目标、倒排进度、挂图作战，高效推进422个经济社会发展项目，全年实现213个项目竣工投产，省市重点项目投资进度超市下目标21.9%，预计全年固定资产投资增长19%、总量连续12年领跑五城区。

我们大力推进产业功能区提质增效，成都熊猫国际旅游度假区全面完成熊猫基地改扩建龙头项目，龙潭工业机器人产业功能区加快打造“一核三园”产业承载新空间，东郊记忆艺术区全力推进“十大特色文创园区”建设，东客站枢纽经济发展区新增4万平方米医疗健康产业载体，建设路金融商务总部发展区顺利投运亚太并购大厦，新北天地商贸旅游发展区开工建设天府国际动漫城重大产业项目，六大功能区产业显示度和发展支撑力不断增强。

二是坚持“强改革、促创新”，加速集聚转型跨越发展动能。突出改革、开放、创新、人才“四轮驱动”，深入实施“动力转型”五大创新工程，加快构建以创新为核心引领的高质量发展动力体系。

我们全面深化重点领域改革，统筹推进九大专项领域改革任务，扎实抓好两项改革“后半篇文章”，大力推进国企改革三年攻坚行动，成功组建启航千亿级规模、AAA主体信用评级的成华发展集团，深入实施“智慧教育”“县域共青团基层组织改革”等国家级改革试点，不断深化“放管服”综合改革，全面实施营商环境3.0政策，政务服务事项网上可办率达100%，获评“点赞·2021优质投资环境城市”“2021成渝地区双城经济圈建设最佳投资城区”“2020—2021年度全国政府采购百强区（市、县）”。

我们不断扩大对外开放合作，充分发挥“双枢纽、双门户”优势，主动融入成德眉资同城化发展、全省“一干多支”联动发展和成渝地区双城经济圈建设合作发展等实践，先后与乐至县、大竹县等地区建立协作发展关系，相继与重庆市南岸区、九龙坡区、铜梁区建立互利共赢合作机制，累计签订人才、税务、医保等领域专项合作协议14个，全区落户世界500强企业增加至69家。

我们深入实施创新驱动战略，着力完善“政产学研用投”协同创新体系，累计聚集国家省市双创载体10家、国家高新技术企业317家，全年高新技术产业主营业务收入有望达到650亿元；全面打响“东骄华章”人才品牌，出台“文旅31条”等8项专项扶持政策，成功举办“蓉漂杯”高层次人才创新创业大赛等147场活动，累计落户“蓉漂”青年人才2.58万人、聚集“两院”院士和国家省级“千人计划”专家519人，挂牌全省首个“专家智力服务基层示范基地”，跻身全市唯一的“中长期青年发展规划全国试点区”。

三是坚持“优功能、提品质”，高标准塑造美丽宜居公园城区。坚持以“示范区”建设为统领，以办赛营城为契机，深入实施“城市更新”五大攻坚工程，全面优化城市空间布局、生态系统、风貌形态、环境品质，加快建设人城境业和谐统一的现代化城区。

我们着力打牢公园城区生态本底，高标准构建“一屏一链四脉”公园体系，新投用3个市政公园、50条幸福社区绿道和10万平方米小游园微绿地，我区人均公园绿地面积持续位居五城区前列；积极争创国家生态文明建设示范区，抓实抓牢省环保督察问题整改和中央环保督察迎检工作，全力打好蓝天、碧水、净地“三大保卫战”，全区土壤环境质量总体稳定，空气质量优良天数达到294天、比2020年增加23天、增加天数位居全市第一，成华地表水考核断面年度水质综合指数排名五城区第一。

我们加快提升公园城区风貌品质，纵深推进城市更新五年行动计划，全面完成“6+6”更新单元实施规划方案编制，基本完成“七横六纵”骨干道路等“迎大运”城市空间品质提升工程，大力实施46万平方米危旧房棚户区、47个老旧小区和5个“城中村”改造，双成二路、东郊记忆路荣获全市“最美街道”称号，二仙桥公园有机更新获评全市“爱成都·迎大运”社区微更新项目竞赛一等奖。

我们持续完善公园城区功能配套，深入推进公服设施三年攻坚行动，相继建成成都自然博物馆等公服项目50处，强力推动枫林路等改善性交通项目71处、竣工31处，大力实施东西轴线成华段景观照明等标志性景观项目，全面打通岷山路等6条断头路，新建5G基站900个，建成区公服设施规划实施率达到80%。

我们积极推动公园城区绿色转型，聚焦实现绿色低碳可持续发展，大力推行“公园+”“河湖+”“绿道+”等营城模式，成功打造二仙桥公园婚姻登记处等一批生态价值转化场景，不断完善“碳惠天府”落实机制，加快实施近零碳排放区示范工程建设，全区党政机关、企事业单位、公共场所生活垃圾分类均实现100%全覆盖，我区成功获评全国公共机构“能源领跑者”荣誉称号。

四是坚持“兴文化、展形象”，全面打响文商旅融合发展品牌。坚持用文化引领城市精神、彰显城市魅力、赋能城市发展，深入实施“文化赋能”五大营建工程，努力让成华成为天府文化的展示地和“诗与远方”的向往地。

我们全面提升社会文明素养，深入实施“核心价值引领、先进典型示范、文明实践拓展”行动，常态开展“成华榜样”人物评选活动，建成开放95个新时代文明实践站（所），持续推动“区—街—社”三级新时代文明实践体系建设，圆满完成全国文明典范城市创建迎检工作，实现城市文明程度和市民文明素养“双提升”。

我们着力提高城市文化品位，统筹推动“六馆四中心”区域文化设施建设，全面完成街道综合文化活动中心提档升级，天府设计展览馆正式开馆，区文化馆、福宝美术馆成功打造为省级全民艺术普及示范基地，毛边书局·桃蹊书院获评全省文旅公共服务高质量发展“四个一批”优秀品牌，和美社区、东郊记忆园区、萌想星球·107文创园分别获评“省级城市社区公共文化服务示范点”“全国百佳公共文化空间奖”“全市最美城市场景”，全年开展各类群众性文体活动5300余场、惠及百万市民群众，我区院坝文化艺术院团被中宣部评为全国先进基层文艺院团。

我们持续擦亮文商旅融合发展品牌，全力抓好“五创”争先工作，熊猫基地二期正式开园，国家5A级景区创建通过省级景观价值评定，我区成功获评天府旅游名县和省级全域旅游示范区，全年接待中外游客2348万人次、同比增长27.2%，实现旅游收入329.4亿元、同比增长21.1%。加快打造“两个门户枢纽商圈”“六个百亿商圈”，成都印象城、泛悦城市广场等大型商业综合体开业运营，一环路市井生活圈成华段、新华坊等“2+11”特色文旅街区基本呈现，望平坊、万象城商业步行街分别获评省级休闲旅游街区、省级步行街试点项目，笨酒店等8个重点项目入选“2021最成都·生活美学新场景”，我区获评“2021文旅高质量发展城市”荣誉称号。

五是坚持“防风险、保安全”，大力提升社会治理效能。积极顺应超大城市中心城区发展规律，深入实施“治理提升”五大改革工程，全力守牢安全稳定底线，不断提升基层治理现代化水平。

我们深入推进基层治理创新，健全完善“党建引领、双线融合”治理机制，坚持以“智慧蓉城”建设为牵引，加快推进杉板桥“数字孪生”社区试点，统筹实施10个示范社区、2个产业社区、4个主题社区和12个示范小区建设，高品质打造11个全市社区美空间，我区“网约房治理”经验做法入选全国政法智能化建设创新案例、“社区规划师”探索实践获评全国市域社会治理优秀案例、“政企共治智慧街区”治理经验获评全国社会治理最佳案例，成华被评为全省首批新型智慧城市示范城区。

我们压紧压实安全生产责任，坚持“党政同责、一岗双责、失职追责”，健全完善由区委区政府主要负责人任“双主任”的区应急委领导架构，不断优化“1+4+N”突发事件应急处置预案，聚焦全区16个重点行业重点领域重点场所，深入开展6轮安全隐患集中排查整治工作，持续抓好10608个安全问题隐患整改，扎实做好防汛、地震等避险排险工作，全面加强食品药品安全监管，千方百计保障市民生命健康和财产安全。

我们大力提升依法治区水平，持续拓展全省全面依法治区示范试点成果，人民调解“五化联动”改革试点经验在全国推广，“社区法律之家”建设经验写入全国“八五”普法规划，我区全面依法治区工作受到司法部和省委领导充分肯定，成功获评全国法治政府建设优秀区。

我们不断加强平安成华建设，着力加强立体化信息化社会治安防控体系建设，统筹推进“治重化积”、扫黑除恶、全民禁毒、打击治理电信网络诈骗等重点工作，全面深化“三张清单”“诉源治理”等机制，稳妥做好房地产等领域风险防范化解，圆满完成“两会”“七一”等重要节点信访维稳安保任务，获评全国市域社会治理创新典范区，连续9年被评为全省平安建设先进区。

六是坚持“惠民生、办实事”，有力增进市民群众福祉。牢固树立以人民为中心的发展思想，深入实施“民生改善”六大幸福工程，认真解决人民群众最关心最直接最现实的利益问题，推动城市发展更有温度、群众生活更有质感。

我们全面加强基本民生保障，统筹抓好稳岗援企、就业增收、社会保障、社会救助、安置房建设等工作，全年城镇新增就业1.5万余人、登记失业率始终控制在4%以内，城镇居民人均可支配收入达5.5万元，竣工安置房4530余套、5000余名拆迁群众圆了安居梦，我区对口帮扶丹巴乡村振兴工作有力有序推进。

我们着力扩大优质民生覆盖，建成投用成都英才学校等中小学（幼儿园）25所、新增优质学位1.9万个，扎实推进“双减”政策落地实施，高中教育质量实现“十二连进”，特殊教育获得成都市专项督评中心城区第一名，成功获评“全国智慧教育示范区”；持续深化“华西—成华城市区域医疗服务联盟”“华西妇儿专科联盟”合作，加快推进3家三级规模区属公立医院建设项目，正式投运市二医院龙潭院区，持续建强“区城市核酸检测基地+10家医疗机构+3家第三方检测机构”核酸检测体系，顺利通过国家卫生城市复审，我区健康城市案例连续3年入选全市十佳案例。

我们加快提升“一老一小”服务水平，深入推进全国医养联合基本公共服务标准化试点、儿童友好社区试点工作，建成投用全市首个社区普惠性婴幼儿成长中心，深化长照险模式助力社区嵌入式养老服务实践，先后投运养老服务机构30个、“岁月厨香”老年助餐服务点48个、社区养老服务综合体2处，全区医养结合工作受到国家卫健委高度肯定。

七是坚持“抓党建、聚合力”，干事创业气场更加强劲。全面落实新时代党的建设总要求，不断提升管党治党科学化水平，积极营造干事创业风清气正的良好政治生态。

我们始终把坚持党的政治建设摆在首位，突出抓好政治忠诚教育，积极引导党员干部以实际行动拥护“两个确立”，不断增强“四个意识”、坚定“四个自信”、做到“两个维护”，干部政治素质档案建设试点工作得到中组部肯定。始终把政治纪律和政治规矩挺在前面，严格执行《关于新形势下党内政治生活的若干准则》，聚焦“七个有之”坚决查处违反政治纪律问题，以最坚决的态度清除政治生态“污染源”。充分发挥党委总揽全局、协调各方的领导核心作用，大力支持人大、政府、政协、监委、法院、检察院及群团组织依法依章履职，扎实抓好国防动员和后备力量建设以及退役军人服务保障工作，不断发展全过程人民民主，巩固和发展了生动活泼、安定团结的政治局面。

我们牢牢把握意识形态工作领导权，坚决落实党委意识形态工作责任制，不断做实做优区融媒体中心，大力提升舆情应对处置能力、壮大主流舆论场，全面守好网络空间、新闻出版、社科研究重要阵地，央视9次报道我区工作、其中《新闻联播》专题播报3次，成华综合传播力指数持续排名全省各区（市）县前茅。

我们不断织密党的基层组织体系，大力提升街道社区、机关国企和事业单位党建质量，持续深化“两新”组织、园区商圈、小区物业等新兴领域党的建设，积极开展党建引领“双百千”示范培育计划，全面启动老旧小区党建“四有一化”建设，圆满完成社区“两委”换届工作，成功实现物管小区党组织全覆盖，全年新建“两新”和小区党组织233个，基层党组织战斗堡垒作用不断强化。

我们大力加强干部队伍建设，鲜明“五用五不用”导向，深入实施党政干部“三百培养工程”，大力推行“红旗激励+红黄牌预警”等激励约束机制，高标准完成政法队伍教育整顿，培养锻造了一批“五得干部”“五比能手”，对在疫情防控等工作中表现突出的先进集体和个人进行表彰表扬奖励，在招商、疫情防控等一线提拔重用、职级晋升优秀干部156名，相继提拔“80后”区管干部52人，有力促进了干部担当奋进、激情干事。

我们持之以恒正风肃纪反腐，圆满完成省委巡视组反馈问题、党建述职查摆问题整改和党委巡察“全覆盖”任务，严格执行中央八项规定及其实施细则精神，毫不松懈纠治“四风”，精准用好执纪监督“四种形态”，一体推进不敢腐、不能腐、不想腐，持续深化重点行业突出问题系统治理，全年立案审查调查105件105人，全区党风廉政建设社会评价指数实现“五连升”。

一年来，区委常委会高度重视加强自身建设，充分发挥“把方向、管大局、作决策、保落实”作用，努力做到走在前、作表率、树标杆。带头作“政治坚定、对党忠诚”的表率，始终胸怀“两个大局”、心系“国之大者”、做到“两个维护”，严格落实学习习近平总书记重要讲话精神党委常委会“第一议题”制度，坚决把完整准确全面贯彻新发展理念作为重大决策的“前置程序”，严格执行重大事项请示报告制度，全年召开区委常委会60次和中心组学习会23次，区委常委同志以身作则讲政治守纪律转作风促落实、带头以普通党员身份参加支部组织生活，在对标对表中切实提高政治判断力、政治领悟力、政治执行力。带头作“发扬民主、团结协作”的表率，坚决贯彻民主集中制，严格遵守区委工作规则和常委会议事决策规则，全面落实“三重一大”事项集体决策制度和分工分级负责制度，及时完善重大经济事项决策实施意见，主动担当、严格把关分工分管领域职责工作，带动形成了科学决策、民主决策、依法决策的良好氛围。带头作“开拓进取、实干担当”的表率，在稳增长、促改革、疫情防控、化解风险等方面主动作为、攻坚克难，有力推动党中央和省委、市委各项决策部署在成华落地见效，带动形成了谋事干事、敢为善成的工作局面。带头作“严以律己、锤炼作风”的表率，认真落实中央八项规定精神和省市相关规定，重拳整治形式主义、官僚主义，带头精文减会、优化调研督查，切实为基层减负松绑，严格遵守廉洁从政各项规定，以实际行动推动党风政风持续好转。

在认真总结成绩的同时，区委常委会也清醒认识到，前进道路上依然存在一些问题和不足。主要是：经济稳定运行不确定因素增多，主导产业培育、重大项目招引等工作推进力度还有待加强；城市建设还不够均衡，功能配套还不够完善，环境品质还有较大提升空间，城市管理和环境保护还存在薄弱环节；统筹发展和安全面临新挑战，城市发展相关领域还有一些风险隐患，基层治理体系还不能完全适应超大城市中心城区发展形势；面对新时代群众对美好生活的新期盼，加快补齐民生领域短板，统筹构建全区域全人群、标准化均等化公共服务体系还需要持续加力加劲；对标市委“五个走在前列”新要求新任务，少数党员干部在视野格局、专业素养、作风状态上还存在一定差距。对于这些问题，区委将高度重视、认真面对，采取有力措施加以解决。

成华区人民政府工作报告

［2021年12月22日在成华区第八届人民代表大会第一次会议上的报告］

成华区人民政府区长　袁顺明

一、过去五年政府工作回顾

过去五年，是成华应对重大挑战、经受重大考验、取得重大成就、实现重大跨越的五年。五年来，我们坚定以习近平新时代中国特色社会主义思想为指导，全面贯彻落实党的十九大和十九届二中、三中、四中、五中、六中全会精神，深入学习贯彻习近平总书记对四川及成都工作系列重要指示精神，在党中央国务院、省委省政府、市委市政府和区委的坚强领导下，在区人大、区政协的监督支持下，团结依靠全区广大干部群众，锚定“1556”总体发展思路，坚持“三先三升”工作取向，扎实推进“631”重点项目建设，聚焦经济发展“十大重点领域工作”精准发力，统筹抓好稳增长、促改革、调结构、惠民生、防风险、保稳定各项工作，全区经济总量五年跨越5个百亿台阶、比“十三五”规划目标提前一年迈过千亿元大关，综合竞争力提升至全国百强区第91位，连续四年蝉联全市目标绩效考评先进单位，较好完成了区七届人大一次会议确定的目标任务。2021年，预计地区生产总值将突破1200亿元、五年年均增长7.4%，固定资产投资同比增长12%、总量持续位居五城区第一，工业增加值完成360亿元、五年年均增长8.1%，服务业增加值完成850亿元、五年年均增长7.3%，一般公共预算收入完成85.4亿元、五年年均增长9.88%，税收收入完成62.6亿元、五年年均增长17.93%。

五年来，我们坚定践行创新发展理念，经济发展质效显著提升。主动调结构、转方式、促升级。培育形成都市工业、现代服务业两个“3+3”产业体系，着力构建“1+N”都市工业空间布局和“三轴八圈”现代商贸空间格局，万象城、王府井、龙湖滨江天街、万科天荟等一批顶级商业综合体建成投运，打造甲级和超甲级写字楼8栋、税收亿元楼宇10栋，培育准独角兽企业6家，“四上”企业达到779家，规上工业增加值增速、服务业增加值增速、金融业增加值增速等指标持续领跑五城区，三次产业比重优化调整为0：28.6：71.4。积极抓创新、聚人才、添动力。深化产学研用协同创新，聚集国家省市级双创载体10家、省部级以上重点实验室36个、国家省市级专家人才519名，培育省级以上“专精特新”企业22家，4家企业实现并购上市，全区高新技术企业从85家增加至238家，全社会研发投入从4.2亿元增加至36.1亿元、占地区生产总值比重达3.3%，高新技术产业产值从450亿元增加至650亿元。全面强改革、优机制、破瓶颈。主动适应新时代新要求，全面完成新一轮政府机构改革、街道行政区划调整和社区体制机制改革，政府工作部门、街道、社区分别优化调整为26个、11个、83个，探索产业功能区“员额制”改革试点，组建千亿级规模的成华发展集团，5家区属国有企业晋升AA+信用等级，获评国家知识产权强县工程试点区。

五年来，我们坚定践行协调发展理念，产城融合格局加快构建。坚持以“中优”部署要求重塑城市经济地理，调减传统低端仓储物流用地1725亩、调增公服用地和公共绿地5325亩，相继完成城市分区规划编制、产业功能区规划设计和“两图一表”绘制，各产业功能区齐头并进、特色发展格局加快呈现。成都熊猫国际旅游度假区全面完成区域总体规划编制，北湖生态公园一期、熊猫广场等生态人文场景建成投用，全面完成熊猫基地二期建设，片区生态价值加速向经济价值转化。龙潭工业机器人产业功能区盘活存量楼宇110万平方米，建成投运高品质科创空间50万平方米，加快培育人工智能、数字通信、工业互联网三个百亿集群，竞争力跃居全省产业园区第四位。东郊记忆艺术区实施“工业遗产、文创园区、文旅地标”三位一体打造，活化利用16处50万平方米工业遗存，建成8处大型商业综合体和商业街区，获评中国高质量发展最具投资价值园区。东客站枢纽经济发展区完成城市级TOD设计和“多规合一”规划编制，建成投运万象城二期等160余万平方米产业载体，获评四川最具投资价值产业园区。建设路金融商务总部发展区建成投用世茂大厦等37万平方米产业载体，成功打造天府四川金融博物馆、亚太并购大厦，商务商贸、金融产业集群蓬勃发展。新北天地商贸旅游发展区建成投用泛悦城市广场等80万平方米产业载体，“蓉欧+家需求”地位持续巩固，升仙湖商务区建设破题起步，获评中国西部门户枢纽经济新高地。

五年来，我们坚定践行绿色发展理念，公园城区品质持续优化。生态本底不断夯实。统筹推进城市五级绿化体系建设，建成投用17个共2672亩城市公园、290余千米绿道、630余亩小游园微绿地，新增立体绿化10万平方米，公园绿地服务半径覆盖率达91.5%，成功打造二仙桥公园婚姻登记处等生态价值转化场景，公园城市建设实物量位居五城区前列。城市功能加快完善。完成51个站点TOD站城一体化设计，新开通地铁4条、站点22个，新建、整治道路277条，打通断头路30条，形成“7环13射”城市骨干路网，建成区路网密度提升至8.13千米/平方千米。策划50个城市有机更新单元，完成300余处空间品质提升、11个公园城市示范街区打造、120处景观照明工程，呈现一环路市井生活圈和“2+11”特色街区，“中优”工作综合考评蝉联全市第一。环境治理切实加强。纵深推进厕所革命、城管革命，完成“两拆一增”点位521个，整治背街小巷236条，新建、改造公厕179座，打造全市最美街道15条，垃圾分类投放设施实现全覆盖。实施“蓝天、碧水、净土”攻坚行动，扎实做好中央环保督察、省环保督察及其“回头看”问题整改，2021年空气质量优良天数较2016年同期增加83天、$PM_{2.5}$浓度下降34.4%；完成方家河等31千米水生态环境综合治理和北湖生态公园升级改造，出境断面水质达标考核排名稳居五城区前列；完成226家“散乱污”经营主体整改，污染地块安全利用率100%，获评全国生态文明建设优秀城区。

五年来，我们坚定践行开放发展理念，城市发展引力不断增强。对外开放合作富有成效。全面加强与日本白滨町等6个国际友好合作关系城市互动交流，与资阳乐至县等8个区（市）县建立协作机制，引进华灏鲲鹏等重大产业化项目125个，落户世界500强企业64家，实际到位内资1639.59亿元、实际利用外资310.91亿元，外贸进出口总额达120亿元、较2016年增长63%，开放型经济综合考评连续三年位居全市前三位。文商旅发展品牌日益彰显。持续擦亮“熊猫之都、东郊文创、枢纽服务”三大文商旅融合品牌，完美文创公园等优质文创项目建成投用，望平坊旅游休闲街区入选全国文旅消费示范点位，圆满举办蓬皮杜双年展、女子重剑世界杯赛等重大交流活动100余场，文创产业增加值、旅游收入实现翻番，获评天府旅游名县和省级全域旅游示范区。亲商重商环境持续优化。纵深推进“放管服”改革，出台国际化营商环境政策3.0版，推出工程建设项目“清单制+承诺制”等437项改革举措，累计减税降费33.68亿元，企业开办进入“4小时+零成本”时代，市场主体总量翻两番，获评中国最佳国际化营商环境城区、中国最具投资价值城区。

五年来，我们坚定践行共享发展理念，市民幸福指数节节攀升。社会保障坚实有力。民生支出266.9亿元、占一般公共预算支出比重每年稳定在70%以上，城镇新增就业7.32万人，城镇居民人均可支配收入达到5.5万元；建成人才公寓56万平方米，改造危旧房棚户区1.3万余户210万平方米，整治老旧小区312个，既有住宅增设电梯160余台，建成安置房项目23个、安置3.3万余人；投入1.7亿元援助丹巴县脱贫摘帽，连续四年获评全省援藏援彝工作先进集体。公共服务扩面提质。建成投用公服设施325处，新建中小学（幼儿园）55所、新增优质学位4.6万余个，汇聚“四七九”、嘉祥、渥太华等优质教育品牌，高中教育质量实现“十二连进”，获评全国智慧教育示范区；培育打造市二医院龙潭院区等6所三级医院，公立社区卫生服务中心实现街道全覆盖，获评全国首批健康促进区；建成养老机构29个、老年助餐点40个、日间照料中心105个，养老床位数居五城区第一，人均期望寿命提升至81.55岁，获评全国智慧健康养老示范基地；统筹推进“六馆四中心”区域文化设施建设，新增多宝寺壹号艺术中心、几何书店、毛边书局等城市文化名片，实现社区文体活动室全覆盖，建成区公服设施规划实施率提升至80%。基层治理增效创优。加快治理体系和治理能力现代化建设，打造杉板桥、和美、下涧槽等45个示范社区，成功承办第五届中国社区治理论坛等活动，全省全面依法治区示范试点工作卓有成效，“社区法律之家”等经验在全国推广，智慧成华、平安成华建设扎实推进，违法犯罪警情实现五连降，连续五年未发生较大及以上安全生产事故，获评全国平安建设先进区、全国街道服务管理创新实验区、全国社区治理和服务创新实验区。特别是面对突如其来的新冠肺炎疫情，我们始终坚持人民至上、生命至上，持续抓好“外防输入、内防反弹、人物同防”各项工作，慎终如始打好了疫情防控阻击战、遭遇战。

五年来，我们坚定践行执政为民理念，政府自身建设全面加强。深入践行新思想新理念新要求，扎实开展“两学一做”学习教育、“不忘初心、牢记使命”主题教育和党史学习教育，认真开展“大学习大讨论大调研”“三问四深入”等活动，“四个意识”更加牢固，“四个自信”更加坚定，“两个维护”更加自觉。深入学习贯彻习近平法治思想，推动政府重大行政决策科学化、民主化、法治化，落实领导干部宪法宣誓、干部学法制度，自觉接受区人大法律监督、工作监督和区政协民主监督，按时办结人大代表建议、政协委员提案1406件，多渠道受理解决群众诉求60余万件、办结率100%、满意率95%以上，获评全国法治政府建设优秀区、全国“七五”普法中期先进区。坚持把全面从严治党纳入政府总体工作同部署、同推进，严格执行中央八项规定精神及省市相关规定，大力纠治“四风”和群众身边“微腐败”问题，全面落实“三重一大”决策制度，加强重点领域和关键岗位廉政风险防控，认真落实省委巡视、省经责审计整改要求，“三公”经费支出年均下降14.7%。

此外，国防动员、民兵预备役、退役军人、双拥共建、市场监管、机关事务、信访、保密、关心下一代等工作切实加强，防疫、防灾减灾、地方志、档案、民宗、侨务、粮食等工作取得新成效，工会、共青团、妇联、科协、工商联、残联、红十字会、文联、社科联等群团组织作用有效发挥。

各位代表！五年的变化有目共睹，五年的发展来之不易。这些成绩的取得，得益于市委市政府和区委的正确领导，得益于区人大、区政协的监督支持，得益于历届区领导班子接续努力打下的良好基础，得益于省市各部门、离退休老同志、驻区企事业单位、驻区部队和社会各界的关心支持，得益于全区干部群众的不懈努力。在此，我代表区人民政府，向全区人民，向人大代表、政协委员和社会各界人士，向所有关心、支持、参与成华建设发展的朋友们，表示衷心的感谢，并致以崇高的敬意！

在看到成绩的同时，我们也清醒地认识到，我区经济社会发展离市委市政府要求和全区人民期望还有一定差距，主要表现为：一是经济总量不大、产业支撑不强、发展质效不高等问题依然存在，人均GDP、地均GDP、一般公共预算收入、社会消费品零售总额等指标仍处于五城区靠后位置，上市企业、“四上”企业等稳定税源支撑不足，房地产税收“一家独大”格局仍未改变，转变发展方式、释放发展潜力还需持续用力。二是城市功能配套不够、环境品质不高、空间形态不优等现实依然存在，教育、卫生、养老等领域基本配套和优质资源短缺的局面还未彻底扭转，老旧片区点多面广、占建成区总面积超过30%，安置房、烂尾楼、断头路等城市建设“老大难”问题亟待解决，提升城市功能品质和公共服务供给还需久久为功。三是安全基础不牢、风险防控不细、治理效能不高等压力依然存在，结构性矛盾、体制性问题和经济周期性波动交互叠加，城市消防、建筑施工、交通运输等领域风险隐患较多，各类矛盾风险进入高发易发频发阶段，城市治理服务和安全管理还需不断加强。四是少数政府工作人员眼界不宽、能力不足、作风不实等差距依然存在，个别部门和干部干事创业劲头有所减弱，缺少攻坚克难的勇气和担当，改革创新精神和勇争一流意识还需加紧提升。对于这些矛盾和问题，我们一定保持高度警醒、强化底线思维，采取针对性措施切实加以解决，决不辜负全区人民的期望和重托。

二、未来五年和2022年工作安排

未来五年，是成华追赶跨越、竞先发展、提质升位的关键五年。按照区第八次党代会关于“争当公园城市示范区排头兵、建设社会主义现代化新成华”的决策部署，当前和今后一个时期的政府工作，要高举习近平新时代中国特色社会主义思想伟大旗帜，深入学习贯彻习近平总书记对四川及成都工作系列重要指示精神，全面落实党中央国务院、省委省政府、市委市政府和区委决策部署，完整准确全面贯彻新发展理念，主动融入成渝地区双城经济圈建设，坚持稳中求进工作总基调，坚持统筹发展和安全，以建成践行新发展理念的公园城市示范区为统领，以推动高质量发展为主线，以改革创新为根本动力，以满足人民日益增长的美好生活需要为根本目的，锚定“1556”总体发展思路，鲜明“三先三升”工作取向，扎实推进“631”重点项目建设，聚焦经济发展“十大重点领域工作”精准发力，奋力建设生态宜居、硬核强劲、创新驱动、繁荣文明、安全韧性、共同富裕的社会主义现代化新成华。

今后五年，政府工作的总体目标是：到2026年，地区生产总值占全市比重力争达到6.5%，一般公共预算收入突破百亿元大关，规上工业增加值年均增长6.5%以上，服务业增加值年均增长7.5%以上，城镇居民人均可支配收入达到8万元以上，在全国百强区排名争先进位。确保2022年，全区地区生产总值增长7%以上，全社会固定资产投资增长8%以上，一般公共预算收入增长7%以上，规上工业增加值增长6.5%以上，服务业增加值增长7.8%以上，社会消费品零售总额增长10%以上，城镇居民人均可支配收入增长7.5%以上。重点抓好以下七个方面工作：

（一）深入实施“城市更新”行动，奋力建设生态宜居的现代化新成华。全面落实“一尊重五统筹”城市工作总要求，全力抓好城市更新行动“五大攻坚工程”，推动城市内涵式、高质量、可持续发展，着力打造实践“两山”理念的先锋城区。

一是着力做精城市空间布局。进一步优化国土空间开发保护格局，着力提高城市发展的持续性、宜居性。积极构建多中心组团化发展格局。优化重要轴线生产、生活、生态空间，推进各组团打造交通圈、商业圈、生活圈“多圈合一”功能片区，推动城市多中心、串联式、网络化发展，加快构建“五横五纵九组团”空间格局。2022年，重点开展国土空间规划“三区三线”划定，编制完成蓉北商圈升仙湖商务区、凤凰山（成华）片区城市设计，开展理工大学站TOD站城一体化设计。积极实施立体化集约式开发建设。秉持“整体规划、成片打造、分步实施、优先配套”原则，完成绕城以内大宗批发市场搬迁，腾退转型1000亩低效工业用地，加快推动八里庄二仙桥、熊猫北湖等12个重点片区综合开发，大力推进成都东站、龙潭寺东站等TOD综合开发项目，高品质呈现3个片区整体形象。2022年，积极探索科学绿化、ABO等模式推进省市重大项目建设，全力保障TOD综合开发用地。积极推动可持续均衡性更新改造。梯次推进“6—15—30”片区更新，基本完成中环、成华大道沿线组团更新，全面完成5个城中村和136个老旧小区改造，推动老城功能形态加快焕新。2022年，加快推进八里庄工业遗址等“6+6”城市更新项目，新启动崔家店西片区等6个片区更新，完成38个老旧小区改造提升。

二是着力做优城市功能品质。坚持建设管理两手抓，全力打造“功能完善、配套齐全、服务便利”的高品质生活宜居地。全面提升基础承载能力。加快构建15线56站轨道交通线网，全力保障地铁8号线等3条在建线路按期投用，扎实抓好天府大道北延线成华段、成南高速复线入城段等道路建设，建成通车道路80条，全面消除15条存量断头路，建成区路网密度提升至8.7千米/平方千米；完成3个输变电项目建设改造，构建覆盖全域、安全稳定的燃气供应网络，力促应急避难、抗震、防洪、排涝、消防等配套设施更加完善。2022年，开工建设道路74条、竣工投用30条，打通槐柳四路等断头路6条，新建成5G基站500个。全面提升公服配套品质。开展新一轮公服设施攻坚行动，高品质建设100个以上公服配套项目，加快实施30个特色街区项目，大力构建“三环四路多节点”城市景观照明体系，景观照明建筑达到500座以上，建成区公服设施规划实施率达到90%以上。2022年，推进二仙桥西片区综合体等20个项目开工建设，全面完成建设路大街等5处空间品质提升，打造明珠路等5条特色文旅街区。全面提升精细管理水平。深入推进“爱成都·迎大运”等城市环境品质提升行动，打造背街小巷精品街区30个、环境卫生管理示范街50条，每年拆除违建12万平方米以上，积极争创超大城市精细化管理先锋典范城区。2022年，全面完成铁路沿线环境整治，实施“两拆一增”点位60个、背街小巷综合整治6条。

三是着力做好城市绿色转型。坚持生态优先、绿色发展，加快呈现公园城区大美风貌形态，全力创建全国生态文明建设示范区。深入推进公园城区打造。大力构建“一屏一链四脉”公园体系，统筹推进12个城市公园、200千米城市绿道和百万平方米城市绿地建设，全面抓好增花添彩、立体绿化和“金角银边”打造，加快建设9个公园城市示范片区和10条示范街区，全区公园绿地服务半径覆盖率超过95%、建成区绿化覆盖率达到50%。2022年，重点推进高铁城市公园二期等3个市政公园、30千米天府绿道和5个小游园微绿地建设，新增立体绿化1.4万平方米、“金角银边”点位30处。深入推进生态环境治理。压紧压实河长制、林长制责任，深入推进“供排净治”一体化改革，加快实施3个碧水蓝网示范项目，完成老旧排水管网更新改造，全面消除黑臭水体，主要河渠优良水体达标率稳定保持在100%；深化PM2.5和臭氧协同治理，全面管控工地源和移动源污染，空气质量达到国家二级标准，基本消除重污染天气。2022年，完成全区排水管网病害治理，实现锦江二级支流石洴渠“消Ⅴ”目标，空气质量优良天数比率达77%、PM2.5浓度不断下降，危险废物安全处置率100%。深入推进绿色低碳发展。编制碳达峰行动方案，促进“碳惠天府”机制落实，积极推动近零碳排放区示范工程，鼓励熊猫基地等重大生态工程碳汇开发，探索推进10个生态空间价值转化项目；探索建立“无废城区”，推进产业园区循环化改造，积极创建节约型机关、绿色学校、绿色社区、绿色家庭，完成2座加氢站建设，加快建设“碳达峰碳中和”先行示范区。2022年，全面执行绿色建筑标准，启动海滨公园等城市公园综合运营改造，完成500个充换电设施建设，生活垃圾分类覆盖率达100%。

（二）深入实施“产业提质”行动，奋力建设硬核强劲的现代化新成华。始终把实体经济作为重点，全力抓好产业提质行动“五大提能工程”，做强都市工业和现代服务业“双引擎”，加快形成“企业集聚、产业集群、载体集成”的发展格局。

一是持续夯实经济增长底盘。坚持把企业作为经济的细胞、增长的源泉，大力促进企业提质增量，不断厚植区域经济竞争力。着力抓好企业引优育强。深入落实优质企业培育、总部企业招引、民营企业繁荣三个计划，建立“动态遴选、靶向招引、精准培育、激励扶持”工作机制，构建“年度净增数、实际贡献度、政策兑现率、服务满意率”责任体系，力争2026年上市企业、亿元税收企业分别达到6家、40家，新增民营企业5万家以上、民营经济贡献率突破50%，总部经济规模突破2000亿元、对全区经济增长贡献率突破20%。2022年，力促东方希望西南区域总部等项目加快建设，新增民营企业1万家、民营经济增加值达540亿元。着力抓好企业上规入库。强化部门、街道联动，制定“新招引、近规、达标、在库”企业培育四本台账，完善企业落地、上规培育、入库统计、巩固提升全链条服务体系，确保2026年全区“四上”企业达到1500家。2022年，力争新增“四上”企业150家。着力抓好企业服务增效。完善全生命周期政策体系，全面落实减税降费政策，定期发布城市机会清单，支持企业上市和市场化融资，深化“银税互动”支持小微企业发展，帮助1万家中小微企业融资100亿元以上。2022年，构建惠企政策“免申即享”机制，力促天府股交中心成华分中心等金融机构落地，帮助中小微企业融资15亿元以上。

二是持续推动产业转型升级。以全市产业建圈强链行动为抓手，进一步增强产业生态集聚力、产业链建构力、高端要素运筹力，加快形成以现代服务业为主体支撑、以都市工业为重要依托的现代产业体系。大力实施都市工业增效提能工程。聚焦培育都市工业“3+3”产业体系和做优“1+N”空间布局，大力推动低效用地腾退转和闲置产业载体盘活，支持千里倍益康、硕特科技、航电微能源等“专精特新”企业做大做强，鼓励能源开采、金属加工、食品生产等传统行业数字化、网络化、智能化升级，积极促进企业“机器换人、设备换芯、生产换线”，打造一批引领型示范性“未来工厂”。到2026年，力争引育工业工程设计、工业产品设计、工业软件设计关联企业300家以上、营业收入突破500亿元，都市工业主营业务收入突破1500亿元、实现翻番，规上工业增加值突破500亿元。2022年，引进埃斯顿等重大产业化项目12个以上，都市工业主营业务收入达到1240亿元。大力实施现代服务业崛起提能工程。聚焦壮大现代服务业“3+3”产业体系和优化“三轴八圈”空间布局，加快打造两千亿现代服务业产业集群，服务业增加值突破1300亿元。巩固发展现代商贸业，加快打造“2个枢纽商圈+6个百亿商圈”，深入实施消费升级“三百三千”计划，社会消费品零售总额实现翻番、达1100亿元；特色发展新兴金融业，大力实施新兴金融“1231”攻坚行动，招引泛金融企业100家以上，产业基金规模突破300亿元，数字金融交易额突破700亿元；聚集发展枢纽服务业，发挥成都东站、成都北站“三铁”叠加效应，实施两大枢纽TOD综合开发，培育高端商务、精品商贸、酒店会展等业态，挖掘拓展城际消费市场；创新发展健康服务业，统筹构建“一核一带一区多点”空间布局，培育医疗服务、健康养老、健康科技、健康服务等新业态，加快打造全市领先的医疗健康产业集聚区。2022年，重点推进金地西南总部等31个省市服务业重大项目建设，力促龙光世纪中心等项目竣工投产，引进私募基金机构20家以上，电子商务交易额达1300亿元、数字金融交易额达200亿元，完成社会消费品零售总额690亿元以上。

三是持续加强载体集成打造。坚持把楼宇作为“站立的开发区”，把产业功能区作为产业发展的主阵地，大力推动楼宇经济量质齐升、产业功能区连片成势。加快提升楼宇载体利用效益。实施楼宇经济“双千”培育计划，推动存量楼宇物业二次开发、提档升级。到2026年，全区楼宇面积突破1100万平方米，等级楼宇和专业特色楼宇突破50栋，楼宇经济规模突破2000亿元，楼宇产业聚集度达75%以上，入驻企业属地注册率达80%以上。2022年，加快建设260万平方米楼宇载体，力争新创建甲级写字楼1栋、专业特色楼宇4栋；实施楼宇企业联合攻坚行动，确保企业入驻率达80%以上、属地注册率达75%以上。加快提升产业功能区发展水平。成都熊猫国际旅游度假区围绕做大做强“熊猫国际度假、文创会展、国际商务”三个主导产业，加快打造大熊猫文旅品牌核心承载地和世界旅游名城首选目的地。2022年，加快建设“一中心两馆三场四街区”，大力推进熊猫生态广场、熊猫生态公园一期等项目。龙潭工业机器人产业功能区着眼增强都市工业极核功能，加快打造全国一流、西部领先的“新经济·生态城”。2022年，加快打造“一核四园”，推动金地威新等8个项目实现开工、联东U谷等5个项目加快建设、卡诺普等13个项目竣工投产，建成高品质产业载体90万平方米以上。东郊记忆艺术区围绕壮大音乐艺术、数字文创两大主导产业，加快打造引领中西部、辐射全国的文创高地。2022年，抓好合信K101等14个重点产业项目，梯次推进10个特色文创园区建设。东客站枢纽经济发展区以TOD站城一体化建设为引领，加快打造全国领先、中西部一流的枢纽经济集聚区。2022年，启动成都东站TOD站城一体化综合开发一期建设，力促和悦广场等5个项目开工、丝路大厦等8个项目加快建设，新增产业载体30万平方米以上。建设路金融商务总部发展区聚焦总部经济、金融和商务商贸业发展，加快打造智慧物联产业新高地和都市生活体验型示范商圈。2022年，加快推进油服网西南总部等项目建设，引进总部项目1个以上、金融企业3家以上。新北天地商贸旅游发展区以“蓉欧+家需求”“枢纽+门户经济”“商旅+体验消费”为主线，加快打造以综合枢纽、门户口岸、商务极核为特征的城市级商圈。2022年，加快推动天府国际动漫城等3个项目建设，落地高能级项目4个以上。

（三）深入实施“动力转型”行动，奋力建设创新驱动的现代化新成华。坚持以创新为引领、改革为抓手、开放为路径，全力抓好动力转型行动“五大创新工程”，不断蓄积发展动能、厚植发展优势。

一是充分激活科技创新动力。深入推进创新链、产业链、人才链、金融链融合，加快打造充满创造力、富有竞争力的科技创新策源地。着力深化科技协同创新。主动融入成德绵国家科技成果转移转化示范区建设，积极参与“两区一城”创新协作，依托猛追湾片区大院大所建设创新资源集聚高地，提升打造环电子科技大学和成都理工大学知识经济圈，引育高新技术企业260家以上、独角兽及准独角兽企业20家以上，高新技术产业主营业务收入突破700亿元。2022年，高新技术产业主营业务收入达到660亿元。着力优化科技创新生态。争取布局国家省市级重点实验室及产业创新中心等创新基础设施，完善“微创智能工厂—众创空间—孵化器—加速器”梯级孵化体系，推行职务科技成果权属改革和科研项目“揭榜挂帅”制度，加强知识产权全链条保护，实现重大科技成果在地转化30项以上，全社会研发投入占地区生产总值比重达到3.5%以上。2022年，加快建设全省工业软件科创中心和四川省产业功能区（园区）高技能人才培育总部示范园，培育省市级知识产权优势示范企业6家以上，新增市级以上双创载体1家以上，全社会研发投入增长8%以上。着力强化创新人才支撑。完善人才项目双招双引机制，擦亮“东骄华章”人才品牌，做强“成华HR联盟”，新引进“高精尖缺”人才500名以上、科技领军人才10名以上，技能人才总量达15.5万人、高技能人才占比突破30%。2022年，新引进“高精尖缺”人才100名以上、技能人才5000名以上。

二是不断深化重点领域改革。坚持问题导向，突破关键领域瓶颈障碍，持续激发成华转型发展活力。深入推进体制机制改革。全面深化产业功能区人事管理制度改革，推进政府体制机制更加专业高效灵活；探索数字化改革，激发数字经济活力，增强数字政府效能，优化数字社会环境，实现整体智治、高效协同；深化新一轮区属国企改革，健全完善市场化运行机制，加快推动区属国企改革转型、创新发展，到2026年区属国企资产规模突破2000亿元、自持物业650万平方米以上。2022年，力争成华发展集团获评国际BBB-（投资级）、国内AAA信用评级。深入推进“放管服”综合改革。推进政务服务“秒批秒办”、市场主体信用积分管理等改革，探索包容审慎监管新模式，实现100%事项网上可办、95%事项一窗受理、高频事项“一件事一次办”“跨省通办”，营商环境达到全国一流水平。2022年，推行国际化营商环境4.0版，基本实现企业缴费事项网上办，全程网办率达90%以上。深入推进社会民生领域改革。稳步推进区属公立医院改革，完成国家医养联合基本公共服务标准化试点；稳步实施中小学教师“编制+员额”一体化管理，深入实施教育综合改革创新发展示范行动，纵深推进全国青少年近视防控试点、全国校园足球改革试点、中长期青年发展规划全国试点。

三是积极拓展对外开放合作。积极抢抓国家省市重大发展机遇，用好国际国内优势资源，开辟多元化合作渠道，不断开创立体全面开放新局面。不断强化门户枢纽地位。充分发挥“双枢纽、双门户”优势，融入“148高铁交通圈”，加强与成都“两场一港”、四川自贸区、成都综合保税区等开放平台合作，探索“办公在成华、业务在口岸”合作新模式，争取市内免税店试点。不断强化区域协同发展。积极融入成渝地区双城经济圈、成都都市圈建设，持续深化与大竹县、荥经县等区县合作，探索构建“总部+基地”“研发+转化”“配套+消费”等新型产业协作关系，着力打造优势互补、互利共赢的区域发展共同体。不断强化对外交流合作。加快构建“大经贸、大招商、大合作”格局，充分发挥南南合作促进会成都办事处平台优势，积极参与“成都造·全球行”“万企出国门”等国际商贸交流活动，深度融入中日（成都）城市建设和现代服务业开放合作示范项目建设，经济外向度显著提升。到2026年，新引进高能级500强企业30家以上、重大产业化项目100个以上，年实际到位内资突破300亿元、实际利用外资突破100亿元、外贸进出口总额突破200亿元。2022年，力争新引进高能级产业化项目18个，实际到位内资180亿元以上、实际利用外资30亿元以上，外贸进出口总额突破135亿元。

（四）深入实施“文化赋能”行动，奋力建设繁荣文明的现代化新成华。坚持以文化人、以文润城、以文兴业，全力抓好文化赋能行动“五大营建工程”，加快打造独具人文魅力的世界文化名城先进区。

一是全面加强社会文明建设。坚持以全国文明典范城市创建工作为统揽，加快提升城市文明程度和市民文明素养。积极抓好核心价值引领。培育践行社会主义核心价值观，用好学习强国“主题街区+学习小站”等资源，大力开展理想信念教育、“四史”教育和爱国主义、集体主义、社会主义教育，不断唱响时代主旋律。2022年，打造社会主义核心价值观示范点3个。积极抓好先进典型选树。扎实推进“四德”建设，持续打造“成华榜样”“最美人物”等示范引领品牌，开展好家庭、好家风、好家训等评选活动，着力营造见贤思齐、敬规崇德的浓厚氛围，不断传递道德正能量。2022年，推选表彰一批先进典型、最美家庭，打造家风家训示范点1个。积极抓好文明实践拓展。持续深化文明旅游、文明交通等文明实践系列活动，健全完善志愿服务工作体系，做优新时代文明实践阵地教育引导、公共服务等功能，不断弘扬文明新风尚。2022年，打造新时代文明实践示范点5个，开展书香成华全民阅读等活动500场以上。

二是大力提升城市文化品位。聚焦赋予城市公共文化生活更多文化内涵和审美属性，着力健全城市文化体系，推动以美好文化生活传承文脉基因、彰显城市魅力、演绎时代精彩。持续建优公共文化设施。加快“六馆四中心”等文化设施建设，持续推进街道综合文体活动中心提档升级，推动社区美空间实现全覆盖，打造民间博物馆等文艺新空间，实现每万人拥有公共文化设施面积1000平方米，优化“15分钟公共文化服务圈”。2022年，新增文艺新空间20个、社区美空间5个，成都自然博物馆6月前开放运营。持续抓好文化遗产保护利用。活化利用“六古”“三老”文化遗产，加强成都面人、四川清音等非物质文化遗产保护传承，推动孟知祥墓大遗址公园、羊子山遗址公园建设，推进18处工业遗产保护利用，加强志书年鉴编修，传承城市文化根脉。2022年，重点实施101仓库等2处工业遗产活化利用。持续加强新时代文艺创作。出台文艺精品扶持政策，抓好文艺创作“千百十任务”，发布文艺创作清单、设立文艺创作奖项，力争《大东郊之激荡岁月》《小倩》等作品获评国家“五个一”工程奖。2022年，打造名家工作室20个，推出精品力作2部，创评文艺新星和艺术匠星200名。持续拓展区域文化传播交流。办好成都国际友城青年音乐周等国际交流活动，积极承办中国游戏行业年会等全国品牌活动，着力打响天府银杏艺术季等区域特色活动，构建“周周有看点、月月有精彩、年年有大戏”的多层次文化交流体系。2022年，举办音乐演艺、民俗游园、体育运动等群众性文化活动4000场以上，完成成都大运会排球训练等相关任务。

三是纵深推进文商旅融合发展。用好用活“两站、两品、四地标”等特色文旅资源，抓实抓好“五创争先”任务，全面促进文商旅深度融合发展。全力抓好旅游名区建设。深入推进国家级全域旅游示范区创建，推动熊猫基地创建国家5A级景区，完善旅游驿站、旅游大数据平台等文旅配套，加快推进Discovery华人国际探索世界、功夫熊猫国际演艺综合体等重大文旅项目，着力创响国际顶级大熊猫IP，推动旅游总收入突破450亿元、游客接待量突破3000万人次，全面擦亮天府旅游名县“金字招牌”。2022年，做好大熊猫IP顶层设计，推动熊猫地球村等项目落地，确保熊猫基地二期元旦开园运营，实现旅游收入340亿元以上、游客接待量2400万人次以上。全力抓好文创名区建设。深入推进国家级文化产业示范园区（基地）、国家级文旅产业融合发展示范区创建，加快建设DMV国际音乐产业社区集群等重大文创项目，高质量呈现量子界数字文化产业园等文创地标，推动光线动画等龙头企业投运，力争举办中国电子竞技娱乐大赛等游艺赛事，文创产业增加值年均增幅达到15%以上。2022年，力促国信国际电竞产业园等项目落地，加快天府设计产业园等项目建设，抓好东郊记忆等4个文创园区提档升级。全力抓好消费名区建设。深入推进国家级夜间文化和旅游消费集聚区创建，发展夜间经济、数字消费等新业态，拓展智慧零售等新平台，营造熊猫光影艺术秀、音乐公园等消费场景，加快打造“望平坊—电视塔—东郊记忆”特色消费街区、“昭觉寺—动物园”特色消费群体，集成提供“吃住行游购娱、全年不打烊”的文旅消费大餐。2022年，引育首店30个以上，争创省级川派餐饮消费区、省级电商创新基地。

（五）深入实施“治理提升”行动，奋力建设安全韧性的现代化新成华。把握超大城市中心城区发展规律，全力抓好治理提升行动“五大改革工程”，加快推动城市治理体系和治理能力现代化，不断提升城市安全韧性水平。

一是加快建设更高标准的“平安成华”。牢牢守住城市安全防线，确保城市安全、社会安定、市民安宁，争创全国平安建设先进区。坚决守牢社会稳定底线。坚持和发展新时代“枫桥经验”，深化“诉源治理”“五调对接”，推动“群众工作之家”提能增效，抓好“治重化积”专项治理，常态化开展扫黑除恶斗争，坚决打赢禁毒人民战争，依法严打严防各类违法犯罪，群众社会治安满意度达96%以上。2022年，高标准完成党的二十大、成都大运会等重大安保维稳任务，力争实现省级平安建设先进区“十连创”。坚决守牢安全生产红线。健全安全生产责任体系，构建安全风险分级管控和隐患排查治理“双重预防”机制，扎实开展危化品、交通运输、建筑施工、城市消防等重点领域专项整治，持续推进安全生产标准化、监管规范化建设，力争实现安全生产事故、火灾起数“双下降”。坚决守牢食品药品安全基线。深化“互联网+”食品药品信息追溯体系建设，实施食品药品安全放心工程，加强校园、养老机构、网络餐饮和“三小”食品安全监管，常态化开展药物风险隐患排查治理，全面提升食品药品安全水平。坚决守牢应急管理防线。健全应急管理体系，完善应急预案体系和协同响应机制，深入开展城市体检和安全风险评估，加强应急避难场所规划建设和防汛减灾工作，常态化开展应急演练，全面提升综合防范能力。2022年，力争建设一类应急避难场所1个，创建全国综合减灾示范社区1个，实现省级安全社区全覆盖。

二是加快建设更具活力的“和谐成华”。加快推进政府治理同社会调节、居民自治良性互动，争创全国和谐社区示范区。持续完善基层治理制度。健全社区发展治理与社会综合治理“双线融合”机制，做好两项改革“后半篇”文章，抓好省级城乡社区治理试点，持续推动治理重心下移、效能提升。持续推动基层自治共治。完善基层民主协商和“五社联动”机制，大力发展社会企业，新培育社会组织100个以上，探索“社区+物业+社工+商业”小区治理模式，打造共商共担共享的社会治理共同体。2022年，完成“爱成都·迎大运”城市共建共治共享项目176个，争创全国基层社会治理创新区。持续提升社区生活品质。深化社区规划师制度，创办社区规划研创学院，持续推进示范社区、示范小区建设，规划打造北湖社区等9个未来公园社区，营造邻里、消费、生态、文娱、服务等社区生活场景，加快建设“15分钟便民生活圈”。2022年，推进社会组织支持体系和社会工作服务体系联动发展，加快“新山—东林”体育特色社区综合体建设，打造主题社区5个以上、营造特色社区场景22个以上。持续推进社会依法治理。巩固拓展全面依法治区示范试点成果，深化公共法律服务体系，加强公共法律服务中心（工作站）建设，健全矛盾纠纷多元化解机制，创新法治示范社区建设评价体系，擦亮“法治街区”“红色律所”“公益法援”等品牌，争创全国“八五”普法先进单位。2022年，系统谋划成华“八五”普法规划，营造“法治惠民”十大场景，深化依法治企示范试点和人民调解“五化联动”改革试点。

三是加快建设更高水平的“智慧成华”。主动融入“智慧蓉城”建设，加快打造面向未来的新型智慧城市建设发展样板，建设全省新型智慧城市示范区，争创全国“数字政府、智慧社会”建设典范城区。完善智慧成华顶层设计。编制新型智慧城市建设“十四五”专项规划、三年行动计划，建立“领导小组+职能部门+运营公司”协同推进机制，推动智慧城市建设市场化运作、专业化运营。夯实智慧城市建设基础。统筹布局智能感知、网络传输、存算融合等智慧城市新型基础设施，加强城市基础设施智能化升级改造，加快城市服务管理各领域智能感知设备部署，推动“光网+5G”双千兆全域覆盖，建设存算一体的“边缘计算”节点，推进“数字孪生街道”、智慧社区、智能小区建设，力争在全市率先建成数字孪生城区。增强城市大脑中枢功能。建设城市运行平台，搭建“多脑协同”智慧治理架构，强化部门系统集成和数据资源整合，构建城市生命体征监测体系和跨部门、跨层级、跨区域联动指挥调度体系，力争实现“一屏观天下、一网管全城”。丰富智慧城市应用场景。聚焦民生服务、政务服务、城市运行和社会诉求，统筹推进疫情防控、公共安全、交通出行、安全应急、生态环境等领域智慧应用，丰富“天府市民云”成华板块，加快推动政务服务“一网通办”、社会诉求“一键回应”。2022年，实施“智慧成华”三期项目建设，打造5个重点领域智慧应用场景、11个智慧韧性示范社区。

（六）深入实施“民生改善”行动，奋力建设共同富裕的现代化新成华。积极顺应人民群众对美好生活新期待，全力抓好民生改善行动“六大幸福工程”，持续提升市民的幸福感、获得感和归属感，加快建设宜居宜业的典范城区。

一是不断提升社会保障水平。进一步强化基础性、普惠性、兜底性保障，确保幸福路上不落一人。坚决兜牢民生底线。实施全民参保计划，健全分层分类社会救助体系，落实社会福利、退役军人服务保障等制度，开展“助困扶弱”暖心行动，确保城乡居民基本医疗保险参保率达98%以上、医疗救助对象100%资助参保，全面实现应保尽保、应助尽助、应享尽享。巩固拓展脱贫攻坚成果，大力实施六大类48项帮扶项目，助力丹巴县全面乡村振兴。2022年，全区城乡居民养老保险参保率达91%以上。积极促进就业增收。实施就业优先战略，推进“成华工匠”培育五年计划，完善重点群体就业支撑体系，实现中等收入群体倍增；发挥第三次分配作用，发展慈善等公益事业，完善慈善行为激励政策，加强慈善组织、志愿服务组织建设，促进共同富裕取得实质性进展。到2026年，新增技能大师工作室20个、社区就业创业载体11个，实现城镇新增就业7万人以上，城镇登记失业率控制在4%以内。2022年，实现城镇新增就业1.2万人，城镇居民人均可支配收入达6万元。扎实抓好住房保障。落实“房住不炒”要求，全面完成16个安置房项目建设，配建人才公寓25万平方米、保障性租赁住房1.5万套，逐步实现“租购同权”。2022年，确保完成天鹅片区等9个安置房项目建设，筹集保障性租赁住房3500套。

二是不断做优重点民生服务。持续抬高底部、缩小差距，推动基本公共服务覆盖常住人口。着力办好人民满意教育。加快推进教育公服设施建设攻坚，新建成中小学（幼儿园）34所、新增优质学位3.9万个，优质教育资源覆盖率突破90%；加快实施教育高质量发展“五大行动”，系统推进新时代教育评价改革，全面落实“双减”政策，创建省级示范性高中6所、省市示范类学校50所，培养特级教师及市区学科带头人800名以上、省市知名领航校（园）长20名以上，争创全国学前教育普及普惠区、全国义务教育优质均衡发展区。2022年，新建中小学（幼儿园）8所、新增优质学位1万个，公办幼儿园在园幼儿占比达50%以上、普惠性幼儿园覆盖率达80%以上，全区优质教育资源覆盖率达80%以上。着力优化全民健康服务体系。围绕提供全方位全周期的健康服务，全面升级“一综合+三专科”区属公立医院体系，建成投用省第一中医医院，全区三级医院达到10家，新增11个社区卫生服务中心（站）点位；健全现代医院管理制度和分级诊疗制度，抓好“华西—成华城市区域医疗服务联盟”“华西妇儿专科联盟”建设，建强疫情防控屏障，提高应对突发公共卫生事件能力。2022年，建成投用区六医院香山长岛医养结合点位及2家社区卫生服务中心点位，加快推进区妇幼保健院等4家医院和5家社区卫生服务中心建设，居民健康素养水平达28%以上。

三是不断完善“一老一小”服务体系。加快推动适老适幼环境改造，大力营造尊老爱幼社会氛围，积极促进养老托育服务健康发展。大力提升养老服务供给能力。加快建设居家社区机构相协调、医养康养相结合的养老服务体系，实施养老服务设施攻坚行动，完善“一院一中心多站点”布局，深化长照险助力社区嵌入式养老服务实践，积极探索“物业+养老”“家庭照护床位”等服务模式，新增普惠性养老床位1000张以上、护理型床位占比60%以上，每千人配建社区养老服务设施100平方米，养老设施规划实施率达80%，人均期望寿命达82.52岁。2022年，建成投用东华社区综合体等6处养老服务设施、实现街道养老服务综合体全覆盖，健全“岁月厨香”老年助餐服务体系，实施200户困难及空巢独居老人家庭适老化改造。大力推进托幼服务体系建设。加快制定托育服务设施专项规划及相关配套政策，积极推进托幼一体化，完成25个社区“妇女儿童之家”建设，引导大型商超、公园景区、车站普及母婴室，鼓励支持社会力量发展综合托育服务机构和社区托育服务设施，力争五年内每个街道普惠托育机构不少于1家，每千人拥有托育托位8个以上，着力建设儿童友好型城区。2022年，编制《成华区儿童发展纲要（2021—2030年）》，实施儿童友好城市建设行动。

（七）切实加强政府自身建设，奋力打造人民满意的服务型政府。以践行新思想、担当新使命、展现新作为为主线，加强政府系统干部“七种能力”建设，努力建设求真务实、廉洁高效、人民满意的政府。

一是全面加强政府系统党的建设。坚持把加强党的领导贯穿政府工作各领域、全过程，以实际行动拥护“两个确立”，不断增强“四个意识”、坚定“四个自信”、做到“两个维护”，赓续弘扬伟大建党精神，坚决贯彻党中央国务院、省委省政府、市委市政府和区委决策部署，认真落实重大事项请示报告制度，努力在新的赶考路上交出更优答卷。

二是全面加强法治政府建设。严格执行区人大及其常委会决议决定，自觉接受区人大法律监督、工作监督和区政协民主监督，认真办理人大代表建议和政协委员提案，高度重视社会监督、舆论监督。严格执行重大行政决策程序和“三重一大”决策机制，深化综合行政执法改革，推行“柔性执法”“3+N”行政执法等新模式，积极争创全国法治政府建设示范区。

三是全面加强效能政府建设。坚持时间工作法、问题工作法、效果工作法，强化政府工作人员专业理性、精进务实作风，建立重点任务年度推进、责任分解、考核评估工作机制，高质高效推动区委决策事项落实，抓深抓细“为民办实事”实践活动，定期评选“百优十佳”民生实事项目，确保把实事办好、好事办实，不断提升政府执行力和公信力。

四是全面加强廉洁政府建设。严格执行中央八项规定精神及省市相关规定，驰而不息纠治“四风”，重点整治发生在群众身边的不正之风和“微腐败”问题。坚持“过紧日子”，严控一般性、非刚性支出和“三公”经费支出，加强重点领域、重要岗位和关键环节监管，努力营造风清气正的政治生态。

各位代表，同志们！初心凝聚力量，使命呼唤担当！让我们更加紧密地团结在以习近平同志为核心的党中央周围，在党中央国务院、省委省政府、市委市政府和区委的坚强领导下，锚定“1556”总体发展思路，围绕争当“公园城市示范区排头兵”新使命，紧扣建设“六个现代化新成华”新任务，鲜明“三先三升”工作取向，扎实推进“631”重点项目建设，聚焦经济发展“十大重点领域工作”精准发力，奋力谱写超大城市中心城区高质量发展的时代新篇，努力为成都建设践行新发展理念的公园城市示范区贡献更多力量！

中共成华区委关于制定成华区国民经济和社会发展第十四个五年规划和二〇三五年远景目标的建议

[2021年1月16日中共成华区第七届委员会第十一次全体（扩大）会议通过]

中共成都市成华区委七届十一次全体会议深入学习贯彻党的十九届五中全会和省委十一届八次全会、市委十三届八次全会精神，全面分析“十四五”期间成华发展方位和区情特征，系统研究事关成华全局和长远发展的重大问题，从城市发展的新阶段、新任务、新要求出发，就制定国民经济和社会发展“十四五”规划和二〇三五年远景目标提出如下建议。

一、坚持新思想指引新理念导航，开启全面建设社会主义现代化新城区新征程

1．“十三五”时期成华经济社会发展取得重大成就。“十三五”时期，是成华应对重大挑战、经受重大考验、取得重大成就、实现重大跨越的五年。在以习近平同志为核心的党中央坚强领导下，区委团结带领全区人民深入贯彻落实党中央和省委、市委决策部署，主动融入成都建设全面体现新发展理念的国家中心城市宏伟实践，砥砺奋进、克难前行、开拓创新，顺利完成“十三五”规划目标任务，全区经济社会发展取得显著进步，开创了转型发展、创新发展、跨越发展的新局面。过去五年，综合实力实现大跃升。全区经济总量5年连续跨越5个百亿台阶，预计2020年地区生产总值有望突破1100亿元，提前超额完成“十三五”期间经济总量破千亿元目标，人均GDP达到高收入经济体水平，全区经济总量、发展质量、人均均量“三量齐升”，连续两年入选全国综合竞争力百强区。过去五年，发展方式实现大变革。以产业生态圈创新生态链为核心的经济组织形态逐步形成，以现代服务业为主体支撑、以都市工业为重要依托、以新经济为转型方向的现代产业体系初步构建，服务业增加值占全区GDP比重达71.1%，规模以上工业增加值年均增速为11%，新经济企业新增数量位居五城区前列，高新技术产业营业收入预计实现640亿元。过去五年，新旧动能实现大转换。新一轮党政机构改

革、街道社区体制机制改革等重点改革任务圆满完成，“四向拓展、全域开放”立体全面开放新态势加快形成，“政产学研用投”协同创新格局初步构建，累计聚集高新技术企业143家、引进世界500强企业63家，落户“蓉漂”人才5万名以上，技术市场交易额、R&D经费支出分别较“十二五”末增长了2倍和近5倍，获评国家知识产权强县工程试点区、中国最佳国际化营商环境城区。过去五年，宜居品质实现大提升。实施危旧房棚户区改造60个、老旧小区整治312个，均位居五城区前列，高标准建成投用市政公园17个共2172亩、城市绿道231千米，人均公园绿地面积增加2.15平方米，建成区交通路网密度提升至8.04千米/平方千米，全区公服设施实施率从48%提升至80%，高水平打造“夜游锦江”“东郊文创”“熊猫之都”等文商旅城融合发展品牌，公园城市建设实物量持续位居全市前列，全区环境宜居度、生活便利度、城市美誉度大幅提升，荣获全国生态文明建设优秀城区、中国成都国际非物质文化遗产节先进单位等称号。过去五年，民生福祉实现大改善。全区民生支出占公共财政支出比例年均达到67%以上，城镇居民人均可支配收入年均增长7.7%，教育强区、健康成华、颐养成华、文体惠民等重大民生工程扎实推进，建成中小学（幼儿园）52所、新增优质学位4.6万余个，新增4家优质医院、1家国际医院和6个政府举办卫生服务中心、千人床位数较“十二五”末增长92.2%，养老床位数位居五城区第一，建成安置房2.8万余套340万平方米、基本解决3.3万名长期在外过渡征地拆迁群众安置问题，荣获全国义务教育发展基本均衡区、全国首批健康促进区、全国智慧健康养老示范基地等荣誉。过去五年，治理创新实现大突破。纵深推进社区发展治理与社会综合治理双线融合，新冠肺炎疫情防控取得重大战略成果，探索形成“大联动·微治理”“社区规划师”“社区公共服务供给侧结构性改革”“产业服务型国际化社区建设”等新经验，跻身全省依法治区示范试点单位和全省新型智慧城市示范城区，是全省唯一连续四次荣获“全国法治县（市、区）创建活动先进”的单位，获评全国社区治理和服务创新试验区、全国街道服务管理创新实验区、全国平安建设先进区、全国社会治理创新典范区等荣誉。过去五年，党的建设实现大进步。党的全面领导显著加强，全面从严治党纵深推进，“两学一做”学习教育、“不忘初心、牢记使命”主题教育成果丰硕，干部队伍和基层组织建设水平不断提升，反腐败斗争压倒性胜利巩固拓展，全区政治生态和发展环境持续优化，为全面开启成华高质量发展时代新篇凝聚了磅礴力量。

2. 新发展阶段面临的宏观环境和时代特征。今后五年，成华开启全面建设社会主义现代化新城区新征程，将迎来“一带一路”建设、长江经济带发展、西部陆海新通道建设以及构建新发展格局、新时代推进西部大开发、建设成渝地区双城经济圈、建设践行新发展理念的公园城市示范区等国家战略密集实施而带来的一系列重大战略机遇，将面临新一轮科技革命和产业变革加速演进、国际环境不稳定性不确定性明显增加、我国以中心城市和城市群为主体的经济发展空间结构深刻调整、环境资源约束趋紧倒逼发展方式绿色转型、新冠肺炎疫情影响广泛深远、人口老龄化程度持续加深等一系列重大现实挑战；同时，成华还存在发展不平衡不充分等一系列瓶颈制约，全区产业体系不优、创新驱动不足、综合承载力不高、三生融合不够、市场机制不活、开放程度不深等发展短板亟待加快补齐，区域经济发展、公共服务供给、核心资源利用“三个不充分”和枢纽门户地位、发展比较优势、对外显示度“三个不突出”的短板差距问题亟待加快破解。面向未来，全区上下要胸怀两个大局，辩证看待新发展阶段面临的新机遇新挑战，深刻认识社会主要矛盾变化带来的新特征新要求，在服务国家省市发展大局中找准定位，在透过复杂现象看清问题本质中谋定发展战略，在把握短期波动和长期趋势中调整发展战术，在增创竞争优势和有效化解风险挑战中赢得战略主动，努力在危机中育先机、于变局中开新局。

3. “十四五”时期成华经济社会发展的指导思想。高举中国特色社会主义伟大旗帜，深入贯彻党的十九大和十九届二中、三中、四中、五中全会精神，坚持以马克思列宁主义、毛泽东思想、邓小平理论、“三个代表”重要思想、科学发展观、习近平新时代中国特色社会主义思想为指导，全面贯彻党的基本理论、基本路线、基本方略，坚定落实习近平总书记对四川及成都工作系列重要指示精神和省委、市委部署，统筹推进“五位一体”总体布局，协调推进“四个全面”战略布局，坚持党的全面领导，坚持以人民为中心，坚持新发展理念，坚持深化改革开放，坚持系统观念，坚持稳中求进工作总基调，以建设践行新发展理念的公园城市示范城区为统领，以推动高质量发展、创造高品质生活、实现高效能治理为发展导向，以服务新发展格局构建和融入成渝地区双城经济圈建设为战略牵引，以深化供给侧结构性改革为主线，以改革创新为根本动力，以贯彻全区“1556”总体发展思路为重要路径，以“三先三升”为工作取向，以31项重点工程为关键抓手，注重处理好继承与创新、合作与竞争、发展与安全、政府与市场、战略与战术的关系，加快推动成华追赶跨越、竞先发展、提质升位，奋力为成都打造带动全国高质量发展的重要增长极和新的动力源担当贡献，为成都建设社会主义现代化新天府和可持续发展世界城市夯实底部支撑。

4．“十四五”时期成华总体发展思路。一是工作主题，坚持把“成于中优，华在文商”作为工作主题，让城市成就于中优，让经济繁华在文商。成于中优，就是要将中优战略作为全区转型发展的最现实机遇和最有力抓手，立足破解“产业空心化”“功能同质化”“要素紧缺化”等发展瓶颈，加快提高产业层次和城市品质，做强核心功能和比较优势，促进城市形态更美、功能更优、产业更强、品质更高，争当中优新标杆。华在文商，就是要大力推进文化、旅游、商业和城市深度融合发展，激活文旅资源，用好商务商业载体，创造特色消费场景，传承“文气”、集聚“人气”、汇集“财气”，让“游客”变“顾客”、“流量”变“增量”、“低端”变“高端”，加快实现文化繁荣、经济繁茂、城市繁华。二是目标任务，力争到2025年，跻身成都建设全国重要的经济、科技、金融、文创、对外交往中心和国际综合交通通信枢纽的核心功能板块，人均GDP达到中等发达国家水平，基本建成践行新发展理念的公园城市示范城区；加快打造经济高质量发展先行区，创新型人才队伍培养、创新主体引育、创新平台打造、创新能力建设取得重大突破，产业基础高级化、产业链现代化水平明显提升，培育形成亿级新经济产业集群、千亿级都市工业集群、两千亿级现代服务业产业集群，持续做大总量、做优质量、做高均量，GDP占全市比重站稳6%，力争达到6.5%以上，跻身全省县域经济一流强区行列，力争排名中国综合竞争力百强区中游；加快打造文商旅融合发展示范区，“成于中优，华在文商”工作主题落实见效，文化、旅游、商业和城市深度融合发展，“熊猫之都”“东郊文创”“夜游锦江”“枢纽经济”等文商旅融合品牌全面打响，两个“门户枢纽商圈”和六个“百亿商圈”做大做强，文创产业增加值、旅游收入、过夜游客数、游客人均消费实现“四个翻番”，实现服务业增加值1200亿元以上，力争社会消费品零售总额达到1000亿元以上，跻身国际消费中心城市的核心区，成功创建天府旅游名县和国家全域旅游示范区。加快打造公园城市建设领先区，生态优先、绿色发展方式加快形成，生态网络体系、宜居生活体系、绿色交通体系高标准构建，人均绿地面积稳居五城区第一，成功创建国家生态文明建设示范区；现代化的基础设施体系、优质均衡的公共服务体系、全覆盖可持续的社会保障体系进一步完善，城镇居民人均可支配收入力争达到8万元，教育、卫生、养老等重点民生事业达到中西部一流水平，着力打造全域美丽、全龄友好、全民幸福的公园城市建设新标杆；加快打造西部门户枢纽活力区，服务成都建设国家向西向南开放门户枢纽城市的支撑作用明显增强，成都东站、成都北站“双枢纽、双门户”战略地位更加凸显，与金青新大港区、天府国际机场、自贸试验区等重大对外开放平台协同发展机制加快形成，门户经济、枢纽经济、流量经济等开放型经济全面起势，全方位、多层次、宽领域立体全面开放格局系统重塑，成为成渝相向发展的新窗口和双循环新发展格局构建的重要节点。加快打造社会治理现代化典范区，“党委领导、双线融合”机制更加完善，全区社会治理制度更加成熟定型，社区发展治理和社会治理综合效能显著提升，“数字孪生城市”建设落地见效，构建形成人人有责、人人尽责、人人享有的社会治理共同体，“平安成华”“法治成华”“智慧成华”建设迈上新台阶，走出一条具有时代特征、成都特点、成华特色的社会治理现代化新路子，跻身全国社会治理现代化典范城区行列。三是发展战略，牢牢抓住转型发展的窗口期和机遇期，借机发展、借力起跳、借势跨越，以产业生态圈建设为主目标，以产业功能区为主战场，聚焦主导产业、紧盯细分领域实施招大引强、扶优扶强，持续推动经济扩总量、优结构、提效益，加快构建以现代服务业为主体支撑、以都市工业为重要依托、以新经济为转型方向的现代产业体系，重构经济地理、重振产业雄风，为成华跨越发展、提质升位夯实硬核支撑。文商兴区，坚持文旅是基础、文商是方向、融合是路径，以成都建设国际消费中心城市为契机，充分发挥文商旅融合发展的叠加放大效应，大力推动传统商贸业态创新、品牌集聚、服务提质，积极培育首店名店经济、夜间经济、户外经济、假日经济、线上经济等消费新业态，创新打造文艺品鉴、熊猫潮玩、锦江夜游等消费新场景，以优业态做强大商圈，以大商圈承载大商贸，以大商贸增强硬实力，实现全区服务业发展提速、能级提升、效益提高。改革活区，全面深化改革创新，大力破除制约发展的体制机制障碍，进一步打通“政产学研用投”协同创新通道，充分发挥“五院三司两校”等龙头创新主体的聚集辐射带动效应，全面推动高品质科创空间打造、环高校知识经济圈建设等重要领域取得实质性突破；全面扩大对外开放，深度融入省市对外开放大格局，以大枢纽畅达五湖四海、以大创新强化硬核支撑、以大交流促进人文沟通，打造具有比较优势的要素高地、生活高地和成本洼地，为成华可持续发展厚植新优势、壮大新动能、增添新活力。品牌强区，秉持“单项争第一、全面争先进、精心铸品牌”工作理念，全力争创各方面国家、省、市先进，系统塑造经济发展、城市建设、社会治理、文化发展等领域“成华品牌”；深度挖掘利用“大熊猫”“大枢纽”“大文创”“大都市”“大科创”等资源禀赋特质，用好用活大熊猫和工业文明两张“城市名片”，全面打响“夜游锦江”“东郊文创”“熊猫之都”“枢纽经济”文商旅融合发展品牌，推出具有显示度传播力的文化作品、文创产品、文旅活动，大幅提升成华的辨识度、知名度、美誉度。环境优区，坚持内外兼修、软硬兼顾，同步优化提升城市环境和营商环境，引导城市发展从生产导向转向生活导向、从工业逻辑回归人本逻辑、从工业文明迈进生态文明，高品质塑造宜居宜业的生活城区；深化“放管服”改革，构建便捷完善的基础环境、法盛人和的法治环境、公平竞争的市场环境、亲清和谐的政商环境、简明有效的政策环境、和谐稳定的社会环境，持续提升区域吸引力和竞争力。四是重点任务，坚持把城市更新、产业提质、动力转型、文化赋能、治理提升、民生改善“六大行动计划”作为成华中优的主抓手，按照“远近结合、点面结合、条块结合”原则，将“六大行动计划”工程化、项目化、清单化，将每个行动计划、各项工作锁定到责任领导、落实到责任单位，推动各项举措落地生根、落实见效。通过“六大行动计划”，推动城市空间、产业、动力、功能、治理、民生等领域全方位转型升级，努力实现成华位势能级全面提升、综合实力大幅增强、城市魅力充分彰显。

5. 2035年远景目标和2050年战略展望。有机衔接新时代成华“三步走”战略目标，力争到2035年，高水平建成社会主义现代化新城区，全区产业竞争力、创新驱动力、文化影响力迈入全市一流城区水平，基本建成全国绿色发展典范城区，全面打响独具人文魅力的世界文化名城先进区品牌；全区基本公共服务、基础设施通达程度、人民生活水平达到东部城市水平，全体人民共同富裕走在全国前列，城市治理体系和治理能力现代化基本实现，高质量建成践行新发展理念的公园城市示范城区，成为成都全面建成具有国际影响力的活跃增长极和强劲动力源、泛欧泛亚有重要影响力的国际门户枢纽城市的有力支撑。到2050年，成为支撑成都建成泛欧泛亚区域性经济中心、科技创新中心、金融中心、贸易中心、文化中心的活跃极核，成为支撑成都建成“创新驱动、全龄友好、生活富裕、生态宜居”公园城市的示范样板，成为支撑成都建成社会主义现代化新天府和可持续发展世界城市的先行城区。

二、强力实施“城市更新”行动计划，持续增强城市可持续发展的综合承载力

深入贯彻习近平生态文明思想，积极践行“绿水青山就是金山银山”理念，统筹推进城市更新行动计划“五大攻坚工程”，协同提升人口和经济承载弹性空间，推动城市空间结构、整体形态、发展方式、营城路径全方位深层次转变，加快建设人城境业高度和谐统一的现代化城区。

6. 实施城市有机更新攻坚工程。提高城市空间治理能力，严格遵循“三区三线”国土空间规划，深入贯彻中优“三降两提”“三减三增”“五优”等部署要求，将城市设计贯穿规划全过程，加快建立空间留白机制，探索实施片区容积率平衡转移政策，实行国土空间规划全生命周期管理。用好用活国家和省市支持城市更新的政策红利，按照“TOD引领、轴线带动、片区更新、留改建并举”思路，按照“5—10—30”目标进度、加快实施城市有机更新五年行动计划，完成老旧小区改造150个以上，重塑老城活力、重现老城魅力，打造中优有机更新示范样板。秉持“总体策划、片区开发、轴线带动、组团打造、地标增色”工作思路，加快构建“五横五纵九组团”城市空间格局，差异化塑造空间形态、系统化提升功能品质、高端化构建产业生态、特色化营造城市风貌。坚持“人城产”逻辑，推进全域功能区体系建设，开展功能区模块化设计和社区化管理，以TOD引领片区空间结构优化和公共服务体系重构，加快构建交通圈、商业圈、生活圈“多圈合一”的城市功能区。创新片区综合开发方式，推行“国有投资平台+专业性营运企业”开发模式，构建投资运营动态平衡、生产生活生态有机融合的城市新型社区。

7. 实施公园城区“五化”攻坚工程。聚焦推动全域绿化，统筹推进12个市政公园和200千米绿道、10万平方米立体绿化、100万平方米城市绿地建设，规划绿地实施率提升至60%以上，形成星罗棋布、类型多样、全民共享的绿道体系。聚焦促进空间美化，统筹推进9个公园城市示范片区建设和10个公园城市示范街区打造工作，呈现蓝绿交织、繁花似锦、景城相融的生态美景。聚焦推行景观亮化，以三环四路为主要骨架，统筹实施景观照明建设，串点成线、连线成面，构建形成纵横交错、明暗有致、节点突出的景观照明体系，实现景观亮化楼宇500座以上，彰显城市夜间魅力。聚焦推动内涵优化，强化公园绿地品牌塑造、活力提升，注重特色文化的保护传承和活化利用，充分利用锦江、沙河、东风渠、高铁两侧规划绿地空间，打造富有成华特色的滨水休闲带和铁线景观带，推动文商旅融合发展。聚

焦推进价值转化，完善城市空间品质价值提升平衡建设投入、消费场景营造平衡管护费用“双平衡”机制，实施“绿道+”“公园+”“生态+”等策略，在绿色公共空间有机植入集聚公共服务功能和新消费业态，推进不低于10个综合运营项目，创造更多可阅读可感知可消费的生态文明物化载体，基本形成“生态投入—环境改善—品质提升—价值反哺”良性循环。

8. 实施公共空间品质提升攻坚工程。大力提升城市功能配套水平，统筹实施“新一轮公服设施建设、基础设施提升、安置房建设”等专项行动，基本建成15分钟“公交圈”“公园圈”“公服圈”，让成华成为“功能完善、配套齐全、服务便利”的高品质生活宜居地。统筹产业功能区和新型社区建设，营建满足各类人群偏好和品质需求的社区场景，构建“15—10—5分钟”街区级、社区级、小区级便捷服务体系。抢抓办赛营城机遇，统筹推进全区“七横六纵”骨干道路、铁路沿线及产业功能区公共空间品质提升，加快实施道路沿线街面立面、慢行系统、公园绿地等品质改造，精心打造一批“城市阳台”“城市客厅”“城市厨房”，塑造让居者心怡、来者心悦的形象品质。纵深推进“城管革命”，持之以恒抓好城郊接合部和背街小巷环境综合治理，高标准打造一批特色示范街巷、环境卫生管理示范街、“两拆一增”示范点位，营造干净整洁有序的城市环境。

9. 实施交通畅行攻坚工程。持续提升城市通勤效率，坚持以轨道交通为引领、以路网完善为抓手、以交通配套为支撑、以断头路攻坚为突破，加速形成15线56站轨道交通线网、7环13射城市骨干路网和辖区“微循环”路网，统筹构建“轨道+公交+慢行”三网融合绿色公共交通体系。加快推进轨道交通建设，全力保障在建线路建成投用，力争9号线、12号线、16号线、20号线、32号线成华段纳入第五期建设规划，配合推进成渝中线、成自铁路和火车北站扩能改造项目，推动实施市域铁路“公交化”建设，积极推进轨道交通加速成网。加快织密便捷顺畅的城市骨干路网，实施成华大道、东西城市轴线、成洛路、蓉都大道等主干道品质提升，推进成南高速扩容绕城互通、成致路互通等7个重要节点改造，建设80条已规划未实施的次支道路，推行小街区规制，推动“外快内畅”立体交通加速形成。聚力实施断头路攻坚，统筹打通区域内15条断头路及9条跨区断头路，畅通城市经济的发展之路，疏通连接百姓民心的利民惠民之路。全力优化公交配套，实现公交线路及站点300米覆盖率85%、500米满覆盖。

10. 实施碧水蓝天净土攻坚工程。坚持全民共治、源头防治，深入推进“三治一增”，基本消除重污染天气、全面恢复水生态系统、保持土壤环境质量稳定，让天更蓝、地更绿、水更清、空气更清新。坚决打好蓝天保卫战，聚焦建筑工地、机动车、生产生活等领域，建立重点管控区域三维高精度大气污染源清单，统筹推进清洁降尘、提标减排、科技治霾工作，加大清洁能源替代攻坚力度，扩大新能源示范应用范围，力争年度优良天数不低于292天，PM2.5平均浓度小于等于35微克/立方米。坚决打好碧水保卫战，深化落实河（湖）长制，全力推进供排净治一体化改革，统筹水资源利用、水污染防治、水环境治理和水生态保护，强化控源、治污、扩容、严管，确保出境断面水质稳定达标，提高主要河流断面水质优良率，力争区内优良水体率达到90%以上，实现水清、岸绿、河畅、景美。坚决打好净土保卫战，强化土壤污染风险管理，实施污染地块负面清单和分类管控，跟踪监管土壤污染重点单位、工业园区、污水处理厂周边土壤环境质量，完成全区8块确认污染地块的治理与修复。推广循环经济发展模式，提升产业生态化、生态产业化发展水平。推行垃圾分类和减量化、资源化，探索建设“无废城市”。开展绿色建筑创建行动，落实“碳惠天府”机制，构建绿色低碳生活圈，倡导简约适度、绿色低碳的生活方式，力争率先建成“碳达峰碳中和”示范城区。

三、强力实施“产业提质”行动计划，大力提升成华转型跨越的核心竞争力

聚焦聚力成都建设重要经济中心，坚持以高能级产业生态圈建设为牵引，以产业功能区高质量发展为支撑，统筹推进产业提质行动计划“五大提能工程”，加快构建以现代服务业为主体支撑、以都市工业为重要依托、以新经济为转型方向的现代产业体系，持续提升经济质量效益和核心竞争力。

11. 实施产业功能区升级提能工程。持续提升产业功能区“辨识度”，将龙潭新经济产业功能区建设为全国一流、西部领先的“新经济·生态城”，将东郊记忆艺术区建设为文商旅城融合发展新名片，将成都熊猫国际旅游度假区建设为大熊猫文旅品牌核心承载地和世界旅游名城首选目的地，将东客站枢纽经济发展区打造为全国领先、中西部一流的枢纽经济集聚区，将建设路金融商务总部发展区打造为总部经济新高地和生活体验型都市商圈新典范，将新北天地商贸旅游发展区打造成为以门户经济新高地、“家需求”产业集群为特色的全国知名主题消费目的

地。持续提升功能区主导产业“集聚度”，动态完善“两图一表”，大力实施“产业聚链、龙头兴链、项目固链、创新引链、金融活链、数字强链”行动，推动一批标志性、关键性项目落户产业功能区，构建形成产业布局合理、区域特色突出、结构明显优化的产业集群发展格局，力争实现85%以上产业配套在产业功能区解决。持续提升功能区人城产“融合度”，按照“研发设计、创新转化、场景营造、社区服务、景观环境”五位一体原则，加快规划打造高品质科创空间，聚焦细分领域强化产业基础能力建设，完善生产配套、生活服务和政务服务体系，建成标准厂房95万平方米以上，新增人才公寓供给4000套以上，力争实现85%以上的生活需求在产业功能区解决，打造产业资源集聚平台、价值创造平台、生活共享平台。持续提升功能区运营“专业度”，优化“政府+平台公司+专业机构”运营管理模式，携手领军企业成立国资性综合运营商，因地制宜赋予功能区土地开发、规划建设、项目促建等方面自主权，建立“优胜劣汰、以产出水平论英雄”的管理考核机制。

12. 实施现代服务业崛起提能工程。加快构建具有比较优势的“3+3”现代服务业体系，持续推进“现代商贸、文化创意、都市旅游”三大支柱型服务业提质增效、转型升级，积极推动“枢纽服务、医疗健康、新兴金融”三大成长型服务业提速增量、做大做强，完成服务业固定资产投资2000亿元，建成商业载体面积1000万平方米，培育甲级以上楼宇10栋、专业特色楼宇30栋，引育营收亿元企业超过100家、“四上企业”达到1000家、总部经济规模突破2000亿元，创建省级服务业重点品牌10个以上，招引培育服务业龙头企业30家以上，发布成华服务品牌50个以上，加快建设现代服务业强区。积极推动生产性服务业向专业化和价值链高端延伸，重点发展商务服务、现代物流、数字金融、技术服务等生产性服务业，加快打造专业型、总部型高端生产性服务业聚集区，全面提升高端资源聚合力、转型升级驱动力和高科技创新牵引力。积极推动生活性服务业向高品质和多样化升级，加强公益性、基础性服务业供给，持续提升健康、养老、育幼、文化、旅游、体育、家政、物业、房地产等服务业便利化精细化品质化水平，更好适应居民消费结构升级和多样化需求。坚持以业态模式、场景创新激发服务业发展活力，加快服务业标准化、品牌化、数字化建设。

13. 实施都市工业增效提能工程。坚持把发展都市工业作为破解“产业空心化”难题的重要抓手，按照“招大扶强、产业创新、人才培育、载体建设”思路，培育发展以总部为基、楼宇为形、创新为魂的都市工业，加快构建“3+3”都市工业体系，推动都市工业实现倍增，力争总产值达1500亿元以上，规模以上工业增加值达500亿元以上，都市工业发展水平跻身全市一流，建设制造强区。聚焦推动都市工业集聚集群集约发展，做大做强以智能终端为主体的数字通信产业集群、以机器人为核心的人工智能产业集群、以云研发云设计云制造为突破的工业互联网产业集群，培育“高成长型”企业50个以上、“小巨人”企业40个以上、“大企业大集团”10个以上，加快打造一批主导产业细分领域的“隐形冠军”“单打冠军”。做优“1+N”都市工业空间布局，以龙潭新经济产业功能区为主体支撑，加快打造5个特色鲜明、配套完善的产业社区，建成投用50万平方米都市工业载体，规划打造20个集约高效、功能复合的特色楼宇，不断增强都市工业发展承载能力。强化要素保障，建立支持都市工业发展的政策体系，大力推动功能区低效用地腾退转和闲置产业载体市场化盘活，积极探索租赁供地、短期出让、长期出让等差别化供地模式，引进都市工业载体空间专业代运营机构，实行工业用地“亩产效益”评价等机制，全面为都市工业发展聚势赋能。

14. 实施新经济梯度培育提能工程。聚焦形成以新经济为主动能的新优势，前瞻布局新经济领域核心战略性高技术新兴产业，全力抓好新经济“招大引强、企业梯度培育、应用场景打造、要素供给改革”等计划，大力培育发展千亿级新经济产业集群，加快建设网络强区、数字成华。抢抓四川建设国家数字经济创新发展试验区机遇，加快推动人工智能、物联网、大数据、区块链、5G等硬核科技融合应用，积极发展工业机器人、数字文创、数字通信、检验检测、智慧医养等新业态。加大新经济应用场景供给力度，围绕智能制造、工业互联网、数字文娱、数字商贸、智慧城市等领域，开展新技术、新模式、新业态融合创新的示范场景建设，定期发布城市机会清单，积极参与成都“场景营城产品赋能”新经济双千发布会，持续以新场景吸引新产业。加快构建“种子企业—准独角兽企业—独角兽企业”的新经济企业梯度培育体系，开展新经济企业精准引培，完善新经济企业服务专员制，推动更多新经济企业入选“双百工程”，新引进独角兽、准独角兽企业7家以上和新经济500强企业20家以上，全区新经济企业达到5万家以上，实现新经济市场主体量质双升。创新核心要素供给，优化新经济发展生态。

15. 实施新兴金融聚势提能工程。抢抓成都建设国家西部金融中心机遇，突出金融服务实体和产业催化功能，构建以传统金融为基础、新兴金融为主导、数字金融为特色的金融产业体系，打造新兴金融增长极，助推成华区域经济弯道超车。促进传统金融提档升级，持续增强现有银行、证券、保险等金融龙头企业作用，加大对国内外知名金融机构、金融控股集团以及综合型企业集团金融板块的引进力度，招引各类泛金融企业和相关服务机构超过100家，力争引进1家法人持牌金融机构和2~3家区域性、功能性总部。加快新兴金融发展，推进“君华汇”平台向“财富管理高地”稳步升级，入驻私募机构达400家，管理规模达300亿元，建设服务全川、辐射西部、影响全国的国内一流证券创投与服务基地。围绕新兴产业创新发展和传统产业转型升级需要，积极发展大数据、区块链、支付清算等数字金融业务，以区内金融科技领军企业构建数字普惠金融服务平台，汇聚数字金融上下游企业，以科技升级促进“服贷投”模式优化完善，拓展融资服务可及度和覆盖面，力争数字金融交易额突破700亿元。以天府金融博物馆、亚太并购大厦为核心载体，吸引并购操作、资产评估、融资服务等并购产业相关服务机构聚集，加快打造西部并购产业集群。推动企业上市倍增，纳入拟上市挂牌培育企业达到50家，A股及海外主要资本市场上市企业、新三板挂牌企业、四板市场挂牌企业在“十三五”基础上翻番。健全金融风险预防、预警、处置机制，防范化解金融风险。

四、强力实施“动力转型”行动计划，加快培育发展新动能

坚持在服务新发展格局中育先机、开新局，在国家战略和省市发展大局中找定位、强担当，抢抓成都建设国内大循环战略腹地和国内国际双循环门户枢纽、全国重要的科技创新中心等机遇，统筹推进动力转型行动计划“五大创新工程”，突出科技创新核心驱动，推动更深层次改革，实行更高水平开放，夯实高质量发展人才支撑，加快构建竞争新优势和转型发展新动能。

16. 实施科技协同创新工程。坚持创新在现代化建设全局中的核心地位，构建政府搭台、创新引领、人才主角、产业发展“四维”创新生态环境，促进政、产、学、研、用、金、服“七要素”高效联动，推进创新链、产业链、人才链、金融链“四链”深度融合，实现高新技术企业250家以上，高新技术产业主营业务收入700亿元以上，R&D经费投入占GDP比重达到2.5%以上，加快建设科技强区。主动对接成都“两区一城”等创新源头，积极融入成德绵国家科技成果转移转化示范区建设，推动科技创新平台、科研仪器设备及数据开放共享，争取共建一批联合实验室或新型研究机构，共同打造一批重点科技园区，共同实施一批国家重大科技项目。健全完善“政产学研用投”协同创新机制，支持“五院三司两校”等龙头创新主体与企业组建柔性产学研联盟，全面促进科技成果本地转化，力争完成转化重大科技成果30项以上。大力促进高新技术企业和科技型小微企业“双倍增”，构建遴选、入库、培育、认定“四个一批”协同推进机制，持续壮大科技型企业底盘。支持企业加大研发投入，提高规模以上工业企业研发机构、研发活动“两个覆盖率”。完善“微创智能工厂—众创空间—孵化器”梯级孵化体系，建成国家级双创载体3家、省级双创载体6个、市级双创载体10个、微创智能工厂12个以上，打造一批独具产业特色的孵化载体。支持电子科技大学、成都理工大学“双一流”建设，全面推动环高校知识经济圈建设取得实质性突破。加强科普工作，营造崇尚创新的社会氛围。

17. 实施重点领域体制机制创新工程。坚持以改革促进体制机制放开搞活，推动有效市场和有为政府更好结合。围绕增强市场主体活力，坚持“两个毫不动摇”，深化国资国企改革，优化国资结构布局、提升国资运作效率、健全法人治理结构、深化国企放权赋能、完善激励约束机制，构建效率导向的国企评价体系，推动区属国企做大做强，实现1家集团公司获AAA评级和1家区属国有（控股）公司上市；大力发展民营经济，完善常态化规范化的政企沟通机制，构建亲清新型政商关系，健全支持民营企业和中小微企业发展政策体系，推动企业“上云、上规、上市”，积极培育成华本土中国500强企业和行业单项冠军企业，民营经济增加值达到700亿元，占GDP比重增至47%。加快推进经济领域重点改革，深化以绩效为导向的财政预算制度改革，推进财政支出标准化，提升财政资金配置效率和使用效益；深化投融资体制机制改革，强化财政资金、国有资产、金融资源协同，形成市场主导的投资内生增长机制；充分发挥“蓉易贷”服务中心、“服贷投”投融资服务中心资源整合作用，进一步缓解中小微企业融资难、融资贵、融资慢难题；积极培育发展技术要素市场、数据要素市场，增强区域发展内生动力。坚持以成都“五项制度改革”为牵引，加快构建系统完备、精准高效的高质量发展政策体系。坚持以“小切口、枢纽型”关键环节改革撬动大发展，纵深推进产业功能区“员额制”改革、全国儿童青少年近视防控试点区建设等10项重点改革任务，积极创出一批可复制、可推广的成华改革经验。

18. 实施高水平开放合作创新工程。坚持“四向拓展、

全域开放”，深化外事外资外经外贸外宣“五外”联动，构建全方位多层次的开放合作格局，新签约引进高能级产业项目100个以上，实际到位内资1000亿元以上，实际利用外资200亿元以上，进出口总额达到200亿元以上。抢抓国家“一带一路”、长江经济带建设、新时代西部大开发、成渝地区双城经济圈建设等重大国家战略机遇，充分发挥成都东站、北站“双枢纽”的资源链接优势和横跨成都东大门、北大门“双门户”的区位带动优势，深度融入国家“八纵八横”高铁交通网和省市多向度战略大通道，主动加强与成都“双机场”的有效接驳，全面加强与四川自贸区、成都综合保税区、国际铁路港等高能级开放平台的合作发展，携手“东进”区域共同推动成渝相向发展，协同“北改”区域共同加强金青新大港区对外开放合作，积极融入全球产业链供应链体系，加快打造成渝相向发展的“新窗口”、链接欧亚陆港门户枢纽的“新节点”和推进区域一体化发展的“新示范”，努力在服务构建新发展格局中抢位争先。积极融入成德眉资同城化发展、成都平原经济区一体化发展，重点推动智能制造、通信装备、文化创意、旅游服务、大健康等领域产业务实合作，探索形成“总部+基地”“研发+转化”“终端产品+协作配套”新型产业协作关系，着力打造优势互补、互利共赢的区域发展共同体。加快构建“大经贸、大招商、大合作”格局，积极参加“成都造·全球行”“万企出国门”等国际经贸拓展活动，深度参与中日（成都）城市建设和现代服务业开放合作示范项目建设，构建完善“立足沿海、深化港台、巩固日韩、提升东南亚”招商策略，精准招引高能级领军企业以及六类500强企业，鼓励支持“五院三司一行”等龙头总部企业、成焊宝玛等高新技术企业、富森美等供应链平台企业扎根成华、走向全球，着力扩大经济外向度、提高开放型经济水平。

19. 实施营商环境创优创新工程。聚焦建设稳定公平可及的营商环境，坚持以市民和市场主体获得感为重要评价标准，进一步深化“放管服”改革，让市场主体放心投资、安心创业、顺心发展。加强诚信政府建设，构建“无事不扰”“无处不在”监管服务体系，探索包容审慎监管、智能智慧监管新模式，深化企业投资项目承诺制改革，逐步减少地方设定行政许可事项，推动环境预期更加稳定。全面清理招投标、政府采购、不合理监管措施等方面隐形壁垒，推进市场主体信用积分管理，实施知识产权一体化保护工程，健全外商投资促进、保护和服务体系，推动市场竞争更加公平。优化企业全生命周期服务，加快建设集成行政审批、政务服务、公共服务于一体的新市民中心，用好“蓉易办”“蓉易享”平台，推进“一业一证、一企一证、一事一次办”改革，强化“一网通办、一网统管、一键回应”功能，推广项目审批“一站式”服务，推进同一政务服务事项无差别受理、同标准办理和惠企政策一窗通办、免申即享，实现企业和市民100%事项全程网办、90%事项一窗受理、80%事项全域通办、60%以上事项即办、高频事项“一件事一次办”“跨省通办”，健全政务服务“好差评”评价机制，打造7×24小时不打烊政府，构建5分钟政务服务圈，推动政府服务更加可及。

20. 实施东骄引才兴智创新工程。坚持人才是发展的第一资源，深化人才发展体制机制改革，创新人才引进、培养、使用、评价、激励、发展机制，建设一流人才生态示范区。以打响“东骄华章”品牌为统揽，升级优化成华人才政策体系，完善产业细分领域专项人才配套政策，形成更具吸引力和竞争力的人才制度体系。推进“全域人才”开发，落实成都市“蓉漂计划”“产业生态圈人才计划”和“城市猎头行动计划”，举办“蓉漂杯”“创智杯”“青年创业大赛”“最美女创客”等活动，汇聚顶尖的科学家、科技领军人才、优秀企业家人才、高技能人才和一流专业团队，新引进产业技能人才2万名以上、高精尖缺人才500名以上、科技领军人才10名以上，新培育50名以上名企业家、名校长、名院长。推动人力资源跨区域跨领域合作，与重庆、德阳、眉山、资阳等地联合开展人才协同创新试点，探索实施“产业教授”计划，引入“双一流”高校科研机构5家以上，鼓励区内企业建立“研发飞地”，提高人才配置效能。打造“家在成华”场景，做强“成华HR联盟”，做优“东骄文商人才培育基地”，做实“成华科创人才服务中心”，打造“成华人才广场”，升级成华人才绿卡，加强医疗、教育、住房等方面的“一站式”便捷服务保障，努力满足人才多层次、多样化需求，最大限度激发人才创新创业活力。

五、强力实施“文化赋能”行动计划，不断厚植区域繁荣发展的新优势

准确把握文化与城市的互动关系，以四川建设文化强省、旅游强省和成都建设世界文化名城为机遇，坚定文化自信、强化文化担当、激发文化创造，统筹推进文化赋能行动计划“五大营建工程”，大力推动天府文化创造性转化创新性发展，塑造城市精神内核、彰显城市特色魅力、赋能城市消费升级，增强城市繁荣发展活力。

21. 实施天府文化润城营建工程。深入开展习近平新时代中国特色社会主义思想学习教育，加强马克思主义理论研究和建设，擦亮“蓉耀青年”“理响成都”“沙河风”等

理论宣传教育品牌。加强党史、新中国史、改革开放史、社会主义发展史教育，聚焦建党100周年等重要历史节点开展重大主题活动。坚持以文化人、以德润城，持续深化核心价值引领、天府文化润城、先进典型示范、市民友善优雅“四大行动”，深入推进公民道德、志愿服务、诚信社会和家庭家教家风建设，建立健全“区—街道—社区”三级新时代文明实践体系，构建“职业道德模范示范”矩阵，深化“街区园区精神文明创建”活动，打造成华榜样、红色先锋、最美家庭、成华工匠、成华法治人物（先锋）、成华最美退役军人、书香成华等品牌，每年建设社会主义核心价值观示范点3个、家风家训示范点1个、区级新时代文明实践示范点5个，构建市民“15分钟阅读圈”，努力建设形成适应新时代要求的思想观念、精神面貌、文明风尚、行为规范。加强网络文明建设，发展积极健康的网络文化，打造清朗网络空间。

22. 实施文体设施营建工程。健全现代公共文化服务体系，统筹布局建设城市级、片区级、社区级公共文化服务设施，加快文物与博物馆体系、书店体系、演艺体系、赛事体系、美术空间体系、创意设计空间体系等建设，加快推动成都自然博物馆、中演华天艺术中心等“六馆四中心”建设，持续提升多宝寺壹号艺术中心、毛边书局等辐射影响力，按照成都市一级公共文化服务馆（站）标准完成11个街道文化活动中心提档升级，打造100个文艺新空间，全面实现“一社区一美学馆”全覆盖，每万人拥有公共文化设施达到800平方米。加大优质文化服务供给，推进文学艺术、影视出版、网络视听、川剧戏曲等繁荣发展，打造一批有影响力的“大奖、大节、大作、大赛”，推动公共文化服务智慧化、供给多元化。

23. 实施文商旅融合发展营建工程。秉持以“城”为基、以“文”为魂、以“旅”为形、以“商”为体的发展思路，持续推动文化旅游商业城市深度融合发展，建设文创新基地、时尚消费新高地、国际旅游新胜地。坚持以“五创”争先点亮文商旅城融合发展，主动融入巴蜀文化旅游走廊建设，加快创建国家级全域旅游示范区、国家AAAAA级旅游景区、天府旅游名县命名县、省级全域旅游示范区和国家级文化创意产业示范园区。坚持以文创产业腾飞引爆文商旅城融合发展，构建“两核两轴四区”的文创产业发展布局，规划建设18个文创产业园区、打造9个国家省市级示范园区（基地），强化文旅企业招引扶强，实现文旅“规上”企业达200家、文旅“标上”企业1000家、文旅小微企业（社会组织）10000家，重点发展创意设计、文旅产业、信息服务优势产业，突出发展影视音乐、数字娱乐、动漫游戏、教育培训等领域新兴产业，策划构建50个标杆性时尚消费场景、50个社区生活美学场景、200个创新创意生产场景，打造天府文创时尚设计新区、数字娱乐高地、影视音乐百老汇和动漫电竞新潮地，加快建设天府文创强区。坚持以消费扩量提质奠基文商旅城融合发展，抢抓成都建设国际消费中心城市机遇，聚焦彰显“市井生活”“文创潮玩”“家生活”“时尚潮流”“城际商旅”“国际品牌”等文化特质，构建可阅读可感知可欣赏可参与可消费的文化生态，推动传统商圈业态创新、功能升级、品牌集聚、服务提质，做优“三轴八圈”现代商贸业布局，做强2个“门户枢纽”商圈和6个“百亿商圈”。创新消费供给，培育发展首店名店经济、夜间经济、后街经济、假日经济、绿色经济等消费新业态，打造特色商业街区15条以上，建成省、市级步行街3条以上。鼓励发展智慧消费、数字消费等新模式，推动直播电商壮大发展、跨境电商突破发展。塑造安全友好的消费环境。

24. 实施文旅特色IP营建工程。创新塑造“最可爱”熊猫文化、“最时尚”工业文明、“最神秘”古蜀文明、“最成都”市井文化等独特IP，提升打造一批特色文化新地标。聚焦塑造国际顶级大熊猫IP，紧扣“大熊猫+国际旅游度假”“大熊猫+国际人文交流”“大熊猫+国际文创展示”主题，加快推进熊猫基地改扩建、discovery华人国际探索世界、中旅成都国际免税广场等重大项目，构建形成“1个国家AAAAA级旅游景区+3大城市级旅游度假区+N个特色文商旅消费场景”的全新格局。聚焦塑造“工业文旅”IP，秉持“工业遗存+文创园区+文旅地标”三位一体开发理念，推动工业遗存保护性再造、产业化改造、景区化营造、社区化塑造，运用“红仓模式”推进50万平方米工业遗存资源的活化利用，建设十大特色主题产业园，打造100处“工业风、文创范”网红打卡地，奋力建设国家级文创产业发展区。聚焦塑造中国古蜀文化IP，加强文物考古发掘，强化古台、古道、古刹、古墓、古桥“五古”和老厂房、老建筑、老街区“三老”文化遗产以及非物质文化遗产保护和传承，加快推进孟知祥大遗址文化遗产保护工程建设，打造羊子山祭祀台、驷马桥、升仙湖、昭觉寺等特色鲜明的文化地标，让更多的古蜀文明活在当下、服务当代，打造菁华之城、华美之城、风华之城、繁华之城、年华之城。聚焦塑造成都市井生活IP，加快推动天府锦城·猛追湾市民休闲区提档升级，打造艺文生态花园、潮流娱乐中心、网红美食聚落、文化创意基地“四大板块”，发展“锦江夜游、高塔夜秀、美食夜市、酒吧夜娱、民居夜宿”等夜间经济新业态，建设工业文明与现代时尚交相辉映、美食文化与文创产业共生共融的示范街区。

25. 实施文化品牌营建工程。抢抓“三城三都”建设机遇，强化文化品牌意识，努力打造一批体现“蕴含历史韵味、彰显地域特质”的文化品牌系列。创新打响本土文化活动品牌，挖掘本土特色文化内涵，创新打造国际戏剧节、天府银杏艺术季、熊猫国际马拉松、天府国际动漫节、沙河流韵、十二月市等特色文化品牌。积极打响国际赛事活动品牌，秉持“谋赛、营城、兴业、惠民”理念，配合成都办好大运会、世乒赛、亚洲杯、汤尤杯和世运会等重大赛事，持续办好国际青年友城音乐周、女子重剑世界杯赛等国际文化交流活动，力争每年举办国际赛事2次、国家级赛事5次。着力培育成都“百老汇”品牌，聚合中国对外文化集团、繁星戏剧村、合纵音乐、大喜时代等品牌联手打造国际顶级的戏剧、音乐剧目20个。积极推动文艺名家汇聚和文艺精品繁荣兴盛，引育文艺名家100个，创作原创音乐、美术、戏剧、文学、影视、摄影等文艺作品10000部，推出优秀文艺精品力作100部。加快打造特色文化交流交往品牌，系统塑造跨文化交流传播矩阵，深入开展海内外文化旅游联动营销，扩大国际友城深度合作，系统构建“周周有看点、月月有精彩、年年有大戏”的多层次交流活动体系，不断提升成华显示度知名度美誉度，真正让外界认识成华、记住成华、青睐成华。

六、强力实施“治理提升”行动计划，全面提高城市智慧韧性安全水平

坚决贯彻总体国家安全观，牢固树立“全周期管理”意识，统筹推进治理提升行动计“五大改革工程”，全面加强系统治理、依法治理、综合治理、源头治理，加快推动治理体系和治理能力现代化建设，努力走出具有时代特征、成都特点、成华特色的基层治理新路。

26. 实施共治聚力改革工程。深化“党建引领、双线融合”治理机制，健全“一核三治、共建共治共享”基层治理体系，推进市域社会治理现代化试点。坚持发展治理融合，大力推进幸福美好公园社区建设，引导全社会共建社区价值共同体、发展共同体、治理共同体、生活共同体、行动共同体。分层分类深化党建引领社区发展治理示范建设，完善基层民主协商制度，畅通居民、群团组织、社会组织、市场主体等参与社区治理渠道。加强社会治理主体培育，深化“一体化”大群团工作机制，完善社区规划师制度，打造天府社创中心，构建“省—市—区—街—社区”五级社会组织（社会企业）培育孵化体系，大力发展专业性、枢纽型、品牌化社会组织和社会企业，培育本地社会组织100个以上，认证社会企业5~10个，成立社区微基金30支以上，不断提升社区工作者专业化职业化水平。试点探索“一支队伍统管、一张网络统揽、一个平台统调、一套机制统筹”改革，推动治理重心下移和效能提升。持续做好街道行政区划调整和社区体制机制改革“后半篇”文章，持续提升发展质量、服务能力和治理效能。

27. 实施平安共创改革工程。坚决守护城市安全防线，确保城市安全、社会安定、市民安心、网络安清。完善城市重大安全风险防控体系，提升基础设施承灾能力、重大风险管控能力、突发事件应对能力、社会减灾抗灾能力，优化防灾减灾空间，实施防灾备灾工程，构建适应特大城市中心城区的“城市安全风险全过程综合管理”模式。完善公共安全应急预案体系、应急力量体系、应急物资保障体系和应对重大突发事件组织动员体系。完善和落实安全生产责任制，有效遏制危险化学品、建筑施工、交通等重点领域重特大安全事故。完善社会治安防控体系，扎实推进立体防控体系标准化城区建设，深化“大联动·微治理”体系，推动扫黑除恶专项斗争长效常态，全力打好禁毒人民战争，依法严厉打击各类违法犯罪，群众社会治安满意度达96%以上，建设更高水平的平安成华。坚持和发展新时代“枫桥经验”，构建高效快速多元解纷综合治理机制，深化“三张清单”“诉源治理”“五调对接”等工作机制，推动矛盾纠纷高效率化解，历史遗留问题化解率达90%以上，矛盾纠纷调处成功率达98%以上。强化食品药品监管，建立科学完善的食品药品安全治理体系。加强国防动员和后备力量建设，强化国防教育，巩固军民军政团结。

28. 实施法治护航改革工程。坚定以习近平法治思想为指导，坚持依法治区、依法执政、依法行政共同推进，深化法治城区、法治政府、法治社会一体建设，开创全面依法治区新局面。加快推进一流法治城区建设，以全省全面依法治区示范试点为牵引，着力破难点、疏堵点、创亮点，健全党委领导全面依法治区的制度体系，纵深推进落实司法责任制综合配套改革，完善监察权、审判权、检察权运行和监督机制，推出一批在全国、全省可复制可借鉴经验模式，争创全国法治示范县（市、区）创建活动先进单位。加快推进一流法治政府建设，推进职能、权限、程序、责任法定化，创新行政决策合法性审查机制，深化柔性执法和“3+N”行政执法机制改革，落实行政复议体制改革，实现行政规范性文件审查率、重大执法决定法制审核率、行政复议案件按时审结率达到“三个100%”，争创全国法治政府建设示范区。加快推进一流法治社会建设，创新全业

务、全时空、全链条、全周期公共法律服务体系，全面实施“八五”普法规划，加强公共法律服务中心、公共法律服务工作站建设，搭建“六个一”智慧普法网络，打造法治惠民十二大场景，推进法治示范街区、法治示范社区建设，增强全民法治观念，弘扬法治精神，擦亮法治街区、红色律所等工作品牌，争创全国“七五”“八五”普法先进区。

29. 实施城市智治改革工程。坚持场景驱动、算法赋能、智能协同、多元共治，打造韧性、绿色、宜人、安全的新型智慧城区发展样板，加快建设“数字政府、智慧社会”典范城区。创新智慧城市规划设计、建设管理、投资运营和评价评估机制，建强城市感知体系和信息基础设施，实现街道、社区、小区综合信息系统覆盖率100%，建成区数据资源管理服务平台，提升“城市大脑”支撑能级，构建全域感知、全局洞察、系统决策、精准调控的“多脑协同”城市智慧治理体系，高标准建设数据型、网络型、智慧型“数字孪生城区”。构建完善智能化应用体系，打造政策、服务、资金等直达基层、直达企业、直达民生的暖心应用场景，高标准建成智慧应用场景30个以上。以“天府市民云”为主要载体，优化智能化生活服务，统筹推进智慧文旅、智慧医疗、智慧教育、智慧社区、智慧小区建设，打造云端集成、智能生活、科技时尚的数字社区便民服务中心。

30. 实施场景营城改革工程。抢抓办赛营城重大机遇，坚持把场景营造作为深化社区发展治理的着力点，纵深推进社区空间赋能和场景价值转化，打造社区生产、生活、机会、服务、美学等5大类100个社区场景，推动空间设施与美好生活精准匹配。持续深化示范社区“五比一赛一测评”活动，分类分批推进“示范社区+示范小区”建设，高标准打造一批“五态融合”的国际化社区、产业社区、智慧社区。按照“政府主导、市场主体、商业化逻辑”思路，创新全龄全时全新“社区商业+”新型业态，健全社区商业体系。优化社区公共服务配置，织密“社区综合体+党群服务中心+党群服务站”便民服务矩阵，发展“公益+社工+志愿者”联动服务，推动社区生活服务多样化品质化。推进城市更新和老旧小区改造提升，优化老城区城市功能、业态、形态、环境，推进老旧小区安防设施完善、电梯增设、公共环境整治、文化塑造，全面完成市域脏乱差棚户区和城中村改造。

七、强力实施“民生改善”行动计划，更好满足人民群众对美好生活的向往

坚持人民城市人民建、人民城市为人民，聚焦聚力成都建设高品质宜居生活地，统筹推进民生改善行动计划“六大幸福工程”，深入抓好普惠性、基础性、兜底性民生建设，扎实推动人民共同富裕，积极促进人的全面发展和社会全面进步，让市民获得感成色更足、幸福感更可持续、安全感更有保障。

31. 实施就业增收幸福工程。坚持发展改革富民增收导向，推动实现经济增长与居民收入增长同步、劳动生产率提高与劳动报酬提高同步。坚持实施就业优先战略，建立促进创业带动就业、培育壮大新业态灵活就业机制，实现城镇新增就业超过7万人，提高就业供给质量。完善重点群体就业支撑体系，深入实施技能提升促就业行动，多渠道帮助和引导高校毕业生、农民工、退役军人等群体充分就业，帮扶残疾人、零就业家庭成员就业，确保城镇登记失业率控制在4%以内。高标准建设青年创新创业就业环境友好城区，加快构建引导创新、鼓励创业、高质就业的政策服务体系，健全青年创新创业教育和实践体系，建立优秀青年大学生创业分层补贴政策，布局青年创新孵化载体，升级青年创业“一站式”服务平台，新建技能大师工作室20个、社区就业创业载体11个，探索创新金融服务模式，促进优质项目、优秀人才竞相涌现。完善群体性劳动纠纷预警机制，年调解率达到60%，保持劳动关系和谐稳定。

32. 实施教育强区幸福工程。全面贯彻党的教育方针，落实立德树人根本任务，办好人民满意的教育，构建高质量教育体系，打造中西部领先、全国一流的教育强区。坚持“五育”并举，全面推进大德育“生态圈”建设，全力推进新时代教育评价改革，培养德智体美劳全面发展的社会主义建设者和接班人。优化教育资源配置，推动义务教育优质均衡发展、学前教育优质普惠发展、高中教育优质特色发展，建成投用中小学、幼儿园62所，新增优质学位6.1万个，公办幼儿园学位占比达60%，市级新优质学校累计达23所，各类特色品牌学校达80所以上，积极争创“全国义务教育优质均衡发展区”。聚焦产业功能区需求，高品质建设成华职教中心，推进职业教育融合创新发展，培养技术技能人才。实施“823”人才培育、领航校长“213”培育、高端人才引进“三个计划”，创新教师编制和人事管理，建设高素质教师队伍，全面提高教师教育教学水平。健全完善学校、家庭、社会协同育人机制，强化青少年身体素质和心理健康教育。支持和规范民办教育发展，规范校外培训机构。深化智慧教育建设，鼓励发展继续教育，完善终身学习体系，构建“15分钟教育服务圈”，推进学习型城区建设。加大教育开放力度，推进跨区域教育协同合作共建共享，建成“成渝地区双城经济圈教育现代化示范区”。

33. 实施全民健康幸福工程。把保障人民健康放在

优先发展战略地位，坚持预防为主、防治结合，为人民群众提供全方位全周期健康服务。坚持不懈抓好常态化疫情防控。健全突发公共卫生事件监测预警和医防协同应急处置机制，提高应对突发公共卫生事件能力。优化医疗资源布局，持续引进省市优质医疗资源，支持社会举办高端特色医院，全面升级“一综合+三专科”的区属公立医院体系，区内三级医院达到10家，实现政府举办社区卫生服务中心全覆盖，构建“三级医院—区属公立医院—基层医疗机构”健康服务体系，全面建成“15分钟健康服务圈”。深化医药卫生体制改革，健全现代医院管理制度和分级诊疗制度，更好发挥社区卫生服务中心和家庭医生“健康守门人”功能，持续深化紧密型城市医联体建设，形成可复制的“成华模式”。坚持中西医并重，建成省第一中医医院，建立健全中医药传承创新发展机制。完善全民健身设施配套，推进天府绿道健身场景和“家门口运动空间”建设，构建以政府为主体、社会组织和企业参与的全民健身共建共享体系，新建成综合健身馆10处、综合运动场3处，人均拥有体育场地面积2平方米，经常参加体育锻炼人数达常住人口的55%，居民《国民体质测定标准》总体合格率超过95%，居民健康素养水平达32%，人均预期寿命达82.5岁。

34. 实施颐养康乐幸福工程。以实施积极应对人口老龄化国家战略为牵引，加快建设居家社区机构相协调、医养康养相结合的养老服务体系，加快推动“老有所养”向“老有颐养”升级，努力建设国内一流、西部领先的养老服务示范城区。统筹推动家庭和社区环境适老化改造，加快社区养老服务综合体建设，大力发展普惠优质养老机构，养老设施规划实施率达到80%以上，机构总床位数持续保持五城区第一，每个街道至少建成1个社区养老服务综合体，护理型床位占比达到60%以上，织密织好养老服务网，让家门口的养老服务触手可及。大力发展“家庭照护床位”，支持家庭承担养老功能。以国家医养联合基本公共服务标准化试点工作为抓手，加快推动医养结合发展。创新长照险服务模式，扩大长照险待遇保障范围。加快养老服务信息化建设，打造智慧养老服务新模式。开展好老年教育，丰富老年人精神生活和文体活动，让老年人老有所乐。推进老年人关爱服务体系建设。健全养老服务综合监管制度，完善养老服务的准入、退出机制。加强养老从业人员技能培训，养老机构从业人员培训率达到100%。积极发展银发经济，推动养老事业和养老产业协同发展。

35. 实施保障扩面幸福工程。坚持覆盖全民、统筹城乡、公平统一、可持续基本原则，健全多层次社会保障体系。实施全民参保计划，提升参保质量。构建多层次、多支柱养老保险体系，落实基本养老待遇调整机制，扩大企业年金覆盖面，鼓励发展商业性养老保险，积极推动个人养老金试点工作和高风险行业工伤保险扩面，力争城乡居民养老保险参保率达到98%以上。完善健康为导向的医疗保障制度，鼓励商业保险与基本医疗保险补充衔接，城乡居民基本医疗保险参保率达98%以上，实现医疗救助对象资助参保率100%。健全灵活就业人员社保制度，实施新就业形态灵活就业人员参保促进行动。坚持“房住不炒”定位，落实多主体供给、多渠道保障、租购并举的住房制度，逐步推进“租购同权”，改革住房公积金制度，提高物业管理服务水平，创新人才安居服务体系，促进房地产市场平稳健康发展。加快推进全区18个安置房项目建设，竣工安置房390万平方米、安置人员3.4万人，全面解决长期在外过渡人员安置问题。持续深化对口帮扶，巩固拓展扶贫攻坚成果，助力丹巴加快乡村振兴。

36. 实施全龄友好幸福工程。积极响应市民对美好生活的差异化需求，加快培育彰显人文关怀、全民共享福祉的现代城区文明新样板。统筹完善社会救助、社会福利、慈善事业、优抚安置等制度，规划建设区级综合性救助管理服务中心，完善“社会救助+公益慈善+关爱援助”联动机制，确保符合条件的困难群众救助率达100%，擦亮“尚善之城·情满成华”名片，让每一个生活工作在成华的人都能感受城市的关怀和党委政府的温暖。大力发展托婴托幼机构，增加优质育婴师、幼师供给，丰富儿童友好型设施和服务供给，让儿童拥有阳光童年。完善妇女儿童权益保护机制，引导大型商超、公园景区、车站普及母婴室，加快推进“成华区妇女儿童之家”建设，妇儿友好街道、社区达到100%，打造妇儿·家庭友好政策汇聚的特色城区。聚力营造成华对青年发展更友好、青年对成华建设更有为的良好氛围，丰富青年社交场景17个以上，年均开展青年城市融入、青少年关心关爱帮扶活动200场以上。创新“智慧+”婚姻登记服务，实现婚姻登记全域通办。深入推进残疾人“两个体系”建设，提升残疾人就业质量，大力实施精准康复，优化无障碍设施建设，让特殊人群更有尊严、更无障碍融入社会。

八、广泛汇聚各方智慧力量，努力为实现“十四五”规划和二〇三五年远景目标而奋斗

实现“十四五”规划和二〇三五年远景目标，必须充分发挥党总揽全局、协调各方作用，充分调动一切积极因素，广泛团结一切可以团结的力量，凝聚形成推动发展的强大

合力，切实把战略要求转化为战略行动、战略成果。

37. 全面加强党对经济社会发展的领导。深入学习贯彻习近平新时代中国特色社会主义思想，增强“四个意识”、坚定“四个自信”、做到“两个维护”，深化“系统学习新思想、分类研究新思想、对表贯彻新思想”工作体系，严格落实习近平总书记重要指示精神贯彻落实情况“回头看”制度，建立“不忘初心、牢记使命”长效机制，推动党中央和省委、市委各项决策部署落地落实。完善党委研究经济社会发展战略、定期分析经济形势、研究重大方针政策的工作机制，推动党领导经济社会发展制度化、规范化、程序化。全面贯彻新时代党的组织路线，落实好干部标准，鲜明“五用五不用”选人用人导向，实施“规划引领、一线察绩、铸魂强基、实践赋能、成长关爱、提档升级”六大任务，深化党政干部“三百培养工程”，打造一支“讲政治、懂城市、会经济、善治理”的高素质干部队伍。鲜明树立“三先三升”工作取向，奋力推动成华在五城区争先发展、在全市抢先发展、与国内对标城区竞先发展，力争实现成华经济发展增速在全市排名升位、经济总量占比在全市排名升位、综合经济实力在全市排名升位。坚持党管宣传、党管意识形态、党管媒体，严格落实意识形态工作责任制，牢牢掌握意识形态工作领导权和主动权。强化对公权力运行的制约和监督，坚决纠治形式主义、官僚主义，构建一体推进不敢腐、不能腐、不想腐长效机制，推动党风廉政建设和反腐败斗争向纵深发展，巩固发展风清气正、干事创业的良好政治生态。

38. 深入推进社会主义政治建设。推动新时代人大工作与时俱进、完善发展，强化人大对“一府一委两院”的监督，增强监督实效，保证人民群众通过各种途径和形式行使民主权利。坚持和完善中国共产党领导的多党合作和政治协商制度，加强人民政协专门协商机构建设，提高政治协商、民主监督、参政议政水平。坚持大团结大联合主题，促进工会、共青团、妇联等人民团体当好党的桥梁和纽带，联合发挥民主党派、工商联和无党派人士的优势和作用，把各类群体紧紧凝聚在党的周围。全面贯彻党的民族政策、侨务政策和宗教工作基本方针，凝心聚力、服务大局。

39. 确保“十四五”规划建议目标任务落到实处。坚决贯彻党中央和省委、市委、区委决策部署，坚持战略导向和战术策略相结合，统筹编制“十四五”规划纲要、专项规划和区域规划，形成定位准确、边界清晰、功能互补、统一衔接的规划体系。围绕“十四五”规划确定的目标任务，以钉钉子精神推进机制化、清单化、项目化落实。健全政策协调和工作协同机制，完善规划实施监测评估机制，确保“十四五”发展各项目标任务落到实处。实现“十四五”规划和二〇三五年远景目标，意义重大，使命光荣，任务艰巨，前景光明。全区上下要紧密团结在以习近平同志为核心的党中央周围，抢抓机遇、开拓奋进，同心同德、拼搏实干，加快推动成华追赶跨越、竞先发展、提质升位，奋力为成都打造带动全国高质量发展的重要增长极和新的动力源担当贡献，为成都建设社会主义现代化新天府和可持续发展世界城市夯实底部支撑。

（中共成华区委办公室）

名词解释

1.“五横五纵九组团”城市空间格局：五横：沿成华大道、蜀都大道、蓉都大道、成洛路、蜀龙路五条主干道，策划打造集交通轴、产业轴、文化轴、生态轴、景观轴“多轴合一”的综合廊道；五纵：把一环路、二环路、中环路、三环路、四环路，分别策划打造为独具特色、彰显魅力的主题发展轴；九组团：策划打造“猛追湾建设路组团、华润万象城组团、东郊记忆组团、熊猫基地北湖组团、东客站组团、龙潭片区组团、昭觉寺组团、驷马桥组团、北站升仙湖组团”九大组团。

2.5—10—30目标进度：在城市更新方面，每年启动不低于5个重要轴线周边更新项目，力争到2025年完成10个、累计启动不低于30个更新项目。

3.“三降两提”“三减三增”“五优”：“三降两提”即降低开发强度、降低建筑尺度、降低人口密度，提高产业层次、提升城市品质；“三减三增”即减居住人口、减开发强度、减非核心功能，增文化功能、增旅游业态、增开放空间；“五优”即优功能、优产业、优形态、优空间、优方式。

4.15线56站轨道交通线网：根据成都市轨道交通线网规划，到2030年我区将布局15条地铁线路、56个地铁站点。

5.7环13射：“7环”即一环路、二环路、中环路、荆竹路—人民塘路、三环路、熊猫大道—青龙环线、绕城高速，“13射”即北星大道、金凤凰大道、川陕路—蓉都大道、府青路—成绵高速、建设北路—蜀龙路、成华大道—成金青快速、物流大道—成致路—华盛路、致兴路—成赵路、龙岗路、航天路、二仙桥西路—成南高速、新华大道—成洛路、蜀都大道—迎晖路—成渝高速。

6.“轨道+公交+慢行”三网融合的绿色交通体系：承担城市内中长距离出行及大运量交通的轨道交通网，承担中短距离出行及轨道接驳交通的地面公交网，以及承担短距离出行及接驳交通的慢行交通网。

7.三治一增：铁腕治霾、科学治堵、重拳治水、全域增绿。

8.三区三线：根据城镇空间、农业空间、生态空间三种类型的空间，分别对应划定的城镇开发边界、永久基本农田保护红线、生态保护红线三条控制线。

9.无废城市：以新发展理念为引领，通过推动形成绿色发展方式和生活方式，持续推进固体废物源头减量和资源化利用，最大限度减少填埋量，将固体废物环境影响降至最低的城市发展模式。

10."碳惠天府"机制：为小微企业、社区、家庭和个人的节能减碳行为进行具体量化和赋予一定价值，并建立以政策鼓励、商业激励和碳减排量交易相结合的正向引导机制。

11.两区一城：两区是指天府新区、成都东部新区，一城是指西部（成都）科学城。

12.种子企业：面向产业、面向市场、面向商业化应用的创新主体。

13.双百工程：聚焦新经济重点领域，综合考虑企业规模实力、经营能力、社会贡献、行业发展前景、创新能力等因素，在梯度培育企业中遴选百家重点培育企业和百名优秀人才。

14.产业生态圈人才计划：成都紧扣全市14个产业生态圈发展需要，未来5年引进培育1500名产业领军人才，突出用人主体的人才评价自主权，构建精准化、差异化的产业生态圈人才项目体系。

15.城市猎头行动计划：以城市名义面向海内外发布急需紧缺岗位图谱，围绕典型岗位、薪酬水平、需求企业、区位发布对岗位进行画像，联合专业人力资源机构搭建企业与人才需求对接平台，精准招募急需紧缺人才。

16.三城三都：世界文创名城、旅游名城、赛事名城，国际美食之都、音乐之都、会展之都。

17.三轴八圈：三轴指中环路文商融合发展轴、二环路主题商贸发展轴、成华大道文化旅游发展轴，八圈指培育打造东客站商圈、北站升仙湖商圈两个"门户枢纽商圈"和猛追湾建设路商圈、昭觉寺商圈、华润万象城商圈、东郊记忆商圈、驷马桥商圈、熊猫基地北湖商圈六个"百亿商圈"。

18.蓉易办：成都以省一体化平台作为基础支撑，利用成都市大数据中心汇聚的数据资源，建设集"一网受理、协同办理、综合管理"于一体的在线政务服务品牌。

19.蓉易享：蓉易办平台的子系统，可以实现产业帮扶和惠企便民政策兑现高效办、在线办。

20.一网通办、一网统管、一键回应：通过构建智能化应用体系，实现政务服务一网通办、城市运行一网统管、社会诉求一键回应。

21.名优教师"823"人才培育计划：力争到2025年，全区特级教师、市区学科带头人累计达到800名以上，中青年骨干教师累计达到2000名以上，各级各类优秀教师累计达到3000名以上。

22.领航校长"213"培育计划：力争到2025年，培育20名省市知名的领航校（园）长、100名后备校（园）长、300名后备校（园）级班子成员。

23.一核三治、共建共治共享：健全党组织领导的自治、法治、德治相结合的基层治理体系，共同参与社会建设，共同参与社会治理，共同享有社会治理成果。

24.三张清单：社会重大风险、历史遗留问题、信访突出问题清单。

专　记

编辑　李锡清

成华区幸福美好生活十大工程

2021年，成华区按照《成都市幸福美好生活十大工程2021年工作计划》及议定事项，严格对表对标，加快推动“十大工程”建设各项任务落地落实，着力做优公共服务体系、生态网络体系、宜居生活体系。区级幸福美好生活“十大工程”实施项目333个，总投资1254.7亿元，年度计划投资229.0亿元，完成投资240.3亿元，完成年度计划的104.9%。其中，实施重点项目20个，年度计划投资35.8亿元，完成投资40.1亿元，占年度计划的112.0%；实施工程类项目14个，计划投资35.1亿元，完成投资39.1亿元，占年度计划的113.4%；实施服务类项目6个，计划投资0.7亿元，完成投资1.0亿元，占年度计划的142.9%。

一、完善制度机制，在统筹推进中提质增效

成华区构建领导小组组织架构和工作规则，成立党政主要领导任组长的工作推进领导小组，召开全区实施幸福美好生活十大工程动员大会、领导小组推进会议，建立完善“领导小组+专项组+项目组”三级工作推进机制，汇聚推动“十大工程”落深落实的强大合力；将“十大工程”作为一项长远的制度设计，注重政策创新和制度常态长效安排，制定出台《领导小组工作规则》《领导小组办公室组织架构》《领导小组办公室工作细则》等7个规范性文件，探索创新观察工作、信息报送、项目拉练、财政奖补等机制，为推进“十大工程”提供坚实制度支撑；结合“十四五”规划纲要、2021年全区经济社会发展项目计划，立足当前、着眼长远，编制10个五年实施方案和10个年度工作计划，将市委、市政府关于实施“十大工程”细化为具体责任清单和项目清单，确定“路线图”，绘好“时间表”，制定“任务书”，实行“挂图作战”，切实保障“十大工程”有力、有序、有效推进，做强实施“十大工程”的运行基础。

二、激发社会参与，在为民办实事中厚植初心

成华区通过“访民忧、纾民困、惠民生”切实将“十大工程”融入“我为群众办实事”实践活动，扎实开展以访困难送温暖、访问题送平安为主要内容的“两访两送”工作，心向群众主动谋划，面向群众访危访困，搜集民生诉求1505条，共排查安全隐患442项，解决居民急难愁盼小事2171件；开展“金点子”征集活动，为实施“十大工程”集思广益、创新思路；组建市民观察员、网络观察员、专业观察团“三支队伍”，借助“外脑”力量，提升建设“十大工程”的专业化能力和科学化水平，以长效机制

保障常态参与；创办“幸福成华大家谈”网络视频专栏，邀请社会各界督促“监工”；多角度展示全区实施“十大工程”新动态、新进展、新成效，塑造美丽宜居宜业新形象，共推出宣传稿件1420篇，在《人民日报》、《四川日报》、《成都日报》、成都电视台等主流媒体推出新闻报道102条（篇），策划拍摄制作15部“十大工程”主题短视频宣传片，在“成华发布”新浪微博号发布相关内容720条，阅读量突破1000万次，利用“成华发布”微信公众号和川观新闻等融媒体中心矩阵号推出708条相关新闻报道，联合红星新闻网拍摄推出“繁华地·成华里”专题视频，展现成华区人民安居乐业，共享幸福美好生活；编制成华区幸福美好生活十大工程简报8期，报送工作进展、亮点做法等经验信息27篇，市幸福办采纳11篇，推广典型案例2个，相关经验信息采用及积分在全市23个区（市）县中排名第一。

三、营造幸福场景，在共建共享中搭建舞台

成华区坚持政府主导、市场主体、商业化逻辑，以市场化、系统化、场景化思维引导社会力量共同参与“十大工程”，创新“留改建”有机更新融资模式，全年启动实施12个更新单元，总投资730亿元，与2家企业达成300亿元战略合作协议；发布城市机会清单226条，参加成都“双千”发布会发布新场景40个、新产品47个，加快实现“给优惠”向“给机会”转变；推进新产业场景、网红打卡点、社区商业示范性消费场景建设，打造二仙桥婚姻中心、杉板桥国际社区等多个空间示范点，成都自然博物馆、成都大熊猫繁育研究基地改扩建等重大文旅地标建设，一环路市井生活圈成华段、“2+11”特色街区梯次呈现，擦亮“熊猫之都、东郊文创、枢纽服务”三大文商旅融合品牌，营造“最潮流·339”“最成都·香香巷”“最时尚·万象城”“最工业风·完美文创公园”等多元消费体验场景，获评天府旅游名县和省级全域旅游示范区，营造富有品质、富有特色、富有活力的应用场景。

四、聚焦民生改善，在追赶跨越中高质量发展

成华区做优产城融合空间组团，打造“15分钟优质公服圈”，完善内畅外联的城市路网体系，实现人民塘路、东华二路等71条道路开工，枫林路、建勋路等31条道路完工，完成建设南路等10条城市道路黑化整治、200座检查井盖病害治理及3.1千米成华段锦江绿道建设，打造“回家的路（上班的路）”社区绿道31条，建成天府绿道25千米，提档升级子街巷10条，地铁8号线二期、17号线二期、27号线一期区内站点进入主体结构施工阶段，圣灯公园站、龙潭立交站、二仙桥站等站点主体结构封顶；结合已开行地铁及区域新增路网，新开及调整公交接驳线路10条；新投用成都英才学校等中小学、幼儿园25所，新增优质学位1.9万个，学前教育公办学位占比达50%、普惠性幼儿园覆盖率达80%；完善全生命周期健康服务体系，加快推进3家三级规模区属公立医院建设项目，省第一中医医院项目开工建设，区中医院香山长岛医养结合点位年内完工。成都市第二人民医院龙潭医院正式投运受益居民200万人，推进“一院一中心多站点”居家社区养老服务网络，推进在建6处公建配套社区综合体所含养老设施项目建设；强化“一老一小”保障，投运养老服务机构30个，助力全龄友好公益慈善建设，推进社工“双示范”项目，启动“儿童、老年”专项领域社工人才培育，开展儿童领域班课程8期，老年领域班8期，和美社区入选市级儿童友好试点社区。

成华区做美城园相融公园城区，打造“15分钟生态宜居圈”，建成城东体育公园（二期）、高铁城市公园（一期），提升新华公园、红豆古树公园2个公园活力，建成投用城市公园2670亩、绿道290千米、小游园微绿地630亩，公园绿地服务半径覆盖率91.5%；以抓好中央环保督察为契机，加强大气、噪声污染治理，空气质量优良天数持续增长，生活噪声和建筑施工噪声持续好转；优化“碧水蓝网”，率先启动片区系统性市政排水管网病害治理，完成片区15条9.07千米市政排水管网共323处病害修复治理，有效提升府河成华段水质，全力打好蓝天、碧水、净地“三大保卫战”，空气质量优良天数294天，比上年增加23天，增加天数排名全市第一。

成华区做强宜居宜业生活高地，打造“15分钟幸福生活圈”，开发新职业就业岗位5000个，开展“春风行动”“民营企业招聘周”“蓉漂人才荟”等系列活动94场，组织4679家企业发布20.1万个岗位，助力1.48万人达成就业意向；发放失业保险金56.44万人次，金额8033.13万元；失业保险代缴医保5.58万人次，金额2474.62万元；失业补助金7.12万人次，金额6905.8万元，面向全区低保重点人群对象发放补助3592.86万元；实施援企稳岗“护航行动”，发放企业稳岗补贴3213.2万元，惠及105家企业、6238名职工；新建区级技能大师工作室6个，“浣花女”就业品牌入选全省首批“川字号”特色劳务品牌；全区1664户家庭取得廉租房资格，1679户家庭取得公租房资格，向1649户家庭发放公共租赁住房租赁补贴1055万元；加大创新创业力度，35家企业入库成都市新经济梯度培育企业，培育卡诺普、硕特科技等准独角兽6家；扎实开展“一网通办”能力提升百日攻坚工作，推进

"智慧政务"建设，实现依申请服务事项网上可办率100%，"最多跑一次"事项达100%，加强全区三级便民服务体系建设，打造"成华线上涉企服务平台"，在全市率先建设"优信办"成华智慧政务服务项目；优化城市智慧体系，在杉板桥社区开展"数字孪生社区"试点建设，搭建"1+3+6+N"智慧城市整体系统架构，发挥智慧治理中心"数据管理、指挥调度和城市治理"三大功能。

（成华区幸福美好生活十大工程工作推进领导小组办公室）

成华区对口支援丹巴县经济社会发展

2021年，成华区聚焦丹巴乡村振兴，紧盯产业帮扶环节，将对口支援丹巴县工作与巩固拓展脱贫攻坚成果，同乡村振兴有效衔接工作一盘棋谋划、一体化推进。全年投入各类财政帮扶资金2963.05万元，实施的支援涉及产业援助、乡村振兴、民生保障、人才培养、医疗援助、教育发展、产业就业7个方面22个项目。5月26日，成华区被中共四川省委、四川省人民政府表扬为"省内对口帮扶藏区彝区贫困县（市、区）先进集体"。

一、强化组织领导，完善工作格局

成华区调整由区委书记、区长任组长，区委、区政府7名分管领导任副组长，各街道和区级有关部门主要负责人为成员的对口支援甘孜州丹巴县工作领导小组；深化"全域帮扶"工作模式,根据乡镇行政区划调整情况及时优化结对关系，制订全域帮扶工作计划，完善对口帮扶工作机制。成华区结合省、市下发目标任务做好目标分解，将对口帮扶工作纳入全区一级目标严格管理，组织区纪委监委、区对口办、区财政、区审计等部门对全区对口帮扶项目推进情况、资金使用情况和对口支援工作队队员作风建设开展检查，确保对口帮扶工作务实、过程扎实、结果真实。全区健全"日常管理定期联系、重大工作定期协商"机制，全年召开对口支援领导小组会议8次，专题研究对口帮扶工作。成华区严格落实党政"一把手"互访会商制度，2月7日，丹巴县委书记何文才率队到成华区对接对口支援工作；11月1—3日，区委副书记、区长袁顺明率队赴丹巴县检查成华区对口支援工作开展情况，与丹巴党政主要负责人会商对口支援相关工作。

二、强化规划先行，引领工作推进

成华区科学编制新一轮对口支援规划，按照省、市工作安排部署，聘请团队8次赴丹巴实地调研，结合丹巴县经济社会发展实际、资源禀赋特色产业实际，融合产业援助、人才培养、教育发展、基层治理等方面发展的重点项目，明确五年对口支援目标、重点任务、援助项目和资金总量，编制《成华区对口支援甘孜州丹巴县规划（2021—2025年）》，确保目标任务科学推进、优质完成、如期实现。成华区精心策划乡村振兴示范点位，围绕巩固拓展脱贫成效与乡村振兴有效衔接工作要求，对接丹巴发改、农牧等相关部门，筛选邛山村和江达村为打造"乡村振兴示范点"，完成邛山村三产和江达村一产制定产业定位和项目方案策划，有力推动丹巴乡村振兴持续发展提升。

三、强化项目支撑，保障目标完成

成华区保障资金落实，按照"对口支援经费按上年度地方公共财政预算收入的0.5%现金方式投入"要求，及时、足额划拨各类财政帮扶资金2963.05万元，其中计划内财政资金2603.05万元、计划外全域帮扶资金360万元。成华区严格落实《成都市对口支援省内藏区专项资金管理工作指导意见》要求，加大专项资金监管，确保资金安全规范使用，实现资金统筹安排、规范管理、监管有效；确保帮扶项目落地落实，科学规范完成前期立项工作，全年启动实施产业援助、乡村振兴、民生保障、人才培养、医疗援助、教育发展、产业就业7个方面22个项目，优先抓好丹巴县教育帮扶救助基金等公共服务项目，完成资助救助1430人次；突出抓好双创基地及就业创业指导中心建设等就业培训项目，举办就业培训班1期、就业专场招聘会2场，群众技能培训40人次。

四、强化智力援助，夯实工作根基

成华区加强人才智力援助，按照省委、省政府统一部署安排，择优选派25名对口支援干部人才，有序开展对口支援工作队交接轮换，为丹巴巩固拓展脱贫攻坚成果与实现乡村振兴提供智力支撑；提升干部队伍素能，持续开展两地培训、交流考察、短期援助等工作，发挥对口支援干部人才懂经济、善管理、理念新、技术精等优势，开展丹巴县干部人才培养提升工程，实施乡科级干部、村社干部培训，培训干部人才170人；增派教育、医疗、农业、旅游等乡村振兴急需紧缺专业人才，开展“组团式”短期临时性干部人才赴丹巴“送教送培”活动，培训丹巴专业技术人才230人；接收丹巴县86名优秀干部到成华开展短期培训，为丹巴县干部队伍建设蓄足“源头活水”；开展就业援助，推行完善岗位精准对接机制，促进招工和求职信息共享互动，定期为丹巴县劳动力提供有针对性的岗位信息100家，开展中级中式烹调师、藏秀技能、旅游接待等劳务技能培训120人次；组织80家用工单位到受扶地举办线上和线下招聘会2场，提供就业岗位1400个，意向签约230人，帮助丹巴县劳动力到内地转移就业60人。

五、强化全域帮扶，助力工作推进

成华区加大基层治理援助力度，借鉴基层治理的经验做法，结合丹巴实际，围绕易地搬迁安置点治理、城郊接合部新型社区治理、涉藏地区基层治理等重点任务，开展“基层治理、依法治县”为主题的村（社区）干部学习培训，完成基层治理干部人才培训80人；帮助丹巴县建强农村基层党组织，完善签订基层党组织结对帮扶协议，打造6个基层党组织宣传点，提升党组织凝聚力和基层党员影响力；深入开展“送法进藏区”“律师助力乡村振兴”等专项行动，全面落实“县区—乡镇—村社区”三级法律顾问制度，举办“学习宣传民法典”“电信诈骗法律知识”讲座，创新开展送法进寺庙等活动，为推进乡村组织振兴打牢基础。成华区加大全域结对援助力度，按照机构对口、行业相近、优势互补的原则，全区11个街道、23个部门、23所学校、3家医院、32家企业分别与丹巴签订新一轮结对协议，形成上下“一条心”、全区“一盘棋”、帮受双方“手牵手”的全员参与大局面。成华区扎实开展社会力量帮扶，拓展帮扶资金来源，各成员单位发动社会各界捐款、捐物120.5万元；邀请成都市见福便利店有限责任公司、成都市洛荣商贸有限公司等36家企业、协会与丹巴脱贫村签订对口帮扶协议，组织部分企业、协会赴丹巴实地考察、洽谈合作事宜，与当地农牧基地、合作社达成合作意向；开展消费帮扶工作，完成采购“832”等平台农副产品187.08万元。

（成华区对口支援甘孜州丹巴县工作领导小组办公室）

成华区新冠肺炎疫情防控

2021年，成华区坚决贯彻“外防输入、内防反弹”总策略和“动态清零”总方针，全面落实党中央国务院、省委省政府、市委市政府系列部署。成华区新冠疫情防控指挥部,统筹推进疫情防控和经济社会发展，全年召开新冠疫情防控指挥部会议81次。全区上下闻令而动，区领导靠前指挥、精准施策，构建“双指挥长”引领全员参战的组织力量体系。

一、健全“全员参战、协调有力”的组织体系

成立由区委、区政府主要负责人任“双指挥长”，区委、区政府全体班子成员任副指挥长，区四套班子全面参战，区级83个部门街道“一把手”为成员的防控指挥部，指挥部下设综合信息、医疗救治、应急保障等19个工作组，根据阶段工作任务，强化工作专班力量，建立健全区级领导、区级部门、街道、社区疫情防控四级责任体系，实现全区统一指挥调度、分工分级负责，共同打好抗“疫情”阻击战、遭遇战。

二、筑牢“外防输入、内防反弹”的严密防线

成华区全力筑牢外防输入的口岸防线，坚决守住成都东站、三大汽车客运站、成南成绵高速等入城防疫检查点等口岸检查防线，切实守住成都外防疫情输入的第一道关口；扎实推进内防反弹常态化疫情防控工作，压紧压实“四方”责任，全面落实“四早”要求，对全区重点场所、重点人群、重点环节开展疫情防控“查、防、备、管”各项工作；做好机关企事业单位、邮政快递、货运司机、网约车、景区公园、农贸市场及商超、环卫工人和建筑工人、教育系统、“五小行业”等重点行业重点人群核酸监测预警，常态化巡查全区酒店民宿（网约房）、农贸市场、商场超市、餐饮企业等场所，严格抓好图书馆、文化馆、社区活动中心、电影院、歌舞厅、网吧等人流高密度场所防控，阻断疫情传播渠道。

三、加快提升疫情防控应急处置能力

成华区编制城市静态管理“1+20”预案，坚持底线思维、极限思维，立足极端情况下能够自救自保、自给自足的要求，完成全区应对极端条件下新冠肺炎疫情城市静态管理应急总体方案，24小时全员核酸检测、生活物资保供、集中隔离场所管理、区域封控和解封等20个专项预案；提升应急保障能力，全面做好物资准备，重点围绕提升24小时全员核酸检测能力、集中隔离酒店储备、方舱医院建设、医疗救治等防控基础能力，全面提升应急保障能力，坚决确保城市安全和人民健康。全区组建联合流调队伍11支145人，储备1支175人的流调溯源后备队伍；建立全区医疗机构统筹调度机制，组建3支2600人的采样队伍；开展医务人员核酸采样技术全覆盖培训，培训采样师资203人；组建60人的核酸检测队伍，完成分批次到城市核酸检测基地轮训；储备356人的医疗救治队伍，以满足方舱医院和应急隔离病房运行需要。成华区加快方舱医院和应急病房建设，完成方舱医院建设方案和运行方案制定，应急病房完成硬件改造；加快提升区域核酸检测能力，加强与区城市核酸检测基地协作，提升成都市第六人民医院整体检测能力，全区有4个方舱实验室，检测能力达到4.3万管/日；提升区疾控中心实验室能力，在区妇幼保健院、区人民医院、区中医医院、区第七人民医院配置方舱实验室，新增检测能力4.5万管/日；协调四川金域检测中心做好气模实验室启用准备，在48小时内快速达到8万管/日检测能力。

四、隔离场所管理

成华区按照国家和省、市对隔离场所的要求，选择符合相关技术标准、满足疫情防控各项工作要求的酒店作为集中隔离酒店，制定《成华区集中隔离酒店工作制度》，明确综合调度、疫情防控、运行保障、安全保卫等方面管理机制，确保形成全过程、全链条闭环管理；各隔离酒店指挥部下设综合协调组、卫生健康组、安全保卫组、群众工作组、酒店服务组、消毒消杀组等工作组。全区启用隔离酒店13家，隔离房间总数3447间，集中隔离管控人员3157人；储备集中隔离场所27个、隔离房间8312间；设立隔离酒店工作专班，由区领导冯军、刘嘉宁、陈枢牵头，区国资和金融局、区卫健局统筹，各隔离酒店设立指挥部，相关区领导担任指挥长，牵头单位主要负责人担任点长、单位相关负责人担任驻点责任人；成立由区纪委监委牵头，区卫健局、区生态环境局、区市场监管局等部门参与的督查组，建立培训、督查、通报工作机制，确保集中隔离酒店各项管理防控措施落实到位。

五、理工东苑（西区）新冠肺炎确诊病例与防控

2021年11月4日，家住成华区理工东苑（西区）的企业职员，曾与外地通报的一确诊病例在蓉活动轨迹有交集，医疗机构核酸检测为阳性，经临床专家组会诊，诊断为新冠肺炎确诊病例。11月5日，2人作为密切接触者纳入集中隔离，核酸检测为阳性，经临床专家组会诊，诊断为新冠肺炎确诊病例；1人作为密切接触者纳入集中隔离，核酸检测为阳性，经临床专家组会诊，诊断为新冠病毒无症状感染者。11月9日，成华区理工东苑（西区）累计报告11例新冠肺炎确诊病例，经专家组综合分析评估，报省、市新冠疫情防控指挥部同意，从11月9日23时起，该小区调整为高风险地区；成都理工大学实行全封闭式管理，学生进行线上学习。成华区成立工作专班，组织机关干部、公安干警和志愿者等200人，为校园提供安全保障、医疗救助、环境消杀、垃圾转运、志愿送餐等服务，全力保障成都理工大学防疫物资供应。截至11月23日，理工东苑（西区）、成都理工大学完成5轮全员核酸检测，结果均为阴性，连续14天无新增本土确诊病例，根据国务院应对新冠肺炎疫情联防联控机制关于科学划分、精准管控等工作要求，经省、市专家综合评估，成华区新冠肺炎疫情防控指挥部研究决定，自2021年11月23日起，将成华区理工东苑（西区）由高风险地区调整为低风险地区。

六、复工复产

成华区全面深化落实“一手抓疫情防控，一手抓城市运行”工作，为企业安全有序复工复产做好服务。全区各部门、产业功能区和11个街道，制定疫情防控和服务企业复工复产工作方案，建立产业功能区、街道（社区）分类、分片的联系服务机制。龙潭新经济产业功能区、熊猫国际旅游度假区、东郊记忆艺术区、东客站枢纽经济发展区、新北天地商贸旅游发展区、建设路金融商务总部发展区六大产业功能区加强企业跟踪服务。区发改局、区商务局等部门指导企业制定疫情防控复工复产实施工作方案，全力帮助保供企业和配套企业复工复产，委派专人驻点，协调解决各类困难，做好防护物资保供。区人社局、区行政审批局、各街道办事处依托四川省政务服务网、天府市民云等平台，用好网上政务中心，实现政务服务一网办，审批取证一窗办，行政许可一章办，实行“不见面”网

上办。区卫健局链接华西医院、省医院等优质医疗资源下沉社区，依托华西—成华医联体，通过远程诊疗、驻点坐诊、一次检查全域互认，为企业员工和居民实现肺炎疫情诊断。区教育局依托数字校园、未来学校、成华微学堂等信息化平台，打造跨区、跨校等合作机制，开展网络实时教学，实现离校不离教、停课不停学、学习不延期。

七、特色亮点工作

成华区坚持“外防输入、内防反弹”总策略和“动态清零”总方针，坚定不移“打断链、管住面、守住门、全面治”，创新推行“5355”工作法，全力抓好“查、防、备、管”四项工作，切实筑牢疫情防控安全防线；深入开展社区、交通口岸、酒店民宿、大数据、企事业单位排查“五查”，利用大数据做好风险人员信息排查、协查、流调和管控工作，加强“东客站+三大汽车客运站+入城检查点”检查，严格执行“一码一卡”查验和乘客体温检测等举措，全力做好学生及教职员工日常抽检监测，确保排查管控不漏一人；认真抓好防外入侵、防内漏洞、防物传人“三防”，抓牢集中隔离酒店封闭管理、规范消杀、健康监测、特殊处置、工作人员准入、岗前培训等重点工作；深入推进诊所发热病例、呼吸道感染病例零报告、日报告和购买退烧药、止咳药实名登记制度；抓好冷链食品、进口货物检验检疫和快递物流检验检测；做好人员准备、物资准备、能力准备、场所准备、隔离酒店准备，加快提升核酸检测能力、组织动员能力、医疗应急能力、收容储备能力、极端突发情况处置能力；深入实施“测戴亮扫消”“四方责任”落实、常态化监测预警、政策法规宣传、疫苗接种五项管理举措，做好五小场所、学校、养老院、交通场站、商超、冷链物流快递、医疗机构七大类型重点场所日常检测，全力推进“一老一小”全人群疫苗接种，把疫情防控各项措施落到实处。

八、新冠疫苗接种

成华区组织开展新冠病毒疫苗接种人员专题培训考核14期共3326人，按照“分批次、分阶段”的原则，安全有序推进大规模人群新冠疫苗接种，全区共设置大型临时接种点11个，综合医院临时接种点4个，高校巡回接种点3个，流动接种车2辆。成华区全面推进预防接种服务全程电子签系统建设，实现“一苗一身份，一人一追溯”，有效提升预防接种安全性和接种效率；优化预防接种服务流程，推行“接种分流、预约分时”的预防接种服务方式，探索预约接种新平台，提升服务效率。

九、疫情防控中表现突出的先进基层党组织和优秀共产党员

7月，成都市出现新增外地来蓉返蓉新冠肺炎本土确诊病例，全区基层党组织和广大党员认真落实党中央和省委、市委疫情防控各项部署，坚定把保障人民生命安全和身体健康摆在第一位，把疫情防控作为压倒一切的重大政治任务，深入发动群众，依令而行，闻警而动，有力确保疫情防控稳定、城市运行稳定、社会大局稳定。7月、8月和11月，市委组织部为激励先进、鼓舞斗志，对疫情防控中表现突出的先进基层党组织和优秀共产党员予以通报表扬：成华区青龙街道党工委、成华区保和街道和美社区党委、成华区万年场街道长天路社区党委、成华区疾病预防控制中心党支部、成华区万年场社区卫生服务中心党支部、成都市公安局成华区分局二仙桥派出所党支部、成华区龙潭社区卫生服务中心党支部、成都新华医院外科党支部、成都市公安局交通管理局第五分局党总支、成华区第三人民医院党支部、成华区华府沙河小区疫情防控专班临时党支部、成都市第六人民医院被表扬为在疫情防控中担当作为的先进基层党组织，许凌、张坤毅、罗昌珉、丁开全、冉妮、严利桃、李桀、何光亚、董武洋、姜晓航、贺电被表扬为优秀共产党员。8月和11月，区委组织部通报表扬全区在疫情防控中表现突出的先进基层党组织143个、优秀共产党员186人。

（成华区疫情防控指挥部办公室）

大事记

编辑　李锡清

1月

1日　成华区龙潭新区公园正式对外开放。

6日　猛追湾·亚太并购大厦开业仪式暨成华新商办生活方式发布会举行。成都蜂巢金服信息技术有限公司、黎明保险经纪有限公司四川分公司、四川莫名信息科技有限公司等企业入驻。

8日　成华区被四川省人民政府教育督导委员会办公室确定为“四川省中小学校责任督学挂牌督导创新区”。

12日　成华区第六人民医院代表成都市接受国家安宁疗护工作检查评估。

15—16日　中国共产党成都市成华区第七届委员会第十一次全体（扩大）会议暨区委经济工作会议召开。会议审议通过《中共成华区委关于制定成华区国民经济和社会发展第十四个五年规划和二〇三五年远景目标的建议》，提出成华“十四五”高质量发展“任务书”“时间表”和“线路图”。

区委七届11次全会暨经济工作会

20日　成都市第十三届中小学生艺术节第一轮比赛评比结果公布，成华区中小学校在表演类、水彩作品类比赛获得8个一等奖。

20—21日　中国人民政治协商会议成都市成华区第七届委员会第五次会议召开，周万生当选为政协成都市成华区第七届委员会主席。

21日　成都市公安局成华区分局猛追湾派出所和望平社区，联合打造的“望平生活家”公安24小时线下自助服务区投入使用。

22—23日　成都市成华区第七届人民代表大会第六次会议召开。

25日　成华区人民政府出台《成华区支持新经济发展政策措施》。

28日　成都轨道交通17号线（二期）工程首台盾构机卓越号从龙潭片区高洪站始发。

28日—2月18日　成华区建区30周年书画摄影精品展在四川福宝美术馆举办，展现成华区建区30年来所取得的巨大飞跃和人民群众日益增长的幸福感。

29日　成华区被四川省文化和旅游厅确定为“四川省全域旅游示范区”。

30日　成华区按照“最美街道”洁净有序、特色有韵、市民有感标准，评出“最美街道”10条。

2月

1日　成华区保和公园正式对外开放。

2日　成华区广播电视公共服务中心成立。

6日　成华区全新打造的新华坊特色街区正式开放，是展现成都记忆和当代生活的都市文旅新地标。

18日　成华区召开2020年重点项目总结表扬暨2021年“631”重点项目建设动员大会，对全区重点项目推进中的13个优秀重点项目、20个先进集体和120名项目能手、50名服务标兵，以及区属国有企业30名“五比”先锋进行通报表扬。

23日　成华区新山书屋获评首批

2月26日，成华区熊猫小镇红豆古树公园正式开园　　（区融媒体中心供图）

“成都友善优雅文明阅读示范点”。

26日　成华区举行重大项目集中签约仪式，集中签约华润置地成华产城生活中心、龙光蓝鲸海洋世界、哈啰出行西南区域总部、汇宇集团汇锐1965全球总部等11个重大项目，涉及新兴金融、现代商贸、医疗健康等领域，总投资280亿元。

同日　成都市首个市级古树公园——成华区熊猫小镇红豆古树公园正式开园。

同日　成华区保和街道和美社区获评“全国最美志愿服务社区”。

3月

2日　成华区实施幸福美好生活十大工程动员大会暨2020年优秀纳税企业表扬大会举行。发布成华区幸福美好生活十大工程实施方案和2021年工作计划，为成华经济高质量发展作出突出贡献的2020年度纳税大户企业及十大纳税企业、十大纳税贡献企业、十大纳税先进单位、工业纳税先进单位、现代服务业纳税先进单位进行表扬。

幸福美好动员和企业表彰大会

3日　全球首家以大熊猫为主题的互动体验专题博物馆——成都大熊猫博物馆正式开馆。

4日　成华区委常委会（扩大）会议召开，审议通过《中共成华区委关于开展党史学习教育的实施意见》《全区党史学习教育总体安排》等党史学习教育相关文件。

6日　成华区东郊记忆艺术特色文旅街·东郊记忆路示范段建成开街。

9日　中共成都市成华区第七届纪律检查委员会第十一次全体会议召开。

同日　全市首家星巴克手语咖啡店落户万象城，成为推广通用手语、助力残障人士融合与就业的新平台。

10日　西南首家共享抖音直播全品类供应链基地——哆哆喵选直播供应链基地在成华区萌想星球107文创产业园建成投用。

同日　成华区文化馆、四川福宝美术馆被四川省文化馆确定为“四川省全民艺术普及示范基地”。

13日　成都首个父爱教育空间“笨爸爸工房”落户成华区，以全区儿童之家为阵地开展系列活动，倡导全社会协力营造良好的儿童成长空间和气氛。

13—17日　2021年第四届龙潭乌米粿客家文化节活动在北湖生态公园举办，打造独具龙潭特色、全民参与的客家特色文化活动。

16日　成华区代表四川省、成都市接受国务院应对新冠肺炎疫情联防联控机制调研，指导组对成华区新冠疫苗接种工作给予肯定。

同日　成都市龙潭新经济产业功能区举办2021年高质量发展动员大会，表扬优秀企业、先进集体、项目能手、服务标兵。

18日　四川省民政厅、四川省财政厅确定成华区承担四川省第二批城乡社区治理试点工作任务，开展为期一年的试点工作。

同日　成华区迎接国家卫生城市复审暨“爱成都·迎大运”爱国卫生运动攻坚动员会召开。

19日　成都市少先队辅导员党史课大赛启动仪式在成都市石室小学举行。

同日　电子科技大学附属实验小学、成都市熊猫路中学、成都大学附属中学获评“成都市家庭教育示范学校”。

21日　2021“蓉漂杯”高层次人才创新创业大赛“文创商贸+智能制造”专题赛在成华区东郊记忆艺术区举行。成华区科技创新创业服务中心、四川新金融科技生态中心等13个重大项目集中签约，涉及文化创意、新经济、数字娱乐、智能制造等领域，总投资106亿元。

同日　四川省青少年文学艺术联

合会主办的“博物之眼——首届成都自然影像大赛不荒书屋分享荟”在成华区新华坊特色街区举行。

23日　成华区委统战部与重庆市江北区委统战部签订战略合作协议，双方结盟成为战略合作伙伴。

同日　成华区首个街道级困境儿童服务中心在龙潭街道院山社区成立。

24日　成华区委、区政府出台《关于加快建设“教育强区”，率先建成“成渝地区双城经济圈教育高质量发展示范区”的实施意见》。

同日　中共成华区纪律检查委员会、成华区监察委员会根据真实案例改编创作的《破网》获网络剧本类一等奖。

25日　成华区庆祝中国共产党成立100周年文艺巡演启幕，8场红色经典交响音乐会，进社区、进学校、进企业，用音乐展现党的光辉历程、歌颂党的伟大事迹、弘扬党的崇高精神。

26日　成华区首个幼儿近视防控指导基地授牌仪式，在成都市第二十六幼儿园龙树分园举行。

27—28日　第十八届四川省青少年机器人竞赛普及组决赛在成都市海滨小学举行。来自全省17个市州、400支优秀竞赛队伍、800名学生和600名教练员齐聚海滨小学比拼脑力和创意。

28日　成华区萌想星球107文创园区布后花园生活空间正式开业，哆哆喵选、吾同体育、方糖设计等20家文创类企业入驻。

29日　成都市成华发展集团有限责任公司揭牌仪式在西南国机大厦举行。

30日　成华区教育局与四川交响乐团签署协议，双方合作共建成华区青少年交响乐团。

同日　成都市第二人民医院龙潭院区正式投入运营。

同日　成华区“智慧·家空间建设助推基层治理现代化——社区治理与社会治理深度融合的成华实践”与“首创新体系·构建新格局·塑造新面貌·社区规划师制度助推美丽宜居公园城市建设的成华实践”两个案例获评“全国市域社会治理创新优秀案例”。

3月27—28日，第十八届四川省青少年机器人竞赛普及组决赛在成都市海滨小学举行
（区融媒体中心供图）

4月

2日　成华区启动“迎大庆、重招商、促循环”百日攻坚大会战，用100天时间集中开展招商引资“六大行动”，以优异成绩和奋进姿态迎接建党百年。

同日　成华区启动大规模人群接种，全区设置16个疫苗常规接种点和3个高校临时接种点，11个街道分别设置1个大型临时接种点。

6日　成华区人社局与乐至县人社局人力资源和社会保障服务合作发展协议签约仪式暨民营企业招聘会在龙潭街道华泰社区党群服务中心广场举行，推动成华区与乐至县人力资源协同发展。

12日　成华区启动百部爱国电影进基层活动，开启公益电影进社区、文化惠民进基层暨党史学习教育。

14日　成华区举办第十届中小学生艺术展演器乐和舞蹈专场，献礼党的百年华诞。

15日　国务院发展研究中心公共管理与人力资源研究所课题组到成华区调研基层治理工作，对成华区坚持党建引领、社区园区街区小区实施一体化治理取得的成效给予肯定。

同日　四川省成都华西中学、成都石室中学初中学校科技创新人才培养实践基地，入选2021年“小平科技创新实验室”项目，“认定授牌”类建设学校。

16日　成都市保密密码系统庆祝建党100周年系列活动启动仪式暨“红色基因我传承·国家安全我接力”活动在成华区北湖生态公园举行。

4月17日，国家卫生健康委老龄健康司司长王海东（前排左二）调研成华区第六人民医院医养结合工作
（区融媒体中心供图）

同日 成华区在全国区县级率先推出学生体质健康促进行动方案。

17日 国家卫生健康委老龄健康司司长王海东率队调研成华区第六人民医院医养结合工作，对成华区委、区政府高度重视老年健康工作，在医养结合方面取得的成绩给予肯定。

20日 四川省人民政府副省长杨兴平率队到成都市第二人民医院龙潭院区调研指导工作，对龙潭院区创新服务方式，用一站式、一键式、智慧化、现代化的服务理念为患者提供高水平的医疗服务给予高度赞扬。

21日 成都市幸福美好生活十大工程，首批机会清单发布会暨首次项目建设现场推进会在成华区北湖生态公园举行。

22日 成都市龙潭新经济产业功能区重点招商项目推介会暨联东U谷·成都新经济园招商启动仪式在国机西南大厦举行。广东盛路通信科技股份有限公司、成都维泰油气能源技术有限公司等企业与联东U谷·成都新经济园签约。

同日 中共成华区委组织部被中共四川省委、四川省人民政府表彰为“四川省脱贫攻坚先进集体”。

23日 成华区与资阳市乐至县签订区域合作协议，围绕共同探索飞地园区发展方式、推动保供基地建设、文旅产业融合发展、深化教育领域合作、枢纽服务合作、国有投资平台互动合作、人才流动同城化七个方面加强合作。

同日 全省税务系统首个退役军人服务站“成华区税务局退役军人服务站”成立，为退役军人提供涉税缴费服务。

25日 成华区社区美育中心揭牌暨战略合作签约仪式举行，四川音乐学院在成华区11个街道分别打造1所成华美育中心。

同日 核工业四一六医院团委被共青团中央表彰为“全国五四红旗团委”。

26日 成都大熊猫繁育研究基地、天府熊猫塔、猛追湾市民休闲区、东郊记忆、北湖生态公园、香香巷六大景点（区），入选“四川最受网民喜爱的网红打卡地”。

同日 全国首款社区旅游产品成都“天府社区游”旅游产品发布会在成华区望平社区纸云广场举行。

26日—5月12日 首届天府高峰艺术周——“粮票上的百年党史”专题展在四川福宝美术馆展出，展览分为“粮票上中国共产党的光辉历程”“毛主席永远活在我们心中”“粮票述说繁荣富强的新中国”“粮票礼赞盛世中华”“粮票见证党领导成都人民幸福生活”五个专题。

27日 以“群英心向党·共筑幸福路”为主题的2021年成华区群团最美人物颁奖典礼在东郊记忆演艺中心举行，表扬全区各行各业涌现出来的模范标兵124人。

28日 成华区政企共治·智慧街区·系统探索市域治理现代化新路径，被人民网、中央党校（国家行政学院）社会和生态文明部评为“创新社会治理最佳案例”。

同日 国家税务总局成都市成华区税务局被四川省总工会授予“四川省五一劳动奖状”。

29日 成华区童雅萱、黄浩一家被四川省妇联、四川省文明办表扬为抗击疫情类“最美家庭”。

30日 成都首条咖啡文化产业特色街，成华区地勘路咖啡文化产业特色街获评“文化产业示范街”。

5月

1日 成华区在东郊记忆繁星戏剧村举办“百年辉煌·幸福成华”庆祝建党100周年大型交响音乐会，400名观众观看演出。

4日 成华区行政审批局开发建设智慧政务“优信办”系统正式上线。

6日 成华区获评“中国幸福百强区”称号。

8日 成都市纪念第74个“世界红十字与红新月日”暨“红十字博爱月”活动在成华区SM广场举行。

同日 “全国儿童食品安全与健康守护行动”四川省启动仪式在成都市成华小学举行。

8—13日 全国第六届大学生艺术实践工作坊暨艺术作品展在成华区东郊记忆·国际艺术展览中心举办。西南交通大学轨道交通设计工坊、内蒙古艺术学院乌兰剧社戏剧创作实验工坊等全国43所高校艺术实践工作坊参展。

9日 18时40分，成都市第四十九中学高二学生林某某在学校知行楼高空坠落不幸离世，经公安机关现场勘验、法医检验，认定高坠属个人行为。

10日 19时35分，成华区丛树家园小区9栋1单元电梯内发生电瓶车爆燃致5人烧伤。

11日 民政部副部长王爱文率队到成华区调研城市社区服务体系建设工作，实地走访猛追湾故事馆、几何书店、梅花剧社、香香巷、望平生活家等点位。

同日 成华区互联网经济发展高峰论坛暨电子商务产业投资推介会在协信中心举行。上海百胜软件、苏宁易购、成都药王科技、远大科技集团等8家企业，与龙潭新经济管委会、熊猫度假区管委会、东客站新城办、建设路商务中心，就数字化平台、数字化健康产业、数字化文创等项目进行签约，总投资122亿元。

14日 成华区在高铁城市公园举行2021年第二季度幸福美好生活十大工程暨“631”重点项目集中竣工仪式，集中竣工项目40个，总投资101亿元。

同日 成华区新一批对口支援丹巴帮扶干部人才25人出发进驻丹巴县，将在教育、卫生、交通建设等方面开展对口帮扶，助推丹巴实现乡村振兴。

同日 成都市首个以高铁文化为主题的公园——高铁城市公园（一期）正式开园。

同日 成都新华医院正式挂牌“川北医学院附属医院”，成为川北医学院临床教学试点医院。

同日 成华区应急管理协会成立，架起政府、企业、居民共同参与新时期应急工作的桥梁。

15日 中央统战部六局副局长梁智卫率队调研成华区新的社会阶层人士统战工作，对成华区新的社会阶层人士统战同心家园建设等工作取得的成效给予高度评价。

16日 成华区文艺志愿者协会成立大会暨第一次会员代表大会召开，程峰当选为成华区文艺志愿者协会主席。

18日 “追梦中华·感知川渝”2021海外华文媒体四川采访行走进成华区，来自国内外的7家媒体，参观成都大熊猫繁育研究基地和成华区东郊记忆，开展创作采风活动。

19日 成华区被中共四川省委办公厅、四川省人民政府办公厅表扬为“全省平安建设先进区”。

同日 首届成都交子金融年会暨“百年革命金融里程”开展仪式在天府四川金融博物馆举行。

20日 成华区二仙桥公园婚姻登记处启动暨520集体婚礼颁证仪式，为10对举办集体婚礼的新人颁发结婚证。成都市妇联为成华区“幸福家”婚姻家庭辅导教育示范点授牌。

21日 成华区举行庆祝建党100周年书画大展暨红仓·101艺术库开仓仪式。

同日 全省电影工作会暨四川电影项目推介会在成华区举行。

同日 成华区关工委被四川省关心下一代工作委员会、四川省精神文明建设办公室表彰为“四川省关心下一代工作先进集体”。

23日 “墨韵槐香·幸福万年”天府文化社区艺术节开幕式在多宝寺壹号艺术中心举行。

24日 成华区统一战线庆祝建党100周年书画摄影展在东郊记忆新视觉影像艺术中心举办。

25日 成华区举行“侨连五洲·文创东郊”产业推介会，东郊记忆艺术区签约DMV国际音乐产业社区集群、国际友谊共享馆、国际创意设计产业园3个重点文创项目。成都市委统战部向东郊艺术区授牌“蓉侨荟”东郊产业服务示范点，成都市归国华侨联合会向成华区归国华侨联合会授牌“侨之家”。

同日 2021“花young成华潮流消费季”活动启动仪式在成都王府井Discovery举行。

同日 成华区城市花境展园获评首届花漾蓉城——成都花展“最佳匠心”金奖。

26日 成华区携手四川爱乐乐团在东郊记忆举办“奋斗百年路　启航新征程”成华区庆祝中国共产党成立100周年大型交响音乐会，1000名观众观看演出。

同日 成华区和成华区农业和水务局被中共四川省委、四川省人民政府表扬为2020年“省内对口帮扶涉藏地区和彝区贫困县（市、区）先进集体”。

同日 全市首个工业文化园区统战工作示范基地——成华区“东郊记忆·新阶家园”建成投用。

28日 2021年成华区百日攻坚大会战“153”重大项目集中签约仪式

5月28日，成华区招商特别顾问聘任仪式举行（区融媒体中心供图）

在世茂成都茂御酒店举行。集中签约PANDA·国际演艺文商旅综合项目、华润集团5G智慧产业园、四川文化产业投资基金、三涧文化传媒国际音乐产业基地、干城科创国际物联网产业创新中心暨海创汇西南区域总部、中国化工十一建西南总部等15个重大项目，涉及智能制造、音乐文创、新兴金融等领域，总投资767亿元。成华区选聘十一科技设计院院长赵振元、仲量联行大中华区执行董事乔裕生等60名企业家、商协会代表成为成华首批招商特别顾问。

29日　成华区与达州市大竹县举行合作协议签约仪式，双方在农产品展销、文化旅游、社区发展治理等6个方面加强合作；探索"总部+基地"的产业协作模式，协同促进研发成果异地转化，加快形成投资实物量和新的经济增长点。

同日　成华区2021年文旅推介会暨"新成华·新风貌"旅游新产品发布会在世茂成都茂御酒店举办。发布2021年度"成华区世界文创名城投资机会清单"及特色文化和旅游线路。

同日　第八届中国·西部中小企业发展论坛在成华区举行。全国24个省市100家商协会会长、秘书长和1300名企业家代表出席。

同日　成都市第七届儿童保护周暨"童心协力·卫你而来"，特殊群体儿童定向援助活动在成华区举行。

6月

1日　@人民网舆情数据中心联合@政务风云榜发布《2021年第一季度政务微博影响力报告》，"@成华服务"上榜2021年第一季度全国十大服务中心微博榜单，排名全国十大服务中心微博榜单第六名。

3日　成华区新兴金融和数字科技发展论坛暨成华区数字科技金融协会揭牌仪式在世茂成都茂御酒店举行。天府大数据国际战略与技术研究院产教融合中心、华林证券四川分公司、永益鑫成都资管中心等重大金融项目与成华区签约，成华区数字科技金融协会正式揭牌。

同日　成都首批社区生活物资应急保障点在成华区府青路街道红旗连锁超市举行。成华区评估筛选出的全市首批社区生活物资应急保障点正式揭牌。

7日　成华区与新华三集团、紫光华智签署战略合作协议，围绕智慧城市、智慧教育展开务实合作。

8日　成华区创建天府旅游名县命名县接受四川省文旅厅专家组验收。

10日　成华区退役军人健康管理服务医院集中签约暨揭牌仪式举行。核工业四一六医院、成都市第六人民医院、成都新华医院、成华区妇幼保健院、攀钢集团成都医院、成都誉美医院、成都东区爱尔眼科医院7家医院，签约退役军人健康管理服务医院。

16日　成华区儿童口腔健康科普基地启动仪式在成都市熊猫路小学举行。

同日　成华区双成二路获评2021春季成都"最美街道"。

17日　成华政务服务经验做法入选第七届绿色发展论坛分享案例，成华区上榜"点赞·2021优质投资环境区"。

18日　成华区在东郊记忆演艺中心举行"百年风华正青春·不忘初心跟党走"庆祝中国共产党成立100周年文艺演出，全区900名干部和群众代表齐聚一堂，共庆建党100周年。同时举行第九届"成华榜样"颁奖仪式，对谢大军、杨蓉、杨远见等10名当选者进行集中授牌命名。

21日　2021年成都熊猫国际旅游度假区投资（上海）推介会举行。熊猫度假区管委会与复星旅文、华人文化、宝龙集团等企业签订8个项目投资协议，涉及文化交流、影视动漫、现代商贸等主导产业，总投资285亿元。

同日　成都全城观鸟主题活动在成华区北湖生态公园举行，普及鸟类保护知识，活动通过看度、神鸟知讯同步进行线上直播，点击量突破10万次。

22日　成华区2021年第二季度幸福美好生活十大工程暨“631”重点项目集中开工仪式在联东U谷·成都新经济园项目建设现场举行。全区集中开工重点项目25个，涵盖产业发展、民生改善、基础建设、城市更新等领域，总投资223亿元。

同日　成华区文体旅局、成华区国民体质监测中心组织开展2021年成华区国民体质监测，在全区11个街道选取5310人进行体质监测。

同日　成华区教育系统庆祝中国共产党成立100周年文艺演出在成都华西中学举行。

同日　成都市军休大学成华教学点揭牌仪式在成华区金夕阳老年服务中心举行。

23日　成华区“党建引领·强基铸魂”国有企业基层党建示范建设启动仪式暨庆祝建党100周年活动在北湖生态公园举行。

24日　全国首个“学习强国”主题街区在成华揭幕，街区位于双林路99号，由“强国学苑”“学习之家”“学习广场”三大功能场景构成，打造开放式、交互式、场景化的沉浸式学习平台，将“学习强国”从线上落地为线下新场景，形成学习宣传新思想新理念的创新实体。

“学习强国”主题街区在成华亮相

25日　成都市残联在成华区东郊记忆艺术区举办“同心向党·共圆百年梦想”为主题，全市残联系统庆祝中国共产党成立100周年活动。

26日　建龙集团西南总部暨建龙产业集群项目签约仪式在成华区举行。世界500强企业北京建龙集团投资30亿元，在龙潭新经济产业功能区打造北京建龙集团西南总部暨建龙产业集群项目。

同日　成都首个印象城正式开业，首日客流量16万人次，销售额1400万元，会员突破11万人。

27日　永立星城都商业二期王府井Discovery、麦德龙PLUS会员店正式开业，成为集商务、办公、居住、购物、餐饮、娱乐、文化、教育于一体的大型商圈。

28日　成华区被共青团中央确定为“全国县域共青团基层组织改革试点地区”。

28日—7月1日　“翰墨颂清廉·妙笔传正气——庆祝建党100周年廉政书画摄影作品展”在四川福宝美术馆举办。

29日　成华区2021年“两优一先”表彰暨“五得”干部表扬大会举行。100名优秀共产党员、40名优秀党务工作者、60个先进基层党组织、100名“五得”干部受到表扬。

同日　成华区5130名老党员获“光荣在党50年”纪念章。

30日　《成华区“我为群众办实事”实践活动实施方案》出炉。

同日　成华区“青年大学习”学党史知识竞赛暨风采展示大赛决赛举行。区红十字会代表队获得一等奖，区委社治委、区商务局代表队获得二等奖，区司法局、成华国投公司、成大附中代表队获得三等奖。

7月

5日　成华区庆祝中国共产党成立100周年座谈会召开。

8日　成华区劳动纠纷一站式联处中心成立。

12日　成华区庆祝中国共产党成立100周年报纸展览在成华区文化馆举办。

同日　成华区检察院未成年人检察部被共青团中央、最高人民检察院授予全国“青少年维权岗”称号。

19日　府青路桥下运动空间建成投用，覆盖从儿童到中老年人各年龄段人群的15处运动休闲场所。

同日　成华区白莲池文化公园正式对外开放。

20日　成华区教育局发布，面向社会公开招聘员额教师1411名，招聘人员全部实行合同制管理。

21日　成华区退役军人“战旗红”志愿服务队成立，举行“战红旗”志愿服务队授旗仪式。

22日　成华区委书记赵春淦接受《成都日报》专访——全力打造体现新发展理念的公园城市示范城区建设幸福美好新成华。

23日　结合成华历史故事和红色基因打造的“成华之恋·爱转角”红色文化主题街区正式亮相。

同日　成都市第十三届中小学生艺术节第二轮比赛评比结果公布，成华区教育局获评优秀组织奖，成都石室初中青龙校区、成都市成华小学、成都市北新实验小学获评优秀学校组织奖。

25日　共青团成华区委、双水碾街道团工委申报的“万人坚守护河岗”社区志愿服务项目，入选2021年全国节水护水志愿服务示范项目。

同日　成华区紧急派遣永安救援队、托爱公益事业发展中心两支抗洪救援队伍，前往河南省新乡市参与抗洪救灾以及灾后防疫消杀工作。

27日　中国·成都国际影视文化

新经济发展大会在成华区举行，全国影视文化领域的专家和影视机构负责人参会。中国科技影视协会专业委员会与成华区签订合作协议，双方合作打造国际影视文化新经济产业园。

同日　第二届“成华区最美退役军人”评选结果出炉，授予10位退役军人“最美退役军人”荣誉。

同日　成都首个古蜀文化创生街区——羊子山古蜀文化创生街区正式亮相。

同日　成都市惠民职工画院成华区分院揭牌仪式在新华坊举行。

8月

1日　成华区召开领导干部会议，传达中共成都市委决定：袁顺明任中共成都市成华区委委员、常委、副书记，蒲发友不再担任中共成都市成华区委副书记、常委、委员职务。

同日　成华区启动12～17周岁青少年新冠疫苗群接种工作。

2日　成华区第七届人大常委会第四十三次会议召开。会议决定接受蒲发友辞去成都市成华区人民政府区长职务，任命袁顺明为成都市成华区人民政府副区长同时代理成都市成华区人民政府区长。

3日　成华区首批18家医保服务工作站（点）正式启用，覆盖全区11个街道，可为群众办理异地就医备案、医保关系转移等高频医保事项，打通服务群众“最后一千米”。

同日　成华区航天科工通信研究院华灿工场双创平台、电子科大国家大学科技园沙河园区创新创业示范基地，入选2021年“全国双创活动周主题展示项目”。

5日　中国共产党成都市成华区第七届委员会第十二次全会召开，审议通过《中共成华区委关于高质量建设践行新发展理念的公园城市示范城区高水平创造新时代幸福美好生活的实施意见》《中共成华区委关于全面融入科技创新中心建设加快构建高质量现代产业体系的实施意见》。

17日　成华区荣获“全国百强区”称号。

18日　成都市公安局成华区分局办证中心被共青团中央、公安部、司法部等23部门联合命名为第20届“全国青年文明号”。

19日　成华区召开迎接第二轮中央生态环境保护督察动员部署会，安排部署全区迎接第二轮中央生态环境保护督察工作。

21—9月7日　四川省新风景摄影作品展在成华区东郊记忆艺术区开展，展览聚焦庆祝中国共产党成立100周年主题，以全省新风景为表现对象，用镜头记录新时代四川跨越发展的喜人成就。

26日　金地威新人工智能创新基地项目签约仪式在龙潭工业机器人产业功能区举行。

27日　成都英才学校、成都市成华小学蜀都分校、成都市锦城北湖小学、成都大学附属小学卓逸校区、电子科大附小华翰校区、成都市蓉城小学芙蓉校区、成都市石室小学育贤分校7所新投用学校集中开校典礼举行，共新增学位1.34万个。

27—28日　成都市成华区第七届人民代表大会第七次会议召开，袁顺明当选为成都市成华区人民政府区长。

27—31日　成华区金秋美食节在永立·星城都举办，辣子鸡、鱼香豆腐、开水白菜、夫妻肺片等28道经典川菜，香甜可口的精美甜品，以及非遗面塑、雕刻、糖艺、果酱盘式等作品展示，让居民尽享“舌尖上的盛宴”。

31日　成华区被四川省民政厅、四川省财政厅确定为“全省社会工作服务体系建设试点区”。

同日　成华区养老服务专家智库成立，首批由业内专家、高校学者、养老机构从业者等构成的24名养老专业人才入库。

9月

4日　成华区举行第四届民间河长聘任仪式，为新上任的15名民间河长颁发聘书。

同日　成华区在全市率先编制出台《成华区采购人政府采购内部控制管理工作指引》，将政府采购所涉主要环节进行细分梳理，强化内部管理，促进政府采购提质增效。

6日　成华区宪法主题街区被中共四川省委全面依法治省委员会办公室、四川省司法厅命名为第三批“省级法治宣传教育基地”。

9日　四川省地方志工作办公室组织全省各市州地方志工作机构负责人，考察四川方志文化宣传基地“毛边书局·桃蹊书院”方志馆建设。

10日　成华区教育局评选邱敏等110名教师为成华区学科带头人、陈凌等10名教师为成华区十佳模范教师、王礼益等10名教师为成华区十佳班主任、朱永国等20名教师为成华榜样·最美教师、高博遥等123名教师为成华区优秀青年教师、洋学丽等79名教师为成华区教坛新秀、王欢等169名教师为成华区优秀班主任、向蜀鄂等72名教师为成华区优秀德育工作者。

9月9日，全省各市州地方志工作机构负责人考察四川方志文化宣传基地“毛边书局·桃蹊书院”方志馆（区地志办供图）

13日　电子科技大学教授、博士生导师吕琳媛获前沿交叉领域2021年“科学探索奖”。

同日　成都市首家慈善书屋设在成华区“毛边书局·桃蹊书院”，慈善书屋以公共、公益、社会化面向读者，以高品质的慈善文化场景、美学表达，为读者提供可阅读、可感知、可传承、可体验的文化交流氛围。

15日　全国人大宪法和法律委员会副主任委员江必新率全国人大噪声污染防治法立法调研组到成华区调研，实地调研万科魅力之城凯德广场，对成华区在噪声污染防治方面取得的成效给予肯定。

16日　2021年成华区“走基层”文化惠民活动暨“我们的节日·中秋”群众文艺会演在二仙桥街道灯光球场举行。

同日　四川省泸州市泸县发生6.0级地震，成华区退役军人“战旗红”志愿服务队第一时间奔赴泸县参与抗震救灾工作。

21日　成华2021七夕·中秋国际情歌音乐节在北湖生态公园举行。成华区天府熊猫塔入选“十大最佳爱情表白地”，二仙桥公园婚姻登记处入选“十大最甜蜜爱情打卡地”，北湖生态公园入选“十大最佳婚纱摄影基地”。

22日　2021年成华区第二季招引攻坚重大产业化项目集中签约仪式举行。集中签约中国铁建西南投资总部、欧亚国际科创产业城、七一珺月城市综合体、国信国际电竞产业园、倍益康智能制造基地、洲际海峡能源西部总部基地等16个重大产业化项目，涉及文化旅游、智能制造、商务商贸等领域，总投资592亿元。

同日　成华区心理支持分中心启动仪式在槐树店邻里中心举行，为群众提供一个求助有门、受助及时、援助有效的专业心理支持平台。

同日　成华区“最成都·新食”——二仙桥工业K160火锅、“最成都·新宿”——成都笨酒店、“最成都·新玩”——猛追湾望平街、“最成都·新游”——成都拾野自然博物馆、“最成都·新购”——文轩BOOKS招商店、二仙桥公园婚姻登记处、成都繁星戏剧村、完美文创公园八个景点，入选2021“最成都·生活美学新场景”。

同日　成华区“萌想星球”和“八里庄工业遗址片区”两个场景获评全市“最美城市场景”。

24日　共青团四川省委书记张荣率调研组调研成华区《中长期青年发展规划》试点工作，对成华区中长期青年发展规划试点工作取得的阶段成果给予肯定。

同日　成华区政协举行书画院成立暨揭牌仪式，成华区政协书画院院长姚叶红为书画院揭牌。

同日　四川善嘉律师事务所被司法部授予“全国优秀律师事务所”称号。

同日　全省首场红十字“青春善言行”活动在成都市建筑职业中专校举行。

25日　2021年成都市全国科普日成华区分会场——“科幻·话未来”科普主题活动在华润万象城广场启动。

26日　成华区被中共四川省委、四川省人民政府命名为第三批“天府旅游名县”。

同日　成华区委统战部联合重庆市江北区委统战部主办的“寻美成华·觅彩江北”庆祝建党100周年“微镜荟”短视频大赛决赛在东郊记忆繁星戏剧村举行。

27日　自然资源部副部长庄少勤率队到成华区二仙桥街道下涧槽社区，调研老旧小区改造和社区发展治理工作，深入了解社区探索党建引领、政企联动、多方参与、市场化运作的全新城市更新模式，对成华区老旧小区改造和社区发展治理工作的相关经验做法给予肯定。

28日　成都市成华区人民政府第八次全体会议召开。

10月

1日　全国首家以熊猫为主题沉浸式体验馆——熊猫时空馆正式开馆。

10—16日 2021年全国桥牌俱乐部锦标赛在成华区熊猫体育公园举行，来自全国各地的99支俱乐部参赛。

11日 人力资源和社会保障部2021年海外赤子为国服务行动计划，成渝地区双城经济圈“海外赤子双城荟”活动在成华区启动，曾在海外留学、工作的18名高层次人才，开启为期一周的川渝人才发展机会实地考察交流活动。

12—13日 成都市首届基层应急队伍技能比武大赛举行。成华区白莲池街道富森美应急队获得“团体奖一等奖”“消防技能一等奖”“个人消防技能第一名”。

15日 《世纪辉煌：百年党史中的成华记忆》首发式在招商花园城文轩BOOKS举行。

17—23日 四川省第四届监书监印展在成华区多宝寺壹号艺术中心举办。

19日 共青团中央社会联络部调研组到成华区二仙桥街道下涧槽社区调研，听取社区党建引领团建和青年参与社区发展治理情况，对成华区社区青春行动开展情况表示肯定。

同日 成华区龙潭街道华泰社区被国家卫健委、全国老龄办确定为“全国示范性老年友好型社区”。

20日 成华区与四川银行成都分行举行合作签约仪式。

同日 中国电信2021年“5G+工业互联网”交流活动在新华坊5G广场举行，全面展示工业互联网发展的最新进展情况，助推成华区工业企业数字化、网络化和智能化转型升级。

同日 成华区获2020—2021年度“全国政府采购百强区”称号。

22日 第十八届成都国际美食节在成华区万象城举办。

同日 成华区“全国街道服务管理创新实验区”经民政部验收，各项实验任务结项验收结果为“合格”。

22—28日 2021成都国际友城青年音乐周在成华区东郊记忆演艺中心举办。邀请第25届世界大学生运动会男子110米栏冠军尹靖与成都大运会吉祥物“蓉宝”出席，向世界各地朋友宣传大运会。本届音乐周以“音蔚成都·乐动四海”为主题，通过“线上+线下”的方式举办。

25日 中国共产党成都市成华区第七届委员会第十三次全会召开。会议审议《中国共产党成华区第八次代表大会的报告（草案）》《中共成华区第七届纪律检查委员会向区第八次党代会的工作报告（草案）》。

同日 成华区龙潭客家文化休闲特色街区正式亮相。

27日 成华区司法局万年场司法所被司法部表彰为“全国模范司法所”。

27—28日 中国共产党成都市成华区第八次代表大会召开。大会听取和审议《中国共产党成华区第七届委员会的工作报告》《中国共产党成华区第七届纪律检查委员会的工作报告》，选举新一届区委、区纪委。

第八次党代会召开

28日 中国共产党成都市成华区第八届委员会第一次全体会议召开。赵春淦当选为区委书记，袁顺明、雷鸣当选为区委副书记，张明英、欧泽春、顾文辉、冯军、邓旭、刘嘉宁、马亚炜、黄庆华当选为区委常委。

同日 中国共产党成都市成华区第八届纪律检查委员会第一次全体会议召开。顾文辉当选为区纪委书记，刘东、谢晓波当选为副书记。

29日 天府国际动漫城举行启动仪式暨展示区亮相。

11月

2日 2021成都—渥太华中加人文交流月暨成华区第四届“教育共

11月2日，2021年成都—渥太华中加人文交流月开幕式在成都市熊猫路小学举行

（区融媒体中心供图）

享·创见未来”中加教育文化交流活动开幕式在成都市熊猫路小学举行。

3—14日　为应对成都出现的新一轮疫情，核工业四一六医院派出16批395人次参与大规模核酸采样工作。

9日　成华区理工东苑（西区）累计报告11例新冠肺炎确诊病例，经专家组综合分析评估，报省市新冠疫情防控指挥部同意，从9日23时起，该小区调整为高风险地区。成都理工大学实行全封闭式管理，学生进行线上学习。

18日　电子科技大学教授、博士生导师邓龙江当选中国工程院院士，教授、博士生导师杨正林当选中国科学院院士。

同日　成都市教育局印发关于推广落实“作业管理”10个优秀案例，四川省成都列五中学的“实施作业公示及督查”案例、电子科技大学附属小学的“实施负面清单管理”案例上榜。

19日　成华区“毛边书局·桃蹊书院”被全国工会职工书屋建设领导小组办公室、全国总工会宣教部命名为2021年“全国工会职工书屋示范点”。

20日　成华区出台《成华区儿童友好社区建设与服务规范指引（试行）》《成华区儿童友好社区建设督导评估指标体系（试行）》，引导社会大众尊重儿童、关爱儿童。

24日　成华区智慧城市治理中心《聚焦城市基本单元“社区”，探索建设数字孪生城市》获评2021中国数字政府特色评选案例“治理运行创新奖”。

27日　成华区总工会第五届委员会第七次全体会议召开。邓旭当选为成华区总工会第五届委员会主席。

28日　2021赛季中国足协中甲联赛第四阶段（成都赛区）在成华区城东体育公园举办。

同日　成华区“学习强国”主题街区、成都大熊猫繁育研究基地、成华区青少年综合实践教育活动中心被命名为“成都市爱国主义教育基地”。

29日　成华区第八届青年创业大赛决赛在成都市就业技能训练院举行。大赛以“创聚成华·创享幸福”为主题，参赛项目涵盖科技创新、乡村振兴、人才培训、生活服务、文创产业等领域。经过激烈角逐，创聚成华组磁悬浮电机项目获得金奖，纳米光学薄膜技术与应用、黑柔科技项目获得银奖，峰格精酿啤酒、基于气相助焊剂焊接技术的航空航天用耐高温高可靠射频干扰滤波器、无线导游讲解设备项目获得铜奖。

30日　成华区全面启动3~11岁人群新冠疫苗接种工作。

12月

1日　成华区教育局被教育部基础教育质量监测中心授予2021年“国家义务教育质量监测实施优秀组织单位”。

2日　成华区总工会举行“蓉城人才绿卡·成都工匠”发卡仪式，以24张“绿卡”和十大专属服务致敬成都工匠，为“成都工匠”送上特别“礼遇”。

同日　成华区青年（大学生）创业园被四川省人力资源和社会保障厅等五部门确定为“省级创业孵化基地”。

3日　成华区第七届公益创投大赛暨第五届“成华群英荟”社会创新服务公益创投大赛在成华区社会组织孵化园举行。决赛项目涵盖社工服务体系建设、民生微项目、关爱帮扶、公益慈善、社会企业培育等领域，总计获得支持资金406万元。

同日　成都市第五批“新旅游·潮成都”主题旅游目的地名单出炉，成华萌想星球·107文创园区、K160火车火锅两处旅游目的地入选。

同日　国内文旅、电竞两大头部企业PUSU朴宿文旅和雷神科技，携手在东郊记忆打造国内首个城市电竞生态综合体。

7日　成华区智能制造产业推介会暨重大项目签约仪式在深圳举行。成华区与中城智能硬件加速器等6个重大产业化项目签约，总投资120亿元。

9日　成都市成华区人民政府第九次全体会议召开。

同日　成华区与九三学社四川省委员会科技创新战略合作签约仪式举行。

10日　成都智慧油服产业基地揭牌暨油气产业集群共建启动仪式在建设路金融商务总部发展区举行。5家上市企业、5家“专精特新”企业签约入驻成都智慧油服产业基地。

10—12日　2021中德经贸合作暨中德暖冬集市活动在成华区猛追湾滨河路举行。德国国家旅游局、德国葡萄酒协会等50个德国优质品牌、机构，华润万家、家乐福、国美等20家成都商超企业展开对话交流，共话促进中德经贸发展。

11日　成都熊猫国际旅游度假区城市空间品质提升改造工程全面竣工并对外开放，全域面积2000亩，总投资19.2亿元。项目依托蜀龙路、熊猫大道、熊猫广场和北湖片区，新增绿化面积81万平方米，新增3个休息驿站和12千米绿道。

12日　成都市生态惠民新场景第二批发布，成华区城东体育公园、成华区地铁防尘天幕试点项目两个新场景上榜。

12月16日，成华区数字消费节启动仪式（区商务局供图）

同日 成华区跳蹬河街道锦绣社区志愿服务站张冬梅，获评2021年度“成都市十佳志愿者”。

13日 四川省委宣讲团到成华区宣讲党的十九届六中全会和省委十一届全会精神。

同日 成都首条串联大运会主场馆的快速公交K6线正式开行，线路由双桥子南站开往龙泉驿同安公交站。

14日 成华区妇女联合会被全国妇女联合会表彰为“全国维护妇女儿童权益先进集体”。

同日 成华区猛追湾滨河路获评成都市2021年“十佳”招牌示范街道。

14日 成都东客站枢纽经济发展区投资环境推介会举行。四川天宇威视信息技术服务中心、慧择集团互联网医院、成都中京爱依智慧养老西南中心等五大项目与东客站枢纽经济发展区签署战略合作协议，总投资30亿元。

15日 2021成都熊猫国际旅游度假区（重庆）投资推介会举行。签约“大熊猫IP”打造“熊猫地球村”项目、超级奥莱项目、商界熊猫文旅科技项目等9个项目，总投资150亿元。

16日 成华区服务业50强命名暨“成华数字消费节”启动仪式在世茂成都茂御酒店举行。全区服务业50强及31家总部企业获得表彰，30万元数字消费券随机派发，“福利三重奏”礼赠全城。

17日 2021年成都市商务楼宇等级评定结果出炉，成华区5座商务楼宇上榜，华润大厦获评超甲级（国际）写字楼，成华万科文创大厦、十一科技大厦获评甲级写字楼，CEC784·万谷智慧产业园、成都鹏瑞利国际医疗健康中心获评专业特色楼宇。

20日 成华区人民政府门户网站在“2021年数字政府服务能力评估暨第十二届政府网站绩效评估”中位列全国区县政府网站第56名，成都市五城区第1名。

20—21日 中国人民政治协商会议成都市成华区第八届委员会第一次会议召开。大会选举周万生为政协成都市成华区第八届委员会主席，韩际舒、徐宏、文兵、钟萍、陈英为副主席，于伟鹏为秘书长。

22—24日 成都市成华区第八届人民代表大会第一次会议召开。大会选举王德运为成都市成华区第八届人民代表大会常务委员会主任，余胜、李宏坤、阮强、何艳红、余斌为副主任，袁顺明为成都市成华区人民政府区长，刘嘉宁、周海燕、张旭伟、何特、黄宇、陈枢为副区长，顾文辉为成都市成华区监察委员会主任，王泽轩为成都市成华区人民法院院长，钟磊为成都市成华区人民检察院检察长。

23日 成华区公益慈善年会举行，颁发2021年度爱心个人奖、2021年度爱心企业奖、2021年度慈善贡献奖等6个奖项。

24日 成华区获评2021年“全省居民收支调查工作先进区”。

同日 成华区行政审批局智慧政务“优信办”，入选2021年第二届全国政务服务软实力数字化实践典型案例。

25日 成华区获2021“全国基层社会治理创新区”称号。

26日 成华区疾病预防控制中心建成全市首家区县级基因测序实验室。

27日 成华区工商业联合会被全国工商业联合会确认为2020—2021年度全国“五好”县级工商联。

28日 成华区司法局被中央宣传部、司法部、全国普及法律常识办公室表彰为2016—2020年“全国普法工作先进单位”。

29日 成都市龙潭工业机器人产业功能区获评2021年度经济高质量发展典范园区、2021年度投资价值典范园区。

31日 《成华年鉴（2020）》被中国地方志指导小组、中国地方志学会评审为第八届全国地方志优秀成果（年鉴类）一等奖。

同日 共青团成都市成华区第六次代表大会召开，郑丽当选为共青团成都市成华区第六届委员会书记。

（李锡清）

成华概览

编辑　李锡清

自然地理

【概况】　成华区位于成都市城区东北部，东与龙泉驿区交界，南与锦江区相连，西与金牛区毗邻，北与新都区接壤；地理位置介于北纬30°33′~30°41′，东经103°53′~104°03′。2021年，成华区辖区面积109.3平方千米，建成区土地面积85.52平方千米，城市建设用地面积78.93平方千米。

【地形地貌】　成华区地处轴状凹陷构造盆地——成都平原的东部，区域内地势平坦，地质构造简单，地貌类型不多，主要由第四纪冲积平原、丘陵和台地组成，仅东北部偏高，属浅丘地带。位于白莲池街道石岭社区的磨盘山海拔594米，属龙泉山脉延伸地域，是成华区及成都市城区的海拔最高点。成华区城市部分地貌特征总体属于平原型，涉农部分位于龙泉山边缘，地势以浅丘为主，坝区约占三分之一。

【土壤结构】　成华区土壤肥沃，土壤类型以第四系黄色沉积物和白垩系上统沙泥岩风化物等发育形成的姜石黄泥土、水稻土、紫色土为主要土类。全区地表广布黏性土层，土层深厚，有机含量丰富，一级土壤占50%，适宜各种作物生长。

【气候特点】　成华区地处亚热带季风气候区，热量充足，雨量丰富，四季分明，雨热同期。区域内大部分地区表现出的气候特点是：夏无酷暑，冬少冰雪，气候温和，夏长冬短，无霜期长，秋雨和夜雨较多，风速小，湿度大，云雾多，日照少。2021年，成华区年平均温度为16.2℃~18.0℃，最热月出现在6—8月，最冷月出现在1月。雨量主要集中在7—8月，约占全年降水量的一半，暴雨期普遍出现在5—8月；年最大降雨发生在7月9日，昭觉寺站点12小时降雨量89.1毫米；秋季阴雨天气突出，秋雨持续时间长、雨量大；冬季气温前高后低，降水前少后多。成华区年平均日照时数为844~1410小时。

【水利资源】　成华区水源属长江流域岷江、沱江水系，地处都江堰自流灌溉区水量充沛，过境河流有锦江、沙河、东风渠总干渠和北干渠，无径流站，地面径流主要由降雨形成。锦江（成华段）长度为2400米，起止红星桥至东风大桥，流经猛追湾街道；沙河（成华段）长度为14600米，起止刘家碾至五桂桥，流经双水碾、府青路、猛追湾、双桥子、跳蹬河、万年场街道；东风渠（成华段）长度为12100米，起止石岭社区至东升社区，流经白莲池、龙潭、二仙桥、保和街道。区内沟渠纵横，既有天然形成的河道，又有人工开挖的渠道，区内的南支一、南支三等人工渠道为东风渠一、二期工程的配套工程；天然河道有方家河、凤凰河、猫耳洞河、下涧槽排洪河、十陵河、簧门堰、大头河、长椿沟、秀水河等，天然河道与人工渠道贯穿全境。

【动植物资源】　成华区生物资源种类多样，动植物种类10纲、100科，其中饲养动物100种，有大熊猫、小熊猫、金丝猴等国家一级保护珍稀动物；北湖生态公园有稀有的黑顶鹤、白鹤，以及野生白鹭、喜鹊等。区内林业属典型城市林业，天然植物茂盛，栽培有红豆树、香樟、银杏、楠木、青枫、柏树、黄桷树等古树名木；种植业主要有蔬菜、花卉等作物。

（杨宗学　李锡清）

历史沿革

【建置沿革】　成华区域最早为古蜀国地，秦惠文王后元九年（公元前316年）秦灭蜀置成都县起，迄今有2300多年的历史。20世纪50年代属成都市东城区、郊区及双流县、华阳县。20世纪60年代以后，属成都市东城区和金牛区。1990年9月，成都市区划调整，设立锦江区、青羊区、金牛区、武侯区、成华区5个城区。成华区辖原东城区的椒子街、双桥子、双林村、猛追湾、跳蹬河、建设路、府青路、二仙桥8个城区街道办事处和圣灯、保和、青龙、龙潭4个乡，保和、青龙、龙潭3个乡政府分别挂（保和镇街道办事处、青龙场街道办事处、龙潭寺街道办事处牌子）。

1991年1月，成华区将椒子街街道办事处更名为望平街街道办事处，双林村街道办事处更名为双林路街道办事处。1992年6月，成华区增设新鸿路街道办事处。1998年6月，成华区增设万年场、桃蹊路、站北路3个街道办事处。2003年7月，成华区街道行政区划调整，撤销望平街街道办事处划入猛追湾街道办事处；撤销双林路街道办事处，双林路以北区域划入新鸿路街道办事处、以南区域划入双桥子街道办事处；部分街道建立街辖村体制，保和乡跳蹬村划入跳蹬河街道办事处、联合村划入万年场街道办事处，青龙乡双水碾村划入双水碾街道办事处。2004年8月，经四川省人民政府批准，成华区撤销圣灯、保和、青龙、龙潭4个乡建制，实行街道办事处管理体制。2004年12月，成华区人民政府批复，同意撤销联合村建制建立联合社区居民委员会。2014年12月，经成都市人民政府批准，成华区调整部分街道行政区划，撤销新鸿路街道办事处划归双桥子街道办事处；增设白莲池街道办事处，将青龙街道办事处白莲池、一里塘、回龙、狮子、石岭、将军碑、白莲7个社区划入白莲池街道。2019年12月，经成都市人民政府批准，成华区调整部分街道行政区划，撤销圣灯街道办事处划归二仙桥街道办事处；撤销桃蹊路街道办事处和建设路街道办事处，将桃蹊路街道桃源社区、桃蹊社区、怡福社区、文德社区划归府青路街道办事处，将桃蹊路街道踏水社区和建设路街道培华路社区、建设中路社区、电子科大社区划归猛追湾街道办事处；将建设路街道建兴路社区划归跳蹬河街道办事处。

【成华区得名由来】　成都县从公元前316年置到1952年4月撤销有2268年历史。华阳县初名蜀县，建于唐贞观十七年（643年），唐乾元元年（758年）更名为华阳县，从属剑南道成都府，1956年撤销。成华区因区域在历史上分属原成都县和华阳县，地处两县交界的区域，取两县名之首字而得名。"成华"一名内涵丰富，是取古文中"华"与"花"字相通之意，蕴含有"成都之花"或"成都之精华"的意味，全市的工业，就从这里开拓、兴盛、发展，将"成都现代工业精华之区——新兴的电子工业集中地"体现于区名之中。

（杨宗学　李锡清）

行政区划

【概况】　2021年，成华区辖双桥子、猛追湾、府青路、二仙桥、跳蹬河、万年场、保和、双水碾、青龙、龙潭、白莲池11个街道办事处，83个社区（村），其中城市社区52个、涉农社区29个、村委会2个。

（游　勇）

【地名管理】　成华区民政局完成"成华区互联网+地名信息管理服务平台"建设，全年办理建筑物名称备案审批项目28项，分别为迎晖社区益民菜市综合楼、和欣店益民菜市综合楼、中车共享郡、保利中环广场、龙潭九章西苑、融创至和雅颂小区、青云台小区、懿林语阁、深业泰樾府、和园、成华科创中心、知园、锦麟壹品院、朗诗和风印悦花园、中海浣云居、龙潭九章苑、滨河观澜花园、成华发展大厦、槐树店益民菜市综合楼、上海浦东发展银行股份有限公司成都分行大厦、天府国际动漫城、东宸锦悦府、东望花园、青熙兰庭、中环光悦居、静安府、天荟中心、中环壹号大厦。

（滕　强）

表1　2021年成华区行政区划情况表

街道名称	辖区面积（平方千米）	所辖社区（村）
双桥子街道	2.94	萩香里社区、万晟社区、新华社区、新鸿社区、双林社区、双桥路北社区、三街坊社区、水碾河路北社区
猛追湾街道	4.08	望平社区、祥和里社区、建华社区、石油社区、培华路社区、建设中路社区、踏水社区

续表1

街道名称	辖区面积（平方千米）	所辖社区（村）
府青路街道	5.71	八里庄社区、李家沱社区、怡福社区、文德社区、桃蹊社区、桃源社区
二仙桥街道	11.18	仙韵社区、东路社区、下涧槽社区、华林社区、圣灯社区、枫景社区、东华社区、长林盘社区、人民塘社区
跳蹬河街道	5.29	锦绣社区、杉板桥社区、跳蹬河社区、建兴路社区、跳蹬村
万年场街道	5.74	长天路社区、双福社区、槐树店社区、红桥社区、联合社区
保和街道	11.11	和美社区、和顺社区、迎晖社区、胜利社区、杨柳社区、和欣社区、斑竹社区、天鹅社区
双水碾街道	5.57	站北路社区、花径路社区、升仙湖社区、荆竹社区、横桥社区、双水碾村
青龙街道	7.99	昭青路社区、仁义路社区、昭觉社区、致强社区、东林社区、西林社区、新山社区、海滨湾社区
龙潭街道	36.48	隆兴路社区、正街社区、华泰社区、向龙社区、龙瑞社区、高洪社区、龙祥社区、桂林社区、和成社区、华冠社区、丛树社区、龙驰社区、同乐社区、同仁社区、威灵社区、院山社区
白莲池街道	13.21	将军碑社区、一里塘社区、白莲池社区、狮子社区、石岭社区

表2　2021年成华区建筑物名称备案项目表

序号	建筑物名称	建筑物地址	申报单位
1	迎晖社区益民菜市综合楼	天鹅一路83号	成都益民投资集团有限公司
2	和欣店益民菜市综合楼	槐花路80号	成都益民投资集团有限公司
3	中车共享郡	二仙桥北路31号	中车科技园（成都）有限公司
4	保利中环广场	二仙桥东路8号	四川省物流股份有限公司
5	龙潭九章西苑	桂林西一路360号	成华区同桂轨道城市发展有限公司
6	融创至和雅颂小区	长林盘社区2组、3组	成都融创昱成房地产开发有限公司
7	青云台小区	丛树社区11组	四川隆和书香房地产开发有限公司
8	懿林语阁	鹤林社区1组	成都人居成兴置业有限公司
9	深业泰樾府	双林北横路127号、129号地块	深业泰然华成房地产开发有限公司
10	和园	机车厂5号地块	成都华创蓉璟城建筑工程有限责任公司
11	成华科创中心	航天路6号	成都东方广益有限公司
12	知园	二仙桥公园北侧2号地块	成都万锦华创置业有限公司
13	锦麟壹品院	槐树店路26号	成都越陆置业有限公司
14	朗诗和风印悦花园	府青路三段14号	成都成泰房地产开发有限公司
15	中海浣云居	东虹路社区4组、5组	中海（嘉卓）成都房地产开发有限公司
16	龙潭九章苑	桂龙西一路468号	成都成华区同桂轨道城市发展有限公司
17	滨河观澜花园	双桂路27号附2号	成都帝能房地产开发有限公司
18	成华发展大厦	双城二路98号	成都市成华发展集团有限责任公司
19	槐树店益民菜市综合楼	槐花路80号	成都益民投资集团有限公司
20	上海浦东发展银行股份有限公司成都分行大厦	二环路东二段22号	上海浦东发展银行股份有限公司成都分行
21	天府国际动漫城	西林社区10组、11组	四川旅投漫话世界旅游开发有限责任公司
22	东宸锦悦府	二仙桥西一巷5号	四川凉投房地产开发有限责任公司
23	东望花园	关家社区1组	四川通惠房地产开发有限责任公司
24	青熙兰庭	海滨湾社区3组、11组	成都城投皓诚置地有限公司
25	中环光悦居	二仙桥东路50号	四川省物流产业股份有限公司
26	静安府	双水碾村4组、5组	华润置地（成都）成华有限公司
27	天荟中心	关家堰社区4组、5组、6组	成都传媒文化置业有限公司
28	中环壹号大厦	迎晖路99号	中国汽车贸易西南有限公司

人口民族

【概况】 2021年，成华区年末有常住人口139.68万人，户籍总户数32.36万户、户籍人口82.98万人、比上年增加2.62万人，其中男性人口41.07万人、女性人口41.91万人，男女性别比例为98.01∶100。户籍人口中0~17周岁14.21万人，占17.12%；18~34周岁16.77万人，占20.21%；35~59周岁33.32万人，占40.15%；60周岁及以上18.69万人，占22.52%。全年出生人口1.08万人，人口出生率13.25‰；死亡人口5169人，死亡人口率6.32‰；人口自然增长率6.93‰。全年迁入人口3.08万人，迁出人口7116人。

表3　　2021年成华区户籍户数和人口分布情况表

单位名称	年末户籍户数（万户）	年末户籍人口（万人）
双桥子街道	3.74	10.18
猛追湾街道	3.77	11.13
府青路街道	4.06	10.57
二仙桥街道	2.20	5.98
跳蹬河街道	2.91	7.12
万年场街道	3.34	7.71
保和街道	3.38	7.75
双水碾街道	2.41	5.41
青龙街道	3.07	6.94
龙潭街道	2.84	7.39
白莲池街道	0.37	2.04
龙潭总部新城	0.27	0.76
合计	32.36	82.98

【人口管理】 成华区公安分局优化“线上+线下”流程，推进“放管服”改革措施落实落地和“全域通办”进程，围绕“一网通办”优化政务服务流程；依托“成华微户政”微信公众号平台，开展在线咨询、网上申请预约、快递送达等服务，打造群众满意的“指尖上的网上警务”；简化办理流程，探索“蓉易办”“代帮办”等特色政务服务，为人才提供服务。区公安分局健全流动人口服务管理体系，落实“一标三实”采集，组织网格员和其他社会力量，深入辖区重点区域开展流动人口基础信息采集，及时录入四川省警务综合应用平台，确保流动人口采集准确率。截至年底，全区有外来人口55.51万人，其中双桥子街道3.96万人、猛追湾街道4.49万人、府青路街道4.49万人、二仙桥街道5.82万人、跳蹬河街道4.34万人、万年场街道5.24万人、保和街道7.06万人、双水碾街道6.82万人、青龙街道7.69万人、龙潭街道3.99万人、白莲池街道1.61万人。

【公民出入境管理】 成华区公安分局加强中国公民因私出入境管理，将“枫桥经验”融入管理服务，开展“移动警务车进社区、进企业、进高校”。全年办理中国公民因私出入境证件1388件次，其中护照1266件次、港澳通行证92件次、台湾通行证30件次，以全市第一的成绩获评首批全省出入境“三优”窗口。

【境外人员入境管理】 成华区公安分局全年受理签证业务299人次，其中居留许可256人次、签证证件16人次、停留证件27人次；查处各类涉外案（事）件82起、其他涉外案（事）件24起，拘留审查4人，遣送出境5人，限期出境3人，行政拘留3人，罚款41人次，警告16人。全年实有散居境外人员312人，其中美国118人、英国53人、加拿大52人、韩国35人、俄罗斯27人、加纳27人。

（李　文）

【民族宗教】 成华区民族以汉族为主，占总人口的98.6%，其他民族为回族、满族、藏族、土家族、彝族、羌族、苗族、蒙古族、壮族、哈萨克族等44个少数民族，年末有少数民族人口1.20万人，占总人口的1.4%。区内有成都市昭觉寺、龙潭寺2个佛教活动场所。

（蒋兆龙）

印象成华

名胜古迹

【天府熊猫塔】 位于成华区猛追湾街168号，占地10亩，塔高339米，为中国西部第一高塔。天府熊猫塔作为西部地标、成都名片和成都市科普教育及品格素质教育基地，是四川省广播电视传输发射的枢纽，由塔座、下塔楼、塔身、上塔楼、天线桅杆五部分组成，塔内8000平方米用以开展高空旅游、餐饮、娱乐、艺术展、室内外观光、特色商品等服务。天府熊猫塔围绕高塔地标经济，推出线上AR灯光秀，打造以熊猫卡丁车、拾野博物馆等休闲娱乐，

成都大熊猫繁育研究基地

东郊记忆景区　　（区融媒体中心供图）

SPACE、贰麻酒馆等酒吧清吧和特色成都美食为核心的夜间消费场景，成为独具成都特色的"最时尚"黑金消费新场景和潮流打卡地。以天府熊猫塔为主体，运用实景特效合成技术，融入大熊猫、大运会、盖碗茶和市徽图腾等成都元素，举办春节元宵节线上AR主题秀。全年接待观光游客12.7万人次。

【成都大熊猫繁育研究基地】　位于成华区熊猫大道1375号，1995年荣获联合国环境规划署颁发"全球500佳"称号，2006年获评国家AAAA级旅游景区。基地由1500亩扩建至3570亩，布局"一轴三核六片区"，营造动物、游客、科研深度融合的沉浸式熊猫园区；以大熊猫珍稀自然资源为载体，开展大熊猫及其他珍稀濒危野生动物保护繁育科研、公众教育、教育旅游、大熊猫文化品牌打造与传播、国际合作与交流、大熊猫野化放归研究等工作，是世界公认的开展圈养大熊猫保护科技实力最强、科技成果最多、应用推广效果最好的大熊猫迁地保护示范单位。截至年底，基地大熊猫种群数量215只，为全球最大的圈养大熊猫人工繁殖种群。全年接待游客469.6万人次，实现门票收入1.6亿元。

【东郊记忆景区】　位于成华区建设南路，以"时尚设计与音乐艺术双柱求发展"定位，集数字音乐、展览演艺、时尚文创、文旅体验、戏剧等文化形态，是多元文化园区、工业遗址主题旅游地、艺术文化展演聚落、文艺创作交流园区、成都文化创意产业高地，国家音乐产业基地、国家AAAA级旅游景区、科技与文化融合示范园区、国家工业遗产旅游基地，成为成都市"旅游+工业"融合发展的国际时尚产业园区；举办2021天府文化进万家主题活动、东郊记忆时尚艺术节、成都国际友城青年音乐周、第二届东郊戏剧展演季等多元性、国际化、演艺交流等活动20场次。全年接待游客422.5万人次。

【成都昭觉寺】　位于成华区昭青路333号，占地128亩，被国务院确定为汉族地区佛教全国重点寺院，中国重点佛教活动场所、四川重点佛教寺院。昭觉寺创建于唐贞观年间（627—649年），历代高僧辈出，毁于明末战乱之中，清康熙年间（1662—1722年）由丈雪和尚重建。昭觉寺殿宇规模宏大，林木葱茏，为成都著名古刹之一，有川西"第一丛林"、川西"第一禅林"之誉，主要建筑有山门、八角亭、天王殿、先觉堂、圆觉堂、御书楼、观音阁、涅槃堂、藏经楼和圆悟禅师园等，是西南地区规模最宏大、壮观的寺院之一。全年接待旅客29.5万人次。

【成都自然博物馆】　成都自然博物馆（成都理工大学博物馆）位于成华区二仙桥东三路以北，占地85.3亩。建筑外观形似岩石、又似雪山，由六个单体组成，单体间通过人行栈道和天桥长廊连接，设地上四层、地下一层，地上部分含地质环境厅、矿产资源厅、恐龙探秘厅、生命探源厅、缤纷生命厅等展厅，有教育功能区、学术报告厅、4D影院、环幕影院等公共空间，可以让观众零距离体验地球地质、生态环境的独特魅力，可通过内置互动设备，体验《博物馆奇妙夜》中的神奇场景，作为展现巴蜀文化与风采的窗口。截至年底，成都自然博物馆基本建成。

【北湖生态公园】　位于龙青路环城生态区绿道，依托熊猫基地文化打造集水文化、鸟文化、竹文化、客家文化于一体的成都市主城区最大的人工湖泊和最美的生态湖区。公园地处龙潭湿地，占地面积1198亩，水体面积458亩，有"三区八景"，即"森林湖光禅道区、欢乐活泉云桥区、梦幻竹海绿道区”3个特色观光区，“熊猫驿站、太极广场、熊猫世界、阅湖长廊、浩渺琴音、独山古梅、萤火竹舍、月光山丘”8个特色景观，打造亲子体验游、自驾车营地，营造户外消费的新场景；融入熊猫文化的国际范，园区有憨态可掬的熊猫雕塑和熊猫景观，公园南门广场安装有高达16米的镂空熊猫雕塑，成为市民和游客新的网红打卡地，成华区国有企业“学习强国小站”亮相北湖生态公园；举行“党建引领·强基铸魂”国有企业基层党建示范建设启动仪式暨庆祝建党100周年主题活动、2021年四川省“百万群众迎新登高”绿道健身活动、成都全民义务植树40周年暨2021年秋季义务植树等活动12场次。全年接待游客50.7万人次。

【成都新华公园】 位于成华区双林路87号，占地150亩，围绕展现成都记忆和当代生活的成都都市文旅新地标总体定位，通过“公园+街区”更新的模式，通过业态植入和场景营造，形成“一园三街”的整体业态格局，实现“从生态休闲到文化休闲、从观光公园到体验公园、从生态绿化到产业绿道、从形态改造到场景营造、从园街分隔到园街共享”的五大转变；融入5G体验、公众公益、沉浸演艺等，实现公益性、生态性、文化性、商业性有机融合，实现公园城市可阅读、可感知、可欣赏、可参与和可消费，让市民拥有更多获得感和幸福感，让外来游客一站式体验美好的“成都式”生活。全年接待游客306.2万人次。

【成都动物园】 位于成华区昭觉寺南路234号，占地260亩，动物园建有30组各种造型的动物馆舍，常年展出各种兽类、两栖爬行类、鸟类以及观赏金鱼等动物253种共2500只（头），是国家保护珍稀濒危野生动物的专类公园、中国动物园协会西南协作区组长单位、动物移地保护和展出的场所，对公众进行野生动物科普宣传教育的基地和繁育研究野生动物的科研单位。全年接待游客420.7万人次。

【孟知祥墓】 位于白莲池街道石岭社区磨盘山南麓，是五代后蜀皇帝孟知祥与其妻福庆长公主的合葬墓，史称“和陵”。孟知祥墓坐北朝南，由甬道、主墓室与东西两耳室组成，是唐五代时期精湛建筑技术和民族文化相互融合的宝贵实物见证，是研究唐五代时期政治、经济、文化的重要实物资料，具有很高的历史、艺术、科学价值。1980年被列为四川省文物保护单位，2006年被列为全国重点文物保护单位。

【三洞古桥】 位于沙河中三洞桥上游，由上三洞古桥和三洞古桥公园两部分构成，占地79.5亩。上三洞古桥是一座仿照老古桥原貌修建的新桥，桥头两端分别立有上覆瓦脊的四方屋檐方形石柱，原桥是清代建筑作品，为三洞沙石拱桥；三洞古桥公园通过水源广场、喷泉、水渠、假山水池、方格水池、卵石驳岸等景观，反映川西平原水利格局，再现蜀人治水文化，1986年被列为区级文物保护单位。

（安　媛）

【龙潭寺】 龙潭寺建寺初期称为“大庙”，仅供皇亲国戚祭拜，寺院现存蜀国时期“拴马桩”“太子墩”文物印证龙潭寺曾经的“皇家印记”。龙潭寺有四大千年奇观和四大千年奇景，千年龙潭、千年古井、千年古树、千年灵龟，千年古刹不惧水、千年龙潭水不变、千年龙井水自出、千年古树龙化身。1998年，被成华区人民政府列为区级文物保护单位。

【范家祠堂】 位于龙潭街道威灵社区8组，始建于1787年，是范氏入川始祖范钦若（端雅）第四子范对扬一房的祠堂——壁公祠，龙潭范氏尊北宋著名政治家、文学家范仲淹为祖先。1998年，被成华区人民政府列为区级文物保护单位。

（李逢春）

【孙家祠堂】 位于成华区保和街道东升社区9组，系“中华民国”国民革命军上将孙震（1892年2月5日—1985年9月9日）祭祀其父孙芷卿，在华阳县保和场修建的孙氏祠堂支祠，1926年始建，1928年春落成。孙家祠为青砖、石料、粉墙、小青瓦、楠木雕花门窗构建的明清风格四合院。1998年，被成华区人民政府列为区级文物保护单位。

（黄诗忆）

非物质文化遗产

【成都面人】 成都面人其基本原材料有面粉、色素和保鲜保质的添加剂等，面粉熟加工后经千锤百炼，再加以各种色素调制而成；面塑作品成型快，形象逼真，色彩鲜艳，类别繁多，品种齐全，有插棍式、吊线式、浮雕式、整雕式、微雕式、仿效式等款式，作品易

成都面人传承人熊家全　（区文化馆供图）

于保存、收藏。2011年6月入选四川省级非物质文化遗产代表性项目。

【四川评书】　四川评书表演形式以口头讲说为主，表演程序为先念一段“定场诗”，或说段小故事，然后进入正式表演；题材丰富，有生活、时政、历史故事、传说故事等，由于书路和表现手法的不同，有“清棚”和“雷棚”之分。20世纪50—80年代，评书艺人和专业作者把一批革命长篇小说，如《红岩》《保卫延安》《烈火金刚》《林海雪原》《平原枪声》改编为评书讲说，是四川最有影响力的曲艺种类之一。2014年6月入选四川省级非物质文化遗产代表性项目。

【裘衣制作技艺】　裘衣制作工艺是一种手工制作传统服饰的技艺，以人工饲养的牧羊狗皮、羊皮、狐狸皮、兔皮等天然的皮毛为基本原料，配以丝绸、棉布、锦缎等辅助材料；主要分布在成华区龙潭寺一带，生产工序近30道，如毛皮的硝制、草碱除味、除油、定型等，每一道工序都必须手工操作；主要制品有裘皮服装、裘皮帽子、裘皮被褥、裘皮围脖等，消费群体为中老年人。2008年12月入选成都市级非物质文化遗产代表性项目。裘衣制作项目传承人陈朝明，1979年从师龙潭寺罗利森老人，学习并从事裘衣制作工艺至今，被称为成都裘衣制作技艺最后一人。

裘衣制作项目传承人陈朝明（区文化馆供图）

【“温鸭子”技艺】　“温鸭子”传统制作技艺始创于清光绪三十一年（1905年），至今有第三代传人。“温鸭子”结合四川饮食特点，形成特色鲜明的美食品牌。其制品用料考究，采用传统手工制作技艺烹制而成，整个制作过程不使用任何添加剂，属天然绿色食品。2016年12月入选成都市级非物质文化遗产代表性项目。

【杨氏太极推手功法】　杨氏太极推手功法在继承杨氏太极拳班侯和健侯两个系统特点的基础上，经过三代人不懈努力，融合成都地域文化，创新发展所形成的地方性太极拳；融汇众家所长，立足于巴蜀文化，具有完整技理体系、典型地域特色的太极拳拳种练功方法体系。2019年4月入选成都市级非物质文化遗产代表性项目。

【赵门武术】　赵门武术内外兼修，似快而慢，快慢相间，似柔而刚，刚柔相济，手腿并用，以腿法变化莫测、神速、力重著称，其攻防兼顾、舒展大方等技为要领。赵门武术内容繁多，形式多样，包括“峨眉拳”“峨眉器械”“峨眉扣手”“峨眉散手”“峨眉练功法”等具有独特四川拳味的各种技艺。2019年4月入选成都市级非物质文化遗产代表性项目。

【锔瓷技艺】　锔瓷技艺为全手工制作，工艺上吸收传统锻铜工艺的技法，增加镶边、做件、包口、雕花刻字等装饰；使用金银等贵金属材料进行平锔敲花、贴镶嵌等手法进行装饰。传承人王培波凭着对锔瓷技艺的热爱，潜心钻研技艺，坚持“缝补生命，修复艺术”，在二仙桥街道文化活动中心设立锔瓷艺术工作室。2020年12月入选成都市级非物质文化遗产代表性项目。

【吴氏小儿正畸手法】　吴氏小儿正畸手法以杜自明传统中医骨科技术和制药工艺为基础，由其大弟子吴思九和成都市名老中医赵惠卿，共同创立针对小儿先天骨与关节畸形，并具有独特疗效的中医骨科治疗体系，在传统中医骨科中通过手法治疗，配合手工传统特制小夹板治疗小儿先后天骨与关节畸形，开创小儿正畸手法治疗的先河。2020年12月入选成都市级非物质文化遗产代表性项目。

【牙牙饭】　据《四川省志》记载：牙牙饭起源于四川，在四川地区具有悠久的历史，是四川民间一种饮食习俗。它代表四川20世纪初的历史时期和社会现状，承载着100年前人们的生活方式与乡愁。百年后，其后人经过对牙牙饭文化的重新整理、挖掘，牙牙饭非遗体验馆（四川总号）于2004年落户成华区新风路2号，杨超为牙牙饭非遗传承人。2020年12月入选成都市级非物质文化遗产代表性项目。

（区文化馆）

成华美食

【菜根老坛子】　卞氏菜根香菜根老坛子2021年入选成都100道名菜。菜根老坛子将去骨凤爪、猪耳片进行汆水8分熟放入老坛，加卞氏自制泡菜水、黄瓜条、青笋条、西芹条、红萝卜皮、野连珠等泡制6～8小时。每份都用特制小泡菜坛子盛装，泡菜咸酸微辣、蒜香味浓，开胃爽口。2000年被中国烹协、中国贸易局评为首届中国名菜。卞氏菜根香位于成华区双福二路39号附6号。

【陈坛泡菜鱼】　卞氏菜根香陈坛泡

菜鱼2021年入选成都100道名菜。陈坛泡菜鱼用通威有机鲜乌鱼，自家泡制的泡菜进行老汤熬制，泡菜无任何添加剂，汤味醇厚，泡菜味浓，鱼片口弹滑爽。

（张良丹）

【烧牛掌】 大蓉和（沙河店）和红杏酒家（明珠店）烧牛掌2021年入选成都100道名菜。烧牛掌主要原料是贵州水牛掌，辅料有干香菇、西兰花、长白萝卜等；牛掌在菌菇汤中用文火慢煨，菌香浓郁，唇齿留香，菜品外观大气，色泽红亮，牛掌成型完美，兼具山珍的鲜美。大蓉和（沙河店）位于成华区红光路68号，红杏酒家（明珠店）位于成华区建设北路三段7~9号。

（胡婷舒）

【白果炖鸡】 成都妈妈传（双林店）白果炖鸡2021年入选成都100道名菜。白果炖鸡采用农家土母鸡、优质白果，用砂锅炖制，鸡肉鲜嫩，白果绵软，口味醇香，汤味鲜美。成都妈妈传（双林店）位于成华区双林路45号。

【原味菌汤冒烤鸭】 小棠福钟烤鸭原味菌汤冒烤鸭2021年入选成都100道名菜。原味菌汤冒烤鸭将烤鸭切块配上各种蔬菜，放入秘制卤水中浸泡。钟烤鸭在四川冒烤鸭的制作基础上大胆创新，将四川传统卤水，加以三种珍贵名菌，经过8小时精心熬制，研制出可以泡饭的菌汤冒烤鸭，色泽红亮，菌香味醇厚，口感独特，回味无穷。小棠福钟烤鸭位于成华区双林中横路北一街17号。

（杨　博）

【三只耳冷锅鱼】 三只耳冷锅鱼2021年入选成都100道名菜。三只耳冷锅鱼有特色冷锅鱼、净鱼头、美蛙鱼头、冷锅鱼头、花鲢半鱼头、麻辣冷锅鱼等。三只耳冷锅鱼位于成华区天祥街24号。

温鸭子　（青龙街道供图）

（何凌潇）

【温鸭子】 温鸭子总店“温鸭子”2021年入选成都100道名菜。温鸭子肥鸭1只，将盐、花椒粉、胡椒粉、八角粉、桂皮粉、小茴粉、排草粉等均匀抹在鸭子内外，腌制4小时，在沸水锅里烫一下紧皮，搌干水入熏炉内用谷草、花生壳熏至鸭皮呈黄色，洗净放入卤锅内约50分钟捞起即成，皮酥肉嫩、香味浓郁。温鸭子总店位于成华区青龙场昭觉寺横路112号。

【红烧什锦】 温鸭子总店红烧什锦2021年入选成都100道名菜。红烧什锦以鸡、猪肚、猪舌、猪心、猪蹄筋、酥肉、猪肉圆子、鲜蘑菇、玉兰片、青笋、红萝卜，以及姜、葱、花椒、料酒、糖色、盐等制作，将荤料放入锅内烧六成熟，放入青笋、红萝卜条等素料续烧入味即成。

【糖醋脆皮鱼】 温鸭子总店糖醋脆皮鱼2021年入选成都100道名菜。糖醋脆皮鱼用鲜鱼，烹制方法炸（挂汁），辅料泡椒、姜米、蒜米、葱丝、白糖、醋、水豆粉等佐料，色泽金黄、外酥肉嫩、糖醋味浓郁。

客家姜汁鸡　（龙潭街道供图）

【糯米鸭】 温鸭子总店香酥糯米鸭2021年入选成都100道名菜。糯米鸭用糯米、熟温鸭子、青豆、花椒、广红粒、金蛋豆粉；糯米用开水烫熟，把配料全部放入，切好鸭片，放入蒸熟，压紧成坯，切成长方块，放入油锅炸成金黄色，改刀即成，外酥香、肉软糯。

（冯仕鹏）

【客家鲊肥肠】 龙潭喜客客家鲊肥肠2021年入选成都100道名菜。客家鲊肥肠选用新鲜猪肥肠，将肥肠洗净冷锅汆水，加葱姜料酒煮至9成熟捞出肥肠切小块，锅热加菜油煸炒肥肠出香味，加豆瓣酱炒至红亮加入高汤烧开，放入各种调味料、米粉并搅拌均匀至水分收干即可，作为客家人九大碗必上的一道菜，体现客家人的传统文化及好客之道。龙潭喜客位于成华区成康路东区83号附9号。

【客家姜汁鸡】 龙潭喜客客家姜汁鸡2021年入选成都100道名菜。客家姜汁鸡将土鸡煮至八成熟切片，用自制泡青菜、泡辣椒、泡老姜做佐料，滚油爆炒，起锅时加入少许醋和淀粉，微微带酸，肉质鲜美。

（赵　艺）

【八二抄手】 八二小区抄手（建设路总店）2021年入选成都面馆50强。八二小区抄手有干海椒鲜虾蟹籽抄手、松

八二小区抄手　　（猛追湾街道供图）

茸炖鸡抄手等，抄手皮薄馅大，秘制配料麻辣干香，清汤鲜美醇厚。八二小区抄手（建设路总店）位于成华区建设中路6号。

【全味面】　全味面（一环路店）2021年入选成都面馆50强。全味面有鸡杂面、鳝鱼面、肥肠面、回锅肉面、香菇烧肉面、排骨面、红烧牛肉面等特色面。全味面（一环路店）位于成华区一环路东三段3号附1号。

【香味面】　香味面（祥和里店）2021年入选成都面馆50强。香味面有鸡杂面、炸酱面、排骨面、牛肉面、藤椒抄手等特色面。香味面（祥和里店）位于成华区祥和里136号。

（何凌潇）

【庆云面】　庆云面2021年入选成都面馆50强。庆云面有牛肉面、排骨面、炸酱面、鸡杂面、鳝鱼面、素椒面等特色面。庆云面位于成华区双林北支路287号。

（杨　博）

成华荣誉

【概况】　建区以来，成华区国民经济和各项社会事业得到长足发展，综合实力显著增强，获得全国百强区、全国幸福百强区、全国法治先进区、全国科技工作先进区、全国科普示范区、四川省小康区、全省平安建设先进区等各项荣誉。2021年，成华区获得国家和省级荣誉15项。

【获奖荣誉】　1992年，成华区被确定为“成都综合配套改革试点区”。1993年，成华区被批准为“四川省发展个体私营经济实验区”。1994年，成华区获“四川省双拥模范区”称号。1996年，成华区获“全国科技工作先进区”称号。1997年。成华区获“四川省小康区”称号。1998年，成华区获“四川省科技工作先进区”“四川省全面绿化达标区”称号。2001年，成华区被确定为“四川省社区建设示范试验区”。2004年，成华区获“四川省计划生育宣传工作先进区”称号。2005年，成华区被确定为“全国科普示范区”，被评定为“全国科技进步先进区”，获“四川省双拥模范区”称号。2006年，成华区获“全国民政工作先进区”“全国计划生育优质服务先进区”称号。2008年，成华区获“全省平安建设先进区”称号。2009年，成华区被确定为“首批全国和谐社区建设示范区”，获“全国文化先进单位”“中国商业地产最具投资潜力区”称号。2010年，成华区被确定为“第一批全国养老服务示范区”“全国残疾人社区康复示范区”，被评定为“全国社区教育实验区”“全国阳光体育先进区”“全国学校艺术教育先进区”，获“首批全国法治先进区”“四川省双拥模范区”称号。2011年，成华区被确定为“全国素质教育示范区”，获“全国中医药工作先进单位”“四川省教育工作先进区”称号。2012年，成华区被确定为“国家级科技和文化融合示范基地”，被评定为“全国绿色交通示范区”，获“四川省教育工作先进区”称号。2013年，成华区被评定为“国家级养老服务标准化试点区”“全国义务教育发展基本均衡区”“首批中国文化旅游示范基地”，获“全国生态文明先进区”称号。2014年，成华区被确定为“全国社区治理和服务创新实验区”“首批全国社会工作服务示范区”“全国社区教育示范区”，获全国“六五”普法中期先进集体、“中国县域网络履职绩效全国十佳”、“中国县域网络形象全国百强区”、“四川省民间文化艺术之乡”、“四川省群众体育先进单位”、“四川省慢性病综合防控示范区”称号。2015年，成华区被确定为“全国社区公共服务综合信息平台建设试点区”“四川省艺术区域整体推进试点区”，被评定为“全国中小学校责任督学挂牌督导创新区”，获“全国法治先进区”“全国节约型公共机构节能示范单位”“全省平安建设先进区”“四川省第一轮艾滋病综合防治优秀示范区”称号。2016年，成华区被确定为“全国青少年校园足球试点区”，获“全国法制宣传教育先进集体”“全国第九届残疾人运动会暨第六届特殊奥林匹克运动会筹备组织工作先进集体”“全国科普日特色活动优秀单位”“创建全国双拥模范城市显著单位”称号。2017年，成华区被确定为“首批国家级健康促进区”“国家知识产权强县工程试点区”“国家慢性病综合防控示范区”“全国青少年普法教育示范区”，获“全国平安建设先进区”“全国基层中医药工作先进单位”称号。2018年，成华区被选定为首批“国家义务教育质量监测结果应用实验区”，获“全国法治区创建活动先进单位”“全国社会治理创新示范区”“全省维护社会稳定先进区”“四川十大最具投资价值城区”称号。2019

年，成华区被确定为“全国街道服务管理创新实验区”，获“中国最佳国际营商环境城区”、“全国综合竞争力百强区”、“全国生态文明建设优秀城区”、“全国社会治理创新典范区”、全国“七五”普法中期先进集体称号。2020年,成华区被评定为“国家知识产权强县工程试点区”，被确定为“四川省全面依法治区示范试点单位”，获“全国百强区”“省内对口帮扶藏区彝区贫困县先进单位”“四川省平安建设先进区”“全省居民收支调查工作先进区”“全省住户监测调查工作先进区”称号；保和街道和美社区、跳蹬河街道锦绣社区入选“中国儿童友好社区建设试点”社区。

2021年1月，成华区获“全国计划生育优质服务先进单位”称号，被确定为“四川省全域旅游示范区”“四川省新型智慧城市示范城市”。2月，成华区被确定为“全国智慧教育示范区”。4月，成华区获“十佳最具投资吸引力城区”称号。5月，成华区获“全国幸福百强区”“省内对口帮扶藏区彝区贫困县先进集体”“全省平安建设先进区”称号。6月，成华区被确定为“全国县域共青团基层组织改革试点地区”。8月，成华区获“全国百强区”称号，被确定为“全省社会工作服务体系建设试点区”。9月，成华区获“全国政府采购百强区”称号，被命名为“天府旅游名县”。12月，成华区获“全国基层社会治理创新区”“全省居民收支调查工作先进区”称号。

（杨宗学　李锡清）

经济和社会发展

【概况】　2021年，成华区实现地区生产总值1273.27亿元，按可比价值计算，比上年增长9.9%，其中第一产业增加值0.03亿元、增长7.7%，第二产业增加值383.10亿元、增长12.9%，第三产业增加值890.14亿元、增长8.7%；第一、二、三产业结构为0.00∶30.09∶69.9；按常住人口计算，人均地区生产总值91642元，增长12.7%。全年实现民营经济增加值505.82亿元，增长6.8%，占地区生产总值的39.7%。全年完成一般公共预算收入86.56亿元，增长9.5%，其中税收收入64.40亿元，增长15.2%；一般公共预算支出77.25亿元，增长2.7%；社会消费品零售总额623.38亿元，增长12.3%；固定资产投资比上年增长19.0%；交通运输、仓储和邮政业营业收入96.38亿元，增长20.2%；引进到位内资总额226.74亿元，下降30.9%；实际利用外资总额31.28亿元，下降21.7%；外贸进出口总额178438万美元，增长20.9%；城镇居民人均可支配收入55349元，增长8.1%。

【农业】　成华区农业生产稳定发展，全年实现农业总产值496万元，比上年增长9.0%。全年农作物播种面积692亩，其中蔬菜面积692亩，蔬菜产量1180吨，增长9.5%。全年农村用电量2648万千瓦时，比上年下降0.9%。

【工业】　成华区工业发展稳中向好，全年完成工业增加值399.9亿元，比上年增长16.6%，其中规模以上工业增加值增长14.6%。规模以上工业企业产品产销率99.8%；石油和天然气开采、开采专业及辅助性活动、有色金属冶炼和压延加工业等三大主导行业占全区规模以上工业增加值的比重95.4%，比上年增长14.6%，拉动全区规模以上工

表4　2021年成华区经济社会发展主要指标情况表

指标名称	单位	实际	比上年增长
地区生产总值	亿元	1273.27	9.9%
第一产业增加值	亿元	0.03	7.7%
第二产业增加值	亿元	383.10	12.9%
第三产业增加值	亿元	890.14	8.7%
社会消费品零售总额	亿元	623.38	12.3%
固定资产投资总额	亿元	—	19.0%
引进到位内资总额	亿元	226.74	-30.9%
实际利用外资总额	亿元	31.28	-21.7%
外贸进出口总额	万美元	178438	20.9%
一般公共预算收入	亿元	86.56	9.5%
一般公共预算支出	亿元	77.25	2.7%
城镇居民人均可支配收入	元	55349	8.1%
科学技术投入	万元	6455	-9.9%
教育事业投入	万元	175171	22.8%
中小学校数	所	56	9.8%
中小学在校学生数	万人	9.59	6.3%
文化体育与传媒投入	万元	14410	43.2%
社会保障和就业投入	万元	69486	8.1%
医疗卫生与计划生育投入	万元	60941	29.9%
卫生机构数	个	809	17.6%
卫生机构病床数	张	7374	1.7%
卫生技术人员	人	12161	5.8%

业增长13.9个百分点。全年规模以上工业企业资产负债率32.4%；营业收入950.9亿元，比上年增长7.4%；实现利润总额96.9亿元，比上年增长15.1%。

【建筑业】 成华区有建筑企业149家，全年建筑业实现增加值82.3亿元，比上年增长6.9%；建筑业竣工产值159.34亿元，下降28.7%；房屋施工面积2059万平方米，下降15.0%；房屋竣工面积410万平方米，增长9.3%；主营业务收入399.95亿元，增长21.6%。

【商贸业】 成华区实施新消费引领提振内需行动，发展户外消费、在线消费、夜间经济、周末经济等新消费场景，全年实现社会消费品零售总额623.38亿，比上年（下同）增长12.3%，其中商品零售额524.87亿元，增长8.2%，餐费收入98.51亿元，增长40.1%。限额以上企业商品零售额中，食品、饮料、烟酒类零售额比上年增长7.9%，服装鞋帽、针纺织品类比上年增长3.1%，石油及制品类比上年增长20.2%，化妆品类比上年下降4.0%，文化办公用品类比上年增长21.5%。

【交通业】 成华区交通建设发展加快，区内有等级公路总里程41.5千米，高速公路10.3千米；有成都汽车总站、成都东站汽车客运站、成都昭觉寺客运站3个长途客运站，全年公路客运量439.2万人，公路货运量379.0万吨。区内公交车线路168路，实有公共汽车（电）车营运3658辆、出租汽车1332辆；有成都东站火车站1个。区内有城市轨道交通1号线、2号线、3号线、4号线、6号线、7号线、8号线途经辖区。

【旅游业】 成华区推进省级全域旅游示范区建设，获评第三批“天府旅游名县”。全年接待游客2348.50万人次、比上年（下同）增长27.2%，其中海外游客0.89万人，下降72.3%，国内游客2347.61万人，增长27.4%。全年旅游收入总额329.35亿元，比上年增长21.1%。区内有星级酒店5家，客房总数716间，成都龙之梦大酒店集群共有客房3240间。成都大熊猫繁育研究基地、东郊记忆·成都国际时尚产业园2个国家AAAA级旅游景区。

（龙渝冬）

【城市建设】 成华区新增城东体育公园二期、高铁城市公园一期、驷马桥公园3个市政公园；新建栖蝶园、丛荟路等9个小游园绿地，新增绿地64.83万平方米；完成新鸿路、建设路、府青路二段、十里店路等37条行道树增量提质，总长度32.8千米；建成中环中（成华段）绿道、蜀龙路景观绿道等绿道体系16处70.06千米；建成回家的路（上班的路）社区绿道50条76.78千米；完成蜀龙路绿道示范区、东郊记忆绿道示范区2个，覆盖面积40万平方米。成华区加快构建“七环十三射”骨干路网，以城市高快速路、主次干道、支路、街巷“四位一体”为支撑的现代城市路网体系；城市建设品质不断提高，人民塘路、东华二路等71条道路开工；枫林路、建勋路等31条道路完工，全面彰显“城在绿中、园在城中、蓝绿生境、城水相融”的美好图景。

（何欣悦　邱甲勇）

【科教事业】 成华区全力实施科技协同创新工程，全年入库科技型企业238家，有国家高新技术企业315家、国家级企业技术中心1家、省级企业技术中心20家、市级企业技术中心15家；航天科工通信技术研究院（华灿工场）双创平台被确定为“国家备案众创空间”。全年省市科技计划立项项目105个；申请专利2802件，其中发明专利申请量993项、发明专利授权量536项。成华区教育供给能力持续增强，全年新投用成都七中英才学校等中小学校7所、幼儿园19所，新增学位1.77万个，学前教育公办学位占50%、普惠性幼儿园覆盖率80%。区内有电子科技大学沙河校区、成都理工大学、西南财经大学天府学院成都校区、成都开放大学4所高等院校，共有专科、本科、硕士、博士学生16.29万人，专任教师8039人；职业中学2所，在校学生2627人，专任教师202人；普通中学24所，在校学生2.85万人，专任教师3019人；小学29所，在校学生6.48万人，专任教师3363人；有幼儿园143所，在园幼儿3.64万人，专任教师4812人。

（刘　虹　刘小葵）

【文体事业】 成华区推动成都自然博物馆、天府国际动漫城等重点项目建设，成都大熊猫繁育研究基地扩建项目整合开发大熊猫IP资源，创新构建大熊猫主题新消费场景。全区文化事业繁荣发展，有区文化馆1个、文化分馆15个，区图书馆1个、图书分馆13个，公共图书馆藏书54.8万册；有街道综合文化活动中心11个、社区（村）文化活动室83个。年末有剧场、影剧院40个，博物馆、展览馆3个，有线广播电视入户率100%。成华区文化馆、四川福宝美术馆被确定为“四川省全民艺术普及示范基地”，毛边书局·桃蹊书院获评四川省文旅公共服务高质量发展“四个一批”优秀品牌，和美社区获评城市社区公共文化服务示范点。成华区全力实施全民健身路径场地设施建设、品牌赛事引进培育，全年开展全民健身赛事及活动29项，开展“爱成都·迎大运”“社区运动节”“全民健身绿道系列活动”等各类全民健身主题活动567场次。

（周　锐）

【卫生事业】　成华区携手四川大学华西公共卫生学院共建教学科研实践基地，建立全市首家区县级基因测序实验室，推动卫生健康事业跨越发展；围绕国家医养结合基本公共服务标准化试点工作，健全老年健康服务体系，投运养老服务机构30个；加快健康成华建设，打造健康街道1个、健康社区5个、健康单位7个。全区有医疗卫生机构809个，其中医院52个、疾病预防控制中心1个、社区卫生服务中心11个、社区卫生服务分中心4个、诊所和门诊部741个，医疗卫生机构床位7374张。全区有卫生技术人员12161人，其中执业医师（助理医师）4510人、注册护士5726人、药剂人员493人、检验人员562人、其他870人。

（蒋　楠）

【人民生活】　成华区居民收入平稳增长，全年城镇居民人均可支配收入55349元，比上年（下同）增长8.1%，其中城镇居民人均工资性收入32069元，增长7.3%，城镇居民人均经营净收入5437元，增长18.7%；城镇居民人均财产净收入4744元，增长10.3%；城镇居民人均转移净收入13099元，增长5.3%。全年城镇居民人均消费支出33216元，比上年增长9.6%；城镇居民恩格尔系数32.9%，比上年下降0.9个百分点。

（龙渝冬）

【社会保障】　成华区全年开展“就业援助月”“春风行动”等系列活动96场次，组织4746家企业发布20.6万个岗位，助力1.5万人达成就业意向；实施援企稳岗“护航行动”，发放企业稳岗补贴3213.2万元，惠及企业105家6238名职工；开展技能提升培训，助力5.1万人劳动技能提升；新建社区就业创业指导中心7个、灵活从业人员关爱驿站5个、援助基地5个；深化公共就业服务体系建设，扎实推进就业增收幸福工程，实现稳就业和稳增长互促共进，就业创业工作成效凸显。全年城镇新增就业1.5万人，就业困难人员再就业1241人，失业人员再就业8634人，城镇登记失业率控制在4%以内，动态消除零就业家庭。

（王　红）

【项目投资】　成华区紧扣“631”重点项目，全年经济社会发展实施项目416项，年度计划投资467.5亿元，完成投资512.0亿元，完成年度计划的109.5%。按投资类型分，政府投资项目311项，年度计划投资191.0亿元，完成投资206.4亿元，完成年度计划的108.1%；社会投资项目105项，年度计划投资276.5亿元，完成投资305.6亿元，完成年度计划的110.5%。按“三个一批”分，竣工投产项目216项，年度计划投资146.7亿元，完成投资149.6亿元，完成年度计划的102.0%；新开工项目109项，年度计划投资113.8亿元，完成投资121.7亿元，完成年度计划的106.9%；续建项目91项，年度计划投资207.0亿元，完成投资240.7亿元，完成年度计划的116.3%。

（刘　巍）

【对外开放】　成华区全年实现进出口总额178438万美元，比上年（下同）增长20.9%，其中出口总额171058万美元，增长60.7%，进口总额7380万美元，下降82.0%。全年新签约新疆贝肯能源西南石油工程技术服务项目、上海金地威新人工智能创新基地项目、上海哈啰出行西南区域总部项目、中铁物建龙西南供应链项目等20个重大项目；实施成德眉资协同招商，签约30亿元以上成德眉资合作项目2个。全年产业化项目实际到位内资193.86亿元，实际利用外资31.28亿元。成华区获评“2021成渝地区双城经济圈最佳投资城区”。

（黄　梁）

表5　2021年成华区“三个一批”项目完成情况表

项目类别	项目数（个）	年度计划投资（亿元）	完成投资（亿元）	完成进度
竣工投产项目	216	146.7	149.6	102.0%
新开工项目	109	113.8	121.7	106.9%
续建项目	91	207.0	240.7	116.3%
合计	416	467.5	512.0	109.5%

中国共产党成华区委员会

编辑　李金洁

综　述

【概况】　2021年，中国共产党成华区委员会深入贯彻落实党中央和省委、市委决策部署，坚持"1556"总体发展思路，鲜明"三先三升"工作取向，以建设践行新发展理念的公园城市示范区为统领，全面贯彻新发展理念，统筹推进经济、政治、文化、社会、生态文明建设和党的建设。区委坚持"稳增长、调结构"，实施产业建圈强链行动，新签约引进高能级产业化项目21个、"专精特新"工业项目5个、生产性服务业项目27个，落户世界500强企业增至69家，六大功能区产业显示度和发展支撑力增强；坚持"强改革、促创新"，推进国企改革三年攻坚行动，组建成华发展集团，实施"智慧教育""县域共青团基层组织改革"等国家级改革试点；坚持"优功能、提品质"，实施"城市更新"五大攻坚工程，全面优化城市空间布局、生态系统、风貌形态、环境品质，建设人城境业和谐统一的现代化城区；坚持"兴文化、展形象"，打响文商旅融合发展品牌，一环路市井生活圈成华段、新华坊等"2+11"特色文旅街区基本呈现，获"2021文旅高质量发展城市"称号；坚持"防风险、保安全"，推进杉板桥"数字孪生"社区试点，加强立体化信息化社会治安防控体系建设，获评全国市域社会治理创新典范区、全省首批新型智慧城市示范城区；坚持"惠民生、办实事"，抓好稳岗援企、就业增收、社会保障、社会救助、安置房建设等工作，提升"一老一小"服务水平；坚持"抓党建、聚合力"，组织开展党史学习教育和庆祝建党100周年活动，推行"红旗激励+红黄牌预警"等激励约束机制，持之以恒正风肃纪反腐，全区党风廉政建设社会评价指数实现"五连升"，全区各项事业取得新的重大进展。成华区获评天府旅游名县，全国幸福百强区。

（郝　放）

【中国共产党成都市成华区第八次代表大会代表选举】　成华区把加强党的领导贯穿换届全过程，成立党代会筹备工作领导小组及工作机构，于9月15日召开成华区党代表选举工作动员培训会，印发《关于中国共产党成都市成华区第八次代表大会代表选举工作的通知》，有序推进党代会筹备及党代表选举工作。成华区严格按照党代会程序要求，制定《严肃换届纪律专题谈心谈话方案》《违反换届纪律问题信访举报联查联办和快查快结实施办法》等文件，明确换届风气监督具体任务38项；区委主要领导开展2轮集体谈心谈话，全区开展严肃换届纪律全覆盖专题谈心谈话2300人次；组织各单位开展观看严肃换届纪律专题学习警示片3000人次，确保换届风气监督全面落实。全区选举产生区第八次党代会代表303名，其中各级领导干部173名、占57.1%，生产和工作一线代表130名、占42.9%，女党员代表131名、占43.2%，少数民族党员代表6名、占2.0%，解放军和武警部队代表5名、占1.6%，各类专业技术人员32名、占10.6%，社区居民60名、占19.8%，新社会阶层人士和新就业形态从业人员13名、占4.3%，其他基层一线代表22名、占7.3%，45岁以下党员代表174名、占57.4%，代表结构和分布合理，具有广泛代表性。

（贺　萌）

【区委机构】　中共成华区委设置工作机构11个，其中纪检监察机关1个、工作机关10个，分别为区纪律检查委员会（区监察委员会），区委办公室［区委保密机要局（区国家保密局、区密码管理局）、区政府外事办公室、区档案局］，区委组织部（区委非公有制经济组织和社会组织工作委员会、区直属机关工作委员会、区公务员局），区委宣传部［区精神文明办公室、区委对外宣传办公室（区政府新闻办公室）、区新闻出版局（区版权局）、区互联网信息办公室］，区委统一战线工作部（区政府侨务和台湾事务办公室、区民族宗教事务局），区委政法委员会，区委政策研究室，区委社区发展治理委员会，区委机构编制委员会办公室，区委巡察工作领导小组办公室，区委老干部局。区委直属事业单位6个，即区委党校（区行政学校）、区机关事业单位绩效考评中心、区档案馆、区委党史研究室、区人才发展中心、区融媒体中心。

（李　博）

中国共产党成华区委员会

书　记　赵春淦

副书记　蒲发友（7月离任）

袁顺明（7月任职）

刘　蓉（8月离任）

雷　鸣（8月任职）

常　委　张明英（9月任职）

杨世映（8月离任）

欧泽春（8月任职）

郑天南（8月离任）

顾文辉（8月任职）

冯　军（2月任职）

曹晓琼（8月离任）

邓　旭（9月任职）

刘嘉宁（8月任职）

蔡达林（9月离任）

马亚炜

黄庆华

（万　鑫）

重要会议

【概况】　2021年，中共成华区第七届委员会召开全体会议3次、常委会会议50次；中共成华区第八届委员会召开全体会议1次、常委会会议11次。

【中国共产党成都市成华区第八次代表大会】　10月26—28日，中国共产党成都市成华区第八次代表大会召开。大会的主题是学习贯彻习近平总书记对四川及成都工作系列重要指示精神，全面落实党中央和省委、市委决策部署，总结区第七次党代会以来工作，谋划确立未来五年思路目标和主要任务，团结带领全区上下不忘初心、牢记使命，阔步迈进高质量发展新征程，争当成都建设践行新发展理念的公园城市示范区排头兵，奋力建设社会主义现代化新成华。大会听取和审查中国共产党成华区第七届委员会工作报告，中国共产党成华区第七届纪律检查委员会工作报告，关于全区党费收缴、使用和管理情况报告；选举出新一届区委、区纪委；通过关于七届区委报告的决议和区纪委工作报告的决议。大会要求，未来五年全区上下要心系国之大者、勇担时代使命，科学描绘社会主义现代化新成华建设新蓝图，走好经济高质量发展之路、老工业区转型之路、践行“两山”理念之路、融入“双循环”之路、促进共同富裕之路；聚焦工作重点、坚持真抓实干，奋力开创超大城市中心城区高质量发展新局面，建设生态宜居、硬核强劲、创新驱动、繁荣文明、安全韧性、共同富裕的现代化新成华；突出党要管党、全面从严治党，广泛汇聚成华推进社会主义现代化建设新合力。

【区委全体会议】　1月15—16日，中共成华区第七届委员会第十一次全体（扩大）会议召开。会议深入学习贯彻习近平新时代中国特色社会主义思想和习近平总书记对四川及成都工作系列重要指示精神，贯彻落实党的十九届五中全会、中央经济工作会议和省委十一届八次全会、省委经济工作会议、市委十三届八次全会暨市委经济工作会议精神，讨论《2021年全区经济工作要点》，审议通过《中共成都市成华区委关于制定成华区国民经济和社会发展第十四个五年规划和二〇三五年远景目标的建议》《中国共产党成都市成华区第七届委员会第十一次全体（扩大）会议决议》。

10月27日，中国共产党成都市成华区第八次代表大会召开　（胡斌　摄）

8月5日，中共成华区第七届委员会第十二次全体（扩大）会议召开。会议深入学习习近平新时代中国特色社会主义思想和习近平总书记在庆祝中国共产党成立100周年大会上的重要讲话精神，贯彻落实习近平总书记对四川及成都工作系列重要指示精神，全面落实省委十一届九次全会、市委十三届九次全会部署，听取讨论区委七届十一次全会以来工作报告，审议通过《中共成都市成华区委关于高质量建设践行新发展理念的公园城市示范城区高水平创造新时代幸福美好生活的实施意见》《中共成都市成华区委关于全面融入科技创新中心建设加快构建高质量现代产业体系的实施意见》。

10月25日，中共成华区第七届委员会第十三次全体会议召开。会议审议《在中国共产党成都市成华区第八次代表大会上的报告（草案）》《中共成都市成华区第七届纪律检查委员会向区第八次党代会的工作报告（草案）》，酝酿八届区委委员、候补委员和区纪委委员候选人预备人选，审议区第八次党代会有关事宜。

10月28日，中国共产党成都市成华区第八届委员会第一次全体会议召开　（胡斌　摄）

10月28日，中共成华区第八届委员会举行第一次全体会议。会议选举产生新一届区委、区纪委领导班子，赵春淦当选为区委书记，袁顺明、雷鸣当选为区委副书记，张明英、欧泽春、顾文辉、冯军、邓旭、刘嘉宁、马亚炜、黄庆华当选为区委常委；顾文辉当选为区纪委书记，刘东、谢晓波当选为区纪委副书记。

【区委常委会会议】 中共成华区第七届委员会全年召开常委会会议50次，学习贯彻习近平新时代中国特色社会主义思想和全面从严治党系列重要论述，学习《中华人民共和国食品安全法实施条例》《中华人民共和国国防法》《四川省市县重大经济事项决策规定（试行）》等法律法规，审议通过《成华区“迎大庆、重招引、促循环”百日攻坚大会战工作方案》《成华区落实四川省生态环境保护例行督察成都市督察意见整改方案》和审议相关人事事项等议题，安排部署庆祝中国共产党成立100周年活动、党史学习教育、天府旅游名县创建、疫情防控、项目百日攻坚和换届等工作。中共成华区第八届委员会召开常委会会议11次，传达学习党的十九届六中全会、中央经济工作会议、省市委常委会等会议精神，审议通过《成华区“学习强国”学习平台学习使用工作考核办法（试行）》等议题，安排部署全区老干部“十件实事”推进等工作。

表6　2021年成华区委常委会会议召开情况表

次别	时间	主要议题
七届第138次	1月6日	学习《中华人民共和国食品安全法实施条例》，传达学习习近平总书记在中央政治局民主生活会上的重要讲话、十三届市委常委会第165次（扩大）会议精神；安排部署1月份重点工作
七届第139次	1月12日	学习《中华人民共和国国防法》，传达学习市委常委会第167次（扩大）会议、2020年度县委书记落实主体责任述职评议会议、市委人大工作会议精神；听取全区疫情防控“十项”基础防控工作推进情况，安排部署疫情防控工作
七届第142次	1月18日	传达学习习近平总书记在省部级主要领导干部学习贯彻党的十九届五中全会精神专题研讨班开班式上的重要讲话精神，传达学习全市加快推进锦城公园、锦江公园建设及一环路市井生活圈改造提升工作精神；专题听取区委区政府领导班子成员2020年度述责述廉报告，听取区委常委班子成员及区人大常委会、区政府、区政协、区法院、区检察院党组书记履行全面从严治党主体责任的情况汇报
七届第143次	1月27日	学习《中央纪委国家监委开展特别重大生产安全责任事故追责问责审查调查工作规定（试行）》，传达学习十九届中央纪委五次全会、全国疫情防控工作电视电话会议、省委应对新冠肺炎疫情工作领导小组会议、市疫情防控领导小组第十八次会议、十三届市委常委会第169次（扩大）会议精神，安排部署2月份重点工作
七届第144次	1月28日	召开2020年度成华区街道党工委和区级有关部门党组［党（工）委］书记落实主体责任述职评议会议，现场述职并进行评议

续表6

次别	时间	主要议题
七届第145次	2月3日	传达学习习近平总书记在中共中央政治局第二十七次集体学习时的重要讲话精神，传达学习省两会和省委书记、省人大常委会主任彭清华在参加成都代表团审议时的讲话精神；传达十三届市委常委会第171次（扩大）会议、全国、全省、全市宣传部长会议精神，听取区委宣传部2020年工作情况汇报；传达学习中央、省委、市委政法工作会议精神，听取区委政法委2020年工作情况汇报
七届第146次	2月10日	学习《成都市社区发展治理促进条例》，传达学习市两会、全省乡镇行政区划和村级建制调整改革“后半篇”文章工作推进会议、全市镇（街道）行政区划调整和村（社区）体制机制改革“后半篇”文章工作推进会议、幸福美好生活十大工程工作推进领导小组第一次会议精神；听取春节前全区疫情防控、安全生产等相关情况汇报，安排部署疫情安全、安全生产工作
七届第147次	2月20日	学习《四川省市县重大经济事项决策规定（试行）》，学习《中国共产党统一战线工作条例》，传达学习全国、全省、全市统战部长会议精神；传达学习省委农村工作会议、成都市实施幸福美好生活十大工程动员大会精神
七届第148次	2月26日	传达学习习近平总书记在党史学习教育动员大会上的重要讲话精神和《中共中央关于在全党开展党史学习教育的通知》，传达学习省纪委十一届五次全会、市纪委十三届九次全会精神
七届第149次	3月4日	传达学习全国脱贫攻坚总结表彰大会、全国全省政法队伍教育整顿动员部署会议和巡视指导督导工作专题培训会议暨推进新时代四川巡视巡察工作高质量发展会议精神，研究部署贯彻落实工作；传达学习全省、全市党史学习教育动员大会精神，审议成华区庆祝中国共产党成立100周年和开展党史学习教育有关文件方案；传达十三届市委常委会第173次（扩大）会议精神，听取全区地方志工作情况的报告，安排部署全国“两会”期间及3月份重点工作
七届第150次	3月18日	传达学习全国两会、市委农村工作会议、全市局级领导干部读书班精神，传达学习习近平总书记在学校思想政治理论课教师座谈会上的重要讲话精神
七届第151次	3月31日	传达学习习近平总书记在2021年春季学期中央党校（国家行政学院）中青年干部培训班开班式上的重要讲话精神，传达学习全国全省全市组织部长会议、老干部局长会议精神，听取区委组织部、区委老干部局2020年工作情况汇报；传达学习全市区（市）县和镇领导班子换届工作会议、全市党建引领城乡社区发展治理工作会议精神，审议并原则同意《成华区“迎大庆、重招引、促循环”百日攻坚大会战工作方案》
七届第153次	4月9日	传达学习习近平总书记在中共中央政治局第二十八次集体学习时的重要讲话精神，传达学习全市投资促进工作会议精神；听取全区各单位贯彻落实“百日攻坚大会战”安排部署情况的报告，安排部署4月份重点工作
七届第154次	4月30日	传达学习习近平总书记关于革命文物工作重要指示精神、关于职业教育工作的重要指示和李克强总理批示、全国职业教育大会、全国文物工作会议、国务院总理李克强在成都考察时的重要指示精神，传达学习四川省中长期青年发展规划实施工作联席会议第三次全体会议暨工作推进会议、十三届市委常委会第176次（扩大）会议精神；安排部署5月份重点工作
七届第155次	5月14日	传达学习习近平总书记在中共中央政治局第二十九次集体学习时的重要讲话、市委全面依法治市工作会议精神
七届第157次	5月19日	传达学习习近平总书记对打击治理电信网络诈骗犯罪工作的重要指示，传达学习全国、全省、全市政法队伍教育整顿会议精神，安排部署近期工作
七届第158次	5月27日	审议相关人事事项
七届第159次	6月4日	传达学习习近平总书记在福建、广西考察期间关于党史学习教育重要讲话、党史学习教育中央第八指导组来蓉督导调研、省委第一巡回指导组赴成都市指导党史学习教育座谈会精神；听取全区庆祝中国共产党成立100周年活动和党史学习教育推进情况、天府旅游名县创建工作推进情况的汇报
七届第161次	6月23日	传达学习习近平总书记近期关于党史学习教育重要讲话和文章精神，研究部署庆祝中国共产党成立100周年活动和党史学习教育工作；传达学习省委十一届九次全会、四川省生态环境保护督察组督察成都市意见反馈会电视电话会议精神；传达学习全国、全省疫情防控工作电视电话会议精神，听取全区近期疫情防控工作推进情况汇报
七届第164次	7月1日	传达学习习近平总书记在庆祝中国共产党成立100周年大会上的重要讲话、在中央政治局第三十次集体学习时的重要讲话、通报精神，听取全区防汛减灾、城乡防火工作情况汇报；安排部署7月份重点工作
七届第167次	7月12日	传达学习习近平总书记在中央政治局第三十一次集体学习时重要讲话、在《求是》杂志上发表的《学史明理、学史增信、学史崇德、学史力行》重要文章精神，传达学习全市基层减负工作推进会议、市委党内法规工作联席会议精神；听取全区“迎大庆、重招引、促循环”百日攻坚大会战推进情况汇报
七届第168次	7月26日	传达学习习近平总书记在中国共产党与世界政党领导人峰会上的主旨讲话、对防汛救灾工作作出的重要指示、市委十三届九次全会精神，听取全区近期疫情防控工作推进情况汇报，分析上半年经济运行形势，安排部署全区下半年经济工作
七届第169次	7月28日	成华区疫情防控指挥部第59次会议召开，学习传达全省全市疫情防控相关部署要求，安排部署全区疫情防控工作

续表6

次别	时间	主要议题
七届第170次	7月29日	成华区疫情防控指挥部第61次会议召开，传达学习十三届市委常委会第192次（扩大）会议暨市疫情防控领导小组第20次会议精神，听取全区疫情防控工作情况汇报
七届第171次	8月4日	传达学习中共中央政治局会议、习近平总书记在党外人士座谈会上的重要讲话精神，传达学习全国疫情防控工作电视电话会议和十三届市委常委会第193次（扩大）会议精神，听取全区疫情防控工作情况汇报，安排部署8月份重点工作
七届第175次	8月19日	传达学习习近平总书记在《求是》杂志发表的《总结党的历史经验，加强党的政治建设》重要文章精神，传达学习省委市委领导调研城市更新和老旧小区改造提升工程相关精神，听取全区疫情防控工作情况汇报；审议并原则同意区人大常委会党组关于召开成华区七届人民代表大会第七次会议有关事项的请示；就迎接中央生态环境保护督察工作作安排部署
七届第176次	8月27日	传达学习中央财经委员会第十次会议、中央第五生态环境保护督察组督察四川省动员会、省委副书记邓小刚调研成华区依法治区示范试点工作重要指示、市委未来公园社区规划建设和片区综合开发工作专题会议精神
七届第177次	9月2日	传达学习全市领导干部大会、十三届第197次市委常委会会议精神
七届第179次	9月9日	传达学习习近平总书记在中央民族工作会议上的重要讲话、在西藏考察时的重要讲话、王凤朝市长赴成华区调研督导指示精神；听取全区迎接中央环保督察工作推进情况的汇报，审议并原则同意《成华区落实四川省生态环境保护例行督察成都市督察意见整改方案》；安排部署9月份重点工作
七届第183次	9月26日	传达学习习近平总书记在2021年秋季学期中央党校（国家行政学院）中青年干部培训班开班式上的重要讲话精神
七届第184次	9月30日	传达学习习近平总书记近期重要讲话指示、在中央人才工作会议上的重要讲话、在陕西榆林考察时的重要指示、对档案工作的重要批示和全省、全市档案工作会议以及省委、市委近期有关会议精神，传达学习四川省文化和旅游发展大会、十三届市委常委会第203次（扩大）会议、成都市深化全国文明城市创建暨争创全国文明典范城市动员大会精神；安排部署10月份重点工作
七届第185次	10月15日	传达学习习近平总书记在纪念辛亥革命110周年大会上的重要讲话精神，传达学习省委常委、市委书记施小琳调研成华重要指示精神，传达学习全国、全省、全市统计法治工作会议精神
七届第186次	10月23日	传达学习习近平总书记在中央人大工作会议上的重要讲话、中央巡视办《关于加强巡视巡察上下联动的意见》专题培训班精神，听取七届区委第十轮巡察综合情况的报告
七届第187次	10月25日	传达学习习近平总书记在中央政治局第三十四次集体学习时的重要讲话精神
八届第1次	11月4日	审议相关人事事项
八届第2次	11月16日	传达学习党的十九届六中全会、省委常委会会议、市委常委会会议、习近平总书记在深入推动黄河流域生态保护和高质量发展座谈会上的重要讲话、全国加强换届风气监督工作电视电话会议、统筹推进全省乡村国土空间规划编制和两项改革“后半篇”文章工作会议、全市老旧小区改造工作专题会议精神，安排部署11月份重点工作
八届第3次	11月23日	传达学习习近平总书记近期在《求是》杂志上发表的重要文章精神，传达学习成都市区（市）县和镇领导班子换届工作推进会暨加强选举指导、风气现场督导调度会会议精神；通报全区“学习强国”学习平台学习使用情况，审议并原则同意《成华区“学习强国”学习平台学习使用工作考核办法（试行）》
八届第4次	12月2日	传达学习习近平总书记在第三次“一带一路”建设座谈会上的重要讲话、在第四届中国国际进口博览会开幕式上的重要讲话，关于禁毒工作的系列重要指示精神，传达学习中共中央办公厅、国务院办公厅《关于整治突出毒品问题的实施意见》文件精神；安排部署12月份重点工作
八届第5次	12月9日	传达学习习近平总书记在中共中央政治局会议和党外人士座谈会上的重要讲话、在全国宗教工作会议上的重要讲话精神；传达学习省委十一届十次全会精神、市委常委会会议、成都市区（市）县和镇领导班子换届选举暨指导督导工作调度电视电话会议精神
八届第6次	12月16日	传达学习中央经济工作会议、中央第五生态环境保护督察组督察四川情况反馈视频会、省市近期常委会会议、成都市产业建圈强链工作领导小组第一次会议、全市乡村国土空间规划编制和两项改革“后半篇”文章工作会议相关精神；听取全区第二轮中央生态环境保护督察案件整改推进情况汇报
八届第7次	12月22日	传达学习市委全会文件精神

续表6

次别	时间	主要议题
八届第8次	12月23日	传达学习习近平总书记在中国文联第十一次全国代表大会、中国作协第十次全国代表大会开幕式上的重要讲话精神，听取全区疫情防控工作情况汇报，安排部署防疫重点工作
八届第9次	12月30日	审议相关人事事项
八届第10次	12月30日	传达学习中共中央政治局党史学习教育专题民主生活会会议及习近平总书记关于党史学习教育重要指示精神，传达市委十三届十次全会暨市委经济工作会议精神；安排部署2022年1月份重点工作
八届第11次	12月31日	传达习近平总书记对全国老干部工作作出的重要指示精神，听取全区老干部“十件实事”工作推进情况汇报，安排部署全区老干部工作；传达市委人大工作会议精神，安排部署疫情防控工作

【区委人大工作会议】 4月12日，区委人大工作会议召开。会议学习贯彻习近平总书记关于坚持和完善人民代表大会制度的重要思想，全面贯彻落实党的十九届五中全会、省委十一届八次全会、省委人大工作会议、市委十三届八次全会、市委人大工作会议等重要会议精神，认真总结全区人大工作，客观分析研判当前形势任务，对支持和保障人大依法履行职责、加强和改进新时代成华人大工作进行安排部署。会议要求，区人大及其常委会要充分发挥人大作用，贯彻落实区委系列重大决策部署，聚焦教育、医疗、卫生等成华发展重大事项开展针对性监督，加强释疑解惑、化解矛盾、促进和谐等工作；全区各级党组织加强对人大工作的支持，加强人民代表大会制度宣传教育；相关部门做好会议精神落实任务分解，开展落实情况专项督查，推动人大工作再上新台阶。

【区委全面依法治区工作会议】 7月9日，区委全面依法治区工作会议召开。会议学习贯彻习近平法治思想、中央全面依法治国、省委全面依法治省和市委全面依法治市工作会议精神，部署法治成华建设工作，对全面依法治区示范试点工作进行调度。会议要求，坚持以示范试点为牵引，深入开展“全国法治政府建设示范区”创建，健全“党委领导、双线融合”社会治理机制，全区各级各部门要加快形成上下贯通、左右联动、同频共振法治工作格局。

（李汶松　魏宇宏　郝　放）

7月9日，区委全面依法治区工作会议召开　（区委办公室供图）

【“我为群众办实事”实践活动工作座谈会】 12月2日，成华区召开深入推进“我为群众办实事”实践活动工作座谈会。会议学习贯彻习近平总书记关于党史学习教育系列重要论述及重要讲话、指示批示精神，邀请人大代表、政协委员、市民观察员和基层党组织负责人代表建言献策，对实践活动任务分解、建立机制和加强考核等工作进行安排部署。会议要求，活动要聚焦优化营商环境、更新改造老旧小区、改善生态环境、解决群众出行难题、化解信访积案、守护城市安全等群众“急难愁盼”问题开展，实行民生实事任务项目化清单管理，健全完善民生项目民主决策机制、联系服务群众机制、志愿服务制度机制、为民办实事报告制度和督查督办科学考核机制，深化开展“四深入”“助企纾困”“双报到”“党员义工日”等活动，建立市民观察员、专业观察员、网络观察员“三位一体”社会观察体系，引导企业、群众、社会组织共同参与为民办实事。

（郝　放）

重要决策

【制定国民经济和社会发展第十四个五年规划和二〇三五年远景目标】 1月16日，中共成华区委七届十一次全体会议全面分析“十四五”期间成华发展方位和区情特征，系统研究事关成华全局和长远发展的重大问题，从城市发展的新阶段、新任务、新要求出发，就制定国民经济和社会发展“十四五”规划和二〇三五年远景目标提出：坚持新思想指引新理念导航，把“成于中优，华在文商”作为工作主题，把“六大行动计划”作为主抓手，实施产业立区、文商兴区、改革活区、品牌强区、环境优区发展战略，加快打造经济高质量发展先行区、文商旅融合发展示范区、公园城市建设领先区、西部门户枢纽活力区、社会治理现代化典范区，高水平建设社会主义现代化新城区；强力实施“城市更新”行动计划，持续增强城市可持续发展的综合承载力，加快建设人城境业高度和谐统一的现代化城区；实施“产业提质”行动计划，以高能级产业生态圈建设为牵引，以产业功能区高质量发展为支撑，统筹推进“五大提能工程”，加快构建以现代服务业为主体支撑、以都市工业为重要依托、以新经济为转型方向的现代产业体系，持续提升经济质量效益和核心竞争力；实施“动力转型”行动计划，统筹推进“五大创新工程”，突出科技创新核心驱动，推动更深层次改革，实行更高水平开放，夯实高质量发展人才支撑，加快构建竞争新优势和转型发展新动能；实施“文化赋能”行动计划，坚定文化自信、强化文化担当、激发文化创造，统筹推进“五大营建工程”，大力推动天府文化创造性转化创新性发展，塑造城市精神内核、彰显城市特色魅力、赋能城市消费升级，增强城市繁荣发展活力；实施“治理提升”行动计划，推进“五大改革工程”，全面加强系统治理、依法治理、综合治理、源头治理，加快推动治理体系和治理能力现代化建设，全面提高城市智慧韧性安全水平；实施“民生改善”行动计划，推进民生改善“六大幸福工程”，深入抓好普惠性、基础性、兜底性民生建设，扎实推动人民共同富裕，积极促进人的全面发展和社会全面进步，让市民获得感成色更足、幸福感更可持续、安全感更有保障；充分发挥党总揽全局、协调各方作用，调动一切积极因素，广泛团结一切力量，凝聚形成推动发展的强大合力，切实把战略要求转化为战略行动、战略成果，努力实现“十四五”规划和二〇三五年远景目标。

【加快打造公园城市建设领先区】 经七届区委常委会第172次（扩大）会议讨论通过，9月2日，中共成都市成华区委印发《关于高质量建设践行新发展理念的公园城市示范城区高水平创造新时代幸福美好生活的实施意见》，提出主动担当高质量建设践行新发展理念的公园城市示范城区历史使命，科学确立“加快打造公园城市建设领先区”战略目标，全面做优做强公园城市极核功能和发展动能，奋力彰显“生态型、高质量、人本化、有韧性、可持续”的公园城市发展特质，积极回应人民对幸福美好生活的向往，在成都高质量建设践行新发展理念的公园城市示范区、创造新时代幸福美好生活的崭新征程中，打好“主动仗”，当好“试验田”，高质量建设承载幸福美好生活新期待的公园城市示范城区。

【开展安全隐患集中排查整治工作】 6月15日，区委办公室、区政府办公室联合印发《成华区安全隐患集中排查整治工作方案》，按照“管行业必须管安全，管业务必须管安全，管生产经营必须管安全”原则，成立以区领导为组长、牵头单位牵头抓总、责任单位协同参与的12个专项整治工作组，对全区各行业领域、各街道辖区安全隐患进行拉网式、地毯式、解剖式排查并进行集中整治，实现风险全感知、隐患全排查、责任全落实，切实把风险化解在隐患形成之前，把隐患消除在成灾之前，坚决杜绝重特大事故、防范较大事故、减少一般事故，确保成华城市安全、社会安定、市民安宁、网络安靖。

【成立生态环境保护委员会】 4月27日，区委办公室、区政府办公室联合印发《关于成立成华区生态环境保护委员会的通知》，加强全区生态文明建设和生态环境保护综合决策，研究解决生态环境保护管理体制机制改革和改革中的重大问题，统筹推进绿色发展、生态保护与修复、污染防治、农业农村污染防治工作，加快公园城市和国家生态文明示范区建设，努力构建人与自然和谐共生的现代化城区。

（段　炼　李汶松）

综合事务

【概况】 2021年，中共成华区委办公室围绕区委中心工作落实“五心”要求，加强综合协调服务，优化办文办会质量，优化全区办公室系统联系指导工作机制，增强紧急信息报送时效，全年办理公文3200件，上报中央省市信息400条，获评2021年“向市委报送信息先进单位”，获市区两级通报表扬15次，运转高效性和辅政实效性进一步提升。

【综合协调服务】 区委办公室对标学习北京和上海等先进地区“三服务”经验做法，做好综合协调服务工作，优化“上级汇报式协调+同级统筹式协调+下级指导式协调”多维互动模式，动态建立近期、中期、远期工作“三本台账”，完善工作制度和流程；优化提升成华委办App，新增"议题申报""督查督办"等新功能，完善"日程管理""外出报备""会议管理"等应用场景，打造实时指尖管理服务平台；优化全区办公室系统联系指导工作机制，建立"分管领导+科室"分片联系指导部门街道机制；建立信息报送联动机制，对突发事件、敏感性重要舆情信息进行及时联动研判，向市委、市政府总值班室报送紧急信息140条。全年牵头完成国家信访局、省委、省政府、市委主要领导考察调研等政务活动11次，谋划承办区委主要领导会见活动82次，赴外地开展投促、交流活动18次。

（郝　放）

【信息编发】　区委办公室抓统筹、强机制、增措施、挖亮点、争一流，全年党委信息工作得分518分，超市下目标任务198分，编印《每日快报》247期，及时提炼总结全区各单位好做法、好经验；编印《对标信息》50期，收集街道、部门、企业群众需求诉求，为区委决策提供第一手资料；创新"上报信息清单、采编信息清单、信息骨干培训需求清单"机制，上报精品力作，反映成华动态和特色亮点，被中央办公厅采用2篇，被省委办公厅采用5篇，被市委办公厅采用100篇，获得市委办公厅感谢信4封，获区委领导肯定性批示4次。

（林　婧）

【文件办理】　区委办公室把"质量第一"理念贯穿文件制定全过程，严把文件起草关、审核关、程序关，做好区委规范性文件报备工作，全年完成《中共成都市成华区委常委会议事决策规则》《关于实施幸福美好生活十大工程的意见》等21份文件报备工作，合法合规率100%；印发《区委规范性文件制定计划》，全年以区委区政府名义发文54件，较上年减少12件，同比下降18.2%。区委办优化提升收文拟办机制流程，探索建立批示错清台账，全年提出公文拟办意见1400条，精准办理领导批示件2800件。

【会务办理】　区委办公室制定每年会议数量刚性目标，印发《区委重大会议计划》，严格执行限额管理；紧扣会前筹备、会中服务、会后总结关键细节，采取提前谋划、优化流程等举措推动会议质量提升；建立健全会议服务工作规范，实行会议项目化管理，调整优化职能职责，推动会议工作模块化管理、标准化操作；全年承办区第八次党代会、区委七届十二次全会等全区性会议20场次，承办区委常委会会议61次，专题会议143次、大型会议32场，会议数量同比降低5.9%，完成会议精简目标任务。

（李汶松　魏宇宏）

组织建设

【概况】　2021年，中共成华区委组织部大力实施党建示范引领，加强骨干队伍锻造，做好领导干部集中换届工作，创新开展产业功能区"员额制"改革、"三百培养工程"、"五得"干部评选、红色物业建设、政治素质档案试点等工作，出台《关于推动全区组织工作高质量发展 建设组织工作标杆城区的意见》《成华区公务员平时考核实施细则》等文件，多项工作获得中组部、省委组织部、市委组织部调研肯定和表扬。

（陈婉佳）

【干部任用】　区委组织部坚持选育结合建设干部队伍，制定《中共成都市成华区委关于进一步激励广大党员干部传承红色基因担负时代使命在新征程上争做五得干部的实施意见》《成华区科级领导干部选拔任用办法》等文件，全年提拔重用干部126人，其中"80后"干部57人，一线重点工作人员108人，晋升一至四级调研员55人、一至四级主任科员106人，在全区范围开展科级领导干部跨单位统筹交流19人。区委组织部大力培养优秀年轻干部，制定《"十四五"年轻干部培育选拔规划》，遴选优秀年轻干部、"85后"博士和"90后"硕士63人进行递进培养和"青苗培育"；于5月6日召开全区年轻干部座谈会，研究部署全区年轻干部培养工作；创新"成长导师"机制，邀请区级领导与选调生结对组团、加强指导，统筹安排选调生到社区（村）任职49人；面向国企、高校、科研院所等机构引进高素质和急需紧缺专业人才400名，接收川渝互派和成都市"双百计划"挂职干部4人；全区有"80后"局级领导干部106人。区委组织部深化人事机制改革，在龙潭工业机器人产业功能区、熊猫国际旅游度假区推行人员管理员额制试点，做好竞聘遴选、岗位管理、人员分流工作；制定《成华区区属国有企业领导人员管理办法》，规范国企领导的选拔任用、培养锻炼和监督管理，开展国有企业比格局、比专业、比执行、比实干、比担当"五比"先锋评选活动，推动区属国企改革转型、创新发展。区委组织部做好政治素质档案试点工作，运用大数据建立干部政治素质档案、全链条信息数据库和智慧分析平台，对干部干过什么、能干什么、干成过什么进行记录，探索形成政治素质标准"正负面清单"，通过干部智慧分析系统数据沉淀，为干部选拔任用提供依据，获中组部调研肯定。

（敬江婷）

【干部培训】 区委组织部以党史学习教育为契机，通过“线下+线上、理论+实践”方式，分层分类抓好党员干部全覆盖培训，全年举办培训班次51个培训干部6000人次。依托区委党校开发成华特色课程，举办领导干部读书班、局级干部党性修养进修班、年轻干部“立根铸魂工程”培训班等示范班次26期，举办“招商实务”“国企改革”“社区发展治理”等专题培训班10期，组织干部赴北京、上海等先进城市对标学习；运用“微党校”“蓉城先锋”“学习强国”等平台，采取集中轮训、专题研讨、云端直播等方式开展“示范教育、专题教育、主题教育”培训，全区全年党员参学率100%、达标率100%；建立“1+10+N”全覆盖“微党校”阵地，以1个微党校中心校辐射带动10所街道微党校和N个微党校教学点，打造宏明记忆党性教育空间等现场教学基地20个。

（李晓华　何都都）

【干部监督】 区委组织部坚持严实并重开展选人用人监督，严格执行“一报告两评议”，对新提拔局级正职领导干部进行评议13人，对71家单位的选人用人工作、新提拔科级正职干部进行全覆盖评议，完成评议结果反馈整改；结合区委巡察、政法队伍教育整顿工作，对区委办公室、熊猫管委会等12家单位开展选人用人专项检查，发现问题25个，提出整改建议30条，区委“选人用人工作总体评价”和“从严管理监督干部情况评价”实现“双好100%”。按照省委第九巡视组巡视反馈意见，牵头成立整改工作领导小组，制定整改措施48条、出台建立长效机制13项，整改完成率100%；做好市管干部37人和区管干部667人个人事项报告集中填报工作，对313人干部个人事项报告进行查核，批评教育4人、责令检查2人，诫勉2人，查核如实率97.4%；抓好关键少数监督，加强新任领导干部廉政专题教育，严格执行“一把手”经济责任审计，做好离任经济责任交接，构建完善的监管机制。

（杨从波）

【党政干部“三百培养工程”实施】 区委组织部考虑各层级各领域党政干部专业专长、能力短板和成长路径，持续开展党政干部“三百培养工程”，统筹实施“中坚力量提能、后备骨干培育、专业干部特训、墩苗助苗补齐、产业体验感悟、急难险重淬炼”六大计划，在全区各部门、街道（功能区）遴选干部111人开展双向互派跟岗锻炼，其中局级干部15人、科级干部37人、急需紧缺选调生20人、产业体验和驻点招商干部10人、急难险重岗位淬炼计划29人，拓宽干部思维视野、提升实战本领。

（敬江婷）

6月29日，成华区2021年“两优一先”表彰暨“五得”干部表扬大会举行　（区委组织部供图）

【干部激励约束机制健全】 区委组织部坚持从严管理与关心激励并重，出台《关于进一步提振干事创业精气神、推动干部实心干事科学作为的三十条措施》《成华区区管职级公务员管理办法》等文件，对全区34个重点部门和11个街道班子开展考察调研，全方位多角度了解领导班子运行情况和领导干部任职成效、履职意愿、困难诉求等，加强对干部平时表现的分析研判力度；加强“红旗激励+红黄牌预警”激励约束机制的结果运用，对因工作不力的5人进行谈话提醒，结合七一活动对“政治过得硬、工作想得到、事情搞得定、问题搁得平、底线守得住”五得干部100人、国企“五比”先锋40人进行通报表扬，激励干部担当作为。

（杨从波）

【公务员和参公人员管理】 区公务员局做实公务员和参公骨干队伍管理，全年接收安置选调生40名，公开招录参公人员17名，为新录用试用期满干部进行公务员（参公人员）登记42人；全年完成职务职级和津补贴变动1151人，全区64个单位考核干部（公务员和参公人员）1868人，其中优秀467人、称职1336人、不确定等次65人，优秀比例25%，优秀指标适当向承担疫情防控等急难险重工作的部门倾斜，发挥考核评价指挥棒作用，激励干部担当作为。

（李忠倪）

【党建引领工程实施】 成华区委坚持以党的政治建设为统领，抓实党建引领高质量发展、党建引领高效能治理、党建引领高品质生活“三大举措”，全年专题研究党建工作36次，制定区委党建工作重点任务25条，督促指导基层党建工作41次，建立全域化党建工作责任体系；全区11个街道和83个社区（村）全部成立区域党委，435个驻区企事业单位和社区党组织结对共建，构建“街道党工委+社区党组织+辖区单位党组织”区域化大党建组织体系；优化“街道党工委—社区党组织—小区（院落）党支部—楼栋党小组”四级组织架构，建立小区（院落）党支部502个、楼栋党小组2057个；建立小区党组织和业主、业委会、物业机构共同参与“1+3”联席会议制度，拓展恳谈会、联席会、“微提案”等协商自治平台，推行“百姓城管”“商居联盟”等自治模式，创新设立“社区规划师”制度，吸纳社区居民1093人组成社区众创组，激发群众参与社区治理活力；将60家社会组织纳入社区党建联盟，赋予社会组织参与社区共建义务，成华区党建引领社会组织参与基层治理经验做法在全省推进会上作交流分享。启动“先锋国企、优教倍增、红色物业”3个党建示范建设行动，创建“华仔骑手帮帮团”快递物流示范品牌，实施“幸福美好生活十大工程”“爱成都·迎大运”等党组织和党员示范行动，承办全省快递物流业党建工作现场会和成都市卫健系统“两新”组织党建工作现场会，党建引领居民小区治理等调研文章获评市委组织部一等奖，国有企业离退休党员干部助力基层治理做法获中组部调研肯定。

【基层党组织建设】 区委组织部健全“党建引领、多元参与”基层治理机制，落实街道社区区域化党建联席会议和兼职委员制度，选拔优秀社区党组织书记12人兼任街道党工委委员，吸纳驻区单位党组织党员260人担任社区党组织兼职委员；优化基层党组织人才队伍，完成社区体制机制改革、居民小组调整优化任务和社区两委换届工作；构建社区干部“5大课堂+5类专题+5期实践”培训体系，举办培训班40场2500人；推动社区“两委”干部走访入户结对困难家庭1817户，认领“民生小事”2700项；开展社区后备干部孵化行动，吸纳优秀青年326人到基层治理实践，蓄好基层干部“源头活水”。

10月9日，四川省委常委、组织部部长于立军（前左一）调研保和街道和美商住新型社区治理工作

（区委组织部供图）

区委组织部广泛开展行业先进、领域先锋、骨干能手、疫情防控模范代表等评比活动，表扬4批125个基层党组织、187名优秀共产党员，其中2个基层党组织和3名党员获省委组织部表彰，7个基层党组织和8名党员获市委组织部通报表扬。

（肖昌运　张安正）

【机关党建】 区直机关工委指导成华生态环境局等15个部门党组织完成换届，完善区机关事务局等20个部门党组织设置规范调整，指导全区机关党组织开展自查整改、优化党小组设置；在全区机关部门党组织集中开展“回顾党史、砥砺初心、感悟党性”十大主题活动和“悟党性、办实事”等服务专项行动，组织机关合唱队参加省市区三级联唱庆祝建党100周年活动，承办全市机关党建服务中心示范基地建设座谈会，区直机关工委被市直机关工委表彰为“成都市机关党建服务中心示范先进单位”；全年发展中共预备党员30人，转正预备党员21人；成华区有区直机关基层党组织61个，其中机关党委18个、机关党总支部6个、机关党支部37个，有中共党员3383人。

（李冬捷）

【“两新”组织党建】 区委组织部开展“两新”组织新一轮党的组织和工作“两个覆盖”攻坚行动，全年新建“两新”组织党组织72个，推动成立街道“两新”综合党委、快递物业行业综合党委、互联网行业协会党支部11个，持续完善楼宇综合党委组织架构，共建成都市级授牌“蓉城驿站”阵地7个，建立流动党员“云支部”12个，实现“一码通”全覆盖管理；举办“两新”组织学习贯彻习近平总书记在庆祝中国共产党成立100周年大会上的重要讲话精神专题分享会，联合职能部门举办主题沙龙、政策宣讲300场次，开展“企话东郊”等“我为群众办实事”系列活动，被《中国组织人事报》报道；选派兼职党建指导员370名，补聘全职党建指导员6名，协调安排5名“一村（社）一大”在产业功能区岗位开展党建工作，制发“三会一课”“党员发展”等两新党务工作系列手册500份；6月18日，省委组织部副部长、省委两新工委书记、省委党建办主任易林调研成都喜元网络科技有限公司党建工作并作党史学习教育专题党课报告；9月7日，省委组织部组织一处处长、一级调研员陈润培前往龙潭工业机器人产业功能区调研两新党建工作；华润大厦创建全省首批“两新”组织党建示范楼宇。

【国有企业党建】 成华区新设成华发展集团党委，提格6家区属国企党支部为党委，形成系统内7家公司党委、11个党支部的国有企业党组织建设格局；全年组织系统各党组织集中学习80次、举办读书班64期、专题讲党课41次，开展红色教育基地学习实践15场；督促国企党委健全纪检机构，配齐纪检干部，制定党风廉政建设责任清单，明确职责任务、推进主体责任落实。成华区国企党组织8个支部被区委表彰为先进党组织，14人被区委表彰优秀共产党员，2家国企获省、市级先进基层党组织荣誉。

【教育系统党建】 成华区制定《教育系统党组织规范化建设指标体系》等文件，建立完善教育系统党建工作任务清单，组织教育系统公民办学校支部书记开展述职述责述廉77人；探索“党建+德育发展、学生管理”“党建+教师发展”“党建+艺体特色”“党建+温暖服务”等发展模式，设立党员先锋岗、党员责任区80个，建成民办学校“书记工作室”2个、辐射成员单位14个，成华区嘉祥外国语学校党委打造为市级党建示范点；指导党支部开展党史学习教育119次，举办公民办学校党组织书记集中培训班，组织学校党员参观四川省庆祝建党100周年主题展览和学习强国主题街区100人次，开展“红星闪闪·悦动心声”“线绣党旗·巧手谢党恩”等青少年党史学习教育。截至年底，全区教育系统建成建制型党支部14个、功能性党支部5个，组建党建工作指导站7个，选派党建指导员21名，党组织应建必建率100%。

（梁　梁）

【红色物业】 区委组织部大力推动物业行业党建示范建设，成立中共成华区物业行业委员会，健全“行业党委—物业服务党组织—物业服务项目党组织”工作体系，实现物管居民小区党组织全覆盖建设；实施“红色物业·先锋管家”“蓉城先锋·暖心物管”等专项攻坚行动，探索信义治理模式和信托制物业试点，全区有物业企业党员321人、从业人员1.2万人。6月22日，成华区举办“红色物业　幸福成华——成华区物业行业党建示范建设启动仪式”，物业行业代表200人参加活动，华润物业、招商物业、保利物业、中电建物业、金房物业、嘉宝服务、世茂天成物业

表7　　2021年中共成华区委新建“两新”组织党组织名单一览表

类别	党组织名称
新经济组织	四川荣泰堂药房有限公司党支部、青岛海信空调营销股份有限公司成都分公司党支部、成都康赛信息技术有限公司党支部、全程速达科技有限公司党支部、成都市成华区青年企业家商会党支部、四川雄冠体育用品有限公司党支部、成都代瑞克能源技术有限公司党支部、成都尚品云翔网络科技有限公司党支部、财信新媒体发展集团党支部、成都大成档案管理咨询有限公司党支部、四川致尚物业管理有限公司党支部、泓山物业新里柏仕公馆物业服务中心党支部、成都东科信航空自控设备有限公司党支部、成都中企动力技术服务有限公司党支部、成都三环川东实业有限公司党支部、成都深创科技有限公司支部、四川供销云财务信息咨询有限责任公司党支部、成都华星璀璨娱乐有限公司党支部、成华之恋爱转角党支部、中农现代投资股份有限公司党支部、亿信标准认证集团有限公司党支部、成都宜华置业有限公司党支部、四川德文天鑫工程项目管理有限公司党支部、成都卡诺普机器人技术股份有限公司党支部、四川派摩互联科技有限公司党支部、成都锐兆科技有限公司党支部、成都智海建筑安装工程有限公司支部、四川瀚渤建设工程有限公司党支部、顺丰快递双林路党支部、四川印象景观有限公司党支部、成都康尔美体育科技有限公司党支部、成都市成华区华亿认证中心有限公司党支部、成都雨田青教育咨询有限公司党支部、向龙社区联合物业党支部、成都山峰混凝土工程有限公司党支部、成都创联大港贸易有限公司党支部、成都易和美居物业服务有限公司党支部、顺丰速运蓝水湾营业部党支部
新社会组织	成都市成华区金夕阳老年服务中心党支部、成都市成华区府青路街道南洋老年协会党支部、成都市成华区友善社会工作服务中心党支部、成都市成华区爱芽妇女儿童社会服务中心党支部、成都市成华区教育系统第七联合党支部、成都市成华区教育系统第三联合党支部、成都市成华区金苹果博文幼稚园党支部、成都成华泰兴医院党支部、四川明涛律师事务所党支部、四川伟旭律师事务所党支部、成华区律师行业第三联合党支部、成华区律师行业第二联合党支部、四川陈律陈律师事务所党支部、四川贞固律师事务所党支部、四川胡云律师事务所党支部、锦绣社区社会组织联合支部、一尚文化服务中心党支部、成华保和和顺社区卫生服务站党支部、成华区文艺团体联合党支部

6月22日，“红色物业　幸福成华”成华区物业行业党建示范建设启动仪式在会议中心举行

（区委组织部供图）

7家单位接受成华区党建示范建设授旗，玛塞城“红色物业”共治模式在全市作交流发言。

（肖昌运）

【组织系统数字展馆建设】　区委组织部落实《成都市组织系统“1+8”智慧赋能工作规划》要求，运用VR、AR、大数据等技术手段，在全市率先建成组织系统数字展馆，以美学感、代入感、科技感深度展示组织工作特色成效，获省委组织部调研肯定。

（陈婉佳　熊国如　孙　晨）

【党员义工志愿服务】　区委组织部持续深化“1112”党员义工服务机制，构建上下联动、示范带动、精准长效服务支撑体系，推广“群众点单、社区下单、义工接单”服务模式，机关党员3000人到社区报到、参与社区建设，开展各类志愿服务1500场次，“三个体系”建设经验做法选编为全市机关党建经典案例；牵头承接成都市党员志愿服务行动实施意见编撰工作，为成都市出台《关于进一步推进党员志愿服务常态化制度化规范化的意见》提供支撑；承办成都市党员志愿服务宣传片拍摄，协助原创成都市党员志愿服务主题曲《红色蒲公英》，在税务办税大厅、和美社区和锦云府小区打造党员义工志愿服务展示点位3个，成华区被确定为成都“一月一主题”活动首批示范区县。面对本土疫情冲击，区委组织部第一时间在封控小区、隔离酒店等重点区域成立30个“临时党支部”，发动机关党员义工2500人补位关键防线，发扬战斗精神连续奋战；常态化储备100名在册党员义工组成防疫后备队，针对环境消杀、隔离转运、防护措施、群众心理疏导等方面展开轮班培训；分类健全专业性义工应急队伍7支，有效建立健全党员义工参与疫情防控、灾情处置等重大影响性事件常态化即时响应机制，助力疫情防控稳定、城市运行稳定、社会大局稳定。

（李冬捷）

【庆祝中国共产党成立100周年活动】　区委组织部围绕庆祝建党100周年开展系列活动，统筹“专题党课+红色教育+党史竞赛+‘两优一先’表彰+集中慰问”五个一活动，结合党史学习教育拍摄制作《把一切献给党》《歌声中的党史》等主题党课5个，挖掘成华历史，制作《川西剿匪第一枪》等系列党史音频；挖掘辖区红色史料，结合成华地域简史、典型事迹编写图文集，举办“百年党史展”展览活动；向全区老党员5067人颁发“光荣在党50年”纪念章，安排专项资金50万元，走访慰问461名帮扶对象；通过讲好成华故事、传播红色文化，营造爱党爱国浓厚氛围，激励广大党员站位新阶段、贯彻新思想、服务新格局。

（贺　萌）

思想政治宣传

【概况】　2021年，中共成华区委宣传部围绕学习贯彻习近平新时代中国特色社会主义思想，在理论武装、新闻宣传、文明创建等方面持续发力，以党史学习教育为主线，开展庆祝建党100周年系列活动，推进全国文明典范城市创建工作，开展各类文明实践及志愿服务活动5983场次。全年获市级以上新闻奖24件，《成都市339元宵线上AR秀》等2件作品获四川市县优秀网络传播案例，《党建领航 政企共建“学习强国”主题街区与“守望新鸿”智慧社区融合创新模式》等4个理论成果获评人民网2021年度创新社会治理最佳案例。

（文　健）

【理论武装】　成华区委中心组全年围绕“党史学习教育”“习近平法治思想”“习近平生态文明思想”等专题举行学习23次，通过专家领学、集体学习、分组讨论、个人自学等方式，提升学习效果。区委宣传部以党史学习教育为主线，坚持线上线下结合，开展党员群众喜闻乐见理论学习教育，利用东郊记忆等区内红色资源，统筹党支部“三会一课”、主题党日，举办传唱红色经典等主题活动；制作“成华党史故事”系列音视频，开设“每日党史”专栏，打造“云端课堂、指尖课堂、沉浸式课堂”；加快

"学习强国"学习平台推广使用，制定相应工作考核办法；全年开展各类学习宣讲活动1124场。

（陈利娟）

【新闻宣传】 区委宣传部围绕成渝双城经济圈建设、天府旅游名县创建等重点工作开展宣传报道，策划建党100周年系列活动、"幸福美好生活十大工程"等主题宣传12场，举办新闻发言人等专题培训2期；针对新冠疫情防控期间志愿者关爱封控区宠物、理工东苑解封等事件，策划编发《"毛孩子"撒欢了》《解封啦！这一刻有太多的感动》等稿件，并受到市民关注好评；全年推出新闻报道1.2万条（篇），其中在中央级媒体发布220篇，推出城市宣传报道882条（篇），其中报纸237篇、电视98条、新媒体547条，在中央级媒体推出41篇；18个新媒体矩阵关注粉丝84.1万人，总阅读量1.3亿次，获市级新闻奖24件，成华区综合传播力指数在四川县级综合传播力指数报告中获得8个单项第一名。

【对外宣传】 区委宣传部聚焦"成于中优，华在文商"主题开展宣传和城市营销，元宵节推出"339天府熊猫塔线上AR灯光秀"活动，被新华社、《人民日报》等100家媒体宣传报道，抖音、微博等全网曝光关注量9000万人次；七夕和中秋节推出"放歌蓉城 情定成华"2021七夕·中秋国际情歌音乐节，汇集音乐、快闪、汉服、直播、沉浸式表演、无人机灯光秀、爱情地标人气评选等元素，营造全民潮流音乐节氛围；联合今日头条团队策划"新潮中国 时尚成华"2021时尚之夜活动，向全球展示万象城百亿商圈新形象，抖音、头条双话题阅读量和播放量3.6亿次；邀请《中国文化报》《中国旅游报》等媒体记者及行业专家，策划"成都记忆 品味成华""知成华——百年征程　一路风华"等网络主题活动，呈现成华文商旅融合发展示范区优势资源和典型做法；结合成都东郊戏剧展演

表8　2021年成华区委中心组学习情况表

日期	学习主题	学习形式
1月7日	深入学习贯彻党的十九届五中全会、省委十一届八次全会、市委十三届八次全会精神	集体学习研讨
2月26日	传达学习习近平总书记在党史学习教育动员大会上的重要讲话精神	集体学习
3月16日	深入学习贯彻习近平总书记重要讲话精神推动成华高质量发展专题研讨会	（四大班子）集体学习研讨
3月25日	听取有关领导作党史学习教育宣讲报告会	宣讲报告会、视频会
3月31日	"深入学习习近平法治思想，推进全面依法治区示范试点建设"专题学习研讨会	集体学习研讨
4月29日	党史学习教育区委理论学习中心组第一次专题学习会，邀请有关专家作党史学习教育专题辅导	读书班（"专家辅导+现场教学+四大班子集体学习研讨"）
5月19日	邀请有关领导作党史学习教育宣讲报告会	专题辅导报告
5月26日	邀请有关专家作全媒体时代能力培训	"专家辅导报告+现场演练"
6月16日	党史学习教育区委理论学习中心组第二次专题学习会	集体学习研讨
6月21日	区委理论学习中心组"生命重于泰山——学习习近平总书记关于安全生产重要论述"暨党史学习教育第三次专题学习会	"集体研讨+观看专题片"
6月30日	党史学习教育区委理论学习中心组第四次专题学习会	集体研讨
7月1日	学习习近平总书记在庆祝中国共产党成立100周年大会上的重要讲话	视频会
7月15日	换届纪律专题学习	"集体学习+观看专题片"
7月15日	深入学习贯彻"习近平总书记在庆祝中国共产党成立100周年大会上的重要讲话精神"专题学习会	集体研讨
8月30日	邀请有关领导作习近平总书记在庆祝中国共产党成立100周年大会上的重要讲话精神宣讲报告会	专题辅导
8月30日	邀请有关专家作"深入学习习近平生态文明思想 实现绿色低碳可持续发展"专题辅导报告	专题辅导
11月14日	听取理论学习中心组（扩大）专题学习会暨疫情防控专题培训会	视频会
11月25日	听取学习贯彻党的十九届六中全会精神中央宣讲团宣讲报告会	视频会
11月28日	听取理论学习中心组（扩大）专题学习会暨应急管理专题培训会	视频会
12月1日	邀请有关专家作"深入学习贯彻习近平法治思想，大力弘扬宪法精神"专题学习会	集体学习研讨
12月3日	听取十九届六中全会和省委十一届十次全会精神省委宣讲团宣讲报告会	视频会
12月8日	区委理论学习中心组专题学习会（党的十九届六中全会和省委十一届十次全会精神暨"三史"学习专题会）	集体学习研讨
12月13日	邀请有关专家作学习贯彻党的十九届六中全会和省委十一届十次全会精神省委宣讲团宣讲报告会	宣讲报告会

9月21日，"放歌蓉城 情定成华"2021七夕·中秋国际情歌音乐节在北湖生态公园举行

（区委宣传部供图）

季、天府银杏文化艺术周等文商旅体活动开展城市营销，强化文创、艺术、旅游、赛事等生活化题材宣介，点亮城市地标、凸显区域美誉度。

（黄　毅）

【"沙河风"宣讲活动】　区委宣传部牵头成立成华区"沙河风"基层宣讲队，设立1个区级总队、9个部门行业小分队、11个街道小分队，统筹区域党政机关和党校（行政学院）、高校、科研单位、企事业单位人才资源，整合百姓故事会、法治大讲堂、道德讲堂、社科讲座等宣讲课程，推出"沙河风+百姓故事会""沙河风+法治大讲堂""沙河风+道德讲堂""沙河风+名家讲堂"等精品项目，统一打造成华区"沙河风"宣讲品牌；紧密结合成华历史，讲好成华历史人物、红色故事和现代化实践，通过现场问答、会后交流、座谈对话、基层走访等形式，推动宣讲走深走心走实；全年21支"沙河风"党史宣讲队深入街道、社区、企业、学校，开展场景化、分众化宣讲38场。

（陈利娟）

【网络安全管理】　成华区建立突发重大网络安全事件应急处置机制，明确处置应对责任机构、指挥机制、响应流程、临机处置权限，执行7×24小时值班制度，实时报送全区网络安全状况；完善通报共享机制，提高网络安全风险评估监测预警能力；邀请网络安全专家开展全区网络安全培训，增强网络信息安全意识；组织专业技术力量开展信息设施双盲检测演练，发现网络安全漏洞全部整改完毕，提升网络安全防护能力。

（刘　瑾）

【公民思想道德建设】　区文明办深化先进典型示范引领行动，10月启动第十届"成华榜样"评选活动，评出敬业奉献、助人为乐、诚实守信、见义勇为、孝老爱亲5类榜样10人，持续提升"成华榜样"影响力；广泛开展"我评议我推荐身边好人"活动，全年向市文明办推荐赵松生、何冬梅等"身边好人"60人；开展"童心向党""扣好人生第一粒扣子"等教育实践活动，指导区未成年人心理成长中心开展第六届"5·25"心理健康周系列活动，向市文明办报送推荐成都华西中学李想、成都培华小学肖岑烯等"新时代好少年"5人；组织参加2021年成都市优秀童谣征集活动、"庆祝建党百年 画说美好天府"成都市中小学生书画创评活动，区文明办、区教育局、成都市海滨小学获得优秀组织奖。

【文明传播和创建】　区文明办聚焦友好成华、绿色成华、平安成华等主题开展文明传播创建，围绕交通、旅游、诚信等重点领域，开展"爱国卫生月""诚信建设万里行""市民友善优雅行动——礼好成都·文明迎大运""我们的节日"等主题活动，打造和文化特色街区、新绿水碾广场等文明城市示范点10个；开展2021年区级文明单位创评活动，对新创67个区级文明单位（社区）和往届54个区级文明单位（社区）进行考评验收，指导辖区各单位结合行业特点开展岗位练兵、志愿服务等多种精神文明创建活动；完成全国文明城市创建工作培训班点位保障、全国文明典范城市综合测试、2021年度全国文明城市测评迎检3项工作任务，编发工作（督查）专报64期，开展相关培训4期，整改问题4800个，建成落实全国文明城市测评体系标杆。

【新时代文明实践中心建设】　区文明办整合党群、文化、卫生等基层服务资源，挖掘"三线精神""工业记忆"等红色基因和工业文明元素，打造特色维度全覆盖区级新时代文明实践基地，实现1个区级中心、11个街道所、83个社区（村）站三级阵地标准化建设；和美社区、致强社区、仙韵社区3个新时代文明实践站被市委宣传部评为成都市新时代文明实践精品范例，杉板桥社区新时代文明实践站作为区党代会重点项目拉练点位，猛追湾滨河街、萌想星球107、学习强国街区3个文明实践基地完成全国文明城市创建工作二期培训现场教学点任务，受到中央文明办领导肯定；全年开展政策宣讲、文化传播、医疗健康、科学科普、应急救护等各类新时代文明实践2000场，调动社区群众参与5万人次。

【志愿服务活动】 区文明办梳理完善志愿服务“六单”（中心制单、群众点单、志愿领单、政府买单、社会评单、考核定单）工作闭环机制，搭建区级志愿服务需求匹配平台；招募疫情防控志愿者2000人，将骨干700人纳入常态管理、完善管理机制；围绕“学党史，强信心”“办实事，筑同心”“送服务、暖人心”三大主题，结合学雷锋日、全民阅读周、世界地球日、爱国卫生月等时间节点开展志愿服务活动，全年开展文明实践及志愿服务培训9场，举办应急知识培训、环境保护、关爱儿童等各类志愿服务活动4600场次，参与志愿者3万人次；“感动成华——最美人物”活动评出最美志愿者10人，跳蹬河街道锦绣社区志愿服务站工作人员张冬梅、成都市出租汽车行业“雷锋”车队队长黄忠兵被成都市精神文明建设办公室表扬为2021年成都市“十佳志愿者”。

【创建全国文明典范城市】 成华区于9月启动全国文明典范城市创建工作，成立区创建全国文明典范城市指挥部，下设综合协调、网上笔试、实地暗访、入户调查、宣传动员、考评问责6个小组，落实领导挂点督导统筹推进工作方案；加强文明典范城市宣传报道，设计应知应会小手册和全真模拟问卷，精准推送成华区手机用户120万名；梳理实地考察迎检点位256个，对农贸市场、商场超市、医院、交通场站、社区等点位及周边300米范围内背街小巷、路面硬化、绿化修复、立面粉刷等问题进行整治；组织第三方专业测评机构对全区点位开展2轮全覆盖模拟测评，开展联合督查，依托“智慧创建”平台加大整改力度，全年召开文明城市测评迎检动员会、专题会、调度会18次，印发全国文明典范城市创建工作（督查）专报59期，整改问题4536个，实现全区城市面貌整体提升。

【“感动成华·最美人物”评选】 4月15日，成华区启动“感动成华·最美人物”系列评选活动，评出法官、检察官、纪检监察干部、政法工作者、警察、社区工作者、教师、医生、护士、环卫工人、救护员、志愿人物、法治人物、科技工作者、青年工作者、自强模范等22类最美系列人物181人、最美家庭10户，打造成华“最美人物”精神文化品牌。

（封　荣）

1月27日，成华区2022年百姓春晚“感动成华·最美人物”颁奖活动在二仙桥街道下涧槽社区灯光球场举行 （区委宣传部供图）

党史学习教育

【概况】 2021年，成华区按照中央和省委、市委统一部署，在全区开展党史学习教育，坚持学思践行贯通、线上线下融合，聚焦创设“五大课堂”、盘活“东郊记忆”红色资源、打造“学习强国”主题街区、创新“三问三亮”工作法开展“我为群众办实事”，在全区持续掀起“学史明理、学史增信、学史崇德、学史力行”热潮。全年开展习近平总书记在庆祝中国共产党成立100周年大会上的重要讲话精神等宣讲638场，开展“微宣讲”356场，交流互动35.17万人次；举办专题培训47期，培训干部1635人次，下发指定读本19656本；举办党史故事讲述、文艺会演等红色主题活动2813场次，居民参与72万人次。

【动员部署】 3月4日，区委召开常委会（扩大）会议，传达学习全省、全市党史学习教育动员大会精神，安排部署全区党史学习教育；成立以区委主要负责人为组长的党史学习教育领导小组，组建综合协调、实践活动、联络指导、宣传舆情4个工作小组；全年召开领导小组会议6次，召开部署推进党史学习教育常委会会议11次，出台《中共成都市成华区委关于开展党史学习教育的实施意见》《党史学习教育办公室工作规则》等指导文件，指导全区各部门、街道、社区以及驻区企事业单位制定方案、建立机制、细化举措，确保党史学习教育落实落地落细。

【学习教育】 成华区在党史学习教育“三学”上下功夫，坚持领导班子带头学、党员干部自主学、基层干部专题学，确保党史学习教育取得实效。领导干部发挥头雁作用，坚持先学一步、学深一点，利用常委会、党组会、中心组会、专题会、读书班等，学习贯彻党史学习教育系列文件、讲话精神，带动引领全区基层党员干部在学习教育中汲取奋进力量；全年领导干部到基层一线开展宣讲580场次，推动党史学习教育深入群众、深入基层、深入人心。党员干部自主学，依托“学习强国”学习平台、《中国共产党简史》《习近平新时代中国特色社会主义思想学习问答》等学习材料，学习习近平总书记重要讲话和党史原著。基层干部加强专题学习，把“四史”、习近平总书记在庆祝中国共产党成立100周年大会上的重要讲话精神、党的十九届六中全会精神等纳入干部教育培训的重要内容，构建“理论教育+党性教育+廉政教育+红色教育”课程体系，依托“蓉城先锋”“党史百年天天读”等网络平台，运用“专题讲座+团队建设+现场教学（异地教学）+行为训练+结构化研讨+学员论坛”等形式，扎实开展党史学习教育。成华区创新宣讲形式，创设“五大课堂”，组建“专家讲理论、干部讲政策、党员讲故事”宣讲矩阵，推动“宣讲式课堂”集中学；打造“指尖课堂”，整合喜马拉雅有声图书馆等资源开设党史学习教育直播、网课等，推动“云端式课堂”自主学；利用东郊记忆等区内红色资源，统筹开展党支部“三会一课”、主题党日、主题活动，推动“沉浸式课堂”体验学；组建党史基层宣讲队进机关进学校进社区进企业，推动“参与式课堂”互动学；制作“成华党史故事”系列音视频、开设“每日党史”专栏等，推动“推送式课堂”灵活学；以党员群众喜闻乐见的形式，对象化、分众化、互动化开展党史学习教育，经验做法受到中新社实地采访报道，被中央党史和文献研究院党史学习教育信息采用。

【主题教育】 成华区围绕“永远跟党走”主题开展丰富多样的群众性宣传教育活动，举办“百年风华正青春·不忘初心跟党走”“翰墨颂清廉·妙笔传正气”“奋斗百年路 启航新征程”等演出、展览活动12场；在共青团员和青少年中开展“学党史、强信心、跟党走”“党的故事我来讲——争做红领巾讲解员”等主题活动110场，开展“童心向党”主题教育实践活动60场；在院山坡烈士陵园等爱国主义教育基地开展爱国主义教育活动200场；组织社区群众线上、线下参与“奋斗百年路 启航新征程”主题活动、观看“壮丽史诗·伟大飞跃”主题展览活动；组织6万名少先队员开展“党史我来讲·红色照我心”线上主题教育。成华区开展红色主题文艺作品和出版物创作，举行“沙河流韵”成华区建党100周年主题诗歌征文活动，编创话剧《北斗星下》、电影《川菜厨师来厨师在海外》、歌曲《大东郊》等红色精品力作，舞台剧《再唱山歌给党听》获得四川省大中小学庆祝中国共产党成立100周年优秀文艺节目一等奖，持续引导党员干部传承红色基因、弘扬红色精神。

7月23日，喜马拉雅党史学习教育“有声图书馆”在完美文创公园仙韵社区创客空间开馆

（区委宣传部供图）

【东郊红色教育】 成华区利用原红光电子管厂、禾创仓库、中车联合厂房等18个“三线”建设工业遗址，将党史学习教育与东郊国防“三线”建设、工业文明和奋斗史结合起来，紧扣“从辉煌发展到转型崛起”城市奋进主线，实施文化遗存、文创园区、文旅地标“三位一体”开发，精心策划“东郊记忆”系列活动，用活“东郊”遗产，讲好“东郊”故事，传承“东郊”艰苦奋斗、无私奉献的“工匠精神”，建成开放50个文创新空间、落地131个优质文创项目，经验做法受到省党史学习教育简报刊载。

【学习强国主题街区建设】 6月24日，成华区和成都市委宣传部、成都市广播电视台联合打造的全国首个线下沉浸式特色学习强国主题街区在双林路99号揭幕，总面积15亩，长400米，由“强国学苑”“学习之家”“学习广场”三大功能场景构成，在街巷建筑、公服设施

5月26日，“奋斗百年路　启航新征程”成华区庆祝中国共产党成立100周年大型交响音乐会在东郊记忆举行　（区委宣传部供图）

中融入上海石库门、嘉兴红船、延安窑洞等地标形神格调，将“学习强国”学习平台从线上落地为线下新场景，形成学习宣传新思想新理念创新实体。街区开展丰富的展览观影、新书发布、阅读沙龙、知识竞答、演讲比赛等活动，全年吸引党员群众4.1万人次参加，承接来访单位400家，中央党史学习教育第八巡回指导组、中央文明办、国家广电总局、国家税务总局等中央部委、省市领导到街区考察。

（李　忠　封　荣）

【我为群众办实事实践活动】　成华区制定印发《成华区“我为群众办实事”实践活动实施方案》，形成《成华区“我为群众办实事”实践活动项目清单》等四张清单，教育“双减”、环保督察、文明典范城市创建、疫情防控、智慧城市治理等5个专项实施方案和84个项目清单，实施新经济培育引领、“中优”核心提升、“双循环”融入等十大实践活动计划，创新“全民问需亮清单、践诺问策亮进度、评优问效亮实绩”“三问三亮”工作法。全年组织党员干部及党员志愿者走访群众20万人次、收集群众意见9.8万条、认办民生事项5735件、为特殊群体提供上门服务2377件次，完成“我为群众办实事”项目5903个；完成4个市级示范项目和城东体育公园等6个区级示范项目，检测重点区域重型柴油车辆7407台；完成城镇棚户区改造800户，实现91个老旧楼栋单元电梯增设；提供法律援助3389人，发放重点优抚对象补助2300人；培育独角兽企业6家，完成11个街道82个社区新时代文明实践站挂牌注册，成华区“三问三亮”创新工作法被省市简报采用推广。

（黎文怡）

表9　成华区党史学习教育“我为群众办实事”实践活动十佳项目表

序号	牵头单位	项目名称	项目内容
1	区教育局	千名教师进万家，落实“双减”解民忧	区教育局启动“千名教师进万家”活动，建立“党员带头，班主任为主，全员参与”家访工作机制，组织教师6000人走访学生家庭10万人，宣讲“双减”、五项管理等政策，了解学生家庭状况、课后延时服务需求，普及健康膳食、疫情防控等知识，收集问题建议1826条
2	区生态环境局	精准发力提升大气污染治理效能项目	区大气办设立重点区域大气污染防治联合攻坚中心，持续实施“扬尘源、移动源、工业源”专项治理，严控PM2.5等颗粒物污染；常态化开展大气督查，组建巡察组实施全天候巡查，建立领导夜查制度；全年区域空气质量持续改善，市民蓝天幸福感增强
3	区卫健局	疫苗接种“三分法”，服务群众“最后一千米”	区卫健局3月启动大规模人群新冠疫苗接种工作，创新实施疫苗接种“三分法”，针对固定接种，设置11个街道大型临时接种点，提供家门口服务；针对高校师生众多、防控风险较大的情况，在区内3所高校设置3个大型临时接种点；针对养老院内高龄老人出行不便、企业职工组织困难等特殊情况，专门将2辆公交车改造为流动接种车，提供上门服务
4	区住建交局	搭建群众连心桥，构筑群众大幸福	区住建交局围绕解决理工东苑及万年场水岸东里等小区群众反映出行难问题，研究论证项目、编制改造方案，落实项目资金、压实责任单位，有序推进龙潭E线跨线桥周边交通优化改造、多宝寺连心桥（东浦桥）项目建设，提升群众通勤效率
5	万年场街道	五冶居民楼提升整治项目	万年场街道针对五冶居民楼环境卫生“脏乱差”、违章搭建多、治安和消防安全隐患突出等问题，对接中国五冶集团有限公司，在配套基础设施、环境卫生、安防设施、社区文化等方面进行提升改造，整治出摊占道、乱堆乱放等问题50个，清理违章搭建37处，共建环境整洁、管理有序、守望相助、共治共享幸福家园
6	区城市更新局	府青路桥下运动空间项目	区城市更新局实施“府青路桥下运动空间”项目，构建“时空走廊、彩虹乐园、摩登花街、光影舞动、萌童乐园、电音滑板、时尚球场及社区活力”九大主题片区，包含5个篮球场、2个足球场、1个滑板区、3个乒乓球场、2个羽毛球场、儿童游乐区2处、极限自行车滑板区1处、街舞轮滑区1处；实现了从“灰色高架桥”到“绿色运动场”的转化，成为成华区城市新地标、网红打卡地

续表9

序号	牵头单位	项目名称	项目内容
7	区委宣传部	“学习强国”特色街区建设工程项目	为庆祝中国共产党成立100周年，高标准高质量开展党史学习教育，区委宣传部牵头，组织实施全国首个“学习强国”特色街区建设工程项目，吸引广大群众前往打卡
8	区残联	残疾儿童康复救助项目	区残联在全市率先出台提标扩面救助政策，将符合条件的有康复需求的残疾儿童全部纳入救助对象，救助年龄由0~12岁扩大至0~15岁，救助资金由每人1.2万元/年提高至3万元/年；利用爱耳日、全国助残日、残疾预防日等重大主题宣传日，开展“线上+线下”政策宣传解读；成立区级残疾儿童康复机构评估小组，不定期到残疾儿童定点康复机构进行督查；全年投入资金988万元，为全区符合条件残疾儿童和孤独症儿童提供康复救助349人、康复评估28人、居家康复指导168次
9	区公安分局	“望平生活家”公安24小时线下自助服务区项目	区公安分局在猛追湾“网红打卡地”望平街，打造集“交管+户政+出入境业务”为一体的公安24小时自助服务区，服务望平坊国际化社区建设，成为市公安局“我为群众办实事”公开承诺工作示范点
10	双水碾街道	升仙湖社区创业就业街区项目	双水碾街道针对升仙湖社区老旧院落多、低保残疾等特殊群体就业困难，实施“六小”服务就业创业街区项目，对原成都新达公司老旧仓库全面改造，融入社区文化、党建元素，整合家电维修、理发、理疗等社区生活性服务业资源；为困难群众提供就业岗位300个，构建15分钟步行生活圈，惠及沙河路苑、新绿苑等小区居民2700户

统一战线

【概况】 2021年，中共成华区委统一战线工作部推动《中国共产党统一战线工作条例》纳入中心组学习和党校教学内容，举办成华区统一战线庆祝中国共产党成立100周年系列活动，开展华灿工场国台办“海峡两岸青年就业创业基地”建设行动，与重庆江北区委统战部签订《助力成渝地区双城经济圈建设战略合作协议》，积极探索猛追湾街道培华路社区统战示范点、新北天地商圈统战工作示范点和“东郊记忆·新阶家园”建设，中央统战部、省委统战部、市委统战部多次调研考察，有关工作经验做法被《中国统一战线》刊载，成华区基层统战实践创新工作获市委统战部通报表扬。

（黄　彬）

【多党合作与政治协商】 区委统战部组织各民主党派围绕区委中心工作，持续开展“同心大调研”活动，形成各类调研报告55篇，受到各级领导肯定性批示和采纳23篇；全年围绕推进区委“六大行动计划”“31项重点工程”等战略部署，召开民主党派座谈会、情况通报会14次，组织民主党派和无党派人士参与人大协商、政府协商、政协协商25次92人次，持续提升建言资政水平。

【党外干部培养选拔】 区委统战部把党外代表人士队伍建设纳入全区干部和人才队伍建设总体规划，摸清全区754名民主党派人士和无党派代表人士基本情况，建立完善民主党派代表人士数据信息库；健全党外代表人士选拔、动态管理、培养推荐机制，全年组织党外干部参加“党外精英铸魂提能计划”“党外干部和人才培训班”等培训95人次，推荐提拔副区级党外干部1名、正局级党外干部2名，建设数量充足、结构合理、素质优良的党外干部队伍。

【党外知识分子统一战线】 区委统战部开展党外知识分子思想政治工作专题调研和基本情况调研，联系走访辖区党外知识分子代表人士25人次，完善无党派人士重点人物数据库，推荐优秀党外知识分子3人参加各类培训活动，加强党外知识分子联谊会组织建设，为党外知识分子搭建建言献策、开展服务、思想交流的平台载体，全区党外知识分子不断增强各自领域代表性和影响力，更好发挥示范引领作用。

（蒋建峰）

【新的社会阶层人士统一战线】 区委统战部分类施策加强对新的社会阶层人士团结引导，组织开展“学党史——革命理想高于天”主题读书会、“寻美成华·觅彩江北”庆祝建党100周年“微镜荟”短视频大赛等主题活动12场；加强新的社会阶层代表人士发现储备和梯队建设工作，分类型建立代表人士动态数据库3个，组织推荐新阶代表人士参加各级各类培训30场；加强培华路社区、东郊记忆园区、喜马拉雅四川分公司等统一战线新阶家园阵地建设，新阶示范点全年接待中央、省市等各级统战部门参观考察14批次；代表人士马树海提交的《关于筹建应对新型校园突发事件工作组的建议》被省委统战部《党外人士意见建议》(第25期)采用，新联会副会长夏涌被评为“四川省2021年度优秀党务工作者”。

(秦中原)

【民营经济代表人士统一战线】 成华区民营经济统战工作开展“幸福美好生活十大工程”“区第八次党代会精神”等宣讲活动，组织代表人士23人赴浙江开展理想信念教育实践活动及创新发展研修活动；组织开展楼宇推介及银企融资对接等活动，为民营经济代表人士提供政策咨询、信息、投融资、技术、人才等方面服务，全年民营经济绿色通道办理诉求13件；做好支持工商联事业发展代表人士推荐工作，团结引领民营经济代表人士听党话、跟党走、感党恩。

(林康琪)

【民族宗教代表人士统一战线】 区委统战部结合党史学习教育，深化联谊交友制度机制建设，丰富团结引领渠道方式，联合律师事务所在宗教场所开展《统一战线工作条例》《宗教教职人员管理办法》等宣讲4次，组织民族宗教代表人士参加成华区统一战线庆祝中国共产党成立100周年座谈会，组织代表人士

5月24日，成华区统一战线庆祝中国共产党成立100周年画说统战书画摄影展开幕式在东郊记忆新视觉影像中心举行

(区委统战部供图)

20人赴德阳、绵阳等地开展庆祝中国共产党成立100周年学习考察活动，聚焦革命理想信念、爱党爱国爱社会主义、宗教示范场所建设等内容进行参观学习、现场研讨、经验交流，把全区民族宗教工作指导思想统一到党中央和省委、市委、区委重要决策部署上来。

(蒋兆龙 刘 彬)

【港澳台地区统战】 区委统战部密切联系港澳台界代表人士，组织代表人士参加“相聚四川·携手同行港澳台大学生实习计划”等活动200人次，组织港澳台青年参加“蓉漂”系列成华专场活动等各类双创赛活动；组织台商参加“重庆·台商周”等交流座谈、投资推介会20场，开展“走进成华·共享发展”台商投资考察等活动；开展台资企业安全生产检查3批次，涉台矛盾纠纷调处7件，为港澳台同胞排忧解难。华灿工场双创示范基地入选2021年全国双创周主会场主题展示项目，被四川省台办、省文旅厅评为首批“川台文旅交流合作示范基地”“川港澳台青少年交流基地”。

(周 映)

5月12日，区委统战部组织基层干部和宗教界代表人士参观中江县黄继光纪念馆

(区委统战部供图)

【“寻美成华·觅彩江北”庆祝中国共产党成立100周年“微镜荟”短视频大赛】 9月，成华区委统战部联合重庆市江北区委统战部主办“寻美成华·觅彩江北”庆祝中国共产党成立100周年“微镜荟”短视频大赛，吸引两地新媒体人士600人参与作品128部，决出《建设之路》获一等奖，《成于成渝》等3件作品获二等奖，《让我们一起拍手》等5件作品获三等奖，《寻美：人与社区彼此惊喜》等10件作品获优秀奖，《用行动带来希望——点亮寻美成华的青春之路》获成华新阶力量奖、《不忘初心分秒必争》获江北新阶力量奖，被人

民网、新华网等媒体宣传报道。

（秦中原）

【成华区统一战线庆祝中国共产党成立100周年座谈活动】 7月8日，区委统战部组织召开成华区统一战线庆祝中国共产党成立100周年座谈会，传达学习习近平总书记在庆祝中国共产党成立100周年大会上的重要讲话精神和省、市、区庆祝中国共产党成立100周年座谈会精神，组织观看“中国共产党百年述职报告”视频，邀请中国民主党派历史陈列馆研究员专题授课《从多党合作制度的历史细细品味民族自豪感的由来》，区级各民主党派、区工商联负责人和无党派人士代表、宗教界代表人士、侨界代表人士以及区委统战部领导等34人参加会议，会议进一步凝聚思想政治共识，引导统战团体一心向党、全心为民。

（蒋建峰）

政策调研

【概况】 2021年，中共成华区委政策研究室抓好以文辅政、调查研究和全面深化改革三项重点工作，抓好文稿精品建设，搭建线上文稿学习平台，开展文稿沙龙、政研讲堂等线下活动，构建全区“大调研”工作格局，以推进全区“5+10”改革任务为牵引，加强改革任务项目化管理和成果促进。全年形成调研成果109篇，全市通报表扬报道文章8篇，在《四川改革动态》《成都改革》刊发改革经验文章3篇，切实为区委科学决策提供智力保障。

【重要报告撰写】 区委政研室全面征求区四大班子领导和各街道各部门意见建议，经过多轮修改完善形成《七届十一次全会报告》2大板块8800字，第一板块回顾梳理一年来区委常委会抓的三件影响深远大事，第二板块系统总结一年来全区各项事业取得“九个新”进展成效，客观总结成绩，认真剖析问题，为推动成华“十四五”高质量发展明晰努力方向。区委政研室全面征求经济社会发展重点单位意见建议，多轮修改形成《七届十二次全会报告》2大板块9500字，第一板块回顾梳理区委七届十一次全会以来区委常委会重点抓九方面工作，第二板块对全会主题及主要考虑作说明，重点阐释全会拟审议两个文件三个方面考量。区委政研室吃透上级精神、掌握外地经验、把握区情实际，经过9轮重大调整和50次修改完善，形成《区第八次党代会报告》4大板块2.1万字：第一板块为工作总结板块，总结回顾全区五年工作成效和经验启示；第二板块为形势分析板块，分析当前形势，明确未来五年全区工作指导思想和具体目标；第三板块为工作部署板块，从“建设生态宜居、硬核强劲、创新驱动、繁荣文明、安全韧性、共同富裕的现代化新成华”六个方面进行系统部署；第四板块为党的建设板块，对全区全面从严治党进行安排部署。

【专题文稿起草】 区委政研室牵头完成区委主要领导在区纪委全会、“631”重点项目建设大会、全区政法队伍教育整顿党课辅导报告会、全区“迎大庆防风险保安全保稳定”工作动员部署会、全区年轻干部座谈会、全区安全生产工作会议上的讲话等重大会议文稿和重要文件材料160篇，牵头完成区委主要领导“市井生活圈成华区一环路功能提升方案情况汇报”“在全市局级领导干部读书班成华分会场分组研讨会上的交流发言”“成华区大气污染防治检视情况汇报”“在司法部来川专题调研座谈会上的发言提纲”“成华区经济社会发展情况汇报”“疫情防控情况汇报”等重大汇报和发言材料130篇，完成推动产业建圈强链、文明典范城市创建、社区发展治理、全面依法治区示范试点等成华实践经验10篇，相关经验报道在《人民日报》《成都日报》等媒体刊发，百日攻坚大会战、对标创新工作等8篇报道被全市通报表扬，得到市委、区委主要领导肯定。

【专题调查研究】 区委政研室强化合作调研模式，会同全区相关职能部门开展区第八次党代会重要课题调查

10月17日，区委政研室召开成华区第八次党代会报告专题座谈会　（何唯祺　摄）

研究，重点围绕全区“五位一体”和党的建设6大领域53个课题方向、经济发展“十大重点领域工作”形成调研报告64篇，为高质量起草党代会报告奠定基础；采取自主调研和委托调研相结合模式，携手专业机构围绕城市更新、产业提质、动力转型、文化赋能、治理提升、民生改善等领域，紧扣构建“五横五纵九组团”城市空间格局、“631”重点项目建设等重大部署开展调查研究，形成《成华区经济高质量发展》《成华区共同富裕路径研究》等专题调研成果，全年系统汇编形成调研报告109篇。

【全面深化改革推进】 成华区全年承担各级部署改革试点任务23项，持续推进包括国家智慧教育示范区、全国儿童青少年近视防控试点区建设、医养联合基本公共服务标准化试点等工作，新争取到中央和国家部委改革试点3项、省级部署改革试点4项；研究制定全区深化改革工作要点和台账，对82项具体改革任务进行项目化管理，全区各项改革任务完成率100%。区委政研室深入实施专项改革方案第三方评估工作，委托专业机构对《成华区全过程预算绩效管理实施办法》《成华区“十三五”人才发展规划》《成华区支持和发展志愿服务组织的实施意见》《关于推进安全生产领域改革发展的实施意见》4个专项改革方案开展并完成第三方评估和销账工作；开展全区改革经验成果转化推

表10　　2021年成华区重大课题调研成果一览表

序号	调研成果名称	作者
1	关于防范“产业空心化”风险 加快推动都市工业高质量发展的调研报告	赵春淦
2	成华区人口变化对经济社会发展的影响及对策研究	蒲发友
3	深入贯彻中小企业促进法依法促进中小企业高质量发展	刘　鸿
4	推进成华区民营经济发展提质增效的对策研究	周万生
5	锚定消费新趋势 聚力发展新动能加快推动万象城商圈提能聚势升级路径研究	刘　蓉
6	关于油服产业在成华区聚集发展的思考	曹晓琼
7	纵深推动全面从严治党向基层延伸调研报告	郑天南
8	新阶段推进成华区文商旅高质量融合发展的思考	蔡达林
9	成华区加快“四上”企业培育研究	雷　鸣
10	关于成华区建设幸福美好公园社区的思考	冯　军
11	法治护航成华经济社会发展研究	杨世映
12	充分发挥商会作用促进成华高质量发展	马亚炜
13	加强全民国防教育，巩固军政军民团结，为实现中国梦强军梦凝聚强大力量	黄庆华
14	智慧成华建设浅析与建议	刘　莉
15	关于进一步加强成华区养老服务工作的对策建议	付　超
16	关于加快新北片区公服基础设施建设的建议	蒋　飚
17	关于全区公园绿地规划建设与管理维护的调研与思考	刘方友
18	深入贯彻习近平法治思想不断推进新时代法治政府建设	伍凌云
19	关于公安机关坚持和发展新时代“枫桥经验”提升基层社会治理能力的研究与思考	赵凯雄
20	构建三位一体学校心理健康教育模式提升学校心理健康教育水平	周海燕
21	践行新理念 探索新路径 谋求新作为以创新思维推动成华全域新一轮城市更新	余　胜
22	全面推进成华区科技创新能力提升加快构建高质量发展现代产业体系	邓　旭
23	高水平推进生态惠民助力创造幸福美好生活路径研究	韩际舒
24	完善家庭教育服务工作体系切实提高儿童青少年心理健康水平	徐　宏
25	关于提高城市宜居生活水平减少油烟扰民的几点建议	张兴栋
26	关于深化成华区校地企合作的调研与思考	商虎军
27	关于加快成华区研学旅游产业发展的建议	文　兵
28	网络舆情事件法治化处置的调研思考	王泽轩
29	防范化解金融风险检察策略研究	陈建勇
30	用好大熊猫超级IP推进文商旅融合发展的路径研究	李　跃
31	立足新阶段 展望新未来加快推动龙潭新经济产业功能区工业机器人产业集聚，奋力谱写功能区高质量发展新篇章	张明德

广，向市委改革办报送《成都市成华区探索"筑基赋能续航"社区发展治理新路径》等改革经验信息18篇，《成都市成华区积极探索城市分级诊疗新路径》等3篇文章在《四川改革动态》《成都改革》等省市专刊上印发，《成华区创新公共法律服务"432"模式》在《四川全面依法治省工作简报》《法治四川》上刊载。

【疫情防控文稿工作】 区委政研室履行区疫情防控指挥部综合信息组文稿小组职能职责，做好疫情防控文稿起草工作，形成区委主要领导在市疫情防控调度会上汇报材料13篇，完成成华区向市委主要领导报告当日疫情防控重点工作单行材料7篇，完成成华区向国务院联防联控机制成都工作组专项汇报、市区联合工作专班关于隔离酒店情况专题汇报、成都市市长王凤朝督导成华疫情防控现场汇报、成华疫情防控处置复盘分析情况汇报等重大综合材料8篇和相关PPT设计制作，当好区疫情防控指挥部工作推进参谋助手。

（何唯祺）

机构编制

【概况】 2021年，中共成华区委机构编制委员会办公室围绕加快构建与全区中心大局相适应的机构编制管理运行机制，制定《成华区贯彻中国共产党机构编制工作条例实施方案》，创新产业功能区管理运行体制，推进实施教师员额制度，探索超大城市智慧治理机构职能体系，做好街道改革"后半篇"文章，区委编办被成都市委编办表扬为2021年度机构编制核查和实名制管理先进单位、规范下放基层事权事项专项整治试点工作先进单位、优秀调研成果先进单位、深入推进职责精细化管理先进单位、事业单位改革和编制管理先进单位、创新开发区体制机制先进单位。

【机构编制法治化管理】 区委编办全面贯彻《中国共产党机构编制工作条例》，研究制定《成华区贯彻中国共产党机构编制工作条例实施方案》，完善机构编制事项动议、论证、评估、审议、组织实施等各环节工作要求程序，强化机构编制论证、评估制度，做好全国第二次机构编制核查工作，深入推进机构编制科学化、规范化、法定化。《坚持系统观念和法治思维强化"全链条"闭环管理》工作经验在《中国机构编制》杂志上刊载。

【机构职能体系优化完善】 成华区实行全区用编进入年度计划制度，围绕各单位承担"十四五"重点任务、区委及区政府重大决策部署等情况，科学调整用编进入指标；加强公园城市建设机构编制保障，优化区城市更新局职能配置，设立区政府直属正处级事业单位区城市更新中心；聚焦绩效考评、政府决策咨询、人才发展、城市更新等领域，制定印发区绩效考评中心、区政府决策服务中心、区人才发展中心等4家正处级事业单位"三定"规定；聚焦巡视整改、退役军人、依法治理等重点工作，加强区退役军人服务中心等机构的优化设置和编制配备；建立职责任务清单制度，印发消防安全、食品安全监管工作职责任务清单，统筹29个行权部门按照统一标准格式编制调整权责清单，构建优化协同高效的机构职能体系。

【民生领域机构编制保障】 成华区加强对教育、卫生等重点民生领域机构编制保障，支持新设立幼儿园10所、中小学校4所，支持教育卫健领域编制151名用于招录（聘）和引进人才。区委编办牵头实施教师员额制度，系统性完善配套管理制度，在区级实名制系统增设管理流程，加强员额教师进退调配动态管理；2021年成华区第一批公开招录员额教师，吸引省内外1.1万名教师报考，吸纳区外优秀教育人才400余人。

【深化综合行政执法改革】 成华区进一步整合执法队伍，实行执法"局队合一"体制，优化区综合行政执法局综合行政执法大队机构编制，实行"基本编制+

4月12日，区委编办联合区智慧治理中心在深圳腾讯调研超大城市智慧治理机构职能体系

（区委编办供图）

动态管理编制”；进一步强化部门协作，理清职责关系，完善综合执法主管部门、相关行业监管部门、综合执法队伍间协作配合等工作机制；聚焦下沉延伸执法，进一步充实基层力量，推进重心下移，向11个街道派驻执法队伍，推动跨领域跨部门综合执法与街道综合执法相互补充、有效衔接，实现“一支队伍管执法”。

7月16日，市委编办督导调研成华区规范下放基层事权事项专项整治工作　（彭圆　摄）

【产业园区体制机制创新】　成华区优化创新功能区管理运行体制机制，加强产业治理、营商环境、规划发展、人才服务等机构设置和职责配置，深化“管委会+专业公司”运营架构，推动国有企业和市场主体深度参与功能区开发运营；推进产业园区人事管理制度改革，制定岗位管理、薪酬体系、考评机制等方面“1+5+1”配套方案，建立“岗位工资+绩效奖励”薪酬体系和“业绩绩效+过程管理绩效”考评体系，发挥收入分配政策激励导向作用，激发产业功能区发展活力。

【街道扩权赋能】　成华区坚持“依法下放、宜放则放”原则，组织部门围绕行政权力等事权事项逐项查找、联动比对、找准病灶，制定下放工作规程和实施方案（《成华区部门职责事项下放工作规程》），明确下放事权事项办理依据、流程、要件、时限等内容，集中整改“应放不放”4项、“放责不放权”1项、“不该放却放了”27项，依法向街道下放首批区级行政权力17项；推动街道职责任务、公共服务、属地管理“三张清单”落地落实，构建事件智慧分派系统，推动街道公共服务事项清单嵌入数字孪生社区系统，推进社区减负应用场景建设，厘清权责边界，提升基层治理效能。

【部门设置与变更】　区委编办新设事业单位14家、撤销1家，调整5家事业单位机构编制事项。中共成华区委机构编制委员会印发《关于区文化体育和旅游局加挂区文物局牌子的通知》（成华编委〔2021〕6号），将成都市成华区文化体育和旅游局（成都市成华区广播电视局）加挂成都市成华区文物局（简称区文物局）牌子；印发《关于龙潭新经济党工委管委会更名的通知》（成华编委〔2021〕8号），将成都市龙潭新经济产业功能区管理委员会更名为成都市龙潭工业机器人产业功能区管理委员会（简称龙潭工业机器人管委会），挂成都龙潭都市工业集中发展区管理委员会牌子。区委编办印发《关于设立成都市熊猫路学校等4所学校的通知》（成华编办〔2021〕70号），设立成都市熊猫路学校、成都市蜀都小学校、成都市石室小学育贤分校、成都市锦城北湖小学校4所学校；印发《关于设成都市成华区和悦幼儿园等10所幼儿园的通知》（成华编办〔2021〕71号），设立成都市成华区和悦幼儿园、童睿幼儿园等10所幼儿园；印发《关于撤销成都市万年实验学校的通知》（成华编办〔2021〕72号），撤销成都市万年实验学校。

【事业单位登记管理】　区委编办完成事业单位设立登记6个、变更登记35个、注销登记18个，制作发布登记事项公告10期，100%完成事业单位法人年度报告公示184个；规范管理注册“政务”和“公益”中文域名233个，完成机关群团统一社会信用代码赋码、变更、撤销工作19个，全年机关事业单位开办网站加挂标识26个。

（李　博　王静秋　王可宇）

老干部工作

【概况】　2021年，成华区有离休和正局级以上退休干部338人，其中离休干部18人、区级退休干部54人、正局级退休干部266人。中共成华区委老干部局加强离退休干部党建，提升服务质量和管理水平，新建区老干部活动中心，组织老干部开展“我看建党100周年新成就”“我看城市发展新变化”主题活动，开展“老兵讲武堂”“同心故事会”等老干部讲党史活动，受到人民网、新华网、《四川日报》、《成都日报》等媒体宣传报道，区委老干局获评2021年度全市老干部工作任务完成情况先进单位、全市老干部信息工作先进单位。

【老干部思想政治建设】　区委老干部局制定《成华区老党员老干部党史学习教育工作方案》《关于在全区离退休干部中开展庆祝中国共产党成立100周

5月6日，成华区老干部在嘉兴南湖开展党史学习教育　　（区委老干部局供图）

年系列主题活动方案》，组织离退休老干部开展“我看建党100周年新成就”主题党日活动，前往中共一大会址、南湖革命纪念馆、四行仓库抗战纪念馆、蒲江成都战役纪念馆等革命圣地、红色教育基地参观学习；联合区委党校开发《血战到底——川籍无产阶级革命家的坚定信念》《红歌中的党史》等离退休干部特色党建课程；推进老党员工作室扩面提质，新建老党员工作室8个，中组部老干部局领导于7月22日到二仙桥街道下涧槽社区考察“小程和合事”老党员工作室；全年邀请专家学者、领导干部为离退休干部开展专题辅导12场，发放《习近平谈治国理政》和党的十九届五中、六中全会等学习资料800本。成华区全年获评市级“优秀离退休干部党支部书记”2人、“优秀离退休党员干部”15人，区委组织部和区委老干部局对示范离退休干部党支部5个、优秀离退休干部党支部书记10人和优秀离退休党员干部40人通报表扬。

【老干部“十件实事”实施】　成华区围绕推动老干部“十件实事”落地落实，制定《关于进一步加强和改进离退休干部工作的实施方案》，实施“建强一个阵地、落实两个待遇、办好三个活动、健全四个制度”十大举措，在航天路地铁17号线站点规划新建3500平方米区老干部活动中心，于10月正式动工；落实老干部政治待遇，提高老干部生活待遇，办好庆祝建党100周年红色教育活动、“我看城市发展新变化”主题活动和丰富文化活动；健全对口联系服务制度，各级领导干部定期走访看望老干部，倾听意见建议、帮助解决困难；健全医疗保健服务制度，在对口医院开通区级老干部就医绿色通道；健全看望慰问关怀制度，加大对特殊困难老同志帮扶；健全养老服务支持制度，摸清老干部需求和社会养老服务资源，探索老干部养老服务新机制。

【老干部待遇落实】　成华区印发《关于调整区领导联系老干部工作方案的通知》《关于在全区建立和完善领导干部联系老干部工作制度的通知》，开展新春团拜会、重阳节座谈会，向老干部通报区委区政府重点工作和重大决策部署，邀请老干部参加庆祝建党100周年座谈会、“五得”干部表扬大会等重大活动和重要会议，及时向老干部征求“十四五”规划等重大决策部署意见建议；提高离退休干部一次性生活补贴，在春节、七一、重阳节等重大节日开展老干部慰问524人次，上门慰问生病住院、出门不便老干部62人，全年发放慰问金61.76万元；开展健康知识及政策解读讲座，推广离退休干部“签约家庭医生服务”，发放中华人民共和国成立初期参加革命退休干部门诊医疗补助21万元，组织老干部体检212人、疗养112人；开展“清凉行动”“暖冬行动”，为老干部发送防暑降温保健药品、保温杯、保暖鞋、鹅绒被等物品700件。

【老干部学习阵地建设】　区委老干部局加强区老干部活动中心、社区便民服务中心、党员活动室、文化广场等阵地建设，开展阅文阅览、通报信息等学习活动，开办书画兴趣班、健康讲座等文化活动，举办乒乓球、台球、羽毛球等体育活动，丰富老干部文体生活；举办“银辉学堂”，围绕党史学习教育等内容开展课堂集中学习、“云领学”网络学习和“送学上门”；举办老干部智能手机使

4月15日，成华区老干部党史宣讲队在海滨小学开展党史宣讲活动　　（区委老干部局供图）

用兴趣培训班，培训微信使用、支付功能等手机技巧；推广“蓉城金秋”离退休干部服务管理系统使用，一对一帮助老干部安装App，利用网络平台发送学习资料300次、发布活动信息82条。

【老干部活动】 区委老干部局发挥老干部党性观念强、政治历练丰富优势，成立“沙河风”“同心故事会”“老兵讲武堂”等老党员党史学习教育和家风建设宣讲队20个，在学校、企业、社区开展巡回宣讲128次，成华区老干部党史宣讲队被评为成都市2021年度基层理论宣讲先进集体；组织老干部开展“我为城乡基层治理出份力”活动，开展关心关爱青少年、文明倡导、疫情防控、矛盾调解、环境整治等志愿服务；组织老干部调研万象城商圈、望平坊特色街区、学习强国特色街区、下涧槽社区等经济社会发展重大项目，召开建言献策座谈会11场，形成《以创建全国营地为抓手推动成华研学实践教育活动迈上新台阶》等专题调研报告；全年举办主题征文、书画笔会、文艺演出、乒乓球赛和“我眼中的成华”书画摄影展等文化活动37场次，让老干部们老有所学、老有所乐。

（鲁　晴）

目标绩效考评

【概况】 2021年，中共成华区委督促检查暨绩效管理工作领导小组办公室督促各责任单位高质高效完成省市全年目标任务，顺利完成中央环保督察、国务院第八次大督查、新冠疫情防控督查等工作，协同推进全年80项工作任务和规范下放基层事权事项专项整治试点，成华区获评2021年全市目标绩效考评先进单位、全市政务督查先进单位。

【目标管理】 区委督效办围绕2021年市区重点工作构建目标考评体系，对标学习上海目标体系，增设“研发支出与地区生产总值之比”“社区15分钟生活服务圈达标数”等指标20项；针对区级考评单位70家分序列定制“一对一”目标体系，形成《2021年度成华区各目标责任单位重点工作重大项目重要环节考评体系》《2021年度成华区各目标责任单位目标绩效考评体系》1044页；指导牵头单位制定各项考评工作细则，制定完善《2021年度三重目标绩效考评单项工作考评细则》《2021年度传统目标绩效考评单项工作考评细则》。区委督效办用好重点目标跟踪监测管理方法，构建“升级降档”考评机制，对全市目标绩效考评、全区经济社会发展等突出贡献单位实行“升级”考评，将“安全生产、环保督察”等工作纳入牵头单位“降档”考评。区委督效办强化考评结果运用，创新“常量+变量”考评规则，设置“疫情防控”“县域经济发展”“安全稳定”等加分项，将考评结果运用向基层一线、经济建设主战场、急难险重部门倾斜；将考评结果与评先评优、绩效奖励、干部任用等挂钩，修订《成华区担当作为先进集体通报表扬工作办法》，推行“红旗激励+红黄牌预警”等激励约束机制，激励干部到一线“干工作、争先进、得实惠”；成华目标绩效管理工作经验在2021年成都市目标管理系统片区会中交流介绍。

【目标督查】 区委督效办制定贯彻落实区委七届十一次和十二次全会精神责任分工方案，聚焦落实全区78项重要部署，牵头制订2021年度督查检查考核计划，明确督查检查考核任务18项，任务数量较上年减少35.7%；通过“三级督查网络”统筹力量开展专项督查和联动督查，形成“立项督办—台账管理—跟踪问效—报告反馈—回访复核”闭环管理模式，搭建“每日更新台账、每周核实落实情况、每半月点对点专报、每月全覆盖通报”工作落实链条，确保全区重大决策部署落地落实；完成疫情防控、安全生产等省市专项督查迎检落实，对区委主要领导批示286项、区委常委会会议定事项321项、区委专题会议定事项192项进行立项督办，全年开展实地督查70次，督促解决问题300项。

【重大专项工作督查督办】 区委督效办通过现场走访、实地查看等方式，对全区疫情防控、“爱成都·迎大运”空间品质提升、“2+11”特色文旅街区（巷）建设、“631”重点项目建设、电动自行车安全隐患整治、中小学幼儿园安全防范建设、教育配套困难项目建设等重点工作20项专项督查60次。全年印发《督查事项通知》392期、《目标管理督查专报》81期、《目标管理督查通报》28期、《通报表扬》11期，形成目标绩效管理工作经验成果3篇，《抓实“建管用”，提升目标绩效管理质效》经验交流文章在省委督查室《督查工作交流》上刊发。

【民生实事督查督办】 区委督效办引入社会力量组建“民生观察团”，对北湖生态公园健身路径广场等12个民生项目点位实地调研3次，形成意见建议44条，整改落实率100%，助力完成省市区民生实事项目9个方面130项，汇总形成2021年度成华区民生手册。区委督效办根据“民生观察团”反馈情况，筛选出“二仙桥公园婚姻登记处”“民族之花人民调解工作室”等项目向市政府督查室推荐现场展示，全方位、多层次、宽领域体现民生实事年度特色亮点，赢得市民代表的认可。

（杜荧屏）

保密管理

【概况】 2021年，中共成华区委保密机要局推进涉密人员管理系统全市试点建设，强化网络保密全覆盖监管、高精准预警和流程化处理，承办省市建党100周年大型保密宣传活动，擦亮“成华密语”宣传教育、“成华密管”保密管理、“成华密防”预警查处三个品牌，夯实保密制度基础，强化保密宣传教育。

【保密管理与监督】 区委保密机要局做好保密管理工作，坚持定密源头管理、关键人员管理与涉密环节管理相结合，狠抓规章制度执行见效，全面推行以科室为单位泄密风险点告知制度，确保应知尽知、应定尽定；利用信息化技术手段，打造“成华密管”“成华密防”品牌，加强秘密日常管理，提升涉密人员管理精准度；建立全区专用计算机使用管理标准，划定涉密文件“电子围栏”，为全区单位提供涉密事项处理、管理安全平台和可靠路径。区委保密机要局做好保密监督检查工作，严格线上监管平台24小时预警，安排专人每日核查重点信息，逐一跟踪抓好问题整改；从单位、内设机构、人员3个维度加强保密风险评估，督促各单位落实自查自评工作要求；组织开展“迎大庆防风险保安全保稳定”专项保密安全排查，实地走访保密重点机关单位，排查保密安全风险，有力形成监督检查震慑效应。

【保密宣传教育】 区委保密机要局持续开展宣传教育“六进”活动，承办省市保密系统“红色基因我传承 国家安全我接力”接力跑活动，全市保密系统370人参加；联合区档案局（馆）开展“与时代共进，与法治同行”保密档案线上法治宣传教育活动，吸引群众参与3000人次；开展“美好生活，保密护航”保密法治宣传进社区活动，发放保密教育手册2200本；开展保密专（兼）职干部异地培训、重点涉密人员轮训等集中培训9场，开展重点单位送课上门，全年培训干部300人次；利用“成华密语”新媒体宣教平台采编推文304篇，阅读点击量7.5万次，发布防疫反诈、疫情失窃密、疫情保密教育等专题推文7篇，制作发放《新型冠状病毒肺炎疫情工作秘密和个人信息安全自助手册》1000册；创作《接续百年荣光，永铸胜利之盾》公益宣传片，获评中央保密委办、国家保密局举办的“庆祝建党100周年保密宣传教育作品评选”公益片类三等奖，成华区获成都市征集评选“优秀组织奖”。

4月16日，“红色基因我传承 国家安全我接力”接力跑活动在北湖生态公园举行

（区委保密机要局供图）

【网络安全周活动】 10月11—17日，区委保密机要局联合各单位组织开展国家网络安全宣传周系列活动，线下开展六大主题活动：“校园日”通过专家讲座、主题班会、网络安全知识竞赛等活动，引导广大学生安全上网、文明上网、健康上网；“电信日”通过发送网络安全公益短信、定制区域内电信开机画面、组织网吧统一张贴宣传海报，提高用户防通信诈骗意识；“法制日”邀请知名律师进行普法宣传，制作“网络微课堂”，用法律知识捍卫网络安全；“金融日”开展移动巡展和知识讲座进社区，剖析典型非法集资案例，让群众更好掌握防范网络金融诈骗常用技能；“青少年日”通过开展街头挑战赛、青少年感知体验行等网络安全科普活动，帮助青少年认知网络安全风险；“个人信息保护日”在339天府熊猫塔水景广场围绕个人信息保护知识和政策法规进行讲解、答疑及有奖问答。区委保密机要局依托“成华密语”微信公众号开展线上有奖问答游戏，设计包括个人信息保护、“反诈”安全知识、“反间防谍”保密常识、网络安全知识等游戏关卡，引导民众增强总体国家安全观、保密安全、军事安全意识和个人信息保护意识，参与群众4482人次。

（但丽梧）

档案管理

【概况】 2021年，成华区档案局（档案馆）细化档案收集、整理、保管、移

6月9日，区档案局在协信中心广场开展档案法治宣传教育活动　（区档案局供图）

交标准，坚持依法接收档案，活化档案利用服务，加强档案法治宣传和业务培训，点对点上门指导功能区档案规范化管理，推进教育系统下属教育机构档案信息化建设，筹办“凝百年之辉·展成华巨变”专题展览，加快档案新馆建设，全区档案工作提质增效。

【档案法治宣传】　区档案局（馆）贯彻落实新修订的《中华人民共和国档案法》，依托“6·9”国际档案日、“12·4”国家宪法日开展档案法治宣传教育活动，在街道、社区设立法治宣传点位11个，发放档案法治宣传资料1100份，接受咨询500人次；举办“凝百年之辉煌·展成华巨变”主题展览，展示成华发展30年的光辉历程和辉煌成就，接待参观群众500人次；组织全区干部职工和社会公众参与线上有奖档案知识竞答活动，参与人次2100人次；在“成华密语”微信公众号宣传档案业务规范，提升公众对档案工作的认知度；加强信息宣传工作，全年报送信息被中国档案、中国档案资讯、四川档案、成都档案官网采用21条。

【档案接收】　区档案馆坚持依法接收，全面完成全区2012—2020年脱贫攻坚档案、2020年疫情防控档案、全国第二次污染源普查档案移交进馆工作，共接收文书档案3309件、照片档案61张、光盘档案132张。区档案馆加大双重档案采集力度，开展党代会、“两会”等重要会议以及“成华榜样”颁奖晚会、重点项目拉练等重要活动档案采集，全年采集42次，共采集“双重”照片档案294张，文件资料300件。截至年底，成华区档案馆馆藏全宗77个，馆藏档案门类25个，文书、专门档案（婚姻、国土、审计、地名、教学、农科、收养、会计、航测图等）和寄存档案、资料共4.65万卷（册）；建立馆藏档案目录数据库、全文数据库，馆藏档案数字化目录60.3万条、全文449.5万页，全文数字化占馆藏档案总量的82%。

【档案利用服务】　区档案馆加快档案资源数字化建设，完成馆藏建设路街道办事处（文书档案1767卷、基建档案642卷）、桃蹊路街道办事处（文书档案524卷、基建档案68卷）、区审计局（审计档案3094卷）纸质档案99万页数字化扫描工作，完成对馆藏数字化档案的数据校对、纠错工作。区档案馆利用档案数据库向公众提供查阅、咨询和服务，与区民政局依托紫晶档案管理信息技术平台，实现1991—2017年个人婚姻档案数字化资源共享208万页，为老百姓提供快捷、准确的婚姻档案信息查阅服务。全年共接待查档单位及群众3353人次，提供档案4645卷，复制档案3.8万页，接待四川省内异地查档227人次。

【档案业务培训】　区档案局印发《成都市成华区档案局关于开展2020年度立卷归档工作检查的通知》，细化立卷归档工作检查评分细则；通过微信、电话及现场指导等多种形式，对各街道办事处、区级各部门、区属国有企业和产业功能区（管委会）开展线上线下指导服务，提升档案立卷归档质量；对区级各部门、各街道办事处、区属国有企业和产业功能区（管委会）79个单位2020年度文书、会计、照片、科技、电子、实

6月4日，成华区2021年度档案业务培训会在成华区尚锦翡翠酒店召开　（周荣胜　摄）

物、专门档案等各门类档案材料的收集、整理、保管、利用等进行全覆盖检查，确保各单位2020年立卷归档工作归档率100%，合格率95%以上，全面提升档案规范化管理水平。6月4日，区档案局举办“成华区2021年度档案业务培训会”，对全区档案人员开展《归档文件整理规则》《立卷归档中常见问题及规范要求》等相关档案业务知识培训，邀请四川大学教授讲解《建设项目档案管理规范》和《重大建设项目档案验收办法》，全区档案工作者170人次参训。

【重大建设项目档案管理】 区档案局（馆）加强与区发改局、区住建交局等相关部门对接沟通，对全区重大建设项目梳理情况、分解目标，制定2021年成华区重点建设项目档案登记工作任务分解表，形成档案局—责任单位—项目业主单位协同推进机制；召开工作培训会，明确重大建设项目的档案收集整理要求；前往项目业主单位一对一现场指导，对所形成材料收集规范性、完整性提出整改意见和建议；线下线上多方式监督指导，了解和解答工作推进中存在困难和问题；全面完成38个市级重点建设项目档案管理登记，完成2个市级重大建设项目（二仙桥西片区配套中学建设工程项目、东客站片区迎晖路南侧配套学校项目）竣工档案验收。

（周荣胜）

党校教育

【概况】 2021年，中共成华区委党校（成华区行政学校）以县级党校分类建设为主线，以宣讲服务为窗口，抓好干部培训主业，加强咨政服务，为成华区高质量发展提供智力支持。全年举办各级干部培训班36期，培训1988人次，承接单位委托，举办干部培训班10期、人才选聘考试命题11次；在省市委党校系统立项结项课题8项，在省级以上刊物发表优秀科研成果1篇，内部刊物发表成果1篇，入选理论研讨会论文7篇，入选2021年全省干部教育培训“好教材、好课程、好案例”1个，获成都市党校系统第三届科研评奖优秀成果二等奖2项，《用好工业建筑遗产，讲活讲好党史故事》走上第六届成德眉资党校系统教师风采展示讲台，1名教师获评成都市委党校首届“名师工程”教研新秀。

（韩蕊璞）

【干部培训】 区委党校以培养高素质专业化干部队伍为目标，加强干部培训的针对性，围绕党史学习教育和党的十九届五中、六中全会、区第八次党代会精神，充分发挥干部教育培训主渠道、主阵地作用，举办进修班3期、培训班2期、专题研讨班8期及其他班次23期。区委党校紧抓党史学习教育，在各培训班次中开设党史学习教育专题课，加强红色点位现场教学，通过“看、听、思、悟、行”，让参训学员铭记党的光辉历程，坚定理想信念，永葆为民初心；接续做好甘孜藏族自治州丹巴县、成都简阳市干部教育培训，举办干部能力素质提升专题培训班2期，丹巴县和简阳市乡科级干部30人和村（社区）干部90人参训。区委党校探索“市县联动+统筹办学”两级联动模式，采取“市委党校分会场培训+区委党校自主集中培训+网络学习”方式，实现市区联动办学、协作发展、共建共享；创新培训模式，组织干部赴发达省市学习城市规划、智慧治理等方面先进经验，开设区情教育、舆情处置等课程，举办结构化研讨等活动，实现对标学习与课堂培训“双促进”；组织党员开展实践调研，围绕区第八次党代会精神，梳理形成重点调研课题13项，建立“双导师”帮带制，引导学员下沉到社区、街道进行实践锻炼并撰写咨政报告，帮助年轻干部提升能力，为成华发展建言献策，教学质量全面提升。

（彭　浩）

【优秀年轻干部人才“立根铸魂工程”培训班】 8月14日，优秀年轻干部人才“立根铸魂工程”培训班线上开班，64名学员中有副局级干部4人、正科级干部9人、副科级干部及科员11人、党外干部6人、社区干部11人、产业功能区干部6人、卫健系统2人、“青苗培育”计划培养对象15人。区委党校组织学员赴大巴山进行“继承革命传统，弘扬红军精神”党史学习教育，到北京、苏州进行视野拓展和思维提升，开展“舆情处置”“招商引资”等实训课程和实践锻炼，完成具有决策参考价值咨政报告13个，通过课题调研汇报、无领导小组讨论等形式对学员进行测评考核，检验教学成果，做到学以促用。

【正局级领导干部创新能力培训班】 新时代治蜀兴川执政骨干递进培养成华计划——成华区正局级领导干部创新能力培训班，于3月25日至4月1日、5月21—27日分两期举办，以高质量发展专题研讨为主题，结合党史学习教育、成都市“高质量发展攻坚年”要求，培训干部109人。区委党校采取两地联动、分段培训模式，组织学员分别赴百色干部学院、中山大学、西安、延安开展异地培训，整合优质师资资源，加强现场教学点位打造，引领学员学习党的重大历史事件和重要人物事迹，学习发达地区先进举措，增强正局级领导干部干事创业、开拓进取的信心和决心。

（彭　浩　罗什莞）

表11　　2021年中共成华区委党校（成华区行政学校）干部培训情况表

序号	培训时间	培训班名称	人数（人）
1	3月29—31日	成华区2021年“学习贯彻党的十九届五中全会精神暨党史学习教育”（第二期）——打造西部门户枢纽活力区专题研讨班	71
2	4月12—16日	成华区2021年科级干部“学习贯彻党的十九届五中全会精神暨党史学习教育”——打造公园城市建设领先区专题研讨班	52
3	3月17—24日	成华区2021年局级领导干部“学习贯彻党的十九届五中全会精神暨党史学习教育”（第一期）——打造经济高质量发展先行区专题研讨班	66
4	3月25日至4月1日	新时代治蜀兴川执政骨干递进培养成华计划——第一期正局级领导干部高质量发展专题研讨班（赴中山大学、百色干部学院异地教学）	52
5	4月6—12日	成华区2021年第一期政协委员赴浙江大学异地培训班	41
6	4月12—16日	成华区2021年丹巴（简阳）村（社区）党支部书记兼村（居）民委员会主任“全面推进乡村振兴”能力提升进修班	85
7	4月8日至5月8日	成华区2021年局级领导干部“学习贯彻党的十九届五中全会精神暨党史学习教育”——党的理论和党性修养进修班（第一期）	71
	4月17—23日	成华区2021年局级领导干部“学习贯彻党的十九届五中全会精神暨党史学习教育”——党的理论和党性修养进修班（第一期）赴延安、西安异地教学	40
8	4月25—29日	党外精英铸魂提能计划——2021年成华区民主党派代表人士培训班（异地教学赴重庆大学）	43
9	5月6—12日	成华区2021年局级领导干部“学习贯彻党的十九届五中全会精神暨党史学习教育”专题研讨班（第四期）	81
10	5月10—21日	成华区2021年社区“领航人才培训计划”社区党组织书记治理能力现代化培训班（第一期）（异地教学赴深圳、广州）	41
11	5月17—21日	成华区2021年局级领导干部“学习贯彻党的十九届五中全会精神暨党史学习教育”（第五期）——打造社会治理现代化典范区专题研讨班	76
12	5月10—14日	2021年成华区信息骨干培训班赴复旦大学异地培训	51
13	5月20日至6月21日	成华区2021年科级干部“学习贯彻党的十九届五中全会精神暨党史学习教育”——党的理论和党性修养进修班（第一期）（异地教学赴大别山干部学院、北京大学）	49
14	5月21—27日	新时代治蜀兴川执政骨干递进培养成华计划——第二期正局级领导干部高质量发展专题研讨班（赴延安、西安异地教学）	54
15	6月9—11日	成华区2021年社区“启航人才培训计划”——社区两委成员培训班	50
16	6月15—18日	成华区2021年社区“续航人才培训计划”——社区党组织专职副书记培训班	50
17	6月5—11日	成华区2021年人大代表异地培训班（赴延安、西安异地教学）	38
18	6月9—11日	成华区2021年保密专（兼）职干部异地培训班（赴泸州异地教学）	75
19	6月25—27日	成华区2021年专家人才党史国情区情研修班（赴乐至异地教学）	34
20	7月4—10日	成华区2021年政协委员第二期异地培训班（赴重庆大学异地教学）	44
21	7月8日	成华区人大常委会2021年人大系统专题法治培训	65
22	7月23—30日	成华区2021年选调生岗前培训班	39
23	8月14日至9月10日	成华区2021年优秀年轻干部人才“立根铸魂工程”培训班（异地教学赴大巴山干部学院、北京大学、新加坡国立大学苏州研究院）	64
24	8月19日至12月10日	成华区2021年社区发展治理“青年菁华达人成长社 引力培训计划”培训班	66
25	9月1—3日	成华区2021年“两新”党组织书记和党务骨干培训班	50
26	9月1—30日	局级领导干部“学习贯彻党的十九届五中全会精神暨党史学习教育”——党的理论和党性修养进修班（第二期）	47
27	9月24—30日	局级领导干部“学习贯彻党的十九届五中全会精神暨党史学习教育”——党的理论和党性修养进修班（第二期）赴北京大学、大别山干部学院异地教学	41
28	9月28日、10月11—23日	成华区2021年社区“领航人才培训计划”社区党组织书记治理能力现代化进修班（第二期）	46

续表11

序号	培训时间	培训班名称	人数（人）
29	10月17—22日	成华区2021年教育系统党建工作培训班	44
30	10月24—31日	成华区2021年财税干部区域经济发展规划与实施专题研讨班（赴南京海外专修学院异地教学）	47
31	12月6—31日	成华区2021年新任科级干部学习贯彻党的十九届六中全会精神暨党史学习教育——全面贯彻新发展理念培训班	55
32	12月6—31日	成华区2021年优秀科级干部学习贯彻党的十九届六中全会精神暨党史学习教育——更新知识培训班（赴福建龙岩古田红色教育基地、厦门大学异地教学）	47
33	12月6—24日	成华区2021年新任局级领导干部学习贯彻党的十九届六中全会精神暨党史学习教育——全面贯彻新发展理念培训班	49
34	12月13—18日	2021年丹巴乡科级干部培训班	32
35	12月19—25日	成华区2021年纪检监察干部综合素质培训班（赴福建龙岩古田红色教育基地、厦门大学异地教学）	44
36	12月28-30日	成华区2021年入党积极分子及预备党员示范培训班	50

【社区干部培训】 区委党校采用“校内培训+异地教学”模式，全年举办社区党组织书记培训班2期，培训87人次。校内培训以“理论授课+学员论坛”为主要形式，围绕社区（村）体制机制改革、韧性社区建设、青年社群打造、民主议事协商、场景营造等主题，邀请专家学者、领导干部、一线工作者多维度专题授课，筑牢理论基础。异地教学以武汉大学、暨南大学为依托，结合党性教育与专业学习，带领学员深入武汉、深圳多个治理典范社区和特色社区，通过实地体验、走访交流、工作座谈等方式，沉浸式学习社区治理先进经验，汲取社区营造有益养分。区委党校首次探索举办2021年社区发展治理“青年菁华达人成长社·引力培训计划”班，通过行政调训和社会招募两种方式，汇集社区能人骨干、青年代表、社会组织精英等共同参与，开展一场打破身份、职业界限的融合式培训，培训3个月66人次。培训分为社区通识集训、社区实践初探、社区共创行动、展示复盘激励四个阶段，通过“一套理论体系+两步社区行动+三场展示”复盘，形成“知”“练”“做”“思”学习体系，补齐不同层次、不同类别学员的专业知识短板，提升学员议事协商、沟通协调、居民动员、社区调研等专业实操能力，推动社区基本工作方法入脑入心。培训首次构建“党校—研创中心—街道—社区”四级指导体系，采取“线上+线下”联动的方式，随时在线为学员答疑解惑，对学员提供动态指导帮助，助力基层治理体系和治理能力现代化建设人才支撑。

（罗什菀）

【课题调研及科研咨政】 区委党校坚持以校本师资为主，多渠道整合智力资源，抓好课题申报立项，提供决策咨询服务，全年立项结项省市委党校及社科课题8个，完成校级课题18个，完成咨政报告13篇，在省级以上公开刊物及内部刊物发表成果2篇。“系统观念下超大城市风险治理策略研究——以成都新冠肺炎疫情防控为例”等3个课题被评为全市党校系统优秀课题；《学项目招引“真经” 打叩门招商“实战”——成华区训战结合创新干部培训模式助力项目招引集中攻坚》《全域旅游视角下成华区特色区域品质提升路径研究》2个课题成果获全市党校系统第三届科研决策咨询优秀成果奖二等奖；《历经百年风雨

10月20日，成华区2021年优秀年轻干部人才“立根铸魂工程”培训班学员在苏州人工智能产业园进行现场教学

（区委党校供图）

依然青春伟力》入选省委党校“庆祝中国共产党成立100周年”理论研讨会，3篇报告入选全市党校系统庆祝建党百年理论研讨活动材料并作交流发言。区委党校加快推进教研咨一体化，及时将科研成果转化为精品课程，《社区规划引领场景营造烟火空间缩短心的距离》入选全市党校系统精品课，获评全市第三届党校系统区（市）县党校组优秀课；《党建引领、场景赋能、专业运维，探索中优片区社区发展治理新路径——成都市成华区推进下涧槽社区共建共治共享的创新实践》被省委组织部评为2021年全省干部教育培训“好案例”。

9月17日，成华区2021年社区发展治理“青年菁华达人成长社·引力培训计划”班项目初评会现场（区委党校供图）

【理论宣讲】 区委党校围绕习近平总书记在庆祝中国共产党成立100周年大会上的重要讲话、党的十九届五中全会、党的十九届六中全会、省市党委全会、区第八次党代会精神等重点内容，选派骨干教师深入部门、街道、社区、企业、学校等，开展主题理论宣讲。下发《关于开展党史学习教育宣讲服务的通知》，精心准备《党章中的党史》《十九届五中全会暨党史学习教育专题讲座》等宣讲专题，选派骨干教师8人进入区委宣讲团，抽调教师组建宣讲小分队，提升宣讲的专业化、菜单化、品牌化。全年开展宣讲93场，听讲干部群众4514人次。

（杨荣军）

【“对标创新”工作】 区委党校继续牵头成华区市下目标——对标创新工作，组织动员全区目标责任单位74家申报创新工作事项110项，采取“全区动员报项目”“联席合力选项目”“面对面指导评项目”等工作机制，创新开展重点项目现场调研和指导，对创新项目从申报、提炼、答辩、评选到汇报演练，实施全过程监管和督导；选报参评的区卫健局、区医保局、区民政局牵头《规划引

表12　2021年中共成华区委党校（成华区行政学校）科研成果获奖情况表

序号	成果名称	获奖情况	获奖人
1	党建引领 场景赋能 专业运维 探索中优片区社区发展治理新路径——成都市成华区推进下涧槽社区共建共治共享的创新实践	省委组织部评为2021年全省干部教育培训“好案例”	李　平 干庆文
2	学项目招引“真经” 打叩门招商“实战”——成华区训战结合创新干部培训模式助力项目招引集中攻坚	成都市党校（行政学校）系统第三届科研决策咨询优秀成果奖决策咨询二等奖	干庆文 彭　浩
3	全域旅游视角下成华区特色区域品质提升路径研究	成都市党校（行政学校）系统第三届科研决策咨询优秀成果奖科研成果二等奖	何徐兴
4	历经百年风雨 依然青春伟力	入选四川省委党校（行政学院）系统“庆祝中国共产党成立100周年”理论研讨会	钱建国
5	百年大业 人才为基——成都市成华区“十四五”人才工作政策建议	成都市党校（行政院校）系统庆祝中国共产党成立100周年学术研讨会	彭　浩
6	推进公益性城市公园生态价值转换的实践与探索	入选成都市党校（行政院校）系统庆祝中国共产党成立100周年学术研讨会	杨荣军
7	基于“TOD+商圈”建设模式推进中心城区枢纽经济高质量发展的思考	入选成都市党校（行政院校）系统庆祝中国共产党成立100周年学术研讨会	何徐兴
8	城市区域红色资源保护利用的调查研究	入选四川省科学社会主义学会2021年学术年会暨“深入学习贯彻党的十九届六中全会精神”理论研讨会	李晓锋 李　平 杨荣军
9	党建引领城市社区治理经验初探——以成都市成华区为例	入选四川省科学社会主义学会2021年学术年会暨“深入学习贯彻党的十九届六中全会精神”理论研讨会	李俐琦

续表12

序号	成果名称	获奖情况	获奖人
10	县级融媒体中心建设2.0阶段嵌入社会治理路径的思考——以成都市成华区为例	入选四川省科学社会主义学会2021年学术年会暨“深入学习贯彻党的十九届六中全会精神”理论研讨会	胡香雪
11	系统观念下超大城市风险治理策略研究——以成都新冠肺炎疫情防控为例	全市党校系统优秀课题成果	杨荣军
12	加快社区“韧性”建设筑牢城市安全基石——以成华区社区“韧性”建设为例	全市党校系统优秀课题成果	陈　健
13	“全龄友好”视角下居家养老模式优化思考——以成都市成华区为例	全市党校系统优秀课题成果	何徐兴

领 标准赋能 模式创新构建“医中有养、养中有医”的养老服务新格局——成都市成华区推进医养服务融合增效的创新实践》项目，获全市区（市）县第三名。

（韩蕊璞）

党史编研

【概况】 2021年，中共成华区委党史研究室立足建党100周年历史节点，广泛征编党史资料，加强党史教育教育，继续深化党史研究，编纂《世纪辉煌——百年党史中的成华记忆》《奋进开新局——成华区党史主题展图文集》《中国共产党成华执政实录（2020年卷）》等党史文献书籍，为全区经济社会发展提供智力支持，区委党史研究室获评2021年全市党史工作先进集体。

【党史教育】 区委党史研究室加强线上线下党史教育，举办“不忘初心 担使命　接续奋斗开新局”党史主题展览，围绕中国共产党成立100周年，以党史文献和档案材料为基础，设置光辉历程、红色成都、东郊精神等8组主题内容，共62个展板、400幅历史图片，以图叙事展示成华革命斗争史、经济建设史和社会变迁史。区委党史研究室创新党史宣教方式，依托成华发布、成华组工等平台搭建新媒体推送矩阵，线上制作“成华党史故事”系列音视频300个，推送党史学习教育材料200期，点击阅读200万次；开设党史教育直播、网课等100场，点击阅读量突破20万次。区委党史研究室充分发挥新闻媒体主阵地作用，通过新华网、人民网、成华区门户网、区委组织部网站党史工作专栏等平台，实时宣传党史重要知识、区委重大工作事件，选树优秀典型和先进基层党组织，提升党史宣传感召力。区委党史研究室扎实推进红色遗址资源普查工作，经过一址一普查、实地调查与档案核查相结合，确定院山坡烈士陵园、东郊记忆为全省红色遗址点位。

【党史资料收集】 区委党史研究室坚持广泛收集和重点收集相结合，充分利用区委组织部网站党史工作专栏，全面收集整理全年区委重要会议、重大工作部署、重要事件等纪实材料800份；围绕庆祝建党100周年重大时间节点创新党史编研，编纂主题图文集《奋进开新局——成华区党史主题展图文集》，围绕峥嵘年代、东郊辉煌、谋篇布局、党的建设、经济发展、社会建设、重大事件、继往开来八个主题，编排图片391张、文字说明4万字，图文并茂讲述成华区在党的领导下走过励精图治、奋勇拼搏的三十年。

【执政实录编纂】 区委党史研究室为全面记述和总结2020年区委科学执政史实，切实发挥党史资政育人重要作用，开展《中国共产党成华执政实录（2020年卷）》编撰工作，主要收录2020年1月1日至12月31日中共成华区委执政过程中领导全区人民开展经济建设、政治建设、文化建设、社会建设、生态文明建设和党的建设等方面的资料，分为政务活动图片、执政综述、“不忘初心、牢记使命”主题教育、政务活动、执政方略、执政实践、执政论坛、大事记、附录9个部分，整理收集真实材料，全面反映成华区各级党组（党委）、党工委的执政过程及成效，全书74万字。

【党史资政】 区委党史研究室立足建党100周年历史节点，与区文联共同撰写党史文字作品《世纪辉煌——百年党史中的成华记忆》，收录马识途等文化名人所著回忆文章，通过采访人物代表，记录成华区重要企业、院校建设等内容，充分发挥党史知古鉴今、资政育人作用，于10月15日参加第三届天府书展，得到区委主要领导肯定。

（敬江婷）

成华区人民代表大会

编辑　李金洁

综　述

【概况】　2021年，成华区人民代表大会常务委员会把党的领导贯穿人大工作，全年开展传达学习习近平总书记重要讲话精神等各类集中学习23次，召开代表大会2次、常委会会议16次，作出决议决定18项，修改完善“三重一大”等工作制度11项；完成成华区第八届人民代表大会代表换届选举工作，抓好代表建议意见办理，依法行使人事任免权；探索设立区人大常委会法律智库，高质量完成社区居家养老服务等专题调研报告；围绕全区中心工作开展社会民生、生态环境、安全稳定、疫情防控等各类监督，推进人大代表履职平台建设提档升级。保和街道和美社区作为成都市五城区唯一基层立法联系点，全年反馈立法意见建议被采纳7条，采纳数位居全市基层立法联系点第一位。

【成华区第八届人民代表选举】　2021年9月，成华区启动区人民代表大会换届选举工作，在111个选区有序开展宣传动员、选民登记、提名推荐、投票选举等系列工作。

组织领导　9月29日，成华区第七届人民代表大会常务委员会第48次会议通过《成都市成华区人民代表大会换届选举工作实施方案》，成立换届选举工作领导小组及区选举委员会，主持全区人大代表选举工作，确定2021年11月25日为代表选举日；区选举委员会设秘书、组织、宣传、纪律监督、安保维稳、疫情防控6个工作组，成立街道选举工作指导办公室11个、选区领导小组111个。选举工作分为五个阶段进行，分别为准备工作阶段（10月10日前）、宣传动员及选民登记阶段（10月11日—11月5日）、提名推荐代表候选人阶段（11月6日—11月18日）、介绍正式代表候选人情况及投票选举阶段（11月19日—11月25日）、总结阶段。

严肃纪律　成华区选举委员会印发《成华区人民代表大会换届选举风气监督方案》，成立5个纪律督查督导小组，采取现场督导、查阅资料、实地抽查、问题核查、列席会议等方式开展全方位监督。纪律督查督导组围绕宣传动员和选民登记环节，实地进行业务把关和指导，检查工作程序和风险防控等环节，确保谈心谈话全覆盖，专题警示教育、纪律宣传到位；人大代表推选期间，督查各选区责任压实、选举程序规范，督查选举日当天破坏选举、扰乱选举秩序等情况；人大会议期间，对违反“十严禁”“四必须”等情况进行会风会纪监督；针对疫情防控，印发《成华区人民代表大会换届选举疫情防控工作方案》《成华区人民代表大会代表选举疫情防控应急指导意见》，指导各街道针对封控区、管控区、防范区分别制定方案，确保换届选举工作圆满完成。

宣传动员　成华区选举委员会利用报刊、电视、广播等传统媒体和微信、微博、网络论坛等新媒体加强宣传动员，引导选民主动参加选举；张贴选民登记公告、发放致选民公开信，针对不同人群分别采取设站登记、上门登记、工作日与双休日加班登记、晚上登记、委托他人告知登记等方式，灵活做好选民登记；组织政法、法检、卫健等部门开展选民资格审查，严格核实登记选民是否满足国籍、年龄、政治权利、行为能力等条件；通过各街道社区公布选民名单，并发放选民证；搞好企业、高校和社区分类指导，做好代表候选人推荐介绍；全区18岁以上户籍人口60.85万人，人大代表选举登记选民40.57万人，登记率66.67%；参加投票选民38.22万人，参选率94.19%，比上届增加7个百分点，为成都市五城区最高。

代表构成　11月25日，成华区选出第八届人大代表301名，代表的结构为，中共党员代表223名、占74.1%，民主党派代表43名、占14.3%，无党派人士代表35名、占11.6%；男性代表183名、占60.8%，女性代表118名、占39.2%；少数民族代表8名、占2.7%。

【区人大工作机构】　成华区第七届人民代表大会设法制委员会、财政经济委员会、社会事业委员会、城乡建设与环境保护委员会4个专门委员会，常务委员会设办公室、人事代表工作委员会、预算审查工作委员会、信访办公室4个办事工作机构。

12月24日，成华区第八届人民代表大会第一次会议选举产生区八届人民代表大会常务委员会主任1人、副主任5人、常务委员29人。成华区第八届人民代表大会设法制委员会、经济委员会、社会建设委员会、教育科学文化卫生委员会、城乡建设与环境保护委员会、预算委员会6个专门委员会；常务委员会设办公室（加挂研究室牌子）、预算工作委员会、人事代表工作委员会、信访办公室4个办事工作机构；另设代表资格审查委员会，专门负责代表资格审查。

成华区人民代表大会常务委员会

主　任　刘　鸿（12月离任）
　　　　王德运（12月任职）
副主任　刘　莉（12月离任）
　　　　付　超（12月离任）
　　　　蒋　飚（12月离任）
　　　　刘方友（12月离任）
　　　　伍凌云（12月离任）
　　　　余　胜（12月任职）
　　　　李宏坤（12月任职）
　　　　阮　强（12月任职）
　　　　何艳红（12月任职）
　　　　余　斌（12月任职）

【人大自身建设】　成华区人大常委会发挥综合协调效能和参谋助手作用，为常委会依法高效行权提供有力支持，全年召开各类集中学习23次、主任会议18次、常委会党组会议11次，研讨交流52人次；全面完成依法治区账图模式规范化建设工作，梳理优化人大常委会机关运行机制，完善《“三重一大”事项决策机制实施细则》《党组议事规则》《中心组学习制度》等制度机制11项；全体党员干部政治判断力、政治领悟力和政治执行力进一步增强。

（叶　佳）

人大重要会议

【概况】　2021年，成华区人民代表大会会议召开2次，第七届人民代表大会第七次会议于8月27—28日召开，第八届人民代表大会第一次会议于12月21—24日召开。第七届人民代表大会常务委员会全年召开常委会会议16次。

【区七届人大七次代表会议】　8月27—28日，成华区第七届人民代表大会第七次会议召开。会议选举袁顺明为成华区人民政府副区长，决定袁顺明为成华区人民政府代理区长；通过区七届人大财政经济委员会主任委员人选名单。

【区八届人大一次代表会议】　12月21—24日，成华区第八届人民代表大会第一次会议召开。会议听取和审议《成华区人民代表大会常务委员会工作报告》《政府工作报告》《成都市成华区人民法院工作报告》《成都市成华区人民检察院工作报告》，审查批准《成华区2021年国民经济和社会发展计划执行情况及2022年国民经济和社会发展计划（草案）的报告》《关于成华区2021年财政预算执行情况和2022年财政预算（草案）的报告》。会议选举王德运为区第八届人民代表大会常务委员会主任，余胜、李宏坤、阮强、何艳红、余斌为副主任；选举丁亚、王文、王黎、文苹、孔红、包梅、冯延、母芸、向朝晖、刘义、

12月21日，成都市成华区第八届人民代表大会第一次会议召开　（区人大常委会办公室供图）

表13　　2021年成华区人大常委会会议主要内容一览表

次别	时间	主要内容
七届第38次	1月19日	听取和审议《成华区第七届人民代表大会常务委员会代表资格审查委员会关于个别代表代表资格的报告（草案）》和区七届人大六次会议有关事项，审议相关人事事项
七届第40次	3月26日	传达学习全国“两会”精神，听取区政府关于2020年生态环境工作情况报告、区人大法制委关于2020年度规范性文件备案审查工作情况报告，听取审议区政府关于实施幸福美好生活十大工程报告，表决通过区人大常委会2021年工作要点（草案）、区人大常委会关于实施幸福美好生活十大工程决议（草案）
七届第41次	5月31日	听取区政府关于2020年度法治政府建设工作情况报告、关于贯彻落实《中华人民共和国固体废物污染环境防治法》工作情况报告、关于2021年防汛工作开展情况报告、关于2020年度国有资产管理情况综合报告，审议相关人事事项，邀请专家进行法律知识讲座
七届第42次	7月21日	审查批准《成华区人民政府关于对成华区2021年国民经济和社会发展计划作部分调整的报告》
七届第43次	8月2日	听取区法院关于服务保障国际化营商环境工作情况报告；听取区政府关于成华区2021年上半年幸福美好生活十大工程推进情况报告、关于城市通勤效率提升工程推进情况报告，关于区七届人大六次会议以来代表建议、批评和意见办理情况报告；听取关于成华区2021年国民经济和社会发展计划上半年执行情况报告，关于成华区2021年财政预算上半年执行情况报告，审议相关人事事项
七届第44次	8月20日	审议区七届人大七次会议有关事项，表决通过《成华区第七届人民代表大会常务委员会代表资格审查委员会关于个别代表代表资格的报告》《成华区人民代表大会常务委员会关于召开成华区第七届人民代表大会第七次会议的决定》
七届第46次	9月15日	会议审议相关人事事项
七届第48次	9月29日	听取区检察院关于检察建议工作情况报告、区政府关于幸福美好生活十大工程相关专题报告，审议区政府关于成华区2020年度区级预算执行和其他财政收支审计工作报告、区人民代表大会换届选举工作相关事宜和有关人事事项，批准成华区2020年财政决算
七届第49次	10月15日	审议相关人事事项
七届第51次	11月26日	审议《成华区第七届人民代表大会常务委员会代表资格审查委员会关于成华区第八届人民代表大会代表资格审查报告（草案）》，听取区政府关于招大引强工作情况报告、幸福美好生活十大工程专题报告，审查批准区政府关于2021年财政预算调整方案
七届第52次	12月10日	听取审议区政府关于《2020年度区级预算执行和其他财政收支审计查出问题整改情况的报告》《成华区第七届人民代表大会常务委员会关于成都市成华区第八届人民代表大会专门委员会设置的议案（草案）》和区八届人大一次会议有关事项

刘谢平、刘瑜、刘燕、李斌、吴雪松、宋宝利、张兴明、张宏光、张明德、陈勇、陈琪玲、夏斌、徐福寿、高燕、郭凤杰、董川、蒋瑜、舒立友、曾维明为常务委员会委员。选举袁顺明为区人民政府区长，刘嘉宁、周海燕、张旭伟、何特、黄宇、陈枢为副区长；选举顾文辉为区监察委员会主任，王泽轩为区法院院长，钟磊为区检察院检察长；新任国家机关工作人员进行宪法宣誓。

【区人大常委会会议】　成华区第七届人民代表大会常务委员会全年召开常委会会议16次，听取关于《中华人民共和国固体废物污染环境防治法》等3部法律法规贯彻落实情况报告，听取区政府、区法院、区检察院专题汇报4次；邀请街道人大负责人、区人大代表24人、公民代表40人列席会议。

（叶　佳）

人大监督

【概况】　2021年，成华区人民代表大会常务委员会忠实履行宪法和法律赋予职责，听取和审议“一府两院”工作报告34项，持续加强法律监督和财经监督，聚焦“高质量发展攻坚年”“幸福美好生活十大工程”等全区中心工作，围绕生态建设、疫情防控、安全隐患整治等重点工作开展监督，推动和美社区基层立法点高效运行，全面提升监督质效。

【法律监督】　区人大常委会坚持依法监督，听取区政府“年度法治政府建设情况”“年度稳定公平营商环境建设情况”专题报告，听取区法院关于“服务保障国际化营商环境工作情况”、区检察院关于“运用检察建议促进社会治理工作情况”专题汇报；配合全国、省、市人大常委会开展立法调研，对《中华人民共和国法律援助法》《中华人民共和国野生动物保护法》《四川省行政执法监督条例》《成都市天府绿道保护条例》等国家、省、市法律法规（草案）22部征求意见112条；加强规范性文件备案审查，修改完善《成华区人大常委会规范性文件备案审查工作办法》，完成《成华区关于实施幸福美好生活十大工程的意见》《成华区关于激励干部担当作为干事创业做"五得"干部的十三条措施》等24件规范性文件备案审查；组织代表调研视察区政府"提升政务服务质效"工作、区法院"一站式多元解纷及诉讼服务平台"建设、区司法局"一社区一律师"建设、区公安分局"规范'一站式'办证点服务"等工作，推动守法用法、廉政建设、司法改革等各项法治建设工作高效开展。

【财经工作监督】 区人大常委会围绕财经工作开展监督，审查批准《成华区2021年国民经济和社会发展计划执行情况及2022计划草案报告》，开展《中华人民共和国统计法》贯彻落实情况执法检查；听取审议《成华区政府2020年度财政预算执行和其他财政收支的审计工作报告》，开展审计查出突出问题整改督办；听取审议国有资产管理情况报告，推进国有资产管理情况报告规范化、程序化；加强财政预算联网监督，完善人大预算联网监督系统和数据信息，提高支出预算和政策审查监督时效性和针对性。

【"高质量发展攻坚年"监督】 区人大常委会聚焦成华"高质量发展攻坚年"，组织代表调研成华《中华人民共和国中小企业促进法》贯彻实施情况和中小企业发展状况，调研成华区生产性服务业和都市工业发展现状；组织代表督导成华"城市大脑"提能升级和"数字孪生"社区建设工作，督导熊猫国际旅游度假区等功能区片区规划和建设情况，视察亚太并购大厦、天府金融博物馆等重点金融基地建设情况；组织代表对产业化项目101研发总部、联东U谷一期、招商中央华城、王府井Discovery等重点建设项目开展专项执法检查，实地检查成绵高速延线、蜀龙路等城市空间品质提升改造工程项目；形成《深入贯彻中小企业促进法 依法促进中小企业高质量发展》《智慧成华建设浅析与建议》等专题调研报告，促进全区31项重点工程有序推进，推动成华经济高质量发展。

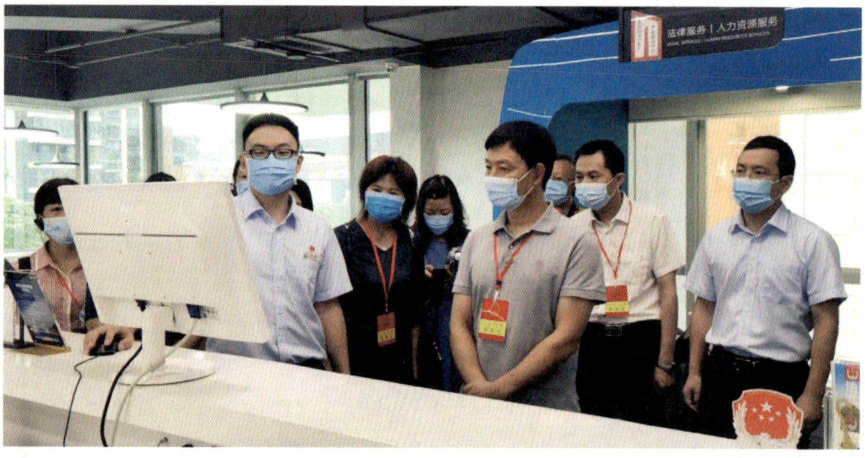

8月26日，区人大常委会组织代表视察东郊创艺Labs产业驱动中心便民利企情况

（区人大常委会办公室供图）

【"幸福美好生活十大工程"监督】 区人大常委会听取审议成华区政府关于实施幸福美好生活十大工程报告，对成华幸福美好生活十大工程实施情况开展每月监督；对拆迁安置房项目、危旧房棚户区改造项目、提档升级综合整治工程项目进行视察，推动老旧小区适老化改造；实地查看区属公立医院升级改造、市二医院龙潭医院和市六医院东部院区等重点项目，督导医疗服务联盟建设、区疾控中心开展工作情况；对全区教育公建配套设施建设情况开展督导，推动重点项目加快建设、提升成华教育配套水平；专题督查全区断头路通车及"轨道+公交+慢行"多样化出行建设情况；组织新北天地商旅中心、区住建交局、双水碾街道、青龙街道、白莲池街道等单位对新北片区公服基础设施建设开展调查研究，形成调研报告《关于加快新北片区公服基础设施建设的建议》；全面推动就业增收、教育强区、全民健康、颐养康乐、保障扩面、全龄友好等民生改善行动计划落地落实。

【生态环境和防汛监督】 区人大常委会围绕大气、水、土壤、固体废物污染防治等生态环境保护开展监督，听取成华区政府《关于2020年生态环境工作情况的报告》《关于贯彻落实中华人民共和国固体废物污染环境防治法的报告》，对2017年以来央督、省督及四川省长江经济带生态环境问题167件督办案件、102个问题点位开展拉网式覆盖、点对点督察，促进问题整改落实；专项督查黑臭水体整治清零工作，实地督查区域内府河、沙河等河段以及北湖公园、白莲池街道等生态保护情况，实地督查兴城嘉苑A1C4地块、丛树新型社区1号地块、瑞景新城项目等建筑工地安全环境整治，形成《关于黑臭水体整治清零工作督察情况的报告》《成华区建设工地安全环境综合整治工作督查情况的报告》等专题调研报告。区人大常委会对全区防洪防汛工作及重点点位开展视察监督，听取关于2021年防汛工作开展情况的报告，深入小区、工地、河道查看防汛措施落实、防汛物资准备情况，消灭安全隐患，确保全区安全度汛。

【安全隐患整治监督】 区人大常委会研究制定安全隐患集中督导检查工作方案，全面摸底督导电动两轮车及相关产业安全整治情况，实地督察调研重型货车安全运行综合治理情况，会同区新经济和科技局、区农业与水务局开展燃气电力供水管网管线安全隐患整治工作督导，全年组织开展安全隐患整治督导检查点位590个，督促和推动问题整改740个，形成《关于成华区电动两轮车安全管理的调研报告》《关于重型货车安全运行综合治理工作的调研报告》等调研报告。

【疫情防控监督】 区人大常委会围绕疫情防控开展监督，深入街道社区实地察访各重点场所“测温扫码”等防疫政策落实情况，重点检查各街道密接次密接人员管理、社区工作台账、组织核酸检测、交通枢纽防疫措施落实等工作情况，检查居民小区、餐饮商铺、酒店茶楼、农贸市场、生鲜超市、诊所药店等重点点位896个（次），检查发现并反馈整改问题291个，保证各项防疫措施落地见效，推动经济社会秩序恢复。

【基层立法联系点建设】 成华区深化保和街道和美社区基层立法联系点建设，依托“两代表一委员联络站”“960先锋荟”“578比邻社”“天义老党员工作室”等社区治理平台，建立“街道人大工委—社区党委—网格采集点”基层立法联络体系机制；整合辖区企业法律顾问、退休法官、社区民警等资源，利用“和美潮生活”公众号、“和美居民议事厅”等平台，定期开展民情院落坝坝会、居民议事会、设置民意收集箱，定期开展普法学习、案例宣讲，构建起从楼栋院落—党群中心—立法部门的民意直达通道；组建“学法苑”工作队伍4支和专门志愿队伍，协助开展立法采集工作；探索形成听取民意、搜集建议、学以致用、专业引领、建言献策“一听二集三学四讲五谏”五步工作法，构建“法润和美、政通人和”法治服务新格局。12月2日，市人大常委会副主任巫敏到保和街道和美社区调研基层立法点建设情况，组织群众代表开展《成都市出租车客运管理条例（修订草案）》立法调研。和美社区基层立法联系点全年向市人大常委会报告反馈立法意见建议18条，被采纳7条，采纳率38.89%。

（叶　佳）

人事任免

【概况】 2021年，成华区人民代表大会常务委员会坚持党管干部与人大依法任免相统一，全年任免国家机关工作人员108人次，组织区人大、区政府、区法院等拟任命人员参加任前法律知识考试51人次，为成华区“一府一委两院”高效化、规范化运转提供人才支撑。

【国家机关工作人员任免】 区人大常委会依法行使任免权，严格落实拟任命人员资格材料把关、任前沟通、法律考试、任命书颁发、任职陈述等系列程序，监督“一府一委两院”落实宪法宣誓制度，全年任命区级领导8人、区监委2人、区法院15人、区检察院5人、区人大常委会机关1人、街道人大工委6人、区级部门9人；免去区领导8人、区监委7人、区法院22人、区检察院8人、区人大常委会机关1人、街道人大工委3人、区级部门15人。8月2日，成华区第七届人民代表大会常务委员会第四十三次会议接受蒲发友辞去成华区人民政府区长职务，任命袁顺明为成华区人民政府副区长，为成华区人民政府代理区长。9月3日，成华区第七届人民代表大会常务委员会第四十五次会议接受郑天南辞去成华区监察委员会主任职务，任命顾文辉为成华区监察委员会副主任，为成华区监察委员会代理主任。

【代表资格审查】 区人大常委会加强代表资格审查工作，补选市十七届人大代表1人；依法终止区人大代表资格3人，严把人选政治关、廉洁关、身份关，确保代表人选先进性、纯洁性。

（叶　佳）

代表工作

【概况】 成华区人民代表大会常务委员会组织人大代表积极履职，加强1个区级代表之家、11个街道代表之家和51个社区代表联络站的建设管理，围绕全区中心工作组织开展培训调研、评议测评、代表接待和主题活动，全年全区各级代表依托履职平台开展履职活动720次。

【人大代表履职平台建设】 区人大常委会加强人大代表履职平台建设，进一步整合发掘“四级”代表资源，将各级人大代表编组到街道代表小组开展活动，按照代表特点和关注领域，组建法制、财经、社事、城环专业代表小组，深入开展“我为群众办实事——人大代表在行动”“发挥人大代表作用助推实施幸福美好生活十大工程”等主题活动；定期开展“代表接待日”活动，组织代表接待选民1960人次，收集反馈意见建议930条；按照《关于加强区人大代表履职活动管理的办法》《关于开展区人大代表履职监督工作的方案》要求，采取集中学习、异地培训、专题培训等方式强化代表履职培训，全年组织2批次代表60人参加专题培训，开展新当选人大代表履职培训301人；依法邀请各级代表列席区委、区人大常委会、区政府重要会议70人次，邀请各级代表参加“一府一委两院”各项评议、测评、征求意见座谈会等180人次。

【人大代表之家（联络站）建设】 区人大常委会建管用好“家”为中心、“站”为延伸的人大代表网络体系，按照方便活动原则，将代表编入对应选区代表之家和联络站，实现代表进“家”入“站”全覆盖；坚持硬件设施标准化，统一标识牌匾、配备桌椅电脑等办公设施，为代表开展活动提供硬件保障；落实代表小组活动、学习培训、接待选民、向选民述职、履职登记等制度，代表公示栏、代表主要职责等上墙，代表按制度履行职责；落实专人管理，负责上下联系、对外衔接、记录活动、整理归档相关资料等工作，保证平台运转有序，发挥代表密切联系群众桥梁纽带作用。

（叶　佳）

代表视察与调研

【概况】 2021年，成华区人民代表大会常务委员会组织全区各级代表围绕美丽宜居公园城市建设、智慧教育示范区打造、智慧城市建设、重点项目推进等重点工作，开展视察调研活动68次。

【视察调研】 区人大常委会组织代表视察教育强区幸福工程建设情况，实地察看华西中学智慧课堂、丹巴高中成华班、基础创新空间、成华区智慧教育中心；视察环保回头看工作，实地察看北湖生态公园、下涧槽社区生态文明重点工程、三维高精度污染源管控平台、融创100亩建设工地、太阳公元2期建设巷片区等建设情况，督查马鞍山排洪河龙潭寺庙旁“清四乱”点位、菁华翠庭片区、杨柳公园二期等环境综合整治情况；视察民生工程，实地察看龙潭社区医院、区人民医院、成华区职教中心、成都七中英才学校、杉板桥社区养老服务综合体、二仙桥西片区配套中学、龙潭工业区安置房、新山社区综合体、康穗养老中心等项目建设推进情况；视察文化事业，对辖区内历史建筑101仓库和四川石油管理局成都总机械厂旧址等点位开展专项执法检查，了解点位认定保护和配套政策情况，对学习强国特色街区进行视察；全年组织代表视察调研活动620人次，形成《关于燃气电力供水管网管线安全隐患整治的督导工作报告》等调研报告12篇，助推成华经济社会高质量发展。

（叶　佳）

建议督办

【概况】 2021年，成华区人民代表大会常务委员会收到建议135件，交由各承办单位全部办结，办理结果满意率100%，代表建议办成率和实际问题解决率进一步提升，市人大代表成华团提出《关于推动实施垃圾分类的建议》《关于破解老旧小区安装电梯难的建议》等7件建议被评为成都市优秀人大代表建议。

【代表建议督办】 区人大常委会和区人大各专门委员会、常委会办事工作机构加强对口承办单位督导，确定事关全区经济社会民生发展问题建议10件为重

7月21日，区人大常委会组织代表视察区政府半年工作情况　　（区人大常委会办公室供图）

点督办建议持续跟进，确定重要建议11件为街道人大工委重点跟踪件加强监督，持续加强营商环境建设、完善公服设施配套、强化基层解纷力量等方面建议督办工作。全年收到城市规划建设与资源保护34件、占25.2%，工业发展与经济建设9件、占6.7%，科教文卫体19件、占14.1%，民政劳动保障12件、占8.9%，社会事务与公共服务38件、占28.1%，市政交通19件、占14.1%，司法与法治建设1件、占0.7%，其他方面3件、占2.2%。

（叶　佳）

表14　2021年成华区七届人大六次会议代表建议及办理情况表（部分）

序号	案由	提议人	主办单位	办理结果
1	关于加快培育“四上”企业市场主体的建议	李建科	区统计局	A
2	关于加大领航学校建设，促进区域优质教育均衡化发展的建议	曾令轩	区教育局	A
3	关于加大对社区老年食堂建设扶持力度的建议	李　毅	区民政局	A
4	关于通过智慧社区建设推进社区治理工作的建议	汤胜兰	区委政法委	A
5	关于提升社区共享空间高质量运营的建议	郭从相	区委社治委	A
6	关于将公建配套社区用房水电费物业费纳入财政预算支出的建议	罗幼琴	区财政局	A
7	关于进一步规范车辆占道停放的建议	陈建萍	区公安分局	A
8	关于减少引进人才流失的建议	赖　渝	区委组织部	A
9	关于强化垃圾分类处理工作的建议	廖永群	区综合执法局	A
10	关于香木林路公厕“先建后拆”的建议	张　琼	成华城投公司	B
11	关于将成华区建成文商旅融合发展示范区的建议	陈嘉颂	区文体旅局	A
12	关于建立完善老旧院落消防体系的建议	袁万银	区应急局	B
13	关于辖区内65岁以上老人健康体检结果共享的建议	秦红照	区卫健局	A
14	关于新增和加强公立幼儿园的建议	蒋玉兰	区教育局	A
15	关于打通仁爱路至蓉都大道（川陕路）的建议	钟培文	成华国投公司	A
16	关于对老旧院落提供物业管理服务政策支撑的建议	金　涛	双桥子街道办事处	A
17	关于创新熊猫基地周边管理机制的建议	贺　勇	区文体旅局	A
18	关于为冶勘总部基地各单位协调办理工商税务关系变更的建议	侯立平	跳蹬河街道办事处	A
19	关于在横桥社区青年广场（绿地）内安装照明灯光的建议	王　康	双水碾街道办事处	B
20	关于进一步营造“家在成华”的人才服务环境的建议	王燕敏	区委组织部	A
21	关于加强对物业公司管理的建议	蒋玉兰	区住建交局	A
22	关于提高河道巡查信息化管理水平的建议	王　平	区农业和水务局	A
23	关于加快海滨公园二、三期建设的建议	刘春燕	区城市更新局	B
24	关于增加幼儿园教师正编编制的建议	赖　渝	区委编办	A
25	关于促进社区养老助老服务发展的建议	丁　亚	区民政局	A
26	关于推进龙潭外环片区湿地公园项目的建议	何明春	熊猫度假区管委会	A
27	关于建设基于未来社区场景的“社区美育共享空间”成华模式的建议	李文波	区委社治委	A
28	关于定期清理占用公共资源的破损废弃设施设备的建议	吴群芳	区综合执法局	A
29	关于提升社区服务水平，加强人民生命关怀的建议	吴光平	区委社治委	A
30	关于进一步增强紧迫感预防城市“空心化”的建议	曾文忠	区新经济和科技局	A
31	关于对圣灯社区东二路五号院消防安全管理进行专项整治的建议	苏建麒	二仙桥街道办事处	A
32	关于进一步提高我区企业扶持政策透明度及执行效率的建议	吴瑜琳	区发改局	A
33	关于建立成华区老年健康服务体系的建议	李智勇	区民政局	A
34	关于加快对昭觉寺周边环境提档升级打造特色鲜明文化地标的建议	范　宇	新北天地商旅中心	A
35	关于进一步推进数字化高效能基层治理的建议	曾文忠	区智慧治理中心	B
36	关于将心理健康品质测试作为教师聘用初筛要求的建议	赖　渝	区教育局	A
37	关于加强我区全民健身体育设施工作的建议	刘冀虹	区文体旅局	A
38	关于继续加强营商环境建设进一步提高成华区对外开放水平的建议	曾文忠	区行政审批局	A

续表16

序号	案由	提议人	主办单位	办理结果
39	关于加快推进和美片区智慧交通建设管理的建议	李　云	区公安分局	A
40	关于进一步加强基层解纷力量建设的建议	曹晶晶	区司法局	A

专委会事务

【概况】　2021年，成华区人民代表大会常务委员会各专门委员会开展正确监督、有效监督，落实区人大常委会组成人员联系代表、代表联系人民群众“双联系”制度，通过开展执法检查、专题调研、视察督导等多方式履职服务，代表履职实效增强。

3月30日，区人大常委会对成华区贯彻落实《成都市美丽宜居公园城市规则和导则》《成都市公园城市街道一体化设计导则》情况开展专项执法检查　　（区人大常委会办公室供图）

【人大法制委员会】　成华区第七届人民代表大会法制委员会做好国家、省、市人大常委会相关法律法规征求意见和办理回复工作，配合全国、省、市人大常委会开展立法调研7次，多渠道征求法律法规建议，完成“深入贯彻习近平法治思想，不断推进新时代法治政府建设”等专题调研；依法做好规范性文件备案审查，强化规范性文件清理工作督导；认真办理法治相关议案建议，把办理工作与执法检查、调研、视察等相结合，提高办理质效；加强法律法规宣传、学习和贯彻，组织开展2021年度人大系统专题法治培训70人，围绕营商环境司法保障、社区发展治理、“七五”普法等工作开展学习交流；做好任前法律知识考试承办工作。

【财政经济委员会】　成华区第七届人民代表大会财政经济委员会做好区八届人大一次会议财政报告审查，协助常委会听取审议成华区2020年审计查出问题整改情况问题报告、2021年国民经济和社会发展计划执行情况报告、2020年度财政预算执行和其他财政收支审计报告，协助常委会完成审查批准2020年度财政决算和2021年上半年预算执行情况报告、2021年度财政预算调整方案等；助推促进企业健康发展政策措施出台，督促区市场监督管理局等部门加强安全监管和行政执法力度，改善市场发展环境、竞争环境和消费环境；开展经济社会发展内容调研活动10次，完成调研报告3篇。

【社会事业委员会】　成华区第七届人民代表大会社会事业委员会协助常委会专题听取成华区智慧韧性安全城市营建工程、高品质公共服务倍增工程、全龄友好包容社会营建工程、实施青年创新就业筑梦工程等幸福美好生活十大工程建设情况；深入街道社区实施疫情防控督导；组织人大代表开展走访成华区“圆梦坊”——成华区青年筑梦空间及海外人才工作站、白莲池富森美应急救援分中心、城东体育公园等系列视察调研活动，推动成华教育健康、公共文化、应急抢险等社会事业高质量发展，提高人民群众获得感和幸福感。

【城乡建设与环境保护委员会】　成华区第七届人民代表大会城乡建设与环境保护委员会围绕建设践行新发展理念公园城市示范区，针对公园建设、污染防治、防汛排险等重点，组织人大代表开展视察督察18次、专项执法检查2次、调研工作2次，协助常委会听取政府工作情况汇报5次，组织市区人大代表到先进城市学习考察1次，走访街道、社区、企业30次，形成《关于成华区公园绿地规划建设与管理维护的调研与思考》等调研报告，持续加强环保防治整改跟踪督查，助推全区空气质量和城市环境好转。

（叶　佳）

成华区人民政府

编辑　李金洁

综　述

【概况】　2021年，成华区人民政府提升经济发展质效，培育形成都市工业、现代服务业两个“3+3”产业体系，探索产业功能区“员额制”改革试点；加快构建产城融合格局，打造天府四川金融博物馆、亚太并购大厦，建成投运龙湖滨江天街、万科天荟等一批商业综合体，龙潭工业机器人产业功能区竞争力跃居全省产业园区第四位；持续优化公园城区品质，打好蓝天、碧水、净地“三大保卫战”，争创国家生态文明建设示范区，建成3个城市公园，公园绿地服务半径覆盖率91.5%，污染地块安全利用率100%；推进对外开放合作，全面实施营商环境3.0政策，望平坊获评省级休闲旅游街区；加强社会保障和公共服务，投运养老服务机构30个、老年助餐服务点48个、社区养老服务综合体2处，建成区公服设施规划实施率提升至80%；守牢安全稳定底线，优化突发事件应急处置预案，开展6轮安全隐患集中排查整治，获评全国法治政府建设优秀区；全面加强政府自身建设，大力纠治“四风”和群众身边“微腐败”问题。成华区综合竞争力提升至全国百强区第91位，获评成渝地区双城经济圈最佳投资城区、全国智慧教育示范区、全国生态文明建设优秀城区、全省援藏援彝工作先进集体等。

（张瀚霞）

【政府机构】　成华区人民政府设置工作部门26个，即区人民政府办公室、区发展和改革局（区粮食和物资储备局）、区教育局、区新经济和科技局（区经济和信息化局）、区民政局、区司法局、区财政局、区人力资源和社会保障局（区劳动保障监察综合行政执法大队）、区住房建设和交通运输局（区人民防空办公室）、区农业和水务局、区商务局、区投资促进局、区文化体育和旅游局（区广播电视局、区文物局）、区卫生健康局（区卫生健康管理综合行政执法大队）、区退役军人事务局、区应急管理局（区应急管理综合行政执法大队）、区审计局、区国有资产监督管理和金融工作局、区市场监督管理局（区知识产权局、区市场监督管理综合行政执法大队）、区统计局、区机关事务管理局、区信访局、区行政审批局（区政务服务管理和网络理政办公室）、区综合行政执法局（区城市管理局）、区公园城市建设和城市更新局、区医疗保障局。区民族宗教事务局与区委统一战线工作部合署办公，不计入机构限额。区政府派出机关11个，即双桥子街道办事处、猛追湾街道办事处、府青路街道办事处、万年场街道办事处、双水碾街道办事处、跳蹬河街道办事处、二仙桥街道办事处、保和街道办事处、青龙街道办事处、龙潭街道办事处、白莲池街道办事处；成都市政府派出机构1个（成华区代管），即成都市熊猫国际旅游度假区管理委员会；区政府派出机构3个，即成都市龙潭工业机器人管理委员会（成都市龙潭都市工业集中发展区管理委员会）、成都市成华区东郊艺术区管理委员会、成都市成华区东客站TOD新城建设办公室。区政府直属事业单位7个，即区地方志办公室、区智慧城市治理中心、区经济合作中心、区政府决策咨询服务中心、区新北天地商贸旅游发展区促进中心、区建设路金融商务总部发展促进中心、区城市更新中心。

（李　博）

成华区人民政府

区　长：蒲发友（7月离任）
　　　　袁顺明（8月任职）

副区长：雷　鸣（2月任职、9月离任）
刘嘉宁（9月任职）
周海燕
赵凯雄（9月离任）
张旭伟（9月任职）
余　胜（9月离任）
邓　旭（9月离任）
韩际舒（9月离任）
何　特（9月任职）
黄　宇（9月任职）
陈　枢（9月任职）
卢珺香（挂职，6月离任）

（万　鑫）

12月9日，成都市成华区人民政府第九次全体会议召开　　（区政府办供图）

政府重要会议

【概况】　2021年，成都市成华区第七届人民政府召开全体会议2次，召开政府常务会议23次，成都市成华区第八届人民政府召开常务会议1次。

【区政府全体会议】　9月28日，成华区第七届人民政府第八次全体（扩大）会议召开。会议学习贯彻习近平新时代中国特色社会主义思想、习近平总书记对四川及成都工作系列重要指示精神，学习贯彻党中央、国务院重要决策部署，贯彻落实省委十一届九次全会、省政府第八次全体会议、市委十三届九次全会、市政府第七次全体会议、区委七届十二次全会精神，总结1—8月区政府工作，分析研判经济社会发展形势，安排部署下一步工作。

12月9日，成华区第七届人民政府第九次全体会议召开。会议深入学习贯彻习近平新时代中国特色社会主义思想、习近平总书记对四川及成都工作系列重要指示精神，全面贯彻落实党的十九届六中全会、省委十一届十次全会、区第八次党代会及区委八届一次全会精神；审议《政府工作报告》《成华区2021年国民经济和社会发展计划执行情况及2022年国民经济和社会发展计划（草案）的报告》《成华区2021年财政预算执行情况和2022年财政预算（草案）的报告》。

【区政府常务会议】　成华区第七届人民政府召开常务会议23次，审议通过《2021年全区经济工作要点》《政府工作报告》等议题307个，研究部署新冠肺炎疫情防控、实施幸福美好生活十大工程、建设公园城市示范城区、经济社会发展项目等工作。成华区第八届人民政府召开常务会议1次，学习《中华人民共和国审计法》，审议通过《成都市成华区应急管理“十四五”规划》《成华区突发事件总体应急预案（试行）》等议题5个，研究部署城市更新等工作。

表15　　2021年成华区政府常务会议召开情况表

次别	时间	主要议题
七届第91次	1月11日	研究部署《2021年全区经济工作要点》《关于调整疫情期间国有资产租金免除政策有关事项的请示》《关于依托成都市第六人民医院共建城市核酸检测基地有关事项的请示》等工作
七届第92次	1月16日	审议《政府工作报告》《成都市成华区国民经济和社会发展第十四个五年规划和二〇三五年远景目标纲要草案》《关于成华区2020年国民经济和社会发展计划执行情况及2021年国民经济和社会发展计划草案的报告》《关于成华区2020年财政预算执行情况和2021年财政预算草案的报告》
七届第93次	1月26日	审议《〈成都市成华区教育局与四川嘉祥实业有限公司关于整体出租成都实验中学办学资产办学的协议〉的补充框架协议请示》《成华区参与设立成都市重大产业化项目投资基金有关事宜的请示》等内容，研究龙青环线等公共配套建设工作

续表15

次别	时间	主要议题
七届第94次	2月10日	传达学习成都市新冠肺炎疫情防控指挥部第59次会议暨安全生产电视电话会议精神，审议《2021年度成华区经济社会发展项目计划》《关于表扬2020年优秀重点项目、先进集体、项目能手和服务标兵的请示》《关于区属国有企业“五比”先锋评选活动有关事项的请示》等
七届第95次	2月19日	审议《成都市成华区人民政府落实“三重一大”事项决策制度实施细则》《成华区加快城市有机更新助推打造公园城市建设领先区实施方案》《成华区关于加快培育市场主体促进文旅产业融合发展的扶持政策》等请示，研究部署景观照明建设、城市风貌品质提升等城市更新工作
七届第96次	2月26日	审议《成华区关于实施幸福美好生活十大工程的意见》《成华区行政事业单位国有资产处置管理办法》，研究熊猫地球村特色文旅街区、成平路下穿铁路道路等项目建设工作
七届第97次	3月17日	听取《2020年河长制工作情况的报告》，审议《成华区2021年〈政府工作报告〉目标任务责任分解方案》《关于成华区“蓉易贷”工作机制建设、新冠肺炎疫情防控使用社会酒店有关事项》等请示，研究丛树片区、昭文路等配套道路建设工作
七届第98次	3月30日	审议《成华区“迎大庆、重招引、促循环”百日攻坚大会战工作方案》《关于贯彻落实〈成都市生活垃圾管理条例〉高质量推进成华区生活垃圾分类工作实施意见》等请示，研究四川省第一中医医院项目建设合作及租赁、八里庄工业遗址片区老旧小区改造等工作
七届第99次	4月9日	审议《成华区遏制艾滋病传播三年攻坚行动计划（2021—2023年）》《成华区人民政府乐至县人民政府合作协议》等请示
七届第100次	4月26日	传达学习一季度全市经济形势分析专题会议精神，审议《关于成立成华区政府采购监督管理联席会议制度的通知》，研究槐庭路居民运动场、城东体育公园综合运动场馆、龙潭总部城公交场站道路等配套建设工作
七届第101次	5月18日	传达学习党中央和省委、市委关于成都49中学生坠亡舆情指示批示精神，审议《关于加强耕地保护的实施意见》《成华区2021年老旧小区改造实施方案》《成华区人民政府大竹县人民政府合作协议》等请示，研究一环路景观照明提升项目、白莲池安置房项目等配套建设工作
七届第102次	6月3日	审议《成华区促进商贸商务业发展的十条措施》等请示，研究中车养老设施修建项目、长春片区电力迁改建设工程等配套建设工作
七届第103次	6月18日	研究部署《成都市成华区生态环境保护责任清单》《抖音平台电商直播基地项目合作协议》《关于引入南南合作促进会成都办事处有关事宜》等工作
七届第104次	7月8日	学习《中华人民共和国未成年人保护法》，审议《2021年成华区楼宇经济考核实施细则》《关于成华环城生态区土地综合整治和生态修复农村居民社会保障工作方案》等请示，研究致兴二路北侧社区综合体项目、华月路电力隧道工程等公共服务设施建设工作
七届第105次	8月10日	研究部署康穗养老中心医养结合点位提升改造、二仙桥西片区配套中学（成都七中英才学校）建设工程、二仙桥西北路等9条道路及安置房建设工作
七届第106次	8月18日	审议《关于支持成华发展集团做强做优做大的实施意见》《成华区区属国有企业负责人经营业绩考核办法》《成都市成华区人民政府成都理工大学校地合作推进区域城市更新 共建高水平公园式开放型校园框架协议》等请示，研究成绵复线高速延线城市空间品质提升改造等工程建设工作
七届第107次	9月9日	学习《中华人民共和国兵役法》，审议《成华区落实四川省生态环境保护例行督察成都市督察意见整改方案》等请示，研究蜀都大道片区有机更新项目、保和兴城嘉苑二期配套社区卫生服务中心安装改造等配套建设工作
七届第108次	9月24日	审议《关于成华区2020年财政决算的报告》《油服网西南总部暨智慧油服产业基地（园区）项目合作协议》《成都市成华区人民政府 成都市广播电视台共建共享“学习强国”主题街区合作协议》等请示，研究成华科创中心（一期）、成华教师培训实践中心改造等工程建设工作
七届第109次	10月12日	专题学习保密工作，审议《成都市成华区区级预算部门（单位）整体支出绩效管理试行办法》《成都市成华区人民政府 四川银行股份有限公司成都分行合作协议》，研究中环路（成华段）城市空间品质提升、铁路沿线基础设施提升改造和一环路建设巷特色街区改建等项目工作

续表15

次别	时间	主要议题
七届第110次	11月22日	审议《成华区关于促进建筑业高质量发展奖励政策》《成华区排水户内部排水管网病害治理工作方案》等请示，研究部署红仓101文创产业园建设工程、101研发总部项目等城市更新工作
七届第111次	11月30日	学习《中华人民共和国安全生产法》，审议《成华“十四五”青年发展规划》，研究人民塘保障性租赁住房建设工程、中车电器大楼综合改造、二仙桥西片区配套农贸市场建设、新华社区10个老旧院落改造配套设施等建设工作
七届第112次	12月9日	审议《政府工作报告》《关于成都市成华区2021年国民经济和社会发展计划执行情况及2022年国民经济和社会发展计划草案的报告》《2022年成华区经济社会发展项目计划》《关于全面推行建立林长制实施方案（审议稿）》《关于成华区2021年财政预算执行情况和2022年财政预算草案的报告》
七届第113次	12月17日	审议《成立成华区碳达峰碳中和工作领导小组》《成华区社会企业可持续发展管理办法》等请示，研究部署组建成都天府熊猫国际旅游度假集团有限公司、表扬2020年征兵工作先进单位和个人等工作
八届第1次	12月30日	学习《中华人民共和国审计法》，审议《成都市成华区应急管理“十四五”规划》《成华区突发事件总体应急预案（试行）》，研究部署猛追湾片区城市更新项目等工作

【重大安全隐患整治工作专题会议】 7月6日，成华区重大安全隐患整治工作专题会议召开。会议听取全区16个行业领域和其他领域安全隐患排查整治情况，专题研究需区委、区政府协调解决问题隐患48项，逐项确定牵头区领导、责任单位、整改资金、整改时限、跟踪督办等内容，督促相关责任单位履行安全监管和主体责任，确保所有隐患问题清零销号。

【安置房项目建设专题会议】 12月6日，成华区安置房项目建设专题会议召开。会议听取工作情况汇报，研究解决项目推进存在困难和问题，安排部署安置房续建、新建、分房及目标考核等工作。会议要求各相关单位要把高标准推进安置房建设作为重要为民办实事民生工程，抓紧抓实抓好安置房项目建设,强化督查考核、倒逼工作落实，形成高效率、高标准推进安置房项目建设工作合力。

（王道乐　张瀚霞）

政府施政

【“稳增长、调结构”促进经济高质量发展】 成华区政府围绕贯彻落实市委、市政府“高质量发展攻坚年”决策部署，出台系列促进经济发展的政策文件，主动调结构、转方式、促升级、稳增长，促进经济发展质效提升。1月15日，区政府出台《成华区人民政府关于调整疫情期间国有资产租金免除政策的通知》，对《成华区人民政府关于印发成华区共同克服疫情影响支持企业稳定经营的六条措施的通知》进行内容修订，扩大租金免除政策惠及面，缓解新冠肺炎疫情对中小微企业和服务民生个体工商经营户生产经营的影响。2月20日，区政府办公室印发《成华区加快培育市场主体促进文旅产业融合发展的扶持政策》《成华区促进影视音乐产业发展的专项扶持政策》《成华区促进数字娱乐产业发展的专项扶持政策》，针对影视音乐、数字娱乐等重要文旅产业，出台鼓励稳定增长、支持载体建设、保护知识产权、繁荣消费市场、支持办会参展等扶持政策，促进现代文商旅产业融合高质量发展。6月18日，区政府办公室印发《成华区促进商贸商务业发展十一条措施》，围绕培育壮大企业、创新发展模式、打造发展载体、拓展国际市场四大方向，提出扶持企业连锁经营、强化企业报表责任、拓宽企业

12月6日，成华区安置房项目建设专题会议召开　　（区政府办供图）

销售渠道、鼓励楼宇自持产权、支持外贸平台建设等十一条支持条款，促进区域商贸商务企业稳定增长、做大做强。12月24日，区政府出台《成华区促进建筑业高质量发展奖励政策》，对增量企业提出新引进企业奖、新办企业奖、企业引荐奖和经营场所奖四条奖励政策，对存量企业提出新入库企业奖、资质提升奖、优质工程奖、经营贡献奖、荣誉表扬奖和企业高管奖六条奖励政策，促进全区建筑业转型升级、高质量发展。12月27日，区政府出台《关于印发成华区社会企业可持续发展管理办法的通知》，提出优化登记措施、放宽登记条件、鼓励各类主体创办或转型社会企业、办公用房租赁补贴、发展信贷支持、经济贡献奖励等扶持政策十六条，扶持在成华辖区内开展社区发展、绿化环保、养老助残等民生保障社会企业，引导社会企业加强行业组织建设、参与基层社区治理，服务保障老弱妇残幼等弱势群体，发挥示范引领作用。

【实施十大民生工程】 成华区政府围绕居民收入、物价、交通、城市更新、生态环境、营商环境、公共服务等方面实施十大民生工程。实施居民收入水平提升工程，实施提升就业质量、促进创新创业、拓展财产性收入渠道、强化再分配机制等举措，推出“小微科创债、小微科创贷、信抵贷”等创新普惠金融产品，推进宏明电子、焊研科技上市进程，“浣花女”就业品牌入选全省首批“川字号”特色劳务品牌，城镇居民人均可支配收入增长8.1%；实施高品质公共服务倍增工程，新投用中小学、幼儿园25所，新增优质学位1.9万个，建成投用1家三甲医院，启动与华西医院“互联网+”慢病管理合作，建成社区综合文化活动室82个，建成投用卡丁熊猫车馆、飞蛙攀岩等体育消费新场景9个，基本形成15分钟公共文体服务圈；实施生活成本竞争力提升工程，新增租赁住房，培育夜间经济示范点位，引进国际国内首店名店，万象城商业步行街获评省级步行街试点项目，和美社区、杉板桥社区纳入15分钟便民生活圈国家级试点；实施城市通勤效率提升工程，实施推进职住平衡、攻坚基础建设、提高公交效能、优化交通治理和强化场景营造五大行动，开工人民塘路、东华二路等71条道路建设，完工枫林路、建勋路等31条道路建设，打通圣灯东二路、岷山路等6条“断头路”，完成Discovery发现之旅等11+2特色街区项目，构建“轨道+公交+慢行”三网有机融合复合绿色交通体系；实施城市更新和老旧小区改造提升工程，实施38个老旧小区改造项目，打造2个标杆院落、5个精品院落、3个市级文化示范小区、12个社区美空间，实施微更新项目22个，龙华居有机更新获评2021年成都市幸福生活美好社区微更新项目竞赛一等奖；实施生态惠民工程，成立全市首个重点区域大气污染防治联合攻坚指挥部，完成全市首个大型加油站三次油气回收改造，打造全省首个工地防尘“天幕”工程，完成市政公园3个、小游园微绿地9个、行道树增量提质37条、绿道50条、立体绿化点位9个，全年空气质量优良天数294天，同比增加23天；实施稳定公平可及营商环境建设工程，率先在全省打造智慧政务“优信办”平台，设立14个知识产权维权工作站，新登记市场主体58933户，同比增长7.26%，营商环境综合评价为全市先进、五城区第二；实施青年创新创业就业筑梦工程，以创新领航、创业导航、就业起航、情感护航“四航计划”为抓手，实施搭建平台、引育人才、强化支撑、优化服务等举措，揭牌首个“四川省专家智力服务基层示范基地”，成华区为全市唯一“中长期青年发展规划全国全省试点区”；实施智慧韧性安全城市建设工程，深化“智慧城市大脑”整体架构，新建10个地震监测预警终端，建设智慧应用场景示范社区5个，新鸿南路86号小区获评全市首批“十佳天府智慧小区”，全区违法犯罪警情同比下降15.4%；实施全龄友好包容社会营建工程，建立完善婴幼儿托育服务体系，成立区未成年人保护工作领导小组，建成省级青少年法治教育基地，启动区级25个儿童友好社区试点，和美社区成功创建市级儿童友好社区；推进“一院一中心多站点”社区养老服务网络，启动公共配套养老设施建设6处，完成家庭适老化改造89户；开展残疾儿童“送康上门”服务，建成区级精神障碍社区康复服务中心和3个社区站点，杉板桥社区、萩香里社区和望平社区获评全市慈善示范社区，成都熊猫慈善文化广场建成亮相。

【“迎大庆、重招引、促循环”项目攻坚】 3月31日，成华区出台《成华区“迎大庆、重招引、促循环”百日攻坚大会战工作方案》，集合力量开展企业走访增效、资金到位增量、项目招引提质、区域营销聚势、项目开工促建、招商力量提能“六大攻坚行动”，建立起“周调月评季考”督促机制、“比学赶超”竞进机制、“奖优罚劣”导向机制和重大项目集中调度机制；走访目标企业639家，收集项目信息480条，举办百日攻坚“153”重大项目集中签约仪式、第二届区块链创新与产业发展峰会、第八届中国西部中小企业发展论坛等活动19场；新签约注册投资亿元以上重大项目228个，新签约“153”龙头项目15个（含30亿元级项目5个，50

亿元级项目8个，100亿元级项目2个），新签约“专精特新”工业项目4个、生产性服务业项目37个，PANDA·国际演艺文商旅综合项目、华润集团5G智慧产业园、四川文化产业投资基金、三涧文化传媒国际音乐产业基地、千城科创国际物联网产业创新中心暨海创汇西南区域总部、中国化工十一建西南总部等优势特色产业项目落户；实现联东U谷·成都新经济园、量子互娱产业园、卡诺普工业机器人等产业化项目开工建设，推动项目攻坚招引企业数量和质量“双提升”。

【健全突发事件应急预案】 12月31日，区政府制定并印发《成华区突发事件总体应急预案（试行）》，对需要采取应急措施应对的突发自然灾害、事故灾难、公共卫生事件和社会安全事件，进行三类分级应对和一级、二级应急响应，规范调整组织指挥体系，建立健全全区各级层面应对突发事件的风险防控、监测与预警、应急处置与救援、恢复与重建和信息发布等机制，明确全区应急准备能力支持、应急预案管理全流程、宣传培训和责任奖惩，全面提升应急处置能力，保障人民群众生命财产安全，维护城市安全和社会稳定。

（谢　刚　杨雪凡）

综合事务

【概况】 2021年，成华区人民政府办公室围绕区委区政府决策部署，抓好督查督办、综合协调、办文办会、信息编发、信息公开等工作，起草《政府工作报告》、经济工作会议、区政府全体会议、经济运行分析会等综合性文稿200篇，在市、区门户网站公开政府信息673条，办理回复依申请公开件6件，获全省政务信息报送工作先进、全市政府系统办公室公文处理、政务活动、政务信息报送、值班值守、政务督查、建议提案办理先进集体等表彰。

（王道乐）

【督办协调】 区政府办加强主要领导批转事项督办工作，将重要事项纳入区政府主要领导批交办事项台账管理，持续跟踪督促落实，每月梳理汇总承办单位办理情况，按时限和程序呈报主要领导；完善值班系统高效联动运行机制，加强对全区值班行为规范指导，开展“首报在我”紧急信息报送提能专项活动，破解薄弱环节，增强全区突发事件收集报送及分析研判能力。全年高效流转区政府收文5700件，全面部署推广一体化协同办公平台，实现区政府办工作人员全覆盖，活跃度实现100%；严格落实精文减会工作要求，全年印发普发性公文31件，起草各类文稿210篇，召开全区性会议18次，编制《区政府大事记》12期。

（杨雪凡）

【建议提案办理】 区政府办加强对建议提案承办单位指导和督查督办，3月8日召开全区建议提案办理工作交办会，对全年工作进行安排部署；将建议提案办理工作纳入全区各部门目标绩效和“红黄牌”管理，完善部门内部督办机制，开展督促检查，促进办理工作扎实有效开展。全年承办建议提案269件，其中区人大建议122件，涉及经济建设方面9件、占7.38%；城市建设管理方面34件、占27.87%；科教文卫体方面19件、占15.57%；社会事务与公共服务方面31件、占25.41%；民政劳动保障方面7件、占5.74%；市政交通方面19件、占15.57%；司法与法治建设方面1件、占0.82%；其他方面2件、占1.64%；区政协提案147件，涉及经济建设与城市管理方面88件、占59.87%；科教文卫体方面50件，占34.01%；政务政法劳动人事方面9件、占6.12%。人大建议、政协提案全部按期办理完毕，办复率100%，人大代表、政协委员对办理结果满意率100%。

（杨浩波）

【政务信息调研】 区政府办全年上报国家、省、市政务信息982条，其中国务院办公厅采用5条、省政府办公厅采用23条、市政府办公厅采用241条；围绕全区重点工作深入调研，形成《成华区人口变化对经济社会发展的影响及对策研究》《高水平推进生态惠民助力创造幸福美好生活路径研究》等重要调研报告10篇，形成《成华区探索“333”工作法做好“德美融合”育人文章》等经验性专刊2篇，联合金牛区形成《关于高起点打造蓉北商圈的实践与建议》专报1篇，被市政府办公厅采用3篇。全年编发《每日快报》132期，编发《新冠疫情防控简报》113期，编发《疫情防控工作每日动态》127期。

（王道乐）

人事与人才管理

【概况】 2021年，成华区以实施“东骄引才兴智创新工程”为抓手，做好人事与人才管理工作，建设“成华HR联盟”，打造“圆梦坊”社区就业创业指导中心，创新全生命周期海外人才服务生态链，全年建成双创平台22个，通过“蓉漂杯”“青年创业大赛”等创演活动落地人才项目42个，达成意向投资60亿元。成华区被确定为中长期青年发展规划全国试点区，成华区海外人才工作站挂牌全省首个“四川省专家智力服务基层示范基地”和“成都市产业功能区人才服务站”，区委组织部的《党的人才工作百年历史演进与实践启示》入选中组部、全国党建研究会党的建设历史经验研讨会。

（熊国如）

【事业单位人事管理】 区人社局围绕事业单位职能职责和人才成长规律，完善岗位管理、考核奖惩、员额制改革等人事制度，全年组织开展业务提升和岗前培训50人次，完成熊猫国际旅游度假区、龙潭机器人产业功能区员额制招聘48人，将1769名教师纳入员额管理。区人社局做好事业单位岗位设置、岗位聘用工作，依据各类别岗位结构规定和控制目标比例，指导一般事业单位71家完成岗位设置和变更备案；指导一般事业单位203家和配备工勤人员机关、参公事业单位55家，进行事业单位工作人员（含机关工勤人员）岗位调整聘用和备案；完成新进人员、调动、转岗、晋升岗位等级聘用等1983人。区人社局指导事业单位做好年度考核工作，全区全年有5946名事业人员参加考核，评定为优秀等次883人、合格等次4686人、不确定等次376人。

（侯佳明）

【事业单位工资及福利管理】 区人社局加强机关事业单位工资福利管理，做好机关事业单位人员退休手续办理、工资基金审核，严格落实抚恤金、丧葬费、遗属生活困难补助等福利政策，严格执行干部休假政策。全区全年机关工人正常晋升岗位工资252人，事业单位人员晋升薪级工资5704人，技术工人晋升技术等级考核考评105人。

【人事档案管理】 区人社局全年新存人才人事档案4374卷，完成3037份事业干部档案专审和数字化工作；做好2021年普通高等学校毕业生报到接收工作，接收机要档案4086份、转出档案1287份；运用信息化手段，完成流动人员档案“物理定位”3.65万卷。

【招才引智专项行动】 成华区组队赴北京、重庆等地全国重点高校，引进符合区域重大战略和产业发展一般事业单位急需紧缺人才33人；为区教育系统公开招聘和引进教育人才245人，为区卫健系统公开招聘和考核引进急需紧缺人才59人；到四川大学、四川农业大学等高校，招募高校毕业生16人到社区（村）从事志愿者服务。

（侯佳明　王禹权）

【东骄引才兴智创新工程】 成华区实施东骄引才兴智创新工程和“东骄华章”品牌行动，编制《成华区“十四五”人才发展规划》《成华区“十四五”青年发展规划》《成华区产业功能区人才开发指引（2021年）》，出台“文旅31条”“新经济9条”“对台双创专项政策”等8项专项扶持政策，推动产才政策体系完善升级；建成各类创新平台、孵化器等双创载体35万平方米，打造东梦工厂等青年筑梦空间（社区就业创业指导中心）4个，联合电子科大打造科大智创谷，助推成都理工大学科技园升级，与西南财经大学、成都大学等高校打造天府国际动漫城产学研用平台，培育泛文创人才2.1万人；创新建立海外人才工作站，持续承办海外赤子为国服务行动计划系列活动，打造全生命周期海外人才服务生态链；探索建立成都市就业技能训练院，设置物联网应用、新媒体运营等多功能培训室9个，提供基础研究、技术研发、教师培训、就业推介等服务，开启成华技能培训服务新模式；开展“东骄华章计划”项目评审，增设区校合作、文旅产业、以赛引才申报专项，收到申报项目130个，评定能够引领区域经济社会高质量发展、善于攻克关键技术、市场前景广阔优秀人才（项目）95人（个），其中入选省“千人计划”和市产业生态圈、“蓉贝”计划等专家7人；围绕新经济、电子信息、智能制造等领域，开展“成华区技能大师工作室”“成华工匠”评选，兑现资助资金2000万元。成华区全年引进“成华英才计划”项目241个，达成校企合

10月11日，成华区“海外赤子双城荟”活动组织海外硕博走访成都轨道交通集团　（区人社局供图）

11月29日，成华区第八届青年创业大赛决赛在成都市就业技能训练院举行　（区人社局供图）

作项目150个，开展“成华区青年创业大赛”“周周菁蓉汇”等引才活动147场，开展青年社交活动327场，开展“校企双进”系列活动50场，发放“科创贷”等创业贷款5.9亿元，提供创业服务2.1万人次。

（白中胜　赵钰佳）

【人才安居工程和“蓉漂”青年人才落户】　成华区全年配建高品质人才公寓项目2个，提供人才公寓房源1272套，租赁住房2443套；受理人才公寓申请682人次，全年通过人才公寓资格复审272人，6名博士研究生申领安家补贴。成华区人才交流中心办理集体户入户5129户，年底管理集体户1.33万户；受理“蓉漂”青年人才落户4579人，其中全日制本科学历3526人，硕士研究生595人，博士研究生16人。

【成华HR联盟服务站】　区人社局依托成都市就业技能训练院，推动“成华HR联盟”实体化、专业化建设，组织企业开展线下政策宣讲和线上直播答疑7场，针对“企业用工法律风险及防范”“不确定环境下人力资源管理与HR经理的领导力构建”等热点问题，邀请高校专家开展“HR茶叙”等素能提升活动3场，依托HR线上平台，为500家企业发布岗位信息4.95万个，助力5000名劳动者就业。

（唐舒岚）

【成华区第八届青年创业大赛】　9—11月，成华区举办第八届青年创业大赛，以“创聚成华 创享幸福”为主题，围绕创新创业、技能创业设置两个赛道，吸引科技创新、乡村振兴、人才培训、生活服务、文创产业等领域350个创业项目参赛。大赛决出磁悬浮电机、Incool银库文创2个项目金奖，黑柔科技、为什么艺术空间等4个项目银奖，峰格精酿啤酒、悟空师兄手机摄影等6个项目铜奖，沛先生智能餐饮等8个项目优胜奖，展示成华产业特色、城市活力及创业者新貌，培育一批可推广、可复制的创业项目。

（唐舒岚　侯佳明　王禹权）

【“蓉漂杯”创新创业区域专题赛】　3月21日，2021“蓉漂杯”创新创业大赛“文创商贸+智能制造”成华专题赛在东郊记忆艺术区举办，通过产才推介、现场签约、项目路演、“蓉漂”市集环节，评出参与者赢车联网服务平台、智能微系统制造产业基地等14个人才项目晋级总决赛，参赛项目获意向投资4.23亿元，实现以赛引才、以投助才、以境留才目标。

（白中胜）

地方志

【概况】　2021年，成华区地方志办公室系统记载成华区域自然、政治、经济、文化、社会等方面情况，编纂出版《成华年鉴（2021）》《方志成华（第五辑）》《红色引领—成华区党建促发展三十年纪实》书籍3本，“方志成华”微信公众号推送信息124篇，发布“东郊记忆口述史”26篇，数字方志馆网站上传地情文献23部、文章423篇，配合启动成华区实体方志馆建设，承办“不忘初心担使命 接续奋斗开新局”党史主题展。《成华年鉴（2020）》获第八届全国地方志优秀成果（年鉴类）一等奖，区地志办获得成都市2021年度“地方志资料年报工作先进”“地方志宣传工作先进”表扬。

【年鉴编纂出版】　《成华年鉴（2021）》为成华区第13部综合年鉴，主要记载2020年度成华区经济社会发展的基本情况、大事要闻、发展动态和主要成就，设特载、大事记、成华概览等29个类目、242个分目、1778个条目、104个图表、348幅随文图片，反映成华区各项工作以及取得的成就，展示“成于中优，华在文商”风采。书前有彩色图片专辑78页，把“区域特色”和“年度大事”融入主题专栏中，设美丽成华、活力成华、产业成华、和谐成华、幸福成华、新冠肺炎疫情防控、扶贫攻坚、数字成华8个专题版块，全书采用四色印刷，12月由新华出版社出版，成书124万字。

【《方志成华》编纂出版】 区地志办采取实地采风、口述记录等方式深度挖掘历史文化，完成成华城市文化系列丛书《方志成华（第五辑）》编纂出版发行，成书24.8万字、配图310幅，设烈火燎原、克传弓冶、班荆道故、旁求博考、茹古涵今5个篇章，从中华儿女坚挺脊梁、城市开发治理智慧、文化交融与包容、古代遗迹或名人风貌、物质或非物质文化本身及其映衬的时代精神等方面回顾历史经验及教训，展现成华精神。

【“方志成华”微信公众号】 区地志办开拓写作角度和空间，深入孟知祥墓、东郊工厂宿舍区、老旧厂房等地，访问各类人群，收集各种资料文献，寻找成华故事和记忆，内容涵盖成华地情、志鉴、地情书籍出版情况和工作动态等，设纵横、看成都、文史、口述史、动态5个栏目，全年发布“大事记”13条、“看成都”35条、“动态”9条、“纵横”31条、“文史”8条、“非遗”2条，年阅读量2.6万次。挖掘历史人文资料，开展口述采访记录20人，发布“口述史”26篇，留存重大历史记忆；同步在“方志四川”公众号、“成都市成华区数字方志馆”等网络平台推送，年阅读量20万次。

“方志成华”微信公众号发布“口述史”系列文章　　（区地志办供图）

【数字方志馆网站运维】 成华区数字方志馆网站设置有地情平台、成华图志、工作园地、地献文情、区志、年鉴、方志影音7个版块，下设区域概况、大事回眸、方志成华、政策、文丛等栏目；有馆藏地情和图志等文献39部、区志1部、年鉴17部、视频影音3部、文章1565篇、图片3500幅。年内更新上传《成华年鉴（2021）》、《方志成华（第五辑）》、大事记、口述史和工作动态信息等地情文献23部、文章423篇，年度总访问量8.3万次。

【信息收集与咨询服务】 区地志办规范和完善地方志资料年报资料收入集机制，通过门户网站、成华发布、《新成华》、《成都日报》等渠道，收集全区会议、文件、新闻等重要信息，形成概述、大事记、分类资料、专题资料、人物资料、图片音像和附录资料7类资料年报，真实客观反映2021年度成华区“基础信息”。区地志办为区内各部门提供地情信息咨询服务，完成建区以来重大事件和历届区委发展战略研究和梳理；为建设路特色街区、杉板桥国际社区项目策划提供史实审查；参与20部成华区历史文化丛书书稿策划、编写和审稿；参与行政区划调整方案论证、党史学习教育资料、成华区文物保护办法制订和审核工作；为圣灯公园、麻石烟云、北湖公园建设有关文化挖掘的策划和论证提出意见建议180条，提供文字、图片资料230份。

（王　翠）

外　事

【概况】 2021年，成华区政府外事办公室推进外事、外资、外经、外贸、外宣“五外联动”，妥善处理涉外案（事）件，提升领事保护专业化水平，做好涉外疫情防控，有效防止境外输入疫情扩散，持续开展国际交流与合作活动，获“四川省外事工作先进集体”称号。

【外事工作管理】 区外事办加强统筹协调、督促指导职能，完善区委外事工作委员会、外事工作规则和运行机制，完成因公出访工作统筹指导、重大外事活动计划审定、重大外事政策文件制定等工作；牵头建立区涉外安全事件指挥部，建立全区涉外案（事）件应急指挥体系，健全领事保护协调、处置和服务联动机制，妥善处置成华区居民滞留缅甸、尼泊尔等涉外突发案（事）件，处置率100%；加大国家安全、外事政策、外事纪律等宣传教育力度，开展领事保护、应急处置、外事礼仪等业务培训4批100人次，打造高素质外事干部人才队伍。

【涉外疫情防控】 区外事办高度警惕和防范境外疫情输入风险，建立24小时翻译队伍，参与配合区疫情防控专班工作，完成涉外人员入境隔离观察工作，确保涉外（含涉港澳）

12月10—12日，新格局·新机遇 2021中德经贸交流暨中德暖冬集市活动在成华区望平坊举办
（区外事办供图）

入境人员在管在控；做好外籍人员新冠疫苗接种工作。按照“谁邀请谁负责”原则，做好外籍人员来华邀请工作，全年办理2批3人外籍人员来华邀请事宜。

【国际友好合作关系城市发展】 区外事办完善国际友好合作关系城市缔结计划，与日本和歌山县白滨町开展“成华区与白滨町线上视频交流会”“中日小学线上文化交流会”“中日韩青少年国际书画交流展”等活动，深化国际友谊。成华区与法国荷拜、法国邦多勒、美国富兰克林、法国欧坦、墨西哥普罗格雷索、日本白滨町6个城市建立友好合作关系，持续开展经贸、文化、教育、科技等领域国际交流与合作。

【对外交流与合作活动】 区外事办坚持国际资源“请进来”、国际交流“走出去”，全年承接国际级、国家级、省级、市级重大国际赛事及交流活动20次，依托东郊记忆艺术区、熊猫国际旅游度假区、猛追湾望平坊街区等载体，办好“2021成都国际友城青年音乐周”“十二月市”“2021中德经贸交流暨中德暖冬集市”等国际交流活动。

（余　婷　许梦墨）

12月2日，成都市熊猫路小学和日本和歌山县北富田小学举行线上交流活动　（区外事办供图）

表16　　2021年成华区部分国际交流活动表

时间	名称	活动内容
2月26日	“中加青少年全球视野项目”元宵节特别课堂	成华区协助组织“中加青少年全球视野项目”元宵节特别课堂，成都市树德小学和渥太华欢乐园小学师生50人次参加
5—10月	第十一届中日韩青少年国际书画交流展	成华区与国际友好合作关系城市白滨町，共同组织选出青少年书画作品40幅，参加“第十一届中日韩青少年国际书画交流展”；以“我运动，我健康”为主题，在保和街道和美社区举行中日韩青少年国际书画交流展成华站
6月	“中加青少年全球视野项目”端午节特别活动	成华区协助组织“中加青少年全球视野项目”端午节特别活动，渥太华河景公立学校和成都双林小学师生20人次参加
10月22—28日	2021年成都国际友城青年音乐周	2021年成都国际友城青年音乐周在东郊记忆主会场以及德阳、成都大学等15个分会场举办，36个国家（地区）47支艺术团现场参加或发来演出视频，举行线上线下演出19场
11月	2021成都—渥太华中加人文交流月	成华区举办2021年成都—渥太华中加人文交流月，在成华区熊猫路小路举办开幕式，交流月活动包含中加校长云论坛、中加教师云论坛、中加友好学校文艺会演等内容

续表16

时间	名称	活动内容
12月	"新格局·新机遇" 2021中德经贸交流暨中德暖冬集市活动	成华区主办的"新格局·新机遇2021中德经贸交流暨中德暖冬集市活动"在成华区望平坊举办，开展合唱表演、德国葡萄酒品鉴会、暖冬集市亮灯仪式、"走进德国"淘宝直播等系列活动，搭建经贸交流新平台、创新经贸合作新方式

区直机关事务

【概况】 2021年，成华区机关事务管理局以提高服务水平、提升服务品质、打造服务品牌为主线，推进节约型机关创建、电子化招投标项目实施、食堂建设、公务用车平台应用等各项工作，被四川省公共机构节能小组办公室通报表扬为"公共机构能效领跑者"，被成都市机关事务管理局表扬为2021年度"机关事务管理综合工作先进第一"。

【国有资产管理】 区机关事务局贯彻落实《行政事业性国有资产管理条例》，完善《固定资产管理办法》，利用行政事业单位资产管理系统，推进以资产管理为基础的集中统一管理；在成都市"现代公物仓"设置成华展区，展示成华特色产业、名优产品、创新技术、传统文化；对党政机关办公用房权属统一登记摸底调研工作进行汇总分析，实施房证件收集、不动产权籍调查、房屋历史溯源等工作措施，统筹推动党政机关办公用房权属统一登记工作，科学推进权属统一管理。

【办公用房管理】 区机关事务局按照《区属国有房产优化配置工作方案》，加大办公用房统筹调剂力度，完成全区3项国有资产调拨、转让工作，做好现有办公用房分布更新，通过调剂方式盘活存量资源，提高区属国有房产使用效益；加强全区办公用房使用管理，推进办公用房清理整改，从严核定办公用房使用面积，协调全区28个单位完成办公用房优化调整；推进党政机关办公用房管理信息系统建设和更新，收集核实全区63个党政机关、11个街道办公用房数据信息，全区办公用房系统建设基本完成。

【政府采购管理】 区机关事务局深化政府采购改革，高标准建设成华区政府采购云平台，全面推进电子化招投标项目实施，取消提交纸质投标文件和收取投标保证金环节，降低供应商交易成本，科学增强项目内竞争；落实政府采购信息公开工作，及时、完整、准确发布采购信息，推动政府采购全流程公开透明；通过信息化手段规范、优化采购流程，保障供应商高效便捷参与政府招标工作，提升招标采购工作效率。全年执行采购预算1.64亿元，实际采购资金1.42亿元，节约财政资金0.22亿元，节约率13.4%。

【公务用车管理】 区机关事务局落实公务用车管理"全省一张网"要求，严格执行车辆派遣审批制度，将全区公务用车434台全部纳入公务用车管理平台进行管理，实行24小时实时跟踪监控；加强节假日车辆管控，除值班值勤车辆外，全部定点停驶封存进行平台备案，防止违规用车问题发生；对全区公务用车进行报废更新，全年报废更新燃油公务用车31台、新能源汽车5台、特种技术专业用车25台；指导区级各机关、街道建立完善公务用车管理台账和制度，规范公务用车流程，保障全区各项公务活动用车。

【公共机构节能改造】 区机关事务局推广使用节能新产品新技术，推进公共机构节能改造，完成集中办公区LED照明升级、太阳能庭院灯改造、新能源汽车充电桩建设节能工程3项；指导全区党政机关开展节约型机关创建工作，19家党政机关全部创建成功，全

8月26日，成都"现代公物仓"成华展区在远洋太古里亮相　（刘嘉诚　摄）

11月18日，区机关事务局召开物业社会化人事工作会（徐朦 摄）

区创建率60%；推进节水型单位建设，全区63家区直机关、区直事业单位完成节水型单位创建工作，建成率100%。

【智慧节约食堂】 区机关事务局通过“互联网+后勤”模式打造智慧节约食堂，在第一、二、三办公区及国机大厦、两馆一中心各办公区，实现就餐卡全面覆盖、权限互通，推行自助就餐和人脸识别就餐、菜品质量信息反馈机制，提升就餐体验感；结合天气变化、就餐人员年龄结构等情况，动态推出特色健康午餐小食，多样化满足干部职工用餐需求；常态化推进“光盘行动”，建立食堂反食品浪费工作监督和曝光机制，采取“半份菜”、“小份菜”、餐毕饭菜“清零提醒”等措施，杜绝浪费行为。区机关事务局完成餐厨垃圾就地一体化处置设备建设，实现厨余垃圾“资源化、减量化、无害化”处理，落实垃圾“分类投放、分类收集、分类运输、分类处理”要求，建立生活垃圾分类管理台账，全年清运可回收物20吨、餐厨垃圾170吨、其他垃圾20吨，推动食堂标准化、规范化、科学化运行。

【机关后勤服务】 区机关事务局适应物业服务市场化新需求，推动第一、二办公区和双林活动中心大楼、两馆一中心的物业管理服务项目落地，加大外包服务项目监管考核力度，加强人员培训，完善物业管理规章制度，提升机关后勤服务精细化管理水平；及时做好维修改造工作，完成区政府集中办公区功能调整施工改造、政府大楼老化软硬设备更换、防洪设施更新加固等项目，加快零星维修响应速度，全年完成办公设施设备维修维护1600次；加强安全保卫，维护机关办公秩序，被成都市人防指挥部评为“成都市人防工作先进单位”。

（周 琪 徐 朦）

群众来信来访

【概况】 2021年，成华区信访局全力推进突出信访问题清单行动，推动积案难案化解，抓好重复信访事项专项治理、社区“群众工作之家”提能增效、“人民满意窗口”创建等各项工作，及时解决群众合理诉求，确保成华社会大局安全稳定。全区全年信访总量7765件（人）次，其中接待群众来访批次同比下降0.6%，办理群众网上信访来信同比下降2.7%，人民网网民留言同比下降13.1%。成华区委区政府被人民网评为“2021年度人民网网上群众工作民心汇聚单位”。

【群众来信来访办理】 区信访局加强对信访突出问题分析研判，全年召开专题研判会40次，编写《成华信访工作简报》8期，推动信访突出问题妥善化解；落实领导干部接访制度，领导干部带案下访、一线查看,面对面与群众沟通交流，区领导接待群众217批538人次；全年接待来访群众974批，信访件到期办结率100%；办理群众来信333件，按期回复率100%，群众满意率97%。

【探索信访风险预警】 区信访局探索信访矛盾排查预警，定期收集梳理群众反映热点、敏感问题，建立台账清单，做到底数清、情况明；强化政法、公安、信访等部门工作联动，加大信息交流共享力度；落实包案、调处责任，加强风险预判，制定化解措施，防止问题积累、矛盾上行。全年排查出矛盾纠纷52件，处置预警信息20条。

【“治重化积”专项行动】 成华区开展“治重化积”专项行动，成立以区委、区政府分管领导为组长的专项行动领导小组，区领导深入一线指导化解工作落实，组织召开专题研判会35次，做到“一案一议”“一案一策”；各责任单位主要领导包案，逐一分解任务，结合案情进展情况优化化解方案；区信访联席办成立案件办理工作领导小组，负责对案件分类交办、联合调查、集中审核、实地督查、定期督办等工作，印发情况通报6期，组织召开联席调度会议3次，专案协调研判46次，处理个案23件。截至年底，中央和省、市信访联席办交办给成华的重复信访事项化解目标任务、市委交办的信访突出问题清单任务全部按期化解。

【法治信访】 区信访局坚持法治信访理念，通过设置宣传专栏、发放宣传单等方式，宣传信访法规制度，普及依法有序信访等相关知识，引导信访群众依法理性维权；落实依法分类处理信访问题工作要求，配合司法机关依法做好诉访分离工作，对群众来访反映涉法涉诉案件，认真做好接待、宣传、解释，告知信访人向有关政法机关提出，不再受理、转办、交办、统计，规范信访工作秩序；加大对非访案件依法调处化解力度，信访秩序持续向好。

【网上信访】 区信访局坚持把网上信访工作作为畅通诉求渠道的重要抓手，通过展板、手册、网上投诉平台“二维码”等形式，引导群众通过网上信访渠道反映诉求，办理结果公开接受群众满意度评价，群众参评率达到要求。全年办理网上信访1818件，案件按期受理、回复率100%，群众满意率97%。

【信访工作】 区信访局全力做好全国及省市区“两会”、中国共产党成立100周年等重要时段服务保障，强化部门协同联动，整合政法、公安、信访、责任主体、街道等力量，落实排查、预警、调处等工作机制；落实值班制度，开展风险日分析、日研判、日通报，实行“零报告”制度，及时将各类矛盾化解在萌芽状态。区信访局全年组织专班11批，接受有效预警信息17条，提前化解紧急问题5个。

【“群众工作之家”建设】 区信访局深入践行新时代“枫桥经验”，融入社区发展治理，持续推进“群众工作之家”建设，建立信访全程代理、人民建议征集、矛盾纠纷排解三大工作机制，力争将问题解决在基层。4月，国家信访局主要领导到二仙桥街道下涧槽社区调研“群众工作之家”建设情况。“群众工作之家”全年接待来访群众3096人次，调处化解案件2089件，代理信访案件330件，征集人民建议151条。

【“人民满意窗口”创建】 区信访局继续开展“人民满意窗口”创建活动，开展基础设施标准化、基础业务规范化、信访工作队伍专业化建设，在精研业务、精准接谈、精建队伍上下功夫，改进工作作风，提供一流窗口服务，树立良好窗口形象，提升信访工作公信力和群众评价满意度。猛追湾街道、府青路街道、保和街道、万年场街道被成都市信访局评为成都市2021年度“人民满意窗口”单位。

（孔燕林　夏振华）

12月13日，成华区委区政府被人民网评为“2021年度人民网网上群众工作民心汇聚单位”

（区信访局供图）

政务公开

【概况】 2021年，成华区各部门、街道落实政务公开工作要求，以公开为常态、不公开为例外，聚焦社会公众需求，有序推进政务公开标准化、规范化。区行政审批局牵头指导全区11个街道32个部门全年主动公开各类政府信息3.16万条，@成华服务政务微博入榜人民日报·政务微博影响力报告的全国十大服务中心微博榜单。

（王朝荣）

【信息公开】 成华区持续深化公开内容，全年依托政府网站、政务微信、微博等渠道，主动公开政策文件、规划计划、优化营商环境、常态化疫情防控、行政执法、建议提案等各项政府信息；全区11个街道及所辖社区，落实基层公开主体责任，对照成都市基层公开综合服务监管平台运维标准，推进基层党务、居务、财务“三务”，资源、资产、资金“三资”和便民服务等领域事项公开30.8万条；落实政府信息公开依申请登记、审核、办理、答复、归档等工作制度，完善常年法律顾问、重大疑难案件会商办理等机制，依法办理政府信息依申请公开436件，按期办复率100%。成华区全年政府信息公开涉及行政复议案件55件，纠错率15.4%，涉及行政诉讼108件。

（王朝荣）

【公开信息平台建设】 区行政审批局按照线上线下一体化融合发展思路，通过网站、微信公众号、小程序、微博等多种平台建设，打造资源共享、服务联动、智能高效的在线政务服务信息平台，提供多元化在线服务和信息资讯。“成华服务”政务新媒体平台全年发布信息5742条，开展宣传活动12次，接收办理回复网民诉求1456件，平台粉丝23.72万人。

（曾炳钞）

【数字政府网站建设】 区行政审批局加强数字政府网站管理，优化完善成华区人民政府门户网站栏目，改版英文版网站，新增“政务服务”“政务公开”“新闻中心”“机构名录”“互动交流”等栏目，新开设“坚决打赢抗击新冠肺炎疫情人民战争”“建设稳定公平可及营商环境标杆城区”等专栏7个，全年总访问485.79万人次，独立用户访问122.07万次，提供办事服务135.37万件，留言受理办结并公开3861件，发布解读回应17条，开展在线访谈10期，征集调查7期，发布信息公开工作督查通报12期。清华大学国家治理研究院、公共管理学院发布的《2021年中国政府网站绩效评估报告》中，成华区人民政府网站位列全国区县政府网站第8名、成都市第1名。

（王中宇）

【网络理政】 区智慧治理中心完善“六率一周期”通报、“红黄牌”督办、三方评议常态化、24小时紧急工单处置等机制，突出重点领域工单办理，全年受理交办各类民生诉求16.7万件；推行疫情防控“四个立即”办理机制，有效处置疫情工单3091件，分类梳理疫情防控难点及建议，编制《涉疫情每日汇报》201期，为打赢疫情防控战提供数据保障；启动“3小时回应群众、24小时回复群众”紧急模式，办理涉环保类诉求10022件，助力中央环保督察工作有序开展；推进网络理政升级改造，优化诉求办理流程，调适升级系统，优化人工智能辅助功能，推动数据与部门业务互联互通和信息共享，实现系统80%自动签派、92%智能回复，准确率90%。区智慧治理中心全年办理督办领导批示件2386件，编制综合性报告322期，开展第三方评议会80次、会商会议3362次，办理群众来电来信满意率95.05%，到期办结率100%，平均回复周期3.7个工作日。《成华区疫情防控期间紧急医疗救援肾病患者》获评“2021成都网络理政十大年度典型案例”。《科技赋能探索网络理政新模式》获评第九届中国民生发展论坛“我为群众办实事——2021民生示范工程”。

1月7日，成华区网络理政大厅公开电话和信箱服务工作现场　（区智慧治理中心供图）

【公开电话和信箱服务】 区智慧治理中心通过市级、区级网络理政平台受理来电来信16.7万件，其中“12345”热线14.26万件，市长信箱（含短信）8469件，书记信箱1620件，区领导信箱2441件，“96966”区市民服务热线820件，非警务类事件6961件，麻辣社区“群众呼声”1383件，《四川日报》“问政四川”2681件，办结率98.76%，满意率92.97%。

（何　婧）

政务服务

【概况】 2021年，成华区行政审批局深化“放管服”改革，持续优化营商环境，提升整改政务服务各项指标，“一网通办”“一窗受理”“企服之家”“优信办”“街道社区便民服务市级试点”等重点工作取得成效，推动政务服务环境便民、高效、快捷、公正、公开。全年新登记市场主体5.89万户，同比增长7.26%，成华区获评“点赞·2021优质投资环境城市”。

（杨　涛　杨　军）

【营商环境建设】 成华区全面落实营商环境3.0政策，实施“找短板促提升”专项行动，聚焦市场开放、办事体验、项目建设、监管效能、法治保障提出本地化落实市下任务清单199条和创新突破任务清单25条，推动营商环境4.0政策落地落实。成华区持续推进市场化改革，出台《关于加快培育市场主体促进经济高质量发展的若干政策》，建立政府采购意向公开制度，集中公开采购项目意向信息89个，涉及预算金额1.96亿元；推行“互联网+交易”电子化模式不见面开标，完成125个标段在线解密、在线开标；发布成都市幸福美好生活十大工程应用场景和投资机会清单113条、城市机会清单226条；推出“小微科创债、小微科创贷、信抵贷”等创新普惠金融产品，帮助区内企业40家获得融资6697万元；培育市级专利导航产业发展项目1个、市级知识产权优势示范企业28家，新增贯标认证企业5家；建设“成华线上涉企服务平台”，打造“企服之家”，全年线上发布涉企优惠政策14个、服务活动专栏6个、金融服务产品9个、中介机构信息20个，线下为企业群众提供政务服务9194件次。成华区持续推进法治化治理，建立知识产权协同保护平台，推进“一站式”诉讼服务，分类组建专业化审判团队，妥善审结金融借款、破产清算等案件5353件；探索容缺柔性执法，编制从轻、减轻和不予处罚事项3399项，细化行政执法自由裁量标准9856条；开展清理偿还民营企业中小企业账款专项行动，清退涉企保证金3710万元。成华区持续推进政务环境优化，推广项目审批“一站式”服务，工程建设项目全流程审批时限压减到20~80个工作日，企业开办全流程按“一件事”标准整合为1个环节、0.5个工作日内办结；高标准打造杉板桥、望平坊等产业服务型国际化社区，建设“外籍人士社区服务中心”；将外资企业开办时间由3个工作日压缩至4个小时，设立外商投资服务咨询点和涉外纠纷调解点，完善外商投资服务（投诉）工作机制；为区内30家重点外资企业提供上门服务，全年新增外商投资企业79户。成华区获评2020—2021年度全国政府采购百强区。

（邓恢宏）

【行政审批事项管理】 区行政审批局梳理形成《成华区行政许可事项清单》，在四川省政务服务网公开，坚持“清单之外无审批”原则，对于未依法纳入清单管理的审批事项进行纠正取消。区行政审批局持续推进向基层放权赋能，规范街道公共服务事项，制定《成华区街道公共服务事项清单（2021年版）》，加强业务指导，做好下放事项运行衔接，严格清单管理，实现同一事项在全区各街道“无差别受理、同标准办理”，解决企业群众办事“多头跑”“来回跑”等问题。

【“极简快办”成华政务样板打造】 区行政审批局以“审批提速、服务提质、形象提升、群众满意”为目标打造极简快办政务服务环境，推行证明事项告知承诺制，针对依申请办理的行政权力事项27项，按照申请、告知、承诺、办理、核查、监管工作流程，统一制定办事指南、告知承诺书格式文本、规范工作规程，持续提高公共服务效率；完善行政审批容缺受理和承诺补正机制，扩大容缺受理事项清单范围，梳理承诺补正事项清单，多渠道公开清单和办事指南；聚焦企业群众异地办事需求，与四川大竹县、重庆南岸区、九龙坡区、铜梁区、浙江丽水市签订异地通办合作协议，设置“跨区域通办”专窗，落实“跨省通办”“川渝通办”“省内通办”事项清单，按照异地委托、本地代收、异地授权、本地办理、多地联办等业务模式，分类进行事项办理，推动政务信息互联共享、数据互通互信，实现“无差别受理、同标准办理、审批结果互认”，全年实现依申请服务事项网上可办率100%、马上办事项85.91%。

（杨　涛　马骁骁　杨琬棣）

【精准服务】 区行政审批局围绕重点企业、重点项目提供精准服务，建立全区经济社会发展项目审批服务台账422项，建立与各功能区、平台公司、街道、项目业主信息共享机制，为重点项目提供从登记注册到竣工验收全流程、专业化、保姆式代办帮办服务，全链条分类精准服务。全年为重点企业、重点项目开通绿色通道服务339件次，通过成都市工程建设项目审批管理平台办结项目225个，其中社会投资项目196个、政府投资项目28个，涉及投资金额879亿元。

（高　强）

【成华智慧政务“优信办”】 区行政审批局创新打造智慧政务“优信办”平台，出台《成华区智慧政务“优信办”平台使用和管理规范（试行）》《成华区智慧政务“优信办”工作实施细则（试行）》，利用信息化技术探索建立办事主体信用激励评估系统，保障信用较高办事主体，直接享受材料容缺、告知承诺、先证后查、绿色通道、自助勘验和“华小政”团队全程代帮办等办事便利；推出电子化勘验，将“信用+自助勘验”模式创新运用于高频事项审批，在线进行业务指导和线上审核，为诚信办事主体打造多元自助勘验服务场景，比实地勘验大幅缩短时间；与成都市交子个人信用信息平台共享评分，延伸享受交子信用平台提供的信用旅游、信用停车、信易贷、公共场馆优惠、金融

5月12日，区行政审批局工作人员为万谷智慧产业园区企业现场办理企业登记业务　（赵霞　摄）

服务等特色服务。成华区"优信办"平台全年推出高频政务服务事项试点应用28项，2892人次使用平台信用办件4076件，产生信用记录4446条，《创新打造智慧政务优信办信用赋能让办事更易》案例获评2021年成都市优化营商环境建设优秀案例，经验做法被新华网报道。

（杨　涛　刘光勇）

【政务服务"一网通办"】　区行政审批局以方便企业群众办事为核心，推进"一网通办""最多跑一次"改革，依托四川省一体化政务服务平台，持续优化"一网通办"政务服务流程，推动线上线下深度融合，形成协同高效、普惠便民的网上政务服务运行体系。全区全年在省一体化政务服务平台发布事项5809条，其中依申请服务事项1195条，全区"好差评"评价总数157.82万件，其中主动评价157.12万件，主动评价率99.55%，差评整改率100%。

【"一窗受理、集成服务"】　区行政审批局深化政务服务"一窗受理"改革，优化"前台综合受理，后台分类审批，统一窗口出件"服务模式，在政务服务大厅一楼设立区行政审批局"综合一窗"，实现审批服务一个窗口"接件、审批、办结"，实现依申请政务服务事项"一窗办理"98.21%；紧扣"精简办事程序、压缩申报材料、减少办事环节、缩短办理时限"目标，围绕"受理、审核、审批、发证"四环节，进行流程再造，编制标准清单，解决受理标准不统一、体外循环等问题，实现"认流程不认面孔、认标准不认关系"无差别服务，提高政务服务效能；设立制证中心，统一制发相关证照，全年集中制证7.22万套，发证6.75万套。

（马骁骁）

【街道社区政务服务标准化规范化便利化市级试点】　区行政审批局推进街道社区标准化规范化便利化试点建设，统一规范设置"综合服务"窗口，全区11个街道统一启用"街道审批服务专用章"，实施"一枚印章管审批"；对街道服务大厅外观形象、标识标牌、窗口服务、设施进行提档升级，对社区便民服务室进行亲民化改造，实现街道、社区政务服务场地规范统一；制定"首问负责""限时办结""责任追究""一次性告知"等制度，形成常态化培训机制，提升窗口规范化服务水平；打造数字政务服务体系，将政务服务、公共服务、生活服务、金融服务等利企便民事项170项，纳入政务服务终端自助办理，推进智慧政务进街道、进社区。猛追湾街道、二仙桥街道、双桥子街道、青龙街道、跳蹬河街道5个市级试点街道综合便民服务中心通过验收，《提能增效抓好"三化"试点擦亮成华政务服务品牌》经验做法获"2021年全省镇村便民服务'三化'建设最佳案例"。

（杨　涛　马骁骁）

3月17日，成华区政务服务中心"跨区域通办"专窗为企业群众办理业务　（区行政审批局供图）

中国人民政治协商会议成华区委员会

编辑　王　翠

综　述

【概况】　2021年，中国人民政治协商会议成都市成华区委员会引领全区政协组织和广大政协委员把握政协工作正确政治方向，聚力"六大行动计划"和31项重点工程，实施年度协商计划和民主监督。区政协重点聚焦培育壮大都市工业"3+3"产业体系、实施教育强区等区委区政府重点工作资政建言，围绕"631"重点项目建设、断头路攻坚突破、创建天府旅游名县等工作推进情况组织实施民主监督，对促进现代产业商贸发展、深化长期照护保险制度试点等课题开展专题调研，以经济社会发展重要问题和关系群众切身利益的实际问题为重点，运用提案反映社情民意，全年共立案提案260件。区政协深化主席会成员联系常委、常委联系委员、委员联系群众"三联"工作机制，强化统一战线组织功能，凝聚社会各界共识力量，提升协商议政承载能力，投身建设社会主义现代化新成华的生动实践，助推经济社会高质量发展。

【政协机构】　中国人民政治协商会议成都市成华区委员会设提案委员会、经济委员会、城市建设管理和环境保护委员会、科教医卫体委员会、法制社联委员会、文化和文史委员会6个专门委员会，常务委员会设办公室、研究室、委员联络办公室3个办事工作机构。

12月21日，中国人民政治协商会议成都市成华区第八届委员会第一次会议，选举产生区政协第八届委员会主席1人、副主席5人、秘书长1人、常务委员46人。

（林　原）

中国人民政治协商会议成华区委员会

主　席　周万生

副主席　赵炳荣（3月离任）

韩际舒（12月任职）

徐　宏

张兴栋（12月离任）

商虎军（12月离任）

文　兵

钟　萍（12月任职）

陈　英（12月任职）

政协重要会议

【概况】　2021年12月19—21日，中国人民政治协商会议成都市成华区第八届委员会第一次会议召开。政协成华区第七届委员会年内召开常务委员会会议6次（七届第十八次~二十三次），政协成华区第八届委员会召开常务委员会会议1次（八届第一次）。

【区政协全体会议】　12月19—21日，中国人民政治协商会议成都市成华区第八届委员会第一次会议召开。会议听取并审议通过《政协成华区第七届委员会常务委员会工作报告》《政协成华区第七届委员会常务委员会关于提案工作情况的报告》，协商讨论《成华区人民政府工作报告》《成华区2021年国民经济和社会发展计划执行情况及2022年国民经济和社会发展计划（草案）的报告》《成华区2021年财政预算执行情况和2022年财政预算（草案）的报告》《成华区

12月19日，中国人民政治协商会议成都市成华区第八届委员会第一次会议召开（区政协办供图）

人民法院工作报告》《成华区人民检察院工作报告》，审议通过《政协成华区第八届委员会第一次会议决议》《政协成华区第八届委员会第一次会议提案审查委员会<关于提案审查情况>的报告》，通报表扬2021年度优秀委员、优秀提案。大会收到提案286件，其中集体提案8件、联名提案48件、委员个人提案230件。全体政协委员围绕成华区城市更新、产业提质、动力转型、文化赋能、治理提升、民生改善等协商讨论，建言献策。

在12月21日召开的选举大会上，周万生当选为政协成都市成华区第八届委员会主席，韩际舒、徐宏、文兵、钟萍、陈英当选为副主席，于伟鹏当选为秘书长；马树海、马健伟、王晓南、王焰激、付强、付少杰、冯炯、冯延伟、冯新荣、向运华、刘玲瑜、孙宏皋、李仪、李刚、李锐、李明汶、杨华、杨蓉、杨楠、杨远见、邱国勇、张丹、张立新、罗蓓、季筠、周晓林、郑丽、赵小红、赵春霞、贺晓斌、贾元波、高建文、曹晶晶、龚斌、崔鸿雁、康萍涛、梁春涛、彭先芬、蒋松谷、谢锋、谢光波、蓝海波、蒲立新、熊红霞、黎怀阳、戴运书委员当选为政协成都市成华区第八届委员会常务委员。

【区政协常委会会议】 成华区政协第七届委员会全年召开常委会会议6次，传达学习习近平总书记重要讲话和中央、省委、市委系列重要会议精神，审议政协成华区委员会常委会工作报告、各专委会工作情况报告等。成华区政协第八届委员会召开常委会会议1次，审议通过政协成华区第八届委员会副秘书长名单，政协成华区第八届委员会专门委员会设置方案暨主任、副主任名单。

（林　原）

表17　2021年成华区政协常委会会议召开情况表

次别	时间	会议议题
七届第18次	1月13日	传达学习中央和省委、市委系列重要会议精神，研究贯彻落实措施；听取区纪委监委关于2020年度党风廉政建设和反腐败工作情况通报，区政府关于2020年全区经济社会运行情况，区政协七届四次会议以来提案办理情况，成华区“十四五”规划编制情况的通报；区政协各专委会报告2020年工作及2021年工作思路；审议《政协成华区委员会七届五次会议常委会工作报告》《政协成华区委员会七届四次会议以来提案工作情况报告》
七届第19次	1月19日	审议《政协成华区第七届委员会第五次会议选举办法（草案）》，政协成华区第七届委员会第五次会议总监票员、监票员建议名单；通过政协成华区第七届委员会第五次会议总计票员、计票员名单；通过政协成华区第七届委员会第五次会议选举办法，总监票员、监票员名单；审议《政协成华区第七届委员会第五次会议决议（修正草案）》《提案审查情况的报告（草案）》
七届第20次	3月24日	传达学习习近平总书记在全国脱贫攻坚总结表彰大会上的重要讲话，全国、省、市两会以及近期全市、全区重要会议精神，研究贯彻落实意见；听取区政府关于2021年成华区“631”重点项目建设计划有关工作的通报；审议通过区政协2021年工作要点、调整部分七届区政协委员等事项
七届第21次	7月28日	传达学习习近平总书记在庆祝中国共产党成立100周年大会上的重要讲话精神等中央和省、市、区重要会议精神，研究贯彻落实措施；听取区政府2021年上半年全区经济社会运行情况通报；解读学习《中华人民共和国安全生产法》
七届第22次	9月28日	传达学习习近平总书记在中央民族工作会议上和在西藏考察期间的重要讲话精神等中央和省、市、区重要会议精神，研究贯彻落实措施；听取区政府关于区政协七届五次全会以来提案办理情况的通报；解读学习《中华人民共和国教育法》

续表17

次别	时间	会议议题
七届第23次	12月13日	听取区纪委监委关于2021年度党风廉政建设和反腐败工作情况、区政府关于2021年全区经济社会运行情况的通报；区政协各专委会报告过去五年工作总结及未来五年工作思路；审议《政协成华区第七届委员会常务委员会工作报告》《政协成华区第七届委员会常务委员会提案工作情况报告》《关于召开区政协八届一次会议的决定》，区政协八届一次会议有关事项，区政协八届委员会参加单位、界别设置、委员名额和人选建议名单和区政协有关制度
八届第1次	12月21日	审议通过政协成华区第八届委员会副秘书长名单，政协成华区第八届委员会专门委员会设置方案暨主任、副主任名单

协商议政

【概况】 中国人民政治协商会议成都市成华区委员会发挥民主协商重要渠道和专门协商机构的作用，紧扣全区发展重点、改革难点、民生热点，聚焦经济发展“十大重点领域工作”精准发力，围绕培育壮大都市工业“3+3”产业体系、实施教育强区幸福工程、一环路市井生活圈打造等开展重点协商6次，围绕打造标志性文旅地标、推动建设路金融商务总部发展区建设、社会组织培育孵化体系建设等开展对口协商6次，围绕养老服务设施规范化建设、发展新经济培育新动能、推进成华区5G基站建设等开展界别协商6次，协商成果为相关部门科学决策提供参考。

【专题协商】 5月20日，区政协围绕“一环路市井生活圈打造”开展专题协商，实地视察一环路玉双路口、双林路新华苑片区、建设巷片区、科大智创谷、猛追湾东街等点位项目规划建设情况，听取区级有关部门和街道对“一环路市井生活圈”产业发展和招商情况的介绍，围绕打造有历史内涵、有商业氛围、有生活气息、有文化故事的“市井生活圈”进行座谈交流。委员们建议，完善配套提升品质，积极回应百姓需求；吸引社会力量参与，扩大多元共建渠道；加强背街小巷治理，促进城市风貌升级；创新工作思路举措，不断丰富街区业态；建立健全长效机制，巩固拓展建设成果。6月18日，区政协围绕“成华区全面依法治区示范区建设”开展专题协商，实地视察万年场街道长天路宪法主题街区，听取相关部门的工作情况介绍。委员们建议，常抓责任主体、紧抓关键少数、严抓监督考核，强化责任落实，不断提高化解矛盾、维护稳定的能力；推动全面依法治区办专职化、实岗化办公，配强一线人员，加强法治人员专业化、职业化、正规化建设；健全区级部门和街道重大行政决策制度规范，深化协作配合，加大对具体行政行为的监督；创新法制宣传方式，丰富普法内容，压实普法宣传教育责任；引进和培育一批律师事务所，创新探索运用大数据辅助重大决策的措施。7月28日，成华区政协围绕“培育壮大都市工业‘3+3’产业体系”召开专题协商会议，听取区政府关于都市工业“3+3”产业体系建设情况的通报，部分政协常委、委员结合调研作主题发言，相关部门负责人就委员提出的意见建议进行协商交流。委员们建议，加强头部企业引育，推动都市工业“链式发展”；深化校地企合作，提升科技成果本地“转化率”；聚焦新经济赛道，大力发展“人工智能+制造业”；提升金融服务能力，助推都市工业产业升级；优化人力资源供给，夯实都市工业人才保障；做优做强主阵地，加强龙潭工

7月13日，成华区政协主席会议成员围绕培育壮大都市工业“3+3”产业体系在成都赛英科技有限公司开展视察调研
（区政协办供图）

9月28日，区政协召开“实施教育强区幸福工程”专题协商会 （区政协办供图）

业机器人产业功能区建设。9月28日，区政协围绕“实施教育强区幸福工程”召开专题协商会议，听取区政府推进“实施教育强区幸福工程”工作情况、区政协专题协商前期工作开展情况的通报。部分政协常委、委员结合调研成果作主题发言，相关部门负责人就委员提出的意见建议进行协商交流。委员们建议，加快推进学校建设，切实增强学位供给能力；加强教师队伍建设，切实筑牢教育人才支撑；强化教育品牌管理，切实提高区域教育影响力；持续深化教育改革，切实提升育人质量。

【对口协商】 4月26日，区政协围绕推动建设路金融商务总部发展区建设开展对口协商，实地视察新华坊、成都万象城、亚太并购大厦等点位，听取建设路金融商务总部发展区工作开展情况介绍，围绕特色街区项目打造和运营，深化校地双方产学研合作，高品质产业项目载体建设等方面内容与相关部门、街道和企业负责人协商交流。5月18日，区政协围绕打造标志性文旅地标建设开展对口协商，视察“大熊猫基地改扩建项目”“成都自然博物馆建设项目”“城东体育公园建设项目”等点位，听取区文体旅局关于成华文旅地标打造和重点文旅项目建设推进情况的介绍，围绕构建文旅产业链，挖掘文旅地标文化内涵，规划交通路网等方面内容与相关部门负责人进行协商交流。6月25日，区政协围绕“高品质呈现新华坊等13条特色街巷游线”开展对口协商，组织政协委员视察“羊子山古蜀文化特色街区”“新华坊特色街区”等点位，听取关于羊子山特色街区打造方案简介和特色文旅街区项目建设情况，与区城市更新局等相关部门、街道负责人进行协商交流。6月30日，成华区政协围绕“区属公立医院和公办社区卫生服务中心建设”开展对口协商，组织政协委员实地视察区第七人民医院新址建设工程项目、保和兴城嘉苑配套社区卫生服务中心装修改造项目，听取相关情况介绍，与有关部门、街道负责人进行协商交流。7月27日，成华区政协围绕“熊猫基地创建国家AAAAA级旅游景区”开展对口协商，听取区文体旅局关于成都大熊猫繁育研究基地争创国家AAAAA级旅游景区工作推进及下一步工作情况介绍，围绕完善公建配套、建设商业载体等方面内容进行协商交流。9月14日，成华区政协围绕“社会组织孵化体系建设”开展对口协商，实地视察成华区社会组织孵化园，听取关于社会组织工作有关情况的介绍，围绕细化孵化平台职能、建立社会组织动态管理数据库和加强社会组织能力建设等方面与相关部门、区社会组织孵化园相关负责人进行座谈交流。

【界别协商】 5月14日，区政协组织部分政协委员围绕妇女儿童多层次项目化权益保障工作开展界别协商，实地视察区妇联家事调解中心、长天路

9月14日，成华区政协围绕“社会组织孵化体系建设”开展对口协商 （区政协办供图）

6月25日，区政协围绕“社区公共文化设施建设”开展界别协商　　（区政协办供图）

社区法律服务中心，围绕增强维权意识、发挥家事纠纷调解中心作用、健全完善法律法规等方面内容与相关部门负责人进行座谈协商。6月9日，区政协围绕“发展新经济培育新动能”开展界别协商，实地视察中国电信物联网实验室、四川航电微能源有限公司等点位建设发展状况，听取全区新经济发展的基本情况、下一步工作重点以及龙潭新经济产业功能区相关工作情况介绍，围绕加速前沿科技创新、共建融合产业生态进行座谈交流。6月25日，区政协围绕“社区公共文化设施建设”开展界别协商，实地视察东林社区综合体、新山社区综合体等点位，听取区住建交局关于综合体项目建设基本情况介绍。

【民主监督】　4月28日，区政协围绕“创建天府旅游名县”迎检工作开展民主监督，实地视察熊猫驿站、蜀龙路驿站、新华坊等点位，围绕前期对熊猫基地、猛追湾市民休闲区等10个迎检点位开展随机暗访调研，就健全完善创建工作机制、打响文商旅融合品牌、加强规范化精细化管理、健全完善基础配套设施、加快推进配套项目建设和优化完善旅游服务等问题提出建议意见。7月9日，区政协围绕“断头路攻坚突破”开展民主监督视察，实地视察圣灯东二路、桃蹊路北延线和新怡路等“断头路”，就加强统筹协调力度、建立“打通断头路”工程联席会制度，争取市级道路建设主管部门和平台公司支持、统筹规范移交工作等问题提出建议意见。

（林　原）

政协提案

【概况】　2021年，中国人民政治协商会议成都市成华区委员会委员、政协各参加单位和各专门委员会聚焦经济和城市建设、民生改善和社会保障、政务政法和社会治理等方面提出提案，积极运用提案履职作为，精心选题、深入调研、务实建言，全年共立案提案166件，办理结果满意和基本满意率100%，通报表扬优秀提案12件。

表18　　2021年成华区政协七届五次会议提案情况表（部分）

序号	提案人	提案	办理结果	备注
1	杨国亮	关于实施断头路攻坚行动破解片区发展阻隔的建议	A	优秀提案
2	艾　莉	关于加快成华区5G智慧社区建设的建议	A	优秀提案
3	何光涛	关于加强对孟知祥墓进行保护的建议	A	优秀提案
4	冯延伟	关于进一步推进成都市、成华区住宅内部适老化改造工作的建议	A	优秀提案
5	张　聂	关于建立成华区老年健康服务体系的建议	A	优秀提案
6	付国明	关于定制研发促进成都市高校科技成果转化的建议	A	优秀提案
7	杜　渐	关于解决八里小区停车难、停放乱问题的建议	A	优秀提案
8	杨栩帆	关于将东郊记忆艺术区尽快打造为世界级时尚艺术文化地标的建议	A	优秀提案
9	肖　晓	关于成都熊猫国际旅游度假区景观提升的思路及几点建议	A	优秀提案
10	曾　华	关于推动实施垃圾分类进家庭，提升垃圾减量化水平的建议	A	优秀提案
11	岳清金	关于加快推进凤凰山成华片区产业定位和用地规划的建议	A	优秀提案
12	陈义全	关于加快中车共享城周边道路和环境建设的建议	A	优秀提案
13	王兴瑜	关于进一步加强医养结合工作的建议	A	

续表18

序号	提案人	提案	办理结果	备注
14	曾　华	关于推进社区工作者职业化建设的建议	A	
15	王　镖	关于为老年群体提供更适宜养老助餐服务的建议	A	
16	吴彦谷	关于优化社区老年人健康管理服务流程的建议	A	
17	季　筠	关于加快成都龙潭新经济产业功能区公交配套的建议	A	
18	吕超君	关于为困难群体撑起“保护伞” 建设成华区困难群体救助中心的建议	A	
19	段莹莹	关于进一步提升成华区青年创新创业就业环境的建议	A	
20	李　仪	关于开展成华区儿童友好社区建设督导与培训的建议	A	
21	杨国亮	关于加快同桂片区市政配套和公服设施 建设的建议	A	
22	谷叶明	关于促进医疗养老资源融合发展，加强医养结合人才队伍建设工作的建议	A	
23	代　杰	关于优化北湖公园周边道路慢行交通系统的建议	A	
24	张　剑	关于加强成华区致力路街头绿地管理维护的建议	A	
25	经济委员会	关于成华区智能制造产业融入成渝地区产业联动发展的建议	A	
26	张之明	关于推进构建终身教育体系 提升我区学习型社会水平的建议	A	
27	饶春艳	关于围绕学龄前儿童家庭环境的良性优化及帮扶的建议	A	
28	刘力凡	关于加强网络餐饮服务行业管理的建议	A	
29	夏兴志	关于提升政务服务水平构建亲清政商关系的建议	A	
30	陈英	关于提升成华区商业综合体产业发展质量的建议	A	
31	王明荣	关于加强街边小型餐饮企业等废水排放管理的建议	A	
32	王劼阳	关于规范化管理建设巷、建设中路打造成华美食新名片的建议	A	
33	杨祝英	关于积极发挥工会作用，建立“一站式” 多元化解职工劳动纠纷机制的建议	A	
34	贾元波	关于大力发展工业互联网产业，加快构建“3+3”都市工业体系的建议	A	
35	田福盈	关于提升物业管理服务水平促进高品质和谐宜居生活社区建设的建议	A	
36	谢天浩	关于加强精准化金融扶持助力企业抵御疫情影响的建议	A	
37	文化和文史委员会	关于加强我区文物保护和利用工作的建议	A	
38	蓝海波	关于做好在校学生近视防控工作的建议	A	
39	郭志勇	关于打通高车一路、二路、三路与驷马桥路连通的建议	A	
40	胡永忠	关于加强社区体育建设满足青少年健康需求的建议	A	
41	陈　勇	关于深化中小学心理健康绿色平台建设的建议	A	
42	查超麟	关于全面深入推进成华区政务服务 “一网通办、只跑一次”的建议	A	
43	熊红霞	关于打造无障碍旅游助推成华文商旅融合发展的建议	B	
44	甘　萄	关于加快政府数字化转型重视数据驱动监管及服务决策支持的建议	A	
45	卢　涛	关于建立成华区儿童青少年近视防控档案的建议	A	
46	王金梅	关于成华区发展金融科技龙头企业的建议	A	
47	杨远见	关于加强电梯管理保障安全运行的建议	A	
48	冯延沁	关于加大企业科技创新力度的建议	A	
49	张惠琴	关于以高质量发展促进高品质中学建设的建议	A	
50	张　聂	关于建立成华区卫生人才培养及引进制度的建议	A	
51	刘龙泉	关于加快特色街道打造的建议	A	
52	邱国勇	关于加大城市噪音治理力度的建议	A	
53	何前广	关于提升老旧小区生活品质的建议	A	
54	甘　萄	关于加强基层社区文化建设的建议	A	
55	宋红梅	关于全面深入推进政务服务“一网通办” 的建议	A	
56	汪琮良	关于促进我区家政服务业发展的建议	A	

续表18

序号	提案人	提案	办理结果	备注
57	高建文	关于加强我区临聘教师管理和培养的建议	A	
58	蒋妍凤	关于加强城市共享单车管理的建议	A	

4月26日，成华区政协调研建设路金融商务总部发展区建设工作　　（区政协办供图）

【立案提案】　区政协委员、各民主党派、各人民团体以及政协各专门委员会，围绕全区中心工作和经济社会发展热点、难点建言献策，共立案提案166件。其中，涉及经济和城市建设方面的提案81件，占48.80%；涉及民生改善和社会保障方面的提案72件，占43.37%；涉及政务政法和社会治理方面的提案13件，占7.83%。

【提案办理】　区政协委员围绕经济和城市建设，提出促进成华区民营经济疫后恢复发展、我区智能制造产业融入成渝地区产业联动发展、聚焦动能高效率转换打好融入"双城记"主动战、借大运会东风促进成华旅游业发展、实施断头路攻坚行动破解片区发展阻隔、加强城市共享单车管理等建议；围绕民生改善和社会保障，提出在酒店建立疫情隔离信息系统、进一步推进成华区住宅内部适老化改造、促进高品质中学建设、推进终身教育体系提升我区学习型社会、建立完善成华区老年健康服务体系等建议；围绕政务政法和社会治理，提出全面深入推进政务服务"一网通办"、提升政务服务水平构建亲清政商关系、进一步加强《民法典》学习宣传、提高成华区网络理政效率、破解社区治理信息化"五大难题"等建议。区政协深化提案办理协商，形成立案交办、领办督办、走访当面回复工作格局，突出重点提案引领作用，组织开展委员走访，注重提升提案撰写质量、提案办理质量。区政府高度重视提案工作，各承办单位认真办理，在规定时间内立案提案全部办理回复。

【优秀提案】　区政协结合2021年度委员履职情况，通过政协各专门委员会、政协各街道工委推荐，经政协成华区第七届委员会第64次主席会议审议通过，对杨国亮委员《关于实施断头路攻坚行动破解片区发展阻隔的建议》等12件优秀提案进行通报表扬。

（林　原）

调研与视察

【概况】　2021年，中国人民政治协商会议成都市成华区委员会把调研视察作为协商建言的前置程序和提升履职水平的"龙头"工作，以促进发展为第一目标，集中政协系统智力资源，推进经济发展、安全稳定、民生保障、公共服务等方面，围绕促进现代商贸产业发展、打造"中优有机更新示范样板"、深化长期照护保险制度试点等开展重点调研6次，形成调研成果，为区委、区政府及相关职能部门科学决策提供借鉴和参考。

【课题调研】　区政协围绕推进全区民营经济发展提质增效主题，通过考察学习、走访座谈、集中研讨等方式开展专题调研，形成《推进我区民营经济发展提质增效的对策研究》的调研报告；围绕全区安全环保稳定十大重点领域综合治理五个方面专题调研，提出意见建议，得到区委主要领导肯定，要求相关部门要对报告中提到的问题差距，主动认领、建立台账、专题研究、全面整改，确保全区安全稳定。围绕促进现代商贸产业发展、打造"中优有机更新示范样板"、深化长期照护保险制度试点、残疾人社会保障和公共服务体系建设和加强新时期文史工作进行专题调研，形成调研报告。

【委员视察】　4月22日，区政协围绕"加快推进全区5G基站建设"开展视察，实地视察5G基站及机房、新鸿路展厅等点位，就当前5G基站建设存在的困难、完善协调机制、加快推进基站直供电改造、实现5G技术与医疗行业的深度融合和加大5G技术宣传推广力度等提出意见建议。9月16日，区政协围绕“养老服务设施规范化建设”开展视察，实地视察跳蹬河街道杉板桥社区养老服务综合体、成华区同乐敬老院等点位，就当前养老服务标准化建设、养老服务基础设施规划建设、养老服务品牌化发展等问题提出意见建议。

（林　原）

5月18日，成华区政协围绕打造标志性文旅地标建设开展对口协商　（区政协办供图）

专委会事务

【概况】　2021年，中国人民政治协商会议成都市成华区委员会各专门委员会在区委和区政协党组的领导下，不断拓宽团结合作、凝聚共识平台，密切同党外人士、民族宗教界人士、非公有制经济人士、新的社会阶层人士的沟通联系，建立民主党派、政协各参加单位、各界别在政协平台发表意见并提出建议的工作机制，邀请各民主党派、工商联、人民团体和无党派人士参加政协各类会议，完成全年各项工作任务。

【提案委员会】　区政协提案委员会组织政协委员围绕断头路攻坚突破开展民主监督，围绕重点提案协商建言，围绕提高提案撰写质量开展调研，围绕打造标志性文旅地标工作开展对口协商，围绕养老服务设施规范化建设开展界别协商，撰写调研报告18篇，为区委、区政府决策部署提供科学依据和参考。

【经济委员会】　区政协经济委员会组织政协委员围绕培育壮大都市工业“3+3”产业体系协商建言，围绕促进现代商贸产业发展开展调研，围绕推动建设路金融商务总部发展区建设开展对口协商，围绕发展新经济培育新动能开展界别协商，为成华经济发展献智出力。

【城市建设管理和环境保护委员会】

区政协城市建设管理和环境保护委员会组织政协委员围绕一环路市井生活圈打造协商建言，围绕打造“中优有机更新示范样板”开展调研，围绕区属公立医院和公办社区卫生服务中心建设开展对口协商，围绕加快推进全区5G基站建设开展界别协商，完成各项既定任务。

【科教医卫体委员会】　区政协科教医卫体委员会组织政协委员围绕实施教育强区幸福工程协商建言；围绕深化长期照护保险制度试点开展调研；围绕高品质呈现新华坊等13条特色街巷游线开展对口协商；围绕建设全市首家区县级基因测序实验室开展界别协商，形成多篇调研报告，得到区委、区政府主要领导的肯定性批示，促成一批事关社会事业发展和民生实事的解决。

【法制社联委员会】　区政协法制社联委员会组织政协委员围绕全面依法治区示范区建设协商建言，围绕成华区残疾人社会保障和公共服务体系建设开展调研，围绕全区社会组织培育孵化体系建设开展对口协商，围绕妇女儿童多渠道多层次项目化权益保障工作开展界别协商，完成各项既定任务。

【文化和文史委员会】　区政协文化和文史委员会精心做好文史资料整理和编撰工作，创新开展政协大讲堂，组建政协书画院，组织政协委员围绕创建天府旅游名县开展民主监督，围绕加强新时期文史工作开展调研，围绕熊猫基地创建国家AAAAA级旅游景区开展对口协商，围绕社区公共文化设施建设开展界别协商，完成全年各项工作任务。

（林　原）

中共成华区纪律检查委员会 成华区监察委员会

编辑　李金洁

综　述

【概况】　2021年，中共成华区纪律检查委员会、成华区监察委员会机关（以下简称区纪委监委）从严从实推进全面从严治党，持之以恒正风肃纪反腐，抓好换届风气纪律监督，系统推进“清廉成华”建设，探索创新“红旗激励+红黄牌预警”激励约束机制，创新建立干部失实检举控告澄清正名工作机制，首创成华“全民数字化监督”新模式，在全市纪检监察创新工作现场会上进行推广。成华区党风廉政建设社会评价指数持续提升，区纪委监委特色亮点工作获省市纪委领导肯定性批示8项，中共成华区纪委监委被中央纪委国家监委新闻传播中心表彰为“2021年度宣传工作先进单位”。

【纪委监委机构】　区纪委监委机关内设办公室、组织部、宣传部、研究室、党风政风监督室、信访室、案件监督管理室、第一至第五纪检监察室、案件审理室、纪检监察干部监督室14个职能机构，有1个下属事业单位纪检监察信息中心，设派驻纪检监察组20个、派出街道纪工委（监察办公室）11个。

【换届纪律监督】　区纪委监委为扎实抓好换届风气监督，会同区委组织部制定《严肃换届纪律加强换届风气监督工作方案》等文件，明确4个方面15项检查要点，出台严肃纪律加强换届风气监督工作措施38项；组建换届专项监督检查组5个，分片区开展督查，发现并推动解决问题19个；同步建立健全谈心谈话、联查联办、快查快结、失实检举控告澄清等制度机制，构建完善制度保障体系。1月，区纪委监委组建社区“两委”换届风气督查组5个，采取实地走访、现场查阅资料、查看记录、谈话了解等方式，点面线结合开展全覆盖巡查和督导85次，推动解决问题3个。10月23—24日，区纪委监委对区第八次党代会开展全程监督，组织各级单位开展换届纪律专题教育会，组织全区干部职工开展集中观看《警钟长鸣——严肃换届纪律教育警示录》等警示教育活动，签订严守换届纪律承诺书1500人次，发放换届纪律要求“明白卡”5000张，对全区18个选举单位选举过程进行精准跟团监督，确保全区换届工作风清气正。

【特约监察员履职】　区纪委监委从医疗、政法、教育、科技等领域聘请特约监察员20人，组织参与民生领域专项整治、扶贫领域腐败专项治理、疫情防控等督查工作，参加区纪委七届十一次全会、全区纪检系统述责述廉大会，对纪检监察干部执纪执法进行民主监督，围绕纪检监察规章制度修订、重要文件起草等方面，发挥特约监察员行业和专业优势提出合理化意见建议，全年开展特约监察员“走进纪检监察机关”活动12次。

【纪检监察自身建设】　区纪委监委扎实开展党史学习教育，全覆盖开展谈心谈话200人次，组织旁听庭审、祭奠英烈等活动8次，组织厦门大学异地教学、检举举报平台应用等培训17场1031人次，《重大突发事件中纪检监察机关的职能职责》调研成果获全省第二届“天府廉政论坛”二等奖；开展“抓反思、查风险、严纪律、铸铁军”专项行动，整改问题37项，制定信访举报处置、涉案款物管理等内控机制9项；健

11月25日，区纪委监委对猛追湾街道第七选区第1投票站现场监督　（区纪委监委供图）

全系统内部分层分类考核办法，干部获得上级表彰奖励45人、受到重用提拔14人；在7个区属国有企业设纪委，83个社区（村）设纪委或配纪检委员，织密末梢监督网络。

（朱春坡）

重要会议

【概况】　2021年，中共成都市成华区纪律检查委员会召开全体会议2次。区纪委八届一次会议于10月28日召开，区纪委八届二次会议于2022年3月8日召开。

【区八届纪委第一次全体会议】　10月28日，中国共产党成都市成华区第八届纪律检查委员会第一次全体会议召开，会议选举并经中国共产党成都市成华区第八届委员会第一次全体会议表决通过，产生中国共产党成都市成华区第八届纪律检查委员会常务委员会委员和书记、副书记。选举顾文辉为中国共产党成都市成华区纪律检查委员会书记，刘东、谢晓波为副书记，选举顾文辉、刘东、谢晓波、郭惠、刘谢平、曾俊雄、邓驰为常务委员会委员。

【纪检系统述责述廉大会】　12月31日，区纪委监委召开全区2021年度纪检系统述廉述责大会，各部门（单位）党政主要负责人35人进行专题述责述廉，其中6人作现场汇报，29人进行书面述责述廉，并现场逐一接受参会代表的询问、质询和评议。

（朱春坡）

巡视巡察

【概况】　2021年，七届区委巡察工作实现全覆盖。成华区委巡察工作领导小组办公室稳步推进第十轮常规巡察，持续抓好省巡移交的62件问题线索办理工作，办结61件，给予党纪政务处分5件5人，组织处理15件15人；强化整改落实，移交重要问题线索8个，完成整改任务32项、整改措施104项，形成规范化、大联动、强震慑巡察监督格局。

【巡察工作】　3—8月，区委巡察办组织3个巡察组按照《关于深化政治巡察、推动巡察工作“上台阶、创一流”的实施方案》，对区委办、区委政研室、区规划和自然资源局等8家单位开展常规巡察，开展个别谈话199人次，查阅资料5719份，展开延伸巡察1次，发出整改通知书8份、情况说明书11份，发现问题294个，其中重要问题线索3件，形成经验材料《强化责任意识 传导整改压力 不断探索完善巡察整改督促评估机制》。截至8月，七届区委巡察工作完成全覆盖，共开展10轮73个单位（51个区级部门、14个街道、6个国有公司、2个垂管部门）常规巡察，穿插开展扶贫领域专项巡察、粮食购销领域专项巡察、新冠疫情防控专项巡察、2次巡察“回头看”，发现问题3461个；向区纪委监委移交重要问题线索196件，其中，被

10月28日，中国共产党成都市成华区第八届纪律检查委员会第一次全体会议召开（区纪委监委供图）

巡察单位作出书面情况说明9件，按信访工作流程处置9件，立案审查调查55件。

【粮食购销领域专项巡察】　10月18日，成华区启动粮食购销领域专项巡察工作。区委巡察办制定专项巡察方案，组建专项巡察组，实行巡审联动，对区发改局、区财政局、区市场监管局等粮食购销单位开展巡察，查阅资料240册，开展谈话23人次，暗访5次，发现问题13个；延伸巡察区级粮食代储公司，对存储点位进行现场检查和质量抽查，发现问题9个，提出工作建议6条。

【巡察“回头看”】　7月5日，成华区启动巡察“回头看”工作。区委巡察办综合运用查看资料、谈话了解、实地查看等方法，对区文体旅局、区机关事务局、区行政审批局、城投公司、棚改公司、东方广益公司、双桥子街道、猛追湾街道、万年场街道9个单位开展巡察，监督党组织在整改后具体落实和执行情况；推动整改问题78个，新发现问题11个，移交1条重要问题线索，推动建立完善规章制度66项，梳理并通报巡察发现共性问题32个，督促各单位组织开展专题警示教育，确保巡察整改取得实效。

【专项巡察整改】　成华区成立“落实省委第九巡视组巡视成华区反馈意见整改工作领导小组”，召开区委常委会会议4次、巡视整改专题会议3次；制定《省委第九巡视组巡视成华区反馈意见整改任务工作方案》，细化分解5个方面45项具体整改任务、126项整改措施、66项长效机制；通过3个月“集中整改”，完成整改任务32项、整改措施104项，完成率82.54%，建立（完善）长效机制64项，完成率96.97%；2月26日，向省委巡视工作领导小组、省纪委监委、省委组织部报送整改报告，全区印发整改情况通报。成华区常态化推进后续整改，按季度收集研究整改问题推进情况，对需要长期整改问题，加强跟踪督查、一抓到底，及时梳理巡察共性问题通报全区，压紧压实“第一责任人”“一岗双责”责任，督促各单位未巡先改、建章立制，全区形成整改合力。

（朱春坡　文　斯）

党风政风监督

【概况】　2021年，中共成华区纪委监委落实管党治党政治责任，加强对主体责任清单制定和执行情况监督检查，将落实“四责”协同机制、强化对“一把手”和领导班子监督等工作纳入全面从严治党主体责任考核；持续整治“四风”问题，围绕安全隐患、疫情防控、环保督察等开展专项监督，加强基层党风廉政建设和反腐败工作；全年开展谈话提醒74人次，对履行主体责任不力相关党组织负责人问责16件21人，查处群众身边不正之风和腐败问题63件94人。

【全面从严治党】　区纪委监委代区委制定《关于推进2021年全面从严治党、党风廉政建设和反腐败工作的意见》，细化分解6大类73项工作任务，建立健全“横向到边、纵向到底”党风廉政建设目标管理体系；将“四责”协同机制纳入主体责任清单，定期分析、及时向区委报告党风廉政、信访举报、审查调查等整体情况；稳妥审慎抓好“49中学生坠亡事件”追责问责，党纪政务处分16人。全年问责党员领导干部33人，谈话提醒110人；成华区2021年党风廉政建设社会评价得分87.75分，实现连续提升。

【整治“四风”问题】　区纪委监委紧盯元旦、春节、端午等重要时间节点，加强行业“四风”问题查纠，联合区税务局、区机关事务局、区文体旅局等单位，对税务发票、公务用车轨迹跟踪、公款购买电子礼品卡等情况开展专项督查；开展贯彻落实中央八项规定精神制度建设“回头看”，深挖细纠“假培训、真旅游”等“四风”隐形变异问题，严防网络“四风”；10月启动“吃公函”问题集中排查清理，排查各单位是否建立健全公务接待管理制度、是否存在无公函接待、利用虚假公函搞违规吃喝等问题；全年查处违反中央八项规定精神问题8件13人，形式主义、官僚主义问题7件12人，享乐主义、奢靡之风问题1件1人。

【深化重点行业领域突出问题系统治理】　区纪委监委按照“4+2”模式，深入推进发改、人社、住建、卫健、人防等重点行业领域突出问题系统治理，督促区发改局、区新经济和科技局等6家主责单位开展自查项目167个，发现并处理未招先建、规避招标和系统治理突出问题2个；医疗机构自查线索818条，涉及金额10.42万元，约谈116人次；对提前退休审批、养老金发放异常等10方面深入排查，发现问题15个；全年查处违规违纪问题18件20人，推动建立和完善制度19条。

【结合“我为群众办实事”开展监督】　区纪委监委制发《关于在全区纪检监察系统开展“我为群众办实事”实践活动之“为幸福发声·让群众有感”专

10月28日，办事群众通过“作风监督评议”系统对经办人员作出评价　（李　青　摄）

项行动的通知》，将“联企清风行动”纳入专项行动同步推进开展，聚焦11项重点内容，制定6类具体措施，组织全区各级纪检监察系统深入社区院落、走访企业，收集群众、企业关于教育医疗、养老社保、就业住房等领域诉求140条，推动解决群众、企业反馈问题91个。区纪委监委结合“我为群众办实事”实践活动，紧盯“窗口腐败”问题开展专项监督，运用群众监督、媒体监督、社会监督，采取暗查暗访、随机抽查等方式，加强对窗口单位常态监督、跟进监督、精准监督，纠正窗口单位违规办理业务等问题。区纪委监委推进营商环境专项监督，会同区新经济和科技局制发《关于服务保障民营经济健康发展的实施方案》，细化推动惠企政策落地、持续优化营商环境、协同消解企业困难、联动处置信访举报、稳慎查办涉企案件、保护干事创业激情6个方面21项具体措施，通报曝光损害营商环境典型案例1件。区纪委监委加强督导“一卡通”阳光审批系统建设，督促行业主管部门对“一卡通”62项惠民惠农资金项目，逐一进行梳理，规范资金发放管理，实现惠民惠农财政补贴阳光审批、阳光发放、阳光监管；全年“一卡通”系统发放惠民惠农补贴1.36亿元，惠及群众46万人次。区纪委监委深化违法采砂石问题专项排查，会同区规划和自然资源局、区农业和水务局、区住建交局、区综合执法局、区行政审批局等开展督导检查，督促相关行业部门开展检查147次，组织纪检监察机构督查抽查72次，未发现违法采砂石相关问题。

【疫情防控监督】　区纪委监委针对成华区两轮疫情，牵头成立疫情防控督查组9个，深入医疗机构、小区院落、景区景点、商场超市、交通站点、隔离酒店等重点点位1380个，监督检查各街道疫情防控工作政策落实情况，摸排检查医疗卫生机构预检分诊是否规范，部分超市戴口罩、测体温、亮码通行是否严格，部分酒店入住人员名单登记是否及时等问题，每日制发督办通知，制发疫情防控《督查专报》153期；全年检查防疫点位9500次，发现问题、及时督促整改7500个，严查落实不力问题1件3人。

【环保督察监督】　区纪委监委牵头区生态环境局、区农业和水务局、区综合执法局组织成立3个督查小组，对大气、土壤、水环境、河道等生态环境保护“5+1”问题台账整改情况开展4轮“回头看”，推动问题整改落实；制定《办理环保督察移交追责问责问题线索的工作流程》，建立健全联席会议、值班值守、信息报送等7项工作机制，制发环保督察反馈问题整改《督查专报》4期，追责问责27人次。

【安全隐患整治督查】　区纪委监委会同区应急局、区市场监管局、区新经济和科技局等11个单位，围绕城市消防、燃气安全、道路交通、防汛应急等重点行业领域，开展全区安全隐患排查整治工作监督检查；采取巡察方式现场督查点位326个，发现消防安全隐患、危化品安全监管、安全措施落实等问题563个并督促整改完毕，印发《安全隐患排查整治工作督查专报》3期，及时推动问题整改，确保安全隐患排查工作有力有序推进。

【探索“全民数字化监督”】　区纪委监委以加强“精准监督”“大数据智慧监督”为方向，优化“作风监督评议”系统，在微信扫码、短信评议、电话回访基础上，研发微信扫码小程序，变“一窗一码”为“一人一码”，为335家参评单位独立生成参评二维码1127个，接受群众评价评议65.5万人次，推动解决群众关心关注问题724个，实现“作风行不行，扫码评一评”，推动全区干部队伍作风持续改进。

【深化运用“红旗激励+红黄牌预警”激励约束机制】　区纪委监委以“发旗激励添动力、记牌预警严作风、摘牌容错励作为”为指导，会同区委督效办等部门探索“发旗激励+记牌预警”激励约束机制，将各单位中层以上干部纳入激励约束对象，明确主要领导责任、分管领导责任、直接责任3种责任情形；会同区委办、区政府办等25个主体实施单位，规范3类发旗情形、18类记牌情形、4类摘牌情形，细化具体操作规则51项；建立联席会议机制，定期通报情况；建立健全申诉机制，对记牌、摘牌情形存在异议可逐级申诉并复审反馈，确保公平公正。全年记发红旗1155.5面、红黄牌250张，摘牌177张，有效激励全区干部担当作为、干事创业。

（朱春坡）

纪律检查和案件审理

【概况】　2021年，中共成华区纪委监委处置问题线索261件，立案105件105人，处分81人，留置3人，移送司法机关6人，实现办案“零事故”“零违纪”；抓好政法队伍教育整顿监督执纪执法，立案审查调查5人，留置2人，移送司法机关2人；查处受贿行贿案件5件5人，办结未办结线索9件11人、案件8件8人；精准规范运用“四种形态”处置363人次，各形态分别占比76.9%、15.4%、3.9%、3.8%。

【审查调查】　区纪委监委提高问题线索处置质效，定期召开问题线索集体研判、分办会，通过精准研判、科学分办，探索监督执纪审查调查协作组模式；会同公安机关对全区公职人员1.2万人开展证照比对核查，梳理排查重复户18个；出台《案件审理工作责任制》，推行案件分级审理；统筹调配审查调查力量，将31个派驻（出）机构编为2个协作组，实行协作组内部初审、委机关审理室二审“双审制”；全年回复党风廉政意见3619人次，案件质量评查工作考核排名全市第一。

【扫黑除恶“打伞破网”专项行动】　区纪委监委严格落实中央、省、市、区关于常态化开展“打伞破网”工作要求，督促相关单位对专项斗争中承办涉黑涉恶案件（线索）进行倒查评估，重点对“有黑无伞”“黑大伞小”等问题进行深挖彻查；加强与政法单位协作配合，深入开展“一线双核”“一案三查”，持续推进“打伞破网”工作。全区纪检监察系统深挖彻查涉黑涉恶腐败和“保护伞”问题线索46条，立案29件，处分25人次。

【信访举报】　区纪委监委贯彻落实《纪检监察机关处理检举控告工作规则》，修订《成华区纪委监委信访举报件办理工作办法（试行）》，对信访举报件的接收、处置、实名反馈、失实举报后续处置等全流程、各环节进行细化明确，加强举报渠道疏通、案件动态跟踪管理和督查督办回头看，适时调整信访举报件分转流程；加大对信访信息系统建设和运用，转送件线上线下同时分流，做到检举控告信息闭环管理。全区纪检监察机构受理检控类信访举报88件，同比下降34.8%；核查反映干部不作为、慢作为、乱作为等网络舆情信访件12件；开展重复信访举报突出问题集中治理，督促解决群众操心事、烦心事、揪心事32件，重复件同比下降44%。

【建立容错纠错机制】　区纪委监委围绕建立干事创业容错纠错机制，出台《严肃查处诬告陷害、造谣传谣工作办法》和《失实检举控告澄清正名工作办法》，为4名党员干部澄清正名，树立为担当者担当、为干事者撑腰鲜明导向；做好受处分人员教育关爱，坚持“惩前毖后、治病救人”方针，对受处分党员干部坚持纠错与塑造并重，深化关心关爱、谈心谈话、回访教育等工作，全年开展关心关爱、谈心谈话110人次，回访受处分处理人员20人次，形成激励党员干部敢于创新、担当作为的良好氛围。

（朱春坡）

廉政教育

【概况】　2021年，中共成华区纪委监委常态化推进党风廉政建设和反腐败宣传工作，抓实党员干部党性党纪教育基础工程，制作12集“学党史、讲廉政”系列专题教育片，在区规划和自然资源局、成华旧城改造公司2家单位召开“以案促改”警示教育大会，全年开展“互动式”警示教育11次，通报曝光典型案件29起，发放警示教育读本1500本、警示教育片3部，参观警示教育基地7次，党员干部撰写心得体会966篇。区纪委监委培育社会廉洁风尚，持续提升“清廉成华”品牌影响力，打造“双囤巷家训”等廉洁示范点位11个；开展“纪委开放日”“廉政教育直通车”活动6次、家风活动70场，参与群众2万人；成功承办省纪委庆祝建党100周年廉政书画摄影作品展和市纪委演讲比赛片区海选赛、巡讲赛，视频短片《纸墨守真意，纤毫显初心》入围第三届“玉琮杯”廉洁文化作品大赛，案例《破网》获成都市“金沙杯”廉洁文化作品征集活动网络剧本类一等奖。

3月24日，区纪委监委创作的案例《破网》获成都市“金沙杯”廉洁文化作品网络剧本类一等奖（区纪委监委供图）

【“清廉成华”建设】 区纪委监委进一步深化“清廉社区”建设，全面梳理下沉社区48项服务事项和13项“微权力”，发挥社区信息公开专栏、自有媒体平台等作用，确保群众关心关注的党务、居务、财务公开透明，建立完善风险点监督预警机制；探索在11个街道建立廉情观察员队伍70支，发动引导党员群众代表、社区居民小组长、楼栋长等社区骨干，深入院落及时收集“微腐败”线索、开展党风廉政宣传；全年廉情观察员队伍开展监督312次，发现并推动解决问题245个；全区涉及社区及“两委”信访举报件同比下降29%、立案数同比下降26%。区纪委监委持续在全区7家国有公司及下属36家子公司开展“清廉国企”创建，完善“纪检小组+法律顾问+公司员工”3级联动风险排查机制、“内部审计+内控风险+人事管理+财务管理”4重监管风险防控网；紧盯重点部门、重点岗位、重点环节，实行分事行权、分岗设权、分级授权，健全风险防控、联合监督等8项行权履职约束机制，完善《建设工程项目审计监督管理办法》《“三重一大”决策制度》《投资工作尽职调查实施细则》等19项制度；运用廉洁微党课、微电影、微讲堂、微动漫、微广播等“五微联动”宣传载体，持续开展廉洁文化“进岗位、进班组、进车间、进部门、进家庭”和争当“廉内助”等活动，推动清廉思想、清廉组织、清廉制度、清廉文化融入国企改革发展过程。区纪委监委探索创建“清廉学校”，联合区教育局、区妇联等部门在校园开展“家风浸万家·幸福润成华”系列主题教育，打造诚信认领台、开放式诚信教育少先队队室等阵地，编写廉洁读本《清风育桃李，廉香满校园》，设置“诚信认领”等廉洁课程，将廉洁文化融入全区学校教育教学活动。区纪委监委探索“清廉医院”建设，指导联系成都市第六人民医院等辖区医疗机构，协作开展纪检监察业务培训、警示教育等活动，在院内开辟廉洁文化走廊、制作宣传展板，印发工作简报和廉洁自律手册，开展医疗机构不合理医疗检查问题专项治理，开展约谈132人次，营造清廉安全医疗环境。

【举办“学先进 赶先进”演讲比赛】 4月13日，区纪委监委举办“学先进 赶先进 努力为全省党风廉政建设和反腐败工作作贡献”演讲比赛活动成华区选拔赛、成都市第一片区海选赛、全市巡讲赛，引导党员干部以学习周永开同志先进事迹为动力，汲取力量、担当拼搏。全区纪检监察干部20人参与海选，区纪委监委干部2人获成华区选拔赛一等奖、全市海选赛三等奖。

（朱春坡）

双桥子街道“双圆巷家训”廉洁文化示范点位（区纪委监委供图）

民主党派

编辑　李金洁

综　　述

【概况】　2021年，成华区有中国国民党革命委员会、中国民主同盟、中国民主建国会、中国民主促进会、中国农工民主党、中国致公党、九三学社7个民主党派基层组织。截至年底，成华区共有民主党派成员754人，其中民革成员86人、民盟成员142人、民建成员120人、民进成员65人、农工党成员39人、致公党成员41人、九三学社成员261人；成员主要分布在教育界、经济界、医卫界、科技界、文化艺术界、新闻出版界等方面，有大专以上文化程度671人，占成员总数的89%，45岁以下成员占总数的30.1%，任区人大代表78人，区政协委员117人；全年各民主党派积极参加各类专题学习、主题教育和实践活动，主动参政议政，形成各类调研报告55篇，受到各级领导肯定性批示23篇，整合资源开展社会服务活动，展示新时代民主党派基层组织新气象。

【民主党派主要负责人】

民革成华区支部

主　委　张兴栋

民盟成华区总支

主　委　文　兵

民建成华区总支

主　委　曾维明

民进成华区支部

主　委　徐　宏

农工党成华区支部

主　委　陈　英

致公党成华区支部

主　委　王学俊

九三学社成华区委员会

主　委　付　超

表19　　2021年成华区各民主党派组织成员情况表

党派名称	组织情况（个）			成员情况（人）	
	委员会	总支	支部	成员总数	新发展成员
民革成华区支部	—	—	1	86	6
民盟成华区总支部	—	1	6	142	5
民建成华区总支部	—	1	3	120	4
民进成华区支部	—	—	1	65	3
农工党成华区支部	—	—	1	39	2
致公党成华区支部	—	—	1	41	6
九三学社成华区委员会	1	—	6	261	12

【民主党派思想建设】　成华区各民主党派以习近平总书记关于加强和改进统一战线工作的重要思想为指导，持续加强中国特色社会主义参政党建设，参加成华区民主党派座谈会、情况通报会14次，积极参加成华区“不忘合作初心，继续携手前进”主题教育、“百年历程·与党同行”成华区统一战线庆祝中国共产党成立100周年“画说统战”书画摄影作品展、成华区统一战线庆祝中国共产党成立100周年座谈会、川陕革命根据地巴中行和参观四川省庆祝中国共产党成立100周年主题展等主题活动，不断增进对伟大祖国、中华民族、中华文化、中国共产党、中国特色社会主义的认同。

【民主党派参政议政】　成华区各民主党派持续开展“同心大调研”活动，围绕“高质量发展攻坚年”主题开展

4月25—29日，区委统战部举办“党外精英铸魂提能计划”民主党派代表人士培训班

（区委统战部供图）

课题调研并形成调研报告。民革成华支部的《共建具有全国影响力的科技创新中心不断提升成渝地区协同创新发展能力》获民革中央副主席批示；民盟成华总支的《办峰会 推平台 亮场景 托举成都进入研学旅游产业头部城市》获市委主要领导批示；民建成华总支5篇调研报告获民建市委会主委肯定批示；民进成华支部的《关于“双减”政策背景下有序推进我市教育类培训机构转型促进健康发展的建议》获市政府主要领导肯定批示，《关于家庭教育对儿童青少年心理健康影响的思考与建议》获民进市委会主委批示，《建议我国分类实施前科消灭制度，帮助前科人员回归融入社会》被市委统战部采用；农工党成华支部的《中国农工民主党与中国共产党合作的历史与经验浅析》2篇获农工党中央理论研究优秀论文一、三等奖，《关于未来五年成华区人口与经济协调发展研究》《关于优化政府采购营商环境的建议》获农工党四川省委副主委夏华祥批示；致公党成华支部的《关于筹建应对新型校园突发事件工作组的建议》获省委常委、统战部部长田向利，副省长罗强，副省长、省公安厅厅长叶寒冰批示；九三学社成华委员会的《城市演进过程中的新北商圈的发展与活化研究》《持续改善成都市生态质量调研报告》获九三学社省委会主委批示，《以TOD模式再造环电子科大经济圈的建议》获九三学社市委会主委批示。

【民主党派教育培训】 成华区各民主党派积极参加教育培训，选送中青年骨干、新成员、党外干部代表人士42名参加成华区党外精英铸魂提能计划民主党派代表人士培训班，选送代表人士45人前往重庆参观中国民主党派历史陈列馆、红岩革命纪念馆、渣滓洞、烈士墓等红色教育基地；选派1名优秀党外干部参加市委统战部党外干部精英培养工程，1名副局级干部参加市委统战部党外干部和人才培训班，6名党外干部参加区优秀年轻干部递进培养。

【民主党派社会服务】 成华区各民主党派发挥自身优势，围绕帮扶济困、抗疫救灾、公益助学等方面开展社会服务。民革成华区支部组织支部党员及党员企业开展义诊、法律援助实践活动，民盟成华区总支疫情防控期间组织前往集中隔离街道卫生服务中心慰问一线的医务工作者和志愿者，民建成华区总支联合农工党成华区支部、致公党成华区支部在蓉城小学开展教育调研暨捐资助学公益活动，民进成华区支部在成都市交响乐团附属小学和成都市第四十九中学校开展“冬日献爱心”捐赠活动，农工党成华区支部联合成华区老年人协会、成都誉美医院针对老年群体开展义诊服务活动，致公党成华区支部赴雅安、汉源等地学校开展爱心捐资助学和授课活动，九三学社成华区委员会持续升级“成华九三公益讲堂”，参评并获评市委统战部2021年度“蓉城星力”主题工程实践创新项目。

【“百年历程·与党同行”统战书画摄影展】 5月24日至6月2日，成华区统一战线庆祝中国共产党成立100周年“百年历程·与党同行”画说统战书画摄影展在东郊记忆举行，展出红色主题作品73件，包括美术28件、书法22件、摄影23件，展现成华统一战线成员重温中国共产党的光辉历程，传承红色信仰，永远跟中国共产党走的决心和信心，市区统战部领导和各民主党派代表80人参加开幕式。

（蒋建峰）

中国国民党革命委员会成华区支部

【概况】 中国国民党革命委员会成都市委员会成华区支部有党员86人，大学本科以上学历43人，高级职称8人。2021年，民革成华区支部立足“十四五”规划，砥砺合作初心，以“作风建设年”为抓手加强支部建设，切实履行参政议政、课题调研、社会服务等职能，大力推进祖统工作，服务成华经济社会发展，调研报告获民革中央副主席冯巩肯定性批示。

【组织建设】 民革成华区支部从多领域、多界别中发展优秀知识分子和代表性人士，全年发展新党员6人，选送7名青年骨干参加“党外精英铸魂提能”2021年成华区民主党派代表人士培训班，组织新当选人大代表和政协委员7人进行履职培训，党员包梅被民革成都市委会表彰为“组织工作先进个人”。民革成华区支部开展形式多样的主题教育学习活动，联合民革理工大支部、民革武侯区支部、民革锦江区支部举办“知史知识知我，提升参政议政水平——民主党派履职能力建设”讲座，邀请市委统战部政研室领导授课，参加党员63人，全年围绕疫情防控、先进人物事迹、主题活动等向民革成都市委会、区委统战部报送工作简报15篇，被民革成都市委会表彰为“宣传工作先进集体”。

【参政议政】 民革成华区支部全年围绕社会法制、科技创新等领域开展调研活动10次，形成调研报告6篇、建议提案10篇。《共建具有全国影响力科技创新中心，不断提升成渝地区协同创新发展能力》获民革中央副主席冯巩肯定性批示，《区分老年群体需求，积极推进立足公益的社区养老事业的发展》被全国人大采用，《关于将“非自杀性自伤行为”强制纳入心理治疗的建议》被民革四川省委会采用，《关于紧急向郑州市派遣防汛救援的建议》被市政协采用。民革成华区支部被民革成都市委会表彰为“参政议政工作先进集体”，党员冯新荣获评民革四川省委会“参政议政工作先进个人”，党员于安鲁、贾元波、冯新荣获评民革成都市委会“参政议政工作先进个人”，党员孙小英、谢锋、裴惟泉获评“反映社情民意工作先进个人”，党员冯新荣、冉立春、杜其玲、高建文、吴岩谷、郭娟被区政协第七届委员会表彰为2021年度优秀政协委员。

【社会服务】 民革成华区支部组织医师、律师党员及其所在企业，为居民开展疾病义诊和法律援助，服务群众113人；党员杜其玲、程军、孙小英、冯新荣投身抗疫超时工作，党员谢峰、熊星向一线捐献防疫物资价值5000元；党员许国栋创办的助农企业为西充县村民提供长期就业岗位100个，带动2个贫困村实现脱贫，村民117人实现年人均增收1万元。民革成华区支部获民革成都市委会“社会服务工作先进集体”称号，党员冯新荣、杜其玲获市委统战部“同心战疫先进个人”称号。

【祖统工作】 民革成华区支部协助第五届“华灿奖”颁奖仪式暨第九届两岸青年创新创业论坛活动举办，全国政协副主席、民革中央常务副主席郑建邦，省政协副主席、民革四川省委会主委欧阳泽华、市政协副主席、民革成都市委会主委里赞出席活动，吸引400所两岸高校及文创机构参赛，两岸专家学者及创新创业青年代表300人出席；协助第八届台湾青年暑期实习活动开展，全年推荐台湾青年14名在成华区“华灿工场”实践。民革成华区支部被民革四川省委会和民革成都市委会表彰为“民革组统关注先进集体”“祖统工作先进集体”，党员贾元波获民革四川省委会“民革祖统工作先进个人”称号。

（王浩禹）

4月18日，民革成华区支部在陈毅故里开展“同心庆华诞　启航新征程”主题中共党史教育培训活动
（熊星　摄）

中国民主同盟成华区总支委员会

【概况】 中国民主同盟成都市成华区总支委员会下设6个支部，有盟员142人，大学本科及以上学历102人，高级职称61人。2021年，民盟成华区总支坚持“立盟为公，参政为民”，发挥

11月19日，民盟成华区总支在二仙桥社区卫生服务中心进行防疫爱心物资捐赠

（民盟成华区总支供图）

民盟智力密集优势，积极开展参政议政工作；坚持"人才强盟"战略，加强组织建设和制度保障；坚持"关注民生，服务社会"传统，围绕抗疫等主题开展社会服务；盟员蒋瑜被成都人大通报表扬，盟员谢慧然课题报告获市委主要领导批示。

【组织建设】 民盟成华区总支坚持标准、注重质量，夯实基层组织建设基础，继续贯彻落实"人才强盟"战略，全年发展新盟员5人，组织各类培训调研活动8次，组织建设呈现良好发展态势，组织活力增强；民盟成华区总支开展"不忘合作初心，继续携手前进"主题教育，利用节日开展重大历史事件纪念活动2次，盟员王恒2021年获评民盟中央思想政治建设和宣传先进个人。

【参政议政】 民盟成华区总支坚持"建有效之言，献精准之策"目标，围绕文化旅游、教育民生等领域，组织盟员深入企业、行业、街道、小区进行调研，围绕全面深化改革的重点领域和关键环节认真选题，全年提交建议提案10篇、社情民意15篇，完成《推进"东郊记忆"高品质发展，助力天府旅游名县创建》《尽快推出〈成都市养老服务时间银行实施方案〉的建议》等调研成果4个。盟员谢慧然课题报告《举办行业峰会立平台亮品牌托举成都进入研学旅游产业头部城市》获得市委主要领导肯定性批示。

【社会服务】 民盟成华区总支参加民盟成都市委发起的"爱在'疫'起、同心抗疫"爱心物资捐赠活动，民盟成都市委、民盟成华区总支和民盟成都企业家联谊会共同筹款9万元，为一线医务人员和志愿者采购急需暖宝宝、充电器、医用酒精以及食品、水果和抗疫纪念品。11月19日，民盟成华区总支主委带领盟员慰问成华区集中隔离酒店维也纳酒店（李家沱店）、成华区双水碾街道社区卫生中心、成华区二仙桥社区卫生服务中心等地一线医务工作者和志愿者。

（桂琳玲）

中国民主建国会成华区总支委员会

【概况】 中国民主建国会成都市成华区总支委员会下设3个支部，有会员120人，大专以上学历110人，高级职称34人。2021年，民建成华区总支加强自身思想建设和组织建设，聚焦"成于中优，华在文商"主题开展工作，组织会员企业做好经济服务，广泛参与服务社会民生、扶贫助学等活动，积极参与肺炎疫情防控攻坚战，贡献民建的智慧和力量。

【组织建设】 民建成华区总支重视吸引有影响力和代表性的经济界人士和其他人士，严格会员发展工作，全年新入会会员4名，选派6名骨干会员参加成华区委统战部举办的党外精英铸魂提能计划培训班，5月24日召开民建成华区总支积极分子学习交流座谈会，有计划有步骤地储备后备力量。民建成华区总支创新组织生活方式，9月24日，联合四川省直一支部举办"不忘合作初心，同庆建党百年"走进四川省特种设备检验研究院组织生活会，民建四川省委二级巡视员、省直工委副主委刘淑华、四川省特种设备检验研究院党委委员、教授级高工熊荣出席活动，会员40人参加。总支主委杨远见当选为成华区2021年度十大杰出榜样，会员陈玉山律师荣获成都市律师协会评选的成都市100名优秀青年律师，民建成华区总支被民建成都市委员会评为"思想宣传工作先进集体"。

【参政议政】 民建成华区总支围绕经济工作开展走访调研，9月2日，在民建活动基地召开民建成华区总支调研工作会，接待区委统战部调研组一行；积极参与2021年度区委统战部"同心大调研"工作，全年完成"同心大调研"重点课题2篇、调研课题6篇、建议提案20篇、社情22篇，《关于加强成华区产业功能区平台建设的建议》等

6月17日，民建成华区总支在成华蓉城小学开展2021“情牵教育　心系未来”捐资助学公益活动

（民建成华区总支供图）

5篇调研报告获市人大常委会副主任、民建市委会主委仰协肯定性批示。

【社会服务】　民建成华区总支广泛参与服务社会民生、扶贫助学等活动，2月8—9日，联合成华区社体指导员协会开展一环路春节亮灯志愿服务，组织中老年柔力球队、太极拳队、空竹队在财富又一城广场进行文艺表演活动；6月17日，民建成华区总支联合致公党成华支部、农工党成华支部开展2021“情牵教育　心系未来”蓉城小学教育调研暨捐资助学公益活动，为学校捐赠2万元；带领会员在各自战线上积极抗疫，捐赠物资多批支持抗疫阻击战；全年会员企业12家纳税6960万元，解决就业3200人。

（季　筠）

中国民主促进会成华区支部

【概况】　中国民主促进会成都市委员会成华区支部委员会有会员65人，大学本科及以上学历58人。2021年，民进成华区支部把思想政治建设放在首位，加强自身建设，组织各类活动促进会员同心同向同行，积极履行参政议政职能，《关于加强天府绿道管理的建议》被成都市人大列为年度优秀建议，积极开展消费助农、河南雨灾捐款等献爱心社会服务。

【组织建设】　民进成华区支部按照重质量、高标准、高素质发展要求，全年发展新会员3人，学习民进中央新近颁发《中国民主促进会会员工作条例》《中国民主促进会参加中国共产党领导的政治协商工作条例》《中国民主促进会会务公开条例》等精神，组织培训活动5次。会员王映辉参与中纪委、国家监察委联合举办“清廉中国·非遗里的清廉”系列节目录制，会员李晓静、万刚被成华区政协评为2021年度“优秀政协委员”。

【参政议政】　民进成华区支部围绕教育文化、科学技术等领域开展调研，全年完成建议提案20篇、调研报告6篇和“蓉城同心”征文1篇，提交社情民意29篇，其中《关于支持教练员、退役运动员入校执教体育课程的建议》《关于调整“校外培训机构不得一次性收取超过3个月培训费用”的建议》《关于规范“官方说法”的建议》3篇被省政协采用，《关于加强校园卫生管理方面的建议》《关于建立服装设计审核机制的建议》《关于将幽门螺旋杆菌列入食品健康证检查项目的建议》《关于加强体育舞蹈培训管理的建议》4篇被市政协采用；《关于家庭教育对儿童青少年心理健康影响的思考与建议》被民进市委会立项采用，获民进成都市委会主委签批；《关于加强校外培训机构办学风险防控的建议》被民进市委会立项采用，获市政府主要领导批示；《关于区块链赋能产业高质量发展建议》被省政协和民进市委会采用，《关于民主党派基层组织履职能力建设的思考》参加市委统战部“蓉城同心”征文活动，《建议我国分类

2月9日，民进成华区支部在东郊记忆开展“迎新春　送春联”活动　　（民进成华区支部供图）

实施前科消灭制度帮助前科人员回归融入社会》被市委统战部采用。

【社会服务】 民进成华区支部开展形式多样社会公益活动，联合四川福宝美术馆开展“迎新春 送春联”活动；深入青龙街道开展“新春送温暖，关怀进社区”活动；响应民进省委会关于“乡村振兴、以购代扶——消费助农活动倡议书”，号召会员支持农产品销售8000元；响应民进市委会关于“向河南雨灾地区献爱心的倡议书”，号召会员捐赠4000元。

（冯　炯）

中国农工民主党成华区支部

【概况】 中国农工民主党成都市委员会成华区支部有党员39人，大学本科及以上学历26人。2021年，农工党成华区支部加强自身建设，助力全区疫情防控和经济发展，认真开展调查研究和参政议政，开展教育公益和关爱老人义诊活动，取得较好反响；被农工党成都市委员会表彰为“先进基层组织”，组织建设、思想理研、对外宣传、参政议政、社会服务均获得先进集体表彰。

【组织建设】 农工党成华区支部坚持德才兼备标准，吸收综合素质好、有较强参政议政能力和影响力人才入党，全年发展新党员2人，向区委统战部推荐3名党外后备干部，组织支部新党员2人积极参加农工党成都市委会组织新党员培训班及参政议政骨干党员培训班；组织支部骨干党员4人积极参加区委统战部举办党外精英铸魂提能计划2021年度民主党派代表人士培训班；组织开展十九届六中全会等会议精神专题学习8次；农工党成华区支部被农工党成都市委员会表彰为“组织建设先进集体”“思想理研先进集体”。

【参政议政】 农工党成华区支部围绕人口资源、生态环境等领域组织调研，全年完成理论研究报告、市级和区级调研课题14篇，提交提案建议27个、社情民意9篇；其中《关于未来五年成华区人口与经济协调发展研究》《成华区“四上”企业培育研究》等3篇调研报告分别获得农工党四川省委领导、中共成华区委主要领导肯定性批示，《关于调整龙潭立交桥路口通行管理改善交通堵塞的建议》被成都市人大常委会评为优秀建议，《中国农工民主党与中国共产党合作的历史与经验浅析》《中国共产党统一战线工作条例对新形势下加强民主党派工作的启示》2篇论文分别获农工党中央2021年理论研究优秀论文一等奖和三等奖；农工党成华区支部被农工党成都市委员会表彰为“参政议政先进集体”。

【社会服务】 农工党成华区支部积极开展社会服务，联合成华区老年人协会、成都誉美医院，于4月24日在青龙街道海纳时代广场、10月14日在府青路街道关家苑小区开展关爱老人义诊服务活动2次，为老年居民500人进行血糖血压测量、疾病诊疗、自我保健知识宣传等免费健康咨询，受到群众欢迎好评；发挥支部党员联系企业广泛优势，全年为成华区都市工业园区引进四川扬正鼎太实业有限公司、四川中域建业供应链管理有限公司等企业50家，注册资金6.86亿元；被农工党成都市委员会表彰为“社会服务先进集体”。

（陈　英　王少坤）

4月24日，农工党成华区支部联合区老年人协会、成都誉美医院开展联合义诊活动

（农工党成华区支部供图）

中国致公党成华区支部

【概况】 中国致公党成都市委员会成华区支部有党员41人，大学本科及以上学历32人。2021年，致公党成华区支部秉承“致力为公，侨海报国”立党宗旨，强化政治建设，打造过硬队伍，积极参政议政，2条意见建议获省政府主要领导肯定性批示，发挥“侨海特色”招商引资优势，引进企业2家落户成华，各项工作取得新成效。

【组织建设】 致公党成华区支部从多领域、多界别中发展优秀知识分子和代表性人士，全年发展新党员6人，选派多名骨干党员积极参加“省青联党外委员培训班”“市委委员和基层干部培训班”等培训；12月14日，在“致公成华之家”召开新当选区人大代表和区政协委员21人履职培训会，邀请致公党四川省委会研究室领导辅导培训；创新开展一月一主题活动，采取班子成员自命题、自牵头、自承办方式开展各具特色支部活动12次。9月23日，致公党成华区支部举办“发扬优良传统，争取更大贡献”主题教育暨“成华致公之家”揭牌仪式，致公党中央常委、致公党四川省委主委、四川省人民政府副省长杨兴平出席活动。成华支部被致公党成都市委会评为“思想建设、组织建设、参政议政、社会服务、对外联络”综合型标杆支部、思想宣传工作先进集体。党员何旭、李放获“致公党成都市2021年度思想宣传工作先进个人”称号，付少杰获2021年度致公党成都市思想宣传和理论研究优秀成果表彰，马树海获2021年度优秀调研成果表彰。

【参政议政】 致公党成华区支部积极发挥党派特色，认真履行参政议政职能，全年报送调研报告3篇、建议提案40篇、社情民意16篇，被省政协、致公党省委、市政协、市委统战部等采用；《关于强化“成渝双圈”联动有效应对网络空间疫情防控骂战的对策建议》获得副省长杨兴平肯定性批示，《建议为新能源汽车定制专属保险》被致公党中央、四川省政协等采用。成华支部被致公党成都市委会评为反映社情民意信息工作先进集体。

9月23日，致公党成华区支部举行成华“致公之家”揭牌仪式　（致公党成华区支部供图）

【社会服务】 致公党成华区支部充分发挥党员广泛联系特点和党派“侨海特色”，引进中咨集团成都分公司、毛球数科互联网技术咨询（成都）有限公司两家企业落户成华；12月7—8日，组织党员参加“致美四川·健康雅安”活动，宣传爱牙护牙、儿童自我保护和青少年禁毒防艾等知识，捐赠现金2万元；12月27—31日，组织党员参加丹巴县扶贫助学活动，助力乡村振兴；组织党员在疫情防控中积极作为，支部副主委付少杰发挥线上法律服务优势，通过电话、微信公众号、法律顾问微信群、律所网站等渠道为群众提供疫情防控法律咨询服务，被成都市委统战部表彰为“同心战疫·最美统战人”。

（李　放）

九三学社成华区委员会

【概况】 九三学社成都市成华区委员会下设6个支社，有社员261人，大学本科及以上学历209人，高级职称141人。2021年，九三学社成华区委员会抓实思想建设组织建设和人才推荐，提升建言资政水平，制定完善《九三学社成华区委员会奖励办法》等制度，扩大“成华九三公益讲堂”影响力，被九三学社成都市委员会表彰为“优秀基层组织”。

【组织建设】 九三学社成华区委员会全年发展新社员12人，转入2人，组织青委会集中调研培训2次，组织社员参加社省委、社市委、区委统战部组织培训6次30人；选送7名青年骨干参加党外精英铸魂提能计划2021年度民主党派代表人士培训班；完善后备人才、人大代表、政协委员数据库。九三学社成华区委员会被九三学社成都市委员会表彰为“宣传信息先进基层组织”，社员冯延伟获“宣传信息先进个人”、成华区“最美科技工作者”表彰，李明获四川省三八红旗手、成都市特级教师荣誉称号。

【参政议政】 九三学社成华区委员会围绕科技推动发展、打造宜居环境等主题开展调研38次，全年提交提案建议29篇、社情民意18篇，向社市委会报送参政建议6篇，完成各级调研

5月16日，九三学社成华区委员会冯延伟为邛崃市骨干科技教师作科技创新技能培训

（九三学社成华区委员会供图）

报告13篇：《加快修法，斩断“坑老”黑手》《用好绿色金融工具，发展清洁电力工业，助力对口帮扶地区产业振兴》《推广分布式光伏建筑一体化，构建绿色电力互联网，为实现碳中和目标做出贡献》3篇被省政协采用，《持续改善成都市生态质量》《城市幸福家，川昭活力圈》2篇获九三学社中央常委、四川省委员会主委杨丹肯定批示，《以TOD模式再造环电子科大经济圈的建议》获成都市政协副主席、九三学社成都市委员会主委徐玖平肯定批示，《聚焦公园城市，立足城市更新，扎实推进老旧小区改造提升》获选九三学社四川省委会和成都市委会专项调研课题，论文《科学民主筑发展 爱国同心筑未来》被成都市民主党派基层组织建设工作交流会收录，《关于进一步推进成都市、成华区住宅内部适老化改造工作的建议》《关于定制研发促进成都市高校科技成果转化的建议》获评成华区政协2021年度优秀提案。九三学社成华区委员会被九三学社成都市委员会表彰为“参政议政先进基层组织”；社员冯延伟、罗中婧、赵彬、覃明被成华区政协评选为2021年度优秀政协委员，唐黎获省金融学会年度重点课题二等奖、省民办高校年度优秀科研成果一等奖，王演获四川省法学会保险法学研究会原创论文三等奖。

【社会服务】 九三学社成华区委员会全年组织参加社会活动21次，持续通过“童眼看疫情”线上课堂开展科普活动，拓展讲堂高校基地，提升社会服务品牌“成华九三公益讲堂”影响力；社员谢大军全力保障西南电力设计院越南沿海二期工程推进，获第九届“成华榜样”称号；九三学社成华区委员会被九三学社成都市委员会表彰为“社会服务先进基层组织”。

【成华九三公益讲堂】 九三学社成华区委员会持续做优“成华九三公益讲堂”，全年开展实地讲堂9场，组织线上讲课4场，开展中小学生线上科普活动5次，开设汉服风华——浅谈汉服国潮背后你不知道的事儿、金融类学生就业必备法律知识等讲堂；社员卜志伟、刘粲然、吕楠等到西南财经大学天府学院传授法律和传统文化知识，社员冯延伟赴邛崃市、得荣县开展骨干科技教师专题培训班，为科技教师进行科技创新技能培训，“成华九三公益讲堂”影响力辐射到全省其他地区。

（冯延伟）

12月25日，九三学社成华区委员会青委会开展年终总结活动　（九三学社成华区委员会供图）

群众团体

编辑　李金洁

综　述

【概况】　2021年，成华区各群团部门合力推进“一体化枢纽型融入式”大群团改革，区群团服务中心牵头18个群团服务分中心、105个群团服务站，强化阵地联建、政策联通、平台联用、队伍联合、工作联动“五联机制”，继续深化三级服务平台建设，建成群团指挥调度智慧大脑，加强社会组织培育，擦亮“成华群英荟”品牌活动，形成“一体化”大群团工作新格局。成华区群团基层组织建设更加广泛，群团服务形式更加丰富，群团职能效用更加突出，被市委肯定为“探索出了一条基层群团改革发展新路子”。

【阵地建设】　成华区各群团组织深化三级服务体系第二阶段阵地建设，全区18家群团服务分中心、70家已建群团服务站点位验收合格，35家新建群团服务站完成建设，正式挂牌投入运营；区群团服务中心围绕“打造群团特色示范阵地”，匹配专项建设经费91万元、协调建设经费1000万元，推动教育系统群团服务分中心、白莲池街道一里塘社区群团服务站等17个群团服务阵地特色化升级；成华区全年有群团服务站点124家，实现群团服务阵地“应建尽建”“全域化覆盖”。

【智慧群团系统建设】　区群团服务中心完成智慧群团信息化系统优化升级，89家群团服务阵地资源纳入新的服务子系统，上线“志愿群团”板块，实现群团活动资源、服务资源“同网共享”。区群团服务中心印发《成华区智慧群团系统2021年推广计划及目标分解》，举办“智慧群团”业务培训3场123人次，开展上门指导培训60场；智慧群团应用矩阵实现关注用户25万人，包括微信用户19.6万人、抖音用户5.4万人，日活跃度53%，形成一定规模稳定用户群。

【群团活动】　成华区群团组织发挥“成华群英荟”品牌影响力，整合资源开展服务活动，区总工会围绕技能人才培育开展“成华工匠”培育评选、成华工匠人才工作室创建系列活动，面向职工提供心理疏导、亲子关系等服务；团区委围绕志愿服务、创新创业开展“青年友好城市共建共治共享”“青春成华·梦享计划”等活动，针对未成年人保护开展“青聚成华·梦享计划——大手牵小手”等活动；区妇联围绕妇

8月31日，成华区群团改革工作总结会召开　　（区群团服务中心供图）

4月27日，“群英心向党 共筑幸福路”2021年成华区群团最美人物颁奖典礼在东郊记忆演艺中心举行
（区群团服务中心供图）

女儿童权益保护，开展“父爱赋能计划”笨爸爸工坊等家庭教育行动、“她风尚·她经济·她力量”等女性沙龙、蓉城幸福家·社区家庭日等儿童活动；区残联组织“有爱无碍·别样雅集”文创集市、桌上冰壶球项目等残疾人公益活动；区科协组织“童心向党·科技筑梦”青少年科创比赛、“科学，您好——科学家进校园”系列科普活动；区红十字会开展“救在身边”志愿者上岗行动、微视频征集等红十字博爱月系列活动。区群团服务中心统筹利用三级服务阵地活动资源，协调群团活动场地、发布及内容深化，加强入驻中心各类社会组织管理。全年各群团部门、各分中心服务站利用智慧群团系统发布活动1050起，提供免费及公益课程2385场，覆盖群众20万人次。

（谢　良　赵　菲）

成华区总工会

【概况】　2021年，成华区总工会维护职工合法权益，丰富文体娱教活动，创新构建“一站式”多元化劳动调解机制，创建成华区工匠人才创新工作室3家，开展区级二类技能大赛8场，申报省市级职工心灵驿站1家、市级妈咪宝贝屋示范点3家，成华区职工党史学习教育基地和“毛边书局·桃蹊书院”被评为2021年全国级“职工书屋”示范点。全区有基层工会组织4313个，工会会员14.21万人。

【工会组织建设】　区总工会持续建强基层工会组织，全年新增256家企业建会，新纳入职工会员6432人，全区百人以下、25人以上企业建会率94%；抓好新就业形态劳动者权益维护，新增“新就业形态劳动者”单独建会行业企业34家、新建已建行业工会联合会及联合工会45家，已有“新就业形态劳动者”行业工会联合会及联合工会358家，入会职工5408人，覆盖企业490家；将快递员等八大群体纳入工会会员，成立八大群体行业工会联合会3家，新成立八大群体企业工会6家，通过优化服务、营造氛围、拓宽入会形式等措施新纳入八大群体工会会员1823人。

【厂务公开民主管理】　区总工会持续推进厂务公开民主管理标准化建设，5月组织全区16家企事业单位负责人及街道专干30人开展厂务公开标准化培训；8—10月，对全区基层单位厂务公开进行现场指导；11月，联合三方成员单位4家对达标单位工作情况检查验收，综合评定全区厂务公开民主管理标准化达标单位16家，其中B级7家、C级9家。

【职工合法权益维护】　区总工会以“集中要约季”活动为抓手，通过现场指导、疑点剖析、案例讲解方式，推进企业开展工资集体协商，全年发出集体协商要约书642份，收到回复634份，覆盖八大群体企业87份；签订单独集

7月3日，成华区“为党送祝福·赞歌谱华章”经典歌曲云合唱比赛颁奖典礼在区群团服务中心举行
（区总工会供图）

表20　　2021年成华区厂务公开标准化建设达标单位一览表

序号	企业名称	性质	达标等级
1	成都金华峰汽车维护技术有限公司	非公有制	B
2	四川亚德工程设备有限公司	非公有制	B
3	四川锦宇装备有限公司	非公有制	B
4	成华区凯捷蛟厨卫经营部	非公有制	B
5	成都宏明怡倍康养老服务有限公司	非公有制	B
6	成都伊之东宠物用品有限公司	非公有制	B
7	成都市成华区和韵幼儿园	事业单位	B
8	星创视界眼镜（四川）有限公司	非公有制	C
9	成都鑫万兴汽车服务有限公司	非公有制	C
10	四川宽鼎供应链管理有限公司	非公有制	C
11	四川钰梃建筑工程有限公司	非公有制	C
12	四川宏基原创建筑设计有限公司	非公有制	C
13	亚细亚运业有限公司	非公有制	C
14	成都东春北韵酒店管理有限公司	非公有制	C
15	成都市华建学校	事业单位	C
16	成都市锦汇东城小学	事业单位	C

体合同265份，区域集体合同10份（覆盖215家企业）；单独工资集体协议323份，区域工资集体协议15份（覆盖211家企业）。区总工会在区法院设置“成华区总工会职工维权调解中心”，构建“法院+工会”劳动争议诉调对接工作机制，全年调解案件115件，调解金额702.68万元；在大中型企事业单位中成立145个劳动争议人民调解委员会，在各街道（园区）总工会、律所、社会组织中招募调解员，建立劳动争议人民调解员队伍，建成“社区劳动争议多元化解工作站”12家；打造“成华区劳动纠纷一站式联处中心”，全年调解案件242件，调解金额362.94万元，发放案件补贴5.82万元。区总工会聘请四川善嘉律师事务所专业律师成立成华区总工会律师团，初步建立群团劳动争议联动机制，将职工维权联动平台与微信公众号、群团服务中心网站深度融合，为群众提供多渠道线上维权途径，全年处理网络劳动争议案件16件。

【职工创业就业促进】　区总工会线上依托成都职工App开展“春送岗位再起航”招聘会，线下联合区人社局开展春风行动现场招聘会，提供就业岗位3000个，达成就业意向1830人；落实小微企业工会经费支持政策，全征全返269家1054.81万元。区总工会组织动员辖区一线职工33人参与成都市第四届“百佳”职工创客明星评选活动，5名职工获得成都市创客明星称号；组织开展全区职工互联网营销直播大赛，带动“成都货”供货商家获线上平台销售额1256万元，区总工会获成都职工互联网营销直播大赛最佳组织奖。

【成华工匠和人才创新工作室创建】　区总工会聚焦发挥领军型高技能人才在解决技术难题、开展技能革新、技术攻关以及带徒传艺等方面关键作用，开展“成华工匠”培育评选和“成都工匠”推荐评选活动，培育评选杨永韬、胡勇、郑光福、张瑞海、唐润平、陈小明等“成华工匠”50人，推荐评选王帅、郑永、马庭红、王柯、何劲等“成都工匠”10人；引导劳动模范、工匠、技师和高技能人才积极创建工作室，通过工作室创建推动企业技术进步和技术创新、培养高技能人才，全年新建付尚波、李茂森、周盛3家成华区劳模和工匠人才创新工作室。

【职工技能大赛】　区总工会以赛促训、提升职工技能素质，推荐选手参加市级一类焊工、汽车喷涂工、砌筑工等9项技能大赛，成都华星名仕汽车销售服务有限公司代成、成都仁孚南星汽车服务有限公司任启超被授予“成都市技术能手”称号。区总工会组织开展各类职工技能技术竞赛8项，全区企（事）业单位913家1.59万人参加岗位练兵、技术比武。5月15日，成华区第四届生活服务业职业技能大赛茶艺比赛举行，23组代表队54名选手参赛，成都一叶春文化传播有限公司杨哲荣获第一名，三见文化传播有限公司余丹获得第二名，千和园茶庭邓邦勇获得第三名。8月19日，成华区妇幼健康技能比赛举行，全区儿童保健单位13家30人参赛，成华区妇幼保健院刘娜、陈姝、陈丽获个人前三名，成华区妇幼保健院、成华区青龙社区卫生服务中心、成华区龙潭社区卫生服务中心分别获得组织一、二、三等奖。8月27日至9月3日，成华区汽车绿色喷涂工技能比赛举行，全区汽车服务公司19家30人参赛，成都德奥平行汽车销售服务有限公司王忠军获得一等奖，成都仁孚南星汽车服务有限公司任启超等获得二等奖，成都鑫万兴汽车服务有限公司郑杰等获得三等奖，成都德奥平行汽车销售服务有限公司、成都仁孚南星汽车服务有限公司、成都市奇和汽车服务有限公司分获团体第一、二、三名。9月5日，成华区汽车钣金工技能比赛举行，全区汽车维修企业22家30人参赛，成都鑫万兴汽车服务有限公司彭通获得一等奖，成都灵通智远汽车维修服务有限公司蔡斌等获得二等奖，四川港宏盛丰汽车销售服务有限公司彭建等获得三等奖。10月，成华区中医药技能比赛举行，全区医疗单位15家30人参赛，成华区中医院连瑛获中医适宜技术类比赛一等奖，成华区妇幼保健院王悦等获二等奖，成华区跳蹬社区卫生服务中心唐培江等获三等奖；成华区第七人民医院林岚获中药类比赛一等奖，成华区二仙桥社区卫生服务中心吴昭燕等获二等奖，成华区双桥子社区卫生服务中心邹洁等获三等奖。11月，成华区税务系统岗位技能竞赛举行，全区税务工作者132人参赛，成华区税务局第一税务所向瑶、秦琦、邓佳获比赛前三名。区总工会围绕生产安全事故预防和职业病危害控制主题，持续开展“安康杯”竞赛活动，全区企（事）业单位842家、班组2478个、职工2.63万人参加活动。

【职工文体活动】 区总工会举办“爱成都·迎大运”“动感成华——快乐体育·健康成华”成华区第八届全民健身运动会暨2021年成华区职工系列体育赛事，全区机关、企事业单位及街道参加乒乓球、羽毛球比赛20支代表队200人，参加趣味体育比赛28支代表队300人，参加篮球比赛32支代表队300人；组织职工参加市总工会“爱成都 迎大运”成都职工系列体育赛事之职工游泳比赛；组织职工参加市总工会职工乒乓球比赛，获团体第二，区总工会获优秀组织奖。区总工会开展工会系统“幸福美好生活十大工程”主题宣讲活动42场，开展“幸福快车·职工普惠”基层行活动2场；开展新市民培训四期，培训学员2000人；开展“最美职工”评选活动，评选出“最美职工”10人；组织成立成都市惠民职工画院成华区分院，举办2021年“百年奋进·华彩成华”庆祝建党100周年书画展，展出书法、国画、油画等优秀作品120幅；组织全区职工参加市总工会举办“点赞成都·我最喜欢100个打卡地”活动，上传视频总量6.17万条，点赞总量132.65万个。

【职工书屋建设】 区总工会以职工书屋为载体，在“学习强国”主题街区中打造全区首个职工党史学习教育基地，在双水碾街道升仙湖社区、保和街道东方新城二期邻里中心、跳蹬河街道杉板桥党群服务中心新建教育基地3家，增补成华区公安分局1家教育基地；成华区二仙桥街道下涧槽社区、青龙街道文化活动中心、职工党史学习教育基地被评选为2021年成都市“职工书屋”示范点。

【职工互助保障】 区总工会组织全区基层工会465个、职工5.5万人参加职工互助保障活动，参保金额483.81万元；为职工1300人办理理赔手续，理赔金额543.47万元；因病致困职工家庭63人获得救助金10.38万元。12月15—17日，区总工会举办2021年度基层工会干部职工互助保障培训班，全区基层工会互助保障干部人员200人参加。

【劳动模范评选】 区总工会推荐评选爱岗敬业、业务精湛、贡献突出先进典型劳动模范，推荐评选全国五一劳动奖状1个、四川省五一劳动奖状1个、成都市五一劳动奖状1个、成都市五一劳动奖章7人、成都市安全生产专项整治三年行动五一劳动奖章4人。区总工会全年慰问劳模358人次，发放劳模荣誉津贴8.02万元、慰问金31.32万元，组织劳模参加免费体检48人。成华区全年有劳动模范（含享受劳模待遇）122人，其中全国劳动模范2人、省级劳动模范36人、市级劳动模范84人。

【“四季送”活动】 区总工会开展春节“送温暖”慰问活动，为特困企业职工、建档困难职工、一线防疫医护人员40人发放慰问金4万元；开展夏季送清凉惠民活动，为职工6000人发放防暑降温慰问品53.8万元；开展“金秋助学”回访活动、“放飞希望、绽放微笑”职工子女关爱慰问活动，发放慰问品4.9万元；开展冬季送温暖惠民活动，为以“快递小哥”为代表的八大群体、环卫职工、一线建筑工人2000人发放慰问品24.8万元；为困难职工和环卫工免费健康体检585人46.6万元。

（喻海龙　黄　茜）

共青团成华区委员会

【概况】 2021年，共青团成华区委员会持续发挥联系青年群众的桥梁和纽带作用，做好全国县域共青团基层组织改革试点区建设，做好中长期青年发展规划试点，成立首批街道社区少工委，二仙桥街道下涧槽社区入选全国首批“社区青春行动”示范点位，“万人坚守护河岗”项目获第五届中国青年志愿服务项目大赛四川省金奖、全国赛银奖。成华区有基层共青团组织1098个，其中团（工）委15个、团总支95个、团支部774个、其他214个，少先大队47个，有共青团员10049人。

【共青团成华区第六次代表大会】 12月31日，共青团成华区第六次代表大会召开。团区委书记代表共青团成华区第五届委员会向大会作《高举团旗跟党走 聚力实干勇担当 团结带领全区广大团员青年为争当公园城市示范区排头兵 建设社会主义现代化新成华贡献青春力量》报告。大会选举产生共青团成华区第六届委员会委员21人、候补委员9人，选举郑丽为共青团成华区第六届委员会书记，彭莎莎、曾飞为副书记，余沁为挂职副书记，舒俊为兼职副书记。

【全国县域共青团基层组织改革试点地区创建】 6月28日，成华区被确定为全国县域共青团基层组织改革试点地区，制定《成都市成华区县域共青团基层组织改革试点任务工作方案》，团区委联合区委组织部印发《关于扎实开展"党建带团建"进一步推动新时代"五带一加强"工作的通知》，区委巡察办将党建带团建纳入区级党委巡察监督内容；选拔年轻干部2人挂职、兼职团区委副书记，选派高校大学生、国企青年骨干16人兼职街道团工委副书记，在全区11个街道新建立城市小区团组织106个；出台成华区学校共青团组织改革评价实施方案，在全区49个中小学建立健全少先队员阶梯式成长激励体系；启动"青年之家品质倍增计划"，在全区27个青年之家开展"青年感知成华行"等活动113场；开展"两红两优""群英心向党·共筑幸福路"群团最美人物等评选活动，选出区级"青年文明号"24个、"青年岗位能手"50名、"两红两优"132名(个)，实现"有阵地、有档案、有班子、有活动"。区委主要领导先后3次对试点工作作出肯定性批示，8月26日成都市县域共青团基层组织改革试点工作推进会在成华召开，试点工作做法入刊市委办公厅《每日要情》，被《人民日报》、中青网、《中国共青团》杂志等媒体宣传报道。

【青年志愿服务】 团区委发挥"成华群英荟"青年志愿服务品牌作用，联动6家群团部门和11个街道力量，成立区、街、社三级志愿服务队18支，打造"群众点单—平台派单—志愿者接单—群众评单"服务模式，全年发布志愿服务项目65个。团区委常态化开展"青春志愿行·温暖回家路"春运服务、"青春志愿·爱在社区"、"向城市坚守者致敬"公益活动、"夏日清凉·感恩有你"、"垃圾分类"及禁毒防艾宣传进校园等青年志愿服务活动300场；开展"爱成都·迎大运""青年友好城市共建共治共享""志愿服务嘉年华""志愿一小时·共筑一个梦·乐活一座城"弘扬雷锋精神主题志愿服务活动、五一假期熊猫基地等系列主题志愿服务活动；组织青年志愿者参与服务"UCI""国际剑联女子重剑比赛""极客峰会"等重大赛事和会议。

2月6日，团区委在339电影城青年之家组织开办快递小哥及其子女周末剧场　（团区委供图）

【青年(大学生)创业就业促进】 团区委融入成渝地区双城经济圈和成德眉资同城化建设，与重庆市九龙坡区、南岸区、江津区进行青年人才工作交流，建立重庆市精英科技经济融合发展服务中心、重庆市大学创客联盟。团区委建设青年社区就业创业指导中心，聘请双创导师16人开展"青春梦想·扬帆起航""青春成华·梦享计划"等主题活动35期，做好第四届"中国创翼"创业创新大赛成华区选拔赛项目推介，选送"进口防空武器系统国产化研发与维修保障"项目在省级比赛中获二等奖。

【青年(大学生)创业园建设】 团区委提档升级成华区青年(大学生)创业园，申报认定为省级创业孵化基地；挂牌成立电子科技大学国家大学科技园"双实双业基地"、成都理工大学大学生创新创业中心"创新创业人才联合培养基地"；培育孵化青年(大学生)创新创业项目42个，设计制作《成华区青年(大学生)创业园宣传手册》，为创业青年提供针对性创业帮扶，宣传"青创计划""蜀青创业贷"，为青年创业者贷款难问题提供帮助；助力园区入驻企业成都久合通联科技有限责任公司入选成都市新经济梯度培育入库企业。

【青年人才驿站】 成华区青年人才驿站位于成都市成华区二环路东二段7号招商东城国际中心B栋11楼，有10个房间40个床位，为外地本科及以上应届毕业生到成都应聘提供7天内免费住宿服务。12月6日，驿站完成第二次氛围升级，在公共区域新设“人才角”，为符合城市猎头行动计划专业人才免费发放“蓉城关怀”大礼包，在驿站房间和公共区域增加互动体验和成华旅游文化氛围。成华区青年人才驿站全年服务北京大学、清华大学、中国人民大学、武汉大学、北京邮电大学等多所高校来蓉青年，订单总数839次，床位使用总数3098次，作为采景地入镜新华社城市一线观察视频《成都，果然成！》。

（韩彦龙）

【关心下一代工作】 区关工委联络老干部、老战士、老专家、老教师、老模范，组建86人成华“五老”党史宣讲团，深入机关、学校、企业、街道、社区，利用龙潭院山烈士纪念馆、“二一六”烈士墓等青少年爱国主义教育基地，以宣讲报告会、先进典型事迹报告会、故事会等形式开展宣讲102场次，受教育青少年人数10万人次。区关工委常态化开展爱心助学、助困、助孤、助残、助业和爱心帮教活动，开展“关爱情·暖冬行”慰问活动，对11个街道困难青少年儿童60人送去价值2万元的生活必需品，为全区优秀“五老”志愿者24名代表送去价值1万元的生活用品，为白莲池街道熊猫路小学三年级患白血病学生、华西中学老师患白血病子女送去慰问金1万元。区关工委相关经验做法被《中国火炬》、《关爱明天》、《蓉城关爱》、《新成华》、成华电视台以及省市关工委微信、微博和网站采用100篇。

【少年先锋队活动】 团区委围绕少先队政治启蒙开展组织教育、自主教育和实践活动，全年开展少先队辅导员培训4场，覆盖200人次；建设完成龙潭街道、保和街道、二仙桥街道、跳蹬河街道、双桥子街道5个街道少工委，打造完成华泰社区、和美社区、下涧槽社区、杉板桥社区、新华社区5个社区少工委；建立成都锦汇东城小学、电子科大附小区级示范鼓号队2支。团区委开展“流动少年宫进社区”“共青团周末剧场”等公益课堂15场，开展“点亮绿色未来，争做环保小卫士”等公益活动6场，覆盖区域青少年1000人；线上开展“文明大运·与‘礼’同行”礼仪主题宣讲活动，覆盖少先队员3.8万人次。团区委持续完善激励体系，评选出“红领巾奖章”二星个人奖章获得者3585名、二星集体奖章10个、三星个人奖章获得者466名、三星集体奖章3个；评选出成华区优秀少先队员134名、优秀少先队辅导员42名、优秀少先队集体10个；谷雨佳等3名少先队员获评四川省优秀少先队员，王鹭宁等3名辅导员获评四川省优秀少先队辅导员，成都市培华小学校少先队大队等3个少先队集体获评四川省优秀少先队集体，严钰杰等9名少先队员获评成都市优秀少先队员，孙静华等8名辅导员获评成都市优秀少先队辅导员，四川交响乐团附属小学五（3）中队等6个少先队集体获评成都市优秀少先队集体。

3月5日，成华区“志愿一小时·共筑一个梦·乐活一座城”弘扬雷锋精神主题志愿服务活动在成都万象广场举行

（团区委供图）

【学雷锋活动】 3月5日，团区委组织来自“成华群英荟”志愿服务队、成都建工七建、约未来社会工作服务中心等机构志愿者60人，在成都万象广场开展“志愿一小时·共筑一个梦·乐活一座城”弘扬雷锋精神主题志愿服务活动，现场设置主题活动区12个，开展“街头篮球赛”“垃圾分类·美化家园”“职工互助保障宣传”“熊猫志愿者推介与熊猫绣娘”“垃圾分类知识问答”“助残就业、创业宣传志愿服务”等互动活动，志愿者们现场发放“助残就业”“禁毒防艾”等宣传资料，沿街开展共享单车摆放、垃圾分类清理等志愿服务，践行传扬雷锋精神。

【青少年事务社工专业人才队伍建设】 团区委为11个街道配备专职青少年事务社工，构建“团干部+社工+青年志愿者”工作队伍，落实专职青少年事务社工参与运营“旗舰店—社区店—共营店”三级“青年之家”；号召青少年事务社工牵头组建青年突击队11支，集结青年志愿者奔赴各社区核酸检测点、卡口参与防疫抗疫志愿服务；组织青少年事务社工协助开展“爱成都·迎大运”“青春志愿·爱在社区”“公园城市我的家”等主题志愿服务100场，通过社会化动员方式吸引青年参与1.1万人次，推动青年在社区发展治理和办赛营城公益实践中增强获得感。

6月30日，成华区“青年大学习”学党史知识竞赛暨风采展示大赛决赛在学习强国主题街区举行（团区委供图）

【“青年文明号”创建】 团区委深化“青年文明号”创建活动，为激发各创建集体和广大青年职工的工作积极性和创造性，经对各申报单位严格把关、综合考评和对外公示，将成华区人民法院立案二庭等24个青年集体命名为年度成华区青年文明号。

【青少年权益维护】 团区委开展青少年普法教育维权援助、犯罪预防教育帮扶、禁毒防艾宣传教育、特殊家庭青少年帮扶等工作，依托“青年之家”“12355青少年服务台”“青少年维权岗”等阵地，发动青年志愿者开展未成年人关爱服务；线上依托“青春成华”微信公众号等新媒体平台，开展青少年预防侵害知识、“宪法知识”等教育宣传；线下引入“爱芽妇女儿童社会服务中心”，成立“小雏菊”青少年社会组织，引入AAAAA级社会组织——成都市新空间青少年发展中心；开展青少年生命安全教育和心理健康咨询等活动20场，覆盖青少年1500人次，开展“护航青春·阳光校园”“法治大篷车”“青春成华·法治同行”“青聚成华·梦享计划——大手牵小手”等未成年人主题活动53场，覆盖青少年8000人次。

【中长期青年发展规划试点】 团区委深入推进《中长期青年发展（2017—2025年）》全国试点任务，牵头编制《成都市成华区“十四五”青年发展规划》，明确青春领航计划、青春聚力计划、青春感知计划、青春赋能计划、青春有爱计划、青春助力六大计划，从凝聚青年思想共识、引育青年人才、服务青年就业创业创新等十四个领域服务青年成长成才。成华区在《四川省中长期青年发展（2017—2025年）》实施工作联席会议第三次全体会议、团中央2021年青年中长期发展规划县级试点研讨培训班作交流发言；团中央维护青少年权益部部长王锋对成华区试点中期评估成果表示肯定，团省委书记张荣率队调研成华区中长期青年发展规划试点工作；工作经验做法入刊市委办公厅《每日要情》，被《人民日报》、《中国青年报》、《中国共青团》杂志等媒体转载报道。

【“青年学党史”活动】 团区委开展全区青年“学党史、强信念、跟党走”学习教育，利用“青年大学习”“青春脑航员”“青春思享会”等平台，组织开展“青年大学习”网上主题团课110期，参学青年88万人次，策划党史专题“团团带你学党史”35期、“青年学党史”38期，阅读量10万人次，获团省委通报表扬。5月，团区委、区委宣传部举办“致敬百年路　启航新征程——成华区‘青年大学习’学党史知识竞赛暨风采展示大赛”，全区51个单位、200人次参加，区红十字会获一等奖，区委社治委、区商务局等5家单位分别获二等奖、三等奖。

（韩彦龙　何　茜）

成华区妇女联合会

【概况】 2021年，成华区妇女联合会加强妇女儿童权益保障，围绕家庭教育、赋能女性、儿童关爱等主题开展活动，全面推进儿童友好城区建设，开展“家家安康”家事调解社会服务，团结带领全区妇女听党话跟党走。区妇联获全国维护妇女儿童权益先进集体、区（市）县妇联综合工作先进单位、四川省2021年反家暴网络知识竞赛活动优秀组织单位、成都市幸福美好生活巾帼文明岗、“巾帼心向党·奋进新征程”主题活动优秀组织单位等省市级表扬16项。成华区旧城改造公司被评为省级巾帼建功先进集体，万洁等7名优秀女性、区旧城改造公司等5家单位分别被评为2021年成都市幸福美好生活巾帼建功先进个人、集体。2021年，成华区有街道妇女联合会11个、社区妇女联合会83个、区级部门妇委会16个。

【妇联组织建设】 区妇联指导全区社区（村）妇联完成换届选举工作，全区83个社区（村）选举产生执委1281名，妇联主席83名，妇联执委平均年龄45岁，大专以上704人，党员583人，基层妇联组织活力增强。区妇联打造具有地域特色示范点位，在双桥子街道三街坊社区紫东阳光小区等地新建妇女微家11个，打造龙潭街道院山社区等区级妇女之家示范点11个，白莲池街道一里塘社区打造为成都市级妇女之家示范点，在成都东区爱尔眼科医院等“两新”组织新建妇联组织11个。

【妇女儿童发展纲要实施】 全区各妇儿工委成员单位结合职能职责，在妇女儿童维权、妇儿健康、妇女儿童兜底服务等工作中主动作为，区检察院出台《关于建立成华区性侵害未成年被害人“一站式”保护中心的实施意见（试行）》，建立“一站式”保护中心；区法院在区妇联挂牌“豌豆荚”未成年人保护法官工作室；区司法局成立“成华区小雏菊青少年法律援助工作站”，办理妇女儿童法律援助案件269件，提供法律援助咨询1400人次；区民政局、区残联有效落实特殊儿童、残疾儿童福利保障政策；区卫健局启动区妇幼保健院升级改造项目建设，推进爱婴医院建设，打造全程电子签、疫苗追溯、微信公众号三位一体预防接种信息化管理体系。5月18日，成华区召开2021年妇女儿童两纲统计监测业务工作会，完成成都市“两纲”检查组对成华两纲实施情况终期评估验收。

【儿童友好城区建设】 区妇联出台成华区儿童友好社区建设服务规范、指标体系指引文件，在25个社区启动区级儿童友好社区试点建设，在15个社区建立儿童议事会，开展成华区儿童友好社区LOGO征集大赛，结合11月20日世界儿童日等节点，开展“蓉城幸福家·儿童友好义集”安全童行、儿童友好视频、儿童友好推广大使等主题宣传活动，组织儿童议事员100人参与儿童空间规划、儿童活动策划、生活垃圾分类等社区公共事务活动20场次；全区儿童之家全年开展心理健康、儿童保护、家庭教育、亲子阅读、垃圾分类、蓉城幸福家·社区家庭日等活动6300场次，服务12万人次，儿童之家2.0版小程序使用1.11万人次，活动线上报名2万人次。保和街道和美社区获评首批市级儿童友好试点社区，《中国民政》刊登《打造“儿童友好社区”的成华样本》经验文章。

3月6日，白莲池街道一里塘社区妇女之家开展妇女儿童维权普法宣传　　（区妇联供图）

【家庭教育行动】 区妇联举办成华“父爱赋能计划”笨爸爸工坊亲子活动10期，100组家庭参加；持续开展成华区“最美家庭”评选活动，评选出“最美家庭”10户及提名20户，黄浩家庭获评2021年度四川省“最美家庭”，陈金蓉等5户家庭获评2021年成都市“五好家庭”；组织家庭教育示范基地代表、成华“最美家庭”代表等参加第三届成都家庭教育高峰论坛；全年开展家庭教育讲座、小型团体辅导50场，社工、心理咨询师督导10场，个案辅导20次，全年直接参与活动1.01万人次，覆盖3万人。成华区父母训练营活动荣获成都市妇联系统第四届新媒体优秀作品评选活动“优秀线上活动”。电子科技大学附属实验小学、成华区毛边文化艺术活动中心获评“成都市家庭教育示范基地”，保和街道和顺社区在成都市家庭教育示范基地联盟会现场作经验发言。区妇联获成都市“蓉城幸福家·社区家庭日”活动区（市）县妇联先进集体称号，保和街道获成都市“蓉城幸福家·社区家庭日”活动街道先进集体称号，青龙街道致强社区、猛追湾街道望平社区、成都市爱有戏社区发展中心、成华区向日葵青少年成长服务中心获评成都市“蓉城幸福家·社区家庭日”活动社区（村）、楼栋、院落、社会组织先进集体。成华区二仙桥街道下涧槽社区《“笨爸爸工坊”赋能父爱》、成华区猛追湾街道培华路社区、建华社区《小书虫听妈妈讲晚安故事》案例获评成都市“蓉城幸福家·社区家庭日”活动优秀案例。

4月16日，“她风尚 她经济 她力量”成华区女性创新创业分享会暨女企业家协会第一届年会在成都世贸茂御酒店举行（区妇联供图）

【蓉城女性创新创业行动】 区妇联举办“拼搏创业显巾帼身手·创造幸福展娇美风采——2021年巾帼创意集市暨成华区女性创业万户支持计划启动仪式”，联合区人社局、区新经济和科技局举办“社创她力量暨双创项目进社区·女性众创10000户幸福计划发布会”，举办“创益成华·美好社区”成华区第七届公益创投大赛、第五届“成华群英荟”社会创新服务公益创投大赛，举办2021“她风尚·她经济·她力量”成华区女性创新创业分享会暨女企业家协会年会；组织女企业家协会会员40人赴上海、苏州等地开展考察学习暨推介成华主题活动，印发女企业家协会会刊《女BOSS》第一期，举办“成华区2021年春风行动招聘活动”，女性求职者达成就业意向430人。

（曾 英）

【妇女节纪念活动】 3月8日，成华区举办2021年“三八”国际劳动妇女节暨“爱成都迎大运·她运动”之“运动你最美”健身舞蹈大赛。全区12支参赛队伍参与比赛，区教育局获一等奖，猛追湾街道、龙潭街道获二等奖，区纪委监委、府青路街道、双水碾街道获三等奖。

（杨茂华）

成华区科学技术协会

【概况】 2021年，成华区科学技术协会以全面实施《全民科学素质行动计划纲要》为主线，加强科普资源与科普基础设施建设，开展“科技之春”“科幻·话未来”“全国科技工作者日”等科普活动，推进成都市“科创中国”试点建设，在成华区建成成都海智计划工作站，获评“2021年成都市科协系统先进集体”。成华区有园区科协1个、企事业科协14个、街道科协11个、老科协1个、院士（专家）创新工作站7个、科协工作站1个。

【科普阵地建设】 区科协推进望平坊、电子科技大学科技园等街道、高校示范点位打造，打造成都拾野自然博物馆、成都大熊猫繁育研究基地、成都动物园、成都理工大学博物馆等科普基地，将科学普及、科技创新、产业发展、城市建设相融合，成都拾野自然博物馆获成都市首批“科学美空间”称号。区科协依托区群团服务中心，整合街道综合文化活动中心、社区党建服务中心、邻里中心等空间，构建区—街道—社区三级科普群团服务阵地，打造“爱科学·慧生活”成华科普品牌，成华区全年有科普志愿服务队伍79支，科普志愿者5500人，成都大熊猫繁育研究基地科普志愿者服务队获评“中科协2021年科技志愿服务队先进典型”。

【科普信息化建设】 区科协加强“互联网+科普”宣传模式，不断优化成华科协官方网站、微信平台“科普成华”、官方微博“成华科协”、今日头条客户端内容，持续丰富体验式科普形式，拓

3月19日，“校社企 共携手 迎大运 创未来”成华区科普企业智惠益民行动启动仪式在龙成小学举行（区科协供图）

宽传播渠道，实施科普精准推送。据成都市网信办发布《2021年一季度成都市政务新媒体运营情况通报》，“科普成华”头条号获全市第3名。据《2021年三季度政务微博影响力报告》，成华科协微博获科协系统全国第3名。

【青少年科技教育】　区科协推动青少年科学技术普及，承办四川省第十八届青少年机器人（普及组）竞赛，举行“童心向党·科技筑梦”成华区2021年青少年科技创新大赛，被市科协授予“成都市第37届青少年科技创新大赛优秀组织奖”。9月26—28日，区科协携手中国科学院在电子科技大学附属小学、华西中学、成都市第四十中学等学校开展“科学，您好——科学家进校园”科普活动10场，来自中国科学院老科学家们围绕“人工智能”“神奇的载人航天”“科学精神”等主题作科普讲座。

【科技创新服务】　区科协全面推进“天府科技云服务”建设，与电子科技大学国家大学科技园深度合作，做大做强电子科大科协工作站，完善园区科协绩效评估体系；开展园区企业CEO沙龙、成果转化服务联盟交流会、技术对接交流会、产业需求对接会、电子科大四川校友会等科创活动；为首届科创中国·天府科技云服务大会征集高新技术项目5个，推动新技术新产品新应用成型成势。区科协加强政产学研金服用深度融合，推荐成都科灵智能光电科技有限公司“射频识别建筑预制构件溯源系统”技术、成都集志达科技有限公司“AIP微系统集成封装”技术申报2021“科创中国”先导技术榜单；推荐航天科工通信技术研究院有限责任公司、四川华控图形科技有限公司两家单位创建院士（专家）创新工作站；成华区有7个院士（专家）创新工作站，为成都锦江电器制造有限公司、成都建筑材料工业设计研究院有限公司、四川柯世达汽车制动系统集团有限公司、成都南车电机有限公司、中国医药集团总公司四川抗菌素工业研究所、成都大熊猫繁育研究基地、成都北方石油勘探开发技术有限公司。

（谢　立）

成华区归国华侨联合会

【概况】　2021年，成华区归国华侨联合会坚持成华区侨联“1345发展规划”，围绕“同心成华、侨连万家”主题，开展关爱服务、凝心聚力、联谊交流等活动，完成“侨之家”建设验收，区侨联被省侨联通报表彰为“侨之家”选树典型单位，被市侨联评为“全市侨联工作先进单位”。2021年，成华区有归侨侨眷1666人。

【归侨侨眷慰问关爱】　区侨联开展中秋、春节归侨侨眷慰问活动，全年入户关心慰问归侨侨眷58人次；开展帮困扶贫活动，帮助侨眷解决生活中的困难，对区内早期归侨24人发放早期归侨生活补助14.4万元。

【侨务服务】　区侨联探索构建“地方侨联+高校侨联+产业园区”机制，与驻区4个高校侨联签订合作协议，推动功能区与2所高校签订《产业人才培养合作协议》，获中国侨联领导肯定性批示。区侨联组织侨界代表人士撰写意见建议，被省市部门采用10篇，其中《关于修改〈反分裂国家法〉进一步遏制分裂国家行径的建议》被省政协采用；《关于将“6G成都”纳入成都市城市宣传品牌口号的建议》《关于加强成都大运会入境人员传染病防控的建议》《关于深入挖掘国宝大熊猫内涵价值，助力成都加快建设美丽宜居城市的建议》《关于提升社区公共服务功能试点开办成都社区大学的建议》《关于加强我市民主党派思想政治建设的建议》被市政协采用，全区侨界代表人士献策献智服务发展。

【“侨之家”建设】　区侨联坚持“党建引领+校地融合+侨务治理”模式，提升打造邻里月台“侨之家”服务阵地，

9月17日，区侨联在萌想星球107文创产业园区举办成华侨界“月圆中秋·侨心向党·情系成华·携手同行”迎中秋·庆国庆联谊会活动　（区侨联供图）

实施主题文化氛围营造项目，整合侨务服务资源，探索提供侨商中介、涉侨信息、涉侨心理等服务，增加“社区—侨胞”互动频率，为辖区侨界人士提供一站式服务和交流交往平台。1月27日，成华区“侨智学院”在邻里月台“侨之家”举行启动仪式，组织侨界专家走进社区科普传播科学知识，经验做法信息被中共中央统战部、市委办公厅采用。5月13日，“侨之家”组织成员及工作人员50人到陈毅故居开展“学党史 知党情 弘扬革命精神”主题教育。11月，“侨之家”发动志愿者100人深入高风险区参与抗疫行动，服务时长1.2万小时。

【侨界活动】　区侨联围绕庆祝中国共产党成立100周年主题，联合驻区高校侨联发布《成华区侨界“推动驻区高校互通互联·促进校园地企协调发展”推介会项目合作清单》，组织全区侨界群众开展“我和党旗有个约定”“庆国庆升国旗仪式”“我和我的祖国”快闪视频录制、“琅琅读书声　拳拳赤子心”“庆祝中国共产党成立100周年华诞宣讲”等系列主题活动，增强归侨侨眷爱国爱党信心和决心。5月25日，成华区“侨连五洲 文创东郊”产业推介会在东郊记忆举行，面向30个国家和地区推介成华区位优势、主导产业、营商环境及人居生态等情况，完成“蓉侨荟”东郊产业服务示范点授牌，搭建合作发展桥梁。9月17日，成华侨界“月圆中秋·侨心向党·情系成华·携手同行”迎中秋·庆国庆联谊会活动在萌想星球107文创产业园区举行，开展参观调研重点企业、召开产业推介会、美术书法摄影优秀作品联展、联谊交流等活动，吸引涉外驻蓉贸易机构代表、市侨商企业代表、各区县及高校侨联百人参加活动。9月29日，“同心成华 侨心向党”成华区侨界庆国庆爱国教育实践活动在踏水社区活动中心举行，侨胞侨属、侨企代表、侨眷小学生等30人参加活动。

（余　莹）

成华区台湾同胞联谊会

【概况】　2021年，成华区台湾同胞联谊会落实中央台办《关于加强当前形势下进一步推进两岸交流合作的意见》，抓好经贸合作、交流交往、服务宣传等工作，为台湾同胞到成华学习考察、投资兴业、交流交往搭建平台，获评2021年度四川对台调研工作先进单位、对台经济工作先进单位、对台交流工作先进单位。2021年，成华区有台胞台属164人，全年新增注册台资企业2家，引进台湾高层次人才20人。

【涉台法律法规宣传】　区台联加强《中华人民共和国台湾同胞投资保护法》《四川省〈中华人民共和国台湾同胞投资保护法〉实施办法》宣传，联合区人社局、区新经济与科技局、西南财大、莫斯咨询等开展“HR联盟政策宣讲培训会”“西财智汇商业研讨会”等活动，解读《关于深化职称制度改革的实施意见》、四川省科创10条等扶持政策。区台联协调各部门按照“同等优先、适当放宽”原则，对涉台企业予以优先审批、优先办理，兑现扶持政策，推动国家惠台31条、26条、四川惠台50条、成都惠台54条和《成华区关于鼓励和支持台湾青年创新创业若干政策》落地落实。

【台胞台属服务】　区台联持续开展春节等重要节日走访慰问活动，解答台胞台属关于投资、台湾籍人士在成都购房、子女入学、寻找亲人等咨询，协助相关部门解决台胞子女就近入学等事宜，为台胞群众排忧解难。区台联加强防疫政策宣传和服务，协调解决台胞疫情防控中隔离住宿、生产经营、疫苗接种等困难6件，组织在成华居住、工作和来访台胞在知情、同意、自愿前提下接种疫苗，获得台胞一致好评。

【对台交流活动】　区台联加强台胞联系，承办由国台办、全国青联会主办“第九届海峡青年节·海峡青年峰会”四川分会场，海峡两岸青年100人参加活动；承办省台办主办“2021两岸婚姻家庭川渝行开幕式暨回乡创业发展交

8月2日，区台联组织成华台湾青年学子参加“少年老城·海峡两岸高校青年创生工作营”

（区台联供图）

流会”启动仪式；承办“第二届海峡两岸摄影家走四川”摄影展，两岸摄影家120幅作品参展；组织参加“在路台胞建研行”“在蓉台胞云围炉”“两岸同胞中秋联谊会”“少年老城·海峡两岸高校青年创生工作营”等活动200人次，推动两岸青年交流交往。

【“双创”工作推进】 区台联推动蓉台青年创新创业，组织两岸青年参加“蓉漂”成华专场、“青年创业大赛”等各类双创赛活动10场，开展“幸福美好生活十大工程——企业交流沙龙”“台资企业建言献策座谈会”“台青交流会”等活动，两岸企业和双创青年参加活动300人次。

（周　映）

成华区工商业联合会

【概况】 2021年，成华区工商业联合会（商会）完成换届工作，抓好商会建设、服务引导，探索成立青龙街道商会，开展青年企业家商会青蓝接力活动，打造“新北天地商圈·同心阵地”非公有制经济领域统战工作示范点，获评全国“五好”县级工商联。成华区有综合性商会1家（成都市成华区青年企业家商会）、行业商（协）会5家，异地商会10家，会员企业893家。

【商会建设】 12月16日，区工商业联合会（商会）第七次代表大会召开，选举产生新一届领导班子，区工商联（商会）增强“五种能力”建设，多建务实诤言、多献利民良策，汇聚成华发展合力。区工商联（商会）制定《关于推进成华区工商联所属商会改革和发展工作分工方案》，推进商会改革和发展，加快街道

3月10日，成华区青年企业家商会赴成都星丽集团考察学习　（区工商联供图）

商会和直属商（协）会改革试点，探索成立青龙街道商会，打造在省市有影响力示范商会2个（成华区青年企业家商会、成华区家居行业商会）；持续推进异地商会组建，新指导成立成华区夹江商会；帮助成华区青年企业家商会解决驻址难题；指导青年企业家商会持续开展青蓝接力活动，采取“请进来”与“走出去”相结合方式，开展线上线下专题讲座6场，走访市内企业3家。

【非公有制企业党建】 区工商联（商会）召开六届五次执委（扩大）会议，组织非公经济代表人士140人学习习近平总书记关于民营经济和民营企业重要论述，传达省委、市委、区委全会精神，

表21　2021年成华区异地商会情况表

序号	商会名称	会长
1	成都市成华区东阳商会	王春寿
2	成都市成华区惠安商会	康玉彬
3	成都市成华区兴文商会	曾　途
4	成都市成华区陇南商会	张振华
5	成都市成华区陇商联合会	冉立春
6	成都市成华区仪陇商会	夏开仪
7	成都市成华区长宁商会	牟世昆
8	成都市成华区大英商会	蒋平安
9	成都市成华区贡井商会	柏德银
10	成都市成华区夹江商会	邓雪敏

表22　2021年成华区行业商（协）会情况表

序号	商会名称	会长
1	成都市成华区家居行业商会	朱玲英
2	成都市成华区建设路商圈商会	陈晓军
3	成都市成华区咖啡协会	侯全忠
4	成都市成华区餐饮娱乐协会	钟　新
5	成都市成华区龙港商会	谢　勇

表彰成都方旭社会工作服务中心、四川和平卫士集团有限公司、成都市成华区仪陇商会“光彩公益事业工作先进单位”3个。区工商联（商会）开展“幸福美好生活十大工程”等主题宣讲活动8场，指导5家会员企业和3家直属商（协）会党组织开展“学党史、感党恩、跟党走”主题实践活动；组织会员企业及直属商（协）会负责人25人到浙江开展经贸交流活动，调研民营企业创新发展及文商旅产业。

【非公有制企业服务】 区工商联（商会）持续开展“送政策、帮企业、送服务、解难题”专项活动，更新汇总惠企政策制度，依托门户网站、“两微一端”等平台动态宣传，深入企业宣讲推广；推进民营经济专题调研和成华区民营经济发展情况调研，完成“成都市中小企业开办服务满意度调查”“民营企业家阶层统战工作调研”“民营企业数字化转型现状和现实困难”等调查问卷；依托商会法律维权中心，开展法律培训和维权服务，畅通民营企业维权服务绿色通道，开展“法治体检”“3·15国际消费者权益日”等宣传活动；全年实地走访会员企业30家，通过座谈交流、实地察看，掌握会员企业发展第一手情况，及时协调解决困难。

【非公有制经济发展促进】 区工商联（商会）实地走访成都泰业投资和四川远舰建设集团，了解企业在转型升级中政策需求和困难诉求，并就如何更好地发挥商会作用促进企业发展征求意见建议；聚焦成渝地区双城经济圈建设，形成调研报告《充分发挥商会作用促进成华高质量发展》。

【民营企业家学习培训】 区工商联（商会）组织企业参加“财务如何支撑业务增长”“制造客户购买理由与销售设计”“企业用人识人之道之高效沟通”“数字经济时代企业的发展机遇与投资策略暨中央一号文件精神解读”“创新发展、资本赋能”5个专题培训，非公经济人士参学参训120人。区工商联（商会）组织家居行业协会企业代表20家参加“第八届中国西部中小企业发展论坛”，帮助解读政策，研判市场趋势，解决中小企业线下发展问题。

【民营企业对口扶贫】 区工商联（商会）与丹巴县工商联签订对口帮扶协议，区青年企业家商会组织会员企业到凉山州美姑县洛俄依甘乡小学开展教育扶贫，区仪陇商会到仪陇县铁山小学捐赠助学物资12.3万元，会员企业四川昊远建设工程有限公司向仪陇县贫困学生及贫困户捐赠4万元。

（于　俊）

成华区文学艺术界联合会

【概况】 2021年，成华区文学艺术界联合会继续发挥联系文艺界的桥梁纽带作用，实施党建引领、载体助力、品牌塑造、人才支撑等举措，出版发行《世纪辉煌——百年党史中的成华记忆》《流辩·成华书画》等书籍，举办诗书画印系列艺术展览讲座90场次，提升成华文艺影响力、美誉度。

【文艺创作】 区文联围绕成华表达和表达成华重点，建立健全文艺创作运行机制，扩大作品发布发表渠道平台，完成《世纪辉煌——百年党史中的成华记忆》采编创作出版工作；推出《新成华·沙河流韵》文艺副刊107期，发表文艺作品1000件次；与繁星戏剧村、亚旅文化等文艺机构合作，出品成华精品剧目、歌曲和舞蹈，结合“迎大运”创作歌曲2首；推动“戏曲进校园”活动，联合列五中学打造特色舞台剧《再唱山歌给党听》，参加四川省中小学优秀节目展演。成华区文艺家协会全年创作作品中，参加国家级平台发表作品4个，参加省级平台发表作品41个，参加市级平台发表作品9个；应中宣部、文旅部、中国文联、国家级各文艺家协会等邀请参展参演5个；应省委宣传部、省文旅厅、省文联、省级各文艺家协会等邀请参展参演56个；应市委宣传部、市文旅局、市文联、市级各文艺家协会等邀请参展参演39个；围绕庆祝建党100周年、乡村振兴、成渝双城经济圈建设、疫情防控等主题创作文艺作品获奖62个。

【文艺活动】 区文联全年主办、承办展览展演、文艺惠民活动60场次，举办全国艺术家参与展览3场次、省级展览16场次、社区艺术节系列活动12场次，提供文艺服务5万人次。成华区书法家协会在多宝寺1号艺术中心、毛边书局·桃蹊书院书画展厅举办“蜀山彩云悠——当代书画名家四川展”“传承与创新——四川省第四届临书临印展”“格物致知——四川民族书法研究所首届艺术展暨全国书法名家展”等展览50场次。成华区美术家协会举行“巴蜀文史翰墨第七届诗书画印艺术展”等展览及讲座活动40场次，出版《流辩·成华书画》等记述成华书画发展图书10本，提供艺术美学鉴赏服务4.9万人次。成华区作家协会加强成华历史人文系列丛书宣传推广，围绕建党100周年创作文艺作品。成华区摄影家协会常态化开展“镜观成华 每日一图”栏目，全年每天推出一张“美图”，展示成华发展自然人文景象。成华区志愿者协会联合市文联开展“墨韵槐香·幸福万年”天府文化社区艺术节活动，为辖区群众、学生、专业人士提供文艺志愿服务3万人次。

（王晓礼　黎文怡）

成华区残疾人联合会

【概况】　2021年，成华区残疾人联合会加强残疾人基本民生保障，打造助残服务设施10处，推动残疾儿童康复救助政策年龄段全覆盖，提升残疾人托养服务水平，获2021年成都市残联“残疾人工作、教育就业、精准康复、宣传、文化体育、党群、信息”先进表扬。全年走访慰问残疾人1698人，完成残疾人家庭无障碍改造138户，建立残疾人法律服务站11个，发放残疾人机动轮椅车燃油补贴150人，发放残疾人助学补助550人，困难残疾目标人群实现100%覆盖。

【残联组织建设】　区残联规范基层组织建设，制定出台《成华区残疾人工作者管理指导意见》，为11个街道、83个社区（村）选好配齐98名残疾人专职干事、专职委员，成立成华区残疾人事业发展促进会，加强对残疾人专门协会管理和指导。区残联加强干部队伍素质建设，全年组织干部职工、基层残疾人专职干事、专职委员参加业务培训5次，引导广大残疾人工作者恪守“人道、廉洁、服务、奉献”职业道德，提升为残疾人服务能力和水平。

【助残服务阵地建设】　区残联依托街道群团服务分中心，提档打造成华特色助残服务新阵地10处：建成区级辅助器具适配中心1个；“融乐阳光家园”4个（位于双水碾街道、府青路街道、跳蹬河街道、白莲池街道），社区康复站4个（位于双桥子街道双桥路北社区、二仙桥街道下涧槽社区、万年场街道槐树店社区、白莲池街道将军碑社区），社区辅助适配站1个（位于二仙桥街道下涧槽社区）。助残服务阵地提供日间照料、社区康复、“个性化”辅助器具适配等服务，让更多残疾人就近、就便享受到生活照料、技能培训、康复医疗、就业创业等服务。

【残联人文体活动】　区残联以全国助残日、全国残疾预防日等残疾人主题宣传日为节点，实施残疾人文化进社区、进家庭“五个一”工程，开展群众性文化活动74场；承办全市残联系统庆祝中国共产党成立100周年主题活动，组织“有爱无碍·别样雅集”残疾人文创集市，举行“二十五小时生命之光”文化联欢，打造大型城市音乐情景剧《幸福之光》；承接四川省特奥游泳队组队参加全国第十二届特殊奥林匹克运动会游泳比赛任务，取得9金3银2铜；开展成华区残疾人全民健身绿道健步走，完成成都市残疾人桌上冰壶球项目试点；开展成华区“最美自强模范”评选活动，评出陈光炅、邓海伦、曲长城、石婉茹、张世维、汤宏炜、董健、范乃彬、晏红兵、杨晨曦10名“自强模范”，营造残疾人事业发展文明进步社会环境。

【第五次“全国残疾预防日”活动】　8月25日是第五次“全国残疾预防日”，区残联组织“加强残疾预防·促进全民健康”系列宣教活动，线上开展有奖知识问答，内容涵盖孕产妇、高危职业从业者等重点人群残疾预防知识及致残原因解读，3000人（次）参与答题活动；线下在龙潭、保和、双桥子、二仙桥等街道设立宣传点位11个，开展健康检查、解读残疾救助政策等活动，发放宣传资料2000份、宣传品900份；协助区妇幼保健院组织孕产妇、儿童家长开展产前检查培训和婴幼儿贫血讲座，督导儿童康复机构开展身体健康、残疾人康复等知识培训及体育活动。

【残疾人就业服务】　5月25日，区残联与四川圆梦助残公益服务中心在长天路社区举办“携手追梦·共享阳光”残疾人就业岗位进社区微招聘，链接企业6家现场提供适合残疾人工作岗位140个，涉及客服、保洁、司机、快递员、店长、调度、销售等工种，现场应聘残疾人70人，与企业达成初步就业意向6人。区残联同时举行线上专场

10月15日，2021年成华区残疾人全民健身绿道健步走活动在北湖生态公园举行（王雅妮　摄）

12月1日，区残联主办的"二十五小时生命之光"国际残疾人日主题活动在华林广场举行

（区残联供图）

招聘会，联手20家企业为残疾人提供就业岗位100个，通过微信、电话、公众号等方式，用工企业与求职者一对一交流，吸引残疾人求职者线上应聘50人。

（黄小芳）

成华区红十字会

【概况】 2021年，成华区红十字会深入开展"三救三献"核心业务，推动组织建设规范化、应急救援科学化、救护培训基地化、人道救助体系化，在青龙街道致强社区打造全国城市博爱家园红十字会基层组织建设示范点，电子科技大学和成都市建筑职业中专校被确定为首批全国急救教育试点学校，成华区红十字应急救护培训基地获评首批"成都市群团服务体验馆"基地，区红十字会获评2021年成都市红十字系统党建工作先进单位、目标考评综合先进单位。

【城市博爱家园示范点建设】 青龙街道致强社区探索打造以生命教育、应急救护、防灾减灾、社区助老等为主题社区博爱家园，被中国红十字会总会确定为全国城市博爱家园建设示范点。项目总投资219.5万元，室内部分位于致强社区豫府邻里中心，面积100平方米，室外部分位于豫府新街坊广场南侧，面积1000平方米，12月投入使用。致强社区博爱家园成立红十字志愿服务总队、红十字健康卫士服务队、红十字关爱服务队等志愿服务队伍，包括会员200人、专业志愿者125人、普通志愿者400人。全年开展"世界红十字日""健康管家""志愿服务主题集市""找到你的世界"心理疏导、"美好邻里生活节"等活动300场；以"友善公益·成就繁华"公益联盟为牵引，吸引社区商家200家成立社区"益社联盟"；为辖区居民提供养老、助餐、维修等生活服务211项，提供疫情防控、助老助困、三救三献、垃圾分类等志愿服务。

【红十字会组织建设】 区红十字会全年新建红十字志愿服务队4支，新发展红十字会员2000人、团体会员67个、志愿者1000人；开展街道、社区和学校红十字会业务培训3场200人次；及时指导社区红十字会召开理事会，调整完善社区红十字会组织；全面推进红十字会改革任务落实，区红十字会作为代表在全省红十字改革工作会交流发言。

【志愿服务】 区红十字会组织基层红十字工作人员和志愿者2000人次，开展"助力疫情防控""就地过年·新春关爱""学雷锋、树新风""垃圾分类"等志愿服务活动30场；组织即刻、永安等红十字会救援队和志愿者100人、20台车，开展河南郑州洪灾消杀救援等工作，开展"携手人道·'益'路同行"助力丹巴脱贫攻坚等志愿服务，全年受总会、省市区级表彰表扬志愿者及会员116人次。

5月8日，成华区红十字志愿者向群众普及应急救护知识 （区红十字会供图）

【惠民救助】　区红十字会开展筑梦索玛贫困生救助项目，发放款物8.93万元，惠及彝族学生199人次；“红十字博爱送万家”活动期间慰问辖区困难群众、志愿者354人，发放款物20.67万元；为7名白血病儿童申报“中央专项彩票公益金大病儿童救助项目”；为退役军人申报四川省红十字会退役军人关爱援助专项基金；为龙潭街道“5·10”事件中因突发事件致困家庭募集资金212万元，发放定向救助金14.56万元；引导爱心企业捐赠价值1.4万元急救箱，用于公交线路急救响应工作；接受社会捐赠和上级红会调拨疫情防控资金9万元、防控物资6批次用于支援街道、社区、学校等疫情防控；接受定向河南郑州捐款15.8万元，全部划转至郑州市红十字会；接受成都市拥军事业发展基金捐款39.1万元，全部划转至四川省红十字基金会；接受成都市教育系统教职工帮扶专项资金捐款5.36万元，全部划转至成都市红十字会；向丹巴县红十字会、成华区援藏工作队捐赠防疫包，引导爱心企业向丹巴县红十字会捐赠红十字应急救护一体机，持续推进“红蜂计划”“小鸡快跑”等产业帮扶活动，助力丹巴乡村振兴。

【应急救护培训】　区红十字会全年在街道、学校、企业、机关等开展救护知识普及和AED使用培训183期2.9万人次，开展救护员培训79期，培训合格救护员3829人，培训数量居全省第一；新增应急救护师资5人，师资复训1人，参加中国红十字会总会师资提高班1人，组织师资教研活动4期92人次；聚焦丹巴“红十字救在身边”应急救护培训活动，为当地企业、学校开展应急救护普及培训300人；开展应急安全知识和能力培训进社区及企业、“救在身边·校园守护”、市委党校干部应急救护现场教学等活动100场。区红十字会组织街道群众、医院职工、青少年学生参加中国红十字会总会举办红十字应急救护知识竞赛，区红十字会、区教育局、青龙街道红十字会、成华小学等7家单位荣获“全国红十字系统2021年红十字应急救护知识竞赛活动单位组织奖一等奖”；组队参加2021成都百万职工技能大赛红十字应急救护技能竞赛，成华区红十字代表队获得参赛团队第二名。3月30日至6月29日，举行成华区第四届红十字应急救护技能大赛，97支队伍、291人参加比赛，沙河阳光幼儿园代表队获一等奖，成都理工大学代表队等获二等奖，府青街道代表队等获三等奖，曾显辉、伍波、徐慧等10名救护员获成华区十佳救护员称号。

【红十字阵地建设】　区红十字会结合群团分中心建设，推进街道、社区、景区红十字人道服务站点建设，在熊猫基地打造以生命教育、应急救护等为主题全省旅游景区高标准景区红十字救护站，在保和街道和欣社区打造人道服务站；区红十字会应急救护培训基地评为首批“成都市群团服务体验馆”基地。

【红十字工作宣传】　区红十字会结合春节、世界红十字日、世界急救日、国际志愿者日等重要时间节点，开展宣传活动20场，发放宣传资料1万份，受益群众2万人次；在列五中学、建筑职中等学校开展以青少年骨干培训为主题四川省首批青春善言行试点课堂2期100人；加大媒体宣传力度，发布微博微信4573条，成都电视台、成华电视台等电视媒体报道15次。全年帮扶惠民、救护培训、三献宣传等工作信息在总会官网采用4条，在《中国红十字报》上刊发5条，省、市红会官网采用60条。区红十字会获中国红十字会总会“报刊宣传先进集体三等奖”，获省红十字会庆祝中国共产党成立100周年优秀红十字短视频征集活动优秀组织奖二等奖、优秀作品三等奖。

【红十字博爱月活动】　5月8日，成华区纪念第74个“世界红十字与红新月日”暨“红十字博爱月”活动启动仪式在SM购物广场举行，设置红十字小镇，展示红十字工作，开展文化宣传、知识普及、健康义诊、实操体验、“三献”宣传登记、志愿者登记、微视频征集等活动；现场表彰区检察院“检爱”红十字志愿服务队等优秀志愿服务组织5个，张强、何普茜等优秀红十字志愿者5个，区特殊教育学校红十字会“爱心助残”项目等优秀红十字志愿项目5个。

（朱世芬）

5月8日，成华区“红十字博爱月”活动现场为优秀红十字志愿者代表颁奖　（区红十字会供图）

法　治

编辑　李金洁

综　述

【概况】　2021年，成华区坚定学习践行习近平法治思想，深化四川省全面依法治区示范试点工作，争创全国法治政府建设综合示范区，优化完善行政决策程序机制，深化执法体制改革，创新推行“法治帐图模式”，营造“全民普法场景”，探索形成“以社区法律之家奠基社会依法治理”等可借鉴可复制可推广经验做法20项，相继在中央依法治国办、司法部和省委、市委相关会议上作交流发言，分别得到司法部主要领导和省委、市委相关领导肯定，先后获评全国法治政府建设优秀区、全国社会治理创新典范区、全省平安建设先进区等荣誉。

【平安成华建设】　区委政法委以“平安细胞”创建活动为抓手，夯实平安成华建设基层基础，全年申报省级“六无”平安示范社区3个、市级“六无”平安示范社区2个、“三星级”平安街道3个；开展“平安社区、人民阅卷”“爱成华·享平安”平安微讲堂等系列活动，提升群众对平安建设工作知晓度、参与度、满意度；针对违法犯罪警情突出的32个社会治安复杂区域进行专项整治，整治区域违法犯罪警情同比下降25%，入室盗窃警情同比下降41.7%，涉车类盗窃警情同比下降34.29%，“两抢”警情同比下降48.3%。

（李红兵）

【市域社会治理现代化试点】　区委政法委持续推进市域社会治理现代化试点工作，编制试点任务、特色项目、负面清单“三张清单”，明确牵头单位、责任单位、完成时限、考核分值，全年完成试点任务67项、打造特色项目17个；东方新城二期网约房治理项目列为省级创新项目，华仔骑手帮帮团、区关爱之家等8个项目入选市级项目库，“大联动·微治理”体系建设项目写入四川省政府工作报告，东方新城二期、二仙桥街道下涧槽社区纳入全市市域社会治理现代化试点拉练点位，相关经验做法被市委政法委推广。

（毛　瑞）

【全省依法治区示范试点】　成华区纵深推进全省全面依法治区示范试点工作，成立由区委主要领导任组长的示范试点领导小组，构建区—街（部门）—社区“三级书记”抓法治责任体系，完善“一级目标督法治”“政治巡察巡法治”等领导督导体系；坚持“专班推进、协调联动、情况通报、检查督办”等试点推进机制，建立完善会前学法、专家讲法、任前考法、年终述法、实践用法等常态化机制，坚持区委常委会一月一部署、依法治区办一月一调度、区委督效办一月一督察，整体推进依法治区26条措施、121项任务、36个项目落地落实。成华区在全省率先成立重大行政决策合法性审查委员会，制定审查流程导图和操作指南，编制标准化作业表；探索组建重大行政决策咨询论证专家库，全年对疫情防控、城市更新、征地拆迁、招商引资等重大决策事项332件进行合法性审查论证，提出法律意见1800条；全区重大决策事项合法性审查率100%，行政规范性文件报备率、及时率、规范率均100%。成华区深化综合行政执法体制改革，健全行政执法和刑事司法衔接、行政处罚“三张清单”制度动态调整等机制，深入推进“双随机、一公开”和跨部门联合监管，构建“律师随队执法、群众随案监

成华区宪法主题街区 （区司法局供图）

督、服务随件联动”执法模式，“盯死执法环节风险点”等经验做法被《人民日报》报道。

【社区法律之家建设】 成华区着力打通服务群众“最后一千米”，将全区83个社区（村）法律服务工作站升级打造为“社区法律之家”，为每个社区配备专业律师、法律志愿者和市民观察员，集成提供法律服务、协助刑罚执行功能，培育全省首个公益律所暨四川·成都·成华农民工法律援助工作站，搭建法治宣传课堂、法治实践基地、维权服务驿站、排忧解困窗口四大平台；全年接受居民法律咨询51万人次，组织律师50人深入社区提供婚姻家庭、教育医疗等4大类17项法律服务，调解矛盾纠纷1.1万件，挽回经济损失1.56亿元，全区群众法治参与率从64%上升到92%，成华区“社区法律之家”建设经验被写入全国“八五”普法规划。

【宪法主题街区获评省级法治教育基地】 成华区宪法主题街区位于万年场街道长天路，全长320米，分为尊法、学法、守法、用法四大区域，区域内有万年场司法所、万年场派出所、长天路社区法律之家和长天路社区群众工作之家，建有宪法历史发展长廊、宪法记忆图片展、宪法生命树、熊猫学法牌、法治人生路等场景，是集法治宣传、法律服务、依法治理于一体的法治阵地。9月6日，成华区宪法主题街区被四川省委依法治省办、省司法厅命名授牌第三批省级“法治宣传教育基地”，先后接待鄂尔多斯市达拉特旗人大常委会考察组、区法治专题培训班等访团。

（蔡思静）

政　　法

【概况】 2021年，中共成华区委政法委员会围绕维护国家政治安全、确保社会大局稳定，持续抓好隐患排查整治、矛盾纠纷化解、网格化服务、“扫黑除恶”专项斗争、平安成华建设等工作，探索市域社会治理现代化试点、网约房治理等创新工作，确保社会安定、城市安宁、人民安康。区委政法委获全市“扫黑除恶”专项斗争集体二等功，成华区《政企共治、智慧街区系统探索市域治理现代化新路径》案例被人民网评选为“2021年社会治理创新十佳案例”，《网约房管理系统》被《法治日报》评为“2021年政法智能化建设智慧治理创新案例”。

宪法主题街区

【社会稳定维护】 区委政法委抓好源头防范治理，依托省维稳工作平台，加强情报信息收集研判，完善线上线下、条块结合信息收集报告机制，加强公安、智慧治理中心、街道、部门信息通道建设，全年收集风险信息163条，备案风险评估报告36件。区委政法委建强矛盾化解机制，完善部门街道联动矛盾调处机制和“三张清单”攻坚化解督办机制，组建民工工资、涉房、非法集资等工作专班46个，通过自救续建、破产重整、资产置换等方式破解复工难、交房难等问题，攻坚化解遗留问题13件；完善应急维稳组织指挥和责任体系，创建群专结合网格化防控模式、快速应急维稳处置模式、复合多元维稳工作模式，依法处置劳资纠纷、涉房问题等情况149起；抓好涉藏反分、反恐防暴和反邪教斗争，有效处置涉高校网络舆情1起。

【“扫黑除恶”专项斗争】 区委政法委常态化开展“扫黑除恶”专项工作，以工程建设、信息网络、交通运输、自然资源四大行业领域整治为重点，带动教育、医疗、文化、旅游、水利、市

12月7日，成华区网格员获2021年成都市网格化服务管理“十佳网格员”表彰

（区委政法委供图）

场监管等十大行业领域开展集中整治行动，对2条市级和28条区级涉黑涉恶案件线索开展复核倒查；全年接收涉黑涉恶线索91条，办结89条，办结涉政法干警涉黑涉恶腐败线索5件，立案3件，依法审查起诉恶势力团伙案件1件1人。

【网格化服务管理体系】 区委政法委深化网格化服务管理，将网格工作纳入街道、区级部门目标绩效考核，推动综治、党建、市场监管、安监、应急管理、环保等网格整合运行；完善落实《成华区网格员星级管理考评办法》《成华区网格化服务管理工作考核办法》，加强网格员队伍规范化建设；加强与公安、民政、妇联等部门联动，将家庭矛盾纠纷、性侵、家暴、虐待妇女儿童、赌博、涉毒、电诈等风险隐患排查纳入网格化服务管理，推动各类问题在网格得到发现、上报、落地；全年网格员发现上报有价值线索200条，协助抓获违法犯罪嫌疑人40名、逃犯2名；二仙桥街道东华社区袁辅获评省级“百优网格员”和市级“十佳网格员”，保和街道和顺社区陈敏获评市级“十佳网格员”。

【矛盾纠纷多元化解】 区委政法委抓好矛盾纠纷隐患日常排查，重要节点开展集中排查专项行动，对排查出问题建立清单，逐一进行风险评估，分类制定化解措施；推进“一站式”解纷平台建设，打造区级矛盾纠纷多元化解协调中心，整合区人社局、区住建交局等部门力量，开展劳资、物业、住房等多元纠纷化解；加强排查经济纠纷、家暴、婚外情、子女抚养权探视权纠纷、遗产纠纷等民事问题隐患，及时提供法律服务和心理疏导，预防和减少“民转刑”案件发生；全年受理各类矛盾纠纷5913件、调解成功5839件，调解成功率98.75%。

（李红兵）

【网约房专项治理】 区委政法委牵头成立网约房治理工作专班，围绕治安防范、消防安全、卫生健康、群租群宿、私改乱建“五类风险”，研究制定《网约房专项整治方案》，明确牵头部门和管理标准；推动成立由小区党组织、网约房从业者、物业、小区居民参与的网约房行业自管协会，制定《网约房治理手册》，形成自治章程、管理公约和经营承诺书，建立准入申报、登记备案、投诉处理、用户评价、信用评级、约谈清退“六项制度”，配齐安全标识、灭火器、智能烟感、监控设备“四件套”，提高行业自主规范能力；研发“网约房服务管理”系统，运用大数据、人工智能等技术辅助网约房入住人员登记，实现前端精准采集、后端实时分析、终端迅速处置，协助抓获犯罪嫌疑人66名；全年网约房引发违法犯罪警情同比下降82.6%，矛盾纠纷同比下降95%。

（胡黎明）

【政法队伍建设】 成华区开展政法队伍教育整顿，突出筑牢政治忠诚、清

6月3日，成华区政法系统“平安微讲堂”社区巡回授课活动在二仙桥街道下涧槽社区举行

（区委政法委供图）

除害群之马、整治顽瘴痼疾、弘扬英模精神四项任务，抓好学习教育、查纠整改、总结提升三环节，清理整改问题227个，查实认定“六大顽瘴痼疾”问题361个，建立健全《街道政法委员工作机制的指导意见》等制度70项；加大干部协管力度，严格落实重大事项请示报告制度，对政法干部履历、档案材料进行清理规范；坚持导师培育骨干机制，实行办案能手带青年干警模式，开展案例研讨、规范文书制作、专家授课、工作沙龙等活动，提升业务能力和素质；构建“互联网+政工”机制，《不要命的热案》在成都市委政法委举办的“平安成都”三微比赛中获优秀奖。

【法学会建设】　成华区法学会持续开展“百名法学家百场报告会”“青年普法志愿者法治文化基层行”等活动，全年开展专场法治宣讲15场，开展法律咨询服务3000人次，矛盾纠纷预防化解6200人次；参加中国法学会主办第十四届中国法学家论坛、第十四届中国法学青年论坛、中国西部法治论坛、泛珠三角合作与发展法治论坛，参与四川省“治蜀兴川”法治论坛主题征文活动，《现代基层治理体系中乡镇（街道）政法委员作用机制初探》被省级社科类期刊《四川行政学院学报》刊登。

（李红兵）

法治政府建设

【概况】　2021年，成华区将法治政府建设纳入全区“十四五”规划，实施党委依法执政领航、政府依法行政提能、司法公正为民解难、社会依法治理强基四大行动，围绕优化营商环境、推进城市有机更新等领域打造法治筑基、法治利企、法治营城、法治榜样、法治惠民五大工作品牌，成华区获评全省法治政府建设先进集体。

【全国法治政府建设优秀区创建】成华区开展全国法治政府建设优秀区创建工作，建强以区长为组长的法治政府建设领导小组，制定2021年法治政府建设工作要点，逐级签订依法行政责任书，全面压实工作责任；聚焦破解“业务与法制结合不紧”问题，在全区各单位全覆盖推行“一账一图两本”的“法治账图模式”，推动实现“法、岗、人、事、责”紧密结合；搭建新经济领域孵、产、研、创、投“五位一体”公共法律服务体系，推出公民和企业全生命周期法律服务产品52项，培育中建西勘院、富森美等一批依法治企典型，培育“伟旭公益援”“天义调解室”“民族之花调解室”等一批社区法律服务特色品牌，推进全区党委依法执政、政府依法行政、司法公正为民、社会依法治理。

【行政执法】　成华区完善行政处罚“三张清单”动态调整机制，推进包容审慎柔性执法，采取“双随机”方式集中检查评审执法案件，全年开展执法专项督查12次、办理执法投诉14件；严格行政执法人员持证上岗和资格管理制度，举办2021年行政执法人员通用法律知识考试；邀请法官、律师等专家“以案说法”，开展执法相关法律知识讲座50次650人次，组织执法法律法规培训110场次1300人次；探索“法治政府建设特邀监督员制度”，制定《成华区法治政府建设特邀监督员管理办法》，成立特邀执法监督队伍，开展人民群众最不满意行政执法突出问题承诺整改等活动；全区全年行政执法部门实施行政处罚7623件、行政强制672件。

【行政复议和行政应诉】　成华区完成行政复议体制改革，印发《成华区行政复议体制改革实施方案》，实现区政府行政复议工作机构“一个窗口对外”，全年办理行政复议案件144件、区政府被复议案件10件、区政府涉诉案件286件，区行政复议决定履行率100%。区司法局做好负责人出庭应诉工作，将出庭应诉纳入绩效目标考核，坚持季度联合通报机制，推动各级行政机关负责人严格履行应诉职责，带头参与行政应诉，全年区政府涉诉行政案件行政机关负责人出庭率100%。

（蔡思静）

公　安

【概况】　2021年，成都市公安局成华区分局持续防风险、保安全、护稳定，强化高发警情主动干预，防范化解重点领域涉稳风险，打击防范电信网络诈骗等新型犯罪，深入探索“智慧警务”建设，确保全区社会大局平安稳定。区公安分局全年向检察机关提请批准逮捕案件810件1177人，移送审查起诉案件758件1093人。区公安分局办证中心被共青团中央、公安部命名为“全国青年文明号”，区公安分局出入境大队和猛追湾派出所党支部被命名为全省公安机关“最强支部”，区公安分局情报指挥中心被表扬为“全省公安系统遂行建党100周年安保维稳任务先进集体”。

【社会治安防控】　区公安分局建立治安防控专群联动机制，开展“联动式”问题整治，全年发现并整改内保单位、校园等各场所安全隐患413处；做好网贷平台、信托债券、长租公寓、规划住建等重点领域涉稳风险防范化解，着重对退役军人、涉众、涉房等特殊利益群体风险进行排查，全年调解案件6551件，调解成功率98.84%；对警情分布较集中区域加强排查管理，指导青龙街道昭觉社区组建物业平安联巡队，压降入室盗窃和街面犯罪警情；严厉打击防范电信网络诈骗犯罪，完善区级反电信网络诈骗联席会议机制，建立成都首支“熊猫反诈志愿者联盟”，强化“两卡”“断卡”打击，为群众挽回经济损失195万元。

【违法犯罪严打】　区公安分局开展扫黑除恶、命案侦破、大案要案攻坚等违法犯罪打击行动，全年刑事立案14143件，破案2139件，采取刑拘强制措施1978人；核查办理涉黑涉恶线索65条,办结61条；立聚众斗殴、敲诈勒索等涉恶九类案件252件，破获63件，刑事拘留187名，逮捕76人，移送起诉154人；受理经济类犯罪案件56件，立案45件，刑拘62人、逮捕37人、取保候审51人、追逃4人、移送起诉80人，追赃挽损4000万元；立侵财案件13105件，破案1682件，破案率12.83%，打击传统侵财犯罪人员650人；立电信网络诈骗案3113件，破案81件，止付冻结率28.5%；通过开展打拐斗争，依法严惩拐卖妇女儿童犯罪，找回失踪人员10名、走失儿童9名，回访离家出走及失踪儿童家属31人次，发放反拐卖妇女儿童宣传资料1万份。区公安分局严打各类涉网违法犯罪，办理主侦案件65件，配侦案件980件，打击网络赌博案件7件，其中跨境赌博案件1件，抓获嫌疑人15人；打击网络组织卖淫案件2件，抓获嫌疑人5人；破获偷越国边境案件1件，抓获嫌疑人20人；勘验电子数据检材632个，出具勘验报告182份，各类紧急事件核查321件，上报市公安局网侦情报6条。

【禁毒百日攻坚行动】　区公安分局抓好禁毒工作“治、打、防、控”四个方面，深化新型毒品违法犯罪打击，对制毒案件进行溯源整治，开展“护旗”“两打三控”“集群打零”等禁毒专项整治行动，查处吸毒人员1051人，强制隔离戒毒319人，破获制毒案件5起、破获省目标案件3件，打击处理143人。区公安分局加大禁毒宣传教育力度，完善区禁毒预防教育基地的教育、社区康复等功能；通过社区简报、教育系统禁毒培训等系列举措，广泛普及禁毒知识，树立防毒、拒毒及举报意识，从源头扼杀毒品传播。

【公安巡防警务】　区公安分局以“巡逻勤务规范化、防范打击精准化”为标准，提高成南、成绵公安检查站等站点电子侦察哨预警能效，实行“智慧检查站五位一体查控战法”，全年盘查抓获各类违法犯罪嫌疑人859人、查获各类毒品590.18克、仿制式手枪1支、子弹5发、笑气31瓶；坚持灵活用警、科学导巡，优化网格化布警，指导12个派出所17支智能巡防警组，开展常态街面巡防，在重要商圈采用“车巡+步巡+驻点”方式强化显形用警，建立立体化网格布警巡防工作体系；做好反恐防暴、安保维稳工作，完成全国“两会”、建党100周年安保、隔离酒店值守等勤务870场次，完成排爆安检任务27次,加强天府熊猫塔、成都东站等重点场所守护、武装巡逻工作，强化武装震慑作用。区公安分局全年接市局及情指中心警情指令389次，处置持刀警情63起，处置“2·14酒后肇事逃逸”“6·25持刀伤人”等突发重特大警情，查获无证驾驶260人、酒驾52人、超载26人，交通肇事逃逸2件。全年六类侵财警情总数7954件，同比下降2.87%，抢劫同比下降22.88%、抢夺同比下降52.52%、盗窃机动车同比下降49.46%、盗窃电动自行车同比下降4.77%、盗窃车内财物同比下降24.82%、扒窃同比上升47.86%。

7月19日，成华区公安分局办证中心工作现场　　（区公安分局供图）

【治安行政管理】 区公安分局强化线索收集摸排，加强部门协同配合，做好枪支、易燃易爆、危险物品、公共娱乐场所等治安管理，全年办理涉枪案件7起，刑事拘留7人，收缴群众主动上交枪支13支，子弹3.08万发；检查危爆企业140家，发整改通知书7份，对违规存放危化品、未备案流向信息等问题行政处罚4起；清查整治公共娱乐场所800家，发现各类隐患问题57处，下发限期整改通知书40份，处罚公共娱乐服务场所87家；现场检查网络公司38家，行政处罚违法公司12家，处理违法信息9条，处理漏洞网站13家，审批新建网站81家，审批新开网吧14家；落实旅馆业治安管理“三级”检查制度，行政处罚旅馆6家、旅馆工作人员21人，通过旅店业信息管理系统抓获网逃15人。

【“智慧警务”建设】 区公安分局按照立体化信息化现代化社会治安防控体系规划，推进“智慧公安”警务建设，持续优化万象城智慧警务服务驿站，升级改造天网信息工程，前端采用结构化摄像机，后端搭建智能化应用平台，加强“人车非”数据汇聚和分析应用，全年有“高清天网”4402个，新建“高清天网”点位50个，升级改造点位600个。万象城智慧警务服务驿站深化政务服务“一网办、一门办、一次办”，全年接待咨询2.15万人次，受理业务16848笔，其中车驾7063笔、出入境3995笔、户政业务3381笔、天府通业务2409笔，发放反诈、反跨境赌博宣传资料2000份，服务群众4.7万人次。《打造小驿站 回应新需求 发挥大效用——成华区打造万象城智慧警务驿站推进“放管服”改革》获“第六届中国法治政府奖”。

【“成华微户政”自助平台运行】 区公安分局办证中心深化“互联网+”建设，做优公安户政服务。截至年底，“成华微户政”平台预审材料28721份，预约3036起，咨询5384条，邮寄办理1471份，受到群众关注赞扬。6月，区公安分局在望平滨河路打造集“交管+户政+出入境业务”为一体的“望平生活家”公安24小时线下自助服务区，形成涵盖周边2.5万人口、500家商户“不打烊”公安政务服务圈。截至年底，自助服务区办理身份证件和户籍业务615件，处理交通违法80件，提供业务咨询1020人次，成为成都市公安局“我为群众办实事”公开承诺工作示范点，获评成华区“我为群众办实事”实践活动“百优十佳”民生实事项目。

（李　文）

10月15日，司法部调研组到万象城警务服务驿站视察调研　　（区公安分局供图）

检　察

【概况】 2021年，成华区人民检察院忠实履行法律监督职责，创新实施“指尖检务”、网络直播听证、行政执法与刑事司法衔接等工作，深化与重庆市大渡口区检察院异地办案协作，全年召开检委会18次，发出检察建议102份；获国家级表彰奖励7项次、省级4项次、市级9项次，获评全国“青少年维权岗”、全国检察宣传先进单位，多项做法被《检察日报》刊载。

【刑事检察】 区检察院充分履行批捕、起诉等职能，落实少捕慎诉慎押刑事司法政策，深化认罪认罚从宽制度适用，开展“扫黑除恶”专项斗争；清理涉企刑事“挂案”16件，有效解决涉企诉累；开展盗窃、危险驾驶类案件专项侦查监督，针对多发性、频发性监督点位和常见违法情形制发类案监督意见；强化“两项监督”和刑事审判监督，立案监督33件、纠漏51人、抗诉5件；推进刑事办案提速增质，通过实质化提前介入、自行补充侦查等工作，有效降低“案–件比”；强化刑罚执行监督，联合有关部门开展未收押未收监集中清理专项活动，清理纠正40人；全年办理审查逮捕、审查起诉案件814件1179人、1190件1541人。

（邹小康）

【经济犯罪检察】 区检察院加强对非法集资金融犯罪打击力度，全面梳理非法集资案件存量，严惩各类非法金融活动，办理首例洗钱案获得有罪判决；依法惩治食品药品犯罪，对胡某等6人销售有毒、有害食品一案开放庭审观摩；加大对电信诈骗、网络投资诈骗等违法犯罪活动惩治，全年受理网络犯罪55件159人；开展涉民营企业挂案专项清理，对可疑“挂案”拉网式集中全面排查，实现“挂案”按期全部清零，《成华区检察院多措并举实现“挂案”清零 切实保障和促进民营经济健康发展》在《经济金融犯罪检察工作情况》上发表；坚持经济犯罪案件慎捕原则，严格适用羁押强制措施，提高案件办理效率，经济犯罪案件延长审查起诉期限率10%，经济犯罪案件捕后起诉有罪率100%。

（朱　远）

8月25日，区检察院在青龙街道致强社区举行“亮晶晶+绒花”沉浸式法治教育启动仪式

（区检察院供图）

【民事行政检察】　区检察院以精准监督理念为指引，加大虚假诉讼监督，围绕线索摸排、民事监督等环节，加强虚假诉讼辨别和调查取证，实行“一案双查”“一案多查”，向有关部门移送涉嫌犯罪线索4件；围绕解决民事“执行难”问题，加强民事执行工作交叉监督检查、会签民事执行法律监督意见，提出执行监督检查建议23件；开展“加强行政检察监督促进行政争议实质性化解”专项活动，联合部门建立信息联通、工作联动、争议联调协作机制；全年审结民事检察监督案件45件，发出再审检察建议4件，提请抗诉2件，支持起诉12件。

【诉讼监督】　区检察院推动非羁押诉讼、诉前羁押率降至52.39%；审结民事裁判结果监督14件，4件再审检察建议获采纳3件，促成和解4件，2件抗诉获采纳1件；提出民事审判违法、执行监督检察建议23件获采纳，1件再审检察建议获采纳；以非诉执行监督为重点办结行政检察案件17件、化解行政争议3件；全年立案监督33件、纠漏51人、抗诉5件，认罪认罚适用率85.56%、确定刑量刑建议率99.12%、服判率99.38%，“案–件比”降至1.12。

【公益诉讼检察】　区检察院回应民生热点，加强扬尘污染、污水乱排、违法销售药品等问题诉讼检察，开展“护航医保基金安全”等专项监督活动，办理公益诉讼54件，提出诉前检察建议52件获整改回复，提起1件刑附民公益诉讼追索惩罚性赔偿金11万元；开发“智公益”公益诉讼取证平台，利用“三网”交互技术，扩展群众对身边公益损害线索发现、举报渠道；加强检察公益诉讼宣传力度，开展线上知识推送、线下进社区普法等活动，推动“益路蓉行”志愿者参与检察办案，建立完善公益保护“公益+N”机制。

【未成年人检察】　区检察院实行未成年人检察工作“捕、诉、监、防”一体化，构建“办案+法治基地+帮教基地+云公益组织+联合司法保护”社会支持体系，开展社会调查47人次，对涉罪未成年人开展帮教73人次，社会专业力量介入案件34次；督促落实教职员工入职查询、侵害未成年人案件强制报告等制度，源头防范“性侵”等违法犯罪发生；改造升级成华区未成年人法治教育基地，建立“法治副校长”制度，创新“成华亮晶晶”未检品牌，加强“线上+线下”法治宣传，引入小云公益等公益组织，对涉案未成年人“一对一”精准帮教；回应网络空间未成年人权益保护面临难题，《构建网络空间未成年人综合司法保护体系》研究成果被第二十二届全国检察理论研究年会论文集收录；全年批捕侵害未成年人犯罪43人、起诉37人。

【指尖检务】　区检察院创新打造“指尖检务”智慧检察系统，作为全省唯一基层试点建设单位，入选基层检察特色品牌培育项目，以检察机关自有技术标准构建移动端生态体系，兼容各种App应用及独立模块接入，实现检察工作网与移动专网数据交换，实现数据安全、应用安全与便捷使用统一，全年平台上线应用30个、参与接入公司10家。

【检察改革与创新】　区检察院制定检察官业绩考评细则，建立“三个规定”提示告知、类案强制检索等制度15项，推进人员素能、案件质效、特色创新“三维”提升；健全行政执法与刑事司法衔接机制，牵头制定《“两法衔接”案件移送具体实施办法》《联合查处重大疑难案件实施办法》《行刑衔接信息共享平台使用规范》，组织召开“两法衔接”工作联席会，加强不起诉案件双向移送，优化行刑衔接信息共享平台功能，实行“网上移送、网上监督、网上立案”，形成全流程监督机制；开展首批检察听证互联网直播试点，完成互联网听证室建设，选取典型性、代表性案件开展线上公开听证直播，加强案件办理公开公证；全年开展检察听证工作9次，检察长主持网络听证会2次。

（邹小康）

法　院

【概况】　2021年，成华区人民法院切实履行司法职能，推动诉源治理实质化，推进民事诉讼繁简分流改革试点，启动司法服务保障专项工程，实现办案质量和司法能力双提升。全年受理各类案件37348件，同比上升26.68%，审（执）结33705件，同比上升22.27%，结案率90.25%；员额法官人均结案732.72件，同比增长106.2件，人均结案数居全省基层法院第三名。区法院获评成都市2021年度办案服务保障中心建设先进集体、案款诉讼费专项整治整改工作先进集体。

【审判改革】　区法院纵深推进民事诉讼程序繁简分流改革试点，开通小额诉讼“绿色通道”，小额审判团队法官人均办案量突破1300件，平均审理天数缩短至23天；探索“要素式”庭审，出台“令状式”“表格式”文书模板12种，普通程序适用比例降至1%；建设执行“四大中心”，提高执行质效；推行示范判决机制，妥善化解集团案件；深入推进“司法辅助事务剥离”“智慧法院建设”等改革工作，改革经验被最高人民法院报道。

【刑事审判】　区法院全年受理刑事案件916件，审结908件，结案率99.13%；审结制造、运输、贩卖毒品和容留他人吸毒等涉毒犯罪案件76件，依法惩治危险驾驶罪、交通肇事罪等危害社会公共安全犯罪234件；与区公安分局、区检察院建立“扫黑除恶”长效协作机制，提升对黑恶势力犯罪案件办理质效；深化认罪认罚从宽工作，开展集约审判、远程开庭，加强当庭宣判力度，办结认罪认罚案件685件，认罪认罚采纳率99%，改革经验受到成都市中级人民法院肯定。

4月28日，区法院到龙潭工业机器人产业功能区开展“送法进企业 服务进园区”活动（区法院供图）

【民事审判】　区法院全年受理民事案件22085件，审结19575件，结案率88.63%；开展“护薪”行动，审结劳动争议案件479件；维护群众“出行安全”，审结道路交通损害赔偿纠纷案件365件；促进和谐家庭建设，审结婚姻家庭案件1031件，调解撤诉738件；形成集约送达“四步法”，电子送达适用率99%，平均送达时间缩短4至6天，改革经验被最高人民法院肯定推广。

【行政审判】　区法院全年受理行政案件244件，审结231件，结案率94.67%；依法公正审理行政协议、行政征收、工伤保险资格或待遇认定、政府信息公开、行政登记等案件，保障公民知情权、监督权，助推法治政府建设；以示范判决形式审结行政协议纠纷案件11件，妥善化解类型化矛盾和平行纠纷。

【执行工作】　区法院全年受理执行案件13936件，执结12936件，执结率92.82%，执行到位标的7.31亿元；完善以操作规程为核心的执行行为规范体系，制定执行规范指引，完善无财产可供执行案件监管和恢复机制，建立定期统查、自主提示机制，降低企业申请恢复执行成本；成立财产处置小组，优化执行案款管理系统，可视化、动态化监管涉执财产，有财产可供执行案件处理进度提升20%；对涉民工的工资执行问题开展专项行动，打击抗拒执行、规避执行、消极执行等行为，为194名当事人兑付执行案款831.43万元。

【司法服务】　区法院做好司法服务保障工作，开展“送法进企业　服务进园区”活动，挂牌成立“豌豆荚未成年人

3月5日，区法院开展涉妇女儿童侵权案件审理思路裁判方法交流会　　（区法院供图）

保护法官工作室”；全面深化国际化营商环境建设，出台服务保障该项工作的实施意见；共建“法·税”联动项目，确保案件执行与税收征缴同步进行；建立服务决策调研机制，对国有、集体土地房屋征收等重大项目建设难点法律问题开展调研，形成《城市更新改造模式研究》《国有土地上房屋征收流程指引》等工作报告；发挥司法前瞻指引作用，为“‘双减’政策落地”“长租公寓跑路”等敏感事件提供前瞻性法律研判，形成《教育领域涉诉案件司法分析情况报告》，受到区委主要领导肯定性批示。

【司法监督】　区法院认真执行工作报告制度，邀请人大代表、政协委员来院调研走访、旁听庭审、见证执行200人次，发放《人大政协联络专刊》850册，代表满意率100%；自觉接受纪检监察监督，邀请纪检监察人员列席会议；配合检察机关法律监督，邀请检察长列席审委会；广泛接受社会监督，保障人民陪审员参审权利，拓宽人民监督渠道，在官方网站、“两微”平台发布法院信息595条，向社会通报法院工作。

【法院调解】　区法院持续深化诉源治理，强化道路交通、房地产、医疗等8个联调联动机制，成立职工维权、家事纠纷和涉房物业三大联调中心，新增特邀调解组织9个，特邀调解员134名，委派、委托化解纠纷5563件；打造“调解协助的社会化运作模式”，向社会组织购买调解服务，培植职业化调解队伍，入驻法院组织调解结案3783件；推进司法释明中心实质化运行，成立法官、专家、人民调解员参与答疑小组，答疑112件次。

（董力华）

司法行政

【概况】　2021年，成华区司法局大力推进“法治成华”建设，深化全面依法治区，优化公共法律服务，创新实施社区法律之家建设、人民调解“五化联动”等工作，成华区获评全国“七五”普法先进单位，司法行政工作获省市区表彰表扬40项、肯定性批示20次，万年场司法所被司法部表彰为“全国模范司法所”，获评全省首批“枫桥式”司法所。

【普法宣传教育】　区司法局牵头开展法治宣传教育，印发《成华区关于深化“法律七进”试点示范工作的实施方案》，全年开展禁毒防艾、《中华人民共和国反家庭暴力法》《中华人民共和国国家安全法》《中华人民共和国民法典》等“法律七进”普法教育活动1230场次，开展“法治四川行”一月一主题集中宣传、法治大讲堂、“开学第一课”、法治脱口秀、巡回讲堂等主题活动200场次，发放各类法治宣传资料、8万份；其中，开展“法治之光耀成华”文艺演出进社区活动11场，惠及群众2.5万人次；将民法典普法宣传纳入成华区“八五”普法规划，开展“民法典护航女性职工美好生活”专题培训讲座、“学习民法典·共建法治成华”法治宣传进院坝等专题活动；开展2021宪法宣传周“成华法治文化街区逛不停”线上

5月28日，成华区“学习民法典　共建法治成华”法治宣传进院坝活动在二仙桥街道文化活动中心开展　　（区司法局供图）

主题活动，参与人数10万人次；开展“国家安全”“普法问答”“法律援助”“民法典”“网络安全宣传周”等线上普法宣教活动20次，参与人数5.2万人次；全年“@成华司法”政务微博发布2009条、粉丝数1.69万人，“法润成华”政务微信发布153条、粉丝数4.26万人，“掌上学法”矩阵实现全覆盖。区司法局深入推广全国首个“云学法云普法”智慧平台，推出成华普法代言人“熊猫嘟嘟”，拓展全面普法“点一点、扫一扫、喊一喊、听一听、寄一寄、拨一拨”等体验方式，推动实现法治资源“抬头能见、举手能及、足不出户、扫码可得、一键联通”。

4月5日，受援群众为区法律援助中心赠送锦旗 （区司法局供图）

【人民调解】 区司法局统筹建立区-街两级调解指挥中心，在区法院建立人民调解中心，在区信访接待中心建立信访事项人民调解室，实现人民调解进驻公安派出所全覆盖，将全区1128名调解员分类登记、统一入库、列表管理，建立移送办理、集中登记、协同快处、定期会商、办结回访5项制度机制；组建行业性专业性调委会，实施量化考核和积分管理，推广“律警民e点通2.0版”远程视频调解平台。全区各级人民调解组织全年开展矛盾纠纷排查3278次，排查矛盾纠纷3432件，预防纠纷3905件；人民调解案件2785件，调解成功2779件，调解成功率99.78%，涉案金额4868.93万元。成华区创新实施人民调解“五化联动”改革经验获评2021年全国社会治理优秀案例，被司法部推广。12月16日，成华区双水碾街道“民族之花调解室”被四川省司法厅授予全省“金牌调解工作室”称号。

【公证服务】 四川省成都市成华公证处建立健全公证人员过错追究责任制度，开展公证质量大检查活动，公证卷宗质量检查合格率100%；全年办理各类公证事项3628件，公证收费429万元，为特殊人群提供上门服务26件次，为困难人群减免公证费用11件次，办理公益性公证案件5件，减免公证费9236元，获评四川省优秀公证处。

【法律援助】 区法律援助中心成立“成华区小雏菊未成年人法律援助工作站”，组织专业化人员开展青少年保护、预防青少年犯罪以及帮教工作；联合区检察院、区法院、区公安分局、区民政局、区卫健局、成都市第六人民医院建立性侵未成年被害人“一站式”保护中心，保护和救助性侵案件未成年被害人；组织法律援助律师、法律志愿者，深入社区开展法治宣传、法律咨询、法治讲座等系列法律援助活动，在人口数量多、法律需求高、基础设施薄弱街道社区，开展智慧法律援助建设；全年受理各类法律援助案件639件，提供法律援助服务5610人次，符合条件法律援助申请受理率100%，群众免费法律咨询接待率100%。

【安置帮教】 区司法局与区公安分局户政大队建立定期联系制度，及时交流重点帮教对象信息，协调辖区派出所加强协管；畅通在押罪犯与家属会见通道，实现高墙内外零距离，全年远程视频会见722人、411次；全年衔接刑满释放人员256人、帮教人数248人、安置人数248人，重点帮教对象人数8人，跨省衔接人数88人。

【社区矫正】 成华区全年接收社区矫正对象326人，解除社区矫正对象307人，在册社区矫正对象502人。区司法局推进智慧矫正建设，应用社区矫正App，通过“云”模式加强对社区矫正对象管理，指导各街道司法所每日开展信息化巡查，对异常情况实时预警，实现信息化核查率100%，实现重点社区矫正对象手环定位100%；围绕政治教育、法治教育、道德教育、文化教育等内容，通过社工组织开展集中教育116次；开展心理测评456人次、心理咨询151人次、团体心理辅导13场次，开展心理健康个案辅导、心理疏导5人；全年对不遵守社区矫正管理规定社区矫正对象训诫17人次、警告6人，提请撤销缓刑建议6人，收监执行4人。

（蔡思静）

军　事

编辑　李金洁

区人民武装部

【概况】　2021年，成华区人民武装部贯彻落实习近平强军思想，聚力主责主业抓备战，坚持实战导向强担当，加强官兵思想教育，组织主题活动，推动国防教育走进群众心里；利用新媒体等手段，创新开展兵役征集登记，全年征集大学生比例达到96.67%，国防后备力量建设取得新进展；指导街道加强基层武装部的升级改造，规范设置办公室、基干民兵连部、民兵之家、装备器材库“四个一”建设标准，11个街道武装部规范化建设全面达标。

【党管武装】　成华区坚决扛起党管武装政治责任，落实党管武装各项制度，把武装工作经费纳入财政预算，确保武装工作“重点保障、优先保障”；持续深化民兵调整改革，完善专武干部选拔、培养、使用等制度机制，招纳一批学历高、素质硬、战斗力强的精兵强将，提升应战应急和遂行任务能力水平；落实“双重领导”各项规定，利用区委议军会议、区委常委会、区政府常务会等时机，组织党政领导干部学习习近平强军思想和习近平总书记在庆祝中国共产党成立100周年大会上的重要讲话精神，钻研掌握国防动员和后备力量建设相关法规文件，增强强军兴军的政治意识、大局意识。1月28日，区委书记、区人武部党委第一书记赵春淦主持召开成华区各街道党工委（书记）党管武装工作述职会议暨区委议军会议，研究全区国防动员和后备力量建设发展问题，听取2020年区委议军会议议定事项落实情况。

【官兵思想政治建设】　区人武部围绕党史学习教育开展“传承红色基因、担当强军重任”等主题教育，以《军委主席负责制学习读本》《中国共产党简史》等规定书目为教材，开展党课辅导进行领读串讲，学习习近平总书记在庆祝中国共产党成立100周年大会、中央军委军事训练会议、疫情防控工作会议等会上的讲话精神，组织观看《守岛人》《长津湖》等红色电影3部，9月30日组织干部在院山坡烈士陵园开展教育活动。

【国防教育】　区人武部建立健全国防教育常态化工作机制，在区委常委

1月28日，成华区各街道党工委（书记）党管武装工作述职会议暨区委议军会议召开

（区人武部供图）

9月18日，区人武部在成都东站开展全民国防日宣传教育活动 （区人武部供图）

会和区政府常务会上集中学习修订后的《中华人民共和国国防法》《中华人民共和国兵役法》，结合建军节、国防教育日、征兵宣传季等时机，组织开展各类主题教育50次，推动国防教育进机关、进课堂、进社区、进企业、进网络。区人武部在成都理工大学、西南财经大学天府学院等辖区高校开展优秀大学生士兵宣讲、军事知识竞赛、国防教育图片展览等活动；在城市中心广场、城市综合体发放宣传资料，在339等地标建筑和成都东站、昭觉寺汽车站播放国防公益宣传片；组织辖区高校成都理工大学、西南财经大学天府学院开展大学生军训，结合“9·18”防空警报日活动开展国防教育，增强全区“国家安全，人人有责”国防观念。

【兵役征集登记】 区人武部广泛开展兵役征集宣传，在成都理工大学、西南财大天府学院开设2个宣传站现场宣讲政策，征兵期间在成都东站、339购物中心、印象城、铁建广场、北门富森美等11个人口密集场所播放征兵宣传片，发放征兵宣传册、征兵温馨提示卡4万份；针对疫情实际，探索利用腾讯会议等平台对适龄青年进行征兵宣传，创新开展线上征兵政治考核预考，在校大学生足不出户即可网上完成政考，同步开展廉洁征兵“回头看”工作，严把廉洁征兵关口。区人武部实行兵役登记街道、社区领导负责制，各街道武装部统一时间、标准，社区具体实施，及时通报各街道兵役登记进度；以兵役登记进学校、进社区、进家庭为突破口，创新手段方法，线下采取主动上门登记、本人登记与家长代登记相结合方式推进，线上利用学校官网、建立微信和QQ联络平台等渠道加强宣传，提高全区兵役登记的知晓覆盖率，2021年兵役登记工作完成100%。

（孟庆国）

民兵预备役

【概况】 2021年，成华区人民武装部落实中央军委主席习近平训令，坚持战斗力标准，加强民兵组织建设，严密组织民兵战备训练，组织民兵参建参治，完成急难险重任务150件，在疫情防控、应急抢险、维护稳定等方面做出重要贡献。

【民兵组织建设】 区人武部树牢“四个立起来”指挥棒，坚持党委专题议训制度，研究分析和解决民兵军事训练短板，推动形成鲜明训练导向。区人武部深入街道社区开展潜力资源调研摸底，深化民兵调整改革效果，优化整合民兵队伍，高标准编实应急、专业、特殊三类民兵队伍。

【民兵战备训练】 区人武部全面提升民兵队伍应急应战实际能力，按照《中国人民解放军军事训练条例（试行）》，修订完善国防动员、抢险救灾、维稳处突各类应急应战方案5个，强化常态战备执勤，严密组织民

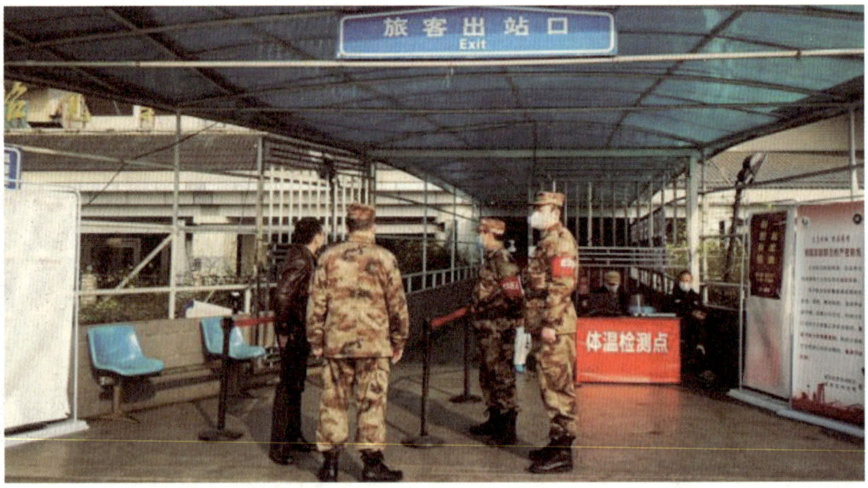

11月2日，成华区民兵在昭觉寺汽车站参与疫情防控执勤 （区人武部供图）

兵战备拉动，加强作战值班和分队建设。

【民兵参建参治】　区人武部发挥民兵组织优势，在遂行多样化任务中实现练兵用兵强兵的统一，组织民兵完成维稳处突、抢险救灾、安保执勤等应急任务，保障社会稳定安全。新冠肺炎疫情防控期间出动民兵3.29万人次，在交通要道、留观点、高中风险封控区域等抗疫防控一线设置各类点位20个，圆满完成疫情防控设卡警戒、巡逻执勤、宣传引导、人员疏解等任务。

（孟庆国）

人民防空

【概况】　2021年，成华区人民防空办公室围绕“战时防空、平时服务、应急支援”能力提升，完成区人防基本指挥所主体工程，加强人防工程闭环管理，启动防空袭方案修订工作，积极开展人防宣传教育，提高城市总体防护能力，区人防办被成都市人民防空办公室评为2021年度指挥所建设先进单位。

【人防组织指挥】　区人防办完成人防机动指挥通信系统的集成、互联互通，定期进行系统设备操作训练和日常维护保养；参加市人防办每周组织对星通信训练、成都市反恐演练、成德眉资四市人防指挥通信联训联演、人防机动指挥通信专业队伍跨区拉练等专项训练。区人防办按照市防空警报建设布置规划，新增防空袭警报器3台，不定期对各设台单位进行警报维护管理督查，保证设备设施完好率100%；组织“9·18”防空警报鸣放演练，监听鸣放效果，督促后续管理跟进，全区无误鸣事故发生；9月3日，召开2021年成华区人民防空警报工作会，总结2020年防空警报试鸣演练任务完成情况，对成华区机关事务管理局、成都市宏明电子股份有限公司等7个警报管理先进单位和7名先进个人进行表彰。区人防办7月开展人防应急包发放，向街道办事处、社区、应急抢险专业队发放家庭应急包2900个、社区应急包100个。

【人防工程建设与管理】　成华区人防办年内完成指挥所信息系统和主体建设。区人防办加强人防工程监督检查，完备检查程序，形成闭环式的过程资料、记录和报告，保证工程建设质量，全年隐蔽检查人防工程项目380次。区人防办加强人防工程安全维护管理，全年抽查检查已竣工验收投入使用人防工程30次，无人防工程安全责任事故。

【人防知识宣传】　区人防办结合“3·1”国际民防日、“5·12”防灾减灾日、“9·18”警报试鸣日、“12·1”《中华人民共和国人民防空法》颁布日和宪法宣传日等时机，组织街道、企业、学校多形式开展宣传教育，普及防灾减灾知识，提高群众防控应急自救能力；在防空警报设置单位张贴警报试鸣演练公告，制作人防展板、海报在部分点位现场宣传；在集中办公区域、商业大楼广告屏播放人防宣传短片，通过微信公众号发布防空警报知识动画片，开展人防知识有奖竞答活动；指导中小学和企业根据实际情况开展应急避险疏散演练，针对疫情防控，开展线上物业企业人防设施设备维护专题培训会。

（祝　溢）

退役军人事务

【概况】　2021年，成华区退役军人事务局坚持打基础、健体系、强能力，全面落实移交安置、优待抚恤、就业创业等政策，重点强化思想引领、服务保障、就业创业、双拥共建、志愿服务等五大工作品牌，不断提升退役军人工作质效。成华区被成都市委退役军人事务工作领导小组办公室通报表彰为2021年“退役军人服务保障体系建设先进区（市）县”。

【退役军人服务保障体系建设】　区退役军人局深化“两站一中心”服务保障体系建设（区军服中心，街道、社区军服站），区军服中心和猛追湾、万年场、双水碾、跳蹬河、青龙、龙潭、白莲池7个街道退役军人服务站，成功创建“全国示范型退役军人服务中心（站）”。区退役军人局会同区税务局建立区内首个功能型退役军人服务站，设置17个税费政策咨询专窗和绿色服务专窗，实现12大类155项业务即来即办，专区月均受理业务150人次、政策咨询200人次，面对面辅导20次，发放政策宣传册1000份；与成华税务数据互通互联，推出“退役军人纳税服务直通车”线上服务，推送专属信息、网络课程、在线答疑，提供定制式线上涉税缴费服务，降低退役军人办税成本。

【退役军人“服务超市”建设】　成华区全年建成猛追湾街道培华路社区等共建共享退役军人线下“服务超市”12家，与辖区132家企业签订合作协议，提供涉及金融、保险、养老医疗、子女教育等八大领域的退役军人专属优惠服务

7月6日，成华区退役军人服务中心和7个街道服务站获评“全国示范型退役军人服务中心（站）” （安 卓 摄）

264项，年内享受优惠8000人次；“服务超市”实体店引入政务服务、社保服务自助办理终端机，在132家共建共享单位网点设置“惠军服务二维码”，实现商家入驻、内容展示、渠道建设、项目监督的全流程信息化服务管理；依托“成华退役军人”微信公众号，搭建“超市”线上服务平台，通过惠军服务、就业创业、志愿服务、精准帮扶等版块，实时推送各类惠军资讯和服务内容，扩大“服务超市”覆盖面、提升便利度。区退役军人局共建共享退役军人“服务超市”项目入选“成华区党史学习教育‘我为群众办实事’实践活动‘百优十佳’民生实事项目”。

【退役军人移交安置】 区退役军人局受理退役士兵基本养老保险补缴，为达到法定退休年龄退役士兵补缴基本医疗保险，圆满完成年度移交安置任务，被市退役军人局评为2021年度转业军官安置先进单位、2021年度由政府安排工作退役士兵安置先进单位。

【退役军人就业创业扶持】 区退役军人局坚持“政府推动、市场导向、需求牵引、多方参与”原则，抓好就业创业平台建设，依托富森美家居等企业，建立就业创业孵化基地2个、实训基地10个，落实场地经营、水电减免、人力资源、投资融资、宣传推介等多项优惠，提供“规划+培训”“实操+孵化”等多样化服务。区退役军人局整合区域资源完善教育培训机制，丰富全员适应性培训、学历提升、职能技能培训、创业指导等内容，年内推荐自主就业士兵参加学历提升培训82人、职业技能培训36人；开展“送政策送培训进军营”等活动，开展军人退役前技能储备培训和职业指导；全年组织退役军人专场招聘会3场，提供就业岗位5100个。10月12日，区退役军人局举行2021年成华区退役士兵光荣返乡欢迎仪式暨适应性培训，对退役士兵进行国家安全宣传与保密教育，讲解安置、就业创业及社保关系转移接续等政策；6月2日，成都市退役军人“新经济、新场景、新产品”创新创业主题活动在成华呈祥东馆酒店举办；9月2日，“第二届四川省退役军人创业创新大赛成都市成华区选拔赛”在怡东国际酒店举办，推荐6个项目参加省市退役军人创业创新大赛，其中“数字经济助力文化复兴——‘互联网+新国潮’”入围四川省复赛，获省赛三等奖；通过比赛活动挖掘培养先进典型，成都吉纬科技有限公司总经理岳光荣获得2021年度成都市退役军人“创新创业先锋类就业创业之星”称号，成都富森美家居股份有限公司党委书记、总经理刘义和成都视阁网络科技有限公司总经理万洁，被聘为2021年成都市退役军人就业创业指导师。

【成华区退役军人就业创业大联盟】 区退役军人局联合32家企业成立区退役军人就业创业大联盟，3月11日在成都富森美家居（北门店）举行成立仪式。“大联盟”整合行政机构、事业单位、社会力量资源，提供创业教育、职业规划、专业培训、项目指导、法律咨询、金融服务、岗位推荐、营商环境介绍、企业管理经营等系列专业服务，形成具有

3月11日，区退役军人就业创业大联盟在富森美家居（北门店）举行成立仪式 （安 卓 摄）

11月7日，区退役军人"战旗红"志愿服务队在二仙桥街道仙韵社区协助开展疫情防控工作

（安　卓　摄）

成华特色的退役军人就业创业服务新模式，年内22家企业为退役军人量身提供各类岗位415个。

【退役军人服务】　区退役军人局广泛开展《退役军人保障法》学习宣传，深入推进"法律政策落实年"活动，梳理政策文件构建退役军人系统"法治账图模式"，绘制"三级导图"31张，涉及岗位25个、节点1396个、事项176项；梳理现行优抚法规制度，形成"1加10"工作资料（即1本《优抚工作操作手册》和10类办事指南），组织召开优抚待遇审批工作培训会，确保优待抚恤政策落实落细。区退役军人局全年为重点优抚对象发放抚恤补助资金，为企业军转干部发放生活困难补助，为自主择业军转干部缴纳医保费用，换发伤残证；为自主就业退役士兵发放一次性地方补助金；动员社会力量，为成都市拥军事业发展基金（成华区）募集资金38.9万元，为困难退役军人申请关爱援助基金49.9万元。优化完善部门、街道、社区三级联动和平台化解机制，组织开展"老兵心愿 实物银行"品牌活动。区退役军人局丰富军休服务内容，春节、八一等节日开展走访慰问，组织"礼赞百年征程 传承红色精神"主题党日活动、"军徽闪耀 情满重阳"重阳庆祝活动，开展军休干部年度健康疗养活动，为部分军休党员颁发"光荣在党50年"纪念章。

【最美退役军人】　区退役军人局持续开展第二届"成华区最美退役军人"评选，分设"最美'爱岗敬业'退役军人""最美'创业创新'退役军人""最美'忠诚担当'退役军人""最美'诚实守信'退役军人""最美'孝老爱亲'退役军人"5个奖项，通过推荐报送、初评网评、最终评审等阶段，评选出万洁、王凯、王俊平、叶玲、叶绪军等"成华区最美退役军人"10人。

【退役军人"战旗红"志愿服务队】　区退役军人局按照"急难险阻先锋队、法规政策宣传队、社会治理行动队"建设思路，组建区、街道、社区三级退役军人"战旗红"志愿服务队95支，广泛开展政策宣讲、法制宣传、抢险救灾、社区治理、秩序维护、邻里互助6个方面的志愿服务，开展志愿服务活动3000人次，全年服务总时长5600小时。9月16日泸州市泸县发生6.0级地震，"战旗红"志愿服务队奔赴泸县参与抗震救灾，核查群众伤亡情况，转移受灾群众，排查地质灾害隐患点，调运分发救灾物资，巡查处置次生灾害。"战旗红"志愿服务体系建设项目入选"成华区党史学习教育'我为群众办实事'实践活动'百优十佳'民生实事项目"，区退役军人局被市退役军人局评为成都市退役军人战旗红志愿服务队先进组织单位。

（代莹莹）

双拥共建

【概况】　2021年，成华区有驻区部队10家、双拥工作成员单位35家、街道以上双拥机构47个。成华区退役军人事务局以争创新一轮省级"双拥模范区"为目标，完善双拥工作机制，开展形式多样的拥军优属活动，优化军地共建结对形式，持续开展送立功喜报、烈士褒扬纪念活动，推进双拥工作常态化、制度化、规范化。

【拥军优属】　区退役军人局发扬拥军优属的优良传统，全年走访慰问优抚对象、军休干部、困难企业军转干部、边防海岛现役军人家庭等1000人次，发放慰问金和物资204.7万元，走访慰问驻区部队20批次、发放慰问品39.3万元。区退役军人局全年组织军民共建活动7场，开展迎接退役军人光荣返乡活动；持续开展光荣牌悬挂活动，发放光荣牌96块。区退役军人局与区内7家医院签订合作协议，成立成都市成华区退役军人健康管理服务医院，面向退役军人及其他优抚对象实行普惠叠加优待服务，提供优惠优待服务1913人次，优惠金额59万元。

【军地共建】 5月12日，成华区组织召开2021年军地共建工作推进会，搭建起驻区部队与街道“1对1”、与区双拥成员单位“1对N”的双拥共建结对机制，开展“互办一件实事、开展一次走访、组织一场活动”的“三个一”年度共建工作，各双拥共建成员单位与驻区部队62人参会交流。各成员单位对照任务清单，积极为驻区部队解决困难问题，包括为部队解决营区内高压电线迁移和营区外侧围墙线路改迁、新冠疫苗接种、暑期官兵子女代管、子女教育优待等事宜。春节期间，驻区部队走访白莲池街道将军碑社区、石岭社区、白莲池社区和一里塘社区，慰问困难退役军人、困难群众和空巢老人。

【“立功受奖”送喜报活动】 2021年成华区3名现役军人立二等功、22名现役军人立三等功，区退役军人局全年开展“立功受奖”军人家庭送喜报活动25人次。

【烈士褒扬纪念活动】 成华区充分激发红色资源内在活力，3月26日，区退役军人局组织开展2021年“祭奠英烈·与党同行”主题教育，组织干部职工到院山坡烈士陵园向烈士默哀致敬、敬献鲜花，区级部门、街道、大中院校、驻区部队等单位和社会群众到陵园开展祭奠活动1.2万人次，通过网络自发为革命烈士“献一束花、鞠一个躬、留一句话”15.4万人次，全区社会崇尚英雄、学习英雄、捍卫英雄、关爱英雄的氛围浓厚。区退役军人局投入880万元对院山坡烈士陵园进行升级改造，扩大陵园规模、优化空间布局、丰富历史场景，打造红色教育主阵地。

（代莹莹）

9月1日，成华区迎接2021年秋冬季退役军人光荣返乡工作在成都东站启动 （安 卓 摄）

表23 2021年成华区籍现役军人立功受奖情况表

姓名	颁奖单位	立功受奖荣誉	立功受奖时间
罗志强	95655部队政治工作处	二等功	2021年2月19日
严万洪	63790部队政治工作部	二等功	2021年12月27日
张　园	95061部队政治工作部	二等功	2021年12月31日
任首任	95737部队	三等功	2021年1月15日
吴祥彬	95519部队政治工作处	三等功	2021年1月20日
单腾飞	95786部队政治工作部	三等功	2021年1月22日
孙志宇	95579部队政治工作处	三等功	2021年3月31日
李　燧	武警甘孜支队政治工作部	三等功	2021年5月19日
唐　羽	武警警官学院政治工作处	三等功	2021年7月15日
罗开文	77626部队政治工作部	三等功	2021年9月4日
江建成	95261部队	三等功	2021年11月28日
王鹏程	西藏山南军分区政治工作部	三等功	2021年11月30日
赵子轩	77156部队政治工作部	三等功	2021年11月30日
尹铁尧	77680部队政治工作部	三等功	2021年12月1日
郑　祎	31637部队政治工作部	三等功	2021年12月2日
杨绍华	武警新疆总队机动第七支队	三等功	2021年12月3日
严伟栋	陆军第九五三医院	三等功	2021年12月6日
赵佳林	95778部队	三等功	2021年12月7日
雷建超	32281部队政治工作部	三等功	2021年12月26日
杨　鹏	95662部队	三等功	2021年12月29日
赵　宇	95655部队政治工作处	三等功	2021年12月30日
赵晓涛	武警成都支队政治工作部	三等功	2021年12月30日
肖普森	武警成都支队政治工作部	三等功	2021年12月31日
刘　波	武警成都支队政治工作部	三等功	2021年12月31日
罗　成	武警成都支队政治工作部	三等功	2021年12月31日

生态建设

编辑　李锡清

国土自然资源保护

【概况】　2021年，成华区规划和自然资源局抓实国土空间耕地保护、土地执法、土地上市等重点工作，不断提高自然资源保护利用水平，全力为成华区经济社会发展做好土地要素支撑和规划服务保障。

【耕地保护和土地整理】　成华区有耕地面积1.2万亩，其中永久基本农田0.58万亩。区规划和自然资源局严格落实耕地保护制度，严守耕地红线，细化耕地保护责任，常态化开展动态巡查和卫片执法监察，遏制耕地“非农化”、防止耕地“非粮化”，开展城镇空间、农业空间、生态空间三种类型空间，分别对应划定城镇开发边界、永久基本农田保护红线、生态保护红线三条控制线“三区三线”。区规划和自然资源局开展耕地和永久基本农田控制线三轮试划工作，可开发后备资源、可恢复耕地资源、可垦造水田资源调查，全区可恢复和工程恢复后备资源耕地3255亩；编制完成《成华区土地综合整治与生态修复分区规划和分区实施方案》，核查白莲池街道和龙潭街道2个永久基本农田标志牌、50个永久基本农田界桩，发放耕地保护基金390.89万元。

【政府国土信息公开】　区规划和自然资源局按规定程序及时主动公开政府信息，全年公开政府信息292条，其中通过政府网站公开176条、政务微博公开58条、政务微信公开58条，拓展、畅通信息公开申请受理渠道，健全签收、登记、审核、办理、答复、归档等各个环节的制度，增强答复内容的针对性和形式的规范性；依法妥善做好政府信息依申请公开工作，全年办结依申请公开申请171件。

【地籍地政管理】　区规划和自然资源局全面完成成华区第三次全国国土调查成果和验收工作，建立国土调查数据库，满足生态文明建设、国土空间规划编制、国土空间用途管制等各项工作需要；开展土地变更调查，形成年度变更调查数据库成果上报市、省、国家核查；组织开展成华区6500千米地下管线普查更新工作，完成政府采购公开招投标、合同签订、探测和监理等工作。

【土地上市与土地利用管理】　区规划和自然资源局全年核发规划条件及函复意见76件、建设用地规划许可证31件，总用地面积91.5万平方米；核发用地预审与选址意见书17件，配合市规划和自然资源局完成划拨、协议出让新供地7件，土地使用条件变更9件，推动建设项目行政并联审批项目92个，全年通过招拍挂完成30宗地成交，成交土地面积1970亩，成交总金额237亿元。

【土地执法监察】　区规划和自然资源局常态化开展动态巡查和卫片执法监察，全年开展动态巡查70次，完成445个卫片图斑核查工作；开展违建别墅清查整治“回头看”，对拆除复垦2个项目进行现场复核，未出现“反弹”情况；全区纳入农村乱占耕地建房整治台账点位74个，依法展开处置，确保按时保质完成整改任务；配合区农业和水务局开展“大棚房”专项整治“回头看”，逐宗进行现场核查，防止出现反弹。

9月24日，成都市纪委监委检查组现场核查违建别墅整治点位　　（区规划和自然资源局供图）

【全国土地日宣传活动】　6月25日，第31个全国土地日宣传日，区规划和自然资源局组织宣传小分队，在华泰路设立宣传点，以土地管理、耕地保护、土地利用等相关法律法规政策为宣传重点，向群众发放《新土地管理法要点解读》《自然资源普法常识手册》《农村乱占耕地建房“八不准”及相关案例手册》等宣传资料，为群众提供土地管理和耕地保护方面的政策咨询服务；发放宣传资料500份及环保袋、宣传扇、宣传笔等宣传品300个，接受群众咨询40人次；通过成华区规划和自然资源局微信公众号和微博公众号，推送全国土地日主题宣传海报、宣传视频，广泛宣传耕地保护有关法律法规。

（李本鳌　寇　蓝）

林业资源保护

【概况】　2021年，成华区有绿地面积14652.22万平方米，林业有害生物成灾管控率在3‰以下。成华区城市更新局对区管绿地植物开展有害生物防治，严格依法查处检疫违法案件2件。

【林木资源管理】　区城市更新局对全区林业实施监督管理，履行行政审批许可木材经营加工许可、林木种子经营许可检疫审批和监管等行政许可事项，在富森美家居管理中心设立省内木材运输检疫许可证办理点，区行政审批局全年办理许可证289件。区城市更新局抓好流通领域松木及其制品，包装材料检疫监管、复检和疫木除害处理；做好相关商家木材流通管理，包装箱、集装箱、大型电信电缆中轴，在建企业绿化、房地产开发的苗木等监督，对全区289个行政审批许可实施监督管理。

【林业有害生物防控】　成华区坚持“政府主导、属地责任、联防联控”的林业有害生物监测防控工作机制，辖区绿化管护公司，加强包段内林业病虫害监测和防治工作。区城市更新局联合街道、社区、物业，按照“谁受益、谁管理、谁防治”的责任制度，切实抓好辖区林业有害生物防治工作。5月24日，成华区有害防治技术培训会召开，对“菟丝子、红火蚁”等常见物疫情进行培训，引导各街道、平台公司、绿化管护公司把握“菟丝子”等防治，增强对有害生物防治的措施。6月22日，成都市“菟丝子”监测防治工作现场会在成华区召开，成华区“菟丝子”防治工作特色亮点作经验交流。

（龙小莉）

动植物资源保护

【概况】　成华区11个街道办事处（监控片区），对辖区内餐馆、农贸市场进行监控，禁止出售、经营和破坏野生动物。成华区城市更新局加强珍稀濒危野生动物保护宣传，保护自然资源、生态

6月25日，区规划和自然资源局开展全国土地日宣传活动　　（区规划和自然资源局供图）

5月6日，成都市森防站到成华区指导林木资源运输检疫工作　（区城市更新局供图）

环境，全年无一起疫情事件发生。

【野生动物保护宣传】 区城市更新局加强野生动物保护宣传、救助、疫情防控及野生动物经营主体监管，全年开展宣传活动6次，增强广大市民保护野生动物的意识，形成关爱大自然，建设生态文明的氛围；与成都拾野野生动物救助中心对接，对野生保护动物做到有效救助、及时救助，全年救助放归野生动物68只；督导辖区野生动物展演场所安全和疫情防控监管，配合区市场监管局对农贸市场经营野生动物及其制品进行监督管理。区农业和水务局向区内动物诊疗机构、兽药经营企业等从业人员，宣传《中华人民共和国动物防疫法》等法规，将普法教育与日常监管相结合。

（龙小莉　王贵明）

【动物免疫】 成华区动物免疫采取集中免疫与日常预防综合防控措施，全年免疫犬1.52万只，切实做到应免尽免，区域内未发生狂犬病疫情。

（王贵明）

【古树名木保护】 成华区有古树名木16种60株，以银杏、香樟、楠木、红豆木、柏木等为主，主要分布在成都动物园、成都昭觉寺、成都新华公园、熊猫红豆古树公园。区城市更新局对古树名木实施挂牌管理，将古树名木保护纳入国土空间规划，组织专业技术人员对古树名木进行专业养护；利用省、市古树名木资源信息管理系统，健全完善辖区古树名木基础信息，实现古树名木全覆盖录入、全信息查询、管理和搜索，提升古树名木的管理。

（冯华昆）

【熊猫红豆古树公园建设】 成都市首个市级古树公园——熊猫小镇红豆古树公园，位于成华区熊猫大道绿竹巷，面积5350平方米，有红豆古树4株，树龄130～150年，为三级古树，分布特点为三株群状，一株散生，其他乔木112株、花雕1组，时令花卉面积320平方米。公园以熊猫与竹文化主题，红豆古树文化主题，爱情主题为主轴，形成爱情文化、竹文化、熊猫文化三者交融的动态景观展示线条，通过植入竹编，竹艺景观小品、百花林、同心锁链等文化产品，塑造“网红打卡装置”。2月26日，成都市熊猫小镇红豆古树公园正式开园，成华区民政局在红豆古树公园为4对新人举行结婚颁证仪式。

（郁　乐）

【大熊猫保护】 成都大熊猫繁育研究基地有大熊猫215只，在大熊猫室外场馆选用大量适合大熊猫生长的乔灌木，根据大熊猫不喜欢硬质地面的特性，在大熊猫室外场馆和室内展厅使用树皮作为铺垫，提升大熊猫的生活舒适度；以保护环境、互动、教育为原则，展现大熊猫原生生存环境。

【“爱鸟周”活动】 4月6日，成华区在339天府熊猫塔水景广场举办“爱鸟周”活动，向市民普及国家重点保护野生动物，展出鸟类主题文创作品。成都拾野自然博物馆宣讲员，对博物馆陈列展示的动物（鸟）标本、活体鸟类，进

熊猫红豆古树公园　（区融媒体中心供图）

4月6日，成华区在339天府熊猫塔水景广场举行“爱鸟周”活动　　（区城市更新局供图）

行鸟类科普讲解，向广大市民科普鸟类知识，爱护鸟类、保护鸟类。

（龙小莉）

水资源保护

【概况】　成华区属于长江流域岷沱江水系，以东风渠总干为界，以北为沱江水系、以南为岷江水系。全区地处都江堰自流灌区，地表水及地下水资源较丰富。区域过境的主干流有锦江、沙河等，有众多溪沟，境内无径流站，全区年总径流量4712立方米。区内浅层地下水主要为两类——白垩系灌口组（K2g）溶孔溶隙裂隙潜水和白垩系砂岩裂隙孔隙层间水，前者分布在保和、青龙、龙潭、白莲池街道等地的泥岩风化带中，后者分布在龙潭街道灌口组地层下伏的白垩系关组砂岩中，两类水均属中等富水地段，浅层地下水天然补给量中占主导地位。2021年，成华区内有锦江、沙河、东风渠、方家河、十陵河、大头河、凤凰河等河渠30条，总长度131千米，主要河渠水质优良。区内河渠地表水达到Ⅲ类水质，出境断面水质达到考核要求。

【水务管理体制改革】　区农业和水务局推进节水、给水、排水、防洪等专项规划编制，构建成华水务发展新格局；搭建智慧水务应用系统、智慧水务数据资源中心、水务感知网，构建城乡一体、事权清晰、权责一致、规范高效、监管到位的水行政管理体制，对水资源开发、利用、保护、配置、调度实行“全方位、全领域、全过程”统一管理，促进水资源可持续利用；深入推进“放管服”改革，提高“一次办好”服务水平，围绕“水利工程补短板，水利行业强监管”工作总基调，以实施“六水攻坚”、构建“六网统筹”、共护蓝网

表24　成华区主要河渠情况表

序号	河渠名称	长度（米）	起止点	流经区域
1	锦江（成华段）	2400	红星桥至东风大桥	猛追湾街道
2	沙河（成华段）	14600	刘家碾至五桂桥	双水碾、府青路、猛追湾、双桥子、跳蹬河、万年场、保和街道
3	东风渠（成华段）	12100	石岭社区至长林盘社区	白莲池、龙潭、二仙桥、保和街道
4	马鞍山排洪河	9320	二道闸至平丰社区	龙潭街道、龙潭机器人产业功能区
5	方家河	9300	青龙建材市场至关家社区6组	白莲池、青龙、府青路、二仙桥、跳蹬河街道
6	簧门堰	6700	荆竹社区至建设南路沙河入口	白莲池、双水碾、青龙、府青路、跳蹬河街道
7	右分九渠	6500	院山社区至新民社区	龙潭街道
8	下涧漕排洪河	6250	熊猫大道至关家社区6组入石湃渠	白莲池、龙潭、青龙、二仙桥、跳蹬河街道
9	十陵河	6110	保平社区至成华、龙泉驿区界	龙潭、二仙桥街道
10	大头河	5800	天鹅社区至石拜渠入口	保和、万年场街道
11	南支一	5600	皮毛厂东风渠取水口至威灵社区	龙潭街道、龙潭机器人产业功能区
12	东风渠北干	5500	南北闸至狮子社区	白莲池、龙潭街道
13	凤凰河	5500	新三环停车场沙河入口	白莲池、双水碾街道
14	南支三渠	4960	东升社区至斑竹社区	保和街道
15	羊汉河	4560	院山社区至建设社区	龙潭街道

续表24

序号	河渠名称	长度（米）	起止点	流经区域
16	猫耳洞排洪河	3650	西林小区至府青沙河入口	青龙、府青街道
17	同乐主排渠	3600	龙青路至马鞍山排洪河	龙潭街道
18	马家堰	2650	龙青路至马鞍山排洪河	龙潭街道、龙潭机器人产业功能区
19	规划排洪河	1873	东风渠北干至北湖	白莲池、龙潭街道
20	石拜渠	1800	关家社区6组至跳蹬南路入沙河	跳蹬河、万年场街道
21	长椿沟	1750	长椿社区至大头河入口	保和街道
22	秀水河	1710	斑竹社区至蓉东变电站	保和街道（东客站片区）
23	沙河排洪河	1500	成都市自来水五厂至成渝铁路	双水碾街道
24	二十八支渠	1350	东风渠取水口至三环路	白莲池街道
25	砖头堰	1276	成都市自来水五厂至沙河排洪河	双水碾街道
26	桂花圆支流	1260	双水村至沙河	双水碾街道
27	凤凰河二沟	1100	王贾小学至玖加壹（右岸）	双水碾街道
28	规划排洪河甲	791	回龙社区5组至成绵高速	白莲池街道
29	北湖排洪渠	765	北湖大坝至马鞍山排洪河	龙潭街道
30	规划排洪河乙	725	龙青环线至成绵高速	白莲池、龙潭街道

脉动为重点，不断加大宣传力度，全力推进管水治水能力再上新台阶。

【水资源管理】 区农业和水务局严格按照用水定额核定用水户年度用水量，下达地下水、地表水年度取水计划；落实用水统计调查制度，按季开展取水户取水水量核定及水资源税征收信息推送；加强取水许可监督管理，督促取水许可用水户按程序办理换证延续、注销等手续；加强下涧槽排洪河、方家河、马鞍山排洪河及十陵河等河流（湖泊）生态水量（水位）管理，完成下涧槽排洪河、方家河、马鞍山排洪河及十陵河生态补水论证，单位地区生产总值用水量低于全市平均值。

【节约用水】 成华区实行水资源消耗总量和强度双控，开展取水用水计量统计，提高农业、工业和城镇用水计量率；强化节水约束性指标控制，落实农业、工业、服务业和生活等主要领域用水定额；严格取水许可管理及监督检查，强化节水评价、节水载体建设，持续推进节水型学校、节水型小区建设，全年创建市级节水型学校16所、市级节水型小区11个。

马鞍山排洪河 （区融媒体中心供图）

【水域基础配套设施建设】 区农业和水务局以“宜居水岸”工程和水系连通为治水基础，推动宜居水生态工程；结合美丽宜居公园城市建设，推进天府蓝网建设，投资7.45亿元推动实施大头河、石湃渠、十陵河、秀水河、凤凰河等9条24千米河渠水生态综合治理，改善滨河滨湖景观；提档升级智慧水务平台，投入500万元完成智慧水务二期建设，建设23个视频监控点、4个水质水位监测站、3个电子河长公示牌，围绕河湖基础数据、处置流转、指挥调度、公众服务等功能需求，利用大数据、物联网、AI分析、GIS等现代互联网

表25 2021年成华区市级节水型学校和小区一览表

类型	单位名称
市级节水型学校	成都市双庆小学（万兴校区）
	成都市双庆小学（长天校区）
	成都双语实验学校（和悦分校初中部）
	成都市成华区教育科学研究院附属小学
	成都市成华小学（锦绣校区）
	成都市锦汇东城小学
	成都市熊猫路小学
	成都市北新实验小学
	成都市海滨小学
	成都市成华实验小学
	成都市龙成小学
	成都市树德小学（和韵校区）
	成都市双林小学（御风分校）
	成都市熊猫路中学
	成都市第十二幼儿园（蓝光分园）
	成都市第二十八幼儿园
市级节水型小区	泛悦城市广场
	龙城二期领都
	太阳公元
	华宇阳光尚座
	招商华府一期
	招商华府二期
	天空城
	华宇锦绣花城
	华宇阳光水岸
	华宇阳光四季
	高地小区

技术，提档升级河长制智慧化调度平台，实现全域感知、动态监测、精准调度、协同管理和高效应用。

【水域环境卫生整治】 区农业和水务局按照水域环境卫生治理标准，结合河道防汛、岁修等工作，完成河道汛前清淤、清障、水面漂浮物打捞及两岸保洁等日常管理工作，全年清运河道淤泥3.9万立方米，打捞漂浮物约114吨，清理两岸垃圾杂物102吨，维护河渠岸线整洁。

【水环境长效管理】 区农业和水务局按照河渠水域卫生清垃圾、清淤泥、清杂物、清拆违建“四清”，以及无垃圾、无淤泥、无集中漂浮物、无违建“四无”治理目标，结合河道日常管理、汛前及冬季岁修，加强水域环境卫生整治，维护河渠水环境整洁。区级财政安排专项资金749万元，保证水环境日常管护，完善区—街道—社区三级网格化管理体系，河渠水环境日常监管及考核制度，提升全区水环境长效管理。区农业和水务局按照府河、沙河及沱江流域“一河一策”实施方案，建立问题台账，明确治理目标、任务及责任人，有序推进水环境治理、水污染防治。

【河长制管理】 成华区严格河长制管理，建立由区委、区政府主要负责人担任区级总河长，区—街道—社区三级河长管理体系，全区设立区级总河长2人、区级河长3人、街道级河长71人、社区级河长67人，设置河长公示牌188个。落实水环境治理责任、管护标准，畅通投诉举报渠道；聘请15名民间河长每月巡河，引导群众参与水环境治理管理。区级总河长带头落实河长制工作，全年召开总河长会议、区级河长联席会议、区级流域河长会及现场办公会10次，推动河渠水环境治理和管理。区农业和水务局加强对基层河长督导督查，促使基层河长履职到位，确保全区水环境治理发现及时、处置及时。

【河渠污染治理】 区农业和水务局深化水环境综合治理，全面提升河渠湖泊水环境生态，坚持生产、生活、生态用水“三水共治”；深化以岸源污染治理为重点的水环境综合治理力度，建立下河口及污染源动态管理台账，全年溯源排查下河口90个，下达整改通知96份，治理整改污染源300处；重点加强凤凰河、大头河、下涧槽排洪河3条挂牌督办黑臭水体及涉农区域沟渠、水塘，全域排查整治黑臭水体，巩固建成区黑臭水体治理成效。全区水环境治理效果初显，东风渠、沙河出境断面水质达到划定水质标准。

【排水管理和管网疏掏维护】 区农业和水务局加强排水设施整治，实施猛追湾片区和龙潭工业机器人管委会市政排水管网病害治理，修复29条道路，重大病害328处；实施排水户排水管网普查检测，完成1937户2643千米排水户排水管网普查检测，发现需治理的各类病害6.97万处。第二轮中央、

大头河　　（区融媒体中心供图）

省生态环境保护督查期间，收到环境保护督察35件、主办件2件、协办件33件，针对群众反映的问题进行现场调查、核实，严格按照中央、省环保督察的要求进行整改、回复。

【“世界水日”活动】 3月22日，区农业和水务局联合成都市锦汇东城小学开展“珍惜水、爱护水”成华区小学生“亲水跑”活动，将节水理念与河长制工作带入校园，将爱水、节水、护水的思想种子“种”在小朋友们的心底；通过发放宣传资料、讲述护河巡河经历以及河湖污染带来的危害，向学生们宣传水环境保护知识；组织学生开展“亲水跑”活动，通过水环境知识竞赛问答、“圈”住清水、吹走“漂浮物”等趣味游戏，让孩子们从小树立“惜水、护水”的意识。

（幸兆云）

生态保护

【概况】 2021年，成华区始终坚持“生态优先、绿色发展”工作思路，坚决打好污染防治攻坚战，全面压实生态环境保护工作各方责任，严格按照“党政同责、一岗双责、失职追责、终身问责”要求，层层传导压力、级级落实责任，确保各项工作有力、有序、有效落实；强化工作联动，切实加强横向协调、纵向联动、密切配合，持续推动全区生态环境质量不断改善。

【“碧水蓝天”工程实施】 成华区将工地、汽修、工业企业等900个动态污染源分工到岗、责任到人，开展现场检查，定期考核通报；推行国Ⅲ及以上工程机械，开展道路机动车尾气抽检，重型柴油货车尾气监测；以绿色标杆工地为基础，打造川渝第一个建设工程基坑防尘“天幕”系统工程；建立大气污染源精细化管控平台，构建五级监测网络，形成“监测、报警、调度、处置、反馈”五步闭环管理模式，实现污染天气提前预测预报；组建驻点专家团队，运用积尘走航、激光雷达、气象预报等技术手段，开展研判会商，精准预测走势，实时进行调度。成华区筑牢公园城市示范区发展之基，实现“河畅、水清、岸绿、景美、人和”，持续开展河流沿岸下河口排查整治，抓好污染源治理，保证污水不下河；强化水生态综合治理，持续抓好锦江水生态提升，推进沙河、东风渠等主要河道水生态保护。

（蒲洋博雪　杨忠尴）

【重点河流沟渠生态环境综合治理】 区综合执法局以乱排乱倒违法查处为重点，统筹抓好环境卫生、垃圾收运、违建治理、垃圾渗滤液处理等工作，深入实施“河长制”，维护河渠湖泊管理秩序，全力助推辖区水环境质量改善。全年立案查处水污染190起，罚款3.8万元；收运生活垃圾49.5

3月22日，成华区开展世界水日活动　　（区融媒体中心供图）

东风渠（成华段） （区融媒体中心供图）

万吨、餐厨垃圾1.8万吨；拆除沿河违建6处，面积2486平方米；新山垃圾站收集处理垃圾点位产生渗滤液1.5万吨。

（钟　蕾）

【"三治一增"成效巩固提升】　成华区大气环境质量显著提升，水环境质量持续改善，市级考核断面东风渠十陵断面、沙河杆塔厂断面水质均达到Ⅱ类标准，优于考核目标Ⅲ类要求，全年水环境质量指数4.06，沙河集中式饮用水水源保护区水质达标率100%；土壤环境质量安全稳定，以绿色生态建设为主题，夯实绿色生态本底，优化提升生态绿地系统、完善绿网系统，完成3个公园城市示范街区打造任务，街道行道树增量提质37条，总长度32.8千米；新增立体绿化面积1.73万平方米、绿地64.9公顷。

（蒲洋博雪　邱甲勇）

【环城生态区建设】　成华区环城生态区规划面积22.65平方千米，建成一里塘等9个新型社区152.9万平方米，安置入住7个新型社区居民1.32万人；通过实施拆旧建新，利用现有建设空间，生态修复区和农田整治区建设完善城市功能。

（刘嘉琦）

【秸秆禁烧和综合利用】　成华区按照"标本兼治、疏堵并举、以疏为主、以用促禁"的原则，采取秸秆就近堆沤还田、粉碎还田、集中挖坑掩埋还田、免耕覆盖还田等方式，全力抓好农作物秸秆综合利用，农作物秸秆综合利用率98.2%。区综合执法局加强秸秆禁烧和综合利用巡查，组织夜间集中整治，依法严格查处，全年查处焚烧秸秆垃圾42起，罚款9900元。

（王贵明　张亚南）

环境保护

【概况】　2021年，成华区牢固树立生态环保理念，坚持生态优先、绿色发展，深入开展依法治污、科学治污、精准治污，坚决打好大气、水、土壤污染防治"三大攻坚战"，改善区域生态环境质量。全年环境空气质量优良天数294天，比上年增加23天，优良率80.5%；PM2.5平均浓度41微克/立方米，比上年下降2.4%；臭氧污染天气比上年减少32天、浓度下降12.9%，空气质量综合指数4.43。

【污染防治攻坚战】　成华区强化源头治理，减少主要大气污染物排放量，空气质量全面提升；深入实施水污染防治行动计划，水环境质量稳中向好，碧水攻坚战成效显著。

【污染物总量减排】　成华区上报成都远见复合材料有限公司挥发性有机物减排项目1个，上报量8.13吨，超额完成年度挥发性有机物减排目标任务；上报锅炉减排项目1个。

【大气污染防治】　成华区全力开展大气污染防治攻坚行动，设立区领导任指挥长、相关部门领导任组长的攻坚指挥部，下设全天候、全时段、实体化运行的大气污染防治联合攻坚中心。区政府全年召开大气污染防治会议25次，现场督察检查56次。成华区设立街道联合攻坚分中心，打通空气环境监管"最后一千米"，突出抓好精准治污，实施重点区域、重点行业、重点时段精准管控；深入推进科学治污，加强科学研判和系统治理；全面依法依规治污，提升企业主体环境保护意识和守法意识，确保大气污染防治见到实效。

【水污染防治】　成华区制定"一口一策"治理方案，由27名区级领导、36名街道（社区）领导担任"口长"，组织开展锦江、沱江流域入河排口大排查大整治行动，全年排插入河排口1590个，完成排口分类、编码、命名，实现"有口皆查、应查尽查"；以消除劣Ⅴ类水体为目标，巩固已消除黑臭的凤凰河、大头河、下涧槽排洪河治理成果，区内无黑臭水体新增及反弹；建立健全饮用水源地"每日巡查、每月监测、每年评估"制度，持续完善饮用水源地视频监控系统、应急排污系统、物理隔离系统，确保居民饮水安全。

【土壤污染防治】 成华区建立土壤调查、管控、修复监管体系，对区域重点行业、地块开展疑似污染地块调查，全面摸清区域土壤环境质量底数；科学制定污染地块治理修复方案，投入资金3586万元推进污染地块治理修复；严格建设用地准入管理，将土壤环境质量状况纳入空间规划论证和审批，落实土壤污染风险管控和修复终身责任制，切实保障人居环境安全。

【固体废弃污染物防治】 成华生态环境局加强危险废物转移过程监控和信息追溯，执行危险废物转移电子联单制度，全年申报企业500家，安全转移危险废物1900吨；建立危险废物自行利用处置监管清单，将企业环境管理和守法行为纳入环境信用评价体系；开展涉废铅蓄电池和电池材料企业危险废物专项执法检查、涉危行业危险废物环境风险隐患大排查大整治，督促企业落实风险防控制度，完善危险废物管理计划、申报登记、产生台账、贮存设施、转移联单等，提高防范风险意识和应对突发事件能力。

【噪声污染治理】 成华生态环境局在香木林花园、四川检验检测创新科技园、龙泉山路点位安装完成2类、3类、4b类声环境功能区噪声自动监测设备，与市生态环境局联网。全区建立健全部门联动、协同共治机制，对工业企业、建筑工地、交通运输、社会生活等不同领域特定时段、重点区域噪声，由相关单位牵头进行综合执法，及时解决群众诉求，全力推进噪声综合治理。成华区声功能区昼间达标率80%，夜间达标率60%；城区道路交通噪声昼间平均等效声级68.3分贝，道路交通声环境质量处于"较好"水平。

8月25日，区委副书记、区长袁顺明实地督导重点区域大气污染防治情况

（成华生态环境局供图）

【环境监测】 成华生态环境局完成地表水、饮用水源保护区、湖库、黑臭水体、黄龙溪断面水质达标攻坚等30个水质断面例行监测任务，现场监测360次，取得监测数据2328个；完成17家重点排污单位执法监测、监测率100%，涉挥发性有机物企业监测、监测率100%，区域声环境质量17个网格点位监测，成华区昼间区域声环境平均等效声级53.7分贝，比上年下降1.1分贝，声环境质量属于"较好"等级。

【环境应急处置】 成华生态环境局全面做好环境污染应急防范与处置，完成应急救援力量调查摸底工作，牵头开展突发环境事件应急处置，针对成都市自来水二厂、成都市自来水五厂取水口水质出现异常，第一时间启动应急预案，组织监测站开展应急监测、执法支队进行调查，将处置情况上报；组织应急信访督查科、成华支队和环境监测站相关人员参加区应急局组织的应急综合演练，提升安全生产引发的突发生态环境事件处置能力；对群众信访投诉的环境问题，组织相关单位开展调查处理并及时回复。全年完成48家环境风险为一般的企业突发环境事件应急预案备案，重点企业开展突发环境事件应急演练16次。

【环境监管执法】 成都市生态环境保护综合行政执法总队成华支队，全年检查企业1005家，双随机抽查企业121家；测管协同监测74家，作出处罚52家，罚款84.22万元。

【建设项目环评审批】 成华生态环境局落实环评审批正面清单，实行"三个一批"，精简审批环节。全年环境影响登记表备案241件，总投资106亿元，区级建设项目环评审批23个，总投资13亿元，其中承诺制项目审批7个、总投资8亿元。

【环保信息平台建设】 成华生态环境局完善大气污染源精细化管控平台，接入“国—市—小—微”四级共102个空气质量监测站点实时数据，录入630个污染源信息并实时更新；划分11个街道及2个管委会行政区域，形成区域污染源“全掌握”“细分类”“明主体”的电子地图，精确掌握全区污染源信息；建成重点区域三维高精度污染源管控平台，以二维电子地图为基础，在十里店重点管控区域16平方千米范围开展无人机航摄扫描；建立重点区域实景三维模型，接入空气质量监测站点、涉气企业用电监控、工地扬尘在线监控、居民燃气使用量等多类数据，绘制形成三维电子“战略图”。

【生态环境保护宣传】 成华区全力做好生态环境保护宣传教育，着力加强环保志愿者队伍建设，全区有注册环保志愿者1.02万人。成华生态环境局组织开展生态环境重大节点专题宣传，采取“线上+线下”方式，开展“地球熄灯一小时”“4·22世界地球日”“6·5世界环境日”“全国低碳日”环保宣传活动；利用“成华生态环境”微信、微博宣传窗口，展示全区生态环境保护工作风貌，全年发布微博400条，微信公众号推文573篇；做好全区生态环境保护宣传栏内容更新及管理，巩固11所市级环境友好型学校建设成果，强化学校生态环境教育。成华生态环境局被中国环境报社表扬为2021年度“中国环境报宣传工作先进单位”。

【生态环保督察问题整改】 成华区加强沙河、府河流域及其支流，工业园区、居民小区、餐饮娱乐场所等重点区域排查力度；做好大气、水环境、施工现场、交通等重点领域排查工作；各单位抓好污染源排查，严格落实各级“党政同责、一岗双责、主协同责”，区四套班子领导包片包点督察，制定“案件受理、现场核查、督促整改、处理回复、办理审核”等工作流程；抽调专业人员对交办案件开展联合审查，做到“每案必究、每案必审、一案三审”，严把回复质量。在第二轮中央环保督察、省环保督察期间，接收央督主办件247件，办结237件，办结率95.5%，剩余10件阶段性办结；省督主办件112件，办结109件，办结率97.3%，剩余3件正在整改中。成华区对照问题清单，不定期对央督、省督案件办理情况开展调度，确保问题整改不敷衍、成效不反弹。

（蒲洋博雪）

4月22日，成华区举行世界地球日宣传活动 （成华生态环境局供图）

环境整治

【概况】 2021年，成华区综合行政执法局深入开展城乡环境综合治理，推动城市品质、城市功能、城市内涵“三维拓展”，实现工作机制、治理成效、环境品质“三向提升”。成华区城郊接合部环境治理攻坚行动考评成绩位居五城区第一，获得成都市城市管理委员会红旗奖励。区综合执法局作为“5+2”中心城区代表，在全市城乡环境综合治理工作会议上作交流发言，成华经验面向全市推广。

（廖方朋）

【城乡环境综合治理】 区综合执法局扎实开展背街小巷环境品质提升，坚持“一街一策、一巷一策”，围绕建设美丽宜居公园城市，打造玉双路、双成二路、东郊记忆路、斧头山四巷、成康路、金马河路6条市级示范街巷，南一街至南六街、建设中路、建设南街、东风路北二巷、下涧槽中坪路、文德路、洪山北路、杉板桥南三路、长融东二路、长融东三路、荆泰二路、隆兴南五路等18条街巷提升打造；持续推进城郊接合部环境治理攻坚行动，实施连片整治。白莲池街道菁华翠庭片区投入资金3000万元，整治地面铺装、沿街商招店招统一规范、立体休闲景观美化植入等，实现生活配套和文创体验相融合；开展环境卫生治理、市容秩序整治、广告招牌治理等；清理城郊接合部残存垃圾6.53万吨，拆除破损广告招牌233处，清理违规占道广告360处，更新维护破旧安全设施10处，清理水面漂浮物251.5吨；对5个涉农区域城郊接合部农贸市场

东郊记忆路　　（区融媒体中心供图）

进行督查整改，治理绿化设施865处，清理绿地垃圾110吨，绿化冲洗降尘面积112万平方米。区综合执法局深入实施铁路沿线环境综合治理，坚持铁路沿线整治与城乡环境综合治理相结合，实行“路地共建”联动机制，打破“网内网外”制度藩篱，协同成都高铁工务段、成都供电段等铁路部门召开现场办公会21次，明确整治责任分工和整治任务；依据土地责任权属，建立问题销号台账，排查铁路沿线环境问题点位96处，“两高一铁”环境点位14处，高铁沿线安全隐患点位20处，排查治理率100%；完成杨柳公园一期、成华区铁路沿线基础设施提升改造、铁路生态公园西沿线风貌整治3个铁路沿线环境品质提升项目。中国铁路成都局集团有限公司工务段、电务段为成华区人民政府送上锦旗，感谢成华区在铁路沿线环境整治工作中的突出贡献，肯定铁路沿线治理工作成果。

（周　娟）

【立面综合整治】　区综合执法局结合大运会容貌提升行动，强化电子科技大学沙河校区、猛追湾片区、成渝、成洛、三环路等重要线路市容建筑立面容貌提升；完成府青路三段、八里庄路、一环路东一段、昭觉寺横路、致顺路、双庆路6条建筑物立面品质提升点位，府青路三段23号院、府青路三段25号院、府青路三段27号院、蓝海酒店、电子科技大学沙河校区校门外墙面、电子科大沙河校区南洋小区外墙面、电子科大沙河校区体育馆、成都温鸭子餐厅、益民公司、万象城10处立面综合整治。

（张　帆）

【扬尘污染治理】　区综合执法局建立扬尘污染每日巡查机制，加大巡查检查力度，及时发现扬尘污染突出问题，对接各街道、区属国有公司和责任单位加强整改，实现问题精准、区位精准、对象精准和措施精准；坚持每周开展一次专项执法行动，强化工地、道路扬尘治理以及建筑垃圾运输车辆管控，严厉打击扬尘污染违法行为；对建筑垃圾运输车辆渣土来源、倾倒场地、运输线路、证照办理，以及车身标准等进行检查、记录，做到逢车必查、违法必处，依法查处带泥上路、沿途撒漏、违规乱倾倒等违法行为，对产生扬尘污染的行为“零容忍”。区综合执法局全年出动执法人员1200人次，检查运渣车2000台次、各类工地1800处次，立案查处案件246件，罚款355.4万元。

（张建华）

【违法建设治理】　成华区构建多级联动、群防群治治理模式，将违建治理与环境治理、连片打造、城市更新、社区发展治理有机融合，全年拆除违法建设186处，面积22.11万平方米。

（赵世波）

【户外广告整治】　区综合执法局拆除违规设置户外广告招牌，整治户外广告设施残缺破损、画面脏污褪色、字体残缺的一环路“盐府人家”违规招牌，和美西路“首创国际城”楼宇名，昭觉寺横路蓝光“富丽锦城”楼宇名，建设北路三段“御医国手”广告，新风路“鑫红星超市”安全隐患广告等97处。

【招牌专项整治】　区综合执法局持续推进楼顶违规招牌专项整治，拆除违规设置点位17个、楼顶招牌81块，一环路、蜀都大道、二环路、府青路、新鸿路等主要道路两侧，猛追湾片区建筑楼顶违规招牌全部拆除。成华区加强安全隐患专项排查、广告招牌缺笔少画专项整治，规范封闭门窗影响采光通风和消防救援违规招牌、伸出式设置违规招牌8处，其他违规设置招牌47处。

【广告和招牌设置】　区综合执法局对新增商业体户外广告点位和落地式招牌，组织专家、部门和所在街道办事处相关人员，从美学、结构安全、规划等方面进行评审，使户外广告、落地式招牌设置有品位、符合法规。全年评审新增卖场户外广告和落地式招牌8处，审核招牌设置申请2500份。

（罗姒妤）

【“两拆一增”点位打造】 成华区按照“连片式、板块式”原则，坚持统筹推进、场景植入、有机更新打造理念，小规模、渐进式推进城市“微更新”。区综合执法局全年完成“两拆一增”点位131个、其中90平方米以上点位118个，双成二路、双福二路、迎晖路、蜀龙路4条连片示范道路，拆除公共区域违建1.99万平方米、围墙8547米，植绿增绿17.98万平方米，增加开敞空间19.59万平方米。

（何　达）

成都熊猫国际旅游度假区蜀龙路示范道路　（区融媒体中心供图）

表26　2021年成华区“两拆一增”点位打造情况表

序号	点位名称	地址	面积（平方米）	所属街道
1	建设南街	建设南街16号	1300	双桥子街道
2	新华大道成华段竹林风景线	新华大道成华段	300	
3	新华公园双林路侧	新华公园双林路侧	280	
4	新华公园双林北支路	新华公园双林北支路	230	
5	成都电视台	成都电视台	110	
6	培华西路关家公寓	培华西路7号	300	猛追湾街道
7	建设公寓	建设路8号	260	
8	中环路府青路绿道	中环路府青路交会处	1100	府青路街道
9	府青路三段东部时空	府青路三段	900	
10	府青路三段小游园	府青路三段	400	
11	桃蹊社区	明珠路35号	110	
12	八里庄社区	驷马桥路18号	110	
13	塘岸一路	塘岸一路	48064	二仙桥街道
14	塘岸二路	塘岸二路	34255	
15	华净路	华净路	17500	
16	华林一路	华林一路	15060	
17	高车一路平安3组	高车一路平安3组	9000	
18	高车一路平安5组	高车一路平安5组	9000	
19	上城国际南侧	上城国际南侧	8250	
20	成都理工大学五交路口	成都理工大学五交路口	5400	
21	成都市第四十九中学	建设北路三段56号附3号	1600	
22	蓝城客运铁路段	蓝城客运铁路段	1200	
23	成绵乐铁路段	成绵乐铁路段	1100	

续表26

序号	点位名称	地址	面积（平方米）	所属街道
24	理工东苑小区	理工东苑小区	1100	二仙桥街道
25	城东体育公园	城南高速北侧	1100	
26	城东体育公园一期	城东体育公园一期	1100	
27	城东体育公园理工大学南侧	城东体育公园理工大学南侧	1100	
28	二仙桥公园二期	二仙桥公园二期	1000	
29	人民塘社区6组	人民塘社区6组	300	
30	二仙桥北路	二仙桥北路	110	
31	建设南支路杉板桥路口	建设南支路杉板桥路口	9500	跳蹬河街道
32	沙河城市公园南区	沙河城市公园南区	1200	
33	双成五路	双成五路	15500	万年场街道
34	奥园一期	奥园一期	2700	
35	双庆路康复中心	双庆路康复中心	2600	
36	长天路东一巷	长天路东一巷	2100	
37	双福二路至御龙桥右侧售楼部	双福二路至御龙桥右侧售楼部	2100	
38	双福二路右侧	双福二路右侧	1200	
39	御龙桥至双成五路口两侧	御龙桥至双成五路口两侧	1200	
40	双成二路悦玺售楼部围墙拆除	双成二路悦玺售楼部围墙拆除	1100	
41	双福二路至御龙桥右侧停车场	双福二路至御龙桥右侧停车场	1100	
42	跳蹬河南路1号	跳蹬河南路1号	710	
43	双庆路	双庆路	680	
44	成洛路十字路口	成洛路十字路口	600	
45	双福二路至御龙桥	双福二路至御龙桥	610	
46	长天路4号院	长天路4号院	610	
47	双成二路悦玺售楼部违建拆除	双成二路悦玺售楼部违建拆除	310	
48	双福二路十字路口	双福二路十字路口	110	
49	双福二路云翔茶铺	双福二路云翔茶铺	110	
50	双福二路无名茶铺	双福二路无名茶铺	110	
51	和润路铁路沿线	和润路铁路沿线	12700	保和街道
52	东虹路幼儿园	东虹路幼儿园	5200	
53	万科路	万科路	3200	
54	和韵路东方新城小学南侧地块B	和韵路东方新城小学南侧地块B	2700	
55	保和公园机场路东沿线以西	保和公园机场路东沿线以西	2400	
56	和韵路东方新城小学南侧地块A	和韵路东方新城小学南侧地块A	2300	
57	槐柳四路绿地建设工程	槐柳四路绿地建设工程	2300	
58	胜天人居绿地建设工程	胜天人居绿地建设工程	2000	
59	东虹路尚东美林	东虹路尚东美林	2200	
60	和韵路	和韵路	1300	
61	杨柳公园杨柳路B段	杨柳公园杨柳路B段	1200	
62	天鹅一路东侧地块A	天鹅一路东侧地块A	1100	
63	迎晖路永龙加气站	迎晖路永龙加气站	630	

续表26

序号	点位名称	地址	面积（平方米）	所属街道
64	迎晖路中国石油围栏拆改	迎晖路中国石油	620	保和街道
65	迎晖路东桂二号院	迎晖路东桂二号院	610	
66	迎晖路东桂三号院	迎晖路东桂三号院	610	
67	迎晖路申川汽车销售公司	迎晖路申川汽车销售公司	610	
68	迎晖路五桂路	迎晖路五桂路	610	
69	迎晖路建材路3号16栋	迎晖路建材路3号16栋	610	
70	迎晖路建材路3号9栋	迎晖路建材路3号9栋	610	
71	迎晖路建材路3号2栋	迎晖路建材路3号2栋	610	
72	迎晖路建材路3号1栋	迎晖路建材路3号1栋	610	
73	天鹅一路东侧地块B	天鹅一路东侧地块B	520	
74	三环路成渝立交桥下游园	三环路成渝立交桥下游园	240	
75	花径路与站北中街交界处	花径路与站北中街交界处	3600	双水碾街道
76	东沙街沙河排洪渠桥头	东沙街沙河排洪渠桥头	220	
77	昭觉南路地铁A出口	昭觉南路地铁A出口	22000	青龙街道
78	东林二路与龙绵街交会处	东林二路与龙绵街交会处	15245	
79	致兴三路与致力四路交界处	致兴三路与致力四路交界处	7300	
80	致兴三路与致力四路交界处	致兴三路与致力四路交界处	4900	
81	青龙路四川省工业贸易学校	青龙路四川省工业贸易学校	2100	
82	昭青路36号绿化带	昭青路36号	1700	
83	昭青路32号	昭青路32号	1600	
84	昭青路38号绿化带	昭青路38号	1600	
85	致强环街201号	致强环街201号	1200	
86	青龙路	青龙路	940	
87	昭觉寺南路480号	昭觉寺南路480号	900	
88	致兴三路闲置地块	致兴三路闲置地块	740	
89	昭青路闲置地块	昭青路闲置地块	730	
90	青龙路与东林路交会处围墙	青龙路与东林路交会处围墙	450	
91	东林二路辅路围墙	东林二路辅路围墙拆除	420	
92	青龙路粮校	青龙路粮校	400	
93	青龙路与致祥路交会处围墙	青龙路与致祥路交会处围墙	400	
94	青龙路西勘院围墙	青龙路西勘院围墙	300	
95	昭青南路益民菜市	昭青南路益民菜	300	
96	青龙路与东荆路交会处围墙	青龙路与东荆路交会处围墙	240	
97	青龙路家属区围墙	青龙路家属区围墙	240	
98	青龙路与昭青路交会处围墙	青龙路与昭青路交会处围墙	220	
99	青龙路辅路外侧围墙	青龙路辅路外侧围墙	200	
100	青龙路辅路内侧围墙	青龙路辅路内侧围墙	140	
101	龙湖丽景一期北侧	龙湖丽景一期北侧	6300	龙潭街道
102	龙潭路与成渝铁路交会处	龙潭路与成渝铁路交会处	7000	
103	龙港路与鹤林二路交会处	龙港路与鹤林二路交会处	2300	

续表26

序号	点位名称	地址	面积（平方米）	所属街道
104	蜀龙路与龙青路交会处	蜀龙路与龙青路交会处	5200	龙潭街道
105	蜀龙路以西、龙青路以南	蜀龙路以西、龙青路以南	1400	
106	蜀龙路与龙青路交会处西	蜀龙路与龙青路交会处西	90	
107	龙港路与鹤林四路交会处	龙港路与鹤林四路交会处	170	
108	蜀龙路渣渣面	蜀龙路渣渣面	1000	
109	隆兴南五路公交场站	隆兴南五路公交场站	500	
110	龙湖丽景东侧成渝铁路线两侧	龙湖丽景东侧成渝铁路线两侧	2700	
111	龙潭寺观音桥铁路绿带	龙潭寺观音桥铁路绿带	260	
112	龙潭公园	龙潭公园	1100	
113	龙港路3号	龙港路3号	1800	
114	隆兴南四路—隆兴南五路段	隆兴南四路、南五路段	3700	
115	华盛路金睿1号违建拆除	华盛路金睿1号	660	
116	熊猫大道白莲池街道围墙	熊猫大道白莲池街道围墙	700	白莲池街道
117	白莲池社区10组	白莲池社区10组	4500	
118	熊猫基地	熊猫基地	9000	

3月1日，成华区举行2021年“爱成都迎大运·垃圾分类四色跑道启跑仪式”活动

（区综合执法局供图）

【垃圾分类处理】 成华区保和、二仙、万年场、青龙街道探索以街道为单位，成建制整体推进垃圾分类示范街道建设，全区党政机关、企事业单位、医院、学校实现生活垃圾分类100%全覆盖，商业综合体、购物中心、商用写字楼生活垃圾分类100%全覆盖，城镇社区居住区生活垃圾分类设施覆盖率95%。全区1290个小区设置3096个投放点位，投放设施实现全覆盖，生活垃圾回收利用率46%。

（徐冬云）

绿化建设

【概况】 2021年，成华区打造万象城公园、小龙桥公园、天祥寺公园3个公园城市示范街区；完成新鸿路、建设路、石油路、府青路一段、建设南支路、蜀龙路四段、建设南路、成致路等37条街道行道树增量提质，总长度32.8千米；打造双城二路、双福路、迎晖路、东郊记忆路、蜀龙路5条连片示范街区。全年新增立体绿化面积1.73万平方米、绿地面积64.9万平方米。

【锦城公园一级绿道及配套景观建设】 成华区规划一级绿道14.6千米，起点三环路熊猫绿道至绕城高速，其中环线一级绿道3.1千米、丛树片区3千米、熊猫星球范围8.5千米。截至年底，建成一级绿道5.4千米，打造枫叶里、三分寨、无忧园、方甸、秋林居、红美术馆配套景观节点6个。

【小游园微绿地打造】 成华区按照“景观化、景区化、可进入、可参与”理念，开展小游园微绿地改扩建，完成风车主题游园、成都理工大学五岔路口组合绿地、栖蝶园、东升农贸市场绿地、成洛大道下穿北侧A地块绿地、致强环街微绿地、丛荟路小游园、桂林西路小游园、蓉都大道小游园9个小游园微绿地项目，总面积10.16万平方米。

表27　　2021年成华区小游园微绿地打造点位一览表

序号	点位名称	占地面积（万平方米）	所属街道
1	风车主题游园	0.43	府青路街道
2	成都理工大学五岔路口组合绿地	3.60	二仙桥街道
3	栖蝶园	0.97	保和街道
4	东升农贸市场绿地	1.46	
5	成洛大道下穿北侧A地块绿地	0.30	
6	致强环街微绿地	0.41	青龙街道
7	丛荟路小游园	1.71	龙潭街道
8	桂林西路小游园	0.63	
9	蓉都大道小游园	0.65	白莲池街道

青秀未遮山获评成都市“园林式居住小区”　　（区融媒体中心供图）

【园林式居住小区及单位创建】　区城市更新局按照《成都市园林式居住小区标准》，指导条件较好的小区创建“市级园林式居住小区”，提升小区花卉植物、彩叶植物搭配，丰富景观色彩和绿化品质。成华区中粮锦云、御园、青秀未遮山、绿地悦蓉公馆、华宇阳光水岸、首创光和城6个小区被评为成都市“园林式居住小区”，成都市海滨小学校、成都市锦汇东城小学被评为成都市“园林式单位”。

【立体绿化】　成华区立体绿化通过政府引导，社会参与，调动社会各方力量，发挥房地产项目、公建配套项目的增绿效应，全力推进屋顶、桥柱、桥体、墙体、驳岸等立体绿化建设项目，提高城市绿化的绿视率和覆盖率。全年完成华彩路围墙、马家堰驳岸、一环路沿线屋顶、华彩路围墙绿化、成都双语实验学校和悦分校、东风渠城东体育公园段、成都市第四十九中和美校区、万晟社区、太阳公元9个立体绿化点位，新增立体绿化面积1.73万平方米，构建高品质城市竖向新空间。

【道路绿化】　成华区按照“一路一特色、一街一风景”的理念，以行道树新植、植物品种调整、植物修枝整形、地栽花栽植、绿化设施处理等方式实施行道树增量提质，完成新鸿路、建设路、府青路二段、十里店路、双桥路南六街、小龙桥新街、小龙桥横街、建勋路、枫林路、杉板桥南二路、高车东路、天祥滨路河、华泰路、成泰路、望平滨河路、望平街、双桂路、双福二路、双成二路、中环八里庄段、东华三路、东华二路、华林三路、成致路等37条行道树增量提质街道，总长度32.8千米；补栽补种樱花、银杏、花树、彩叶树等5000株，亮化、美化辖区道路环境。

【义务植树】　成华区发动辖区单位、个人参与全民义务植树活动，在北湖公园义务植树基地和各街道义务植树点，组织开展2021年春季义务植树活动；配合市绿委办完成“成都全民义务植树40周年宣传活动”，市民通过抚育管护、认种认养、捐资捐物和志愿服务等形式进行义务植树，共栽植茶花、樱花、桂花等各类苗木20万株。

（邱甲勇　杨胜雄）

双福二路　　（区融媒体中心供图）

城市建设

编辑　李金洁

城乡建设规划

【概况】　2021年，成华区规划和自然资源局发挥规划引领作用，在规划编制、项目审批、规划核实等方面继续深耕，持续做好分区规划、“三区三划”试点，启动蓉北商圈升仙湖商务区、凤凰山片区城市设计，编制北湖未来公园社区城市设计，为成华经济发展提供资源保障和规划服务。

【城市空间格局规划布局】　成华区围绕生产、生活、生态三大空间优化，推动城市空间结构向多中心、串联式、网络化转型，加快构建“五横五纵九组团”城市空间格局，以片区开发和场景营造为牵引，加快推进城市有机更新，持续做优产城融合布局，推动城市空间格局、整体形态、发展方式、营城路径全方位深层次转变，协同提升人口和经济承载弹性空间，构建基本功能就近满足、核心功能互相支撑、特色功能优势彰显城市格局。

【城市总体规划编制】　区规划和自然资源局编制《成华区分区详细规划提升》，完成成华区国土空间规划基数转换工作，推进国土空间规划城市体检评估，完成3次国土空间规划“三区三线”试划工作；围绕做强中心城区极核功能目标，启动蓉北商圈升仙湖商务区、凤凰山片区城市设计；围绕实现生态价值转换、探索未来公园社区建设目标，编制环城生态区及周边区域北湖未来公园社区城市设计；完善成都东站Tod一体化设计编制工作，不断优化城市空间结构。

【项目规划核实与审批】　区规划和自然资源局在规划审批过程中引入专家评审工作机制，发挥专家智囊作用，提高新建建筑规划水平，全年办理建设项目《建设工程规划许可证》54个，建设规模560万平方米。区规划和自然资源局全面执行《建筑工程竣工规划土地核实“多验合一”实施细则（试

北湖未来公园社区规划空间结构图　　（区规划和自然资源局供图）

行）》，严格把关土地出让合同等内容，全年受理规划土地竣工核验（多验合一）项目124件，核发《建筑工程规划土地核实意见书》58件、《建筑工程规划土地核实函复意见书》60件、《建设工程土地竣工核验意见书》6件。

（徐国芬　寇　蓝）

公园城市建设

【概况】　成华区科学制订《成华区公园城市建设"十四五"规划》，实施"全域绿化、空间美化、景观亮化、内涵优化、价值转化"公园城区攻坚行动，建成城东体育公园（二期）、高铁城市公园（一期）、驷马桥公园3个市政公园，建成社区绿道50条，新增天府绿道健身新空间5处，建设公园城市示范片区6个、公园城市示范街区3个，打造"一轴五片四节点"市井生活圈。成华区在2021年公园城市荟·最美城市立体绿化景观评选中获最美阳台奖项2个、最美屋顶奖项2个、最美墙面奖项1个；二仙桥公园（幸福列车）、府青路桥下运动空间、萌想星球107文创园、完美文创公园4个点位获评2021年成都美丽宜居公园城市网红打卡点；跳蹬河街道锦绣社区、保和街道和美社区分别获2021年度成都市社区花园创建二等奖、三等奖。

【"一屏一链一带四脉"公园体系构建】　成华区高质量构建"一屏一链一带四脉"大公园系统，一屏建设环城生态公园（成华段），以生态廊道引领城市发展EOD模式，引导城区功能空间优化布局，以绿色网络化城区空间提升市民生活体验，严格保护北湖、龙潭、丛树片区等生态本底；一链建设铁路绿丝带链状公园，保护并合理利用铁路沿线公园绿地、防护绿地、生态绿地，构建铁路沿线公园集群；一带建设成华中环金色牵引带，打造"一带三园"中环人文景观带；四脉建设依托成华段锦江、方家河、东风渠、沙河四大水脉，打造滨水公园，实施蓝线、绿线划定保护，严格保护区域内天然林、四旁林、农田及林盘等生态资源，加强生态廊道绿化建设，建设绿色低碳、可持续发展公园城区。

【公园城市示范片区建设】　成华区编制《践行新发展理念的公园城市示范区—成华区建设总体规划（2020-2035）》，推进猛追湾街区型、东郊记忆人文型、二仙桥产业型、北湖绿道型、万象城街区型、新华坊街区型6个公园城市示范片区建设。猛追湾街区型公园城市示范片区实施锦江公园（成华段）子街巷、锦江绿道（成华公园段）滨水慢行街、特色街区打造、亚太并购大厦综合整治提升4个项目，高品质塑造东风桥望平坊文旅地标等网红打卡地，培育望平街滨江路慢行街"锦江夜游、高塔夜秀、美食夜市、酒吧夜娱、民居夜宿"等经济业态；东郊记忆人文型公园城市示范片区实施万科天荟二期、龙湖滨江天街2个项目，建设成都市科创空间示范点东郊文旅空间，推进禾创药业仓库等工业遗产活化利用；二仙桥产业型公园城市示范片区实施禾创文创产业园二期、合信·K101、铁投·紫瑞府、101商业项目、101文化综合体（中演华天演艺中心）5个项目，开发运营完美文创公园、101仓库，聚焦数字艺术创作内容，打造文创产业综合地标"西部文创之芯"；北湖绿道型公园城市示范片区实施老青龙路改造、湖山路西段、熊猫国际旅游度假区提升改造、老龙青路两侧绿地及北湖南岛绿地景观、锦城绿道三期北湖片区5个项目，打造"熊猫驿站""熊猫地球村"等特色消费场景，植入区域文创、餐饮、生活等多种服务业态；万象城街区型公园城市示范片区实施万象城综合体二期等3个项目，以万象公园为同心轴，提档升级打造城市开敞公园街区；新华坊街区型公园城市示范片区实施新华坊中国电信5G、同森·锦逸名邸、新鸿社区养老服务综合体、"新华坊"特色街区等5个项目，以新华公园为核心打造"有颜值、有文化、有温度"全新公园式文旅

新华坊公园城市示范街区　（区融媒体中心供图）

街区，营造“老成都”记忆场景和时尚“国潮”主题文化。

【公园城市示范街区建设】 成华区按照《美丽宜居公园城市社区园林景观建设技术导则》要求，通过完善功能、转换场景、开放界面、改造提升等方式，重新唤醒片区活力，打造万象城特色商业型、小龙桥生态价值转换型、天祥寺城市乡愁烟火型3个公园城市示范街区。万象城公园城市示范街区内有华润万象城、华润二十四城、万象润街等商业体及住宅区，年内对街区绿地景观面积3.6万平方米进行重新打造，将公园绿地划分为运动草坪区、休憩观赏区、草地休闲区、公共社交区、球类运动区、康乐运动区6大功能区。小龙桥公园城市示范街区东至二环路、南至双林路、西至一环路、北至新鸿路，街区内道路13条，总面积58.08万平方米；年内集中打造“园区+街区+景区+社区”四区一体特色品牌文旅街区，重点实施新华公园景观品质及双林北支路、新鸿南路、双园巷等街区一体化整体打造，发挥电视台小游园良好生态本底。天祥寺公园城市示范街区包括望平街、东风路等街道，年内提升沿路绿化景观、提升行道树品质，打造沿线阳台、屋顶绿化，设置特色小品，系统实施墙体绿植、廊架绿化、外摆花箱、屋顶花园等多层次绿色空间。

万象城特色商业型公园城市示范街区 （区融媒体中心供图）

【市政公园建设】 成华区以“塑造大美景观、营造公园城市”为引领，全年完成3个市政公园建设，其中城东体育公园总占地面积268亩，总投资1.5亿元，二期项目在一期108亩运动赛场区、湖滨休闲区、滨水绿道等基础上，打造160亩滨水空间、儿童活力运动区等区域，建设网红桥、儿童迷宫、咖啡屋等配套设施，主球场前跌水广场设计代表五大洲和谐统一的LED球体，打造足球元素与现代建筑相互融合的主题公园。高铁城市公园总占地面积578亩，总投资3.86亿元，以打造成都门户口岸为理念，构建一条“东站高铁公园风光带”，建设“高铁运动片区、锦绣天府片区、乐学康养片区、天府熊猫卡丁车公园”四大主题片区；一期占地面积212亩，以景观化打造为主，建设乐学康养主题片区，打造乐学书吧、童梦乐园、欢乐剧场等活动场景，配套管理用房建筑面积2260平方米，年内已竣工。驷马桥公园占地面积26亩，总投资800万元，以凤求凰典故为出发点，以飘带作为设计元素，提取凤凰“灵动自然”流线元素，形成起伏而悦动公园形态，建五人制足球场、篮球场等相关配套设施，为居民们提供生态、便捷、有序、活力、舒适公共场所。成华区全年完成北湖生态公园、新华公园、红豆古树公园等27个已建公园提升改造，通过增加花卉彩叶植物、增设景观小品、增加运动设施、打造夜间光彩工程、优化业态等多种手段，提升公园景观面貌、场景植入、价值转换，展示老公园新活力，截至年底，成华区有市政公园30个。

高铁城市公园

城东体育公园

【幸福社区绿道建设】 成华区规划“两轴两带四河四道”绿道体系，以绿道为脉络串联全域绿色生态网络，构建区域、城区、社区三级慢行系统，全年建成中环（成华段）绿道、东郊记忆商圈绿道、蜀龙路景观绿道等绿道体系，建成湖秀路、民兴一路、致强环街、华盛路等社区绿道50条，完成北湖—蜀龙路绿道示范区、东郊记忆绿道示范区2个。蜀龙路绿道全线设置影竹馆、蜀龙驿、龙青驿3处驿站，打造山水长卷、熊猫望蜀、北湖揽月等多个网红打卡点位，在绿道中植入配套服务设施、网红打卡节点、竹林风景线、熊猫元素等景观要素，让运动、时尚、艺术等要素以绿道为载体融入市民“生活圈”，提高绿道空间服务功能。

【小游园建设】 成华区打造栖蝶园小游园、风车主题游园等9个精品小游

表28　　成华区市政公园建设情况

序号	公园名称	位置	面积（亩）	建设内容
1	成华公园	猛追湾街道	158	提升绿化景观、丰富娱乐场景，修建园路、广场等配套设施
2	新华公园	双桥子街道	150	提升绿化景观、园路铺装，营造剧本杀、咖啡馆、书店、艺术、酷跑、滑板等场景
3	新绿水碾公园	双水碾街道	866	建设绿化景观、漫步道等配套设施
4	三洞古桥公园	府青街道	80	建设园路、绿化景观、文化艺术小品等配套设施
5	麻石烟云公园	跳蹬河街道	357	建设运动跑道、绿化景观、艺术小品等配套设施
6	科技秀苑	府青路街道	57	建设绿化景观、广场、运动设施、园路等配套设施
7	香木林	府青路街道	15	建设运动跑道、绿化景观、艺术小品等配套设施
8	多宝寺公园	万年场街道	126	建设绿化景观、园路、休憩设施等配套设施
9	成华园	猛追湾街道	18	建设绿化景观、园路、休憩设施等配套设施
10	双桂公园	万年场街道	24	建设绿化景观、广场、运动设施、园路等配套设施
11	圣灯公园	二仙桥街道	123	建设绿化景观、园路、停车场、阳光草坪等配套设施
12	杉板桥公园	二仙桥街道	98	建设绿化景观、透水铺砖、绿色屋顶等配套设施
13	二仙桥公园	二仙桥街道	300	建设绿化景观、文化小品、漫步道等相关配套设施
14	海滨公园	青龙街道	210	建设绿化景观、老成都茶馆文化纪念展馆、禅茶文化体验中心等配套设施
15	东客站绿轴公园	保和街道	125	建设观景平台、浅层水景、多功能活动草坪、林荫走廊等配套设施
16	和美社区公园	保和街道	12	建设绿化景观、园路、休憩设施图书馆、运动场所等配套设施
17	沙河城市公园	跳蹬河街道	181	建设篮球场、儿童游乐区、健身广场、活动广场、骑行步道、漫步道等配套设施
18	北湖生态公园	龙潭街道	1198	建设室内羽毛球场、篮球馆，室外小型篮球场及滑板场等配套设施
19	龙潭新区公园	龙潭街道	115	建设童趣天地水珠乐园、云水轻筑、观云台、缤纷广场、镜花园、云影桥、环湖跑道等配套设施
20	保和公园	保和街道	41	建设文化墙、生态停车场、儿童娱乐活动场地、木栈道、文化广场等配套设施
21	羊子山公园	双水碾街道	34	建设绿化景观、休憩设施、园路等配套设施
22	城东体育公园	二仙桥街道	268	建设标准足球场、八人制足球场、五人制足球场、草坪等配套设施工程
23	红豆古树公园	白莲池街道	8	营造幸福足迹长廊、love雕塑小品、“心心相印”墙、同心锁链、百花丛、爱情林等景观场景
24	高铁城市公园	保和街道	578	建绿地、景观、健康游步道、景观桥梁、河堤、广场等配套设施工程
25	驷马桥公园	府青街道	130	建五人制足球场、篮球场等配套设施工程

园、微绿地，新增城东体育公园（群众性乒乓球活动场所）、成都理工大学周边（绿道健身空间）等绿地新空间5处，引进成都体投、吾同体育等企业，参与小微绿地体育新空间及节点改造、体育赛事开发运营等建设合作，打造集文创、餐饮、智慧化多种消费体验于一体特色消费场景，提升城市居民生活品质。栖蝶园小游园位于槐花路与槐柳二路道路口，占地面积15亩，以“蝶”为使者，构建“寻蝴蝶（生态入口）、探蝴蝶（蝶影隧道）、醉蝴蝶（花蝶纷飞）、戏蝴蝶（稚子戏蝶）、化蝴蝶（群蝶广场）”五大活动体验剧场，打造沉浸式全龄互动城市绿地。蓉都大道小游园位于熊猫大道地铁口，占地面积9.7亩，建设环形跑道、草坪和儿童活动场地，配搭紫薇、蓝花楹、柚子树等各类植物，提升改善区域城市面貌。风车游园位于民和路与仙韵一路交叉口，占地面积6.45亩，以“风之旅行，天空乐园”为设计概念，建设健身娱乐区、休息区、儿童游乐区和游园步道，移植乔木、灌木、雏菊、樱花等绿植，形成人在园中走、花草伴我行街头景观。成华区年底有小游园、微绿地133处。

小游园

（刘嘉琦）

城市空间品质提升

【概况】　2021年，成华区围绕大运会筹备实施“爱成都·迎大运”城市空间品质提升，坚持街面立面、街道店招、光彩照明、慢行系统、绿地、绿道“六位一体”原则，重点实施全区“七横六纵”骨干道路、铁路沿线、产业功能区、出入城通道等整治提升项目21个，打造一环路市井生活圈，加强背街小巷整治，系统化、特色化提升城市空间品质。

【街道风貌品质提升】 成华区针对全区“七横六纵”骨干道路及铁路沿线实施风貌提升整治，一环路成华段提升项目全长4千米，总投资2.3亿元，重点对八二小区、电子科大等42个点位进行建筑风貌提升；二环路成华段提升项目全长6.2千米，总投资1亿元，重点对双庆路、刃具立交等24个点位进行整治；中环路成华段提升项目全长15千米，总投资4.5亿元，重点对十里店崔家店区域、陶玻瓷器批发市场等110个点位进行整治；三环路成华段提升项目全长13千米，总投资0.14亿元，重点实施三环路沿线围墙改造、沿线城乡接合部建筑改造等整治；实施蓉都大道、熊猫大道、蜀龙路等道路整治，总投资6.7亿元，重点对动物园绿地、熊猫大道北段、蜀龙立交节点等79个点位进行整治；实施铁路沿线环境品质提升项目4个，总投资3.3亿元，对成绵乐铁路、成渝铁路、达成铁路、成花线4条铁路沿线进行品质提升。成华区抓好道路增花添彩、景观提升，完成新鸿路、建设路、府青路二段、十里店路、双庆路、成致路、迎晖路、圣灯路等37条街道长度32.8千米行道树增量提质，完成金桂园、万兴街3号、长天路3号等38个老旧小区绿化改造试点，新增及打造绿化面积1.39万平方米，对重要赛事通道、锦城绿道（成华段）、熊猫绿道（成华段）、锦江绿道（成华段）进行绿化提升，完成香香一巷、香香二巷、香香三巷、猛追湾游泳池东门小巷、祥和里、建设北路一段、玉双路天祥街至武城门桥头段、双林北支路、新鸿南路、双园巷、猛追湾街、石油路12条子街巷景观提升。

【功能区整治提升】 成华区实施功能区品质提升项目6个，总投资10.9亿元，其中东客站枢纽经济发展区提升项目总投资1.5亿元，重点对金马河路街道两侧、东虹老年病医院等16个点位进行整治；新北天地商贸旅游发展区提升项目总投资1.8亿元，重点对东荆路、致强环街等道路沿线进行提升打造；龙潭工业机器人产业功能区提升项目总投资1亿元，重点对华甸路、华泰路、成康路等道路沿线进行整治提升；熊猫国际旅游度假区提升项目总投资4亿元，对熊猫广场片区、北湖公园片区、北湖鑫园片区等13个点位进行整治；建设路金融商务总部发展区提升项目总投资0.8亿元，重点对玉双路、通美大厦2个点位进行整治；东郊记忆艺术区总投资1.8亿元，重点对东郊记忆周边四条道路进行整治；六大功能区整体完成，有效提升沿线显示度、辨识度。

【出入城通道整治】 成华区实施出入城通道整治工程6个，成绵高速延线整治项目全长12千米，总投资2.6亿元，重点对青龙高架桥、成绵底层等25个点位进行整治；成南高速延线整治项目全长6.7千米，总投资1.4亿元，重点对成华大道三段等13个点位进行整治；成安渝高速延线整治项目全长7千米，总投资2.2亿元，重点对十陵立交等68个点位进行整治；成渝高速延线整治项目全长8千米，总投资2.1亿元，重点对东风桥、五桂桥汽车站等32个点位进行整治；成巴高速延线整治项目全长9千米，总投资0.8亿元，重点对民兴路、成致路等道路沿线进行整治；成绵复线高速延线整治项目全长7.5千米，总投资1.5亿元，重点对理工大五路口等39个点位进行整治，提升出入城通道的美化、绿化、亮化。

（袁茂林　毛　令）

【背街小巷整治】 成华区坚持“一街一策、一巷一策”，聚焦环境卫生治理、市容秩序整治、广告招牌治理等12个方面，开展背街小巷环境品质提升，对5个农贸市场进行督查整改，清理城郊接合部残存垃圾6.53万吨，拆除破

圣灯路　（区融媒体中心供图）

损广告招牌233处，清理违规占道广告360处，更新维护破旧安全设施10处，清理水面漂浮物251.5吨；治理绿化设施865处，清理绿地内垃圾110吨，绿化冲洗降尘面积112万平方米。

（周　娟）

【一环路市井生活圈打造】　成华区围绕“唤醒时代记忆、再现城东市井繁华”主题，启动实施一环路市井生活圈打造，整体策划打造“一轴、五片、四节点”：“一轴”即展示老成都工业文化和现代市井生活的一环路成华段；“五片”即电子科大国家大学科技园片区、双林路新华苑片区、八二片区、玉双路片区、水碾河片区；“四节点”即科大智创谷、新华苑节点、八二小区一街坊、玉双路节点。成华区年内完成改造点位115个，实施拆围透绿18处，改建透光橱窗302个，完成一环路主轴立面店面改造、整体亮灯运行，利用沿线苏式建筑及“成华红”建筑纹理，提取工业符号，塑造工业文化与城市有机融合特色风貌；八二片区改造提升基本完成，环电子科大国家大学科技园片区中科大智创谷打造完成，建设巷特色街区打造加快推进实施，双林路新华苑片区打造完成，水碾河片区、玉双路片区完成建筑风貌打造，“市井一环，文商成华”初步呈现。“一轴”内猛追湾市民休闲区设置猛追湾故事馆，全景再现猛追湾前世今生；引入天府四川金融博物馆、几何书店、万汇空间、梅花川剧社等核心资源，新落户招商目标企业120家，其中在蓉首店8家、网红品牌30家，引导带动商家自主提档升级50家，消费流量提升至1.5万人。“五片”内八二片区对工人日报大厦、八二小区、人民纸箱厂等老建筑实施风貌改造、业态植入，发展共享办公、文化创意等现代服务业，焕发老建筑“新生机”。“四节点”内新华公园片区打造不荒书屋、Hi Fun创意长廊、观·剧场、X-park潮玩运动空间、CityArt文化体验中心、艺术美学餐厅、那年茶馆等项目，研发推广天府文化衍生艺术、演艺等产品。

一环路市井生活圈

一环路市井生活圈导向地图　　（区住建交局供图）

（毛　令）

特色街区

【概况】　成华区以“品质化、品味化、品牌化”为导向，以“特色化、场景化、景区化”为思路，高标准打造展现成华老城味道和风貌风情特色街区13条，总投资11.3亿元；包括新华坊、东郊记忆2个区级特色文商旅示范街区，以及“历史文化+”个性创意街区、“商业消费场景+”活力消费街区、“社区乐活+”宜居生活街区等特色街区11条。

【特色街区打造】　成华区遵循“一街一品”理念，坚持“先策划、再规划”，深挖街巷文化内涵，因地制宜植入文化场景、体验场景、消费场景、产业场景、生活场景，强化塑造街巷独特性和差异性；实施“公园+街区”整体发展模式，通过建筑改造、修建地下停车场、增加公共设施设备等，优化整体宜居环境；严格落实《成都市街道空间一体化导则》，将步行、非机动车和公交车等慢速出行方式作为交通主体，打造舒适惬意街区慢行系统；植入5G新技术、街头交互体验小品等智慧场景，设置娱乐、休闲交互体验装置，加强连接行人与街道感情交流纽带。年内13条特色街区已梯次呈现，石油路、东郊记忆、熊猫地球村、420等特色风貌街区有力提升老街形象，展现街区品质感；羊子山、龙潭客家等文化景观街区深挖历史文化资源，以立体雕塑、景观装置、艺术铺装等

成华特色街区

羊子山古蜀文化创生街区

和文化文创特色街区　（区城市更新局供图）

多元手法进行系统展示，提升区域显示度；新华坊、Discovery发现之旅、和文化等潮流活力街区以新空间、新场景、新业态营造出新体验、新消费、新感观，创造一批“有颜值、有回忆、有温度”网红打卡地，塑造城市有机更新新形象，焕发旧城区转型升级新活力。

（邓　雨）

表29　**成华区特色街区建设情况表**

序号	项目名称	建设地址	项目特色	街区类型	投资金额（万元）
1	“新华坊”特色街区	新华公园、双林北支路、新鸿南路、双园巷	依托新华公园，围绕双林北支路、新鸿南路、双园巷打造文化艺展、时尚运动、网红美食特色街区，融合5G建设、数字管理、智慧服务等内容	潮流活力街区	25114
2	东郊记忆艺术特色文旅街区	东郊记忆路、建设南路、建设南支路、圣灯路	精品化打造“蓝花楹道、黄花风铃道、樱花道、香樟道、银杏道”五大特色街道，构建多样化、潮流化、艺术化文旅街区	艺术文化街区	12000
3	熊猫地球村特色文旅街区	白莲池街道一里塘社区	打造以熊猫文化为主题、以客家文化为补充，集文创艺术、休闲街巷、餐饮美食、汽车影院为一体文化旅游特色街区	艺术文化街区	17500
4	羊子山古蜀文化创生街区	双水碾街道横桥社区洪山北路、洪山路、羊子山路、横桥街、洪山路东段。	深挖古蜀历史文化、民俗文化等集体文化记忆，转化为场景、故事、体验项目，打造五福临门、守护之阙、双水塔、幸福剧场、羊子山光阴故事长廊等节点景观，改善街区面貌	特色历史街区	2786
5	龙潭客家文化休闲特色街区	华甸路、华泰路、成康路	结合区域地理条件、街景业态、载体功能，围绕龙潭辖区居民生活核心地段，以龙潭客家文化为主题，打造龙潭客家生活广场，营造客家文化主题消费场景，展示客家人迁徙、发展、生活、文化特色	特色历史街区	8000
6	新北天地商贸旅游发展特色街区	致顺路	充分结合市民诉求，通过城市界面优化、开敞空间打造、绿化景观提升，建设高品质和谐宜居生活社区和特色街区	特色历史街区	34000
7	Discovery发现之旅特色主题街区	二仙桥街道成华大道十里店路铁建广场一侧及东华一路、华林二路、华林三路、下涧槽路	依托成都理工大学和成都自然博物馆，打造以恐龙地质文化为特色主题街区	潮流活力街区	2143
8	和美社区和文化文创特色街区	万宇路、和丽路	融合多元特色设计构筑物和景观植物，打造和美文商旅特色街区，丰富市民文化生活体验	潮流活力街区	1268

续表29

序号	项目名称	建设地址	项目特色	街区类型	投资金额（万元）
9	420工业文旅街区	双桥路南一街至双桥路南六街	挖掘420工业文化基因，融合成都+东北生活元素，打造“工业韵、生活味”十足工业文明故事化主题特色街区	工业文化街区	2600
10	地勘路咖啡文化产业街	地勘路	在原有建筑基础上，从城市小品、店铺招牌、街角绿地等多方面打造全新咖啡街区业态	潮流活力街区	280
11	石油路特色街区	猛追湾街、石油路	以四川油气事业发展历史为脉络，讲述石油故事、科普油气知识、传播石油精神、展示石油形象	工业文化街区	500
12	万象城特色商业街区	双成一路、双福三路	按照“全域沉浸夜”商业标杆目标，高水平营造消费场景，塑造成成都商业综合体特色品牌	绿色商业街区	5100
13	滨江东里潮趣特色街区	龙湖滨江天街及沙河城市公园南区	通过“沙河城市公园+龙湖滨江趣味街”有机融合，打造城市品质、人居环境、生活消费深度融合特色滨江街区	绿色商业街区	1600

城市更新项目建设

【概况】 2021年，成华区按照“总体策划、片区开发、轴线带动、组团打造、地标增色”思路谋划全域城市更新，编制《成华区城市有机更新“十四五”专项规划》，启动总投资730亿元7708亩“6+6”城市有机更新项目，策划包装城市有机更新单元30个，纳入成都市城市有机更新总体规划。成华区公园城市建设和城市更新局获2021年“成都市建设幸福美好生活十大工程先进集体”。

（杨胜雄）

【城建重大项目实施】 成华区全年实施杉板桥快速路改造、成洛路综合改造、成致路互通立交、东西城市轴线改造提升、成华大道（中环至民兴路段）综合整治、成华大道（民兴路至四环段）综合整治等重大城建项目7个，总投资58亿元，包括道路、绿化、排水、路灯、交安等改造内容。杉板桥快速路改造（二环至中环五路口段）、成华大道（中环至民兴路段）综合整治、成洛路综合改造、东西城市轴线改造提升4个项目年内已完工。

（毛　令）

【危旧房棚改】 成华区接续推进47个搬迁改造项目，顺利启动崔家店东西片区7个搬迁项目，全面完成八里庄片区东星民居、下涧槽片区二仙桥3号地块等7个项目搬迁改造，重点攻坚八里庄片区石油总机厂项目单身宿舍和原时友东区医院搬迁，全部完成腾退。

表30　　2021年成华区城建重大项目表

序号	项目名称	项目内容及规模	项目业主
1	杉板桥快速路改造	全长4.2千米，改造内容包括道路、绿化、慢行过街设施、路灯、交安等	成都城投集团
2	成洛路综合改造	全长4.3千米，改造内容包括道路、绿化、排水、路灯、交安等工作	成都城投集团
3	成致路互通立交	设置两条左转匝道和两条右转匝道	成都交投集团
4	东西城市轴线改造提升	BRT快速公交、道路景观绿化、慢行交通等	成都兴城集团
5	蓉都大道综合改造	全长4.1千米，改造内容包括道路、景观绿化、路灯交安及慢行交通等	成都兴城集团
6	成华大道（中环至民兴路段）综合整治	全长1.9千米，改造内容包括道路、景观绿化、路灯交安及慢行交通等	成都城投集团
7	成华大道（民兴路至四环段）综合整治	全长6.3千米，改造内容包括道路、绿化、排水、路灯、交安等	成都城投集团

【老旧小区改造】 成华区全力推动38个老旧小区改造项目，加强政策宣传和意见征集沟通，召开坝坝会120次，印发宣传资料9140份，收集意见建议1.06万条；采用“集中设计、分散施工”模式，增设停车位、体育健身等公共设施，优化完善服务设施、绿化设施，将适老化、亲民化、便利性、经济性理念融入改造全过程。全年老旧小区改造项目惠及居民7898户，重点打造刃具厂宿舍等2个标杆院落、平景苑小区等5个精品院落、猛追小区等3个市级文化示范小区，电子科大东院老旧小区打造成为成都首个教师群落书香文化小区。金桂园老旧小区改造获评“成都市最佳老旧小区改造奖”。

【片区有机更新】 区城市更新局编制完成《成华区“6+6”更新单元实施规划方案》，建立城市更新组织保障和项目运行体系，梳理更新项目全周期工作台账，建立完善督查督办考核机制，全年启动片区有机更新项目29个，八里庄、下涧槽片区申报国家第一批城市更新试点项目，猛追湾片区申报国家第一批城市更新示范项目，蓉北商圈升仙湖商务区初步完成片区“留改建”方案和资金成本核算，助力打通天府大道北延线最后梗阻点。

八里庄工业遗址片区 项目北至仙韵二路，东至二仙桥北路、建设北路三段，南至文德路，西至府青路三段，总投资76.14亿元，占地面积1368.3亩，实施面积425亩，包括改造加固103仓库、109仓库、石油总机厂仓库，实施地勘院宿舍区改造，新建妇幼保健院项目内容。项目依托八里庄片区富集工业文化遗产资源优势，提升历史建筑综合价值，提高产城融合发展动能，聚力构建“音乐演艺、影视传媒、数字娱乐”三大文创产业生态。

龙潭新型产业园区 一期项目北至龙港钢材市场边界，东至华盛路，南至龙港路，西至鹤林四路，总投资42.79亿元，占地面积434.5亩，包括提升改造龙港钢材市场片区等项目内容；二期东至华盛路，南至成宏路，西至龙潭立交桥，北至桂叶路，总投资166.72亿元，占地面积3580亩，包括双龙路北片区改造、新建经济科创空间和品质社区等内容。项目通过非核心产业纾解，对落后仓储物流老工业园区进行产业再升级，突出数字通信、机器人、检验检测细分产业，打造具有国际竞争力和区域带动力的龙潭新型产业体系。

猛追湾市民休闲区 （区融媒体中心供图）

崔家店片区 崔家店南路中烟特色街区有机更新项目东至槐柳二路，南至御风一路，西至槐杨路，北至成洛大道，总投资67.6亿元，占地面积805亩，新建幼儿园、小学，实施华建学校、保和东升社区优化改造等内容。崔家店东片区城市更新项目北至理工东苑，南至中环路双店路段，西至中环路崔家店路段，东至民兴南一路，总投资114.65亿元，实施面积370亩，包括生进大厦等区域优化改造内容。成华区崔家店路西片区1号地块城市有机更新项目南临中环路崔家店路段，北靠杉板桥路，西至杉板桥南五路，东至中环路崔家店路段，总投资57.48亿元，占地面积1473亩，包括实施安逸园片区、关家大院优化改造等内容。崔家店西片区2号地块城市有机更新项目北至四川电力送变电公司用地边界，东至云水苑小区，南至崔家店路，西至崔家店北二路，总投资36.05亿元，占地面积188亩，实施面积166亩，包括实施建筑改造、完善配套设施等内容。项目推进成华区与成都理工大学校地合作，助力理工大学建设高水平公园式开放型校园，延续东郊记忆文创产业最佳承载地，构建人才社群与基础设施适配宜居宜业公园城市示范区。

下涧槽片区 一期项目北至下涧槽路，东至成都誉美医院，南至二仙桥北二路，西至民兴四路，总投资22.44亿元，占地面积493亩，包括嘉祥外国语学校“改扩建”项目、二仙桥北路三根香居民点改造、新建成都机车职工会议中心等内容。二期项目北至二仙桥北二路，东至成华大道十里店路，南至中环路崔家店路段，西至二仙桥北路，总投资33.66亿元，占地844亩，包括区域风貌改造提升等内容。项目引领中心城区有机更新，打造后疫情时代，健康韧性城市公共空间环境。

猛追湾熊猫电视塔文旅休闲片区　项目西至猛追湾横街，北至建设北路一段，东至一环路东一段，南至猛追湾东街，一期总投资77亿元、占地面积462亩，包括八二部分片区改造等项目内容。项目打造1.68平方千米滨水黄金地带，推进城市更新、文化传承、肌理调整、空间活化、场景塑造，形成功能复合、形式多元体验空间，片区成为成都极具代表老旧城区活化改造名片。

槐树店片区　项目东至槐柳二路，南至御风一路，西至槐杨路，北至成洛大道，总投资67.6亿元，占地面积805亩，实施五冶生活区等优化改造内容。项目优化区域路网体系，加密毛细路，打通断头路，地铁4号线和7号线顺利通车，提升交通便捷度；加快新希望地块动工，打造中环壹号、成华和悦广场等商业综合体；新建幼儿园和小学以及成华区七医院，优化槐树店公园，全面提升槐树店片区各项生活配套。

【工业遗产资源活化利用】　成华区发挥独有的18处工业遗产集聚优势，坚持“园区化、景区化、社区化”导向推进老厂房、老仓库、老设施等各类工业遗产资源活化利用，实现禾创药业仓库、中车联合厂房、灯光球场、101仓库、107仓库、二仙桥站台等工业遗产保护性活化利用开发。原禾创药业仓库改造为红仓·完美文创公园，以“开放型、公园式、社区化”理念，打造产业人才教育、原创内容创作、IP及网络、影视艺人孵化产业生态圈，同二仙桥公园站台、铁轨、火车等共融互动，构建“公园+园区”园城一体互动体验场景，获评四川省文旅融合示范园区，正在创建国家AAA级旅游景区。

（杨胜雄）

公共配套设施建设

【概况】　2021年，成华区围绕“补齐短板、提质增效、完善功能”要求，实施公共服务设施建设项目55个，其中，建成40处（中学4处、小学4处、幼儿园3处、社区服务中心2处、文化活动中心3处、社区养老设施4处、社区用房4处、农贸市场3处、社区卫生服务中心3处、综合健身馆2处、公厕2处、街道办事处1处、派出所1处、再生资源回收站2处、综合运动场1处、环卫设施1处），新开工15处（中学2处、小学1处、幼儿园1处、社区服务中心2处、文化活动中心2处、社区养老设施1处、社区用房1处、农贸市场2处、社区卫生服务中心1处、综合健身馆1处、公厕1处）。

（李　沁）

【幸福美好生活工程建设】　成华区实施教育强区幸福工程，加大优质教育学位供给，建成中小学（幼儿园）11所，新开工4处，推动渥太华公办国际化学校集群、七中英才学校（小学初中部）等学校建成投用；实施全民健康幸福工程，健全医疗卫生服务体系，推进4家公办社区卫生服务中心加快建设，推动省第一中医医院开建、市二医院龙潭医院投用；持续推进社区综合体建设，提高片区公共服务综合便捷度，建成新客站片区规划社区综合体、新客站片区规划社区中心等6处，新开工驷马桥片区配套综合体项目，构建功能多元化公服设施；推动成华区全龄友好包容社会营建工程，制定《全龄友好包容社会营建工程实施方案（2021–2025）》，完成社区养老服务综合体、公园式婚姻登记处等建设项目24个1.9亿元，全面保障社区居民生活服务需求和精神文化需求。

（李　沁　汪超人）

【市政设施建设】　成华区实施一里塘道路二期、湖山路东段、北湖下穿涵洞等市政基础设施项目，完成老龙青路、丛树道路三期等项目；实施东风路北一巷管网迁改、长春电力迁改、外环片区电力迁改项目3个，新建电力隧道1.8千米，总投资4.09亿元；完成小区院落雨水管网疏掏45个2.85千米，完成龙潭成渝铁路桥下穿隧道泵站设备检查检修及进出水管道清淤工作。

（任淞江）

【新型社区建设】　成华区全年建设社区综合体7个，建设东林社区综合体：占地面积31亩，建筑面积4.5万平方米，建农贸市场、配套公厕、再生资源回收站、综合运动场等配套设施；新山社区综合体：占地面积12.2亩，建筑面积2.5万平方米，建农贸市场、公厕、社区卫生服务中心、社区养老设施、再生资源回收站、社区服务中心、环卫休息站、开闭所、文化活动中心、综合健身馆等配套设施；海滨社区综合体：占地面积15.3亩，建筑面积3.1万平方米，建社区服务中心、菜市场、居民健身设施、卫生站、公厕等配套设施；致兴二路北侧配套社区综合体：占地面积4.69亩，建筑面积0.84万平方米，建农贸市场、日间照料中心、社区用房、公厕、再生资源回收站等配套设施；蓉都文商产业综合体：占地14.99亩，建筑面积2.3万平方米，建商业及住宅服务设施；驷马桥南片（512片区）社区综合体：占地7.5亩，建筑面积1.9万平方米，建农贸市场、综合健身馆、社区配套用房、文化中心等配套设施；迎晖路社区综合体：占地4.6亩，建筑面积9320平方米，建社区用房、农贸市场、社区养老用房等配套设施。全年建成东林社区、新山社区、驷马桥南片区3个社区综合体。

（杨　澜）

【养老服务设施建设】 成华区全年建成跳蹬河街道杉板桥社区养老服务综合体等8处，通过新建、改建等方式建设社区养老服务综合体2处、老年人助餐点位48个，基本构建全区养老服务设施网络。

【社区用房建设】 区民政局按照《成都市社区用房建设标准》，全年审核社区用房、社区服务中心报建项目4处，建成验收洺悦锦府、水碾河、朗基瑞成轩、东原成都光明光电4处社区用房（社区服务中心）；收回蓝光锦绣城社区用房1处。

（王　勇）

【厕所改造与建设】 区综合行政执法局持续推进“厕所革命”相关工作，改造环卫公厕3座，新建公厕3处，对外开放环卫公厕170座并全部录入百度地图，93座环卫公厕实现24小时开放，强化公厕日常维护保洁。

（周　勇）

【环卫垃圾转运站建设】 成华区实施新山垃圾压缩站改造升级项目，改造面积2万平方米，包括改造垃圾倒料平台、出料泊位、停车场，对进出通道雨污分流、地面防渗、除尘、除臭、降噪等环保措施达标升级；10月，新山站完成压缩设备提能升级改造工作，无害化处理率100%。

（陈庭峰）

交通基础设施建设

交通枢纽建设

【概况】 2021年，成华区加快实施“交通畅行”工程，全年开工建设成南复线、成绵复线、成金简快速路3个高快速建设项目，在建地铁项目3个（地铁8号线二期、17号线二期、27号线一期），火车北站扩能改造、成自铁路建设项目有序推进，全区公交站点和线网设置在主要道路300米范围内覆盖率85%、500米范围内覆盖率100%，基本形成“轨道交通+常规公交+慢行交通”三网融合绿色交通体系。

（唐　涵）

【路网“7环13射”规划实施】 成华区坚持构建以“7环13射”骨干路网为依托，以城市高快速路、主次干道、支路、街巷“四位一体”为支撑的现代城市路网体系。全年建设道路71条、道路竣工完工31条，杉板桥路、成华大道等主骨干道路加快推进，一环路改造工程、东西城市轴线、成洛大道基本完工，成华区“7环13射”骨干路网基本成型：7环，指一环路、二环路、中环路、荆竹路—塘路、三环路、熊猫大道—龙青路、绕城高速；13射，指即北星干道、金凤凰大道、昭觉寺南路—川陕路、建设北路—蜀龙大道、府青路一段成绵高架、新鸿路—杉板桥路—成金青快速通道、物流大道—成致路—桂龙路、致兴路、龙港路、航天路、成南高速、新华大道—成洛大道、蜀都大道水碾河路—成渝高速。

【“交通畅行”工程实施】 成华区继续推进“交通畅行”工程，构建内畅外联城市路网体系，改善群众出行条件，优化全区道路品质，提升市政基础设施对产业发展承载力，年内“7环13射”城市路网体系中，6条环线道路、11条射线道路全线贯通，次干道、支路、街巷等各级道路不断完善，全区各级公路、城市道路里程662.3千米。

【高快速公路建设项目】 成华区全年开工建设成南复线、成绵复线、成金简快速路3个高快速建设项目，成南复线项目（成巴高速）起于龙港路北编组站铁路，止于第二绕城高速，全长24.36千米，途经成华、新都、青白江3个区县，成华段全长3.1千米，由成都市牵头会同德阳、遂宁、南充三市按“BOT+政府补助”方式实施，5月进场开工建设。成金简快速路成华段为2条接入成南复线匝道，全长1.51千米，已完成地勘、初设及施工图设计和施工招投标，与成南复线同步实施建设。

（董振宇）

【成自高速铁路建设】 成自高速铁路项目北起火车东站、终至自贡东站，全长177.192千米，是四川省南下出川重要交通要道，能够加强成都与昆明、重庆地区经济交通联系，支撑推进长江经济带发展。成华段线路长650米，年内实施成都东站站场改造，推进区内建设用地、问题协调等保障工作，有序开展建设工作。

（唐　涵）

【轨道交通建设】 成华区全年在建地铁项目3个，线路里程25.51千米，地铁17号线二期成华段长17.89千米，设红星桥站、建设北路站、踏水桥站、二仙桥站、机车厂站、人民塘站、航天路站、威灵站、高洪站9座车站；地铁8号线二期成华段长6.21千米，设圣灯公园站、龙潭立交站、龙潭寺站、同乐站、桂林站（原龙潭寺西站）、桂龙路站（原龙潭寺东站）6座车站；地铁27号线一期成华段长1.41千米，设双水碾站1座车站，形成轨道交通四纵两横一环布局。

（刘　梁）

城区道路建设

【概况】 2021年，成华区全年推进道路基础设施建设项目122个，总投资32.1亿元，涉及道路169条，年内实现开工建设道路71条、竣工道路31条、整治竣工道路10条，打通圣灯东二路、岷山路等6条“断头路”，建成区路网密度提升至8.13千米/平方千米。

【城区道路升级改造】 成华区持续推进老旧道路提档升级改造，优化既有道路品质，全年完成建设南路、圣灯路、东华一路等10道路提档升级，同步对绿化、交安等附属设施进行提升改造，有效改善片区基础设施，破除区域交通梗阻，提高节点转换能力。

（张 聪）

【城市主干路建设】 成华区不断推进区域城市主干道升级改造，年内完工成洛大道、槐荫路、成华大道（理工大学-民兴路）、人民塘路（普洛斯A线西延线）、东西城市轴线等主干道路改造项目，实施杉板桥路等建设项目。槐荫路项目位于保和街道、万年场街道辖区，起于成洛路、止于迎晖路，长1348米，宽30-35米，总投资1.66亿元，年内建成开放交通；道路连接槐树店路与迎晖路，完善区域路网结构，周边成都市体育运动学校、华侨城御龙山、锦府小区等车流可快速进入骨干道路，方便市民出行。人民塘路（普洛斯A线西延线）项目位于二仙桥街道辖区，北起于人民塘路，南止于东华三路，全长420米，宽40米，总投资3950万元，于8月完工；有效完善片区交通路网，为沿线蓝光乐彩城、源滩国际社区、中车共享城等小区居民及万汇小学师生，提供便捷出行通道；连通成金青快速路、龙青路，与熊猫大道、东林二路、致力五路、人民塘路下穿铁路和成华大道连成一线，形成连接东郊记忆艺术区、成都熊猫国际旅游度假区两大核心区环线骨干道路，改善片区基础设施形象和品质。成华大道项目起于中环路理工大学五路口处，止于民兴路平交口，全长18.9千米，于5月动工，年底完成道路主线快速化改造，实现道路基本通行；道路西侧以商业功能为主，打造商业型街道场景，打造人文公园绿地段落，道路东侧以教育功能为主，结合大学文化打造文化特色型街道场景，通过优化提升道路断面、交通组织，营造安全舒适车行空间、慢行空间；打造成为成都东北向门户景观大道、文化创意发展轴，缓解区域内车流量大、居民住宅密集等交通问题。

【次干道及支路建设】 成华区不断完善全区路网，分片区、分期分批组织实施次、支路及街巷道路建设，年内完成建勋路等24条支线道路建设，实施建设人民塘西一路、东华二路等30条次干道、支路。东华二路道路长290米，宽20米，年内完成道路建设、交通、排水、电力、绿化、照明等配套设施工程。槐柳一路道路长500米，宽16

表31　　2021年成华区道路建设基本情况表

序号	项目名称	建设规模	截至年底进展情况
1	龙青环线道路改造工程	长4800米，宽30米	进行下穿北干渠施工
2	老龙青路改造工程	长2600米，宽20米	完工
3	普洛斯C线改造工程	长680米，宽16米	完工
4	普洛斯A线西延线工程	长420米，宽40米	完工
5	双龙路道路	长2300米，宽25米	进行右幅道路级配碎石施工
6	民兴路	长2300米，宽30米	完成连砂石加强层施工
7	槐荫路	长1348米，宽30-35米	主体完工
8	致兴路道路	长1300米，宽30米	完成底油铺筑施工
9	民兴一路东段	长1160米，宽20米	部分完工
10	丛荟路	长1015米，宽30米	完工
11	荆泰路	长780米，宽16-20米	完成土方外运，进行路基换填
12	槐柳一路	长500米，宽16米	施工进场
13	槐树店二路及御风二路	长480米，宽16米	完工
14	东郊记忆路	长280米，宽16米	部分完工
15	建设南路	长300米，宽16米	部分完工
16	崔家店北三路	长340米，宽25米	完工

续表31

序号	项目名称	建设规模	截至年底进展情况
17	人民塘东二路	长310米、宽16米	完工
18	崔家店北二路	长385米，宽16米	部分完工
19	东华二路	长290米，宽20米	完工
20	富安五路	长365米，宽30米	完工
21	将军碑东二路	长300米，宽16米	完工
22	昭文路	长130米，宽25米	完成土方外运，开挖路基
23	昭青横路	长600米，宽20米	完成土方外运，开挖路基
24	向龙三路	长197米，宽16米	基本完工
25	民兴二路	长206米，宽25米	基本完工
26	民兴三路	长270米，宽20米	基本完工
27	民兴四路	长238米，宽25米	基本完工
28	仙韵一路	长349米，宽16米	基本完工
29	仙韵三路	长350米，宽16米	完成表土清运施工
30	仙韵四路	长200米，宽30米	完成施工打围
31	仙韵五路	长930米，宽16米	基本完工
32	龙厢街	长300米，宽12米	完成土方外运和污水管安装
33	崔家店横二街	长330米，宽20米	部分完工
34	东紫路	长528米、宽20米	完工
35	东晖路	长362米、宽16米	完工
36	荆泰二路	长615米、宽16米	完工
37	致力三路	长470米，宽20米	完成临设搭建，进行文勘
38	致兴一路	长270米，宽12米	完成临设搭建，进行文勘
39	致兴二路	长200米，宽20米	完成临设搭建，进行文勘
40	和泰路	长236米，宽30米	完工
41	和泰东二路	长283米，宽16米	完工
42	和敬路	长368米，宽20米	完工
43	龙象一路	长180米，宽16米	完工
44	龙象二路	长290米，宽20米	完工
45	龙瑞一路	长800米，宽25米	完工
46	龙瑞二路	长510米，宽20米	完工
47	瑞景新城周边道路	长1340米，宽12–20米	路床回填、电力浅沟施工
48	将军碑安置房周边道路	长655米，宽20米	施工进场
49	昭觉寺北片区周边道路	长265米，宽12米	施工进场
50	东华二路西延线市政道路	长520米，宽16米	进行雨污水管网施工
51	仙乐巷市政道路	长330米，宽16米	进行场地平整
52	下涧槽二巷市政道路	长255米，宽7米	完成临设搭建
53	人民塘西一路市政道路	长240米，宽20米	进行水稳层施工
54	成绵底层道路提升改造	长1500米，宽40米	完工

米，年内完成道路建设、排水、电力浅沟、绿化、路灯、交安、给水、燃气等配套设施工程。瑞景新城周边道路：碧莲路长260米，宽16米；碧莲南一巷长260米，宽12米；碧莲南二巷长220米，宽12米；石岗堰一路长600米，宽20米；年内完成道路建设、路床回填、电力浅沟施工。昭觉寺北片区配套道路：昭青横路起于驷马桥南路，止于昭文路，长600米，宽20米；昭文路起于昭觉寺横路，止于昭青横路，长130米，宽25米；年内完成电力迁改。龙厢街道路全长300米，宽12米；完成土方外运、污水管安装。荆泰路道路长780米，宽16~20米，年内完成土方外运。东紫路配套道

成华大道综合整治　　（区住建交局供图）

路：东紫路长528米，宽20米；东晖路长362米，宽16米；荆泰二路长615米，宽16米，含小桥长16米、跨距5米，年底全部完工。

（杨　澜）

【“断头路”打通】　成华区全力攻坚断头路项目建设，全年打通“断头路”6条，有效畅通区域路网微循环，为群众出行解决难题。圣灯东一路起于圣灯东一路已建段，止于中环路，长30米，宽20米；圣灯东二路起于枫锦路，止于中环路，长68米，宽20米，年内两路实现竣工通车；道路衔接中环路与圣灯路，接入成南高速、三环路、成金青等高快速路，快速疏解片区车流，为“东城映象”小区居民提供出行便利。岷山路起于岷江路，止于白龙江路，道路总长539米，宽25米，11月实现道路贯通；道路建设过程中将沿线架设电力杆线迁改下地，规范片区雨、污水排放，改善沿线居民出行条件，带动道路周围土地开发。高车二路起于驷马桥路，止于二环路，长800米，宽30~45米，项目投资5250万元，年底建成投用。建勋路起于枫林路，止于建设南路，长190米，宽16米，项目投资456万元，年底建成投用。枫林路起于建功路，止于枫瑞苑小区（接枫林路已建段），长330米，宽16米，项目投资792万元，年底建成投用。

（冉　苒）

【交通节点建设】　区住建交局研判分析全区交通节点情况，加强交通节点建设，全年推进成致路跨三环路互通立交、成南复线与双龙路互通立交、杉板桥路改造工程跨越成绵乐客专9条铁路节点等项目建设。成致路跨三环路互通立交项目总投资3.6亿元，包括新建4条匝道，实施桥梁工程、底层道路工程、交安工程、绿化景观工程、综合管线工程等内容，实现成致路跨三环路节点对外全互通，有效解决片区高峰期间交通拥堵、车辆在跨线桥两侧违章掉头等问题，年内项目办理前期程序。杉板桥路改造工程总投资12亿元，全长4300米，宽40~54米，起于二环快速化道路，往外延伸至成南高速，是成绵二复线北部联系青白江、成德绵片区重要通道，一标段起于二环路，止于中环路，主线无红绿灯双向十车道，长2100米；二标段起于中环路，止于三环路，单侧宽13.5米，长2200米，年内工程进场施工。同步改造杉板桥路跨越成绵乐客专等9条运行中动车线节点铁路桥，采用全国罕见单塔无背索转体施工工艺，跨线桥长717米，塔身高128米，主跨跨径188米，建成后为城东片区地标桥梁。

（董振宇）

路桥整治和养护

【概况】　2021年，成华区管养道路476条、总里程320千米、总面积791.3万平方米，管养桥梁156座，拆除危桥2座，在青龙街道云龙路上重建黉门堰

沙河东蒲桥　　（成华城投公司供图）

桥，在多宝寺片区投资964万元新建人行景观桥——东浦桥、7月竣工并开放通行。区住建交局被成都市城管委评为“2021年度全市城市道路桥梁管理先进单位”。

【中小街道整治】 区住建交局完成石油路提升整治，改造提升路段长400米，宽9米，从街区特色、公共空间活力、交通组织、景观设计、街边绿植、人行慢道、市政设施等方面进行全面提升改造；完成东郊记忆路提升整治，改造提升路段长570米、宽12~26米，道路两侧设置工业文明元素亮点，兼顾机动车、非机动车、行人通行功能；完成熊猫大道改造提升工程，西起蓉都大道交叉口，北至熊猫大道蜀龙路口，南至东林二路三环路口，改造提升路段长6千米，设置丰富熊猫文创景观，搭配一步一景慢行步道，打造熊猫全域旅游文化展示轴。

【市政道路维护保养】 区住建交局以新鸿路、新成华大道、成金青快速通道为界，将道路管护划分为南北2个片区，委托公司对道路进行日常养护，全年投入维护资金2000万元，维护道路10790处，面积70250平方米；维护人行道6990处，面积64730平方米；对道路进行常规检测49条，结构检测49条，空洞检测32条；整治车行道3万平方米、人行道6万平方米。

【桥梁维修加固】 区住建交局委托公司对区管桥梁进行日常养护，全年投入桥梁维护资金340万元，完成日常保养维修桥梁点位321个，维护桥面、人行道面积196平方米，维护桥栏杆132米，对桥梁进行常规检测87座，结构检测43座。

（张　聪）

市容市貌

【概况】 2021年，成华区综合行政执法局结合国家卫生城市复审迎检、“爱成都·迎大运”爱国卫生运动攻坚行动、第二轮中央环保督察等专项工作，开展占道施工、餐饮油烟、噪声扰民、扬尘污染、乱排乱倒等专项整治；会同区“三大战役”办公室成立重点区域大气污染防控联合攻坚中心，开展扬尘污染专项整治行动45次，检查建筑垃圾运输车辆4410辆次，查处扬尘污染案件346起，罚款319.02万元。区综合执法局数字化中心加强数据及时采集与动态分析，促进城市精细化管理，为管理决策、指挥调度提供支撑，为数据管理与再利用、协同工作奠定基础，为市级智慧城市管理与服务树立标杆示范作用。成华区智慧城市管理大数据综合应用平台接待全国各地政府及研究机构现场学习，建设成果被央视二台经济半小时、四川电视台等媒体宣传报道。

（廖方朋）

【城市管理制度创新】 区综合执法局按照因地制宜、试点先行、以点带面、有序推进的原则，深化城市管理物业化服务工作试点，在猛追湾街道、青龙街道试点；青龙街道致顺路片区整合市容秩序外包服务及环卫作业服务，推进城市管理物业化服务；猛追湾街道望平坊片区整合市容秩序外包服务及环卫作业服务、安保服务等工作，完成城市管理物业化服务。区综合执法局指导龙潭街道综合行政执法中队规范化建设，运用“红旗激励+红黄牌预警”激励制度及“成华作风监督评议”约束机制，推进执法队伍专业化、执法行为标准化、执法管理系统化、执法流程信息化建设，确保规范化中队健康有序运行，龙潭街道综合行政执法中队获评“市级优秀达标中队”。5月13日，成都市城市管理执法“强转树（强基础、转作风、树形象）”三年行动总结暨城管执法中队规范化建设现场会在成华区召开，与会代表现场参观成华区龙潭街道综合行政执法中队规范化建设情况。

【市容秩序管控】 区综合执法局严格落实“门前三包”责任制，清理各类违章占道、交通安全设施摆放不规范、

10月1日，成华区市容秩序保障中队巡查成都大熊猫基地　（区综合执法局供图）

11月23日，“群众街长”对门店不规范经营进行巡查和劝导　（区综合执法局供图）

乱牵挂、乱张贴等行为，规范非机动车、共享单车停放秩序，加强保障点位周边城市容貌及秩序管理。全年完成保障任务105次，其中中央、省、市（一级）保障42次、区级（二级）保障63次，获得各级领导的肯定。

【市容服务外包管理】　成华区11个街道办事处、1个管委会开展城市市容秩序辅助管理服务外包，引进21个市容秩序辅助管理服务外包公司，对辖区内开展市容秩序文明劝导巡查，对重点区域进行执勤值守，做好重要时间点市容秩序保障，协助相关职能部门做好违章建筑拆除等工作。区综合执法局通过强化外包公司的引入、考核、退出机制，促进市容秩序辅助管理队伍规范化发展。

【互联网租赁自行车序化管理】　成华区域内新增望平滨河路、天祥滨河路、双园巷3个禁停区，解决单车在重点区域大量堆积问题。区综合执法局定期召开加强共享单车管理专项工作会，督促车企强化内部管理，加大对运维人员考核；配合文明城市测评迎检，召开单车减量协调会，督促车企、街道做好单车减量工作。全区互联网租赁自行车总量由10万辆减至4万辆，每周单车随机检查3次，关注车辆是否每日消杀、摆放是否规范、车身是否整洁等，开展多维度检查并纳入单车考核，为群众出行带来便利。

（张　帆）

【数字化城市管理】　区综合执法局围绕深化精细化管理，提升数字城管监管水平，全年数字化城市管理系统受理监督员上报案件45.16万件，其中市级17.60万件、区级27.56万件；利用天网视频监控巡视发现1.96万件，其中市级巡视发现0.62万件、区级巡视发现上报1.34万件。全年立案47.24万件，区级专业部门处置案件45.13万件，处置案件45.12万件、处置率99.98%，成华区数字城管精细化考评排名全市第一。区综合执法局围绕美丽宜居公园城市示范区建设，提升城市精细化管理水平，发动社会力量参与“百姓城管”队伍建设，全区有“百姓城管”志愿者110人。

（郑　姬）

环境卫生

【概况】　2021年，成华区综合行政执法局加强环卫市场化作业管理，利用第三方环境卫生测评公司，对全区环境卫生质量进行评价考核，全年清扫保洁道路1340.56万平方米，各环卫公司配备洗扫车、扫地车、洒水车、护栏清洗车、雾炮车、小型电动扫地车、小型高压冲洗车、快速捡拾车、垃圾收运车等作业机具700辆，全区环卫作业精细化水平提升。

表32　2021年成华区无违建小区点位情况表

序号	点位名称	所属街道
1	电子科技大学东三院	猛追湾街道
2	阳光欣园	府青街道
3	理工东苑东区	二仙桥街道
4	万科天荟城	跳蹬河街道
5	鲁能城三期	万年场街道
6	中州里程	保和街道
7	东汇家园	
8	荆竹苑	双水碾街道
9	新山新居二期	青龙街道
10	西派泊越	龙潭街道
11	一里塘新型社区二期	白莲池街道

【"街长制"统筹实施】 成华区实现城镇社区"街长制"全覆盖，区综合执法局统筹安排，各社区按照路段划分，街长制责任分工包干到人，由社区主任担任社区"总街长"，社区工作人员担任辖区各街巷"街长"，群众街长每天进行巡视，做好街巷环境秩序整治，引导依法经营、清理流动摊贩、落实"门前三包"，解决群众困难以及日常巡查劝阻上报等管理。全区"街长制"街巷总数561条，"责任街长"409人，"群众街长"338人，"街长制"公示牌471个。

【环卫设施"净身美容"行动】 成华区各环卫作业公司按照作业规范实施环卫设施日常清洗维护，确保环卫车辆、果屑箱等环卫设施设备外观整洁，无破损、无锈迹、无污渍残留。区综合执法局集中开展"净身美容"行动，不定期组织人员对各辖区进行抽查，对垃圾桶以及上路作业环卫车辆等标志标识缺失、有锈迹、有污渍残留等现象，进行拍照记录并责令属地环卫作业公司立即整改或限期整改，将抽查结果作为月度考核依据，以干净整洁的车容车貌迎接成都大运会。

【道路清洗除尘"本色"行动】 成华区重点对主街干道、出入城通道、景点周边、交通场站周边等重点区域开展大冲洗"本色"行动，采用水车高压冲洗、洗扫车精细收水作业方式，对机动车道开展大冲洗，人工高压水枪精细冲洗，全面清理人行道积尘、积垢、油污等污染；道路隔离护栏使用护栏清洗车机械夜间作业，重点区域人工二次精细擦洗，隔音屏使用大水车冲洗和人工二次精细擦洗确保冲洗效果。

（景军民）

【无违建小区创建】 区综合执法局坚持"自拆为主、强拆为辅、攻心为上、和谐拆违"工作理念，探索恒心、细心、公心"三心服务"，抓好违建治理"破冰、融冰、除冰"三大环节，推动违法建设综合治理深入开展，全年整治拆除各类违法建设186处、面积22.11万平方米，制止和拆除新增违法建设68处、面积6289平方米，全区创建无违法建设小区11个。

（赵世波）

【垃圾分类管理】 成华区建立"社区+院落+楼栋"三级网络收运体系，创新"物业主导""志愿组织引导""党建引领+社会共治"等模式，全区1300个小区设置集中投放点位3096个，党政机关、企事业单位、公共场所、经营场所生活垃圾分类实现100%全覆盖，居民小区生活垃圾分类覆盖率95%。

（徐冬云）

【环卫作业外包管理】 区综合执法局完成第七轮环卫市场化作业，对主街干道及出入城通道进行直接管理，涉及3个环卫作业标段，其他标段由属地街道办事处作为业主进行管理，涉及18个环卫作业标段。区综合执法局会同各街道办事处，依据全区环境卫生管理考核办法，结合第三方环境卫生测评，检查考核全区环境卫生作业质量。

【环卫工人作息房管理】 成华区11个街道办事处共设置30座环卫工人作息房，配备餐桌餐椅、更衣柜、饮水机、微波炉、电风扇、空调、便民小药箱等设备。区综合执法局会同各街道办事处，协调临街商家店铺、银行营业网点、社区居委会办公区，设置爱心驿站64处，为全区环卫工人工间休息提供保障。

（景军民）

智慧城市建设

【概况】 2021年，成华区智慧城市治理中心全面提升区级城市大脑支撑能级，完善应急指挥调度、社会诉求分析、社会综合治理、网格服务管理等重点领域智慧应用；建成杉板桥"数字孪生"社区小脑，拓展建设街道中脑、小区微脑，形成优势互补、多脑协同智慧城市治理体系；建成全区数据资源管理服务平台，规范和实现全域数据汇聚、治理、融合、共享、开放、安全、应用；建成人口、法人、时空地理基础数据库，推进自然资源、电子证照、公共信用基础数据库建设，融合政府、社会、企业等多维数据；建成城市数据资源池，实现全域系统互联互通和数据高效流转。区智慧治理中心建设"党建引领、态势感知、共建共治、资源地图、社区体检"五大智慧应用，配套研发具有掌上通办、掌上信箱等十三大功能的移动端，建立"科技+人力"线上线下全流程闭环、高效协同处置机制，提升社区治理服务科学化、精细化、智能化水平，营造共建共治共享新格局，构筑幸福美好生活新空间。智慧成华城市运行管理平台项目获评赛迪网"2021年智慧城市十大样板工程"。

【"智慧成华"建设】 区智慧治理中心深入推进"智慧成华"项目建设，全面推进系统维护更新，健全网络安全防护体系和智慧城市标准规范体系，做强智慧城市前端感知、协同计算和联动处置系统支撑；优化"智慧成华"整体系统架构，建立资源共享、功能互补的"大系统"，全面提升"城市大

跳蹬河街道杉板桥“数字孪生”社区系统　（区智慧治理中心供图）

脑”支撑能级；组织开展全区数据大会战，建成数据资源交换共享平台，统筹推进基础数据库和主题数据库建设，建成“公共数据资源池”；改造升级电子政务网络和成华区云大数据中心，整合接入公安天网、部门、街道和社会4类视频资源1.62万路；建立“区智慧治理中心+6个产业功能区+11个街道+83个社区”实时指挥调度体系，丰富智慧应用场景，创新“警情、案情、民情、舆情”四情联动分析应用；完成网络理政社会诉求智能化、智慧化升级改造，统筹推进智慧教育、智慧水务等应用场景建设。全区构建全天候能在线监测、能分析预测、能应急指挥的智能城市治理运行体系，实现“一屏全观”“一网统管”。《成华区“智慧城市”项目》获评第二届数字四川创新大赛（2021）数字政府赛道优秀案例。

【大数据发展战略规划和实施】　区智慧治理中心依托区级数据资源交换共享平台，推动全区政务部门发布数据资源目录700个，落实共享责任数据7804项；全面接入本级部门自建业务系统，广泛汇聚政、企、社会数据资源，接入58家单位2.03亿条数据，统筹推进人口、法人、空间地理等基础数据库和主题数据库建设，建成“公共数据资源池”。全区全年共享数据2600万条，支撑“天府健康通”疫情防控应用、“天府旅游名县”创建普查。区智慧治理中心依托全市统一的公共数据开放平台，累计开放28家单位19.1万条政务数据资源；推进电子政务基础设施集约建设和信息资源共享利用，完成8项电子项目方案评审，审定金额1591.68万元，审减金额105.38万元。

【杉板桥“数字孪生”社区试点建设】　区智慧治理中心以城市基本单元“社区”为切入点，探索数字社区和数字城市统筹推进，以建筑信息模型数据为骨架，融合叠加各类数据，搭建跳蹬河街道杉板桥“数字孪生”社区1.2平方千米三维空间数字底座，建立社区“镜像映射、实时互动”社区级城市信息模型；新增接入视频440路、物联感知设备6856个，构建“全时空感知、多维度监测”社区级城市感知体系，打造“社会治安、消防安全、环境保护、城市管理、交通管理、养老关怀”六大领域27个智能感知应用场景。杉板桥“数字孪生”社区系统项目助力成都市获“2021世界智慧城市大奖·宜居和包容大奖”。

【网格事件管理】　区智慧治理中心完成“智慧成华”治理平台Web端和网格员App功能扩展升级，为基层工作减负增效；优化智能预警事件处置流程，提升对各类安全隐患事件的发现、处置能力；优化“华仔骑手帮帮团”骑手上报事件办理流程，完成四川省委组织部快递物流业现场会平台事件处置展示；强化部门联动实现网格事件高效办理，全年网格员上报网格事件30.06万件，办结29.79万件，办结率99.1%。区智慧治理中心应用网格事件大数据编制相关分析报告7期，为社会治理、网格化服务管理提供有力支撑。

【大数据疫情防控】　区智慧治理中心创新应用技术手段支撑疫情防控，升级改造“五色卡信息管理系统”，上线风险人员排查模块，实现信息扁平化传递、直达社区；强化信息实时共享、工作协同联动，对关键信息缺失数据函至区公安分局补全信息，确保关键数据信息推送及时，方便基层直接高效开展排查，全年接收排查数据53.64万条，按时反馈率100%；落实专人7×24小时值班值守，开展实时数据信息接收分发，便于基层第一时间开展排查管控，防止疫情外溢风险。区智慧治理中心牵头购买第三方服务辅助基层高效开展疫情排查，有效缓解基层排查力量薄弱；动态编制《信息收发与排查组（区域信息协查专班）工作手册》，确保“问题有对策，处置有规范”；与区委社治委组建联合督导组，通过每日“三问三查一听”，推动线上信息流转与线下信息协查管控高效顺畅和闭环管理。

（崔黎晗）

经济管理

编辑　李锡清

发展规划

【概况】　2021年，成华区以规划引领经济社会发展，编制《成华区国民经济和社会发展第十四个五年规划和二〇三五年远景目标纲要》，对纲要内容进行细化分解，统筹协调纲要框架下29项专项规划编制推进工作；以全国百强区巩固升位为目标，精准打造争创"组合拳"，编制《成华区巩固提升县域经济百强区实施方案（2021—2023年）》，成华区进入全国综合竞争力百强排第91位，排位提升4位，受到省政府通报表扬。

【"十四五"规划和二〇三五年远景目标编制】　成华区国民经济和社会发展第十四个五年规划和二〇三五年远景目标纲要，根据《中共成都市成华区委关于制定国民经济和社会发展第十四个五年规划和二〇三五年远景目标的建议》编制，主要明确"十四五"时期成华区经济社会发展的思路目标、主要任务和重大举措，是政府履行经济调节、公共服务、市场监管、社会管理等职责的重要依据，是全区人民共同奋斗的行动纲领。成华区"十四五"时期思路目标，坚定不移将成华"1556"总体发展思路贯穿于"十四五"高质量发展全过程，坚持"成于中优，华在文商"工作主题，聚焦打造经济高质量发展先行区、文商旅融合发展示范区、公园城市建设领先区、西部门户枢纽活力区、社会治理现代化典范区"五大目标任务"，大力推进产业立区、文商兴区、改革活区、品牌强区、环境优区"五大兴区战略"，强力实施城市更新、产业提质、动力转型、文化赋能、治理提升、民生改善"六大行动计划"，全面抓好"31项重点工程"，力争到2025年跻身成都建设全国重要的经济、科技、金融、文创、对外交往中心和国际综合交通通信枢纽的核心功能板块，人均GDP达到中等发达国家水平，基本建成践行新发展理念的公园城市示范城区。成华区2035年远景目标，有机衔接新时代成华"三步走"战略目标，力争到2035年高水平建成社会主义现代化新城区。成华区动态开展"十四五"规划《纲要》年度跟踪监测、中期评估和末期全面评估，视评估情况报区人大同意后进行动态修订调整；开展区级专项规划中期评估，完善规划主要指标监测、统计、评估、考核制度，强化对约束性指标完成情况的评价考核；将本规划确定的约束性指标纳入各部门、街道综合评价和考核体系，与政府目标管理挂钩。

（张　寒）

【经济高质量发展先行区创建】　成华区坚持以高质量发展指标体系为导向，强力实施优质企业培育、总部企业招引、民营企业繁荣"三大计划"，加快推动产业基础高级化、产业链现代化，奋力打造千亿级都市工业集群和两千亿级现代服务业集群，加快建设一流的经济高质量发展先行区；突出中心城区高端要素运筹、国际交流交往、现代服务发展、文化传承创新、时尚消费引领等核心功能，深入实施城市有机更新行动，加快建设"碳达峰碳中和"先行示范城区，争当成都建设公园城市示范区排头兵。成华区抢抓成渝地区双城经济圈建设，持续强化成华"双枢纽、双门户"对外开放功能，主动融入成渝做强"双核"、联动"双圈"、融入"双循环"发展实践，厚植竞争新优势和转型发展新动能；持续推进城市空间品质提升行动，用好用活大熊猫和工业文明两张“城市名片”，加快打造旅游名区、文创名区、消费名区，奋力建设世界文化名城先进城区。

【供给侧结构性改革】 成华区围绕去产能、去库存、去杠杆、降成本、补短板“三去一降一补”供给侧结构性改革五大任务，实施以绩效为导向的财政预算制度改革，制定出台预算部门整体支出绩效管理试行办法，不断提升财政资源配置效率和使用效益；实施以效率为导向的国资经营评价制度改革，不断健全国资监管制度体系，构建数字化综合管控平台；实施以产出为导向的土地资源配置制度改革，推进中旅、华人等成片开发项目，优先保障产业项目用地需求；实施以成长为导向的企业扶持激励制度改革，用好用活新经济发展政策，入库国家科技型中小企业228家，高新技术企业315家；实施以利民为导向的基本公共服务改革，加快构建“515均衡公共服务圈”，聚焦教育、卫生、文化等重点领域，加快补齐公服短板、优化服务供给。

（王文君）

【社会信用体系建设】 成华区制订《成华区社会信用体系建设2021年度计划》，细化分解3大类14项具体工作任务，夯实信用发展基础，营造良好诚信环境；聚焦规则公开透明，构建新型监管机制；聚焦深化放管服改革，提升政务服务水平；聚焦激活力减负担，创新信用信息应用。区发改局依托“成华信用”网，发布“信用动态”工作信息100条，公示新增市场主体信息3.82万条、市场主体信用承诺书3000份，列入“经营异常名录”企业1.04万户，指导4100家企业完成信用修复。

（许　爽）

开放与合作

【概况】 2021年，成华区围绕融入“双循环”、唱好“双城记”、共建“经济圈”，举办“共筑新格局·共建经济圈”投资推介系列活动21场，引进重庆弗悟西部运营中心、智星辉智能技术研发运用中心等成渝区域合作项目27个，总投资179亿元；与资阳市乐至县、达州市大竹县签订区域合作协议，实施成德眉资协同招商新路径，签约30亿元以上成德眉资合作项目2个。成华区获评“2021成渝地区双城经济圈最佳投资城区”。

【成渝地区双城经济圈建设】 成华区与重庆九龙坡区、南岸区、江北区、大渡口区、铜梁区共签订专项合作协议14个，推进人才、税务、教育、医保、民政、统战、政务服务、城市管理、生态环保、市场监管、司法检察等领域合作。成华区举办成渝地区双城经济圈“海外赤子双城荟”活动，促成创新创业双城互通互联合作等4个项目签约落地成渝地区，全面擦亮人才服务成华品牌；与重庆市沙坪坝区合作，在“环成渝高校协同创新基地”挂牌“成华区青年（大学生）创业园实训基地”，加强人才引进培养和优质项目成果转化合作，构建“三圈一体”创新人才生态系统；承接电子税务“川渝通办”省级试点，与南岸区税务局通办建筑业、不动产项目报告、税费申报等6类67件业务；推进税收征管一体化管理，有效打通涉税数据交换通道，对380户关联企业相关信息、13.2万条国家税务总局云平台实名认证数据进行交换，通过“一键直达”跳转，完成跨省业务办理；与重庆市南岸区、九龙坡区、铜梁区制定实施两地跨区域业务通办事项清单，梳理全程网上办事项189项、线上线下融合办事项19项、双城线下融合办事项49项，设置成渝通办专窗，实现办事人基础信息、税收资质、纳税信用评价互认，成渝两地常办政务服务事项全程网上办理，“非接触式”办事比例达98%。成华区依托萌想星球107文创产业园，与重庆瑞泽恒实业有限公司共同打造中浩翼飞MCN电商经济产业园，园区作为川渝地区第一家共享电商全品类供应链基地，设置各场景类主题直播间50间，24小时不间断直播，实现40万以上SKU，引入相关MCN机构18个，实现销售GMV数据1.15亿元，营业收入2000万元；与新华三集团、重庆紫光华智公司签署三方战略合作协议，由成华城投公司与紫光华智公司共同出资成立合资公司，以新华三集团为技术牵头方，合作推进智慧城市、智慧教育项目建设及运维，探索将双城

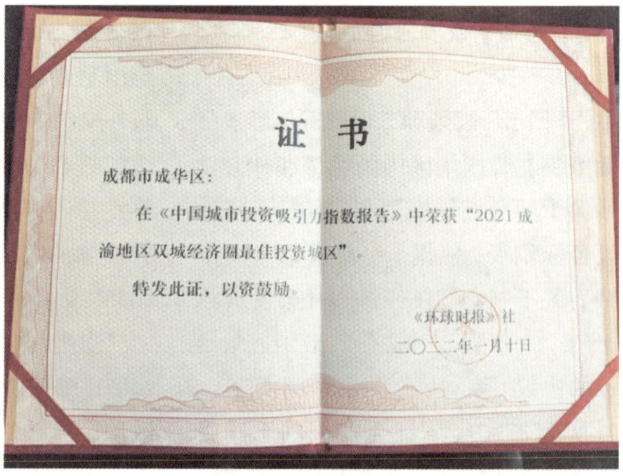

2022年1月10日，成华区获评“2021成渝地区双城经济圈最佳投资城区”

（区发改局供图）

经济圈建设政策红利有效转化为国有企业发展实效；深化公共服务共建共享，实现居民结婚登记和离婚登记“跨省通办”，办理重庆户籍婚姻登记253人，办理川渝户籍迁移756人次；区内定点医药机构开通跨省异地就医直接结算，全区52家医院、466家诊所、596家药店开通异地就医联网结算；推进养老保险关系转移网上经办，办理跨区域养老保险关系接续5003人次；与重庆璧山区、铜梁区联合成立成渝两地智慧教育协同发展共同体，开展首届网络学习空间建设应用研讨活动，有力提升两地在智慧教育建设应用。成华区承办首届成渝区块链应用生态发展论坛，四川省区块链行业协会同乐山、达州、眉山、雅安、宜宾、资阳六市平台建设企业签约“链上天府”，打造区域区块链应用生态服务平台。

4月23日，成华区与资阳市乐至县区域合作签约仪式举行　（区融媒体中心供图）

【成德眉资同城化发展促进】　成华区全力推动与资阳市乐至县合作，成华区人民政府与乐至县人民政府签订合作协议，推动成德眉资政务服务协同，开设“成德眉资一体化咨询服务窗口”，打通成德眉资一体化企业登记绿色通道，以异地同标为切入，提升政企服务水平；依托四川省市场一体化监管工作平台，实现全省市场主体登记数据异地实时查询，为企业异地办理登记提供便捷、高效服务，协同推进“成德眉资同城化发展”相关登记注册工作，实现“同城化无差别”受理；推动医疗养老服务协同，推进异地就医备案“零跑腿”“不见面”等线上服务，经办时限由3～6个月缩短至15个工作日；做好异地就医联网结算工作，辖区定点医药机构异地就医直接结算率100%；深化养老保险待遇领取资格异地联网认证便民服务，下沉养老待遇领取核查认证业务到街道、社区，依托四川省协查认证平台，实现全区116个认证点通办省内认证业务；推广“四川人社”“天府市民云”App线上认证，实现全省退休人员就近就便快捷认证服务。成华区推动招商引资协同，对接四川东方水利智能装备工程股份、中科控股、四川汇宇生物技术、绵阳市绵商投资等重点企业，促成东方智能水上机器人研发制造、数字艺术历史文化概念商业街区等7个重大合作项目签约落地。

8月27日，首届成渝区块链应用生态发展论坛在成华区举行　（区融媒体中心供图）

【成华区与资阳市乐至县区域合作】
4月23日，成华区与资阳市乐至县举行签订区域合作协议，围绕共同探索飞地园区发展方式、推动保供基地建设、文旅产业融合发展、枢纽服务合作、人才流动同城化、深化教育领域合作、加强国有投资平台互动合作七个方面加强合作，本着共建共享、互利共赢展开务实合作，按照“优势互补、合作共赢、政府主导、市场主体、商业逻辑”原则，推动双方在智能制造、数字经济、食品健康等产业协同发展，促进两地教育、文化、卫生等方面交流合作，助推两地转型发展、创新发展、跨越发展，打造成德眉资同城化发展样板。

【成华区与达州市大竹县产业合作】
5月29日，成华区人民政府与达州市大竹县人民政府举行合作签约仪式，在飞地经济、招商引资、农产品展销、文化旅游、社区发展治理、人才流动互动六个方面加强合作；双方探索“总部+基地”的产业协作模式，协同促进研发成果异地转化，加快形成投资实物量和

5月29日，成都市成华区人民政府与达州市大竹县人民政府合作签约仪式举行　（区发改局供图）

新的经济增长点；围绕两地产业特色，共享招商平台、资源，互相牵线搭桥，联合开展对外招商引资推介活动；依托大竹县优质果蔬产业基地，探索产地直发、订单化销售等模式，引导两区农产品产销主体加强合作；整合开发两地文化、旅游资源，探索两地文旅产业融合互动，在共建精品文旅线路、共谋文化艺术交流合作、共办文化旅游品牌营销、共设文创产品等方面深化合作；依托成华社区发展治理经验，围绕社会组织、社会企业孵化和培养加强交流合作，推动建设成华区、大竹县社区发展治理专业队伍，强化党建引领下的社会企业、社会组织协同治理能效，促进城乡社区可持续发展的整体营造；建立健全多层次、多领域、常态化的人才双向交流、学习机制，联合举办不同类别、层次人才招聘会，完善人力资源市场信息互通和就业服务互动机制。

【成华区友城交流合作区】　成华区与蒲江县、攀枝花仁和区、雅安市名山区、雅安市荥经县、自贡市荣县、德阳市旌阳区、资阳市乐至县、达州市大竹县8个区（市）县签署区域合作协议，在现代农业、旅游、康养产业、工业园区协作配套、社会事业、干部人才交流等领域深化合作。

（王文君）

固定资产投资

【概况】　2021年，成华区强力推动项目建设，牢固树立“项目为王”理念，切实发挥项目在经济社会发展中的支撑作用，全区重点项目呈现出投资高位运行、建设加快推进的良好态势，全社会固定资产投资总额比上年增长19.0%。

【重点建设项目投资】　成华区坚持以项目为中心，推进重大项目建设、扩大有效投资，中车产业城、天府国际动漫城2个项目纳入省级重点建设项目，总投资75亿元，年度计划投资10亿元。成华区龙潭总部新城标准化厂房项目、成华区联东U谷成都新经济产业园项目、成华区新经济产业服务中心项目、成华区龙湖梵城滨江天街商业项目、成华区八里庄工业遗址片区城市更新项目、成华区万科天荟商业综合体项等39个项目纳入市级重点建设项目，总投资784.7亿元，年度计划投资131.9亿元。

表33　2021年成华区省级重点建设项目一览表

序号	项目名称	总投资（亿元）	年度计划投资（亿元）	所在功能区
1	中车产业城项目	55.0	6.0	东郊记忆艺术区
2	天府国际动漫城项目	20.0	4.0	新北天地商贸旅游发展区

表34　2021年成华区市级重点建设项目一览表

序号	项目名称	总投资（亿元）	年度计划投资（亿元）	所在功能区
1	成华区华宇旭辉锦绣广场商业项目	13.0	1.5	成都熊猫国际旅游度假区
2	成都市集中治丧中心项目	5.0	0.5	
3	成华区龙潭总部新城标准化厂房项目	17.5	10.0	龙潭工业机器人产业功能区
4	成华区联东U谷成都新经济产业园项目	12.3	1.5	
5	成华区科创中心项目	9.3	0.1	
6	成华区数字钢联项目	6.0	4.7	

续表34

序号	项目名称	总投资（亿元）	年度计划投资（亿元）	所在功能区
7	成华区新经济产业服务中心项目	5.8	1.0	龙潭工业机器人产业功能区
8	成华区京东集团7FRESH中国西部总部项目	5.0	2.9	
9	成华区隆兴北四路西侧新型社区建设工程	3.4	2.0	
10	成华区华翰路西侧配套社区综合体及运动场项目	3.2	1.5	
11	成华区龙湖梵城滨江天街商业项目	80.0	19.5	东郊记忆艺术区
12	成华区八里庄工业遗址片区城市更新项目	76.0	4.9	
13	成华区招商中央华城商业项目	37.7	1.9	
14	成华区万科天荟商业综合体项目	33.0	3.0	
15	成华区铁投蘭轩锦商业项目	30.0	4.0	
16	成华区中南融创玖华台商业项目	30.0	4.7	
17	成华区合信K101商业项目	29.2	3.5	
18	成华区龙光世纪中心商业项目	18.6	1.2	
19	成华区首信中际天耀原滩商业项目	15.0	0.4	
20	成华区海兴公司地块自主改造商业项目	15.0	3.0	
21	成华区二仙桥西片区配套中学建设工程	14.9	5.2	
22	成华区101地块商业项目	14.1	1.0	
23	成华区禾创文创产业园区项目	14.0	2.5	
24	成华区成铁东货场站北改自主改造配套综合体项目	13.0	2.6	
25	四川大学华西附二院成华妇女儿童医院项目	10.6	2.5	
26	成华区通瑞龙邸A地块永立大厦商业项目	10.5	1.0	
27	成华区通瑞置业龙邸四期商业项目	10.0	4.0	
28	成华区龙腾展锦荟项目	6.0	2.0	
29	成华区雪松西南总部项目	60.0	10.0	东客站枢纽经济发展区
30	成华区华侨城滨江壹号商业综合体项目	36.0	10.0	
31	成华区华润万象城二期商业项目	30.0	0.5	
32	成华区东方希望槐树店地块商业项目	12.5	2.3	
33	成华区七医院新址修建工程	7.5	2.3	
34	成华区东客站片区迎晖路南侧配套学校项目	3.1	1.1	
35	成华区宸晖风华商业项目	22.0	5.0	新北天地商贸旅游发展区
36	成华区人民医院新址修建工程	14.5	2.3	
37	成华区大陆潮里商业项目	10.0	2.8	
38	成华区恒大中央广场商业项目	31.0	1.0	建设路金融商务总部发展区
39	成华区信远商业综合体项目	20.0	2.0	

【基本建设投资】 成华区全年固定资产投资比上年增长19.0%，其中民间投资增长11.6%；第二产业投资比上年增长41.5%，其中工业投资增长39.9%；第三产业投资比上年增长17.3%。

【房地产开发投资】 成华区全年房地产开发完成投资比上年增长8.2%，占全社会固定资产投资的47.0%。按用途划分，住宅完成投资比上年增长29.4%，办公楼完成投资比上年下降41.4%，商业营业用房完成投资比上年下降7.8%。

【公共服务投资】 成华区全年推进公共服务项目30个，其中教育项目20个、完成投资比上年增长56.7%，卫生和社会工作项目10个、完成投资比上年增长141.8%。

【民间投资】 成华区民间投资比上年增长11.6%，按产业类型划分，第二产业民间投资比上年增长620.2%，第三产业民间投资比上年增长6.8%。

（刘　巍）

7月7日，区评审中心现场踏勘天府社创中心改造项目　　（区评审中心供图）

政府投资项目评审

【概况】　2021年，成华区优化政府投资项目审批评审，建立区政府投资项目评审管理信息化系统一站式网络服务平台，完成政府投资项目建议书审批81件，涉及投资20.7亿元；可研审批23件，涉及投资77.7亿元；概算审批72件，涉及投资124.8亿元；调整资金及规模15件，追加资金7.5亿元。

【项目评审管理】　成华区严格招投标管理，联合审查招标文件38项，招标核准77项，创新开展不见面开标60个、异地远程评标14个；聚焦重大工程、重点项目推进，开展政府投资项目评审161项，涉及送审金额121.21亿元，审定金额108.96亿元，节约政府性资金12.25亿元。区评审中心围绕“提高质效”的总体要求，全年召开各类协调会、专题会40次，协调事项80项。

【项目评审管理服务】　区评审中心主动与业主单位进行联系沟通，将学习强国特色街区打造、四川省第一中医医院建设项目、成华科创中心一期建设项目、城东体育公园综合运动场馆建设项目等10项重点项目纳入重大项目“绿色通道”评审，切实服务项目落地开工。

（雷　庆）

新经济发展

【概况】　2021年，成华区围绕人工智能、区块链、大数据等硬核技术，推进产业重构和发展动能转换，狠抓新经济主体培育，打造示范应用场景，促进新经济市场主体不断壮大。航电微能源、吉纬科技等35家新经济企业进入成都市新经济梯度培育库，升华电源、川流天下等6家企业被评为准独角兽企业，签约注册贝肯能源等5亿元以上重大产业化项目3个，发布城市机会清单226条、城市新场景80个、新产品97个。航天科工的量子信息与通信联合创新应用实验室、康赛的基于数据循环生态应用的智慧教育场景实验室列为市级创新应用实验室和城市未来场景实验室，打造“基于物联网的智能视觉检测边缘计算生产场景”“工业机器人智能焊接场景”等5个市级新经济示范应用场景。

【新经济500强企业引进】　成华区瞄准新经济主导产业方向，精准锁定目标企业，编制“招引名录指南”，完善“两图一表”，创新形成项目招引“导航仪”；营造招商引资良好氛围，举办首届成渝区块链应用生态发展论坛等对外投资推介活动，提升成华区的知名度和美誉度。区新经济和科技局坚持“协作联动”理念，与功能区、相关街道共同赴北京、上海、无锡、重庆等实地走访墨云科技、凌天智能、白山云科技等知名企业及上市公司40家，促进华盛能源、新疆贝肯能源、四川省高发城镇燃气研究院项目等4个亿元以上项目签约落地。

【新经济培育工程实施】　成华区出台《成华区支持新经济发展政策措施》《成华区支持新经济发展政策措施实施细则》，为成华新经济企业梯度培育库企业提供技术、人才、融资、品牌推广等服务；建立“区级产业部门—产业功能区—街道”三级新经济企业服务专员制度，开展“两送一帮”，走访成理智源、斯艾普、三是科技等企业97家，了解掌握企业在生产经营中的需求、困难，建立清单台账，逐一妥善处理解决。

【新经济“双百工程”企业培育】　成华区深入实施“新经济梯度培育提能”计划，围绕构建“3+3”都市工业体系和现代服务体系，创新开展新经济企业新经济梯度培育工作，分层分级给予精准扶持。四川斯艾普电子科技有限公司、四川航电微能源有限公司、成都吉纬科技有限公司等35家新经济企业入选成都市新经济梯度培育库，四川省川流天下物流有限公司、成都卡诺普机器人技术股份有限公司等6家企业入选准独角兽企业，成都硕特科技股份有限公司、成都卡诺普机器人技术股份有限公司、四川省川流天下物流有限公司入选2021年成都市新经济“双百工程”重点培育企业，倪金元、李良军、柏渝3人获评“成都市双百工程优秀人才”，成都卡诺普机器人技术股份有限公司、四川斯艾普电子科技有限公司获评“四川省新经济示范企业”。

【新经济“双百工程”企业】 成都卡诺普自动化控制技术股份有限公司位于成都市龙潭工业机器人产业功能区，是专业从事智能工业机器人核心零部件及整机研发、制造、销售和服务的国家级高新技术企业、国家专精特新“小巨人”企业、四川省新经济示范企业、四川省“瞪羚”企业、四川省科技成果转移转化示范企业、四川企业技术创新发展能力100强企业。成都卡诺普建有省级企业技术中心，拥有有效知识产权145项，其中发明专利33项、参与制定工业机器人相关国家标准4项，全年营业收入2.01亿元，比上年增长40.1%；根据MIR睿工业2021年工业机器人市场报告，卡诺普20千克以下6轴工业机器人2021年出货量占中国市场国产品牌第一位。四川省川流天下物流有限公司位于成华区龙潭工业园航天路6号，是一家新型集贸易、物流、金融一体化服务的国有控股企业。公司以货源为驱动，应用互联网、物联网、大数据、云计算、区块链、人工智能等信息技术，打造“贸易+物流+金融”一站式综合服务平台，入驻用户1900家，重货车辆17万台，注册司机21万名，物流运量700万吨，全年实现营业收入11.02亿元，经营利润1325万元。成都硕特科技股份

表35 2021年成华区入选成都市梯度培育企业一览表

序号	企业名称	梯度
1	四川省川流天下物流有限公司	准独角兽企业
2	四川升华电源科技有限公司	
3	四川瑞都石油工程技术服务有限公司	
4	四川环媒科技股份有限公司	
5	成都卡诺普机器人技术股份有限公司	
6	成都硕特科技股份有限公司	
7	四川大源文创科技有限公司	种子企业
8	四川斯艾普电子科技有限公司	
9	四川航电微能源有限公司	
10	四川星瑞云图信息技术有限公司	
11	四川中坚环境监测服务有限公司	
12	四川北易信息技术有限公司	
13	四川蓝本工程设计有限公司	
14	成都乌鸦科技有限公司	
15	成都偶邦智能科技有限公司	
16	成都爱控电子科技有限公司	
17	成都智信电子技术有限公司	
18	成都吉纬科技有限公司	
19	成都白兔有你文化传播有限公司	
20	成都欧锐德智能设备有限公司	
21	成都优芯微电子技术有限公司	
22	成都焊科机器人有限公司	
23	成都福立盟科技有限公司	
24	成都星辰瀑布通信技术有限公司	
25	成都共同进步信息技术有限公司	
26	成都星感智联科技有限公司	
27	成都福莫斯工业技术有限公司	
28	成都市斯达鑫辉视讯科技有限公司	
29	成都易德莱斯科技有限公司	
30	成都焊研瑞科机器人有限公司	
31	成都信科宸电子科技有限公司	
32	成都凯磁科技有限公司	
33	成都久合通联科技有限责任公司	
34	成都支付通新信息技术服务有限公司	
35	成都跃趣软件有限公司	

成都硕特科技股份有限公司 （区新经济和科技局供图）

有限公司位于龙潭工业机器人产业功能区，是一家集“环保装备研发制造与集成+环保项目运营服务+环保工程建造+自营水处理站”产品和服务体系于一体的国家级高新技术环保企业。公司基于高压抗污染膜、低温干燥等核心技术进行各类高含盐水处理工艺的研发与应用，是高压膜分盐工艺开创者，工业水零排放领军企业，在城市生活垃圾渗滤液及浓缩液全量化处理、油气钻采废水处理方面拥有业内领先技术，公司完成股份制改造，获得2200万元A轮融资。

【新经济应用场景建设】 成华区开展新经济应用场景孵化验证和示范场景打造，成都康赛信息技术有限公司打造的“基于数据循环生态应用的智慧教育城市未来场景实验室”项目、成都市龙潭工业机器人产业功能区打造的“新经济应用场景示范区”项目、成都卡诺普机器人技术股份有限公司打造的“工业机器人智能焊接场景”项目、四川金域医学检验中心有限公司打造的“高效免疫组化医学服务场景”项目、成都成电金盘健康数据技术有限公司打造的“基于5G的远程会（诊）断示范场景”项目、阿普奇科技股份有限公司打造的“基于物联网的智能视觉检测边缘计算生产场景”项目、四川航电微能源有限公司打造的“机场远机位飞机地面智慧供电示范场景”项目7个项目获得立项，获评2021年成都市新经济应用场景。

【新经济发展要素保障】 成华区发挥成都市新经济天使基金和沛坤菁蓉创业投资基金的引领和带动作用，为新经济融资提供资本支持，全年新经济企业获得风险投资17轮，金额16.5亿元。成华区聚焦“人才兴链”，打造群贤毕至的人才生态，2021年评选“东骄华章计划”人才项目96个、“技能大师工作室”6个、“成华工匠”50名，引入国家和省市级专家人才37人，引进本科以上青年人才6000人。电子科技大学电子信息产业孵化器（沙河科技园）、蓝色工坊、华灿工场3家国家级双创载体；完美文创公园、蜂巢创新空间2家省级双创载体；今日头条创作空间、北京理工大学校友创新创业服务中心（成都）、东梦工厂成华区小微文化科技创意创业孵化园、财富又一城写字楼电商企业孵化器、智能焊接技术专业孵化器、CEC784万谷智慧产业园6家市级双创载体。区新经济和科技局全年组织开展成华“周周菁蓉汇”品牌活动、数字文创主题日、智能制造主题日等企业创新加速营活动35场次，吸引510家企业参与；举办第二届区块链创新与产业发展峰会、第八届中国西部中小企业发展论坛、2021年银企融资对接会等系列活动，成华新经济品牌影响力持续扩大。

成都卡诺普机器人技术股份有限公司生产车间 （区新经济和科技局供图）

【5G创新行业应用】 区新经济和科技局与区级相关部门、通信运营商建立协调联络机制，在成都市龙潭工业机器人产业功能区、成都东郊记忆艺术区、成都熊猫国际旅游度假区、区级党政机关办公区等重点区域建设5G基站900个，网络供给能力不断提升，重点区域基本满足商业及用户需求；依托完美文创公园5G文创产业基地，推动完美世界与中国电信、中兴通讯、豆瓣音乐、夏普等企业深度合作，构建数字化应用场景，深化5G技术在云游戏、远程教学、网络视听、高清内容云制作等商业化应用，培育智慧教育、数字文创等新兴业态。中国电信股份有限公司成都分公司“5G定制网赋能智慧远程医疗标杆示范”获得成都市2021年度5G产业产品推广应用补助，联合36氪、成都电信，在新华坊围绕“5G+工业互联网”主题，开展2021年成都全球创交会线上直播主题配套活动。

【首届成渝区块链应用生态发展论坛】 8月27日，以“共筑新格局·共建经济圈”为主题的首届成渝区块链应用生态发展论坛在成华区举行，四川、重庆两地政府机构，科研院所、相关企业100名嘉宾参会。四川省区块链行业协会同乐山、达州、眉山、雅安、宜宾、资阳举行“链上天府”签约仪式，共同推动市州区块链平台及其应用生态建设。“链上天府”依托四川省区块链服务基础设施“蜀信链”，打造区域区块链应用生态服务平台，汇集产业头部资源，面向四川、落地市州区块链应用生态，为各市州提供基于区块链的行业解决方案、应用产品、定制服务，帮助产业更快上链用链，发挥产业协同价值。

（林　超）

民营经济发展

【概况】　2021年，成华区新注册登记批发和零售业，信息传输、软件和信息技术服务业，科学研究和技术服务业，文化、体育和娱乐业等民营经济市场主体5.89万户，全区共有存量企业41.08万户。成华区统筹推动疫情防控和经济社会发展，组织区级各部门、街道和功能区帮助民营企业、中小企业抗击疫情、恢复生产。全年实现民营经济增加值505.82亿元，比上年增长6.8%，占地区生产总值的39.7%。

【营商环境营造】　成华区持续优化营商环境营造，全力推动民营经济健康快速发展，依法放宽民营企业市场准入，放宽企业住所登记条件，允许企业登记注册“一照多址”；引导企业集群入驻，方便自助创业，有效降低企业开办成本；通过“一窗通”“营商通”“华小政”等网络渠道，实现从“现场办”到“网上办”再到“掌上办”，实行“一套材料、一窗受理、一窗出件”，企业开办时间压缩至4个小时内办结，有效提升企业开办便利度。成华区持续开展拖欠民营企业、中小企业账款清偿行动，敦促部门及区属国有企业建立健全预防拖欠中小企业款项的工作机制和管理制度，维护中小企业合法权益，全年清退违规收取和未及时退还涉企保证金3750万元。

4月16日，成华区举办2021年银企融资对接会　（区新经济和科技局供图）

【民营企业发展扶持】　成华区实施中小微企业金融纾困行动，帮助成都凯磁科技有限公司、成都铭科思微电子技术有限责任公司等11家新经济企业获得风险投资17件，金额16.5亿元；促成45家中小企业获得银行融资5亿元，“服贷投”投融资服务中心帮助45家企业获得融资7380万元。成华区与金融机构合作推出2亿元规模“天府小微科创债”“小微科创贷”和“信抵贷”创新融资工具，通过风险分担的模式，引导金融机构服务中小微企业，帮助36家企业获得融资5897万元；加大减税降费力度，全年新增减税降费18.31亿元，展期实施政策减税降费14.84亿元。

【银企融资对接会】　4月16日，成华区举办2021年银企融资对接会，精准搭建银企互动交流平台，助力中小微企业拓展融资渠道、降低融资成本，8家金融机构与32家企业现场达成意向融资总金额3.5亿元。活动采用线上线下相结合的方式，导入创新金融产品，增加金融政策宣读环节；线下区新经济和科技局、区国资和金融局、区人社局等部门和金融机构、企业参加，政府部门现场解读创业担保贷款贴息、中小企业政府采购合同信用融资相关政策，金融机构介绍“小微科创贷”“小微科创债”“信抵贷”三款为成华区科创企业量身打造的专属产品；线上采用中国电信高清网络视频会议服务，未到场企业可通过在线服务向银行咨询产品、获得实时答疑服务和金融机构的融资建议。

（徐晨晨）

投资促进

【概况】　2021年，成华区牢固树立“项目为王”理念，赴北京、上海、广州、深圳等经济发达地区举办投资推介会，全方位、多频次、高强度营销推广成华区良好投资环境和独特发展机遇，引进一批引领性、带动性、支撑性强的重大项目。全年新增华润置地、龙湖地产、融创、特斯拉、英格卡集团5家世界500强企业分支机构，新签约高能级产业化项目20个，引进到位内资193.86亿元，完成目标的107.7%；引进利用外资31.28亿元，完成目标的104.3%。成华区获评“2021成渝地区双城经济圈最佳投资城区”。

【项目精准招商】 成华区围绕主导产业发展方向，深入研究主导产业龙头项目上下游产业链，动态修编“两图一表”；紧扣高能级500强企业，摸清企业的产业布局、战略方向、投资意向和要素敏感度，梳理形成《2021年度重点指标型目标企业招商清单》《2021年度重点在谈项目及储备项目清单》，全面摸排掌握楼宇土地载体信息，引导优质企业向“专业楼宇”“特色商业体”集聚发展。区投促局对区域土地、楼宇、老旧厂房等空间载体资源进行全面梳理，策划熊猫度假区熊猫小镇项目、成华区游戏数字娱乐城项目、龙潭智能机器人产业园项目等52个有吸引力、有引爆点的产业化项目，编印《成华区重大产业化项目招商册》，将辖区土地载体资源转化为助推发展的动力，实现区域战略资源有效转化，量质并重开展精准招商。

【项目招引集中攻坚行动】 成华区坚持把项目招引攻坚行动作为稳投资的先手棋、强产业的关键招、优结构的主动仗，深度梳理目标企业。两季攻坚大会战期间，区委、区政府主要领导分别率队赴北京、上海、西安、无锡、重庆、澳门等地开展投资促进活动18批次，拜访企业58家，全区各责任单位走访目标企业828家。区投促局强化对项目的研判评估，推动投资信息形成有效储备项目并加速落地，全年新签约注册投资5亿元以上重大产业化项目20个，新引进威凯检测试验机研发制造中心、汇丰悦石油工程大数据应用平台等专精特新工业项目5个，新签约注册油服网西南智慧油服产业中心、铁骑力士新零售业务运营中心等生产性服务业项目28个。

【招商方式创新】 区投促局突破传统招商方式，通过网上洽谈、视频会议、在线签约等形式，创新推行“暖人心”慰问、“零距离”信息、“无障碍”选址、“细解读”政策、“两手抓”跟进的服务举措，启动招商引资工作“快进键”。区投促局微信公众号推出《招商资源VR全景地图》，通过线上精准推送投资指南、项目册、电子名片，实现电子招商资料多频次、高精度、大范围“云推介”；重点关注流量经济、数字经济、网红经济、“宅”经济等产业项

表36　2021年成华区新签约引进重大项目一览表

序号	项目名称	产业类别	产业领域	投资总额（亿元）	六类500强企业排名
1	新疆贝肯能源西南石油工程技术服务项目	现代服务业	总部经济	50	上市公司（代码：002828）
2	上海金地威新人工智能创新基地项目	先进制造业	人工智能	50	行业领军企业
3	上海哈啰出行西南区域总部项目	现代服务业	总部经济	30	独角兽企业第26位
4	中铁物建龙西南供应链项目	现代服务业	现代物流	12	世界500强第431位
5	江苏安泰生物精准医疗与健康管理大数据产业项目	先进制造业	生物医药	10	行业领军企业
6	尼瑞森沉浸式光影科技馆暨西南总部项目	现代服务业	文化创意	10	知名企业
7	泰盈科技西南BPO产业双创项目	现代服务业	外包服务	10	上市公司（代码：NASDAQ：CCRC）
8	北京京创数字新经济产融服务平台项目	现代服务业	商务服务	10	知名企业
9	洲际海峡能源西南智能产业项目	现代服务业	总部经济	10	知名企业
10	深圳福友资本智能教育开创及应用示范项目	现代服务业	教育	10	知名企业
11	北京联东金泰电子测量产研项目	先进制造业	智能制造	10	行业领军企业
12	福建省见福集团智慧零售门店运营项目	现代服务业	现代商贸	10	行业领军企业
13	中能国润工程技术研发试验与应用推广总部项目	现代服务业	科技服务	10	国企
14	广东省容祺科技西南芯片研发推广项目	现代服务业	商务服务	10	行业领军企业
15	上海鼎榕建材高新科技产学研一体化项目	现代服务业	科技服务	10	行业领军企业
16	天安宝业能源产业链平台项目	现代服务业	商贸服务	10	国资
17	北京智联万维智慧环保与生态治理研究院项目	现代服务业	检验检测	7.5	知名企业
18	北京十月天文化传媒西南运营中心项目	现代服务业	文化创意	5	新四版上市
19	北京光线影业西南影视动画综合平台项目	现代服务业	总产经济	5	上市企业（股票代码：300251）
20	华林证券四川省级分支机构项目	现代服务业	现代金融	5	行业领军企业

目，确定新目标，激发新动能，开展新经济领域招商；紧盯龙头企业，制订专项招商计划，坚持规划引导和政策扶持相结合、产业发展与市场培育相结合，完善新兴产业导入，培育引导新兴产业发展；以“屏对屏”对接65家产业龙头、行业领军型企业，获取有效项目信息40条，锁定招商项目20个。

5月28日，2021年成华区百日攻坚大会战“153”重大项目集中签约仪式举行　（区投促局供图）

【土地招商】　3月20日，“投资成华”微信小程序发布2021年成华区土地招商项目册信息，成华区计划上市经营性用地28宗共1512亩，其中商业用地5宗、商兼住用地1宗、住兼商用地2宗、住宅用地20宗。5宗商业用地共223.5亩，即动车所征地1号地块、动车所征地2号地块、保和长春3、4号地块、长春片区新生堂西侧地块、集装箱地块；1宗商兼住用地，即灯泡厂B1地块，面积18.7亩；2宗住兼商用地共168.6亩，即区政府配置地9号地块、海滨公园西侧地块；住宅用地20宗共1101.2亩，即人民塘3号地块、机车厂6号地块、海滨片区12号地块等。

【重大项目集中签约仪式】　2月26日，2021年成华区重大项目集中签约仪式举行，集中签约华润置地成华产城生活中心、龙光蓝鲸海洋世界、哈啰出行西南区域总部、汇宇集团汇锐1965全球总部等11个重大项目，涉及新兴金融、现代商贸、医疗健康等领域，总投资280亿元。5月28日，2021年成华区百日攻坚大会战“153”重大项目集中签约仪式举行，集中签约PANDA·国际演艺文商旅综合项目、华润集团5G智慧产业园、四川文化产业投资基金、三涧文化传媒国际音乐产业基地、干城科创国际物联网产业创新中心暨海创汇西南区域总部、中国化工十一建西南总部等15个重大项目，涉及智能制造、音乐文创、新兴金融等领域，总投资767亿元。9月22日，2021年成华区第二季招引攻坚重大产业化项目集中签约仪式举行，集中签约中国铁建西南投资总部、欧亚国际科创产业城、七一珺月城市综合体、国信国际电竞产业园、倍益康智能制造基地、洲际海峡能源西部总部等16个重大产业化项目，涉及文化旅游、智能制造、商务商贸等领域，总投资592亿元。

【产业推介会】　5月25日，成华区举行“侨连五洲·文创东郊”产业推介会，为海外侨胞、华商企业与成华合作发展搭建联络桥梁，为区域内企业提升国际视野、开拓国际市场提供沟通渠道；DMV国际音乐产业社区集群、国际友谊共享馆、国际创意设计产业园3个重点文创项目签约落户成华。6月21日，2021年成都熊猫国际旅游度假区投资（上海）专题推介会举行，推介会以“共筑新格局·共建经济圈”为主题，面向长三角地区中外企业、商协会和机构推介成都熊猫国际旅游度假区的投资机遇，度假区管委会分别与复星旅文、华人文化、宝龙集团等企业签订8个项目投资协议，涉及文化交流、影视动漫、现代商贸等主导产业，总投资285亿元。

（黄　梁）

6月21日，2021年成都熊猫国际旅游度假区投资（上海）专题推介会举行　（区投促局供图）

国有资产管理

国有企业管理

【概况】 2021年，成华区国资和金融局完成处置资产395批次，资产原值1.8亿元，实现国有资产处置收入4.4亿元。全区经营性国有资产租金收入2亿元，其中区属国有企业完成租金收入1.68亿元、行政事业单位完成租金收入0.32亿元。区属国有企业和行政事业单位全年固定资产增加16.12亿元，比上年增加18.59%。

【国有企业改革】 成华区实施国有企业混合所有制改革，区属国有独资、全资、国有控股、国有控制企业，与中国化学工程第十一建设有限公司合作成立混改公司，实施员工持股计划，员工通过跟投平台持有公司15%的股权，吸引、激励优秀人才，优化公司治理结构，实施更加市场化、差异化的管控模式，推进国有企业市场化经营。区国资和金融局指导国企混改项目5个，成都东方广益公司与中国石油川庆钻探工程有限公司合作项目无偿划转成华区评估价值为6.78亿元共51%越盛公司股权；成华城投公司引入紫光科技有限公司、新华三技术有限公司合资成立公司，助力成华区泛智慧城市建设；成华棚改公司引入万科、华润等优质央企成立合资公司参与成华区城市更新，提高区属国有企业在经营机制、资产规模、专业技术、社会资本等方面的市场竞争力。

【国有企业监管】 成华区将区属国有公司“发展战略和规划、年度投融资计划、偿债计划等事项”纳入区委、区政府“三重一大”决策事项管理；在集团管控、风险管理、资金管理上将“子企业拖欠巨额债务”“违规拆借资金”等行为纳入责任追究范围；建立成华国企债务风险管理系统，构建“国资监管机构—集团公司—国有专业运营公司”三级国资监管体系和国资经营评价体系，实行动态监管、及时预警，优化功能布局，推动国企做优做大，切实提高抵御债务风险能力。

（张仕泽　杨　骁　张艺千）

区属国有企业

【概况】 2021年，成华区组建成华发展集团，将原6家一级企业股权注入集团，对下属企业国有资产统一管理、国企财务统一调度、国有资源统一整合，实现注册资本金100亿元、资产规模1500亿元，有效助推企业高质量发展，推动完成国内AAA信用评级，为企业上市培育夯实基础。

【成华发展集团】 成都市成华发展集团有限责任公司于2021年3月29日举行揭牌仪式，集团公司完成原有6家区属国有企业工商变更、股权划转，组建集团公司，制定“三重一大”议事规则等31项制度。截至年底，集团公司资产总额为1500亿元，区属国有企业储备土地面积6699.95亩，自持土地面积751亩，持有物业总面积241万平方米，经营性收益1.68亿元。公司推进国企财务统一调度，建立融资“资金池”，协助区国资和金融局建立资金调度机制，全年统一调度财政性资金25.89亿元，向区属国有企业调配资金18.6亿元，助力成华国投、成华旧改、成华棚改3家区属国有企业取得房地产开发资质并参与土地竞买，完成18宗共1200亩土地上市，动态跟踪资金拨付进度和结算情况。区属国有企业固定资产投资、重点项目投资、工业投资、工业技改投资、规上服务业营收增幅、经济社会发展等指标圆满完成。集团公司全年获得授信批复40.09亿元，到位资金28.72亿元，综合成本4.89%，创下单笔年化利率3.9%的最低融资成本记录。区属国有企业融资资金到位304.73亿元，比上年增长63.49亿元，增长率26.32%，综合成本5.11%。区属国有企业债务余额合计831.82亿元，比上年增长177.95亿元，增长率27.21%，综合成本5.26%，成本降低0.11%。2021年12月29日，经大

3月29日，区委书记赵春淦到成华发展集团调研　　（成华发展集团供图）

普信用评级公司评估，集团公司主体信用等级为AAA，评级展望为稳定，成为四川省区县级首家正式获得AAA主体信用等级的单位，对有效提升集团公司在资本市场影响力和拓宽集团融资渠道、构建低成本融资体系提供坚实支撑。

（李婷玉）

【成华国投公司】 成都成华国投公司全力推进公园城市、民生项目、教育项目、基础设施、土地整理、融资筹资、公司建设等各项工作，全年重点项目49项、立项总投资138.2亿元，完成固定资产投资41.7亿元。公司全力推动全长4.1千米一环路市井生活圈建设，完成玉双路、双林路、新鸿路等115处点位整治；推进城市空间品质提升项目建设，成渝高速沿线、成安渝高速沿线、蓉都大道、新北天地商贸旅游发展区4个"爱成都·迎大运"城市空间品质提升项目完工；完成占地268亩的城东体育公园一、二期建设，将乒乓球、足球、网球、羽毛球等球类运动贯穿公园景观，培育打造系列赛事品牌，植入运动培训及文创、展演产业，营造新兴消费场景；完成占地39亩万象公园建设，打造六大功能区15分钟服务圈复合多元的功能设施体系；推进6处安置房154万平方米建设，以及东紫路、民旺二路等10条道路、11所中小学和幼儿园项目建设。

（杨　澜）

成华城投公司承建的府青运动空间项目　（区融媒体中心供图）

【成华城投公司】 成都成华城投公司全年承建项目92个，年度计划投资24.9亿元，完成投资24.9亿元；交付成都七中英才学校（小初部）、高铁城市公园一期、成华府青桥下运动空间等项目。公司全力助推项目攻坚任务，锤炼"工程建设+攻坚克难"建设管理水平，秉承和弘扬"工匠精神"，以打造"精品工程"为目标，在破解沙河名仕公馆续建、李家沱小学排危短期开工、建设路小学建功校区场地局限等民生项目中，发挥13个专业化工作室和专业化团队作用，攻坚克难顺利完成目标任务，获得"红旗"6面。公司提升"配套设施+空间品质"优质项目建设，推进公园绿地建设，对外开放高铁城市公园一期、保和公园等公园绿地，华林一路、新怡路等断头路建设，打通城市交通堵点、断点，联通城市交通脉络；加快"兴城嘉苑"二期、长林盘安置房、海滨安置房建设。

（倪　雪）

成华国投公司承建的万象公园项目　（区融媒体中心供图）

【成华旧改公司】 成都成华旧改公司坚持"项目为王"理念，聚焦31项经济社会发展项目，统筹推进各项工作，经济社会发展项目全年计划投资38.4亿元，完成投资46.0亿元、完成率119.8%；市级重点项目全年计划投资10.9亿元，完成投资14.2亿元、完成率130.3%；全年固定资产投资目标27.5亿元，完成30.6亿、完成率111.3%。公司启动城市更新项目8个，龙潭新型产业园区一期城市更新项目完成签约，八里庄工业遗址片区城市更新项目石油总机厂等6个地块完成1631户签约；实施城建项目18个，总投资65.4亿元；完成成都铁塔厂2号地块、石油总机厂、龙港钢材市场等20万平方米房屋拆除，推进熊猫音乐剧演艺熊猫项目建设。

（李　娜）

【成华棚改公司】　成都成华棚改公司纳入经济社会发展项目35项，总投资391.1亿元，年度计划投资33.8亿元，完成投资36.2亿元，完成率107.1%；固定资产投资目标27.5亿元，完成27.5亿元，完成率100.0%。公司完成崔家店南路中烟特色街区、下涧槽片区等5个城市更新项目；启动猛追湾南街19号棚户区改造项目、天祥街99号搬迁改造项目5个；推进区人民医院、区第七人民医院、中车养老院、康穗养老中心等项目建设；完成玉双路、万象城、二环路成华段城市空间品质提升工程，驷马桥一、二、三、四路及高车四路交通网络提档升级。公司发挥主体信用评级AA+优势，提升融资能力，探索各类投融资业务，全年融资100亿元。5月，取得25亿元中期票据首发6亿元，发行利率3.78%，创同层级、同品种西南地区最低成本。11月，发行第二期中期票据8.8亿元，发行期限3年+2年，票面利率3.45%，创西南地区同层级、同期限、同品种最低发行价。

（张　琪）

【成都东方广益公司】　成都东方广益公司以项目建设为抓手，全年完成固定资产投资28.5亿元、经济社会发展项目21.07亿元、重点项目投资18.98亿元、工业投资（工业技改投资）1.29亿元、建安投资23.58亿元。公司引进北京智想北斗传感研发制造等投资上亿元项目5个，签约有方科技物联网终端智能制造工程项目等“专精特新”工业项目2个；推进东广人工智能谷一期、成华新经济产业服务中心、成华科创中心等50万平方米产业载体建设；完成三环路都市文化轴“爱成都·迎大运”城市空间品质提升工程、40万平方米安置房、丛荟路公交场站项目竣工验收，加快向龙安置房、华翰路西侧、隆兴北四路等社区综合体及卫生服务中心建设；抓好功能区6000平方米道路增花添彩、景观提升。公司全年融资到位资金42.05亿元，其中发行债券20.60亿元、银行贷款14.45亿元、政府专项债券4亿元、融资租赁3亿元；参与对外股权合作，与成都中小企业融资担保有限责任公司共同组建全市第一家普惠融资担保公司，与区国资和金融局合资组建新公司承接中石油川庆公司下属越盛公司51%股权，参与市产投集团设立的市重产基金公司，助推成都市重大项目招商引资；代管的华腾普益公司取得私募基金管理人资格登记，是全区第一家国有基金管理人，设立1亿元“华腾壹号”基金，助推4.5亿元“四川省文产基金”、1.8亿元“音乐文化基金”落地成华。公司全年实现全口径税收3.28亿元，区级税收3.86亿元。

（彭春梅）

【成都兴华生态公司】　成都兴华生态公司负责经济社会发展项目62个，总投资31.64亿元，年内计划实施项目34个，其中开工项目14个、续建项目7个、竣工项目13个；新型社区项目5个，其中开工项目1个、续建项目4个，新建安置房140.5万平方米，总投资78.56亿元，丛树4、5号地块安置房竣工；承建公共服务配套项目8个，新建中学1所、小学1所、幼儿园2所、综合配套设施2处、改扩建小学2所，总建筑面积8.33万平方米，总投资10.55亿元；承建市政基础设施项目10个，开工项目6个，续建项目1个，竣工项目3个，新建道路27条17.67千米，总投资22.56亿元；承建景观改造工程8个，开工项目3个、竣工项目5个，新建景观桥梁3座、小游园1处、公园1处、特色街区1处，总投资23.5亿元；熊猫大道、蜀龙路空间品质提升、成绵复线、熊猫地球村项目完工。公司全年固定资产投资54.09亿元，融资到位资金50.9亿元；上市土地4宗共376.5亩，土地收入47亿元。全年新增自持物业面积27.42万平方米，总计持有46.68万平方米，经营性资产总收益1052万元。

（任淞江）

市场监督管理

【概况】　2021年，成华区市场监督管理局做好新冠疫情防控，坚决守卫城市安全；深入开展食品安全专项整治行动，加大抽检监测和风险预警，严打违法违规；维护市场公平秩序，促进市场繁荣稳定，推进双随机监管全覆盖、部门联合监管常态化；创新监管机制，提升监管效能；引导多元参与，推动社会共治，增强广大消费者参与食品安全监管意识，拓宽社会各界参与食品安全监督的渠道。成华区市场监督管理局被四川省食品安全委员会办公室、四川省人力资源和社会保障厅表扬为“四川省食品安全工作先进集体”。

【企业年报管理】　区市场监管局做好2020年度年报信息公示工作，制作年报公示操作指南、宣传易拉宝和年报公告下发区级相关部门、各街道办事处和各市场监管所，通过短信、政务微博、微信公众号等多措并举开展年报宣传，提升企业主动年报意识，有效推进企业年报信息公示工作。截至2021年6月30日，成华区应年报企业9.32万户，实报年报企业8.62户，年报率92.5%，农专社年报率100%，完成四川省市场监管局、成都市市场监管局下达的企业年报工作目标任务。

【网络市场监管】 区市场监管局开展网络市场定向监测，加大对网络市场违法行为监测，协同摸排违法线索，查找违法主体，利用大数据技术对网络交易违法行为进行动态监测、取证存证，建立网络交易案件监测处置模式，利用信息化技术优化办案流程，扩大案源种类和数量，提高网络监管和执法办案水平。区市场监管局开展2021网络市场监管专项行动（网剑行动），通过“电商平台专项整治”“长江禁捕打非断链”“网络直播带货乱象整治”“化妆品线上净网线下清源”等一系列专项整治，打击网络交易突出违法行为，掌握网络市场监管的主动权；落实电商平台主体责任，夯实监管基础，督促平台经营者依法落实审查、核验、登记和向监管部门报送平台内经营者等相关数据信息，建立健全平台规则等机制；对消费者反映突出的虚假宣传及其他假冒伪劣等行为严厉查处，提请关闭违法网站，摸清违法特点，遏制违法蔓延势头。区市场监管局实施对被查处过的重点违法行为回访制，避免问题反弹或上升；加强对电子商务企业的调研指导，不断拓展行政指导深度，对电商企业加强网络交易相关法规和政策宣传，坚持教育与处罚相结合、预防与惩戒相结合，督促网络经营者规范自身经营行为。区市场监管局全年网上检查网站、网店2978个，实地检查网站672个，删除违法信息550条，责令整改网站92个。

【质量安全监管】 区市场监管局做好质量强市目标工作，将目标层层分解，明确到具体责任人，做到月月有督促、季度有检查；紧扣“质量提升”主线，着重推动服务质量提升、产品质量提升、人居环境质量提升、“蓉易贷”普惠信贷工程实施4项工作。区市场监管局以全力筑优老龄健康服务平台为抓手，推动服务质量提升，拿出专项工作经费250万元，组织区卫健局、区民政局、区疾控中心等单位，编制各类标准112项，为全区65岁以上老人提供医养结合服务3.47万人次，为65岁及以上失能老人提供健康评估与健康服务580人次；组织3家企业参加成都市市场监管局组织的首席质量官培训，协调经费6.2万元；组织全区50家企业中层干部开展首席质量官培训，培育13家规模以上企业参加中国质量奖评审；推荐成都富森美家居股份有限公司、四川国莎实业有限公司、成都卡诺普自动化控制技术有限公司、四川海力智能科技股份有限公司、成都航天通信设备有限责任公司5家企业参加2021年中国品牌日活动。

【特种设备安全监管】 区市场监管局对成都东客站、万象城、成都大熊猫繁育研究基地、北湖游乐场、金龙燃气公司、339商业体、富森美家居城北店等197家重点单位特种设备进行安全排查8230台次，下达特种设备安全监察指令书17份，立案查处2起；完成50部老旧电梯安全评估，对26家维保单位进行电梯维保质量抽查，对300台电梯进行安全隐患排查，在蜀都惠园、成都新华医院、浅水半岛、V客尚东、V客东区、蓝客城等12个示范点开展电梯分级维保，将龙锦雅苑、玛塞城、上霖东方、宝泰家园、隆兴雅苑等17个小区450台电梯纳入电梯智慧管理平台。区市场监管局深入开展特种设备隐患排查治理，全年检查使用单位226家，整改安全隐患288处。

【质量监督抽检】 区市场监管局配合国家和省市市场监管局在辖区抽检汽（柴）油、儿童用品等118个批次产品；组织技术力量开展区级产品质量监督抽检，完成电线电缆、危险化学品、液化石油气、CNG充装器、妇女儿童用品、电气设备产品等101个批次抽检，确保蓝天保卫战、消防产品的质量安全；开展质量安全整治，加大产品抽检力度，及时调整2021年产品质量抽检计划，将原定的蓄电池抽检批次由2批次加大到4批次；协调经费4.6万元开展维修点位蓄电池专项整治，抽检蓄电池15批次；开展摸底排查，建立档案数据，区域内有电动自行车销售点位35家，维修企业182家，开展电动自行车销售及维修点位专项检查和宣传，整改进货、销售台账建立不及时等问题18起，与销售和维修企业签订不销售不合格产品、依法经营承诺书。区市场监管局加大不合格产品的处理力度，全年检查发现18批次产品质量不合格，对不合格产品加大处罚力度，震慑企业质量违法行为，深入企业共同寻找产品质量不合格的原因，为企业出谋划策，帮助企业解决问题。

【食品药品安全监管】 区市场监管局加强食品安全监管，召开全区食品生产企业监管工作会，签订食品安全承诺书，对企业食品安全管理人员进行考核；开展“两个行动”隐患排查，对生产企业安全管理制度、生产过程控制、食品添加剂使用管理、生产场所和设施设备管理等进行重点排查，

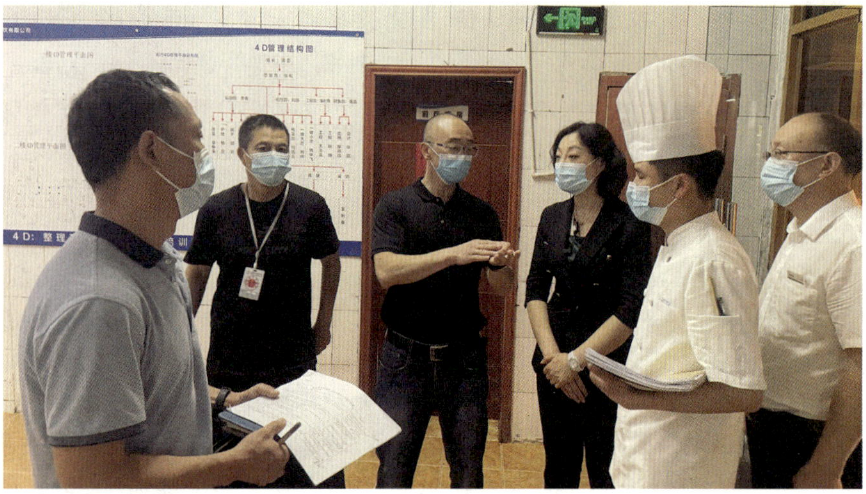

8月18日，区市场监管局检查大蓉和餐饮店食品安全情况　（区市场监管局供图）

检查食品生产企业9家，发现安全隐患18个，整改到位18个。区市场监管局全面推进《成德眉资地区散装白酒标识规范》《成德眉资地区餐饮自制泡酒标识规范》工作，全区有散装白酒经营户169户，其中餐饮自制泡酒73户、散装白酒经营户96户，发现问题36户，责令整改36户。全区以街道为单位确定33个散装白酒和餐饮自制泡酒经营点位，以点带面全面推进散装白酒“两个标识规范”工作；推进餐饮服务单位食品安全新量化等级评定“全覆盖”，辖区大型餐饮企业、95%中型餐饮企业食品安全等级达到B级（良好），打造熊猫基地广场食品安全示范街1条。全区公办学校食堂、96%民办学校及大专院校食堂、90%医院食堂纳入成都市食品流通溯源电子商务平台，实现食材“来源可查、去向可追、责任可究”；学校食堂和持证餐饮单位实现“明厨亮灶”，有序推动“互联网+明厨亮灶”建设。区市场监管局推进食源性疾病溯源体系建设，确定成都新华医院、成都市第六人民医院作为食源性疾病病原学监测哨点医院，11个社区卫生服务中心、二级及以上医院全部纳入食源性疾病监测哨点。全年上报病原学信息461例、食源性疾病2359例，监测食品样品279份，合格率98.2%。全区实施“食品安全指导员+学校安全管理员”两员制，全面推广“五五管理法”，试点推行“校餐卫士”智慧监管，全面提高学校食堂管理水平。区市场监管局组织开展经营放心食品公开承诺活动，与1138家食品经营单位签订食品安全承诺书；聚焦火锅店、奶茶店、网络订餐等“网红”业态，开展15项食品安全专项整治，处置风险隐患点122个；开展药品流通领域、医疗器械“清网”行动、化妆品“线上清源、线下净网”行动等20项药械专项整治，严厉打击涉药涉械涉妆经营使用违法违规行为，保障公众用药用械和化妆品安全，切实提高人民群众的安全感、幸福感和获得感。区市场监管局检查医疗器械生产企业6家、使用单位21家、经营企业230家、新冠病毒检测试剂经营企业17家，对辖区1家药品生产企业、66家医疗机构、11个新冠病毒疫苗临时接种点、590家零售药店开展全覆盖监管；配合成都市市场监管局完成化妆品监督抽检39批次、药品监督抽检94批次全部合格，全年累计上报医疗器械不良事件377例、化妆品不良反应108例。

【食品药品安全宣传】 区市场监管局以“你点我查”网络互动形式录制4期沉浸式执法检查节目，网络播放总量突破3500万人次，以“小”宣传推动“大”共治；以“成华市场监管”双微、“成华食话”特色栏目，共发布相关科普资讯、工作动态53篇，阅读总量1.3万人次，增强群众食品药品安全意识和自我保护能力；联合中华慈善总会组建食品安全志愿服务队，对3000名食品从业人员开展宣导培训；以创建国家食品安全城市为契机，结合国家卫生城市复审和创建全国文明典范城市，通过主流媒体发布创建信息8条，投放公益宣传视频5.5万条，推送创建短信40.1万条，开展食品药品安全科普教育活动10场次，联合基层所及药店举办3次安全用药月宣传活动。区市场监管局围绕“尚俭崇信，守护阳光下的盘中餐”为主题组织开展食品安全宣传周活动，现场快检16批次生鲜农产品，合格率100%。10月28日，四川省2021年“全国安全用药月”启动仪式在成华区举行，华西医院、华西附二院、四川省人民医院等医疗机构和医药企业开展老年病、儿童安全用药咨询、义诊服务及用药安全科普知识宣传。

【国家食品安全示范城市创建】 成华区成立以区长任组长，分管副区长任副组长，区食安委成员单位负责人为成员的成华区创建国家食品安全城市工作领导小组，以成华区党政领导干部食品安全责任清单为抓手，强化区级党政领导干部和各级各部门食品安全工作责任；强化示范引领，全区9家食品生产企业HACCP或ISO22000认证实施率100%，餐饮服务、食品销售主体风险分级评定率100%。

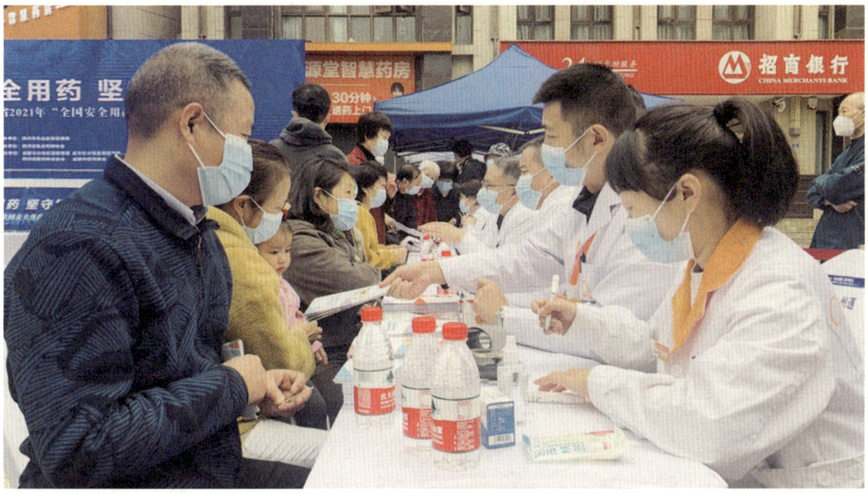

10月28日，四川省2021年“全国安全用药月”启动仪式在成华区举行　（区市场监管局供图）

【农贸市场监管及农产品溯源】 区市场监管局依托成都市流通食品电子溯源体系建设系统，开展学校食堂、商超、农贸市场为重点对象，以食用农产品市场准入管理为核心，以食品检验检测工作为倒逼手段，按照源头可溯、全程可控、风险可防、责任可究、公众可查的基本要求，全面落实食用农产品监督管理；指导农贸市场、商超全面、有效、规范使用快检室，开展食用农产品快检工作，全年完成8.93万批次、完成率114.1%，合格8.93万批次，合格率100%；对检测不合格的43批次食用农产品当场进行下架、无害化处理。全年开展食用农产品监督抽检1732批次，其中合格1684批次、不合格48批次，合格率97.2%，不合格批次按照流程处置上传并公示。区市场监管局全年检查商超、连锁企业、农贸市场食用农产品经营户1.31万户，发现索证索票记录不全等问题760个，全部整改到位；办理食用农产品案件33起，罚款2.28万元；查办食品违法案件180件，罚没金额167.8万元，向司法机关移送案件1件；完成市级、区级食品监督抽检任务4953批次，完成快检筛查1.08万批次，不合格食品核查处置率100%。出台进口冷链食品疫情防控10项制度，推进封堵、清查、检测、处罚“四大行动”，完成1161.1吨进口冷链食品外包装核酸检测和消毒，完成食品、人员、环境等核酸检测6.61万批次，规范处置15起涉阳性进口冷链食品突发事件。

【反不正当竞争监管】 区市场监管局严厉打击在线销售侵权假冒商品、虚假广告、虚假宣传、刷单炒信等违法行为，加强互联网侵权假冒治理；围绕食品、药品、防疫用品等重点产品，严厉查处生产经营添加非食用物质食品、不符合安全标准食品、未经检验检疫或者检验检疫不合格肉类、“三无”食品、“山寨”食品、商标侵权食品、劣质食品、过期食品等违法行为，强化食品药品防疫物资侵权假冒治理，加大假冒伪劣产品的检查力度。区市场监管局全年查处侵犯商标专用权类案件12件，涉及案值4.05万元，罚没10.96万元；涉及假冒专利类违法案件1件，罚没0.05万元；涉及其他生产销售假冒伪劣商品类案件8件，涉及案值0.84万元，罚没33.23万元。

【“春雷行动2021”执法行动】 成华区围绕“防疫治乱保安全，提质稳增促发展”工作主题，推进“春雷行动2021”暨冷链物流疫情防控执法行动，抓实抓细进口冷链食品各环节全链条监管；加大进口冷链食品“四证”检查力度，全面落实“川冷链”溯源平台使用，将产品信息附码公示，严控来源不明的食品流入市场，严防冷库成为发生食品安全问题和疫情传播的中转站。区市场监管局在“春雷行动2021”执法行动期间，查处案件205件，其中1万元至10万元大要案件36件、10万元以上重大案件12件，四川省市场监管局挂牌督办1件，通过查处一批案件，规范一个行业，净化一片市场。

（廖俊杰）

12月15日，区市场监管局检查商场冷链物流食品经营情况　（区市场监管局供图）

财　政

【概况】 2021年，成华区持续巩固拓展经济社会发展成果，扎实做好“六稳”工作、全面落实“六保”任务，统筹一般公共预算、政府性基金预算、国有资本经营预算，科学组织预算中期调整，精准抓配置、全力保需求，为区委区政府重大战略部署、重大民生事业和重大产业化项目提供坚实的资金保障。区财政局积极盘活财政存量资金，全年收回沉淀在各单位的存量资金19200万元，统筹用于全区经济社会发展，财政资金使用效率有效提高，推动四川银行成都分行落户成华区。

【财政收支及平衡】 成华区全年完成一般公共预算收入完成865635万元，为预算的101.4%，比上年增长9.5%，其中税收收入完成644039万元，增长15.2%；一般公共预算收入加上级返还收入38019万元、上级补助收入116261万元、动用预算稳定调节基金125000万元、政府性基金预算调入39293万元、国有资本经营预算调入16061万元、上年结转17166万元，收入总计1217435万元。全年一般公共预算支出完成772501万元，为预算的98%，比上年增长2.7%；一般公共预算支出加上解上级支出337059万元、地方政府一般债务还本支出1640万元，支出总计1111200万元，结转结余106235万元，按要求补充预算稳定调节基金或结转下年使用。全年政府性基金收入完成352327万元，为预算的147.0%，比上年增长891.5%；政府性基金收入加上级补助收入319022万元、上年结转19068万元、调入资金36074万元、地方政府专项债务转贷收入71500万元，收入总计797991万元。全年政府性基金支出完成623144万元，为预算的103.3%，比上年增长35%；政府性基金支出加地方政府专项债务还本支出27140万元、调出资金39293万元，支出总计689577万元，结转108414万元，按要求结转下年使用。全年国有资本经营预算收入完成16002万元，为预算的90.0%，比上年下降2.1%；国有资本经营预算收入加上级补助收入500万元、上年结转8439万元，收入总计24941万元。全年国有资本经营预算支出完成8880万元，为预算的99.3%，比上年增长1562.9%；国有资本经营预算支出加调出资金16061万元，支出总计24941万元，收支平衡。

【财政资金运行管理】 成华区坚持稳中求进的工作总基调，全力做好收入组织工作，全区一般公共预算收入完成865635万元，比上年增长9.5%；坚持优化存量和培育增量并重，明确“三大目标任务”“八大行动”工作清单，把支持产业发展作为财源建设的首要任务，通过完善机制、财税评估、激励约束等措施，不断夯实财源税源根基，促进财源建设质量效益双提升。成华区密切关注疫情和经济发展形势，强化收入监测与分析，采取上下联动、财税主导、部门协同的工作机制，有的放矢研究措施，同题共答做好税收征管、项目服务、协税护税等各项工作，挖掘潜在增量，确保财税收入实现增长；落实减税降费措施，发挥政策措施在减轻企业负担、激发创新能力、促进居民消费、扩大就

表37　　2021年成华区财政收支年表

指标名称	金额（万元）	同口径增长	指标名称	金额（万元）	同口径增长
财政收入			城乡社区支出	195585	-11.1%
一般公共预算收入	865635	9.5%	农林水支出	8167	2.1%
政府性基金收入	352327	891.5%	交通运输支出	6126	3.0%
财政支出			资源勘探信息等支出	43853	-3.2%
一般公共预算支出	772501	2.7%	商业服务业等支出	3694	-34.3%
一般公共服务支出	66397	-23.6%	金融支出	988	-47.2%
国防支出	536	-35.5%	援助其他地区支出	3551	-5.9%
公共安全支出	63073	-1.2%	国土海洋气象等支出	3410	26.8%
教育支出	175171	22.8%	住房保障支出	36178	52.5%
科学技术支出	6455	-9.9%	粮油物资储备支出	342	77.4%
文化体育与传媒支出	14410	43.2%	其他支出	45	—
社会保障和就业支出	69486	8.1%	债务付息支出	3693	8.8%
医疗卫生与计划生育支出	60941	29.9%	债务发行费用	0	-100.0%
节能环保支出	5160	-4.0%	政府性基金支出	623144	35.0%

业等方面的作用，有效促进市场主体和实体经济发展。全年一般公共预算安排民生保障支出占一般公共预算支出的70%，产业发展支出占一般公共预算支出的8%。全年“三公”经费支出1929.2万元，比上年增长13.5%。

【产业发展财政支出】 成华区提升经济发展质量效益和核心竞争力投入48989万元，主要用于实施现代服务业崛起提能工程，促进“3+3”现代服务业体系培育和“三轴八圈”空间格局构建，推动都市工业重大项目开工投产；实施新经济梯度培育提能工程，构建“种子企业—准独角兽企业—独角兽企业”新经济企业梯度培育体系；构建成华竞争新优势和转型发展新动能投入5735万元，主要用于支持抓好科技支撑赋能产业发展、校地合作成果转化、双创生态提档升级，健全产学研用投协同创新机制，新增市级众创空间2家，市级以上双创载体10家，建成微创智能工厂12个；保障“周周菁蓉汇”“银企对接”等活动开展，营造一流政策环境，促进打造营商环境标杆城区。

【城乡建设和社会发展财政支出】 成华区建设世界文化名城先进区投入9849万元，主要用于促进公民道德、志愿服务、诚信社会和家庭家教家风建设，打造新时代文明实践示范点、家风家训示范点和“学习强国”主题街区，开展书香成华全民阅读等活动，实施文体设施营建工程，推进“六馆四中心”建设；打造现代化治理示范样板投入96704万元，主要用于实施城市智治改革工程，搭建智慧城市整体系统架构，试点建设杉板桥数字孪生社区信息系统，完成电子政务网络改造升级，建成“公共数据资源池”和城市视联感知网络；实施场景营城改革工程，开展社区场景营造、社区示范创建、办赛营城惠民三大活动，促进社区商业场景营造、社区美空间示范点位、社区微更新项目打造；实施法治护航改革工程，推进全省全面依法治区示范试点，争创全国“七五”普法先进区和开展全国法治政府建设示范区创建活动；实施平安共创改革工程，特色化打造成华区禁毒预防教育中心，深入开展安全整治专项行动，强化食品、药品、特种设备监管。

【民生项目财政支出】 成华区打造人民宜居宜业的典范城区投入304952万元，其中实施就业增收幸福工程、保障扩面幸福工程、全龄友好幸福工程、颐养康乐幸福工程投入71791万元；实施教育强区幸福工程投入165031万元，建设29个配套中小学和幼儿园，新增学位1.9万个；实施全民健康幸福工程投入64448万元，建设区属3家三级公立医院；深化对口帮扶投入3682万元，助推丹巴县巩固脱贫成果，加快乡村振兴。

【财政改革】 成华区深化预算绩效管理改革，严格将评估结果、目标审核结果作为预算安排的前提条件，对绩效目标实现程度和预算执行进度实施“双监控”，逐步完善“评价范围广、指标体系全、评价方法优”的评价机制。全年对15个项目开展重点事前绩效评估，对30个项目绩效目标开展重点审核，对15个项目、部门整体实施重点绩效监控，对49个项目、10个部门整体、2个政策开展重点绩效评价，涉及财政资金170600万元。成华区深化政府采购领域“放管服”改革，认真贯彻落实深化政府采购制度改革相关要求，依法履行监管职责，制定《成华区采购人政府采购内部控制管理工作指引》，压实采购人主体责任，建立政府采购监管联席会议制度，形成财政、纪检监察、审计、公安等多部门联合执法合力，联动开展政府采购领域突出问题专项整治，切实落实减负惠企政策，做到监管有力度、惠企有温度，持续推进政府采购领域稳定公平可及营商环境建设，在成都市区（市）县营商环境测评中，成华区政府采购指标测评结果排名全市第一，在第16届全国政府采购监管峰会上，获评2020—2021年度全国政府采购百强区（市、县）。成华区稳步推进预算管理一体化建设，推进系统化思维、全流程整合、上下贯通的一体化改革，依托标准一致、区域统一的信息系统平台，将预算编制、预算执行、决算和绩效管理、财务报告、资产管理、债务管理等业务环节按一个整体进行整合，规范管理，硬化约束，为深化财政制度改革提供基础保障。

（张　瑾　谭　澈）

6月23日，成华区2021年政府采购业务培训会举行　（区财政局供图）

税　务

【概况】　2021年，国家税务总局成都市成华区税务局依法组织收入，夯实成华高质量发展财力支撑，落实减税降费政策，切实减轻企业负担；依法依规组织税费收入，确保应收尽收；服务成渝地区双城经济圈建设纳税服务样板试点建设，与重庆南岸税务深化合作，实现服务规范同质化和服务规范标准化；依托区税务局、区教育局共建成都市首个“青少年税收法治教育基地”，引导群众参与依法治税。成华区税务局全年组织税收收入151.93亿元，比上年增长11.28%，其中区级税收64.40亿元，增长15.20%，实现“十四五”成华税收工作良好开局。成华区税务局重点工作及成效被中央电视台、中国税务报、中国网、新华网等主流媒体宣传报道60次；助力智慧税务建设，国家税务总局金税四期数据支撑服务平台工作组（成都基地）落地成华，全年服务保障项目人员2300人次，护航“全面数字化电子发票”顺利上线，受到国家税务总局、四川省税务局致信感谢。

【税收征管体制改革】　区税务局出台《成华区税费共治工作实施方案》，实地排查基础信息异常户3.85万户，累计交换外部涉税数据1.6万条，将社保费征收、咨询职能下沉全区11个街道、83个社区网点，为管好重点税源、强化涉税查办提供有力支撑。

【减税降费】　区税务局落实减税降费政策，组建工作专班，主动送政策上门，累计办理各类税费退还业务19.1万笔，确保税费政策红利落实落细落到

表38　　2021年成华区税收收入年表

税种或产业		累计收入（万元）
按产业分	第一产业	297
	第二产业	310550
	第三产业	1208486
按税种分	增值税	565196
	消费税	1437
	企业所得税	390394
	个人所得税	122121
	资源税	346
	城市维护建设税	44431
	房产税	59383
	印花税	26809
	城镇土地使用税	16631
	土地增值税	225409
	车船税	22
	契税	65921
	环境保护税	263
	其他税收	970
税收收入合计		1519333

表39　　2021年成华区全口径税收前20强企业一览表

序号	企业名称	纳税金额（万元）
1	中国石油天然气股份有限公司西南油气田分公司	57210
2	成都信远置业有限公司	53312
3	成都成铁华晟置业有限公司	35174
4	成都东方广益投资有限公司	32772
5	成都城投皓诚置地有限公司	29473
6	华润置地（成都）发展有限公司	26472
7	信和置业（成都）有限公司	25445
8	上海浦东发展银行股份有限公司成都分行	21845
9	成都传媒文化置业有限公司	21634
10	成都龙湖辰顺置业有限公司	20777
11	雅砻江流域水电开发有限公司	17506
12	成都地铁运营有限公司	17180
13	成都富森美家居股份有限公司	15572
14	中车科技园（成都）有限公司	13924
15	信息产业电子第十一设计研究院科技工程股份有限公司	13406
16	四川国莎实业有限公司	13132
17	万达控股投资有限公司	12888
18	成都雪瓴企业管理有限公司	12751
19	四川今日头条科技有限公司	11569
20	成都建工第七建筑工程有限公司	11360

表40　　2021年成华区区级税收前20强企业一览表

序号	企业名称	纳税金额（万元）
1	成都信远置业有限公司	45123
2	成都东方广益投资有限公司	38616
3	成都成铁华晟置业有限公司	27856
4	信和置业（成都）有限公司	21979
5	华润置地（成都）发展有限公司	13070
6	成都成华国资经营投资有限责任公司	11663
7	成都城投皓诚置地有限公司	11634
8	成都传媒文化置业有限公司	8854
9	成都宜华置业有限公司	7862
10	成都龙湖辰顺置业有限公司	7805
11	成都雪瓴企业管理有限公司	6573
12	上海浦东发展银行股份有限公司成都分行	6500
13	成都富森美家居股份有限公司	5868
14	雅砻江流域水电开发有限公司	5509
15	中车科技园（成都）有限公司	5424
16	成都轨道交通集团有限公司	5228
17	成都城投城乡发展有限公司	5204
18	成都朗韬房地产开发有限公司	4824
19	成都金鑫垚房地产开发有限公司	4820
20	信息产业电子第十一设计研究院科技工程股份有限公司	4799

位。全年新增减税降费18.31亿元，其中2021年新出台政策减税降费2.85亿元、2021年展期实施政策减税降费14.84亿元、2020年出台政策在2021年的翘尾新增减税降费0.62亿元。全年办理增值税增量留抵退税8.52亿元、出口退税1.18亿元，为1110户次制造业中小微企业办理缓缴税费4655万元，减负纾困、提振信心成效明显。全年新办涉税市场主体2.58万户，比上年增长47.9%，产生税收4.8亿元，激发市场主体活力。

【税费征管】　区税务局税收征管承担14个税种征收管理任务，全区重点税源企业1231户，主要集中在房地产业、建筑业、批发零售业三大行业；承接社会保险费征管企业3.1万户、登记灵活就业人员40万名、城乡居民25万名的社会保险费征收工作，全年组织社会保险费收入88.3亿元；负责征收非税项目13项，全年组织非税收入6.87亿元，比上年增长24.2%。全年税费收入占一般公共预算的比重从75.3%提升至78.6%，税费征管工作格局由“税主费辅”变为“税费皆重”。

【税费服务】　区税务局推进税收领域“放管服”改革，建立税费服务指挥中心，“一厅统筹”线上线下业务；推出“成渝通办”“远程帮办”服务模式，试点六城区内不动产转移登记“同城通办”，建立“纳税人权益保护驿站”1个，落地税邮驿站便民点7个，设立特殊群体绿色通道12个，窗口办理量下降80%，主要业务全程网办率提高到96.45%，流转事项办理提速21.52%，咨询响应速度提升50%，矛盾化解率100%。区税务局多线收集民生需求，开展“为纳税人缴费人办实事”活动，全年走访纳税人缴费人5600户次，解决“急难愁盼”问题230项；契税“办缴分离”工作模式、国产设备退税案例入选全市税务系统为纳税人缴费人办实事“十大优秀创新项目”“十大优秀案例”。在2021年四川省纳税人缴费人满意度调查中，成华区税务局位居“七城区”第一、全市第六。

【依法治税】　区税务局筑牢精确执法底线，率先在全市税务系统建立“法治账图模式”，将法律依据、法律要求、法律责任贯穿征收管理、行政执法、内控监督全过程；落实行政执法

9月28日，区委副书记、区长袁顺明到区税务局调研　　（区税务局供图）

5月17日，成华区税务局老兵志愿服务队授旗仪式　　（区税务局供图）

“三项制度”，全年公示记载行政执法过程数据12万条；运用征管5C指标识别行政执法风险，完成七大类30项公示数据录入、3批次案卷评查工作。区税务局编写税务行政处罚操作指引，细化系统流程、文书规范、裁量标准等事项，内控平台疑点数据准期核查，打造成都市首个“青少年税收法治教育基地”，开创税费普法教育新局面。4月16日，成都市首个“青少年税收法治教育基地”授牌仪式暨“税官讲税法”进校园活动在成华区青少年法治教育基地举行。

【成华区税务局退役军人服务站授牌】区税务局践行以人民为中心的发展思想，支持退役军人就业创业。5月17日，四川省退役军人事务厅为国家税务总局成都市成华区税务局退役军人服务站授牌，为成华区税务局老兵志愿服务队授旗。成华区税务局作为四川省税务系统首个退役军人服务站，对内搭建红色先锋阵地，开展本单位军转干部关系转接、走访慰问、志愿服务等工作；对外设置退役军人服务专区，以税费优惠政策辅导、业务“一站式”办理为特色，打通税费优惠政策落实“最后一千米”。区税务局退役军人服务站面向辖区退役军人、177户享受政策优惠的企业，开展面对面辅导50次，解决个性化需求200个，切实把党和政府的关怀传递给每一名退役军人。

（张灵翼）

审　计

【概况】　2021年，成华区审计局紧扣“1556”总体发展思路，“631”重点工程项目建设，开展政策落实跟踪审计、区级财政预算执行及决算草案审计，推进财政资金使用提质增效；开展财政审计、经济责任审计、政府投资建设项目审计、专项资金审计、国有公司审计等，突出对重大政策措施、重大风险隐患、重大项目、重点资金的审计。区审计局全年完成各类审计项目80个，共查出问题金额11.83亿元，其中违规金额0.43亿元、管理不规范金额11.40亿元，发现非金额问题94个，提出审计建议92条；通过对全区内审工作指导监督，推动建立健全各项内部审计配套制度24项，优化完善业务流程88个。区属国有公司审计、省经责审计整改等工作获区委、区政府主要领导肯定性批示7次，为推动成华高质量发展发挥良好的监督作用。

（刘子琦）

【财政审计】　区审计局完成《成华区2020年度区级财政预算执行和决算（草案）》编制情况审计，利用大数据对2020年国库支付数据进行分析，筛查疑点数据2338条，延伸审计专项资金29项，抽查项目资金0.77亿元、债券资金14.78亿元，查出管理不规范金额1.53亿元，促进清理消化暂付款1.42亿元，提出审计建议12条。

（杨皓体）

【经济责任审计】　区审计局加大任中审计力度，将监督关口前移，发挥审计预防预警作用；探索科学的经济责任评价体系，分类对领导干部任职期间履行职责情况进行量化打分，客观清晰反

3月19日 成华区审计组召开区级预算执行审计进场会　　（区审计局供图）

6月24日，成华区区级部门领导干部经济责任审计进场会召开　　（区审计局供图）

映领导干部履职情况；通过对领导干部实施经济责任审计，在加强干部监督管理、促进党风廉政建设等方面成效显著，形成对权力运行制约和监督的合力。区审计局全年开展13名领导干部任期经济责任审计，其中任中审计8名、任期审计5名，涉及11个部门、1个街道、1个管委会，审计查出各类问题金额1.41亿元，非金额类问题35项，审计处罚金额34.21万元，提交审计意见、建议39条。

（王　锋　张丽蓉）

【政府投资建设项目审计】　区审计局加大投资审计监督力度，提升政府投资建设项目绩效、保障公共利益；深入推进投资审计“三个转变”，在保障重大政策措施贯彻落实、促进提高政府投资绩效，推动深化投资领域改革、促进保障和改善民生，推进反腐倡廉建设等方面发挥重要作用。全年完成阶段性跟踪审计项目4个，竣工结（决）算审计项目6个，专项审计调查1个，开展政府交办项目审计241个，查出不规范金额878万元，核减金额1.84亿元，提出审计建议30条。

（冯昱夫）

【专项资金审计】　区审计局深入实施重大政策跟踪审计，开展产业功能区跟踪审计和“幸福美好生活十大工程”跟踪审计；围绕区委、区政府“实施产业功能区升级提能工程”要求，开展区内市级功能区重大政策落实情况审计，摸清成华区市级产业功能区建设计划实施和完成情况，为推动成华区市级产业功能区建设工作提供审计保障。区审计局在“幸福美好生活十大工程”跟踪审计中，通过对317项责任清单和346个项目清单进行梳理，构建“计划—报告—跟踪”监督机制，跟踪监督幸福美好“十大工程”重点领域的重点任务，提出审计建议3条，促进民生工程合民心。

（范　勇）

【内部审计】　区审计局制定《加强内部审计工作考核办法》《内部审计业务工作规程》等24项制度，明确将考核结果纳入区级目标考核；组织全区200名专兼职内审人员开展集中业务培训，提升各单位内审人员业务水平和发现问题的能力；强化对全区72个内审机构划片指导，面对面、点对点、实打实帮助内审单位答疑解惑。全年指导实施内部审计项目359项，发现问题221个，涉及问题金额0.41亿元，内部审计在推进依法行政、促进廉政建设等方面发挥重要作用。

（张　挺）

【区属国有公司审计】　区审计局对成都东方广益公司、成华旧改公司、成华棚改公司及其全资子公司11家公司实施审计，涉及资产总额866.05亿元；对3家公司及其下属全资、控股、参股及代管公司进行审计，梳理国有公司财务收支审计项目，以建设工程情况表、国有资产管理情况表、融资贷款资金到位及使用情况表等表格为基础，制作完善相对应的审计作业表，编制国有公司财务收支审计实务操作指南。

（王丽蓉）

统　　计

【概况】　2021年，成华区统计局加强统计报表数据质量监控，抓好主要经济指标统计工作，“四上”企业和投资项目入库；做好重点产业、重点企业、重要指标跟踪监测；加强对新引进重点企业、重点项目跟踪，及时将符合条件的达规企业和投资纳入国家联网直报库；加强对各街道统计工作规范化建设指导服务，夯实全区统计工作基层基础建设，确保统计源头数据质量；利用住户调查网络，及时收集社情民意，准确反映民生诉求。成华区被国家统计局四川调查总队表彰为“全省居民收支调查工作先进县（市、区）”“全省劳动力调查工作先进县（市、区）”。成华区统计局统计工作综合评价在全市22个区（市）县排名第四，获评2021年成都市统计工作综合优秀单位。成华统计微信公众号名列全国区县级统计调查系统微信公众号综合影响力年榜（前50）第三名。

【统计改革创新】　区统计局认真落实“双随机”执法检查制度、领导干部

10月14日，成华区2021年度和2022年月度调查单位审核工作会召开　　（区统计局供图）

干预统计工作记录制度及统计违纪违法举报制度，推进企业统计信用信息和统计从业人员信用档案制度建设，完善统计数据质量监督管理工作机制，厘清统计数据质量监管责任；全面推进依法治区示范试点工作，推进“法治账图模式”，加快统计信用体系建设，开展统计诚信示范企业认定工作，引导企业依法统计、诚信统计。

【统计基础建设】　区统计局不断夯实统计基础工作，以产业功能区为界，健全分管领导和科室包片工作制度，明确分管领导和科室包片工作任务，压实数据质量责任；将上级要求不折不扣地贯彻落实到基层统计机构、基层报表单位，全力提升全区统计数据质量；发挥网格化工作机制，全力抓好基本单位、“四上”企业和投资项目清理入库。区统计局全年共维护基本单位9944家，新增基本单位3072家；加强与行业主管、行政审批和税务等职能部门工作联系，建立健全“近规”企业库、拟开工项目库，为“四上”企业和投资项目清理奠定坚实基础，全年共申报入库“四上”企业161家，新增投资项目115项，计划总投资520亿元。

【统计数据质量管理】　区统计局落实部门、街道、管委会依法统计主体责任，落实防惩统计造假、弄虚作假责任制，筑牢依法统计坚实堤坝；将“依法统计”列入全区目标绩效考核事项，督促部门、街道、管委会依法统计。区统计局深化《成华区“双随机”统计执法制度》《成华区“四上”企业数据异动监测实施办法》《成华区基本单位名录库网格化管理实施细则》等文件精神，加强源头数据质量管控，确保全区统计数据的真实性和准确性。

【统计服务】　区统计局全年编印《成华区统计月报》11期，按时发布《成华区2020年国民经济和社会发展统计公报》，编撰《成华统计年鉴（2021）》，全面反映全区经济社会发展状况，为各级领导和社会各界提供统计服务。区统计局围绕区委、区政府提出的各项经济工作方针，会同区发改局等经济主管部门召开经济运行分析及项目调度会11次；深入专题调研，加强分析研究，全年以《统计工作简报》形式报送统计分析报告24篇，各项统计分析、调研报告获得区委、区政府主要领导批示9篇；定期发布信息，在成华区公众网发布主要经济指标完成情况11次，区委办、区政府办采用信息39条，市统计局和区县动态信息采用69条。

【统计执法检查】　区统计局定期开展数据质量抽查，开展统计执法检查和专项检查，压紧压实统计监督主体责任，全年对39家企业进行统计执法检查，对21家企业开展部门联合“双随机、一公开”检查，对1家企业进行立案查处。区统计局严惩统计违纪违法行为，严肃查处统计违纪违法案件，严格落实领导干部统计造假弄虚作假“一票否决制”；开展涉外调查机构专项检查，重点检查区内1家新增从事涉外调查企业的调查资格证明、企业开展社会调查和市场调查情况。

（龙渝冬）

9月17日，区统计局在涉外调查机构开展专项检查　　（区统计局供图）

应急管理

编辑　李锡清

综　述

【概况】　2021年，成华区应急管理局以防范化解重大城市安全风险为重点，狠抓隐患排查治理，扎实推进国家安全发展示范城市建设，以强化安全生产责任落实为重点，提升应急管理能力，完善应急管理体制机制，灾害事故应对能力稳步提升，应急救援队伍建设持续加强，基层基础应急力量不断充实，社会应急防范意识逐步提高，全区应急管理工作整体向好。“成华应急”官方微博上榜“全国十大应急系统微博”。

【应急管理体系建设】　成华区应急管理协会成立，建立起政府与企业、志愿者、社会居民共同参与新时期应急工作，实现企业互动、资源互补、共同发展的良好局面。区应急局完善区域总体预案、专项预案、部门预案、街道预案，编制实施《成华区突发事件总体应急预案》，明确各专项应急预案编制时间、编制主体、编制内容，各专项指挥部按时间节点完成预案发布并报区应急局备案。全区采用实物采购与协议保障形式，完善救灾物资保障体系建设，帐篷、雨衣、雨鞋、安全帽、动力照明灯等部分救灾物资实行实物采购，折叠床、棉被等部分救灾物资实行与企业供应方签订协议进行社会化储备。区应急局依托白莲池富森美应急救援分中心、万年场街道应急救援分中心、双水碾街道应急救援分中心3个分中心，组建1支区级应急救援尖刀队，各街道办事处建立1支24人应急队，各社区建立1支10人应急分队。10月11—13日，白莲池街道应急队和双水碾街道应急队代表成华区，参加全市首届基层应急队技能比武大赛总决赛获得团体总分第一名。

【应急值守和信息报送】　区应急局持续强化应急值守，严格落实工作日、双休日、节假日领导带班、干部24小时值班、专职工作人员24小时双人在岗值班“三级值班”制度，利用800兆对

10月11—13日，成华区应急救援队参加全市首届基层应急队技能比武大赛总决赛获得团体总分第一名
（区应急局供图）

12月17日，成华区2021年生产安全事故综合应急演练举行　（区应急局供图）

讲机对应区应急委员会各专项指挥部和街道、管委会进行抽点，及时通报未能保持通信畅通的单位，全年对讲机精准调度132次。区应急指挥中心落实信息工作报送，按照“10分钟首报、40分钟书面报告”规定，报送区总班室各类突发事件信息19条，报送市应急局值班室信息23条，确保信息及时、准确。

【公开电话和民生诉求办理】　区应急局向全社会公开028—84369511咨询及监督举报电话，坚持为民服务、主动答疑，督促整改举报隐患，及时调查处置举报事件，悉心答复民生诉求，全年处理安全生产、消防等举报和网络理政工单1675起。

【应急演练观摩活动】　12月17日，成华区2021年生产安全事故综合应急演练在驷马桥南片区举行，设置燃气泄漏爆燃、深基坑塌陷埋人等科目，通过演练检验各部门相互协调配合情况、基层应急救援队伍在实战情况下应急救援处置能力，提升实战综合救援能力。

（刘　宇　胡浩泉　李正潘）

安全生产监督管理

【概况】　2021年，成华区全面强化风险防控，完善监管机制，提升应急处置能力，扎实推进安全生产、应急救援、防灾减灾等工作，防范一般生产安全事故，坚决遏制较大及以上生产安全事故。全年发生一般生产安全事故7起，死亡7人。

【安全生产主体责任落实】　成华区多措并举强化企业安全生产责任意识，督促企业利用隐患排查治理动态监管系统，开展自查自报隐患闭环管理。区应急局组织SM广场（成都）有限公司、四川金长城电子应用技术有限公司、成都致力微波科技有限公司、成都晟海航天通信技术有限公司、四川锦宇装备有限公司、成都创新达微波电子有限公司、四川圣灯宏达物流有限公司、四川丰颜妮文化传播有限公司、国家粮食和物资储备局四川局四三七处9家工贸企业创建为“安全生产标准化单位”。四川省天泽贵金属有限责任公司、成都福莫斯智能系统集成服务有限公司、成都华普电器有限公司、四川千里倍益康医疗科技股份有限公司、成都卡诺普自动化控制技术有限公司、四川国莎实业有限公司、四川新华印刷有限责任公司、成都市将军碑建筑模板有限公司、成都鹏顺汽车配件有限公司、四川柯世头汽车制动系统集团有限公司10家企业完成安全生产清单制管理和“双预控”体系建设。全区55家重点危险化学品企业纳入“监测预警中心”实时监测，企业应急救援预案备案新增66家，通过强有力的举措，督促企业主体责任有效落实，确保职责、投入、培训、管理、应急救援“五到位”。

【危险化学品和烟花爆竹安全监管】　区应急局联合区公安分局、区新经济和科技局、区市场监管局、区教育局和街道，全年开展危险化学品、烟花爆竹打非治违行动14次，检查危险化学品96家次、发现隐患9项并全部整改完毕；收缴非法经营销售烟花爆竹200箱，取缔无证经营户3处，查处收缴非法产品27件；查获非法运输汽油1起、液化石油气非法储存行为12起，暂扣转移非法液化气瓶829个。区应急局全年受理群众举报12起，核查发现重大事故隐患12起，及时消除隐患12起。

【企业安全生产标准化创建】　成华区把推进企业安全生产标准化建设，作为企业安全生产的长效机制抓紧抓实，通过向行业主管部门和11个街道、6个功能区管委会分解下达任务，压紧压实行业和属地监管责任，推进企业安全生产标准化创建工作。

【安全风险分类分级管控】　区应急局推进城市安全风险评估和隐患排查

整治，建立“红、橙、黄、蓝”四色电子地图和安全风险管控明细表、安全风险数据库、应急资源数据库。全区有499家企业完成风险评估，填报风险源13265条，其中重大风险源74条、较大风险源469条、一般风险源1844条、低风险源10878条。全年开展综合风险诊断分级417家，其中II级风险生产经营单位144家、IV级风险生产经营单位273家。

【安全生产专项整治】 区应急局抓好重点行业领域安全监管，调动社会力量，形成各负其责、齐抓共管、综合治理的工作合力；坚持疫情防控和安全生产两手抓，稳妥推进工商贸企业有序复工复产保产。全年排查隐患15425处，立即整改15330处、限期整改95处。全区成立检查组2908个，督导检查10604次，检查单位23630家，督导问题7056个，行政处罚92家，责令停产整顿11家，罚款67.45万元，移送司法机关4人，警示约谈43家。

【安全生产事故隐患排查治理】 区应急局引入第三方安全技术服务机构，对辖区危险化学品、烟花爆竹、涉尘涉爆、有限空间作业等重点企业进行安全隐患排查治理，通过隐患排查治理动态监管系统，对全区企业安全隐患排查进行监管，全年查出隐患企业1872家，查出一般隐患32064个，立即整改32058个，限期整改6个。

【安全隐患专项整治行动】 区应急局区围绕建筑施工、危险化学品、城乡消防、交通运输、特种设备等重点行业开展集中攻坚整治，排查整治安全风险隐患。全年组织排查6轮，排查隐患10608处，立即整改10436处、限期整改172处；抓好物业管理企业及大型商业商务楼宇、住宅小区、写字楼、办公楼等物业项目安全风险防控，全面推进商业商务楼宇安全管理和物业管理企业安全生产标准化建设，提升物业管理企业和商业商务楼宇安全管理，全年组织专家现场评估商业商务楼宇7家。

【电动自行车安全整治】 成华区针对电动自行车生产、销售、维修、停放、充电等重要环节，全方位、全流程开展电动自行车安全监管，分类建立台账，规范安全管理流程，打击各类电动自行车违法违规行为，电动自行车火灾事故明显减少。全区有电动两轮车销售点位35家、维修企业178家；安装电梯梯控5252部，安装率62.4%；安装智能充电桩965个，安装率67.7%；安装消防球2.52万个。

【安全生产行政执法】 成华区开展“创安2021”专项执法行动，对企业安全生产情况进行执法监察，确保全区危险性较大生产经营单位安全生产。全年安全生产行政执法检查各类生产经营单位122家次，下达整改指令书41份；事故预防行政处罚立案22件，罚款43.5万元；违法案件查处率、结案率100%。

【安全教育培训】 成华区深入推进安全宣传进企业、进社区、进学校、进家庭，组织广大党员干部深入基层，察民情、访民意、办实事；利用电视、广播、报纸、网站，以及微博、微信、短视频等媒体，形成全媒体、矩阵式、立体化宣传格局，切实提升群众安全意识和应急处置能力。全年省级媒体宣传报道19次，发布微信237条、微博5107条。人民网舆情数据中心发布《2021年上半年政务微博影响力报告》，官方微博“成华应急”上榜“全国十大应急系统微博”。6月1日，成华区2021年安全生产月活动启动仪式在龙潭寺东站TOD综合开发项目广场举行，活动围绕“落实安全责任、推动安全发展”主题，营造“关注安全，关爱生命”的浓厚氛围。11月2日，成华区举行新修订的《中华人民共和国安全生产法》集中宣传月启动仪式，以“树牢安全底线意识、履行安全管理责任”为主题，推动党政机关和领导干部牢固树立安全发展理念，切实履行安全生产主体责任；促进社会公众

6月1日，成华区2021年安全生产月活动启动仪式举行　（区应急局供图）

强化安全生产认知水平，不断增强全社会安全生产知法、守法、用法的思想自觉和行动自觉。

（释学明　杨明坤　崔新禄）

交通安全管理

【概况】　2021年，成都市公安局交通管理局第五分局围绕庆祝建党100周年开展系列“护旗行动”，以公安队伍教育整顿为牵引，着力锻造“四个铁一般”高素质过硬公安铁军，统筹疫情防控和城市化精细管理，战胜一系列挑战、打赢多条硬仗，全力做好道路交通安保维稳和服务民生实事，为助推成华经济社会高质量发展提供坚强的交通保障。成都市公安局交通管理局第五分局党总支被中共成都市委组织部表扬为疫情防控中表现突出的“先进基层党组织”，庆祝建党100周年交通安保工作被成都市公安局记“集体三等功”。

【交通秩序治理】　市交管局第五分局以“我为群众办实事”实践活动为契机，倾听群众呼声、回应群众需求、解决突出问题，实现“两个下降、两个提升”工作目标；严格执法管理，聚焦重点难点，坚持疏堵结合，实现城市道路通勤效率提升，人民群众满意度提升；在辖区重点路口常态化开展酒驾、醉驾、毒驾、渣土运输车违法专项整治，多部门联动开展大型客车、出租车、校车等城市客运重点车辆违法专项整治；开展外卖、快递电动车违法行为专项整治，不礼让斑马线、乱鸣笛、乱用远光灯、乱停车等违法专项整治。全年查处各类机动车违法9.3万件，非机动车、行人违法6.6万件，电动自行车违法4.64万件，酒驾违法266件，醉驾违法211件，涉牌涉证违法562件，渣土车等重型货车违法5754件，“两客一危”违法285件。

【交通事故预防】　市交管局第五分局切实抓好辖区道路交通安全管理，把重点车辆管理作为道路交通安全管理重点，严管渣土运输车交通违法行为，助力事故预防“减量控大”。市交管局第五分局全年办理交通肇事案件24件，危险驾驶案件49件，刑事拘留21人；办理交通事故逃逸案件42件，行政拘留10人，刑事拘留3人；排查交通安全隐患1837起，突出隐患治理2处，依法查处非法超范围占道行为11件；紧盯“两客一危”、重型货车以及重点车辆驾驶人，排查清零隐患车辆5139辆、隐患驾驶人5299人，注销吸毒人员驾驶证109本，检查重点企业200家次，约谈隐患企业140家次，向重点企业发出公安提示函38份，在册“两客一危”、重型货车、重型挂车检验率100%，重点驾驶人按期审验率99.1%，换证率99.2%。

9月24日，成都市公安局交通管理局第五分局被成都市公安局记“集体三等功”　（市交管局第五分局供图）

【电动自行车管理】　市交管局第五分局结合全国文明城市复查迎检工作，纵深推进电动自行车交通违法专项整治，规范通行秩序，实现“两降三提升”的目标，营造安全、有序道路交通安全环境；联系即时配送行业道路交通安全协会和辖区美团、饿了么、顺丰、韵达等外卖快递行业站点负责人，落实企业主体责任，加强对外卖快递从业人员管理，形成部门联动，建立追责制度，对违反交通法规的“外卖快递小哥”严格按照相关法律法规给予处罚，全年开展电动自行车专题宣传教育30场次，发放宣传资料3000份。市交管局第五分局创新警务模式，通过提升路面勤务反应速度和机动能力，强化辖区主干道巡逻管控；加大科技化管理运用，利用天网视频感知源固定证据，通过网上比对车辆、人员信息，传唤违法人接受处理，全年查处电动自行车交通违法行为4.65万件。

【共享单车规范管理】　市交管局第五分局规范辖区共享单车停放秩序，营造良好有序的辖区道路交通环境，与区综合执法局建立联动工作机制，探索共享单车“网格化”管理新模式，设置共享单车禁止投放区域、共享单车投放数量，按照有效使用率科学配置；各共享单车企业统一转运车辆标识，对未涂装标识的车辆实施禁入，确保行业规范运营。

【交通安全宣传教育】　市交管局第五分局用好自身“双微”平台，借助网络理政、蓉e行、交管服务热线，“12123”语音平台，以及成都交警网、微信、微博等交通诉求问需平台，开展各类交通安全知识宣传进社区、进学校、进企业，全方位立体式交通安全宣传教育。与交警支队宣法处合作，联合打造《东郊警事》系列亮点节目，在成都电视台黄金时段播出；对接新闻媒体，邀请随警作战，将打击信号和交通法规知识通过媒体传递给广大交通参与者；加大事故多发路段、突出违法车辆、典型事故案例、终生禁驾人员等典型曝光力度，提升人民群众交通安全法治意识，全年开展各类宣传200次，发放各类宣传资料2万份。《致敬十年辅警》宣传片、庆祝建党100周年专题微党课获得业内一致好评。“严查大功率车辆，整治噪声扰民”“巡逻发现一老人，交警自费送其回家”“驾驶人故意遮挡号牌发现交警后毁灭证据”“夜间整治盘点摩托车的那些问题”“女子涉嫌醉驾被查，当街痛哭悔不当初”“双胞胎汽车相遇，车主怀疑被套牌报警”等重案要案，通过省市媒体报道，震慑潜在的违法行为，收到良好的宣传效果。

4月6日，成都市成华区学而思培训学校向成都市交通管理局第五分局赠送“警民携手·共筑和谐”锦旗（市交管局第五分局供图）

【道路安全设施管理】 市交管局第五分局规范城市道路交通安全设施设置的科学性、规范性，促进道路交通安全、畅通有序，有效预防和减少交通事故发生；聚焦道路通行效率提升工程，实现精细化管理目标，优化区域交通组织，在双成四路、东篱路、成华区政府3个交通拥堵路段实施单向循环交通组织，规范交通秩序，提升通行效率；在昭觉寺南路一线实施双向待行交通组织，改善成都动物园周边交通拥堵现状；以交安设施故障恢复率、交安设施安全隐患发现处置率为抓手，强化道路安全设施管理，时刻保障交通通行安全；加强辖区内危险路段、事故多发路段等道路交安设施管理维护，提升和完善各类交安设施，确保道路通行安全；创新交安设施管理理念，应用科技手段新技术提升交安设施品质，加大科技赋能投入，率先使用交通信号联网控制设备，实现部分路口信号灯远程控制。

【交通人性化服务】 市交管局第五分局坚持以人民为中心，聚焦群众急难愁盼，把群众满意度作为检验工作的第一标准，解决群众交通出行的困难事、烦心事，增加3个片区微循环，完成停车场23个，增加停车泊位298个；启动双林路“一路一策”交通拥堵治理，双林路进出城通道、一环路周边通行效率增加12%；结合中央环保督察，联合辖区职能部门，对机动车噪声污染、尾气污染和重点车辆治理等涉及交通环境开展集中整治，严查大排量摩托车“炸街”扰民现象、工程运输车、水泥罐车超载超速、非法改装、飘洒扬尘等突出违法行为；优化辖区道路交通环境，规范城市道路、居民小区、公共场所停车秩序，消除道路交通安全隐患；深化“放管服”改革，依托警种融合精心打造集交管、户政、出入境业务于一体的“三合一”移动服务车上门服务，让群众在家门口即可办理车驾管及户政业务。市交管局第五分局全年办理各类车驾管业务987件，户政业务203件，收到意见建议300条，解答群众咨询2000人次；全年受理网络理政事件5668件，办结率100%，群众满意率95.9%；通过“12345”市长热线、“962122”交管热线收到表扬信15封，收到锦旗26面。

（杨　力）

消防安全管理

【概况】 2021年，成华区有168家重点单位、83个社区（村）、12个派出所和龙潭工业机器人产业功能区建成微型消防站264个。全区以消防安全隐患集中排查整治等专项行动为抓手，开展全领域、全覆盖梳理排查，以更加“严细实”的作风，实现风险全感知、隐患全排查、责任全落实，切实把风险化解在隐患形成之前、隐患消除在成灾之前，坚决杜绝重特大事故，防范较大事故，减少一般事故；推动各行业部门落实监管责任，建立衔接紧密、运转高效的协作机制；督促部门履行监管责任、单

表41　2021年成华区火灾事故发生情况表

类别	起数（起）	占比
居民住宅	396	63.36%
交通工具	46	7.36%
室外设备	55	8.80%
露天植被	24	3.84%
垃圾及废弃物	23	3.68%
经营性场所	46	7.36%
建筑工地	6	0.96%
其他火灾	29	4.64%

位主体责任和基层网格责任，强化对隐患的排查整治力度，形成群防群治攻坚格局，实现火灾形势持续平稳，应急救援处置安全稳妥，全年发生火灾事故625起，受伤5人，死亡2人，直接财产损失176.55万元。

【火灾事故预防】　区应急局把预防和遏制重特大火灾、群死群伤火灾事故作为中心任务，以“职责清单”为牵引，压实层级责任，出台《成华区消防安全红黄牌预警及红旗激励规则》《成华区消防安全工作职责任务清单》《成华区消防工作目标考评细则》，全面压实各级消防安全主体责任，对11个街道和各行业主管部门督导考核、信用评价、问责追责，全年发放黄牌预警9个。区应急局以“风险隐患”为重点，开展“畅通生命通道”“高层建筑综合治理”等12类消防安全专项行动，整治消除隐患2500处；开展“城市消防安全专项整治”，对全区10处重大风险隐患点进行挂牌督办，完成整改销案8处；对全区高层建筑、大型商业综合体等六类场所，以及老旧场所、新材料新业态进行专项评估；开展“敲门行动”，完成2537名独居老人和居家行动不便人员信息建档，安装感烟报警装置1100户；吸取“5·10”丛树家园小区电瓶车火灾事故教训，全面推广电梯AI智能管控设备及悬挂式自动灭火球，安装率70%；完成龙湖三千集天街、万科华茂广场、SM广场、宜家家居成华商场、凯德广场魅力之城店、上古天地、铁建广场、多弗国际中心、华熙悦广场、未来中心、钻石广场、青龙广场12家大型商业综合体消防安全管理达标建设，总队验收达标率100%。

【智慧消防建设】　成华区智慧消防安装点位成都爱尔眼科医院、五粮液大酒店、同乐敬老院、宜莱顿科技、永辉超市双建路店、美乐迪KTV6家完成安装；建立数据资源库、平台建设和物联网监控系统接入，以构建消防安全感知网为基础，利用城市火灾风险分析模型库，对城市高风险场所进行风险预测预警，对消防设施设备运行情况进行实时检测；结合信息化治理和多部门协同共管治理体系，实现城市火灾风险早发现、早治理，提升城市火灾防控能力。

【消防安全宣传】　区应急局深入街道、居民小区、商场、市场等场所开展消防安全宣传“五进”活动，发放消防安全资料20万份，培训演练66次，参与人次19.7万人次；突出警示教育，通过手机短信、LED显示屏、户外视频等载体发布提示信息9.5万条。全区有7.1万人注册使用“全民消防安全云平台”，引导和发动群众查找、举报身边隐患，共同参与“消防治理”，打好火灾隐患“全民战役”。

【消防演练】　区应急局立足“全灾种、大应急”，组建专业技术攻坚团队，建好建强“飞龙”水域灾害救援队，开展水域灾害事故处置战术研究和专业培训；增加城乡接合部缺水区域火灾扑救和应急救援实战演练的频次，量化“六熟悉”和实战演练频次，有针对性制定数字化灭火救援预案30份。全年开展“六熟悉”演练360次，切实提升应急救援处置能力。区消防救援大队在全市“实战尖兵”比武竞赛中获得第三名，在全员岗位大练兵暨“实战尖兵—B”比武竞赛中获得第七名。

【消防安全监督检查】　区应急局坚持“敏锐研判、主动预防、实力应对”工作理念，以提升应急能力为抓手，瞄准靶向抓治理，全年检查各类场所2403

7月8日，成华区体育中心组织开展消防应急演练　　（区应急局供图）

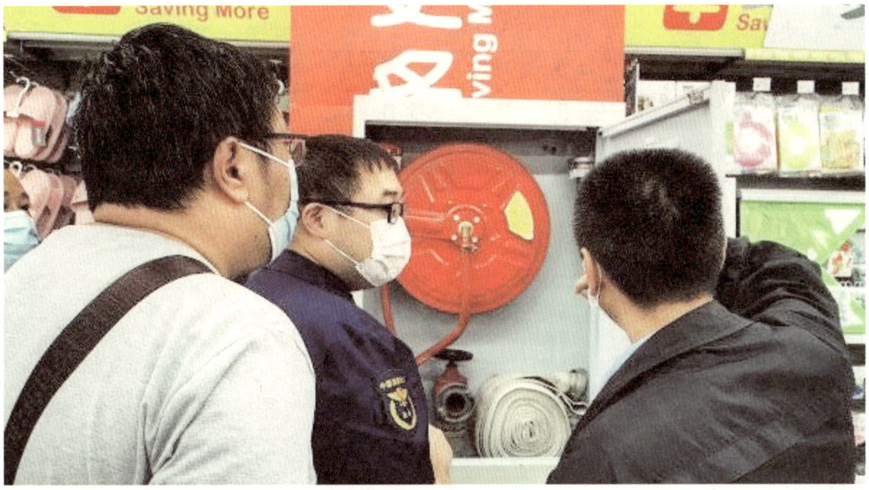

9月17日，区应急局在白莲池街道开展消防安全隐患排查整治　（区应急局供图）

家，发现火灾隐患或违法行为2626处，整改火灾隐患2561处，办理消防行政案件108件，临时查封20家，罚款67.63万元，责令“三停”7家，处理“96119”、网络理政平台转办举报投诉2277件；完成重大火灾隐患整改3家，彻底消除影响火灾形势稳定的沉疴顽疾。

（王文军）

防灾减灾救灾

【概况】　2021年，成华区应急管理局牢固树立以人民为中心的发展思想，坚持人民至上、生命至上，坚持“以防为主、防抗救相结合”的方针，常态减灾和非常态救灾相统一，降低自然灾害风险，有限防范和应对重特大灾害，切实维护人民群众生命财产安全，确保全区经济社会健康发展。

【防灾减灾救灾建设】　成华区开展全国综合减灾示范社区创建，筑牢防灾减灾救灾人民防线。区应急局指导保和街道和美社区创建“全国综合减灾示范社区”，通过“掌安科技”“智慧消防”“智能烟感”等智能科技在社区使用，减少灾害发生，完善基层防灾减灾救灾体系，提升防灾减灾救灾能力。

【应急避难场所建设】　成华区有应急避难场所78个（2021年新增12个），其中Ⅱ类应急避难场所24个、Ⅲ类应急避难场所42个、新增未定级12个；应急避难场所面积139.9万平方米，可容纳避难人员29.14万人。

表42　成华区应急避难场所分布一览表

序号	名称	建设类型	地址
1	成华公园应急避难场所	Ⅱ类	猛追湾22号
2	三洞古桥公园应急避难场所	Ⅱ类	三友路217号
3	成都新华公园应急避难场所	Ⅱ类	双林路87号
4	杉板桥公园应急避难场所	Ⅱ类	关家社区
5	麻石烟云公园应急避难场所	Ⅱ类	二环路东二段
6	北湖公园应急避难场所	Ⅱ类	龙青路
7	圣灯公园应急避难场所	Ⅱ类	十里店路183号
8	海滨公园应急避难场所	Ⅱ类	荆竹东路264号
9	二仙桥公园一期应急避难场所	Ⅱ类	二仙桥北一路4号
10	沙河城市公园应急避难场所	Ⅱ类	建设南路
11	五彩公园应急避难场所	Ⅱ类	致力路560号
12	沙河城市公园南区应急避难场所	Ⅱ类	杉板桥南四路
13	沙河公园（科技秀苑）应急避难场所	Ⅱ类	秀苑路
14	沙河公园（新绿水碾）应急避难场所	Ⅱ类	升仙湖
15	电子科技大学体育场应急避难场所	Ⅱ类	建设北路二段4号
16	成都理工大学应急避难场所	Ⅱ类	二仙桥东三路1号
17	四川省成都华西中学应急避难场所	Ⅱ类	双建南巷1号
18	成华区城东体育公园应急避难场所	Ⅱ类	长林盘二路

续表42

序号	名称	建设类型	地址
19	成都市成华区体育中心应急避难场所	Ⅱ类	同乐社区6组
20	成都市体工队应急避难场所	Ⅱ类	御风二路16号
21	和顺社区应急避难场所	Ⅱ类	长融东三路
22	荆竹小区应急避难场所	Ⅱ类	荆竹西路
23	民旺绿地公园应急避难场所	Ⅱ类	民旺二路
24	沙河万年场段绿地应急避难场所	Ⅱ类	多宝寺路
25	成华区和美公园应急避难场所	Ⅲ类	万科路115号
26	成华广场应急避难场所	Ⅲ类	建设南街23号
27	熊猫广场应急避难场所	Ⅲ类	熊猫大道1375号
28	香木林广场应急避难场所	Ⅲ类	香木林路1号
29	下涧槽社区应急避难场所	Ⅲ类	二仙桥北二路31号
30	青鸟广场绿地应急避难场所	Ⅲ类	建材路18号
31	长天路绿化健身广场应急避难场所	Ⅲ类	长天路口
32	成华区和顺小公园应急避难场所	Ⅲ类	长融东三路98号
33	电子科技大学附属实验小学应急避难场所	Ⅲ类	府青路东街61号
34	电子科技大学附属实验小学龙潭校区应急避难场所	Ⅲ类	成泰路8号
35	成都理工大学附属小学应急避难场所	Ⅲ类	民兴东路62号
36	成都市树德小学万科校区应急避难场所	Ⅲ类	万科北街9号
37	成都市锦官城小学应急避难场所	Ⅲ类	羊子山西路123号
38	成都市双林小学北校区应急避难场所	Ⅲ类	双林中横路8号
39	成都市成华小学锦绣校区应急避难场所	Ⅲ类	东秀二路200号
40	成都市成华实验小学应急避难场所	Ⅲ类	文德路42号
41	成都市双水小学荆竹校区应急避难场所	Ⅲ类	荆竹坝东街42号
42	成都市建设路小学建业校区应急避难场所	Ⅲ类	建设中街14号
43	成都市龙成小学应急避难场所	Ⅲ类	建设巷15号
44	成都市北新实验小学应急避难场所	Ⅲ类	东紫路585号
45	成都市站东小学应急避难场所	Ⅲ类	站北中街16号
46	成都市石室小学应急避难场所	Ⅲ类	双福三路62号
47	成都市龙潭小学应急避难场所	Ⅲ类	龙树东一路9号
48	成都市培华路小学应急避难场所	Ⅲ类	培华西路4号
49	成都树德小学和韵校区应急避难场所	Ⅲ类	和韵路166号
50	成都市双林小学南校区应急避难场所	Ⅲ类	经华北路14号
51	成都市熊猫路小学应急避难场所	Ⅲ类	熊猫大道1233号
52	成都市红花实验小学应急避难场所	Ⅲ类	蜀陵路772
53	成都市李家沱实验小学应急避难场所	Ⅲ类	平安正街45号
54	成都市海滨小学应急避难场所	Ⅲ类	东裕路
55	四川交响乐团附属小学应急避难场所	Ⅲ类	杉板桥南五路133号
56	成都市华建学校应急避难场所	Ⅲ类	槐树店路25号
57	成都市列五书池学校应急避难场所	Ⅲ类	水碾河北三街19号

续表42

序号	名称	建设类型	地址
58	成都市二仙桥学校应急避难场所	Ⅲ类	二仙桥北路31号
59	成都双语实验学校应急避难场所	Ⅲ类	双林路189号
60	成都大学附属中学校应急避难场所	Ⅲ类	三友路135号
61	成都市双庆中学校龙潭校区应急避难场所	Ⅲ类	成康路55号
62	成都市双庆中学校万年校区应急避难场所	Ⅲ类	长天路9号
63	成都石室中学初中学校培华校区应急避难场所	Ⅲ类	培华西路3号
64	成都市第三十八中学应急避难场所	Ⅲ类	隆兴路8号
65	成都市建筑职业中专校应急避难场所	Ⅲ类	槐柳四路
66	四川省成都列五中学高中部应急避难场所	Ⅲ类	双园巷9号
67	成都七中英才学校(小学初中部)	新增(未定级)	民兴一路600号
68	成都大学附属实验小学卓逸校区	新增(未定级)	隆兴南四路
69	成都市锦城北湖小学	新增(未定级)	湖景四路9号
70	电子科技大学附属实验小学华翰校区	新增(未定级)	华翰路
71	成都市石室小学育贤分校	新增(未定级)	高车三路130号
72	成都市蓉城小学芙蓉校区	新增(未定级)	大渡河路555号
73	成都市成华小学蜀都分校	新增(未定级)	民和路300号
74	成都市成华实验小学香木林分校	新增(未定级)	香木林路60号
75	成华区城东体育公园二期	新增(未定级)	长林盘社区5组
76	高铁城市公园一期	新增(未定级)	东虹路
77	高铁城市公园二期	新增(未定级)	杨柳路
78	驷马桥公园一期	新增(未定级)	府青路

【自然灾害应急预案】 成华区建立和完善灾害救助应急体系，最大限度地减少或消除自然灾害造成的损失，确保广大人民群众生命财产安全。区应急局修订《成华区防汛应急预案》、印发《成华区应对极端洪涝灾害应急预案》，完善自然灾害应急预案体系。

【灾害预防】 区应急局结合成华区智慧韧性安全城市建设工程，在成都市第六人民医院东洪院区、成华区妇幼保健院、成华区第三人民医院、成都电信新华枢纽、成都东客站、成都市自来水二厂、成都市自来水五厂、成都市广播电视台等点位安装10套地震预警终端，提升辖区地震监测预警水平。

【防灾减灾救灾宣传教育】 5月8日，成华区2021年度世界红十字日暨防灾减灾宣传周活动在SM广场举行，通过防灾减灾和地震安全知识宣传，开展防灾减灾、消防安全知识宣传和救援救灾装备展示，发放防灾减灾宣传资料1800份，增强群众防灾避灾意识，使群众了解在灾害中迅速逃生、自救、互救的基本方法，提高抵御和应对突发紧急事件的能力。5月12日，为防范化解

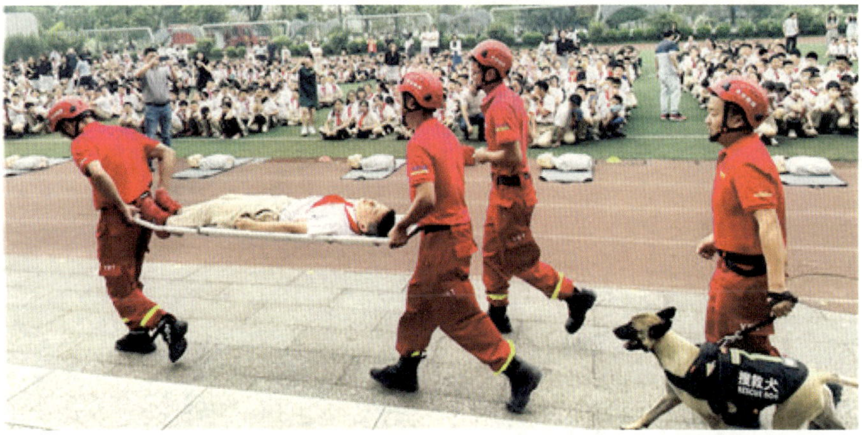

5月12日，成华区“5.12”防灾减灾综合演练在成都市熊猫路小学举办　　（区应急局供图）

灾害风险，筑牢安全意识，区应急局、区委宣传部、区教育局等单位，在成都市熊猫路小学举办“5·12”防灾减灾综合演练。10月13日，区应急局围绕“构建灾害风险适应性和抗灾力”主题，在昭觉社区富丽花城广场组织开展第32个“国际减灾日”宣传活动，组织群众体验“消防疏散逃生体验屋”，掌握火灾逃生技能，强化人民群众防灾减灾救灾意识，提高社区居民应对灾难自救互救能力。

【全国自然灾害综合风险普查】 成华区开展第一次全国自然灾害综合风险普查，组建工作专班，组织17个部门、11个街道、83个社区（村）开展业务培训7次；开展应急系统调查任务清查，清查2个大类、5个中类、18个小类588个调查对象，其中学校191个、医疗卫生机构66个、社会服务机构25个、公共文化场所25个、旅游景区4个、星级饭店6个、体育场馆1个、宗教活动场所2个、大型超市和亿元以上商品交易市场32个、加油加气加氢站61个、危险化学品企业2个、社会组织3个、社区83个、街道11个、救灾物资储备库（点）1个、应急避难场所66个、相关区级单位7个、政府专职消防队伍2个；完成调查阶段承灾体、减灾能力、历史灾害3大类调查任务，录入数据1315条，其中承灾体信息426条、减灾能力信息176条、历史灾害信息713条；完成30个社区1200户家庭减灾能力调查。

（李正潘　马　强）

防汛防涝

【概况】 2021年，成华区认真做好重点防汛区域防洪防涝应急抢险各项准备，加强汛情险情巡查力度，确保第一时间发现险情并及时处理；做好险情快速处置，坚持把人民群众生命安全放在第一位，及时发布气象、雨情、水情预报信息，确保安全度汛；严格落实“雨前排查、雨中巡查、雨后核查”要求，应对“7·9”“7·15”“7·22”“8·22”“9·14”等汛情，全区出动抢险救灾人员1000余人次。

【防汛组织体系建设】 成华区调整完善以区政府主要领导为总指挥，相关分管领导为指挥长，41个部门和11个街道主要负责人为成员的区防汛指挥部，通过分解任务，落实责任，建立切实有效的防汛责任体系和指导监督机制，做到责任到岗到人。全区组建36支520人专业抢险队，区应急局组建1支20人应急抢险队，区住建交局组建5支25人应急抢险队，区农业和水务局组建2支24人应急抢险队，区卫健局组建1支18人卫生防疫抢险队和2支16人医疗救援抢险队，区综合执法局组建1支10人应急抢险队，区城市更新局组建19支300人应急抢险队，区消防救援大队组建5支107人应急抢险救援队，各街道组建11支738人街道应急队伍；11个街道、41个成员单位与区政府签订责任书；街道与社区签订责任书，成员单位与辖区建设施工单位、地下空间、下穿隧道、易淹易涝区等重点部位签订责任书，把防汛减灾工作责任层层分解，做到逐级落实，形成齐抓共管、共同防范的责任体系。

【重点防汛点位】 成华区以河道沟渠、涵洞隧道、地下车库、临河低洼区、老旧小区（院落）、拆迁改造区、地铁施工区、建设工地等为重点，开展防汛安全隐患全面排查，全区排查点位70处，整改39处，其余31处纳入区重点监控点位，其中下穿隧道14处、危化企业3家、深基坑3处、其他隐患点11处，逐一落实应急抢险预案。成华区强化隐患监控，对河道沟渠、建设工地、新建道路两侧及树木、户外广告等重点部位，坚持落实好“雨前排查、雨中巡查、雨后核查”的要求，确保汛情险情第一时间发现、处理、上报，保证抢险救灾有效运行。

【防汛物资储备】 成华区储备发电机16台、各类水泵70台、电力变压器7台、高低压开关21台、电缆1.2万米、管道9000米、载重运输车3辆、各种袋类9.7万条、砂石料1.7万立方米、冲锋舟12艘、救生衣860件、卫星电话3台、无人机1台等防汛物资。

【防汛“双盲”演练】 6月18日，成华区防汛“双盲”演练在北湖生态公园举行，区人武部、区公安分局、区应急局、区消防救援大队、龙潭街道办事处、白莲池街道办事处、熊猫度假区管委会、兴华生态建设开发公司、成华永安救援队、区红十字会10支应急救援队伍16名冲锋舟操作手、抢险救援人员100人，以检验协同联动机制为目的，以发生灾情险情为虚拟情景，以贴近实战全面展开，从人员和装备紧急集结、紧急调配、紧急拉动、应急保障，协同开展水上救援、城市内涝应急抢险等，分别演训冲锋舟孤岛救援、城市排涝、橡皮艇翻舟救援、O型救援，潜水打捞等救援科目，强化汛期应急处置流程，锤炼防汛抢险救援队伍应急处置能力。

（李　坚）

产业功能区发展

编辑　杨为桥

成都熊猫国际旅游度假区

【概况】　成都熊猫国际旅游度假区位于成都中心城区东北部，涉及成华、金牛、新都3个区，规划总面积35.36平方千米，其中成华区11.02平方千米，是66个市级产业功能区之一。熊猫国际旅游度假区围绕“大熊猫繁育研究基地”“北湖生态公园”两大核心资源，推进熊猫国际旅游度假区规划建设，打造大熊猫文旅品牌核心承载地和世界旅游名城首选目的地。2021年，度假区实施经济社会发展项目46个，完成固定资产投资40.81亿元，社会消费品零售总额增长15.3%，产业化项目引进内资2.47亿元，引进外资投资0.23亿元，经营性建设用地上市622亩。

【“熊猫之都”北湖片区规划】　熊猫国际旅游度假区优化调整主导产业方向及细分领域，总体定位为“世界级熊猫文化旅游度假区”，主导产业优化为“熊猫国际度假、熊猫文创会展、熊猫国际商务”。度假区开展产业功能区新赛道研究和产业细分领域研究，形成《以新赛道逻辑焕新“大熊猫超级IP”，构建全球大熊猫产业创新策源地和新消费目的地》《成都熊猫国际旅游度假区重点细分领域发展研究报告》《成都熊猫国际旅游度假区实施建圈强链行动推进产业高质量发展工作方案》等研究成果报告；完成动态修编熊猫国际旅游度假区产业发展全景图、路径图、重点及关联企业配套名录表，实现主导产业明确、细分领域精准、空间布局合理；初步完成《成都熊猫国际旅游度假区“十四五”建设发展规划》《成都熊猫国际旅游度假区高品质科创空间策划及概念性规划》等规划编制和《环城生态区控制性详细规划》，建成度假区规划展示厅；推进“熊猫地球村”和“北湖未来公园社区”城市设计，规划演艺场馆和商业街区等旅游配套项目，丰富度假区旅游服务。

【产业项目签约引进】　熊猫国际旅游度假区聚焦熊猫国际度假、文创会展、国际商务三大主导产业及细分领域，走访500强、行业龙头企业35家，实现签约项目17个。6月21日，2021年成都熊猫国际旅游度假区投资（上海）专题推介会在上海延安西路龙之梦大酒店举

成都熊猫国际旅游度假区　　（熊猫度假区管委会供图）

行，度假区现场签约PANDA、国际演艺文商旅综合体、旭辉商业中心、宝龙商旅艺术中心、中铁置业西南总部等8个项目，投资总额285亿元；12月15日，以“共筑新格局 共建经济圈”为主题，2021成都熊猫国际度假区投资（重庆）专题推介会在重庆渝中区威斯汀酒店举行，度假区签约沉浸式太空科技体验馆、“大熊猫IP”打造暨“熊猫地球村”、砂之船（成都）超级奥莱、商界西南创新文旅运营中心等9个项目，投资总额150亿元。

6月25日，北湖生态公园党建示范点建成开放　　（兴华生态公司供图）

【熊猫基地改扩建】　成都大熊猫繁育研究基地是全球开展圈养大熊猫保护科研综合实力最强、科技成果最多、繁育成绩最突出的专业保护机构，现圈养熊猫215只，改扩建工程总投资30亿元，12月完工。扩建后熊猫基地集科研繁育、科普教育、文化旅游、国际交往4大功能于一体，面积由原来1500亩扩建为3570亩，整体布局为“一轴三核六片区”，创国家AAAAA级旅游景区通过省级评审。“一轴”是贯穿基地南北的景观交通轴，主要展现生态景观，同时实现人车分行；“三核”是旅游服务核心，分别位于南、西两个出口和山丘片区，提供游客科普体验和旅游消费场景；“六片区”为冒险溪谷区（由4个圆形大熊猫馆舍和3个卵石大熊猫馆舍组成）、探索密林区（含4处大熊猫馆舍和1处小熊猫馆舍）、英雄农场区（拥有18000平方米的室外生境区）、无限山丘区（包含特色餐饮、熊猫主题剧场、IMAX主题影院、熊猫文创售卖等）、宝藏湖泊区（熊猫基地扩建前区域）和科学珍探区（熊猫繁育科研基地）。熊猫国际旅游度假区管委会按照成都市公园局关于熊猫基地改扩建项目开园筹备方案，协助做好周边属地内拆迁和景观提升工作，制定并实施《熊猫基地改扩建项目开园旅游秩序综合保障工作方案》，完成熊猫基地改扩建项目开园准备工作。

（袁嘉璐）

【环城生态区建设】　北湖生态公园作为环城生态区重要点位，依托环城生态区景观绿地、北湖水体等自然生态资源，升级打造集熊猫文化、水文化、竹文化、客家文化等特色于一体的开放式景区及多功能市民乐园，新建北湖熊猫游乐园、望湖楼餐饮、房车驿站、全民健身路径、体育长廊、慈善广场等综合配套设施。兴华生态公司推进环城生态区新型社区建设，一里塘新型社区项目新增石岭地块14万平方米通过区土地空间规划委员会审查；丛树新型社区项目1、4、5号地块建筑面积48万平方米、二期建筑面积30万平方米，4、5号地块竣工、1号地块和二期项目进入室内外装饰装修及总平施工；外环新型社区项目二期项目建筑面积21.5万平方米主体施工，新增光明地块15万平方米土方外运施工；同乐新型社区（西区）项目总建筑面积26万平方米基础施工。全年环城生态区新型社区建设总投资12.3亿元、总建筑面积140.5万平方米、总套数10427套。

【北湖党建示范点打造】　北湖生态公园党建示范点位于北湖公园跑道旁，设置“一园一站两条线”，以中国共产党成立以来发生的重大事件与召开的重要会议为两条时间轴环绕北湖1.6公里，展现建党以来的辉煌历程，6月25日建成开放。示范点包括580平方米党建小游园和30平方米“学习强国”学习小站，按照“可进入、可参与、景观化、景区化”理念，设置智慧大屏、会议音频系统和答题区，具备超清投屏、智能书写、远程协作、同屏互传、视频会议、线下答题等功能，能容纳多人开展慕课、宣讲等活动。截至年底举办党建主题活动7场，接待1000人次。

【基础配套设施建设】　成华区国有企业成都兴华生态建设开发有限公司，主要承担成华区环城生态区投融资与开发建设，全年负责熊猫国际旅游度假区基础设施项目10个、基础配套项目21个。新建道路27条17.67千米，总投资22.56亿元，老龙青路、丛树道路三期项目已完工，一里塘道路二期、湖山路东段、北湖下穿涵洞等项目正加快建

表43　　2021年熊猫国际旅游度假区重点项目建设情况表

序号	项目名称	占地面积（亩）	总投资（亿元）	年度投资（亿元）	建设进度
1	熊猫时空馆	34.19	0.35	0.35	竣工投产
2	熊猫地球村特色文旅街区	658.05	1.75	0.31	竣工投产
3	熊猫文化都市演绎剧场	5.39	0.50	0.25	基础施工
4	正通广泽广场商业综合体	27.07	5.00	0.50	基础施工

设；景观提升改造工程2695亩，总投资23.5亿元，新建景观桥梁3座、小游园1处、公园1处和特色街区1处，景观提升改造道路24千米，熊猫大道、蜀龙路空间品质提升、成绵复线、熊猫地球村等6个项目完工，老龙青路两侧绿化改造正加快建设。

【企业服务】　熊猫国际旅游度假区管委会制定《成都熊猫国际旅游度假区企业服务工作方案》，建立“管委会+街道+企业”工作联动机制，成立专项工作小组，聚焦企业发展痛点难点，开展“两稳一保”专项行动，走访企业发放政策明白卡800张，收集并解决问题60条；会同街道严格执行兑现助企纾困政策，让企业充分享受政策红利，为企业经营“松绑减负”，助力103家企业申请政策扶持资金1100万元，兑现扶持资金1000万元；落实成华产业基金与省文投集团合作设立省文产基金，与四川省大熊猫科学研究院、成都大学等高校、科研机构构建战略合作机制，与李冰文化创意旅游产业功能区管委会确立协同发展关系，多方联动协作机制初步建立；搭建企业服务平台，建立企业服务中心，通过网上办事自主服务专区和政务服务终端，线上线下双联动，精简企业办事流程，为企业提供一站式服务。

【融资渠道创新】　兴华生态公司围绕熊猫国际旅游度假区经济建设，探索全新融资渠道，1月在银行间交易商协会发行2021年度中期票据10亿元，8月在银登中心直融平台发行成都市五城区首单理财直接融资工具5亿元，10月发行2021年度第二期中期票据10亿元，全年通过银行融资14.9亿元，非标融资11亿元，完成融资总额50.9亿元。兴华生态公司助推融资主体北湖旅游公司转型发展，提升融资能力，加快丛树道路四期、湖山路东段项目等12个建设项目。

（任淞江　胡　伟）

成都龙潭工业机器人产业功能区

【概况】　原成都龙潭新经济产业功能区2021年8月更名为成都龙潭工业机器人产业功能区，位于成都市东北部，东至四环路，南至沪蓉高速，西邻三环路，北起成渝铁路，规划总面积11平方千米，四川省级开发区、66个市级产业功能区之一。2021年，功能区增强都市工业功能，构建“一核三园”，培育千亿级产业集群的“新经济·生态城”，全年完成规模以上工业总产值105亿元，引进重大产业项目17个，固定资产投资33.93亿元，工业投资14.4亿元，外贸出口总额21.7亿元，进口总额20.8亿元，社会消费品零售总额增长12%。功能区获新华网第七届绿色发展论坛“2021优质投资环境园区”“2021年度经济高质量发展典范园区”称号，在国际商报社2021年区域经济高质量发展创新峰会上获评“2021年度投资价值典范园区”“2021优质投资环境创建单位”。

【新经济产业规划设计与研究】　龙潭工业机器人产业功能区瞄准科技前沿和未来发展趋势，构建主导产业生态圈创新生态链，立足建设西部领先、全国一流“新经济·生态城”，瞄准营业收入和全口径税收“两个翻番”，融入全市人工智能产业生态圈，构建以智能终端为主体的数字通信产业、以机器人为核心的人工智能产业、以云研发云设计云制造为突破的工业互联网、以检验检测为特色的“三主导一特色”产业体系，打造千亿级新经济增长高地，聚力产业强健、配套完善、环境优美、宜居宜业实现“四大目标”，推动产业高质量发展。

【产业化项目引进】　龙潭工业机器人产业功能区聚焦数字通信产业、人工智能产业、工业互联网三大主导产业链，走访外地高能级500强、行业龙头企业100余家，签约引进5G应用领域上市龙头盛路通信，加快达阔机器人、优必选等项目洽谈；聚焦产业细分领域，签约引进金地威新、浙商中拓等重大产业化项目8个，北大先锋、川恒、华灏方舟等生产性服务业项目5个；解决优质产业用地资源，实现50亿级金地威新成都人工智能创新基地项目签约、注册、供地及开工，全年实际利用内资19.64亿元、外资1.90亿元。

【“一核三园”产业承载新空间建设】　“一核三园”位于龙潭工业机器人产业功能区聚集核心区域，占地600亩、

华灏鲲鹏西部产业基地　　（龙潭工业机器人管委会供图）

建设面积100余万平方米，以华灏鲲鹏西部产业基地为核心，与东广人工智能谷、联东U谷成都科创园、金地威新人工智能创新基地建设，总投资140亿元打造高品质科创空间和都市工业产业载体。依托“一核三园”优质载体的企业资源，12月7日，“共筑新格局 共建经济圈”成都市成华区智能制造产业推介会暨重大项目签约仪式在深圳举行，推介会聚焦智能制造产业领域，邀请华灏鲲鹏、盛路通信、联东、金地威新等40余家粤港澳大湾区重点企业和商协会参会，中城智能硬件加速器等6个重大产业化项目现场签约，总投资120亿元。

【新经济产业生态圈构建】　龙潭工业机器人产业功能区以构建产业生态圈、创新生态链为引领，提升人才、技术、资金、信息等要素配置和协作，培育人工智能、数字通信、工业互联网3个百亿元产业集群，打造中西部地区创新创业重要策源地和新经济发展新高地。功能区围绕三大主导产业、三个优质载体和链主龙头企业分别组建招商服务专班，建立专班推进、专项调度、专人服务机制，推进三大产业链上下游企业招引，强化关联配套企业集聚；聚焦机器人产业细分领域，培育卡诺普工业机器人龙头企业，与成焊宝玛、焊研科技等优质配套企业，初步形成机器人产业集聚；聚焦创新要素，引进和转化具有先导性、颠覆性、带动性的“硬核科技”，与电子科技大学、成都理工大学、电子第十一设计研究院等科研院所联合创建研发中心；聚焦人才要素，深化人才工作站建设，加强“智选龙潭、有梦共创”校招品牌宣传和对外影响力，搭建人才供需对接平台。功能区全年11家企业获评专精特新企业，5家企业获评准独角兽企业，6家企业进入上市辅导期，2家企业获评四川省新经济示范企业，5家企业成功申报市级企业技术中心。

【产业发展载体构建】　龙潭工业机器人产业功能区优化重点产业布局，夯实重点产业链载体支撑，为引导产业集聚奠定良好基础。9月30日，龙港钢材城完成调迁移交，利用6亿元调迁赔偿经费，收购润都科技总部基地项目，打造“全线上数字化钢贸联盟”亿元特色楼宇；12月完成500亩工业用地上市，为千里倍益康、航电微能、金地威新等企业植入创造空间。全年15个产业建设项目完成建筑面积167.5万平方米，其中，升华电源、锦程岩土、数字钢联等3个项目13.3万平方米竣工，东广人工智能谷一期等7个项目84.5万平方米加快建设，卡诺普、联东U谷一期等5个项目69.7万平方米开工，以联东U谷成都新经济园、东广人工智能谷、金地威新人工智能创新基地为主导的高品质科创空间和都市工业载体加快形成。

【功能区空间有机更新】　龙潭工业机器人产业功能区立足打造新型城市社区，加快老旧厂区有机更新，实施功能区北片区1800亩非核心功能疏解和西片区300亩低效用地腾退。6月北片区首期4个项目435亩签约完成，10月原龙港钢材城320亩近2万平方米老旧厂房拆除完毕，龙港钢材城352家优质税源企业迁入数字钢联大厦，龙潭货运站、国家粮食储备局等项目拆迁工作按计

卡诺普机器人生产线　　（龙潭工业机器人管委会供图）

划推进；西片区首批368亩低效项目，签约搬迁72亩、签约改造80亩、拟签约136亩。

【配套设施建设】 龙潭工业机器人产业功能区提升公共空间品质，连片打造重点片区和重要节点城市形态，“爱成都·迎大运”城市空间品质提升工程完成6000平方米道路景观提升；布局可持续性商业配套，推进成华新经济产业服务中心、成华科创中心25万平方米科研及办公用房建设，加快完善医疗、交通等功能配套，建成投用成都市二医院龙潭院区，安置房四期B地块、五期竣工验收，华翰路西侧等2个社区综合体及卫生服务中心配套建设主体结构封顶，推进向龙兴苑安置房、院山社区规划道路等3个社区卫生服务中心装修改造项目建设。

【企业服务】 龙潭工业机器人产业功能区深化企业服务全域覆盖，全员参与网格化管理，建立企业诉求主动接办、流转交办、分级会办、跟踪催办、反馈督办“五个办”闭环式工作机制，推出线上企业服务平台“小程序”，提高智慧化服务水平。全年解决企业困难问题1472项，兑现功能区本级企业产业扶持资金4213万元，协助企业进行人才政策申报，纳入成都蓉漂计划人才4名、成华英才计划人才59名，申报成都市技能大师工作室3个、成华区技能大师工作室7个；采取政府搭桥、银企赶集服务新模式和线下线上联动方式，为企业提供一站式金融服务，全年联系金融机构上门服务企业203次，帮助146家企业获得融资贷款12.1亿元，获得风险投融资2亿元。

【楼宇企业扶持政策实施】 龙潭工业机器人产业功能区加强与楼宇招商信息互通，对45个产业楼宇项目、280万平方米产业载体、1374家楼宇企业开展调研，编制关于推动功能区产业上楼的调研报告，建立企业入驻并联审批机制，制定产业楼宇准入管理办法，引导楼宇产业发展。功能区全年引进中能国润、浙商中拓、新城悦等楼宇重大产业项目8个，新入驻楼宇企业504家，入驻面积20万平方米以上，产业楼宇平均入驻率80%。

【融资渠道创新】 成华区国有企业成都东方广益投资有限公司，主要承担龙潭工业机器人产业功能区项目投融资、基础设施和产业载体等项目建设。东方广益公司创新融资渠道，构建直融体系，3月发行2021年度第一期中期票据2.50亿元，4月发行成华区第一支企业债——2021年第一期企业债7亿元，全年融资总额42.05亿元；参与市产投集团设立的市重产基金公司，助推成都市重大项目招商引资；代管的华腾普益公司取得私募基金管理人资格登记，是成华区第一家国有基金管理人，5月设立规模上亿元基金“华腾壹号”，助推1.8亿元“音乐文化基金”、4.5亿元“四川省文产基金”落地成华；参与对外股权合作，推动中小微企业可持续发展，8月与成都中小企业融资担保有限责任公司共同出资组建成都市普惠融资担保公司，12月与成华区国资金融局合资组建成都东广能源有限公司承接中石油川庆公司下属越盛公司51%股权。

【功能区优秀企业荣誉】 龙潭工业机器人产业功能区委员会召开2021年度优秀纳税企业表扬大会，授予四川国莎实业有限公司等10家企业“都市工业纳税十强企业”称号，授予成都

表44 2021年度成都龙潭工业机器人产业功能区优秀企业一览表

获奖类别	企业名称
都市工业纳税十强企业	四川国莎实业有限公司、成都市桃李食品有限公司、四川新华印刷有限责任公司、成都鑫豪斯电子探测技术有限公司、成都航天通信设备有限责任公司、成都光明乳业有限公司、成都锋宜精密工具制造有限公司、四川省华电成套设备有限公司、成都微精电机股份公司、四川海力智能科技股份有限公司
现代服务业纳税十强企业	成都市保华鑫悦房地产开发有限公司、四川省烟草公司成都市公司三分公司、成都仁孚南星汽车服务有限公司、成都龙港钢铁有限公司、成都长征长宝汽车销售服务有限公司、成都万华锦新置业有限公司、成都市计量检定测试院、四川蜀能电力有限公司、成都华星名仕汽车销售服务有限公司、四川同创柳工机械有限公司
新经济纳税十强企业	四川升华电源科技有限公司、四川金域医学检验中心有限公司、中节能建设工程设计院有限公司、四川斯艾普电子科技有限公司、核工业四川岩土工程有限公司、成都小野未来科技有限公司、成都卡诺普自动化控制技术有限公司、成都赛英科技有限公司、四川瑞都石油工程技术服务有限公司、四川航电微能源有限公司
优势成长十强企业	四川蜀曦投资有限公司、四川三新创业投资有限责任公司、新城悦（成都）物业服务有限公司、四川千里倍益康医疗科技股份有限公司、成都康拓兴业科技技术有限责任公司、成都华普电器有限公司、成都东广新城置业有限公司、浙商中拓集团（四川）有限公司、中铁二十四局集团西南建设有限公司、成都硕特科技股份有限公司

表45　2021年成都龙潭工业机器人产业功能区重点项目建设情况表

序号	项目名称	占地面积（亩）	总投资（亿元）	年度投资（亿元）	建设进度
1	联东U谷	130.00	30.00	1.50	基础施工
2	工业机器人核心技术及智能机器人	20.00	5.00	0.50	内外装饰
3	升华电源公司研发及生产基地	15.00	2.00	0.16	竣工投产
4	成华新经济产业服务中心	40.00	12.39	5.89	内外装饰
5	数字钢联	40.00	6.00	4.40	竣工投产
6	华影西南地区总部基地	29.40	3.50	0.81	内外装饰
7	汇力达焊接技术有限公司生产基地	26.70	1.50	0.30	内外装饰
8	多元总部国际1号二期	57.59	2.58	1.00	内外装饰

市保华鑫悦房地产开发有限公司等10家企业“现代服务业纳税十强企业”称号，授予四川升华电源科技有限公司等10家企业“新经济纳税十强企业”称号，授予四川蜀曦投资有限公司等10家企业“优势成长十强企业”称号。

（邓晨媛　彭春梅）

东郊记忆艺术区

【概况】　成都市成华区东郊记忆艺术区地处中环商务旅游轴和成华大道文化创意轴的交会区域，66个市级产业功能区之一，涉及二仙桥、府青路、跳蹬河3个街道辖区，总面积21.8平方千米。东郊记忆艺术区以世界文化名城建设为牵引，聚焦“东郊文创”品牌塑造，坚持“文创+”“园区+”发展思路，以“音乐艺术、数字文创”为产业主导，瞄准“数字音乐、时尚设计、电子竞技、直播电商”四大产业细分赛道，构建现代文创产业体系，培育文商旅融合发展新经济、新消费场景，建设世界文化名城“创业留客厅”。2021年，艺术区完成经济社会发展项目130个总投资177.13亿元，完成固定资产投资98.37亿元，产业化项目引进内资1.70亿元，引进外资0.23亿元，社会消费品零售总额增长18.55%，举办展演、节会等活动124场。截至年底，艺术区入驻企业11018家，其中，规模以上企业289家。7月24日，《环球时报》发布《2021年中国高质量发展评估报告》，艺术区获评“高质量发展最具投资价值园区”。

【艺术区业态规划建设】　东郊记忆艺术区管委会完成《东郊记忆艺术区“十四五”建设发展规划》编制，推进八里庄工业遗址片区、中电锦江片区控制性详细规划调整方案，修订完善艺术区总体规划、科创空间总体规划，和主导产业发展全景图、路径图、重点企业及关联企业配套名录表。艺术区聚焦“东郊文创”建设，助力东郊记忆向“时尚+商业”转型升级，促进完美文创园区向“数字+文创”融合提升，推动万谷智慧产业园向“科技+文创”提档升级，推进107文创园区向“文创+商业”持续优化，加快“电竞+商业”量子界数字文化产业园建成投运，促进“文创+商业”中车共享城建设开园，加速109仓库、103仓库、101文化综合体、石油总机厂空间改造和产业植入，形成分布有序、彼此关联、文产兼容的十大文商特色产业园，打造成都东郊独特标识。

【重大产业项目引进】　东郊记忆艺术区以项目引进为抓手，通过以商招商、活动招商、平台招商、走访招商等方式开展招商引资。3月21日，2021“蓉漂杯”高层次人才创新创业大赛暨“智能制造+文创商贸”成华区域专题赛在东郊记忆·成都国际时尚产业园举行，12个项目获得决赛“直通卡”，19个项目获得投资机构青睐，现场达成意向投资2.02亿元，签约“成华区科技创新创业服务中心”“四川新金融科技生态中心”等重大合作项目13个总投资106亿元。5月25日以“侨连五洲·文创东郊”为主题的推介会，在东郊记忆·成都国际时尚产业园“来”剧场举办，艺术区现场签约DMV国际音乐产业社区集群、国际友谊共享馆、国际创意设计产业园3个重点文创项目。艺术区全年新增国信国际电竞产业园、DMV国际音乐产业社区集群、海格云链国际商品展示及文化交流产业园3个50亿元以上重大项目，WKG体育赛事、能投建工集团2个30亿元以上项目，成都流媒体直播基地、CCTV中视购物西南运营中心、京东国际直播产业园等7个5～10亿元项目。

【主导产业聚集发展】　东郊记忆艺术区以完美世界、华星璀璨、红点设计、量子互娱、字节跳动为链主企业示范带动，针对“音乐艺术、数字文创”两大主导产业，按主导产业发展全景图、路径图、重点企业及关联企业配套名录表精准招商，引入晓庆文化、铜锣三友影视文化等影视音乐企业16家，VSPN等数字娱乐企业11家，红点设计等创意设计企业4家，记忆跳动、新秀实力等直播电商企业16家。截至年底，主导产业拥有完美世界等影视音乐企业116家，行业头部华星璀璨等数字娱乐企业59家，红点设计等创意设计企业10家。

【文创产业提档升级】 东郊记忆艺术区有东郊记忆、完美文创、101仓库等16处工业文化遗址，坚持塑造“工业遗存+文创园区”区域发展独特品牌。艺术区助推东郊记忆向“时尚+商业”转型升级，落户成都东郊一九五七文化传播有限公司、四川汉昱文化传媒有限公司、记忆跳动（成都）数字科技有限公司等企业30家，招引优质产业办公、消费体验，零售业态企业116家；促进完美文创园区向“数字+文创”融合提升，构建产业场景、产业生态及产业平台，引入直播、音乐制作、现场音乐等82家企业，空间入驻率100%；推动万谷智慧产业园向“科技+文创”提档升级，落户世纪科园、泰盈科技等企业40家，入驻企业147家，其中优质企业28家、上市公司6家，注册总金额超过30亿元，注册企业产业聚合度98.63%，空间入驻率97%。

【杉板桥商圈载体建设】 杉板桥商圈全年商业商务楼宇建设14处87万平方米，其中建成9处67万平方米、在建5处20万平方米。商圈建成东郊记忆文创产业园区1处20万平方米，万科天荟特色街区1处3万平方米，龙湖滨江天街、招商中央华城2处综合体19万平方米，万科2栋、龙湖2栋、招商1栋写字楼共计25万平方米。万科、龙湖、招商5栋写字楼投入运营，落户中国人寿成都公司、浦发科技公司、作业帮西南总部等企业88家，其中主导产业企业有大喜时代、红船文化、中锦设计、吻梦文化等31家。

【互联网创意产业园建设】 东郊记忆互联网创意产业园位于建设南路中段4号，毗邻电子科技大学、成都理工大学，建筑面积达5305.14平方米，绿化占比达90%，定位涵盖互联网行业重点企业、垂直行业重点企业以及孵化型企业，以数字娱乐、互联网信息、数字展示、新能源为核心发展方向，通过创意、创新，实现“智慧科技创造优质新生活”。截至年底，落户江屿亭文化传媒、亚旅文化传媒等87家企业，空间入驻率100%。

【萌想星球107文创园建设】 原成都市成华区工业遗产保护点位107仓库，位于建设北路三段50号，整体改造为萌想星球107文创园区，1月5日正式开园，占地33亩，建筑面积2万平方米。4月1日，萌想星球107文创产业园内，西南首家共享直播供应链基地哆哆喵选建成投运，占地面积5000平方米，规划各场景主题电商直播间50余间，支持24小时不间断直播，可容纳500人办公，配备多功能培训中心、化妆造型中心、样品选品中心、办公区，提供一站式直播服务，全年引入MCN电商直播机构18家，销售收入1.2亿元，营业收入0.7亿元。截至年底，萌想星球107文创园入驻哆哆喵选、环球魔力沉浸式剧场、吾同体育等41家企业，空间入驻率95%，其中总部企业、首店企业、旗舰店占比50%。

【东郊创艺Labs·红色驿站建设】 东郊创艺Labs·红色驿站位于万科文创大厦4号楼2层，3月1日建成投用，被市委组织部授予“蓉城驿站”标牌。东郊创艺Labs·红色驿站整合街道、商圈楼宇、驻区单位等党建资源，形成“万科产业驱动中心主阵地+商圈楼宇企业党支部微领地+辖区单位共享空间”的党群服务阵地体系，真正实现党建阵地“一键互通、全域联动”，全年接待调研活动113场1877人次，举办党建对话沙龙、座谈会26场569人次。

【配套设施建设】 东郊记忆艺术区完成地勘路咖啡文化产业街区、Discovery发现之旅特色主题街区和东郊记忆艺术特色文旅街区升级改造；完成朱家岭二路北侧配套幼儿园、中车产业城规划幼儿园、蜀龙路西侧配

东郊记忆·成都国际时尚产业园　　（东郊记忆艺术区管委会供图）

套幼儿园、锦韵幼儿园4所幼儿园，和建设路小学、二仙桥西片区配套中学和人民塘片区配套中学（成华区职教中心）3所中小学建设；完成二仙桥西片区配套中学北侧配套绿地、驷马桥公园和城东体育公园（二期）建设；完成杉板桥社区养老服务综合体、驷马桥片区社区综合体、二仙桥公园婚姻登记中心和杉板桥产业服务型国际化社区等公服配套建设；完成新怡路、圣灯东二路、东华二路、人民塘路（普洛斯A线西延线）、人民塘东二路、民兴一路东段（仙韵四路至二仙桥北路段）等15条道路建设。东郊记忆艺术特色文旅街项目，重点对东郊记忆路、建设南支路、建设南路、圣灯路4条街道总长约2千米升级改造，实现非机动车道与机动车道隔离；部分路段取消行道树，增设景观小品，引进潮流文化、户外演绎等工业文创生活类多维业态，9月11日项目完工，东郊记忆·成都国际时尚产业园与周边商业联动关系进一步增强。

【企业服务】 东郊记忆艺术区搭建政企—企企"心连心"对话平台，全年举办"企话东郊"活动4期，以企业感受作为营商环境建设"第一标尺"，问需于企、问计于企、问效于企；深化企业服务全域覆盖，全年解决企业房租补贴和装修补贴政策困难问题2项，兑现功能区本级企业产业扶持资金448.62万元，协助企业进行人才政策申报，成功申报"东骄华章"人才政策1人；全年联系金融机构上门服务企业2次，依托驱动中心为企业提供一站式服务保障，为工商咨询办理130件，版权登记185件。

【会展活动】 东郊记忆艺术区"以会为媒，以展为窗，以演为桥"繁荣文化展演市场，带动艺术区消费方式和消费结构升级，全年举办成都国际友城青年音乐周、成华·2021熊猫城市定向赛、"侨连五洲·文创东郊"产业推介会、2021两岸影视业界青年研修交流暨海峡影视季作品交流论坛成都站、2021"蓉漂杯"高层次人才创新创业大赛"智能制造+文创商贸"专题赛、上合组织成立20周年国际作品展、中国游戏行业年会、世界文化名城论坛·天府论坛等活动124场，助力成华加快打造经济高质量发展先行区、文商旅融合发展示范区。

（黄　苇）

表46　　2021年东郊记忆艺术区重要会展活动一览表

序号	名称	时间	地点
1	首部城市主题院线电影《成都漫步》开机仪式	2月23日	东郊记忆
2	2021"蓉漂杯"高层次人才创新创业大赛	3月21日	东郊记忆
3	记忆东郊摄影展	4月24日	东郊记忆
4	2021两岸影视业界青年研修交流	5月21日	东郊记忆
5	"侨连五洲·文创东郊"产业推介会	5月25日	东郊记忆
6	电视剧《大东郊之激荡岁月》开机仪式	7月6日	东郊记忆
7	千禧至今"00后""大"艺术家展	8月14日至9月14日	万谷智慧产业园
8	"风华正茂"四川省新风景摄影展	8月21日至9月7日	东郊记忆
9	"促进校园地企协同发展"产业推介活动	9月17日	107文创产业园
10	"好看城市嘉年华"创作者大会	9月15—16日	东郊记忆
11	东郊记忆"共未来·再出发"十周年庆	9月29日	东郊记忆
12	第二届成都东郊戏剧展演季	9月30日至10月30日	东郊记忆
13	成华·2021熊猫城市定向赛	10月23日	完美文创公园
14	2021成都国际友城青年音乐周	10月22—28日	东郊记忆
15	庆祝上合组织成立20周年国际作品展	10月29日至11月29日	东郊记忆

表47　　2021年东郊记忆艺术区重点项目建设情况表

序号	项目名称	占地面积（亩）	总投资（亿元）	2021年投资（亿元）	建设进度
1	龙湖梵城滨江天街	185.00	82.00	20.55	竣工
2	万科天荟	285.22	35.43	9.90	主体施工
3	永立大厦	231.79	10.50	1.80	主体封顶
4	龙光世纪中心	47.70	18.58	0.20	主体施工

续表47

序号	项目名称	占地面积（亩）	总投资（亿元）	2021年投资（亿元）	建设进度
5	中车·共享城	422.00	55.00	6.00	主体施工
6	禾创文创产业园区	60.00	14.00	0.36	主体施工
7	合信K101项目	142.00	29.20	3.00	基坑施工
8	龙腾广场项目	26.80	8.38	3.60	基坑施工

东客站枢纽经济发展区

【概况】 成都市成华区东客站枢纽经济发展区，为成华区六大产业功能区之一，规划面积18平方千米，东至龙泉驿区界，南至锦江区界，西至二环路、万年路、崔家店，北至成南高速，涉及万年场、保和两个街道辖区，拥有集高铁、地铁、城市公交、长途客运为一体的无缝换乘交通体系。东客站枢纽经济发展区定位为“商旅门户枢纽，TOD产业新城”，做强西部对外开放的商旅门户枢纽经济，厚植高品质生态宜居宜业优势，促进人城境业深度融合发展，打造公园城市先行示范TOD新城。2021年，区经济社会发展项目投资70.26亿元，完成固定资产投资55.84亿元，重点项目投资29.49亿元，产业化项目引进内资3.25亿元，引进外资0.23亿元，社会消费品零售总额增长12.10%，签约引进重大产业化项目6个。

【新型枢纽经济版图构建】 东客站枢纽经济发展区时尚消费产业不断发展，万象城全年实现营业收入55亿元，居成都市商业综合体营业收入第三名，举办“新潮中国、时尚成华”系列商圈宣传活动，“万象城首店全球品牌发布秀”等众多国际时尚交流活动，形成服务城东、辐射全城的时尚消费新极核；建成凯德广场、华润润街、鲁能秀街等区域级商业中心和特色商业街区；加快建设雪松IN天府、华侨城滨江壹号等商业综合体，签约沃尔玛、永辉、幸福蓝海等商业项目。发展区城际商旅产业逐步汇聚，全年引进民营企业500强成都齐翔腾达供应链有限公司、西南蓝色光标科技总部等18个亿级项目；以龙之梦星级酒店群为旗舰，维也纳、雅悦蓝天等星级酒店和特色主题酒店落地运营，龙之梦星级酒店群承办企业路演、产品展示、行业年会等各类会展活动900场，完成会展租赁收入5100万元，成为成华区最重要的会展产业载体。发展区健康产业集聚初具规模，依托全国首个国际“医疗健康+商业”综合体——新加坡鹏瑞利国际医疗健康中心，聚焦“枢纽+健康服务”，深耕国际专科、特色医美等产业领域，加快构建全生命周期的医疗健康全产业链。

【产业重大项目引进】 东客站枢纽经济发展区围绕枢纽+“时尚消费、城际商旅、健康服务”三大主导产业攻坚。5月28日，在百日攻坚大会战“153”重大项目集中签约仪式上，发展区与中铁置业贵州（西南）公司签订《中铁数智商务协作基地项目战略合作协议》及《中铁置业西南总部基地项目框架协议》；12月14日，在东客站枢纽经济发展区投资环境推介会上，现场签约四川天宇威视信息技术服务中心、慧择集团互联网医院、成都中京爱依智慧养老西南中心等5个项目计划总投资30亿元；引进民营企业500强成都齐翔腾达供应链有限公司、西南蓝色光标科技总部、中汇商信四川供应链西南结算中心等18个亿级项目；促成鹏瑞利健康中心调整业态方向，新增4万多平方米医疗健康产业招商载体，落户慧择集团互联网医院、成都冬雷脑科医院等6家医疗企业。

4月28日，新潮中国·时尚成华——2021时尚之夜举办 （滕铭一　摄）

【项目建设】 东客站枢纽经济发展区以“枢纽+城际商旅”“枢纽+时尚消费”“枢纽+健康服务”三大主导产业为抓手，提升主导产业显示度和产业功能区辨识度，推进东客站枢纽经济发展区高质量发展，全年经济社会发展项目96项，启动实施67项，完成投资70.26亿元。其中中环壹号、万象城二期等43个项目竣工项目，完成投资12.57亿元；雪松商务中心、丝路大厦、圣铭泊里中心等12个项目加快建设，完成投资31.44亿元；新希望、中海浣云居等14个项目开工建设，完成投资26.25亿元；前期储备项目27项，其中龙之梦鹏瑞利新城D1地块项目10月26日取得施工许可证，实现储备转化。世界500强企业雪松控股集团投资60亿打造雪松西南总部，集商务办公、购物、休闲、高端居住为一体的城市生活综合体，项目位于东客站核心区绿轴公园北侧，占地面积180亩，总建设面积62万平方米，项目建设部分主体封顶，全年项目商业用房出售165套，住宅用房三个批次出售1058套。圣铭泊里中心项目建设项目位于成都东站东北侧300米，北至迎晖路，西至龙门山路，东至邛崃山路，南至金马河路，占地面积37.1亩，总建筑面积21.4万平方米，总投资12亿元，建设集甲级写字楼、精品酒店及文创文博商业为一体的城市生活综合体，项目建设部分主体封顶。

【配套设施建设】 东客站枢纽经济发展区完善城市配套，推进69个配套类项目建设，全年完成投资20.87亿元。其中迎晖路环境品质提升、高铁文化主题公园一期、渥太华国际学校一期等38个项目竣工；和美社区和文化文创特色街区、槐柳四路、区七医院、高铁文化主题公园二期等15个项目加快建设；五桂路、双店西三路、斑竹5组公共服务设施建设工程等16个项目进入开工前期工作。成都城市东西轴线环境品质提升工程迎晖路段起于东二环路，止于成华区与龙泉驿区交界处，投资5.5亿元，6月工程竣工，增设BRT快速公交和智能、集成、美学化管控提升慢行系统景观照明。成都渥太华国际学校建设项目，在成华区迎晖路南侧、白龙江路北侧规划红线范围内，为成都首个从幼儿园到小学直至初中的公办国际化教育集群建设项目，项目一期总投资4.73亿元，4月幼儿园完工，占地面积7.9亩，投资0.47亿元；5月小学和中学完工，占地面积69亩，投资4.26亿元。东客站枢纽经济发展区利用火车东站北侧铁路沿线绿地，融合工业文明、生态文化、熊猫文化元素，打造高铁文化主题公园，5月公园一期完成建设，占地172.5亩，建绿地、景观、健康游步道、景观桥梁、河堤、广场等相关配套设施工程；公园二期正在建设，占地406亩。

【企业服务】 东客站枢纽经济发展区与楼宇互通招商信息，做好招商引导服务工作，利用微信公众号、今日头条等新媒体平台宣传成华区相关扶持和补贴政策；组织召开2次“规上企业及重点企业座谈会”，建立精准包联重点企业、重点项目工作机制；制定服务企业台账制度，实地走访运营楼宇，建立走访服务企业台账，对企业所提困难和建议登记存档。发展区全年为企业纾困108次，扶持和补贴政策兑付235家企业，总资金7692.82万元。

【城市更新与土地上市项目推动】 东客站枢纽经济发展区推进片区城市更新工作，完成崔家店南路中烟（一期）特色街区城市有机更新项目、铁塔厂市民特色街区城市更新项目、槐树店玻璃厂片区城市更新项目区域评估报告，出让东客站XZ-13、15、17地块3宗107亩，其中住宅用地2宗59亩，住宅兼商业用地1宗48亩，出让金额总计29.6亿元。

【鹏瑞利国际医疗健康中心】 鹏瑞利国际医疗健康中心位于成都东站西广场北侧，占地72亩，建筑面积28万平方米，是新加坡鹏瑞利置地集团在

鹏瑞利国际医疗健康中心 （东客站新城办供图）

表48　　2021年东客站枢纽经济发展区重点项目建设情况表

序号	项目名称	占地面积（亩）	总投资（亿元）	年度投资（亿元）	建设进度
1	华侨城信和滨江一号	366.0	28.74	3.00	外墙施工
2	中环壹号	19.6	6.00	0.30	竣工
3	中吉泰弘士方寸华庭	5.5	1.30	0.72	基础施工
4	兴光中心	12.5	2.60	0.96	基础施工
5	华润万象城二期	90.0	34.00	2.40	竣工投产
6	圣铭泊里中心	37.1	12.00	1.00	部分主体封顶
7	丝路大厦	23.2	5.00	1.00	主体封顶
8	雪松商务中心	180.0	60.00	2.40	部分主体封顶
9	龙之梦鹏瑞利新城D地块	87.0	28.86	0.40	部分完工

中国设立的首家以医疗健康为核心驱动的综合体，汇聚高端综合医院、康复医院、月子中心、体检中心、各类专科诊所、购物、餐饮、休闲娱乐等服务于一体，截至年底已入驻成都鹰阁医院、鹏瑞利国际名医馆、顾连康复医疗、成都韩妃整形美容医院、爱帝宫（成都）月子中心、上海联影等20家医疗健康服务机构，12月14日获评“成都市专业（特色）楼宇”。鹏瑞利国际医疗中心成都顾连锦宸三级康复专科医院，西南首家引入香港先进康复理念、模式与技术，以重症康复为核心、功能康复为特色、老年康复为基础，开设专业康复治疗，全年收治住院患者760人，日均床位使用率达到89%，发布SCI论文2篇、国家核心期刊论文2篇，新增4项国家实用新型专利，2021·CNMIA康复大会上获“领袖康复专科医院奖”。

（朱　艳）

新北天地商贸旅游发展区

【概况】　成都市成华区新北天地商贸旅游发展区，成华区六大功能区之一，规划面积20平方千米，位于成华区北部、东风渠以南、成渝铁路以北、蓉北商贸大道以东，涉及青龙、双水碾、白莲池3个街道辖区。新北天地商贸旅游发展区立足“蓉欧+家需求”“枢纽+门户经济”“商旅+体验消费”产业发展定位，构建以南北向“天府大道北延线产业发展轴”“蓉都大道现代服务业发展轴”和东西向“金色中环（新北段）商旅产业发展轴”为骨架、以“蓉北商圈成华区”和“昭觉寺商圈”两大产业发展商圈为双翼的“三轴双商圈”城市构架和产业空间布局。2021年，新北天地商贸旅游启动建设项目53个完成投资78.43元，完成固定资产投资28.29亿元，产业化项目实际引进内资1.49亿元，实际引进外资0.23亿元，社会消费品零售总额增长率15.61%。在四川观察主办的“致敬2021——城市榜样力量”年度评选中，获“2021年度文商旅融合焕新区”称号。

【蓉北商圈发展规划】　新北天地商贸旅游发展区依托成都站门户枢纽优势，发挥天府大道北延线产业轴线和升仙湖等生态资源优势，确立“综合枢纽、门户口岸、商务极核”城市功能定位和“一轴一环双核多组团”产业空间格局，构建以“枢纽+总部经济、商务会展、商旅消费”为主导产业方向的产业生态圈。成华区成立蓉北商圈建设领导小组，统筹推进商务区建设；组建工作专班，分组分片深入居民院落、企事业单位实地开展摸底调查，根据片区用地布局、用地规模及规划指标，按照“片区整体平衡”原则，深入研究片区“留改建”方案，精细化开展片区开发经济测算；开展《蓉北商圈成华区产业策划》和《蓉北商圈成华区城市设计》的编制工作，明确蓉北商圈成华区建设“设计图”和“施工图”。

【产业化项目引进】　新北天地商贸旅游发展区通过媒体平台、投资推介会、户外广告等方式，持续宣传“古蜀门户新北天地”城市品牌；聚焦高能级500强等头部企业、主导产业及其产业链和配套产业上下游企业，先后赴重庆、北京、上海、杭州等地区开展多轮招商，签约落地天安宝业、众姓艺星等7个产业项目；在重庆、北京分别举办“共筑新格局 共建经济圈投资推介会”“成都市成华区新北天地商贸旅游发展区精准招商暨产业对接会”，签订联合国及国际公共采购区域服务中心项目等产业化项目合作协议。发展区全年签约落地天安宝业能源产业链平台项目、华新安本物联网跨境商务服务科创项目、每通测控智能智慧检测方案推广应用项目、网空创新物联网应用服务项目4个重大项目。

【主导产业发展】　新北天地商贸旅游发展区重点发展现代商贸和新兴房地产主导产业。现代商贸业全年完成投资22.75亿元，南国置业·泛悦城市广场项目建成投运，大陆·潮里项目完成酒店基坑作业，其余部分主体完工进入内外装修，启动天府国际动漫城建设；新兴房地产业完成投资60.88亿元，金地·新北108项目商业C地块主体完工

天府国际动漫城展示馆 （新北天地旅游中心供图）

进入内外装修阶段，商业B地块进入地下室施工，碧桂园·锦樾府项目竣工交付，奥园·云璟、深业华庭、沙河斓庭等项目进入总平施工和收尾阶段，华润置地·静安府进入主体施工。

【配套设施建设】 新北天地商贸旅游发展区基础设施全年完成投资2.96亿元，实施荆泰二路、致兴路等道路桥梁17条，羊子山古蜀文创街区等特色街区空间品质提升3个；公建配套建设全年完成投资7.55亿元，实施白莲池文化公园（一期）、蓉都大道小游园等绿地公园4个，东林四组配套小学、新山二组幼儿园等学校5个，区人民医院等医院新建和卫生服务中心改造等项目3个，东林社区配套综合体等社区配套4个，社区活动中心等功能性配套设施5个。发展区挖掘和推广羊子山文化，打造成都首个古蜀文创街区，项目总投资2786万元，包含五福临门、守护之阙、双水塔、幸福剧场、羊子山光阴故事长廊节点景观及园林绿化工程等工程，形成一个集购物、餐饮、娱乐、休闲、办公等于一体的综合商业圈，区提升区域城市品质空间，白莲池文化公园一期建设项目位于白莲池文化公园西南部，西至奥园锦官芳华项目、南邻熊猫大道，占地面积100亩，其中湖泊湿地面积12000平方米、森氧慢跑道800米、多功能星空活动草坪4000平方米和露天亲子森林剧场1200平方米，打造集蜀韵文化体验、花卉主题游乐、滨水亲子游憩、音乐节事活动于一体的公共开放空间，项目投资5000万元，6月底竣工开放。

【企业服务】 新北天地商贸旅游发展区建立并完善重点项目服务保障机制，确保每个项目有“一对一”服务专员，全时段跟踪项目进展，定期召开发展区建设领导小组联席会议，协助解决金地·新北108项目配套道路建设时序、南国置业·泛悦城市广场和台州商人大厦周边断头路建设、天府国际动漫城报规报建等12个企业生产经营中存在的问题，同时坚持上门送政策、送服务，积极宣传企业省、市、区产业扶持政策，联合行业主管部门对企业业务培训。

表49 2021年新北天地商贸旅游发展区重点项目建设情况表

序号	项目名称	占地面积（亩）	总投资（亿元）	年度投资（亿元）	建设进度
1	天府国际动漫城	85.40	19.50	7.00	基坑施工
2	金地·新北108	108.20	40.00	10.00	主体封顶
3	大陆·潮里	41.50	18.00	5.30	基坑施工

【天府国际动漫城项目建设】 天府国际动漫城项目位于昭觉寺东侧，是2021年四川省重点项目之一，占地85.4亩，总建筑面积12.6万平方米，由四川旅投旅游创新开发有限责任公司和成华国投公司合作出资19.5亿元，打造集科技体验乐园、沉浸式动漫体验街区、动漫主题酒店、电竞及动漫赛事场馆、人才学院于一体的沉浸式文旅体验目的地。10月29日，天府国际动漫城启动仪式暨展示区启动仪式在天府国际动漫城展示区举办，11月30日建设全面启动。

【成都富森美家居股份有限公司】 富森美家居股份公司位于成华区蓉都大道将军路68号，是一家以产业运营为特征的现代企业，致力于大型家居商业市场开发、运营、管理、营销策划，开展设计装饰、文化艺术、新零售、产业投资、现代金融等业务。8月家居销售平台富森美家居首家新零售自营店“焦糖盒子”开始运营，营业面积5000平方米，集“年轻化全案设计+治愈系家居购物+生活方式提案+社交型场景空间”于一体，打造家居好物严选品牌。富森美家居股份公司全年营收15.37亿元，获评2021年成华区服务业50强企业、2021年成渝地区双城经济圈“为川渝高质量点赞”消费者点赞企业。

（杜 倩）

建设路金融商务总部发展区

【概况】 成都市成华区建设路金融商务总部发展区，成华区六大功能区之一，总面积7.2平方千米，东至二环路，南至蜀都大道，西临府河，北至府青路一、二段，涉及双桥子、猛追湾2个街道辖区。建设路金融商务总部发展区以总部经济为核心，以现代金融、创新研发服务和商贸商务服务三大产业体系为创新支撑点，构建都市高端现代产业体系。2021年，发展区实施经济社会发展项目68个，总投资46.34亿元，完成固定资产投资30.17亿元，产业化项目引进内资1.03亿元，引进外资0.23亿元，社会消费品零售总额增长13.1%。

【产业化重大项目引进】 建设路金融商务总部发展区引进华林证券四川省分公司、中国铁建西南区域总部2个高能级产业化项目，引进干城科技创新（成都）有限公司、智慧油服科技（成都）有限公司、四川享宇科技有限公司、成都汇宇顺成实业有限公司、成都汇丰悦石油工程技术有限公司、锘崴（成都）大数据科技有限公司、四川医标智联数字科技有限公司、成都益林源启能源科技有限公司等9个高能级企业，与中曼石油天然气集团股份有限公司、天津渤海杰瑞石油装备有限公司、通源石油科技集团股份有限公司、河北华通线缆集团股份有限公司、恒泰艾普集团股份有限公司、西安安森智能仪器股份有限公司等10个高能级企业签订战略合作协议。9月27日，干城科技创新（成都）有限公司落成华区，与海尔海创汇共同建设成都万物互联国际物联网产业创新中心暨海尔海创汇西南区域总部，位于成华科技大厦11~12楼，面积3000平方米，为成华区2021年重大科技创新项目，推进物联网产业创新。12月10日，成都智慧油服产业基地在成都世茂茂御酒店揭牌，成华区油服产业集群共建同步启动，启动仪式上中曼石油、渤海杰瑞、通源石油、华通线缆、恒泰艾普5家上市企业，安森智能、百绿设计、中碳环境、嘉德明诚科技、鼎固建筑5家“专精特新”企业集中签约入驻成都智慧油服产业基地，建设西部地区规模最大石油天然气装备、工程、技术、服务、科技创新聚集区。

【高端现代服务业发展】 建设路金融商务总部发展区依托亚太并购大厦和天府金融博物馆等金融载体，促进成华区数字科技金融协会发展，6月3日“共筑新格局 共建经济圈——成华区新兴金融和数字科技发展论坛暨成华区数字科技金融协会揭牌仪式”，在成都世茂茂御酒店举办，天府大数据国际战略与技术研究院产教融合中心、华林证券四川分公司、永益鑫成都资管中心等重大金融项目集中签约。发展区聚力商务商贸发展，瞄准体验型商贸和高端商务，加快太阳公元、新鸿之心等重点商业载体建设，6月26日成都印象城开业运营，吸引完美影院西南首家旗舰店、几何书店、音乐派KTV、绿树电竞、小米城市旗舰店等名店首店入驻。

【高能级总部招引】 建设路金融商务总部发展区加快建立以总部经济为引领，构建新兴金融和商务商贸为两翼的现代服务业产业体系。全年引进油服网西南区域总部、中国铁建股份有限公司西南区域总部、海创汇西南区域总部、中国能源建设集团有限公司西南区域总部4家高能级总部。

【特色楼宇打造】 成华区2021重点商务办公写字楼项目亚太并购大厦，位于猛追湾上湾，总建筑面积约3.26万平方米，1月6日，猛追湾·亚太并购大厦开业仪式暨成华新商办生活方式发布会在亚太并购大厦大堂举行，会上亚太并购大厦与天府（四川）联合股权交易中心股份有限公司、成都蜂巢金服信息技术有限公司等企业进行签约仪式，同时黎明保险经纪有限公司四川分公司等多家企业正式入驻，助力成华区形成并购产业集聚区，吸引多种金融业态、科技创新业态的汇集，截至年底项目入驻率74.82%。9月至12月底，万科·成华IN中心全面提档升级，打通写字楼、商业、住宅各个连接通道，提升

12月10日，成都智慧油服产业基地揭牌仪式举行 （建设路商务中心供图）

建设路商圈夜景 （邹莉丽 摄）

写字楼精装标准，增加配套服务空间，吸引干城科技创新成都有限公司、名冠天下（成都）信息技术有限公司等高新企业入驻。10月25日，成华区建设路金融商务总部发展区楼宇推介暨企业家座谈会在成都世茂茂御酒店举行，活动以“做优楼宇载体支撑 推动楼宇经济发展”为主题，现场签约享宇科技全国总部、名冠天下全国研发中心、深圳华鹏飞封面数据运营中心3个重大项目。截至年底，发展区楼宇经济已初具规模，拥有高品质商务楼宇32座，总面积103万平方米，其中亿元级楼宇5座；在建、待建商务楼宇11座，总面积79.41万平方米。

【配套设施建设】 建设路金融商务总部发展区全年推进配套设施建设，维修改造部分学校，完成学校建设项目5个：国光幼儿园配套设施建设、电子科技大学附属实验小学（沙河校区）改扩建、石室初中培华校区提升打造建设工程、成都列五联合中学建设工程；完成道路改造项目9个：东风路北二巷整治、420工业文旅街区、“新华坊”特色街区、“学习强国”特色街区建设工程、玉双路及其周边品质提升工程（建设路金融商务总部发展区）、一环路城市空间品质提升工程、一环路市井生活圈打造建设巷节点、一环路市井生活圈打造猛追湾东街节点、成都市成华区小龙桥市井文化特色街区城市更新；完成老旧小区改造项目26个：双林巷9号院、双林巷7号院、建华南巷7号院、建华南巷5号院、四川广播电视局宿舍、东风路22号、福利厂宿舍、天祥街99号院、天祥街22号院、天祥街70号院、玉双路1号测试所宿舍、水泥厂宿舍、猛追小区、刃具厂宿舍14与15栋、新鸿南路77号37与38栋、新鸿南路77号9栋与16栋、双桥路249号2栋、万年场横街21号、天一小区、一环路东三段91号与99号附1号、新鸿路342号1栋与3栋老旧小区。

【企业服务】 建设路金融商务总部发展区贯彻落实中央“两稳一保”决策部署和省市区关于稳经济、促发展举措，完善多部门协同参与工作机制，按照职责分工搭建平台，健全机制，靠前服务，形成工作合力，落实“两稳一保”；成立企业纾困专班，采取分组包片形式，深入辖区重点楼宇、企业一线，通过政策上门、互联网推送等方式，发放政策明白卡1500余张，精准施策助企纾困；落实留抵退税减税、助企纾困30条等组合式纾困政策，开展问卷调查企业182家，协调解决享宇科技、中测院等10家企业发展难题。

【十一科技大厦】 十一科技大厦位于成都市成华区双林路251号，重点聚焦电子信息、智能制造、新能源、新材料等高精尖产业领域，通过建立“线上+线下”协同创新网络体系，形成集成性创新创业平台、辐射性创新服务枢纽、互动性创新创业生态圈。截至年底大厦A座入驻率100%、B座持续招租中，已吸引中国人民财产保险股份有限公司、泰康人寿保险有限责任公司、成都银行股份有限公司、顺丰速运、雅砻江流域水电开发有限公司、四川二滩实业发展有限责任公司、中关村信息谷等多家知名企业入驻，12月14日获评“成都市甲级商务楼宇”。

（周 游）

表50 2021年建设路金融商务总部发展区重点项目建设情况表

序号	项目名称	占地面积（亩）	总投资（亿元）	年度投资（亿元）	建设进度
1	信远·太阳公元	36.45	57.90	2.50	竣工
2	成都饭店·锦天地	24.00	15.00	0.24	主体施工
3	新鸿之心	10.60	3.00	2.80	外立面装修
4	南洋四季领航广场	19.40	7.00	0.30	A栋主体封顶
5	恒大中央广场	35.50	40.80	1.68	主体施工

都市农业和工业

编辑　郑家红

都市农业

农业和农村经济

【概况】　2021年，成华区围绕农村集体产权制度改革，对集体经济组织调整、产权制度改革开展“回头看”工作，持续推进农村集体“三资”规范化管理、培育农业产业化龙头企业，推动农村集体经济持续向好发展。全区耕地保有量12000亩，其中基本农田保有量5840亩，全年农作物播种面积692亩；蔬菜播种面积692亩，蔬菜产量1180吨，比上年增长9.5%；全年实现农业总产值496万元。

【村级集体经济组织调整改革】　区农业和水务局牵头开展农村集体产权制度改革“回头看”工作，制定《成华区农村集体产权制度改革试点工作实施方案》《成华区农村集体经济组织成员身份界定指导意见》，对农村集体产权制度改革工作进行查漏补缺，巩固完善集体资产清产核资成果；规范集体经济组织成员管理，完善集体经济组织成员名册；加强集体产权制度改革档案管理，完成村级集体经济组织登记赋码。二仙桥、万年场、双水碾、跳蹬河、保和、龙潭、青龙、白莲池8个街道31个涉农社区（村）开展清产核资和集体经济组织调整改革，完成资产年度清查；以村级集体经济组织为主体，完成26个村集体经济组织成员身份确认，其中涉改农户1.90万户、农村集体经济组织成员6.34万人。

【农村集体“三资”管理】　区农业和水务局按照农村集体“三资”管理规定，推进农村集体“三资”规范化管理建设，维护农民群众的合法权益，促进基层党风廉政建设和农村社会稳定。区农业和水务局加强农村集体经济财务公开工作，完善和运用农村集体“三资”监管系统，加强与基层公开服务平台对接，在固定

1月27日，成华区农业和水务局检查社区集体“三资”财务公开情况　（区农业和水务局供图）

公开栏进行财务公开，实现对农村集体“三资”管理情况的实时查询、分析、监管，推进农村集体“三资”管理常态化和规范化。区农业和水务局开展农村集体“三资”管理监督检查，利用农村集体“三资”监管平台开展日常监管检查，实时监控“三资”变化情况、公示情况，对出现预警提示信息及时通报处理，切实维护农民群众的知情权、监督权。

【农业产业化龙头企业培育】 区农业和水务局组织市级农业产业化龙头企业——成都光明乳业公司、成都益民供应链有限公司参加成都国际都市现代农业博览会和国内国际展示展销活动，扩大企业销售、提升产品竞争力；根据企业需求开展人才和发展需求调查，为公司做大做强龙头企业提供支持和协调。

（黄旭凯）

6月21日，成华区农业和水务局检查农药农资经营单位 （区农业和水务局供图）

农业综合管理与服务

【概况】 2021年，成华区农业和水务局抓好农业投入品质量安全监管，加强农业实用技术培训和法律法规宣传工作；推进环城生态带建设，全面提升涉农区域人居环境。

【农业投入品质量安全监管】 区农业和水务局严把农业投入品安全质量关，以种子、农药、化肥经营质量安全为监管重点，农业投入品经营单位检查率100%、检测合格率99%；根据兽药GMP、GSP后续监管要求，对31家兽药经营企业进行国家兽药产品追溯，全年开展兽药抽检1批次，未发现经营不合格兽药产品行为。

【涉农法律法规宣传】 区农业和水务局将法制宣传与农民实用技术培训、科普宣传以及各类执法检查等活动紧密结合，向广大群众普及农产品质量安全、农村产权制度改革、农村集体资产处置、动物防疫等方面的法律知识，并提供咨询服务。区农业和水务局结合水法宣传、禁渔期宣传等活动，采取设立宣传咨询点、发放宣传资料、展示宣传展板及挂图、参与普法知识竞赛等形式，开展法律法规宣传教育活动。区农业和水务局通过成华区门户网站、微信、微博等新媒体开展农产品质量安全暨农业法律法规现场宣传指导活动；利用党员大会、职工大会采取集中学习、观看教育片、主题讲座等形式，学习《中华人民共和国宪法》《中华人民共和国食品安全法》《中华人民共和国农产品质量安全法》等法律法规，学习受教育面100%。

【涉农区域人居环境提升】 区农业和水务局制定《成华区涉农区域人居环境整治工作方案》，围绕污水乱排、涉农区域旱厕整治等进行督查，坚持“因地制宜、多措并举、疏堵并举、以用促禁”，采取机械粉碎还田、挖坑掩埋、房前屋后就近堆垛等方式，通过科学制定年度秸秆综合利用和禁烧工作方案、多形式开展宣传引导、突出重点区域和时段、强化禁烧督察巡查、狠抓街道主体责任落实，强化田间火源管控、禁止露天焚烧，加大综合利用巡查，未发现露天焚烧农作物秸秆及将农作物秸秆弃入河道沟渠等现象。

（王贵明　石　胆）

都市工业

综　　述

【概况】 2021年，成华区加快构建“3+3”都市工业体系，优化都市工业顶层设计，围绕数字通信、人工智能、工业互联网三大主导产业发展，以龙潭工业机器人产业功能区为主阵地，推动东广人工智能谷、联东U谷、金地威新标准化厂房项目开工建设；制定都市工业主导产业“两图一表”，做好重大项目招引促建；抓好市场主体培育提质，培育壮大都市工业骨干企业；搭建企业交流合作平台，加强产业发展要素供给。全区全年完成全口径工业增加值

399.9亿元、比上年增长16.6%；规模以上工业综合能耗238.8万吨标准煤、比上年增长9.9%；规模以上工业用电量10.18亿千瓦时、比上年增长21.3%；规上工业主营业务收入950.9亿元、比上年增长7.4%。

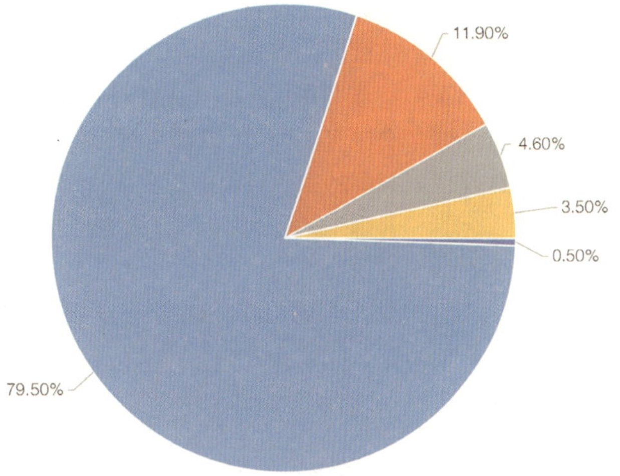

图1 2021成华区规上制造业主营业务收入构成情况示意图

【都市工业"3+3"产业体系构建】 区新经济和科技局对标学习先进地区经验做法、查找问题短板，形成《关于做大做强都市工业三大主导产业的调查研究》，编制《成华区都市工业"十四五"高质量发展规划》《成华区生产性服务业"十四五"发展规划》《成华区工业设计专项规划》。区新经济和科技局科学统筹空间布局，以数字通信、人工智能、工业互联网三大主导产业，加快打造以龙潭工业机器人产业功能区为主阵地、全区多个特色楼宇和产业社区为补充的"1+N"空间布局，实现产业升级、功能提升和城市品质有机更新，增强都市工业发展承载能力。

【都市工业提能增效】 成华区狠抓产业强链补链、都市工业提能增效，紧盯数字通信、人工智能、工业互联网三大主导产业，制定"两图一表"（"产业链发展全景图""产业发展路径图"以及"招商企业目录表"），统筹推进工业企业"上云用数赋智"，全区规模以上工业增加值增速完成14.6%；发挥卡诺普机器人行业领军企业自主技术优势，做强做大工业机器人产业，延伸发展特种机器人产业，提高制造业占地区生产总值比重、高技术制造业占规上工业营收比重，提升工业绿色发展水平，促进产业结构优化调整；发挥全球顶级设计品牌红点设计品牌优势，培育观堂设计等企业，加快打造工业产品设计集聚区；携手电子科大建设"特色化示范性软件学院"，在工业软件设计领域培育领军企业和骨干人才，促进先进制造业和生产性服务业融合发展；培育准独角兽工业企业6家、4家企业实现并购上市，国家级技术创新示范企业（宏明电子）、中小企业公共服务平台（三方电气）等国家级资质认定实现零的突破。

【都市工业招商引资】 区新经济和科技局建立"部门+属地"专班服务机制，加强西南油气田、川庆钻探两家龙头企业对接协调，深入挖掘国网电力公司等企业共计16亿元工业投资入库；实施企业培优扶强，举办第八届中国西部中小企业发展论坛，助力中小企业快速成长，扩大招商引资吸引力。依托华灏鲲鹏西部产业基地项目，招引数字通信产业链供应链上下游企业入驻，做优做强通信设备及软件的研发设计，引进都市工业项目22个；引进汇丰悦石油工程大数据应用中心、威凯检测试验机研发制造基地等"专精特新"项目；金地威新人工智能创新产业基地、新疆贝肯能源西南区域总部等亿元以上重大产业化项目7个；实现联东U谷项目开工建设，建成投用华灏鲲鹏项目一期标准厂房10.9万平方米。

【工业重大产业化项目实施】 成华区推进工业重大项目建设，中电瑞成轩、中投华影、汇力达地块升级改造、数字钢联、龙潭总部新城标准化厂房、高端装备制造用电源的科研与生产、卡诺普工业机器人核心技术及智能机器人和联东U谷成都新经济产业园8个项目被列入成都市2021年亿元以上工业和信息化重大项目。全区工业重大项目年度计划投资10亿元、实际完成投资24.6亿元，其中中电瑞成轩、中投华影、汇力达等5个项目竣工投产，完成投资2.3亿元；卡诺普工业机器人核心技术及智能机器人、联东U谷成都新经济产业园2个项目加快建设，完成投资4.2亿元。全年完成工业投资42.5亿元、技改投资33.8亿元。

【规模工业企业发展】 成华区有规模以上工业企业30家，实现规模以上工业总产值900.8亿元，比上年增长9.6%；规模以上工业企业产品销售收入950.9亿元，比上年增长7.4%；规模以上工业企业利润总额96.9亿元，比上年增长15.1%；实现利税总额134.5亿元，比上年增长15.9%；规模以上工业企业产品产销率99.8%，资产负债率32.4%。

（刘振辉）

【大企业大集团培育】 区新经济和科技局支持企业做大做强做优，培育成都微精电机股份公司、成都卡诺普机器人技术股份有限公司、四川升华电源科技有限公司、成都宏明电子股份有限公司4家国家级专精特新“小巨人”企业；中国石油天然气股份有限公司西南油气田分公司、中国石油集团川庆钻探工程有限公司、信息产业电子第十一设计研究院科技工程股份有限公司3家企业入选2021年四川省大企业大集团百强；四川省天泽贵金属有限责任公司、中国建筑西南勘察设计研究院有限公司等8家企业进入2021成都企业100强；成都宏明电子股份有限公司、成都亚光电子股份有限公司等6家企业被评为2021成都制造业百强。

【中小企业培育】 区新经济和科技局扎实推进中小企业培育和工业企业上规等工作，新增四川智东华电器设备有限公司、森泉环境科技集团有限公司、成都新天宏精密机电制造有限公司、四川新先达测控技术有限公司等4家规模以上工业企业；四川千里倍益康医疗科技股份有限公司、四川航电微能源有限公司等16家省级“专精特新”中小企业；成都康拓兴业科技有限责任公司、成都西航食品有限公司等29家市级中小企业成长工程“成长型”企业；四川海力智能科技股份有限公司、四川省百欣堂药业连锁有限公司等18家市级中小企业成长工程“小巨人”企业。

（何光亚）

【企业技术中心建设】 区新经济和科技局鼓励企业设立创新研发机构，新增企业技术中心9个，其中省级1个（四川斯艾普电子科技有限公司）、市级8个（成都阿普奇科技股份有限公司、四川千里倍益康医疗科技股份有限公司、成都硕特科技股份有限公司、四川瑞都石油工程技术服务有限公司、五冶集团装饰工程有限公司、鑫辉智云集团有限公司、成都克伏特航空设备有限公司、中国电建集团四川工程有限公司）。

（林　超）

【成都龙潭工业园区】 成都龙潭工业园区北起成渝铁路，南至成南高速公路与龙泉驿区接壤，西起三环路，东止绕城高速公路，规划总面积11平方千米。园区规划用地为基本无污染的一类工业用地，重点发展科技含量高、资源能耗低、环境污染小的适应都市需要的企业，主要以智能终端为主体的数字通信、以机器人为核心的人工智能、以云研发云设计云制造为突破的工业互联网及食品制造加工的都市型工业，获评全国“2021年优质投资环境园区”“2021年度经济高质量发展典范园区”“2021年度投资价值典范园区”。园区有成都卡诺普自动化控制技术有限公司、成都焊研科技股份有限公司、四川航电微能源有限公司、成都亚光电子股份有限公司、成都宏明电子股份有限公司、四川国莎实业有限公司、成都光明乳业有限公司等企业2293家，全年实现全口径税收19.75亿元，地方税收7.41亿元。

（邓晨媛）

人工智能产业

【概况】 2021年，成华区机器人产业快速发展，产业领域涵盖部分核心零部件研发及系统集成，应用行业涉及汽车制造、电子信息、能源装备等。成华区加强产业创新平台建设，形成机器人产业生态链；着力提升产业基础创新能力，跨区域联动推动产业开放发展，引培并举提升企业核心竞争力，推进工业机器人向中高端迈进。全区机器人产业规上重点企业有四川成焊宝玛焊接装备工程有限公

表51　　2021年成华区省市及成都制造业100强企业一览表

类型	企业名称
四川省企业100强	中国石油天然气股份有限公司西南油气田分公司、中国石油集团川庆钻探工程有限公司、信息产业电子第十一设计研究院科技工程股份有限公司
成都市企业100强	中国石油天然气股份有限公司西南油气田分公司、中国石油集团川庆钻探工程有限公司、信息产业电子第十一设计研究院科技工程股份有限公司、四川华油集团有限责任公司、四川省天泽贵金属有限责任公司、中国建筑西南勘察设计研究院有限公司、中国电力工程顾问集团西南电力设计院有限公司、成都成实实业（集团）有限责任公司
成都制造业100强	中国石油天然气股份有限公司西南油气田分公司、中国石油集团川庆钻探工程有限公司、四川省天泽贵金属有限责任公司、成都成实实业（集团）有限责任公司、成都宏明电子股份有限公司、成都亚光电子股份有限公司

司、成都卡诺普自动化控制技术有限公司2家。

【智能制造产业创新平台建设】　成华区增强技术研发平台支撑，有国家级企业研发机构——国家电焊机质量监督检验中心，省级企业技术中心3个——成焊宝玛、焊研科技、卡诺普。成华区与电子科大国家大学科技园、成都市信息经济学会开展合作，建立成焊宝玛—电子科大产学研联合实验室，建设智能焊接技术专业孵化器，完善科技成果转化载体建设，依托中国焊接协会、成焊宝玛等行业机构和龙头企业，搭建工业机器人产业联盟，提升产业发展硬核实力。

【机器人产业生态链形成】　成华区主要以机器人系统集成为主，在工业焊接机器人领域集聚成焊宝玛、焊研科技、卡诺普等工业机器人重点企业13家，其中卡诺普企业从事上游控制系统研发和机器人本体制造，连续六年获机器人行业恰佩克奖。成华区在抢抓机器人产业发展的时代机遇，发挥成焊宝玛、卡诺普等龙头企业优势强链补链，推动工业机器人在焊接、搬运等方面实现规模化应用。

【产业基础创新能力提升】　成华区整合利用现有科技资源和研发力量，加快建设工业机器人创新中心，围绕人工智能、感知与识别、机构与驱动、控制与交互等方面开展基础技术研究，推动区内机器人及关键零部件企业创建省级企业技术中心、高新技术企业研发中心、企业研究院等，鼓励和支持焊研科技等省级企业技术中心向国家级跃升。成华区加快建设面向工业机器人行业融合应用的开源与共性技术支撑平台，聚焦机器人控制系统、伺服系统、视觉系统、力觉系统、检测试验等领域，实施工业机器人关键共性技术攻关项目，强化共性关键技术研究。

【跨区域联动推动产业开放发展】　成华区强化与成都现代工业港、淮州新城、天府智能制造产业园等重点关联区域深度合作，共同打造机器人应用场景，推动以“机器换人工”“自动换机械”“成套换单台”不同层次的进行技术改造与提升。成华区开展成渝地区联动合作，推进与重庆两江机器人产业园的项目合作，推动产业链上下游跨区域合作；强化与先发区域交流合作，加强与广州机器人产业园、哈尔滨经开区机器人产业园、沈阳新城机器人产业基地、河北廊坊香河机器人产业园廊坊等知名品牌园区合作交流，学习借鉴先进经验，提升产业发展能级。

【推进工业机器人产业向中高端迈进】　成华区引导企业向产业链中高端迈进，发展工业机器人关键零部件，开展高精密减速器、高性能机器人专用伺服电机和驱动器、高速高性能控制器、传感器、末端执行器等关键零部件的研发设计，提升关键技术及产品的自主化供给能力和批量生产能力。成华区拓展工业机器人集成应用领域，聚焦机器人用量大的汽车、电子、金属制品行业，劳动强度大的轻工、纺织、铸造等行业，生产环境洁净度要求高的半导体、食品等行业应用需求，培育重点领域机器人应用系统集成商及综合解决方案服务商，拓展机器人市场空间。

【人工智能行业龙头企业及品牌培育】　成华区实施梯度培育计划，遴选平台型、龙头型、创新型潜质企业，“一对一”重点联系、专业辅导，建立当地企业“红名单”制度，给予重点关注和支持，培育卡诺普成为第三批国家级专精特新“小巨人”企业。成华区加强全球引资引智，实施工业机器人全球精准招引行动，瞄准行业龙头骨干企业及产业链、价值链上下游企业、关联配套企业，细化“两图一表”，开展补链、强链、扩链招商，着力招引日本安川等国际巨头以及国产机器人龙头企业；依托联东U谷、龙潭科创谷等载体平台，招引具有引爆性、标识性的项目，做强产业支撑。

（刘振辉）

数字通信产业

【概况】　2021年，成华区聚焦先进制造业中的“芯—屏—端—软—智—网”电子信息产业细分领域，以智能终端为突破口，做大做强数字通信产业链，强化企业与高校的协同创新，强化前沿新技术的研发和突破，加快推动5G垂直行业应用。成华区有数字通信规上工业企业成都阿普奇科技股份有限公司、成都华普电器有限公司、四川升华电源科技有限公司、四川海力智能科技股份有限公司4家，全年主营业务收入5.1亿元。

【数字通信制造业生态圈构建】　成华区围绕数字产业化重点领域，聚焦信息技术硬件、数字通信产业链供应链“薄弱缺”环节，动态调整完善“两图一表”，做优做强智能终端产业链、创新链，形成以航天通信、赛英科技、亚光电子等为代表的企业集群，涵盖关键元器件、通信设备等多个环节，并延伸发展通信软件、核心网设备、后市场等重点行业领域，引导一批上下游企业入驻，打造健全完善的数字通信产业生态链。辖区有电子科技大学、成都理工大学等高校院所，信息网络通信领域国家重点实验室1个、国家工程实验室

1个、省部级重点实验室4个、省级以上企业技术中心14个。

【校企协同创新】 成华区建立长效校企院所合作机制，畅通信息、人才等资源要素流通，搭建“政产学研用投”协同创新平台，强化校院企地深度融合创新。成华区通过加强与电子科大、航天科工通信技术研究院、中国电子十一院等科研院所在数字通信领域的合作，推进信息通信基础理论、核心技术、融合应用等创新突破；引进成都北理同创孵化器、电子科大龙潭科技园，打造一批5G创新实验室、通信技术研发中心等产业创新平台，同时制定配套支持政策，扶持科研院所的成果在本地转化。

【强化前沿新技术的研发和突破】 成华区支持企业信息通信前沿技术的研究开发，加大新一代光通信、毫米波、天空地多网融合、太赫兹器件与系统、6G、量子通信、时间敏感网络（TSN）等新一代通信技术研发支持，面向物联网、工业互联网、卫星互联网等领域，强化融合应用技术和产品的研发。成华区加强与高新区、双流区合作交流，共同推进新技术新产品的开发应用。

【推动5G垂直行业应用】 成华区加快5G、数据中心、边缘云等新型基础设施建设，推动标准统一、互联互通、智能升级；强化与工业互联网联动发展，探索建设“5G+工业互联网”联合创新中心和行业级工业互联网平台，打造双向融合的发展载体，开展供需牵手行动，加快带动中小微企业用5G、上平台。成华区发挥基础设施、区位条件的优势，面向医疗、教育、农业和商贸等行业，打造“5G+智慧医疗”、“5G+智慧教育”、“5G+智慧农业”、“5G+智慧商超”和“5G+智慧街区”等一批应用场景。

【数字通信产业领军企业及品牌培育】 成华区以通信设备及软件、智能终端为突破口，重点面向行业领军、“小巨人”企业以及高成长型企业，打造细分领域的单打冠军，对接大疆创新、海尔海创汇等目标企业，集成产业链上下游、左右岸，助力数字通信产业链聚力成势。成华区发展以亚光电子、升华电源为代表的数字通信产业，宏明电子入选四川省制造业“贡嘎培优”行动计划，升华电源、宏明电子被评为国家级专精特新“小巨人”企业；支持升华电源、赛英科技等优质企业，创建企业技术中心、技术创新示范企业等创新平台，指导赛英科技等4家企业上规入统，升华电源、斯艾普电子被纳入2021年成都新经济“梯度培育”计划；华普电器、北斗天线工程技术等企业成长为国家高新技术企业。

（刘振辉）

四川斯艾普电子科技有限公司生产线　　（区新经济和科技局供图）

总部企业

【概况】 2021年，成华区有总部企业40家，设分支机构341家，全年营业收入1344亿元，全口径税收19.75亿元。其中，市级总部企业9家、分支机构92家，全年营业收入880亿元，全口径税收8.13亿元；区级总部企业31家，分支机构249家，全年营业收入464亿元，全口径税收11.62亿元。

【总部企业发展】 成华区优化产业布局，着力形成大企业大集团集聚集群发展优势，加快构建具有国际竞争力和区域带动力的现代产业体系，促进总部经济发展，有中国石油天然气股份有限公司西南油气田分公司、信息产业电子第十一设计研究院科技工程股份有限公司、四川中航物资贸易有限公司、成都融创文化旅游创意有限公司、四川大通燃气开发股份有限公司、成都融创文化旅游创意有限公司、中铁房地产集团西南有限公司等总部企业40家。

（刘　文）

【总部企业认定】 成华区持续做好总部企业认定工作，引导符合条件的企业申报市级、区级总部企业。截至年底，成华区有市级认定总部企业9家、区级认定总部企业31家。

（刘　文）

表52　　2021年成华区市级总部企业一览表

序号	企业名称	所属辖区
1	四川物流物资贸易有限公司	龙潭工业机器人管委会
2	四川大通燃气开发股份有限公司	猛追湾街道
3	信息产业电子第十一设计研究院科技工程股份有限公司	
4	成都建筑材料工业设计研究院有限公司	
5	四川石油管理局有限公司	
6	中国石油天然气股份有限公司西南油气田分公司	
7	中铁房地产集团西南有限公司	二仙桥街道
8	四川中航物资贸易有限公司	跳蹬河街道
9	成都融创文化旅游创意有限公司	白莲池街道

表53　　2021年成华区区级总部企业一览表

序号	企业名称	所属辖区
1	中国建筑西南勘察设计研究院有限公司	龙潭工业机器人管委会
2	四川省天泽贵金属有限责任公司	
3	成都锐兆科技有限公司	
4	四川千里倍益康医疗科技股份有限公司	
5	四川同创柳工机械有限公司	
6	四川蜀能电力有限公司	
7	四川省百欣堂药业连锁有限公司	
8	四川升华电源科技有限公司	
9	重庆医药集团四川生物制品有限公司	
10	成都欣华欣物流有限公司	
11	成都硕特科技股份有限公司	
12	成都市桃李食品有限公司	
13	成都益民供应链有限公司	双桥子街道
14	四川新华物业有限公司	
15	成都市翼虎守护押运有限责任公司	
16	成都建工第七建筑工程有限公司	
17	中海油销售四川有限公司	猛追湾街道
18	四川省建筑机械化工程有限公司	府青路街道
19	成都鸿源蒙牛乳业有限公司	
20	成都朗诗企业管理咨询有限公司	
21	四川省物流产业股份有限公司	二仙桥街道
22	国网四川电力送变电建设有限公司	跳蹬河街道
23	成都宏明电子股份有限公司	
24	四川泰盈科技有限公司	
25	成都建元通信技术服务有限公司	
26	四川华润万家好来超市有限公司	万年场街道
27	四川步步高商业有限责任公司	
28	成都地铁运营有限公司	双水碾街道
29	成都仁孚南星汽车服务有限公司	龙潭街道
30	成都宏嘉汽车销售服务有限公司	
31	成都富森美家居股份有限公司	白莲池街道

楼宇经济

【概况】 2021年，成华区推动38座在建楼宇建设，新增十一科技大厦、万科文创大厦甲级商务楼宇2座，ECE784万谷智慧产业园E字楼和鹏瑞利国际医疗健康中心市级专业特色楼宇2座。成华区有超甲级楼宇1座，甲级楼宇7座，专业特色楼宇23座。

【中国楼宇经济最具投资价值城区建设】 成华区加快构建以总部经济为龙头牵引、以新经济为主攻方向、以现代服务业为主体支撑、以楼宇经济为主要形态的现代化产业体系。全区有5000平方米以上在建商业商务楼宇163座1100万平方米，其中建成商业商务楼宇132座710万平方米、加快建设31座390万平方米。全区建成楼宇入驻企业7400家，在成华区注册企业4937家，入驻行业以专业服务及零售贸易为主。23座专业特色楼宇中，电子信息类1座、高新技术类8座、现代金融服务类2座、文化创意类4座、商贸服务类5座、建筑地产类1座、健康医养类1座、咨询服务类1座。

【楼宇经济转型升级】 成华区结合产业功能区主导产业定位和楼宇自身资源禀赋，协助企业壮大产业发展，形成专业集聚优势，引进具有全球竞争力和行业显示度的功能中心和创新平台，引导十一科技大厦、万科文创大厦、中迪创世纪等高品质载体创建甲级商务楼宇和专业特色楼宇。区商务局搭建楼宇招商合作交流平台，推介宣传成华区优质商务楼宇、产业园区载体、城市更新项目，促进重大项目签约落地。

十一科技大厦 （区商务局供图）

【高端楼宇培育】 成华区全面培育高端楼宇，通过组织企业参加“商务写字楼招商创新与标杆打造”培训班、超甲级楼宇现场考察学习、专家一对一指导等活动，指导符合条件的楼宇申报甲级以上写字楼评定，打造成华发展大厦甲级商务楼宇，万象星座市级专业特色楼宇。

【专业特色楼宇评定】 成华区把发展楼宇经济作为构建现代服务业体系的重要抓手，着力培育发展超甲级商务写字楼、甲级商务写字楼和专业特色楼宇，以专业楼宇建设为依托，推动楼宇产业高能级导入集聚发展，提高楼宇经济效益。华润大厦被评定为2021年成都市超甲级（国标）楼宇，十一科技大厦、成华万科文创大厦被评定为2021年成都市超甲级楼宇，CEC784·万谷智慧产业园、鹏瑞利国际医疗健康中心被评定为2021年成都市专业特色楼宇。

【楼宇经济信息平台运行】 成华区商务局依托楼宇经济信息平台每月进行楼宇基础数据更新和数据分析、每半年更新楼宇入驻企业信息，动态更新行业动向、政策规划等内容，为楼宇招商、政策制定、工作谋划等提供数据支撑；完善楼宇经济信息平台数据管理功能，及时反馈楼宇数据，定期分析研

表54 2021年成华区等级楼宇一览表

序号	楼宇名称	评定等级	面积（万平方米）	地址	所属街道
1	华润大厦	超甲级	7.37	双庆路10号	万年场街道
2	十一科技大厦	甲级	7.63	双林路251号	猛追湾街道
3	成华科技大厦	甲级	5.74	建设北路25号	
4	世茂大厦	甲级	4.60	猛追湾街99号	
5	高地中心	甲级	3.80	建设路9号附1号	
6	万科文创大厦	甲级	6.00	建设南支路4～6号	跳蹬河街道
7	多弗国际中心	甲级	4.30	杉板桥路1号	
8	中铁建广场1号楼	甲级	3.94	东华二路38号	二仙桥街道

华润大厦 （区商务局供图）

判楼宇经济运行数据，注重横向、纵向对比，全方位呈现楼宇经济运行情况。区商务局将全区108座商务楼宇和24座商业楼宇标列在经济信息平台，点击图标，楼宇的地理位置、面积大小和租金等楼宇详情都有精细的显示，实现全区楼宇信息开放共享。

【华润大厦】 华润大厦位于成华区双庆路10号，是成都首座200米以上的超甲级写字楼，建筑面积72万平方米，内设1000平方米国际会议中心，4间装备齐全的多功能会议室，获得美国绿色建筑协会LEED核心及外观金级认证的写字楼。华润大厦独享万象城购物中心、星级酒店、多功能会议中心等商务配套，截至年底入驻企业79家。

【成华科技大厦】 成华科技大厦位于二环路东二段508号，是成都万科开发体量大、集办公和商业于一体的城市综合体，建筑面积5.7万平方米。成华科技大厦是区域品牌优秀、品质优良、配套完善、商务氛围浓厚的甲级写字楼，截至年底入驻企业96家。

（刘　文）

工业企业选介

【成都卡诺普自动化控制技术有限公司】 成都卡诺普机器人技术股份有限公司是一家专业从事工业机器人核心零部件及工业机器人、协作机器人整机研发、生产、销售的国家高新技术企业、国家专精特新“小巨人”企业。公司拥有工业机器人全产业链，产品广泛应用于喷涂、焊接、搬运、码垛、抛光打磨等领域；在焊接细分领域，焊接机器人整机是当前国产自主化机器人市场的隐形冠军。公司拥有专利技术210项，建有四川省技术中心1个，产品海外远销德国、俄罗斯、越南、泰国等22个国家和地区，获得中国创业企业新苗榜年度新锐企业、优秀机器人零部件奖等20个奖项，连续六年蝉联工业机器人界诺贝尔奖——恰佩克奖。公司全年主营业务收入2.19亿元，实现全口径税收1001.09万元。

【四川千里倍益康医疗科技股份有限公司】 四川千里倍益康医疗科技股份有限公司位于龙潭工业园，专注研发、生产、销售康复理疗类产品，公司通过ISO9001质量体系认证、ISO13485国际医疗器械质量体系认证，产品通过FDA、CE、FCC、SGS、ROSH、WEEE等国际认证，拥有医疗器械生产许可证及二类医疗器械产品注册证9个，产品远销美国、日本、韩国、俄罗斯、英国、德国、澳大利亚、加拿大等国家。作为国家高新技术企业，拥有国内发明专利17项、实用新型专利37项、外观专利64项、外籍外观专利31项、外籍实用新型专利2项，11月入选2021年四川省“专精特新”中小企业，获评龙潭工业机器人产业功能区2021年度纳税先进单位和优势成长十强企业。公司全年主营业务收入3.00亿元，实现全口径税收998.22万元。

成都卡诺普机器人技术股份有限公司机器人组装生产线 （区新经济和科技局供图）

【成都焊研科技股份有限公司】 成都焊研科技股份有限公司是一家专业从事自动成套焊接设备，具备智能制造系统集成焊接生产线的研发、设计、制造和服务的国家高新技术企业。公司坚持在细分行业深耕细作，细分行业产品的技术档次、市场占有率处于国内领先，并在汽车尾气后处理器（SCR）全工艺链成套智能生产线、汽车油箱机器人智能生产线及数字化车间智能系统、电热水器全自动无人化智能生产线、天然气卡车LNG储罐智能制造生产线、汽车液力变矩器全自动无人化智能装备等细分领域及标准自动焊接机床位居国内一流产品技术档次，国内市场占有率为70%；产品远销美国、日本、俄罗斯、乌兹别克斯坦、印度、埃及、沙特、塞尔维亚、捷克、马来西亚等国家。截至年底，公司拥有六家控股子公司，获得省企业技术中心、省著名商标、四川名牌、成都市智能制造系统解决方案供应商等。公司全年实现全口径税收130.76万元。

【四川航电微能源有限公司】 四川航电微能源有限公司是专注绿色智慧能源系统（装备、软件）研发、制造、运营、服务的“专精特新”高新技术企业。公司秉承“让绿色能源无处不在”的企业愿景，推进智慧能源管理与绿色能源高效利用，助力交通、军工、电力、建筑、冶金、航空、航天等合作伙伴实现“双碳”目标。公司是四川省电力电子协会副理事长单位、四川省应急备电智慧消防委员会副主任单位，与中国科学院大学、上海科学院、四川大学、电子科技大学、西南交通大学等科研院所建立联合实验室与实训基地，业务覆盖北京、上海、天津、广东、江苏、四川、重庆、河北等25个省、自治区、直辖市，在北京、上海、大连、南京等地成立子公司和办事处。截至年底，公司已申请82项核心专利，核心产品被认定为“重大技术装备首台套”与“国家四部委绿色技术”产品；通过“国家高新企业”认证、“ISO9001世标”认证。公司全年主营业务收入0.63亿元，实现全口径税收435.43万元。

（刘振辉）

【成都亚光电子股份有限公司】 成都亚光电子股份有限公司是中国第一批研制生产微波半导体器件及电路的骨干企业，军用微波集成电路的主要生产定点厂。公司军工产品主要包括微波二极管、晶体三极管、微波电路和组件，广泛应用于雷达、微波通信、电子对抗、卫星通信、载人飞船、探月工程、广播电视、微波测量等系统，为舰载、弹载、星载、地面武器等装备平台提供配套，同时承担国家重点工程、武器装备的军用电子元器件科研生产任务，覆盖航空、航天、兵器、电子、船舶等工业部门及部队系统。公司拥有微波电路、微波控制电路、微波PIN二极管、晶体三极管四条生产线。公司全年主营业务收入11.96亿元，实现全口径税收1574.33万元。

【成都宏明电子股份有限公司】 成都宏明电子股份有限公司主要产品有精密位移传感器、电源滤波器及电磁兼容组件、滤波连接器、有机及复合介质电容器、正负温度系数热敏电阻器（PTC、NTC），广泛应用于航空、航天、船舶、通信、汽车电子、家电及新能源等领域。宏明电子是国家技术创新示范企业、国家专精特新“小巨人”企业、国家高新技术企业，为北京飞航迅捷物资有限公司、中国航空导弹研究院、中国航天科工防御技术研究院、中国电子科技集团公司第二十九研究所等重点国防单位配套，与北京七星电子有限公司、北京元六鸿远电子科技有限公司、四川众诚瑞丰金属制品有限责任公司等供应商建立协作关系。宏明电子承担并完成近千项国家、省、市科研创新项目，建立国家级企业技术中心创新平台，建有宇高生产线3条、国军标生产线5条，取得科研成果245项。公司全年主营业务收入4.6亿元，实现全口径税收723.31万元。

（何光亚）

【四川国莎实业有限公司】 四川国莎实业有限公司位于龙潭工业园，占地160亩，集产品研发、生产加工、销售服务于一体的调味品生产企业。公司有多条自动化生产线，严格按照国际质量管理体系、食品安全管理体系的标准规范生产，获“质量信用等级AA级企业”“成都市模范单位”“四川省质量品牌信誉AAA单位”等称号。产品“九九国泰”牌味精、“莎麦”牌鸡精商标被评为“四川省著名商标”。公司全年主营业务收入7.77亿元，实现全口径税收1.31亿元。

（刘振辉）

【成都光明乳业有限公司】 成都光明乳业有限公司位于龙潭工业园。公司拥有世界一流的乳品研发中心、乳品加工设备以及先进的乳品加工工艺，主营产品新鲜牛奶、新鲜酸奶、乳酸菌饮品、常温牛奶、常温酸奶、奶粉、婴儿奶粉、奶酪、黄油、冰激凌、烘焙等品类，产品销售覆盖四川、重庆、云南、贵州、广西等地区。公司全年主营业务收入2.79亿元，实现全口径税收729.44万元。

（邓晨媛）

建筑与房地产业

编辑　李锡清

建筑业

【概况】　2021年，成华区有建筑企业149家，其中特级资质企业1家、一级资质企业15家、二级资质企业32家、三级资质企业40家、专业资质企业61家。全年建筑业实现增加值82.3亿元，比上年增长6.9%；建筑企业竣工产值159.34亿元，下降28.7%；房屋施工面积2059.43万平方米，增长15.0%；房屋竣工面积409.96万平方米，增长9.2%。

【建筑企业管理】　成华区住房建设和交通运输局加强对建筑企业监管，打击建设领域"挂证"等违法违规行为；规范建筑市场管理，清理"挂证"问题25件；压实各工地施工总包单位主体责任，维护民工合法权益；做好建筑施工总承包企业和监理信用综合评价工作，全年办理企业信用入库151件，开展信用评价151条；推动建筑行业实名制管理，为项目办理实名登记、人员解锁、专户销户审核、企业信用状态查询等工作，办理实名登记项目115个、人员解锁347个、诚信评价131个、企业基本信息审核70条，办理企业不良行为登记73件。

【绿色建筑标准执行】　成华区紧盯碳中和、碳达峰目标，围绕高品质生活宜居地建设，推动绿色建筑全面发展，建筑企业推广使用新型墙体材料、应用新型墙材，实现规模和质量双提升。区住建交局开展以"发展散装水泥绿色产业，促进低碳循环可持续发展"为主题的节能宣传，以绿色施工、绿色建筑、建筑工业化为重点，严格落实新建建筑不低于绿色建筑一星标准，单体或平均不低于40%装配率要求，实现建筑领域节能减排目标，全年竣工验收备案项目22个157.7万平方米，其中落实绿色建筑标准项目16个112.1万平方米，占71.1%。锦麟壹品院、成都理工大学附属学校建设工程、成华区人民医院新址、瑞景新城、沙河澜庭、向龙兴苑、人民塘片区配套中学建设工程项目、一里塘安置房建设工程项目、龙潭总部新城标准化厂房、中车配套幼儿园建设工程项目等49个项目评为2021年度成都市建设工程绿色施工工地。

【建筑工程安全监管】　区住建交局全面贯彻五方责任主体终身责任制，强化

表55　　2021年成华区建筑企业施工产值5亿元以上企业一览表

企业名称	资质等级	年产值(亿元)
四川省建筑机械化工程有限公司	建筑工程施工总承包特级	54.40
成都建工第七建筑工程有限公司	建筑工程施工总承包一级	68.70
四川招港建设有限公司	建筑工程施工总承包一级	59.79
四川石油天然气建设工程有限责任公司	石油化工工程施工总承包一级	33.66
四川省第三建筑工程有限公司	建筑工程施工总承包一级	25.20
中国电建集团四川工程有限公司	电力工程施工总承包一级	20.30
国网四川电力送变电建设有限公司	电力工程施工总承包一级	17.45
中建地下空间有限公司	市政公用工程施工总承包一级	10.50
成都交投昆仑建设工程有限公司	市政公用工程施工总承包一级	5.90
四川辰兴建设有限公司	建筑工程施工总承包一级	5.20
四川爱德中创建设工程有限公司	建筑工程施工总承包二级	8.00
四川蜀能电力有限公司	电力工程施工总承包二级	5.47

责任落实，加强日常监督检查，全年监督建设工地184个，其中房地产建设项目149个、市政项目35个，面积1512.73万平方米，报建工程安全监督覆盖率100%，受理工程监督覆盖率100%。全年开展各类专项治理行动578次，检查工地1980个次，发现整改各类隐患1230个，组织开展应急抢险4次。区安管中心办理起重机械设备产权备案（注销）589台、安装手续406台、拆除手续443台，使用登记手续391台；检查塔吊306台、施工升降机402台、附着式升降脚手架33栋、吊篮376台，查找并整改隐患664个；推动建设工地施工标准化建设，打造样板示范工地，组织施工安全文明现场观摩会3次，开展施工现场应急救援演练项目73个，参加演练人员4100人次。长春片区配套道路建设工程项目、二仙桥西片区配套中学建设工程项目、九林语二期住宅及配套设施项目、深业华庭住宅及配套设施项目、丛树新型社区集中居住房屋建设工程项目、向龙兴苑小区项目、向龙社区住宅及配套设施项目、迎晖路南侧学校建设工程项目等13个项目评为成都市市级安全生产文明施工标准化工地。成都新客站农迁房“兴城·嘉苑”二期工程A地块及C地块项目、长林盘安置房建设工程项目、海滨湾安置房建设工程项目等6个项目评为“四川省省级安全生产文明施工标准化工地”。

【建设工程质量监管】　区住建交局全年监督在建建设工程项目185个，建筑面积991.04万平方米。全年办理建设工程新开工项目72个，建筑面积693.12万平方米；建筑工程竣工项目32个，

表56　　2021年成华区建筑工程竣工项目一览表

序号	项目名称	项目地址	建筑面积（万平方米）	建设单位
1	成都市第二人民医院龙潭医院建设项目	向龙社区5、11组	17.73	成都市第二人民医院
2	龙潭总部经济城润都科技建设项目	鹤林社区6、7组，威灵社区1组	11.33	成都市润都科技有限公司
3	丛树新型社区二期公建配套建设项目	丛树社区	27.67	成都鑫华公司
4	白莲池社区公共设施配套建设项目	一里塘2组	1.15	
5	北湖秀水片区配套幼儿园建设项目	秀水社区1组	0.85	
6	熊猫大道东南侧幼儿园建设项目	一里塘社区2组	0.45	
7	高等学校及配套设施建设项目	二仙桥东三路1号	4.71	成都理工大学
9	二仙桥西片配套中学建设项目	二仙桥西片区	8.71	成华城投公司
10	驷马桥南片区配套小学建设项目	驷马桥路南侧	2.26	
11	成华实验小学香木林分校改扩建项目	香木林路60号	1.01	
12	锦韵幼儿园建设项目	长林盘社区	0.58	
13	新华公园地下停车场建设项目	双林路87号	1.60	成都慧晟停车场建设开发有限公司
14	华翰路小学建设项目	同仁社区5、7组	1.57	成都东方广益公司
15	工业用房及配套设施建设项目	丛树社区5组，威灵社区7、9组	1.40	四川升华巨能科技有限公司
16	新山1组配套设施建设项目	新山社区1组	2.51	成华国投公司
17	东林社区幼儿园及配套设施建设项目	东林社区4组	0.77	
18	成康路南侧配套幼儿园建设项目	成康路南侧向龙社区5组	0.74	
19	新山1组配套幼儿园建设项目	新山社区1组	0.72	
20	东城映像配套幼儿园建设项目	关家堰社区	0.70	
21	东方新城二期配套幼儿园建设项目	胜利社区7、10组	0.65	
22	天鹅片区配套幼儿园建设项目	天鹅路33号	0.56	
23	民兴路北侧配套幼儿园建设项目	民兴路北侧	0.42	
24	莲花运动休闲公园项目	崔家店7组、长林盘7组	0.50	
25	东华社区配套幼儿园建设项目	东华社区8组	0.60	四川隆和书香房地产开发有限公司
26	新山幼儿园及配套设施建设项目	新山社区2组	0.59	成都新蓉华文旅发展投资有限公司
27	同乐社区幼儿园及配套设施建设项目	同乐社区1组	0.59	成都交投置业有限公司
28	建设巷幼儿园及配套设施建设项目	建设巷	0.50	成都国光电器股份有限公司
29	斑竹社区配套设施建设项目	斑竹社区2、6组	0.43	成都兴城投资集团有限公司
30	一里塘社区配套设施建设项目	一里塘社区4、7组	0.37	成都文化旅游开发建设有限责任公司
31	成都市田径网球训练中心工程项目	御风一路南侧	0.32	成华棚改公司
32	规划道路、绿地地下空间利用项目	跳蹬河片区（地下空间）	0.04	成都招商博时房地产开发有限公司

建筑面积92.03万平方米，监督覆盖率100%。区住建交局全年巡查项目1500次，委托检测机构开展飞行检测监督抽查276次，对监督过程中发现的质量问题督促建筑企业整改落实。

成都市第二人民医院龙潭医院建设项目获评2021年度成都市建设质量优质工程“芙蓉杯”奖
（区融媒体中心供图）

【建设工程质量备案监督和消防工程验收备案】 区住建交局督促56个新备案项目签订建设单位、设计单位、地勘单位、监理单位、施工单位五方责任主体法定代表人授权书及质量终身责任承诺书，总面积454.16万平方米。全年建筑工程竣工验收监督备案40个，总面积253.99万平方米；市政工程竣工验收监督7个，工程总造价16694.65万元；报建工程质量监督覆盖率100%，区管工地未发生重大质量事故。全年受理质量投诉2504件，投诉处理回复率100%。区住建交局验收建设工程消防项目54个，其他建设工程消防验收备案与抽查项目133个，建设工程特殊消防设计审查项目72个。

【建设项目审批备案】 区住建交局推进建设工程项目审批制度改革，开展“清单制+告知承诺制”审批，精简审批要件、压减审批时限、强化监督管理，优化审批环节，降低审批成本；推进差异化分类改革，细化工程建设项目分类，提高工程建设项目审批效率。区行政审批局全年办理各类审批事项1454件，其中核发施工许可61件，总建筑面积483万平方米，总投资171亿元；核发外立面（含幕墙）施工许可和室内装饰装修施工许可54件，装修面积36万平方米，总投资5亿元；核发房建、轨道夜间施工许可1339件；办理竣工验收备案39件，验收面积278万平方米；办理招投标文件备案204件。

【优质结构工程创建】 区住建交局引导和激励辖区建筑施工企业加强管理，提高建设工程质量，争创成都市建设质量优质工程“芙蓉杯”奖，通过评审成都市第二人民医院龙潭医院建设项目、智慧海派成都标准化厂房一期工程项目、新客站片区配套公建项目——斑竹小学、时代新华创客居住宅及地下室部分4个项目被评为2021年度成都市建设质量优质工程“芙蓉杯”奖。

（李创新 冯莉萍）

【建设工地环境综合治理】 成华区在全市建筑工地中率先进行科技治尘试点，使用防尘幕、高杆喷淋等，实现土方开挖及后续施工作业自动抑尘降尘；以街道办事处为单元组成13个攻坚检查组，对全区建设工地进行集中攻坚巡查，对十里店国控子站周边重点区域工地实施专项重点监管。区住建交局全年开展工地扬尘防治巡查检查6300个次，曝光问题453个，督促建筑项目推广安装DPF设备，有效降低机械作业尾气污染排放，全面推行绿色标杆工地；对工地围挡设置、湿法作业、封闭作业、智慧监管、垃圾管理等进行提标管理。

（王文川）

表57　2021年度成都市建设质量优质工程“芙蓉杯”奖获奖项目一览表

序号	项目名称	申报单位	建设单位	监理单位	项目经理
1	成都市第二人民医院龙潭医院建设项目	中国华西企业股份有限公司	成都市第二人民医院	成都市建筑设计研究院有限公司	王晓东
2	智慧海派成都标准化厂房一期工程项目	成都建工集团有限公司	成都东方广益投资有限公司	四川良友建设咨询有限公司	林　科
3	新客站片区配套公建项目——斑竹小学	成都建工第二建筑工程有限公司	成都兴城投资集团有限公司	四川省城市建设工程咨询集团有限公司	王海建
4	时代新华创客居住宅及地下室部分	四川省建筑机械化工程有限公司	成都市洪村置业有限公司	四川省兴旺建设工程项目管理有限公司	周　超

房地产业

【概况】 2021年，成华区住房建设和交通运输局指导办理商品房预售、现售项目39批次；认真履行预售资金监管职责，指导25个项目签订预售资金监管协议；加强商品房住宅交付流程监管，建立商品房住宅交付管理台账，指导23个商品房项目开展交付工作。全年新建拆迁安置房项目9个，建筑面积205.9万平方米。

【房地产开发项目】 成华区房地产开发项目有静安府、深业泰樾府、东望花园、物华天域阁、锦尚府、和园等28个，建筑面积254.9万平方米。

【房地产竣工项目】 成华区房地产竣工项目有东城映像安置房二期、龙潭工业园区拆迁安置房五期、丛树新型社区、阅山府、金融街融府等30个，建筑面积297.72万平方米。

【房地产开发销售】 成华区商品房销售面积187.4万平方米，比上年下降2.7%；商品房销售额347.6亿元，比上年增长10.8%。

（冯莉萍）

表58 2021年成华区房地产开发项目一览表

序号	项目名称	项目地址	建筑面积（万平方米）	建设单位
1	住宅及配套设施	长林盘社区7、8组	25.5	成都德川成悦置业有限公司
2	住宅及配套设施	东升社区2组，东虹路社区4、5组	19.7	中海嘉卓（成都）房地产开发有限公司
3	住宅及配套设施	海滨湾社区3、11组，人民塘社区10组	15.0	成都城投皓诚置地有限公司
4	住宅及配套设施	槐树店路26号	14.7	成都越陆置业有限公司
5	静安府（住宅及配套设施）	双水碾4、5组	14.1	华润置地（成都）成华有限公司
6	住宅及配套设施（知园二标段）	二仙桥公园北侧2号地块	13.4	成都万锦华创置业有限公司
7	住宅、商业及配套设施（三期）	将军碑（C宗）	12.2	成都奥腾置业有限公司
8	住宅及配套设施（融创一标段）	长林盘社区2组、3组	12.0	成都融创昱成房地产开发有限公司
9	住宅及配套设施（知园一标段）	二仙桥公园北侧2号地块	11.2	成都万锦华创置业有限公司
10	深业泰樾府（住宅及配套设施）	双林北横路127、129号	10.5	成都市深业泰然华成房地产开发有限公司
11	东望花园（住宅及配套设施）	关家社区1组	10.2	四川通惠房地产开发有限责任公司
12	住宅及配套设施	斑竹社区8、9组	9.6	成都人居兴耀置业有限公司
13	住宅及配套设施（二标段）	丛树社区11组，东华社区8组	8.8	四川隆和书香房地产开发有限公司
14	住宅及配套设施	龙潭街道鹤林社区1组	7.8	成都人居成兴置业有限公司
15	住宅及配套设施（融创二标段）	长林盘社区2组、3组	7.7	成都融创昱成房地产开发有限公司
16	和园（住宅及配套设施）	关家堰社区5、8组，崔家店社区4组	7.2	成都华创蓉璟城建筑工程有限责任公司
17	住宅及配套设施	斑竹社区8、9组	6.6	成都人居兴耀置业有限公司
18	住宅及配套设施	二仙桥北路31号（C宗地）	6.4	中车科技园（成都）有限公司
19	保利中环广场（住宅及配套设施）	二仙桥东路8、11、13号	6.3	四川省物流股份投资有限公司
20	住宅、商业、办公及配套设施	双桂路27号附2号	6.0	成都帝能房地产开发有限公司
21	住宅、商业及配套设施	跳蹬河南路9号	4.9	成都轨道交通集团有限公司
22	锦尚府（住宅、商业及配套设施）	圣灯社区8、10组	4.8	四川置城房地产开发有限公司
23	物华天域阁（商业、办公、住宅及配套设施）	二仙桥东路50号	4.7	四川省物流产业股份有限公司
24	住宅及配套设施	府青路三段14号	4.0	成都曜泰房地产开发有限公司
25	住宅、商业、办公及配套设施	二仙桥西一巷5号	3.6	四川凉投房地产开发有限责任公司
26	住宅、商业及配套设施	昭觉寺横路	3.0	四川省轩苑房地产开发有限公司
27	住宅及配套设施	水碾河路27号附3号	2.6	成都卓越嘉城置业有限公司
28	龙潭寺东站TOD综合开发项目（住宅及配套设施）	龙潭街道桂林社区3、5、7、8组	2.4	成都成华区同桂轨道城市发展有限公司

表59　　2021年成华区房地产竣工项目一览表

序号	项目名称	项目地址	建筑面积（万平方米）	建设单位
1	东城映像安置房二期项目	关家堰社区6、7组	30.23	成华国投公司
2	住宅、商业、酒店及配套设施项目	府青路三段12号	20.61	成都海兴冷业贸易股份有限公司
3	龙潭工业园区安置房五期项目	龙潭街道同仁社区7组	19.97	成都东方广益公司
4	鹤林社区农迁房四期B地块项目	鹤林社区2组，同仁社区7、8、9组	18.54	
5	丛树新型社区项目	丛树社区2、3、4组，威灵社区6组	16.54	成华区区建设局
6	住宅、商业及配套设施项目	将军碑社区5、6、9组，东林社区1、2组	15.04	成都成华旧城改造公司
7	二仙桥北路31号项目	二仙桥北路31号	13.96	中车置业（成都）有限公司
8	阅山府（一标段）	八里庄路61、65号，二仙桥西北二路10号	11.02	成都成铁华晟置业有限公司
9	阅山府（二标段）	八里庄路61、65号，二仙桥西北二路10号	13.45	
10	阅山府（三标段）	八里庄路61、65号，二仙桥西北二路10号	2.85	
11	阅山府（四标段）	八里庄路61、65号，二仙桥西北二路10号	1.83	
12	金融街融府项目	向龙社区2、3组	10.84	成都融方置业有限公司
13	九林语（一期）	斑竹社区5、6组	10.63	成都人居成兴置业有限公司
14	住宅及配套设施项目	同仁社区1、2、3组，院山社区3、4组	10.48	成都市保华鑫悦房地产开发有限公司
15	合能铂悦府项目	驷马桥路11号	9.88	成都盛誉合能房地产有限公司
16	昭觉寺北片区A地块商业、住宅及配套设施项目（一标段）	昭觉寺北片区A地块	9.92	成都金鑫垚房地产开发有限公司
17	昭觉寺北片区A地块商业、住宅及配套设施项目（二标段）	昭觉寺北片区A地块	7.60	
18	住宅、商业、酒店及配套设施项目	府青路三段13、15号	8.58	成都市益民房地产开发有限责任公司、
19	一里塘新型社区二期项目	一里塘社区	7.80	成华区建设局、成华城投公司
20	住宅及配套设施项目	东升社区2组，东虹路社区4、5组	7.10	中海嘉卓（成都）房地产开发有限公司
21	珑悦锦云花园项目（一标段）	同仁社区3组、院山社区5组	4.39	成都鹏鼎置业有限责任公司
22	珑悦锦云花园项目（二标段）	同仁社区3组、院山社区5组	11.90	
23	新鸿南支路5、7号住宅及配套设施项目（一标段）	新鸿南支路5、7号	1.60	成都同森锦泰房地产开发有限公司
24	新鸿南支路5、7号住宅及配套设施项目（二标段）	新鸿南支路5、7号	6.21	
25	弘创名座项目	胜利社区10组	6.42	成都弘创房地产开发有限公司
26	深业华庭项目	海滨湾社区7、8组	5.91	成都市深业泰然华成房地产开发有限公司
27	住宅及配套设施项目	同仁社区1、2、3组，院山社区5组	5.70	成都万华锦新置业有限公司
28	金绣铭座项目	秀苑东路	3.57	成都市成华金座升置业有限公司
29	住宅及配套设施项目	水碾河路27号附3号	2.64	成都卓越嘉城置业有限公司
30	将军碑社区安置房项目	将军碑社区1、2组	2.51	成都新蓉华文旅发展投资有限公司

表60　　2021年成华区房地产开发销售情况表

指标名称	单位	实际	比上年增长
商品房销售面积	万平方米	187.40	-2.7%
住宅	万平方米	135.22	6.3%
办公楼	万平方米	12.90	-14.8%
商业营业用房	万平方米	22.11	-24.6%
其他	万平方米	17.17	-18.5%
商品房销售额	亿元	347.56	10.8%
住宅	亿元	290.92	19.8%
办公楼	亿元	14.23	-23.6%
商业营业用房	亿元	33.12	-23.2%
其他	亿元	9.29	1.6%

【安置房建设项目】　成华国投公司承建拆迁安置房项目6个，建筑面积154.5万平方米，总投资61.16亿元。东城映象二期项目占地面积78.74亩，建筑面积31.0万平方米，拟建安置房2648套，总投资10.12亿元，截至年底项目完工。天鹅安置房项目占地面积70.8亩，建筑面积23.0万平方米，拟建安置房1634套，总投资8.59亿元，截至年底项目主体竣工。石马保平片区安置房项目占地面积91亩，建筑面积26.8万平方米，拟建安置房2400套，总投资11.41亿元，截至年底项目主体施工。瑞景新城安置房项目占地面积100亩，建筑面积25.2万平方米，拟建安置房2052套，总投资9.28亿元，截至年底项目主体竣工。将军碑安置房项目占地面积49亩，建筑面积12.9万平方米，拟建安置房1050套，总投资5.76亿元，截至年底项目主体施工。白莲池一里塘安置房项目占地面积118.4亩，建筑面积35.6万平方米，拟建安置房2890套，总投资16.0亿元，截至年底1号地块进行桩基施工、2号地块土方开挖。成华城投公司承建拆迁安置房项目3个，建筑面积51.4万平方米，总投资21.70亿元。兴城嘉苑二期安置房项目占地面积93亩，建筑面积35.0万平方米，拟建安置房2476套，总投资13.40亿元，截至年底项目进行室内外装饰装修施工。长林盘安置房项目占地面积20.9亩，建筑面积5.9万平方米，拟建安置房529套，总投资3.07亿元，截至年底项目进行室内外装饰装修施工。青龙海滨湾安置房项目占地面积37.5亩，建筑面积10.5万平方米，拟建安置房932套，总投资5.23亿元，截至年底项目进行室内外装饰装修施工。

（杨　澜　倪　雪）

建筑与房地产企业选介

【四川省建筑机械化工程有限公司】
位于成华区二仙桥西一巷7号，系四川华西集团有限公司全资子公司，具有房屋建筑工程施工总承包特级、建筑行业设计甲级资质，及其他总承包和专业承包资质20项，曾获“中国建设工程鲁班奖”“中国土木工程詹天佑奖”“国家优质工程奖”“中国建筑工程钢结构金奖”及各类省市级荣誉120项，是一家具有建筑工程总承包、勘察设计、房地产开发和投资、建造、运营综合能力的国有大型企业。公司全年在建项目82个，实现总产值56.71亿元；获得全国安全生产标准化工地学习交流工地2个，四川省安全生产标准化工地3个，成都市安全生产标准化工地1个，成都市绿色工地1个，南充市安全生产标准化工地1个；获得天府杯奖工程“银奖”3个，芙蓉杯奖“优质工程”2个，钢结构工程金奖1个。

【四川省第三建筑工程有限公司】　位于成华区建设北路一段3号，系四川华西集团有限公司全资子公司，具有房屋建筑施工总承包一级、地基基础、机电设备安装、建筑装饰施工、起重设备安装、消防设施工程、古建筑工程等专业承包一级资质，市政公用、钢结构工程、环保工程、公路工程施工总承包二级，工程质量检测、建筑机械制造（租赁）和房地产开发等专业资质，发展成为集工业与民用建筑施工、大型机电设备安装、道路施工、建筑装饰、园林绿化、水利水电和建筑机械制造于一体的大型综合性企业。公司曾获中国建筑工程“鲁班奖”6项，中国土木工程“詹天佑金奖”1项，国家优质工程银奖2项，全国施工企业综合实力100强、全国质量服务诚信AAA级企业、全国工程质量管理优秀企业、全国安全生产优秀施工企业、中国施工企业管理协会科技创新先进企业等荣誉。公司全年在建项目50个，实现总产值33.44亿元；环球时代中心1号、2号楼工程，太阳公元住宅小区A地块二标段6号、7号楼工程获得天府杯“银奖”。

【成都建工第七建筑工程有限公司】
位于成华区双林路33号，隶属成都建工集团有限公司，具有房屋建筑、市政公用、机电安装施工总承包一级资质，以及各级专业资质20项，在新型装配式建筑工程、水环境综合治理工程施工具有雄厚的技术力量和较强的施工能力，立足成都、辐射全国，经营区域拓展至重庆、贵州、福建、湖南、湖北、江西、海南、云南、广西、广东、新疆、内蒙古等。公司曾获全国优秀施工企业、中国建设系统企业信用AAA级单位、全国建设建材系统劳动保护先进单位、四川省五一劳动奖状等荣誉。公司全年在建项目65个，实现总产值68.72亿元，全口径税收1.14亿元。

（李创新）

房产管理

【概况】 2021年，成华区住房建设和交通运输局认真履行房产监管职责，开展房地产市场专项整治，全年办理房屋租赁登记备案2.6万件。

【公房管理】 区住建交局依托成都市行政事业单位资产管理信息系统及成华区房地产服务中心直管公房收费管理系统，对直管公房精细化管理，完善国有直管公房基础信息、租赁信息等，实现国有资产保值增值，全年上缴房屋租金收入1895.36万元。

【房地产市场监管】 区住建交局指导23个商品房项目开展交付，对1家违规交付开发企业进行通报，对1家开发企业作出暂停网签权限的处理；检查商品房销售项目149次，约谈相关开发企业77次，搭建开发企业与购房业主协商沟通平台82次。区住建交局审核租赁企业开业报告12家，为238家房地产经纪机构办理备案、续期、变更手续；检查房地产经纪机构97家、租赁企业40家，公开通报3家房地产经纪机构，通报处理3家租赁企业并依法移送区综合执法局、区市场监管局查处，规范全区房地产市场秩序；纠正和查处房产企业、中介机构等各类违规行为6起。

【房屋安全监管】 区住建交局全年受理各类房屋安全投诉360件，检查点位382个，发现房屋安全隐患点位97个，移送区综合执法局调查处理48个；牵头组织开展全区房屋建筑风险隐患排查整治，排查房屋建筑7400栋，建筑面积8900万平方米，经排查发现存在隐患房屋建筑100栋，截至年底完成整改73栋，剩余27栋，其中消防隐患20栋、结构隐患4栋、其他隐患3栋；经房屋安全鉴定机构鉴定新增C、D级危房5处，下达消除房屋隐患安全告知函16份、危险房屋通知书9份，发放成都市房屋安全鉴定机构名录600份。区住建交局会同区级相关部门和涉农街道，对全区涉农社区自建房屋开展安全隐患排查，未发现安全隐患。

【二手房交易】 成华区全年二手房成交1.85万套，成交面积140.33万平方米，其中二手房住宅成交1.58万套，成交面积128.68万平方米。

【电梯加装】 成华区按照业主主体、社区主导、政府引导、各方支持、保障安全原则，结合老旧小区改造，全年加装既有住宅电梯158部，满足人民群众美好生活需求。

（李　海）

物业管理

【概况】 2021年，成华区有物业服务企业382家，物业小区569个，环境和物业管理委员会81个。

【物业服务管理】 区住建交局会同区委政法委、区法院、区司法局共同成立物业纠纷联调中心，参与物业小区矛盾纠纷调解89件；加大违法行为查处力度，对开发建设单位、物业服务企业及时进行约谈、开具整改通知书，全年约谈企业105家，发出整改通知书121份。成华区物业管理协会对全区物业小区开展疫情防控、防汛、消防等专项检查，督导企业做好相关工作；组织物业管理项目负责人、街道（社区）物业管理工作人员开展《中华人民共和国民法典》等相关政策法规培训。区住建交局结合“5·10”丛树家园电瓶车电梯内爆燃事件，牵头对小区电梯加装梯控、非机动车库智能改造，消除安全隐患；按照安全生产标准化建设相关要求，推进物业企业安全标准化建设5个；对小区案件高发区域，会同区公安分局、区物业协会在双桥子街道小龙桥社区、猛追湾街道踏水社区等试点联防联控，降低小区案发率，提升业主居住环境安全。中电建、华润、招商等7家物业服务机构参与示范企业创建，保利康桥、高地小区、金科一城、理工东苑等14个项目参与物业示范项目创建，以创建促管理，助推行业工作质效提升。保利物业受到市委组织部表扬，招商物业、华润物业、万科物业、中铁建、中电建等物业受到区委组织部表扬，天空城、太阳公元、招商华府一期、华宇阳光四季等11个小区被评为市级节水型小区，招商华城、招商雍华府被评为成都市物业服务示范项目，石油苑小区被评为四川省百佳示范小区。

【社区环境和物业管理委员会促建】 区住建交局推动社区居委会下设环境和物业管理委员会提高社区治理水平，营造“共建共治共享”的社区治理格局，引导社区居民自我管理、自我教育、自我服务、自我监督，构建社区物业服务管理多元参与机制，形成物业服务管理多级联动、齐抓共管良好局面，提升社区人居环境品质和宜居生活品质。全年新增新鸿社区、万晟社区、菽香里社区、新华社区、双林社区、水碾河路北社区、双桥路北社区、三街坊社区、新山社区、仁义路社区、华冠社区、龙驰

4月27日，2021成华区“暖心物管·安全为基”知识竞赛决赛举行　（区住建交局供图）

社区、龙祥社区13个社区环境和物业管理委员会，截至年底全区有81个社区环境和物业管理委员会。

【成华区物业行业党建示范建设】　6月22日，成华区物业行业党建示范建设启动仪式暨庆祝建党100周年主题活动举行，市区相关部门负责人、成华区物业协会及重点物业服务企业代表等200人参加，共同践行推动“蓉城先锋·暖心物管”品牌建设。活动深入推动党建引领物业服务融入城乡社区发展治理，提升成华区物业行业高质量发展，助力幸福美好生活十大工程，更好服务和践行新发展理念的公园城市示范区建设。市委党建办副主任谢祥智，市住房和城乡建设局副局长、市物业行业党委书记赵江明，区委常委、组织部部长、社治委主任冯军，区住建交局局长程松共同启动“成华区物业行业党建示范建设”，成华区物业管理协会向全区物业发出党建示范创建倡议书。

【“暖心物管·安全为基”知识竞赛决赛】　4月27日，成华区2021“暖心物管·安全为基”知识竞赛决赛举行，招商物业成都公司、华润物业、蓝光嘉宝等12家参赛物业队伍展现出过硬的安全知识水平和作答能力，通过必答题和抢答题两大环节精彩角逐，华润物业获竞赛特等奖；通过竞赛全面提升各物业服务企业安全产生、安全发展、安全生活理念，将安全贯彻到物业服务的各个环节，真正为广大业主带来安全感、幸福感；增加物业从业者的安全意识和安全责任，强化企业人员牢固树立安全发展理念，不断完善物业行业安全生产长效管理机制，持续提升物业服务水平，真正落实成都市物业管理行业“暖心物管·安全为基”活动的目的，助力“幸福美好生活十大工程”。

（邓　静）

住房保障

【概况】　2021年，成华区加强城镇居民住房保障，通过“租购补”并举，完善城镇居民中低收入家庭、新市民、青年人、引进人才等群体安居服务体系。

【公共租赁住房资格审核】　成华区住建交局全年为城镇中低收入家庭审核、确认公共租赁住房资格3343户，其中取得租住廉租租金标准的家庭1664户、取得租住公共租赁住房资格家庭1679户，向1649户家庭发放公共租赁住房租赁补贴1055万元。

【人才公寓建设】　成华区第二个集中人才公寓玖宸园项目，建筑面积18.9万平方米，住房1008套，6月完成面向高端人才租售，有112名人才选到心仪房源，其中优惠出售98套、先租后售14套。成华区通过拍卖土地配建人才公寓，其中新山社区集体地块配建人才公寓4.28万平方米，崔家店社区5组、长春社区2组地块配建人才公寓3.36万平方米，共配建人才公寓面积7.64万平方米。

【保障性租赁住房】　区住建交局会同区级相关部门、区属国有企业，梳理存量住房、非居住存量房屋等资产，多渠道筹集房源供给，全年出具保障性租赁住房项目认定书20个，筹集保障性租赁住房房源4369套。

（彭永红）

8月19日，玖宸园人才公寓选房　（区住建交局供图）

服务业

编辑　李锡清

综　述

【概况】　2021年，成华区商务局编制服务业“十四五”规划，重点产业“两图一表”，梳理“现代商贸、文化创意、都市旅游”三大支柱型服务业和“枢纽服务、医疗健康、新兴金融”三大成长型服务业全景图、路径图、重点企业名录。全年引进亿元项目3个，生产性服务业项目1个，引进头部企业39家；完成8条特色商业街区打造任务，印象城、王府井、泛悦城市广场、华宇旭辉锦绣广场等消费场景载体开业运营，万象城商业步行街获评省级步行街，成都拾野自然博物馆入选成都市示范性消费场景。

【服务业“十四五”规划编制】　成华区服务业“十四五”发展规划，抢抓成渝地区双城经济圈，以重点支撑产业为基础，以新兴服务业发展为突破，构建“3+3”现代服务业产业体系、做优“三轴八圈”服务业发展空间、实施服务业提质增效六大任务，加快建设成文商旅融合发展示范区和西部门户枢纽活力区。到2025年，服务业增加值突破1200亿元；完成服务业固定资产投资2000亿元；外贸进出口总额突破200亿元；培育形成1个具有全国影响力的城市级商圈；2条以上具有全国影响力的商业街区；打造10个以上省级服务业重点品牌。

【商圈培育】　成华区抢抓成都建设践行新发展理念的公园城市示范区机遇，强化“三轴”带动，建设中环路文商融合发展轴、二环路主题商贸发展轴、成华大道文化旅游发展轴；突出“八圈”支撑，打造东客站商圈、蓉北商圈两个“门户枢纽商圈”；猛追湾建设路商圈、昭觉寺商圈、华润万象城商圈、东郊记忆商圈、驷马桥商圈、熊猫基地北湖六个“百亿商圈”。

【“文商旅城”融合发展】　成华区聚力推动商务商贸、文化创意、特色旅游、现代金融、康养医疗、高技术服务业等重点产业发展，按照“核心商圈、特色街区、社区聚落、应用场景”思路，分层分级推动消费模式创新和消费场景更新，猛追湾、东郊记忆、熊猫基地全场景消费精品线路影响力持续扩大。全年引进中旅集团成都国际免税广场、艾格拉斯总部基地等重大文旅项目11个，签约CMC&Discovery华人国际探索世界项目、成都熊猫国际文化商娱HUB乐园项目，计划投资200亿元；举办国际非遗节成华分会场、成都国际友城青年音乐周、东郊戏剧展演季、第四届天府银杏艺术季等活动。全区创建国家AAA级旅游景区、省级生态旅游示范区旅游品牌4个，龙湖滨江东里潮趣街区获评成都市第四批“新旅游·潮成都”主题旅游目的地。

【二环路主题商贸发展轴打造】　成华区以万象城、建设路、驷马桥商圈为引领，沿线以主题式商业综合体为亮点，周边街区主要发展老城新潮、悦动身心和校园潮流三类后街。老城新潮后街群布局万象城周边双林社区，融合万象城时尚消费形象，结合双林社区老院落改造，发展老院落时尚新业态，拓展万象城街区现代时尚消费类型，打造藏在老旧街巷、老旧院落里的时尚休闲打卡名录；悦动身心主要布局二环路两侧创世纪和沙河沿线绿道空间，扩展运动健身的内涵，吸引共享体育工作室、

24小时智能健身房等新模式，提供体育用品体验零售、室内冲浪、跑酷、运动理疗等新内容，沿沙河搭配健康餐饮、体育娱乐等功能，提升沿线锻炼安全性、趣味性；校园潮流主要布局踏水桥街区，发展个性定制、改制商店、潮牌设计师店、时尚买手店、中古店，网红餐饮，如网红IP餐厅、高颜值餐厅、人气小食等；潮流生活配套，如造型设计、趣味融合业态、社区新零售、高端生活等服务。

【中环路文商旅融合发展轴打造】成华区中环路以东客站商圈、东郊记忆商圈、驷马桥商圈为引领，沿线以文化产业园区、商业综合体为亮点，周边街区主要发展书香生活、恣意慢活、未来生活和商务生活四类后街。书香生活位于驷马桥商圈与中环路之间，发展各类专业书店、私人图书室，打造特色专业和高颜值形象结合的街区，主要发展艺术展览、艺术品拍卖、售卖等，配套具有艺术气息的餐饮休闲功能；恣意慢活围绕地勘路咖啡一条街，发展以慢生活为主题的休闲功能，引入各类DIY工作室、猫咖、私人图书室等业态；未来生活主要位于奥园、鲁能城等商业区域，以新潮社区为主要目标，布局满足本地居民最新潮的体验式、互动式消费功能，引入无人零售店、网红店、线下体验店、亲子DIY玩具店等业态；商务生活主要位于中环一号大厦、九熙广场等中环写字楼周边社区，满足商务客群工作生活融合的需求，在楼宇和街区设置公共社交空间，发展各类共享业态，配套运动健身、健康餐饮、线上线下购物、24小时超市等功能。

【国际贸易】 成华区坚持转方式、补短板、抓关键，推动外贸进出口发展，以进博会、广交会等平台为契机，

12月10日，中德暖冬集市在成华区望平滨河路举办 （区商务局供图）

组织区内企业参会参展，对接国际新技术新产品新服务，推动企业加速形成区域带动力，提升国际竞争力。12月10日，成华区举办“全球优选·嗨购成华——中德暖冬集市”活动，对接恒业供应链管理（成都）有限公司、成都和发顺泰贸易有限公司跨境服务等知名企业，拓展成华外贸视野和朋友圈。全区全年实现外贸进出口总额178438万美元，比上年增长20.9%，其中出口额171058万美元、增长60.7%，进口额7380万美元、下降80.0%。

【外贸进出口企业培育】 成华区全年对外贸易经营者备案企业120家，招引成都裕泓国际贸易有限公司、四川联博斯环保科技有限公司、成都云海天汇贸易有限公司3家龙头贸易企业；成都和发顺泰贸易有限公司、成都永悦汇成贸易有限公司、成都和祥浩旭贸易有限公司、祎鹏恒业供应链管理（成都）有限公司4家跨境电商企业。成都建筑材料工业设计研究院有限公司、成都威可仕贸易有限公司等65家外贸进出口企业，其中外贸出口额100万美元以上企业20家、外贸进口额100万美元以上企业10家。

【夜间经济】 成华区以锦江夜消费商圈、猛追湾望平坊、东郊记忆片区、

表61 2021年成华区外贸出口额100万美元以上的企业一览表

序号	企业名称	出口额（万美元）	比上年增长
1	成都建筑材料工业设计研究院有限公司	5288	39.0%
2	成都威可仕贸易有限公司	4360	—
3	四川省工艺品进出口有限责任公司	3503	-10.7%
4	成都市蜀达蓉通商贸有限公司	2737	-
5	国机重装成都重型机械有限公司	2593	-17.7%
6	成都蓉达川货运代理有限公司	2472	—
7	成都誉特马商贸有限公司	1167	—
8	四川成焊宝焊接装备工程有限公司	1110	-30.2%

续表61

序号	企业名称	出口额（万美元）	比上年增长
9	成都兴盛茂润贸易有限公司	1024	—
10	成都金汇得贸易有限公司	1015	—
11	中国石油集团川庆钻探工程有限公司	930	-41.5%
12	成都安程通科技有限公司	445	31.7%
13	成都利仁电气有限责任公司	227	27.5%
14	四川麦孚科技有限公司	252	165.3%
15	成都斯沃德进出口贸易有限公司	230	-1.7%
16	成都泽天化工有限公司	177	-12.4%
17	成都美创医疗科技股份有限公司	156	6.8%
18	中国电力工程顾问集团西南电力设计院有限公司	136	-79.4%
19	成都百帝化肥有限公司	117	-81.3%
20	成都泽西化工有限责任公司	105	288.9%

表62　2021年成华区外贸进口额100万美元以上的企业一览表

序号	企业名称	出口额（万美元）	比上年增长
1	成都蜀金一品实业有限公司	3340	—
2	四川中航物资贸易有限公司	1004	105.7%
3	国机重装成都重型机械有限公司	667	-39.1%
4	成都市思锐得贸易有限公司	402	59.5%
5	成都绿征科技有限公司	390	-45.8%
6	成都建筑材料工业设计研究院有限公司	291	-39.6%
7	王氏港建科技设备（成都）有限公司	266	-7.3%
8	四川世纪海科贸易有限公司	200	-78.2%
9	四川森嘉进出口贸易有限公司	108	-58.9%
10	成都泓怡进出口贸易有限公司	103	-49.3%

猛追湾望平坊“香香巷”美食街区　（区商务局供图）

建设路、永立星城都为主要着力点，推动时尚引领、品质消费、商旅文融合等消费业态；利用区内“工业文化”和“熊猫文化”，发挥文旅地标吸引力，全域规划“一圈、二标、三场景”的夜经济，打造锦江夜消费商圈、东郊记忆和天府熊猫塔两大地标，成都味道·339时尚夜消费、香香巷、熊猫文旅美食广场三大场景夜间经济，促进消费升级、拉动经济增长，提升文化内涵、彰显城市特色；以满足人民群众对美好生活的消费需求为导向，加快“锦江夜消费商圈”建设，构建“夜要、夜享、夜购、夜食、夜游、夜市、夜动”等夜间消费多元化新场景。猛追湾望平坊、东郊记忆、环球魔力沉浸式剧场、成都繁星戏剧村入选2021成都夜间经济示范点位。

（王　波　袁　春）

商圈和商业街区建设

【概况】　成华区建成一批标志性商业载体，猛追湾建设路商圈以零售购物、特色餐饮、夜间消费为发展特色；万象城商圈形成较高档次的时尚购物发展特色；东郊记忆商圈形成文创休闲、展演服务为发展特色；东客站商圈形成以酒店住宿、医疗健康为枢纽商圈发展特色；昭觉寺商圈形成“家消费”产业特色；东郊记忆和中环路建设形成工业特色的商业消费空间。

【商圈空间布局】　成华区做优“三轴八圈”顶层设计，构建中环路文商融合发展轴、二环路主题商贸发展轴、成华大道文化旅游发展轴；培育打造成都东客站商圈、万象城商圈、猛追湾建设路商圈、东郊记忆商圈、驷马桥商圈、昭觉寺商圈、升仙湖商圈、熊猫基地北湖“三轴八圈”总体布局。

【百亿商圈打造】 成华区打造6个“百亿商圈”，万象城商圈突出“时尚潮流”消费特征，打造“成都年轻时尚商圈基地”；猛追湾建设路商圈以夜间消费、美食消费、品质购物特色优势，建设“都市生活体验型标志性商圈”；东郊记忆商圈依托杉板桥深厚的工业文化底蕴，打造“文商主题世界级艺术消费目的地”；驷马桥商圈联动东郊记忆文化艺术区，建设“川西文化时尚汇集地”；昭觉寺商圈依托成都动物园、成都昭觉寺对儿童、老年人、家庭等特定客群的吸引力，建设“全家庭型都市休闲体验主题商圈”；熊猫基地北湖未来沉浸商圈，依托大熊猫国际文化品牌优势，打造“国际熊猫文旅消费目的地”。

【特色商业街区打造】 成华区推进城市形态优化、风貌品质提升、文化特色彰显、消费场景营造，打造一批最能展现成华老城味道和风貌风情的特色文旅街巷，塑造城市有机更新新形象，树立文商旅融合发展新标杆。全年打造11条特色商业街区，获评“市级特色街区”。万象城特色商业街区由4座商业体组成，分别打造城市“中产家庭一站式购物中心”“女性时尚美学中心”“高品质生活方式体验中心”“活力潮流中心”，为成都市主城区最大的商业综合体；王府井Discovery特色街区集潮鞋服饰、个性穿搭、美妆体验、电玩竞技等多功能于一体，是一座创新概念的潮流购物街；天荟万科城市广场汇集首进西南的中国第一音乐现场MAO倾力打造首个双舞台Live House、国内一线设计师家居品牌木墨；新华坊通过风貌改造、场景植入、业态更新、智慧升级，塑造集时尚潮玩、运动休闲、文化娱乐于一体的成都青年潮流地标；“和”文化文创特色街区营造“文商旅会客厅、悦享俱乐部、邻里部落、政通阶梯”四大场景；Discovery·发现之旅打造独特地域感，定位为凝聚自然人文气韵、引导商业氛围、调动区域活力、增强场地弹力的城市新名片；龙潭客家文化休闲特色街区以客家文化在龙潭发展历程为主线，展示客家人的发展、迁徙、建筑、生活、文化、语言等为特色；首创S68超市、多元餐饮、生活服务、休闲娱乐、医疗健康、儿童教娱、精品零售，以满足日常生活综合需求，提供个性化及多元化服务；羊子山古蜀文化创生街区将历史文化、民俗文化转化为场景、故事、体验项目等，增添文化体验；熊猫地球村特色文旅街区集文创艺术、休闲街巷、餐饮美食、汽车影院为一体的“白+黑”综合性街区；东林社区“运动健康”特色服务街区以“运动健康”为主题，以公园社区为特色，以临街商铺为基底，升级社区综合体，打造公园运动景观、社区小剧场、街区居民慢行空间、运动健康消费产业等线下消费新场景。

龙潭客家文化休闲特色街区 （区融媒体中心供图）

【市民休闲区打造】 成华区猛追湾市民休闲区紧扣“老成都、蜀都味、国际范”，发掘猛追湾1.68平方千米“滨水黄金地带”资源，塑造东风桥“记忆之坊”、339“梦想之塔”、成华公园“锦江之眼”、通美大厦“成华之窗”等新地标，综合实施城市更新、文化传承、肌理调整、空间活化、场景塑造，推动文商旅城深度融合发展；打造“艺文生态花园、潮流娱乐中心、网红美食聚落、文化创意基地”重点板块，嵌入式植入猛追湾故事展馆、金融博物馆等文化场景，塑造香香巷等“最成都”市井美食街区场景、339“最时尚”娱乐消费场景，建设“339最美夜空间”，打造滨河商业街等10条最美市井街区，呈现出“烟火人间三千年、成都上下猛追湾”的精彩场景。

【商业消费新场景打造】 成华区推动“核心商圈、特色街区、社区聚落、灵活场景”一体化融合，打造杉板桥社区便民生活圈、和美社区便民生活圈为国家级15分钟便民生活圈试点项目，成都万象城步行街为省级步行街试点项目。成华区围绕新食、新宿、新玩、新游、新购五大主题，打造“最

万象城时尚商业街区　（区商务局供图）

表63　2021年成都首批"最成都·生活美学新场景"一览表

序号	类别	生活美学新场景
1	最成都·新食场景	二仙桥工业K160火锅
2	最成都·新宿场景	成都笨酒店
3	最成都·新玩场景	猛追湾望平街、二仙桥公园婚姻登记处、成都繁星剧村
4	最成都·新游场景	成都拾野自然博物馆、完美文创公园
5	最成都·新购场景	文轩BOOKS招商店

表64　2021年成华区大型城市综合体一览表

序号	综合体名称	地址	商业面积（万平方米）
1	万象城	双庆路8号	42.0
2	富森美家居国际家居MALL（商业名品街）	富森路	36.2
3	龙湖梵城商业	杉板桥路	35.0
4	华宇旭辉锦绣广场	成华大道龙潭路	27.6
5	成华SM广场	二环路东二段29号	16.7
6	医疗健康中心	丹景山路	10.4
7	蓝润东悦荟	青衣江路	9.7
8	通威DMC梦魔方	白龙江路	9.0
9	星悦广场	龙潭路33号	8.0
10	339欢乐颂	猛追湾街118号	7.5
11	凯德广场·魅力城	万科路9号	7.5
12	财富又一城	府青路二段2号	7.0
13	龙湖三千集	二环路东二段1号	5.8
14	蓝光金悦家具城	熊猫大道40号	5.0

成都·生活美学新场景"，二仙桥工业K160火锅、成都笨酒店、猛追湾望平街、二仙桥公园婚姻登记处、成都繁星剧村、成都拾野自然博物馆、完美文创公园、文轩BOOKS招商店8个点位入选2021年成都首批"最成都·生活美学新场景"。

【万象城时尚商业街区运营】　华润万象城总建筑面积72万平方米，其中商业面积42万平方米。万象城着眼"全域沉浸夜"商业标杆目标，引入世界500强企业17家、首店旗舰店52家、品牌商家620家、企业120家，涵盖酒店、高档百货、大型超市、品牌旗舰店、特色餐饮等多种业态，通过首店招引布局、业态首发运作、街区场景营造、城市话题策划等活动，探索实现街巷特色经济引爆片区商业，成为成都最美光影大道、成都时尚消费新地标，具有国际范儿和网红特色的商业街区标杆，评为成渝潮流新地标、省级步行街试点项目。万象城全年实现营业收入55.21亿元，全口径税收3.04亿元，区级税收1.21亿元。

（汤小东）

批发零售住宿餐饮业

批发业

【概况】　2021年，成华区批发业实现销售额1309.04亿元，比上年增长23.1%。全区有限额以上批发企业144家，实现销售额443.24亿元，比上年增长11.7%。

【批发业商品种类】　成华区批发业主要有成品油、钢材、金属材料、化工原料、牛奶制品、生活用品等种类。中海油销售四川有限公司、明日控股（成都）有限公司、成都成实冶金有限责任公司、成都大汉天成供应链管理有限公司等9家企业评为批发业前九名。

（黄倩铭）

【中海油销售四川有限公司】　中海油销售四川有限公司以成品油零售业务为主体、成品油批发直销及化工品销售贸易"一核两翼"业务发展定位，推进成品油营销网络开发建设；以川渝市场为重点，在成都、川南地区投运加油站10座，全年成品油批发及化工品销售额51.95亿元。

（邹 珊 何凌潇）

零售业

【概况】 2021年，成华区持续促进消费结构升级，推动生活性服务业发展，挖掘培育一批生活性服务业场景项目，促进印象城、王府井、泛悦城市广场、华宇旭辉锦绣广场等消费场景载体开业运营，构建全生命周期、业态丰富、结构合理的服务体系。全年实现社会消费品零售总额623.38亿元，比上年增长12.3%。

【商业零售】 成华区全年实现商品零售总额524.9亿元，比上年增长8.2%。全区有限额以上零售企业77家，实现销售额142.6亿元，比上年增长3.9%。限额以上企业商品零售额中，食品、饮料、烟酒类零售额比上年增长7.9%，服装鞋帽、针纺织品类比上年增长3.1%，石油及制品类比上年增长20.2%，化妆品类比上年下降4.0%，文化办公用品类比上年增长21.5%。成都长征长宝汽车销售服务有限公司、四川步步高商业有限责任公司等10家企业评为零售业前十名。

【首店名店招引培育】 成华区引进莆田、东莱海上、柿椒树墨西哥餐厅、咖潮玩、帕尔玛之水、泰国手标奶茶、全棉里物、TACO BELL、Tease bar&brunch、泰品等首店93家，其中国内首店73家、国际首店20家。

（王 波 秦 峰）

【成都百家特色小店创建】 成都百家特色小店涵盖批发零售类、住宿餐

表65 2021年成华区批发业前九名企业一览表

序号	企业名称	批发商品种类
1	中海油销售四川有限公司	成品油
2	明日控股（成都）有限公司	化工原料
3	成都成实冶金有限责任公司	钢材
4	成都大汉天成供应链管理有限公司	钢材
5	成都锐兆科技有限公司	化工产品
6	成都帆蓉商贸有限公司	钢材
7	成都市荣贸食品有限公司	牛奶制品
8	四川中航物资贸易有限公司	金属材料
9	四川蓝漂日用品有限公司	生活用纸等日用品

表66 2021年成华区零售业前十名企业一览表

序号	企业名称
1	成都长征长宝汽车销售服务有限公司
2	四川步步高商业有限责任公司
3	成都仁孚南星汽车服务有限公司
4	成都华星名仕汽车销售服务有限公司
5	四川华润万家好来超市有限公司
6	成都市成华区红旗连锁有限公司
7	四川港宏盛丰汽车销售服务有限公司
8	四川省申川汽车销售服务有限公司
9	成都金菱凯迪汽车销售服务有限公司
10	成都衣恋纽可商贸有限公司

表67 2021年成华区首店一览表（部分）

序号	首店名称	品牌类别	品牌属地
1	Tease bar& brunch	西南首店	美　国
2	Victoria' s Secret	西南首店	美　国
3	TACO BELL	西南首店	美　国
4	星巴克手语店	成都首店	美　国
5	ACIUM	西南首店	意大利
6	KKRIZA	西南首店	意大利
7	帕尔玛之水	成都首店	意大利
8	Tim hortons	成都首店	加拿大
9	泰国手标奶茶	西南首店	泰　国
10	polestar	成都首店	瑞　典
11	泰品	全国首店	中　国
12	柿椒树墨西哥餐厅	全国首店	中　国
13	莆田	西南首店	中 国
14	东莱海上	西南首店	中　国
15	Emphasis	西南首店	中　国
16	JETEZO Garden	西南首店	中　国
17	ICY	西南首店	中　国
18	blt farm market	西南首店	中　国
19	咖潮玩	西南首店	中　国

续表67

序号	首店名称	品牌类别	品牌属地
20	全棉里物	成都首店	中　国
21	DUOZOULU	成都首店	中　国
22	Beanke	成都首店	中　国
23	Trollbeads	成都首店	中　国
24	Champion	成都首店	中　国
25	Ubras	成都首店	中　国

表68　　2021年成华区入选成都百家特色小店一览表

序号	店名	地址
1	马交哥茶餐厅	成华大道杉板桥369号
2	TO BEER 啤酒烧	万科魅力新天地115号
3	面子先生	成宏路25号附2~3号
4	象叁手工皮具体验馆（猛追湾店）	望平街23号望平坊1F-017
5	揖美礼物YIMEI	望平街23号纸箱厂1F-018
6	瞳莞汉服	二环路北四段33号王府井购物中心二层

饮类、居民服务类、文化艺术类、非遗及特色老字号五大类；专家评委依据评选标准，对小店品牌内涵、经营实力、服务特色、商业信誉、发展潜力等进行综合评估。成华区马交哥茶餐厅、TO BEER 啤酒烧、面子先生、象叁手工皮具体验馆（猛追湾店）、揖美礼物YIMEI、瞳莞汉服6家特色小店获评成都百家特色小店。

【成华区服务业50强命名暨“成华数字消费节”】　12月16日，2021成华区服务业50强命名暨“成华数字消费节”启动仪式在世茂成都茂御酒店举行。“成华数字消费节”发放30万元数字消费券，成华区规上服务企业20强、限上商贸零售企业30强获得表彰；通过发布榜单、表彰企业，凝聚发展共识，激发创新活力，助力成华区服务业发展向着“两千亿级现代服务业产业集群”目标迈进；通过焕新场景、派发福利，为全市人民奉上一道丰盛的数字消费盛宴，掀起新春购物狂欢，“成华数字消费节”持续至2022年1月20日。

表69　2021年成华区服务业50强名单一览表

序号	企业名称
1	信息产业电子第十一设计研究院科技工程股份有限公司
2	中国电信股份有限公司成都分公司
3	四川今日头条科技有限公司
4	成都地铁运营有限公司
5	成都建筑材料工业设计研究院有限公司
6	中国建筑西南勘察设计研究院有限公司
7	成绵乐铁路客运专线有限责任公司
8	中国电力工程顾问集团西南电力设计院有限公司
9	中国电力建设工程咨询西南有限公司
10	成都富森美家居股份有限公司
11	成都市翼虎守护押运有限责任公司
12	四川科宏石油天然气工程有限公司
13	四川宝石花鑫盛油气运营服务有限公司
14	四川新华物业有限公司
15	成都东方广益投资有限公司
16	四川金域医学检验中心有限公司
17	四川正茂泰劳务派遣有限公司
18	四川二滩实业发展有限责任公司
19	川北医学院附属成都新华医院
20	四川瑞都石油工程技术服务有限公司
21	成都长征长宝汽车销售服务有限公司

续表69

序号	企业名称
22	成都仁孚南星汽车服务有限公司
23	四川步步高商业有限责任公司
24	成都华星名仕汽车销售服务有限公司
25	四川华润万家好来超市有限公司
26	成都市成华区红旗连锁有限公司
27	中海油销售四川有限公司
28	四川港宏盛丰汽车销售服务有限公司
29	成都金菱凯迪汽车销售服务有限公司
30	四川省申川汽车销售服务有限公司
31	成都衣恋纽可商贸有限公司
32	四川华星大众汽车销售服务有限公司
33	成都市乾元新景新能源汽车服务有限公司
34	成都成华宜家家居有限公司
35	成都宏嘉汽车销售服务有限公司
36	四川港宏盛业汽车销售服务有限公司
37	成都热风时尚贸易有限公司
38	四川省百欣堂药业连锁有限公司
39	成都市宏信友鹏汽车有限公司
40	成都永之丰能源开发有限责任公司
41	四川港宏鼎鑫汽车销售服务有限公司
42	成都万合吉龙汽车销售服务有限公司
43	成都市见福便利店管理有限公司
44	成都豪明汽车销售有限公司
45	成都七鲜信息技术有限公司
46	四川华星卓越汽车销售服务有限公司
47	成都鑫力嘉汽车销售服务有限公司
48	成都印象川之味餐饮有限公司
49	成都金中冠汽车销售服务有限公司
50	胜道（成都）商贸有限公司

住宿业

【概况】　2021年，成华区内有星级酒店（宾馆）5家，绿色酒店2家，智慧酒店1家，主题客栈1家，商旅酒店1家，以及成都龙之梦大酒店集群，有限额以上住宿企业44家。全年住宿业实现营业额5.91亿元，比上年增长26.3%，其中限额以上住宿业实现营业额2.85亿元，比上年增长28.0%。

表70　2021年成华区星级酒店及绿色智慧酒店一览表

类别	名称	经营业务	地址
四星级	金玉阳光酒店	住宿及餐饮	双林路88号
四星级	成都高逸酒店	住宿及餐饮	双林路31号
四星级	怡东国际酒店	住宿及餐饮	二仙桥东三路1号
四星级	瑞升芭富丽大酒店	住宿及餐饮	玉双路7号
二星级	太极商务宾馆	住宿及餐饮	建设路52号
绿色酒店	尚锦翡翠酒店	住宿及餐饮	府青路二段24号
	尚锦品酒店	住宿及餐饮	天祥街22号
智慧酒店	笨酒店	住宿及餐饮	望平滨河路6号
主题客栈	清居望平街店	住宿及餐饮	望平街74号
商旅酒店	宜必思酒店SM广场店	住宿及餐饮	建兴路76号

表71　2021年成华区住宿业前十名企业一览表

序号	企业名称
1	四川省奥利弗酒店管理有限公司
2	四川康成酒店管理有限公司
3	四川慕名假日酒店管理有限公司
4	成都高逸投资管理有限公司
5	四川四季康成酒店有限公司
6	成都纪氏兄弟酒店管理有限公司
7	成都怡东酒店有限公司
8	成都五粮液大酒店有限责任公司
9	成都瑞喜酒店管理有限公司
10	成都港伦瑾逸酒店管理有限公司

【酒店培育】　成华区住宿业营业额2000万元以上企业有四川省奥利弗酒店管理有限公司、四川康成酒店管理有限公司、四川慕名假日酒店管理有限公司、成都高逸投资管理有限公司4家。四川省奥利弗酒店管理有限公司、四川康成酒店管理有限公司等10家企业评为住宿业前十名。

（黄倩铭　安　媛）

【成都龙之梦大酒店集群】　位于成都东站东广场嘉陵江路8号，酒店集群由成都龙之梦大酒店、成都瑞峰酒店、成都雅仕商务酒店、成都瑞峰公寓酒店组成，共有客房及套房3240间，集群配套设施齐全，会议中心4000平方米，多种风格的餐厅和酒吧融合全球各地美食精荟，成都龙之梦大酒店顶层四十二楼观景式鲜酿啤酒餐吧可一览成都市容美景。

（黄诗忆）

餐饮业

【概况】　2021年，成华区实现餐饮收入98.5亿元，比上年增长40.1%。全区有限额以上餐饮企业31家，实现营业额40.51亿元，比上年增长25.1%。成都印象川之味餐饮有限公司、四川呈祥东馆酒店有限公司、成都红杏明珠餐饮有限责任公司等10家企业被评为餐饮业前十名。

【餐饮服务】　成华区以调整业态、提升文态、完善配套为重点，推动猛追湾市民休闲区、建设路第五大道、万科天荟、玉双路等美食街区升级改造；打造招商花园城、印象城、万象城等美食聚集区。全区餐饮业态丰富，引育国内外美食，举办“天府旅游·味在成华”美食评选活动、“成华区金秋美食节”系列等餐饮节会。温鸭子、菜根老坛子、客家鲊肥肠、陈坛泡菜鱼、客家姜汁鸡、原味菌汤冒烤鸭等12道菜品入选“成都100道名菜”，弘扬成华地标美食，传承川菜文化。

【天府旅游·味在成华美食评选】　4月16日，2021“成华名菜”遴选专家座谈会暨启动仪式在成都金玉阳光酒店举行。成华区餐饮协会以及烹饪大师胡廉泉、缪青元、赵小林等知名餐饮企业负责人出席。成华美食分为线上菜品征集、组委会初选、线上投票评选、线下专家评委终评等环节，评选出20道“成华名菜”，其中烧牛掌、菜根老坛子、陈坛泡菜鱼、白果炖鸡、原味菌汤冒烤鸭、冷锅鱼、温鸭子、糖醋脆皮鱼、糯米鸭、红烧什锦、客家鲊肥肠、客家姜汁鸡12道名菜入选2021成都100道名菜。

表72　2021年成华区入选成都市100道名菜一览表

序号	菜品名称	代表店铺
1	烧牛掌	大蓉和（沙河店）、红杏酒家（明珠店）
2	菜根老坛子	卞氏菜根香
3	陈坛泡菜鱼	卞氏菜根香
4	白果炖鸡	妈妈传炖品
5	原味菌汤冒烤鸭	小棠福钟烤鸭
6	冷锅鱼	三只耳
7	温鸭子	温鸭子
8	糖醋脆皮鱼	温鸭子
9	糯米鸭	温鸭子
10	红烧什锦	温鸭子
11	客家鲊肥肠	龙潭喜客
12	客家姜汁鸡	龙潭喜客

8月27日，成华区金秋美食节在永立星城都举办　　（区商务局供图）

表73　2021年成华区餐饮业前十名企业一览表

序号	企业名称
1	成都印象川之味餐饮有限公司
2	四川呈祥东馆酒店有限公司
3	成都红杏明珠餐饮有限责任公司
4	吉野家（四川）餐饮管理有限公司
5	成都沙河大蓉和餐饮有限公司
6	成都市成华区温鸭子餐厅
7	成都市卞氏菜根香二十四城餐饮有限责任公司
8	成都吉珍餐饮管理有限公司
9	成都泽润餐饮管理有限公司
10	成都正宇四方阁餐饮管理有限公司

【成华区金秋美食节】　8月27—30日，“放肆嗨·潮食界”成华区金秋美食节在永立星城都举办。美食节围绕扩大餐饮消费、激发城市活力、擦亮成华美食品牌，举办啤酒狂欢夜、国潮民乐趴、时代观影日主题活动；发布成华区美食地图、特色美食场景、特色美食、20道名菜，邀请全城市民来成华打卡，为市民美好生活增添愉悦。

【成都国际美食节】　10月22日，第十八届成都国际美食节在成华区万象城举办。美食节以“食在成都幸福美好”为主题，通过举办一场开幕式、一系列成德眉资和乐山名菜品鉴、一场成都川菜擂台赛、一场成都美食新菜品发布秀四大重点活动，发动各区（市）县、行业协会和互联网平台开展系列美食节分会场活动，通过多场次、多维度的美食文化交流活动，促进成都美食消费和美食文化交流，擦亮国际美食之都金字招牌，提升成都美食文化的传播力和影响力。市委常委、市政府党组成员刘筱柳，商务部驻成都特派员付燕，区委书记赵春淦，德阳市、眉山市、资阳市、乐山市政府和商务部门代表，成都市各区（市）县代表出席开幕式。

（秦　峰）

商务服务业

【概况】　2021年，成华区推进2个直播电商基地建设，引进西南地区第一家共享电商全品类供应链基地——哆哆喵选，西南地区第一家全产业链直播基地——抖音平台直播电商基地，西南地区第一家全网跨境直播基地——闪亮星空。全区有电子商务企业155家，成都支付通新信息技术服务有限公司、阿里巴巴成华服务中心、谷歌出海体验中心3家平台类企业。全年电子商务交易额1350亿元，比上年增长3.8%。

（王大云）

【节会会展】　成华区以构建“会展+产业+功能区+投资贸易”融合发展格局，按照会展“提升产业、营销城市、扩大开放”理念，以会展载体建设为重

10月22日，第十八届成都国际美食节在成华区万象城举办　　（区商务局供图）

点、错位特色竞争为关键、招大引强企业为抓手、促进产业发展为核心，推进会展业加快发展。全年举办线上线下重大展会活动59个，展出面积26万平方米，会展收入30.2亿元。

【电子商务集聚发展】 成华区直播电商新业态加速发展，以东郊为代表的直播电商基地聚集哆哆喵选、华星璀璨、抖音等直播电商企业20家；鼓励新迁入和新开办的电商企业向电子商务集聚区和专业特色楼宇聚集，提升电子商务产业集中度，推动产业布局优化，全年有35家企业进入专业特色楼宇。成华区以"众创空间""网商聚集"方式，推进移动电子商务发展空间载体建设，提升服务产业的承载能力，形成"两核多点"的移动电子商务集聚发展格局。

【电商基地建设】 电子科技大学科技园、财富又一城不断完善生态发展，提升"两核"电子商务集聚能力。全区形成以华润大厦、融创汇、钻石广场、高地中心、永立星城都、东郊记忆互联网创意园、龙潭工业机器人产业功能区为代表的移动电子商务，集成创新聚集楼宇和产业园7个。

【创新型电商企业培育】 成华区依托成都熊猫国际旅游度假区、龙潭工业机器人产业功能区、东郊记忆艺术区三大市级产业功能区，发展新经济产业、文化创意产业和枢纽经济产业，构建与国家中心城市相匹配的产业生态圈和创新生态链，增强内生动力和发展后劲。

（习　壤）

【服务外包产业发展】 区商务局搭建政府互动平台，推动企业响应"一带一路"倡议，打通更多国家的通道，截至年底进入巴基斯坦、约旦、埃及、格鲁吉亚、越南、印尼等20个"一带一路"国家。成都建筑材料工业设计研究院有限公司承建埃及国防部卡夫拉谢赫住房建设工程总承包项目、巴基斯坦Maple Leaf 7000tpd熟料水泥生产线等项目，涉及巴基斯坦、约旦、埃及、格鲁吉亚、阿联酋等国家，全年实现执行离岸金额8356万美元。中国电力工程顾问集团西南电力设计院在越南、印尼等国家开发新能源发电、综合能源发电、输变电等项目，开发规划咨询、勘察设计以及工程总承包项目，开发越南广治风电EPC项目，全年实现执行离岸金额2026万美元。

（王大云　梁　辉）

【电子商务产业投资推介会】 5月11日，成华区互联网经济发展高峰论坛暨电子商务产业投资推介会在协信中心希尔顿酒店举行。推介会以数字消费、数字文创、电子商务发展为核心，组织开展成华区产业投资推介活动，提升企业互联网经济意识与应用水平；加强区内外资源融合对接，推动企业互联网转型升级与新消费新场景营造；促进新业态新载体融合，增强市场活力，加速释放消费潜力。上海百胜软件股份有限公司、四川苏宁易购销售有限责任公司、成都药王科技股份有限公司、远大科技集团有限公司等8家企业与成华区相关产业功能区及有关部门就数字化平台、数字化健康产业、数字化文创等项目签约，总投资122亿元。

（习　壤）

表74　　2021年成华区潮动消费新场景点位一览表

类别	潮动消费新场景点位	地址
二次元·萌宠圈	泡泡玛特POPMART·成都万象城店	双成二路98号
	MARVEL 漫威成都滨江店·成都滨江天街店	成华大道杉板桥路266号
	嘟噜嘟噜萌宠主题乐园·成都滨江天街店	新成华大道龙湖滨江天街
	喵艾卿Cathighness（王府井Discovery店）	二环路北四段33号
	猫力给·撸猫空间站·成都滨江天街店	龙湖滨江天街
	喵踪（王府井Discovery店）	二环北四段王府井购物中心
国风·文化圈	猛追湾城市更新项目	望平街
	文轩BOOKS招商花园城店	杉板桥路669号
	瞳莞汉服（王府井Discovery店）	二环路北四段33号
	萌想星球107文创园	建设北路三段132号
	107布后花园	建设北路三段132号
	象叁手工皮具体验馆（猛追湾店）	望平街23号
	入云屋（猛追湾店）	望平街23号

续表74

类别	潮动消费新场景点位	地址
活力·潮流圈	成都万象城	双庆路8号
	成都王府井Discovery	二环北四段33号
	天荟·万科城市广场	杉板桥路369号
	龙湖成都滨江天街	杉板桥路175号
	首创S68	踏水桥北街60号
	MAO Livehouse	杉板桥路369号
	S45offlineStore	杉板桥路369号
	富森美自营·动物交响团	富森美家居城北家具馆
	FOSS·成都万象城店	双庆路8号
	NEWOK（王府井Discovery店）	二环路北四段王府井购物中心
	ChrisLV offlineStore	杉板桥路369号
	EASYFUN舞蹈生活馆（王府井Discovery店）	驷马桥三路
美食·潮饮圈	香天下K160	仙韵一路198号
	湊湊火锅.茶憩	双庆路8号
	南门精酿·西餐吧（万象城店）	万象城二期C馆
	THE LAST（王府井Discovery店）	二环路北四段33号附112号
	M99BEER世界啤酒（府青财富店）	财富又一城
	莆田·成都万象城店	成都万象城A馆
	Tease调色河景餐吧（猛追湾店）	望平街129号
	Pause Coffee（猛追湾店）	望平滨河路16号
	CHEZ MOI在我家（猛追湾店）	天祥滨河路34号
	藏炭烧肉（猛追湾店）	东风路4号附18号
	JOGHURTWERK德国冻酸奶（猛追湾店）	望平滨河路40号
	农夫问道生态能量餐吧首创s68店	首创s68商业街
数码·游戏圈	华为旗舰店成都万象城	万象城C馆
	小米之家成都万象城旗舰店	双成二路38号
	绿树电竞馆（王府井Discovery店）	二环北四段王府井商场
	环球魔力沉浸式剧场	萌想星球107文创园2号仓
	超自然现象调查局实景剧场（S68店）	首创S68负一层
	归里沉浸式密室（S68店）	首创S68负一层

【2021花young成华潮流消费季】 5月25日至6月20日，2021花young成华潮流消费季活动在王府井Discovery举办。发布“UP成华！潮动消费场景榜”，榜单围绕成华文商旅体等消费领域新场景、新体验、新产品，针对Z世代圈层的消费特色，评选出二次元·萌宠圈6个、国风·文化圈7个、活力·潮流圈12个、美食·潮饮圈12个、数码·游戏圈6个五大类新场景点位43个，为实施幸福美好生活十大工程，建设国际消费中心城市、全面践

5月25日，2021花young成华潮流消费季活动在王府井Discovery举办　（区商务局供图）

行新发展理念公园城市示范区贡献成华力量。

（汤小东）

【新潮中国·时尚成华2021时尚之夜】 4月28日晚，“新潮中国·时尚成华——2021时尚之夜”在万象城举行。活动通过时尚文化、时尚场景、时尚力量三个篇章，以时尚明星网络平台直播、年度时尚指数发布、天府品牌计划启动、成华时尚消费场景推广等线上线下相结合的方式，展示成都文商旅形象，宣传成华时尚消费元素，提升区域品牌效应，助力打造成都国际消费中心城市新极核。

（梁　辉）

交通运输服务业

道路运输业

【概况】 2021年，成华区内有3个长途汽车客运站，运输企业170家。全年公路客运量439.2万人次，公路货物运量379万吨，无旅客运输安全事件发生。辖区有公交车路数168路，出租车1332辆。

【城市公交优化发展】 成华区内新开50路、67路、251路、349路、354路、355路、356路、357路、K4路、K6路10条公交线路，优化调整线路90条，优化调整站点300个。全区主要道路300米范围公交站点和线网设置覆盖率85%，道路500米公交线网和站点满覆盖，实现公交与地铁运营线路有效接驳。

【定制公交运营】 成华区内有熊猫快线5号线区间（地铁熊猫大道站D口—熊猫基地），漫花庄园假日旅游公交线（动物园公交站—漫花庄园），天府机场专线2号（天府国际机场—成都东客站）3条定制公交线路。

【社区巴士运营】 成华区内有1001路、1005路、1009路、1010路、1012路、1013路、1035路、1040路、1047路、1048路、1054路、1060路、1063路、1021路、1121路、1122路、1133路、1160路、1161路19条社区巴士。

【成都汽车总站】 位于成华区迎晖路194号，占地47亩，是一座功能齐全、设施配套，集吃、住、行、旅游于一体的一级开放型车站，设发车位24个，停车场车位300个，省内发往泸州、宜宾、乐至、内江、资中、资阳等地；跨省发往重庆、万州区、涪陵、南宁、桂林等地,采用“滚动发班”和定时发班两种发班方式，全年发运班车5.2万班次，运送旅客76.3万人次。

【成都东站汽车客运站】 位于成都东站东广场南侧，占地87.2亩，是成都东站综合客运枢纽的重要配套汽车客运站，主要承担铁路到发旅客中转接驳和快速疏散功能，与铁路、公交、地铁、出租和社会车辆等交通紧密衔接，实现多种交通方式互通互换；设长途发车位80个、停车泊位160个，开行省内19个地市州以及重庆、贵州、云南、山西、山东、福建等跨省班线，成都周边区县县际班线17条、各地市州市际班线105条、跨省班线30条、超长班线36条，客运班线共188条，全年发运班车16.1万班次，运送旅客258.6万人次。

【成都昭觉寺汽车站】 位于成华区昭青横路88号，占地53.7亩，与成绵高速公路配套交通枢纽汽车站，是成都市十大客运枢纽站，成都向北出川的一级客运站，集长短途客运、市内公交于一体，主要开往广元、苍溪、绵阳、德阳、广汉、旺苍、青川、梓潼、平武、江油、射洪等客运线路，全年发运班车6.7万班，运送旅客104.6万人次。

（林恩西）

铁路运输

【概况】 成都东站位于成华区东南部、东三环路内侧，占地面积1306亩，总投资38亿元，分为东广场、西广场以及站房3个部分，建设规模14台26线，是全国第六、西南最大的综合交通枢纽和全国“八纵八横”高铁网络重要节点，集铁路客运、长途及旅游客运、城市轨道交通、城市公交、出租车及社会停车等功能于一体的大型现代化综合交通枢纽。

【成都东站铁路旅客运输】 成都东站铁路线有成渝高铁、西成高铁、成兰高铁、成贵高铁、成昆高铁、沪汉蓉高铁、成绵乐城际列车，开往上海、北京、广州、武汉、兰州、贵阳、昆明、西安、重庆、杭州、福州、郑州、南昌、南京等各大城市，列车开行数量242对，日均客流量11.79万人次，全年发送旅客4303.35万人次。

（朱　艳）

【城市轨道交通】 成华区内城市轨道交通线路有1号线、2号线、3号线、4号线、6号线、7号线、8号线经过；1号线有火车北站、升仙湖2个站点；2号线有塔子山公园、成都东站、成渝立交3个站点；3号线有红星桥、前锋、李家沱、驷马桥、昭觉南路、熊猫大道6个站

成都东站　　（东客站新城办供图）

点；4号线有槐树店、万年场、双桥路、玉双路4个站点；6号线有解放路、马鞍北路、建设北路、新鸿路北、玉双路5个站点；7号线有火车北站、驷马桥、府青路、八里庄、二仙桥、理工大学、崔家店、双店路、槐树店路、迎晖路、成都东站11个站点；8号线有十里店、理工大学、东郊记忆、杉板桥、万年路、双桥路6个站点。

（唐　涵）

交通管理

【概况】　2021年，成华区交通运输行业稳步发展，货物运输、维修、网约车、驾培、停车场安全规范,文明经营，全年无重大交通安全事故发生。

【道路运输管理】　区住建交局加强道路运输管理，督促道路运输企业落实安全生产主体责任，指导道路运输企业加强安全生产标准化和风险预防控制体系建设，推进规模企业安全生产标准化达标，开展道路运输企业“质量信誉考核”，对全区170家道路运输企业进行全面考核。

【交通安全生产监管】　区住建交局对运输企业开展交通安全生产工作检查，建立道路运输企业安全检查台账，加强重点货运车辆动态监管，全面推进半挂牵引车及重中型载货汽车卫星定位系统安装，督促企业和驾驶员提高安全意识、文明驾驶；加强货运车辆违法违规行为打击力度，规范交通运输行业秩序。区住建交局完成道路货物运输企业（个体运输户）安全生产责任书和承诺书签订，将车辆技术状况纳入道路运输车辆年度审验，查验车辆技术等级评定情况，把好年审关，确保道路运输安全。全年对区内道路运输行业进行日常检查134次，发现问题下达整改通知书64份，企业严格按照整改内容进行整改。

（林恩西）

邮政服务业

【概况】　中国邮政集团有限公司成都市成华区分公司下辖11个邮政支局、5个邮政所，4个投递部、8个营业部、1个经营部。2021年，实现收入7769.46万元，其中代理金融业务收入1253.09万元、寄递业务收入4504.03万元、集邮与文化传媒业务收入1803.35万元、电商分销业务收入208.99万元。成华区邮政分公司获得2021年度全市突出贡献奖、双十一运营保障组织奖第二名、服务质量管理优胜奖三等奖、寄递业务高质量发展优胜单位，以及快递包裹轻量发展贡献奖、寄递激活前端优秀单位、集邮与文化传媒专业文创销售领军奖等荣誉。

【邮政服务】　成华区邮政分公司坚持普服为“根”、客户为“本”的理

6月17日，区住建交局指导汽修人员安全技术　　（区住建交局供图）

念，认真落实普遍服务和特殊服务工作，通过作业组织调整，确保党报党刊及时投递，实现当日见报率100%；严格贯彻落实城市投递标准，确保普通邮件报刊投递时限和效果；严格执行投递信息实时反馈，邮件传递全程时限指标达标，避免邮件断点现象出现；全力保障中央巡视督导专用邮政信箱寄递渠道畅通，设立“A310、A386、A392”等8个专用信箱，确保专用信箱邮件及时处理和有效投递，从邮件进口处理、投递到跟踪监控全环节进行梳理并明确环节职责，规范操作行为，实现专人、专车投递，保障巡视专用信箱邮件迅速、准确、安全投递。

【寄递业务】 成华区邮政分公司寄递业务提质增效，寄递总收入完成4425.08万元，比上年增长37.38%，排名全市第四名，其中特快完成收入1625.83万元、增长51.77%，快包完成收入2799.25万元、增长36.92%；结合客户关注的时效需求，将特快产品及快包产品均衡运用。文化传媒业务通过分析集邮产品，集邮客群及市场价值等因素，以协同发展为导向，举行“1号财富”和“盛世财富”2场集邮“爆品”活动，实现销售收入56.2万元；通过对存量客户进行深挖，与寄递客户进行协同，开发定向客户6家，实现定向开发收入36.99万元，增长126.24%；以建党100周年为契机，“集邮党史知识进校园”为突破点，设计制作专属纪念封与纪念明信片，实现收入2.89万元，成为成都邮政首个入校活动产生效益的标杆项目。电商分销业务赶早抓前，签订大客户3家，实现收入51.51万元；建立9个团购自提点，实现成团量2568单，排名全市第三。

（牟妍妮）

表75　　2021年成华区邮政营业网点机构一览表

序号	机构名称	网点地址	网点属性
1	成都市猛追湾邮政支局	双林路338号	自有邮务类网点
2	成都市建设路邮政支局	建设路53号附3号	
3	成都市双桥子邮政支局	水碾河路19号附7号	
4	成都市桃蹊路邮政支局	桃蹊路70号附6号	
5	成都市龙锦街邮政支局	龙锦街1086号、1088号、1090号	
6	成都市长秀路邮政支局	长秀路110号	
7	成都市竞成路邮政支局	竞成路1号	自有综合类网点
8	成都市华林三路邮政支局	华林三路65号	
9	成都市龙潭寺邮政支局	成宏路2号附2号	
10	成都市府青路邮政支局	府青东街1号	
11	成都市荆翠中路邮政支局	荆翠中路345号、347号、349号	
12	成都市熊猫基地邮政所	熊猫大道1688号	自有邮务类网点
13	成都市杉板桥邮政所	杉板桥路42号	代办邮务类网点
14	成都市机车厂邮政所	建设北路三段265号附4号	
15	成都市致顺路邮政所	致顺路104号	
16	成都市八里庄邮政所	八里庄22号附7号	

表76　　2021年成华区邮政寄递营业部普邮投递机构一览表

序号	机构名称	网点地址
1	成都市双林路营业部	双林路332号
2	成都市水碾河营业部	水碾河路21号
3	成都市华林路营业部	龙树西二路1号附1号
4	成都市龙潭寺经营部	华甸路6号
5	成都市建设路营业部	建设路53号
6	成都市青龙场营业部	桃蹊路70号
7	成都市八里桥营业部	西林4街232号
8	成都市白莲池营业部	青龙场路651号
9	成都市和悦路营业部	东虹路99号
10	成都市猛追湾普邮投递部	双林路342号
11	成都市龙潭寺普邮投递部	火神庙路19号
12	成都市荆竹普邮投递部	仁义路49号
13	成都市槐树店普邮投递部	长融街28号

成华区邮政分公司邮政投递运输车　　（成华区邮政分公司供图）

信息传输服务业

【概况】 2021年，中国移动通信集团四川有限公司成华分公司，深入践行“客户为根、服务为本”理念，全力打造优质移动通信网络、便民营销服务体系，为全区105万个人移动客户、1.2万户企业客户提供通信服务，总体运营规模居五城区第一。

【移动通信服务】 成华分公司服务有线宽带客户31万，成为五城区中网络规模最大、服务客户最多、运营能力最强的运营商；以“打造全国领先的5G精品网”为目标，建成5G基站1400个，实现成华区域5G全覆盖；针对区域6个百亿商圈、4个交通枢纽、4所高等院校、2个国家AAAA级旅游景区、3个三甲医院、10个甲级写字楼等重点区域进行5G网络品质提升；联合核工业四一六医院申报国家卫健委“5G+医疗健康应用试点”项目；打造高速健壮的5G全千兆“智慧教育城域专网”，与区教育局联合申报教育部“5G+智慧教育试点”项目，助力建设智慧教育新体系；服务政府社区网格化管理，建成5G智慧社区11个，服务客户2万余名；协助公安、基层社区、物业公司自动采集社会管控数据，提升网格化精准治理水平。成华分公司打造面向个人、家庭、集客各类市场的丰富产品体系，确保市民信息通信消费感知领先，助力培育通信消费新场景；推动5G全面千兆体验升级，成华小区移动宽带覆盖率99%，全部具备千兆接入条件，千兆用户全省第一；服务5G客户20万户，实现市民“出门5G千兆，进门宽带千兆，全家Wi-Fi千兆”，全方位满足市民数字家庭消费需求。

（吴蓉莎）

【中国电信成都分公司】 公司建设千兆端口82.3万个，实现乡镇以上千兆能力全覆盖；建成5G基站上万个，形成中心城区及郊县城区、重点乡镇5G全覆盖，以及热门景区、重要工业园区、党政军办公区域、机场、地铁、重要交通枢纽5G全覆盖，成片覆盖的5G网络结构基本形成；创新建成全国首个落地运营的MEC智慧边缘数据中心，提升数据传输效率；助力天府国际机场智慧化建设，实现机场5G网络全覆盖，建成智慧维护调度平台实现机场所有网元数字化处理；打造“新华坊”特色街区项目，通过植入5G新元素，建成街区基础智能网络，以5G、8K视频AR/VR景观直播等指挥应用，高规格建设街区5G应用新场景，打造集数字治理、数字文创为一体的城市边缘云脑信息系统，构建街区智慧管理“大脑”。公司发挥信息化优势，助力“幸福美好十大工程”建设，推出尊长“暖心服务”，在线上10000号客服热线设立一键呼入的“尊长专席”，快速响应老年人需求；在线下电信厅设立“无健康码”登记服务绿色通道和老年人服务专区。

（余治昊）

科学研究和技术服务业

【概况】 成华区有以信息产业电子第十一设计研究院等为代表的“四院三司”总部经济，集群充分发挥总部经济引领作用，为国内外客户提供良好的工程服务。成都理工大学有2个国家重点实验室。

（杨　戈）

【成都理工大学国家重点实验室】 成都理工大学有油气藏地质及开发工程国家重点实验室、地质灾害防治与地质环境保护国家重点实验室2个国家重点实验室。油气藏地质及开发工程国家重点实验室是中国油气工业上游领域第一个国家重点实验室，在中国西部盆山耦合关系及其动力学模式研究、致密砂岩储层成因机理及综合评价方法与技术研究、青藏高原油气资源评价研究、裂缝性储层物理模型实验研究和缝洞系统的地震检测和综合预测研究等方面取得重大进展；地质灾害防治与地质环境保护国家重点实验室是中国地质灾害防治领域唯一的国家重点实验室，在中国地质灾害防治方面起着引领作用，为中国的防灾减灾事业提供重要的科技支撑，实验室已成为中国该学科领域科学研究和高层次人才培养的重要基地，国际上重要的地质灾害研究中心之一。

（应　杰）

【信息产业电子第十一设计研究院】 十一设计研究院具有《工程设计综合资质甲级》《房屋建筑工程施工总承包资质壹级》《机电安装工程施工总承包资质壹级》等资质，承担咨询、设计、监理、总承包工程，对半导体集成电路，新型显示器件，生物制品，光伏新能源等高新技术产品生产环境所需要的净化空调系统，工业气体系统，纯水系统，化学品系统，自动控制系统的工程设计与建造具有国内一流的技术和经验；为国内外客户提供良好的工程服务，客户包括中芯国际、英特尔、LG、海力士、西门子、大众汽车、飞利浦、朗讯、摩托罗拉、安生美、三星、富士康、IBM、DELL、罗氏制药、嘉吉、科文斯、中国电科、国电集团、四川长虹、南京熊猫、上海华力、上海华

信息产业电子第十一设计研究院 （猛追湾街道供图）

虹、上海贝岭、华为、中兴通讯、天威集团、尚德能源、阿特斯、江苏中能、中环光伏、方正集团、普洛斯物流、成都生物所等；曾获优秀设计、优秀咨询、总承包、科技进步等各类奖项278项，其中国家级奖励45项、部省级奖励233项。全年产值收入187.53亿元，全口径税收13406万元，区级税收4799万元。

【中国电力工程顾问集团西南电力设计院】 西南电力设计院具有工程设计综合甲级、工程勘察综合甲级、工程咨询、环境影响评价等多门类资质的国家级高新技术企业，以电力规划研究、咨询、评价、工程勘察设计、工程总承包、项目管理、专有技术产品开发、投资运营为主营业务，服务于“一带一路”“长江大保护”“成渝双城经济圈”等国家级战略发展需求，聚焦“碳达峰、碳中和”目标，深耕电力、市政、环保、智慧能源和基础设施建设领域，面向国内外市场提供工程一体化解决方案和全生命周期管理服务。公司项目遍及全国34个省、自治区、直辖市，业务覆盖世界44个国家和地区，海外发电机组设计总容量62044兆瓦，凭借精湛的技术实力和一流的管理水平，曾获国家科技进步特等奖、一等奖及省部级以上科学技术奖等232项，国家优秀勘察设计金奖及省部级优秀工程勘察设计奖和咨询成果等767项，国家优质工程金质奖、工程总承包金钥匙奖及省部级优质工程奖等80项；获得美国工程新闻记录（ENR）、中国工程设计企业60强、四川省百强企业、成都市百强企业等荣誉。全年产值收入23.86亿元，实现全口径税收9403万元，区级税收3371万元。

【成都建筑材料工业设计研究院】 成都建筑材料工业设计研究院具有建材及非金属矿工业工程设计、工程总承包、民用建筑工程设计甲级资质等，以其自身的技术优势、装备制造和成套能力、先进的项目管理体系，在中东、东南亚、南美、非洲、美洲、欧洲等10个国家，以EPC方式完成水泥工程建设项目10项，取得国际工程总承包项目的市场业绩。公司通过ISO9001质量体系认证，发展为集科研开发、工程设计、工程总承包、装备制造和成套、工程监理、技术咨询、技术服务于一体，具有直接对外经营权、企业自营进出口权和具有国际竞争力的工程公司；在成都国家经济技术开发区建立100亩的科技产业园区，将基础研究、科学实验、技术开发和产业化工作融为一体；曾获四川省创新型企业试点企业、四川省企业技术中心。全年产值收入36.9亿元，全口径税收3807万元，区级税收2218万元。

【中国测试技术研究院】 中国测试技术研究院具有法定计量技术机构、第三方检测与校准机构、测试技术与标准研究机构三位一体的国家级综合性研究院，是国家法定计量技术机构、产品质量监督检验机构，专业从事测试与标准研究；依据国家授权开展传感器、计量器具等产品质量监督检验，接受企业委托开展检测业务；针对产业经济技术需求，开展产业基础测试及技术标准研究；针对政府公共安全、环境保护、人类健康、公平贸易等领域，开展生态环境工程测试、食品安全工程测试、药材安全工程测试、室内环境工程测试、机械运行安全工程测试、医疗设备安全工程测试、地震、突发公共事件应急工程测试、能源计量与节能减排工程测试。研究院有中国工程院院士1名，享受国务院政府特殊津贴专家3名，国家级有突出贡献专家1名，四川省学术技术带头人2名，四川省有突出贡献专家6名。全年产值收入1.94亿元，全口径税收2764万元，区级税收953万元。

【中国石油西南油气田公司】 中国石油西南油气田公司是西南地区最大的天然气生产供应企业，主要负责四川盆地油气勘探开发、天然气输配、储气库以及川渝地区天然气销售和终端业务，下设页岩气项目部、阿姆河项目部、重庆气矿、天然气研究院等41个二级单位；拥有集输和燃气管道7万千米，年综合输配能力400亿立方米，建有一座最大日调峰能力2850万立方米的相国寺储气库；区域管网通过中贵线和忠武线与中亚、中缅、西气东输等骨干管道连接，是中国能源通道的西南枢纽。天然气用户遍及川渝地区，有1000户大中型工业用户、10000家公用事业用户，2500万户居民用户，公司天然气产量迈上350亿元新台阶，油气量突破2800万吨。全年产值收入491.84亿元，全口径税收57210万元，区级税收9316万元。

【中国石油集团川庆钻探工程有限公司】 川庆钻探工程有限公司取得川东钻探公司、川西钻探公司、长庆钻井总公司、塔里木工程公司、长庆录井公司、长庆固井公司等资质企业13个，为石油、天然气及其他矿产品的勘探、开采提供工程技术服务和咨询；地质勘查业科研及咨询服务、工艺技术研究与应用开发；勘察工程设计、施工，电力、燃气及水的生产，石油专用设备制造，金属制品业，专用设备检测，专业培训，租赁和商务服务业，批发和零售业；曾获国家技术发明二等奖1项，科技进步一等奖3项，科技进步二等奖1项，省部级科技奖120项；获授权专利1666件，其中发明专利474件。全年产值收入318.38亿元。

【雅砻江流域水电开发有限公司】 雅砻江流域水电开发有限公司从事雅砻江流域水电站开发、建设、经营管理和电力销售，为水电行业服务咨询、物业等相关业务，主要业务为水力发电，通过开发、运营二滩水电站，实现四川雅砻江水电资源的“流域、梯级、滚动、综合”开发，为川渝电网供电和电网安全稳定运行提供强劲的支持。二滩水电站可开发装机容量2610万千瓦，两河口、锦屏一级、二滩三大水库是雅砻江中下游的控制性水库，担任川渝电网第一调频调峰厂。二滩水电站工程由高240米的双曲拱坝、巨型地下厂房和庞大的泄洪设施组成，雅砻江沿江规划开发21级电站。全年实现全口径税收17506万元，区级税收5509万元。

（何凌潇）

旅游服务业

旅游业发展

【概况】 2021年，成华区深入践行“文旅融合”，推进“天府旅游名县”创建取得成效，被命名为第三批“天府旅游名县”。全年接待旅游人数2348.50万人次，比上年增长27.2%，其中海外游客0.89万人次、下降72.3%，国内游客2347.61万人次、增长27.4%；实现旅游总收入329.35亿元，比上年增长21.1%。

【天府旅游名县创建】 成华区利用“大熊猫”“大枢纽”“大文创”“大都市”特色文旅资源，营造猛追湾“老成都+时尚范”的夜经济消费场景，培育发展“锦江夜游、高塔夜秀、美食夜市、酒吧夜娱、民居夜宿”等夜间经济新业态，建成开放猛追湾市民休闲区滨江慢行街区，打造12条沿锦江“平行内街”“垂直子巷”等体验新场景，推出滨河商业街、339、香香巷、望平坊、四川金融博物馆等特色场景；聚集成都拾野自然博物馆、几何书店、贰麻酒馆、欢墅香里等一批首店名店，精彩呈现“烟火人间三千年、成都上下猛追湾”的独特魅力。成华区拥有东郊“工业风+文创范”的泛娱乐体验场景，通过实施文化遗存、文创园区、文旅地标“三位一体”开发，统筹推进18处60万平方米老厂房蜕变为文旅新地标，打造东郊记忆、完美文创公园等新型产业园区，完美展现成都东郊“工业老记忆、文创新高地”的崭新风采；依托成都大熊猫繁育研究基地和生态北湖两大核心资源，形成北湖“大熊猫+国际范”的生态文旅场景，打造世界级大熊猫保护示范地、文化策源地和国际旅游度假区；牵头成立全球首个大熊猫

9月28日，成华区被中共四川省委、四川省人民政府命名为“天府旅游名县”

（区文体旅局供图）

文旅发展联盟，推动熊猫基地改扩建等重大产业项目，策划开展大熊猫科普宣传等国际交流活动，签约落地华人国际探索世界等产业项目。9月28日，成华区被中共四川省委、四川省人民政府命名为第三批“天府旅游名县”。

【省级全域旅游示范区创建】 成华区用好成都东站和成都北站“两站”、大熊猫和工业文明两大品牌“两品”、成都339、万象城、成都自然博物馆、成都动物园“四地标”文旅资源，做精做优望平坊特色文旅街区，构建全域旅游发展新格局。成华区打造“都市消费名区”，实施“332”商圈建设计划，以“二环路商贸、中环路文商、成华大道旅游”三轴带动，建设“万象城、杉板桥、驷马桥”三大百亿商圈、“东客站、昭觉寺、蓉北升仙湖”三大主题商圈和“猛追湾建设路、熊猫基地北湖”两大顶级商圈，构建形成“三轴八圈”区域现代商贸发展新格局。

【“新兴文化旅游目的”地打造】 成华区构建以文化旅游为核心，以科研科普、都市休闲、文化创意为配套的产业体系，实现旅游、生态、居住“人城境业”融合发展，将成都熊猫国际旅游度假区建设成为世界级熊猫保护示范地、世界级熊猫文化策划地，打造享誉全球的国际旅游度假区。依托成都大熊猫繁育研究基地优势，深度开发熊猫原创IP、熊猫主题公园、熊猫主题餐厅、熊猫主题演艺等泛熊猫新型娱乐生态产业链；邀请国内旅游规划专家团队前往熊猫基地实地调研，推动熊猫基地标准化建设、规范化管理、人性化服务，完成熊猫基地改扩建项目，建设4平方千米的“熊猫之芯”。成华区引育一批大熊猫主题重大文旅项目，建设11平方千米的“熊猫之窗”，提升“都市看熊猫，安逸耍成华”品牌的吸引力，把35平方千米度假区建设成“熊猫之都”。

【旅游新业态打造】 成华区以“五创争先”为抓手，统筹推进三大名区打造，勾画出成华全域旅游新画卷。成都熊猫国际旅游度假区依托成都大熊猫繁育研究基地和生态北湖两大核心资源，推进国家级AAAAA级旅游景区创建，打造世界级大熊猫保护示范地、文化策源地和国际旅游度假区。东郊记忆艺术区借助“国家音乐产业基地”品牌影响，打通“创、展、演”链条，吸引红点设计、环球魔力、吾同体育、繁星戏剧村、亚旅传媒等行业领军企业，签约天府设计产业园、DMV国际音乐产业社区集群、国际友谊共享馆、国际创意设计产业园、“东郊记忆·朴宿X雷神”电竞生态综合体等项目，举办天府银杏艺术周、全国桥牌俱乐部锦标赛等重大文旅体活动，加快打造西部泛文化和泛娱乐高地。建设路金融商务总部发展区统筹打造猛追湾建设路商圈“百亿商圈”，全力推动夜间文化旅游消费集聚区建设，推出新华坊、贰麻酒馆、339运动空间、几何书店等集聚“游购娱吃住行”要素的夜间经济示范点。

【都市旅游产业转型升级】 成华区依托工业文明和大熊猫两张“城市名片”，推进“1358”全域旅游空间布局，构建“一中心、一轴线、三品牌、四板块”全域旅游空间格局，推动“景点旅游”向“板块旅游”“全域旅游”转变，打造蜀都味浓、国际范足的世界精品旅游目的地，实现全域公建、全域共融、全域共享。成华区举办“共筑新格局·共建经济圈”2021年文旅推介会暨“新成华·新风貌”旅游新产品发布会，发布2021年度“成华区世界文创名城投资机会清单”和“熊猫之都，滚滚而来”“探秘与发现，工业文明划时代”“深呼吸，畅游绿色新家园”3条特色文旅线路；签约国信国际电竞产业园、DMV国际音乐产业社区集群项目、龙川海洋动物乐园项目、抖音平台电商直播基地项目。成华区文化馆、四川福宝美术馆被确定为“四川省全民艺术普及示范基地”，东郊记忆演艺聚落入选2021年度省级文旅融合示范项目，望平坊评为省级休闲旅游街区。

【旅游公共配套完善】 成华区秉持“景区化、景观化、可进入、可参与”理念，构建以绿道为脉络的五级城市绿化体系；完善公共服务和配套设施，提升区域旅游发展的特色形象，在全市率先推行以“公厕星级管理”统筹旅游厕所管理新模式，评选熊猫基地新博物馆厕所、107仓库旅游厕所、二仙桥公园3个AAA级旅游厕所，亚朵点位新建网红卫生间AA级旅游厕所。成华区完善道路交通导视系统，指导涉旅企业规范旅游标识标牌，在重点路段、出入口、游客集散区等设置导引标识和导游图，成都大熊猫基地、东郊记忆道路导引标识标牌覆盖全市各交通枢纽，构建智能高效的智慧旅游服务体系，打造集咨询服务、导览导游、在线预订、在线投诉、分享评价、信息推送、旅游宣传、大数据分析等功能的智慧旅游服务功能平台；借助智慧城市大数据系统，整合公安、商务气象等部门数据信息，进行旅游信息发布和旅游数据统计，为游客提供旅游参考。

【旅游产业重大项目实施】 成华区抓好中演华天演艺中心等“六馆四中心”区级重点项目，推进熊猫基地改扩建工程建设，成都大熊猫博物馆、成都大熊猫繁育研究基地改扩建项

表77　　2021年成华区内新开旅游专线一览表

线路名称	起讫点
熊猫基地地铁7号线假日接驳专线	二环建设南路口——熊猫基地
熊猫快线2号线	金沙公交站——熊猫基地
成都夜间观光1号线	武侯祠——熊猫基地
高铁旅游观光1号线	成都东客站——金沙遗址东门
高铁旅游观光2号线	成都东客站——杜甫草堂
洛带古镇旅游观光2号线	成都东客站——洛带客运中心站

目开园投营。成都自然博物馆完成外立面装修和内部布展。天府国际动漫城定位打造集产业城、娱乐城、生活城一体的全国首创动漫产商旅无界融合中心和全国首批动漫产学研一体化基地。天府设计产业园通过工业遗产改造建设“一馆、一院、一基地、三中心”，打造设计行业风向标和文化创意聚集地。天府设计展览馆建成开馆，展出全球首展2021红点设计概念大奖获奖作品展。

【旅游市场行业管理】　成华区健全旅游景区安全管理机制，完善旅游保险、旅游安全监控、旅游救援等旅游安全保障服务措施，强化旅游事前组织、事中监管、事后救济，建设全域一体化旅游安全保障系统；加强大型旅游活动安全保卫，统筹协调、多点布局、分级管理，防范和化解旅游风险，提升旅游安全保障服务能力。全区构建完善执法体系，建立公安、住建交、市场监管、街道等多部门联合执法制度，强化对酒店（宾馆）、景区（景点）、旅行社、旅游营运等涉旅企业的执法监督；开展旅游市场专项整顿，依法打击“不合理低价游”“零团费”等违法行为，建立诚信企业和失信旅游企业名单，完善旅游经营诚信体系。

（叶　恒）

【旅游专线景区直通车】　成华区不断完善旅游、夜间公共服务，开通6条旅游专线景区直通车，方便游客和市民周末及节假日旅游。

（安　媛）

文商旅城融合发展

【概况】　2021年，成华区依托成都熊猫国际旅游度假区、成华区东郊记忆艺术区两个文旅功能区，推进“都市旅游”和“文创产业”两大产业建圈强链；推进东客站商圈、熊猫基地北湖商圈、环东郊记忆商圈、万象城商圈等八大文商旅融合商圈发展。成华区坚持以市场为导向、服务为核心、项目为支撑、体制优化为保障，以“五创争先”为契机，按照“全景化建设、全时化消费、全要素融合、全民化共享”的要求，完善文商旅基础设施，提升文商旅公共服务水平，创新文旅产品体系，加强宣传营销，强化行业监管，推动文商旅城融合发展。

【特色文商旅示范片区打造】　成华区依托工业文明和大熊猫两张“城市名片”，推进文化、旅游、商业和城市深度融合发展，培育满足不同消费群体的新业态、新场景，全面打响“熊猫之都”“东郊文创”“枢纽经济”“夜游锦江”等文商旅城融合发展品牌，向全球展示“老成都、蜀都味、国际范”的城市区域新形象。熊猫国际旅游度假区实施改扩建工程，助推国家AAAAA级旅游景区创建，引入熊猫时空馆、融创文旅环球会展等项目，打造大熊猫国际文旅品牌的核心承载地和世界旅游名城首选目的地。东郊记忆艺术区布局剧场群落、展演空间、商业街区等多种业态，签约成都繁星戏剧村、朴宿雷神电竞生态综合体等，举办成都国际友城青年音乐周等活动，形成“创展演、吃住行、游购娱”全天候演艺艺术体验消费中心。

【“最具文化特色旅游目的地”打造】成华区多点入手打造旅游新品牌，策划推广以大熊猫文化之旅、工业文明之旅、绿道体验之旅为主题的3条特色旅游产品，串联沿线景区景点、特色餐饮、购物娱乐；推动望平坊、新华坊休闲旅游街区城市更新、生态

新华坊休闲旅游街区　　（区融媒体中心供图）

提升、肌理调整、文化传承、场景塑造、价值转化整体规划建设，望平坊评为省级休闲旅游街区。成华区整合全域旅游资源，打造旅游新业态、新产品，推进结构优化、品牌打造和服务提升，助推四川四季康城酒店有限公司（笨酒店）评为“智慧酒店”，尚景翡翠酒店、尚锦品酒店评为“绿色酒店”。成都笨酒店、猛追湾望平坊、成都拾野博物馆、二仙桥工业K160火锅、成华区二仙桥公园婚姻登记处、成都繁星戏剧村、成都招商花园新华文轩书店、完美文创公园8个点位入选2021“最成都生活美学新场景”，成华区北湖生态公园评为省级生态旅游示范区。成华区提升蜀龙路等风景大道景观，建成信息共享、互联互通的全域旅游大数据智慧中心；北湖生态公园、大熊猫繁育研究基地、熊猫广场、大熊猫自然博物馆、熊猫驿站、完美文创产业园、二仙桥公园幸福号婚庆广场、东郊记忆、拾野自然博物馆、猛追湾旅游休闲街区等27个迎检点位全面提升，成华区“最具文化特色旅游目的地”基本形成。

10月1日，成都大熊猫繁育研究基地熊猫时空馆正式开馆　　（区融媒体中心供图）

【精品文创项目建设】　成华区利用二仙桥工业遗址改造建成“K160机车火锅”，集成IP品牌孵化、设计改造、运营管理为一体，将公园工业遗址活化，采用全新中式设计风格，将列车元素和新设计视觉相结合，通过钢架结构木质材料的搭配，体现文艺气息；通过AI体感和声光技术，结合全新互动装置艺术，呈现幸福心跳的艺术之美，打造二仙桥心跳博物馆。

【成华大道文化旅游发展轴打造】成华大道作为成华文旅资源主要串联道路，沿线集聚339天府熊猫塔、新华坊、东郊记忆、成都理工大学等文旅体资源，以成华大道为中心，统筹提升改造周边业态和场景，打造融入地质文化和自然科普功能的地质与生物文化公园，以运动和家庭健康、户外休闲为主题的圣灯公园。成都自然博物馆融合蜀山、蜀道、蜀水等四川元素，通过打造“地质环境厅”“矿产资源厅”“恐龙世界厅”“生命探源厅”“缤纷生命厅”、4D影院、地球影院，对生命起源、地质作用、矿产资源、浩瀚宇宙等课题进行科普与展示，为成华大道增添一个文旅地标，助推成华大道文化旅游发展轴打造。

【猛追湾市民休闲区滨江慢行街区】望平坊是成都天府锦城“八街九坊十景”中的一坊，是锦江绿道、旅游街区首批示范段和成都建设美丽公园城市示范区，依托滨河生态地理条件，对0.5平方千米进行空间活化与肌理调整，打造“艺文生态花园、潮流娱乐中心、网红美食聚落、文化创意基地”四个板块，营造“亲水型”文创体验、“最成都”市井休闲、“后现代”潮流娱乐、“夜经济”特色消费等新场景。猛追湾望平坊获评“全国社区商业服务示范街”、首批“四川省旅游休闲街区”和“四川文创集市”。

【文商旅时尚文化街区】　成华区打造望平坊国家级文旅消费集聚区，培育首店名店经济、户外经济、假日经济消费新业态、夜间消费新场景。全区培育时尚文化街区和绿道“沉浸式夜间文化空间”20个，推出“最成都·夜间生活美学新场景”50个，打造“烟火成华”品牌。东郊记忆、猛追湾望平坊、环球魔力沉浸式剧场、成都繁星戏剧村入选2021成都夜间经济示范点位。

【熊猫时空馆开馆】　熊猫时空馆位于成华区熊猫大道1688号，熊猫时空馆以视觉、触觉、听觉全感知理念，以“国宝力量——熊猫野化历险记”为主题的全沉浸式体验馆，作为成都“熊猫之都”战略布局中“熊猫星球”的重要文化旅游项目，依托成都大熊猫繁育研究基地的流量效益，发挥“熊猫经济”效能，成为国内唯一泛熊猫文化沉浸式体验场馆。10月1日，熊猫时空馆正式开馆。

（周晓娅）

旅游景区景点

【概况】 成华区有“大熊猫文化”“工业文明”两大世界级文化旅游资源，成都大熊猫繁育研究基地、东郊记忆·成都国际时尚产业园两个国家AAAA级旅游景区；有始建于唐代的“川西第一禅林”——成都昭觉寺，西南地区最大的动物园——成都动物园，西部339米第一高塔——天府熊猫塔等城市名片。2021年，成华区新建成投用高铁城市公园、龙潭新区公园、保和公园、白莲池公园4个，全区有17个城市公园旅游景点，呈现公园城区大美风貌形态，构建“一屏一链四脉”公园体系。

高铁城市公园　　（区融媒体中心供图）

【高铁城市公园】 位于成华区槐柳四路，公园占地面积578亩，分两期实施建设，一期占地面积172亩、二期占地面积406亩。高铁城市公园距离成都东站1千米，南侧临迎晖路，西侧临成昆铁路线，东侧临杨柳路，两期联动构建一条“东站高铁公园风光带”，形成“从公园看火车沿线，从火车沿线看公园”的新公园场景，展现成都的门户形象。5月14日，成都首个高铁城市公园正式投用，免费向市民开放。

【成华公园】 位于成华区猛追湾街22号，占地面积158亩。公园分为“桃花溪谷”“湖畔湿地”“银杏大道”“儿童游戏区”四大主题；以“城市中的田野，都市中的绿肺”为主题，园区以银杏、水杉等大型树木为主，整个公园铺上全新的透水混凝土地面，在保留原有景观空间的同时，全力构建水生态环境，将公园边界的临河空间开放与城市共融，创造自然的现代生态景观，成为一个全开放的城市公园，免费向市民开放。

【龙潭新区公园】 位于成华区龙潭工业机器人产业功能区，占地面积115亩，北邻成宏路东段，南临航天路东段，西侧为华月路，东侧为华英路，构建“一湖一廊双轴”的景观结构，一湖为云聚湖，一廊为绿色连廊，双轴为生态休闲景观轴和人文互动景观轴；规划有童趣天地、水上栈道、露草迎风、密野林踪等景点；依托公园地形地貌，采用大型乔木、花束、灌木等绿意盎然的植物，在城市之中营造出绿色生态的景观空间。1月1日正式投用，免费向市民开放。

【保和公园】 位于成华区保和街道团结社区，占地面积41亩。公园分为文化展示区、自然生态区、山地景观区、活力运动区四个区域，通过自然生态场地、景观装置雕塑、公共活动空间、休闲步行景观带打造，展现以“和”为主题的公园场景；将“政通人和”作为主轴线，依据现状地形高差，将右侧作为“地利人和”，运用起伏曲折的道路，体现入蜀意境；左侧设计运动健身，儿童游乐等亲子项目体现“事兴家和”，全面实现生态价值、美学价值、人文价值、经济价值、生活价值相融合。2月1日正式投用，免费向市民开放。

【海滨公园】 位于成华区荆竹东路

保和公园　　（区融媒体中心供图）

264号,占地面积221亩。公园由茶文化主题园、禅宗文化主题园、竹文化主题园三期地块组成，呈长三角形带状分布；以方家河生态水系为串联形成整个海滨公园的景观纽带，串联多个景观节点，形成一带、三片、五核、多点的布局，构成三个不同主题的片区；以茶文化、禅宗文化、竹文化为依托，打造辐射全国的禅茶文化生态景观绿地公园，免费向市民开放。

【沙河城市公园】 位于成华大道杉板桥路北侧，占地面积181亩。公园融入音乐和工业风的元素，通过整理沙河防护绿地，建设慢行系统、亲水平台和花境等方式；围绕工业文化和沙河水文化两大主题，沿河布置两万盏芦苇灯，在沙河两岸绵延1千米，成为蓉城夜晚又一道靓丽风景。

【杉板桥公园】 位于成华大道杉板桥路，占地面积98亩。公园是成都首个以海绵型理念打造的城市公园，有优美的绿化景观，配套各种休闲、娱乐、锻炼设施，篮球场、足球场，户外健身器材、儿童游乐设施等；方家河、下涧槽排洪河在此汇流，呈现既可实现雨水下渗漫流、引导雨水流向、可储存雨水、对雨水进行回收利用等功能；是游园踏青、休闲娱乐、健身运动、亲水戏水的美丽公园，免费向市民开放。

【圣灯公园】 位于新成华大道三段，占地面积123亩。公园按照“一轴、两带、五区、多节点”的总体景观结构设计，“一轴”为活力高线轴；“两带”为西北侧的都市开放活力带及东南侧的葱郁成华绿廊；“五区”为活力高线区、逸趣草坪区、缤纷都市区、多彩花园区及记忆长廊区；“多节点”为围绕“一轴”“两带”及“五区”的主游线形成的若干串珠状景观节点；通过花草树木的有机搭配，形成“四季有花、四季有景”的场景；植物分为滨水植物区、浅丘植物观赏区、阳光草坪区，免费向市民开放。

【二仙桥公园】 位于成华区二仙桥西路北街32号附1号，占地面积300亩。公园保留并重新铺设部分铁轨，在原来上卸货的展台位置设置特色景观，以保留片区的铁路记忆，呈现独特的带状形态，定位于“都市谧林中的铁路线记忆”。公园结合方家河河道改造，引东风渠及其上游的河水，注入到方家河道，打造“宜居水岸、活水成都”的典范，彰显“海绵城市”理念。5月20日，二仙桥公园婚姻登记处作为全市首批6个公园式婚姻登记处正式投用，整个登记处都是幸福列车的主题，涵盖结婚登记、家庭辅导、主题体验等场景，免费向市民开放。

【白莲池公园】 位于成华区熊猫大道，占地面积100亩。公园有800米森氧慢跑道、4000平方米多功能星空活动草坪和1200平方米露天亲子森林剧场，打造集蜀韵文化体验、花卉主题游乐、滨水亲子游憩、音乐节事活动于一体的公共开放空间，为市民提供休闲活动的“绿色氧吧”。7月19日正式投用，免费向市民开放。

【东站绿轴公园】 位于成都东站，占地面积125亩，东至峨眉山路、南至沱江路、西至岷山路、北至雅砻江路，为成都东客站配套工程。东站绿轴公园将周边建筑有机结合，利用现代“声、电、光、影”技术，营造时尚魅力、动感十足的“光影都会”，自西向东为“塔子山历史之光”“中央绿轴未来之光”“东客站现代之光”，成为独具特色的城市会客厅，为开放式公园，免费供市民休闲娱乐。

【万象公园】 位于成华区双庆路8号，占地面积60亩，由北园大草坪、小茶座、眺望廊架、南园大草坪、城市舞台、城市会客厅、便民咖啡厅、儿童活动廊架、视角构筑、青鸟广场等组成；按照“景观化、景区化、可进入、可参与”思路，在保留原状大部分的基础上呈现四季分明的景观效果，以海棠、樱花、紫薇、银杏等树种为主要植被，形成“园中建城、城中有园、城园相融、人城和谐”的绿化景观。公园布设420厂工业记忆、鱼骨灯、万象彩绘走廊等创意小品，丰富城市夜景和活力氛围，以多个功能区、多种微场景构筑全民参与、全龄友好公园，免费向市民开放。

【和美公园】 位于成华区和锦路，占地面积42亩。公园以“亲子”“健身”为主题，营造以游园绿道、亲子乐园及运动球场为主体的开放性社区公园；融入“海绵城市”理念，通过打造透水路面、路旁地形及草坡地形的凹陷等方式，设景观区、绿化区、运动健身区、儿童活动区及球场区等，大量的树林草坡可供儿童嬉戏玩要，让成年人运动、休憩；一座木桥蜿蜒于一处高坡上，一处设计现代的木质廊道，免费向市民开放。

（陈永祥）

旅游营销及活动

【概况】 2021年，成华区推进旅游业健康发展，开展文明旅游宣传和引导活动，向全社会倡导文明旅游、安全旅游、环保旅游理念，打造健康有序的旅游环境。全年举办文化演艺、直播互动、艺术展演、保护教育、科普活动等各类旅游宣传活动512场次。

【旅游营销】 成华区运用网络、公众、节庆营销等多种方式进行品牌宣传营销和推广，利用报纸、网络、地铁电视、新媒体、街区氛围等形式融合各种活动推动文化旅游和发展，发挥多渠道营销的优势，提高旅游品牌知名度。全年举办成都国际友城青年音乐周、成都东郊戏剧展演季、天府银杏艺术周、AR烟花秀灯光秀等文旅活动302场次；打造国际化大熊猫主题戏剧精品，编制音乐剧《熊猫》，推动大熊猫文化国际传播，促进大熊猫旅游发展。

【节庆旅游】 成华区在元旦、春节、五一、国庆节等七个黄金周共接待游客781.96万人次，实现旅游收入88.19亿元。元旦节接待游客14.68万人次，实现旅游收入1.48亿元；春节接待游客138.79万人次，实现旅游收入14.72亿元；清明节接待游客62.29万人次，实现旅游收入6.70亿元；五一接待游客189.27万人次，实现旅游收入24.13亿元；端午节接待游客106.97万人次，实现旅游收入11.54亿元；中秋节接待游客74.18万人次，实现旅游收入8.03亿元；国庆节接待游客195.78万人次，实现旅游收入21.59亿元。

（安　媛）

金融业

金融管理与服务

【概况】 2021年，成华区实施新兴金融“1231攻坚升级行动”，立足“新兴金融聚势提能”，打造“资本财富科学分配”“并购要素协同耦合”两大新兴金融集聚高地，聚焦“财富管理”“金融科技”“并购产业”三大主攻方向，打造集政产学研用投于一体的特色金融产业聚集区。成华区推进私募投资基金服务平台“君华私募基金汇”建设，亚太并购大厦正式投入运营，作为打造西部并购产业集聚区的核心载体，打造并购产业集聚平台；推广“服贷投”联动投融资服务模式，推出“小微科创贷”和“信抵贷”等创新融资工具，整合“蓉易贷”资源，打造54个融资服务中心（点位）；引进四川银行成都分行、成都博时捷科技有限公司等重点金融企业。

【金融机构引进培育】 区国资和金融局通过“君华汇”引进成都新燊资产管理有限公司、成都高易私募基金管理有限公司、成都希尔私募基金管理有限公司、成都廪实私募基金管理有限公司、成都谦和私募基金管理有限公司、成都高禧私募基金管理有限公司、成都钧盛私募基金管理有限公司、成都泽臻私募基金管理有限公司、成都华控信资私募基金管理有限公司、成都昊天诚私募基金管理中心（有限合伙）10家私募基金机构；引进成都锦成音乐科技产业股权投资基金、四川文化产业投资基金2支产业投资专项基金。

【经济证券化工程实施】 区国资和金融局引导区内优质企业登陆资本市场，联合天府股交中心及中介机构，推动企业登陆四板市场，鼓励企业在天府股交中心发行融资产品。成都宏明电子股份有限公司、成都焊研科技股份有限公司、成都卡诺普机器人技术股份有限公司、四川千里倍益康医疗科技股份有限公司作为成华区重点拟上市企业，已进入上市辅导期；巨象科技、蜂巢创服、文景智旅等112家双创科技类企业登陆四板市场，伟卓石油科技在天府股交中心发行50万元可转债。

【地方金融机构发展】 成华区内有小额贷款公司6家，成都亚联财小额贷款有限公司为台港澳法人独资，其他5家小贷公司为民营企业，注册资本共11.1亿元，全年发放贷款额15.36亿元，年末贷款余额10.41亿元，上缴税金864.53万元。全区有融资性担保公司3家，成都普惠融资担保有限责任公司为新设国有融资担保公司，其他2家融资担保公司为民营企业，注册资本共9.0亿元，全年担保发生额0元，年末在保余额358.23万元。区内有典当行5家，均为民营企业，注册资本共0.9亿元，全年典当发生额2.66亿元，年末典当余额3103.95万元，上缴税金4.71万元。

【地方金融组织监管】 区国资和金融局推进地方金融组织监督检查，按照审慎监管原则，收集、监测和分析监管对象风险信息，根据金融监管沙箱系统统计数据分析各公司经营状况，对主要风险隐患进行风险预警、处置。全年检查地方金融组织15家，全区地方金融组织风险基本可控；做好“扫黑除恶”工作，定期报送“扫黑除恶”简报，聘请成华区会计师事务所，对辖区地方金融组织开展非法放贷检查并出具报告。

【基金引导效应】 区国资和金融局设立20亿元区级产业投资引导基金，采取直接投资或者设立专项子

表78 2021年成华区小额贷款公司情况表

序号	公司名称	注册资本金（亿元）	注册地址
1	成都市亚联财小额贷款有限公司	1.8	府青路二段25号
2	成都市成华区欧亚信业小额贷款有限公司	1.5	龙潭工业园
3	成都成华富森美小额贷款有限公司	5.0	蓉都大道将军路68号
4	成都市成华区安平小额贷款有限责任公司	1.5	双庆路10号
5	成都市成华区中瑞成小额贷款有限责任公司	1.0	府青路二段1号
6	成都市成华区民信小额贷款股份有限公司	3.0	建设路9号高地中心

表79 2021年成华区融资担保公司情况表

序号	公司名称	注册资本金（亿元）	注册地址
1	四川金祥融资担保有限公司	1.0	府青路二段18号
2	成都民信融资性担保有限公司	3.0	建设路9号高地中心
3	成都市普惠融资担保有限责任公司	5.0	国机西南大厦

表80 2021年成华区典当行情况表

序号	公司名称	注册资本金（亿元）	注册地址
1	四川中安信邦有限公司	0.2	双福一路66号附35
2	四川美誉典当有限责任公司	0.3	航天路57号
3	成都市锦安典当有限责任公司	0.1	望平街18号
4	四川大财典当有限公司	0.1	建设北路一段91号
5	成都市浦发典当有限公司	0.2	东方惠城A区31号

基金的形式，撬动社会资本聚焦成华区新经济支柱产业、优势产业发展，形成“重大项目带动、产业集群发展、产业基金支撑”的产融一体化发展模式。母基金存量投资7.58亿元，参投成都市重大产业化项目投资基金运营；成都锦成音乐科技产业股权投资基金、四川文化产业投资基金2支专项基金注册落地。区国资和金融局参投，引进国家级专家领衔的2.5亿元成都沛坤菁蓉创业投资基金，投资项目9个，其中海创药业科创板上市获批，推进海上鲜、金石能源上市进程。

【私募孵化金融品牌打造】 区国资和金融局强化“君华汇”机构入驻，提升风险防范水平，做好存量机构服务工作，提升私募金融品牌，发挥其财富管理增值作用。截至年底，“君华汇”落户入驻企业231家，注册资本65.5亿元；通过中基协备案55家，入驻机构实时管理规模30.65亿元。

【企业融资服务创新】 区国资和金融局推进“服贷投”联动投融资模式，通过创新金融服务体制和机制，为区内中小微企业提供融资，通过“服贷投”联动投融资服务中心，帮助区内56家企业获得融资9680万元；推广“天府小微科创债”“小微科创贷”“信抵贷”等创新融资工具，通

猛追湾·亚太并购大厦 （区国资和金融局供图）

过风险分担的模式，引导金融机构服务中小微企业，“1债2贷”全年帮助40家企业获得融资6697万元。

【亚太并购大厦】 成华区将通美大厦改建为亚太并购大厦，打造并购产业集聚平台，大厦出租面积3.26万平方米，建设以项目为核心载体的天府四川并购产业集聚区，吸引多种金融业态、科技创新业态汇集，打造“业务关联，资源协调，空间辐射”的区域科技与金融产业综合体；亨宇科技、华林证券、星汇平台、天府股交中心成华分中心等企业和机构入驻；引进并购公会四川分会、并购交易师培训与认证中心，打通与并购先行地区资源交流的接口。

（黄　凯　张同林　代虎立）

上市企业

【概况】 2021年，成华区内有富森美、德龙汇能2家上市企业，年度营业收入30.44亿元。

【富森美】 富森美（002818）发布2021年度报告，公司2021年度实现营业收入15.37亿元，比上年增长15.76%；归属上市公司股东净利润9.18亿元，增长18.74%；归属上市公司股东扣除非经常性损益净利润7.99亿元，增长20.75%；基本每股收益1.22元。公司经营业绩主要由卖场租赁和服务收入、装饰装修工程收入、金融与投资收入等共同构成。公司不断优化品类和品牌结构，在业态创新、数字化运营以及新零售等方面发力装饰装修业务，依托公司在家居建材产业链上的资源、资金优势以及富森美建南成熟装饰装修设计、管理和施工能力，深入拓展商品房精装修业务及各类工装、整装和房地产商精装修业务。公司金融与投资业务依托现有平台资源和资金优势，通过商业保理、小额贷款、对外投资等业务，提高资金使用效率。公司董事会审议通过的利润分配，向全体股东每10股派发现金红利8.00元（含税）。

【德龙汇能】 德龙汇能（000593）发布2021年年度报告，公司2021年度实现营业收入15.07亿元，比上年增长18.19%；归母净利润5049万元，增长44.58%；扣非净利润4471万元，增长37.07%；基本每股收益0.14元。公司坚持燃气主营业务，应对能源供应紧张和价格剧烈波动等风险挑战，深挖存量市场开发潜能，全年实现销售气量4.45亿立方米，新增燃气居民用户5.47万户，新增燃气非居用户690家。公司把握燃气行业整合机遇，获得上饶市信州区中心城区沙溪镇、秦峰镇、朝阳镇、茅家岭街道4个镇（街）的燃气特许经营权，项目总面积224平方千米，扩大集团公司燃气经营业务区域覆盖范围。

（黄　凯）

银　　行

【概况】 2021年，成华区内有银行网点190个，上海浦发银行成都分行、四川银行成都分行2家市级银行分支机构。

【上海浦发银行成都分行】 上海浦发银行成都分行是上海浦发银行在四川地区设立的一级分行，2021年末存款余额378.4亿元，比年初净增60.2亿元、增幅11.0%，其中对公存款余额251.7亿元、比年初增加56.8亿元，储蓄存款余额126.7亿元、比年初增加3.4亿元；各项贷款余额779.3亿元，比年初增加179.3亿元。

【四川银行成都分行】 四川银行成都分行在成华区内有4个网点，2021年末存款余额229.33亿元，比年初净增59.68亿元、增幅35.2%，其中对公存款余额134.06亿元、比年初增加54.36亿元，储蓄存款余额95.27亿元、比年初增加5.33亿元；各项贷款余额228亿元，比年初增加94.34亿元。全年营业收入0.53亿元，比上年增长130.4%。

【中国建设银行】 中国建设银行在成华区内有19个网点，2021年末存款余额76.62亿元，比年初净增6.16亿元、增幅8.74%，其中对公存款余额46.25亿元、比年初增加7.14亿元，储蓄存款余额30.37亿元、比年初增加0.98亿元；各项贷款余额31.71亿元，比年初增加11.02亿元。

【中国工商银行】 中国工商银行在成华区内有18个网点，2021年末存款余额281.64亿元，比年初净增6.22亿元、增幅2.26%，其中对公存款余额81.61亿元、比年初减少1.26亿元，储蓄存款余额200.03亿元、比年初增加7.48亿元；各项贷款余额233.52亿元，比年初增加17.84亿元。全年营业收入9.56亿元，比上年下降2.75%。

【中国农业银行】 中国农业银行在成华区内有10个网点，2021年末存款余额147.37亿元，比年初减少1.98亿元、降幅1.33%，其中对公存款49.06亿元、比年初减少5.45亿元，储蓄存款98.31亿元、比年初净增3.47亿元；各项贷款余额269.14亿元，比年初增加52.51亿元。全年营业收入7.00亿元，比上年增长20.96%。

【成都银行】 成都银行在成华区内有9个网点，2021年末存款余额253.70亿元，比年初净增42.82亿元、增幅20.3%，其中对公存款余额70.71亿元、比年初增加7.93亿元，储蓄存款余额182.99亿元、比年初增加34.90亿元；各项贷款余额188.99亿元，比年初增加56.73亿元。全年营业收入5.12亿元，比上年增长26.33%。

【成都农商银行】 成都农商银行在成华区内有9个网点，2021年末存款余额74.28亿元，比年初净增11.80亿元、增幅18.9%，其中对公存款余额18.73亿元、比年初增加6.03亿元，储蓄存款余额55.55亿元、比年初增加5.77亿元；各项贷款余额51.91亿元，比年初增加6.76亿元。全年营业收入0.76亿元，比上年下降51.5%。年内向区属平台公司投放贷款9.53亿元，成为成华国资8亿元公司债发债资金监管银行，监管账户回款资金7.94亿元。

【中国邮政储蓄银行猛追湾支行】 中国邮政储蓄银行猛追湾支行在成华区内有4个网点，2021年末存款余额15.29亿元，比年初净增2.23亿元、增幅17.1%，其中对公存款余额6.38亿元、比年初下降0.13亿元，储蓄存款余额8.91亿元、比年初增加2.36亿元；各项贷款余额8.87亿元，比年初增加1.65亿元；消费性贷款余额92.96亿元，比年初增加5.83亿元；小微企业贷款余额6.78亿元，比年初增加1.85亿元。全年营业收入2.97亿元，比上年增长12.4%。

【交通银行】 交通银行在成华区内有城东支行、厂北路支行、电子科技大学支行4个网点，2021年末存款余额69.80亿元，比年初净增9.41亿元、增幅15.6%，其中对公存款余额35.67亿元、比年初增加6.18亿元，储蓄存款余额34.13亿元、比年初增加3.23亿元；各项贷款余额55.01亿元，比年初增加7.49亿元；经营利润1.72亿元，比年初新增0.34亿元，增幅24.5%。

【徽商银行】 徽商银行在成华区内有3个网点，2021年末存款余额14.30亿元，比年初净增12.03亿元、增幅530.0%，其中对公存款余额11.54亿元、比年初增加11.5亿元，储蓄存款余额2.76亿元、比年初增加0.53亿元；各项贷款余额5.23亿元，比年初减少1.58亿元。全年营业收入0.11亿元，比上年增长53.8%。

（黄　凯）

证　　券

【概况】 2021年，成华区内有证券机构网点17家，国泰君安证券股份有限公司四川分公司、中国银河证券股份有限公司四川分公司、华林证券股份有限公司四川分公司、大通证券股份有限公司四川分公司、东北证券股份有限公司四川第二分公司5家为省级证券分支机构。

【国泰君安证券股份有限公司四川分公司】 国泰君安证券股份有限公司四川分公司，成都双庆路营业部全年证券交易量2264.39亿元，比上年增长88.2%；营业收入1.36亿元，比上年增长12.9%。

【中国银河证券股份有限公司四川分公司】 中国银河证券股份有限公司四川分公司在成华区内有2个网点，全年证券交易量1839.48亿元，比上年增长10.9%；营业收入0.61亿元，比上年增长10.1%。

（黄　凯）

保　　险

【概况】 2021年，成华区内有保险机构网点53家，中意财产保险有限公司四川分公司、中煤财产保险股份有限公司四川分公司、中国人民人寿保险股份有限公司四川省分公司3家为省级保险分支机构。

【中意财产保险有限公司四川分公司】 中意财产保险有限公司由中国石油集团资本有限责任公司和意大利忠利保险有限公司合资组建的全国性财产保险有限公司，中国石油集团资本有限责任公司持股51%控股，资本金13亿元，下设个险业务部、石油业务部、商险业务部、理赔客服部、核保运营部、人事行政部、财务管理部、合规风控部8个部门。2021年末保费收入10500万元，比上年下降1.8%；营业收入9400万元，比上年增长7.8%；2021年末赔款支出3500万元，比上年增长14.0%。

【中煤财产保险股份有限公司四川分公司】 中煤财产保险股份有限公司四川分公司，2021年末保费收入8551.04万元，比上年增长63.3%；保费综合赔付率46.8%，比上年下降29.0%；保费综合费用率51.5%，比上年下降29.7%；保费综合成本率98.2%，比上年下降58.8%，承保利润127.35万元。

【中国人民人寿保险股份有限公司四川省分公司】 中国人民人寿保险股份有限公司四川省分公司，2021年末分公司营业收入2200万元，其他业务收入177.47万元，资产处置收益3.04万元，其他收益37.2万元。

（黄　凯）

教　　育

编辑　李锡清

综　述

【概况】　2021年，成华区优质教育总量持续扩大，新投用成都七中英才学校等中小学、幼儿园26所，新增学位1.77万个。全区有各类中小学、幼儿园199所，其中幼儿园143所、小学29所、初中6所、高中7所、九年一贯制学校10所、十二年一贯制学校2所、职业中学2所。成华区教育综合改革持续深化，区委、区政府印发《关于加快建设“教育强区”率先建成“成渝地区双城经济圈教育高质量发展示范区”的实施意见》，实施教育强区幸福工程，强力推进“基础教育高质量发展、高素质教师队伍建设、教育双向开放协同发展、教育服务能力提升建设、教育综合改革创新发展”五大行动；持续推进特殊教育改革发展，通过成都市二期提升专项督导评估，取得成都5+2城区排名第一、22城区排名第三的好成绩。区教育局扎实推进“双减”政策落地落细，成华区特殊教育获得成都市专项督评全市第三。四川省成都华西中学、成都石室中学初中学校科技创新人才培养实践基地入选2021年“小平科技创新实验室”项目认定授牌，四川省成都华西中学、成都市海滨小学入选教育部“网络学习空间应用普及优秀学校”，四川省非物质文化遗产保护传承普及教育示范基地落户成都市第十三幼儿园。区教育局被教育部基础教育质量监测中心授予2021年国家义务教育质量监测实施“优秀组织单位”。

【“两自一包”改革】　成华区按照决策、执行、监督相分离原则，以构建学校法人治理结构为突破口，以深化教育人事制度改革为核心，探索构建学校“人权、事权、财权”三权自主，实现学校自我管理、自我约束、自我完善、自我发展的现代运行新模式，实施“教师自聘、管理自主、经费包干”的法人治理结构改革，成都市龙成小学、成都市锦汇东城小学、成都万汇学校、成都七中英才学校4所学校为“两自一包”改革试点学校。

【教师队伍建设】　成华区推进校(园)长职级制度改革，覆盖全区公办中小学和幼儿园；通过实施高素质教师队伍建设示范行动，建立完善的员额制教师培养制度，面向社会公开招聘员额教师1138名。全区名优教师队伍持续扩大，有四川省特级教师2名、四川省中小学名校长1名；实施领航校长“213”、名优教师“823”培育计划，组建名师（名校长）工作室48个，培养市区特级校长、领航校长、特级教师、学科带头人125名，优模教师493名；引进优秀大学毕业生、优秀在职教师和高层次教育人才325名，完成545名学科带头人和9000名教师培训；有市区优秀班主任、优秀德育工作者、德育学科带头人292人；彭艳玲等22人被评为“成都市优秀班主任”，谢东金等8人被评为“成都市优秀德育工作者”，王维令等6人被评为“成都市特级教

表81　2021年成华区学校基本情况表

单位：所

学段	总数	公办	民办
幼儿园	143	69	74
小学	29	29	—
初中	6	6	—
高中	7	6	1
九年一贯制	10	7	3
十二年一贯制	2	—	2
职业中学	2	2	—

师”，王亚丽等7人被评为“成都市学科技能带头人”，王潋遐等5人被评为“成都市优秀青年教师”，邓茹梅等7人被评为“成都市教坛新秀”，刘婷、霍为2人被评为“成都市师德标兵”，朱伟等5人被评为“成都市优秀支教教师”。

【全国智慧教育示范区建设】 区教育局系统谋划智慧教育建设“137”成华方案，按照“普及应用、融合创新、示范推广”的原则，推进区域网络学习空间深度创新应用，将网络学习空间建设和应用与区域(学校)工作同计划、同部署、同落实、同考核；坚持以信息化引领教育现代化发展，将智慧教育作为区域教育改革发展的核心引擎，探索出基于“区校一体化”发展的智慧教育整体建设发展策略，开展一系列人工智能课程开发及教育实践，人工智能科普、人工智能编程覆盖所有公办中小学校。高中创新实验室智能识别、学习分析、虚拟现实、教育机器人等数字化智能课程覆盖全区6所高中，为高中拔尖创新人才早期培养提供技术支撑。

（李微波）

【教育对外开放】 区教育局开展“中加青少年全球视野项目”，成都市双林小学、成都市树德小学、电子科技大学附属实验小学、成都市熊猫路小学与加拿大渥太华欢乐园学校、河景公立学校、卡斯托瓦立学校、半月湾公立学校持续开展“中加青少年全球视野”项目试点，得到中国驻加拿大大使馆官网报道；3所公办国际化学校建设有序推进，14所“中外人文交流特色学校建设项目”有序实施；成都市双林小学、成都市熊猫路小学、成都市建筑职业中专校3所学校获评“成渝地区双城经济圈国际理解教育联盟第一批成员学校”；四川省成都列五中学获得“2021年中外文化交流小使者活动”集体舞蹈全国一等奖；27名高三毕业生被国(境)外高校录取；3名教师入选成都市首批国际理解教育种子教师；实体运行王维令名师工作室(小学语文及国际理解教育)、邓敏鸿名师工作室(英语及国际理解教

表82　2021年成华区入选四川省特级教师和名校长一览表

类别	姓名
四川省特级教师	邓敏鸿、李雪梅
四川省中小学名校长	宿强

表83　2021年成华区名校长和名师工作室一览表

类别	工作室名称
名校长工作室（5个）	唐文勇名校长工作室、李春歌名校长工作室、程郑名校长工作室、宿强名校长工作室、曾蓉名校长工作室
名师工作室（43个）	周步骏名师工作室、江玲名师工作室、何青松名师工作室、张冬梅名师工作室、刘波名师工作室、杨永俊名师工作室、朱海燕名师工作室、邓敏鸿名师工作室、余波名师工作室、胡晓名师工作室、付波名师工作室、彭晓琦名师工作室、李蓓名师工作室、邹昌淑名师工作室、茹敏名师工作室、王维令名师工作室、李建荣名师工作室、庄昭燕名师工作室、钱中华名师工作室、赖宁名师工作室、孙祥辉名师工作室、李雪梅名师工作室、李娟名师工作室、董慧名师工作室、陈丽萍名师工作室、杨书虎名师工作室、唐皓名师工作室、朱昌渝名师工作室、李岚名师工作室、尹玉华名师工作室、朱建行名师工作室、石晓波名师工作室、胥超名师工作室、兰天名师工作室、孙泽名师工作室、李嵘名师工作室、胡琳名师工作室、张家明名师工作室、张笔春名师工作室、陈林名师工作室、左贤春名师工作室、代楠名师工作室、刘小龙名师工作室

表84　2021年成华区入选成都市优秀教师一览表

类别	姓名
成都市优秀班主任（22人）	彭艳玲、应春燕、鄢仲春、杨文兰、朱洪利、胡俊伟、敬仕群、赵玲瑜、杜影、李东恩、梁靓、李鑫慧、祝绮遥、喻凤霞、廖芳、王礼益、田玉历、谭小容、张雪薇、陈静、翁安君、蒋玲玲
成都市优秀德育工作者（8人）	谢东金、樊华姗、文　艳、徐翠英、蒋菲菲、陈蕾、何世红、代婧
成都市特级教师（6人）	王维令、尹玉华、甘晓敏、刘小龙、陈丽萍、晏小华
成都市学科技能带头人（7人）	王亚丽、朱建行、杨杰、何陈宁、张欧、陈华、杜克华
成都市优秀青年教师（4人）	王潋遐、牟如林、杨晓珺、罗荣蓉、王兴艳
成都市教坛新秀（7）	邓茹梅、鄢玲、冯雪瑶、郭玲西、张琴、韩林凤、蔡欣
成都市师德标兵（2人）	刘婷、霍为
成都市优秀支教教师（5人）	朱伟、孙瑞、李勇、何云、赖强

四川省成都华西中学网络学习空间课　（区教育局供图）

育)2个区域国际理解教育名师工作室；成都市红花实验学校、成都市李家沱小学获得“成都市国际理解教育课堂教学设计优秀案例征集和评选活动”中小学组一等奖。

（周　琪）

【跨区域构建“智慧教育共同体”】　12月14日，成华区与重庆璧山区、铜梁区等区域召开“成渝两地三区”智慧教育共同体结盟和首届智慧教育协同发展线上论坛，得到省市领导和国家信息化专家黄荣怀、郭炯教授的肯定和指导。区教育局依托区域云平台网络空间，与雅安市荥经县、资阳市乐至县、德阳市旌阳区等地加强深度合作，荥经县734名教师、1.05万名学生纳入成华平台，向荥经县全面开放各类优质资源500万份，扩大成华优质资源的覆盖面，全力促进区域教育均衡发展。

【教师信息提升工程“2.0”试点区】　成华区作为成都市中小学教师信息技术应用能力提升工程2.0试点区，为促进提升工程与“国家智慧教育示范区”创建项目有效整合推进，成华区提升工程2.0项目办，联合成华区智慧教育中心、成都华西中学、成都市海滨小学，共同编制《成华区中小学教师信息技术应用能力校本应用实施指南》；完成全区60%的教师培训任务，覆盖55所学校5892名教师，作为典型案例被四川省提升工程办公室报送教育部。12月17日，教育部教师工作司、全国中小学教师信息技术应用能力提升工程执行办公室，到成都市开展四川省能力提升工程“2.0”调研，就能力提升工程“2.0”制度建设与推进、区域及学校实施情况、学校校本研修活动和校本应用考核开展情况、学校信息化创新应用等情况进行实地调研,成都市双林小学代表成都市接受现场调研，成华区教师信息化能力提升工程“2.0”工作开展受到充分认可。

（李微波）

【成华“双减”行动】　区教育局推动“双减”政策落实落细，切实减轻学生作业负担和校外培训负担，全区教育系统开展“问道课程课堂·聚力优质倍增”系列活动，让每一个孩子在课堂就学够学好；深化课后延时服务，切实增强教育服务能力，坚持“5+2”原则，提供每周5天、每天至少2小时的课后服务；优化作业设计、布置、批改、反馈、辅导等作业闭环管理机制，实现课外作业教师有设计、年级有统筹、学校有管理、全区有检查、家长有反馈，每周五天参加校内课后延时服务的义务教育段学生达97.3%，学生对减轻作业负担的满意率达92.3%，家长对“双减”工作的满意度达95.6%。

（朱　江）

【教育督导】　成华区持续深化区域教育督导创新，构建“督政、督学、评估监测”三位一体的现代教育督导体系，入选四川省中小学校自我督导体系建设试点，首批遴选小学、初中、职高、特教学校和幼儿园等不同类别10所试点学校和幼儿园，探索教育督导体制机制改革。成华区深化“互联网+教育督导”应用，开发“成华区教育督导信息化管理系统”，整合责任督学挂牌督导、督学队伍管理、义务优质均衡发展指标监测、学前教育普及普惠指标监测、满意度调查等线上使用功能，全面提高督导质效。

【教育援助】　成华区与丹巴县签订

成华区中小学教师信息技术应用能力校本应用实施指南

（区教育局供图）

新一轮对口帮扶工作协议和党组织结对协议，以党建为引领，不断深化“共建+”教育帮扶模式，推进“成华—丹巴”23对中小学、幼儿园全面结对帮扶；建立成都大学附属中学、四川省成都华西中学与丹巴县高级中学，四川交响乐团附属小学与丹巴县城区第一小学2个“校联体”；以共建托管为主要形式，深入推进与丹巴县教育融合发展，采取“线上+线下”的方式，开展人员交流、送教送培、专题研讨、师徒结对、学生联谊、物质捐赠等帮扶工作。成华区持续探索教育精准扶智，实施“丹巴高中成华班”项目，实现丹巴高中三个年级满覆盖，有“丹巴高中成华班”3个。成华区教育局、四川交响乐团附属小学获评“四川省优质学校对口帮扶深度贫困县中小学工作先进集体”，成都市龙潭小学、成都列五联合中学获评“成都市对口支援工作先进集体”。

【全国第六届大学生艺术展演活动】 5月6日，全国第六届大学生艺术实践工作坊暨艺术作品展览开幕式在成华区东郊记忆·国家艺术展览中心举行，教育部体卫艺司司长王登峰、教育部体卫艺司副司长万丽君、四川省政府副省长罗强、省政府副秘书长刘全胜、省委教育工委副书记李国贵、成都市政府副市长刘筱柳等领导参加开幕式。全国第六届大学生艺术实践工作坊暨艺术作品展览以“艺术的创意与创新”为主题，分为“艺术与科技”“艺术与校园”“艺术与生活”“艺术与美丽乡村”4个部分，吸引西南交通大学轨道交通设计工坊、内蒙古艺术学院乌兰剧社戏剧创作实验工坊等全国43所高校艺术实践工作坊参展，展览集中展示大学生和高校教师绘画设计、书法篆刻等艺术作品253件，展现当代大学生对中华优秀传统文化的热爱与高校美育创新发展的成果，展览持续到5月13日。

（张　熙）

【中加教育文化交流活动】 11月2日，2021成都—渥太华中加人文交流月暨成华区第四届“教育共享创见未来”中加教育文化交流活动举行。中国驻加拿大大使丛培武、加拿大驻重庆代总领事谢和安、渥太华卡尔顿公立教育局局长卡米尔·威廉姆斯·泰勒等通过实时连线进行视频致辞；成都市教育对外交流中心主任李全、渥太华卡尔顿教育局国际教育中心主任Geoff Best与中加公立中小学校长就“友城资源，促进教育对外开放”进行“云”探讨；活动以教育文化交流为基础，借助互联网平台，促进新冠肺炎疫情特殊时期中加地方城市间资源互通、人文互联、教育共享、创新发展。线上线下活动持续至11月26日，内容包含中加校长云论坛之“6C素养与学校建设”（6C即科学触角、社会实践、规则意识、世界文化、情感态度、艺术感觉）、中加教师云论坛之“重塑教育空间，为教师提供全球素养学习机会”“全球素养共建课堂孵化案例”、青少年全球视野项目座谈会、中加友好学校文艺会演等，成都、重庆、渥太华、多伦多、维多利亚、哈利法克斯等城市（地区）30所学校师生和家长共3000人次参加10场云端互动，取得良好的交流效果，得到中国驻加拿大大使丛培武充分肯定，并在中国驻加拿大大使馆、加拿大驻上海总领事馆、成都市教育对外交流中心等官方微信或网站报道。

（周　琪）

【“千名教师进万家”家访活动】 区教育局7月启动“千名教师进万家”家访活动，6000名教师走进9.59万名学生家庭，宣讲“双减”、五项管理等政策，了解课后延时服务需求，解决亲子沟通、学习能力提升、劳动教育等难题，收集建议1826条；宣传“5+2+N”，以素质拓展为主的周末托管服务新模式，架起家校沟通的桥梁。成华区实事兴教“千名教师进万家”家访活动获评2021成都“十大教育民生实事”，成华区教育系统“千名教师进万家”，落实“双减”解民忧家访活动获评2021年成华区“我为群众办实事”实践活动“百优十佳”民生实事项目。

（张玉雯）

学校建设

【概况】 2021年，成华区加快建设“教育强区”，推进教育基础设

11月2日，2021成都—渥太华中加人文交流月活动在成华区举行　（区教育局供图）

施建设攻坚，全年新投用成都七中英才学校、成都锦城北湖小学等中小学和幼儿园26所，新增学位1.77万个，区域学位供给水平有力提升。

（刘　星）

【新优质学校建设】　区教育局把“新优质学校”培育列入区域教育整体规划，成都市双庆小学校、成都市双林小学御风分校、成都市蓉城小学3所学校通过成都市义务教育阶段“新优质学校”评估验收。

（黄　敏）

表85　　2021年成华区幼儿园和中小学建成投用一览表

序号	名称	建筑面积（平方米）	班级数（个）	新增学位（个）
1	成都市第十二幼府青分园	4037	9	270
2	成都市第十二幼枫林分园	4000	9	270
3	成都市第十二幼兴城嘉苑分园	4000	9	270
4	成都市第二十四幼东林分园	5643	15	360
5	成都市第二十四幼秀水分园	6133	15	450
6	成都市第二十四幼楠竹分园	2733	6	180
7	成都市第二十四幼润彩分园	3133	9	270
8	成都市第二十五幼爱苗分园	4883	9	270
9	成都市第二十六幼天鹅分园	5192	9	270
10	成都市第二十七幼新城分园	6348	12	360
11	成都市第二十七幼新旭分园	4000	9	270
12	成都市第二十七幼新山分园	7673	12	360
13	成都市第二十八幼朗润分园	5400	12	360
14	成都市第二十八幼慧润分园	5600	12	360
15	成都市第二十八幼翔润分园	5100	9	270
16	成都市第三十幼童睿分园	3600	9	270
17	成都市少年儿童业余体育学校附属幼儿园	3600	9	270
18	青龙鹭苑幼儿园	3600	9	270
19	和韵幼儿园民兴分园	4101	9	270
20	成都七中英才学校（小学初中部）	90000	66	3120
21	成都大学附属实验小学卓逸校区	20800	30	1350
22	成都市锦城北湖小学	18140	36	1620
23	电子科技大学附属实验小学华翰校区	17000	24	1080
24	成都市石室小学育贤分校	23000	36	1620
25	成都市蓉城小学芙蓉校区	10251	24	1080
26	成都市成华小学蜀都分校	30000	48	2160

【节水型学校建设】　区教育局推进节水型学校建设，成都市北新实验小学、成都市成华实验小学校、成都市海滨小学校、成都市龙成小学、成都市树德小学和韵校区、成都市双林小学御风分校、成都市双庆小学校（万兴校区）、成都市双庆小学校（长天路校区）、成都市成华区教科院附属小学校、成都市成华小学校（锦绣校区）、成都市锦汇东城小学校、成都市熊猫路小学、成都双语实验学校和悦分校（初中部）、成都市红花实验学校、成都市第十二幼儿园（蓝光分园）、成都市第二十八幼儿园16所中小学和幼儿园，通过对硬件改造升级、完善配套设施，创建为“市级节水型学校”。

（张　钰）

【艺术教育特色学校创建】　3月30日，成华区教育局与四川交响乐团签署协议，双方合作共建成华区青少年交响乐团，从全区中小学遴选有天赋的青少年进行培训，打造全省一流、全国知名的青少年交响乐团，参加成都市第十三届中小学生艺术展演器乐、舞蹈、集体舞、工作坊等16个项目获得市级一等奖，舞蹈、器乐等5个项目获得四川省第十届中小学生艺术节比赛一等奖。成都理工大学附属小学、成都嘉祥外国语学校成华校区、成都市培华小学校3所学校创建为“成都市艺术教育特色学校”。

（张　熙）

【劳动教育试点学校创建】　区教育局开发劳动教育课程，建立劳动教育基地，促进学生德智体美劳全面发展，开展劳动教育优秀经验3次在省市作经验交流，被评为“成都市劳动教育试点区”。成都市海滨小学、成都市成华小学、成都市站东小学、四川省成都华西中学、成都市建筑职业中专校5所学校被评为“成都市劳动教育试点学校”。12月24日，成华区中小学校劳动教育成果展示会在海滨小学举办，5所市级劳动教育试点校向全区学校展示自己的劳动教育成果。

（蒋理理）

【体育教育特色创建】　成华区推出《成华区新时代学生体质健康促进行动方案》，以170项清单方式系统推进学校强体魄、健人格、炼意志工作；实施体育教学质量“提升”、学生体育锻炼“提效”、学生体育运动“常赛”、

12月24日，成华区中小学劳动教育成果展示会在成都市海滨小学举办　　（区教育局供图）

体教融合创新“提质”、学生营养健康“提档”、体育健康教师“提能”、学校健康环境“提标”、学校评价改革“护航”八大行动计划，统筹推进学校体育工作，促进学生身心健康全面发展。

（贺　屯）

【国际化学校集群建设】　成华区教育局与加拿大渥太华卡尔顿公立教育局根据签署教育合作协议，联合打造“成都—渥太华中加人文交流”品牌项目，共建中加合作公办国际化学校集群、共研中加国际理解融合课程、共培具有全球素养的国际理解教育师资队伍、共育具有全球胜任力的社会主义接班人。双方合作共建集幼儿园、小学、初中于一体的基础教育公办国际化学校集群，纳入市委、市政府“成都市友城第四所公办国际化学校”工作目标。截至年底，幼儿园完成基础建设及校园文化提升打造设计方案，小学、中学进行室内外装饰装修。

（赵秀梅）

【成华区幼儿园博士工作站建设】　成华区教育局与成都大学联合举办基础教育集团，利用高校师资优势，联合成立成都大学附属第一幼儿园，通过与成都大学师范学院合作设立成都大学附属第一幼儿园博士工作站、成都市第二十五幼儿园博士工作站、成都市成华区锦绣青城幼儿园博士工作站3个全市首批博士工作站，开展园所发展顶层设计、课题研究、师资培训等。区教育局借助高校资源，促进幼儿园办园内涵发展、服务质量提升，博士工作站立项“新媒体背景下优质幼教资源共享机制研究”“民间休闲体育游戏促进幼儿体质发展的实践研究”“幼儿园园本体育课程建构与实施路径研究——以成都大学附属第一幼儿园为例”省级课题3个，“民间体育游戏促进幼儿体质发展的实践研究”市级课题1个。

（刘　星）

【新建学校集中开校】　8月27日，成都七中英才学校、成都市成华小学蜀都分校、成都市锦城北湖小学、成都市石室小学育贤分校、成都大学附属实验小学卓逸校区、电子科技大学附属实验小学华翰校区、成都市蓉城小学芙蓉校区7所学校集中开校典礼在成都七中英才学校举行，7所学校师资强大、设施精良、环境优美，共新增学位1.34万个，提升成华教育品牌的“含金量”。

（张　钰）

【成都七中英才学校】　成都七中英才学校是十二年一贯制学校，打造成都首个从小学到高中（含国际高中）的民办学校，由成都七中领办。学校占地面积142.8亩，建筑面积14.1万平方米，按照小学36班、初中30班、高中30班设置；采用“两自一包”办学，教师自聘、管理自主、经费包干，2021年9月1日开始招生，有教学班14个，在校学生586人，教职工88人。学校课程理念是“课

成都七中英才学校　　（区教育局供图）

程多元、成才多元、成功多元，全体、全面、全程”，2021年获得“第二届成都市青少年电子信息技能创新大赛”团体项目一等奖，成华区青少年学生运动会篮球比赛二等奖；在成华区“诵国学经典·品盛世文明”诵写讲演活动中，小学部选送的节目《蒙童开笔》在“演经典”中获得特等奖，中学部选送的节目《以青春之名义，创青春中国》在“诵经典”中获得一等奖。

（郭红彬）

基础教育

【概况】 2021年，成华区有幼儿园143所，在园幼儿3.64万人，教职工6182人；小学29所，在校学生6.48万人，教职工3430人；普通中学25所，在校学生2.85万人，教职工3292人；职业中学2所，在校学生2627人，教职工215人。全区学龄儿童入学率100%。全年教育事业投入17.52亿元，比上年增长22.7%。成华区加快学前教育优质普惠，推动义务教育均衡发展，扩大优质教育规模，全区教育资源供给能力和水平不断提高。

（李 伟）

【学前教育】 成华区有幼儿园143所，其中公办幼儿园69所、民办幼儿园74所。全年新投用20所新建公办幼儿园，新增学位5850个，学前教育公办学位占50.1%，学前三年毛入学率实现“四个100%”；全国“学前教育普及普惠区”创建工作通过市级、省级督导评估。出台《成华区普惠性幼儿园认定与管理办法》，审核认定普惠性民办幼儿园34所，普惠性幼儿园覆盖率80.2%，优质学前教育资源覆盖率84.9%。全区有省级示范幼儿园2所、市一级幼儿园21所、市二级幼儿园73所、预评二级幼儿园27所、市三级幼儿园13所、无等级幼儿园7所。

（刘 星）

【义务教育】 成华区有义务教育学校47所，其中小学29所、初中6所、九年一贯制学校10所、十二年一贯制学校2所。成华区加大强校工程实验校办学条件提档升级，教育教学质量提升，义务教育质量整体处于全市一流方阵；持续推进成都大学附属中学、成都市实验中学、成都市第三十八中学、成都市第四十中学、成都市二仙桥学校、成都市双庆中学龙潭校区6所学校强校工程实验建设，成都市二仙桥学校在成都市教育教学工作会上作交流发言。

【普通高中教育】 成华区有普通高中6所，其中公办5所、民办1所。四川省成都列五中学、四川省成都华西中学为省一级示范性普通高中，四川省成都市第四十九中学、成都大学附属中学为省二级示范性普通高中，成都市实验中学为市级重点高中，成都市第三十八中学为普通高中。区教育局持续深化拔尖创新人才培育改革，6所高中实现创新实验室全覆盖，成都列五中学、成都华西中学评为成都市“拔尖创新人才培养基地校”。全区特色（领航）高中建设工作有力推进，特色课程办学质量显著提升，高中教育教学质量，高考成绩再创历史新高，一本率达63.1%，本科率达95.7%。

（郭红彬）

【职业教育】 成华区有成都市蜀兴职业中学、成都市建筑职业中专校2所公办职业学校，为四川省重点职业学校，在校学生2627人，教职工215人，学校按照“扩容、提质、贯通、融合”的发展思路，以提质培优为主线，持续推进职业教育内涵发展；开设专业电子与信息大类、财经商贸大类、土木建筑大类、旅游大类、公共管理与服务大类5个大类9个专业，其中旅游服务与管理、通信运营服务为市级重点专业，建筑工程施工为四川省示范（特色）专业建设项目；2所职业学校分别是网站运营推广项目、建筑工程识图项目和装配式建筑项目，为教育部“1+X”证书制度试点学校。蜀兴职业中学、建筑职业中专校有316人分别通过高职院校单独考试招生、对口高职考试、免试等考入高校；职业教育学校毕业生就业率100%，对口就业率96%。省级规划课题成果《以电子商务专业为平台的中职专业集群建设的实践研究》获得全省考核一等奖，学校人才培养改革工作被央视《中国教育频道》专题报道。

（廖远林 刘晓红）

【民办教育】 成华区有各类民办教育机构279所，其中民办高中1所、九年一贯制民办学校3所、十二年一贯制民办学校2所、民办幼儿园74所、非学历校外培训机构199所。区教育局深入贯彻落实国家“双减”政策及民办学校分类登记改革，全面实施民办学校营利、非营利改革及199所校外培训机构转型改制、120所非学科类培训机构划转移交等工作，稳妥实施校外培训机构分类管理；深入推进民办学校现代治理工作，督促各级各类民办学校规范修订办学章程及决策（监督）机构成员；严格落实民办学校年报年检制度，切实规范各级各类民办学校办学行为。

（尚 丽）

表86 2021年成华区幼儿园基本情况表

序号	幼儿园名称	地址	类别	幼儿园等级	幼儿人数(人)	教职工数(人)
1	成都市第十三幼儿园	双林中横路8号	公办	省级示范园	270	50
2	成都市第十四幼儿园	新鸿南路86号	公办	省级示范园	237	42
3	成都市第十二幼儿园	水碾河路北三街6号	公办	一级园	180	29
4	成都市第十二幼儿园蓝光分园	府华二路120号	公办	一级园	340	50
5	成都市第十二幼儿园北新分园	东紫路560号	公办	一级园	360	52
6	成都市第十二幼儿园蜀都分园	水碾河路23号	公办	一级园	180	28
7	成都市第十三幼儿园荆翠分园	东荆路960号	公办	一级园	270	41
8	成都市第二十四幼儿园	致强环街33号	公办	一级园	360	59
9	成都市第二十五幼儿园	龙潭寺成康路61号	公办	一级园	267	40
10	成都市第二十六幼儿园	建华北巷3号	公办	一级园	270	52
11	成都市第二十七幼儿园	致力二路77号	公办	一级园	348	58
12	成都市第二十八幼儿园	荆竹南街230号	公办	一级园	270	42
13	成都市第三十幼儿园	西林路155号	公办	一级园	351	62
14	成都市成华区沙河阳光幼儿园	红光路1号	公办	一级园	403	67
15	成都市成华区新启蒙幼儿园	熊猫大道1103号	民办	一级园	713	104
16	成都市成华区格林春天浅水半岛幼儿园	新怡路28号	民办	一级园	207	64
17	成都市成华区金起点东篱幼儿园	建兴路16号	民办	一级园	139	48
18	成都市成华区金苹果万科魅力之城幼稚园	万科路2号	民办	一级园	268	71
19	成都市成华区电子科技大学沙河校区幼儿园	建设北路二段5号	民办	一级园	338	60
20	成都市成华区稚爱幼儿园	东虹路59号	民办	一级园	180	67
21	成都市成华区艾毅多元智能三千城幼儿园	建祥路60号	民办	一级园	131	63
22	成都市成华区棒娃娃艺美幼儿园	双桥路南二街11号	民办	一级园	192	38
23	成都市成华区金苹果博文幼稚园	双成三路17号	民办	一级园	350	90
24	成都市第十三幼儿园悦水分园	荆顺路118号	公办	二级园	263	41
25	成都市第十三幼儿园华韵分园	仙韵二路310号	公办	二级园	354	51
26	成都市第十三幼儿园华悦分园	双荆北路70号	公办	二级园	360	52
27	成都市第十三幼儿园花城分园	荆翠南三街1号	公办	二级园	358	55
28	成都市第十四幼儿园和煦分园	东林三路366号	公办	二级园	340	49
29	成都市第十四幼儿园和悦分园	和韵路216号	公办	二级园	360	52
30	成都市第十四幼儿园和鸣分园	华林一路303号	公办	二级园	186	27
31	成都市第二十四幼儿园溢彩分园	人民塘东一路165号	公办	二级园	359	52
32	成都市第二十五幼儿园动车分园	民旺一路60号	公办	二级园	247	41
33	成都市第二十五幼儿园爱博分园	龙潭寺双院支巷10号	公办	二级园	166	27
34	成都市第二十五幼儿园爱乐分园	龙港二路8号	公办	二级园	356	49
35	成都市第二十六幼儿园明星园	向龙二路61号	公办	二级园	268	39
36	成都市第二十六幼儿园龙树分园	龙树路10号	公办	二级园	386	56
37	成都市第二十七幼儿园光合分园	东丽街92号	公办	二级园	357	55
38	成都市第二十九幼儿园	杉板桥路239号	公办	二级园	263	39
39	成都市成华区天府熊猫幼儿园	斧头山四巷22号	公办	二级园	255	41
40	成都市成华区锦绣青城幼儿园	青城山路102号	公办	二级园	267	43
41	成都市成华区锦绣青城幼儿园斑竹分园	大渡河路556号	公办	二级园	256	41
42	成都大学附属第一幼儿园	长融东二路109号	公办	二级园	356	54
43	成都市成华区和韵幼儿园	华林二路47号	公办	二级园	352	54
44	成都市成华区和雅幼儿园	槐庭路60号	公办	二级园	507	73
45	成都市成华区双桥幼儿园	双林北横路32号	公办	二级园	185	30

续表86

序号	幼儿园名称	地址	类别	幼儿园等级	幼儿人数(人)	教职工数(人)
46	成都市成华区致顺幼儿园	致顺路501号	公办	二级园	310	46
47	成都市成华区双瑞幼儿园	双耀二路11号	公办	二级园	372	53
48	成都市成华区东秀幼儿园	东秀二路196号	公办	二级园	481	60
49	成都市成华区李家沱幼儿园	平安正街24号	公办	二级园	243	42
50	成都市成华区万兴幼儿园	万兴街4号	公办	二级园	297	47
51	成都市成华区东篱幼儿园	东篱路92号	公办	二级园	600	88
52	成都市成华区文德幼儿园	师友路2号	公办	二级园	248	36
53	成都市成华区双庆幼儿园	竟成路2号	公办	二级园	305	46
54	成都理工大学后勤服务集团幼儿园	二仙桥东三路1号	公办	二级园	255	39
55	成都中电锦江信息产业有限公司幼儿园	培华西路2号	公办	二级园	270	45
56	成都市成华区海蓝天幼儿园	桂林东路2号	民办	二级园	420	51
57	成都市成华区爱尚白莲幼儿园	白莲社区12组	民办	二级园	801	94
58	成都市成华区热电幼儿园	跳蹬河北路2号	民办	二级园	446	56
59	成都市成华区成焊幼儿园	二环路东一段29号	民办	二级园	263	39
60	成都市成华区金贝幼儿园	双荆路8号	民办	二级园	483	39
61	成都市成华区加林幼儿园	东虹路60号	民办	二级园	348	54
62	成都市成华区蓉铁花园幼儿园	荆竹西路159号	民办	二级园	378	50
63	成都市成华区职工幼儿园	双林路44号	民办	二级园	275	54
64	成都市成华区蓝天多元智能幼儿园	成美路16号	民办	二级园	404	41
65	成都市成华区送变电建设公司幼儿园	崔家店北一路6号	民办	二级园	175	45
66	成都市成华区贝可为幼儿园	湖山路33号	民办	二级园	165	27
67	成都市成华区艾贝菈幼儿园	双林二巷3号	民办	二级园	211	30
68	成都市成华区春蕾幼儿园	新鸿路342号	民办	二级园	115	34
69	成都市成华区奇乐睿幼儿园	新鸿南支路1号	民办	二级园	265	17
70	成都市成华区加州阳光田园幼儿园	北湖印象三期777号	民办	二级园	258	52
71	成都市成华区金世纪东区幼儿园	建设巷14号	民办	二级园	273	41
72	成都市成华区金笛幼儿园	二仙桥北路31号	民办	二级园	388	56
73	成都市成华区爱倍儿智能幼儿园	崔家店路237号	民办	二级园	268	36
74	成都市成华区金起点智能幼儿园	醒目林路102号	民办	二级园	104	30
75	成都八二幼儿园	一环路东二段11号	民办	二级园	254	48
76	成都市成华区双林幼儿园	双桥路223号	民办	二级园	253	42
77	成都市成华区火车头幼儿园	站北东横街83号	民办	二级园	192	37
78	成都市成华区爱思威舜惠幼儿园	和顺西三路100号	民办	二级园	202	43
79	成都市成华区诚实幼儿园	二环路北四段3号	民办	二级园	217	36
80	成都市成华区千里马大地幼儿园	石油路15号	民办	二级园	233	54
81	成都市成华区树基天祥幼儿园	祥和里277号	民办	二级园	119	35
82	成都市成华区海上海幼儿园	和美东路248号	民办	二级园	195	35
83	成都市成华区翰森贝迪幼儿园	华彩路4号	民办	二级园	148	46
84	成都市成华区爱贝水岸东里幼儿园	东浦路3号	民办	二级园	132	39
85	成都市成华区贝格幼稚园	八里庄路52号	民办	二级园	171	42
86	成都市成华区优优西蒙幼儿园	怡福巷104号	民办	二级园	117	47
87	成都市成华区福莱尔幼儿园	民兴路1059号	民办	二级园	133	32
88	成都市成华区妈妈爱幼儿园	圣灯路88号	民办	二级园	205	46
89	成都成华区蒙特利幼儿园	成美路10号	民办	二级园	137	27
90	成都市成华区嘉业幼儿园	双福一路68号	民办	二级园	288	72

续表86

序号	幼儿园名称	地址	类别	幼儿园等级	幼儿人数(人)	教职工数(人)
91	成都市成华区金苹果蒙特梭利幼儿园	双店西四路13号	民办	二级园	289	85
92	成都市成华区贝格花园幼儿园	双林北支路222号	民办	二级园	138	40
93	成都市成华区龙潭启航萃岛幼儿园	桂林东路2号	民办	二级园	173	46
94	成都市成华区东辰培文幼儿园	民兴路999号	民办	二级园	147	53
95	成都市成华区站东快乐幼儿园	花径路123号	民办	二级园	289	55
96	成都市成华区百越锦程幼儿园	二仙桥北路28号	民办	二级园	424	54
97	成都市成华区青龙街道中心幼儿园	昭青路24号	民办	预评二级	447	51
98	成都市成华区加联多恩幼儿园	建设支巷16号	民办	预评二级	155	31
99	成都市成华区尔雅幼儿园	建设北路一段64号	民办	预评二级	88	33
100	成都市成华区纽诗顿幼儿园	双成五路66号	民办	预评二级	165	39
101	成都市成华区和韵幼儿园民兴分园	人民塘东二路30号	公办	预评二级	195	28
102	成都市少年儿童业余体育学校附属幼儿园	五桂路169号	公办	预评二级	263	45
103	成都市第十二幼儿园红枫林园区	枫林南路25号	公办	预评二级	210	36
104	成都市第十二幼儿园府青东区	驷马桥一路155号	公办	预评二级	260	49
105	成都市第十二幼儿园府青西区	高车三路135号	公办	预评二级	190	30
106	成都市第十二幼儿园兴城嘉苑园区	安宁河路55号	公办	预评二级	75	14
107	成都市第二十四幼儿园汇彩分园	湖秀三路1号	公办	预评二级	225	34
108	成都市第二十四幼儿园润彩分园	一里塘路169号	公办	预评二级	160	26
109	成都市第二十四幼儿园东林分园	龙绵街	公办	预评二级	169	25
110	成都市第二十四幼儿园秀水分园	湖景五路100号	公办	预评二级	130	20
111	成都市第二十四幼儿园楠竹分园	楠竹巷40号	公办	预评二级	20	7
112	成都市第二十五幼儿园爱苗分园	丛桂路51号	公办	预评二级	24	5
113	成都市第二十六幼儿园龙悦分园	隆兴北四路56号	公办	预评二级	214	31
114	成都市第二十六幼儿园青秀分园	仙韵一路633号	公办	预评二级	295	43
115	成都市第二十六幼儿园天鹅分园	天鹅一路110号	公办	预评二级	181	32
116	成都市第二十七幼儿园新山分园	东林路401号	公办	预评二级	292	45
117	成都市第二十七幼儿园新城分园	金马河路16号	公办	预评二级	150	28
118	成都市第二十七幼儿园新旭分园	青龙路315号	公办	预评二级	91	15
119	成都市第二十八幼儿园慧润分园	成康路6号	公办	预评二级	341	49
120	成都市第二十八幼儿园翔润分园	东瑞二路3号	公办	预评二级	75	14
121	成都市第二十八幼儿园朗润分园	东林路800号	公办	预评二级	100	17
122	成都市第三十幼儿园童欣分园	桂香三路71号	公办	预评二级	109	17
123	成都市第三十幼儿园童睿分园	桂香二路29号	公办	预评二级	192	33
124	成都市成华区贝蕾幼儿园	西林街989号	民办	三级园	220	31
125	成都市成华区春苗幼儿园	联合社区4组	民办	三级园	296	43
126	成都成华区泰来幼儿园	八里桥路231号	民办	三级园	304	44
127	成都市成华区崔家幼儿园	二仙桥东二路99号	民办	三级园	207	28
128	成都市成华区金宝宝幼儿园	新鸿路130号	民办	三级园	249	33
129	成都市成华区白莲社区幼儿园	白莲池社区2组	民办	三级园	146	27
130	成都市成华区金橄榄幼儿园	东虹路97号	民办	三级园	157	21
131	成都市成华区桃蹊幼儿园	新风路208号	民办	三级园	135	21
132	成都市成华区东升幼儿园	槐树店路35号	民办	三级园	529	60
133	成都市成华区站北启航幼儿园	站北东横街40号	民办	三级园	366	43
134	成都市成华区金太阳幼儿园	熊猫大道1016号	民办	三级园	239	38
135	成都市成华区金苗幼儿园	二仙桥东路15号	民办	三级园	408	60
136	成都市成华区龙潭启航中心幼儿园	宝耳路9号	民办	三级园	336	60

续表86

序号	幼儿园名称	地址	类别	幼儿园等级	幼儿人数(人)	教职工数(人)
137	成都市成华区天健艾米利亚幼儿园	荆竹中路695号	民办	无等级	140	44
138	成都市成华区蒙田森蓝润蒙特梭利幼儿园	民兴北二路111号	民办	无等级	100	30
139	成都市成华区慧礼伊文幼儿园	和美西路一号	民办	无等级	72	24
140	成都市成华区嘉祥英卓恩幼儿园	一里塘路69号	民办	无等级	141	43
141	成都市成华区加联锦成幼儿园	荆竹中路199号	民办	无等级	133	35
142	成都市成华区尽心上蒙特梭利幼儿园	崔家店路162号	民办	无等级	47	22
143	成都市成华区六一瑞景幼儿园有限公司	华林一路130号	民办	无等级	56	20

表87　　2021年成华区小学情况表

序号	学校名称	占地面积(万平方米)	地址	类别	班级数(个)	在校学生数(人)	教职工数(人)
1	成都市成华小学	5.64	新鸿南路77号	公办	91	3890	262
2	成都市建设路小学	3.19	建设中街15号	公办	88	3975	230
3	电子科技大学附属实验小学	2.85	府青东街61号	公办	83	4100	271
4	成都市树德小学	3.40	万科北街9号	公办	70	3120	184
5	成都市海滨小学	2.94	新山路100号	公办	67	3293	209
6	成都市双水小学	2.37	荆竹坝东街42号	公办	53	2412	136
7	成都市成华区教育研究院附属小学	3.40	致力二路107号	公办	51	2392	141
8	电子科技大学附属实验小学龙潭分校	2.81	成泰路8号	公办	50	2462	142
9	成都市成华实验小学	3.60	文德路42号	公办	49	2327	137
10	成都市龙潭小学	1.76	龙树东一路9号	公办	47	2389	122
11	成都市双林小学	1.85	双林中横路8号	公办	47	2214	133
12	成都市石室小学	3.62	双福三路62号	公办	46	1882	122
13	成都市北新实验小学	1.55	东紫路585号	公办	43	2008	117
14	成都市锦官城小学	1.59	羊子山西路123号	公办	39	1833	112
15	成都市站东小学	1.60	站北中街18号	公办	39	1758	109
16	成都市双庆小学	1.88	长天路20号	公办	36	1554	98
17	成都理工大学附属小学	1.57	民旺一路69号	公办	34	1352	102
18	成都市熊猫路小学	1.74	熊猫大道12333号	公办	33	1598	98
19	成都市蓉城小学	2.38	邛崃山路115号	公办	30	1282	84
20	四川交响乐团附属小学	2.67	杉板桥南五路133号	公办	27	1212	79
21	成都市李家沱实验小学	0.87	平安正街45号	公办	26	1205	75
22	成都市列五书池学校	0.70	水碾河路北三街19号	公办	24	1128	66
23	成都市培华小学	0.65	培华西路4号	公办	24	1102	70
24	成都大学附属实验小学	3.70	丛桂二巷3号	公办	24	1043	65
25	成都市双林小学御风分校	1.53	槐庭路110号	公办	22	906	63
26	成都市桂林小学	1.23	桂林西路79号	公办	22	887	62
27	成都市杨柳小学	1.17	槐柳四路19号	公办	19	902	54
28	成都市龙成小学	0.95	建设巷15号	公办	16	628	45
29	成都市锦汇东城小学	1.64	槐树店一路345号	公办	14	547	42
30	成都市成华区特殊教育学校	0.26	东风路北一巷3号附16号	公办（九年一贯制）	6	89	29
31	成都双语实验学校和悦分校	4.02	和安一路89号	公办（九年一贯制）	44	2034	121
32	成都市二仙桥学校	2.28	二仙桥北路31号	公办（九年一贯制）	38	1690	126
33	成都列五中学南华实验学校	0.83	崔家店路162号	民办（九年一贯制）	37	1473	107
34	成都双语实验学校	1.56	双林路189号	公办（九年一贯制）	36	1484	117

续表87

序号	学校名称	占地面积（万平方米）	地址	类别	班级数（个）	在校学生数（人）	教职工数（人）
35	成都蜀辉实验学校	0.47	二仙桥西路5路	民办（九年一贯制）	33	1531	108
36	成都市成华区才艺学校	1.10	二仙桥北路31号附16号	民办（九年一贯制）	23	872	66
37	成都万汇学校	2.53	华林一路41号	公办（九年一贯制）	23	790	74
38	成都市熊猫路学校	3.23	蜀陵路772号	公办（九年一贯制）	18	691	56
39	成都市华建学校	1.27	槐树店路25号附1号	公办（九年一贯制）	15	533	70

表88　　2021年成华区初中学校情况表

序号	学校名称	占地面积（万平方米）	地址	类别	班级数（个）	在校学生数（人）	教职工数（人）
1	成都石室中学初中学校培华校区	1.78	培华西路3号	公办	37	1767	157
2	成都石室中学初中学校青龙校区	2.46	致强环街303号	公办	31	1541	130
3	成都市第四十中学	1.85	西林二街220号	公办	28	1336	107
4	成都市双庆中学	1.43	长天路9号	公办	25	1143	104
5	成都市双庆中学龙潭分校	1.52	成康路55号	公办	19	832	71
6	成都列五联合中学	1.33	双桥路248号	公办	15	669	95

表89　　2021年成华区高中学校情况表

序号	学校名称	占地面积（万平方米）	地址	类别	班级数（个）	在校学生数（人）	教职工数（人）
1	四川省成都列五中学	5.23	双园巷9号	公办	65	3101	294
2	四川省成都华西中学	8.19	双建南巷1号	公办	61	2870	245
3	四川省成都市第四十九中学	7.83	圣灯路39号	公办	90	4432	334
4	成都大学附属中学	1.28	三友路135号	公办	30	1393	120
5	成都市实验中学	5.49	青龙路781号	公办	43	2081	172
6	成都市第三十八中学	3.59	隆兴路8号	公办	39	1771	161
7	成都市成华区嘉祥外国语高级中学	0.70	双石路56号	民办	3	139	12

表90　　2021年成华区十二年一贯制学校情况表

序号	学校名称	占地面积（万平方米）	地址	类别	班级数（个）	在校学生数（人）	教职工数（人）
1	成都嘉祥外国语学校成华校区	7.08	二仙桥北路3号	民办	70	3078	352
2	成都七中英才学校	6.61	民旺一路69号	民办	14	586	88

表91　　2021年成华区职业中学学校情况表

序号	学校名称	占地面积（万平方米）	地址	类别	班级数（个）	在校学生数（人）	教职工数（人）
1	成都市蜀兴职业中学	1.24	建设北路一段5号	公办	32	1083	99
2	成都市建筑职业中专校	1.42	东虹西四路10号	公办	31	1544	116

成都市成华区嘉祥外国语学校高级中学校　（区教育局供图）

【特殊教育】　成华区有特殊教育学校1所，建成区级特殊教育资源中心1个、二级资源教室5个、三级资源教室27个，有53个校点承担随班就读任务。全区有残疾学生363名，其中中小学随班就读255名、特教学校89名、送教上门19名，户籍残疾适龄儿童少年入学率100%。

（曾耘川）

【教育资助】　成华区教育局强力推行各项资助项目应助尽助，春季和秋季学期在中职国助金、中职免学费、中职免住宿费、中职国家奖学金、普高国助金、普高免学费、帮困助学、义教段非寄宿生生活补贴、义务段家庭经济困难寄宿生生活补贴、宏志助学金、鸡蛋牛奶、三儿资助12个资助项目，共计资助1.37万人次，资助金额980.35万元。

（陈潇潇）

【德育工作】　区教育局印发《成华区新时代学生体质健康促进行动方案》，统筹推进体艺卫工作取得新进展实现新突破，促进学生身心健康全面发展，全面提升育人质量和水平，助力成都教育高质量发展；坚持“德育为先”，提升学生思想道德水平；组织实施劳动教育月（劳动教育周）活动，实施全国文明典范城市创建“339”行动；坚持“健康第一”，提升学生体质健康水平，组队参加全市体育教师技能大赛获第一名。全区坚持“以美育人”，提升学生审美人文素养，成都市双庆小学校、四川省成都市第四十九中学校、成都市建筑职业中专校、成都市龙成小学4所学校创建为“成都市艺术教育特色学校”。

（沈奕希）

社区教育

【概况】　2021年，成华区社区教育工作坚持以课程建设为主阵地、师资培训为主抓手、活动开展为主载体，着力构建具有成华特色的终身教育体系。全区有社区教育学院1所、街道社区教育学校11所、社区教育工作站82个；有成都老年开放大学成华分部，成都市老年教育示范点20个；有国家级优秀课程8门、市级优秀课程8门。

【教学活动】　成华区科学开设“最成都·市民课堂”，开展线上教学活动及教学研究。全年开展摄影、书法、烘焙等20门“优教成华·空中邻里课堂”线上教学课程和61门室外课程，培训学员3.76万人次；新增川剧表演培训、红枫车灯班、民乐等传统文化课程教学班32个，全年培训学员12.1万人次。

【社区教育特色品牌打造】　区教育局推出“4C家长”培训制度，建立完善家庭、学校、社会协同的家庭教育长效机制，全面提升新时代家长育人水平。“4C家长”培训制度在海滨小学、电子科大附小、石室初中等12所学校试点，依托现有教育体系，设计有针对性的课程，以送课的形式，在全区11个街道和部分中小学开展“家庭教育家长课堂”试点，全年组织专题讲座30场5000名家长参与，受益人群1.2万人次。成华区“4C家长制度”被评为2021年“成都市终身学习品牌项目”。

【街道老年教育学校】　成华区推进11个街道老年教育学校建设，成都市教育局对青龙、白莲池、二仙桥、龙潭4个街道老年教育学校进行评估验收，对成华区创建老年教育学校基础工作扎实、特色亮点鲜明、项目推进有力、工作成效突出给予肯定。12月31日，青龙、白莲池、二仙桥、龙潭4个街道老年教育学校被评为“成都市街道老年教育学校”。

【社区教育活动】　区教育局在82个社区，组织居民、青少年及英语爱好者，借助线上线下学习平台，全力推进“爱成都·迎大运”社区英语课；配合成都社区大学，向全区市民广泛开展“幸福不忘感党恩·奋进美好新时代”庆祝建党100周年活动摄

12月16日，成华区创建街道老年教育学校评估验收会举行　　（区教育局供图）

影比赛和书画比赛；组队参加“逐梦风华，扬帆远航——成都开放大学系统庆祝中国共产党成立100周年”文艺演出，配合成都市社区大学开展“庆祝中国共产党建党100周年主题歌曲视频录制”，展示社区教育的精神风貌。

（帅建东）

驻区高校

电子科技大学

【概况】　电子科技大学为“世界一流大学”A类高校，分设清水河、沙河、九里堤、永宁4个校区，以电子信息科学技术为核心，以工为主，理工渗透，理、工、管、文、医协调发展。2021年，电子科技大学共有在读本、硕、博学生4.07万人，教职工3800人；有中国科学院、中国工程院、欧洲科学院院士等高层次人才302人。电子科技大学科技创新成果不断涌现，2021年获得国家技术发明二等奖1项，入选国家“十三五”科技创新成就展成果3项，获得何梁何利科学技术与创新奖1项、科学探索奖1项、国家一级学会科技一等奖7项，省级教学成果特等奖3项、教学成果一等奖11项。

【学科和专业建设】　电子科技大学共有23个学院（部）、65个本科专业，其中13个为国家级特色专业，24个专业入选国家级一流本科专业建设点，国家一流学科2个；有一级学科博士点16个，一级学科硕士点28个，二级学科硕士点1个，设博士后流动站15个；推进一流课程建设，新增一流本科专业建设点15个。电子科技大学持续加强“双一流”建设，电子科学与技术、信息与通信工程2个一流建设学科；软科世界一流学科排名中，4个学科跻身全球前20位，6个学科跻身全球前50位；软科中国最好学科排名中，电子科技大学8个学科位列全国前10，其中电子科学与技术、信息与通信工程、网络空间安全排名全国首位；US News世界学科排名中，电气与电子工程、计算机科学分别位列全球第7和第19。电子科技大学在软科世界大学学术排名中继续保持全球前200位，在US News世界大学排名中从全球第342位上升至全球第272位，在QS、THE世界大学排名中取得显著进步。

【教育教学】　电子科技大学首次举办“新工科教育学生项目式课程学习作品展”，100门课程彰显新工科建设成果与学习成效，在首届全国和四川省高校教师教学创新大赛中获得优秀成绩，2021年“双一流”建设高校本科教育质量“百优榜”获评A+。电子科技大学教学研究改革取得新成绩，产教融合下的游戏产业实战人才培养模式探索、面向集成电路产业需求的校企共建课程、面向5G时代未来信息技术的校企融合创新发展、面向国防重大需求的校企科技攻关4个项目入选全国“校企合作·双百计划”典型案例，并列全国高校第一；虚拟仿真技术在“强磁性物质外磁场响应行为的测试分析”中的

9月29日，电子科技大学建校65周年创新发展研讨会举行　　（电子科技大学供图）

表92　　2021年电子科技大学国家级科技项目一览表

科技项目	获奖项目或个人
国家技术发明奖二等奖	太赫兹成像关键技术
何梁何利基金科学与技术创新奖	程玉华
科学探索奖	吕琳媛
国家一级学会科技一等奖	复杂系统多模态信号可重构实时捕获关键技术及应用
	高速移动通信射频芯片测量关键技术
	基于智能化微服务的大宗商品物流安全监管关键技术及应用
	无线通信的跨层安全关键技术及要应用
	高温高动态环境中的高精度光学在线监测技术及应用
	非均匀介质电磁散射建模平台、关键技术及在国家重大工程中的应用
	智能共生无线通信理论与方法

表93　　2021年电子科技大学省级教学成果奖一览表

获奖名称	获奖项目
四川省教学成果特等奖	学科引领专业、科研促进教学——电子类专业新工科创新人才培养体系的探索与实践
	新工科建设“成电方案”的创新与实践
	基于激发创新潜能的工科院校美育体系探索与实践
四川省教学成果一等奖	科研引领，逐级贯通，践行新工程教育理念，培养信息与通信领域拔尖人才
	创新引领·优势汇聚·科教互哺——计算机复合型创新人才培养模式探索与实践
	强化价值引领、重构核心课程、创新实践体系，培养高层次软件工程人才
	“三力合一、四线融合”，仪器类专业工程创新人才培养体系构建与实践
	贯通四年、基于项目、逐级挑战、注重能力——光电类新工科人才培养体系的构建
	“管电复合、三维进阶”的管理类创新引领性人才培养模式的探索与实践
	瞄准数字治理场域，创立“3334”融合式文科教学体系，培养跨界创新人才
	搭平台建课程汇双师，电子信息专业学位研究生培养模式改革的成电探索与实践
	“四维四引·三课三推·双轨双驱”的高校双创人才培养体系构建与实践
	基于产教融合协同育人的高层次集成电路工程人才培养模式探索与实践
	根植物理，聚焦需求，引领工程——应用理科拔尖人才培养的成电方案

应用、基于新工科的信息与通信工程大类专业的人才培养改革研究、基于“互联网+”创新创业大赛的创新创业教育改革3个项目入选教育部产学合作协同育人优秀项目案例，获评四川省教学成果特等奖3项、一等奖11项，连续五年在《全国普通高校大学生竞赛排行榜（本科）》中排名前五，在中国国际“互联网+”大学生创新创业大赛获得2金、5银、1铜。电子科技大学推进研究生课程教学改革和教材建设，完成120门研究生精品课程建设工作，建立课程分类评价体系，实现博士生前沿综合课A类学科全覆盖，出版8本研究生教材；新增电子科技大学——中兴通讯股份有限公司研究生联合培养基地、电子科大——中芯国际研究生联合培养基地2个研究生联合培养基地。

【教育交流与合作】　电子科技大学服务海南自由贸易港建设，举办“海南自贸港国际英才班”，成为全国首批正式入驻海南陵水黎安国际教育创新试验区的高校。格拉斯哥学院2021届毕业生国内外总体深造率89%，社会影响力持续上升；与法国鲁昂高等工程师学院合作举办的硕士合作办学项目首届招生反响良好，法国蒙彼利埃孔子学院完成转隶工作。电子科技大学举办第46届国际红外毫米波——太赫兹会议等具有影响力的国际会议18场次，率先在川内实现自建出国（境）申报系统与省委外办系统交互对接和数据自动上报，为师生出国（境）提供便利，开展长短期线上国际交流项目，保障学生国际交流不断线，获批教育部中外人文交流中心“高层次国际化人才培养创新实践基地高校”。电子科技大学全年录取来华留学生261人，留学生保有量位居西部同类高校前列。

（肖　鹏）

成都理工大学

【概况】　成都理工大学为“国家双一流大学”，分设成都和宜宾2个校区，有全日制学生3.76万人，其中本科生3.03万人、硕士研究生0.62万人、博士研究生0.11万人，教职员工2753人。2021年，成都理工大学持续推进地质学、国家“双一流”建设学科，以及“地球科学”和“环境科学与生态学”，四川省“一流学科”建设，获得四川省教学成果特等奖3项、一等奖8项。

【学科和专业建设】 成都理工大学设本科专业74个，其中国家级一流专业15个、国家级特色专业8个；有各类国家级一流课程11门，各类省级一流本科课程114门。学校有7个一级学科博士学位授权点，22个一级学科硕士学位授权点，学科专业涵盖理、工、文、管、经、法、哲、农、教、艺10大学科门类，地球科学、工程学2个学科进入ESI全球排名前1%行列。成都理工大学完成首轮“双一流”建设任务，编制第二轮“双一流”建设方案，落实学科“三高计划”，学校ESI全球排名稳步提升；在全省率先开展“对标竞进”，组建机电工程学院、数理学院等创新型教学单位。

【教育教学】 成都理工大学增设“行星科学”本科专业，面向全校选拔“行星科学英才班”，开始精英化本科生培养。成都理工大学获批7门省级“课程思政”示范课程、1个省级“课程思政”示范专业、1个省级“课程思政”示范教学团队，24个专业申报国家一流本科专业，2个专业通过工程教育专业认证（辐射防护与核安全、测绘工程），39门课入选省级一流课程，17门课申报国家级一流课程；获批增列资源与环境博士专业学位授权类别和外国语言文学等6个学位授权点；获得四川省科学技术奖9项，其中自然科学奖一等奖1项，科学技术进步奖一等奖4项、二等奖1项、三等奖2项，国际科学技术合作奖1项；获批科研项目1186项、国家基金项目80项，合同经费4.76亿元。成都理工大学自然科学学科发表SCIE论文723篇，其中TOP论文170篇，获批建设“深时地理环境重建与应用自然资源部重点实验室”、首批“滑坡灾害风险预警与防控应急管理部重点实验室”“四川省地热能勘探工程技术研究中心”“四川省工业互联网智能监测与应用工程研究中心”4个省部级科研平台，牵头建设“天府永兴实验室地热及固碳研究部”。

9月1日，四川省人民政府副省长罗强（右一）到成都理工大学调研指导工作（成都理工大学供图）

【教育合作与交流】 成都理工大学获得国家留学基金委创新型人才

表94　2021年成都理工大学省级教学成果一览表

获奖名称	获奖项目
四川省教学成果特等奖	科教融合、两重两强，地质工程人才培养体系的创新与实践
	填实·地拟·人合地矿资环类虚拟仿真实验教学平台的构建与实践
	“登攀铸魂、实践培能、多元协同”新时期地学创新人才培养的探索与实践
四川省教学成果一等奖	面向沉积地质学特色创新人才培养的研究生系列教材建设（教材）
	根植“两山论”，面向西部多元协同培养地矿环境类跨学科人才
	四川大学“信息+”化工新工科模式构建和实践
	旅游管理类本科专业金课建设创新与实践
	走进田野的高校思想政治理论课实践教学改革与创新
	多校共建、多方共享、多维融通的大地学实践教学平台构建与应用
	文传为本、艺习为体、科创为用——西部理工类大学艺术传媒人才培养模式创新
	适应西部行业发展需求的地学类全日制专硕培养体系构建与实践

国际合作培养项目实施单位资格，中英合作办学工商管理专业合作伙伴更替为英国牛津布鲁克斯大学，启动“一带一路地学成理行动计划”；加强区校合作交流，与成华区合作共建公园式开放型校园，推进区校共建附属学校。

（应　杰）

西南财经大学天府学院

【概况】　西南财经大学天府学院分设成都校区（东区）和（西区）、绵阳、德阳4个校区，共有在校学生2.8万人，教职工1244人。西南财经大学天府学院成都校区（东区）为艺术设计学院、康养护理学院、国际教育学院本专科校区，（西区）为本专科应届毕业生实习实训基地。2021年，学校本科录取新生6871人，专科录取新生1719人，2021届毕业生6420人。

【学科和专业建设】　西南财经大学天府学院设置专业70个，其中本科专业40个、专科专业30个，下设会计、智能金融、智能科技、建筑与工程、现代服务管理、艺术设计、康养护理、国际教育、文化与教育9个二级学院。学校设置省级一流本科课程（财务报表分析、Excel在财务中的应用、包装设计、面向对象程序设计与实践、思想道德修养与法律基础、英语阅读II）6门；省级“课程思政”示范课程（财务报表分析、Excel在财务中的应用、包装设计、形势与政策Ⅲ）4门，省级应用型示范课程（上市公司财务报表分析、EXCEL在财务中的应用、财务多岗位综合实训、投资学、面向对象程序设计与实践、移动开发设计与实践、JAVA EE程序设计与实践、住宅小区规划、老年活动策划与组织、生死学、安装工程造价）11门；增设护理学、康复治疗学、社会工作、体育教育、应急管理、数字媒体技术、网络与新媒体等专业；紧扣国家新工科建设战略，增设智能科学与技术、物联网工程等专业；把握新文科建设要求，增设工程审计、大数据管理与应用等专业。

【教育教学】　西南财经大学天府学院推行以云教学、案例式、体验式、项目驱动式等雅典式课堂教学改革，着力培养学生的创新能力。学校加强与美国甲骨文（Oracle）公司、马士基物流等世界500强企业合作，建立Oracle电子商务应用系统、IBM电子商务系统、财务共享中心，设立由中国物流条码推进工程办公室、中国物品编码中心授予的条码实验室等电子商务应用实验室，将应用系统融入课堂教学；研发的自主知识产权市场产品“多米岛”“同学快跑”等App投入运营，“同学快跑”项目在第九届“全国大学生创新创业年会”上得到专家高度评价，被教育部收录进《第九届全国大学生创新创业年会成果集》。

【“智选龙潭·有梦共创”双选会】4月7日，“智选龙潭·有梦共创”双选会在西南财经大学天府学院成都校区（西区）举行，双选会邀请四川深兰电气有限公司、四川派盛通石油工程技术有限公司、四川波凡同创机器人有限公司、四川省华电成套设备有限公司、成都中微电微波技术有限公司等47家企业携3000个岗位，设置“直播带岗区”、政策宣讲区、培训登记区，有5家企业招聘负责人走进直播间，向求职者“在线”抛出橄榄枝，有2300人次进入直播间收看，35人次在直播间交流互动，线上线下达成就业意向210人。

（李　璐）

11月21日，西南财经大学天府学院财务数据驾驶舱课程授课　　（西南财经大学天府学院供图）

成都开放大学

【概况】 成都开放大学设成都总校、温江校区、天府校区3个校区，共有在校学生8.98万人，教职工242人。2021年，招收新生2.81万人，开设22个本科、73个专科。学校坚持创优提质，推进学历教育固本强基，成立成都开放大学乡村振兴学院蒲江分院，推广乡村振兴学院人才培养模式，乡村振兴学院案例入选“中国教育在线2021高校服务乡村振兴优秀案例”，服务乡村人才、助力乡村振兴入选高校服务乡村振兴典型案例；获评国家开放大学教育部“一村一名大学生计划”教学先进单位。

【学科和专业建设】 成都开放大学探索建立青少年儿童发展与智慧教育研究中心、社会工作研究中心、大数据研究中心、教学支持服务研究中心4个研究中心，推进学前教育、社会工作、计算机等专业教学；实施“拓金计划”，完成20门校级精品课程建设及5门国开“金课”建设。

【教育教学】 成都开放大学围绕提升教学质量、凝练教学特色、培育教学成果，开展“金课”教学，以“大学生创新创业”为主题，开展“互联网+大学生创新创业大赛专题”等讲座；报送的《稻虾养殖——返乡创业致富经》参赛项目获得第七届中国国际“互联网+”大学生创新创业大赛四川省赛铜奖；推动成渝地区学分银行全方位合作，共建“成渝地区双城经济圈学分银行”，建立区域学习成果互认制度，探索建立市民学习大数据中心；立足社区教育，实现终身教育全覆盖；健全市民终身学习教育体系，优化市民服务品牌，提升学习型城市影响力，推动“成渝双城经济圈”教育协同发展。

4月21日，成都开放大学乡村振兴学院蒲江分院揭牌仪式举行　　（成都开放大学供图）

【教育交流与合作】 成都开放大学加强国内国际交流与合作，与北京、上海、杭州、广州、武汉等社区教育和老年教育实施互动交流；按照联合国教科文组织学习型城市网络成员，参与各种国际学习型城市建设主题活动、项目研究和成果推广。10月27—29日，在韩国仁川市延寿区以线上线下相结合的方式举办第五届国际学习型城市大会，市政府委派学校代表成都在大会上报告成都市对全球24个城市，在学习型城市建设方面的协调管理及项目成果转化等工作情况，学校协助成都市教育局在大会上以《学习型城市在疫情时期的健康教育举措》为题作大会交流发言，就成都市作为学习型城市在疫情时期的终身教育促进公共健康教育的举措进行分享交流。

【成渝地区双城经济圈开放大学马克思主义学院联盟】 6月16日，重庆开放大学、四川开放大学和成都开放大学共同发起成立“成渝地区双城经济圈开放大学马克思主义学院联盟”，三校领导在仪式上共同推杆启动联盟，签署联盟合作备忘录；联盟各成员单位将共享思政理论课师资，共享思政理论课资源，共研“新思想”，共推“云活动”，创新“互联网+”思政育人教育新模式，加强和改进川渝地区开放大学学生思想政治教育工作，携手服务成渝地区双城经济圈建设。

【乡村振兴学院蒲江分院】 4月21日，成都开放大学举办乡村振兴蒲江论坛，成立乡村振兴学院首个区县分院——蒲江分院；结合寿安街道的需求，定期举办论坛、竞赛、演讲等形式多样的教学活动；通过培养学员学到知识、增长见识、开阔眼界，把所学投入到工作中、到乡村事业发展中，培养一支懂农业、爱农村、爱农民的基层人才队伍，有力推进工业园区与乡村农业、旅游、教育、文化、休闲等产业深度融合，促进区域社会经济发展。蒲江学院以中德（蒲江）中小企业合作区、成都中德职教创新功能区和蒲江国家现代农业产业园区的主要承载地——寿安街道为突破口进行先行先试。

（张绮蓝）

科　　技

编辑　李锡清

综　　述

【概况】　2021年，成华区全力实施科技协同创新工程，提档升级孵化载体，做强人才、金融等要素配置，优化创新创业生态，深抓环高校知识经济圈建设，推动高校及科研院所技术转移和成果转化。全区有国家高新技术企业315家，全年立项省级科技计划项目41项，市级科技计划项目66项，企业获得项目资金3183万元。引进四川斯艾普电子科技有限公司、成都阿普奇科技股份有限公司2个高能级创新平台。成华区新经济和科技局抓好疫情防控和能源安全保障，全区科技创新等工作取得显著成效，获评全市科技金融工作先进单位、高新技术发展及产业化推进工作先进单位、创新创业服务工作先进单位。

（刘　虹）

表95　　2021年成华区省级科技计划立项项目一览表

序号	项目名称	项目承担单位	计划类别
1	企业研发投入补助	成都硕特环保科技有限公司	重点研发
2	企业研发投入补助	成都福莫斯工业技术有限公司	
3	企业研发投入补助	四川千里倍益康医疗科技股份有限公司	
4	企业研发投入补助	成都三合力通科技有限公司	
5	企业研发投入补助	成都众信至诚软件开发有限公司	
6	企业研发投入补助	成都卡诺普自动化控制技术有限公司	
7	SLC31A1介导铜离子沉积致放射性肠损伤的机制研究及逆转措施	核工业四一六医院	应用基础研究
8	放射性皮炎的皮损造模及紫草油对其FLG及AQP3调控机制的研究	核工业四一六医院	
9	三维光学工业轮廓传感关键技术研究	万岩铁路装备（成都）有限责任公司	重点研发
10	基于多层级私有链技术的教育大数据敏捷治理及数据开放循环生态平台研发及应用示范	成都康赛信息技术有限公司	
11	低惯量大转矩低齿槽转矩力矩电机	成都微精电机股份公司	
12	基于玄武岩纤维\噁嗪结构改性高性能环氧树脂制备高性价比超轻量武器装备复合材料的研发	成都凯米特科技有限公司	
13	基于人工智能的新基建电力安全工器具标准化检测与全寿命智慧管理关键技术及示范	四川蜀能电力有限公司	
14	核设施液态流出物在线剂量预警与测量关键技术及系统研发	成都新核泰科科技有限公司	
15	地下空间热湿环境保障节能关键技术研究与应用	中建地下空间有限公司	
16	基于北斗的多导航天线前端的通用航空模组研发	成都北斗天线工程技术有限公司	

续表95

序号	项目名称	项目承担单位	计划类别
17	建筑废浆废渣资源化利用及高附加值产品开发关键技术研究	中建西部建设西南有限公司	重点研发
18	融合量表和语音及表情的快速智能心理测评分析系统	成都中科云集信息技术有限公司	
19	5G毫米波高速信道模拟器	成都吉纬科技有限公司	
20	页岩气井油基岩屑提油后无害化利用新技术	四川石油管理局有限公司	
21	城市新建高速公路跨越既有交通线交叉区域施工安全风险评估与决策研究	中节能建设工程设计院有限公司	
22	钢渣综合利用技术成果转化与示范应用	成都建筑材料工业设计研究院有限公司	科技成果转移转化
23	债权融资补助	成都微精电机股份公司	
24	44Sc/47Sc标记DOTA-TATE对神经内分泌肿瘤的诊疗一体化研究	核工业四一六医院	科技创新基地和人才计划
25	新媒体背景下优质幼教资源共享机制研究	成都市第二十六幼儿园	
26	绿色建设工程四川省科技资源共享服务平台	中节能建设工程设计院有限公司	
27	西南天然气"气大庆"战略研究	四川石油管理局有限公司	
28	瞪羚企业后补助	四川斯艾普电子科技有限公司	重点研发
29	瞪羚企业后补助	成都硕特环保科技有限公司	
30	创新创业大赛获奖企业补助	成都吉纬科技有限公司	
31	大尺寸铝合金零件数字化智能加工成套生产线研制与应用示范	四川成焊宝玛焊接装备工程有限公司	
32	研发准备金制度财政奖补资金项目	四川中测标物科技有限公司	
33	研发准备金制度财政奖补资金项目	成都施泰欧科技有限公司	
34	研发准备金制度财政奖补资金项目	成都新雄鑫净化工程有限公司	
35	高性能模块电源定制化研发设计服务示范项目	四川升华电源科技有限公司	科技服务业发展专项
36	航天科工通信技术研究院(华灿工场)双创平台	航天科工通信技术研究院有限责任公司	
37	投资保障	成都康拓兴业科技有限责任公司	被投资企业
38	社会基层基础综合实战应用平台	成都三合力通科技有限公司	技术创新项目
39	新型智能一体化高效节能全自动泵站及污水处理成套设备研制	森泉环境科技集团有限公司	
40	半砖隔离式航空航天用模块电源创新研发	四川升华电源科技有限公司	
41	基于物联网的工业智能监测运维平台	成都阿普奇科技股份有限公司	

表96　2021年成华区市级科技计划立项项目一览表

序号	项目名称	项目承担单位	计划类别
1	研发准备金制度财政奖补	成都福莫斯智能系统集成服务有限公司	重点产业研发支撑计划
2	研发准备金制度财政奖补	成都喜元网络科技有限公司	
	研发准备金制度财政奖补	成都锐阳伟业科技有限公司	
3	高可靠抗电磁干扰滤波器JLC5201/ JLC6101系列	成都宏明电子股份有限公司	工业稳链补链科技支撑项目
4	SM270系列高功率密度全砖隔离式电源模块产品	四川升华电源科技有限公司	
5	基于动态目标检测的危岩体崩塌演变规律研究及智能监测预警系统研发	成都理工大学	重点产业研发支撑计划
6	钢轨光学非接触检测装备研发及产业化	万岩铁路装备(成都)有限责任公司	产业功能区基础能力建设计划
7	抗菌性秸秆复合材料的开发与应用研究	四川智翔翼科技有限公司	
8	脊柱微创智能手术机器人系统研究与产业化	成都金盘电子科大多媒体技术有限公司	重点产业研发支撑计划
9	创业天府·菁蓉创享会 数字娱乐行业新技术的创新运用	四川省数字娱乐文化促进会	产业功能区成果转化引导计划
10	输血传播病毒性肝炎转化医学及精准治疗策略研究	中国医学科学院输血研究所	创新环境提升计划

续表96

序号	项目名称	项目承担单位	计划类别
11	中国测试技术研究院计量测试科普基地	中国测试技术研究院	创新环境提升计划
12	成华区青少年综合实践教育活动中心	成华区青少年综合实践教育活动中心	
13	环成都理工大学知识经济圈	成都理工大科技园开发有限责任公司	产业功能区成果转化引导计划
14	完美文创公园	四川完美三杯茶商业管理有限公司	
15	CEC784·万谷智慧产业园	成都万谷园区管理有限公司	
16	蜂巢创新空间	成都蜂巢创服企业管理有限公司	
17	航天科工通信技术研究院（华灿工场）双创平台	航天科工通信技术研究院有限责任公司	
18	5G前端集成模拟预失真功能的GaN功放芯片	成都亚光电子股份有限公司	重点产业研发支撑计划
19	地下水—土壤介质污染物的原位同步修复材料、技术与装备研发	成都理工大学	
20	常见呼吸道病毒（含新冠）RT-LAMP-HNB快速可视化联检芯片的构建及应用	中国医学科学院输血研究所	
21	自驱动超敏微马达的构建及膀胱癌循环肿瘤细胞的精准捕获研究	核工业四一六医院	
22	基于穿戴式多源传感的偏瘫患者运动能力评估方法研究及系统开发	成都理工大学	
23	成都科技金融发展路径优化研究	成都理工大学	创新环境提升计划
24	成都市物流业制造业融合发展对策研究——基于天府国际机场及成都国际铁路港的机遇分析	成都理工大学	
25	成都融入“双循环”新发展格局研究	成都理工大学	
26	研发准备金制度财政奖补资金项目	四川中卫北斗科技有限公司	重点产业研发支撑计划
27	研发准备金制度财政奖补资金项目	成都泰测科技有限公司	
28	研发准备金制度财政奖补资金项目	成都福立盟科技有限公司	
29	研发准备金制度财政奖补资金项目	成都锋宜精密工具制造有限公司	
30	研发准备金制度财政奖补资金项目	成都睿迪意科技有限公司	
31	研发准备金制度财政奖补资金项目	成都市鼎诚泰信科技有限公司	
32	研发准备金制度财政奖补资金项目	研发准备金制度财政奖补资金项目	
33	研发准备金制度财政奖补资金项目	四川巨象科技有限责任公司	
34	研发准备金制度财政奖补资金项目	四川享住智慧科技有限公司	
35	研发准备金制度财政奖补资金项目	四川航电微能源有限公司	
36	研发准备金制度财政奖补资金项目	成都欧锐德智能设备有限公司	
37	研发准备金制度财政奖补资金项目	四川升华电源科技有限公司	
38	研发准备金制度财政奖补资金项目	四川奥恒环保科技有限公司	
39	研发准备金制度财政奖补资金项目	成都康拓兴业科技有限责任公司	
40	研发准备金制度财政奖补资金项目	森泉环境科技集团有限公司	
41	研发准备金制度财政奖补资金项目	成都阿普奇科技股份有限公司	
42	研发准备金制度财政奖补资金项目	成都市斯达鑫辉视讯科技有限公司	
43	研发准备金制度财政奖补资金项目	中慧长源工程设计集团有限公司	
44	研发准备金制度财政奖补资金项目	四川天渌环境工程有限公司	
45	研发准备金制度财政奖补资金项目	成都通威水产科技有限公司	
46	研发准备金制度财政奖补资金项目	京创智慧科技有限责任公司	
47	研发准备金制度财政奖补资金项目	成都思睿工业产品设计有限公司	
48	研发准备金制度财政奖补资金项目	成都浦创科技有限公司	
49	研发准备金制度财政奖补资金项目	成都卡诺普机器人技术股份有限公司	

续表96

序号	项目名称	项目承担单位	计划类别
50	研发准备金制度财政奖补资金项目	鑫辉智云集团有限公司	重点产业研发支撑计划
51	研发准备金制度财政奖补资金项目	四川金域医学检验中心有限公司	
52	研发准备金制度财政奖补资金项目	成都纬视科技有限公司	
53	研发准备金制度财政奖补资金项目	成都旭思特科技有限公司	
54	研发准备金制度财政奖补资金项目	成都硕特科技股份有限公司	
55	研发准备金制度财政奖补资金项目	成都理工博大工程科技有限公司	
56	研发准备金制度财政奖补资金项目	成都克伏特航空设备有限公司	
57	研发准备金制度财政奖补资金项目	四川格瑞良云科技有限公司	
58	研发准备金制度财政奖补资金项目	四川优联通信工程有限公司	
59	研发准备金制度财政奖补资金项目	航天科工通信技术研究院有限责任公司	
60	研发准备金制度财政奖补资金项目	四川省坤泰环境检测有限公司	
61	研发准备金制度财政奖补资金项目	四川优徕博检测技术有限公司	
62	研发准备金制度财政奖补资金项目	成都鸿宇微通电子科技有限责任公	
63	研发准备金制度财政奖补资金项目	成都三合力通科技有限公司	
63	研发准备金制度财政奖补资金项目	成都铭科思微电子技术有限责任公司	
65	研发准备金制度财政奖补资金项目	成都华普电器有限公司	
66	研发准备金制度财政奖补资金项目	成都微精电机股份公司	

【科技人才】 成华区坚持“校地合作+平台招引+孵化培育”协同引育模式，深化校院企地合作、建强科研平台和双创载体，全力推进新经济人才、创新创业人才聚集与育成，优秀科技创新人才有序流入，为奋力建设一流人才生态示范区提供强有力支撑。四川成焊宝玛焊接装备工程有限公司何华，成都网丁科技有限公司张颖峰、周剑，成都福立盟科持续有限公司金松涛入选成都市“大数据”领军人才，成都成电金盘健康数据技术有限公司何明杰入选成都市“蓉贝”软件人才。

（罗　豪）

【科技成果项目转化实施】 成华区科技创新成果转化能力不断提升，聚焦新一代人工智能、第五代移动通信技术（5G）等主导产业，构建“创新研发源头供给—创新要素支撑—功能区产业化应用”科技成果转化全流程培育协同发展体系；以环高校知识经济圈建设为抓手，不断完善“政产学研用投”协同创新机制，推进电子科大科技园（龙潭分园）落地龙潭机器人产业功能区；加强与西南技术转移中心合作，促进技术合同成交额增长。成华区推动科技成果转化与产业发展深度融合，电子科技大学10项科研成果在成华实现转化。

（邓　科）

表97　　2021年成华区科技成果转化一览表

序号	科技成果名称	研发单位	转化企业
1	产学研校企合作协议（中科云集智能技术联合实验室）	电子科技大学	成都中科云集信息技术有限公司
2	驾驶员行为自动高效识别的深度模型研究		
3	毫米波通信算法研究和实现		成都吉纬科技有限公司
4	毫米波收发机研制		
5	Q波段毫米波收发技术		
6	改进微波中频模块		
7	37GHz发射/41GHz接收模块		
8	基带技术开发		
9	管道腐蚀监测相关技术开发		成都陆迪盛华科技有限公司
10	铁路建设工程物联网与云平台联合研究		电子科大光电学院与中铁工程服务有限公司

4月10日，2021年电子科技大学iMBA校友回归日暨春季校友论坛举行（区新经济和科技局供图）

【政企校合作平台建设】 成华区推动院校企地深度融合，提供精准对接服务，运用电子科技大学、成都理工大学等高校资源，提升校企合作水平，开展校企双进活动，面向高校各类人才发布2021“蓉漂杯”高层次人才创新创业大赛“文创商贸+智能制造”区域专题赛讯，吸引电子科技大学3个人才项目参赛，推荐成都理工大学“让环境开启大学生活新方式”等项目参加。区新经济和科技局促进电子科技大学全球校友服务中心提升运营成效，吸引四川安领建企业管理咨询有限公司、四川成电卓远大数据集团有限公司、四川黔龙壹零捌企业管理合伙企业、四川香雅韵远文化传播有限公司、四川金翔思教育科技有限公司、中科立复（成都）科技有限公司、成都柴多企业管理合伙企业、成都锦正房产经纪有限公司、成都宁馨蓉科技有限公司、成都文纤传媒有限公司10个创新创业项目落户成华。

【企业技术中心建设】 成华区推进企业技术创新工作，发挥企业技术中心在企业自主创新能力建设中的引领与示范作用，全年新增省级技术中心1家、市级技术中心8家，四川斯艾普电子科技有限公司被认定为“四川省企业技术中心”，鑫辉智云集团有限公司、成都克伏特航空设备有限公司、成都阿普奇科技股份有限公司、五冶集团装饰工程有限公司、四川瑞都石油工程技术服务有限公司、中国电建集团四川工程有限公司、四川千里倍益康医疗科技股份有限公司、成都硕特科技股份有限公司8家被认定为“成都市级企业技术中心”，9家企业技术中心挂牌。截至年底，成华区有国家级企业技术中心1家、省级企业技术中心20家、市级企业技术中心15家。

（何光亚）

【高新技术企业认定】 区新经济和科技局指导152家企业提交认定申报资料，组织区内高新技术企业按时填报年度成都市创新创业统计监测系统季报及科技部火炬统计调查，完成“创新驱动目标”考核相关的数据填报。全区全年新认定高新技术企业133家，截至年底全区有高新技术企业315家。

（刘　虹）

表98　　2021年成华区国家和省市企业技术中心一览表

类别	企业名称
国家级企业技术中心	成都宏明电子股份有限公司
省级企业技术中心	四川柯世达汽车制动系统集团有限公司、四川成焊宝玛焊接装备工程有限公司、四川省第三建筑工程有限公司、四川省建筑机械化工程公司、四川文轩教育科技有限公司、四川金域医学检验中心有限公司、四川华西绿舍建材有限公司、四川海力智能科技股份有限公司、成都建筑材料工业设计研究院有限公司、成都焊研科技有限责任公司、成都航天通信设备有限责任公司中建商品混凝土成都有限公司、雅砻江流域水电开发有限公司、成都康赛信息技术有限公司、成都建工第七建筑工程有限公司、成都北方石油勘探开发技术有限公司、中国建筑西南勘察设计研究院有限公司、四川升华电源科技有限公司、成都卡诺普自动化控制技术有限公司、成都微精电机股份公司、四川斯艾普电子科技有限公司
市级企业技术中心	四川施克塞斯科技有限公司、成都恩承科技股份有限公司、成都福立盟科技有限公司、成都鑫豪斯电子探测技术有限公司、成都赛英科技有限公司、航天科工通信技术研究院有限责任公司、成都成电金盘健康数据技术有限公司、鑫辉智云集团有限公司、成都克伏特航空设备有限公司、成都阿普奇科技股份有限公司、五冶集团装饰工程有限公司、四川瑞都石油工程技术服务有限公司、中国电建集团四川工程有限公司、四川千里倍益康医疗科技股份有限公司、成都硕特科技股份有限公司

【"周周菁蓉汇"双创系列活动】 成华区持续打造"周周菁蓉汇"双创品牌，全年开展第二届区块链创新与产业发展峰会、银企融资对接会、成华区新经济企业创新加速营"智能制造主题日"、第八届成华区青年创业大赛、第七届四川省国际"互联网+"大学生创新创业大赛、成华区新经济企业创新加速营、成华区幸福美好生活十大工程新场景新机会企业交流沙龙、高新技术企业认定培训会等双创活动35场次。

（罗　豪）

科技创新

【概况】 2021年，成华区深入实施创新引领工程，加强企业自主创新能力建设，推动区内科技型企业建立研发准备金制度。全年入库科技型中小企业238家，高新技术产业营业收入650.31亿元。航天科工通信技术研究院（华灿工场）双创平台被科技部确定为"国家备案众创空间"。

【创新驱动发展战略实施】 成华区持续优化创新空间、产业技术、创新平台三方面重大布局，加快创新资源优势转化为高质量发展产业优势，深入推进科技协同创新工程，完善"科技型初创企业—入库科技型中小企业—高新技术企业—创新型领军企业"梯度培育机制；开展"大课宣讲+线上答疑+企业巡诊+线下追踪+现场辅导"高新技术企业认定培训，将培育高新技术企业摆到实施创新驱动战略的重要位置。

【科技自主创新能力建设】 成华区深入实施"创新引领工程"，推进"科技强区创新驱动发展"进程，加大科研经费投入，全年全社会科技研发投入36.11亿元。区新经济和科技局引导区内科技型企业建立研发准备金制度，全年获得市级奖补资金1010万元。

【国家和省市双创载体打造】 成华区鼓励双创载体提档升级，组织企业申报市级、省级、国家级载体，华灿工场双创平台被科技部确定为"国家备案众创空间"，完美文创公园、CEC784万谷智慧产业园通过市级新建苗圃备案。截至年底，成华区有电子科大沙河科技园、WE创空间和蓝色工坊、华灿工场3家国家级双创载体；完美文创公园、蜂巢创新空间2家省级双创载体；今日头条创作空间、北京理工大学校友创新创业服务中心（成都）、东梦工厂成华区小微文化科技创意创业孵化园、财富又一城写字楼电商企业孵化器、智能焊接技术专业孵化器、CEC784万谷智慧产业园6家市级双创载体。

7月12日，成都市政协副主席、民革成都市委会主委里赞调研航天科工通信技术研究院（华灿工场）
（区新经济和科技局供图）

【联东U谷·成都科创园建设】 联东U谷·成都科创园项目计划投资30亿元，在龙潭工业机器人产业功能区建设高品质科创空间和现代都市工业载体平台，围绕功能区数字通信、智能机器人、工业互联网等主导产业，打造集生产制造、研发设计、中试成果转化、产品展示和功能配套于一体的"联东U谷·成都科创园"，加速形成区块链、人工智能、5G等上下游高端产业集群，设立联东集团西南总部，为成华区高质量发展注入强劲动能，为成都加快建设高质量发展的增长极和动力源再添新的活力。

【众创空间和孵化器发展管理】 区新经济和科技局组织开展区级载体备案、载体年度绩效考核等工作，全区有电子科技大学军事电子加速器、成都理工大学科技园、华灿工场、北理同创孵化器、蜂巢创新空间、今日头条创作空间6家备案管理的孵化器。

（罗　豪）

科技普及

【概况】 2021年，成华区科学技术协会聚焦成渝地区双城经济圈建设，全面推进"科创中国"试点城市建设、"天府科技云"服务，以提高全民科学素质为宗旨、促进科技创新为动力，将"爱科学·慧生活"品牌融入基层组织，全区建立科普志愿服务队79支，有科普志愿者5500人。

【《纲要》贯彻落实】　成华区深入贯彻《全民科学素质行动计划纲要》，构建党政支持、市场和社会力量等多方参与科学普及的联合协同格局。区科协在重点时间节点，精心组织开展特色活动，举办第二十五届“科技之春”科普活动月线上主题活动，全面开启“十四五”科协科普工作；承办四川省第十八届青少年机器人普及组竞赛，推动全区青少年科学技术普及，激发广大青少年的科学兴趣，提升青少年的科学素养。9月，全区科普基地、学校、街道、部门和企事业单位，组织开展全国科普日系列活动59场次，参与人数3200人次。

【科普基地建设】　区科协引才聚智、创新驱动，促进科技型企业发挥院士（专家）工作站、科协工作站等科协组织平台作用，带动经济、科技、文化发展，打造服务科技创新示范园区、楼宇和商圈。截至年底，全区有企业科协14个、科普基地7个、社区科普大学32个、科普活动室58个、科普阅览室53个、科普画廊22个、科普社区宣传专栏91个、科普e站阅览大屏16个、航天科普e站1处，有国家级科普基地2个、省级科普基地1个、市级科普基地4个。

【科普服务体系建设】　区科协加强科普服务体系建设，增强科普公共服务能力。3月19日，在成都市龙成小学开启“校社企·共携手·迎大运·创未来”成华区科普企业智惠益民行动，活动汇集街道、社区、学校、企业和社会组织多方资源，由龙成小学老师、区科普共享基地、社区科普工作者、社会组织、学生家长、居民骨干联合打造的“成华区科普志愿者服务队·猛追湾街道建设中路社区支队”成立。科普志愿者队伍以科学知识传递、科技创新服务为切入点开展全龄友好志愿者服务行动，使“科普进社区”持续提升社会基层治理能力，满足群众的美好生活需要，构建更为完善的基层治理体系，让从上而下的群团服务更实效，从下而上的本地资源发力更精准；完善

表99　　2021年成华区企业科协一览表

序号	科协名称
1	电子科技大学国家大学科技园科协
2	航天科工通信技术研究院有限责任公司科协
3	成都大熊猫繁育研究基地科协
4	中国医药集团总公司四川抗菌素工业研究所科协
5	四川海力智能科技股份有限公司科协
6	四川升华电源科技有限公司科协
7	四川川博士科技发展有限公司科协
8	四川华控图形科技有限公司科协
9	成都中电锦江信息产业有限公司科协
10	成都恩承油气有限公司科协
11	成都中车电机有限公司科协
12	成都亚光电子股份有限公司科协
13	成都北方石油勘探开发技术有限公司科协
14	成都东区爱尔眼科医院科协

表100　　2021年成华区科普基地一览表

类别	科普基地名称
国家级科普基地	成都大熊猫繁育研究基地、成都动物园
省级科普基地	成都理工大学博物馆
市级科普基地	成都市双林小学“双馨”科技馆、成都东郊记忆馆、成都风雅堂文化发展有限公司、成都拾野自然博物馆

9月26日，成华区10所小学开展科学家进校园科普活动　（区科协供图）

3月28日，四川省成都华西中学斩获“极速抗疫”项目初中组全省冠军　　（区科协供图）

“校社企”共育模式，打造更多专业化的志愿者队伍，开展全龄友好服务。

【“科技之春”科普月活动】　4月，成华区开展第二十五届“科技之春”科普活动月活动，各成员单位、街道科协、科普基地结合线上线下宣传，围绕庆祝建党100年、迎大运、幸福美好生活十大工程、“绿道+科普”、乡村振兴、前沿科技等科普活动，举办培训班、专题讲座、义诊等一系列科普宣传活动20场次。区科协聚焦庆祝中国共产党成立100周年，开展“学党史、跟党走”和“党建+科普”宣传活动27场次；举办“爱成都·迎大运”开展“运动+科普”宣传活动43场次，聚焦幸福美好生活十大工程开展科普活动155场次，公园城市示范区建设开展“绿道+科普”宣传活动21场次，全面推进乡村振兴开展“科技下乡”活动2场次；聚焦社会热点，围绕前沿科技开展活动96场次。全区“科技之春”科普活动月深入基层、服务群众、普惠民生，提升基层群众的幸福感和获得感，科普受益群众200.3万人次，营造良好的科普氛围。

【科普活动】　3月27—28日，四川省第十八届青少年机器人竞赛普及组决赛在成都市海滨小学举行，四川省17个市州、400支优秀竞赛队伍、800名学生在竞技场上比脑力、拼创意、秀绝技，通过富有挑战性的比赛项目，将学生在课程中的多学科知识和技能融入竞赛过程中，激发学生对工程技术的学习兴趣，培养学生的创新意识、动手实践能力和团队精神，提高科学素质。四川省成都华西中学斩获“极速抗疫”项目初中组全省冠军。6月11日，成华区举办庆祝中国共产党成立100周年暨2021年“全国科技工作者日”主题活动，以“众心向党·自立自强”为主题，通过线上宣传+线下活动相结合的方式，“献礼建党百年·讲述成华科技工作者故事”主题宣传活动和“科学大咖面对面”系列宣讲活动。9月16日，成华区“科幻·话未来”科普主题活动在华润万象城广场举行，现场通过声、光、电高科技产品的完美融合，打造一场具有科幻感的“未来世界”沉浸式体验；在科普中国关于“2021年全国科普日”活动总榜单排名中，成华区“科幻·话未来”科普主题活动以3905万次的阅读量、2265万个点赞、3040次转发位列全国第二。

成华区社会科学界联合会

【概况】　2021年，成华区社会科学界联合会坚持守正有为、敦厚创新，统筹开展社科工作，推动课题研究转化，依托社科基地开展社科知识普及，2个课题被评为全国社会治理典型案例，1个课题获四川省社会科学优秀成果三等奖，开创社科工作新局面。

【社科课题研究】　区社科联聚焦公园城市建设、超大城市社会治理等方面开展课题研究，立项市级社科课题《世界文创名城建设背景下成都文创产业功能区研究——以东郊记忆为例》，研究成都打造世界文化名城战略路径、发展目标和对策措施。《成华区公园城市建设》研究成果纳入《成都市公园城市发展报告（2021）》蓝皮书，专著《商业银行绿色信贷行为的经济分析》获四川省第十九次社会科学优秀成果三等奖。

【社科知识普及】　区社科联推动社科宣传大众化普及，以新媒体思维打造重点理论宣传阵地，持续提升“成华社科”微信公众号质量水平和传播效果，打造“成华星繁”“四川党史人物传”“城市发展史”“四川先贤家风家训”等科普产品，全年微信公众号发布社科信息195条。区社科联举行“奋斗与辉煌——中国共产党百年礼赞”庆祝建党100周年报展，展出老报纸和文物150件，参观群众1万余人次。区社科联联合“学习强国”主题街区举办“强国学堂”，开展家庭家风开学第一课活动，探索用“学习+”模式开展社科普及活动。

【社科人才队伍建设】　区社科联加快社科人才培养，集聚社科力量，有社科研究专家队伍30人，分别为电子科技大学、重庆大学、西南财经大学、西南交通大学、成都职业技术学院、四川创新社会发展与管理研究院等高校专

6月25日，成华区庆祝建党100周年报展在区文化馆举办　　（区社科联供图）

家教授，提高社会科学研究和服务经济社会建设能力。

【社科基地建设】　区社科联整合社科基地各类资源，搭建社科基地协作发展新模式，发挥成都东郊工业文明社科普及基地资源优势，聚焦老东郊工业化、城市化、现代化历史，结合党史学习教育策划红色东郊系列活动，推进东郊红色基因传承；联合毛边书局社科普及基地开展“党史我来讲——青少年演讲比赛”“红歌中的党史”“党史文献展览——《共产党宣言》”等系列活动；借力“学习强国”主题街区资源优势，开展展览、观影、阅读、答题、沙龙等社科普及活动。

（赵　锐）

信息化建设

【概况】　2021年，成华区全力推动5G网络基础设施建设，提升网络供给能力，增强5G服务水平。成华区新经济和科技局统筹通信运营商及各方力量，全力提供网络、技术等资源，为全区重大活动保驾护航；开展通信设施整治等民生工程，为居民提供网络、通信便利，提升居民幸福感。

【信息基础设施建设】　区新经济和科技局统筹推进全区通信基础设施建设，根据成都市5G发展规划布局，结合成华区实际，按照“政府主导、行业推进、统筹规划、共建共享”的原则，全年完成通信线缆整治30条，全长15千米；在成都市龙潭工业机器人产业功能区、成都熊猫国际旅游度假区、成华区东郊记忆艺术区、全区党政机关办公区等重点区域建设5G基站900个，助力5G全面应用，提升5G网络供给能力。

【通信保障服务】　区新经济和科技局全面统筹协调，为全区重大活动网络与信息安全保驾护航，确保市级、区级重大活动顺利开展；协调中国移动、中国电信、中国联通三大运营商提供技术、人力等资源，保障2021第八届中国西部中小企业发展论坛、全国第六届大学生艺术展活动、全省电影工作会暨四川电影项目推介会、全国文化和旅游创意产品开发推进活动暨第二届四川省文创大会等10场省市级重大活动顺利开展。区新经济和科技局利用人民网、市长信箱（热线）等平台收集居民诉求，第一时间给予妥善处置。全年通过各个渠道接收群众信访件503件，涉及通信、网络服务、民生等方面的诉求，采取集中调解、专项研判、调查取证等方式全部予以妥善处置，及时回应群众诉求。

（陈子云）

知识产权保护

【概况】　2021年，成华区市场监督管理局深入实施产业功能区知识产权助推工程、知识产权转化运用加速工程，推进商标战略进企业、进园区；加强知识产权全链条保护，推动专利、商标创造，推进知识产权“严保护、大保护、快保护、同保护”工作，开展知识产权宣传培训，全区知识产权创造与运用取得较好成效。全年版权登记量8381件，转化率20%；专利申请数2802件，发明专利申请量993项，发明专利授权量536项。

【知识产权公共服务平台建设】　区市场监管局依托成都市知识产权服务中心，与龙潭工业机器人产业功能区共同建设知识产权公告服务平台，推进中小企业知识产权战略工程，加大对中小企业集聚区知识产权工作的指导力度，加快提升中小企业知识产权综合能力，免费为90家中小企业开展托管服务，累计通关贯标企业26家。

【知识产权试点示范】　经成都市市场监管局批准，成华区新增二仙桥、万

4月23日，成华区2021年"4·26全国知识产权宣传周"活动　　（区市场监管局供图）

年场市场监管所2个知识产权维权工作站，新增成都机械协会1个知识产权维权工作点，全区设立知识产权维权工作站（点）14个，与8个知识产权纠纷人民调解委员会共同开展知识产权咨询、服务、维权援助、非诉纠纷调解等工作，为市场主体获取知识产权、保护知识产权和实现知识产权价值提供良好的指导。区知识产权局全年办理维权援助案件64件，接受咨询203人次；完成四川金域医学检验中心有限公司、四川鹏鹞环保设备有限公司、四川升华电源科技有限公司、四川海力智能科技股份有限公司、成都旭思特科技有限公司、成都标定科技有限责任公司、成都银光软件有限公司、洲际海峡能源科技有限公司8家成都市知识产权优势企业认定，四川千里倍益康医疗科技股份有限公司、四川金誉科技有限公司2家成华区知识产权优势企业认定。

【知识产权宣传】　区知识产权局在"4·26世界知识产权宣传日"，通过集中摆点宣传、新媒体宣传等方式，在万年场、猛追湾、跳蹬河等9个街道办事处13个社区，以及龙潭工业机器人产业功能区等地开展"知识产权保护""高价值专利运用""知识产权质押融资"等主题宣传活动，发放《专利法》《成华区知识产权营商环境读本》《成都市市场监管局知识产权政策措施宣传册》等各类资料1.8万册，接受群众咨询3100人次，张贴海报65张。通过成华区市场监管局微信公众号、微博和知识产权官网等媒体专刊，进行知识产权日主题宣传，以"尊重知识、崇尚创新、诚信守法"为核心理念的知识产权文化，开设微信、微博专栏，发布原创资讯45条。区知识产权局全年举办知识产权行政、执法人员业务培训9次，企业培训16次，培训知识产权行政执法人员、街道和社区干部220人次，培训企业管理人员700人次，增强全区知识产权人才队伍业务综合能力。

【专利信息分析】　区市场监管局整合优质资源，组织专业机构专家为企业开展专利分析评议等服务，对细分行业开展全球专利信息数据检索分析，形成《行业专利分析报告》；帮助企业全面梳理和分析本领域全球专利布局情况，使企业决策层了解全球视野研判自身产业创新发展方向和路径，建立有效支撑的专利导航产业发展决策机制，推动企业开展专利布局，提高企业的知识产权管理水平，增强核心竞争力；开展装备制造产业头部企业情况分析报告、智能制造产业主导企业调研报告、焊机检测技术专利分析报告、疫苗行业专利分析报告4项细分行业专利信息分析。

【专利资助】　区市场监管局针对辖区企业专利授权、区级知识产权试点示范单位、知识产权贯标、专利导航产业发展、维权援助服务5项内容进行资助，加快推进成华区知识产权强区建设，全年拨付专利资助资金119.39万元，拨付四川千里倍益康医疗科技股份有限公司、四川金誉科技有限公司2家区级优势企业资助资金16万元，拨付四川菲罗米特仪表有限公司、四川千里倍益康医疗科技股份有限公司、四川金誉科技有限公司、成都吉纬科技有限公司4家企业贯标资助资金12万元。

【专利质押融资】　区市场监管局以专利试点示范企业、高新技术企业、科技型中小企业为重点，引导企业通过提高知识产权质量，培育优质发明专利，形成核心自主知识产权，鼓励通过专利权质押融资实现市场价值。成华区设立"服贷投"联动投融资服务中心，与金融机构、金融服务企业合作推出"小微科创债""小微科创贷""信抵贷"等创新融资产品，梳理各家银行普惠融资产品，形成《成华区驻区银行机构贷款产品指引手册》，为辖区小微企业提供类型丰富、覆盖面广、针对性强、风险可控的融资服务，缓解企业融资困境。成华区"服贷投"联动投融资服务中心，全年帮助区内中小微企业获得融资18170万元，其中"一债二贷"创新融资工具帮助企业获得融资6697万元。

（赖　渝）

文 化

编辑　李锡清

综　述

【概况】　2021年，成华区推动成都自然博物馆、天府国际动漫城重点项目建设，成都大熊猫繁育研究基地改扩建项目整合开发大熊猫IP资源，创新构建大熊猫主题新消费场景；开展孟知祥墓保护性设施设计方案编制等7个文物保护项目，挖掘“二·一六”革命烈士墓等红色文物资源；举办2021成都国际友城青年音乐周、成华区庆祝中国共产党成立100周年文艺演出、成华区建党100周年书画摄影精品展、“走基层”文化惠民活动、“文化四季风”等各类文化活动5497场次。成华区文化馆、四川福宝美术馆被确定为“四川省全民艺术普及示范基地”，东郊记忆·成都国际时尚产业园获评“百佳公共文化空间奖”，和美社区获评城市社区公共文化服务示范点。

【文化产业功能布局发展】　成华区探索融合发展新场景，推动传统文化资源旅游化利用、社区文化建设景区化打造、基层文化阵地景点化提升，打造新华坊等2+11条特色文旅示范街区和繁华肆锦十二月市新消费场景，毛边书局、多宝寺壹号艺术中心、新山书屋等基层文化阵地蜕变为文旅融合新场景；创新推进空间载体产业塑造，聚焦发挥头部企业在产业链构建中的带动集成作用，携手今日头条、完美世界、乐竞VSPN、中国对外文化集团等行业领军企业共同运营产业空间载体，完美文创公园聚集华星璀璨、ICCA、完美院线等优质文创企业40家，形成影视音乐、数字娱乐、创意设计等细分领域产业生态，带动全区文创产业增加值增长，培育形成区域经济发展的新增长极。

（周晓娅）

【文创产业与文化事业推进】　成华区融入“双循环”相互促进的新发展格局，新开工白莲池文化公园一期项目、天府国际动漫城项目、西部文创之芯总部项目、联东U谷成都新经济园项目、339网红熊猫雕塑、城东体育公园二期文创项目6个；新增学习强国主题街区、“和”文化文创特色街区、熊猫地球村

5月15日，成华区“永远跟党走”文艺巡演在新华社区广场举行　（区文体旅局供图）

特色文旅街区、王府井Discovery特色街区、成华之恋·爱转角红色主题文创街区、羊子山古蜀文化创生街区6条文创街区；成华府青运动空间、二仙桥公园婚姻登记处等22个文创空间；培育四川万创文华商业运营管理有限公司、完美鲲鹏（北京）动漫科技有限公司、成都域上和美文旅商业运营管理有限公司、环球魔力（成都）科技文化有限公司、成都活力星锐文化传播有限公司、成都菲格儿文化传播有限公司6个品牌文创企业。举办天府文创大集市、成都十二月市·东郊繁华肆锦等集市活动，通过线上线下联动，开展2021年第四届龙潭乌米粿客家文化节、猛追文创集市、“熊猫·呆萌”滚滚趣玩集、“桃蹊·书荟”集等10场美食、文创、文旅等多产业的十二月市消费体验活动，打造一批成华特色的十二月市品牌。成华区承办全省2021年电影工作会暨电影项目推介会，增强成都国际国内知名度，提升成华知名度、美誉度。

（邓　敏）

【文化品牌塑造工程实施】　成华区擦亮“熊猫、工业”两张名片，举办庆祝中国共产党成立100周年大型书画展，打造“奋斗百年路　启航新征程”大型交响音乐会红色经典传唱文艺汇演8场次，“永远跟党走”党史学习教育文艺巡演11场次，“建党100周年”党史学习教育主题巡讲系列活动8场次；举办“百年风华正青春·不忘初心跟党走”成华区庆祝中国共产党成立100周年文艺演出，营造“党的盛典·人民的节日”浓厚氛围，“我们的节日·春节”文化惠民活动、欢度新春·成华街头音乐秀、“爱成都·迎大运”民俗巡游、“春联迎新春·民俗进万家”惠民活动、第四届乌米粿节、“走基层”等系列群众文化活动；举办第二届东郊戏剧展演季、2021成都国际友城青年音乐周、第五届天府银杏文化艺术季等大型文化品牌活动。

表101　2021年成华区文创空间载体一览表

序号	文创空间载体名称
1	成华府青运动空间
2	完美世界影城（印象城店）
3	二仙桥公园婚姻登记处
4	心跳博物馆
5	一里塘熊猫咖啡画室
6	万科·城市生长馆
7	九林语文化中心·社区阅读空间
8	成都724星球
9	MIX社区融咖啡
10	成华区创业创新中心创客工坊
11	雅书阁
12	不荒书屋
13	仙韵社区“有声图书馆”
14	化工场实验艺术空间
15	洞见艺术沉浸空间
16	那年茶馆
17	有戏Space
18	环球魔力沉浸式剧场
19	黑螺艺术空间
20	SAMYE森也艺术空间
21	缥缃书局
22	为什么艺术空间WHYARTSPACE

【公共数字文化工程融合创新发展】区文体旅局加强对区文化馆、区图书馆、街道社区公共文化服务效能实时监测和动态管理，加强成华区都市旅游微信公众号、成华区文化馆微信公众号、成华区图书馆微信公众号等云平台建设，向公众推送成华区公共文化服务资讯、政策、活动、资源检索；免费为群众提供经典戏剧、舞剧、音乐剧、音乐会等精品剧目门票；推广地区公共文化服务工作和信息，成华区公共文化服务实施效能监测排名位居全市第二名。区文体旅局依托区图书馆集成系统，创建在线公共文化服务平台“熊猫·云书房”，是四川首家为读者提供少儿图书网借服务的公共图书馆，读者通过成华区图书馆微信公众号，可在网上查找并借阅成华区图书馆少儿图书。区图书馆为读者准备1万册少儿馆藏图书，类别涵盖文学艺术、历史地理、自然科技、社会科学等，为读者提供“绑卡办证”“送书到家”等在线借还服务，上线3个月平台服务776人次，借还850册次，实现公共图书馆文献服务精准化供给。

【数字娱乐产业发展】　成华区围绕“音乐艺术、数字文创”两大主导产业，瞄准“数字音乐、时尚设计、电子竞技、直播电商”四大新赛道，完美文创公园引入直播、音乐制作、现场音乐等80家企业，萌想星球107文创产业园引进哆哆喵选领先的供应链共享直播模式，构建“产业公园”场景；签约“东郊记忆·朴宿X雷神”电竞生态综合体等项目，聚集完美世界、合纵时代、繁星戏剧村、有独、紫光影业、安得音乐、中视瑞峰、蓝色光影等影视音乐企业110家，繁星戏剧村（来剧场、童剧场、炉剧场）、川秀川剧变脸剧场、荷苗剧场、咖喱小剧场等特色剧场15个，Alive壹现场、MAO Livehouse等展演空间23处，数字娱乐产业含行业头部华星璀璨、量子互娱、龙渊游戏、VSPN等企业39家，红点设计、观堂设计、方糖设计、上林设计等创意设计产业等10家主导产业集聚发展，加快产业链条全覆盖。

（周晓娅）

【龙潭客家文化休闲特色街区】　龙潭客家文化休闲特色街区由华甸路、成康路、华泰路组成，全长1.8千米，围绕成都市第二人民医院龙潭院区及龙潭辖区居民生活核心地段，营造客家文化主题消费场景，打造客家文化标志性建筑群、龙潭客家生活广场、客家历史文化体验场景、客家生活场景体验街区，呈现龙潭辖区深厚的客家文化底蕴，展现客家人迁移四川的奋斗历程和客家人民欣欣向荣的生活景象。

（李逢春）

文化场馆

【概况】　2021年，成华区构建以区文化馆和区图书馆为龙头、街道综合文化活动中心为支撑、社区综合文化活动室为基础的三级公共文化设施网络，构建覆盖全区、服务便捷的“15分钟公共文化圈”。全区有街道综合文化活动中心11个，社区（村）文化活动室83个，区文化馆1个、文化分馆15个，区图书馆1个、图书分馆13个。

【成华区文化馆】　成华区文化馆位于建设北路一段66号，建筑面积4000平方米，为国家一级文化馆、四川省全民艺术普及示范基地。区文化馆音乐、舞蹈、器乐、绘画、书法等文化活动室免费向市民开放，提供音响、钢琴、培训辅导等服务，每周开放80.5小时，每天平均接待群众240人次，全年共接待群众8.76万人次。区文化馆全年开展各类活动182场次，其中大型主题群众文化活动14场次，“非遗进社区”、戏曲专场系列活动21场次，主题摄影作品展、社区欢乐大舞台、名家讲座、未成年人公益服务等群众文化活动147场次。

【成华区图书馆】　成华区图书馆位于建设北路一段66号，建筑面积3500平方米，为国家一级图书馆，总藏书量54.87万册。区图书馆采购上架新书3.64万册，订购报刊1078种，免费向读者提供电子图书借阅68万册。全年接待读者35.49万人次，外借图书18.71万册次，新增借书证4670个，每周开放时间75.5小时。区图书馆全年开展线下阅读推广活动153场次、线上阅读推广活动150场次，参与读者9000人次；开展公益讲座25场次、展览7期、培训12期，参与读者9800人次。全区13个图书分馆和83个社区图书室免费向市民开放，区图书馆向街道图书分馆配送新书2.28万册、订购报刊700种；开展阅读推广进分馆、进社区活动63场次，参与读者2100人次；13个图书分馆全年共接待读者8.2万人次，外借图书3.4万册次，新办借书证1197个。

【熊猫主题图书馆】　成都市熊猫路小学熊猫主题图书馆面积382平方米，有9482种2.3万册图书，其中大熊猫主题图书111种2000册。熊猫主题图书馆收集大熊猫图书音像资料，成为大熊猫文献资料库、大熊猫文创实践活动中心，为擦亮大熊猫名片助力，依托互联网技术，创建大熊猫主题图书馆云平台，实现线上线下无边界阅读；向区域内学校开放，成为研学课程的一个点位。

（周晓娅　蒋松谷）

【有声图书馆】　“有声图书馆”利用互联网平台和优势，通过智能手机和耳机为阅者带来全新的阅读方式。“有声图书馆”结合东郊记忆·成都国际时尚产业园的特色，打造国际时尚、天府文化、音乐艺术三大不同主题的阅读版块。三大主题阅读版块分为6～8个小版块，小版块中均包含10本精选书，读者只需要扫描小版块旁边的二维码，就可以将看书转化为“听书”。截至年底，“有声图书馆”上架图书1600本，每天8—17点免费对公众开放。东郊记忆利用移动音频的传播优势，把网络有声图书馆延伸到社区，服务更多居民，使阅读融入日常，实现随时随地“全民阅读”的氛围。

（黄　苇）

【毛边书局·桃蹊书院】　毛边书局·桃蹊书院位于成华区怡福路300号，建筑面积1600平方米，入选四川省文旅公共服务优秀品牌、优秀案例、优秀团队、优秀站点“四个一批”和第一批成都市社区美空间。桃蹊书院一楼为公共阅读空间，藏有成华区公共图书馆通借通还图书1.3万册、古旧书籍6000册，馆内设图书阅览区、报刊阅览区、少儿阅览区、电子阅览区，提供阅览座位80个、电子阅览座位20个；可开展笔友会、周末影院、阅读分享、读书沙龙等文化活动。二楼设桃蹊画院、书画展厅和讲堂。三楼为毛边书局，藏有古旧书籍10万册，其中巴蜀文化书籍2万册。桃蹊书院举办成都十二月市·桃蹊书荟“中国味·成都年”民俗迎新集市、“书食生活·图书集市”、“相伴共读迎六一·图书集市”、“非遗”文化·匠心精神·图书集市、诗味书香漫街区·图书集市、“三国风云·图书集市”系列活动6场次，惠及群众1200人次；举办书香文德·悦润新风美食文化进社区活动、书香文德·悦润新风书香游学活动、东郊工业文明史讲座等系列主题讲座及阅读活动96场次，惠及群众2.1万人次。桃蹊书院完成《四川泡菜》《成都泡菜》《东郊的故事》《老川菜口述史》《慈善书屋》等图书编印。

【成都拾野自然博物馆】　位于成华区双林路339号A座，建筑面积7000平方米，陈列展品1200种，数量8000件，有野兽部落、物种天堂、爬虫秘境、动物剧场、中国双宝、贪吃小屋六大展示服

4月30日，成都十二月市·桃蹊书荟——“非遗”文化·匠心精神·图书集市活动在桃蹊书院举办
（区文体旅局供图）

务区，是一座科学与自然齐发、学习与探索并存的博物馆；完成馆藏藏品修复29件套，申报文化产业发展专项资金项目2个。全年开展各类博物馆活动161场次，接待参观游客15.4万人次。

【客家乡愁记忆馆】 客家乡愁记忆馆位于白莲池街道一里塘新型社区，建筑面积330平方米，是国内首个将“客家文化”与“熊猫文化”相融合的“客家乡愁记忆馆熊猫之家”。客家乡愁记忆馆将客家传统的阿爸、阿妈与熊猫形象相融合，创作出全国首个社区大熊猫IP形象——“客家熊猫”，展示客家人迁徙历史、客家人生活习惯、客家舞龙文化，以及客家居民老物件，融客家文化、熊猫文化于一体，成为社区文化展示厅和社区会客厅，传承弘扬客家文化，通过丰富的活动提升居民参与度，推进社区发展治理，提升居民的凝聚力、向心力与幸福指数。

【中演华天艺术中心】 成都中演华天艺术中心位于成华区八里庄路，集1220座文旅剧场、400座黑匣子小剧场、多功能厅、益艺教培训、配套空间等为一体的多功能文化综合体。艺术中心融合“和合二仙”文化历史文脉，打造成都独具特色的“文化+演艺”“文化+教育”“文化+餐饮”“文化+文创”“文化+科技”“文化+旅游”六大功能为一体的文化综合中心，呈现24小时活力不断艺术浪漫开放街区，提升居民的文化获得感和幸福感，营造365天活力不断的新文旅，打造成都文化城市新地标。

【多宝寺壹号艺术中心】 多宝寺壹号艺术中心（四川福宝美术馆）位于成华区槐树店路333号，场馆设艺术展厅、天府文化美术馆、天府名家工作室、天府文化研究传承中心等功能区。艺术中心承接传统书画展、陶艺展、摄影展、钢笔画展、非物质文化遗产剪纸作品展及科技类新品发布会，是一个设施完备、功能完善、社会效应和经济效应明显、可持续发展的综合艺术文创中心。全年举办绚美成都第二届写生作品展、文艺扶贫艺术家走进天台山高何镇秋季写生作品展、天府高峰艺术周、“锦城五百咏”诗书画长卷展、庆祝中国共产党成立100周年四川省第六届硬笔书法艺术展、学党史·传精神·跟党走——成都市523文艺志愿服务日暨“墨韵槐香·幸福万年”天府文化社区艺术节、庆祝建党100周年百人百米长卷书法活动等精品展24场次，参观人数2.3万人次。6月5日，庆祝中国共产党成立100周年四川大学2021届书法专业本硕学生毕业作品展暨四川高校书法专业学科建设研讨会在四川福宝美术馆举办。

【熊猫剧场】 熊猫剧场位于成都大熊猫繁育研究基地扩建区山丘多功能中心A栋，剧场座位428个，建筑面积3608平方米，其中一层面积1055平方米、二层面积1654平方米、负1层面积899平方米。熊猫剧场1~2层用于舞台音乐剧演出，主要功能为演出大厅、排练室、道具化妆间、演员更衣室等；负一层主要功能为剧场综合服务中心，售票厅、观众候影区、科普教室、衍生品售卖区等配套服务设施。

【成都繁星戏剧村】 成都繁星戏剧村位于成华区东郊记忆艺术区，建筑面积5000平方米，打造集戏剧创作、剧场运营、版权交易、艺术展览、艺术衍生品设计开发、主题餐饮休闲为一体的多元剧场群落和跨界文化体验型艺术园区。成都繁星戏剧村依托装置剧场——炉剧场、先锋话剧剧场——来剧场、亲子主题剧场——童剧场三大主题剧场，演出《说走就走的旅行》等原创作品深受市民喜爱。9月30日，2021第二届成都东郊戏剧展演季开幕，演季为期一个月，是西南地区首个集戏剧表演、在线戏剧、大师对话、快耍体验活动等综合性的戏剧为主题的展演季，为市民呈现丰富的优质戏剧，多维度的主题嘉年华体验活动，让成都市民在家门口就能欣赏到戏剧视听盛宴。繁星戏剧村上演《爱在无爱城》《我是余欢水》《阴差阳错》《情人》《一夜一生》《新西厢》等戏剧。

表102　2021年成华区特色书店一览表

书店名称	地址
几何书店（猛追湾店）	望平滨河路4号
新山书屋（天荟万科广场店）	天荟万科城市广场
新华文轩书店（花园城店）	杉板桥路669号
西西弗书店（万象城店）	双庆路8号
几何书店（西南旗舰店）	印象城6楼
轩客会·格调书店	锦绣大道5333号

【市民文化艺术学校】　成华区市民文化艺术学校位于建设北路一段66号，学校开设线下公益培训，课程分视觉类、器乐类、舞蹈类、非遗文化类、语言类、少儿类、声乐类7个艺术门类59个班次，全年培训时长1416小时、培训学员2200人。全年开设线上公益培训130期，培训市民2.1万人次；开展教学成果展演活动2次，展出学员创作的国画、书法、禅绕画、摄影、素描作品200幅，声乐类、器乐类、舞蹈类、生活美学类及非遗项目表演类节目23个，表彰评选优秀学员60人。

【阅读主题街区】　成华区内有实体书店47家，其中300平方米以上的特色书店6家，分别为几何书店(猛追湾店)、新山书屋（天荟万科）、新华文轩书店（花园城店）、西西弗书店（万象城店）、几何书店（西南旗舰店）、轩客会·格调书店。

（周晓娅）

文创产业

【概况】　2021年，成华区擦亮大熊猫、工业文明“两张名片”，打造东郊文创、夜游锦江、熊猫之都“三大品牌”，全区产城空间布局不断优化，文创新经济企业加速聚集，推动成华变身文商旅融合发展活力城区。

【文化创意产业创新发展】　成华区举办第二届西部（国际）儿童文化娱乐展暨儿童戏剧嘉年华、2021年文旅推介会暨“新成华·新风貌”旅游新产品发布会等推介活动5次，赴重庆、太原等地开展招商推介，拜访重庆五洲世纪文化产业投资集团有限公司、重庆两江影视城等企业50家，接待来访企业20家，招引红点设计等一批行业领军企业，签约引进PANDA国际熊猫演艺文商旅综合项目、天府设计产业园等重大文旅项目10个；推出10个成华特色商品，乐活熊猫·玩偶系列入选四川首批天府旅游名品，萌想星球107文创产业园入库四川省文化产业发展项目库；红仓107工业文化研学实践教育基地，通过工业和信息化部工业文化发展中心评估，获评“工业文化研学实践教育基地”标牌。

【文化创意产业发展区打造】　成华区利用工业遗产的空间，结合现代时尚元素，塑造融工业记忆、影音内容、现场体验于一体的特色产品；秉持“工业遗存+文创园区+文旅地标”三位一体开发理念，推动工业遗存保护性再造、产业化改造、景区化营造、社区化塑造，推进50万平方米工业遗存资源活化利用。成华区携手成都东方正火聚焦“文化+”，以全国最具规模的中小型展演剧场集聚区、大型科技文化旅游融合的大熊猫文化体验馆为定位，全面赋能“会展旅游”“展演旅游”“大熊猫文化”等产业，推动东郊记忆打造体验型演艺聚落，获评四川省文旅融合示范项目。101仓库引入红点设计打造天府设计产业园，萌想星球107文创产业园以文创产业为核心，引进环球魔力、吾同体育、方糖设计、泰一文化、布后花园等文创企业30家，成为文创商务、文创商业、文化活动等一体化的综合性特色文旅融合园区，创建为首批工业文化研学实践教育基地。

【文化创意产业生态圈构建】　成华区东郊记忆艺术区依托“工业风+文创范”的比较优势，紧扣音乐艺术、数字文创两大主导产业，推进音乐戏剧、影视传媒、电竞动漫等产业集群品牌化发展，打造“工业遗存、文创园区、文旅地标”三位一体的东郊记忆艺术区，构建引领文创新时尚、发展文娱新体验的文创产业生态圈。成华区开展103仓库、109仓库、石油总机厂等工业遗存改造，保留历史建筑形态肌理，艺术呈现工业文明特色元素，打造彰显工业风的文旅新地标；推进石油总机厂、八里庄工业遗址、下涧槽等片区城市有机更新，以工业遗产为核心融合周边业态，规划建设形态风貌独特、品牌效应突出的沿铁路线文化展示走廊、工业文化展示区。东郊记忆·成都国际时尚产业园向“时尚+商业”提档升级，促进完美文创公园向“数字+文创”融合提升，加快CEC784·万谷智慧产业园向“科技+文创”、萌想星球107文创园区向“文创+商业”持续优化，加快“电竞+商业”量子界数字文化产业园、“文创+商业”中车共享城建成开园；加速101文创产业园、103仓库、109仓库、石油总机厂空间改造和产业植入，构建以产业人才教育、原创内容创作、IP及网络、影视艺人孵化、文娱产品消费为主的产业生态圈，打造文娱主导、教研相辅、文化彰显的产业综合性文创中心。

【天府文创大集市打造】　成华区打造以文旅融合推介城市和赋能发展的新范本，塑造天府美学场景、丰富城市生活体验、创造文创消费新需求，以逛市井、探风物、赏文创为主题的2021天府文创大集市望平坊分会场呈现出全新的“烟火人间三千年，成都上下猛追湾”城市风貌，街区汇聚50家文创集市铺，招引几何书店、揖美、笨酒店等一批文创首店名店，成为集美食、时尚、潮流于一体的“老街区新地标”；依托成都市十二月市在望平滨河路周期性举办“十二月市集”活动，在东郊记忆、万科钻石广场等集中区常态化举办市集，持续激发消费活力。

（周晓娅）

【成华量子界数字文化双创产业园建设】 成华量子界数字文化双创产业园是成都量子界文化传播有限公司，利用具有历史性、社会性承载城市历史和彰显地域特色的工业遗产打造，以电子竞技及电音娱乐作为双核驱动，涵盖电子竞技、数字娱乐、产业办公及时尚体育运动，全方位潮流体验配套的成都新人类潮流中心，利用原成都机车车辆厂柴油机拆解车间3160平方米超大单层空间，打造独具“时代陈迹+现代印迹”可容纳1500人的综合性电竞直播场馆，将老厂房、老建筑变身为产业孵化平台，引入数字娱乐、文化艺术及科技创新等新经济产业，导入英雄互娱链条上中下游各类优质企业、优质资源，引入全国性电竞职业联赛及全国性固定品牌数字娱乐类节展。

【完美文创产业园】 位于成华区二仙桥西路32号，占地面积60亩。园区依托完美世界集团影视、动漫、游戏产业优势打造产业主轴，坚持“工业风+文创范”，突出文创思维打破产业边界孵化音乐、演艺等数字文创新业态，构建5G文创综合体、文创版权运营、文创产业服务等产业平台，形成六大数字文创新业态。完美文创产业园代表性企业有5G+影视新业态、华星璀璨、ICCA、安得音乐、木加互娱，引入知名文创企业74家、大师工作室20家、人才基地20家，形成影视、音乐、短视频制作等数字文创产业集群。

【东郊创艺Labs·产业驱动中心】 东郊创艺Labs·产业驱动中心是东郊艺术区管委会携手万科（成都）企业，依托成华万科文创大厦二楼空间载体，合作共建的文创新经济产业促进中心，构建覆盖主导产业发展全生命周期服务需求的“东郊产业要素资源的集成管道服务”“东郊产业普适性的解决方案服务”“音乐演艺+数字文创定制化解决方案服务”三大服务体系，配套“政务服务、版权登记中心、司法税务、金融服务、人才服务、政策咨询服务”六大特色功能，打造东郊记忆艺术配套服务的创新平台；办理营业执照74件、版权登记285件。承办“侨连五洲·文创东郊”产业推介会、2021年中国游戏年会活动2场；解读成华区“十四五”规划和二〇三五年远景目标座谈会、成华区侨联庆祝建党100周年学习交流现场会、四川省委组织部调研成华区校地合作和人才服务工作座谈会、“成渝双城”人才交流座谈会、2021年成都“蓉漂杯”座谈会等10场论坛活动，接待各类参观拜访人员3326人次。东郊创艺Labs·产业驱动中心为熊猫出发、四川友城国际文化交流中心、红点设计等落地东郊艺术区文创企业提供共享办公空间，举办七届“企话东郊”品牌IP活动，为企业搭建交流互动，共谋艺术区发展大计。

（黄　苇）

6月21日，四川省委组织部到成华区调研校地合作和人才服务工作　（东郊艺术区供图）

文艺创作

【概况】 2021年，成华区推出“熊猫潮音唱响天府”“爱成都·迎大运”系列原创歌曲，旅游音乐剧《熊猫》、动画电影《小倩》、历史剧《大东郊》等一批具有“成都味成华份儿”的原创精品，聚合中国对外文化集团、繁星戏剧村、合纵音乐、大喜时代等品牌，联手打造国际顶级戏剧、音乐剧目，培育成都“百老汇”文艺精品。

【群众文艺创作】 区文体旅局组织创作庆祝建党百年主题等文艺作品46件（篇），其中书法美术主题作品21件、戏剧曲艺作品4件。群口快板《争感情》、小品《幸福加倍》、四川清音《共产党人好》、四川车灯《永远跟党走》，歌曲

1首合唱改编曲《唱支山歌给党听+追寻》，文字作品20篇，诗朗诵《回眸党史·感恩母亲》。《成长，一个也不落下》《爷爷的“好日子”》2件作品获得“喜迎百年华诞，永远跟党走”成都市主题征文活动二等奖，《成都解放断忆》《军工千里大转移》《65年的光荣与梦想》《国光的中流砥柱》《入党宣誓72载——红光综合厂原厂长高富许的革命生涯》等17篇庆祝建党百年主题文字作品。文学刊物《沙河风》入选全省“百家”，文学季刊《沙河风》入选四川省文联《现代艺术》杂志2021年第4期推出的“百刊话百家·文艺赞百年”特辑，收录全省21个市州和省级刊物100家。彩塑作品入选全省“百作”、《熊猫·蜀汉君臣》入选四川省文联《现代艺术》杂志2021年第5期推出的“百馆展百作·文艺赞百年”特辑，收录全省21个市州和省级文艺展馆100家推选佳作100件。10月，区文体旅局组织编写《世纪辉煌——百年党史中的成华记忆》由四川文艺出版社出版。

（周晓娅）

【文学创作】　区文联全年出版《新成华·沙河流韵》文艺副刊41期，发表相关文艺作品503件次；推进《世纪辉煌——百年党史中的成华记忆》采编创作出版，通过30篇文章，让记忆中的成华以文字的形式再现辉煌的百年党史。

【音乐舞蹈创作】　区文联推动“戏曲进校园”活动，联合打造四川省成都列五中学特色舞台剧《再唱山歌给党听》，剧目集学习党史与舞蹈创作于一体，参加四川省中小学优秀节目展演活动，被推荐参加全国性舞蹈展演。

【美术书法创作】　区文联按照鼓励本土原创、引进精品的原则，开展书法美术创作。区美术协会、区书法协会会

表103　　2021年成华区文创获奖作品一览表

获奖时间	获奖作品	获奖单位或个人	颁奖单位
2月23日	《祥狮闹春》	成华区文化馆	成都市文化馆
2月24日	牛角琴《家乡》	成华区文化馆	成都市文广旅局
2月24日	京胡《迎春》	成华区文化馆	成都市文广旅局
2月25日	非遗项目锔瓷技艺	王培波	成都市文联、成都市民协
2月25日	非遗项目瓷胎竹编	李泽祥	成都市文联、成都市民协
3月2日	养生武舞太极拳项目	凌丽华	国家体育总局群众体育司
6月18日	群口快板作品《争感情》	成华区文化馆	成都市文广旅局
6月20日	表演唱《我爱你中国》	成华区文化馆	中共成都市委、成都市人民政府
6月20日	大合唱《唱支山歌给党听+追寻》	成华区文化馆	中共成都市委、成都市人民政府
6月20日	小合唱《丹心红梅》	成华区文化馆	中共成都市委、成都市人民政府
6月23日	舞蹈《唐印》	巩璐祎	成都市文广旅局、四川省文化馆
6月23日	街舞《BBOY之星》	星途街舞	成都市文广旅局
6月23日	舞蹈《一娄秋》	张珍瑗	成都市文广旅局
6月23日	舞蹈《赞哈》	周芷聿	成都市文广旅局
6月23日	声乐《黄昏放牛》	李知阳	成都市文广旅局
6月23日	器乐《龙船》	徐梓霂	成都市文广旅局、四川省文化馆
6月23日	器乐草原骑兵	陈昕苒	成都市文广旅局、四川省文化馆
7月15日	《和谐之光》	凌丽华	成都市文化馆
9月2日	小品《绿水青山就是金山银山》	成华区文化馆	中共成都市委宣传部
9月22日	小合唱《小桥》	成华区文化馆	成都市文广旅局
9月27日	《成长，一个也不落下》	成华区文化馆	中共成都市委宣传部
9月27日	《爷爷的“好日子”》	成华区文化馆	中共成都市委宣传部
11月18日	广场舞《耕乐》	成华区文化馆	成都市文广旅局
11月23日	短视频《成华锔瓷》	成华区文体旅局	成都市文广旅局、四川省文化馆
12月22日	舞蹈《那山那路》	成华区文化馆	成都市文广旅局
12月30日	牛角琴弹唱《弦子的传说》	成华区文化馆	成都市文广旅局
12月30日	四川车灯《永远跟党走》	成华区文化馆	成都市文广旅局

10月17日，四川省第四届临书临印展在四川福宝美术馆举办 （区文联供图）

员创作的作品获得中宣部、文旅部、中国文联、国家级各文艺家协会等部门邀请参展5个，应省委宣传部、省文旅厅、省文联、省级各文艺协会等邀请参加展览展演56个，应市委宣传部、市文旅局、市文联、市级各文艺协会等邀请参加展览展演39个。区文联围绕庆祝中国共产党建党100周年、乡村振兴、成渝双城经济圈建设、疫情防控等创作获奖的主题文艺作品62个，美术书法作品参加国家级平台发表作品4个，参加省级平台发表作品41个，参加市级平台发表作品9个。“蜀山彩云悠——当代书画名家四川展”“格物致知——四川民族书法研究所首届艺术展暨全国书法名家展”“风华正茂百年春——全国名家邀请作品展”全国艺术家参与展览3次。举办“风雨同舟铸辉煌·农工党四川省诗书画院形形色色作品展”“传承与创新·四川省第四届临书临印展”等省级展览16次。

【摄影创作】 区文联升级打造摄影专题宣传公众微信号“镜观成华·每日一图”栏目，推出成华美图365幅，通过365天摄影美图天天见全面展示成华，作品在今日头条、四川观察等媒体引发关注。区摄影协会会员陶冶的摄影作品《抗疫的旗帜》申报参加四川省文学艺术界联合会百家“推优工程”。

（王晓礼）

【影视艺术创作】 雁阵文化旅游发展（成都）集团有限公司投资3200万元，一部以再现成都东郊记忆为题材的大型电视剧《大东郊之激荡岁月》，7月6日在成都东郊记忆繁星戏剧村剧场举行启动仪式，剧目以成都东郊五十年代建设的三线国营军工企业，以改革开放后波澜壮阔的变迁为背景，将国家发展的道路与产业工人个人命运的交织关联作为戏剧冲突的主线，描写国营电子管厂以佟远斌为首的4个家庭的关系发展和戏剧纠葛，全剧塑造一群极富新时代色彩的工人阶级典型，具有强烈的新思想内涵和艺术感染力。成都光线动画有限公司投资3200万元，创作动画电影《小倩》全面启动。

（周晓娅）

文化活动

【概况】 2021年，成华区坚持以打造品牌群众文化活动为重点，提升公共文化服务水平、创新公共文化服务机制，精心组织开展各类群众文化示范活动、品牌文化塑造活动、对外文化交流活动，满足群众文化需求。全年开展各类文化活动5497场次，其中文化活动4028场次、公众教育1149场次、读书看报320场次，惠及群众70.2万人次。

【庆祝中国共产党成立100周年文艺巡演】 3—6月，举办成华区庆祝中国共产党成立100周年文艺巡演，以交响音乐会的形式进社区、进学校、进景区、进剧院、进企业，活动以“庆祝中国共产党成立100周年”为主题，遴选出一批高传唱度的各时期经典红色音乐作品，打造8场高水平、高层次、正能量的专场红色经典交响音乐会，弘扬“颂党恩爱祖国”爱党爱国情怀，带领观众重温党领导中国人民走过的峥嵘岁月。

【“永远跟党走”文艺演出】 5月15日至6月30日，成华区“永远跟党走”党史学习教育文艺巡演共举办11场次，活动围绕“爱党、爱国、爱社会主义”主题，带领大家重唱红歌、朗诵英雄家书，了解党的历史和英雄故事，将中国共产党的历史融进歌舞、乐曲、快板、相声小品等人民群众喜闻乐见的文艺形式，推动党的光辉历程、伟大精神和伟大事迹，通过寓教于乐的方式深入基层、深入民心，在全区掀起“学党史、悟思想、办实事、开新局”热潮，营造浓厚的“党的盛典·人民的节日”氛围，引导全区党员和群众砥砺初心使命、汲取奋进力量。

【庆祝建党100周年书画大展】 5月21日至7月21日，成华区庆祝建党100周年大型书画展暨红仓·101艺术库开展仪式“花重锦官”——观世·书意·喊荷蔡寅坤书画大展暨新书发布在成华区红仓·101艺术库举行。蔡寅坤将“花

3月25日,成华区庆祝中国共产党成立100周年文艺巡演在成都市李家沱实验小学首演
（区融媒体中心供图）

重锦官”观世·书意·喊荷蔡寅坤书画大展暨新书发布落地红仓101艺术库，让大写意的书画作品与红仓工业文化气息交相辉映，成就一个规模与艺术水准开创全国艺术个展先河的大型书画展，向全国观众发出成华的艺术声音，展现中国书画气派；展览展出蔡寅坤从艺数十年绘画、书法艺术精品，以及他为建党100周年精心创造的献礼作品400幅，展览免费向观众开放。

【庆祝建党100周年大型交响音乐会】 5月26日，成华区庆祝中国共产党成立100周年大型交响音乐会在东郊记忆举行。音乐会以《北京喜讯传边寨》《弹起我心爱的土琵琶》《映山红》《太阳出来喜洋洋》《我的祖国》《我爱你中国》等经典红歌，用音乐串起一条波澜壮阔的时代线索，以优美激扬的乐曲和歌声传达出对党、对祖国的感恩与热爱。

【庆祝中国共产党成立100周年文艺演出】 6月18日，成华区庆祝中国共产党成立100周年文艺演出在东郊记忆演艺中心举行。全区900名干部和群众代表齐聚一堂，庆祝中国共产党成立100周年。演出由区级各部门、街道、企业和群众自编自演的五大篇章节目构成，在序篇《百年颂歌》《您正青春》将党的百年历史娓娓道来，字里行间洋溢着饱满的爱党爱国情怀；在《岁月如歌》篇章，女声独唱《党啊，亲爱的妈妈》、歌舞串联《共和国之恋》《我为祖国献石油》《春天的故事》《唱支山歌给党听》、舞蹈表演《十送红军》以及合唱串联《过雪山草地》《保卫黄河》《东方红》陆续上演；在《锦绣成华》篇章，演职人员紧密结合成华实际，精心编排情景演唱《热爱》、舞蹈《潮起东方》、情景歌舞《华仔迎大运》以及情景演唱《不一样的猛追湾》等节目；在《幸福成华》篇章，四川清音《天府美·成华秀》、情景诗朗诵《力量之源》及情景歌舞《成华蚂蚁》等节目，充分展示在党的带领下，成华人用自信追逐美好明天，用奋进再创新辉煌的生动实践；在《奋进成华》篇章中，全场人员齐唱《没有共产党就没有新中国》。

【“走基层”文化惠民活动】 9月16日，2021年成华区“走基层”文化惠民活动暨“我们的节日·中秋”群众文艺会演在二仙桥街道灯光球场举行。活动为现场观众带来舞蹈、相声、杂技、朗诵、小品魔术、歌曲、非遗戏曲等节目，展现中华文化精髓，讴歌新时代，弘扬中华优秀传统文化。

【成都国际友城青年音乐周】 10月22—28日，2021成都国际友城青年音乐周在成华区东郊记忆演艺中心举行。音乐周以“音蔚成都·乐动四海”为主题，通过“线上+线下”的方式，共有36个国家和地区47支艺术团现场参加或发来演出视频；为加大成都2021年第31届世界大学生夏季运动会宣传力度，第25届世界大学生运动会男子110米栏冠军尹靖与成都大运会吉祥物“蓉宝”共同出席开幕式，向世界各地朋友宣传大运

9月16日，2021年成华区“走基层”文化惠民活动暨“我们的节日·中秋”群众文艺汇演在二仙桥街道举行
（区文体旅局供图）

会，实现大运与世界双向联动。本届音乐周线上线下节目精彩纷呈，为大家献上一场场音乐盛宴。

【“文化四季风”系列活动】 区文体旅局全年组织开展“文化四季风”系列活动11场次，其中“民俗闹春·送春联”系列活动7场次、“音乐消夏”2场次、“欢歌庆秋”1场次、“劲舞暖冬”1场次，文化四季风节目和作品获奖16个，其中一等奖5个、二等奖7个、三等奖4个。10月16—17日，2021成华区“成都文化四季风·欢歌庆秋·劲舞暖冬”集中示范活动在白莲池街道蓝客城广场举行，全区40支代表队600人参加表演。

（周晓娅　蒋松谷）

文化遗产保护

【概况】 2021年，成华区加强文化遗产传承利用，开展孟知祥墓保护性设施设计方案编制等7个文物保护项目，扩大社会各界参与文物保护的力度；深入挖掘“二一六”革命烈士墓红色文物资源，开展红色旅游教育活动。全区有文物保护单位14处，其中全国重点文物保护单位1处、省级文物保护单位3处、市级文物保护单位1处、区级文物保护单位9处；有近现代重要史迹代表性建筑、古建筑、古墓葬一般不可移动文物保护点位25处。

【文物保护管理】 区文体旅局全年开展不可移动保护文物安全巡查25次、文物考古发掘工地18次；完成文物安全直接责任人和安全管理员信息公示，涉及文博单位42处，其中不可移动文物保护39处、博物馆3处。

【文物勘探】 区文体旅局开展南充至成都调整公路扩容（成华段）考古调查勘探工作，全年开展文勘任务116宗、面积4546.73亩；完结文勘任务91宗、面积3083.22亩；推动科仪厂地块，驷马桥片区1A地块，回龙、狮子社区商业地块等上市地块47宗共1842亩，促进祥源项目、区政府配置地9号地块、龙潭产业功能区地块工程项目等重点项目25个，面积980亩；审查并联并行重大项目188个，面积390亩。

【考古发掘】 区文体旅局配合考古发掘项目8处、面积543亩，通过对成都昭觉寺东侧2号地块项目、驷马桥安置房项目、海滨配套综合体项目等8处项目工地考古，发掘土陶器、铁器、瓷器等各类文物1500件；发掘遗址主要以墓葬为主，时代横跨汉代至清代，其中汉代、宋代墓葬占80%。

【文物保护工程】 区文体旅局围绕一陵一台、两祠两场、三桥三寺等核心文化遗产资源，开展文化传承保护工程。7月完成区级文物保护单位龙潭寺消防管网安装工程，8月完成东林片区出土文物搬迁、保存设施修建工程，10月完成范家祠及古井保护修缮工程，11月完成东林古井遗址迁移保护工程。

表104　成华区文物保护单位一览表

文物类别	文物名称	级别	时间	地址
古墓葬	孟知祥墓	国家级	五代	白莲池街道石岭社区磨盘山南麓
近现代重要史迹及代表性建筑	成都机车车辆厂厂部大楼	省　级	1952年	二仙桥北路31号机车车辆厂内
	成都量具刃具厂大楼	省　级	1958年	府青路街道文德社区
	“二一六”革命烈士墓	省　级	1982年	白莲池街道石岭社区磨盘山公墓内
	东郊记忆文物建筑群	市　级	1958年	建设南支路4号
	孙家祠堂	区　级	1926年	保和街道东升社区9组
	院山坡殉国烈士墓	区　级	1950年	院山公墓内
古建筑	昭觉寺	区　级	唐	昭青路
	上三洞桥	区　级	清	二环路北四段内侧
	范家祠	区　级	清	龙潭街道威灵社区6组
	龙潭寺	区　级	清	龙潭街道同仁社区6组
	客家碉楼	区　级	清	二仙桥街道东华社区6组
古墓葬	东林汉墓	区　级	汉	成都市第四十中学校园内
	石岭墓	区　级	明	石岭公墓内

表105　　成华区一般不可移动文物保护点位一览表

文物类别	文物名称	时间	地址
近现代重要史迹代表性建筑	成都理工大学文物建筑群	1956年	成都理工大学内
	电子科技大学办公楼	1956年	电子科技大学沙河校区内
	贺炳炎墓	1960年	磨盘山公墓内
	陈豹隐墓	1961年	磨盘山公墓内
	李劼人墓	1962年	磨盘山公墓内
	邓锡侯墓	1964年	磨盘山公墓内
	王右瑜墓	1965年	磨盘山公墓内
	但懋辛墓	1965年	磨盘山公墓内
	四川广播电视塔	1992年	猛追湾新华桥头
	戴季陶墓	民国	成都昭觉寺内
	东风渠（成华段）	中华人民共和国	流经二仙桥街道崔家店社区，青龙街道新山社区，白莲池街道白莲社区、龙潭街道向龙社区、保和街道东升社区
	建设者雕像	中华人民共和国	麻石烟云广场
	明达玻璃厂厂区铁路桥	中华人民共和国	万年场街道长天路社区
	三砖厂防空洞	中华人民共和国	槐树店路12号
	三五信箱钢架桥	中华人民共和国	双桥子街道小龙桥社区
	汪家院门	中华人民共和国	龙潭街道建设社区5组
古建筑	黄家井	清	龙潭街道光明社区9组
	廖家桥	清	龙潭街道光明社区9组
	范家井	清	龙潭街道威灵社区6组
	八角井	清	龙潭街道光明社区2组
古墓葬	圆悟禅师墓	南宋绍兴五年（1135年）	成都动物园内
	范云程夫妇墓	清	龙潭街道高洪社区7组
	丈雪和尚墓	清	青龙街道昭青路社区
	守仁、道魁祖师合葬墓	清	青龙街道东林社区2组
	严济裔墓	清	二仙桥街道崔家店社区

【非物质文化遗产保护】　区文体旅局组织开展“文化和自然遗产日”非遗主题活动2场次，成华区“畅游成都·体验非遗”系列活动10场次，完成四川省非物质文化遗产调查。

【博物馆建设与服务】　区文体旅局加大实施文化赋能行动计划，配合做好文博项目建设与管理，成都自然博物馆建设项目基本建成；对成都理工大学博物馆、李彬报纸博物馆、成都拾野自然博物馆进行防疫宣传、安全检查24次。成华区为纾解非国有博物馆疫情防控期间运营困难，划拨文化产业资金39万元，博物馆奖励资金30万元，通过政府购买活动8场。

【“智慧文堪一张图”信息平台运行】　区文体旅局“智慧文勘一张图”信息平台，运用科学技术对全区文物勘探和文物发掘资料进行科学化统筹管理，建立区域性数据库，丰富成华区智慧城市基础数据；将文物勘探、文物发掘信息与地理信息系统进行智能匹配、可视化分析，建立城市建设涉及文物保护预警机制，提高在建项目评估考古的发现和分析能力；通过创新保护古台、古道、古刹、古墓、古桥“五古”文化遗产，活化利用老厂房、老建筑、老街区“三老”文化遗产，提供大数据决策支撑，提高成华区对历史文化遗产的保护能力。

（庞智彬）

文化市场管理

【概况】　2021年，成华区内有网吧169家、歌舞娱乐场所41家、游艺娱乐场所10家、各类演出场所6家。

【文化市场监管】　区文体旅局与区公安分局、市交管局第五分局、区住建交局、区综合执法局、区市场监管局、区卫健局等部门联合协作，采取突击检查、重点检查、全时段检查的方式，开展文化市场专项整治，重拳打击扰乱市场行为。全年开展网吧、非法出版物专

4月18日，区文体旅局检查瑞升芭富丽娱乐场　　（区文体旅局供图）

项整治9次，查处网吧和歌舞娱乐场所5家，取缔黑网吧2家，收缴各类违法盗版音像制品、盗版书报刊300张（册、盘）。区文旅体局专人负责受理举报电话和信箱，受理“12318”电话、市区公开电话、网络问政举报投诉97件，办结率100%。

【文化市场专项整治】　区文体旅局加强网吧、娱乐场所、演出市场、出版物、印刷企业、旅行社等日常监管，全年检查网吧300家次、娱乐场所200家次、电子游艺场所42家次、监管演出42场次，引导网吧协会行业自查自监；加强校园周边专项整治，为未成年人健康成长创造良好环境。

【文化企业安全生产管理】　区文体旅局完善隐患排查追踪机制，系统追踪企业安全生产隐患整改情况，对检查中发现的安全隐患立整立改；建立经营单位安全生产隐患台账，不定期进行回头看，发现一起解决一起。全年查处违法违规场所18处，消除安全隐患70处，辖区安全生产得到有效保障。

【市场信用体系监管】　区文体旅局以创建天府旅游名县为引领，探索信用监管体系，实施信用积分管理、信用等级发布、红黑名单管理和联合惩戒等制度，营造市场诚信氛围，构建新型市场信用监管模式，提升市场信用服务满意度。

（李金陵　叶　恒）

新闻出版和版权管理

【概况】　2021年，成华区内有四川工人日报社、电子科大出版社2家，印刷企业39家，书店（网店）127家，影院22家。成华区新闻出版局加强新闻出版、印刷、发行等行业监管。成华区新闻出版局获评“成都市发行产业发展工作先进集体”“全国阅读工作先进集体”。

【新闻出版行业管理】　区新闻出版局（区版权局）加强印刷、发行单位事中事后监管，全年完成39家印刷企业、120家出版物发行单位、18家影院年审年检工作；做好印刷发行企业监督管理，全年检查印刷企业、出版发行单位等420家次，完成整改问题60项。

【创新版权服务】　区新闻出版局（区版权局）创新版权服务“政府+园区+企业+协会”联动模式，以建成涵盖信息软件、数字出版、音乐演艺、影视娱乐、游戏动漫、创意设计等多层级的版权服务体系为契机，持续优化成都传媒文化置业有限公司版权服务中心，成都理工大学、四川大可翰林文化传媒有限公司、四川完美三杯茶商业管理有限公司、成都东梦工厂文创科技有限公司、成都启瑞广告策划有限公司5个分中心，双桥子、猛追湾、府青路、二仙桥、跳蹬河、万年场、保和、双水碾、青龙、龙潭、白莲池11个街道服务站服务体系，实现重点园区、重点企业、重点高校、重点名人工作室版权服务全覆盖，内容涵盖文字、书画、音乐、影视、设计等18个门类，常态化开展一站式服务。全年版权登记6660件，转化率20%。

【“扫黄打非”行动】　区扫黄打非办以五大专项行动为抓手，狠抓出版物市场、网络空间、文娱场所等领域监管，组织专项整治行动20次，检查区内文化市场单位400家次，处理刑事案件1件，行政处罚案件27件。区扫黄打非办将“扫黄打非”工作与新时代文明实践中心建设相融合，建成“扫黄打非”1中心11所81站，全力保障辖区“六有三确保”创建目标的实现；推进全区“扫黄打非”示范创建工作，指导万年场街道做好全国“扫黄打非”进基层示范创建工作，做好培华路社区、锦绣社区、双福路社区3个省级“扫黄打非”示范网格提档升级。中共成华区委宣传部、成都市公安局成华区分局获

表106　　2021年成华区书香社区一览表

级别	书香社区名称	地址
市级书香社区	三街坊社	双桥路南四街174号
	杉板桥社区	杉板桥路335~343号
	下涧槽社区	东华一路46号
	一里塘社区	熊猫大道1028号
区级书香社区	培华路社区	建设南街23号
	和顺社区	长融东三路28号
	东路社区	建设南路210号
	桃源社区	桃源街1号附48号
	东林社区	荆泰二路66号
	升仙湖社区	升仙湖北路68号
	长天路社区	长天路28号附1号
	院山社区	成美路14号

表107　　2021年成华区书香家庭一览表

级别	书香家庭	所辖街道
市级书香家庭	刘　迅	二仙桥街道
	杨先武	二仙桥街道
	朱　宏	二仙桥街道
	傅天斌	府青路街道
	张碧如	府青路街道
	李在荣	跳蹬河街道
区级书香家庭	姚清高	跳蹬河街道
	余利昭	二仙桥街道
	刘能勇	二仙桥街道
	冯世娟	白莲池街道
	龙启富	保和街道
	薛汉英	双桥子街道
	杨　勇	双桥子街道
	梁　倩	双水碾街道
	周　黎	龙潭街道
	张文峰	龙潭街道

轩客会（SM广场店）书店　　（区新闻出版局供图）

评2021年全市“扫黄打非”先进集体，李舸、邱莎惠、苏宁宁、朱琳4人获评先进个人，刘业明、黄健、袁辅、宋月育、喻轩、罗凤英、巫峰、黄显发8人获评“优秀网格员”。

【全民阅读活动】　成华区承办第二届全国全民阅读研究年会、2021年成都市全民阅读盛典、成都市“我的书屋·我的梦”首届和美读书节。全区全年开展各类全民阅读活动502场次、参与群众20.1万人次，评选出书香社区12个、书香家庭16个。全年新增轩客会（SM广场店）、不荒书屋、几何书店（印象城店）3家书店，下涧槽社区邻里月台、豫府邻里中心汇文堂、跳蹬河街道文化活动中心3个示范书屋，三街坊社区书屋阅读美空间、培华社区阅读美空间2个阅读美空间，“里塘记忆”微阅读空间、完美世界文创公园（游客中心）、社企共享有声图书馆、成都银行、建华微阅读空间、“724”星球6个微阅读空间。

（邱莎惠）

融媒体与新媒体

【概况】　2021年，成华区融媒体中心围绕区委、区政府中心工作，以及庆祝建党100周年、党史学习教育、幸福美好生活十大工程、区第八次党代会、区人民代表大会、区政协会议、全区项目招引、文明典范城市创建、天府旅游名县创建、产业发展、环保督察、疫情防控等各项中心工作，“报、台、网、微、端”各平台共推出1.2万条（篇）宣传报道，推动全区意识形态主流思想舆论不断壮大。“10万+”阅读量稿件21条，其中《成都339元宵线上AR秀你看了吗?》阅读量908.6万。区融媒体中心策划推出《市井一环·文商成华》《一间红色报馆·见证百年峥嵘岁月》《触摸幸福·成华区40个幸福美好生活十大工程暨“631”重点项目竣工》《平凡英雄》等短视频128部,短视频传播在全市处于领先地位。

【融媒体中心建设】 区融媒体中心做好全区对内宣传工作,负责《新成华》内刊、成华有线电视频道、成华区人民政府网站、“成华发布”微信公众号、客户端等新媒体矩阵等区级宣传平台的运行管理工作。区融媒体中心以“成华发布”为龙头的18个新媒体矩阵影响力不断提升,共有84万粉丝关注,总阅读量1.3亿次;策划推出《市井一环·文商成华》《一间红色报馆·见证百年峥嵘岁月》《平凡英雄》等短视频128部,阅读量30万以上14部;全年有325篇原创报道被中央和省市媒体采用,极大提升成华宣传影响力。区融媒体中心申领国家信息网络传播视听节目许可证,保持全省一流县级融媒体中心地位;通过中共四川省委宣传部、中共成都市委宣传部2021年度县级融媒体中心“提质增效”专项考核;获得“成都新闻奖”等市级以上新闻奖24件,《成都339元宵线上AR秀》《你为什么入党·这是老兵的回答》获得第四届四川市县优秀网络传播案例。

【宣传策划】 区融媒体中心围绕区委、区政府中心工作,策划推出《幸福美好工程看成华·微访谈》播出13期,《幸福美好生活十大工程重点项目巡礼》系列专栏7期,推出《我为群众办实事》系列报道;以建党100周年为主线,精心策划《党史学习教育·庆祝中国共产党成立100周年》系列报道,推出融媒体产品《“沙河风”老干部党史宣讲队开讲》《一间红色报馆·见证百年峥嵘岁月》《唱支山歌给党听·成华百名党员放声歌唱》《你为什么入党》等作品;策划制作成都·成华历史人文丛书短视频《城东古韵》,介绍羊子山汉墓石刻造像、孟知祥和陵、古驿路上的五大场镇等展现成华历史文化魅力;围绕疫情防控阻击战策划制作《“疫”路有我·共同前行》《感谢每一位奔赴而来的您》《解封啦!谢谢你们的日夜守护》等37部原创短视频作品,生动真实地呈现抗“疫”一线感人事例和难忘瞬间,汇聚战“疫”宣传强大力量;采编制作《成都社区报道》11期,在成都电视台新闻综合频道播出。

11月4日,区融媒体中心围绕疫情防控阻击战策划制作《“疫”路有我·共同前行》短视频

(区融媒体中心供图)

【政务新媒体】 区融媒体中心、区网信办加强对“成华发布”微信公众号、新浪微博、头条号、一点号、企鹅号、网易号、搜狐号、澎湃号、知乎号及百度号等19个新媒体账号管理,全年发布微博6361条,其中原创微博5373条,粉丝总数43.5万。区融媒体中心设置奋斗新百年#、启航新征程#、成华幸福美好生活#、2021年成都市国家网络安全宣传周·成华在行动#、网络中国节#等话题,以图、文、视频、H5等形式,展现成华区在市委领导下经济、文化、社会、生态等领域取得的成就;精心策划“建党100周年”“幸福美好生活十大工程”和国家网络安全宣传周、世界读书日、创建天府旅游名县及全域旅游示范区等系列宣传。

【“成华发布”运行】 “成华发布”作为区域官方微信公众号,肩负着传播成华声音、提升区域影响力和美誉度的重任,全年“成华发布”微信公众号发布推文1220篇,总阅读量超过100万次,粉丝增长到12.6万人。“成华发布”把宣传贯彻建党100周年作为全年宣传工作主线,发布《全国首个“学习强国”主题街区在成华开街啦!(视频)》被看度、微成都、《成都商报》等多家省市级媒体转载;开通“奋斗百年路 启航新征程”“党史百年天天读”党史教育专题专栏,发布《奋斗百年路 启航新征程·在党史学习教育中汲取奋进力量》《党史学习教育更贴近实际、深入人心》《在成华,党史学习教育持续“升温加热"》等推文183篇；发布《超燃快闪！最美赞歌献给党！》《百年风华正青春·不忘初心跟党走·成华区举行庆祝中国共产党成立100周年文艺演出》等建党100周年文艺活动报道23篇。全年49篇推文被市级以上媒体转载，体现"成华发布"微信公众号在区域中的传播力和影响力。12月6日，"成华发布"客户端正式上线运行，设"首页""视听""服务""报料""我的"5个一级栏目，首页有推荐、短视频、视频新闻、读报、看天府、视点、融媒矩阵等版块，打通政务服务，用户可以通过服务栏目连接到政务服务、生活民生、卫生健康等版块，预约排号、大厅排队、结果查询、企业报建等便民事项可在客户端上办理。截至年底，"成华发布"客户端注册用户14.2万户。

（李　梅　张　嫒　姚　瑶　刘　瑾）

广播影视

【概况】　2021年，成华有线电视频道设6个栏目，分别为新闻类栏目《成华新闻》、服务类栏目《欢娱城东》、影视文艺类栏目《新东方剧场》《金熊猫剧场》《收视指南》、科普类栏目《科学·生活》，成华有线电视频道每天播出17小时。

【电视频道栏目采编播放】　成华有线电视新闻类栏目《成华新闻》星期一至星期五每天采编播出1期，每期9～20分钟，总计228期，全年播报新闻3000条。服务类栏目《欢娱城东》每周采编播3期，10—12月节目缩减，每周编播2期，每期时长8分钟，全年播出93期。影视文艺类栏目《新东方剧场》《金熊猫剧场》周一、周三至周天播出电视连续剧10集，周二播出4集，共播出3258集；《收视指南》栏目全年制作播出51期。科普类栏目《科学·生活》每日编播2期，时长30分钟，全年播出电视剧716期。成华有线电视频道全年新增公益广告108条。

【电视频道管理】　成华有线电视频道播出内容按照"三审"机制严把宣传质量关，严格执行《成华区融媒体中心宣传报题选题流程》《成华区融媒体中心刊播内容审核及责任追究制度》，有效规范新闻刊播工作流程；通过每周编前会、重大报道专题方案、专项业务培训会等各项内部机制对报道内容与质量严格把关，对播出内容出现失误的按相关责任追究制度规定逐级追责。

【新闻和专题宣传报道】　区融媒体中心对宣传报道进行科学策划，围绕学习贯彻党的十九届五中、六中全会精神及区委、区政府主要工作，开展党史学习教育、幸福美好生活十大工程、加快打造公园城市建设领先区、文商旅融合发展、区域品质提升、重点项目建设、一环路市井生活圈打造、传达学习贯彻区"两会"精神、校长带你看新校园、我为群众办实事、"2021年民生工程回眸"等报道。成华有线电视频道《成华新闻》栏目、《欢娱城东》栏目全方位覆盖百姓生活的各个方面，为老百姓休闲生活提供更多选择，报道关系群众冷暖、生活质量、精神文化需求等方面的"大民生"节目，增加公园游园类、文化景点类、好书推荐类节目，分类总结全区文物古迹经典、街道新面貌。

【电视绩效评估】　区融媒体中心视频编辑部编制16条短视频，其中《成华"90"后：三十而立》荣获第38届成都新闻奖媒体融合类专项奖；8条短视频在央视频移动网发布，其中好书推荐——《中国教育改造》点赞量48.4万个，好书推荐——《北方的河》点赞量82.5万个，好书推荐——《孩子是个哲学家》点赞量37.7万个，《城东古韵》点赞量34.6万个。

【广播电视安全播出】　区融媒体中心全年实现安全播出6205小时，其中《成华新闻》254期254小时、《欢娱城东》111期74小时、科普1406期340小时、电视剧集2555集（部）1917小时；圆满完成全国"两会"、庆祝中国共产党成立100周年大会以及省市各

4月8日，保和街道和美社区小剧场放映公益电影　　（区新闻出版局供图）

级重要安播任务31次，重要保障期播出时长425小时；安全转播中央电视台《新闻联播》、成都电视台《成视新闻》375小时。

（黄　璐　邱　林）

【公益电影放映】　区新闻出版局（区版权局）结合不同群众的观影需求，采取“百姓点单、政府服务”模式，实施“公益电影进社区”“公益电影进影院”项目，将服务范围延伸至社区、园区、企业、学校、小区，全年放映公益电影1300场，将公益电影送到群众身边，推动文化发展成果全民共享，丰富居民精神文化生活。

（邱莎惠）

《新成华》报

【概况】　2021年，《新成华》报围绕中共十九届五中、六中全会及习近平总书记对四川和成都工作的系列重要指示精神，区委、区政府中心工作，全力服务于“成于中优，华在文商”工作主题，坚持“导向、鼓劲、务实、创新”的原则，为成华经济社会发展建设的生动实践等重点工作开展宣传报道。《新成华》报全年出版94期，同步推出新成华手机报94期，做到图文并茂、重点突出、内容丰富、可读性强，稿件在成华区人民政府门户网站、成华发布App客户端、成华发布微信公众号同步推出。全年94期报纸文章总点击量465万，比上年增长35%，其中单篇点击量2万次以上的41篇、10万次以上的7篇。

【时政新闻报道】　《新成华》报围绕区委、区政府中心工作，紧扣目标任务、工作重点、思路举措、特色亮点，有针对性地开展宣传报道，每期《新成华》报及时转载中央和省市的重大会议报道，推出区委、区政府主要领导有关活动报道，帮助广大干部和群众及时了解全国、全省、全市发展大局。成华区第八次党代会召开，《新成华》报开设“学习贯彻成华区第八次党代会精神”专栏，全方位报道成华区在改革创新、美丽宜居、民生福祉、城市治理、党风政风等方面取得的成效。《新成华》报结合党史学习教育、高质量发展攻坚年、幸福美好生活十大工程、六个现代化新成华、“631”重点工程、疫情防控、社区发展综合治理、“迎大运·重招引·促循环”百日攻坚大会战等工作主题，以各大产业功能区为焦点，对企业签约落户、产业转型升级、外出招商引资、创新创业创造等重点领域作相关报道；固定“镜头·视点”专栏，用镜头和精美文字记录“成于中优，华在文商”工作主题下成华建设进程中那些细微却动人、一闪而过又让人心生暖意的时刻；推出社会治理创新、社区发展治理、公共配套完善、红色先锋和成华榜样评选表彰、教育及卫生、公园城市建设等重点领域的专题报道，内容丰富、形式多样地展现成华转型跨越发展的每一个亮点。在四川新闻奖报纸副刊类作品奖评选中，《新成华》报6件参评作品获得二等奖2件、三等奖3件、好版面奖1件。

【报纸副刊采编】　《新成华》报加密副刊《沙河流韵》，丰富报刊版式设计，做到图文并茂，内容涉及诗歌、散文、游记、随笔、文艺评论等题材，推出母亲节、端午节、中秋节等主题文章，讴歌新时代成华人的幸福生活和居民的获得感、幸福感。《沙河流韵》成为全区文艺精品创作和文艺人才展示、交流的重要平台。

【报纸出版发行】　区融媒体中心完成《新成华》报编辑、校对、印刷和出版工作，日常发行量1.5万份；改进免费赠阅发行工作，与专业投递公司合作投放，对重点企业、党代表、人大代表、政协委员、离退休老干部等采取邮寄方式赠阅；对报纸投放精准、准时情况开展调查走访，确保报纸第一时间送达读者。

（戴长伸）

《新成华》报时政新闻采编部　（《新成华》报供图）

卫　生

编辑　李锡清

综　述

【概况】　2021年，成华区统筹抓好卫生健康和疫情防控工作，全力实施全民健康素养提升、医疗资源扩容提质、公共卫生提能增效、医联体建设攻坚四大行动，通过首批国家级健康促进区评审，携手四川大学华西公共卫生学院共建教学科研实践基地。区疾控中心晋升三级乙等，率先建成全市首家区县级基因测序实验室。全区有医疗卫生机构809个，其中医院52个、社区卫生服务中心11个、社区卫生服务分中心4个、诊所和门诊部742个，医疗卫生机构床位7374张；有卫生技术人员12161人，其中执业医师（助理医师）4510人、注册护士5726人、药剂人员493人、检验人员562人、其他人员870人。

表108　　成华区医疗机构基本情况表

序号	机构名称	地址	机构等级	类别
1	核工业四一六医院	二环路北四段4号	三级甲等	综合医院
2	成都市第二人民医院龙潭院区	华泰路2号	三级甲等	综合医院
3	成都市第六人民医院（沙河院区）	建设南街16号	三级甲等	综合医院
4	成都市第六人民医院（东虹院区）	东虹路39号	三级甲等	综合医院
5	成都新华医院	双桥路180号	三级乙等	综合医院
6	成都顾连锦宸康复医院	锦绣大道5333号	三级	康复医院
7	成都新视界眼科医院	经华北路8号	三级	眼科医院
8	成都东区爱尔眼科医院	双林路388号	三级	眼科医院
9	成都东篱医院	杉板桥南一路219号	三级	综合医院
10	成华区妇幼保健院	成华大道新鸿路2、6、8号	二级甲等	妇幼保健院
11	攀钢集团成都医院	双华南路12号	二级甲等	综合医院
12	成都誉美医院	下涧槽路11号	二级甲等	综合医院
13	成华区第三人民医院	青龙场致强环街277号	二级乙等	综合医院
14	成华区第六人民医院	槐柳四路11号	二级乙等	专科医院
15	成都五块石医院	站北路1号	二级乙等	综合医院
16	成都鹰阁医院	锦绣大道5333号A2座	二级	综合医院
17	成华区第七人民医院	龙潭火神庙西街68号	二级	精神病医院
18	成都中德肾病医院	二环路东三段14号	二级	专科医院
19	成都长生肾病医院	玉双路9号	二级	专科医院

续表108

序号	机构名称	地址	机构等级	类别
20	成都成华龙港医院	华泰路28号	一级甲等	综合医院
21	电子科技大学医院	建设北路二段4号	未定级	综合医院
22	成都理工大学医院	二仙桥东三路1号	未定级	综合医院
23	前锋医院	一环路北四段一号附28号	未定级	综合医院
24	成都宏明电子股份有限公司医院	一环路东二段238号	未定级	综合医院
25	成都市交通医院	驷马桥路7号	未定级	综合医院
26	成都国光电气股份有限公司医院	建设路48号	未定级	综合医院
27	成都成华北区医院	圣灯路159号附1号	未定级	综合医院
28	成都儿童专科医院城北分院	双荆路2号	未定级	儿童医院
29	成华区中医医院	成华大道新鸿路8号	未定级	中医(综合)医院
30	四川地质医院	蜀陵路367号	未定级	综合医院
31	成都锦欣藏医医院	光明滨河路60号	未定级	藏医院
32	成都成华脑康医院	八里桥路149号	未定级	精神病医院
33	成都成实医院	二环路北四段3号	未定级	综合医院
34	成都成华双水医院	站北北街1号	未定级	综合医院
35	成都军建医院	成华大道新鸿路268号	未定级	综合医院
36	成都成华成量医院	新怡路22号附1号	未定级	综合医院
37	成都韩博士中西医结合医院	槐树店路40号	未定级	中西医结合医院
38	成都成华南光医院	双桥路25号	未定级	综合医院
39	成都成华三松医院	东紫路499号	未定级	综合医院
40	华川医院	跳蹬河北路185号	未定级	综合医院
41	成都成华时友东区医院	二仙桥西路5号	未定级	综合医院
42	成都八里医院	文德巷1号	未定级	综合医院
43	成都成华泰兴医院	泰安街77号	未定级	综合医院
44	成华东区医院	玉双路6号	未定级	综合医院
45	成都东升医院	和友路357号	未定级	综合医院
46	成都成华城东医院	双林路122号	未定级	综合医院
47	成都成华珍君仁济医院	龙港路210号附10号	未定级	综合医院
48	成都新生堂妇女儿童医院	和顺路198号	未定级	妇产科医院
49	成都美绽美整形美容医院	杉板桥南二路38号	未定级	美容医院
50	成都小青草眼科医院	锦绣大道5333号A2座	未定级	眼科医院
51	成都宝石花医院	石油路19号	未定级	综合医院
52	成都圣丹福整形美容医院	锦绣大道5333号	未定级	美容医院

表109　　成华区社区卫生服务中心一览表

序号	机构名称	地址	服务电话
1	成华区双桥子社区卫生服务中心	建设南新路5号	62302877
2	成华区猛追湾社区卫生服务中心	石油路19号	86012049
3	成华区猛追湾建设路社区卫生服务中心	建设南新路80号	84394772
4	成华区府青路社区卫生服务中心	华油路8号	89895297
5	成华区二仙桥社区卫生服务中心	二仙桥北路14号	84120186
6	成华区跳蹬河社区卫生服务中心	成华大道杉板桥路266号	84113050
7	成华区万年场社区卫生服务中心	长融街29号	84085187
8	成华区保和社区卫生服务中心	东虹路60号附101号	84113166
9	成华区双水碾社区卫生服务中心	八里桥路443～447号	83398211
10	成华区青龙社区卫生服务中心	青龙场致强环街525号	69283238
11	成华区龙潭社区卫生服务中心	龙潭寺火神庙路19号	84207551

【医疗资源配置】 成都市第二人民医院龙潭院区、成都市第六人民医院东虹院区两家市级三级甲等医院和二仙桥、府青路两个社区卫生服务中心建成投用；华西第二医院成华妇女儿童医院、成华区人民医院、成华区第七人民医院升级改造项目开工建设；保和兴城嘉苑、白莲池、青龙新山、太阳公元等配套社区卫生服务中心加快建设；隆兴北四路、华翰路、青龙海滨等配套社区卫生服务中心项目开工建设。

【医疗卫生服务】 成华区设置整形美容医疗质量控制中心、妇产科医疗质量控制中心、儿童保健医疗质量控制中心、精神病与精神卫生医疗质量控制中心、老年病医疗质量控制中心5个区级医疗质量控制中心，全区有区级医疗质量控制中心28个，开展院感、药事管理、病历资料、康复等专项质控督导活动30次。区卫健局组织医务管理、财务、院感、护理等10名专家对区妇幼保健院、攀钢集团成都医院开展巡查；对使用非卫生技术人员从事医疗卫生技术工作、未经核准开展磁共振诊疗活动、病历书写不规范等违法违规行为立案调查12起，罚没金额28万元。全区52家医院和11个社区卫生服务中心开展检查检验结果互认，共互认11.2万人次。区卫健局组织成都市第六人民医院、成华区妇幼保健院、成华区疾病预防控制中心开展对口支援丹巴县，共选派14名技术骨干入驻丹巴支援1年，各单位参与短期支援12人次，开展“师带徒”30人次。

【基本公共卫生服务】 成华区卫生机构为居民提供健康档案管理、健康教育、预防接种、0～6岁儿童健康管理、孕产妇健康管理、老年人健康管理、慢性病患者健康管理、严重精神障碍患者管理、肺结核患者健康管理、中医药健康管理、传染病和突发公卫事件报告和处理、卫生计生监督12类基本公共卫生服务，全年11个社区卫生服务中心累计建立电子健康档案92.14万份，0～6岁儿童健康管理7.14万人，高血压患者管理6.44万人，糖尿病患者管理2.79万人。成华区创新家庭医生签约服务模式，推广“一医一助”家庭医生团队一站式服务，通过上级医疗资源深度融入家庭医生团队，组建由上级医生参与指导的新型家庭医生团队，提升基本医疗和基本公共卫生水平。全区有宋富品家庭医生团队、李君家庭医生团队等106个家庭医生团队，有34.71万人签约，提供基本公共卫生、基本医疗、预约转诊、病伤康复等健康管理服务。

6月9日，成华区全国基层中医药工作先进单位复评工作会召开 （区卫健局供图）

【中医药服务】 成华区全国基层中医药工作先进单位通过复评，依托家庭医生签约服务，提升全区重点人群中医药健康管理覆盖率，各社区卫生服务中心中医药服务量达56.35%，65岁以上老年人中医药管理率达74.22%，0～3岁儿童中医药管理率达83.26%，中医药服务水平和质量得到有效提升。区卫健局组织开展中医药知识技能培训，利用专家培训、视频网络、远程教学等方式开展中医药适宜技术培训6期260人次；实施“填平补齐”中医综合服务区“中医馆”项目建设，确定龙潭社区卫生服务中心为项目建设单位；强化中医人才队伍建设，建立中医药人才专家库21人。成华区中医医院副院长、主任中药师李齐煜被评为第四批“成都名中医”。

【医政管理】 区卫健局持续提升辖区医疗机构医疗质量和安全，改善医疗服务行为，推进医院建立现代医院管理制度，建立完善医疗质控机构，组织开展医疗质量专项检查；加强抗菌药物管理，全年授予抗菌药物处方权352人，授予抗菌药物调剂资格38人；规范处理医疗纠纷，全年接待处理咨询1249件，医疗投诉信访740件，受理医疗事故鉴定1起。区卫健局重点围绕“打击非法医疗美容”“查处无证开展中医诊疗”等检查，全年监督检查医疗卫生机构762家，检查美容场所35家、养生场所14家，查处无证行医点位23个，消除非法行医窝点5个，引导转化为正规医疗机构2个；查处非法行医案件8件，罚没金额10.2万元。

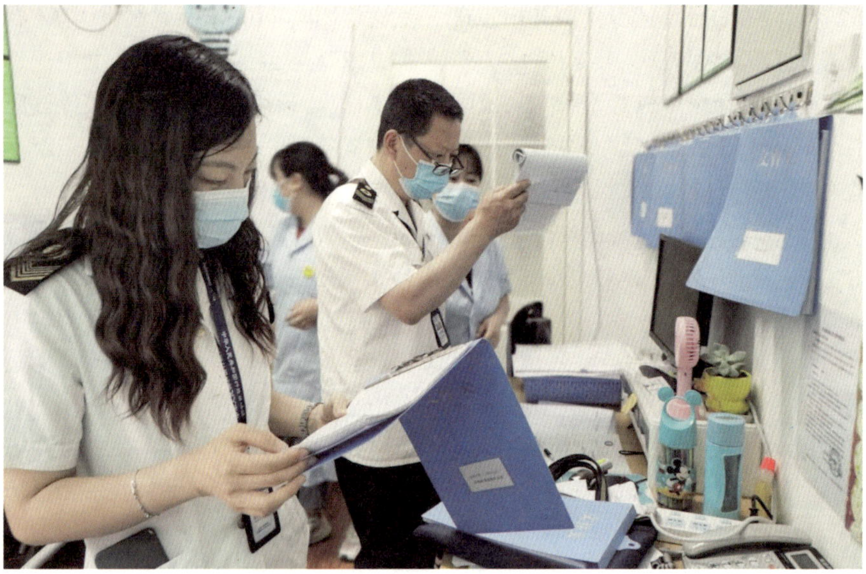

5月11日，区卫生执法监督大队检查学校卫生监管情况　　（区卫健局供图）

【医疗卫生监督检查】　区卫生执法监督大队针对辖区809家医疗机构、115家放射诊疗单位、3家消毒产品生产企业、1085家公共场所、276家供水单位、55所学校、178家存在职业危害的用人单位进行监管，监督检查医疗卫生、传染病防治、公共卫生、学校卫生、职业卫生、放射卫生和消毒产品生产企业6079家次；办结行政处罚179件，罚没金额39.57万元；受理投诉举报125件，回复率100%。

【卫生专项督导检查】　区卫生执法监督大队开展国家“双随机”监督抽查、备案诊所专项整治、“无证无照”专项整治等各类专项督导检查17次；委托第三方监测公司，对消毒产品进行监督抽检；邀请医疗领域专家，开展医疗质量大检查4次。

【“华西—成华城市区域医疗服务联盟”合作】　12月8日，成华区与四川大学华西医院续签《日间手术医院社区一体化合作协议》，建立城市医院与社区卫生服务机构分工协作机制，推进日间手术发展。成华区依托联盟高血压慢病管理系统，开展“华西医院专科医师—成华基层医院慢病管理医师—患者”一体化管理，管理模式被纳入健康中国行动推进典型经验案例。

【“大美医者”和“最美护士”评选】　8月，成华区卫健系统举办“大美医者”和“最美护士”评选，经各单位推荐，区卫健局党组审核“大美医者”评选候选人20人，“最美护士”评选候选人20人，在“健康成华”微信公众号，开展候选人网络公开投票，经综合工作实绩、网络投票等结果，王波、刘伟、刘科、刘展望、李君、李蕾、肖鹏、张素琴、戢琴、温雅10人获评成华区“大美医者”，王芳、王丽、向莉、孙良娜、邹林奕、张庆梅、陈艺丹、钟媛媛、黄刚、曾菊萍10人获评成华区“最美护士”。

（罗　岚　蒋　楠）

医院建设

【概况】　2021年，成都市第二人民医院龙潭院区、成都市第六人民医院东虹院区、跳蹬河社区卫生服务中心杉板桥分中心投入运营。全区有三级医院9家，二级医院10家，一级医院1家，未定级医院32家；千人床位数10.46张，比上年增长11.0%；千人医师数6.53人，比上年增长16.8%。

【医疗卫生机构等级评审】　成华区疾病预防控制中心通过四川省职业卫生技术服务机构资质评审，成为全省首家通过职业卫生技术服务机构资质评审的区县级疾控机构；成都东区爱尔眼科医院升级为三级眼科医院，有效提升辖区专科医疗服务资源水平。

【基层卫生基地建设】　成华区组织各社区卫生服务中心对照“国家优质服务基层行”标准，通过区级、市级、省级评审，府青路、青龙社区卫生服务中心达到市级基本标准，双桥子、猛追湾建设路、二仙桥、万年、跳蹬河、保和、双水碾、龙潭社区卫生服务中心达到省级基本标准。

【幼儿近视防控指导基地建设】　成华区作为国家级监测点开展学生近视及其他重点常见病和健康影响因素监测与干预项目，推动儿童青少年近视防控适宜技术，扩大对幼儿园、小学、初中、高中、职中和大学全学龄段共2939名儿童青少年开展视力监测等学生常见病监测，对2199名学生开展近视、肥胖、脊柱弯曲异常等健康影响因素监测问卷调查；结合“爱眼日”等主题日，加强“学生视力保护科普基地”实践运用，开展互动体验式学生常见病健康教育活动。

【儿童口腔健康科普基地建设】　区卫健局与区教育局联合在成都市熊猫路小学创新打造一个融互动体验、知识传播、技能教学、行为改变为一体的儿童口腔健康科普基地，构建“疾控中心—学校—所属社区卫生服务中心”共同参与的“疾控中心提供技术支持+中心协助学校日常管理”的可持续发展管理模式，口腔科普基地设口腔科普图书角、模型展示区、口腔实验区、科学刷牙区、成果展示区5个功能区，通过阅读图文并茂的爱牙图书、观看标准牙齿/龋坏发展/窝沟封闭模型、开展牙菌斑检测/窝沟封闭防龋/牙菌斑显微镜观察/牙线使用等小实验、使用刷牙指导仪参与智能刷牙评估、参与爱牙小报评选展示及宣讲等多种形式，儿童可多感官体验、了解牙齿健康与全身健康的关系，认识从小爱护牙齿的重要性，掌握必要的爱牙知识和正确的刷牙方法，实现一站式口腔卫生健康宣传教育。

【核工业四一六医院】　核工业四一六医院（成都医学院第二附属医院）位于二环路北四段4号，是中国核工业集团有限公司在西南地区集医疗、教学、科研、预防保健为一体的三级甲等综合性非营利性医院，为国家核应急医疗救援分队、国家核应急医学救援西南分中心基地，成华区、金牛区、武侯区艾滋病定点救治医疗机构，成华区病历、护理、影像及康复医学质控中心挂靠单位，成都大学医护学院、成都中医药大学、成都医学院、遵义医学院、川北医学院等教学医院，四川师范大学教育科学院实习基地。医院设内科、外科、妇产科、儿科、眼科、耳鼻喉科、口腔科、皮肤科、康复科、中医科等临床医技科室38个，医学专业70个，有专业技术人员1307人，其中中高级职称548人。医院核医学科、皮肤科为省级重点专科，呼吸科、医学科为市级重点专科；核工业西南核医学研究所由核医学科、甲亢诊治中心、放疗室及免疫检测中心组成。截至年底，医院门诊量119.1万人次，健康体检6.52万人次，住院病人3.42万人次，开展手术9142台次。

【成都市第二人民医院龙潭院区】成都市第二人民医院龙潭院区位于成华区华泰路2号，占地面积60亩，建筑面积17.73万平方米，总投资30亿元，规划床位1200张，按国家三级甲等综合医院建设，是一所具有百年历史底蕴的公立大型综合医院。龙潭院区充分融入国内医疗智能化研究和应用新技术，创新医疗服务模式，推动智慧化医院建设，通过国家医疗健康信息互联互通标准化成熟度四级甲等测评；完成智慧医院运行基础平台、汇聚交换机、人行道闸、智慧停车场、移动推车等基础硬件调试及运行，达到智慧医院二星标准，是集医疗、教学、科研、预防、保健、康复于一体的大型三级甲等医疗综合体，设内科、外科、儿科、消化、内分泌、神经外科、普外（肝胆胰）一科、呼吸与危重症医学科、耳鼻喉头颈外科、眼科、整形外科等35个科室，有专业技术人员1540人，其中中高级职称790人。3月30日，成都市第二人民医院龙潭院区投入运营，全年门诊量28.91万人次，健康体检4.06万人次，住院病人1.79万人次，开展手术890台次。

【成都市第六人民医院】　成都市第六人民医院设沙河院区（建设南街16号）、东虹院区（东虹路39号），是一所集医疗、科研、教学、急救、保健、康复于一体的三级甲等综合医院，西南医科大学、遵义医学院、川北医学院、成都医学院等医科大学教学基地及硕士联合培养点。医院秉承“一体化管理、差异化发展、同质化服务”的建设理念，规划病床1855张，有专业技术人员1483人，其中中高级职称895人；肝胆外科、神经内科为省级重点专科，检验科、全科医学科、心血管内科、肾病内科、呼吸内科、肿瘤科、护理学、消化内科、急诊科为市级重点学（专科）；有成都市眼科中心、成都市全科医学中心2个。医院秉持“仁爱、卓越、奉献、创新”的价值观，始终遵循“关爱生命，患者至上”的服务理念，不断提升医疗服务品质，为人民群众健康保驾护航。全年门诊量4.52万人次，健康体检9.53万人次，住院病人3.36万人次，开展手术1.29万台次。

【成都新华医院】　成都新华医院位于成华区双桥路180号，是川北医学院

3月30日，成都市第二人民医院龙潭医院正式投入运营　　（区融媒体中心供图）

在成都建立的直管医院，西南地区ERCP培训中心，四川省红色文化医院、四川省首批脑卒中地图医院、四川省首批老年友善医疗机构，成为集医疗、教学、科研、预防、保健为一体的三级乙等综合医院，建筑面积10.2万平方米，编制病床1200张；有卫生技术人员680人，其中中高级职称305人；设门诊部、住院部、急诊部、健康管理中心、发热门诊和发热留观室6个主体单元，临床科室31个、医技科室8个，创建ERCP专家工作室、呼吸与危重症诊治中心、消化疾病诊治中心、创伤骨科中心、康复医学中心、卒中/胸痛中心、妇儿中心、区域临床病检中心8个医学中心和工作室。医院将“人才兴院”作为战略方针，以建设“百姓信任的医疗中心”为愿景，始终坚守“患者至上、忠诚敬业、开拓进取、崇尚荣誉”的价值观，全心全意为群众身体健康提供“规范、便捷、高效、优质”的诊疗服务。全年门急诊量30.21万人次，住院病人2.13万人次，开展手术4100台次。

5月26日，成都鹰阁医院与四川大学华西第四医院医联体合作单位举行揭牌仪式

（区卫健局供图）

【成都鹰阁医院】 成都鹰阁医院位于成华区锦绣大道5333号A2座，是首个经四川省发展改革委核准的中外合资综合性医疗机构，医院遵循集团统一国际标准打造，建筑面积5.15万平方米，病床350张，设内科、外科、妇科、儿科、眼科、耳鼻咽喉科、皮肤科、医疗美容科、口腔科、心理科、中医科、麻醉科、体检科、医学影像科、医学检验科等科室，有专业技术人员182人，其中中高级职称95人。医院坚持“以患者为中心”的核心理念，以一站式综合医疗服务及整体式护理模式，为中国西部地区群众就医提供国际化标准的高品质综合医疗服务。5月26日，成都鹰阁医院与四川大学华西第四医院医联体合作单位举行揭牌仪式，在构建紧密医联体的基础上，共建姑息医学病区，优化资源配置，实现优势互补；以接轨国际的医疗技术、新加坡整体式护理，为西南地区群众就医提供高品质医疗服务。全年门诊量1.09万人次，健康体检2109人次，住院病人93人次，开展手术87台次。

【成都新生堂妇女儿童医院】 成都新生堂妇女儿童医院位于成华区和顺路198号，是一家提供高端服务的国际化妇女儿童医院，建筑面积4.5万平方米，床位99张，设产科、妇科、新生儿科、儿科等科室，以及特需专属门诊、手术室、利普刀和DR房、瑜伽室、水疗室、产后恢复室、多功能视听教室，有专业技术人员113人，其中中高级职称34人。医院汇集华西附二院、四川省人民医院、四川省妇幼保健院妇产科教授、博士生导师，以及四川省妇产科专委会主任委员、四川省卫生厅学术技

成都新华医院　　（区卫健局供图）

术带头人等省内外知名专家，为母婴安全保驾护航；推行先进的服务模式，以“快乐孕育，享受顺产”为目标，以“妈妈幸福，宝宝健康”为服务宗旨，开展国际先进的自然分娩和无创助产术，为母婴安全提供保障。医院顺产率88.25%，有意愿试产瘢痕子宫顺产率94.74%，侧切率3.19%，母乳喂养率95.43%。全年门诊量3.89万人次，住院病人1530人次，开展手术171台次。

【成华区妇幼保健院】　成华区妇幼保健院位于成华大道新鸿路2号，建筑面积9958平方米，床位118张，是国家、世界卫生组织和联合国儿童基金会命名的“爱婴医院”，二级甲等妇幼保健院，承担成华区妇幼保健管理和产科急救指导工作，为妇女儿童提供安全、有效的保健及医疗服务。成华区妇幼保健院与四川大学华西第二医院合作共建“华西成华妇女儿童医院”，组建妇幼专科医疗联合体，全面提升基层医生诊疗能力，带动成华区实现妇幼专科医疗质量和服务水平全面提升。医院有卫生技术人员296人，其中中高级职称154人；以妇产科、中医科为重点特色专科，开展特色服务分娩镇痛、优生咨询、高危妊娠门诊、孕期营养、助产士门诊、产后康复等，推动中医药参与妇幼保健，开展中药浴足、小儿推拿、人流术后中医药保健和耳穴压豆治疗小儿近视等项目，让广大妇女和儿童享有优质的中医药服务。全年门诊量25.96万人次、住院病人3634人次、开展手术2783台次。

【成华区第六人民医院】　成华区第六人民医院位于成华区槐柳四路11号，系政府举办的非营利性二级乙等老年病医院，内设“康穗养老中心”，养老床位200张，有专业技术人员108人。医院通过国家第二批安宁疗护试点机构、省级医养结合示范机构、省市医疗护理员培训机构、市老年照护培训基地评审；创建老龄友善医疗机构作为全国经典案例，作为国家卫健委首批老龄健康医养结合远程协同服务试点机构代表，受邀在2021年全国互联网+老龄健康医养结合大会进行经验交流。医院致力创新实践，形成自有品牌的医养结合服务模式，受到国家卫健委领导考察时高度认可和社会好评，为国家卫健委首批老龄健康医养结合远程协同服务试点机构、国家老年疾病临床医学研究中心协同研究网络成员单位、四川大学华西医院临床营养医院联盟单位，2021年首届成渝两地双城经济圈“优秀医养结合康养机构”，全年服务老年患者6.97万人次。

【跳蹬河社区卫生服务杉板桥分中心】　成华区跳蹬河社区卫生服务杉板桥分中心位于成华大道杉板桥路266号，建筑面积2500平方米，3月1日投入运营，承担跳蹬河街道9.5万名居民的基本医疗及基本公共卫生服务，配备医护人员60人，设中医科、儿科、全科门诊等特色科室，组建4支家庭医生团队。中心依托“华西—成华城市区域医疗服务联盟”优质医疗资源，开设远程网络门诊、家庭医生定制健康管理、检验检查同质化等特色服务，与华西第二医院开展华西妇儿专科联盟合作，通过培养妇儿联盟认证医师、打造特色儿科诊室，让群众在家门口享受华西品质的优质服务。

（罗　岚　蒋　楠）

疾病防治

【概况】　2021年，成华区疾病预防控制中心通过三级乙等疾控机构评审，建成基因测序实验室；持续抓好第四轮国家艾滋病示范区工作，探索建立一体化艾滋病防控机制；强化精神障碍患者救治，规范管理率、服药率等各项指标达到市级目标。

【传染病防治】　区疾控中心加强传染病监测与报告管理，及时进行风险评估和预测预警，制定疾病防控应急预

成华区跳蹬河社区卫生服务杉板桥分中心　　（区卫健局供图）

案，储备应急物资4大类共315种。全年急性传染报告发病率为152.68/10万（低于成都市250/10万的要求），应急响应率100%，调查处置率100%；处置传染病预警信息401起，聚集性疫情及重点传染病疫情167起，其中手足口病63起、诺如病毒感染36起、聚集性发热44起、水痘5起、疱疹性咽峡炎19起。

【艾滋病防治】 区疾控中心以推进第四轮国家艾滋病示范区工作为契机，启动新一轮艾滋病防治攻坚行动，全力实施预防艾滋病宣传教育、社会综合治理、检测发现和治疗、预防母婴传播、学校艾滋病防治、防艾能力提升六大专项行动；强化“三线一网底”防治体系，完善艾滋病社区综合防治及吸毒人群社区一体化干预等工作机制，探索男性同性性行为人群“一站式”防治模式，完成各项考核指标和防治任务。全区常住人口检测覆盖率60.42%，基层医疗机构检测覆盖率34.26%。成华区落实应治尽治，提升治疗质量，抗病毒治疗覆盖率95.11%、治疗成功率98.58%；深入落实预防母婴传播综合措施，孕产妇筛查率100%，其中孕期检测率99.19%，孕早期检测率92.28%，感染孕产妇服药率100%，未发现儿童感染。

【结核病防治】 成华区持续巩固结核病省级示范区成果，规范结核病人随访，强化学校结核病疫情处置，有效控制学校结核病疫情。全区结核病患者总体到位率98.9%，肺结核患者规范管理率100%，肺结核患者规则服药率100%，肺结核患者治疗率98.3%；病原学阳性肺结核患者密切接触者筛查率100%，肺结核患者病原学阳性率70.8%。区疾控中心调查处置学校散发结核病疫情50起，无结核病暴发疫情发生；打造“一支优秀志愿者团队”，开展志愿者结核病防治知识传播活动。成华区双桥子晨曦志愿者团队、成华区建设路阳光志愿者团队获评省级优秀志愿者团队，成都市建筑职中钱晓飞获评省级优秀志愿者。

【慢性病防控】 成华区巩固国家级慢性病综合防控示范区，顺利通过国家健康促进区复评；构建完善“综合医疗机构、社区卫生服务中心、疾控中心”三位一体慢性病防控体系，依托国家心血管病高危筛查项目、国家基本公共卫生服务项目、成都市窝沟封闭项目、成都市健康素养和烟草调查等重点项目提升慢性病防控能力，加强慢性病监测制度建设，落实各级质量控制，完成死因漏报调查，急性心脑血管事件监测工作纳入国家监测点。区疾控中心全年开展各类卫生主题宣传活动12次，覆盖群众2.1万人次；打造各类健康环境130个，创新开展“三减三健365天”专项行动；探索建设区级儿童口腔、视力、营养特色科普基地各1个，构建“BKT”健康传播新模式，提升学校口腔宣教效果案例入选成都市2021年度健康城市建设实践十佳案例；助推“老高糖”管理提质增效、推进学生人群营养改善行动、做身心两健的熊猫学子、打通健康服务“最后一千米”、打造优质健康服务体系5篇案例入选四川省慢性病案例集。

【地方病防治】 成华区血吸虫病监测点查螺总面积6.1万平方米，强化监测点查螺总面积11.8万平方米，血吸虫查病500人，发热病人筛查315人，未查出有螺面积和血吸虫病人。区疾控中心完成疟疾“三热”病人血检676人，血检率达到总人口数0.85‰，对报告1例境外输入疟疾病例进行规范流调、诊治及疫点处置；完成1000人土源性线虫监测任务；开展多种形式的宣传教育，学生、居民健康知识知晓率达95%；开展碘盐监测和儿童、孕妇尿碘检测，监测结果显示，成华区继续保持消除碘缺乏病。

【职业病防治】 区疾控中心成为全省首家通过职业卫生技术服务机构资质评审的区县级疾控机构，持续开展重点行业领域尘毒危害专项治理，对全区混凝土搅拌、印刷企业进行全覆盖督导，发现问题限期整改；开展尘肺病监测、筛查和随访，建立尘肺病患者管理档案；开展基础建设达标创建和健康企业创建工作，全年完成65家用人单位基础建设创建、职业健康基础建设达到用人单位申报总数100%的工作目标，成都光明乳业有限公司完成健康企业创建目标任务；开展职业病危害现状调查、重点职业病监测等项目监测，组织各街道、管委会对辖区企业开展职业病危害基础信息摸底调查，建立辖区企业基础台账信息；对全区78家企业纳入重点监督，对混凝土搅拌站等重点企业开展100%全覆盖检查。区疾控中心完成工业企业职业病危害因素监测24家，开展职业病危害现状调查24家，尘肺病人随访32人，重点职业病个案1.49万例；开展医用辐射、非医用辐射及放射性疾病监测及调查90家，对室内环境、室外环境、粮食蔬菜、饮用水开展放射性本底调查，全年处理疑似急性一氧化碳中毒事件8起，确定1起为职业一氧化碳中毒事件。

【精神卫生防治】 区疾控中心全面开展精神卫生防治，全年精神科门诊6722人次，住院595人次；开展住院患者“阳

10月8日，区卫健局举办世界精神卫生日宣传活动　　（区卫健局供图）

光救助”，免费救治患者176人，救助金额181.26万元；实施门诊患者救助1592人次，救助金额59.33万元，使贫困精神疾病患者得到及时有效治疗。疫情防控期间，区疾控中心为出行困难的精神障碍患者送药上门，服务260人次；落实严重精神障碍管理治疗工作规范报告患病率、年管理率、年面访率等各项指标均达到全市要求，患者报告工作成效突出，在全市严重精神障碍患者报告专项评价工作通报会上做交流；加强全区精神卫生服务能力培训，定期开展专题培训，在全市精神卫生防治技能竞赛中，成华区代表队斩获综合管理、情景演练等5项团体奖。区疾控中心推进未成年人心理健康教育，实施个体心理健康咨询辅导300人次；心理健康讲座、心理团辅活动40次，服务居民2000人次；开展世界卫生日、精神卫生日等卫生主题日义诊宣传活动20次，覆盖居民4000人次，辖区群众精神卫生知识、相关法规及政策知晓率明显上升。

【免疫规划】　成华区全年完成国家免疫规划疫苗24.84万剂次，国家免疫规划疫苗接种率95%，接种非免疫规划疫苗44.25万剂次。区疾控中心做好免疫规划相关疾病、疑似预防接种异常反应、接种率监测工作，国家免疫规划疫苗针对传染病发病率维持在较低水平，无暴发疫情发生。成华区按照“分批次、分阶段”的原则安全有序推进大规模人群新冠疫苗接种工作，全区共设置大型临时接种点11个，综合医院临时接种点4个，高校巡回接种点3个，流动接种车2辆，组织开展新冠病毒疫苗接种人员专题培训考核14期3326人，全年共接种新冠病毒疫苗286.81万剂次；完成60岁及以上户籍老年人肺炎疫苗及13～14岁HPV项目疫苗接种任务，共接种老年人肺炎疫苗1.16万剂次，13～14岁HPV项目疫苗5543剂次。成华区全面推进预防接种服务全程电子签系统建设，实现“一苗一身份，一人一追溯”，优化流程有效提升预防接种安全性和接种效率；优化预防接种服务流程，推行“接种分流、预约分时”的预防接种服务方式，探索预约接种新平台，提升服务效率。

【妇幼保健】　区卫健局持续推进儿科、产科建设，提高高危孕产妇管理和新生儿急救能力，落实母婴安全五项制度；开展母婴安全急救演练、产儿科知识技能培训和管理能力提升培训，强化高危孕妇管理；组织召开孕产妇危重症评审、围产儿死亡评审6次，全区孕产妇保健管理质量稳步提升，全年孕产妇死亡为0，新生儿死亡率0.66‰，婴儿死亡率1.77‰，5岁以下儿童死亡率2.43‰，孕产妇及儿童系统管理率98%，住院分娩率100%，高危孕产妇管理率100%，出生缺陷报告率100%。区

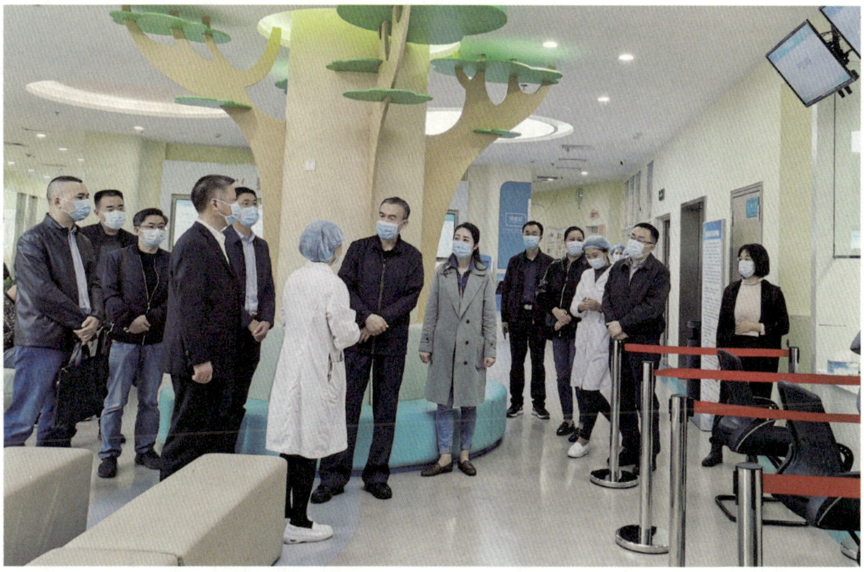

3月16日，国务院联防联控工作组调研成华区新冠疫苗接种工作　　（区卫健局供图）

卫健局持续推进妇幼健康项目实施，城乡妇女增补叶酸预防神经管缺陷项目、新生儿耳聋基因筛查及疾病免费筛查项目、自愿免费婚检及孕检项目、适龄女孩HPV疫苗接种项目、预防艾滋病梅毒和乙肝母婴传播项目等妇幼健康相关项目，实施妇女“两癌”筛查项目。全年耳聋基因筛查5964人，筛查率100%；新生儿疾病代谢病筛查4684人，筛查率99.9%；免费婚检1847对，婚检率88.8%；新生儿艾滋病感染孕产妇所生婴儿抗艾滋病毒用药率100%，满6月龄儿童早期诊断率100%，满18月龄儿童艾滋病抗体检测率100%，全区未出现艾滋病母婴传播，各项目标均达到目标要求。

【学校卫生监督及预防干预】 区疾控中心在全区学校及托幼机构春季、秋季开学前进行卫生监督检查，加强学校卫生专项督导；对2939名儿童和青少年开展视力监测，对2199名学生开展肥胖、脊柱弯曲异常等健康进行监测问卷调查；对学生健康体检进行技术培训和质量控制，全年共体检中小学生9.47万人，采取针对性多样化干预措施，预防控制青少年近视、肥胖等常见病发生。

【食品及环境卫生监测】 成华区持续推进食品安全、饮用水卫生、公共场所监测及国民营养安全监测，完善“区—街道—社区”一体化食品风险监测安全预警平台，全年新增成华区第三人民医院、成华区第七人民医院、成都东篱医院、成都鹰阁医院4家监测哨点医院。成都市第六人民医院、核工业四一六医院、成华区妇幼保健院、成都誉美医院、成都新华医院、攀钢集团成都医院、成都五块石医院、成华区第三人民医院、成华区第七人民医院、成都鹰阁医院、成都东篱医院11家二级以上医疗机构和11个社区卫生服务中心纳入国网监测系统，全年上报食源性疾病病例信息2545例、病原学检测信息505例，完成食品污染物及有毒有害因素样品检测279件，科学规范处置疑似食源性疾病事件27起。区疾控中心每季度开展“水十条”采样、检测，定期将结果向社会公示；在丰水期、枯水期对各监测点二次供水、自建设施供水及小型集中式供水等进行采样检测，保障居民用水安全，全年共监测水样72件，对酒店、商场、美发、候车室、游泳场馆、健身房六类重点公共场所16个监测点进行监测。

（罗　岚　蒋　楠）

计生服务

【概况】 2021年，成华区严格落实计划生育奖励扶助、特别扶助和独生子女父母奖励“三项制度”，及时足额发放到户到人；做好计划生育特殊家庭扶助关怀工作，帮助特殊家庭解决生产、生活“急难愁盼”。全年出生人口1.08万人，人口出生率13.25‰，人口自然增长率6.92‰，符合政策生育率100%。

【优化生育政策实施】 成华区全面贯彻落实中共中央、国务院关于优化生育政策促进人口长期均衡发展的决定，组织实施三孩生育政策，取消社会抚养费等制约处罚措施；通过保障孕产妇和儿童健康，以及综合防治出生缺陷等措施提高优生优育服务水平，全年办理生育登记5425人。成华区发展普惠托育服务体系，促进3岁以下婴幼儿照护服务健康发展，完善有利于促进人口均衡发展的政策体系，在社区综合体新建幼力星球托育中心普惠托育机构，暖房子和格瑞堡托育中心评为“首批成都市示范性托育机构”。成华区建立健全计划生育特殊家庭全方位帮扶保障制度，实行特别扶助金动态调整，落实养老扶助、医疗扶助、生活照料和精神慰藉等暖心关爱服务；加强计划生育特殊家庭“双岗”联系制度落实力度，扎牢织密

1月19日，区卫健局慰问计划生育特殊家庭　（区卫健局供图）

帮扶安全网；落实生育休假制度、生育保险制度，加强婴幼养护指导，提升家庭发展能力；开展人口统计数据监测，落实生育登记服务网上办理制度，及时掌握出生人口动态数据，为上级决策提供依据。

【计生激励政策落实】　成华区全面完成计划生育奖励扶助、特别扶助和独生子女父母奖励对象资格确认和资金发放，为符合计划生育奖励扶助条件的2089人对象发放扶助金200.54万元，符合计划生育特别扶助条件的2482人对象发放扶助2328.14万元，符合计划生育独生子女父母奖励条件的5141人对象发放奖励金30.86万元。区卫健局开展计划生育特殊家庭扶助关怀服务活动，慰问计划生育特别扶助对象1.24万人次，发放节日和生日慰问金248.2万元，按400元/人·年的标准为972人扶助对象提供健康体检服务38.9万元，为85人扶助对象购买养老保险38.4万元，探视生病住院扶助对象458人发放慰问金18.72万元，将1578名60周岁以上扶助对象纳入居家养老服务，为扶助对象提供生病住院护理保险理赔服务669人次75.7万元，为2460名扶助对象建立基础健康档案。

【成华区计划生育协会】　成华区计划生育协会牢牢把握"党政所急、群众所需、协会所能"的协会工作定位，引导市民树立科学、文明、进步的生育观念；加大对计划生育特殊家庭扶助关怀力度，促进计划生育特殊家庭幸福感，重点解决扶助对象在生活、养老、医疗、安居和情感等方面的困难，推动各项扶助关怀政策落地落实；开展精神慰藉服务，依托成都市第四人民医院专家团队，为计划生育特殊家庭扶助对象提供心理疏导和医务等服务；开展各种暖心行动，全年提供优质服务92人次；深化计生协会与群众的联系，全力提升青少年健康水平，依托"生命绿岛"开展青春健康活动，推进青春健康进社区、进企业、进学校等活动，有针对性地开展科普宣传、性健康教育、专题讲座、专家咨询等活动，培养青少年良好品德情操、心理素质、行为习惯和社会适应能力，帮助青少年解除青春期成长困惑，适应社会竞争，更快乐、更有效率地学习，更健康地成长。

（罗　岚　蒋　楠）

健康促进

【概况】　2021年，成华区着力提升居民健康生活水平，街道、功能区做好健康服务业企业落地运营跟踪服务，成都影和医学影像诊断中心、成都疤康门诊部、锦欣藏医院、小青草眼科医院、张强医生集团等品牌医疗机构投入运营。12月7日，成华区通过首批国家级健康促进区评审。

【国际大健康产业聚落构建】　成都鹰阁医院、成都顾连康复医院、小青草眼科医院、成都圣丹福整形美容医院、成都爱帝宫月子中心、成都影和医学影像诊断中心、张强医生集团思俊外科、北京疤康8家医疗机构，以及成都成华彭胜三叉外科门诊部等特色医疗健康机构入驻成都鹏瑞利国际医疗健康中心；龙潭工业机器人产业功能区聚集5家大型健康医疗企业，其中医药生物制品研发企业3家、第三方医学检验服务企业1家、大健康数据中心企业1家。

【全国智慧健康养老示范基地创建】　成华区统筹推进智慧养老、智慧医疗、智慧教育等智慧应用场景建设，打造韧性、绿色、宜人、安全的新型智慧城区发展样板，实施颐养康乐幸福工程，构建以居家为基础、社区为依托、机构为补充、医养相结合的养老服务体系；打造智慧化养老服务，推进6处社区养老服务综合体建设，完成红桥社区养老服务综合体提档升级，建成杉板桥社区养老服务综合体，加快东华社区、八里庄社区、一里塘社区、驷马桥社区4处养老服务综合体建设。

成都鹏瑞利国际医疗健康中心　（区卫健局供图）

【全国医养联合基本公共服务试点】成华区以满足辖区常住居民“病有所医”“老有所养”需求为导向，深入开展医养联合基本公共服务标准化专项试点工作，梳理形成《成华区医养领域基本公共服务事项清单》，构建通用基础、服务提供、服务资源、运行管理四类医养联合基本公共服务标准体系，通过明晰医养结合养老机构服务性质、服务主体、服务对象和服务范围，对标新建、扩建等方式推进服务设施建设；加强从业人员标准化技能培训，开展服务满意度测评，实现“服务标准规范化、服务模式统一化、服务内容一体化”，促进“病有良医、老有颐养、医养结合”服务理念深入人心，医养结合深度不断加强、医养联合基本公共服务实施机制健全有效，全区初步构建“病有所医、老有所养、医养结合”三个服务领域标准体系。

【全民健康促进工程实施】成华区实施全民健康幸福工程，健全现代医疗卫生服务体系和高效公共卫生应急管理体系。区卫健局以新冠肺炎、重点慢病、春季常见传染病防控等开展健康生活方式宣传，在“成华疾控”微信公众号刊登健康宣教推文83篇；开发喜马拉雅“成华疾控”主播号，推出音频节目11个；在全区范围开展“健康一信通”，通过手机短信传播新冠肺炎防控、合理膳食、烟草控制、适量运动、慢性病防治等卫生科普知识，发送健康短信36期共2.3万条。全区医疗卫生单位广泛开展“人人行动、全民控盐”主题活动，多管齐下普及“三减三健”健康生活理念，提高全民健康生活方式知晓率、健康促进行为形成率。

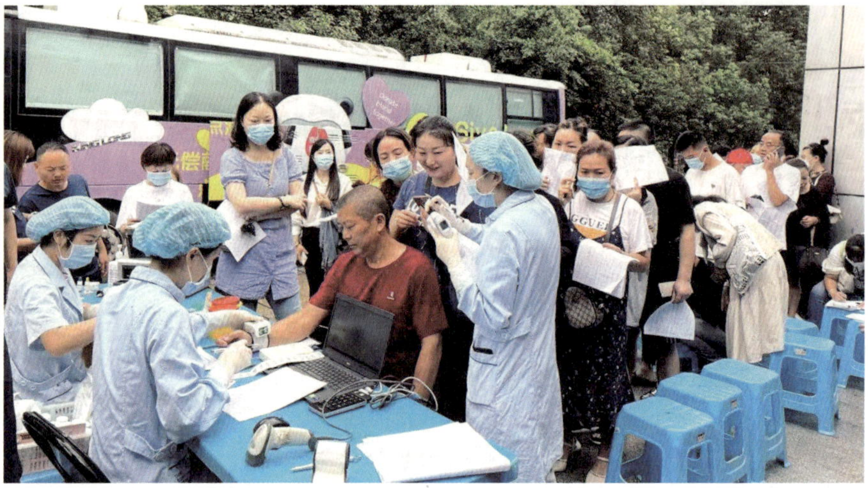

9月2日，双水碾街道在花径路广场开展无偿献血宣传活动　（区卫健局供图）

【健康城市建设】成华区完成“健康细胞”13个、“健康家庭”创建200个，成华区健康促进实践案例《构建“BKT”健康传播新模式，提升学校口腔宣教效果》入选2021年度成都市健康城市建设实践十佳案例。青龙街道创建为市级“健康街道”；二仙桥街道下涧槽社区、双水碾街道站北路社区、龙潭街道隆兴路社区、龙潭街道华泰社区、白莲池街道狮子社区创建为市级“健康社区”；上海浦东发展银行股份有限公司成都分行、成华区智慧城市治理中心、成都市二仙桥学校、成都市锦汇东城小学、成都市第十四幼儿园和悦分园、成都市圣灯环卫有限责任公司、成都市青龙环卫公司创建为市级“健康单位”。成华区打造仁义路社区、昭青路社区、新鸿社区、迎晖社区、华林社区等“健康驿站”16家；开设健康沙龙、健康厨房、健康自检等服务模块，将家庭医生签约和基本公共卫生服务有机融合，社区卫生服务中心派出家庭医生团队“定时、定点”为群众（老年人）提供“个性化”“零距离”的健康管理服务，促进居民建立健康的生活方式。

【爱国卫生运动】成华区级各部门、各街道深入开展爱国卫生运动，清理积存垃圾杂物，改善城乡环境卫生面貌，科学开展病媒生物防制工作，在农贸市场、垃圾存放点、社区院落等场所设置固定毒饵站6560个，投放灭鼠毒饵4740千克，免费为各社区居民送蟑螂药1.16万包。成都市成华实验小学校、成都市熊猫路小学校、成华区税务局、成都新华医院被评为“省级无烟单位”。成华区全面开展以“绿色家园齐守护”为主题的环境卫生集中整治行动，共清理违规广告牌1120处，整治破损人行道6处，清运小区院落乱堆杂物、公共空间垃圾1996处，处理鼠洞1931个，清理捡栽捡种139处，拆除窝棚646处，覆盖裸土440处。成都新华医院、成都东篱医院、成华区投促局、成华区万年场街道双福路社区被评为“省级卫生单位”。

【无偿献血活动】区卫健局全年组织应急献血活动30次，区红十字会、区卫生系统及11个街道组织应急献血6134人次，献血量210.28万毫升，完成成华区应急献血目标。

（罗　岚　蒋　楠）

体　育

编辑　李锡清

综　述

【概况】　2021年，成华区全力实施健身场地设施建设、品牌赛事引进培育、全民健身活动拓展、青少年体质提升、休闲运动产业发展五大重点任务，建立电子科技大学附属小学、成都市双林小学、成都市树德小学、成都市成华小学等20所青少年人才培训基地。全年新增及更换全民健身路径点位59处、街头篮球场3处、室内健身设施点位2处，开展全民健身赛事及活动30项。成华区获评成都市第32届奥运会和第十四届全运会突出贡献单位，府青运动空间获评2021成都生活美学人赏"年度十大空间"。

【全民健身公共服务体系】　成华区结合城市主体功能区、风景名胜区、公园、旅游景区规划与建设，合理利用景区、郊野公园、城市公园、公共绿地、广场及城市空置场所建设休闲健身场地设施，新增龙潭街道办事处、龙潭街道院山社区2处室内健身设施点位，优化提升辖区公共体育服务。成华区全面推进

表110　　2021年成华区新增及更换全民健身路径一览表

序号	地址	类型	所辖社区
1	鹤林小区	全民健身路径	华冠社区
2	龙华居二期	全民健身路径	向龙社区
3	成康路1号	全民健身路径	华泰社区
4	华康路12号	室外乒乓球桌	
5	隆兴嘉苑9栋	全民健身路径	正街社区
6	隆兴嘉苑5栋	全民健身路径	
7	隆兴雅园	室外乒乓球桌	
8	平祥雅居	室外乒乓球桌	龙瑞社区
9	平祥雅居	全民健身路径	
10	隆兴路社区清风广场	室外乒乓球桌	隆兴路社区
11	丛树家园小区	全民健身路径	丛树社区
12	麻石烟云广场	室外乒乓球桌	杉板桥社区
13	热电厂宿舍	全民健身路径	跳蹬河社区
14	河畔花园一期	全民健身路径	建兴社区
15	跳蹬河麻石烟云	二代智能路径	
16	双桥路274号	全民健身路径	水碾河路北社区
17	紫东阳光	全民健身路径	三街坊社区
18	新鸿路342号	室外乒乓球桌	新鸿社区
19	一环路东三段107号	全民健身路径	
20	新华广场	全民健身路径	新华社区
21	菁华翠庭二期	全民健身路径	狮子社区
22	菁华翠庭三期	全民健身路径	
23	菁华翠庭四期	全民健身路径	
24	一里塘社区	全民健身路径	一里塘社区
25	建设路54号5栋	全民健身路径	石油社区
26	建设路54号11栋	全民健身路径	
27	一环路东三段6号16栋	全民健身路径	望平社区
28	祥和里45号	全民健身路径	祥和里社区
29	祥和里1号	全民健身路径	
30	玉双路3号	全民健身路径	

续表110

序号	地址	类型	所辖社区
31	一环路东三段64号	全民健身路径	祥和里社区
32	高地中心	室外乒乓球桌	培华社区
33	建设南街	全民健身路径	
34	兴元华盛一期	全民健身路径	横桥社区
35	双耀二路11号	室外乒乓球桌	花径路社区
36	花径路4号	室外乒乓球桌	
37	站北东横街42号1栋	全民健身路径	站北路社区
38	站北东横街42号2栋	全民健身路径	
39	万兴街16号	全民健身路径	联合社区
40	东昌路55号8栋	全民健身路径	昭觉社区
41	荆翠中路300号11栋	全民健身路径	
42	荆竹中路40号18栋	全民健身路径	
43	荆竹中路40号23栋	全民健身路径	
44	新山复郡14栋	全民健身路径	新山社区
45	新山复郡邻里识堂	室外乒乓球桌	
46	北回归线	全民健身路径	仁义社区
47	东虹路33院	全民健身路径	迎晖社区
48	旭日苑A区	全民健身路径	和欣社区
49	旭日苑B区	全民健身路径	
50	胜天人居	全民健身路径	迎晖社区
51	兴城嘉苑二期（安宁河路522号）	室外乒乓球桌	斑竹社区
52	兴城嘉苑二期（安宁河路538号）	室外乒乓球桌	
53	兴城嘉苑四期（龙泉山路163号）	室外乒乓球桌	
54	华西花园一期	全民健身路径	圣灯社区
55	下涧槽社区	全民健身路径	下涧槽社区
56	民兴北一路(绿地公园)	全民健身篮球架	东华社区
57	华西雅筑	全民健身路径	东路社区
58	北湖生态公园	二代智能路径	成都品信联达环境管理有限公司
59	龙锦街781号	全民健身篮球架	78118部队

基本公共体育服务均衡发展，全年新建丛树社区综合健身馆、东林社区综合健身馆、新山社区1组综合健身馆、东客站片区综合健身馆4处；海滨公园综合运动场、东林综合运动场2处；打造城东体育公园特色体育运动公园1个。

【国民体质监测】 6月22日至7月23日，组织开展2021年成华区国民体质监测工作，监测指标形态、机能和素质三大方面，监测对象分为幼儿3～6周岁、成年人20～59周岁、老年人60～69周岁三个年龄段，通过进幼儿园、进街道社区，监测幼儿360人、成年人720人、老年人180人、随机样本4050人；完成3～69岁5310人抽样体质监测，总体达标率93.5%。

（李　俊）

竞技体育

【概况】 2021年，成华区承办2021年全国桥牌俱乐部锦标赛、中国足球甲级联赛等赛事，彰显区域文化特色、提高城市品位，丰富全区体育活动内涵，助力成都世界赛事名城建设。

【全国桥牌俱乐部锦标赛】 10月10—16日，2021年全国桥牌俱乐部锦标赛在成华区熊猫体育公园举行，来自全国各地99支俱乐部参赛队开展为期7天的激烈角逐，比赛设公开组和女子组，公开组甲级16队、乙级24队、丙级45队，女子组14队参赛，产生2021年A类俱乐部联赛资格赛队伍和2021年全国桥牌女子俱乐部联赛资格。世界桥牌双人赛冠军福中，世界桥牌跨国团体赛冠军孙少林，世界女子桥牌威尼斯杯冠军王文霏、孙铭、沈琦等10位世界冠军，数十位全国冠军、国家队队员600位选手

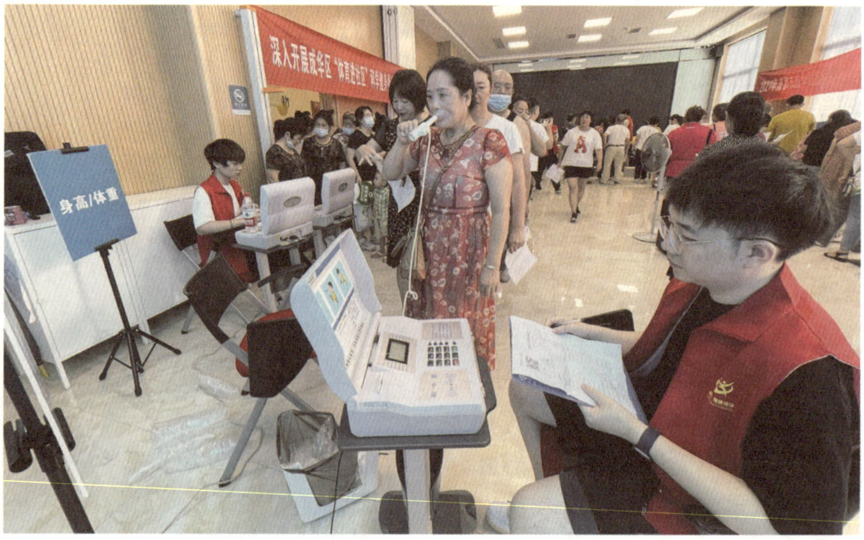

6月22日，区文体旅局组织开展国民体质监测工作　（区文体旅局供图）

10月10—16日，2021年全国桥牌俱乐部锦标赛在成华区熊猫体育公园举行（区文体旅局供图）

同场竞技，切磋交流。成华区为此次锦标赛创造优越的条件，为参赛运动员搭建"以牌会友"的平台。

【中国足球甲级联赛】　11月21日，2021中国足球甲级联赛第四阶段（成都赛区），江西北大门对阵黑龙江冰城比赛在成华区城东体育公园举办，成华区对赛事进行全力保障。

【第四届3×3篮球嘉年华】　10月23—24日，2021成华区"印象城杯"第四届3×3篮球嘉年华在成都印象城广场举办，参赛队男子组32支、女子组16支、儿童组8支，把"体育+文化+旅游"融合发展作为推动全民健身运动的重要抓手，促进成渝地区双城经济圈体育文化交流，赛事招募多支重庆篮球队伍。成渝两地实现体育资源联合与协作，通过"错位发展"和"共进双赢"，进行体育文化交流和体育产业协同开发，增强成渝地区体育产业的整体竞争力和影响力。

（李　俊）

10月23—24日，2021成华区"印象城杯"第四届3X3篮球嘉年华在成都印象城广场举办
（区文体旅局供图）

学校体育

【概况】　2021年，成华区中小学校学生每天一小时课外活动落实率、大课间活动落实率、学生体质健康标准测试率100%，优秀率20%。全年开展2021年成华区青少年（学生）运动会足球、篮球、气排球等比赛，校园足球对抗交流赛、国际象棋选拔赛、围棋选拔赛、中国象棋选拔赛、国际跳棋选拔赛等15项比赛。成华区组队参加2021年成都市青少年（学生）运动会足球、篮球、网球、乒乓球、田径、棋类等10项比赛，获得冠军16个、亚军15个、季军19个，团体一等奖3个、二等奖2个、三等奖1个。

【校园足球"满天星"训练】　成华区深入推进全国青少年校园足球试点区和"满天星"训练营建设，建立不同年龄组"校、片、总"三级训练营。3月13日，成华区2021年青少年校园足球"满天星"选拔活动在成都市实验中学和成都市第四十九中学举行，全区20支代表队参加选拔，分为小学组、初中组、高中组3个组别，350名足球小将经过激烈争夺，决出6个组别冠军。成都市海滨小学获得小学男子甲组冠军、成都市李家沱实验小学获得小学男子乙组冠军、成都市双林小学获得小学混合组冠军；成都市双水小学获得小学女子甲组冠军、成都市杨柳小学获得小学女子乙组冠军；成都列五中学获得初中男子甲组冠军、成都华西中学获得初中男子乙组冠军；成都市第四十九中学获得初中女子甲组冠军和初中女子乙组冠军；成都列五中学获得高中男子甲组冠军、成都华西中学

12月18日，成都市李家沱实验小学足球代表队获得小学足球男子乙组冠军　　（区教育局供图）

获得高中男子乙组冠军。

【成华区青少年（学生）运动会】　足球比赛　10月30日—12月18日，2021年成华区青少年（学生）运动会足球比赛在华西中学、实验中学和四十九中学举行，比赛分为小学男子（超级组）甲、乙、混合组，小学男子（甲级组）甲、乙、混合组，女子甲、乙组，初中男子组8个组别，全区114支代表队1400名运动员进行257场比赛。经过激烈比拼，海滨小学获得小学男子（超级组）冠军、李家沱实验小学获得小学男子乙组冠军、树德小学获得小学男子混合组冠军；成华小学获得小学男子（甲级组）冠军和男子乙组冠军、列五书池学校获得小学男子混合组冠军；双水小学获得小学女子甲组冠军、杨柳小学1队获得小学女子乙组冠军，列五联中2队获得初中男子组冠军。

篮球比赛　12月4—9日，2021年成华区青少年（学生）运动会篮球比赛举行，全区145支代表队2320名运动员进行300场比赛，分为高中男子组、高中女子组，初中男子组、初中女子组，小学男子组、小学女子组6个组别。经过激烈比拼，蜀兴职中获得高中男子组第一名、实验中学获得高中女子组第一名，嘉祥成华1队获得初中男子组第一名、二仙桥学校获得初中女子组第一名，二仙桥学校获得小学男子组第一名、树德小学获得小学女子组第一名。

气排球比赛　12月14—18日，2021年成华区青少年（学生）运动会气排球比赛在嘉祥外国语高级中学举行，全区58支参赛队550名运动员参赛。经过108场激烈比拼，嘉祥成华获得初中男子组冠军、成大附中获得初中女子组冠军，四川交响乐团附小获得小学女子甲、乙、丙组冠军，嘉祥成华获得小学男子甲组冠军、电子科大附小获得小学男子乙组冠军、培华小学获得小学男子丙组冠军。

群众体育

【概况】　2021年，成华区开展以体育强身为主的社区运动节品牌赛事活动，形成“一社区一品牌”“周周有活动”的群众健身运动。全年组织开展“爱成都·迎大运”“动感成华——快乐体育·健康成华”等各类全民健身主题活动567场次，举办青少年（学生）运动会、熊猫城市定向赛、熊猫太极健康大会、社区运动节乒乓球、羽毛球等赛事活动29项。

【老年体育】　成华区丰富老年人的业余体育生活，推动“快乐体育·健康成华”全民健身运动及街道社区老年体育工作开展，组队参加成都市第八届全民健身运动会（老年组）、成都市老年人社区运动会门球、乒乓球、太极拳剑、柔力球、羽毛球、健身球操、健身秧歌、气排球、桌上冰壶球等比赛，获得成都市第32届门球锦标赛冠军、成都市“门协杯”门球赛亚军等15项奖项。

【社区体育】　成华区紧扣实施幸福美好生活十大工程，举办“爱成都·迎大运”“动感成华——快乐体育·健康成华”成华区第八届全民健身运动会暨2021年成华区社区运动节，开展棋类、乒乓球、羽毛球、门球、跳绳、趣味体育等比赛。区级机关、各街道办事处、辖区企事业单位及院校组队参加，展现全民参与、全民健身、成华人健康向上的精神风貌，增强干部职工的向心力和凝聚力，促进健身运动的普及，提升成华区文商旅体融合发展的影响力，塑造宜居公园城区、和谐健康生活的成华文化魅力。

棋类比赛　3月25—26日，成华区第八届全民健身运动会暨2021年成华区社区运动节棋类比赛在猛追湾街道文化活动中心举行。区级机关、各街道办事处、辖区企事业单位及院校31支代表队100名选手参赛，分别进行围棋、中国象棋、五子棋三个项目角逐。经过激烈角逐，罗汉卿、徐勇、缪鲲获

表111　　2021年成华区全民健身运动项目一览表

活动时间	运动项目	主办（承办）单位
1月31日	“爱成都·迎大运”“我们的节日·庆新年”成华体育进社区(篮球)绿道全民健身展示交流活动	区文体旅局、锦绣社区
2月6日	“爱成都·迎大运”“我们的节日·红红火火过大年”成华体育进社区（体育舞蹈）活动	区文体旅局、青龙街道
2月8日	“爱成都·迎大运”“体育大惠民·欢乐过牛年”成华迎春——都市极限运动展演活动	区文体旅局
2月8日	喜迎新春“点亮成都·一环路市井生活圈2021年新春亮灯开街”太极展演活动	区政府、区文体旅局
2月23日	“爱成都·迎大运”成华区“庆新春·大运进社区”宣传活动	区文体旅局
2月26日	“爱成都·迎大运”“我们的节日·红红火火过大年”文明旅游宣传暨全民健身绿道健步走活动	区文体旅局、跳蹬河街道
2月26日	成华区“熊猫登高”绿道健身活动	区政府、区文体旅局
2月27日	“爱成都·迎大运，熊猫太极云健身·陪您健康过新年”全民健身主题活动	区文体旅局
3月8—10日	成华区第二十八届“三八”妇女节门球赛活动	区文体旅局
3月18日	“爱成都·迎大运”成都市科学健身指导进社区（成华站）暨“运动成都·健康新时尚”（健身操）主题活动	市体育局、区文体旅局
3月25—26日	“爱成都·迎大运”“动感成华——快乐体育·健康成华”成华区第八届全民健身运动会暨2021年成华区社区运动节棋类比赛活动	区政府、区文体旅局
3月30日	“爱成都·迎大运”“运动成都·绿道健身”成华社区运动节体育舞蹈交流展示活动	区文体旅局、区体育舞蹈协会
4月19—21日	“动感成华——快乐体育·健康成华”成华区第八届全民健身运动会暨2021年成华区社区运动节乒乓球比赛活动	区政府、区文体旅局
4月26—28日	“动感成华——快乐体育·健康成华”成华区第八届全民健身运动会暨2021年成华区社区运动节羽毛球比赛活动	区政府、区文体旅局
4月30日	“运动成都·绿道健身”“文明健康·绿色环保”空竹绿道健身实践活动	区文体旅局
5月21日	“爱成都·迎大运”“动感成华——快乐体育·健康成华”成华区第八届全民健身运动会暨2021年成华区社区运动节趣味体育比赛活动	区政府、区文体旅局
5月22日	2021年成华区青少年（学生）运动会网球比赛活动	区文体旅局、区教育局
6月22日至7月23日	2021年成华区国民体质监测	市体育局、区文体旅局
9月19日	“爱成都·迎大运”“动感成华——快乐体育·健康成华”成华区第八届全民健身运动会暨2021年成华区社区运动节跳绳、平板支撑比赛活动	区政府、区文体旅局
9月21日	“爱成都·迎大运”喜迎国庆·共迎冬奥国庆主题日冰上趣味活动	区文体旅局、中国银行成华支行
9月21日	2021年成华区青少年（学生）运动会羽毛球比赛暨2021年成都市青少年（学生）运动会成华区选拔赛活动	区文体旅局、区教育局
9月30日	“爱成都·迎大运”“运动成都”成都市第八届全民健身运动会暨2021年成都市老年人绿道健身系列活动（成华站）	市体育局、区文体旅局
10月23日	成华2021熊猫城市定向赛活动	区政府、区文体旅局
10月23—24日	2021成华区“印象城杯”第四届3×3篮球嘉年华比赛	区政府、区文体旅局
10月30—31日	2021年成华区三级社会体育指导员培训暨全民健身科学知识讲座	区文体旅局
10月30日至12月18日	2021年成华区青少年（学生）运动会足球比赛	区文体旅局、区教育局
12月4日	2021年成华区青少年（学生）运动会棒垒球比赛	区文体旅局、区教育局
12月4日	2021年成华区青少年（学生）运动会篮球比赛	区文体旅局、区教育局
12月8日	2021年成华区社区运动节暨第三届熊猫太极健康大会	区文体旅局
12月14—18日	2021年成华区青少年（学生）运动会气排球比赛	区文体旅局、区教育局

3月25—26日，2021年成华区社区运动节棋类比赛举行　　（区融媒体中心供图）

得围棋前三名；龚卫华、刘楠、黄家宾获得象棋前三名；章小剑、杨元桃、刘祥成获得五子棋前三名。

乒乓球比赛　4月19—21日，成华区第八届全民健身运动会暨2021年成华区社区运动节乒乓球比赛在熊猫体育公园举行。区级机关、街道办事处、辖区单位及院校22支代表队200人参加比赛，赛事分为A组、B组、老年组三个组别，分别进行男子单打、女子单打、男子双打、女子双打比赛。经过激烈比拼，曾杰、楚西振、陈实分别获得A组男子单打一、二、三名；杨莉、王丽娟、周菊分别获得A组女子单打一、二、三名；王健、付雪波、闫仕通分别获得B组男子单打一、二、三名；丁锦渝、徐茜、唐春黎分别获得B组女子单打一、二、三名；李共力、陈跃帮获得老年男子组双打第一名，张意、阳正利获得老年女子组双打第一名。

羽毛球比赛　4月26—28日，成华区第八届全民健身运动会暨2021年成华区社区运动节羽毛球比赛在熊猫体育公园举行。区级机关、各街道办事处、辖区企事业单位及院校26支代表队200人参加比赛，赛事分为男子单打、女子单打，男子双打、女子双打，混合双打三个组别。经过激烈比拼，卢钰、李浪、方世骏分别获得A组男子单打一、二、三名；王雪菱、高瑜蓉、杨静茹分别获得A组女子单打一、二、三名；吴玉展、史卓、童训骠分别获得B组男子单打一、二、三名；邵华、谢雪、肖虹分别获得B组女子单打一、二、三名；马林、何世俊获得老年男子双打第一名；马林、张东育获得老年混合双打第一名。

趣味体育比赛　5月21日，成华区第八届全民健身运动会暨2021年成华区社区运动节趣味体育比赛在成都市网球运动中心举行。区级机关、各街道办事处、辖区企事业单位及院校28支代表队400人参加比赛，趣味比赛由4个团体项目、6个个人体验项目组成；团体项目分别为“旱地龙舟”“同舟共济”“不倒森林”“充气汉诺塔”；个人体验项目为趣味投篮、足球飞镖、快乐魔术贴、动感单车、VR滑雪机、眼疾手快，展现全民健身、全民参与、成华人健康向上的精神风貌。龙潭街道、区人社局、区卫健局等代表队分别获得前八名。

跳绳和平板支撑比赛　9月18日，成华区第八届全民健身运动会暨2021年成华区社区运动节跳绳和平板支撑比赛在龙湖滨江天街广场举行。区级机关、各街道办事处、辖区企事业单位及大专院校15支代表队200人参加比赛。赛事设置跳绳和平板支撑两个竞赛项目，跳绳比赛分为男子组、女子组、混合混龄组、40岁以下组、40岁以上组5个组别；平板支撑比赛分为男子组个人赛、女子组个人赛、团体接力赛三个组别。经过激烈角逐，张帆、周万根、龚青江获1分钟单摇跳40岁以上男子组前三名；邱长英、胡蓉、文艺获1分钟单摇跳40岁以上女子组前三名；杨鸿、马聪、林康平获1分钟单摇跳40岁以下男子组前三名；周丽、严莉娜、朱玉颖平获1分钟单摇跳40岁以下女子组前三名；保和街道、区机关事务管理局、跳蹬河街道获1分钟3人和谐跳前三名；猛追湾街道、白莲池街道、跳蹬河街道获3分钟10人8字跳前三名。

【群众体育活动】　绿道健身活动　2月26日，2021年四川省“百万群众迎新登高”健身活动成华区会场暨“熊猫登高”绿道健身活动在成华区北湖生态公园举行，100名健步走爱好者参加活动。9月30日，成都市第八届全民健身运动会暨2021年成都市老年人绿道健身活动（成华站）在成华区北湖生态公园举行，市老年体协、高新区、青羊区、锦江区、金牛区、武侯区、成华区老年体协，以及部分机关、企事业单位、大专院校、老年健身俱乐部800名老年健身爱好者，在北湖生态公园绿道用“运动+文艺”的方式，迎接中华人民共和国72周年华诞，展示全市老年人健康积极的形象和赤诚的爱国之心。

成华2021熊猫城市定向赛　10月23日，成华2021熊猫城市定向赛在完美文创公园举办，1000名参赛者以成华为赛场，以城市道路为赛道，以公共交通为工具，依靠智力、体力、实力和发挥团队协作能力，开启成华体验之旅，

10月23日，成华2021熊猫城市定向赛活动举办　　（区文体旅局供图）

展现成华的活力。赛事分为大众组和亲子组，规划1条大众组路线+1条亲子组路线，分白昼+黑夜2条主线，结合成华区域文旅品牌特色，设置10+成华特色文旅地标打卡任务点，大熊猫基地、北湖生态公园、东郊记忆、天府熊猫塔、拾野自然博物馆、望平坊、建设路特色街等成华精品文旅点位，由3~4人组队，在规定的时间内自由规划路线，完成任务获得积分，全面展示成华区文化、体育、旅游、生态等建设成果，展示成华魅力。

熊猫太极健康大会　12月8日，2021年成华区社区运动节暨第三届熊猫太极健康大会在二仙桥灯光球场举行，全区33个太极团队300名太极爱好者参加，活动围绕“爱成都·迎大运，我运动，我健康，我快乐”为主题，来自全国各地的太极名家诠释中国太极文化的魅力，上演各类精彩的太极招式；33个太极团队展演精彩的太极拳、太极扇、太极剑等，完整流畅地呈现太极传统文化精髓的独特魅力，展示市民对健康生活的热爱，展现基层文体活动蓬勃发展的生动画面。

（李　俊　邱　俊　朵　磊）

体育场馆

【概况】　2021年，成华区有12个体育场馆，利用学校体育场馆，统筹推进全民健身场地设施建设，为辖区群众体育锻炼提供场地。

【成华区体育中心】　成华区体育中心（成华区熊猫体育公园）位于龙潭街道同乐社区6组，占地面积169.46亩。公园有综合馆、田径场、室外游泳池、6个室外网球场、4个中风雨棚网球场、2个标准室外篮球场、6个非标准半场篮球场，1个健身房等，对外开放足球、篮球、网球、羽毛球、乒乓球、健身、游泳、田径等项目。全年承办2021年全国桥牌俱乐部锦标赛、国网四川省电力公司物资分公司职工拓展活动、成都农商银行第八届员工羽毛球比赛、成华区2021年青少年（学生）运动会网球比赛和羽毛球比赛等体育赛事活动19场。区体育中心发挥场馆设施设备的社会服务功能，为群众开放低收费时段，全年

表112　2021年成华区体育场馆一览表

序号	体育场馆名称	地址	场馆面积（平方米）
1	成华区体育中心	龙潭街道同乐社区6组	14786
2	成华区城东体育公园	长林盘社区5组	178667
3	电子科技大学体育馆	建设北路二段4号	7430
4	成都理工大学体育馆	二仙桥东三路1号成都理工大学内	6354
5	成都市成华区嘉祥外国语高级中学游泳馆	一里塘北巷33号	2900
6	成都市双语实验学校和悦分校篮球馆	保和街道团结社区	2800
7	成都市实验中学篮球馆	青龙街道新山社区	2000
8	成都市双庆中学龙潭校区篮球馆	龙潭街道秀水社区	2000
9	四川省成都市第四十九中学综合馆	圣灯路39号	1680
10	成都市体育运动学校网球馆	御风二路16号	1650
11	成都石室初中青龙校区体育场	致强环街303号	1400
12	四川省成都列五中学体育馆	双园巷9号	1000

成华区城东体育公园　　（区融媒体中心供图）

低收费接待锻炼群众23.71万人次；办理免费时段卡966张，免费向市民发放健身卡1200张；探索经营模式，与优秀社会企业开展深度合作，以活动引人气、育市场，全年经营收入73.28万元。

【成华区城东体育公园】　成华区城东体育公园位于二仙桥街道长林盘社区5组，占地面积17.87万平方米，公园内配套空间、训练场地、绿地作为产业载体，植入足球培训及文创、展演产业，营造多元新兴体验型消费场景，培育国家青年足球联赛等各类体育赛事活动，打造系列赛事品牌凸显成华活力。城东体育公园一期设2个十一人制足球场、1个八人制足球场、1个五人制足球场，专业培训中心、景观绿化、人行景观桥等；承接中国足协甲级联赛第四阶段（成都赛区）赛事活动、中国足协杯官方训练场地、成都市体育局职工运动会足球项目、成都市青少年运动会足球项目小学组、成都市T乙联赛、成都市城市8人制市级总决赛（业余组）、成都市俱乐部联赛U11组别比赛，赛事在防疫、竞赛、安保、后勤等方面运行顺畅，确保比赛顺利进行。

【电子科大体育馆】　电子科技大学沙河校区体育馆按多功能II型运动场地规格设置，成华区按照成都大运会比赛场馆要求和国际办赛标准，对功能用房、比赛场地和智能化场馆建设等进行改造提升。电子科技大学沙河校区体育馆建筑面积7430平方米，可容纳2400名观众，被选为成都大运会排球训练场馆。

（李　俊）

【成都理工大学体育馆】　成都理工大学体育馆面积6354平方米，承担公共体育教学、运动训练、群众体育等活动；承办成华区庆祝建党100周年红歌赛、成都市公安局交通管理局第五分局足球联赛等大型赛事活动。成都理工大学体育馆为满足全校师生和周边居民对健身的需求，在课余时间和节假日免费开放篮球场、排球场、田径场、室外乒乓球场，每天18:00—21:00补偿性开放羽毛球馆、乒乓球馆、网球场。

（应　杰）

【成华府青运动空间】　成华府青运动空间起于二环路刃具立交，止于中环青龙场立交，以满足“全龄段人群”需求为脉络，以“时尚运动”为主题，以“开放式”为布局，构建“时空走廊、彩虹乐园、摩登花街、彩虹乐园、光影舞动、萌童乐园、电音滑板、时尚球场及社区活力”九大主题片区，打造出具有区域特色、富有活力的多功能公共运动空间；设置篮球场5处、足球场2处、滑板区1处、极限自行车滑板区1处、街舞轮滑区1处、乒乓球场3处、羽毛球场2处、儿童游乐区2处，全长1000米，平均宽度18米，总面积1.8万平方米，利用城市剩余空间“边角料”，营造特色公共场景，打造出城市“金角银边”。成华府青运动空间于7月19日投入使用，获评2021成都生活美学大赏“年度十大空间”。

（李　俊）

成华府青运动空间　　（区融媒体中心供图）

社会·民生

编辑　李锡清

社会生活

城镇居民生活

【概况】　2021年，成华区客观监测城镇居民收入分配和不同收入层次居民生活质量，开展住户收支与生活状况调查，在三街坊、石油、桃蹊、人民塘、跳蹬河、红桥、和美、花径路、昭觉、正街、一里塘等20个社区设立调查点位，全区城镇居民收入稳步增长，工资性收入持续发挥“压舱石”作用。

【城镇居民收入】　成华区全年城镇居民人均可支配收入55349元，比上年增加4147元、增长8.1%，增幅比上年提高2.2个百分点。全年城镇居民人均工资性收入32069元，比上年增长7.3%，对居民收入增长的贡献率为52.8%。全年城镇居民人均经营净收入5437元，比上年增长18.7%，增幅比上年提高22.1个百分点，对居民收入增长的贡献率为20.7%。全区城镇居民财产性收入保持较快增长势头，全年人均财产性收入4744元，比上年增长10.3%，增幅比上年提高7个百分点，对居民收入增长的贡献率为10.7%。全区城镇居民转移净收入增长逐步放缓，全年人均转移性收入13099元，比上年增长5.3%，增幅比上年下降6.2个百分点，对居民收入增长的贡献率为15.8%。

【城镇居民支出】　成华区全年城镇居民人均消费支出33216元、比上年增长9.6%，增幅比上年提高13.6个百分点。全年城镇居民人均食品（烟酒）支出10933元，比上年增长6.7%，增幅比上年提高5.9个百分点，2021年恩格尔系数为32.9%，比上年降低0.9个百分点。全年城镇居民人均衣着消费2712元，比上年增长7.2%，增幅比上年提高20.4个百分点。全年城镇居民人均生活用品及服务支出1643元，比上年增长5.6%，增幅比上年提高18.8个百分点。全年城镇居民人均居住支出8317元，比上年增长11.8%，增幅比上年提高7.0个百分点，其中房租支出546元，增长68.2%，住房维修及管理支出400元，增长33.4%。全年城镇居民人均交通和通信支出3196元，比上年增长20.0%，增幅

8月11日，国家统计局成都调查队调研成华区住户调查座谈会召开　（区统计局供图）

表113　　2021年成华区城镇居民家庭基本情况表

调查户数	户	200
家庭人口平均人口数	人/户	2.82
人口就业情况		
有收入者人数	人/户	2.27
1. 就业人口数	人/户	1.43
2. 离退休人数	人/户	0.84
3. 其他有收入者人数	人/户	0
无收入者人数	人/户	0.55
期末家庭人口数	人/户	2.82
负担系数	人/就业者	1.97

表114　　2021年成华区城镇居民耐用消费品拥有量情况表

序号	指标名称	计量单位	2021年
1	家用汽车	辆/百户	50
2	洗衣机	台/百户	99
3	电冰箱（柜）	台/百户	97.5
4	彩色电视机	台/百户	109
5	计算机	台/百户	72.6
6	微波炉	台/百户	77.5
7	热水器	台/百户	101.5
8	空调	台/百户	116
9	固定电话	部/百户	10.5
10	移动电话	部/百户	242

表115　　2021年成华区城镇居民家庭人均消费食品情况表

序号	指标名称	计量单位	2021年
1	谷物	元	688.38
2	薯类	元	84.75
3	豆类	元	64.69
4	食用油	元	210.51
5	蔬菜和食用菌	元	942.83
6	肉类	元	2157.76
7	禽类	元	529.21
8	水产品	元	456.10
9	蛋类	元	159.28
10	奶类	元	604.34
11	干鲜瓜果类	元	700.45
12	糖果糕点类	元	218.89
13	其他食品	元	257.35

比上年提高31.8个百分点，其中城镇居民交通费支出2116元，增长30.0%，通信费用支出1080元，增长4.3%。全年城镇居民人均教育文化娱乐服务支出3048元，比上年增长9.0%，增幅比上年提高28.1个百分点，其中教育支出1669元，增长21.5%，文化娱乐支出1379元，下降3.1%。全年城镇居民人均医疗保健支出2197元，比上年增长10.1%，增幅比上年提高2.4个百分点。全年城镇居民人均其他用品和服务支出1170元，比上年增长8.0%，增幅比上年提高22.8个百分点。

（董彬影）

价格管理

【概况】　2021年，成华区市场监督管理局做好常态化疫情防控期间防疫物资和民生商品的价格监督检查，做好与群众生活密切相关的教育、医疗、养老服务、水电气、物业管理、停车服务等收费监督检查，强化价格监管，规范收费单位价格行为、市场价格秩序，做好放开商品和服务价格事中事后监管工作，维护市场价格秩序。

（廖俊杰）

【价格鉴定和认证】　成华区价格认证中心为司法、行政执法部门涉案物品提供价格认定依据和服务，对刑事、民事、经济、行政案件中的各种扣押、追缴、没收及纠纷等各种资产价格进行认定。区价格认证中心全年办理价格认定案件625件，其中出具价格认定结论书383件，涉案金额704万元，出具价格认定不予受理通知书242件，无一例复核案件；为服务对象提供优质、及时、准确的认定结论，为维护全区社会治安稳定、营造良好的发展环境发挥好作用，为促进成华区经济又好又快发

8月4日，区市场监管局检查超市防疫物资价格明码标价情况　　（区市场监管局供图）

展和社会稳定做出应有的贡献。

（李　智）

【价格和收费管理】　区市场监管局加强对防疫药品、物资的价格监督和明码标价情况检查，严令禁止哄抬物价，串通涨价、价格欺诈等价格违法行为发生，消除价格矛盾隐患；开展元旦、春节、五一、国庆等节日市场价格大检查，全年检查大型商场（超市）41家、农贸市场35个、汽车站3个、旅游景点3个、酒店（宾馆）49家、经营商家964家，重点开展疫情防控期间药品、酒精等防疫物资和生活物资的价格监管，开展殡葬服务收费、房屋租赁、粮食市场、校外教育培训等专项检查，以及城市供水、供气、供电价格专项检查。

【价格监测】　区市场监管局密切关注消费量大的粮油、肉禽、蛋奶等民生商品价格监测工作，定期报送价格监测数据，全年参加商业转供电、商品房精装修价格矛盾纠纷调解、解读宣传法规政策27次，约谈商业转供电不合理加价违规企业121家。区市场监管局印制发放《“转供电”电价政策及电价行为相关问题解读》《成华区市场监督管理局关于规范校外培训机构收费行为提醒告诫函》等宣传资料1500份，引导各市场主体经营者依法依规开展经营活动，严厉打击各种不正当竞争行为，维护市场公平竞争秩序。

【价格监督检查】　区市场监管局加强住房租赁企业收费专项检查，旅游市场价格、校外教育培训机构行为规范、殡葬业价格秩序和公益性安葬设施建设经营、粮食市场秩序、酒类市场秩序、不合理医疗检查等专项整治；开展打击侵权假冒集中整治行动，“治理涉企收费、减轻企业负担”专项行动，民生领域案件查办“铁拳”行动、网络市场监管等专项整治行动，对辖区7家未按规定明码标价企业和1家电力违法企业作出行政处罚，共退费28.2万元，罚款3.8万元。

（廖俊杰）

粮油供应

【概况】　2021年，成华区发展和改革局以强化粮食安全责任为重点，扎实推进粮食安全各项工作，持续提升辖区粮食调控和应急保障能力，守住粮食安全底线，筑牢区域粮食安全保障体系，确保全区粮食市场价格稳定、供需保障良好。

【粮食流通监管】　区发改局做好粮食监督检查，确保粮油供应和储备粮安全，全年开展储备粮专项检查12次。经检查，成华区储备粮储存状况良好，无虫粮、高水分粮和发热粮。区发改局在重大节日期间，开展粮油市场专项监

3月30日，成华区级储备粮联合检查组进行成品粮核定　　（区发改局供图）

社会·民生

督检查和粮食监督执法检查10次，规范全区粮食市场流通秩序。

【区级储备粮】 区发改局督促承储企业全面落实主体责任，严格执行粮食收购、储存、销售出库、轮换等环节规定的国家制度，对区级储备粮实行专仓储存、专人保管、专账记载等管理，适时组织开展定期或不定期的日常监管，确保区级储备粮稻谷、小麦及成品大米的质量良好、数量真实、储存安全。区发改局强化储备粮安全储存，实现推陈储新均衡轮换，结合轮换入库情况，委托质检机构协同部门对新轮入区级储备粮进行验收，区级储备粮联合检查组进行成品粮核定。

【粮食应急保障】 成华区有粮食应急保障企业79家，其中应急网点68家、配送中心5家、应急保障中心6家。区发改局加强对辖区粮油批发市场、大型超市进行定期巡查，及时了解市场粮油供应及价格情况，对粮油市场进行有效监控，全年开展专项巡查和督查16次，检查企业30家次，确保辖区粮油市场秩序品质高、数量足、价格稳。

（刘彦兵）

民生实事

【概况】 2021年，成华区民生实事目标任务共130项，其中省级民生实事目标任务15项、市级民生实事目标任务74项、区级民生实事目标任务41项，各民生实事目标牵头单位按照时间节点要求，确保民生实事各目标任务全面完成或超额完成，真正把实事办好、把好事办实，切实为辖区群众造福，区民生观察团全年集中视察民生实事项目5次。

11月2日，成华区民生观察团到万晟社区微创智能工厂视察　　（区绩效考评中心供图）

【省级民生实事目标任务】 成华区省级民生实事目标任务15项，预算资金10610.01万元，涉及为城乡居民免费提供12项国家基本公共卫生服务、提高城乡居民基本医疗保障水平、促进城镇新增就业、改造城镇老旧小区等目标。截至年底，省级15项民生实事目标全面完成。

【市级民生实事目标任务】 成华区市级民生实事目标任务74项，预算资金7776.21万元，涉及推动轨道交通加速成网、打通中心城区“断头路”、城市道路整治提升、城镇新增就业、吸纳大学生就业创业、新建改建中小学和幼儿园、城乡居民基本医疗保险参保率、开展全民健身活动、城镇棚户区改造、发放公租房租赁补贴、打造特色商业街区等目标。截至年底，市级74项民生实事目标全面完成。

【区级民生实事目标任务】 成华区级民生实事目标任务41项、预算资金2943.37万元，涉及核酸检测基地建设、“两拆一增”、建设区级技能大师工作室、打造街道社会工作服务站、残疾儿童康复救助、残疾人托养服务、残疾人家庭实施无障碍改造、社区便民服务标准化、规范化、便利化示范建设等目标。截至年底，区级41项民生实事目标全面完成。

（陈立军）

特殊群体权益保护

妇女儿童权益保护

【概况】 2021年，成华区妇女联合会找准妇女儿童维权工作的着力点和结合点，通过专业介入、柔性调解、做强家庭工作等方式，切实维护妇女儿童合法权益。12月14日，成华区妇女联合会被全国妇女联合会表彰为“全国维护妇女儿童权益先进集体”。

【妇女儿童保障】 区妇联实施“家家安康”社会服务项目，关注家事案件调解中安全隐患和危险苗头，持续跟进当事人遭受暴力风险变化，与公安建立数据共享，定期收集家暴警情数量及发放家暴告诫书相关情况，配合协助相关警情处理；在区法院设立家事调解中心，全年接收调解案件305件，调解成功189件，调解成功率61.97%；为家暴个

4月8日，成华区儿童友好社区建设工作专题培训会　　（区妇联供图）

案提供服务17件19次，为单亲儿童家庭提供个案服务14件31次。成华区二仙桥公园婚姻登记处被成都市妇联确定为“幸福家”婚姻家庭辅导教育示范点，从婚前辅导、纠纷调解、矛盾预防、弱势群体服务四个方面开展婚姻家庭辅导及妇女儿童维权服务，促成离婚撤销559对，为家暴受害者提供维权与心理疗愈服务8件次，为群众提供日常公益法律服务101件次。区妇联依托专业力量，为来访妇女提供法律指导、心理疏导、婚姻咨询、纠纷调解等服务。

【未成年人保护】　7月13日，成华区未成年人保护工作领导小组成立，统筹协调全区未成年人保护工作，审议未成年人保护重大事项，督促检查相关法律法规落实情况和工作任务完成情况，督办侵害未成年人合法权益重大案件处置工作。区检察院对涉罪未成年人开展帮教，引入小云公益公共组织，对涉案未成年人“一对一”帮教73人次。区妇联开展“小红伞”保护项目，建立第一个小红伞千人守护大使倡导宣传站，开展关爱困境儿童帮扶慰问、防拐安全演练、预防校园暴力、亲子沟通、正面教育、儿童防性侵等活动30场次。

【儿童之家建设】　成华区83个社区儿童之家实现全覆盖，其中国家级儿童之家示范点1个、省级儿童之家示范点7个、市级儿童之家示范点3个、区级儿童之家示范点50个，和美社区、迎晖路社区、培华路社区、下涧槽社区等儿童之家建设走在前列，多次接待国家和省市等领导督查调研并受到一致好评。成华区各儿童之家开展父母训练营、儿童义集、扣好“人生第一粒扣子”、爱成都·迎大运、书香飘万家——家庭亲子阅读、编程设计等主题活动249场次。四川电视台科教频道对和美儿童友好社区建设进行专题报道。成华区推送的《“小美好”承载社区“大幸福”——成华区儿童友好社区建设推进实践与探索》被评为典型案例。

【妇女之家和妇女微家建设】　区妇联按照“五有”标准打造一批具有地域特色的示范点位，白莲池街道一里塘社区打造为“市级妇女之家示范点”，双桥子街道三街坊社区等11个社区打造为“区级妇女之家示范点”。全年新建三街坊社区紫东阳光妇女微家、培华路社区高地小区妇女微家、下涧槽社区九号院妇女微家、文德社区宝泰家园妇女微家、双福路社红色港湾妇女微家、升仙湖社区新绿苑小区妇女微家、杉板桥社区和泓东28小区妇女微家、迎晖社区胜天片区妇女微家、昭觉社区东林小区妇女微家、同乐社区北湖印象小区妇女微家、一里塘社区蓝客城小区妇女微家11个妇女微家。区妇联拓宽组织覆盖、工作覆盖、服务覆盖，在成都泰豪物业有限公司妇联、成都东区爱尔眼科医院妇委会、成都市二十六幼儿园明星分园妇委会、成华区敬老爱老志愿者协会妇委会、亿信标准认证集团有限公司妇委会、金科中心妇委会、成华之恋爱转角红色主题街区妇委会、星创视界（四川）四川有限公司

表116　　2021年成华区儿童之家示范点一览表

类别	儿童之家示范点
全国儿童之家示范点	和顺社区
省级儿童之家示范点	和美社区
	华泰社区
	将军碑社区
	下涧槽社区
	望平社区
	隆兴路社区
	锦绣社区
市级儿童之家示范点	迎晖社区
	培华社区
	八里庄社区

表117　　2021年成华区妇女之家示范点一览表

类别	妇女之家示范点名称
市级妇女之家示范点	白莲池街道一里塘社区
区级妇女之家示范点	双桥子街道三街坊社区妇女之家
	猛追湾街道建华社区妇女之家
	府青路街道八里庄社区妇女之家
	二仙桥街道东路社区妇女之家
	跳蹬河街道杉板桥社区妇女之家
	万年场街道槐树店社区妇女之家
	保和街道和欣社区妇女之家
	双水碾街道花径路社区妇女之家
	青龙街道新山社区妇女之家
	龙潭街道院山社区妇女之家
	白莲池街道狮子社区妇女之家

妇委会、四川华润万家好来超市有限公司荆竹中路店妇委会、成华区起飞文化服务中心妇委会、绿豆芽社会组织妇委会11个“两新”组织、商务楼宇、产业园区、行业协会等女性集中的单位新建妇联组织。

【“蓉城幸福家·社区家庭日”活动】区妇联围绕建设幸福美好公园社区目标，组织开展丰富多彩的“蓉城幸福家·社区家庭日”特色活动，围绕心理健康、儿童保护、家庭教育、亲子阅读等开展活动630场次，服务群众12.3万人次。保和街道获评成都市“蓉城幸福家·社区家庭日”活动街道先进集体，青龙街道致强社区、猛追湾街道望平社区、成都市爱有戏社区发展中心、成华区向日葵青少年成长服务中心获评成都市“蓉城幸福家·社区家庭日”活动社区先进集体。

（曾　英）

老年人权益保护

【概况】　2021年，成华区卫生健康局加强老年人权益保护工作，围绕提升普惠优质养老服务供给能力、提升特困人员供养设施服务功能，深入推进医养结合等涉老服务，保障老年人的合法权益。

【老龄健康服务】　区卫健局全面开展老年健康管理工作，协调各区属医疗机构开展老年人家庭医生签约服务和服务百姓健康义诊活动，各社区卫生服务中心建立健全辖区老年人健康档案。全区11个社区卫生服务中心与7.16万名65岁以上老年人签约，签约率69.1%。区卫健局全年开展老年健康大讲堂37期，有1948名老年人现场听取老年健康专家讲座。

【医养结合】　区卫健局创新服务理念，深入探索医养结合工作机制，整合全区社区卫生服务中心、养老机构服务资源，与社区养老服务综合体建立医养结合合作机制，打通“便民通道”，实现医养结合无缝衔接，探索形成“一站式”医养结合养老服务模式，满足辖区老年人健康养老服务需求；组织区内各医疗机构开展医养结合工作，为全区3.4万名老年人提供健康评估和医养服务。成华区第六人民医院被四川省卫生健康委、四川省民政厅认定为第一批四川省医养结合示范单位。4月17日，国家卫生健康委老龄健康司司长王海东到成华区第六人民医院调研医养结合工作，对成华区医养结合工作给予充分肯定。

（蒋　楠）

残疾人权益保护

【概况】　2021年，成华区有第二代残疾人证残疾人11539人，其中视力残

2月26日，区中医医院开展“服务百姓健康义诊”活动　　（区卫健局供图）

疾1706人、听力残疾998人、言语残疾75人、肢体残疾5299人、智力残疾1082人、精神残疾1850人、多重残疾529人；一、二级重度残疾人5229人，三、四级残疾人6310人。全年新办第二代残疾人证532人、制发第三代残疾人证11192人，到期、补办、残损、变更等各类更换第二代残疾人证287人，迁移残疾人164人，注销残疾人证122人。成华区残疾人联合会坚持以人为本的服务理念，以“人人享有康复服务”为目标，聚焦残疾儿童的身心健康，全面做好残疾儿童康复救助。区残联“残疾儿童康复救助”项目获评2021年成华区党史学习教育“我为群众办实事”实践活动“十佳”项目。

【惠残助残民生保障】 成华区坚持政府主导、部门协作、“普惠+特惠”的原则，加强残疾人社会保障制度建设，残疾人基本生活不断改善、社会保障水平不断提高，困难残疾人目标人群实现帮扶100%覆盖。区残联春节、中秋节走访慰问困难残疾人1773人，发放临时困难救助补贴140人、居家安养护理补贴1319人；为138户家庭实施无障碍改造，资助8名60岁及以上残疾人参加城乡居民基本养老保险、488名重度残疾人参加企业职工基本养老保险，为3278名残疾人购买城乡居民基本医疗保险及大病医疗互助保险，为1.14万名残疾人购买团体意外人身伤害保险。区残联全年审核残疾人“两项补贴”8.08万人次，持续实施“阳光家园计划”，提升打造“融乐阳光家园”，延伸残疾人居家照料、居家灵活就业、辅助性就业、居家康复等服务。全年为164名精神、智力和重度肢体残疾人提供日间照料服务，为28名符合资助条件的低保重度精神、智力残疾人发放寄宿制托养补贴28.08万元，为150名下肢残疾人发放机动轮椅车燃油补贴5.48万元，为387名重度残疾人提供居家照料服务1734项次。

【“量体裁衣”个性化服务】 区残联持续深化“量体裁衣”式残疾人服务，对全区残疾人开展入户调查，详细了解残疾人需求，实时动态跟进每个残疾人、每个项目、每笔资金情况，帮助残疾人“量身定做”有针对性的、实用的、可行的个性化发展方案或帮扶方案。全年完成残疾人基本需求9384项次，落实服务9679项次。

【残疾人康复服务】 区残联深化残疾预防工作，提升精准康复服务水平，实现残疾人“人人享有康复服务”目标；重点推进残疾儿童抢救性康复、残疾人辅助器具适配和残疾人社区康复工作，做好残疾人助听、复明、助行等常规康复项目，完成白内障患者复明手术补贴发放1199例、辅助器具适配670人、精神残疾人服药补贴808人、严重精神障碍患者阳光救助148人；结合残疾预防重点干预项目，全面推进残疾人精准康复服务，为3446人次提供居家康复、高危孕产妇产前诊断、残疾筛查、盲人定向行走等服务，全年开展残疾人家庭医生签约服务1.08万人。

【残疾人就业创业促进】 区残联探索残疾人就业创业新思路，多举措鼓励用人单位安置残疾人就业；开展企业按比例安置残疾人就业审核认定工作，完成审核2190人次；搭建就业培训平台，为用工企业和残疾人提供“定单式”就业培训，提升残疾人就业技能。全年开展掐丝珐琅、非遗编结、就业专项指导等培训15次，培训人数188人，就业服务300人次。区残联组织开展残疾人就业招聘会3场，达成就业意向30人；组织开展手工艺品义卖活动10次，发放灵活就业补贴39人次。

【残疾儿童康复救助】 区残联全面贯彻落实国家和省市区有关残疾儿童康复救助政策，推动残疾儿童康复救助政策救助年龄段全员覆盖，将残疾儿童康复救助工作纳入“我为群众办实事”项目。区残联联合区教育局、区民政局、区卫健局成立残疾儿童定点康复机构评估小组，开展机构评估工

3月25日，成华区残疾人就业招聘会举行　（区残联供图）

作；严格落实成都市人民政府关于组织开展残疾儿童少年“送康上门”服务工作的指导意见，委托第三方专业康复机构开展残疾儿童“送康上门”服务，为“送教上门”对象和有需求的残疾儿童提供居家康复指导、培训、社会融合等服务。全年为449名符合救助条件的残疾儿童提供康复救助，开展康复知识培训3场，建立康复档案449份，居家康复指导168次。

【残疾人权益维护】　成华区11个街道建立残疾人法律服务站，针对残疾人权益诉求，邀请专业律师开展专题讲座，为残疾人提供法律咨询60次；开展普法宣传教育21场次，服务残疾人370人次；建立严重精神障碍患者及监护人信息台账，做好残疾人信访工作，全年回复信访件75件，群众满意率100%；组织开展义务教育阶段残疾儿童入学筛查工作，入学率100%；为9名残疾中高考考生提供考场合理便利条件和服务，为550名困难残疾学生及困难残疾人家庭学生发放自强助学金62.59万元。

（黄小芳）

农民工权益保护

【概况】　2021年，成华区把维护农民工权益保护工作作为一项重点工作，将企业落实民工工资纳入监管。成华区住房建设和交通运输局受理建筑领域农民工工资各类投诉1670件，其中上访件598件、转办件987件、现场件85件，涉及民工4000人，工资3.01亿元，全年警示约谈项目企业30批次，信用扣分5次。

【农民工工资支付保障体系建设】　区住建交局落实农民工实名制，开通成都

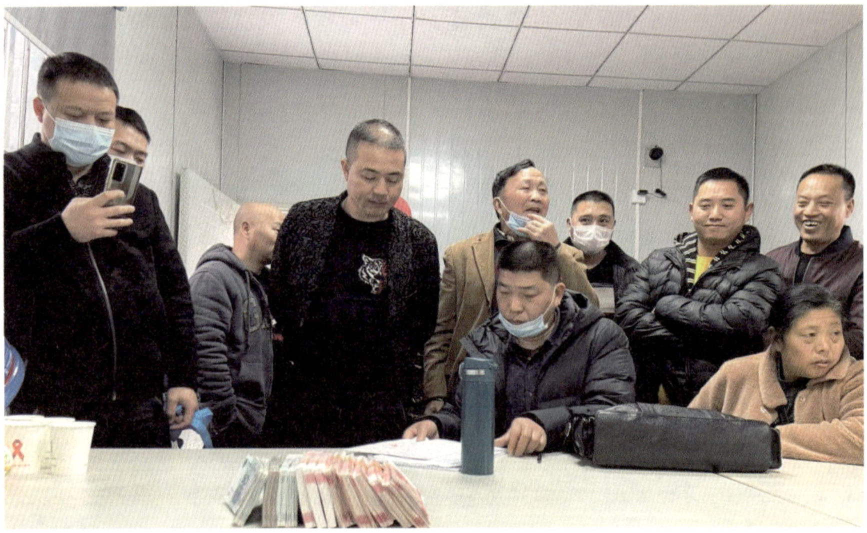

2月8日，成都锦尚府发放农民工工资　　（区住建交局供图）

市建筑行业从业人员实名制管理系统实现全市联网，让农民工进入工地时通过打卡设备，确保其考勤真实性。全年有1.1万名工人实名制考勤，实行农民工工资总承包企业代发制度，实现民工工资领取企业化，每月工资通过银行卡发放，切实保障工资发到工人手中，依托“建筑领域农民工综合服务平台”实时监控；落实农民工工资专户制度，施工总承包企业开通农民工工资专用账户，建设单位每月按照最低额度拨付民工工资到专用账户，施工企业审核各分包企业工资表，通过专户发放民工工资，实行银行监管，切实保障农民工工资顺利支付。

【建筑领域民工工资保障】　成华区建筑企业全面落实民工工资保证金制度，对民工工资保证金实行担保保函代替现金形式缴纳，切实维护和保障农民工工资发放。截至年底，全区建筑企业缴纳保证金1981.23万元，以担保函代替现金缴纳项目103个。区住建交局配合区人社局落实建筑企业民工工资考核，将农民工工资是否拖欠情况纳入开发企业办理预售的前置条件，如果未解决民工工资，则禁止项目办理房屋预售，通过限制预售方式，让企业主动解决民工工资发放。

（李创新）

【农民工子女入学】　2月4日，区教育局、区公安分局等五部门印发在成华区居住的来蓉人员，随迁子女接受义务教育工作实施细则，申请人在规定时间内，持成都市随迁子女接受义务教育电子通知书（二维码）及相关证明材料原件、复印件到安排的学校进行复核，确认学位，通过复核的学生根据学校安排，到学校办理入学报到手续。

（刘小葵）

消费者权益保护

【概况】　2021年，成华区市场监督管理局以纪念“3·15”国际消费者权益日宣传活动、创建放心舒心消费城市为抓手，围绕网络理政平台和全国“12315”平台等渠道投诉举报处理、消费维权教育引导及各类专项行动，在提高消费者维权意识维权能力、完善投诉举报工作机制、解决消费权益纠纷等方面取得明显成效，有效保护消费者的合法权益，提升消费者维权效能，处理投

诉举报“一二三”工作法，营造放心舒心消费环境项目获评成华区我为群众办实事“百优”民生实事项目。

【消费投诉举报及互联网平台运行】区市场监管局持续完善消费投诉举报运行机制，针对网络理政“12345”平台投诉办理要求，建立常态化督办机制，健全投诉举报分流处置制度、热点案例定期分析制度、处置效能定期公示制度，全年制定《消费投诉举报工作分析报告》12期、《消费投诉举报处理工作周报》40期，及时掌握消费投诉举报动向，提升行政调解效能。区市场监管局在麦德龙商业集团有限公司成都成华分公司、华宇旭辉锦绣广场新增2个消费维权服务站。

【放心消费示范单位建设】 区市场监管局开展放心舒心消费环境创建宣传，向辖区市场主体发放宣传资料及放心舒心创建标准，鼓励符合条件的市场主体开展创建工作。成华区香天下火锅K160、成都王府井购物中心（府青店）、河马鲜生钻石广场店、四川永辉超市成华区双荆路分公司等16个市场主体创建为“区级放心舒心消费环境示范单位”，麦德龙商业集团有限公司成都成华分公司创建为“全市放心舒心消费环境示范单位”。成华区市场监督管理局消费环境建设工作得到成都市市场监督管理局的肯定，被评为2021年度“消费环境建设工作先进单位”。

【消费投诉处理】 区市场监管局切实做好“12315”热线值班值守工作，全年共受理消费者投诉、举报和咨询39942件，其中网络理政“12345”平台30624件、全国“12315”平台8563件、其他渠道755件。全国“12315”平台投诉按时初查率99.8%，投诉按时办结率95.7%，投诉调解成功率48.7%。全年举报按时核查率98.9%，为消费者挽回经济损失802万元，消费回访群众满意率92.5%。

（廖俊杰）

劳动和社会保障

就业促进

【概况】 2021年，成华区人力资源和社会保障局深入实施就业优先政策，加快提升劳动者技能水平，突出抓好重点群体就业，深化公共就业服务体系建设，实现稳就业和稳增长互促共进，全区就业形势保持稳定，就业创业工作成效凸显，全面完成各项民生保障目标任务。全年实现城镇新增就业1.5万人，失业人员再就业8634人，就业困难人员再就业1241人，城镇登记失业率控制在4%以内，动态消除零就业家庭。成华区人力资源和社会保障局被成都市人力资源和社会保障局表扬为“全市重点工作成绩突出单位”。

【就业创业新载体建设】 成华区创建充分就业社区，双桥子街道萩香里社区、猛追湾街道培华路社区、猛追湾街道石油社区、府青路街道李家沱社区、二仙桥街道华林社区、跳蹬河街道锦绣社区6个社区被确定为“省级充分就业社区”。区人社局以营造“家门口”就业创业服务新场景为抓手，在全省率先打造集党建引领、职业规划、技能培训、创业孵化等功能于一体的圆梦坊、微创家园、青创馆、赤子馆、实训营等7个各具特色的社区就业创业指导中心，为各类群体提供家门口、体验式的宜业宜居服务，助力辖区居民实现乐业增收。全年举办就业培训、创业大赛、主题沙龙等活动20场次，参与居民3000人次，帮扶实现就业创业150人。区人社局通过搭建“政、企、校”合作试点培训服务平台“成都市就业技能训练院”，全面提升劳动者就业技能素质，促进更加充分更高质量就业；围绕现代服务业、都市工业，设立成都职业培训网络学院文商分院、成华区就业培训共享基地、成华区职业培训产训融合示范基地、成华区职业技能考试评价（认证）中心及就业创业公共服务五大板块，引进各类优质企业、院校机构入驻，打通服务群众“最后一米”，确保各类参训学员“学得懂”“学有用”。截至年底，成都市就业技能训练院开设汽车流通及服务、浣花女劳务品牌、健康与照护、物联网应用、新媒体运营、电工及特种作业、形象设计、汉服、茶艺等培训，各机构共培训技能人才1.02万人次。

【公共就业服务】 区人社局坚持扩容与提质并重、均等与精准并举，开发新职业岗位5000个；创新“直播带岗”新模式，开展“就业援助月”“春风行动”“民营企业招聘周”“蓉漂人才荟”“就业巡回服务”等系列活动96场次，累计组织4746家企业发布20.6万个岗位，达成就业意向1.49万人。区人社局加强区域合作，与资阳市乐至县、达州市大竹县等人社部门联合组织招聘会，促进人力资源合理流动配置。

【援企稳岗服务】 区人社局实施援企稳岗“护航行动”，全力助推企业减负增效，确保企业岗位稳定、劳动者就业有岗。全年发放企业稳岗补贴3213.2万元，惠及企业105家、职工6238人；深入推进失业保险金“畅通领、安全办”服务，全年为5.64万人次发放失业保险金8033.13万元；失业

5月15日，成华区第四届生活服务业职业技能大赛茶艺比赛举办　　（区人社局供图）

保险代缴医保惠及5.58万人次，金额2474.62万元；失业补助金惠及7.11万人次，金额6905.8万元。

（王　红）

【就业培训】　区人社局全面提升就业培训质量，实施职业技能提升行动，开展以工代训、企业新型学徒制、项目制等技能提升培训，全年支出各类培训补贴6780万元，助力5.1万人劳动技能提升，其中高技能人才2588人。区人社局联合区级相关部门举办“成华区第四届生活服务业职业技能大赛”，吸引3000名选手参加，50名选手获评“成华工匠”，24名选手获评“成都工匠”；打造“浣花女”就业品牌入选全省首批“川字号”特色劳务品牌。

【“技能成华”建设】　区人社局持续推进区级技能大师工作室建设，全年新增成华区谢宗宝输气工技能大师工作室、成华区李茂森钻井液技能大师工作室、成华区王立云电机装配工技能大师工作室、成华区陈华茶艺师技能大师工作室、成华区林贵苗汽车修理工技能大师工作室、成华区李永松中式烹调师技能大师工作室6家，培养技能人才1800人，截至年底全区有技能大师工作室15个。编写《全自动列车运用与检修》实训指导教材，取得发明专利授权3项、实用新型专利授权3项。

【就业精准扶贫】　区人社局全方位保障重点群体就业，深入实施高校毕业生就业创业促进计划，扩大见习规模，建立见习基地12家，发布就业见习岗位815个，为1938名应届高校毕业生发放求职创业补贴290.9万元；会同区退役军人局成立“成华区退役军人就业创业大联盟”，促成退役军人达成就业意向；健全就业帮扶长效机制，认定5家援助基地，动态储备100个公益性岗位；建成猛追湾街道培华社区、龙潭街道华泰社区、双水街道花径路社区、二仙桥街道枫景社区、保和街道和顺社区、青龙街道西林社区、万年场街道联合社区、白莲池街道石岭社区、双桥子街道双林社区、跳蹬河街道跳蹬社区、府青路街道八里庄社区11个灵活从业人员关爱驿站。10月14日，成华区人社局联合丹巴县人社局在丹巴县嘉绒步行街举办“乡村振兴在行动·成华丹巴一家亲”区域合作就业专场招聘会，组织辖区30家优质企业参加，提供招聘岗位1400个，吸引求职者3000人咨询洽谈，初步达成就业意向230人。

【大学生创业促进】　成华区全年新增大学生就业创业4250人，为14家中小微企业发放创业担保贷款2267.6万元，助力其创业融资，拨付贴息资金38.6万元；扶持69名高校毕业生自主创业，发放创业补贴69万元。成华区青年（大学生）创业园被评定为“省级创业孵化基地”，推荐21个创业项目入围成都市第四届就业创业大赛暨“天府杯”创业大赛成都选拔赛决赛，12个项目获得一、二、三等奖和优秀奖，成华区获得优秀组织奖。成华区5个项目入围四川省第三届天府杯总决赛，纳米光学薄膜技术与应用获得加工制造初创组一

10月14日，成华区对口丹巴县就业精准帮扶专场招聘会举行　　（区人社局供图）

等奖、黑柔科技——新型柔性显示电路板获得加工制造初创组二等奖，磁悬浮电机获得加工制造成长组一等奖，腱倍特——全球首款诱导性腱骨愈合注射剂获得加工制造初创组三等奖，YOUTH独食俱乐部获得现代服务成长组一等奖。

【海外赤子为国服务行动】 10月17日，海外赤子为国服务行动计划之成渝地区双城经济圈“海外赤子双城荟”活动在成华区圆满落幕，来自美国、德国、法国等10个国家18位海外归国人才，实地走访成华区龙潭工业机器人产业功能区等20个成渝主题点位，就医疗卫生、人工智能、金融投资和机械装备等领域提出20条切实可行的建议，推动海外高层次人才创新创业双城互通互联合作协议等4个项目签约落地成渝地区。

（胡清杰 唐舒岚 曹姝婷）

劳动保障

【概况】 2021年，成华区人力资源和社会保障局加快“区+街道+社区”三级劳动纠纷“一站式”调处网络建设，构建和谐劳动关系，推动经济社会稳定发展。成华区劳动保障监察执法大队全年受理劳动纠纷投诉案件1968件，涉及人数1760人，金额1201.52万元，按期办结率100%。

【劳动关系协调】 区人社局推进劳动关系协调网格化管理，严格规范企业用工行为，切实推进劳动合同制度的落实，全年协调企业360家，审查集体合同279份，涉及企业478家，职工1.98万人；依托“12333”热线电话解答群众疑问7.64万次。全年办理各类信访件1.13万件，办结率100%；受理仲裁案件3923件，审结3845件，结案率98.0%；处理各类行政诉讼案件33件，行政复议11件，行政诉讼案件单位负责人出庭率100%，行政复议维持率100%。

（唐彩霞 蒋 宝）

6月21日，成华区劳动纠纷“一站式”联处中心调解劳动争议申请 （区人社局供图）

【劳动纠纷“一站式”联处中心】 区人社局将劳动人事争议案件的调处工作融入“大联动”社会治理体系，以“4个1”建设为抓手，即1张调处网络、1个网络平台、1套联动机制、1支调解队伍，全力推动“一站式”联处中心建设，不断提高案件调解成功率。截至年底，通过成华区劳动纠纷“一站式”联处中心受理登记劳动人事争议案件2356件，调解791件，调解成功率33.6%。

【企业工资集体协商】 区人社局对135家企业开展企业薪酬调查，涉及制造业、批发和零售业、房地产业、居民服务和其他服务业等类型，区域性工资集体协议是规范工资集体协商和签订工资集体合同的行为，劳动关系双方的合法权益，促进劳动关系和谐稳定，区域（行业）业主代表与区域工会联合会（代表全体职工）经协商一致，对区域工资协商的有关事项，签订区域性工资集体协议，全年签订区域性工资集体协议16份。

（吴 频 陈 凌 凌 芳）

社会保障

【概况】 2021年，成华区人力资源和社会保障局切实抓好全民参保工作，增进民生福祉，紧扣“民心社保、智慧社保、廉洁社保”目标愿景，切实满足群众不断提高的多元化、个性化、智能化社保公共服务需求。

【社保系统信息化建设】 区人社局加大社保业务“网上经办”覆盖面，采取多种方式提升用人单位网上经办使用率，实行常态化、小班化网上经办培训机制；推出线下“O2O微校”小班教学，增加政策解读、操作辅导等企业定制培训服务；建立“网上经办QQ群”，通过“QQ远程桌面”可视化功能，为经办人“屏对屏”答疑解惑，为企业提供“VIP”式服务，畅通沟通交流渠道，打通企业的政策盲点和经办难点，实现10人以上用人单位社保业务“网上经办”使用率95%。

【社保基金监管防控】 区人社局深入推进社保基金监管常态化、规范化运行，切实推动基金监督工作走深走实，全年通过现场监督和非现场监督发现问题16个；深入压实社保基金管理专项整治工作，围绕提前退休审批、养老金发放异常情况等10个方面115个具体内容进行拉网式大排查，通过专项检查发现问题15个，列出整改措施14条，对保障基金安全起到促进作用；高效开展社保基金网络监督，全年处理预警信息757条，收回基金11.57万元。区人社局有效开展内部审计工作，委托第三方审计机构对以工代训项目补贴、企业开通网上经办业务经费等4个项目开展专项审计，共发现四大类15个问题，全部整改落实到位，通过内审工作切实防范化解人社领域重大风险。

12月29日，成华区人社局举行“工伤预防大讲堂”暨工伤预防主题宣传活动（区人社局供图）

【退休人员管理】 区人社局认真做好提前退休人员审批工作，全年审批提前退休人员98人，其中特殊工种提前退休88人、企业职工因病或非因公致残丧失劳动能力提前退休10人。区人社局按时足额为辖区养老金领取人员发放待遇，全年为63.15万人次发放城镇职工基本养老保险退休待遇14.67亿元，为6.74万人次发放城乡居民养老保险退休待遇2743.44万元；做好退休人员养老金增发工作，为全区6.59万名企业和机关事业单位退休人员调整基本养老金，总计增发养老金4345.30万元。

【征地拆迁人员安置】 区人社局按照“即征即保、分类施保”原则，协同相关部门稳妥开展白莲池街道223名被征地人员的养老保障工作，推进5784名环城生态区农民社会保障工作。

【养老保险】 成华区全年城镇职工养老保险参保人数48.37万人，其中在职41.86万人、退休6.51万人，城乡居民基本养老保险参保率90%。

【失业保险】 成华区全年失业保险参保人数28.72万人，城镇失业人员再就业8634人，全年发放失业补助金6905.8万元，惠及人数7.11万人次。

7月2日，成华区社保基金管理专项整治工作动员会召开（区人社局供图）

【工伤保险】 区人社局加强《工伤保险条例》的宣传，从源头上避免和减少工伤事故和职业病发生，全年工伤保险参保人数29.22万人。

【工伤预防与认定】 区人社局坚持以问题为导向，全年开展工伤预防宣传、培训41场次，培训人数2370人，发放宣传资料1.6万份，促进用人单位落实安全生产管理和职业病防治措施，增强职工安全生产和职业卫生保护意识，促进用人单位依法参加工伤保险，切实保障工伤职工合法权益。区人社局全年认定工伤911件、不予认定工伤15件，受理工伤劳动能力鉴定771件。

（杨　茜　张金平　吴　频　王　红）

医疗保障

【概况】 2021年，成华区医疗保障局加大医疗保险政策宣传力度，提高群众参保意识，全区城乡居民基本医疗保险参保率98%；做好异地就医联网

表118　　成华区长期照护医疗机构一览表

类别	机构名称	地址
医疗机构	成都新华医院	双桥路180号
	成都誉美医院	下涧槽路11号
	四川地质医院	蜀陵路367号
	成都成华城东医院	双林路122号
	成都八里医院	文德巷1号
	成都成华东升医院	和友路357号
	成都市华川医院	跳蹬河北路185号
	成都成华泰兴医院	泰安街77号附7号
	成都成华三松医院	东紫路499号
	成都珍君医院	龙港路210号附10号
	成都长生肾病医院	玉双路9号
养老机构	成华区第六人民医院康穗养老中心	长秀路137号
	成华区和生祥和长者康护中心	祥和里26号
	成都宏明怡倍康养老服务有限公司	建设路43号
	四川润地盛榉养老服务有限公司	跳蹬河南路140号
	成都泽安养老服务有限公司	致强环街523号附1号
	成都颐心源健康管理有限公司	建祥路6号

结算工作，辖区内定点医药机构异地就医直接结算开通率100%；推动成德眉资职工基本医疗保险关系无障碍转移接续。成华区医疗保障局被四川省医疗保障局、四川省人力资源和社会保障厅表扬为“四川省医疗保障系统先进集体”。

【医疗保险】　成华区全年城镇职工基本医疗保险参保人数45.37万人，城乡居民基本医疗保险参保人数25.23万人。全年基本医疗保险统筹基金支付83450.69万元，大病医疗互助补充保险基金支付6249.34万元，个人账户支付67147.69万元。

【医疗救助】　区医保局全年为3528名低保对象发放定额门诊金88.32万元，资助1209名困难群众参加城乡居民基本医疗保险及大病补充医疗保险，对1326人次困难群众发放住院救助金87.58万元。全年医疗救助7937人次，支出资金415.37万元；补充医疗救助79人，支付101.75万元。

【长期照护保险】　区医保局全面激活长照协议机构点位辐射功能和社会效益，多渠道提供“公益+低偿”特色服务，形成“政策支撑，群众受益，企业发展，社会参与”的成华长期照护模式。全区有协议照护机构17家，其中医疗机构11家、养老机构6家，惠及2491名失能失智群众家庭。和美社区顾连护理站作为成华区长期照护保险上门服务示范点位，接待全国20个省市区政府部门考察调研，经验做法得到成都市医保局主要领导肯定性批示，作为专报刊出。

【医保基金监管】　区医保局全面贯彻实施《医疗保障基金使用监督管理条例》，深入推进重点行业领域突出问题医保系统治理工作，开展首例案件处理；加强基金监管协同合作，强化全过程依法监管，制定医保基金监管工作流程，执法程序、执法依据、处置基准全统一，推进医保行政执法“三化”试点工作，强化内控管理，提升案件办理质效，组织召开“成德眉资行政执法培训暨医保基金监管片区案例分析会”。区医保局聚焦“假病人、假病历、假票据”等欺诈骗保，开展“三假”专项整治，实施辖区定点医药机构全覆盖监督检查和基金监管存量问题“清零行动”，严打欺诈骗保行为，全年查处违

4月23日，成华区医保基金监管工作会议召开　　（区医保局供图）

反协议约定定点医药机构531家，暂停支付医保费用275家，中止协议36家，解除协议3家，共查处追回违规金额314.70万元，违规医药机构支付违约金152.44万元。区医保局创新监管方式，试点建设慢性肾脏病血液透析治疗场景智能监控系统，强化第三方协同监管和新闻媒体舆论监督、社会参与监督，推动医保监管共建共治共享。

6月28日，成华区医保局开展“惠蓉保”宣传推广活动　（区医保局供图）

【异地就医政策落实】　区医保局聚焦“双城记”“都市圈”，构建区域协作发展新机制，取消成都平原经济区八市异地就医备案手续，简化成渝地区备案手续，推进成德眉资职工基本医疗保险关系无障碍转移接续；完善异地就医监管机制，切实解决异地就医、购药刷卡难，创建微信公众号线上申请渠道，推进异地就医备案“零跑腿”“不见面”等线上服务，方便参保人员灵活选择备案方式；全面落实异地就医相关政策，切实做好异地就医联网结算，辖区内定点医药机构异地就医直接结算开通率100%。

【深化医保改革】　区医保局持续深化药械集中采购改革，扎实推进药品和医用耗材集中带量采购常态化工作，做好国家及省际联盟组织药品及医用耗材集中带量采购中选结果落地实施工作；开展第六批药械集采报量工作，拓展集采医院数量、群众用药受益机面，药品平均降幅达53%，切实减轻患者的经济负担；全面推进以总控下按病组分值付费为主的支付方式改革，深化“惠蓉保”普惠式商业健康保险试点，全区参保人数15.1万人。

【医保服务工作站（点）】　区医保局持续创新医保经办服务方式，推进医保经办服务下沉和质量提升，全面畅通群众办理医保业务“最后一千米”。全区设医保服务工作站（点）13个，创新“场景+办理、线上+线下、窗口+自助”模式，构建“1+N”便民服务体系，提供医保关系转移、异地就医备案等14项医保业务。区医保局全面实行“综合柜员制”经办模式，为参保群众提供“一门式受理、一站式服务、一柜式办结”医保服务；完善业务大厅功能区设置，提升适老化服务，打造智能设备自助办理、综合窗口柜面办理、专人引导辅助办理三位一体办理模式；推行“容缺办”承诺服务时限，指导区内定点医药机构上线运行医保电子凭证，实现“卡上办”向“码上办”的转变；依托“成华医保”微信公众号，搭建“线上取号”模块，开通咨询电话“云通讯”功能；专人对接参保企业，为辖区参保企业、参保群众提供优质服务。

（胡璐琳）

表119　成华区医保服务工作站（点）一览表

	机构名称	地址
医保服务工作站	成华区猛追湾建设路社区卫生服务中心	建设南新路80号
	成都东蓠医院	杉板桥南一路219号
	成都成华龙港医院	华泰路28号
	成都成华双水医院	站北北街1号
医保服务工作点	成都农商银行保和支行	双林路1号
	成都农商银行桃蹊分理处	桃蹊路80号
	中国银行成都成华支行	双林中横路6号附1~4号
	成都银行成华支行（营业室）	玉双路2号
	成都农商银行青龙支行营业部	昭觉横路20号

续表119

	机构名称	地址
医保服务工作点	成都农商银行隆兴分理处	隆兴路37号
	四川省百欣堂药业连锁有限公司成华区双建路药店	双建路229、231、233、235号
	四川一心堂医药连锁有限公司成华区双荆路药店	双荆路6号附27、29、31号
	四川同善堂药业连锁有限公司成华区槐树店路药店	槐树店路40号

民政事务

社区建设

【概况】 2021年，成华区辖双桥子、猛追湾、府青路、二仙桥、跳蹬河、万年场、保和、双水碾、青龙、龙潭、白莲池11个街道办事处，有83个社区（村），其中城市社区52个、涉农社区29个、村委会2个。全区83个社区（村）完成社区居（村）委会换届选举工作，任期由3年改为5年。

【社区居（村）委会换届选举】 成华区全力抓好社区居（村）委会换届选举工作，各街道成立换届工作领导小组和工作机构，召开社区（村）委会换届工作动员部署会议，对社区（村）委会换届工作进行安排部署。3月30日，全区81个社区、2个行政村选举产生新一届社区居委会和村民委员会，共选举产生居委会成员555人，其中主任83人、副主任94人、委员378人。新一届居委会成员平均年龄38.8岁，大专及以上学历452人，占81.4%。4月，全区83个居（村）民议事会、居（村）务监督委员会换届选举，选举社区（村）议事会成员2253人，居（村）务监督委员会成员354人，居（村）民小组长1040人，小组议事会成员3439人。

【社区自治组织建设】 成华区民政局完善社区居民议事会、监事会运行机制，深化居民院落自治、楼栋自治，以"线上网络议事+线下协商议事阵地"相结合的方式，推动形成"事由民议、策由民定、责由民担、效果民评"的院落自治长效机制；推动建立居民公约、村规民约以及院落、楼栋公约等制度；加强社区居务公开监督，深化居务公开和院落（小区）事务公开，保障基层群众对"三务"公开工作的知情权、决策权、监督权。

（游　勇）

1月3日，成华区社区（村）"两委"换届工作会召开　　（区融媒体中心供图）

【四川省第二批城乡社区治理试点】 3月18日，四川省民政厅、四川省财政厅确定成华区为四川省第二批城乡社区治理试点单位，成华区3个街道、5个社区承担8个试点任务。青龙街道被确定为"三社联动"机制创新试点街道，双桥子街道、二仙桥街道被确定为"社区服务项目化"试点街道，新鸿社区、致强社区被确定为承担"智慧科技型"试点任务的社区，下涧槽社区被确定为承担"便民服务型"试点任务的社区，望平社区、跳蹬河街道杉板桥社区被确定为承担"其他特色"型试点任务的社区。成华区建立分管领导牵头、区民政局统筹、试点单位具体负责的工作机制，科学制定《成华区省级城乡社区治理试点实施方案》，对8个试点街道和社区的了方案进行拓展完善，明确试点工作时间表、任务书和路线图。

（杨婷婷）

社会管理

【概况】 2021年，成华区民政局推进社会工作促进中心、街道社会工作服务站、社区社会工作服务室三级平台建设；整合基层民政服务载体和人员，加大专职持证社工、社工专业人才配备，优化开展社会救助、养老服务等服务；推进全国街道服务管理创新实验区建设结项、社会组织孵化园建设、社会组织管理、社会工作专业人才管理、社工站建设、志愿服务、地名命名和管理等工作，促进社会服务管理有序发展。8月31日，成华区被四川省民政厅、四川省财政厅确定为“全省社会工作服务体系建设试点区”。

【全国街道服务管理创新实验区建设结项】 10月22日，民政部、四川省民政厅对成华区“全国街道服务管理创新实验区建设”结项进行验收，成华区梳理总结实验区建设以来的各项工作及成效经验，编写《成华区全国街道服务管理创新实验区文件汇编》《成华区全国街道服务管理创新实验区优秀案例选编》《成华区全国街道服务管理创新实验区公益创投项目集》《成华区全国街道服务管理创新实验区华基金·社区基金（会）专册》等可视化图文材料，提炼形成服务性强、治理性优、适用性广的“成华模式”。

（游　勇）

【社会组织管理】 区民政局聚力社会组织发展，拟定社会组织发展“十四五”规划，建立社会组织综合党委，推进党建业务融合；建强五级社会组织培育平台，完善五级社会组织服务体系，细化区—街道—社区三级平台职能，实施社会组织全生命周期孵化培育，分类实施赋能孵化培训200次，开展专项督导20次，培育成华区约未来社会工作服务中心、成华区三社公益事业发展中心、成华区明德社会工作服务中心、成华区创女时代社区文化服务中心、成华区红石榴社会工作服务中心5家品牌社会组织。区民政局推进社会组织标准化建设，建立社会组织动态数据库，强化社会组织监管，全年年检社会组织261家。

【社会工作专业人才管理】 成华区加强社工人才队伍建设，通过推进社会工作专业人才考试、继续教育及实务实训，不断壮大社工人才队伍，提升社工人才素质；推进持证社工人才培育，提升社工专业能力，开展“专业引领，标准助力”成华区社会工作细分领域人才培育计划，分别招募老年社会工作领域社工28人、儿童社会工作领域社工26人，进行专项培育及实务实训。成都市儿童社会工作实务实训人才培育基地落地成华，通过公益创投大赛设置心理疏导领域社工人才培训项目，每年为每个社区培养1名具备心理健康社会工作职业技能认证的专业社工。区民政局发挥成华区社会工作协会在社会工作领域中“自我管理、自我教育、自我服务、自我监督”的作用，统筹社工人才、整合社会资源，带动社会工作规范有序发展；组织全区社工初级考试考前培训，鼓励各行业、各领域社会工作从业人员参加全国社会工作职业水平考试。截至年底，全区有持证社工923人，其中中级社工154人、初级社工531人、员级社工238人。

【社会工作服务体系建设】 成华区社会工作服务体系建设以群众需求为导向，探索打造“1+5+X”社工服务模式，争创全省社工服务体系试点建设。成华区有社工总站1个、街道社工站11个、社区（村）社工室83个，构建全市首个三级社工服务网络。5月11日，民政部副部长王爱文率民政部、国家发展改革委有关人员实地调研望平社区社工室并高度评价。7月8日，猛追湾街道社工站作为民政部乡镇（街道）社工站建设中西部片会现场学习点位，接受民政部及16个省（市、区）民政厅（局）和新疆生产建设兵团民政局领导调研学习。7月30日，成华区代表成都市在四川省民政厅学习习近平总书记在庆祝中国共产党成立100周年大会上的重要讲话精神视频培训会上，就成华区社会工作开展经验作交流发言。

（杨欣锟）

社会服务

【概况】 2021年，成华区民政局完善“社会救助+公益慈善+关爱援助”联动机制，构建政府救助与社会力量联动的信息互通、资源共享、优势互补、无缝衔接救助工作格局；推进社区关爱援助服务站、院落小区关爱援助服务点建设，为特殊困难群体提供精准关爱援助；拓宽社区发展治理专项保障激励资金、社区基金会资金、社会企业和居民众筹资金等渠道，形成街道、社区、辖区企事业单位、社会组织和居民共建共治共享的社区发展治理格局；推进社会救助、未成年人保护、精神障碍社区康复服务、慈善事业发展、最低生活保障、婚姻管理、殡葬管理等一系列社会服务工作。区民政局做好收养登记政策宣传，对收养人提供的申请材料严格审查，全年办理收养登记1对。

【社会救助】 成华区政府投入290万元，通过购买服务链接爱心企业、爱心人士72家，募集社会资金19.3万元、爱心物资价值83万元。区民政局建立困难群众基础数据库3464人，为256人建立困难群众帮扶档案，管理急重个案135个，帮扶困难群众1690人次。全年为54户困难群众发放临时救助金81.64万元，通过社区快速救助方式为401户困难群众发放救助金16.93万元；指导街道通过使用备用金实施“先行救助”的方式，为34户困难群众发放临时救助金39.84万元，全年累计为4.19万人次低保对象发放最低生活保障金3592.86万元，城市低保对象累计月人均补助水平857.64元。截至年底，全区有特困对象70人，保障人数835人次，发放供养金额101.12万元；有孤儿8人，困境儿童11人，无人抚养儿童23人，全年累计为84人次散居孤儿发放基本生活费11.34万元，为131人次困境儿童发放生活补贴5.3万元，为238人次无人抚养儿童发放基本生活费25.56万元。全区有起义投诚人员1人，生活补助人数12人次，发放补助资金1.21万元；精减退职人员7人，生活补助人数84人次，发放生活补助3.36万元。

（曾　巍）

5月20日，成华区二仙桥公园婚姻登记处正式开放　（滕强摄）

社会·民生

【社区康复服务】　区民政局牵头开展精神障碍社区康复服务工作，完成区级指导中心和猛追湾街道、二仙桥街道、双桥子街道、府青路街道、万年场街道、跳蹬河街道、双水碾街道7个街道精神障碍社区康复站点建设，全区形成“一中心七站点”工作格局；引入专业社会组织承接站点管理服务，全年累计开展精神障碍活动432次，为有康复服务意愿的精神障碍患者提供康复服务1546人次。

（滕　强）

【慈善援助】　成华区慈善会全年捐赠收入104.6万元、接收物资折价6.5万元，其中“慈善一日捐”活动募集慈善资金83.88万元。疫情防控期间，慰问医务人员、志愿者、社区工作人员、政府兜底保障服务对象等3900人次。成华区实施“阳光圆梦”“阳光宏志”助学工程，支出慈善资金6.3万元；实施大病医疗援助项目，支出慈善资金5.3万元；举办“善行之举·乐善成华”2021年成华公益慈善年会，分享成华区在慈善事业发展中涌现出的先进事迹和经验，表彰在慈善工作中做出突出贡献的先进单位和爱心个人。区民政局指导猛追湾街道望平社区、双桥子街道萩香里社区、跳蹬河街道杉板桥社区创建为“2021年成都市慈善示范社区”。成都熊猫慈善文化广场、成都慈善书屋两个特色慈善场景建成并运营。

（杨欣锟）

【婚姻管理】　区民政局全年办理结婚登记6861对、离婚登记2368对，补发结婚登记1443对、离婚登记719件，婚姻登记合格率100%。6月1日起，成华区民政局结婚、离婚实现跨省通办。

【殡葬管理】　区民政局以“文明祭扫、平安清明”为主题，指导石岭公墓、院山公墓统筹做好清明期间群众安全祭扫和疫情防控工作；做好惠民殡葬工作，加大惠民殡葬政策宣传力度，全年为4617人办丧群众发放基本殡葬服务补贴344.48万元，为225人选择节地生态安葬方式的办丧群众发放节地生态奖补金51.75万元，其中节地安葬85人9.75万元、生态安葬140人42万元。

【二仙桥公园婚姻登记新场景】　成华区落实幸福美好生活十大工程实践，将婚姻登记从传统的登记大厅移到风景优美的城市公园里，在二仙桥公园以“幸福列车”为主题，植入“婚庆+仪式主题”“婚庆+产业文创”等业态，打造独具成华特色的二仙桥公园式婚姻登记处。5月20日，二仙桥公园婚姻登记中心正式开放，为12对新人举行集体婚礼。截至年底，二仙桥公园婚姻登记办理结婚登记1145对、补发结婚登记21对。

（滕　强）

【公益慈善年会】　12月23日，2021年成华区公益慈善年会在成都瑞升芭富丽酒店举行，对参与成华区公益慈善事业、慈善地标建设，助力成华慈善发展等表现突出的单位及个人进行表彰，颁发2021年度慈善社区奖、2021年度慈善企业奖、2021年度慈善贡献奖、2021年度慈善合作伙伴奖、2021年度慈善爱心个人奖、2021年度四星级志愿者奖、2021年度优秀社工奖。成华区载丰助残服务中心介绍志愿服务项目，成都市爱有戏社区发展中心介绍特色慈善项目，成都市同行社会工作服务中心介绍社工站慈善工作开展情况，激励更多的爱心人士助力成华慈善事业。

【公益创投大赛】　12月29日，成华区第七届公益创投大赛、第五届“成华群

表120　2021年成华区公益慈善事业获奖单位一览表

类别	获奖单位
慈善社区奖	猛追湾街道望平社区
	双桥子街道菽香里社区
	跳蹬河街道杉板桥社区
	万年场街道红桥社区
	万年场街道联合社区
	万年场街道双福路社区
爱心企业奖	成都成华中吉泰房地产有限公司
	四川正爱品牌管理有限责任公司
	四川至膳品牌管理有限公司
	成都市荣贸食品有限公司
	成都渝太企业管理有限公司
	成都富森美家居股份有限公司
慈善贡献奖	成华区税务局
	成华区教育局
	成华区卫生健康局
	万年场街道办事处
	龙潭街道办事处
	成华旧城改造投资有限公司
	四川省成都列五中学
慈善合作伙伴奖	成都兴华生态建设开发有限公司
	成华区毛边文化艺术活动中心
	成都艺美惠社区文化发展中心
	成都公益组织服务园
	四川四季康成酒店有限公司

表121　2021年度成华区慈善爱心个人奖一览表

类别	获奖名单
慈善爱心个人	许学良、李在荣、邹晓珑
四星级志愿者	赵松生、黄燕、石小战、张冬梅、耿果、王子玲、罗欢、杨涛、周玥
优秀社工	陈桃、吴婷、李文博、蓝江纯、刘小娜

英荟”社会创新服务公益创投大赛发布会暨成华区公益慈善交流会在成华区社会组织孵化园多功能厅举行。大赛联动整合区级部门资源，围绕社工服务体系建设、社会工作服务、民生微项目、关爱帮扶、公益慈善类等十大类别，发布项目38个，支持资金406万元。

（杨欣锟）

12月23日，2021年成华区公益慈善年会举行　（杨欣锟摄）

养老服务

【概况】　2021年，成华区户籍人口中有60岁以上老年人18.69万人、占户籍人口22.5%，其中百岁以上老人72人。全区有养老机构30家、日间照料中心103处、老年助餐服务点48处。区民政局推进跳蹬河街道社区养老服务综合体建设，整合成都椿山万树梵城养老院资源，打造集全托、日托、助餐、医养结合、便民服务等多功能为一体的社区养老服务综合体。成华区落实高龄津贴、特殊困难老年人购买居家养老服务等各项老年福利政策，通过“一卡通”向34.51万人次发放高龄津贴2536.43万元。

【养老服务机构】　成华区有养老机构30家、社区日间照料中心103家，推进全国医养结合基本公共服务试点工作，将老年人基本养老公共服务项目形成清单向社会发布。成华区第六人民医院康穗养老服务中心公益性医养结合服务机构、二仙桥街道下涧槽社区成都誉美医院医养融合服务示范点建成；完成特困老人供养设施护理型床

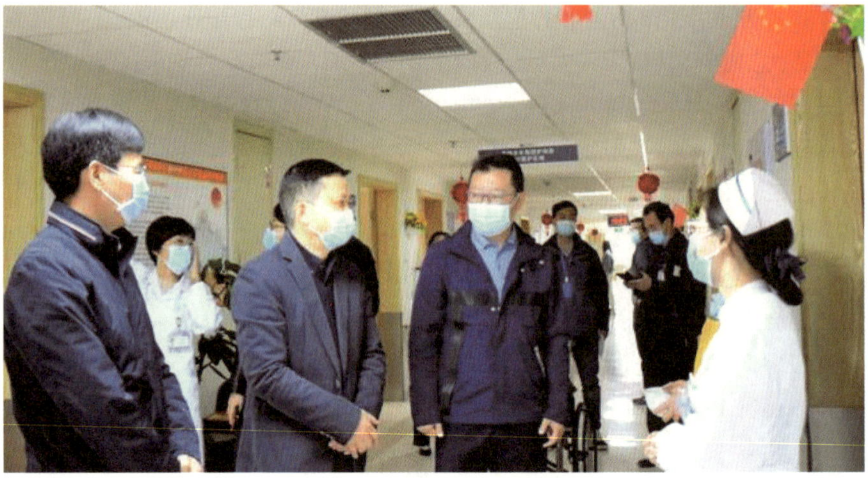

4月6日，成华区人大代表到成都誉美医院调研医养结合情况　（区民政局供图）

表122 2021年成华区百岁老人一览表

序号	姓名	性别	年龄（岁）	所属街道
1	陈翠华	女	103	双桥子街道
2	林桂华	女	101	
3	候玉君	女	101	
4	孙　惠	女	100	
5	王泗洲	男	102	
6	李宝书	男	100	
7	郑恩泉	男	100	
8	陈素清	女	100	
9	陈国林	男	101	
10	仉锦堂	男	100	
11	陈树贤	男	100	
12	景志良	女	100	
13	王中仁	男	101	
14	吴素华	女	101	
15	陈惠卿	女	104	
16	邱显华	男	100	
17	林向北	男	103	猛追湾街道
18	何莲清	女	104	
19	顾学忠	女	104	
20	蔡炳连	男	101	
21	徐冬生	男	104	
22	陈世芳	女	100	
23	郭全芳	女	103	
24	黄晨湘	男	100	
25	胡为康	男	100	
26	周素媛	女	101	
27	许德政	男	101	府青路街道
28	李锦如	女	101	
29	曾瑞容	女	100	
30	陈淑芬	女	107	
31	张素清	女	109	
32	李　炎	男	101	
33	罗少全	男	102	
34	鄢炳然	男	100	
35	雷在礼	女	105	二仙桥街道
36	王翠芳	女	101	
37	徐肇祯	男	101	
38	高道美	男	101	
39	张玉贞	女	100	
40	朱龙昌	男	105	
41	李华清	女	100	
42	李中开	男	101	

续表122

序号	姓名	性别	年龄（岁）	所属街道
43	陈洁英	女	102	跳蹬河街道
44	张素华	女	106	
45	张凤英	女	100	
46	范素清	女	101	
47	杨素珍	女	101	
48	胡兰清	女	103	万年场街道
49	马宝云	女	103	
50	吴荣贞	女	101	
51	刘跃廷	男	101	
52	王素芳	女	102	保和街道
53	谢素贞	女	100	
54	易　梁	男	101	
55	曾令宜	女	103	
56	郭素清	女	110	
57	罗正品	男	104	
58	昌盛珍	女	102	双水碾街道
59	方同江	男	100	
60	谢素培	女	100	
61	黄世美	女	104	
62	陈德源	男	101	青龙街道
63	邓培华	女	102	
64	龚振良	男	100	
65	朱志辉	女	100	
66	余贞有	女	101	龙潭街道
67	余中富	男	100	
68	田雪如	女	101	
69	余贞有	女	101	
70	余中富	男	100	
71	田雪如	女	101	
72	黄树明	女	101	白莲池街道

表123　　2021年成华区养老机构一览表

序号	机构名称	地址	建筑面积（平方米）	床位（张）	在院老年人数（人）
1	成都市园缘老年公寓	槐柳四路9号	26000	426	198
2	成都椿山万树梵城养老服务有限公司	杉板桥路266号	11802	326	218
3	成都市遐龄居颐养生态园	熊猫大道1333号	11560	302	84
4	成都市成华区同乐敬老院	同乐北二巷	6035	200	132
5	四川润地盛榉养老服务有限公司	跳蹬河南路140号	4495	100	78
6	宏明怡倍康养老服务中心	建设路43号	4700	107	140
7	正黄养老服务有限公司	东秀一路219号	4224	139	87
8	成都护润德养老有限公司	双荆路18号	4200	140	125

续表123

序号	机构名称	地址	建筑面积（平方米）	床位（张）	在院老年人数（人）
9	成都期颐花养老服务有限公司	东虹路48号	4114	100	98
10	成都逸家乐养老服务有限公司	槐柳四路9号	3860	66	20
11	蓉逸好邻新安居社区康养中心	龙潭寺火神庙路86号	3306	94	33
12	成华区第六人民医院康穗养老中心	槐柳四路11号	3000	200	94
13	成都信康养老服务有限公司	建兴路107号	2392	79	73
14	成都黄金年华养老服务有限公司	民兴北路158号	2355	78	48
15	颐心源长者创享机构	建祥路6号	1968	65	66
16	成都泽安青龙养老院	致强环街523号附1号	1893	63	36
17	成都和生祥和老年护理中心	祥和里26号	1517	40	46
18	成都地家养老服务有限公司	蜀陵路367号	1231	40	30
19	成都泽安圣灯养老服务有限公司	崔家店北一路88号附19号	1000	31	20
20	成都爱照护万晟社区长者照护之家	小龙桥新街88号	1000	30	20
21	成都誉美养老服务有限公司	下涧槽路11号	980	30	20
22	成都康逸乐养老服务有限公司	一环路北四段1号	930	31	25
23	成都五一二养老务有限公司	二环路北四段3号	920	30	23
24	成都市成华区安康年养老服务中心	双林路44号附1号	520	30	15
25	成都泽安桃蹊养老服务有限公司	怡福路118号	230	25	18
26	成华区爱心老人家养老服务中心	驷马桥路23号附1号	196	15	10
27	成都长生肾病医院有限公司	玉双路9号	8458	43	43
28	成都眩成养老服务有限公司	新鸿北支路4号	15162	256	101
29	成都椿萱茂养老服务有限公司	双荆路1号	14700	398	147
30	跳蹬河街道杉板桥社区养老服务综合体	成华大道杉板桥路266号	2200	35	16

表124　　2021年成华区社区日间照料中心一览表

序号	机构名称	地址	建筑面积（平方米）
1	成都市逸家乐养老服务日间照料中心	槐柳四路9号	2250
2	成华区爱照护万晟社区长者照护之家	小龙桥新街88号	1000
3	成华区云锦社区护润德日间照料中心	双荆路6号	500
4	成华区花径路社区护润德日间照料中心	福康街25号	260
5	成华区东沙社区日间照料中心	东沙街50号	245
6	成华区园艺社区日间照料中心	双水康城A区	190
7	成华区荆竹社区日间照料中心	荆竹社区8号	150
8	成华区云锦社区日间照料中心	双荆路6号	150
9	花径路社区馨碧苑日间照料中心	八里桥路245号	160
10	成华区爱心老人家养老服务中心	驷马桥路23号附1号	150
11	成华区华油路日间照料中心	华油路95号附1号	150
12	成都颐佳养老日间照料中心	二环路北四段22号	150
13	成华区512养老日间照料中心	二环路北四段2号	150
14	成都成实养老日间照料中心	二环路北四段3号	150
15	成都康逸乐养老日间照料中心	一环路北四段1号	150
16	成华区怡福路322号院日间照料中心	怡福路322号	150

续表124

序号	机构名称	地址	建筑面积（平方米）
17	成华区怡福路208号院日间照料中心	怡福路208号	150
18	成华区怡福社区日间照料中心	怡福路118号	150
19	成华区浅水半岛日间照料中心	新怡路22号附1号	150
20	成华区桃源社区康馨老年日间照料中心	文德巷5号	150
21	成华区金利霞日间照料中心	二仙桥西路5号	150
22	成华区明珠路日间照料中心	明珠路35号	150
23	成华区桃蹊社区日间照料中心	桃蹊路89号院	150
24	成华区舜和家园日间照料中心	和友路368号	280
25	成华区城投东庐日间照料中心	和润路77号	150
26	成都市期颐花养老服务日间照料中心	东虹路48号	300
27	成都市巴蜀德善助老服务中心	万科南街13号	600
28	成华区和顺社区养老服务中心	长融东三路84号	200
29	成华区迎晖路日照照料中心	槐柳四路11号	150
30	成华区和美社区日间照料中心	和美东路8号	355
31	成华区祥和日间照料中心	祥和里26号	930
32	成华区东街社区朗力日间照料中心	猛追湾东街6号	210
33	成华区新兴社区日间照料中心	建设路54号	160
34	成华区石油社区祥和日间照料中心	府青路一段3号附22号	200
35	成华区东街社区祥和日间照料中心	一环路东二段140号	100
36	成华区东街社区宏明日间照料中心	建设路71号	120
37	成华区祥和里福瑞日间照料中心	祥和里5号	240
38	成华区建设路卫生服务中心日间照料中心	建设南新路80号	150
39	成华区培华路日间照料中心	培华东路1号	180
40	成华区红光苑日间照料中心	培华东路8号	150
41	成华区培华东路日间照料中心	培华东路11号	150
42	成华区踏水社区日间照料中心	府青东街15号	102
43	成华区白莲社区日间照料中心	熊猫大道11号	150
44	成华区白莲池城北日间照料中心	蜀陵路367号	150
45	成华区遐龄居日间照料中心	熊猫大道1333号	150
46	成华区白莲池日间照料中心	蜀陵路367号	900
47	成华区一里塘新型社区日间照料中心	斧头山四巷20号	150
48	成华区石岭社区日间照料中心	蜀陵路888号	150
49	成华区东路社区237号院日间照料中心	崔家店路237号	150
50	成华区东路社区蜀通日间照料中心	二仙桥东三路5号	30
51	成华区东路社区汇融云庭日间照料中心	二仙桥北二路8号	150
52	成华区泰博理想城日间照料中心	仙韵二路33号	200
53	成都誉美医院日间照料中心	下涧槽路11号	900
54	成华区华林社区日间照料中心	华林二路	150
55	成华区华林社区日间照料中心	东华三路58号	150
56	成华区关家社区日间照料中心	崔家店北一路88号	80
57	成华区二仙桥街道日间照料中心	崔家店北一路88号	100
58	成华区华林社区日间照料中心	华林西苑14栋	150

续表124

序号	机构名称	地址	建筑面积（平方米）
59	成华区华林社区日间照料中心	华林西苑15栋	150
60	成华区双桥安康年养老服务中心	双林路44号附1号	520
61	成都新华医院日间照料中心	双桥路180号	150
62	成华区朗力日间照料中心	双林北支路76号	150
63	成华区双桥子社区卫生服务中心	建设南新路5号	150
64	成都军建医院日间照料中心	一环路东三段215号	150
65	成华区双桥路北社区日间照料中心	双桥路249号	150
66	成都蓝光医院日间照料中心	双桥路25号	150
67	成华区萩香里日间照料中心	萩香里1号	150
68	成都城东医院日间照料中心	双林路122号	150
69	成都五冶医院日间照料中心	双华路3号附23号	150
70	成华区彩虹日间照料中心	万年路269号	150
71	成都孝德东篱日间照料中心	万年路17号	150
72	成华区东篱路社区日间照料中心	东篱路12号	150
73	成华区锦绣社区日间照料中心	跳蹬河北路185号	150
74	成都北区医院日间照料中心	圣灯路159号附1号	150
75	成华区跳蹬河社区日间照料中心	建设南路160号	150
76	成华区建兴路社区日间照料中心	杉板桥南五路340号附201号	150
77	成都颐心源长者日间照料中心	建兴路26号	150
78	成华区建兴路社区日间照料中心	建祥路6号	150
79	成华区圣灯社区日间照料中心	建中路8号	150
80	成华区第三人民医院日间照料中心	致强环街277号	150
81	成华区金色晚年日间照料中心	致顺南一路18号	200
82	成华区康乐日间照料中心	致强环街238号	150
83	成华区昭觉社区日间照料中心	荆竹中路40号	150
84	成华区东林社区日间照料中心	荆泰二路40号	120
85	成华区致强社区日间照料中心	致强环街523号	150
86	成华区仁义路社区日间照料中心	西林四街29号附2号	153
87	成华区联合社区日间照料中心	双庆路30号	200
88	成华区双庆路社区日间照料中心	万兴街3号	50
89	成华区长天路社区日间照料中心	五桂桥北路附1号	121
90	成华区联合社区日间照料中心	东浦路5号	150
91	成华区双福社区日间照料中心	双成三路18号	130
92	成华区槐树店社区日间照料中心	优品尚东一期	130
93	成华区长天路日间照料中心	长天路32号	110
94	成都汇爱养老院日间照料中心	长融街40号	500
95	成华区槐树店邻里互助日间照料中心	槐树店一路333号	300
96	成都悦年华颐养日间照料中心	跳蹬河南路140号	300
97	成华区同乐社区日间照料中心	同乐北二巷	800
98	成华区正街社区日间照料中心	火神庙路63号	300
99	成华区秀林社区日间照料中心	华冠路4号	200
100	成华区龙锦社区日间照料中心	成宏路40号	180

续表124

序号	机构名称	地址	建筑面积（平方米）
101	成华区桂林社区日间照料中心	桂林萃岛北区	300
102	成华区向龙社区日间照料中心	宝耳路3号	150
103	成华区向龙社区龙华居日间照料中心	华甸路6号	150

位改造200张，散居特困老年人家庭、低保及低保边缘老年人家庭、计划生育特殊老年人家庭和空巢独居老人家庭实施家庭设施适老化改造768户；打造和美社区、培华路社区、万晟社区、花径路社区4个社区嵌入式养老服务示范点位，建成猛追湾街道踏水社区养老综合服务站。

（包　梅）

【居家养老服务】　成华区做好特殊困难老年人购买居家养老服务工作，成都泽安养老服务有限公司、四川祥福通养老服务有限公司、成华区安康年养老服务中心、颐佳（北京）养老服务有限公司、成华区和生祥和老年护理中心5家服务机构，全年为特殊困难老年人开展助洁、助餐、助浴等居家养老服务4860人次，完成困难老年人和空巢独居老年人家庭适老化改造89户。

【社区嵌入式养老服务站点建设】　成华区打造踏水社区嵌入式养老服务站点，建筑面积300平方米，覆盖社区周边电子科大东苑、府青惠园等小区1000名老人，提供医养康复理疗、照护、助医、助餐、精神慰藉、休闲娱乐等服务，全年开展康复义诊活动5次、老年文娱活动14次、老年健康教育5次、培训4次，提供助餐服务和居家服务。

【养老特色服务】　成华区推进“一院一中心多站点”社区居家养老服务网络建设，构建15分钟养老服务圈，建成投用跳蹬河街道杉板桥社区、万年场街道红桥社区2处养老服务综合体，开工建设东华社区、八里庄社区、一里塘社区3处养老服务综合体；投入资金850万元，改造同乐敬老院护理型床位；利用杉板桥社区养老服务综合体功能空间，嵌入多元化专业服务、适老化智能产品，创建线上线下沉浸式智慧健康养老模式，为辖区老人提供健康管理、适老化智能设备、辅具器械等沉浸式体验，帮助老年人融入信息化社会、提升生活的幸福感。

【“岁月厨香”老年助餐服务点建设】　成华区新建双水碾街道横桥社区老年助餐服务点、双桥子街道新鸿社区老年助餐服务点、双桥子街道三街坊社区老年助餐服务点、龙潭街道向龙社区老年助餐服务点、二仙桥街道理工大学老年助餐服务点、二仙桥街道泰博理想城老年助餐服务点、成都市第六人民医院老年助餐服务点、府青路街道八里庄社区老年助餐服务点8处，为有需求的老人提供就近、便捷的助餐服务。截至年底，全区共有“岁月厨香”老年助餐服务点48处。

（包　梅）

表125　2021年成华区老年助餐服务点一览表

序号	助餐点位名称	地址	运营方	所属街道
1	双桥子街道新鸿社区老年助餐服务点	新鸿南路86号47栋	四川祥瑞通养老服务有限公司	双桥子街道
2	双桥子街道三街坊社区老年助餐服务点	双桥路77号	成都鑫科佳为科技邮箱公司	
3	双桥子街道新鸿社区老年助餐服务点	新鸿路342号	成华区菽香老年服务中心	
4	双桥子街道菽香里社区老年助餐服务点	菽香里2号	成华区菽香老年服务中心	
5	双桥子街道双桥路北社区老年助餐服务	双桥路223号	成华区菽香老年服务中心	
6	双桥子街道双林中横路社区老年助餐服务点	双林路44号附1号	安康年养老院	
7	双桥子街道万晟社区老年助餐服务点	小龙桥新街88号	爱照护养老院	
8	猛追湾街道踏水社区老年助餐服务点	府青东街15号	成都宏明怡倍康养老服务有限公司	猛追湾街道
9	猛追湾街道建华社区老年助餐服务点	一环路东二段82号	成都宏明怡倍康养老服务有限公司	
10	猛追湾街道培华路社区老年助餐服务点	建设南街12号	成都颐心源健康管理有限公司	
11	猛追湾街道培华社区老年助餐服务点	建设路43号	成都宏明怡倍康养老服务有限公司	
12	猛追湾街道祥和里社区老年助餐服务点	祥和里26号	成华区和生祥和长者康护中心	

续表125

序号	助餐点位名称	地址	运营方	所属街道
13	成都理工大学老年助餐点	理工大学理工宾馆	成都理工大资产经营有限责任公司	二仙桥街道
14	泰博理想城老年助餐点	泰博理想城二期	成都康和格调酒店管理有限公司	
15	二仙桥街道仙韵社区助餐点位	泰博理想城	康和敏盛	
16	二仙桥街道长林盘社区理工东苑助餐点位	理工大学东苑	理工大学	
17	二仙桥街道下涧漕社区老年助餐服务点	下涧槽路11号	颐佳养老	
18	二仙桥街道东华社区老年助餐服务点	民兴北二路20号	四川黄金年养老有限公司	
19	府青路街道八里庄社区助餐服务点	二环路北四段49号附3号	敬老爱老	府青路街道
20	府青路街道文德社区老年助餐服务点	文德路44号	睿道之心	
21	府青路街道怡福社区老年助餐服务点	怡福路118号	泽安养老	
22	府青路街道李家沱社区老年助餐服务点	华油路6号	敬老爱老	
23	府青路街道桃蹊社区老年助餐服务点	明珠路35号	睿道之心	
24	万年场街道长天路社区老年人助餐点	长天路11号	成都颐佳康蓉养老服务有限公司	万年场街道
25	万年场街道联合社区老年人助餐服务点	双庆路99号附211号	成都颐佳康蓉养老服务有限公司	
26	万年场街道红桥社区老年助餐服务点	跳蹬河南路18号	华润悦年华养老院	
27	双水碾街道横桥社区养老助餐点位	羊子山路3号附22号	配餐点	双水碾街道
28	双水碾街道东沙路社区老年助餐服务点	东沙街50号	成华区自在城老年服务中心	
29	双水碾街道花径路社区老年助餐服务点	福康街25号	成华护润德康复医院有限公司	
30	双水碾街道云锦社区老年助餐服务点	双荆路6号	护润德养老院	
31	跳蹬河街道锦绣社区老年助餐服务点	东秀二路227号	大蓉和	
32	跳蹬河街道杉板桥社区老年助餐服务点	成华大道杉板桥路266号	配餐点	跳蹬河街道
33	跳蹬河街道锦绣社区老年助餐服务点	东秀一路219号	正黄养老院	
34	跳蹬河街道建兴社区老年助餐服务点	建祥路6号	颐心源养老院	
35	保和街道和顺社区老年助餐服务点	和润路59号	成都颐佳康蓉养老服务有限公司	保和街道
36	保和街道和美社区老年助餐服务点	和丽路68号	全季酒店	
37	保和街道和美社区老年助餐服务点	和美东路8号	成都颐佳康蓉养老服务有限公司	
38	成都市第六人民医院青龙场院区老年助餐点	致强路247号	医院食堂	青龙街道
39	青龙街道致强社区老年助餐服务点	致强环街505号	泽安养老	
40	青龙街道东林社区老年助餐服务点	荆泰二路40号	泽安养老	
41	青龙街道仁义路社区老年助餐服务点	西林四街29号附2号	颐佳养老	
42	龙潭街道向龙社区老年助餐服务点	华甸路8号附12号	配餐点	龙潭街道
43	龙潭街道正街社区老年助餐服务点	火神庙路63号	成都市五行八方社区服务有限公司	
44	龙潭街道华泰社区老年助餐服务点	华泰路3号	颐佳养老	
45	龙潭街道正街社区老年助餐服务点	火神庙路86号	新安居社区康养中心	
46	白莲池街道将军社区老年人助餐服务点	熊猫大道11号	阳光家园共享合营	白莲池街道
47	白莲池街道地家养老院老年人助餐服务点	蜀陵路367号	地家养老院	
48	白莲池街道回龙社区老年助餐服务点	熊猫大道1333号	遐龄居日间照料中心	

社区发展治理

【概况】 2021年，中共成华区委社区发展治理委员会深化“党建引领、双线融合”改革，围绕“示范牵引、重点攻坚、精细治理、社区防控”等工作主线，全力推进“爱成都·迎大运”共建共治共享七大行动，打造全市最美大运社区1个、主题社区4个；创新“一张图+八件套+三本台账”社区疫情常态化防控机制，处置3个小区1.4万人封闭管理；统筹落实幸福美好生活十大工程，承办成都市幸福美好生活十大工程首批机会清单发布会暨首次项目建设现场推进会。中共成华区委社治委获评2021年度成都建设全面体现新发展理念的城市改革创新先进集体、2021年度成都市城乡社区发展治理重大贡献工作和创新突破奖。

【社区发展治理工程实施】 成华区建设“双示范”点位23个，打造新华坊街区、东郊记忆艺术街区、龙潭客家文化休闲街区、新北天地商贸旅游发展街区、地勘路咖啡文化产业街区、和美社区和文化文创街区、羊子山古蜀文化创生街区、420工业文旅街区、熊猫地球村等13条特色街区。四川音乐学院与成华区合作率先探索试点社区美育中心校地共建，市级社区美空间完成率、市级社区微更新项目竞赛获奖数、市级社区商业“好项目”获评数位居全市第一。区委社治委协同完成幸福美好十大工程项目312个，总投资224.3亿元；承办全市首批机会清单发布会暨首次现场推进会、全市“天府社区游”旅游产品发布会；开展基层治理创新探索，杉板桥社区“数字孪生社区+社区资源地图”试点成效初显，东方新城二期“网约房”治理模式获评2021全国智慧治理创新案例，锦绣社区、和美社区跻身全市4个首批中国儿童友好试点社区行列，石油苑小区获评四川省基层治理首批“百佳示范小区”。

【社区发展治理机制创新】 成华区在双桥子街道和青龙街道试点，深化市域社会治理现代化和社区发展治理实践，健全“党委领导、双线融合”机制，推动治理重心下移和效能提升，探索推进街道“四个一”管理机制改革试点工作。成华区推进天府社创中心阵地建设，依托省社会组织孵化平台和天府社创中心，构建省—市—区—街道—社区五级社会组织（社会企业）孵化培育体系，探索“大联动·家空间”智慧治理新模式获评2021年度成都市党建引领城乡社区发展治理最佳创新案例。

【社区疫情防控】 成华区新冠肺炎疫情防控形成部门、街道、社区三级防控体系，发挥党建引领和社区发展治理优势，组织2万人队伍投入社区疫情防控，全年社区排查管控和“11·2”疫情处置，筑牢社区防线，保障全区居民正常生产生活。全年累计排查国内重点地区抵成都15747人，其中国内12261人、成都本土704人、境外抵蓉人员2782人。全区采取“人防+技防”措施，一对一落实居家服务管理，累计居家隔离7067人。“11·2”疫情防控期间，对华府沙河、理工东苑、兴元华盛实施动态管理，涉及5100户1.4万人。

【示范社区小区建设】 成华区探索社区空间“公益性+商业性+低偿性”运维模式，实现社区公共空间、社区项目自我造血；推进双林社区、建设中路社区、东华社区、升仙湖社区、建兴社区、迎晖社区、和欣社区、西林社区、向龙社区、狮子社区、院山社区、石油社区12个示范社区建设，被确定为2021年度成都市党建引领城乡社区发展治理示范社区。成华区结合幸福美好十大工程和“我为群众办实事”等重点工作，按照小区空间形态、治理状态、物业业态、民生质态推进示范小区建设。

4月26日，成都“天府社区游”旅游产品发布会在成华区猛追湾街道望平社区纸云广场举行

（区委社治委供图）

保和街道对东方新城二期小区进行智慧化营造、景观化改造和人文化塑造，小区“网约房”治理创新案例，作为成都市第一批市域社会治理现代化试点工作拉练点位。东方新城二期小区、泰博理想城二期小区、富丽东方小区、沙河路苑小区、首创国际城二期小区、华润六期锦云府小区、青秀名邸小区、龙华居小区、翠林华庭小区、双桥路171号小区、望平滨河路18号院、蓝客城小区一期12个小区，被确定为2021年度成都市党建引领城乡社区发展治理示范小区，石油苑小区获评2021年四川省基层治理百佳示范小区。

【“爱成都·迎大运”社区共建共治共享行动】 成华区全力推进“爱成都·迎大运”共建共治共享七大行动，全年完成“爱成都·迎大运”社区共建共治共享行动项目106个；在“天府社区”游旅应用平台上线望平社区、下涧槽社区、狮子社区等10个社区旅游点位，围绕吃、住、行、游、购、娱，结合社区宝藏打卡点位、社区漫游路线、社区主题地图、精品社区推介等功能，展现成华社区美学和生活内涵。成华区将望平社区打造为全市“最美大运社区”，推出“烟火成华，醉美望平”“环游成华”2条最美大运社区旅游线路，培养6名最美社区导游；举办在成都·游社区——“天府社区游”旅游产品发布会，围绕“公园城市”建设和“场景营城”目标，通过猛追街道MV、街头艺人演出、现场集市等多样形式，助力社区场景营造、社区旅游激活、社区经济重塑。

【社区规划师制度建设】 成华区以社区规划为牵引，利用社区规划工作经费450万元，带动辖区企业、商家、物业、居民等采取多种方式筹集资金360万元，共同推进社区规划项目建设；联合四川大学、电子科技大学、成都大学等院校，指导社区开展社区微更新建设，一批优秀的社区规划师得到市级部门认可，刘虹敏在全市社区美空间研讨会就成华经验作交流发言；上海、南京、杭州、重庆等地23批次微更新建设团队到成华区实地参观调研，交流微更新建设经验。全区有11名规划师被评为2021年度优秀社区规划师、11个众创组被评为2021年度优秀社区规划众创组。成华区龙华居·公园里·互助情在地互助型公园生态小区营造获评2021年度成都市社区微更新项目竞赛一等奖。

【社区美空间打造】 成华区依托社区广场、公园、街区、绿道、商家店铺、“金角银边”等场域，以展示社区地域文化、历史文化和产业特色为导向，融入美学元素，彰显主题特征，打造集艺术表达、文化展示、消费体验、情感交流等多功能于一体的社区美学运用场景。成华区学习强国主题街

表126　2021年成华区优秀社区规划众创组和优秀社区规划师一览表

序号	优秀社区规划众创组	优秀社区规划师	所属街道
1	双林社区规划众创组	张　波	双桥子街道
2	望平社区规划众创组	任　刚	猛追湾街道
3	怡福社区规划众创组	唐　毅	府青路街道
4	仙韵社区规划众创组	凌　岚	二仙桥街道
5	锦绣社区规划众创组	周玉麒	跳蹬河街道
6	槐树店社区规划众创组	彭怡馨	万年场街道
7	和美社区规划众创组	杨　娜	保和街道
8	横桥社区规划众创组	邓　萍	双水碾街道
9	东林社区规划众创组	袁　阳	青龙街道
10	向龙社区规划众创组	刘虹敏	龙潭街道
11	将军碑社区规划众创组	王景文	白莲池街道

表127　2021年成华区获评全市社区美空间示范项目一览表

序号	社区美空间示范项目	所在街道
1	学习强国主题街区	双桥子街道
2	猛追湾故事馆	猛追湾街道
3	下涧槽灯光球场	二仙桥街道
4	毛边书局·桃蹊书院	府青路街道
5	B-GARDEN茶餐厅	万年场街道
6	成华之恋·爱转角	跳蹬河街道
7	文轩books	
8	万科·城市生长馆	
9	新山书屋	
10	和美社区生活美学馆	保和街道
11	九林语文化中心	
12	一里塘社区睦邻荟	白莲池街道

区、猛追湾故事馆、下涧槽灯光球场等12个社区美空间获评“全市社区美空间”示范项目。

【社区商业消费场景营造培育】 成华区推动猛追湾望平街、建设巷美食街，打造“特色街巷”社区商业场景；崔家店、龙潭寺、东客站3个社区商业依托汇集的公共交通，打造“TOD”社区商业场景；城东体育公园、二仙桥公园二期、北湖公园社区商业与绿化景观融合，打造“社区绿道”商业场景。成华区融入“大社区”概念，集成便民服务、共享办公、潮购娱乐、亲子康养等多种业态，将社区服务与商业服务有机结合，依托新山、东林社区综合体，引入市级国有平台公司打造体育特色社区综合体。

（谭　捷）

民族宗教事务

【概况】 2021年，成华区内有回族、满族、藏族、土家族、彝族、羌族、苗族、蒙古族、壮族、哈萨克族等46个少数民族，户籍少数民族人口1.20万人，流动少数民族人口1.71万人。区域内有成都昭觉寺、龙潭寺两个佛教活动场所。成华区民族宗教局依托院山社区新经济产业园区、西南财经大学天府学院成都校区、龙潭客家文化等资源，打造民族团结示范实践创新基地，促进区内各族群众交往、交流、交融、携手共同团结奋斗，共同致力于中华民族伟大复兴。

【宗教事务管理】 成华区加强宗教事务工作宣传教育力度，利用区委常委会、区委宗教工作领导小组会议、区委统战工作会，传达全国、全省、全市宗教工作会议精神，研究贯彻落实办法；学习贯彻《宗教事务条例》《四川省宗教事务条例》《宗教团体管理办法》等系列法规，宣讲《中华人民共和国统一战线工作条例》《宗教教职人员管理办法》，规范宗教教职人员管理。区民宗局修订完善《成华区民族宗教事件应急预案》《成华区宗教活动场所应急预案》《成华区宗教场所疫情防控方案》《民族宗教领域有效防范政治风险实施方案》等应急预案，提高民族宗教事件应急处置能力；建立宗教场所消防安全管理台账，加强宗教场所制度化管理。

10月14日，区民宗局到成都照觉寺开展慰问活动　　（区民宗局供图）

【民族团结进步创建活动】 区民宗局推动各民族群众在空间、文化、经济、社会、心理等方面的全方位嵌入，对嵌入式社区——正街社区进行提档升级；完成院山社区铸牢中华民族共同体意识实践创新基地打造，在企业、院校和社区搭建创业实践、对外宣传教育、联谊交友、政务商务服务平台，营造各族人民共居、共学、共事、共乐社会条件。区民宗局结合民族团结进步创建、对口援藏、平安创建、禁毒宣传、扫黄打非、预防艾滋病等工作，广泛深入进行民族团结进步宣传教育。

【民族工作示范引领】 区民宗局组织开展维护民族团结，加强对少数民族政策法规宣传，预防和依法妥善处理影响民族团结的矛盾纠纷，营造中华民族一家亲的良好社会氛围。依托区委党校对局级领导干部党的理论和党性修养班、科级干部能力提升培训班作民族政策解读。全区党的民族政策更加深入人心，“中华民族一家亲”的社会氛围更加浓厚，促进各民族交往交流交融，巩固和发展平等、团结、互助、和谐的社会主义民族关系。

【宗教活动场所规范化建设】 成华区深入开展“和谐寺庙”建设，“7·1”“10·1”等重要节日宗教场所举行升国旗仪式，观看庆祝大会、聆听习近平总书记重要讲话；组织宗教界代表人士开展“学党史爱党爱国爱社会主义”主题教育，赴绵阳、德阳等地参观学习，增强“五个认同”。区民宗局加强宗教活动场所垃圾分类、环境整治，配合省民宗委、市民宗局投入40万元做好成都昭觉寺景观打造。

（蒋兆龙　刘　彬）

街　道

编辑　李锡清

双桥子街道

【概况】　双桥子街道位于成华区西南部，东与跳蹬河、万年场街道相连，南与锦江区牛市口街道为界，西至一环路东二段、东三段东侧，北与猛追湾街道接壤，辖区面积2.94平方千米。双桥子街道办事处驻双林中横路12号，辖菽香里、万晟、新华、新鸿、双林、双桥路北、三街坊、水碾河路北8个社区；2021年末常住人口14.14万人，户籍户数3.74万户，户籍人口10.18万人，人口密度4.81万人/平方千米。

双桥子街道地理位置优越，辖区有水碾河路、双林路、双桥路、双林北支路、新鸿路、建设南新路等道路，地铁4号、6号、8号线穿行辖区；有中国电信股份有限公司成都分公司、成都广播电视台、上海浦发银行成都分行、成都建工第七建筑工程有限公司、成都市残疾人综合服务中心、四川省成都列五中学、成都石室中学初中东区、成都市双林小学、成都市成华小学、成都新华医院、攀钢集团成都医院、成都城东医院等单位；恒大中央广场、中迪创世纪广场、金玉阳光酒店、高逸酒店等商务楼宇，苏宁易购万年场旗舰店、五星电器万年场店、北京华联等卖场；全国首个线下沉浸式“学习强国”主题街区，新华公园旅游景点。

2021年，双桥子街道全力推进三街坊、420特色街区打造，形成双桥子特色街区集群；以一环路市井生活圈、新华坊特色街区项目为牵引，深入推进水碾河路北、双桥路北、新鸿、菽香里社区等老旧社区有机更新，让市民家园更有颜值、市井生活更有品位；做好迪马常青社、祥福通等养老综合体运营，让辖区老年人乐享“家门口”优质养老服务；打造成都市首个社区普惠性托幼机构新鸿婴幼儿成长中心，经验做法得到国家卫健委肯定；完成3000名国企离退休党员接收工作。双桥子街道获评2021年成华区优秀重点项目、百日攻坚先进集体。

【经济发展】　双桥子街道聚焦经济发展“十大重点领域工作”精准发力，深入实施以商招商、联合招商等新模式，依托成都饭店锦天地、恒大中央广场、中迪创世纪、成都光明光电、泰丰、新鸿之心六大载体招大引强，推动辖区产业优结构、提能级、增效益；签约四川省自然资源投资集团矿产勘查开发总部项目、深圳华鹏飞股份西南运营中心项目、深圳控股西南区资产运营管理项目、上海睿享绿色健康智慧康养社区项目、深圳福友资本智能教育开放创新平台及应用示范项目、北京阿呆科技西南数字疗法服务平台项目、厦门易居达智能环卫等11个重大产业化项目；北京天地和兴科技安全研究平台、重庆太仓科技气缸体数字化创新研发中心2个“专精特新”工业项目，总投资50亿元。全年实现地方税收2.82亿元，固定资产投资9.12亿元，社会消费品零售总额增长13.10%，引进到位内资16.56亿元，引进到位外资3.11亿元。

【社区建设】　双桥子街道完善三街坊党群与邻里中心功能，构建“社区网络综合体”和5分钟智慧生活圈，打造有街坊情怀的“420智慧街区”，实现企业生活区与其他区域公共服务一体化；实施全域智慧治理、全域有机更新、封面智慧社区治理云平台与系统应用、智慧社区+社区体育、特色智慧民生工程五大工程，打造老旧城区小区、社区、街区、商区一体化现代治理的样板，以三街坊文化广场（420记忆馆）为中心节点，围绕“以成都为家”“以工厂为家”“以社区为家”三大主题，挖掘420工业文化基因，融合“成都+东北”生活元素，抽取工业文化元素，巧妙植入小区“微空间”，浸润社区“新空间”，通过街头工业小景观、110幅墙绘、“420记忆馆”等，形成南一街至南六街为“工业韵、生活味”十足的工业文明故事主题特色街区，再现420厂当年大生产大建设场景，激活社区空间动力，丰富美丽宜居社区形态，全面彰显成都东郊工业人文底蕴和优雅时尚的现代社区韵味，提升居民文化自豪感、归属感。新鸿社区获评2021年全省基层治理示范社区，三街坊社区获评成都市党建引领社区发展治理示范社区。街道党建领航·政企共建“学习强国”主题街区与“守望新鸿”智慧社区融合创新模式获评2021年度创新社会治理（市域治理现代化）典型案例，《政企共治、智慧街区、系统探索市域治理现代化新路径》获评2021年度创新社会治理最佳案例。双桥路北社区获评成华区“七无”平安社区

【城市更新】 双桥子街道投入资金1137.64万元，加大新鸿路414号、新鸿北支路2号、菽香里片区3个城市建设项目更新力度；完成双华路、万年场横街背街小巷整治，做实小龙桥市井生活圈城市更新；配合完成一环路道路、绿化及配套设施整治，对重要区域和重要视角节点等进行全面升级更新，建筑物广告、店招、夜景灯光、环境绿化等全方位提升，体现一环路市井生活烟火气；推进水碾河路北、双桥路北、新鸿等老旧社区有机更新，提升城市功能品质。

【城市管理】 双桥子街道投入资金500万元安装监测水压芯片，覆盖辖区8个社区、老旧院落686个，建成1499套室外消防栓，9个一体化消防泵站，安装智慧烟感报警装置6035套，无线水流传感器100套，无线可燃气体传感器300套，各项感应末端均通过物联网与街道大数据中心相连，有效增强辖区消防安全韧性；拆除一环路楼顶违法建设19处、卷帘门165樘；开展电动自行车、城镇燃气等专项整治行动，安装智能充电桩123处，梯控101部，物理隔绝电梯25部，餐饮场所安装可燃气体报警器300个。全年排查企业及小区院落隐患点位702个，隐患1098处，整改率100%。双桥子街道老旧小区智慧消防建设评为成华区我为群众办实事“百优十佳”项目。

【“治重化积”专项治理】 双桥子街道狠抓群众合理诉求解决，压紧压实化解稳控责任，确保案件化解有效推进，持续营造良好生态环境。省环保督察和中央环保督察期间，围绕改善生活条件，提高广大居民生活质量，全面复核省督、央督生态环境督察点位，按照“一案一策、当期治标、长期治本”的原则，办理省环保督察主办件6件、协办件2件，中央环保督查主办件12件；收到区信访联席办交办信访案件8件、化解信访案件6件。

【老旧小区改造】 双桥子街道将新鸿路342号1栋、一环路东三段91号、一环路东三段99号附1号、天一小区、万年场横街21号、双桥路249号2栋、新鸿南路77号9栋、16栋、37栋、38栋10个老旧小区纳入改造，建筑面积12.52万平方米，总投资2060万元，按照“基础类、完善类、提升类”三类标准，将适老化、亲民化、便利性理念融入改造，截至年底10个老旧小区改造任务全面完成。

【国有企业移交退休人员社会化管理】 双桥子街道有中国航发集团成都发动机公司、中国五冶集团、成都光明光电等国有企业职工1.7万人，全年完成3000名国企离退休党员接收工作。街道探索国有企业退休人员社会化管理机制，探索退管站管理新模式，出资和企业联合成立成都市首个国企移交退休人员退管站，以退管站管理为主，社区管理为辅，探索专业化管理模式，引入专业社会组织参与退休人员社会化

7月8日，国家发改委体改所副所长汪海率队到双桥子街道调研国企退休人员社会化管理工作
（双桥子街道供图）

5月26日，迪马常青社新鸿乐养社区举行启动仪式　　（双桥子街道供图）

管理，做好国有企业退休人员实行社会化管理的各项服务保障工作；探索多阵地管理模式，按照“整合资源、利于管理、方便群众”原则，搭建双桥子街道退休人员活动之家等平台，丰富企业退休人员的业余生活。

【多元养老体系建设】　双桥子街道推进养老综合体系建设，探索社区综治中心+文化中心+养老中心+邻里中心一体化运行机制，打造新鸿、三街坊2个养老综合体和万晟、双林2个养老中心，实现“公益+市场服务”；打造5个社区养老配餐服务点，实现街道养老服务全覆盖；做好迪马常青社、祥福通养老服务综合体建设，让辖区老年人口乐享“家门口”优质养老服务。迪马常青社新鸿乐养社区位于新鸿北支路4号，建筑面积1.52万平方米，有141个房间、床位256张，践行国际康养机构标杆水准，为高龄自理长者提供健康管理、娱乐活动、生活照料及医疗护理一站式服务，打造全优居所、全面配套、全程服务“三全”养老生活体验，确保长者拥有健康、安全、舒心的生活环境。祥福通养老服务综合体位于新鸿南路86号，建筑面积1000平方米，床位50张，有三种房型、配有独立卫生间，实现养老、日间照料、康护理疗、助餐、文化活动“一体化”养老中心。

【新鸿婴幼儿成长中心打造】　双桥子街道按照“政府主导、市场主体、商业化逻辑”的理念，将社区资源与社会力量创新结合，在新鸿社区党群服务中心打造成都市首个社区普惠性托幼机构“新鸿社区婴幼儿成长中心”，让更多家庭尽享“价廉质优”的专业托育服务。中心以“公益载体+企业化”运营模式，联合打造400平方米成长中心，提供普惠性托位60个，全日托、临时托、延时托等灵活性定制化服务，切实解决社区居民托幼难题；将家庭育儿指导、孕期心理辅导等以公益化形式向社区家庭衍生，得到社区及周边居民的高度评价。截至年底，新鸿社区婴幼儿成长中心服务儿童133人次，间接服务家庭217组，新鸿社区婴幼儿成长中心幼儿托育入选2021年成都社区商业好项目。

【“书香社区”创建】　双桥子街道围绕全民阅读活动主题，丰富辖区群众精神文化生活，提高市民文化素质，引导群众多读书、善读书、读好书，将法律知识、科普常识、交通安全、疫情防控、低碳生活、禁毒防邪等知识送到群众家门口，让社区居民不出社区就能品尝“文化大餐”；引进喜马拉雅然宇文化服务中心及立方美术空间入驻，打造喜马拉雅有声图书室，激发社区居民读书热情，三街坊社区获评“成都市书香社区”。

（韩琳琳）

猛追湾街道

【概况】　猛追湾街道位于成华区西南部，东至二环路，南与东风路相连，西临锦江河，北至府青路二段，辖区面积4.08平方千米。猛追湾街道办事处驻猛追湾街1号，辖望平、祥和里、建华、石油、培华路、建设中路、踏水7个社区；2021年末常住人口15.62万人，户籍户数3.77万户，户籍人口11.13万人，人口密度3.83万人／平方千米。

猛追湾街道地理位置优越，辖区有玉双路、天祥路、望平滨河路、石油路、建设路等道路，地铁3号、4号、6号线穿行辖区；有中国电力工程顾问集团西南电力设计院、中国测试技术研究院、信息产业电子第十一设计研究院科技工程股份有限公司、成都建筑材料工业设计研究院有限公司、中国石油西南油气田分公司、中国石油集团川庆钻探工程有限公司、雅砻江流域水电开发有限公司等总部企业；电子科技大学沙河校区、成都石室初中培华校区、成都双语实验学校、成都市蜀兴职业中学、成都市培华小学等学校；世茂大厦、华茂广场、成华科技大厦、高地中心等高端商务楼宇；成都印象城、伊藤洋华堂建设店、钻石广场、优客城市广场、未来中心等现代商贸中心；天府熊猫塔、猛追湾市民休闲区旅游景点；建设路特色街区、339酒吧文化一条街、建设巷美食网红打卡地。

2021年，猛追湾街道壮大总部经济和楼宇经济，打通上下游产业链，力促新华盛石油、油服网、新越盛和等一批关联企业落地；锚定一楼一特色，力促铁骑力士全球数字化中心、神光石英西南总部等一批头部企业入驻；构建以亚太并购大厦为金融总部、世茂大厦为能源总部、华茂广场为新经济高地、十一科技楼为科技总部等一楼一特色的楼宇经济圈；推进“吃住行游购娱”全产业链打造提升，连通锦江绿道与一环路市井生活圈，助推猛追湾市民休闲区、锦江绿道示范段建设。猛追湾街道被中共成都市委办公厅、成都市人民政府办公厅表扬为“一环路市井生活圈规划建设管理工作担当作为先进集体”，获评成都市三星级平安街道、2021年成华区百日攻坚先进集体。

【经济发展】 猛追湾街道深化强链补链招商，推动西南油气田总部基地建设、成都万物互联国际物联网产业创新园、天府大数据国际战略与技术研究院项目落地；培育科技服务、现代物流、信息服务、国际贸易等生产性服务业，实现总部产业与生产性服务业互动融合发展；围绕吉玮科技、康赛、智信电子等企业吸附能力，发展以移动互联网、大数据、人工智能等为技术支撑的环电子科大高校科技型经济；加快成华公园、339船行水域等项目建设，扩大“烟火人间三千年，成都上下猛追湾”城市IP影响力和辐射力。全年签约引进亿元以上产业化项目15个，其中5亿元以上重大项目3个（宝石花餐饮服务项目、神光科技高新材料科技创新园暨西南总部项目、新疆贝肯能源西南石油工程技术服务项目），亿元以上产业化项目12个；注册资本亿元以上企业8家，5000万元以上企业20家，1000万元以上企业366家，注册资本总额276.76亿元。全年实现全口径税收34.94亿元，地方税收14.36亿元，固定资产投资21.05亿元，社会消费品零售总额增长13.47%，引进到位内资26.75亿元，引进到位外资3.29亿元。

【社区建设】 猛追湾街道探索形成“1223N”党建品牌工作法，用品牌化路径创新党建引领模式，以人城产发展逻辑完善“一带双中心三街”空间布局，打造追梦湾Dream One特色党建品牌，发挥街区综合党委政治引领作用，强化滨河街区“美食+文化”创智活力带和商巷、肆坊、闲里三大主题特色街的治理效能；探索商业街区“社区共同体”发展治理模式，打造社区商业消费新场景，构建社区优质生活服务圈；依托建设路商圈党委、商会资源，以党建圈、居民圈、经济圈、服务圈“四位一体”理念助推繁华文明“多彩”商圈建设；探索“商圈+党建”新模式，打造6个支部活动阵地，形成出入友好、邻里守望“红色”幸福院坝；探索商业街区型“社区共同体”发展治理模式，打造社区商业消费新场景，构建社区优质生活服务圈；依托一环路市井生活圈建设巷节点带动连片更新，统筹推进街区文化传承与更新、街区资源活化与肌理调整、社会治理与发展统筹；推进建设中路社区特色发展治理项目示范创建工作，建设中路社区禧宝堂普惠型社区母婴服务站项目获评2021年成都社区商业“好项目”。望平社区获评“2021年全省基层治理示范社区”。建设中路社区获评成华区“七无”平安社区。

【城市更新】 猛追湾街道按照锦江公园街巷设计要求和“一点一味”“一街一魂”差异化设计理念，全面提升望平街、天祥街、玉双路、滨河路等11条街区品质，打造可进入、可参与、可休憩的生活多元化复合型综合街区；通过建筑外立面整治提升、店招门头艺术化呈现、新型消费场景营造、慢性交通组织优化等植入“玉双八景”等主题景观，推进“吃住行游购娱”全产业链打造提升，连通锦江绿道与一环路市井生活圈，助推猛追湾市民休闲区、锦江公园核心区、锦江绿道示范段建设，成为公园城市打卡网红地标。猛追湾滨河路获评成都市2021年“十佳”招牌示范街道，玉双路获评成都市特色街区。猛追湾片区在中国城市更新论坛

成都市特色街区玉双路 （区融媒体中心供图）

上获得城市更新片区示范大奖，被确定为省级步行街改造试点街、成都市首批夜经济示范点位，8月24日猛追湾城市更新项目获住建部表扬。

【城市管理】　猛追湾街道建立街道—科室—社区—网格四级城市管理责任体系，强化治理动态监管，建立横向到边、纵向到底的河渠水环境管理和治理工作机制，加快污水收集配套管网系统建设和病害管网整治实现雨污分流；改造新鸿苑、培华西路3号、布坝子9号、一环路东一段99号、猛追湾东街6号、建设中路市场6处污水管网；开展电动车安全整治等专项行动，全年排查各类安全隐患2251处，安装梯控398部、智能充电系统156套、消防球2632具。

【“治重化积”专项治理】　猛追湾街道坚持和发展新时代“枫桥经验”，建立预防和化解矛盾常态化、长效化工作机制，制定“治重化积”专项工作季报、月报、敏感节点“日报”“零报”等制度，全面落实首办责任，健全完善工作措施及时跟进疏导，落实困难帮扶。街道接收上级交办化解责任件2件、稳控责任件1件，化解率100%；办理中央环保督察案件54件、协办件11件，省环保督察案件15件。

【老旧小区改造】　猛追湾街道辖区8个片区纳入棚户区改造，面积260亩、惠及住户5000户，双林路348号山川汽修厂宿舍、二环路东二段10号科仪厂宿舍、一环路东二段96号、培华东路耐材厂4个地块项目完成签约及旧房拆除。街道将电子科大东二院、电子科大东四院、刃具厂宿舍14和15栋、猛追小区、水泥厂宿舍、玉双路1号、天祥街22号、天祥街70号、天祥街99号、福利厂宿舍、东

猛追湾望平坊商业街　　（区融媒体中心供图）

风路22号、四川广播电视局宿舍、建华南巷5号、建华南巷7号、晚报宿舍、双林巷7号、双林巷9号、双心苑19个老旧小区纳入改造，建筑面积18.36万平方米，总投资1.18亿元，按照“基础类、完善类、提升类”三类标准，将适老化、亲民化、便利性理念融入改造，截至年底19个老旧小区改造任务全面完成，电子科大东二院老旧小区打造为成都首个教师群落书香文化小区。

【标准化街道级社工站打造】　猛追湾街道在望平坊街区打造五社联动、平台叠加、功能集成的街道级社工站，促进街道社工人才队伍建设和社会工作专业化发展，通过完善设施设备、健全服务机制、优化服务功能、委托专业机构运行等方式，更快、更好、更精准地回应居民多元化服务诉求。7月8日，猛追湾街道承办民政部乡镇（街道）社工站建设中西部片区现场会，猛追湾街道社工站作为民政部乡镇（街道）社工站建设中西部片区现场会参观考察点位，迎接民政部和全国18个省民政厅领导的检查和指导，受到民政部副部长王爱文高度肯定。

【退役军人“服务超市”打造】　猛追湾街道在培华路社区打造成华区第一个惠军“服务超市”，作为全区首个示范点位，“服务超市”设置一体机资讯导引、企业服务图册展示、终端机自助服务、人工服务台4个区块，为军人及军属提供各类服务的“一站式”综合服务平台，受到省市退役军人事务部门主要领导肯定，退役军人部领导前来调研给予肯定。截至年底，退役军人“服务超市”签约金融、银行6家服务单位。

【成都市夜经济示范点建设】　猛追湾街道培育发展“夜游、夜秀、夜市、夜娱、夜宿”等夜经济社区商业新业态，“五夜联动”引育消费场景，打造参与互动与消费体验全链条，结合Neon Dance霓虹跳舞俱乐部、KEZEE Music Live、卡丁车、成都拾野自然博物馆等高品质休闲文娱项目及“笨”系列文创产业，提供差异化、个性化旅游休闲定制服务。望平坊滨河主题商业街以成华工业文明为设计元素，以地刻铺装、光影装置、艺术雕塑为方式呈现老成都文化场景，打造网红轻餐甜品、文化体验与原创设计集聚区，对沿河商家和居民楼实施立面改造、泛光工程等丰富夜游锦江消费新场景。猛追湾片区获评成都市首批夜经济示范点位、2021年度风尚夜经济场景。

【繁华肆锦·十二月市打造】 2月7日，成都2021繁华肆锦·十二月市在猛追湾望平坊正式开市，市集以“春来新桃换旧符”“成渝联手迎新春”“国风游戏乐新春”为主题，以成都地标性区域“339”商圈为核心，沿猛追湾滨河路上下湾区，联动周边商业综合体及商铺，将美食品牌、沿江小店打造为特色集市，协同区域文创企业联合打造最具“成华味儿”“烟火气”的江畔美食文创集；活动以创新的方式重现宋代“十二月市”的盛景，传播和弘扬中华优秀传统文化，打造“推门就是美好生活”的新消费场景，为市民营造节庆打卡网红地标。

【公园城市打卡网红地标创建】 猛追湾街道聚焦打通锦江公园生态价值转化通道，携手成都市绿道公司创新“上下湾区分段整体打造”模式，一体化打造1.68平方千米锦江公园成华段滨水黄金地带，围绕猛追湾市民休闲区，以锦江滨河绿道成华段为轴，串联祥和里、香香巷、天祥街等地段，导入开敞城市空间，保留升级业态，有机串联天府熊猫塔、成华公园，打造滨江公共空间和体现“老成都、蜀都味、国际范”的现代文化休闲区。猛追湾市民休闲区获评成都市城市更新片区示范区，被确定为省级步行街改造试点街区、成都市首批夜经济示范点位。8月24日，猛追湾城市更新项目受到住建部表扬。

（杨　戈）

府青路街道

【概况】 府青路街道位于成华区西北部，东至二仙桥西路、建设北路三段，与二仙桥、跳蹬河街道相接，南至二环路东一段、府青路二段，与猛追湾街道毗邻，西至一环路北四段、三友路、二环路北四段，与金牛区驷马桥街道接壤，北至解放路一段、驷马桥路、八里庄路，与青龙街道相连，辖区面积5.71平方千米。府青路街道办事处驻双建路70号，辖八里庄、李家沱、怡福、文德、桃蹊、桃源6个社区；2021年末常住人口15.06万人，户籍户数4.06万户，户籍人口10.57万人，人口密度2.64万人／平方千米。

府青路街道地理位置优越，辖区有三友路、府青路、八里庄路、地勘路、桃蹊路、建设北路等道路，地铁3号、6号、7号线穿行辖区；有四川省机械化工程公司、四川省地质工程勘察院、四川省成都华西中学、成都大学附属中学、成都市成华实验小学、电子科技大学附属小学（蓝水湾校区）、核工业四一六医院等单位；成都凯龙财富大厦、财富又一城等商务楼宇；永立·星城都、东立国际、成都陶玻酒店用品城、王府井DISCOVERY、麦德龙PLUS等商贸中心；朗诗总部、喜马拉雅、环媒科技等互联网新兴企业；毛边书局·桃蹊书院、地勘路咖啡文化产业街网红打卡地。

2021年，府青路街道全力推动驷马桥商圈向百亿商圈迈进，按照商业商务“双轮推进、龙头引领”模式，坚持“项目为王”理念，以世界500强王府井和麦德龙为龙头，形成“全龄友好型”城市级商业核心；统筹推进经济发展、疫情防控、信访维稳、民生保障等各项工作落实落地。府青路街道获评成都市三星级平安街道。

【经济发展】 府青路街道驷马桥商圈现代商业商务集群投运中影晴瑞CGS影城西南旗舰店和肆坊美食街，王府井、麦德龙开业；签约厦门见福智慧零售门店项目、四川君安康爱尚健康科技、愿景基石工程管理及技术服务项目、红点设计4个重大产业化项目；新增企业5367家，其中注册资金1亿元以上企业5家、5000万元以上企业18家。全年实现地方税收6.21亿元，固定资产投资27.97亿元，社会消费品零售总额增长17.74%，引进到位内资24.46亿元，引进到位外资3.81亿元。

【社区建设】 府青路街道构建党建引领多元参与共治新局面，推进“两新”组织“两个覆盖”攻坚行动和“红色先锋·示范物业服务企业”建设行动，加大物业企业、楼宇企业和高科技企业等党组织建设，强化“两新”党组织对辖区发展治理和服务引领；以凯龙财富大厦、毛边书局·桃蹊书院、地勘路咖啡特色文化产业街区、永立·星城都肆坊美食街等点位，以党建联盟为主导，整合商家、居民、志愿者，组建商家联盟、商居联盟、义工联盟，构建党建引领多元群体参与共建共治共享共赢新格局；以“互联网+实体站点”退役军人服务超市试点建设为抓手，为退役军人提供全生命周期、全生活领域的信息资讯和推介服务，引导退役军人投身社区发展治理工作。桃源社区获评成华区“七无”平安社区。

【城市更新】 府青路街道打造地勘路咖啡文化特色街区，以“一店一品”为风格，构建“游购娱食”一体的全通式体验消费新场景；聚焦美食、文化、咖啡、潮饮等元素打造时尚潮流街区，作为成都首条咖啡文化特色产业街，地勘路咖啡文化产业街获评成都市“文化产业示范街区”；打造金边银角时尚运动美空间，对府青路立交桥下“灰色地带”实施活化，构建具有“时空走廊、摩登花街、彩虹乐园、光影舞动、萌童乐园、电音滑板、时尚球场及社区活力”等9大主题片区的运动空间，成为市民休闲健身打卡地，作为全市“金边银角”现场会观摩点位，府青运动空间获评2021年成都生活美学大赏“年度十大空间”。

【城市管理】　府青路街道对在建工地、危险化学品、公众聚集场所、特种设备等行业领域开展拉网式排查，全年排查508次，督导检查单位533家，发现整改安全隐患364项；协调处理八里阳光小区、天伦花园围墙等安全隐患6处；开展电瓶车停放、充电专项整治，推广智能充电设施和梯控AI智能设施安装，安装消防球932个；协调商家、综治队员、社区志愿者、居民代表、商管中心负责人，共同参与王府井商圈治安秩序管理；用好街道智慧安全治理、数字化城管和商居联盟3个平台，开展智慧巡查、精细化管理、亲民化服务，实现社会治理从单一管理模式向多元参与转变。

【“治重化积”专项治理】　府青路街道妥善化解碧桂园·中环荟业主购房合同纠纷，协调处置水畔经典小区业委会稳定工作。全年化解群众信访案件68件，处理疑难信访积案8件，信访积案结案率100%，息诉息访率95%；办理省环保督察主办件13件、协办件1件，中央环保督察主办件17件、协办件3件。

【老旧小区改造】　府青路街道将二环路北四段5号25栋和26栋、二环路北四段5号新10栋、华油路51号、关家苑、平景苑西区5个老旧小区纳入改造，建筑面积4.54万平方米，总投资1320万元，将适老化、亲民化、便宜性理念融入改造，截至年底5个老旧小区改造任务全面完成。

【驷马桥商圈建设】　驷马桥商圈占地面积1494亩，由永立、锦城华创、朗

6月27日，王府井DISCOVER和麦德龙PLUS会员店开业运营　　（府青路街道供图）

诗、合能等开发商打造，发展集商务、商贸、居住、购物、休闲、餐饮、娱乐、文化、教育等多功能为一体的区域中心，重点发展商务商贸、休闲购物等高端服务业，配套房地产、酒店、餐饮、教育等产业，构建“游购娱食”一体的全通式体验消费新场景。永立星城都商业二期——王府井DISCOVER潮流街作为王府井全国首个开放式商业街区，定位“区域潮尚地标+多元化审美汇聚空间”，打造全国首个针对“Z世代”年轻时尚消费群体的开放式商业街区和创新概念的综合性街区式购物中心。6月27日，王府井DISCOVER和麦德龙PLUS会员店开业运营。

【毛边书局·桃蹊书院】　毛边书局·桃蹊书院作为四川方志文化宣传基地，府青路街道对毛边书局·桃蹊书院进行提档升级，提升书院品质，美化临近街区环境，打造辖区居民文化精神家园，桃蹊书院开展成都十二月市·桃蹊书荟·书食生活等活动。9月9日，四川省地方志工作办公室领导带领全省各市（州）地方志工作机构负责人，参观考察四川方志文化宣传基地。

毛边书局·桃蹊书院　　（府青路街道供图）

毛边书局·桃蹊书院被中共成都市委社治委、中共成都市委宣传部命名为第一批“成都市社区美空间”，被中华全国总工会授予2021年“全国职工书屋示范点”称号。

【地勘路咖啡文化特色街区】 府青路街道以“文化+产业+集成”的思路，遵循品牌识别、视觉连续、风格多元原则，带动咖啡研发销售、专业培训、咖啡主题线下活动等相关产业链发展；完成主题性商业界面唯一化，道路铺装视觉冲击强烈化，建筑外立面风格独特化，灯光氛围营造统一化，雕塑场景设计个性化，景观苗木种植应景化打造，形成以咖啡文化产业、影视创作、高端生活用品展示为特色，满足市民和游客个性化、多元化的消费需求，后现代生活服务体验街区。

（侯 瑞 刘 格）

二仙桥街道

【概况】 二仙桥街道位于成华区东北部，东与龙潭街道相邻，南与跳蹬河、保和、龙泉驿区十陵街道毗邻，西与府青路街道相交，北与青龙街道接壤，辖区面积11.18平方千米。二仙桥街道办事处驻二仙桥北路16号，辖仙韵、东路、下涧槽、华林、圣灯5个城市社区，枫景、东华、长林盘、人民塘4个涉农社区；2021年末常住人口11.80万人，户籍户数2.20万户，户籍人口5.98万人，人口密度1.06万人/平方千米。

二仙桥街道辖区东连成南高速、西连成绵高速和川陕路，有成金青快速路、成华大道、蜀龙路、民兴路、仙韵路、下涧槽路、十里店路等道路，地铁7号、8号线穿行辖区；有成都理工大学、成都英才学校、成都嘉祥外国语学校成华校区、成都万汇学校、成都市二仙桥学校、成都理工大学附属小学、成都誉美医院等单位；中国铁建广场、龙光世纪中心、时光荟、成都怡东国际酒店等商务楼宇；二仙桥公园、城东体育公园、圣灯公园三大市政公园；成都自然博物馆、中车共享城、完美文创公园网红打卡地。

2021年，二仙桥街道用好用活工业遗存，加快实施“文商旅融合发展营建工程”，全力推进成都自然博物馆周边特色主题街区打造，营造特色体验消费场景，提升区域整体风貌，打响“东郊文创”文商旅融合品牌；深化社区公共服务供给侧结构性改革，聚焦生活服务场景化营造；打造东华示范社区、华林社区综合治理中心和关家大院、美立方示范小区，助推社区治理服务创新融入社区空间营造；构建“15—10—5分钟”街道级、社区级、小区级便捷服务体系。二仙桥街道获评“2021年全省基层治理示范街道”、下涧槽社区获评“2021年全省基层治理示范社区”。

【经济发展】 二仙桥街道依托完美文创产业园聚集效应，搭建国际化、多元化资深动画创意制作团队，打造优质原创IP，推动西南地区动画产业发展；推进智慧环保与生态治理研究院等4个亿元以上产业化项目注册落地；中车共享城一期、铁投紫瑞府一期、紫樾风华配套幼儿园、中车配套幼儿园、朗诗乐府5个项目竣工投产；龙腾广场、万科知园、置城锦尚府、融创至和雅颂、中车共享城三期、省物流自改项目一期、合信K101、融创青云台、铁投紫瑞府二期、龙光世纪中心、合信源滩城、高庐紫云台12个项目开工建设；源滩城、朗诗乐府、中车共享城二期、铁投紫瑞府二期、融创青云台、融创至和雅颂6个项目实现销售。全年实现地方税收4.61亿元，固定资产投资39.97亿元，社会消费品零售总额增长15.41%，引进到位内资23.85亿元，引进到位外资2.93亿元。

【社区建设】 二仙桥街道构建“街道、社区、小区”三级党组织架构，搭建党组织领导下社区发展治理议事共商机制；组建以社区律师、人民调解员、社区民警、社区工作人员、法律服务志愿者为主体的社区法治骨干队，推广运用“云学法云普法”智慧平台，创新法律服务载体，在社区打造“社区法治安全岛”；建立法治文化长廊、法

1月28日，二仙桥街道仙韵社区举行社区发展治理协商议事会 （二仙桥街道供图）

治剧场、法治角等功能区域，打造法治“停靠站”，营造社区法治“绿洲”，利用抖音直播向群众提供全时段、全覆盖法律咨询等服务。枫景社区获评成都市“七无”平安社区。

【城市管理】　二仙桥街道对涉农区域人居环境进行整治，拆除窝棚3000平方米，清理捡栽捡种1.2万平方米、覆盖遮阳网2.4万平方米、拆除旱厕6处、清运垃圾10吨；拆除人民塘砂石站、成都才艺学校东校区建筑2000平方米；对建筑工地、商场市场、九小场所、加油站、娱乐场所、综合体大楼、幼儿园等重点场所进行安全大检查748家次，发现隐患837处，现场整改808处、限期整改29处；严排严查电动车管控，对73个小区院落、综合体开展宣传劝导，开展消防演练6次；完善3546辆电动两轮车排查基础台账，纠正违规停放充电行为83处和飞线充电行为67处；指导49个物业小区、综合体划定59个停车点，安装梯控389台、悬挂式灭火球693个；协调24个无物业老旧小区，划定20个停车点位，为小区安装悬挂式灭火球907个，有效防范电动车火灾事故发生。

【“治重化积”专项治理】　二仙桥街道认真研判辖区重大风险隐患，通过源头化解、部门联动、带案走访等措施，及时排查化解矛盾纠纷48起；办理中央环保督察交办件8件、省环保督察交办件6件。全年受理各类信访件127件，接访来访群众48批180人，初信初访按期受理率100%，办结率100%，群众满意率98%。

【拆迁安置】　二仙桥街道推进“圣、关、崔”城中村改造项目拆迁扫尾工作，完成7户《住房安置协议》签订，68家企业签订《企业拆迁协议书》；推进崔家店片区拆迁扫尾，完成崔家店5组3户农户《住房安置协议》签订，拆除建祥路红线内障碍物；做好安置房不动产权办理资料收集、核实工作，启动民兴东苑、民兴南苑、民兴西苑、民兴北苑安置房产权证办理。

【东华示范社区打造】　二仙桥街道东华社区党委发动居委会、院落自治委员会、业委会、物业公司、社会组织、辖区企事业单位共同参与社区治理，通过开展党员义工、社企会议、社会组织、宣传教育、文化活动、法治工作、居家安全、关爱服务“八进院落”工作，有效推动社区微治理。

【仙韵社区新时代文明实践站建设】　二仙桥街道仙韵社区新时代文明实践站向“文创+”“园区+”区域产城一体化发展，发挥成都理工大学、成都嘉祥外国语学校成华校区、完美文创公园、泰博置业等校地企资源优势，增设完美文创产业园实践基地、泰博理想城二期邻博汇新时代文明实践基地、二仙桥公园新时代文明实践基地，形成“室内+户外”“线上+线下”多层次、有特色、互动式、全覆盖、功能完备的“15分钟”公共服务圈，推动社区治理与服务工作新格局，调动社区居民共创社区文明。仙韵社区新时代文明实践站组建16支新时代文明实践队伍，有在册志愿者1837人，全年服务时长3200小时。

【成都理工大学人才服务站】　二仙桥街道在成都理工大学设立人才服务站，学校组织专家和人才工作者开展政策宣讲、解读、指导交流、项目申报等人才服务，通过完善沟通协调机制、加强政策引导、创新人才服务，推动专家人才作用发挥和文明校园建设，推动人才项目转化服务经济社会建设。成都理工大学人才服务站引导校地企持续在落实就业政策，发挥引才聚才功效、促进产学研合作、实现项目转化等各方面发挥作用。

【理工东苑疫情防控】　11月5日，辖区理工东苑突发疫情，街道启动应急响应机制，组织街道干部、社区工作人员、综治队员等700人，成立9个专项工作组和1支突击队，按照“区域封闭、足不出户、服务上门”原则，强化外围防线、小区区门、各楼栋单元门“三道防

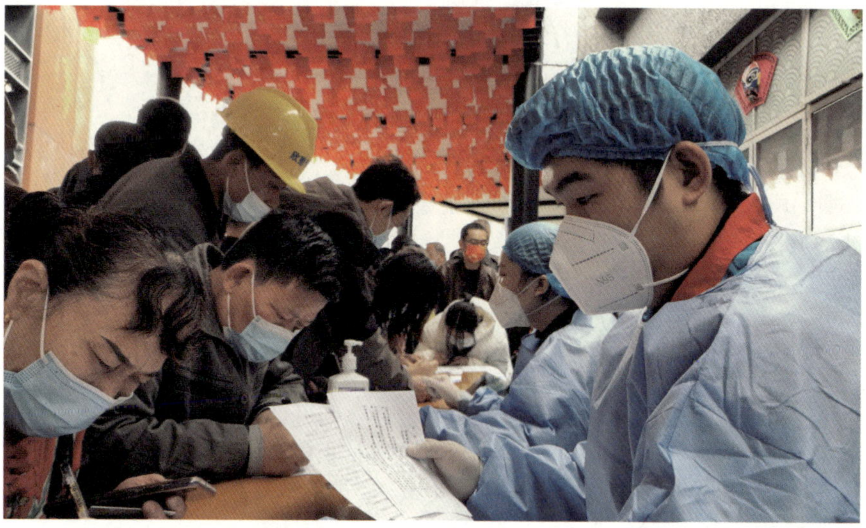

11月5日，理工东苑疫情防控阻击战　　（二仙桥街道供图）

线”管控，有序开展核酸检测，全力保障理工东苑封（管）控区基本生活运转，快速切断传播链，有效遏制疫情扩散蔓延。11月23日零时，理工东苑降为低风险区，解除圈层管理。

（裴　蓓）

跳蹬河街道

【概况】　跳蹬河街道位于成华区中心地段，东与二仙桥街道相接，南与万年场街道毗邻，西至二环路与双桥子街道相连，北与猛追湾、府青路街道接壤，辖区面积5.29平方千米。跳蹬河街道办事处驻东篱路29号，辖锦绣、杉板桥、跳蹬河、建兴路4个社区，跳蹬村1个村委会；2021年末常住人口11.46万人，户籍户数2.91万户，户籍人口7.12万人，人口密度2.17万人／平方千米。

跳蹬河街道地理位置优越，辖区有新成华大道、建设南路、建兴路、杉板桥路、跳蹬河路、东篱路等道路，地铁7号、8号线穿行辖区；有航天科工通信技术研究院、四川电力送变电建设公司、成都工业文明博物馆、四川省成都市第四十九中学、成都市成华小学锦绣校区、成都南华实验学校、四川电力医院等单位；SM城市广场、天荟万科城市广场、龙湖三千集天街、龙湖滨江天街等商贸中心；东郊记忆·成都国际时尚产业园国家AAAA级旅游景区、沙河城市公园、麻石烟云公园旅游景点；东郊记忆艺术街区、滨江东里潮趣特色街区网红打卡地。

2021年，跳蹬河街道发挥东郊文化创意集聚区、汉鼎宇佑孵化器、融创汇、东郊记忆及互联网创意产业园独特的资源优势和带动作用，力促文创企业入驻孵化器，聚集一批文创产业

CEC·784万谷智慧产业园　（区融媒体中心供图）

链企业；结合万科天荟、龙湖梵城构建高端生活体验型都市商圈，加快聚集时尚消费品牌，营造多元消费场景，构建文创产业聚集区。

【经济发展】　跳蹬河街道整合CEC·784万谷智慧产业园、万科天荟、龙湖梵城、东郊记忆等13个商业载体资源，重点招引总部企业、高效能企业，有显示度、有吸引力的龙头领军企业项目落户；引进中交三公局、中诚国实、新东方斯林姆教育、交投昆仑、中国国信重大产业化项目5个；签约中国国信、中诚国实2个高能级产业化项目；乐迈地板、山友后勤、行知育评3个生产性服务业项目；围绕东郊记忆艺术区聚焦音乐艺术、数字娱乐、创意设计、影视演艺等产业构架，力促轻灵魂文化传媒有限公司、成都诺诚体育文化传播有限公司、四川省华文视光科技有限公司、成都勾勾互娱文化传媒有限公司、成都弗多多文化传媒有限公司等项目落地；以万科天荟和龙湖滨江天街等综合体为引领，打造杉板桥商圈；新增新东方斯林姆教育、曼驰兽新能源、然泰毅电子商务、远界玟新能源、名峰创新能源、义信通信息科技、领资医疗科技、璇漫子颖数字传媒等新经济企业1550家。全年实现地方税收5.64亿元，固定资产投资30.43亿元，社会消费品零售总额增长22.68%，引进到位内资23.23亿元，引进到位外资4.89亿元。

【社区建设】　跳蹬河街道做好“两新”党组织建设，新成立一尚社会组织服务中心等3个“两新”支部；抓好“两委”换届，完成4个社区和跳蹬村党组织换届工作；扎实推进党建引领社区发展治理，抓好杉板桥国际化幸福美好公园社区推进，围绕“一区五体八中心”，完成杉板桥社区党群服务中心优化提升、党建引领示范小区、示范社区验收，杉板桥社区和中粮锦云小区通过市级示范产业社区和市级示范小区验收；开展建兴路社区党建引领示范社区建设，推动热电厂宿舍、九龙仓御园党建引领示范小区建设；建兴路社区组建“物业管家联盟”，推动“居民呼叫、管家报到”。杉板桥社区获评“2021年全省基层治理示范社区”。

【城市更新】　跳蹬河街道围绕东郊记忆园区打造“蓝花楹道、黄花风铃

4月2日，跳蹬河街道建兴路社区物业联盟会成立　　（跳蹬河街道供图）

道、樱花道、香樟道”4条特色街道，与沙河城市公园北区、东郊记忆园区和万科城市广场呼应，构建东郊记忆艺术街区；串联东郊记忆“活力”街区与滨江东里“潮趣”街区，策划“打卡旅游线”，打响环东郊记忆商圈靓丽“打卡”名片；整体提升东郊记忆路城市环境品质，坚持片区总体规划，统筹设计各类元素、颜色调性、功能设置等，通过霓虹交互钢琴步道、闪耀地面的LED发光字、随风摇曳的“萤火虫摇摆灯”、怀旧复古的火车头咖啡馆，提升整体文化底蕴；安装“多杆合一”路灯杆，配备LED屏、5G基站、公安天网监控、交安信号指示设施等，提升美化道路形象，改善市容环境，东郊记忆路获评2021年成都市夏季“最美街道”。

【城市管理】　跳蹬河街道围绕大运会城市品质提升和城市管理，开展市容秩序整治行动及建筑物容貌提升行动，在建设南支路、东郊记忆路试行城市管理物业化服务；全面推动“门前三包”责任制落实，引导辖区临街商铺、企事业单位签订“门前三包”责任书1401份，启动东郊记忆路“门前三包”示范街建设，实现“双街长制”管理模式全覆盖；开展餐饮油烟整治行动，摸排辖区餐饮700家，强化日常巡查监管，确保餐饮企业油烟净化处理设施定期维护；组织大型商超、物业公司、学校、医院等单位加强垃圾分类，华都云景台、龙湖梵悦台、二环路东三段10号院被评为区级垃圾分类示范小区；开展电瓶车专项整治行动，排查小区91个、电梯955部、电梯安装梯控416部，实施人车分流电梯231部，辖区113个停车棚安装智能充电65个，安装消防灭火球2472个。

【“治重化积”专项治理】　跳蹬河街道建立隐患大排查大整治专项台账，收集整理12类问题332项、整改327项；4类问题50项，完成整改信访类6项、网络舆情类1项、疫情防控类4项、其他类39项。全年调处各类邻里等纠纷560件，调处新建楼盘交房、物业管理、拆迁、劳资、理财等矛盾纠纷86起；办理中央环保督察主办案件19件、协办案件2件，省环保督察主办案件10件、协办案件1件。

【老旧小区改造】　跳蹬河街道将二环路东三段12号、安逸园、客车厂3个老旧小区纳入改造，建筑面积2.46万平方米，总投资720万元；将适老化、亲民化、便宜性理念融入改造，截至年底3个老旧小区改造任务全面完成。

【成华之恋爱转角开街】　成华之恋·爱转角主题街区位于建功路19号，主题街区建筑面积2000平方米，设置红色主题文化展示区、成华历史展示区、助农产品售卖区、儿童多功能活动区等多个区域，以“公益+市场+长效机制”为理念，引入专业机构开设各类免费公益课程、讲堂，丰富辖区居民精神文化生活；引入爱国网四川中心落户，以“发扬红色传统，传承红色基因”为方向，创新爱国教育形式、丰富爱国教育活动，通过“线上+线下”方式，打造新时代四川爱国主义教育阵地。7月23日，成华之恋·爱转角红色主题文创街区正式开街，被中共成都市委社治委、中共成都市委宣传部命名为第四批“成都市社区美空间”。

【全国乡镇（街道）示范退役军人服务站创建】　跳蹬河街道4个社区和1个村完成退役军人服务站创建，全年共采集退役军人和其他优抚对象信息，社区为退役军人家庭悬挂“光荣之家”牌。街道为退役军人就业创业搭建平台、提供帮助，万洁、李毅2名退役军人获评成华区第二届“最美退役军人”，万洁获得第二届“四川省退役军人创业创新大赛”成都选拔赛一等奖。跳蹬河街道“战旗红”退役军人志愿者服务队参与疫情防控，用行动书写退伍老兵的责任与担当。跳蹬河街道退役军人服务站被评为全国乡镇（街道）示范型退役军人服务站。

【四川省安全社区创建】　跳蹬河街道牢固树立“安全、健康、和谐”理念，认真贯彻“安全第一、预防为主、综合治理”的方针，细化工作措施，扎实有效推进安全社区建设；成立由7个部门、4

个社区和1个村、93家规模以上企业安全社区建设促进委员会，组建各类志愿者队伍18支，参与各类宣传、帮扶活动40次，受益群众1.5万人次，全年各类事故下降9.1%，各类伤害发生下降11.2%，安全教育普及率85%，安全社区知晓率90%，总体满意度80%。街道组织隐患排查，7个危化品点源检查70次，20个建筑工地检查60次，发现建筑工地安全隐患20处，现场整改17处、发出整改指令书3份；8个人员密集场所检查30次，15个老旧院落检查55次，消防大检查5次，消防培训7次，发现消防隐患30处，现场整改率100%。9月23日，跳蹬河街道创建四川省安全社区通过成都市专家组考核；10月19日，通过四川省考核组抽查，创建为“四川省安全社区”。跳蹬河社区被命名为四川省“六无”平安社区。

【全面依法治区示范试点建设】 跳蹬河街道以“法制账图模式”工作为抓手，开展全面依法治区示范试点建设，坚持全员参与、岗岗上手，台账上桌、导图上墙，将法律依据、法律要求和法律责任，细化落实到岗、到节点，把权和责捆绑在一起，把法、岗、事、人粘连在一起，强化权从法来、事由法定、人必依法、岗必依法，有效推动街道全体干部职工全员学法，形成“学法律就是学业务、抓法治就是抓规范”，激发人人敬法，从思想上筑起抵制不作为和乱作为的堤坝，提升单位守法，有效规范行政决策、行政管理、行政执法。

（邱　媛）

万年场街道

【概况】 万年场街道位于成华区东部，东与保和街道相连，南与锦江区双桂路街道毗邻，西与双桥子街道相接，北与跳蹬河街道接壤，辖区面积5.74平方千米。万年场街道办事处驻槐树店一路333号，辖长天路、双福路、槐树店、红桥4个城市社区，联合1个涉农社区；2021年末常住人口12.95万人，户籍户数3.34万户，户籍人口7.71万人，人口密度2.26万人／平方千米。

万年场街道地理位置优越，辖区紧邻成渝、成安渝高速起点，有双庆路、成洛路、双成路、建材路等道路，地铁4号、7号、8号线穿行辖区；有霍尼韦尔、今日头条、国泰君安、步步高、四川交通技术学校、成都市双庆中学、成都市华建学校、成都市石室小学、成都市锦汇东城小学、成都市双庆小学等单位；华润大厦高端商务楼宇，万象城现代商贸中心，多宝寺壹号艺术中心、槐香邻里中心公共文化活动体验空间。

2021年，万年场街道扎实推进“631”重点项目建设，聚焦经济发展“十大重点领域工作”精准发力，统筹推进疫情防控和经济社会发展工作；培育社区美育新空间，推进“墨韵槐香·幸福万年”槐树店生活美学社区建设，营造“六馆八匠十二坊”智慧社区生活场景。

【经济发展】 万年场街道做优做强都市工业和现代服务业，推进万象城商圈建设，助力华润大厦B座2.5万平方千米商铺招商；新增四川通华鑫供应链管理有限公司、成都金亿酒店管理有限公司、成都冠赋万商贸有限公司、成都柿椒树餐饮有限公司、四川华耀天都化工有限公司、四川睿晨君科技有限公司等15家“四上”企业；注册落地蓝色光标西南大数据营销科技服务项目、蓝色光标西南传媒教育中心项目、四川天宇威视信息技术服务中心项目、房车宝西南全渠道交易服务平台项目、常达商贸西南运营中心项目、成都融山供应链管理中心项目6个亿元以上项目；引进四川银行成都分行，推动中吉泰、艾特航空、兴之光、新希望项目开工建设。全年实现地方税收5.90亿元，固定资产投资19.13亿元，社会消费品零售总额增长12.10%，引进到位内资15.48亿元，引进到位外资2.88亿元。

【社区建设】 万年场街道聚焦党建引领社区发展治理，探索“社区党委+小区党支部+物业+业主+共建单位”多元共治模式，打造华润六期“红色港湾·平安港湾”；全力推进“示范社区+示范小区”建设，槐树店社区、长天路社区获评成都市百佳示范社区，长天路3号院获评成都市示范小区，红桥社区获评成都市“七无”平安社区；打造B-garden茶餐厅，获评成都市社区美空间。

【城市管理】 万年场街道提档升级长天路公园式特色街区，完成竞成路、长天路8号院风貌整治1万平方米；协同提升中环路、成洛路等4条道路环境品质7.6万平方米；创新实施城市管理新模式，联动治理非机动车乱停放，依托“一港三云”社区智慧港云平台，建成“智慧城管+城市运行+执法巡查+设施维护”智慧城市管理新方式；开展“排险除患利剑”等专项整治行动22次，组织小区消防安全隐患排查312次，老旧院落安装非机动车棚灭火球612个；开展安全隐患排查整治行动，排查安全隐患367处，完成整改355处，持续整改12处。

【“治重化积”专项治理】 万年场街道强化“诉源治理”，建立情报信息预

4月26日，首届天府高峰艺术周——"粮票上的百年党史专题展"在多宝寺壹号艺术中心举办（万年场街道供图）

警体系，妥善化解培训机构经营不善引发的纠纷；处置沙河名仕公馆复工缓慢、奥园广场三期交付房、五桂桥北路4号土地权属、全季酒店周边商铺补偿。街道办理中央环保督察信访件35件、省环保督察信访件6件，做好央督、省督信访件整改；对禾田路沿线、华天阳光底商、观城小区违建等点位实施集中整治，以群众是否满意为标准，建立台账、明确责任、逐一销号。

【老旧小区改造】　万年场街道将长天路4号、万兴街2号、积步街6号、万兴街3号、长天路3号5个老旧小区纳入改造，建筑面积4.68万平方米，总投资1739万元，将适老化、亲民化、便宜性理念融入改造，截至年底5个老旧小区改造任务全面完成。

【"粮票上的百年党史"专题展】　4月26日，"粮票上的百年党史"专题展在多宝寺壹号艺术中心举办，展出《粮票上中国共产党的光辉历程》《毛主席永远活在我们心中》《粮票述说繁荣富强的新中国》《粮票礼赞盛世中华》《粮票见证党领导成都人民幸福生活》专题展览，吸引众多党员、群众竞相观展，通过展览教育引导广大党员干部传承红色基因，赓续共产党人精神血脉，始终保持革命者的大无畏奋斗精神。

【"最美街道"创建】　万年场街道以打造"最美街道"为抓手，对道路沿线街面立面、夜景灯光、街道店招、慢行系统、绿地绿道等配套设施进行品质提升改造，串联街巷历史文化、创意体验、活力休闲等消费场景，着力构建有商业氛围、有生活气息、有文化故事的"万年市井生活圈"。街道按照"两拆一增+"策略，对双成二路进行道路整治，拆除道路沿线东侧围墙300米，开敞"公共空间"3.6万平方米，形成六大功能区，将双成二路打造成一条汇集休闲广场、生态绿地、消费场景、文旅融合的时尚空间。6月28日，双成二路获评2021年成都市春季"最美街道"。

【智慧社区生活场景】　万年场街道培育社区美育新空间，打造"墨韵槐香·幸福万年"槐树店生活美学社区，营造"六馆八匠十二坊"智慧社区生活场景，通过构建以多元体验为主的社区生活场景，具有普遍推广价值的社区服务体系，创新社区生活服务模式，为居民提供全生命周期服务，推动槐香邻里服务于社区商业，服务于社区公益。

【全国模范司法所创建】　万年场司法所按照"枫桥式司法所"进行打造，司法所整合街道综治维稳指挥中心、区委政法委防邪办指导中心、"律警民e点通"远程视频调解平台、"云普法+"平台、监狱探视系统等综合力量，形成街道辖区统一指挥、警民结合联防联控、线上线下互联互通、普法服务智慧

成都市"最美街道"——双城二路　（区融媒体中心供图）

云端的现代治理型司法所；打通区调解中心及社区院落网上调解通道，深化“律警民多元调解”新模式，对各级各类纠纷分层过滤，形成网格员、调解员移动巡诊“随手调”，线下专家坐堂接诊“及时调”，线上专业律师远程问诊“专业调”，部门街道多方会诊“综合调”的“四诊四调”O2O调解新模式，创新“枫桥经验”，实现“矛盾不上交”的终极目标。10月27日，万年场司法所被司法部授予“全国模范司法所”称号。

（张良丹）

保和街道

【概况】 保和街道位于成华区东南部，东接龙泉驿区十陵街道，南邻龙泉驿区大面街道及锦江区狮子山街道、成龙路街道、沙河堡街道，西连万年场街道，北邻二仙桥街道，辖区面积11.11平方千米。保和街道办事处驻长融东三路98号，辖和美、和顺、迎晖、胜利、杨柳5个城市社区，和欣、斑竹、天鹅3个涉农社区；2021年末常住人口14.80万人，户籍户数3.38万户，户籍人口7.75万人，人口密度1.33万人／平方千米。

保和街道地理位置优越，辖区有成渝高速、成绵高速、成安渝高速、成南高速公路，成洛路、槐树店路、长融路、东虹路、迎晖路、万科路、和丽路等道路，地铁2号、4号、7号线穿行辖区；有成都东站、成都东站汽车客运站、成都汽车总站；成都亚光电子股份有限公司、四川成渝高速公路股份有限公司成渝分公司、星创世界眼镜西南区总部等龙头企业；四川省成都市第四十九中学和美分校、成都市建筑职业中专校、成都市华建学校、成都市树德小学等学校；成都鹏瑞利国际医疗健康中心、成都鹰阁医院、成都新生堂妇女儿童医院、成都市第六人民医院东虹院区、成华区第六人民医院、上海联影等单位；成都龙之梦大酒店、瑞峰酒店等酒店集群；万科凯德广场、魅力新天地等商贸中心；高铁城市公园、保和公园城市景点。

2021年，保和街道推进华侨城滨江一号、丝路大厦、渝太和悦广场等产业化项目建设；推动中环壹号、宏创名座等项目招商；依托成都鹏瑞利国际医疗中心、成都龙之梦酒店集群、成都新生堂妇女儿童医院等项目，为辖区大健康、商旅商贸主导产业发展提供有力支撑。保和街道获评成都市三星级平安街道，成华区优秀重点项目、百日攻坚先进集体。

【经济发展】 保和街道扎实推进“631”重点项目建设，聚焦医疗健康、数字通信和工业互联网主导产业等战略性新兴产业；注册上海漫晓文化传播有限公司西南运营中心、上海融粟商贸有限公司西南大数据研发中心、上海砚彩电子科技有限公司西南运营中心、上海芸贝文化传播有限公司西南运营中心、上海佰仕堂供应链结算中心、贵州琼铭博供应链结算中心、南宗德地理遥感技术研发中心、翠昔科技西部数据研发中心、湖南熙发贸易有限公司西南区域研发中心、湖南铭莱贸易有限公司西南区域研发中心、鹏鲲航商贸西南结算中心、四川速普锐品牌管理运营中心12个高能级产业化项目；引进中汇燕兴汽车零部件供应链项目、澄江贸易跨境供应链运营项目、中京爱依智慧养老西南中心、四川叮医达西南运营中心4个重大产业化项目；签约中海集团国际创新中心项目、欧亚国际科创产业城项目2个项目，总投资93亿元。全年实现地方税收7.40亿元，固定资产投资36.71亿元，社会消费品零售总额增长13.00%，引进到位内资13.31亿元，引进到位外资1.52亿元。

【社区建设】 保和街道打造和欣、胜天片区社区综合体，营造兴城嘉苑、富丽东方等小区美空间，呈现更多更美社区场景；推进斑竹、杨柳社区智慧社区建设，胜天片区党群服务站建设，

成都新生堂妇女儿童医院 （保和街道供图）

打造家门口"一站式"服务窗口；探索"党建引领社区发展治理"新路径，和美社区以首创二期为试点成立"同心社"，有效促进邻里融合、小区和谐，做法被人民日报社专题报道。和美社区获评"全国最美志愿服务社区"、成华区"七无"平安社区，迎晖社区、和欣社区被评为"成都市党建引领城乡社区发展治理示范社区"，和美社区富丽东方小区、首创国际城二期小区被评为"成都市党建引领城乡社区发展治理示范小区"。

保和街道和美社区生活美学馆 （保和街道供图）

【城市管理】 成华区政府投资5000万元对大头河河道（宜居水岸）、投资2000万元对长椿沟河道进行打造。保和街道投资140.42万元实施东虹路游园品质提升，投入资金27万元对鸡头河、秀水河、南支三渠3条河流进行清淤，清除河道淤泥398立方米；建立健全河道下河口台账，对辖区167个排口进行摸排、溯源，及时排污治理；新建透水混凝路面和EPDM橡胶地面、排水管网，实施花木栽植和绿地美化等植被景观改造，新建篮球场、健身设施、休闲座椅等设施。街道深入实施风险隐患排查整治，消除东桂小区1~4号院消防系统、杨柳9号院电线短路等安全隐患；推进电梯梯控安装，通过四川省安全社区复评验收和成都市安全生产监督管理规范化街道考评验收，和美社区通过国家综合减灾示范社区创建初评。

【"治重化积"专项治理】 保和街道针对辖区4件信访案件，主要领导多次召开研判会，对信访人进行走访沟通，通过沟通交流化解信访案件，全年无重复信访事件发生。街道办理中央环保督察主办件16件、协办件9件；处置市长公开电话、信箱、"96110"、环保热线等环保事件320件，区餐饮油烟防治案件16件、区环境监督案件128件。

【拆迁安置】 保和街道拆除迎晖路104加油站、保和涂料厂、保和环卫公司、天鹅社区办公室，腾地2.3万平方米；完成杨东天项目拆除，为大运会主干道路建设、绿化用地助力；拆除长春片区豪客厂、七建公司、金龙包装厂，腾地1.65万平方米；天鹅社区1组、5组拆迁项目农户住房安置签约率100%，企业签约率95%，腾地2.7万平方米。

【老旧小区改造】 保和街道将杨柳店南路9号院纳入老旧小区改造，建筑面积2.1万平方米，总投资800万元，将适老化、亲民化、便宜性理念融入改造，截至年底杨柳店南路9号院改造任务全面完成。

【社区治理与社会治理"双线融合"】 保和街道深化社区治理与社会发展治理"双线融合"，以胜利社区东方新城二期小区为"样本"，探索实施"一核三治三汇"网约房治理模式，通过智慧管理系统实现精准管理，小区矛盾纠纷下降82.1%，有效警情下降84.6%，矛盾纠纷下降82.1%，安全隐患下降80%，群众满意度95%，小区"网约房管理系统"入选全国2021政法智能化建设智慧治理创新案例。胜利社区东方新城二期小区被评为"成都市党建引领城乡社区发展治理示范小区"。

【"心苑立方"保障性住房建设】 保和街道整合小区物管用房、自筹资金400万元打造"心苑立方"片区党群服务站，新增公共服务阵地1600平方米，将政务服务、就业培训、文化服务等由社区延伸至小区院落；实施"助餐食堂""亲子读书汇""义仓小站"等特色服务，开展低保困难老人、儿童、残疾人上门服务200次；以"普惠+特惠""常态+个案"的形式为100户困难群众提供关爱援助服务，重构保障性住房小区邻里关系，促进小区居民主动融入社会，搭建邻里互助、全龄友好的服务体系。

【和美社区2.0升级打造】 保和街道围绕"生活、活力、人文、共享、智慧"和美特质，聚焦"模式、场景、机制"三大要素，对和美社区进行全面提档升级，构建全龄段覆盖、全时段营业、全区域展现的生活场景，打造"和"文化特色街区，呈现特色社区美空间；深化

"960先锋荟"党建平台建设，做强"和商汇"商居联盟平台、"578比邻社"志愿服务平台和"同心社"协调沟通平台，打造小区治理共同体，全力提升"商企+志愿+小区自治"多元联动、全域参与的精细化自治水平，把社区综治中心、网格化服务管理中心、矛盾纠纷调处中心、"大联动"分中心、"雪亮工程"监控中心、社区警务室融合为"多中心一体化"运行，配备"和合智解"、互联网+线上调解、户政一体机等硬件设施，实现"一次办、一站办、就近办"，提升社区生活便捷程度。

【和欣社区综合体打造】 保和街道聚焦突出"生态、空间、公共"三大属性，实施"公园+"交互式综合服务场景营造，将和欣社区党群服务中心与杨柳公园有机结合，整合青年之家、科普之家、妇女之家、儿童之家等六大群团部门特色品牌项目，开展情景式、体验式、带入式服务活动，以商业化逻辑创新社区综合服务设施多元化运营，推动先进要素、创新业态、人本服务向社区集聚，提升幸福美好生活含金量。

（黄诗忆）

双水碾街道

【概况】 双水碾街道位于成华区西北部，东至川陕路，南、西、北三面分别与金牛区荷花池街道、五块石街道、沙河源街道、凤凰山街道、驷马桥街道相连，辖区面积5.57平方千米。双水碾街道办事处驻站北北街1号，辖站北路、花径路、升仙湖、荆竹、横桥5个社区，双水碾村1个村委会；2021年末常住人口12.23万人，户籍户数2.41万户，户籍人口5.41万人，人口密度2.19万人/平方千米。

双水碾街道地理位置优越，辖区毗邻成都火车北站，有站北路、花径路、八里桥路、升仙湖北路、红花堰路、北新干线等道路，地铁1号、3号线穿行辖区；有成都市自来水有限责任公司、成都市自来水二厂、成都市自来水五厂、成都轨道交通技工学校、成都市站东小学等单位；金科中心、融锦城、东立广场、泰业北城、招商雍华府等商务楼宇；永辉超市、鑫禾广场、中营购物广场等商贸中心；升仙湖、羊子山祭祀台古遗址，沙河新绿水碾公园景点。

2021年，双水碾街道围绕"迎大庆、重招引、促循环"攻坚行动，瞄准瞪羚、独角兽、六类500强企业招商16次；赴北京、上海、广州等地开展招商引资活动9次，线下拜访行业领军企业28家，拜访协会和商会5家。双水碾街道获评2021年成华区百日攻坚先进集体。

【经济发展】 双水碾街道引进北京十月天文化传播、四川中建2个5亿元以上重大产业化项目；涂多多云厂（成都）科技、四川金跃物业、四川中育康3个生产性服务项目；碧桂园锦樾府、沙河谰庭、华润置地静安府等10个重点项目，年度计划投资7.5亿元，完成投资7.8亿元。全年实现地方税收1.59亿元，固定资产投资7.47亿元，社会消费品零售总额增长17.44%，引进到位内资10.14亿元，引进到位外资1.07亿元。

【社区建设】 双水碾街道通过构建街道、社区、小区三级党组织引领体系，形成小区党组织、业主委员会、物业机构三方联动的治理和服务体系，推动基层党建与基层治理深度融合，引导各方力量握指成拳、互促共进；依托成华区"大联动"信息平台，推动辖区治理向社区、院落、楼栋、单元家庭覆盖，升级打造社区网格化管理模式。横桥社区党群服务中心打造有温度的社区生活共同体，引入社区企业提供高品质的社区服务，打造人与人、人与社区、人与生活产生链接的美好生活场景，引导社区居民参与场馆及社区服务。

【城市更新】 双水碾街道推进蓉北商圈和天府大道北延线成华段城市更新建设，布局特色街区营造、公共服务设施；投入资金130万元打造荆竹苑小区绿化，完成东沙街沙河排洪渠桥头空地"两拆一增"改造；通过空间美化、功能再造、业态更新，对红花堰街区业态进行营造，打造900平方米社区商业门店、450平方米社区邻里空间，为辖区群众打造高品质生态居住环境。

【城市管理】 双水碾街道对辖区小区院落、建筑工地等进行安全大检查，全年检查点位900处，发现安全隐患700处，已整改520处；开展电动两轮车安全隐患排查整治，辖区146个电动两轮车集中停放点全部完成消防灭火球安装，49个集中停放点完成智能充电改造；增补手提式灭火器1119个，开设应急疏散通道39个，人与车辆分离54处；推进高层建筑小区梯控安装，辖区小区院落689部电梯安装梯控308部、采用人防物防措施252部、推进安装梯控129部。

【"治重化积"专项治理】 双水碾街道办理群众网上来信95件、人民网41件，按时完成回复，群众满意率97%；化解信访矛盾风险隐患15件，重复治理10件。中央环保督察、省环保督察收到群众反映环境案件39件、办结39件，覆盖噪声扰民、油烟乱排、车辆停放杂乱、占用公共空间、污水排放、空地占用。

羊子山古蜀文化创生街区　（双水碾街道供图）

任务，形成“辐射周边、相互策应”的格局，为建设社会主义现代化新成华贡献力量。

【老旧小区改造】　双水碾街道将站北东街3号院、祥苑、天福缘、金桂园4个小区纳入老旧小区改造，建筑面积2.49万平方米，总投资2657万元；将适老化、亲民化、便宜性理念融入改造，截至年底4个老旧小区改造任务全面完成，金桂园小区获成都市“最佳老旧小区改造奖”。

【羊子山古蜀文化创生街区】　双水碾街道打造羊子山古蜀文化创生街区，将历史文化、民俗文化等集体文化记忆转化为场景、故事、体验项目等，让古蜀文化可阅读、可感知、可欣赏、可参与，羊子山路光阴故事文化长廊采用羊子山祭祀台古蜀文化元素和司马相如故事作为核心，进行设计创造，让历史重现在文化长廊围墙上，打造具有羊子山特色文化的景墙。

【“万人坚守护河岗”社区志愿服务】
双水碾街道“万人坚守护河岗”社区志愿服务项目以成华沙河沿线为聚焦点，聚共建单位之资，集志愿者之力，设计打造7个志愿服务站点、11个青年志愿护河岗；围绕青年志愿护河岗设计1套护河工具包，营造浓厚的水环境保护与志愿服务文化氛围，全年开展志愿服务活动40次。双水碾街道“万人坚守护河岗”入选2021年节水护水全国志愿服务示范项目。

【双水碾街道应急救援分中心成立】
12月30日，成华区应急救援尖刀队（二队）在双水碾街道应急救援分中心挂牌成立，由退役军人、专业消防员等组成，12名经过专业训练的尖刀队员正式上岗，在双水碾辖区执行防火巡查、应急宣传培训、应急救援救助等任务，形成“辐射周边、相互策应”的格局，为建设社会主义现代化新成华贡献力量。

【“三味”和“六无”社区打造】
双水碾街道扩展升仙湖社区邻里活动空间，为辖区居民提供生活便捷服务；围绕“一河一湖”做文章，突出文化特色，打造“生态味、烟火味、人情味”的“三味”社区。站北路社区深入开展“无黑恶、无毒害、无邪教、无命案、无重大安全事故、无群体性事件”的“六无”平安社区，以“平安社区”创建活动为契机，整合社区党委、居委会、民警、网格员等力量，吸纳社会各界参与平安建设，实行整体联动，形成工作合力；加强矛盾化解，做到小事有人管，大事有人报；利用社区宣传栏、院落微信群、QQ群、居民会议等形式，向党员和居民深入开展法治宣传教育等宣传活动30次，增强居民法治观念和法律意识，推动平安建设。站北路社区被中共四川省委政法委表彰为2021年四川省“六无”平安社区。

（冯伟俊）

双水碾街道“万人坚守护河岗”青年志愿护河岗　（双水碾街道供图）

青龙街道

【概况】 青龙街道位于成华区东北部，东与龙潭街道相连，南与府青路街道毗邻，西与双水碾街道相邻，北与白莲池街道接壤，辖区面积7.99平方千米。青龙街道办事处驻致强路266号，辖昭青路、仁义路、昭觉、致强4个城市社区，东林、西林、新山、海滨湾4个涉农社区；2021年末常住人口14.63万人，户籍户数3.07万户，户籍人口6.94万人，人口密度1.83万人/平方千米。

青龙街道地理位置优越，辖区有成绵高速、川陕路、云龙路、昭青路、致强路、昭觉横路、仁义路、东紫路等道路，地铁3号、7号线穿行辖区；有成都市实验中学、成都市第四十中学、成都石室初中学校青龙校区、成都市成华区教育科学研究院附属小学、成都市海滨小学、成都昭觉寺汽车客运站等单位；金科星耀天都、泛悦城市广场、台商大厦、青龙广场等商业综合体；成都昭觉寺、成都动物园、海滨公园旅游景点。

2021年，青龙街道全面抓好稳增长、促改革、调结构、惠民生、防风险、保稳定各项工作，经济实力稳步提升，智慧社区建设创新示范，城市管理改革深入推进，生态环境面貌持续改善，民生事业、社会建设、基层治理呈现良性和谐发展势头；筑牢街道、社区、网格、院落（商家）四级疫情防控网络。青龙街道党工委被中共成都市委组织部表彰为在疫情防控斗争中表现突出的先进基层党组织。

青龙街道昭青路社区党群服务中心 （青龙街道供图）

【经济发展】 青龙街道引进广东省容祺科技成华芯片研发项目、上海鼎榕壹天地西南科技孵化器项目2个重大产业化项目；签约江苏省苏州摩科医疗数字经济中心项目、北京中创建业供应链管理西南项目、四川省浩辰嘉鑫成华销售中心项目、四川省翔林恒瑞成华工程技术服务项目、四川省庆新隆吉成华物流管理项目、四川省辉辉广成华供应链管理项目、四川省瑞捷思通农产品销售中心项目、四川省普鹏文化成华动漫影视项目、上海源哼供应链管理项目9个亿元以上项目；重庆富迈成华科技研发项目、四川省绿泰威电子元器件供应链管理服务项目2个生产性服务业项目；注册深圳容祺科技西南芯片研发推广项目、上海鼎榕建材高新科技产学研一体化项目、深圳超思维储能系统监控及管理技术应用项目、泰国普吉中泰国际贸易平台项目4个重大项目。全年实现地方税收3.72亿元，固定资产投资20.82亿元，社会消费品零售总额增长15.00%，引进到位内资18.41亿元，引进到位外资3.25亿元。

【社区建设】 青龙街道坚持以党建为引领，持续深化“大联动·微治理”体系建设，全面提升智慧社区建设模式，主动融入“智慧蓉城”建设，打造“邻里指尖”智慧共同体和街区守望哨等治理服务载体，综治、公安、城管等街区联动联勤机制，实现街区治理可视化；打造街道智慧城市治理分中心，建立街道指挥调度中心，整合辖区资源拓宽数据获取渠道，构建“全街情”大数据库；打造集指挥调度、重点点位监控、任务分派跟踪、数据分析管理于一体的街道综合平台，构建“一支队伍统管、一张网格统揽、一个平台统调、一套机制统筹”的基层治理工作机制。街道完成昭青路社区党群服务中心建设，打造多功能活动室，设置居民阅读休闲区、邻里会客厅、公益活动点、社会组织活动阵地；按照公园社区新场景、新产品落地转化工作要求，在东林社区党群服务中心打造喜马拉雅有声图书馆。致强社区依托天府市民云、运用“新街坊·家空间”智慧平台，构建以“青龙街坊·家空间”云平台为支撑的“精致生活、五强社区”治理体系，形成“居民按键、专群协办、服务到院”的智慧路径，统筹辖区需求问题资源清单，整合辖区社会组织、物业公司、商家联盟、学校、卫生服务站、养老服务中心、儿童之家等资源主体和服务功能，结合智慧社区小程序技术平台，设置对应线上服务功能端口和数据联通，线下实体服务为依托的服务模式，围绕民生服务重点在“一老一少一困”等特殊群体服务需求，实现居民利用智慧化手段达到“从一站式办事到一站式议事”合一的基层社区治理格局。致强社区获评“2021年全省基层治理示范社区”。仁义路社区获评成华区“七无”平安社区。

【城市管理】　青龙街道打造致力路街头公园，实施拆围增绿工程，对方家河两岸实施绿化增量提质工程，对致强环街和致力路行道树进行提档升级打造慢行走廊；完成“两拆一增”点位23个，拆除违建1085平方米，拆除围墙2835米，植绿增绿6.3万平方米，致力路被评为“品位成华最美街道”。街道以推行生活垃圾分类为突破口，提升生活垃圾“减量化、资源化、无害化”，完善城市管理和服务，提升小区生态文明建设水平；深化平安街区建设，开展安全检查178次，迎大运、保安全、保稳定行动排查隐患136处，立即整改131处、后续整改5处；开展电瓶车隐患排查整治专项行动排查院落65个，排查飞线充电83处，电瓶车上楼823起。全年开展消防安全排查97次，排查消防安全隐患1266处，立即整改1259处、后续整改7处；制作消防联系牌100个，安装消防球5201个。

【“治重化积”专项治理】　青龙街道化解物业运输矛盾、公寓房供电改造、安置房产权办理、海滨映象安置房分房信访件7件；整改油烟污染、扬尘治理、河道排污、脏乱差地块等各类生态环境102件；办理中央环保督察案件4件，对办结案件加强日常监管，形成街道、社区、派出所三级联防联控，得到区委区政府主要领导肯定性批示，青龙街道被评为成华区“安保维稳信访工作突出贡献单位”。

【拆迁安置】　青龙街道推进城投管网配置用地项目，涉及新山社区3组、10组，海滨湾社区3组、5组、6组、11组，面积1035.37亩，截至年底企业全部完成拆除，农户签约协议446户，完成总户数的99.8%；推进市土地储备中心项目，涉及海滨湾社区2组、4组和新山社区4组，面积976.07亩，截至年底企业全部完成拆除，农户签约协议401户，完成总户数的98.5%；推进区政府配置用地项目，涉及西林社区11组，东林社区3组、4组、5组，海滨湾社区7组、8组，新山社区1组、2组、5组共1033户，面积2380亩，企业146家，截至年底企业签约协议144家、完成总户数的98.6%，农户签约协议1032户、完成总户数的99.9%；推进市文旅集团征地项目，涉及新山社区7组，面积229.65亩，农户签约协议86户，截至年底签约协议84户、完成总户数的97.7%。

【青龙场城市更新规划3.0出炉】　3月3日，青龙场城市更新规划3.0出炉，打造“禅茶文化街”“市井文化街”“民俗工坊文化街”三个主题街区，营造“市井青龙”“漫食生活”“工坊记艺”“集乐夜市”四大生活场景，突出青龙场片区传统底蕴和文化沉淀；着力打造智能便捷的社区生活服务圈，激活社区公共生活、延续历史文化，探索公园城市建设理念下的“幸福社区”场景营造；步行街沿线再现青龙场七十二坊的盛景，通过植入昭青印记墙、国潮壁画、情景雕塑、VI导视系统，形成一条市井文化游览体验线路。

【“街长制”工作推进】　青龙街道全面拓展“街长+百姓城管”“街长+市容秩序辅助管理员”“街长+商居联盟”工作机制，实现城市管理“静态”和“动态”全时域高效管控；推进“门前三包”工作机制优化，辖区商家“门前三包”责任书签订980份，签约率100%。街道以“街长制”作为引擎，调动社区老百姓参与社区自治的积极性，发动社区商家自我管理，全年出动社区志愿者1300人次、城管队员7200人次。

【社区消费场景营造】　青龙街道推动“宴乐”剧场、“烟火集市”等社区消

致力路街头公园　　（青龙街道供图）

费场景营造，围绕“客家文化”“禅茶文化”，引入“四川清音”“蜀绣”等非遗文化，深度挖掘青龙场镇文化、昭觉寺禅茶文化，打造禅茶文化特色街区、老场镇民俗文化特色街区、昭青里特色街区、禅茶品茗里、青龙慢生活等特色街区和生活街巷；培育首店名店经济、夜间经济、户外经济、假日经济等消费新业态，创新构建禅茶一味、民俗工坊、动漫潮玩、烟火集市等消费新场景，以千年文韵汇聚优质业态，以优质业态引领时尚消费。

【东林社区“运动健康”特色服务街区】 东林社区“运动健康”特色服务街区以“运动健康”为主题，以公园社区为特色，以临街商铺为基底，升级社区综合体，打造公园运动景观、社区小剧场、街区居民慢行空间、运动健康消费产业等线下消费新场景；街区左侧为社区综合服务中心，承载社区综治中心、职工之家、积分超市、社区剧场、党群中心、双创中心、运动健康中心、妇女儿童之家、日渐照料中心等公共服务空间，满足全龄服务需求；街区右侧为商业消费集中区，有商超、餐饮、服装、快运、生鲜、医疗等各类商家，满足市民消费需求。

（冯仕鹏）

龙潭街道

【概况】 龙潭街道位于成华区东北部，东与龙泉驿区西河镇交界，南与二仙桥街道相连，西与青龙街道、白莲池街道接壤，北与新都区石板滩街道毗邻，辖区面积36.48平方千米。龙潭街道办事处驻龙潭寺龙井路6号，辖隆兴路、正街、华泰3个城市社区，向龙、龙瑞、高洪、龙祥、桂林、和成、华冠、丛树、龙驰、同乐、同仁、威灵、院山13个涉农社区；2021年末常住人口12.13万人，户籍户数3.11万户，户籍人口8.14万人，人口密度0.33万人/平方千米。

龙潭街道辖区有成金（青）快速通道、第一绕城高速过境干道，蜀龙路、龙港路、航天路、双龙路、龙石路、龙青路、湖光路、龙木路、龙赵路等道路；有四川省物资局储运库、西南财经大学天府学院成都校区、成都石室中学北湖校区、成都市双庆中学龙潭校区、成都市第三十八中学、电子科技大学附属小学龙潭校区（华翰校区）、成都大学附属小学卓立校区（卓翼校区）、成都市龙潭小学、成都市第二人民医院龙潭院区等单位；上古天地、星悦广场、旭辉锦绣广场、正通广泽广场等商贸中心；成华区熊猫体育公园、成华区北湖生态公园、龙潭新区公园旅游景点，龙潭寺佛教活动场所。

2021年，龙潭街道抢抓成渝地区双城经济圈建设契机，着眼做优产业布局，龙潭寺东站TOD项目一期工程和配套学校建设完工；创建党建引领社区发展治理华冠示范社区、向龙百佳示范小区，打造1.8千米龙潭客家文化休闲特色街区；完成全市首个规范化综合执法中队建设，推进城管执法法规化、智能化、专业化；打造全区首个困境儿童服务中心及华泰、正街2个养老助餐点位。龙潭街道获评2021年成华区优秀重点项目、百日攻坚先进单位。

【经济发展】 龙潭街道引进港中旅、首开、嗨学网、中自控等知名企业；签约高能级产业化项目2个，重大产业化项目1个；华宇旭辉锦绣广场、正通广泽广场项目竣工投运；金融街、珑樾融府、同森翠叠森林名邸、TOD等项目加快推进，新增四上企业上规入库13家。全年实现地方税收3.00亿元，固定资产投资32.25亿元，社会消费品零售总额增长12.00%，引进到位内资14.84亿元，引进到位外资1.28亿元。

【TOD项目建设】 龙潭寺东站TOD示范项目涉及龙潭街道同乐社区、桂林社区、院山社区3个社区12个居民小组，规划用地面积3171亩。截至年底，TOD示范项目完成三期供地538亩，一、二期完成主体建设，三期开工建设；TOD配套中学和幼儿园基本建成。

【社区建设】 龙潭街道实施“党建引领+红色物业”专项工作，共建22个小区、6个物业党组织。向龙社区党群服务中心集成打造党务、政务、企业服务和社会服务为一体的综合性服务平台，实现群众办事“一次办、就近办、马上办”。龙祥社区党群服务中心营造客家田园活动场景，通过传统农耕元素，现代化手法打造舒适的活动大厅，开展沙龙、研学等体验活动。华泰社区改善老年人居住生活环境，提高为老综合服务水平，推进老年友好社会建设，获评2021年“全国示范性老年友好型社区”，四川省“六无”平安社区。

【城市管理】 龙潭街道完成蜀龙路“爱成都·迎大运”品质提升项目、锦城公园一级绿道及配套景观建设；配合办理成龙路商混站水泥搅拌扬尘、龙腾雅苑小区、成都远见复核材料厂排放异味气体、龙圣路搅拌站扬尘、污水乱排5件案件；聚焦油烟、垃圾、噪声、水环境、再生资源等重点，开展全覆盖排查225次；检查餐饮企业112家，

8月29日，龙潭街道召开第二轮中央环境保护督察工作推进会　　（龙潭街道供图）

在建工地12个，督促整改问题32个；发送环境监督提示短信20万条，印发专题简报3期，确保各类生态环境整改取得实效。

【“治重化积”专项治理】　龙潭街道组建案件督办组，建立专班处理工作制度，制定案件办理流程，完善“及时接收、逐一研判、迅速转办、归口管理、动态跟踪”办理工作机制，提高案件办理质效。全年办理群众来信来访、网上信访及人民网留言信访案件166件，按期办结率100%；办理省环保督察主办件6件、协办件2件，中央环保督察主办件16件、协办件8件。

【拆迁安置】　龙潭街道完成龙潭总部城公交场站项目拆迁，涉及威灵社区5组22人农转非安置；蜀龙路沿线拆迁保障“爱成都·迎大运”项目建设，涉及龙瑞社区4组、9组；完成向龙片区地铁8号线用地拆迁收尾，保障8号线二期向龙站点工程建设；外环片区楔形生态项目用地1.6万亩，为环城生态区绿道建设用地提供保障。全年完成龙潭总部城安置房四期B地块工程、五期工程2505套分房工作；外环新民社区安置房175套，涉及新民社区1—6组搬迁农户。

【养老助餐点建设】　龙潭街道以老人就餐为切入点，建成华泰社区、正街社区养老助餐点，实现让社区养老变社区享老。华泰社区“岁月厨香”助老餐点可满足50位老人同时就餐，每天服务老人100人次，推出10元一荤一素一汤、12元两荤一素一汤，满足老年人的需求；以“岁月厨香”作为中央厨房，打造院落分餐点位，形成多层级全覆盖的配送网络，满足社区长者多层次、多样化就餐、配餐、送餐需求，解决辖区低保、困难老人以及高龄空巢老人等群体吃饭问题。正街社区“岁月厨香”可为30位老人提供就餐。

【街道困境儿童服务中心】　龙潭街道在全区建立首个困境儿童服务中心实体站，搭建困境儿童帮扶平台，整合社会资源，汇聚多元力量，运用社工专业手法帮扶困境儿童及其家庭，改善困境儿童处境；做好关爱困境儿童宣传推广工作，营造广泛参与关爱困境儿童成长的文化氛围，健全困境儿童关爱帮扶体系，助力儿童健康成长。3月18日，龙潭街道院山社区举行儿童之家开园仪式暨龙潭街道困境儿童全域服务计划项目启动会，院山社区儿童之家以“服务一个儿童，影响一个家庭，改变一个社区”为宗旨，完善社区儿童之家公共服务体系，满足社区儿童文化教育、素质提升、困境家庭服务、儿童权益保护等儿童服务；依托儿童之家平台，实现社区动员、社区网络搭建、社区组织培育，促进不同家庭与社区的融合，推动儿童友好社区建设，助力全龄友好社会营造工程。

3月18日，龙潭街道院山社区儿童之家开园仪式暨龙潭街道困境儿童服务计划项目启动会
（龙潭街道供图）

3月13日，第四届龙潭鸟米粿客家文化节活动在北湖生态公园举行　　（龙潭街道供图）

【龙潭“红星”党群志愿服务联盟创立】　龙潭街道以党建引领为核心，组建党群志愿者联盟，五大志愿者团队有志愿者9800人，全年组织开展志愿服务活动87场次。街道依托各社区“鸿鹰”“红星”等志愿者队伍，打造一社一队一品牌，擦亮志愿服务“红色名片”，推动区域各类志愿组织联系更广泛、参与更多元、服务更精细、治理更科学，深入推进“我为群众办实事”实践活动，构建共建共治共享的社会治理格局，形成“组织共建、理念共融、资源共用、居民共建、服务全域”的队伍建设体系；以党建引领为方向，带动辖区机关、企事业单位党员志愿者、群团志愿者、青年志愿者、巾帼志愿者及社区志愿者五大志愿者团队发挥力量，团结社会组织、公益组织等共同搭建集“党建+群建+公益”为一体的综合志愿服务平台。

【城管规范化综合执法中队建设】　龙潭街道打造全区首个规范化综合执法中队，全年办理行政处罚案件120件，处罚金额14.18万元，警告3起，所有案件无行政复议和行政诉讼，被评为2021年“全市优秀达标中队”。5月13日，成都市“强转树”三年行动暨城管执法中队规范化建设现场会在龙潭街道综合行政执法中队召开，全市23个区（市）县城管执法部门主要负责人和分管领导，市城管委、市城管执法总队相关负责人，成都市首批23个规范化建设达标中队中队长出席会议，与会代表现场参观龙潭街道综合执法中队规范化建设情况。截至年底，住建部、上海市、吉林省、青海省等省外考察团到龙潭街道综合行政执法中队调研、交流。

【龙潭“鸟米粿”客家文化节】　3月13—14日，以“成都十二月市·东郊繁华肆锦”为主题的“客遇龙潭·梦启东山”2021年第四届龙潭鸟米粿客家文化节活动在北湖生态公园举办，文化节通过线上鸟米粿客家文化展、创意鸟米粿DIY大赛，线下客家文化文艺演出、鸟米粿文化集市、客家特色巡游、寻味粿香游园打卡等系列活动，打造独具成华特色、全民广泛参与的客家特色文化品牌。现场客家鸟米粿美食集市、客家文创集市、特色商家集市开市，文化节将客家特色美食“鸟米粿”与主题巡游相结合，巡游“粿耀北湖”队等8支巡游队伍以不同的形式和主题，置身风景怡人的北湖生态公园，展示客家人迁徙跋涉以及春耕的劳作景象，为游客呈现龙潭客家人勤劳奋进、睦邻友好、不忘初心的优良传统。

【全国示范性老年友好型社区创建】　龙潭街道华泰社区以“汇爱邻里、尚美华泰”为发展定位，以社区教育为抓手，为老服务为突破口，发挥社区居民的主观能动性，发掘居民自身在社区建设中的作用，形成互帮互助的友善氛围。华泰社区围绕改善老年人居住环境、方便老年人日常出行、提升为老年人服务质量、扩大老年人社会参与、丰富老年人精神文化生活、提高为老服务科技化水平，引入专业养老力量打造特色助餐服务点，开展特殊困难老年群体关爱帮扶，挖掘客家文化、弘扬客家传统，组织各种形式的老年活动，为老年人提供更多的社会参与机会，制定小区尊老敬老爱老公约等措施扎实推进各项工作，做实全国示范性老年友好型社区创建。9月24日，华泰社区被国家卫生健康委、全国老龄办确定为“全国示范性老年友好型社区”。

（李逢春）

白莲池街道

【概况】　白莲池街道位于成华区北部，东与龙潭街道、新都区木兰镇相邻，南与青龙街道相连，西与金牛区凤凰街道接壤，北与金牛区天回街道、新都区三河街道毗邻，辖区面积13.21平方千米。白莲池街道办事处驻熊猫大道1248号，辖将军碑1个城市社区，一里塘、白莲池、狮子、石岭4个涉农社区；

熊猫地球村特色文旅街区　　（白莲池街道供图）

2021年末常住人口3.65万人，户籍户数0.37万户，户籍人口2.04万人，人口密度0.28万人/平方千米。

白莲池街道辖区有成绵高速、成绵乐客专线、熊猫大道、回龙路、石岭路、龙青路等道路，地铁3号线穿行辖区；有四川省成都工人疗养院、四川地质医院、四川省都江堰东风渠管理处、成都市种畜场、成都市红花实验学校、成都市熊猫路小学等单位；金科星耀天都、蓝光酒店、台州商人大厦等商务楼宇；成都富森美家居城北店、宜家家居成华商场、蓝光金悦府家居用品博览城等商贸中心；国家AAAA级旅游景区成都大熊猫繁育研究基地，国家级重点文物保护单位五代后蜀皇帝孟知祥墓。

2021年，白莲池街道牢固树立"涵养财源、培育财源、壮大财源"意识，培育万达、融创2家高能级总部企业，在成都富森美家居股份有限公司成立全省首个政企共建应急救援分中心；推进熊猫地球村特色文旅街区、白莲池文化公园一期项目竣工。白莲池街道获评2021年成华区百日攻坚先进集体。

【经济发展】　白莲池街道紧抓"迎大庆、重招引、促循环"百日攻坚大会战，走访高能级企业38家；签约注册乐趣加纷可口可乐加乐站项目、融乐环球商业管理项目、融乐文旅运营管理项目、菜小淘数字服务项目、诚博远新西南总部项目、成都锦蓉慧科技服务项目6个高能级亿元以上项目，融创成都会展服务项目1个高能级生产性服务业项目；打造招商云平台，与融创文旅、吉利集团、宜家家居、杨丽萍团队等优质企业开展云招商，引进港龙酒店项目、融创娱雪2个重大产业化项目。全年实现全口径税收5.17亿元，地方税收1.74亿元，固定资产投资8.56亿元，社会消费品零售总额增长15.37%，引进到位内资10.1亿元，引进到位外资1.37亿元。

（罗　斌　张　黎）

【社区建设】　白莲池街道推进移动互联网、云计算、大数据、人工智能、虚拟现实等新一代信息技术与平安社区建设发展深度融合，完成石岭社区微信小程序及智慧社区平台软硬件建设；建立矛盾纠纷多元化解工作站，完成"律警民e点通"远程视频调解系统安装，综合运用"律警民e点通"远程视频调解平台、智慧公共法律服务平台、社区微信公众号等载体，全年调解矛盾纠纷671起，调解成功率99.9%。街道狠抓社区发展治理，打造熊猫咖啡画室、狮子社区工作室、左邻右舍美学馆、客家乡愁记忆馆、狮子社区儿童之家特色点位5个；一里塘社区、将军碑社区被评为市级"百佳示范社区"，怡里馨居被评为市级"百佳示范小区"。熊猫咖啡画室与生活小馆微更新项目获评2021年成都市"幸福生活·美好社区"微更新项目优秀奖，一里塘社区睦邻荟项目获评2021年成都市社区美空间、入选2021年成华区"我为群众办实事百优十佳项目"。狮子社区获评成华区"七无"平安社区。

【城市管理】　白莲池街道投资45万元完成白莲池社区10组三环路跨线桥"两拆一增"点位打造，新增绿化面积7000平方米；以狮子社区菁华翠庭片区作为点位，打造以“熊猫元素为主题、客家文化为补充”的熊猫地球村特色文旅街区；完成斧头山四巷大型熊猫雕塑安装、地砖铺设、灯光造影、绿化提升和斧头山支巷钢架廊道建设、熊猫大道沿街整治，提升片区城市现代感和生活宜居性；拆除违法建设10处3.5万平方米，一里塘新型社区二期创建为“无违建小区”。街道整治防范电瓶车火灾安全12次，检查生产经营单位1700家次，排查安全隐患7095个，整改率99.6%；辖区14个小区、23个院落新建5个电瓶车集中停放点，新安装智能防过载充电设施7处，电梯安装智能梯控系统298部，防范电瓶车火灾专项整治完成率100%。

（潘洪敏　干永红）

【“治重化积”专项治理】 白莲池街道整治“散乱污”企业13家，清理废品收购站5家，河道清淤5650米，清掏各类沟渠7100米，铺设污水管网1200米，铺设边沟盖板3000米；省环保督察实现“零案件”，办理中央环保督察案件3件。

（潘洪敏）

【拆迁安置】 白莲池街道完成将军碑、一里塘、白莲池、石岭、狮子5个社区拆迁项目，签约率99.5%；完成9户农户协议签订和房屋拆除，保障熊猫大道品质提升项目交地，为“爱成都·迎大运”营造良好城市形象。街道全年为将军碑、一里塘、白莲池、石岭、狮子5个社区居民分配拆迁安置房2337套。

（张健康）

【街道综合应急救援队】 白莲池街道组建27人综合应急救援队、50人社区应急救援分队，开展安全宣传、防火巡查、应急救援等工作，全年参与应急救援13次。成华区白莲池富森美应急救援分中心代表街道综合应急救援队，参加2021年度成都市首届基层应急队技能比武大赛总决赛，获得团体一等奖、消防技能一等奖、防洪技能三等奖、救灾技能三等奖，王健获得个人消防技能第一名。

“左邻右舍”公益茶社　（高　萍　摄）

【白莲池文化公园建设】 白莲池文化公园位于熊猫大道北侧，占地面积100亩，建设800平方米森氧慢跑道、4000平方米多功能星空活动草坪、1200平方米露天亲子森林剧场、1.2万平方米湖泊湿地、350平方米公共开放空间，项目按照“政府主导、市场主体”思路，由成都奥腾置业有限公司投资5000万元打造，7月正式对外开放。

（罗　斌）

【“左邻右舍”公益茶社打造】 “左邻右舍”公益茶社位于熊猫大道1020号，打造社区公益茶馆生活场景，推进“左邻右舍”公益茶社建设，通过对原手拉手休闲庄餐厅建筑更新而成，集成空间创生、环境提升、功能植入、业态升级、文化营造等功能，解决社区“公共空间品质不高、公共服务设施不足、文化记忆淡化”，推动社区发展治理。

（高　萍）

【白莲池街道社工站】 白莲池街道社工站于11月成立，为民生兜底服务、矫治帮教、应急处置、社会融入等新型专业服务，在社会救助、养老服务、儿童关爱、残障服务、专业服务、关爱援助服务、拓展服务、社区治理的基础上，聚焦养老服务和儿童关爱服务。

【阳光融乐家园建设】 白莲池街道将军碑社区“融乐阳光家园”为残疾人提供集日间照料、庇护就业、康复体育、文化活动于一体的综合性社区残疾人活动平台，开展手工技艺训练与艺术创作以及心理辅导课等活动，帮助残疾人自主生活、融入社会；残障人士可以参与各种简单而有特色的庇护劳动、生活技能培训、无障碍体验、精神智力心理咨询、心理辅导、康复训练，互相交流互相帮助。阳光融乐家园有学员10人，其中精神残疾2人、智力残疾5人、肢体重度残疾3人。

（李　辉）

人物·荣誉

编辑　李锡清

新任区领导

中共成华区第八届委员会常委

赵春淦　任中共成华区委书记。1971年6月生，四川大竹人，1992年12月加入中国共产党，1993年8月参加工作，西南财经大学产业经济学专业毕业，经济学博士学位。1993年8月在达县工作，任石板乡团委书记、幺塘乡副乡长、县委组织部干部。2002年3月任达州市委政研室主任干事。2002年7月任四川省委办公厅主任科员、副处级秘书。2009年2月任四川省人大外侨委办公室主任、研究室综合处处长。2011年1月任简阳市委副书记，两湖一山发展区党工委书记、管委会主任；2011年12月任简阳市委副书记、市长。2013年5月兼任天府新区资阳片区党工委副书记、管委会第一副主任。2017年4月任简阳市委书记，8月兼任简州新城党工委第一副书记。2020年6月任中共成华区委书记，2021年1月兼任成都市熊猫国际旅游度假区（成都市熊猫基地景区）党工委书记。中共成都市第十三届委员会委员、成都市第十三次党代会代表、成都市第十六届人大代表、成都市第十七届人大代表。

袁顺明　任中共成华区委副书记，成华区人民政府党组书记、区长。1971年9月生，四川渠县人，1994年12月加入中国共产党，1995年8月参加工作，四川省委党校行政管理专业毕业，党校研究生学历。1995年8月在温江县工作，任县计经局企管科副科长、科长，万春镇副镇长、镇党委副书记、纪委书记、镇长、镇党委书记、镇人大主席。2011年12月任大邑县委常委、组织部部长，2013年12月任县委常委、县政府副县长，2015年10月任县委副书记。2016年8月任金牛区委副书记。2019年1月任成都市退役军人事务局党组书记、局长。2020年7月任双流区委副书记、区政府区长，兼任成都双流自贸试验区管理局局长。2021年7月任中共成华区委副书记，2021年8月任区政府党组书记、区长。

雷　鸣　任中共成华区委副书记。1972年2月生，四川成都人，1991年11月加入中国共产党，1992年7月参加工作，电子科技大学计算机及应用专业毕业，工学学士学位。1992年7月在成都无线电一厂党委办工作。1993年7月任成都市委组织部干事、副主任科员、主任科员，2003年3月任市委组织部办公室副主任。2005年9月任武侯区委组织部副部长，2006年11月兼任区委党史研究室主任，2008年11月兼任区新经济社会组织党工委副书记。2016年3月任邛崃市委常委、组织部部长、市委党校校长，2017年9月兼任市委城乡社区发展治理委员会主任。2019年10月任成华区委常委、组织部部长，兼任区委社治委主任、区直机关工委书记、区委党校校长。2021年2月任成华区委常委、区政府副区长，兼任成都市熊猫国际旅游度假区（成都市熊猫基地景区）党工委副书记。2021年8月任中共成华区委副书记，兼任成都市熊猫国际旅游度假区（成都市熊猫基地景区）党工委副书记。

张明英　任中共成华区委常委、统战部部长。女，1968年8月生，四川成都人，1995年7月加入中国共产党，1988年5月参加工作，四川省工商管理学院工商管理专业毕业，研究生学历。1988年5月在金牛区营门口乡工作，任乡企办副主任、副乡长，营门口街道办事处副主任，乡（街道）党委副书记、乡长、街道办事处主任。2001年3月任金牛乡党委副书记、乡长，党委书记、乡人大主席，兼任土桥街道党工委书记。2004年3月任金牛区财政局党组书记、局长。2006年12月任金牛区政府副区长。2013年6月任青羊区委常委、统战部部长、区总工会主席，2020年11月兼任区政协党组副书记。2021年9月任中共成华区委常委、统战部部长，兼任区政协党组副书记。

欧泽春 任中共成华区委常委、政法委书记。1967年2月生，四川青白江人，1988年6月加入中国共产党，1985年8月参加工作，四川省委党校行政管理专业毕业，党校研究生学历。1985年8月在青白江区工作，任日新中心校教师、日新乡乡长助理，区司法局科长、副局长，城厢镇党委副书记、镇长，姚渡镇党委书记、人大主席，红阳街道党工委书记，区政府办公室党组书记、主任，兼任区物流园区管委会党组副书记、主任，党组书记。2009年11月任青白江区副区长、物流园区管委会党组书记、主任。2011年12月任青白江区委常委、统战部部长。2015年6月任青白江区委常委、政法委书记。2016年10月任锦江区委常委、政法委书记。2021年8月任中共成华区委常委、政法委书记。

顾文辉 任中共成华区委常委、纪委书记、监委主任。1974年5月生，四川新津人，1993年5月加入中国共产党，1997年7月参加工作，四川省委党校区域经济专业西南财经大学毕业，省委党校研究生学历。1997年7月在新津县文井乡工作。1998年7月任新津县委组织部科员、办公室副主任、主任，政府办公室副主任、信息化办公室副主任。2003年1月任成都经济技术开发区办公室副主任。2004年2月任成都市民政局人事处副处长、处长。2013年11月任成都市纪委派驻市经信委（市中小企业局）党组成员、纪检组组长。2015年5月任彭州市委常委、纪委书记、监委主任。2019年12月任郫都区委常委、纪委书记、监委主任。2021年8月任中共成华区委常委、纪委书记、监委主任。

冯　军 任中共成华区委常委、组织部部长、社治委主任、区直机关工委书记、区委党校校长。1971年10月生，四川大竹人，1997年5月加入中国共产党，1997年7月参加工作，四川大学宗教学专业毕业，研究生学历，哲学硕士学位。1997年7月任四川大学哲学与艺术学院教师。1999年12月任成都市委政策研究室综合处主任干事。2001年8月任成都市委组织部研究室主任科员、党员管理处助理调研员、组织处副处长、组织二处调研员、组织二处处长、市委组织员（副局级）。2017年9月任金堂县委常委、组织部部长、县委党校校长、县直机关工委书记、县“两新”党工委书记、县委社治委主任，2020年8月兼任淮州新城党工委副书记。2021年2月任中共成华区委常委、组织部部长、社治委主任、区直机关工委书记、区委党校校长。

邓　旭 任中共成华区委常委、区总工会主席、成都市龙潭工业机器人产业功能区党工委书记。1969年4月生，四川大竹人，1988年6月加入中国共产党，1996年7月参加工作，四川大学专门史专业毕业，研究生学历，博士学位。1992年7月任西南师范大学教育系党总支秘书、行政办秘书。1996年7月在四川省经济管理干部学院任党委工作部副主任干事、团委副书记、代理团委书记。2000年7月任成都信息工程学院电子商务系教师。2000年9月任武侯区教育局党工委委员、副局长，区科技局党组书记、局长,区科协主席、区知识产权局局长、区信息化办公室主任，区发展和改革局党工委书记、局长，区物价局局长。2016年10月任成华区政府党组成员、副区长，成都市龙潭总部新城党工委书记。2021年9月任中共成华区委常委、区总工会主席、成都市龙潭工业机器人产业功能区党工委书记。

刘嘉宁 任中共成华区委常委，区政府党组副书记、副区长。1977年6月生，江苏南京人，1997年7月加入中国共产党，1999年7月参加工作，四川大学政治经济学专业毕业，研究生学历，经济学博士学位。1999年7月在金牛区金牛乡工作。2000年9月任金牛区政府办秘书二科副科长。2000年11月任共青团成都市委区县部副主任科员。2001年11月任成都市信息化办公室行业管理处主任科员。2005年2月任成都市委宣传部文化产业发展处副处长。2008年4月任成都市投促委宣传策划处处长、投资营销处处长。2014年4月任成都传媒集团经委办公室主任、集团办公室主任。2017年9月任成都市新经济委党组成员、副主任。2021年8月任中共成华区委常委，区政府党组副书记、副区长。

马亚炜 任中共成华区委常委、宣传部部长。1976年4月生，四川金堂人，1996年5月加入中国共产党，1998年8月参加工作，西南政法大学经济法系经济法专业毕业，大学学历，法学硕士学位。1998年8月在成华工商行政管理局建综工商所、成华工商行政管理局法制科工作。2001年6月任成都市工商行政管理局法制处科员、副主任科员。2005年6月任成都市人民政府办公厅第二秘书处副主任科员、主任科员、办公室副主任、第一秘书处副处长、处长，办公厅副主任。2020年12月任中共成华区委常委、统战部部长，兼任区政协党组副书记。2021年9月任中共成华区委常委、宣传部部长。

黄庆华　任中共成华区委常委、区人民武装部政委。1974年8月生，四川名山人，2001年9月加入中国共产党，1998年7月参加工作，成都理工学院社会学系社会学毕业，大学学历，哲学学士学位。1998年7月任四川省新龙县人民武装部政工科副连职干事、正连职干事、副营职干事。2005年4月任四川省甘孜军分区后勤部战勤科副营职参谋。2007年4任四川省稻城县人民武装部政工科科长。2010年4月任四川省甘孜军分区政治部组织干部科正营职干事、政治部宣传保卫科科长、组织干部科科长。2014年12月任双流县人民武装部政委。2017年6月任成华区人民武装部政委。2018年6月任中共成华区委常委、区人民武装部政委。

成华区第八届人大常委会主任、副主任

王德运　任成华区人大常委会党组书记、主任。1966年8月生，江苏建湖人，1996年12月加入中国共产党，1991年8月参加工作，西南政法学院法学系法律专业毕业，大学学历，法学学士学位。1991年8月在江苏省盐城市人民检察院工作。1993年8月任金牛区人民检察院科员、副主任科员、刑事检察一科科长、副局级检察员、检察院党组成员、副检察长。2006年12月任彭州市人民检察院党组书记、检察长。2012年3月任成都市纪委常委、市监察局副局长，市公安局党委委员、纪委书记、第一副督察长。2016年2月任成都市公安局党委委员、副局长。2017年8月任成都市委政法委副书记，市维稳办主任，市公安局党委委员、副局长，政法委常务副书记，市法学会第五届理事会常务副会长。2021年8月任成华区人大常委会党组书记。2021年12月任成华区人大常委会党组书记、主任。

余　胜　任成华区人大常委会党组副书记、副主任。1968年7月生，四川眉山人，1995年7月加入中国共产党，1990年9月参加工作，四川师范学院中文系汉语文学毕业，大学学历，文学学士学位。1990年9月任四川省眉山县一中教师。1993年2月在金牛区抚琴街道办事处工作，1993年8月任金牛区委宣传部教育科干事、副科长，区委办公室秘书科科长、秘书一科科长、副局级秘书、办公室副主任。2000年6月任金牛区北巷子街道工作委员会副书记、办事处主任，金牛区青羊北路街道工作委员会副书记、办事处主任、街道工作委员会书记。2003年3月任金牛区白果林街道工作委员会书记、洞子口街道工作委员会书记。2004年5月任金牛区创建办正局级干部、金牛区机关事务管理局副局长、局长，金牛区文化局局长、系统党工委书记、新闻出版(版权)局局长。2007年1月任金牛区五块石街道工作委员会书记。2013年6月任金牛区建设和交通局系统党工委书记、局长，人防办主任。2016年10月任成华区政府党组成员、副区长。2021年9月任成华区人大常委会党组副书记、副主任。

李宏坤　任成华区人大常委会副主任。女，1973年4月生，湖北天门人，民盟，1992年6月参加工作，四川省委党校公共管理专业毕业，省委党校研究生学历。1992年6月在成都市卫生防疫站工作。2002年3月任成都市疾控中心、成都市卫生执法监督所医士、副主任科员、副支队长。2011年4月任成都市食品药品监督管理局餐饮服务监管处（保健食品化妆品监管处）副处长、食品化妆品稽查大队副大队长、保健食品化妆品监管处处长。2016年10任双流区政协副主席。2021年12月任成华区人大常委会副主任。成都市第十五届政协委员。

阮　强　任成华区人大常委会党组成员、副主任。1972年5月生，四川成都人，2000年3月加入中国共产党，1992年9月参加工作，四川大学经济学院、电子科技大学公共管理专业、工业外贸专业毕业，大学学历，公共管理硕士学位。1992年9月任成华区计经委干部、科员、副科长、科长、主任助理。2001年11月任成华区发展计划局党组成员、副局长、纪检组长兼区物价局党组成员、纪检组长。2003年10月任成华区物价局党组成员、副局长。2007年5月任成华区府青路街道党工委副书记、办事处主任。2009年10月任成华区商务局党组书记、局长。2014年4月任成华区经科局党组书记、局长。2016年10月任成华区建设路街道党工委书记。2019年12月任成华区跳蹬河街道党工委书记。2021年12月任成华区人大常委会党组成员、副主任。

何艳红　任成华区人大常委会党组成员、副主任。女，1970年5月生，四川资中人，1999年12月加入中国共产党，1991年8月参加工作，四川省委党校函授学院经济管理专业毕业，大学学历。

1991年8月任成华区统计局办事员、科员、副主任科员、工业投资科副科长、综合科副科长。2000年12月任成华区政府办副主任科员、主任科员、政府办目督科科长。2003年7月任成华区委、区政府目督办副主任。2007年5月任成华区政府办公室党组成员、副主任，区政府目督办主任。2010年10月任成华区人口计生局党组书记、局长，区卫生局党组书记、局长，区卫生和计划生育局党组书记、局长。2019年3月任成华区卫生健康局党组书记、局长。2021年12月任成华区人大常委会党组成员、副主任。

余　斌　任成华区人大常委会党组成员、副主任。1969年2月生，四川眉山人，1988年6月加入中国共产党，1990年10月参加工作，四川省委党校法学专业毕业，党校研究生学历。1990年10月在成都市东城区财政局工作。1990年11月任成华区财政局办事员、科员。1993年6月任成华区国资局副局长。1996年7月任成华区财政局办公室副主任、主任。2000年5月任成华区府青路街道党工委委员、办事处副主任。2007年8月任成华区建设路街道党工委副书记、办事处主任。2010年10月任成华区审计局党组书记、局长。2012年8月任成华区财政局党组书记、局长，兼任区国有资产监督管理和金融工作办公室主任。2021年12月任成华区人大常委会党组成员、副主任。

成华区第八届人民政府副区长

周海燕　任成华区政府副区长。女，1974年1月生，四川新津人，民盟盟员，1995年7月参加工作，西北建筑工程学院建筑系城市规划专业毕业，大学学历，工学学士学位。1995年7在自贡市城市规划设计研究院工作。1998年3月在新津县城乡建设管理委员会工作。2002年1月任新津县建设和规划局规划科副科长、科长、副局长。2011年12月任金堂县副县长。2019年3月任成华区政府副区长。

张旭伟　任成华区政府党组成员、副区长，成都市公安局成华区分局局长。1970年2月生，四川成都人，1996年1月加入中国共产党，1989年10月参加工作，高中学历。1989年10月任成都市公安局巡警支队民警、治安大队民警、办事员。1992年7月任成都市公安局锦江区分局梓潼桥派出所办事员、科员，春熙路派出所副所长、教导员、所长。2006年1月任成都市公安局金牛区分局副政委、副局长、正处级侦察员。2011年6月任成都市公安局禁毒支队政委、公安局纪委副书记、副督察长、警务督察支队支队长、纪委副书记、监察室主任，2015年12月兼任成都市公安局锦江区分局局长。2016年4月任青白江区政府党组成员、副区长，成都市公安局青白江区分局局长。2021年8月任成华区政府党组成员、副区长，成都市公安局成华区分局局长。

何　特　任成华区政府党组成员、副区长。1981年4月生，湖南浏阳人，2006年3月加入中国共产党，2001年7月参加工作，西南石油大学马克思主义学院思想政治教育专业毕业，研究生学历，法学硕士学位。2001年7月在解放军5719厂工作。2005年5月任解放军5701厂政治部宣传干事、政治部党委秘书、团委副书记、书记兼党委秘书。2010年6月任成华区委政策研究室副主任。2013年3月任成都市龙潭工业园区（总部经济城）管委会党工委委员、副主任。2014年9月任共青团成华区委党组书记、团委书记。2016年10月任成华区保和街道党工委副书记、办事处主任。2018年11月任成华区经科局党组书记、局长，兼任区经济和信息化局局长。2021年2月任成华区投促局党组书记、局长。2021年9月任成华区政府党组成员、副区长。

黄　宇　任成华区政府党组成员、副区长。1981年6月生，四川成都人，2002年5月加入中国共产党，1999年9月参加工作，解放军后勤工程学院指挥自动化工程专业毕业，大学学历，工程硕士学位。2004年6月任成都军区郫县营材仓库学员、助理工程师、正连职助理员、检修所副所长、副营职助理员、正营职助理员。2010年12月任成都市审计局固定资产投资审计处主任科员、审计处副处长、经济责任审计综合处副处长。2016年4月任青羊区审计局党组成员、副局长。2016年11月任青羊区西御河街道党工委副书记、办事处主任、党工委书记。2021年9月任成华区政府党组成员、副区长。

陈　枢　任成华区政府党组成员、副区长。女，1981年1月生，四川成都人，2003年5月加入中国共产党，2003年7月参加工作，四川师范大学涉外文秘专业毕业，大学学历，文学学士学位。2003年7月在成华区经协办工作。2005年3月任成华区政府办公室科员、副主任科员。2010年1月任成华区应急办预案管理科科长、区政府办公室秘书三科、五科科长。2013年5月任成华区府青路街道党工委委员、办事处副主任。2015年8月任成华区跳蹬河街道党工委委员、副书记、纪工委书记、办事处主任。2018年6月任成华区民政和社会组织工作局党组书记、局长。2019年3月任成华区民政局党组书记、局长。2021年2

月任成华区猛追湾街道党工委书记。2021年9月任成华区政府党组成员、副区长。

成华区第八届政协主席、副主席

周万生 任成华区政协党组书记、主席。1965年11月生，重庆人，1985年2月加入中国共产党，1989年7月参加工作，四川大学政治经济学专业毕业，研究生学历，经济学博士学位。1989年7月任中国航天工业部西南地区航天物资站成都销售公司经理助理。1992年9月任四川省委政策研究室经济处主任干事，省委组织部干部教育培训处主任干事、助理调研员。2000年12月任成都市委组织部副部长。2007年7月任成都市政府目标督查办公室主任、市政府办公厅党组成员、市政府副秘书长。2012年6月任成都市委统战部副部长，市民宗局党组书记、局长。2013年2月任成都市食品药品监督管理局党组书记、局长。2019年1任成都市委宣传部副部长、成都市文广旅局党组书记。2020年10月任成华区政协党组书记。2021年1月任成华区政协党组书记、主席。

韩际舒 任成华区政协党组副书记、副主席。1971年4月生，内蒙古赤峰人，1995年6月加入中国共产党，1995年8月参加工作，四川省委党校区域经济学专业毕业，党校研究生学历，哲学学士学位。1995年8月任成华区政府办公室科员、副主任科员、信息调研科副科长、秘书二科科长。2000年8月任成华区政府办公室党组成员、副主任。2003年1月任成华区委办公室副主任、区政府办公室副主任，区委、区政府目督办主任。2006年11月任成华区文广局党组书记、局长。2014年11月任成华区猛追湾街道党工委书记、人大工委主任。2016年10月任成华区委办公室主任。2018年2月任成华区政府党组成员、副区长。2021年9月任成华区政协党组副书记、副主席。

徐　宏 任成华区政协副主席。1965年11月生，四川成都人，民进会员，1985年8月参加工作，四川省委党校区域经济学专业毕业，党校研究生学历。1985年8月任成都市第三十八中学教师。1991年8月任成华区教委干部、副主任科员、主任科员、行政办公室主任、主任助理、副主任。2011年11月任成华区教育局副局长。2008年7月任成华区政协文教体卫委员会主任。2012年3月任成华区政协副主席。

文　兵 任成华区政协副主席。1966年5月生，重庆人，民盟盟员，1985年12月参加工作，四川省委党校函授学院经济管理专业毕业，大学学历。1985年12月任四川省高级人民法院干部、书记员。1991年11月任成华区人大常委会法制工委干事、副主任干事、主任干事、副主任、主任。2003年9月任成华区人大常委会内务司法工委主任。2008年5月任成华区人民法院副院长。2016年12月任成华区政协副主席。

钟　萍 任成华区政协党组成员、副主席。女，1968年10月生，四川成都人，1996年9月加入中国共产党，1990年7月参加工作，四川省委党校区域经济学专业毕业，党校研究生学历。1990年7月在成都市东城区双林街道办事处工作。1990年12月任成华区政府办公室办事员、科员、副主任科员、综合科副科长。1998年3月任共青团成华区委党组成员、副书记。2001年11月任成华区委党史研究室主任，兼任区委组织部干部调查审理科科长。2003年8月任成华区委组织部副部长，区人事局党组书记、局长，区委编办主任。2010年10月任成华区建设路街道党工委书记、人大工委主任。2012年3月任成华区民政局党组书记、局长，区社会组织工作局局长。2017年11月任成华区民政和社会组织工作局党组书记、局长。2018年6月任成华区发改局党组书记、局长，兼任区物价和粮食局局长。2021年12月任成华区政协党组成员、副主席。

陈　英 任成华区政协副主席。女，1967年8月生，四川泸县人，农工党党员，1991年8月参加工作，四川省社科院工业经济与企业管理毕业，研究生学历，经济学硕士学位。1991年7月在四川泸县牛滩区工作。1994年9月在四川省社科院工业经济与企业管理专业硕士研究生班学习。1997年7月在四川省社科院工业经济研究所工作。2000年11月任成华区体改委副主任。2001年11月任成华区经贸局副局长。2005年1月任成华区经发局副局长。2006年12月任成华区经济发展和改革局副局长。2007年5月任成华区统计局副局长。2017年2月任成华区统计局局长。2021年12月任成华区政协副主席。

党代会代表名单

中国共产党成华区第八次代表大会代表
（共303名）

赵春淦	袁顺明	雷　鸣	张明英
欧泽春	顾文辉	冯　军	邓　旭
刘嘉宁	马亚炜	黄庆华	王德运
余　胜	张旭伟	何　特	黄　宇

陈枢　周万生　韩际舒　王泽轩
钟磊　张明德　钟萍　余斌
何艳红　阮强　李建科　周巧灵
冯俊岩　王文　张磊卿　尹志东
刘源　黄诗燕　于伟鹏　刘东
谢晓波　郭惠　刘谢平　曾俊雄
邓驰　苏天赐　周晓林　周浪
荀霞　王猛　郭仕文　周亮
曾绍海　郭志勇　李晓锋　戴延刚
王占成　林希　郑敏逸　李春祖
刘莉蓉　曹宇　刘文平　李斌
刘玉良　王燕敏　李锐　范灵
曾智　李丹　吴介伟　汪郁菲
陆军　陈新　许爽　李刚
梁培源　陈惠　张玉雯　张敏
胡勇　邓伟　温欣　张瑾
刘刚　辛甜　张晓莉　周海云
戴运书　曹云　陈锐　李竹科
杨楠　周晓娅　蓝海波　王险峰
罗岚　肖伟　李坚　方祥兰
赵林　李俊青　刘杰　杨燕云
周娱　黄龙　王萍　石小娟
姚银林　张彬　马健伟　陈道勇
张庆　董斌　王云杉　李科伟
韦华　刘燕　李健　廖科
雷霆　张佳　陈红松　杜金津
荀彧　李婷　马健　张萍
陈俊　刘江　李然　钟毅
王莹　文波　张明蓉　陈琳
罗浩　高霞　康永邦　宿强
程郑　王涛　饶颖　秦瑞
曾柱铭　朱海燕　刘碧怀　陈大鹏
徐菲菲　李君　魏娜　陈芳芳
赵晓燕　谢洪燕　孙学东　袁雪飞
肖波　罗渝江　赵华　胡生亮
覃雯　曾维斌　易洋　邓勇
时莉　卢晓银　袁万银　欧莎莎
屈何　王辉　江明　杨晓丽
张超　陈华玉　罗小红　赵军
蔡丽　贺鑫　董洪彬　廖锐
代林莉　杨钢　闵丽　罗晓娟
郑庆豫　陶洁　黄涛　黄琳
彭祖燕　廖春艳　瞿佳　杜坤扬
胡甦　林泽彬　梁琳　任莉
江晓梅　李玉镂　周玲　赵婉玉
段明川　徐其睿　郭从广　王力
朱琳　邹锐　何红飙　沈秀萍
徐慧　郭元元　黄忠兵　黄钟瑶
杨健　陈庆睿　欧果　来红梅
何冬梅　胡艳　曾蓉　李睿
赵宪伦　刘小娜　李小玉　周文碘
陶棠　杨华斌　陈岚　邹涛
毛磊　陈洪波　张道印　刘银锋
许春燕　许源　严雯　严慧
李红　陈凤娟　林切容　林素蓉
赵光耀　曾慧　李云　马旭东
严军峰　段莹莹　于瑶　王泓
李丹　苏天蓉　吴丽萍　张春萍
钟山　黄新丽　龚瑾　王光英
石杰　赵鲁星　谭开德　刘平
闵艳　陈喜　花仕龙　范宇
周静　胡力戈　袁伟　熊泽美
何梅　刘民兵　郑淞予　康鸥
熊辉　石宪　苏明江　张素琼
叶金富　刘倩雯　汤修琴　孙家秀
李吉芳　李强　何华　何明春
邹孝松　陈正蓉　陈华琼　林泽根
黄德银　曾述斌　谢世安　赖德刚
谭宜波　贺勇　陈勇　李君
余沁　蒋怡　罗斌　岳清金
袁婷　彭海英　雷婧　冯孝松
陈双　付杨　戎正

人大代表名单

成华区出席成都市第十七届人民代表大会代表（共28名）

郭彦　敬斌　蒋传斌　林锦泉
吴云华　赵春淦　袁顺明　王德运
顾文辉　蒋瑜　王学俊　方方
吕明　刘兵　李庆　李珊
杨剑鸿　杨晓明　吴光平　但可
邹孝松　张静　奉永友　赵振元
莫晓涛　黄涛　彭从军　喻云华

成华区第八届人民代表大会代表（共301名）

朱昌渝　陈敏　马亚炜　包中辉
何红飙　李宏坤　何特　巩朝军
李晓静　张兴明　李永　夏添
邹洁　黄妍　郭丽萍　杨沛
苏少勇　李雪芹　黄宇　彭睿
荀靖　黄琳　秦红照　张孝全
曾蓉　彭学明　汪时如　陈丽萍
王德运　陈正蓉　何艳红　李徐进
阮强　陈晓云　王文　刘晓敏
刘燕　刘嘉宁　刘平　黄德银
张超　李斌　苏建麒　刘瑜
庞民秀　覃梅　牟川　徐福寿
袁阳　曾维斌　欧泽春　周承毅
杨佐俊　余鹏　程璞　李玲
徐源　曾丽　王夕武　张玮佳
郝毅　刘冀虹　向朝晖　陈涌
孙科　李越　包梅　余胜
江涛　张德君　蔡丽　闵丽
张文川　江志强　张国安　巫秀英
李睿　黄新丽　赵鲁星　赖渝
刘明俊　郑确　陈连波　杜坤扬
杜伟　欧果　肖静　刘宝刚
刘春燕　王黎　周彦　冯军
孔涛　余斌　黄武　李凯
陈勇　张雪梅　汤鸿霞　石宪
蔡枚君　郑庆豫　陈嘉颂　王昭政
杨丽娟　陈荣华　陈琪玲　焦晓云
吴雪松　王健　陆劲　王毅勃
蒋瑜　金蛟　周洪　张明英
宿强　石凌涛　卢有才　苏秀蓉
周正东　李林　冯延　胡甦
贾明珂　陈琳丽沙　李静　罗川江
谷阳　李吉芳　屈何　罗艳

黄瑜 刘兵 王力 张宏光
肖红梅 邓伟 钟培文 何明春
冉立春 杨鸿宇 邹涛 吴群芳
王清海 晏红兵 熊锐 何旭
孔红 郑强 母芸 何敏
林德 洪科 舒立友 吴薇
宋宝利 段莹莹 石杰 覃明
陈枢 陈大鹏 周宏阳 杨蜀治
邓旭 陈庆睿 陈祥均 王音
范宇 龙渝冬 朱世芬 赵伟
张莉 崔勇 周海燕 张源
谢睿 李云 张莉 张明德
钟新 赵春淦 徐盛兰 钟磊
徐惠 鄢运良 陈岚 张敏英
林勇 严玉华 董川 丁旭
陈洪波 唐华 吴拯 陈双
胡平 徐宸 童贤达 袁顺明
方祥兰 罗晓娟 郑小琼 侯立平
高燕 黄庆华 蒋更兰 龚瑾
杨登梅 邹孝松 张刚 曾翀
郑强 郭从相 焦书军 孙甲安
刘尊述 吴丽萍 张仁祥 赖德刚
程郑 刘勇 赵彬 余强
王芳 刘义 康岚 谢恩
袁小风 熊辉 左大林 陈建萍
黄良兵 汪婷 杜其玲 林功涛
颜培 魏祥 赵洪武 吴瑜琳
江明 夏斌 王洪辉 李慧
邹晓琼 袁永康 王泽轩 文革
刘谢平 何梅 钟大华 由建
巨能攀 傅天斌 付尚波 贺勇
王蕊 吴孔菊 陈勇 陈锋
陈华玉 罗煜焜 李珊 雷鸣
张同军 顾文辉 任健 钟育文
罗启惠 冯骏 陈俊 曾令轩
郭庆 田微 党显兵 郭凤杰
曾维明 黄涛 卜志伟 李良军
熊奕 李乐 李毅 程军
曾文忠 康永邦 廖春艳 廖锐
张达 韩杰 刘艳 张晓宇
何晖 蒋晓英 张旭伟 丁亚
张琦 颜凯 宋蛟龙 李文波
王利国

政协委员名单

成华区出席成都市第十五届政协会议委员（共24名）

周万生 马亚炜 吴勇 张兴栋
彭倍 凌昌森 杨远见 彭浩轩
游自立 张志红 杨涛 徐世红
付超 徐胜兰 刘冀虹 蔡少波
姜涛 韩华 王卫超 彭锦州
宋春江 江澹曦 杨光 曾蓉

成华区第八届政协委员（共293名）

周万生 韩际舒 徐宏 文兵
钟萍 陈英 于伟鹏 丁臣惠
于安鲁 万平章 万利霞 马飞山
马旭东 马树海 马健伟 王丁
王军 王兵 王泓 王耿
王桔 王敏 王镖 王三山
王少坤 王丹丹 王玉珠 王红梅
王运生 王宏斌 王怡春 王晓礼
王晓南 王焰激 王德明 毛磊
毛蕊洁 勾云也 文强 方曼
尹华平 邓勇 邓婷 邓秀莉
艾莉 石安萍 石利俊 叶亚南
叶泰龙 田池 田沂 田福盈
付强 付少杰 付国明 冯炯
冯瑜 冯延伟 冯延沁 冯新荣
匡建超 邢万红 吕超君 朱华
朱肖 朱琳 朱贝贝 先艳
向运华 邬伟 刘屹 刘刚
刘均 刘珏 刘婷 刘翼
刘小蓉 刘龙泉 刘民兵 刘光华
刘玲瑜 刘虹敏 刘璨然 江为
汤洵 宇昆鹏 许志宏 许国栋
孙伟 孙宏皋 阳廷贵 严沁
严旭松 苏鹏权 李丹 李仪
李刚 李伟 李红 李放
李昭 李莹 李莹 李望
李锐 李新 李天佐 李尔伟
李宏伟 李明汶 李明胜 李治蓉
李建平 李桂林 李晓宁 李黎勇
杨华 杨俊 杨健 杨涛
杨舒 杨然 杨蓉 杨楠
杨长云 杨远见 杨姗姗 杨俊林
杨祝英 杨紫瑶 杨婷婷 肖晓
肖龙胜 肖凯 吴奎 吴春琳
吴柯林 邱国勇 何明兴 但婕
佘仁红 余奕 余涛 余明洪
汪昕 汪广德 汪琼良 宋濂
宋红梅 张丹 张军 张非
张剑 张聂 张莉 张路
张卫军 张艺千 张立云 张立新
张廷全 张志飞 张志强 张应斌
张述琼 张明波 张金龙 张泽蓉
张柏伊 张晓梅 张璟文 陈亚
陈刚 陈芬 陈骁 陈蔚
陈万军 陈玉山 陈志鹏 陈肖霖
陈珊珊 邵继春 范玲玲 范俊才
林雨 林毅 林铁生 林晓红
欧莎莎 易功志 罗原 罗蓓
罗中婧 罗书琴 季筠 周翔
周赟 周晓林 郑丽 宗晓玲
孟令刚 孟刚文 赵小红 赵义梅
赵春霞 赵宪伦 赵培培 胡苏
胡勇 胡永忠 胡晓颖 柏渝
柳君 柳声扬 钟建国 钟秋月
钟富贵 段梅 侯黎 施兵
胥超 姚静 贺丹 贺鑫
贺晓斌 贾元波 贾晓钦 夏涌
殷双果 殷洪彬 高涛 高建文
高缪兰 郭延峰 郭志勇 郭家宏
唐敏 唐婷 唐黎 涂梦亚
陶新征 黄平 黄泽刚 黄炳余
曹延雄 曹晶晶 龚斌 崔勇
崔敏 崔鸿雁 崔耀忠 康萍涛
商龙 阎波 梁春涛 彭先芬
彭剑琼 葛鹏 董斌 蒋竹芳

蒋妍凤 蒋松谷 程星琰 傅小容 谢锋 谢光波 谢晓波 谢慧然 廖显锋 熊红霞 熊茂汀 黎怀阳
释见明 释普华 鲁品 曾飞 蓝海波 蒲立新 虞佳 蔡勇 潘葵 戴忠 戴长伸 戴运书
曾波 曾玟涛 游璨 谢勇 臧盐龙 裴惟泉 廖华 廖洁 瞿春涛

先进人物

表128　　2021年成华区获评国家部（委）级优秀个人一览表

获奖人	荣誉名称	授予单位	文号	获奖时间
张立佳	全国优秀通讯员	中央纪委国家监委新闻传播中心	证书	11月8日
张强	全国检察宣传先进个人	《检察日报》社	证书	11月
王恒	民盟思想政治建设和宣传工作先进个人	中国民主同盟中央委员会	盟中〔2021〕190号	12月23日

表129　　2021年成华区获评四川省级优秀个人一览表

获奖人	荣誉名称	授予单位	文号	获奖时间
梁经和	四川省优秀共产党员	中共四川省委	川委〔2021〕447号	6月30日
胡珊	四川省脱贫攻坚先进个人	中共四川省委、四川省人民政府	川委〔2021〕262号	4月22日
宿强、李雪梅、邓敏鸿	四川省特级教师（校长）	四川省人民政府	川府发〔2021〕20号	9月9日
孙泽、张熙、邹存亮、罗新笛、陈豪、纪超、何晓阳、董晨曦	全国第六届大学生艺术展演活动四川省先进个人	四川省人民政府	川府发〔2021〕182号	9月15日
牟雪琴	四川司法行政好榜样	四川省司法厅	证书	6月28日
罗岚	四川省卫生健康系统先进个人	四川省卫生健康委员会、四川省人力资源和社会保障厅	川卫发〔2021〕2号	3月2日
罗建国、邹晓珑	四川省关心下一代工作先进个人	四川省关心下一代工作委员会、四川省精神文明建设办公室	川关委〔2021〕18号	5月21日
杨晓梅	冷链物流疫情防控执法行动成绩突出先进个人	四川省市场监督管理局、四川省药品监督管理局	川市监发〔2021〕39号	5月31日
贾元波	民革祖统工作先进个人	民革四川省委员会	川民革〔2021〕229号	12月30日
冯新荣	民革参政议政工作先进个人	民革四川省委员会	川民革〔2021〕235号	12月30日

表130　2021年成华区获评成都市级优秀个人一览表

获奖人	荣誉名称	授予单位	文号	获奖时间
何艳红、肖毅、刘义、李忠、彭祖燕	成都市优秀共产党员	中共成都市委	成委〔2021〕163号	6月28日
罗熠、阮强	成都市优秀党务工作者			
胡　佳	成都市幸福美好生活十大工程突出贡献先进个人	中共成都市委、成都市人民政府	成委〔2022〕60号	1月29日
张晓莉、汪昕、康永邦	成都市建设全面体现新发展理念的城市改革创新先进个人	中共成都市委、成都市人民政府	成委〔2022〕61号	1月30日
许凌、张坤毅	在疫情防控斗争中表现突出的优秀共产党员	中共成都市委组织部办公室	成组办〔2021〕46号	7月30日
罗昌珉	在疫情防控斗争中表现突出的优秀共产党员	中共成都市委组织部办公室	成组办〔2021〕49号	8月3日
丁开全	在疫情防控斗争中表现突出的优秀共产党员	中共成都市委组织部办公室	成组办〔2021〕53号	8月11日
冉　妮	在疫情防控斗争中担当作为的优秀共产党员（第一批）	中共成都市委组织部办公室	成组办〔2021〕58号	11月8日
严利桃	在疫情防控斗争中担当作为的优秀共产党员（第二批）	中共成都市委组织部办公室	成组办〔2021〕61号	11月11日
李桀、何光亚	在疫情防控斗争中担当作为的优秀共产党员（第三批）	中共成都市委组织部办公室	成组办〔2021〕62号	11月16日
董武洋	在疫情防控斗争中担当作为的优秀共产党员（第四批）	中共成都市委组织部办公室	成组办〔2021〕64号	11月22日
姜晓航、贺电	在疫情防控斗争中担当作为的优秀共产党员（第五批）	中共成都市委组织部办公室	成组办〔2021〕65号	11月26日
胡　波	成都市“十佳”司法干部	中共成都市委政法委	成政法委〔2021〕116号	1月13日
张冬梅	成都市“十佳”志愿者	中共成都市委宣传部、成都市精神文明建设办公室	成文明办发〔2021〕39号	12月7日
樊建如、张平、龚雪梅、刘碧怀、赵发勤、周军、刘碧怀、赵发勤	成都市五一劳动奖章	成都市总工会办公室	成工办发〔2021〕31号	12月21日
王帅、马庭红、王柯、何劲、杨敏、廖丁辉、杨林、易实、李刚、郑永、杨水兵	成都工匠	中共成都市委组织部、成都市人力资源和社会保障局、成都市总工会	成工发〔2021〕7号	5月12日
曾巍、许春燕、陈婷婷、何明春、李刚、刘晓敏、冯声涛	成都市两项改革先进个人	成都市两项改革领导小组	成村改发〔2021〕1号	2月7日
邓倩、张洁、唐存蓉、罗熠、万洁、张莉、傅佰莉	幸福美好生活巾帼建功标兵	成都市妇女联合会	成妇发〔2021〕13号	6月3日
蔡京玲、刘平、于云翔	成都市家庭工作先进个人	成都市妇女联合会、成都市精神文明建设办公室	成妇发〔2021〕17号	6月29日

续表130

获奖人	荣誉名称	授予单位	文号	获奖时间
杨祝英	普惠服务工作先进个人	成都市总工会办公室	成工办发〔2021〕36号	12月31日
谢　立	成都市科协系统先进个人	成都市科学技术协会	成科协发〔2022〕2号	2月9日
王羽希、黄毅	优秀红十字青少年会员	成都市红十字会	成红会〔2022〕11号	1月20日
李在荣、袁琪	优秀志愿者			
李舸、邱涉惠、苏宁宁、朱琳	成都市“扫黄打非”工作先进个人	成都市“扫黄打非”工作领导小组	成扫黄领〔2022〕1号	2月10日
刘亚明、喻轩、袁辅、巫峰、罗凤英、黄健、黄显发、宋月育	成都市“扫黄打非”工作优秀网格员			
王强、毛哲敏、刘凯、叶润全、徐延福、郑龙	全市退役军人先进个人	成都市退役军人事务局	成退役军人办发〔2021〕111号	11月8日
张琦、张帆、唐奇、蒋明、林峰	“中元节”文明祭祀专项工作先进个人	成都市城乡环境综合治理工作领导小组办公室	成环治办〔2021〕143号	10月28日
彭艳玲、应春燕、鄢仲春、杨文兰、朱洪利、胡俊伟、敬仕群、赵玲瑜、杜影、蒋玲玲、刘小爱、王礼益、田玉历、谭小容、张雪薇、祝绮遥、喻凤霞、李鑫慧、廖芳、梁靓、李东恩、翁安君、陈静	成都市优秀班主任	成都市教育局	成教人〔2021〕35号	8月16日
谢东金、樊华姗、徐翠英、文艳、蒋菲菲、陈蕾、代婧、何世红	成都市优秀德育工作者			
王维令、尹玉华、刘小龙、李明、陈丽萍、晏小华、甘晓敏	成都市特级教师	成都市教育局、成都市人力资源和社会保障局	成教人〔2021〕39号	9月3日
王亚丽、朱建行、张欧、杨杰、何陈宁、陈华、杜克华	成都市学科技能带头人	成都市教育局、成都市人力资源和社会保障局	成教人〔2021〕40号	9月3日
王兴艳、杨晓珺、王潋遐、罗荣蓉、牟如林	成都市优秀青年教师	成都市教育局	成教人〔2021〕41号	9月3日
邓茹梅、蔡欣、郭玲西、韩林风、张琴、鄢玲、冯雪瑶	成都市教坛新秀			
刘婷、霍为	成都市师德标兵	成都市教育局	成教人〔2021〕42号	9月3日
李勇、孙瑞、朱伟、赖强、何云	成都市优秀支教教师	成都市教育局	成教人〔2021〕43号	9月3日

表131　　2021年成华区级优秀个人一览表

获奖人	荣誉名称	授予单位	文号	获奖时间
吴奎、汪海、李明汶、杨丽、郭惠、邓驰、高琴、苟霞、王猛、黄彬、陈军、郑敏逸、欧果、徐建彬、雷鹏、鞠怀芙、干庆文、王凯、王蕊、邱庆丽、钟萍、张宇、林涛、宿强、王春、刘懿、张金龙、邓伟、曾飞、张瑾、张青艳、程松、孙峰、于杨波、鄢朝君、陈红松、何特、唐茜、杨楠、安媛、蓝海波、罗岚、郑科、叶家俊、释学明、杨皓体、曾品卫、何涛、胡超、陈英、廖聪、李旭、马骁骁、张帆、李辉彬、徐辉、陈彬彬、杨婧、刘江、黄浩森、罗海丹、杨强、康鸥、李侠、庄敬、曹彤丹、罗曦、欧春涯、董洪彬、蒲华、张翼、龙万富、刘燕、殷洪彬、袁万银、廖锐、许小波、李吉纯、许春燕、葛升华、赵惊涛、邱荣涛、张兵、石杰、赵宪伦、李云、王彦、罗幼琴、楚晓辉、何梅、曾华、谢立桂、倪琦、肖波、程杰、张晓慧、赵华、袁雪飞、曾维斌	五得干部	区委	成华委发〔2021〕24号	6月26日
陶磊、王敏、王政、刘菊、鲁东、郑睿樱、刘蓄瑞、朱浩、李红兵、谢珂、卢玥伶、周述银、李玉钦、钱建国、陈秋晔、李强、刘道元、邓科、汪超人、余斌、叶洪斌、王卉、王松、曹云、叶恒、谢文辉、刘宇、蒲艳娟、喻哲、王彦英、董彬影、曾炳钞、陈凌影、魏东升、罗勤、胡洋、孙宇峰、张静、杜龙、谢彩虹、易双波、喻海龙、曾英、郑军、刘广林、焦书军、董武洋、王泓、蒋彬文、贺勇、耴黄勇、陈敏、严雯、范世根、洪科、巫秀英、全泓颖、李敬、黄德银、何明春、严玉华、袁永康、钟育文、周静、李国珍、李庆、魏来、冯粱、张文静、陈远、康文、易功志、张达、荣武、王成奇、曾令轩、周燕、赵晓燕、苟靖、何谦、陈静利、钟春蓉、孙勤、张萌、郭生良、刘革川、黄华波、高智、王达福、何华、张玮佳、符海鸥、刘思好、卢晓银、黄英、黄雅丽、黄伟、吴兰碧、李在荣、林素蓉	优秀共产党员	区委	成华委发〔2021〕25号	6月28日
赵克美、张强、常心红、周国倩、贺鑫、李刚、周思佳、张超、闵丽、刘银锋、张德英、郭涛、徐慧、董长红、曾蓉、陈岚、王音、曹淑琴、刘平、刘春燕、闵艳、李吉芳、周莉君、赵敏、梅晓、李冰垚、罗浩、龚雪梅、陈大鹏、陈青兰、郭丽、鞠平、徐其睿、郭从广、赵淋媛、孙淮龙、陈开春、陈正蓉、陈静、周玉兰	优秀党务工作者			
马广、马健伟、王泓、王建、王莉、王敏、王鹭宁、毛海燕、石杰、龙洋、卢静、卢玥伶、叶树文、叶剑、冉飞、丛帅、冯华昆、吕政桥、朱轶、朱琳、朱静、刘刚、刘虹、刘思含、刘晋峰、刘晓、刘浩波、刘家铨、刘锋、刘嘉琦、刘毅、许小波、许志宏、苏天强、杜龙、杜坤扬、杜秉键、李尔伟、李吉纯、李忠、李春祖、李昶、李浩浩、李海、李敏、杨帆、杨进、杨志金、杨眉、杨楠、杨豪、肖成勇、邱振宇、何俊寅、何源、余绍瑞、邹珊、张开志、张永、张宇、张朝品、张寒、张聪、张毅、陈义愉、陈子云、陈永祥、陈红松、陈杰、陈隐阵、陈晶、陈震、范敏才、范锦、林琛、罗治理、罗渝江、罗懿、周胜、周晓冬、屈茂平、赵欣、赵珣、赵钰佳、赵爱民、赵煜坚、胡生亮、姜潇、洪源、姚俊、骆林、倪霓、徐建彬、徐雪钢、徐晨晨、高庆、唐卫、唐茜、唐爽、陶棠、黄林大、曹阳、曹青云、龚育雄、彭婷、彭磊、葛升华、董敏、覃雯、程杰、曾品卫、曾维斌、谢立佳、鄢朝君、赖俊晖、廖勇、谭捷、樊仁勇、潘葵、戴文涛	最佳项目能手	区委、区政府	成华委发〔2022〕3号	2月7日
丁纪祯、王险峰、王浩禹、王磊、方涛、邓成伟、任辉富、任筱薇、刘彬、刘静、杜金津、李平、李旭、李剑、李罡、李雪倩、李博、李婷、李黎峰、杨茂华、杨荣军、杨晓丽、杨浩波、吴双、吴坪娟、何涛、何磊、余传君、余星霖、沈阳、张黎（白莲池街道）、张黎（区人社局）、张玄、张廷全、张昱、陈戈、陈秀熙、范灵、范晓云、林泽彬、易功志、周立波、郑莹、承楠、郝玥、胡建、高强、黄正、黄钟瑶、梁梁、彭江、彭俊霖、蒋彬文、蒋瑜、覃明、谢勇、赖欢欢、蔡勇、廖远林、廖锐	最佳服务标兵			

续表131

获奖人	荣誉名称	授予单位	文号	获奖时间
王勇平、尹建、冯瑜、朱成功、任淞江、刘勇、刘莉、孙学东、孙雪莲、李帅、李莉、李超、杨柳、杨茂梁、消波、邱皓、何丹、何花、何杨、何建、何涛、余佳、张华艳、陈芷婷、幸晓英、周何文熙、周林怡、郑昕、赵华、晏永康、淦正纲、彭春梅、程英鹏、曾光宾、曾琳惠、蔡建勇、潘鹏飞、霍海龙、魏来、魏文霞	区属国有企业“五比”先锋			
谢大军、刘思敏、王亚敏、杨蓉、龚露明、陈乐为、杨远见、罗金鹏、张德仁、魏英	第九届成华榜样获得者	区精神文明建设委员会	成华文明委〔2021〕1号	3月29日
梁集贵、李玲、张成莲、牛宇航、凌玲、冯声涛、毛文杰、谢锐、冯梅、刘德尧、赵霞、蒋蓉菁、李仲祥、曾学民、胡微波、覃艺、王东、杨艺、孙峰、王波、邓鹏、梁培源、钱勇、李正潘、赖涛、奚海锋、谢天平、谷涛、赖祥娟、何涛、胥从平、陈萍	在疫情防控斗争中表现突出的优秀共产党员	区委组织部	成华组〔2021〕42号	8月7日
妥应丹、钟代君、梁培源、何光亚、孙洪生、王卉、杨静、陈碧、江玲玲、释学明、管亚楠、康毅、张琨、洪庆林、杨茂华、谢立、周强、彭露、江明、廖家春、葛升华、吴涛、胡佳、杨丽娟、邹琴、晏红兵、高增坡、赖沿宇、孔涛、郑小琼、严新蓉、曲运欢、吴礼和、谢锐、温建蓉、袁婷、余铖潇、周宏阳、张达、杨帆、沈阳、吴炜、何涛、高锦龙、殷之、刘汉军、曾光辉、江涛、杨志伟、苏泰民	在疫情防控斗争中担当作为的优秀共产党员（第一批）	区委组织部	成华组〔2021〕82号	11月13日
姚瑶、张媛、王庆生、倪涌、易耕耘、陈志远、邓静、邓鹏、张同林、盛敏、郑利涛、张建华、章鑫、钟绪阳、高庆、陈敏、邝智灵、段明、徐慧、董力、李毅、王韬、卢驰、陈金蓉、罗丹、谢锐、张林、李桀、周道福、杨巍、张雄飞、温晓东、魏娜、范凯晟、饶瑶、田微、黄忠兵、王绍峰、戢鹏、侯卫、黄莉、李玮、罗青康、杨云吉	在疫情防控斗争中担当作为的优秀共产党员（第二批）	区委组织部	成华组〔2021〕83号	11月14日
周晓冬、李娟、黄彬、宋陶然、尹庆旭、钱明、杨艺、李竹科、高烈、徐采阳、王刚、任彪、鲁亚闯、梁磊、张小波、李奇煜、陈国昌、周密、罗俊川、胥程程、夏晓虎、万宁、董武洋、丁超、张敏、熊玉兵、陈建波、余传君、张李彬、周国松、刘波、黄桢轶、何孝林、张文静、王静、何国祥、毛生翠、李玲、丁建、欧阳、廖兴涛、李维军、马飞山	在疫情防控斗争中担当作为的优秀共产党员（第三批）	区委组织部	成华组〔2021〕84号	11月16日
周巧灵、彭江、肖瑜、陈巍、杨国亮、童鑫、刘菊、肖勤、毛俊、彭长贵、孙晨、邓成伟、黄玲姣、李勇军、王磊、李伟、张伦、翟永坚、叶涛、骆林、张艺千、庄敬、肖鸿森、张廷发、王翼、甘全、王官军、刘晓禹、谭鑫、翟宏涛、唐奇、李君、姚俊、金信军、叶定涛、宛坤义、冯声涛、王冬冬、毛文杰、张红涛、赵清梅、叶金富、胡平、李辉、陈远、陈晶、邓智锐、邓蓉、李永明	在疫情防控斗争中担当作为的优秀共产党员（第四批）	区委组织部	成华组〔2021〕85号	11月23日
杨永韬、胡勇、郑光福、张瑞海、唐润平、陈小明、王旭明、敬幸福、周波、张杰、李庆、曹靖、周盛、郭梁柱、陈本学、李梅、王东锦、羊映、吕勇、黄强国、谭金桃、蒋飞、陈德彬、何刚、廖伟、赵明、杨成旭、吴海涛、赵宗平、张晓宇、孟陶、汪洋、温磊、李自飞、李胜、王丹、刘萦、王繁荣、邱虎、冯勇、张娅红、杨波、王光祥、贾先才、陈适、陈松、阳洪、苏剑、何精华、巨钧栋	成华工匠	区委组织部、区人社局、区总工会	成华工〔2021〕6号	5月6日

续表131

获奖人	荣誉名称	授予单位	文号	获奖时间
刘广合、徐良忠、马幼森、葛先菊、李伟中、杜伯江、黄树根、王正、苟玉芬、周洪龙	优秀离退休干部党支部书记	区委组织部、区委老干部局	成华老干〔2021〕9号	6月28日
左国辅、袁宗棋、杨萍、谢朝模、李天、周维柯、张启粼、林霞丽、马宝信、胡天彦、刘惠芬、耿玉国、王亚军、吴虹、黄秀礼、包世群、毛祥辉、李录、罗培卓、梁律清、谢能、刘云松、曹双进、王立霞、周颖、王静、李素芳、李家才、李国珍、马秉强	优秀离退休干部党员			
李任舟、魏炳婷、王莉、王仙文源、廖红玲、焦书军、赵培培、胡军、李沅媛、姜晓航、刘海航、赵屹尊、罗中虎、牟康瑞、李丹、童洋、张跃、韩杨洋、陈香蓉、马梦、孙玲、白冰、黄凯、李坎、赵紫君、车中华、陶棠、张钰、石小娟、杨秀华、周静、曾飞、唐涵、向珺楠、程英鹏、胡黎明、程普、曾蕴韬、陈秋晔、唐彬彬、张薛斌、蒋建峰、黄丹萍、李庆、吴双、朱瑾、蒲晓芬、徐建彬、张京京、张亚南	幸福美好生活十大工程“青年岗位能手”	区人社局、区总工会、团区委	成华青联发〔2021〕2号	4月26日
赵松生、黄燕、石小战、张冬梅、耿果、王子玲、罗欢、杨涛、周玥	四星级志愿者	区民政局、区文明办		12月15日
张海燕、苏严杰	三星级志愿者			
何冬梅	二星级志愿者			
崔艳阳、张燕、周丽	一星级志愿者			
梁红、黄信言、张立佳、许志鹏、曹宇、冯燕、奚海锋、李刚、朱琳、谭小军	最美纪检监察干部	区纪委、区监委		12月30日
黄忠兵、刘雯璟、康义敏、何冬梅、杨晓明、李在荣、赵松生、张利君、任鑫明、李灵丽	感动成华最美志愿人物	区委宣传部	成华宣发〔2022〕2号	2月15日
符荣华、彭有志、陈玲、余小林	最美法官	区政法队伍教育整顿领导小组办公室	成华政教整办〔2022〕3号	2月18日
方涛、黄通治	最美检察官			
易功志、刘健、荣武、胡军、刘科、何金泽、李泽权、周翔、施雨、成江琳	最美警察			
陈天策、王莉、魏戊、熊卫星	最美政法工作者			
蔡丽、罗晓娟、孔涛、赵婉玉、徐慧、李吉芳、苏天蓉、林功涛、林勇、刘小娜、曾蓉	最美社区工作者	区委社治委	成华社治领办〔2022〕2号	8月30日

续表131

获奖人	荣誉名称	授予单位	文号	获奖时间
陈艳红、王远莉、黄德萍、冯寿超、张英、陈洁、林志娜、赵平、陈凌、张晴艳	最美教师	区教育局		9月10日
徐岱巍、吴雯倩、周源、陈茜、周玥、蔡镕璘、赵蕾、任琳、刘鹏、宋思蕾	最美教坛新秀			
王波、刘伟、刘科、刘展望、李君、李蕾、肖鹏、张素琴、戢琴、温雅	大美医者	区委宣传部、区卫健局		8月18日
王芳、王丽、向莉、孙良娜、邹林奕、张庆梅、陈艺丹、钟媛媛、黄刚、曾菊萍	最美护士			
王文发、韩建平、罗志华、张桃仙、龚春羽、周彩霞、王泽碧、张桂英、李方林、陈爱华	最美环卫工人	区综合执法局		12月30日
万洁、王凯、王俊平、叶玲、叶绪军、李毅、邹孝松、张聂、陈佩、范仲奎	最美退役军人	区委退役军人事务工作领导小组	成华委退役军人〔2021〕4号	7月20日
邓勇、朱春坡、刘宁、刘义、蒲思进、张一青、高霞、王恩慧、高天义、苟玉芬	最美法治人物	区委政法委		12月30日
刘君、胡佑朴、曾明芳、李茂森、邱虎、景文川、何祥清、吴小波、杨小华、胡强	最美职工	区总工会	成华工〔2021〕4号	4月30日
冯延伟、甘菊、郭晓强、侯林、黄泽刚、李力、瞿建华、唐光荣、王韧、魏东	最美科技工作者	区委宣传部、区经科局、区科协	成华科协〔2021〕8号	6月23日
王菊、刘海航、车中华、杨秀华、廖红玲、赵紫君、赵培培、胡军、罗中虎、马梦	最美青年工作者	团区委		5月4日
陈光炅、邓海伦、曲长城、石婉茹、张世维、汤宏炜、董健、范乃彬、晏红兵、杨晨曦	自强模范	区政府残疾人工作委员会	成华残工委〔2021〕2号	5月6日
宁忠美、胡贤春、冯光智、唐明、郑军、刘莲、徐文春、杨云琳、蒋正蓉、周兵	最美救护员	区红十字会	成华红〔2021〕1号	4月27日
曾显晖、韩小玲、张瑞莉、蒲灵芝、伍波、任晓东、徐慧、金欣宇、段潼钫、宋思忆	十佳救护护员	区红十字会		7月1日
王小龙、王月明、王平、王琬琪、王辉、文忠、方瑞坤、叶佳、叶燕、田华、向子佳、刘川、刘红、刘艳平、苏敏、杜玉科、李在荣、李阳、李玲、李艳、李韬、杨忠超、杨星、来庆源、来红梅、邱春梅、何爽、何彩云、邹礼成、邹宗良、张任鑫、陈彩虹、武锟、罗居鹏、郑怡、赵显柏、洪霞、袁林立、黄婷、萧极严、曹礼钺、曹俊慧、康义敏、曾显晖、蓝辉、雷钧、熊天奇	疫情防控优秀红十字志愿者	区红十字会	成华红〔2021〕8号	12月14日

续表131

获奖人	荣誉名称	授予单位	文号	获奖时间
凌　波	红十字人道奖	区红十字会	成华红〔2022〕6号	5月6日
廖泰华	红十字博爱奖			

荣立个人二等功现役军人

表132　2021年成华区现役军人立个人二等功受奖一览表

姓名	颁奖单位	立功受奖荣誉	立功受奖时间
罗志强	95655部队政治工作处	二等功	2021年2月19日
严万洪	63790部队政治工作部	二等功	2021年12月27日
张　园	95061部队政治工作部	二等功	2021年12月31日

去世人物

杨光焯　（1925年5月—2021年2月）男，1925年5月生，四川成都人。1949年8月参加工作，成都解放之前参与党的活动，曾任成都市韩家庙小学、五块石小学、五显庙小学、大观堰小学、联合小学教师。1986年1月离休。2021年2月1日，因病在成都去世，享年96岁。

贾志肃　（1947年6月—2021年3月）男，1947年6月生，四川成都人。1971年7月参加工作，1984年加入中国共产党，曾任成都市东城区建委干部、东城区城建委主任、成都市成华区双桥子街道党工委书记。2001年11月退休。2021年3月21日，因病在成都去世，享年74岁。

任秀峨　（1927年11月—2021年3月）女，1927年11月生，山西文水人。1949年3月参加工作，1982年7月加入中国共产党，曾任华北军政大学文化教员、南京军事学院保密员、文化干事。1958年9月任中国人民大学学员，1970年5月任南京农学院助教，1978年5月任重庆市一轻局办公室办事员，1984年5月任成都钟表厂生产科干部、副科长。1984年4月离休。2021年3月12日，因病在江苏南京去世，享年94岁。

冯季雄　（1940年11月—2021年6月）男，1940年11月生，四川内江人。1964年9月参加工作，1987年加入中国民主促进会，曾任成都市盐道街中学教师、教研组长，成都市西北中学教研组长、副校长，成华区人民政府副区长，成华区人大常委会副主任，成华区人大常委会巡视员。2003年4月退休。2021年6月5日，因病在成都去世，享年81岁。

全可一　（1943年11月—2021年8月）男，1943年11月生，四川成都人。1960年7月参加工作，1990年加入中国共产党，曾任成都市金陵路小学、成都市金玉街小学教师，成都市东城区教育局教研室教研员，成华区教育局副主任科员，成华区体委副主任，成华区文广局局长，成华区人大教科文卫工委主任。2001年11月退休。2021年8月17日，因病在成都去世，享年78岁。

周文英　（1928年10月—2021年10月）女，1928年10月生，江苏省南通市。1945年8月参加工作，1946年4月加入中国共产党，曾任九分区司令部电台报务员，苏中军区司令部报务员，华中工委、苏北军区、南通警卫团、南通分区司令部等单位报务员，华大妇干大队教员，军大妇干团、军学妇训队教干，南通市委机关党委宣教干事，南京机床厂党委秘书，南通市医院党委秘书，南京市六中教师，成都市第六中学、第九中学、第十三中学教师。1980年1月离休。2021年10月，因病在成都去世，享年94岁。

丁学富　（1934年4月—2021年10月）男，1934年4月生，四川成都人。1950年10月参加工作，1953年12月加入中国共产党，曾任中国人民解放军60军532团7连副排长，复员后任圣灯乡马鞍村团支书、大队党支部书记，圣灯乡团委书记、党委书记，青龙乡人大工委主任、调研员。1994年9月退休。2021年10月24日，因病在成都去世，享年87岁。

郝武元　（1952年8月—2021年11月）男，1952年8月生，重庆万州人。1969年1月参加工作，1970年4月加入中国共产党，曾任中国人民解放军某军通信营战士、干部（参加广西边境自卫反击战），成都市东城区猛追湾街道干事、副主任，成都市东城区二仙桥街道副主任，成华区委政法委副局级干部、综治办副主任，政法委副书记、调研员。2010年9月退休。2021年11月9日，因病在成都去世，享年69岁。

先进集体

表133　　2021年成华区获评国家部（委）级优秀单位一览表

获奖单位	荣誉名称	授予单位	文号	获奖时间
成华区	中国幸福百强区	赛迪顾问城市经济研究中心		5月6日
成华区	全国百强区	赛迪顾问城市经济研究中心		8月17日
成华区	全国街道服务管理创新实验区结项验收结果“合格”区	民政部办公厅	民办函〔2021〕66号	10月22日
成华区	全国县域共青团基层组织改革试点地区	共青团中央办公厅	中青办通字〔2021〕55号	6月28日
成华区	全国政府采购百强区	第16届全国政府采购监管峰会组委会	证书	9月
成华区	基层社会治理创新区	《法治日报》社	证书	12月
成华区	成渝地区双城经济圈最佳投资城区	《环球时报》社	证书	1月10日
中共成华区委	全国科普日活动优秀组织单位	中国科协办公厅	科协办函普字〔2021〕238号	12月14日
中共成华区纪委、成华区监委	全国宣传工作先进单位	中央纪委国家监委新闻传播中心		11月8日
成华区教育局	国家义务教育质量监测实施优秀组织单位	教育部基础教育质量监测中心	教质监〔2021〕12号	12月1日
成华区人民检察院	全国检察宣传先进单位	《检察日报》社	检报发〔2021〕9号	4月25日
成都市成华生态环境局	中国环境报宣传工作先进单位	《中国环境报》社	环报社〔2021〕31号	10月21日
成华区妇女联合会	全国维护妇女儿童权益先进集体	全国妇女联合会	妇字〔2021〕43号	12月14日
成华区工商业联合会	全国“五好”县级工商联	全国工商业联合会	全联发〔2021〕25号	12月27日
核工业四一六医院团委	全国五四红旗团委	共青团中央	中青发〔2021〕4号	4月25日
成华区司法局万年场司法所	全国模范司法所	司法部	司法通〔2021〕66号	10月27日

续表133

获奖单位	荣誉名称	授予单位	文号	获奖时间
成都市公安局成华区分局办证中心	全国青年文明号	共青团中央、国家发改委、公安部、司法部等23部门命名	中青联发〔2021〕6号	8月18日
成华区龙潭街道华泰社区	全国示范性老年友好型社区	国家卫生健康委、全国老龄办		10月19日
四川善嘉律师事务所	全国优秀律师事务所	司法部	司法通〔2021〕57号	9月24日
成华区红十字会	红十字应急救护知识竞赛活动单位组织奖一等奖	中国红十字总会办公室	中红办字〔2021〕65号	12月29日
全国职工书屋示范点	毛边书局·桃蹊书院	全国总工会宣传教育部		11月19日
成华区群众服务中心户外劳动者“职工驿站”	最美工会户外劳动者服务站	全国总工会办公厅		12月1日
成都大熊猫繁育研究基地	科技志愿服务队先进典型	中科协办公厅		12月15日

表134　2021年成华区获评四川省级优秀单位一览表

获奖单位	荣誉名称	授予单位	文号	获奖时间
成华区	第三批天府旅游名县	中共四川省委、四川省人民政府	川委〔2021〕794号	9月26日
成华区	四川省全国百强区	中共四川省委、四川省人民政府	川委〔2022〕646号	11月23日
成华区	四川省中小学校责任督学挂牌督导创新区	四川省人民政府教育督导委员会办公室	川教督委办函〔2021〕2号	1月8日
成华区	全省社会工作服务体系建设试点区	四川省民政厅、四川省财政厅	川民发〔2021〕142号	8月31日
成华区	全省居民收支调查工作先进区	国家统计局四川调查总队	川调函〔2021〕107号	12月24日
成华区	全省劳动力调查工作先进区	国家统计局四川调查总队	川调字〔2022〕2号	1月11日
成华区宪法主题街区	省级“法治宣传教育基地”	中共四川省委全面依法治省委员会办公室、四川省司法厅	川法委办发〔2021〕4号	9月7日
中共成华区委组织部	四川省脱贫攻坚先进集体	中共四川省委、四川省人民政府	川委〔2021〕262号	4月22日
成华区人民政府、电子科技大学、成都理工大学	全国第六届大学生艺术展演活动四川省先进集体	四川省人民政府	川委〔2021〕182号	9月15日
成华区税务局	四川省五一劳动奖状	四川省总工会	证书	4月
成华区关工委	四川省关心下一代工作先进集体	四川省关心下一代工作委员会、四川省精神文明建设办公室	川关委〔2021〕18号	5月21日
成华区司法局	四川省法治政府建设工作先进集体	四川省法治政府建设工作领导小组办公室、四川省人力资源和社会保障厅、四川省司法厅	川府法组办〔2021〕6号	9月13日
成华公安分局出入境党支部	全省公安机关最强党支部	中共四川省公安厅委员会	证书	7月1日
成华区人民法院综合办公室	四川省档案工作先进集体	四川省档案局、四川省人力资源和社会保障厅	川档发〔2021〕10号	11月16日

续表134

获奖单位	荣誉名称	授予单位	文号	获奖时间
中共成华区委外事工作委员会办公室	四川省外事工作先进集体	中共四川省委外事工作委员会办公室、四川省人力资源和社会保障厅	川外函〔2021〕251号	11月24日
成华旧城改造投资有限责任公司	四川省巾帼文明岗	四川省妇女联合会	川妇字〔2021〕37号	11月23日
成华区市场监督管理局	冷链物流疫情防控执法行动成绩突出单位	四川省市场监管局、四川省药品监管局	川市监发〔2021〕39号	5月31日
成华区市场监督管理局	四川省食品安全工作先进集体	四川省食品安全委员会办公室、四川省人力资源和社会保障厅	川食安办〔2021〕19号	12月13日
成华区市场监督管理局	省级重大活动特种设备安全监管工作先进单位	四川省市场监督管理局	川市监函〔2021〕900号	12月17日
成华区市场监督管理局	省级重大活动食品安全保障工作先进集体	四川省市场监督管理局	川市监函〔2021〕933号	12月27日
成华区医疗保障局	四川省医疗保障系统先进集体	四川省医疗保障局、四川省人力资源和社会保障厅	川医保发〔2021〕15号	10月28日
成华区二仙桥街道	全省基层治理示范街道	四川省民政厅、中共四川委组织部	川民发〔2022〕149号	11月24日
成华区二仙桥街道下涧槽社区、成华区双桥子街道新鸿社区、成华区青龙街道致强社区、成华区猛追湾街道望平社区、成华区跳蹬河街道杉板桥社区	全省基层治理示范社区			
成华区双水碾街道人民调解委员会“民族之花”调解工作室	四川省“金牌调解工作室”	四川省司法厅、四川省人民调解协会	川司法发〔2021〕94号	12月14日
成华区河长制办公室	东风渠灌区河长制工作先进集体	四川省都江堰水利发展中心东风渠管理处	都发中心东处发〔2021〕46号	12月22日
民革成都市委会成华区支部	民革祖统工作基层组织	民革四川省委员会	川民革〔2021〕229号	12月30日

表135　2021年成华区获评成都市级优秀单位一览表

获奖单位	荣誉名称	授予单位	文号	获奖时间
成华区	一环路市井生活圈规划建设管理工作先进集体	中共成都市委办公厅、成都市人民政府办公厅	成委厅〔2021〕48号	7月8日
成华区	国际消费中心城市建设工作先进区	中共成都市委办公厅、成都市人民政府办公厅	成委厅〔2022〕67号	11月15日
成华区	教育资助及学生营养改善计划工作优秀单位	成都市教育局	〔2021〕272号	12月24日
成华区	统计工作综合评价优秀区（市）县	成都市统计局	成统计发〔2022〕3号	1月19日

续表135

获奖单位	荣誉名称	授予单位	文号	获奖时间
成华区双桥子街道三街坊社区党委、成都兴华生态建设开发有限公司党委、四川省成都列五中学党委、成华区投资促进局机关党支部、四川瀛领禾石律师事务所党支部	成都市先进基层党组织	中共成都市委	成委〔2021〕163号	6月28日
“学习强国”主题街区、成都大熊猫繁育研究基地、成华区青少年综合实践教育活动中心	成都市市级爱国主义教育基地	中共成都市委、成都市人民政府	成委〔2022〕19号	1月12日
成华区城市更新局、成华区跳蹬河街道杉板桥社区	成都市建设幸福美好生活十大工程突出贡献先进集体	中共成都市委、成都市人民政府	成委〔2022〕60号	1月29日
中共成华区委社治委	成都市建设全面体现新发展理念的城市改革创新先进集体	中共成都市委、成都市人民政府	成委〔2022〕61号	1月30日
成华区住房建设和交通运输局、成华区猛追湾街道	一环路市井生活圈规划建设管理工作先进集体	中共成都市委办公厅、成都市人民政府办公厅	成委厅〔2021〕48号	7月8日
成都地铁运营有限公司、成都东站汽车客运站、成华区龙潭街道办事处	全市”安全生产月”活动优秀单位	成都市人民政府安全生产委员会办公室	成安办函〔2022〕4号	1月6日
成都宏明电子股份有限公司	成都市五一劳动奖状	成都市总工会办公室	成工办发〔2021〕31号	12月21日
成都东方广益投资有限公司工程建设部、成都英赛科技有限公司研发部、成华区税务局货物和劳务税科、成都市成华实验小学英语教研组	成都市工人先锋号			
成华区改革领导小组、区委组织部、区民政局、跳蹬河街道办事处、二仙桥街道办事处、万年场街道办事处、青龙街道办事处、双桥子街道办事处	成都市两项改革先进集体	成都市两项改革领导小组	成村改发〔2022〕1号	2月7日
成华区青龙街道党工委	在疫情防控斗争中担当作为的先进基层党组织	中共成都市委组织部办公室	成组办〔2021〕46号	7月30日
成华区保和街道和美社区党委	在疫情防控斗争中担当作为的先进基层党组织	中共成都市委组织部办公室	成组办〔2021〕49号	8月3日
成华区万年场街道长天路社区党委、成华区疾病预防控制中心党支部、成华区万年场社区卫生服务中心党支部	在疫情防控斗争中担当作为的先进基层党组织（第一批）	中共成都市委组织部办公室	成组办〔2021〕58号	11月8日
成都市公安局成华区分局二仙桥派出所党支部、成华区龙潭社区卫生服务中心党支部	在疫情防控斗争中担当作为的先进基层党组织（第二批）	中共成都市委组织部办公室	成组办〔2021〕61号	11月11日
成都新华医院外科党支部、成都市公安局交通管理局第五分局党总支	在疫情防控斗争中担当作为的先进基层党组织（第三批）	中共成都市委组织部办公室	成组办〔2021〕62号	11月16日

续表135

获奖单位	荣誉名称	授予单位	文号	获奖时间
成华区第三人民医院党支部	在疫情防控斗争中担当作为的先进基层党组织（第四批）	中共成都市委组织部办公室	成组办〔2021〕64号	11月22日
成华区华府沙河小区疫情防控专班临时党支部、成都市第六人民医院党委	在疫情防控斗争中担当作为的先进基层党组织（第五批）	中共成都市委组织部办公室	成组办〔2021〕65号	11月26日
中共成华区委编办	创新开发区体制机制先进单位、事业单位改革和编制管理先进单位	中共成都市委机构编制委员会办公室		12月31日
中共成华区委老干部局	全市老干部宣传思想工作先进单位	中共成都市委老干部局	成老通字〔2021〕18号	12月15日
中共成华区委宣传部、成都市公安局成华区分局	成都市“扫黄打非”工作先进集体	成都市“扫黄打非”工作领导小组	成扫黄领〔2022〕1号	2月10日
“沙河风”老干部党史宣讲队	基层理论宣讲先进集体	中共成都市委宣传部	成宣通〔2021〕116号	12月27日
成华区新经济和科技局	科技金融工作先进单位	成都市科学技术协会	成科协〔2021〕23号	12月16日
成华区新经济和科技局	高新技术发展及产业化推进工作先进单位	成都市科学技术协会	成科协〔2021〕24号	12月16日
成华区新经济和科技局	创新创业服务工作先进单位	成都市科学技术协会	成科协〔2021〕26号	12月16日
成华区退役军人事务局	烈士纪念设施保护工作成绩突出单位	成都市退役军人事务局	成退役军人办发〔2021〕102号	11月8日
成华区退役军人事务局	成都市退役军人战旗红志愿服务先进组织单位	成都市退役军人事务局	成退役军人办发〔2021〕111号	12月6日
成华区退役军人战旗红志愿者服务队、成华区培华路社区退役军人战旗红志愿者服务队、成华区二仙桥街道退役军人战旗红志愿服务队、成华区府青路街道退役军人战旗红志愿服务队、成华区双水碾街道退役军人战旗红志愿队	成都市退役军人战旗红志愿服务先进集体			
成华区退役军人事务局	全市退役军人事务系统就业创业工作突出单位	成都市退役军人事务局	成退役军人办发〔2021〕119号	12月24日
成华区退役军人事务局	全市退役军人移交安置工作先进单位	成都市退役军人事务局	成退役军人办发〔2021〕121号	12月24日
成华区综合行政执法局、府青路街道办事处、万年场街道办事处、双水碾街道办事处、双水碾街道横桥社区	“中元节”文明祭祀专项工作先进集体	成都市城乡环境综合治理工作领导小组办公室	成环治办〔2021〕143号	10月28日
成华区总工会	成都市劳动纠纷排查化解工作、区（市）县工会财务工作先进单位	成都市总工会办公室	成工办发〔2021〕36号	12月31日
成都市公安局成华区分局工会	普惠服务工作先进单位			

续表135

获奖单位	荣誉名称	授予单位	文号	获奖时间
双桥子街道三街坊社区、跳蹬河街道杉板桥社区、二仙桥街道下涧槽社区、白莲池街道一里塘社区	成都市书香社区	中共成都市委宣传部		12月9日
傅天斌家庭、张碧如家庭、李在荣家庭、刘迅家庭、杨先武家庭、朱宏家庭	成都市书香家庭			
成华区税务局纪检组、成华区教育局、成华区卫健局、成华区妇联、成华旧改公司	幸福美好生活巾帼文明岗	成都市妇女联合会	成妇发〔2021〕13号	6月3日
陈金蓉家庭、李在荣家庭、谭雅璐家庭、王平家庭、严勇家庭	成都市"五好家庭"	成都市妇女联合会、成都市精神文明建设办公室	成妇发〔2021〕17号	6月29日
保和街道办事处、龙潭街道办事处、猛追湾街道望平社区、跳蹬河街道锦绣社区	成都市家庭工作先进集体			
成华区妇联	区（市）县妇联综合工作先进单位	成都市妇女联合会	成妇发〔2022〕1号	1月20日
成华区妇联	成都市"蓉城幸福家·社区家庭日"活动区（市）县妇联先进集体	中共成都市委城乡社区发展治理委员会、成都市妇女联合会	成妇发〔2021〕20号	7月27日
成华区保和街道	成都市"蓉城幸福家·社区家庭日"活动街道先进集体			
青龙街道致强社区、猛追湾街道望平社区、成都市爱有戏社区发展中心、成华区向日葵青少年成长服务中心	成都市"蓉城幸福家·社区家庭日"活动社区先进集体			
成华区妇联	成都市妇联系统蓉城巾帼学院工作先进单位	成都市妇女联合会	成妇发〔2021〕34号	12月27日
成华区工商联	成都市光彩事业先进集体	中共成都市委统战部、成都市工商联、成都市光彩事业促进会	成统通〔2021〕1号	1月13日
成华科学技术协会	成都市科协系统先进集体	成都市科学技术协会	成科协发〔2022〕2号	2月9日
成华区托幼公益事业发展中心	疫情防控优秀红十字志愿服务组织	成都市红十字会	成红会〔2021〕124号	11月16日
成都市建筑职业中专校红十字会	学校红十字会工作先进集体	成都市红十字会	成红会〔2022〕11号	1月20日

续表135

获奖单位	荣誉名称	授予单位	文号	获奖时间
成华区图书馆	优秀公益组织	成都市红十字会	成红会〔2022〕11号	1月20日
成华区玖玖伍捌永安救援中心红十字志愿服务队	优秀志愿服务组织			
成华区府青路街道桃蹊社区	优秀志愿服务社区			
成华区版权局	成都市推进使用正版软件工作先进集体	成都市版权局	成版权〔2022〕1号	1月18日
成华区新闻出版局	成都市全民阅读工作、发行产业发展工作先进集体	成都市新闻出版局	成新出〔2022〕1号	1月30日
成华区森林病虫防治检疫站	林业有害生物防控工作先进单位	成都市林业和草原有害生物防治检疫站	成林草检发〔2021〕18号	12月29日
民革成华区支部	民革成都市委会参政议政工作、宣传工作、社会服务、祖统工作先进集体	民革成都市委员会	成民革发〔2021〕40号	12月15日
民建成华区总支	民建成都市委会思想宣传工作先进集体	民建成都市委员会	民建发〔2022〕1号	1月5日
致公党成华区支部	致公党成都市委会思想宣传工作先进集体	致公党成都市委员会	成致发〔2022〕8号	3月15日
成都理工大学支部	致公党成都市委会组织建设“标杆支部”	致公党成都市委员会	成致发〔2022〕9号	3月15日
下涧槽社区、站北路社区、隆兴路社区、华泰社区、狮子社区	成都市健康社区	成都市城乡社区发展治理工作领导小组办公室、成都市爱国卫生运动委员会办公室		1月24日
双林社区、石油社区、建设中路社区、东华社区、建兴路社区、迎晖路社区、和欣社区、升仙湖社区、西林社区、向龙社区、院山社区、狮子社区	成都市党建引领城乡社区发展治理示范社区	成都市城乡社区发展治理工作领导小组办公室	成社治办〔2022〕2号	2月21日
泰博理想城二期小区、东方新城二期小区、富丽东方小区、沙河路苑小区、首创国际城二期小区、华润锦云府小区、青秀名邸小区、龙华居小区、翠林华庭小区、双桥路171号院小区、望平滨河路18号院小区、蓝客城一期小区	成都市党建引领城乡社区发展治理示范小区	成都市城乡社区发展治理工作领导小组办公室	成社治办〔2022〕2号	2月21日

表136　　2021年成华区级优秀单位一览表

获奖单位	荣誉名称	授予单位	文号	获奖时间
区委办公室机关党委、区人大常委会办公室机关第一党支部、区人民政府办公室机关党委、区政协办公室机关党委、区纪委监委机关党委、区委党校机关党支部、区发改局机关党委、区新经济和科技局机关党支部、区司法局机关党支部、区财政局机关党总支、区人社局机关党委、区住建交局机关党委、区国资和金融局机关党支部、区信访局机关党支部、区行政审批局机关党总支、龙潭新经济产业功能区管委会机关党支部、熊猫国际旅游度假区管委会机关党支部、共青团成华区委机关党支部、万年场街道机关党总支、龙潭街道机关党总支、双桥子街道新鸿社区退休党支部、猛追湾街道望平社区党委、猛追湾街道踏水社区玛塞城小区党支部、二仙桥街道华林社区党委、二仙桥街道东华社区美立方小区党支部、二仙桥街道圣灯社区关家大院党支部、府青路街道怡福社区党委、万年场街道槐树店社区党委、双水碾街道升仙湖社区党委、双水碾街道荆竹社区党委、跳蹬河街道跳蹬河社区党委、保和街道胜利社区党委、保和街道迎晖社区胜天片区党支部、青龙街道昭青路社区党委、龙潭街道向龙社区党总支、龙潭街道院山社区党委、白莲池街道将军碑社区党委、成都东方广益投资有限公司党委、成都市公安局成华区分局猛追湾派出所党支部、成都市公安局成华区分局万年场派出所党支部、成都双语实验学校党总支、成都市第十三幼儿园党支部、成华区妇幼保健院党总支、成华区保和社区卫生服务中心党支部、成都东区爱尔眼科医院党支部、四川省互联网协会党支部、成都顾连锦宸康复医院党支部、成都新视界眼科医院党支部、成都成实实业（集团）有限责任公司党委、四川今日头条科技有限公司党支部、四川中航物资贸易有限公司党总支、四川观堂建筑工程设计股份有限公司党支部、四川致尚物业管理有限公司党支部、阳光壹佰物业发展有限公司成都分公司党支部、四川和平卫士集团机关党支部、成都晓峰商业置业有限公司一分公司党支部、成都兴东物业管理有限公司青龙项目党支部、四川省钢材流通协会党支部、白莲池街道菁华翠庭片区物业商家联盟党支部、成都鲁能置业有限公司党委	先进基层党组织	区委	成华委发〔2021〕25号	6月28日
区委办、区政府办、区纪委监委、区委组织部、区规划和自然资源局、区税务局、区发改局、区财政局、区住建交局、区投促局、熊猫度假区管委会、龙潭工业机器人管委会、东郊艺术区管委会、二仙桥街道、保和街道、龙潭街道、双桥子街道、成华国投公司、成华旧改公司、兴华生态公司	推进“631”重点项目建设先进集体	区委、区政府	成华委发〔2022〕3号	2月7日
区委办、区政府办、区纪委监委、区委组织部、区委宣传部、区委统战部、区委政法委、区委社治委、区人武部、区公安分局、区住建交局、区文体旅局、区卫健局、区退役军人局、区国资和金融局、区市场监管局、龙潭新经济管委会、府青路街道、万年场街道、双水碾街道、保和街道、成华棚改公司、东方广益公司	春运期间疫情防控工作先进单位	区委办、区政府办		4月26日

续表136

获奖单位	荣誉名称	授予单位	文号	获奖时间
区生态环境局、区新经济和科技局、区民政局、区司法局、区财政局、区农业和水务局、区商务局、区应急局、区审计局、区综合执法局、东客站新城办、区智慧治理中心、双桥子街道、猛追湾街道、二仙桥街道、跳蹬河街道、青龙街道、龙潭街道、白莲池街道	春运期间疫情防控工作优秀单位	区委办、区政府办		4月26日
双桥子街道新鸿社区党委、猛追湾街道机关党支部、万年场街道槐树店社区党委、跳蹬河街道杉板桥社区党委、保和街道胜利社区党委、青龙街道致强社区党委、龙潭街道党工委、白莲池街道一里塘社区党总支部、跳蹬河社区卫生服务中心党支部、成华区卫生计生监督执法大队党支部、成华区疫情防控指挥部办公室临时党支部、成都市公安局成华区分局治安科党支部、区住建交局机关第五党支部、区文体旅局机关党委、区国资和金融局机关支部、区市场监管局猛追湾市场监管所党支部、区综合行政执法局机关党委、成华棚户区惠民改造建设有限责任公司党委	在疫情防控斗争中表现突出的先进基层党组织	区委组织部	成华组〔2021〕42号	8月7日
王亮家庭、刘能顺家庭、杨文炳家庭、张琴家庭、张同兴家庭、陈丽萍家庭、钟毓贵家庭、黄通治家庭、温雅家庭、蔡庆华家庭	成华区“最美家庭”	区妇联	成华妇联〔2021〕5号	4月29日
成华区发改局第二党支部、成华区教育局机关退休党支部、成华区税务局退休党支部、猛追湾街道机关离退休第一党支部、跳蹬河街道机关退休党支部	示范离退休干部党支部	区委组织部、区委老干部局	成华老干〔2021〕9号	6月28日
成都同森锦泰房地产开发有限公司、成都富森美家居股份有限公司、四川省万基和润信息科技集团有限公司、四川乡村基餐饮有限公司	区红十字人道奖			
成都子阳清洁服务有限公司、成都泰业投资开发有限公司、四川和平卫士集团有限公司	区红十字博爱奖			
成都焊研科技股份有限公司、成都华裕投资实业有限公司、成都成实实业（集团）有限责任公司、成都方尚家居有限责任公司、成都卡诺普自动化控制技术有限公司、成都康拓兴业科技有限责任公司、成都龙港钢铁有限公司、成都晟和智兴社区服务有限公司、成都市辰兴置业开发有限公司、成都市钟氏妈妈传炖品有限公司、成都新港投资开发有限公司、成都星丽机电工程有限公司、成都兴华生态建设开发有限公司、成都亚光电子股份有限公司、成都扬凌文化传播有限公司、成都银行股份有限公司成华支行、成都众创互乐科技有限公司、深圳市英材志文化咨询有限公司、四川辰兴建设有限公司、四川国莎实业有限公司、四川华成蓉连科技有限公司、四川瑞福馨商贸有限公司、四川省百欣堂药业连锁有限公司、四川骁勇芳华家居有限公司、四川远舰建设有限责任公司	区红十字奉献奖	区红十字会	成华红〔2022〕6号	5月6日

附　录

编辑　李锡清

2021年成华区工作机构

区委工作机构及负责人

中共成华区纪律检查委员会
（成华区监察委员会）

书　记（主　任）：郑天南（8月离任）
顾文辉（12月任职）
副书记（副主任）：夏兴志（4月离任）
谢晓波（4月任职）
刘　东

中共成华区委办公室

主　任：李建科
副主任：周巧灵
冯俊岩
秦　勇
蒋东霞
耿　涛
吴　奎
张磊卿
纪检监察组组长：李风来
机关党委书记：胡微波

中共成华区委组织部

部　长：雷　鸣（2月离任）
冯　军（2月任职）
常务副部长：周晓林（12月离任）
郭风杰（12月任职）
副部长：谢晓波（4月离任）
郭风杰（12月离任）
周　浪（4月任职）
邱常健（12月任职）
部务委员：刘云洲
蒋永达（2月任职）
邱常健（12月离任）
纪检监察组组长：许茂栀（2月任职）

中共成华区委宣传部

部　长：蔡达林（9月离任）
马亚炜（9月任职）
常务副部长：王　锰（12月离任）
贺　勇（12月任职）
副部长：郭仕文（12月离职）
杨建春
周　卫（12月任职）
周　亮
纪检监察组组长：梁正学

中共成华区委统一战线工作部

部　长：马亚炜（9月离任）
张明英（9月任职）
常务副部长：曾绍海
副部长：李泽美（8月任职）
董　斌
郭志勇
李　芸
纪检监察组组长：潘　英

中共成华区委政法委员会

书　记：杨世映（8月离任）
欧泽春（9月任职）
常务副书记：李晓峰（10月离任）
姚银林（10月任职）
副书记：戴延刚
钟永康
杨建春（3月任职、8月离任）
王占成（8月任职）
纪检监察组组长：林　希
政治部主任：何　军
专职委员：漆　涛

中共成华区委政策研究室

主　任：郑敏逸（12月离任）
张道印（12月任职）
副主任：欧　果（8月离任）
王　磊
张素生（2月任职）
胡　鹏（8月任职）

中共成华区委社区发展治理委员会

主　任：雷　鸣（3月离任）
冯　军（3月任职）
副主任：李春祖（12月离任）
李科伟（12月任职）
肖高林

邓　幸（6月任职）

中共成华区委机构编制委员会办公室

主　任：刘莉蓉

副主任：王向伟

卢大林

鞠怀芙

机构编制信息中心主任：

王　希（6月离任）

杨　颖（6月任职）

中共成华区委巡察工作领导小组办公室

主　任：徐福寿（10月离任）

袁万银（10月任职）

副主任：曹　宇

巡察一组组长：刘文平

巡察一组副组长：代丽华

巡察二组组长：

李　斌(12月离任)

周晓林（12月任职）

巡察二组副组长：

邓　驰（12月离任）

苏　军（12月任职）

巡察三组组长：

周　浪（3月离任）

刘玉良（3月任职）

巡察三组副组长:刘玉良(3月离任)

孔延涛(3月任职)

巡察专员：梁力强

梁　红（12月任职）

周尤永（12月任职）

中共成华区委老干部局

局　长：王燕敏

副局长：徐　槐

区人大工作机构及负责人

成华区人大常委会办公室

主　任：王　文

副主任：谢　恩

余　鹏

成华区人大常委会机关纪检监察组

组　长：严崇兴

陈　弦

杨国亮

刘晓萍

彭　睿（3月离任）

机关党委书记：王壮志

成华区人大常委会机关党委

书　记：李　乐（12月离任）

郭仕文（12月任职）

成华区人大常委会人事代表工作委员会

主　任：董　川（3月任职）

副主任：丁　旭（6月任职）

成华区人大常委会预算审查工作委员会

主　任：孔　红

副主任；王夕武（12月离任）

成华区人大常委会信访办公室

主　任：陈　锋（12月离任）

陈彦维（12月任职）

成华区人民代表大会法制委员会

主任委员：冯　延

副主任委员：陈彦维（12月离任）

成华区人民代表大会财政经济委员会

主任委员：杨继烈（3月离任）

蒋　瑜（6月任职）

副主任委员：蒋　瑜（6月离任）

张敏英（6月任职）

成华区人民代表大会社会事业委员会

主任委员：李智勇（5月离任）

副主任委员：陈琪玲（10月离任）

成华区人民代表大会社会建设委员会

主任委员：李宏坤（12月任职）

副主任委员：陈　锋（12月任职）

成华区人民代表大会城乡建设与环境保护委员会

主任委员：宋宝利

副主任委员：覃　梅

成华区人民代表大会科教文卫委员会

主任委员：李　斌（10月任职）

成华区人民代表大会预算委员会

主任委员：孔　红（12月任职）

副主任委员：王夕武（12月任职）

区政府工作部门及负责人

成华区人民政府办公室

主　任；尹志东

副主任：喻　兵

成华区发展和改革局

局　长：钟　萍（12月离任）

邓　伟（12月任职）

副局长：王　伟

冯　毅（4月任职）

邓　幸（6月离任）

杨　雷（6月任职）

纪检监察组组长：杨善军

机关党委书记：冯延沁(8月任职)

成华区教育局

局　长：高　峰

副局长：贺晓斌（3月离任）

叶树文

童　浩（8月离任）

李　刚（8月任职）

梁经和（8月任职）

纪检监察组组长：

梁培源(12月离任)

系统党委书记：陈　惠

教育考试中心主任：张　英

成华区新经济和科技局

局　长：何　特（2月离任）

张　敏（2月任职、12月离任）

胡　甦（12月任职）

副局长：胡　勇

王　春

彭　磊（6月任职）

成华区民政局

局　长：陈　枢（2月离任）

雷　霆（2月任职）

副局长：梅报春

唐　海

张金龙

张萍娉（1月离任）

纪检监察组组长：陈　平

机关党委书记：樊海英

成华区司法局

局　长：邓　伟（12月离任）

郑敏逸（12月任职）

副局长：胡　波

曹晶晶

系统党委书记：李玉明

法律援助中心主任：李　松

成华区财政局

局　长：余　斌（12月离任）

张　敏（12月任职）

副局长：张　瑾

张兴兰（8月任职）

纪检监察组组长：陈子超

总会计师：先　艳

财政支付中心主任：

刘　毅（2月任职）

成华区人力资源和社会保障局

局　长：高　红（12月离任）

黄　龙（12月任职）

副局长：陈　刚（1月离任）

文　华（1月离任）

刘杰伟（3月任职）

马　敏（6月离任）

李　红（6月任职）

系统党委书记：文　华（1月任职）

就业局局长：张青艳

社保局局长：崔鸿雁（6月离任）

马　敏（6月任职）

人事考试中心：张延茜（2月任职）

成华区住房建设和交通运输局

局　长：程　松

副局长：刘　刚

李　冕

徐建红

孙　峰

纪检监察组组长：冯　燕（12月离任）

张晓莉（12月任职）

机关党委书记：辛　甜（10月离任）

冯　燕（12月任职）

成华区农业和水务局

局　长：周海云（12月离任）

陈洪波（12月任职）

副局长：刘　武

马　智（8月离任）

鄢朝君（8月任职）

成华区商务局

局　长：戴运书

副局长：方祥兰（2月离任）

陈红松

骆　林

王　波（2月任职）

纪检监察组组长：何国玲

成华区投资促进局

党组书记：辛　甜（10月任职）

局　长：张明德（2月离任）

何　特（2月任职、10月离任）

贾元波（10月任职）

副局长：曹　云

苏明江（2月离任）

苟苓琳（3月任职）

经济合作中心主任：唐　茜

经济合作中心副主任：

高　燕（8月离任）

陈　锐（8月任职）

成华区文化体育和旅游局

局　长：杨　楠

副局长：罗雪松

刘　曦

张　娇

机关党委书记：潘　葵

文化市场综合执法队大队长：钱　勇

成华区卫生健康局

局　长：何艳红（12月离任）

副局长：叶　茂

谢叶平

蓝海波

纪检监察组组长：王险峰

系统党委书记：李尔伟

医疗机构服务中心主任：徐菲菲

成华区退役军人事务局

局　长：肖　伟

副局长：邓　嵘（8月离任）

谢文辉（8月任职）

机关党委书记：邓　嵘（8月任职）

军休中心主任：叶家俊

退役军人服务中心主任：

肖扬凡（6月任职）

成华区应急管理局

局　长：李　坚（12月离任）

王建沣（12月任职）

副局长：陈世平

李俊青（8月离任）

奚海锋（8月任职）

周　庆（12月离任）

康鹏程（12月任职）

成华区审计局

局　长：雷　霆（2月离任）

方祥兰（2月任职）

副局长：王　堃

杜金津

总审计师：张敏英（6月离任）

苏　科（6月任职）

成华区国有资产监督管理和金融工作局

局　长：赵　林

副局长：曾品卫

赖　涛

纪检监察组组长：奚海锋（8月离任）

李俊青（8月任职）

系统党委书记：许志宏

成华区市场监督管理局

局　长：刘　杰

副局长：汪兴元

何　涛

宋　军

马　庆

纪检监察组组长：肖　月

机关党委书记：张　勇（8月任职）

市场和质量监督管理综合执法大队

副大队长：周　庆（12月任职）

成华区统计局

党组书记：丁照睿（4月离任）

杨燕云（4月任职）

局　长：陈　英（12月离任）

副局长：何昌福

邹　珊（8月任职）

成华区机关事务管理局

局　长：周　娱（12月离任）

副局长：陈　锐（8月离任）

王雪峰（8月任职）

罗　曦（12月任职）

机关服务中心主任：李青怡

成华区信访局

局　长：黄　龙（12月离任）

张　帆（12月任职）

副局长：张富均

周　斌（2月任职）

成华区行政审批局

局　长：王　萍

副局长：罗铁鑫

李晓波

赵煜坚

成华区综合行政执法局

局　长：姚银林（10月离任）

黄章钧（12月任职）

副局长：余　辉（12月离任）

张　帆（12月离任）

承　楠

肖　斌

陈　鹏（12月任职）

纪检监察组组长：娄方恩

机关党委书记：马　玲

城市监督指挥中心主任：

陈　鹏（12月离任）

综合行政执法大队大队长：

王元常（12月离任）

成华区公园城市建设和城市更新局

局　长：马健伟（12月离任）

李　君（12月任职）

副局长：徐　辉

郑家平

代兰平（2月任职）

城市更新中心主任：

黄章钧（12月离任）

城市更新中心副主任：

钟晓飒（3月任职）

公园管理服务中心主任：

陈晓斌（8月离任）

胥从平（8月任职）

成华区医疗保障局

局　长：陈道勇

副局长：张　军

医疗保障事务中心主任：谢瑞珍

区政协工作机构及负责人

政协成华区第八届委员会

秘书长：于伟鹏

副秘书长：刘龙泉

政协成华区委员会办公室

主　任：田福盈

副主任：杨　丽

政协成华区机关纪检监察组

组　长：肖自力

政协成华区机关党委

书　记：李凤莲

政协成华区委员会研究室

主　任：张志飞

政协成华区委员会委员联络办公室

主　任：陈国素（2月离任）

刘　均（2月任职）

副主任：周雪梅

成华区政协提案委员会

主任委员：王晓南

副主任委员：张廷全（1月任职）

成华区政协经济委员会

主任委员：康萍涛

副主任委员：杨　俊

成华区政协城市建设管理和环境保护委员会

主任委员：张立新

副主任委员：刘小蓉

成华区政协科教医卫体委员会

主任委员：贺晓斌（3月任职）

副主任委员：宋红梅

成华区政协法制社联委员会

主任委员：邱国勇

副主任委员：张晓梅

成华区政协文化和文史委员会

主任委员：万　东（3月离任）

崔鸿雁（6月任职）

副主任委员：刘杰伟（3月离任）

区人武部、区法院、区检察院负责人

成华区人民武装部

部　长：陈　双

政　委：黄庆华

副部长：侯　黎

成华区人民法院

院　长：王泽轩

副院长：李　锐

黄　洁

宋　奎

石俊峰

机关党委书记：巫　江

审判委员会专职委员：

梅锦瑶（8月离任）

仲曦阳（8月任职）

执行局局长：谭　萍

成华区人民检察院

检察长：陈建勇（10月离任）

钟　磊（12月任职）

副检察长：钟　磊（10月任职，12月离任）

曾　智

孙宏皋

王敏眉（3月任职）

机关党委书记：吴映伟

政治部主任：周　卫（12月离任）

检察委员会专职委员：陶新征

周宏亮（5月任职）

直属事业单位及负责人

中共成华区委党校（成华区行政学校）

校　长：雷　鸣（3月离任）

冯　军（3月任职）

常务副校长：李　平（1月离任）

李晓锋（10月任职）

副校长：张廷全（1月离任）

王元常（12月任职）
干庆文

中共成华区委党史研究室
主　任：郭凤杰（12月离任）
副主任：荀　霞（12月离任）
武竞立（12月任职）

成华区档案馆
馆　长：刘　程
副馆长：潘文蓉
万　敏（6月任职）

成华区机关事业单位绩效考评中心
主　任：（空　缺）
副主任：彭　江（2月任职）
王　希（6月任职）

成华区人才发展中心
主　任：李　平（10月离任）
副主任：王翠芳（12月任职）

成华区融媒体中心
主　任：刘蓄瑞（12月任职）
副主任：刘蓄瑞（12月离任）
杨宗忍

成华区地方志办公室
主　任：周孝明（10月离任）
李　云（10月任职）
副主任：黄　海
罗　兰

成华区智慧城市治理中心
主　任：张　庆（12月离任）
荀　霞（12月任职）
副主任：张　军
李　萌

成华区政府决策咨询服务中心
主　任：刘　源（8月任职）
副主任：曾　波（6月任职）

成华区经济合作中心
主　任：赵鲁星（4月离任）
贾元波（4月任职、10月离任）
副主任：唐　茜
陈　锐（8月任职）

成华区政府投资项目评审管理服务中心
主　任：冯延沁（8月离任）
白伟民（8月任职）

成华区城市更新中心
主　任：黄章钧（12月离任）
副主任：钟晓飒（3月任职）

部门挂牌机构及负责人

中共成华区委保密机要局（成华区国家保密局、成华区密码管理局）
局　长：周巧灵

成华区政府外事办公室
主　任：李建科

成华区档案局
局　长：李建科

中共成华区非公有制经济组织和社会组织工作委员会
书　记：谢晓波（4月离任）
周　浪（6月任职）

中共成华区直属机关工作委员会
书　记：雷　鸣（3月离任）
冯　军（3月任职）

成华区公务员局
局　长：郭凤杰（12月离任）

成华区精神文明办公室
主　任：李　睿（2月离任）
杨建春（8月任职）

中共成华区委对外宣传办公室（成华区政府新闻办公室）
主　任：（空　缺）

成华区新闻出版局（成华区版权局）
局　长：郭仕文（12月离任）
周　卫（12月任职）

成华区互联网信息办公室
主　任：钟　欣（8月离任）
周　亮（8月任职）

成华区政府侨务和台湾事务办公室
主　任：李　芸

成华区民族宗教事务局
局　长：郭志勇
副局长：张素虎

成华区粮食和物资储备局
局　长：钟　萍（12月离任）
邓　伟（12月任职）

成华区经济和信息化局
局　长：何　特（2月离任）
张　敏（2月任职、12月离任）
胡　甦（12月任职）

成华区人民防空办公室
主　任：程　松

成华区广播电视局
局　长：杨　楠

成华区文物局
局　长：杨　楠

成华区知识产权局
局　长：刘　杰

成华区政务服务管理和网络理政办公室
主　任：王　萍

成华区城市管理局
局　长：姚银林（10月离任）
黄章钧（12月任职）

功能区工作机构及负责人

成都市熊猫国际旅游度假区管理委员会
党工委书记：赵春淦（兼）（1月任职）
主　任：吴永胜（兼）（1月任职）
党工委副书记：
雷　鸣（1月任职）
吴永胜（兼）（1月任职）
常务副主任：李　跃（2月任职、9月离任）
副主任：李　茂（1月任职）
刘兴泰（兼）（1月任职）
蒋　怡
彭　睿（3月任职）
李　君（12月离任）

成都市龙潭工业机器人产业功能区管理委员会（成都市龙潭都市工业集中发展区管理委员会）
党工委书记：邓　旭（兼）
主　任：张明德（1月任职）
党工委副书记：张明德（1月任职）
康　鸥

副主任：吴瑜琳（1月任职）
郑淞予（1月任职）
晏永康（兼）（1月任职）
刘　军（2月任职）
苏明江（2月任职）
纪检监察组组长：张素琼

成都市成华区东郊记忆艺术区管理委员会

主　任：胡　蓝（9月离任）
王　猛（12月任职）
副主任：罗　曦（12月离任）
杨晓川

成都市成华区东客站TOD新城建设办公室

主　任：孙学东（2月离任）
严军峰（2月任职）
副主任：江　涛（2月任职）
刘　源（8月离任）
童　浩（8月任职）

成都市成华区新北天地商贸旅游发展区促进中心

主　任：谭开德
副主任：杨　眉

成都市成华区建设路金融商务总部发展区促进中心

主　任：粟爱民（2月离任）
董洪彬（2月任职）
副主任：赵　珣（2月任职）

成都市直属管理单位及负责人

国家税务总局成都市成华区税务局

局　长：吴介伟
副局长：邹林踊
李　红（11月离任）
张　莉
蔡　勇
傅　彤（11月离任）
崔　泉
易耕耘
阳　刚（11月任职）
辛国峰（11月任职）

成都市公安局成华区分局

局　长：赵凯雄（9月离任）
张旭伟（9月任职）
政　委：李　健
副局长：雷　霆
曾永明
叶　军
杨蜀治
向彦庆
何　川
刘　勇

成都市成华区规划和自然资源局

局　长：刘晓晨（1月离任）
陆　军（1月任职）
副局长：黄　涛
张念龙
姜　潇
文小冬
征地事务中心主任：余　波

成都市成华生态环境局

局　长：陈　新
副局长：徐　敏（5月离任）
邓　倩
李　强（11月任职）

群众团体及负责人

成华区工商业联合会（商会）

主　席（会长）：刘　义（12月离任）
高　燕（12月任职）
常务副主席（副会长）：董　斌
副主席：何　蕾
钟绪阳（8月任职）
秘书长：赵　新（8月任职）

成华区总工会

主　席：曹晓琼（8月离任）
邓　旭（9月任职）
常务副主席：谢记明
副主席：郑佳辉
杨祝英
纪检监察组组长：王云杉
群团服务中心主任：龙万富

共青团成华区委员会

书　记：段莹莹（4月离任）
李科伟（6月任职、12月离任）
郑　丽（12月任职）
副书记：彭莎莎（6月任职）
曾　飞（12月任职）

成华区妇女联合会

主　席：张国珍
副主席：温洁琳（1月离任）
方　虹（1月任职）
吕超君

成华区科学技术协会

党组书记（常务副主席）：向天红
副主席：殷洪彬
许　静

成华区残疾人联合会

理事长：韦　华
副理事长：张明波（4月离任）
严旭松

成华区红十字会

会　长：卢珺香（6月离任）
常务副会长：刘　燕
副会长：梁　超

成华区文学艺术界联合会

主　席：郭仕文（12月离任）
周　卫（12月任职）
副主席：张卫军

成华区社会科学界联合会

主　席：龚育雄

成华区台湾同胞联谊会

会　长：（空　缺）

成华区归国华侨联合会

书　记：张明波（4月任职）
副主席：蒋兆龙

街道及负责人

成华区双桥子街道

党工委书记：袁万银（10月离任）
屈　何（11月任职）

党工委副书记、办事处主任：
屈　何（10月离任）
袁建平（12月任职）
人大工委主任：母　芸
党工委副书记、纪工委书记、
监察办主任：欧莎莎
办事处副主任：赵　钢
刘　晓
胡　勇
政法委员：李　伟（8月离任）
陈晓斌（8月任职）
人武部部长：姜　军
便民服务中心主任：胡　宏

成华区猛追湾街道

党工委书记：李　跃（2月离任）
陈　枢（2月任职、12月离任）
李春祖（12月任职）
党工委副书记、办事处主任：廖　锐
人大工委主任：夏　斌
党工委副书记、纪工委书记、
监察办主任：贺　鑫
办事处副主任：杨　刚
张顺伟
易　潇（3月离任）
蒲雨斐（3月任职）
政法委员：杨海斌
人武部部长：邹明权
综合便民服务中心主任：汪　颜

成华区府青路街道

党工委书记：刘　吟（2月离任）
杜坤扬（2月任职）
党工委副书记、办事处主任：
胡　甦（12月离任）
张　庆（12月任职）
人大工委主任：刘　瑜
党工委副书记、纪工委书记、
监察办主任：李　刚（8月离任）
钟　欣（8月任职）
办事处副主任：付国东
梁　琳
谢　云
陈　炜（1月离任）
林泽彬（2月任职）
政法委员：严军峰（2月离任）
余　涛（8月任职）
人武部部长：余　涛（9月离任）
赵惊涛（8月任职）
综合便民服务中心主任：
陈朝辉（8月任职）

成华区二仙桥街道

党工委书记：邹　涛
党工委副书记、办事处主任：
陈洪波（12月离任）
邹　锐（12月任职）
人大工委主任：向朝晖（4月任职）
党工委副书记、纪工委书记、
监察办主任：向朝晖（4月离任）
毛　磊（4月任职）
办事处副主任：李吉纯
刘　涛
李　平（6月任职）
林　波
袁　琦（10月任职）
政法委员：张　勇（8月离任）
彭序国（8月任职）
人武部部长：刘民兵（4月离任）
崔战朋（12月任职）
综合便民服务中心主任：
肖运平（8月任职）

成华区跳蹬河街道

党工委书记：阮　强（12月离任）
李　睿（12月任职）
党工委副书记、办事处主任：
张　敏（2月离任）
李　睿（2月任职、12月离任）
吴　刚（12月任职）
人大工委主任：瞿　红（10月离任）
陈琪玲（10月任职）
党工委副书记、纪工委书记、
监察办主任：赵宪伦
办事处副主任：何建波
耿受成
何　雷
政法委员：黄文毅
人武部部长：杨华斌
综合便民服务中心主任：
梁培源（12月任职）

成华区万年场街道

党工委书记：邱荣涛（10月离任）
王　力（12月任职）
党工委副书记、办事处主任：
杜坤扬（2月离任）
王　力（2月任职、12月离任）
人大工委主任：舒立友
党工委副书记、纪工委书记、
监察办主任：朱　琳
办事处副主任：何　虹
石　磊（8月任职）
唐雪飞（12月任职）
政法委员：印　舸
人武部部长：张　兵
综合便民服务中心主任：（空　缺）

成华区保和街道

党工委书记：李　云（10月离任）
段莹莹（12月任职）
党工委副书记、办事处主任：
成云波（4月离任）
段莹莹（4月任职、12月离任）
周　娱（12月任职）
人大工委主任：刘海文（10月离任）
徐福寿（10月任职）
党工委副书记、纪工委书记、
监察办主任：马旭东（2月任职）
办事处副主任：陈　亮
王　磊
黄海彦（8月离任）
罗　熠（8月任职）
政法委员：王　彦
人武部部长：吴　刚（12月离任）
综合便民服务中心主任：
陈　震（2月任职）

成华区双水碾街道

党工委书记　陈庆睿
党工委副书记、办事处主任：
石　杰（8月离任）
欧　果（8月任职）

人大工委主任：王　康（6月离任）
张宏光（6月任职）
党工委副书记、纪工委书记、
监察办主任：张宏光（6月离任）
杨　健（6月任职）
办事处副主任：海智武
冯　敏
黄　刚
政法委员：张　枫
人武部部长：张　毅
综合便民服务中心主任：
高　燕（8月任职）

成华区青龙街道

党工委书记：罗幼琴（8月离任）
石　杰（8月任职）
党工委副书记、办事处主任：
杨燕云（4月离任）
赵鲁星（4月任职）
人大工委主任：吴雪松
党工委副书记、纪工委书记、
监察办主任：张　剑
办事处副主任：王光英
陈文远
陈隐阵
政法委员：庹向欣
人武部部长：邹　俊（12月离任）
综合便民服务中心主任：
王　政（8月任职）

成华区龙潭街道

党工委书记：何　梅
党工委副书记、办事处主任：熊　辉
人大工委主任：张兴明（3月任职）
党工委副书记、纪工委书记、
监察办主任：张兴明（3月离任）
刘民兵（4月任职）
办事处副主任：李宏钦
屈茂平
范卫章
刘　敏
毛　磊（4月离任）
刘　懿（8月任职）
政法委员：李卫东
人武部部长：毛海鹰
综合便民服务中心主任：（空　缺）

成华区白莲池街道

党工委书记：贺　勇（12月离任）
马健伟（12月任职）
党工委副书记、办事处主任：陈　勇
人大工委主任：文　革
党工委副书记、纪工委书记、
监察办主任：周　赟
办事处副主任：李欣蓉（8月离任）
谢立桂
范　舰
张　玄（3月离任）
余　沁（6月任职）
黄海彦（8月任职）
政法委员：杨家兵
人武部部长：周德毅
综合便民服务中心主任：金　娜

区属国有公司及负责人

成都成华发展集团

董事长：孙学东（2月任职）
总经理：覃　雯（2月任职）
副总经理：张　玄（3月任职）
倪　琦（3月任职）
潘鹏飞（4月任职）
吴春曦（8月任职）
纪委书记：邱庆丽（12月任职）

成都成华国资经营投资有限责任公司

董事长：肖　波
总经理：高　燕（12月离任）
李　乐（12月任职）
副总经理：淦正纲
陈爱农
陈　勇（3月任职）
总工程师：樊仁勇（4月任职）
总会计师：曹　岚（4月任职）
纪委书记：范光亮（12月任职）

成都成华城市建设投资有限责任公司

董事长：罗渝江
总经理：王勇平
副总经理：卢绍斋
刘文明
易　洋（3月任职）
纪委书记：秦建平（3月任职）

成都成华棚户区惠民改造建设有限责任公司

董事长：胡生亮
总经理：曾光宾
副总经理：倪　刚
刘万霞
夏　牧
夏建琼（12月任职）
总工程师：何　磊
总会计师：牟　琰（3月任职）
纪委书记：孙　军（3月任职）

成都成华旧城改造投资有限责任公司

董事长：赵　华
总经理：张　波
副总经理：陈　敏
陈　远
朱　轶（12月任职）
总工程师：朱　轶（12月离任）
总会计师：冯　瑜
纪委书记：杨　永（3月任职）

成都东方广益投资有限公司

董事长：晏永康
总经理：袁雪飞
副总经理：王　黎
周　胜
总工程师：霍海龙
总会计师：秦　蓁
纪委书记：何晓楠（8月任职）

成都兴华生态建设开发有限公司

董事长：曾维斌（2月任职）
总经理：邱　皓（2月任职）
副总经理：张雄飞（2月任职）
霍　霞（12月任职）
王　磊（12月任职）
郑　飒（12月任职）
总会计师：梅国庆
纪委书记：李俊明（3月任职）

成都熊猫国际旅游度假有限公司

总经理：粟爱民（2月任职）

（区委组织部、成华年鉴编辑部）

统计资料

公 报

2021年成都市成华区国民经济和社会发展统计公报

成华区统计局

（2022年4月）

2021年，面对错综复杂的国际国内环境，全区深入学习贯彻习近平新时代中国特色社会主义思想，全面贯彻落实上级决策部署，坚持稳中求进工作总基调，坚持统筹推进疫情防控和经济社会发展，紧紧围绕“1556”总体发展思路，扎实推进“631”重点项目建设，聚焦经济发展“十大重点领域工作”精准发力，经济运行加快恢复，民生福祉明显改善，社会事业全面进步，社会大局保持和谐稳定，生态环境持续优化，实现了“十四五”良好开局。

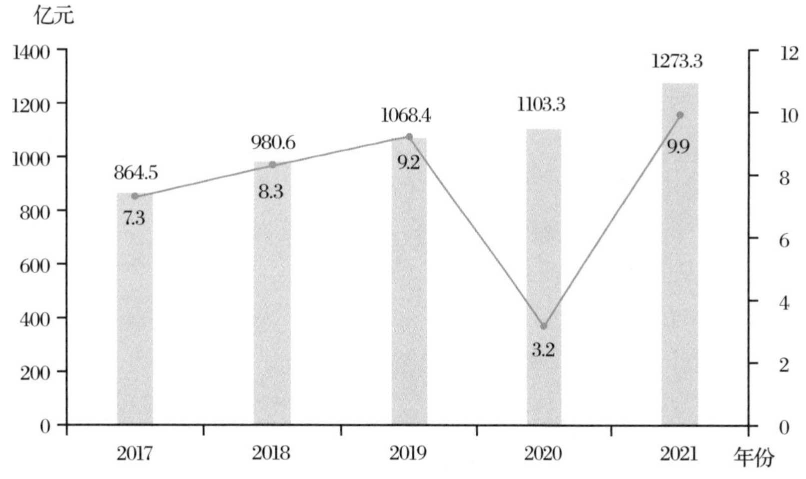

图2 2017—2021年地区生产总值及其增长速度示意图

一、综合

综合实力稳步提升。经成都市统计局、成都调查队审定，全年全区实现地区生产总值1273.3亿元，按可比价格计算（下同）比上年增长9.9%。其中：第一产业实现增加值0.03亿元，同比增长7.7%；第二产业实现增加值383.10亿元，同比增长12.9%；第三产业实现增加值890.1亿元，同比增长8.7%。一、二、三产业比重为0.00 : 30.09 : 69.91。全区实现民营经济增加值505.82亿元，同比增长6.8%，占地区生产总值的比重达到39.7%。

财政收支运行良好。全年一般公共预算收入86.56亿元，同比增长9.5%。其中：税收收入64.40亿元，同比增长15.2%。全年一般公共预算支出77.25亿元，同比增长2.7%。

社会就业形势稳定。全年开展“就业援助月”“春风行动”等系列活动94场，累计组织4679家企业发布20.1万个岗位，助力约1.48万人达成就

表137 2021年成华区地区生产总值及其增长速度表

指标	2021年（亿元）	比上年增长（%）
地区生产总值	1273.3	9.9
第一产业	0.03	7.7
第二产业	383.10	12.9
第三产业	890.14	8.7

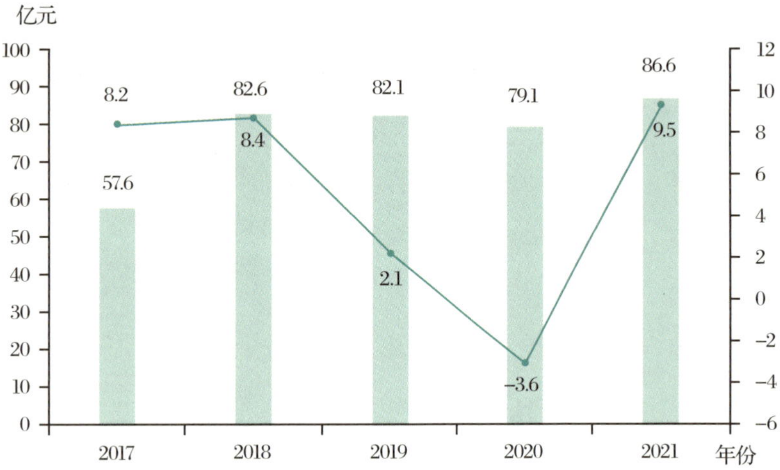

图3 2017—2021年一般公共预算收入及其增长速度示意图

业意向。实施援企稳岗“护航行动”，发放企业稳岗补贴3213.2万元，惠及105家企业、6238名职工。大规模开展技能提升培训，累计支出培训补贴6785万元，助力5万余名劳动者技能提升；新建区级技能大师工作室6个；“浣花女”就业品牌成为五城区唯一入选的全省首批“川字号”特色劳务品牌。新建7个社区就业创业指导中心、5个灵活从业人员关爱驿站、5家援助基地；成立“成华区退役军人就业创业大联盟”。2021年，全区城镇新增就业15062人，就业困难人员再就业1348人，城镇失业人员再就业8634人，城镇登记失业率控制在4%以内。

人口规模稳定增长。年末全区常住人口139.68万人,城镇化率100%，户籍家庭总户数323625户，户籍总人口829776人，比上年增加26190人，户均人口为2.56人。户籍人口中：非农业人口829776人，无农业人口；男性人口为410719人，女性人口为419057人，性别比为98.01:100。0—17岁、18—34岁、35—59岁、60岁及以上人口分别占总人口的17.11%、20.21%、40.16%、22.52%。

二、农业

农业生产稳定发展。全年实现农业总产值496万元，同比增长9.0%，其中：种植业496万元，同比增长9.0%。全年农作物播种面积692亩，与上年同期持平，其中：蔬菜面积692亩，与上年同期持平。全年主要农产品产量中：蔬菜1180吨，同比增长9.5%。全年化肥施用量10吨，同比下降39.4%。全年农村用电量2648万千瓦时，同比减少0.9%。

三、工业和建筑业

工业发展稳中向好。全年全口径工业增加值完成399.9亿元，同比增长16.6%，其中：规模以上工业增加值增长14.6%。规模以上工业企业产品产销率99.8%。石油和天然气开采、开采专业及辅助性活动、有色金属冶炼和压延加工业等三大主导行业占全区规模以上工业增加值的比重达95.4%，同比增长14.6%，拉动全区规模以上工业增长13.9个百分点。全年规模以上工业企业资产负债率32.4%；营业收入950.9亿元，同比增长7.4%；实现利润总额96.9亿元，同比增长15.1%；企业亏损面20.0%。

建筑业发展保持稳定。全年实现建筑业增加值82.3亿元，同比增长6.9%。施工总承包和专业承包建筑企业竣工产值159.3亿元，房屋施工面积2059.4万平方米，竣工面积410万平方米。

四、固定资产投资

投资结构不断优化。全年固定资产投资同比增长19.0%，其中：民间投资同比增长11.6%。分产业看，第二产业投资增长41.5%，其中：工业投资同比增长39.9%；第三产业投资同比增长17.3%。

房地产市场健康有序。全年房地产开发投资同比增长8.2%。商品房销售面积187.4万平方米，同比下降2.7%，其中：住宅销售面积135.2万平方米，同比增长6.3%。实现商品房销售额347.6亿元，同比增长10.8%，其中：住宅销

表138 2021年成华区房地产开发和销售主要指标及其增长速度表

指标	单位	2021年	比上年增长（%）
房地产投资	亿元		8.2
住宅	亿元		29.4
商品房竣工面积	万平方米	55.1	-37.0
住宅	万平方米	33.5	-41.0
商品房销售面积	万平方米	187.4	-2.7
住宅	万平方米	135.2	6.3
商品房销售额	亿元	347.6	10.8
住宅	亿元	290.9	19.8
商品房新开工面积	万平方米	100.7	-41.6
住宅	万平方米	65.6	-42.6

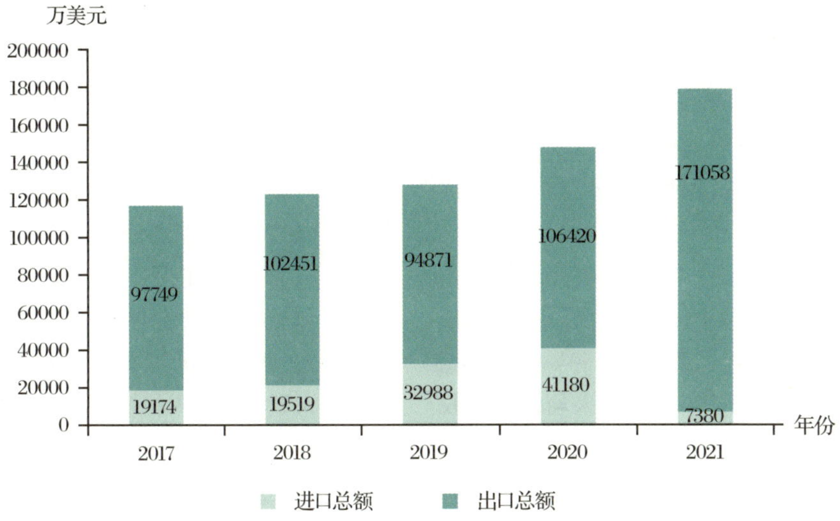

图4　2017—2021年货物进出口总额示意图

售额290.9亿元，同比增长19.8%。

五、国内贸易及对外开放

消费市场逐步恢复。全年实现社会消费品零售总额623.4亿元，同比增长12.3%。从消费形态看，商品零售524.9亿元、同比增长8.2%；餐饮收入98.5亿元、同比增长40.1%。限额以上企业商品零售额中：食品、饮料、烟酒类零售额同比增长7.9%，服装鞋帽、针纺织品类同比增长3.1%，石油及制品类同比增长20.2%，化妆品类同比下降4.0%，文化办公用品类同比增长21.5%。全区共有年成交额上亿元的商品交易市场1个。

对外贸易稳定增长。全年实现进出口总额178438万美元，同比增长20.9%。其中：出口总额171058万美元，同比增长60.7%；进口总额7380万美元，同比下降82.0%。当年实际利用外资金额31.28亿元。

六、交通、旅游

交通建设发展加快。全年境内公路总里程41.5公里，其中：等级公路（含一、二、三和四级公路）41.5公里，高速公路10.3公里。全年公路客运量439.2万人，公路货运量379万吨。年末公交车路数168路，年末实有公共汽（电）车营运3658辆，年末实有出租汽车1332辆，境内火车站数1个。

旅游市场逐步恢复。全年旅游人数共2348.50万人次，同比增长27.2%。其中：海外游客人数（含一日游游客）0.89万人、同比下降72.3%，国内旅游2347.61万人、同比增长27.4%。全年旅游收入总额达329.35亿元、同比增长21.1%。全区共有星级饭店5家，客房总数716间；旅游景区5个。

七、科学技术和教育

科技能力优化调整。全年专利申请数2802件，同比下降40.7%，其中：发明专利申请量993项，同比下降21.0%、发明专利授权量536项，同比增长37.4%。

教育事业稳步发展。全区小学29所，在校小学学生总数64793人，专任教师3917人；普通中学24所，在校学生总数28504人，专任教师2470人；中等职业教育学校4所，在校学生总数6042人，专任教师323人。学龄儿童入学率达100%。

八、卫生、文化

卫生服务水平稳步提升。年末共有医疗卫生机构809个，其中：医院50个，疾病预防控制中心1个，妇幼保健院1个。医疗卫生机构床位数8574张。医院、卫生院技术人员12161人，其中：职业（助理）医师4510人，卫生疾控人员102人。

文化事业繁荣发展。年末拥有剧场、影剧院40个，体育场馆12个，博物馆、展览馆3个，县级图书馆1个。公共图书馆图书总藏量548千册，有线广播电视入户率达100%。

九、城市建设、环境保护

城市建设维护提速。全年新增市政公园3个（城东体育公园二期、高铁城市公园一期、驷马桥公园），新建小游园微绿地8个、提档升级1个，打造50条“回家的路（上班的路）”天府绿道共计70.06余公里，全面彰

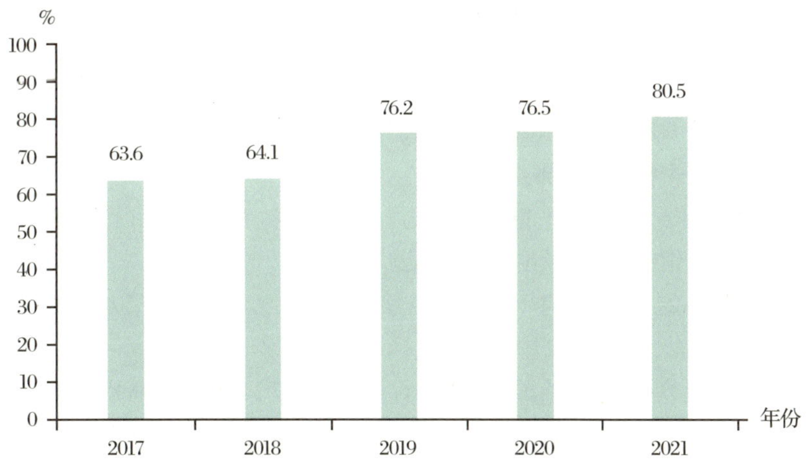

图5　2017—2021年空气优良天数比例示意图

显“城在绿中、园在城中、蓝绿生境、城水相融”的美好图景。全年对建设路、建设南二路等420条道路进行维护，其中维护车行道46000平方米，人行道66860平方米。桥梁养护情况，累计巡查桥梁约10370座次；2021对跨成绵高速路桥、建设路桥等231座/次桥梁进行维护；清洗栏杆62座次；更换桥名牌及公示牌59座次；桥面积水积土杂草清理38座次；结构检测43座；常规检测81座。

环境保护成效显著。全年全区共清运生活垃圾510819.9吨（日均1399.5吨/日），全部运输至市级垃圾末端处置项目实施无害化处理，其中：焚烧392311.16吨、填埋118508.74吨。生活垃圾应收尽收、日产日清，无害化处理率达到100%。全年优良空气天数294天。城市区域噪声昼间53.7分贝，受理环境投诉案件数750件，查处环境违法行为数52起，空气质量优良率80.5%。

十、人民生活和社会保障

居民收入平稳增长。我区城镇居民人均可支配收入55349元，同比增长8.1%。其中：居民人均工资性收入为32069元，同比增长7.3%，对人均可支配收入的贡献率为52.8%；居民人均经营净收入5437元，同比增长18.7%；居民人均财产净收入4744元，同比增长10.3%；居民人均转移净收入为13099元，同比增长5.3%。城镇居民人均消费支出33217元，同比增长9.6%。

社会保障更加完善。全年城镇职工基本养老保险参保人数483726人，其中：在职418609人，退休65117人；城乡居民基本养老保险参保人数17364人；城镇职工基本医疗保险参保人数45.0万人；失业保险参保人数287223人；城乡居民基本医疗保险参保登记人数25.2万人；工伤保险参保人数292154人。

注：1.本公报所列增加值绝对数按当年价格计算，增长幅度按可比价格计算。2.本公报所列各数系初步统计数，实际数据以统计年鉴为准。

主要统计指标解释

国内生产总值：按市场价格计算的国内生产总值的简称，是一个国家（地区）所有常住单位在一定时期内生产活动的最终成果。

第一产业：农、林、牧、渔及服务业。

第二产业：工业、建筑业。

第三产业：交通运输、仓储和邮政业，信息传输、计算机服务和软件业，批发和零售业，住宿和餐饮业，金融保险业，房地产业，租赁和商务服务业，科学研究、技术服务和地质勘查业，水利、环境和公共设施管理业，居民服务和其他服务业，教育，卫生、社会保障和社会福利业，文化、体育和娱乐业。

耕地面积：指种植农作物并经常进行耕锄的田地，以种植农作物主并附带种植果树和其他林木的土地。

工业总产值：指工业企业在一定时期内生产的已出售或可供出售的以货币表现的工业产业总量，反映一定时间内工业生产的总规模和总水平。

工业增加值：指工业企业在报告期内以货币表现的工业生产活动的最终成果。

全社会固定资产投资：固定资产投资额是以货币表现的建筑和购置固定资产活动的工作量，反映固定资产投资规模、速度、比例关系和使用方向的综合性指标；分为基本建设、更新改造、房地产开发投资和其他固定资产投资四个部分。

商品购进总额：指对本单位以外的单位和个人出售的商品金额，在批发和零售业中，本指标反映在国内市场上销售商品以及出口商品的总价。

商品销售：指商品已经出售、商品所有权已经转移给买方后，以收到货款或取得收取货款的证据时作为商品销售。

批发额：指售给国民经济各行业用于生产、经营用的商品金额。

零售额：指售给城乡居民用于生活消费和社会集团用于公共消费的商品金额。

成华区统计资料

表139

2021年成华区人口及变动情况表

指标名称	总户数(户)	总人口(人)			迁入人数(人)		迁出人数(人)	
		合计	男	女	省内迁入	省外迁入	迁往省内	迁往省外
总计	323625	829776	410719	419057	25126	5703	5334	1782
府青路街道	40596	105719	52561	53158	1686	338	485	184
双水碾街道	24061	54121	26567	27554	1422	227	385	82
万年场街道	33425	77118	38645	38473	2392	401	593	175
双桥子街道	37381	101804	50235	51569	985	179	354	143
猛追湾街道	37703	111348	55965	55383	5100	2278	912	413
跳蹬河街道	29130	71217	35104	36113	2088	368	335	143
二仙桥街道	22046	59805	30079	29726	2392	709	820	313
保和街道	33761	77479	37453	40026	2994	374	632	149
龙潭街道	31095	81375	40005	41370	2492	389	252	72
青龙街道	30710	69402	34288	35114	3174	391	536	101
白莲池街道	3717	20388	9817	10571	401	49	30	7

表140

1995—2021年部分年份成华区人口及计划生育情况表

指标名称	单位	2021年	2020年	2019年	2015年	2010年	2005年	2000年	1995年
一、年平均人口	人	816681	796912	783176	715267	637696	601914.5	527974.5	477459
二、出生人口数	人		12954	12377	7698	5264	3566	4960	4298
出生率	‰		16.26	15.80	10.76	8.25	5.92	9.39	9.00
三、死亡人口数	人		9146	12348	3341	4760	2201	2903	2084
死亡率	‰		11.48	15.77	4.67	7.46	3.66	5.50	4.36
四、自然增长数	人		3808	29	4357	504	1365	2057	2214
自然增长率	‰		4.78	0.03	6.09	0.79	2.27	3.90	4.64
五、育龄妇女数	人	329800	194599	148701	134101	95908	115545	122826	127621
六、已婚育龄妇女数	人	178904	116530	105653	101864	84563	89619	101287	104930
七、已婚育龄妇女生育情况									
1.无孩人数	人	16134	13735	13883	20127	8934	9245	10504	10071
2.一孩人数	人	96638	82086	75655	75333	72562	77548	85350	80433
3.二孩人数	人	47860	19878	15803	6255	3007	2782	5103	11757
4.多孩人数	人	18272	831	312	149	60	44	330	2669
八、生育情况									
1.一孩率	%	66.30	67.69	65.57	75.63	91.53	93.3	94.1	96.9
2.二孩率	%	32.73	32.06	34.22	23.97	8.27	5.4	5.6	3.0
3.多孩率	%	0.97	0.25	0.21	0.40	0.21	0.11	0.25	—
九、计划生育率	%	99.8	99.90	99.91	96.56	97.12	98.4	98.96	99.3

表141　　1995—2021年部分年份成华区国民经济与社会发展情况表

指标名称	单位	2021年	2020年	2019年	2015年	2010年	2005年	2000年	1995年
一、人口									
常住人口	人	1396800	1381894	1332000	1136000	939000	779400	733000	—
户籍人口	人	829776	803586	790238	722776	643257	609374	533754	482338
非农业人口	人	829776	803586	790238	722776	643257	609374	429758	371628
总户数	户	323625	331811	327535	287404	243309	215398	174523	140803
二、全区土地面积	平方公里	109.3	109.3	109.3	109.3	109.3	109.3	109.3	109.3
人口密度	人/平方公里	12711	12415	11953	10192	8362	6979	4800	4339
三、年末社会劳动者	万人	70.22	69.28	66.55	59.21	49.81	35.81	29.42	9.36
一产业	万人	0.56	1.12	1.09	-	-	2.60	2.46	2.82
二产业	万人	12.74	12.73	12.43	-	-	18.06	19.65	2.36
三产业	万人	56.92	55.43	53.0	-	-	15.15	7.31	4.18
城镇职工人数	万人		—	—	—	—	—	1.54	1.74
农村劳动力	万人	2.3	2.4	2.3	3.26	5.87	5.96	6.60	7.08
四、农业增加值	万元	295	466	438	1304	2661	13684	18613	19498
年末耕地面积	公顷	1279	1291	1291	190	522	1288	2651	3186
粮食总产量	吨		—	—	346	2267	3634	14109	18519
蔬菜总产量	吨	1180	1078	1059	7795	21542	74300	134559	124298
出栏肉猪头数	头		—	—	1910	25088	62943	122263	91220
肉类总产量	吨		—	—	205	1887	6051	10533	7666
牛奶总产量	吨		—	—	—	298	3942	5134	2195
水产品总产量	吨		—	—	—	—	5390	4657	2582
农民人均纯收入	元		—	—	—	12411	6048	3657	2030
五、规上工业增加值	万元		—	—	—	651400	446600	488960	—
产品销售收入	万元	9508689	8999727	1003869	1202415	1487051	1188197	—	—
利税总额	万元	1345006	1158799	748778	61950	100314	130653	—	—
六、交通系统									
货运量	千吨		—	—	—	—	9480	419	460
货物周转量	千吨/公里		—	—	—	—	382470	5301	11440
营运收入	万元		—	—	—	—	—	319	574
七、全社会固定资产投资总额	亿元		—	—	365.9	280.4	85.5	—	2.9
基本建设	万元		—	—	630360	1403496	580444	—	—
更新改造	万元		—	—	188202	307366	82900	—	—
房地产开发投资	万元	2418151	2234386	2428201	2766812	1092942	191855	—	—
房地产开发									
房屋施工面积	万平方米	1330.36	1450.67	1773.18	1699.25	853.33	139.1	—	3.70
房屋竣工面积	万平方米	55.06	87.44	289.57	139.27	229.42	19.7	—	—
商品房销售面积	万平方米	187.41	192.70	204.91	223.34	134.09	51.1	—	—
商品房销售额	万元	3475608	3137709	3104814	2034718	901291	161306	—	—
商品房新开工面积	万平方米	100.65	172.27	217.93	360.10	132.01	50.6	—	—
八、建筑业总产值	万元		—	2733916	1527447	1862082	652016	44393	49084
工程结算收入	万元		3288244	2855825	1789134	1592411	619806	39372	40361
利税总额	万元	76239	126513	77890	42904	88983	24864	4914	2281
房屋竣工面积	万平方米	410	375	316	466.83	363.23	285.54	52.68	34.05

续表141

指标名称	单位	2021年	2020年	2019年	2015年	2010年	2005年	2000年	1995年
九、社会商品销售总额	万元	18180244	15164401	15866336	5168796	2821762	1775259	—	221800
社会消费品零售总额	万元	6233841	5553526	5706021	4081278	1783292	695284	351606	198570
国有经济	万元		—	—	—	241799	96415	30637	14484
集体经济	万元		—	—	—	50252	25980	84195	105049
十、财政总收入	万元		—	—	1674077	754027	187617	45763	20725
地方财政收入	万元	1217962	826313	920341	989372	301540	60033	21840	13043
地方财政支出	万元		—	—	983205	307195	83106	30545	13470
十一、从业人员年末人数	万人	19.63	18.71	13.99	13.44	10.19	8.66	14.74	1.74
从业人员平均人数	万人	18.73	18.1	13.65	13.71	11.01	8.98	14.55	1.78
从业人员工资总额	万元	1999297	1781032	1335538	889934	439350	197470	156342	7860
从业人员平均工资	元/人	106766	98384	97849	64879	39911	23539	10743	4421
十二、小学学校数	所	29	28	28	25	23	25	65	71
小学在校学生数	人	64793	61220	58935	49327	44144	44570	35094	52410
小学教职工人数	人	3430	2851	2719	1765	2080	1785	1932	2076
专任教师	人	3363	2810	2675	1688	1899	1638	1664	1737
普通中学学校数	所	24	21	21	21	21	15	24	29
普通中学在校学生数	人	28507	26701	25321	25777	28249	13592	14155	11566
普通中学教职工人数	人	3292	2751	2624	2678	2071	1016	1471	1525
专任教师	人	3019	2573	2461	2485	1859	883	1148	1145
职业中学学校数	所	2	2	2	3	9	—	2	2
职业中学在校学生数	人	2627	2299	2392	3395	11590	—	500	1144
职业中学教职工人数	人	215	188	192	193	632	—	124	213
专任教师	人	202	183	185	172	411	—	86	143
十三、卫生机构数	个	62	64	64	52	47	48	38	90
医院	个	48	50	48	36	30	33	26	28
卫生机构病床数	张	7374	7500	6806	5480	4131	3155	3659	3509
医院	张	7020	7244	6419	5015	3419	2730	2987	2861
卫生技术人员	人	12161	11498	11282	7474	4976	3040	3233	4247
医院	人	7506	7231	6308	4885	3898	2695	2779	3329
十四、人口出生率	‰		16.26	15.80	10.76	8.06	5.9	7.2	9.2
人口死亡率	‰		11.48	15.77	4.67	7.46	3.7	5.5	4.6
人口自然增长率	‰		4.78	0.03	6.09	0.79	2.3	3.89	4.6
计划生育率	%	99.8	99.90	99.91	96.56	97.12	98.4	98.96	99.3

注：人口密度1990—2000年用户籍人口计算，2001年以后用常住人口计算；年末社会劳动者2010—2020年为市局审定反馈数据，其中2010—2017年只反馈了总数，人口出生、死亡、自然增长率均为千分点，计划生育率为百分点，卫生机构数不含诊所

1995—2021年部分年份成华区地区生产总值总量表

表142

单位：万元

指标名称	2021年	2020年	2019年	2015年	2010年	2005年	2000年	1995年
地区生产总值	12732746	11032943	10683866	6783149	3974667	1802527	990446	605658
第一产业	295	466	438	1501	2822	15099	20313	19257
农林牧渔业	295	466	438	1501	2822	15099	20313	19257
第二产业	3831012	3152037	2969820	2505173	1831455	905732	466974	305617

续表142

指标名称	2021年	2020年	2019年	2015年	2010年	2005年	2000年	1995年
工业	3998546	3087392	2960121	2476703	1697369	894030	393312	249777
建筑业	823481	745105	731487	566133	332317	133234	93395	56847
第三产业	8901439	7880440	7713608	4276475	2140390	881696	503159	280784
批发和零售业	854327	768046	799208	414574	255932	105055	68505	53806
交通运输、仓储和邮政业	1117577	1028719	1072610	640434	335148	155883	128657	82973
住宿餐饮业	251748	235593	276882	193769	97626	42656	32079	19415
金融业	1479750	1413443	1286878	814812	282493	71352	40639	19970
房地产业	858698	776890	755013	337048	162927	59572	35041	18477
其他服务业	3348324	2977289	2801229	1338175	808033	325646	178505	85136

注：1. 1992—2018年地区生产总值数据已经根据2018年第四次全国经济普查数据进行调整。2. 工业中的开采专业及辅助性活动及金属制品、机械和设备修理业增加值计入第三产业，故第二产业增加值小于工业建筑业之和，第三产业增加值大于列表各行业增加值之和。3. 1990—1991年数据为MPS体系核算结果；1992—2020年数据为SNA体系核算结果。4. 2019年数据为年度修订数

表143　　1995—2021年部分年份成华区地区生产总值构成表

指标名称	2021年	2020年	2019年	2015年	2010年	2005年	2000年	1995年
地区生产总值	100.0%	100.0%	100.0%	100.0%	100.0%	100.0%	100.0%	100.0%
第一产业	0.0%	0.0%	0.0%	0.0%	0.1%	0.8%	2.1%	3.2%
农林牧渔业	0.0%	0.0%	0.0%	0.0%	0.1%	0.8%	2.1%	3.2%
第二产业	30.1%	28.6%	27.8%	36.9%	46.1%	50.2%	47.1%	50.5%
工业	31.4%	28.0%	27.7%	36.5%	42.7%	49.6%	39.7%	41.2%
建筑业	6.5%	6.8%	6.8%	8.3%	8.4%	7.4%	9.4%	9.4%
第三产业	69.9%	71.4%	72.2%	63.0%	53.9%	48.9%	50.8%	46.4%
批发和零售业	6.7%	7.0%	7.5%	6.1%	6.4%	5.8%	6.9%	8.9%
交通运输、仓储和邮政业	8.8%	9.3%	10.0%	9.4%	8.4%	8.6%	13.0%	13.7%
住宿餐饮业	2.0%	2.1%	2.6%	2.9%	2.5%	2.4%	3.2%	3.2%
金融业	11.6%	12.8%	12.0%	12.0%	7.1%	4.0%	4.1%	3.3%
房地产业	6.7%	7.0%	7.1%	5.0%	4.1%	3.3%	3.5%	3.1%
其他服务业	26.3%	27.0%	26.2%	19.7%	20.3%	18.1%	18.0%	14.1%

注：1. 1992—2018年地区生产总值数据已经根据2018年第四次全国经济普查数据进行调整。2. 工业中的开采专业及辅助性活动及金属制品、机械和设备修理业增加值计入第三产业，故第二产业比重小于工业建筑业之和，第三产业比重大于列表各行业增加值之和。3. 1990—1991年数据为MPS体系核算结果；1992—2020年数据为SNA体系核算结果。4. 2019年数据为年度修订数

表144　　1995—2021年部分年份成华区地区生产总值增长速度表

指标名称	2021年	2020年	2019年	2015年	2010年	2005年	2000年	1995年
地区生产总值	9.9%	3.2%	9.2%	6.3%	11.4%	10.8%	7.9%	13.7%
第一产业	7.7%	2.2%	-37.8%	-25.4%	-8.7%	-21.3%	2%	4.8%
农林牧渔业	7.7%	2.2%	-37.8%	-25.4%	-8.7%	-21.3%	2%	4.8%
第二产业	12.9%	5.5%	6.2%	4.5%	15.8%	10.6%	2.4%	10.5%
工业	16.6%	4.5%	7.7%	5.2%	14.1%	10.6%	2%	9.4%
建筑业	6.9%	0.2%	6.7%	5.2%	24.1%	11.2%	2.3%	18.9%
第三产业	8.7%	2%	10.8%	7.7%	6.9%	11.8%	15.6%	19%

续表144

指标名称	2021年	2020年	2019年	2015年	2010年	2005年	2000年	1995年
批发和零售业	8.6%	-4.9%	5.2%	4.4%	7.9%	12.5%	6.8%	33%
交通运输、仓储和邮政业	12.6%	-4.4%	7.9%	3.5%	1.6%	5.3%	23.4%	8.4%
住宿餐饮业	12.6%	-16.1%	10.6%	4.5%	16.3%	14.1%	15.2%	11.5%
金融业	5.9%	8.7%	8.3%	12.3%	15.1%	13.6%	26.4%	1.9%
房地产业	0.7%	-1%	8.3%	7.4%	-17.9%	15.8%	4.8%	13.5%
其他服务业	7.1%	7%	14.1%	7.7%	8.2%	13.8%	15.6%	34.9%

注：1. 1992—2018年地区生产总值数据已经根据2018年第四次全国经济普查数据进行调整。2. 1991—1992年数据为MPS体系核算结果；1993—2020年数据为SNA体系核算结果。3. 2019年数据为年度修订数

表145　　2021年成华区民营经济增加值表

指标名称	总量（万元）	增速	构成	指标名称	总量（万元）	增速	构成
国内生产总值	12732746	9.9%	100.0%	批发和零售业	854327	8.6%	6.7%
民营经济	5058223	6.8%	39.7%	民营经济	800683	6.4%	6.3%
第一产业	295	7.7%	0.0%	交通运输、仓储和邮政业	1117577	12.6%	8.8%
民营经济	0	0.0%	0.0%	民营经济	250577	36.4%	2.0%
第二产业	3831012	12.9%	30.1%	住宿餐饮业	251748	12.6%	2.0%
民营经济	778037	2.2%	6.1%	民营经济	247860	29.9%	1.9%
工业	3998546	16.6%	31.4%	金融业	1479750	5.9%	11.6%
民营经济	167056	8.2%	1.3%	民营经济	735660	11.0%	5.8%
建筑业	823481	6.9%	6.5%	房地产业	858698	0.7%	6.7%
民营经济	618219	1.2%	4.9%	民营经济	852307	3.1%	6.7%
第三产业	8901439	8.7%	69.9%	其他行业	3348324	7.1%	26.3%
民营经济	4280186	7.7%	33.6%	民营经济	1385861	2.2%	10.9%

注：其他行业中包含金融业数据

1995—2021年部分年份成华区地方财政收入表

表146　　单位：万元

指标名称	2021年	2020年	2019年	2015年	2010年	2005年	2000年	1995年
财政总收入	—	—	—	1674077	754027	187617	45763	20724
地方财政收入	1217962	826313	920341	989372	301540	60033	21840	13043
一般公共预算收入	865635	790779	820580	535384	300258	58685	21530	13043
税收收入	644039	559077	528169	291918	185990	43493	19849	11504
增值税	181982	180852	183649	35615	14927	6250	3070	2559
营业税	—	—	—	95382	71688	19322	7430	5417
企业所得税类	85553	73884	67403	28194	31895	5142	4351	1375
个人所得税	30825	24866	27557	12528	9138	2520	1172	237
城市维护建设税	43543	39990	41203	20879	12720	4148	2062	987
房产税	38599	27573	26798	9320	3226	1667	852	431
印花税	26724	18740	14982	5709	2623	709	239	78
城镇土地使用税	10810	9642	9157	6288	5700	1065	82	27
土地增值税	225410	183310	145006	44839	29961	209	93	48
屠宰税	—	—	—	—	—	—	17	10
农业税	—	—	—	—	—	—	137	147
农林特产税	—	—	—	—	—	—	17	14

续表146

指标名称	2021年	2020年	2019年	2015年	2010年	2005年	2000年	1995年
耕地占用税	—	—	8908	33164	4112	2461	316	158
契税	—	—	—	—	—	—	11	16
资源税	107	97	3254	—	—	—	—	—
环境保护税	171	77	4	—	—	—	—	—
其他税收收入	315	46	248	—	—	—	—	—
非税收入	221596	231702	292411	243466	114268	15192	1681	1539
国有资产经营收益	110950	172050	33450	—	—	10689	—	—
行政性收费收入	16605	13683	9325	3394	2387	1569	237	—
罚没收入	3569	1650	1465	1429	4282	845	602	1098
专项收入	35602	32204	36060	19373	5678	1972	840	441
国有资源(资产)有偿使用收入	49557	8049	207259	206668	95322	—	—	—
其他收入	5313	4066	4852	12602	6599	117	2	—
政府性基金收入	352327	35534	99761	453988	1282	1348	310	—

1995—2021年部分年份成华区财政支出表

表147 单位：万元

指标名称	2021年	2020年	2019年	2015年	2010年	2005年	2000年	1995年
财政支出	1395645	1213878	994655	983205	307195	83106	30545	13470
按现行分类								
一般公共预算支出	772501	752322	765450	564659	—	—	—	—
1. 一般公共服务支出	66397	86890	89473	58498	38610	—	—	—
2. 公共安全支出	63073	63837	62166	44467	22012	—	—	—
3. 教育支出	175171	142650	119804	103971	49502	—	—	—
4. 科学技术支出	6455	7165	6998	5039	2483	—	—	—
5. 文化体育与传媒支出	14410	10062	12438	8479	2233	—	—	—
6. 社会保障、就业和医疗卫生支出	130427	111239	96536	51450	21048	—	—	—
7. 环境保护支出	5160	5376	2670	2832	1031	—	—	—
8. 交通运输支出	6126	5947	6271	4294	15805	—	—	—
9. 城乡社会建设	195585	219964	279544	183180	70491	—	—	—
10. 农业林水事务	8167	8002	8240	23482	4106	—	—	—
11. 工业商业金融等事务支出	48535	52783	48075	63191	2065	—	—	—
12. 其他支出	52995	38407	33235	15776	9380	—	—	—
政府性基金支出	623144	461556	229205	418546	—	—	—	—
按原有分类								
1. 基本建设类支出	—	—	—	—	—	7875	3300	2039
2. 企业挖潜改造资金类	—	—	—	—	—	7117	4217	1332
3. 科技三项费用类	—	—	—	—	—	636	199	173
4. 支援农村生产支出类	—	—	—	—	—	1345	1011	461
5. 农林水利气象等部门事业费类	—	—	—	—	—	77	525	144
6. 工业交通等部门事业费类	—	—	—	—	—	323	163	72

续表147

指标名称	2021年	2020年	2019年	2015年	2010年	2005年	2000年	1995年
7. 商业部门等事业费类	—	—	—	—	—	—	80	12
8. 城市维护费类	—	—	—	—	—	13024	2266	1134
9. 文教卫生事业费类	—	—	—	—	—	8303	4445	2146
10. 科学事业费类	—	—	—	—	—	125	65	16
11. 其他部门事业类	—	—	—	—	—	2156	472	1529
12. 抚恤和社会福利救济费类	—	—	—	—	—	5654	725	456
13. 行政管理费类	—	—	—	—	—	14244	5292	1400
14. 公检法司支出类	—	—	—	—	—	7825	2499	1136
15. 其他支出类	—	—	—	—	—	14402	4960	964

注：自2015年起，财政支出分列一般公共预算支出和政府性基金支出，之前年份各项支出中含基金支出部分

表148 1995—2021年部分年份成华区农业和农村经济发展情况表

指标名称	单位	2021年	2020年	2019年	2015年	2010年	2005年	2000年	1995年
乡村人口	人	36123	35831	35611	49539	83743	95649	135975	150569
农业人口	人	—	—	—	—	—	90656	103996	110710
乡村实有劳动力	人	23393	23861	23261	32567	58688	59602	65796	70836
年末实有耕地面积	公顷	1279	1291	1291	190	522	1288	2651	3186
农村用电量	万千瓦小时	2648	2671	2249	7577	10683	9871	8810	6573
农用化肥施用量(折纯)	吨	10	16	17	136	533	1195	1980	1584
农用薄膜使用量	吨	—	—	—	1	22	70	98	71
农药使用量	吨	—	—	—	1	7	17	45	77
农作物总播种面积	公顷	46.1	46.1	46.1	332	1055	2913	6634	7530
粮食总产量	吨	—	—	—	346	2267	3643	14109	18519
小麦产量	吨	—	—	—	—	—	1090	4803	6648
稻谷产量	吨	—	—	—	346	2218	2356	8230	10760
蔬菜总产量	吨	1180	1078	1059	7795	21542	64566	134559	124298
水果总产量	吨	—	—	—	87	—	704	762	619
生猪出栏	头	—	—	—	1910	25088	62943	122263	91220
肉类总产量	吨	—	—	—	205	1887	6051	10936	7666
猪肉产量	吨	—	—	—	131	1554	4538	8485	6112
牛奶产量	吨	—	—	—	—	298	3942	3416	2195
禽蛋产量	吨	—	—	—	45	1045	4192	5259	4096
水产品产量	吨	—	—	—	—	—	5361	4503	2582
大牲畜年末数	头	—	—	—	—	75	713	758	692
猪年末存栏数	头	—	—	—	—	11183	25225	54692	60436
农业增加值(现价)	万元	295	466	438	1304	2661	13684	18613	19498
农业增加值率	%	59.48	55.41	55.16	54.5	55	46.22	62.13	72.72
农业商品产值(现价)	万元	—	—	—	—	—	11778	26712	23110
农民人均纯收入	元/人	—	—	—	—	12411	6048	3657	2030

1995—2021年部分年份成华区农业总产值表

表149

单位:万元

指标名称	2021年	2020年	2019年	2015年	2010年	2005年	2000年	1995年
一、农业总产值(可比价)	931	809	773	2304	5740	10817	15522	13307
(一)农业产值	931	809	—	1825	3405	3124	5897	6208
1. 种植业	931	809	773	1825	3405	2977	5852	5653
粮食作物	—	—	—	84	712	204	800	1053
蔬菜类	931	809	773	1637	2664	2590	4459	4156
水果类	—	—	—	104	—	183	152	111
2. 其他农业	—	—	—	—	—	—	45	555
(二)林业产值	—	—	—	—	0	11	12	26
(三)牧业产值	—	—	—	479	2335	5043	7603	5918
家禽	—	—	—	230	1144	2560	804	667
(四)渔业产值	—	—	—	—	—	2639	2010	1155
二、农业总产值(现价)	496	841	794	2392	6362	29608	29956	26814
(一)农业产值	496	841	794	1887	3741	14433	14178	13392
种植业	496	841	794	1887	3741	13754	14124	12543
(二)林业产值	—	—	—	—	—	26	28	33
(三)牧业产值	—	—	—	505	2621	10043	12724	11641
家禽	—	—	—	237	1430	4378	2057	3111
(四)渔业产值	—	—	—	—	—	5106	3026	1748

注:农业总产值(可比价),2008年及以后为上年价,2007年及以前年份为90不变价

表150

1995—2021年部分年份成华区农作物播种面积及产量情况表

指标名称	单位	2021年	2020年	2019年	2015年	2010年	2005年	2000年	1995年
全年农作物播种面积	公顷	46.1	46.1	46.1	332	1055	2913	6634	7530
粮食作物播种面积	公顷	—	—	—	48.1	319	537	2096	2814
粮食作物单产	公斤/公顷	—	—	—	7193	7667	6784	6731	6581
粮食作物总产量	吨	—	—	—	346	2446	3643	14109	18519
小麦播种面积	公顷	—	—	—	—	2.5	194	853	1188
单产	公斤/公顷	—	—	—	—	5600	5619	5631	5596
总产量	吨	—	—	—	—	14	1090	4803	6648
水稻播种面积	公顷	—	—	—	48.1	318	310	1026	1387
单产	公斤/公顷	—	—	—	7193	7691	7600	8021	7757
总产量	吨	—	—	—	346	2446	2356	8230	10760
玉米播种面积	公顷	—	—	—	—	—	—	45	51
单产	公斤/公顷	—	—	—	—	—	—	5333	4941
总产量	吨	—	—	—	—	—	—	240	252
红薯播种面积	公顷	—	—	—	—	14	34	122	146
单产	公斤/公顷	—	—	—	—	3650	5794	5746	4828
总产量	吨	—	—	—	—	—	197	701	705
蔬菜总播种面积	公顷	46.1	46.1	46.1	283.9	729	2298	4196	4325
单产	公斤/公顷	25597	23384	22972	27457	29121	28097	32068	28739
总产量	吨	1180	1078	1059	7795	21542	64566	134559	124298

2021年成华区工业总产值表

（年销售收入2000万元及以上的工业法人企业）

表151　　　　　　　　　　　　　　　　　　　　　　单位：亿元

名称	本年累计	累计增长	名称	本年累计	累计增长
一、工业总产值总计（现行价格）	900.80	11.19%	二、工业销售产值总计(现行价格)	898.66	11.27%
在总计中：轻工业	21.63	27.75%	在总计中：出口交货值	0.66	-55.52%
重工业	879.17	10.83%	在总计中：轻工业	21.60	23.77%
在总计中：国有企业	0.00	0.00%	重工业	877.06	10.99%
股份制企业	898.30	11.23%	在总计中：国有企业	0.00	0.00%
外商及港澳台商投资企业	2.50	39.05%	股份制企业	896.35	11.31%
其他经济类型企业	0.00	-100.00%	外商及港澳台商投资企业	2.31	39.89%
在总计中：国有控股企业	791.32	12.75%	其他经济类型企业	0.00	-100.00%
在总计中：非公有工业	109.48	1.06%	在总计中：国有控股企业	789.02	12.84%
在总计中：大中型工业企业	797.14	12.92%	在总计中：非公有工业	109.64	1.15%
			在总计中：大中型工业企业	795.08	12.94%

2021年成华区工业企业分行业产值表

（年销售收入2000万元以及上的工业法人企业）

表152　　　　　　　　　　　　　　　　　　　　　　单位：亿元

指标名称	工业总产值（现价）		销售产值（现价）		出口交货值		产销率
	本年累计	累计增长	本年累计	累计增长	本年累计	累计增长	
总计	900.80	11.20%	898.66	11.30%	0.66	-55.52%	99.76%
石油和天然气开采业	466.56	20.72%	466.92	20.83%	0.00	0.00%	100.08%
开采专业及辅助性活动	292.46	2.63%	289.90	2.64%	0.00	0.00%	99.13%
农副食品加工业	0.56	52.87%	0.51	51.26%	0.00	0.00%	89.71%
食品制造业	15.00	15.14%	15.60	14.07%	0.00	0.00%	104.38%
印刷和记录媒介复制业	0.99	21.93%	0.89	11.31%	0.00	0.00%	90.09%
橡胶和塑料制品业	0.95	30.15%	0.93	31.21%	0.02	-45.93%	97.50%
非金属矿物制品业	35.25	-1.47%	35.25	-1.47%	0.00	0.00%	100.00%
有色金属冶炼和压延加工业	67.43	-4.14%	67.43	-4.14%	0.00	-100.00%	100.00%
金属制品业	0.72	-28.18%	0.72	-27.34%	0.00	0.00%	99.78%
通用设备制造业	6.28	12.63%	6.63	37.04%	0.64	-8.97%	105.64%
专用设备制造业	4.23	152.16%	3.74	137.27%	0.00	0.00%	88.32%
汽车制造业	0.63	-23.34%	0.67	-32.98%	0.00	0.00%	107.74%
铁路、船舶、航空航天和其他运输设备制造业	0.71	5.81%	0.59	-10.66%	0.00	0.00%	83.95%
电气机械和器材制造业	2.70	10.72%	2.81	10.52%	0.00	0.00%	104.06%
计算机、通信和其他电子设备制造业	4.26	15.41%	3.95	6.15%	0.00	-100.00%	92.72%
仪器仪表制造业	1.15	0.00%	1.14	3.40%	0.00	0.00%	99.36%
燃气生产和供应业	0.97	40.98%	0.97	40.98%	0.00	0.00%	100.00%

2021年成华区全部独立核算工业企业主要经济指标表

(年销售收入2000万元及以上的工业法人企业)

表153　　单位：万元

指标名称	企业单位(个)	亏损企业(个)	流动资产合计	资产总计	负债合计	营业收入	营业成本	税金附加	管理费用	利润总额	应交增值税	平均用工人数(万人)	利税总额
总计	29	6	3378534.9	14636993.9	4739837.7	9508689.3	7842557.7	211688.8	199324.6	969117.8	164199.6	5.5	1345006.2
按登记注册类型分组													
股份制企业	28	6	3343649.1	14595024.6	4726615.2	9486791.1	7827944.6	211605.5	196963.8	967286.0	163679.4	5.5	1342570.9
外商及港澳台商投资企业	1	0	34885.8	41969.3	13222.5	21898.2	14613.1	83.3	2360.8	1831.8	520.2	0.0	2435.3
按企业规模分组													
大中型工业	5	2	2823955.3	13992137.7	4266881.6	8458630.7	6895209.0	209482.6	175471.4	935665.8	152588.1	5.2	1297736.5
小型企业	24	4	554579.6	644856.2	472956.1	1050058.6	947348.7	2206.2	23853.2	33452.0	11611.5	0.3	47269.7
按控股类型分组													
国有控股	6	2	2622009.0	13748931.0	4260506.9	8386929.4	6857928.4	208675.3	174430.7	897488.9	149677.6	5.2	1255841.8
私人控股	23	4	756525.9	888062.9	479330.8	1121759.9	984629.3	3013.5	24893.9	71628.9	14522.0	0.3	89164.4
按工业行业大类分组													
石油和天然气开采业	1	0	788102.0	9575161.0	2599594.0	4918380.0	3554878.0	198011.0	132914.0	1004427.0	133814.0	2.6	1336252.0
开采专业及辅助性活动	1	1	1465897.4	3732156.9	1247354.2	3144274.8	3009234.1	8746.7	29311.4	-97594.0	5401.1	2.5	-83446.2
农副食品加工业	1	0	7090.4	7475.3	7113.8	5068.0	4460.8	30.8	305.1	28.8	-381.5	0.0	-321.9
食品制造业	3	1	233455.1	306384.8	73315.7	170221.5	113087.5	1742.8	4996.4	46046.4	7076.3	0.1	54865.5
印刷和记录媒介复制业	1	0	7933.4	26920.4	4164.1	10302.3	8093.1	334.9	1358.1	779.4	641.0	0.0	1755.3
橡胶和塑料制品业	1	0	3718.2	6231.3	3811.8	9305.1	8001.8	24.1	740.6	50.5	201.3	0.0	275.9
非金属矿物制品业	2	0	394304.3	450254.1	355934.8	352548.9	319498.0	1741.3	9106.1	7583.7	10891.4	0.1	20216.4
有色金属冶炼和压延加工业	1	1	195222.2	197762.0	205988.9	679194.9	678748.9	9.5	922.4	-3334.7	0.0	0.0	-3325.2
金属制品业	2	0	8049.2	14574.7	3728.4	7492.7	5174.4	65.1	736.5	843.2	394.9	0.0	1303.2
通用设备制造业	3	1	113162.7	126275.9	73806.4	67282.8	54654.4	131.7	5086.2	1869.8	915.6	0.1	2917.1
专用设备制造业	2	0	35480.7	40628.1	16479.0	38477.9	24252.1	217.9	1306.2	9620.2	1652.3	0.0	11490.4
汽车制造业	2	1	7943.6	12736.0	5650.6	8047.3	5766.8	22.0	1379.3	172.9	162.8	0.0	357.7
铁路、船舶、航空航天和其他运输设备制造业	1	0	16529.2	18668.2	3798.7	6990.3	3672.4	12.8	931.1	1072.6	104.0	0.0	1189.4
电气机械和器材制造业	2	0	48084.2	58576.1	17720.9	30816.1	9395.3	214.3	3375.3	9964.3	1672.4	0.0	11851.0
计算机、通信和其他电子设备制造业	4	1	37262.1	42102.0	110978.4	38263.0	26488.6	261.3	4589.3	-12763.3	898.2	0.1	-11603.8
仪器仪表制造业	1	0	12005.3	14081.5	7849.7	11380.1	8200.9	69.1	910.7	116.3	523.5	0.0	708.9
燃气生产和供应业	1	0	4294.9	7005.6	2548.3	10643.6	8950.6	53.5	1355.9	234.7	232.3	0.0	520.5

2005—2021年部分年份成华区全部独立核算工业企业主要经济指标表

表154

(年销售收入2000万元及以上的工业法人企业)

指标名称	单位	2021年	2020年	2019年	2015年	2010年	2005年
企业个数	个	29	29	27	29	82	122
国有企业个数	个	6	0	0	5	5	18
集体企业个数	个	0	—	0	—	2	15

续表154

指标名称	单位	2021年	2020年	2019年	2015年	2010年	2005年
产品销售收入	万元	9508689	8999727	1003869	1202415	1487051	1188197
利润总额	万元	969118	840527	4983	29734	71089	75145
资产总计	万元	14636994	13964915	1426083	1302668	1400944	1746874
流动资产平均余额	万元	3378535	3110152	1209889	987656	960064	825232
负债总计	万元	4739838	4934483	1095333	948658	856100	1126462
工业增加值	万元	—	—	—	—	651400	446600
利税总额	万元	1345006	1158799	748778	61950	100314	130653
资产负债率		32.4%	35.3%	76.8%	72.8%	61.1%	64.48%
流动资产周转率	次	2.8	2.89	0.83	1.22	1.55	1.44
产品销售率		99.8%	99.7%	98.7%	100.2%	98.5%	95.48%
总资产贡献率		10.15%	8.5%	8.3%	6%	7.6%	8.22%
成本费用利润率		11.7%	10.3%	7.7%	7.8%	4.95%	6.79%
全员劳动生产率	元/人	753862	636672	390955	—	122544	96373
综合效益指数		—	—	—	—	164.6%	151.87%

注：2008年以前（含2008年）的规模以上工业企业为年销售收入500万元及以上的工业法人企业；2009—2010年的规模以上工业企业为年销售收入1000万元及以上的工业法人企业

表155　　2005—2021年部分年份成华区区域内固定资产投资情况表

指标名称	单位	2021年	2020年	2019年	2015年	2010年	2005年
投资总计	万元	—	—	—	3659474	2803804	855199
在总计中：住宅	万元	—	—	—	1584100	804668	219968
按经济类型分							
国有经济	万元	—	—	—	314011	989102	402445
集体经济	万元	—	—	—	22813	75149	10285
私营及个体经济	万元	—	—	—	535566	572014	121342
按报表种类分							
基本建设	万元	—	—	—	630360	1403496	580444
更新改造	万元	—	—	—	188202	307366	82900
房地产投资	万元	—	—	—	2766812	1092942	191855
其他投资	万元	—	—	—			
按构成分							
建筑工程	万元	—	—	—	2030013	1611158	388537
安装工程	万元	—	—	—	194016	116021	20523
设备工器具购置	万元	—	—	—	163862	86114	86753
其他费用	万元	—	—	—	1197483	990511	359386
其中：土地购置	万元	—	—	—	1125827	369755	82169
投资效果主要指标							
新增固定资产	万元	2128123	1695787	3998142	1649530	1543795	140491
固定资产交付使用率		41.40%	35.5%	91.29%	45.08%	55.06%	16.43%
房屋施工面积	万平方米	1330.36	1450.67	2431.63	1901.49	1202.59	350.33
其中：住宅	万平方米	621.65	631.04	783.39	1046.57	846.10	214.42
房屋竣工面积	万平方米	55.06	87.44	504.09	142.92	351.78	57.09
其中：住宅	万平方米	33.50	56.8	161.29	99.32	268.45	25.25

续表155

指标名称	单位	2021年	2020年	2019年	2015年	2010年	2005年
房屋面积竣工率		4.14%	6.03%	20.73%	7.52%	29.25%	16.30%
其中：住宅		5.39%	9.00%	20.59%	9.49%	31.73%	11.78%
资金来源合计	万元	7533989	8242919	7112186	6732385	2882518	903359
本年资金来源小计	万元	5709406	6438698	5792262	5018449	2682966	831992
国家预算内资金	万元	261300	99688	409727	0	44544	10917
国内贷款	万元	250867	955040	876346	822873	363373	171834
债券	万元	0	6000	0	0	0	0
利用外资	万元	0	20000	0	0	285515	25861
自筹资金	万元	2232105	2063267	2041276	2521840	1447352	515606
其他资金	万元	2965134	3294703	2464913	1673806	545423	107774

表156　　2005—2021年部分年份成华区更新改造投资情况表

指标名称	单位	2021年	2020年	2019年	2015年	2010年	2005年
项目个数	个	31	13	23	26	47	101
更新改造投资总计	万元	—	—	—	188202	307366	82900
按隶属关系分							
中央、省	万元	—	—	—	7335	42426	20316
地方	万元	—	—	—	29737	32304	20395
其他	万元	—	—	—	151130	232636	42189
按构成分							
建筑工程	万元	—	—	—	62934	164676	22808
安装工程	万元	—	—	—	5794	9741	5976
设备工器具购置	万元	—	—	—	115974	29133	36727
其他费用	万元	—	—	—	3500	103816	17389
新增固定资产	万元	233668	121158	190482	136476	3852	42834
固定资产交付使用率		69.05%	46.01%	88.68%	72.52%	1.25%	51.67%
资金来源合计	万元	165594	121858	214799	190835	317977	84569
本年资金来源小计	万元	163944	121858	214799	190835	317977	81575
国家预算内资金	万元	—	—	—	0	3241	1470
国内贷款	万元	—	—	—	0	0	6500
利用外资	万元	—	—	0	0	0	800
自筹资金	万元	163944	121858	212799	181885	314736	70220
其他资金	万元	—	—	2000	8950	3241	2585

表157　　2005—2021年部分年份成华区房地产投资情况表

指标名称	单位	2021年	2020年	2019年	2015年	2010年	2005年
本年完成投资额	万元	—	2234386	2428201	2766812	1092942	191855
按构成分							
建筑工程	万元	—	1221549	1189140	1401417	589322	105654
安装工程	万元	—	125899	158789	188222	81819	4437
设备工器具购置	万元	—	18916	20182	47888	5570	1174
其他费用	万元	—	868022	1060090	1129285	416231	80590
土地购置费	万元	—	805745	998112	1061129	327040	54032

续表157

指标名称	单位	2021年	2020年	2019年	2015年	2010年	2005年
按工程用途分							
住宅	万元	—	1260263	938550	1496232	511910	128382
办公楼	万元	—	271156	487920	204519	53177	0
商业营业用房	万元	—	334200	496794	543630	118196	17912
其他	万元	—	368767	504937	522431	409659	45561
本年新增固定资产	万元	410699	469464	2782629	855325	728668	24010
本年资金来源合计	万元	5145577	5949760	4966135	5908274	1107047	255254
本年资金来源小计	万元	3343300	4162437	3714746	4231838	920875	215786
国内贷款	万元	250867	940040	843346	822873	259287	18660
利用外资	万元	—	20000	—	—	196288	9854
自筹资金	万元	820244	893866	782651	1744179	240196	99037
其他资金	万元	2272189	2308531	2088749	1664856	225104	88235
定金及预收款	万元	1806202	1755402	1522707	1013099	1789481	74806

2005—2021年部分年份成华区房地产开发面积情况表

表158　　（项目在地）

指标名称	单位	2021年	2020年	2019年	2015年	2010年	2005年
施工房屋面积	万平方米	1330.36	1450.67	1773.18	1699.25	853.33	139.08
按用途分							
住宅	万平方米	621.65	631.04	758.13	920.90	621.19	123.35
办公楼	万平方米	168.87	214.87	255.67	122.52	41.62	0.00
商业营业用房	万平方米	210.16	243.16	306.12	302.89	48.92	10.71
其他	万平方米	329.69	361.6	453.26	352.93	141.60	5.01
房屋新开工面积	万平方米	100.65	172.27	217.93	360.10	132.01	50.63
按用途分							
住宅	万平方米	65.64	114.34	107.77	161.54	104.87	43.27
办公楼	万平方米	12.01	3.19	33.18	46.40	6.59	0.00
商业营业用房	万平方米	5.95	6.19	7.26	68.31	4.28	4.47
其他	万平方米	17.06	48.55	69.71	83.85	16.27	2.89
房屋竣工面积	万平方米	55.06	87.44	289.57	139.27	229.42	19.66
按用途分							
住宅	万平方米	33.50	56.8	140.98	95.67	171.89	16.29
办公楼	万平方米	1.82	—	22.18	4.90	9.69	0.00
商业营业用房	万平方米	2.62	1.93	37.12	10.90	11.42	1.86
其他	万平方米	17.12	28.71	89.30	27.81	36.42	1.52

2005—2021年部分年份成华区房地产开发销售情况表

表159　　（项目在地）

指标名称	单位	2021年	2020年	2019年	2015年	2010年	2005年
商品房实际销售面积	万平方米	187.40	192.70	204.91	223.34	134.09	51.09
按用途分							
住宅	万平方米	135.22	127.17	121.30	192.33	109.11	47.24
办公楼	万平方米	12.90	15.14	33.44	3.08	1.81	0.00
商业营业用房	万平方米	22.11	29.31	26.84	13.55	6.56	3.68
其他	万平方米	17.17	21.08	23.34	14.37	16.62	0.18

续表159

指标名称	单位	2021年	2020年	2019年	2015年	2010年	2005年
商品房实际销售额	万元	3475608	3137709	3104814	2034718	901291	161306
按用途分							
住宅	万元	2909238	2428669	2152642	1756310	750793	142514
办公楼	万元	142312	186323	429457	21848	18590	0
商业营业用房	万元	331245	431401	413625	202956	71921	18341
其他	万元	92813	91316	109090	53604	59987	451
商品房空置面积	万平方米	61.10	53.49	14.56	50.78	17.82	1.74
按用途分							
住宅	万平方米	4.75	7.65	0.79	16.53	2.98	0.74
办公楼	万平方米	7.21	4.38	0.37	1.03	3.80	0.43
商业营业用房	万平方米	9.30	9.2	3.38	7.77	0.79	0.30
其他	万平方米	39.85	32.26	10.02	25.44	10.25	0.27

表160　　2005—2021年部分年份成华区建筑业基本情况表

指标名称	单位	2021年	2020年	2019年	2015年	2010年	2005年
企业个数	个	149	121	113	66	122	103
本年合同额	万元	7679717	5855913	7085059	3241049	5058370	970297
新签合同额	万元	5123364	3054055	4035101	1968712	4104594	684661
建筑业总产值	万元	—	—	2733916	1527447	1862082	652016
在外省完成的产值	万元	—	—	652899	230738	293409	131504
装修装饰产值	万元	—	—	93779	29122	32613	12425
按构成分							
建筑工程	万元	—	—	2337665	1241288	1311041	573400
安装工程	万元	—	—	283917	200263	290310	73560
其他	万元	—	—	112334	85896	260731	5056
建筑业竣工产值	万元	1593374	2235774	1505096	1159924	1263634	428429
房屋建筑施工面积	万平方米	2059	1790	2004	2045.06	1257.15	765.01
房屋建筑竣工面积	万平方米	410	375	316	466.83	363.23	285.54
住宅	万平方米	283	285	225	359.62	278.25	145.26
平均人数	人	77152	73473	67517	32480	105083	51842
期末应收工程款	万元	748258	730150	725402	327556	287054	137614
资产合计	万元	3875150	3199584	3240816	1732862	1247264	587381
固定资产小计	万元	—	146366	136235	127838	121893	144832
所有者权益合计	万元	748884	681337	736930	468990	350543	182664
工程结算收入	万元	—	3288244	2855825	1789134	1592411	619806
营业利润	万元	-35181	23951	-12244	-14780	103506	4539
利润总额	万元	-32917	25032	-12140	-12097	41907	5797
应付职工薪酬	万元	302450	266934	260250	227124	190172	56350

表161　　2021年成华区建筑业企业主要指标完成情况表

指标名称	竣工产值（万元）	房屋建筑面积（平方米）	期末人数（人）	主营业务收入（万元）	利润总额（万元）
总计	1593374	20594279	59337	3999522	-32917
按隶属关系分					

续表161

指标名称	竣工产值（万元）	房屋建筑面积（平方米）	期末人数（人）	主营业务收入（万元）	利润总额（万元）
中央	714670	435039	6806	1037794	-91311
地方	583476	16403438	34177	1806986	43425
其他	295228	3755802	18354	1154741	14970
按经济类型分					
内资企业	1593374	20594279	59331	3999144	-32499
国有企业	2295	0	36	3666	420
集体企业	2510	0	90	4259	32
股份合作企业	50	0	315	12377	242
国有独资公司	263230	42109	1029	255447	9109
其他有限责任公司	1203101	18060546	46763	2910605	-58231
股份有限公司	34482	522011	669	53244	304
私营企业	87707	1969613	10429	759546	15624
外商投资企业	0	0	6	377	-417
按建筑行业分					
房屋建筑业	815107	19572632	45234	2279300	34508
土木工程建筑业	731520	475107	10907	1496813	-70694
建筑安装业	10869	519000	890	64301	1186
建筑装饰业	35730	27540	2274	157268	1995
其他建筑业	148	0	32	1840	88

表162　　2010—2021年部分年份成华区商品销售总额和社会消费品零售总额表

指标名称	2021年	2020年	2019年	2015年	2010年
商品销售总额	18180244	15164401	15866336	5168796	2821762
批发业	13090361	10633876	11311720	1074100	1177209
零售业	4625708	4138463	4065882	3680023	1458908
住宿业	59122	46797	76242	85160	13895
餐饮业	405054	345265	412492	329513	171750
社会消费品零售总额（新口径划分）	6233841	5553526	5706021	—	—
餐饮收入	985151	703349	726033	—	—
商品零售	5248690	4850178	4989988	—	—
社会消费品零售总额（原口径划分）	—	—	—	4081278	1783292
批发业	—	—	—	98558	85826
零售业	—	—	—	2850517	1390603
住宿业	—	—	—	35248	5370
餐饮业	—	—	—	273084	164877

注：2010—2019年社会消费品零售总额为第四次全国经济普查调整后数据，餐饮收入和商品零售数据不变；2019年商品销售总额为第四次全国经济普查调整后数据，2018年之前的数据不变

表163　　2005—2021年部分年份成华区社会消费品零售总额分街道情况表

属地	2021年	2020年	2019年	2015年	2010年	2005年
成华区	6233841	5553526	5706021	4081278	1783292	695284.3
猛追湾街道	669085	577623	314384	396700	192020	78550
双桥子街道	481201	448180	495792	290840	69007	28750

续表163

属地	2021年	2020年	2019年	2015年	2010年	2005年
建设路街道	—	—	290114	179800	50505	15107
府青路街道	559457	495323	233745	212100	116512	42976
二仙桥街道	207990	187375	70482	46350	20502	7832
跳蹬河街道	282564	234181	148026	160450	75008	19236
新鸿路街道	—	—	—	—	87009	35500
双水碾街道	347178	305320	307582	139800	60006	26267
万年场街道	581469	551493	557965	169500	45505	16555
桃蹊路街道	—	—	340334	181860	110012	45000
保和街道	391409	366454	370628	314000	310033	118000
圣灯街道	—	—	121812	82050	37504	15000
龙潭街道	351475	246689	231336	54290	118014	12954
青龙街道	325747	290192	297952	52250	355038	158818
白莲池街道	888996	1036503	1171053	671350	—	—
工业园	1147271	814193	758820	394500	—	—

注：成华区2005—2019年社会消费品零售总额为第四次全国经济普查调整后数据，各街道数据不变

表164　2015—2021年部分年份成华区规模以上服务业营业收入及增长速度表

指标名称	营业收入（万元）				增幅			
	2021年	2020年	2019年	2015年	2021年	2020年	2019年	2015年
成华区	7240723	6018100	5021144	2433572	18.6%	18.1%	22.0%	1.1%
交通运输、仓储和邮政业	963808	801978	698526	198004	19.4%	16.0%	19.3%	15.1%
信息传输、软件和信息技术服务业	1070438	959910	898278	635311	11.2%	6.7%	-0.4%	7.4%
房地产业	248100	191931	182058	71005	21.8%	4.5%	55.2%	18.6%
租赁和商务服务业	1360738	1357146	692992	205649	-2.2%	91.9%	171.1%	0.6%
科学研究和技术服务业	3198107	2400064	2289237	1242777	33.1%	4.0%	8.3%	0.9%
水利、环境和公共设施管理业	19221	19441	22200	14221	-1.1%	39.6%	65.6%	64.9%
居民服务、修理和其他服务业	46163	41104	34908	17416	5.0%	3.8%	130.1%	39.2%
教育	46423	52637	73022	2166	-18.6%	-31.5%	323.1%	457.1%
卫生和社会工作	190177	154337	81957	31216	12.7%	19.1%	48.6%	13.2%
文化、体育和娱乐业	97547	39712	47966	15807	89.5%	-14.6%	18.4%	19.2%

2019—2021年成华区年末从业人员情况表

表165　单位：人

指标名称	2021年	2020年	2019年	指标名称	2021年	2020年	2019年
总计	196263	187116	139919	房地产业	12628	10941	8147
制造业	7064	7218	4468	租赁和商务服务业	28584	27489	15165
电力、热力、燃气及水生产和供应业	239	255	126	科学研究和技术服务业	17554	17372	13140
建筑业	27868	26618	21138	水利、环境和公共设施管理业	2227	3146	2683
批发和零售业	18885	17236	7856	居民服务、修理和其他服务业	6602	5607	3113
交通运输、仓储和邮政业	28195	27775	22402	教育	16044	14783	13654
住宿和餐饮业	4524	3697	1384	卫生和社会工作	8997	9299	7756
信息传输、软件和信息技术服务业	8665	8316	6036	文化、体育和娱乐业	2836	1950	947
金融业	1923	1944	1230	公共管理、社会保障和社会组织	3428	3470	10674

注：2021年数据来源于规上企业：891家，规下企业：513家

表166

2021年成华区企业、事业、机关单位数表

指标名称	合计（个）	第二产业占比	第三产业占比	指标名称	合计（个）	第二产业占比	第三产业占比
总计	1353	19.1%	80.9%	房地产业	163	—	12%
制造业	74	5.5%	—	租赁和商务服务业	79	—	5.8%
电力、热力、燃气及水生产和供应业	4	0.3%	—	科学研究和技术服务业	97	—	7.2%
建筑业	180	13.3%	—	水利、环境和公共设施管理业	14	—	1%
批发和零售业	273	—	20.2%	居民服务、修理和其他服务业	49	—	3.6%
交通运输、仓储和邮政业	45	—	3.3%	教育	76	—	5.6%
住宿和餐饮业	105	—	7.8%	卫生和社会工作	54	—	4%
信息传输、软件和信息技术服务业	40	—	3%	文化、体育和娱乐业	76	—	5.6%
金融业	12	—	0.9%	公共管理、社会保障和社会组织	12	—	0.9%

注：2021年数据来源于规上企业：891家，规下企业：513家

表167

2021年成华区分行业在岗职工人数表

指标名称	合计（人）	第二产业占比	第三产业占比	指标名称	合计（人）	第二产业占比	第三产业占比
总计	187259	19.1%	80.9%	房地产业	11827	—	6.3%
制造业	7002	3.7%	—	租赁和商务服务业	26726	—	14.3%
电力、热力、燃气及水生产和供应业	240	0.1%	—	科学研究和技术服务业	17110	—	9.1%
建筑业	28699	15.3%	—	水利、环境和公共设施管理业	2190	—	1.2%
批发和零售业	18401	—	9.8%	居民服务、修理和其他服务业	6226	—	3.3%
交通运输、仓储和邮政业	25991	—	13.9%	教育	16324	—	8.7%
住宿和餐饮业	4297	—	2.3%	卫生和社会工作	5909	—	3.2%
信息传输、软件和信息技术服务业	8374	—	4.5%	文化、体育和娱乐业	2707	—	1.4%
金融业	1830	—	1%	公共管理、社会保障和社会组织	3406	—	1.8%

注：2021年数据来源于规上企业：891家，规下企业：513家

表168

2021年成华区分行业从业人员女职工人数表

指标名称	合计（个）	第二产业占比	第三产业占比	指标名称	合计（个）	第二产业占比	第三产业占比
总计	79311	10.7%	89.3%	房地产业	6087	—	7.7%
制造业	2364	3%	—	租赁和商务服务业	8863	—	11.2%
电力、热力、燃气及水生产和供应业	94	0.1%	—	科学研究和技术服务业	5231	—	6.6%
建筑业	6044	7.6%	—	水利、环境和公共设施管理业	1253	—	1.6%
批发和零售业	11437	—	14.4%	居民服务、修理和其他服务业	4015	—	5.1%
交通运输、仓储和邮政业	8818	—	11.1%	教育	8735	—	11%
住宿和餐饮业	2735	—	3.5%	卫生和社会工作	6588	—	8.3%
信息传输、软件和信息技术服务业	3791	—	4.8%	文化、体育和娱乐业	1461	—	1.8%
金融业	814	—	1%	公共管理、社会保障和社会组织	981	—	1.2%

注：2021年数据来源于规上企业：891家，规下企业：513家

2021年末成华区分行业在岗职工平均工资表

表169

单位：元

指标名称	合计	第二产业	第三产业	指标名称	合计	第二产业	第三产业
总计	106766	91148	110476	房地产业	102984	—	102984
制造业	100677	100677	—	租赁和商务服务业	90562	—	90562
电力、热力、燃气及水生产和供应业	78067	78067	—	科学研究和技术服务业	160770	—	160770
建筑业	88932	88932	—	水利、环境和公共设施管理业	89260	—	89260
批发和零售业	72242	—	72242	居民服务、修理和其他服务业	44635	—	44635
交通运输、仓储和邮政业	108529	—	108529	教育	148941	—	148941
住宿和餐饮业	50442	—	50442	卫生和社会工作	160845	—	160845
信息传输、软件和信息技术服务业	113950	—	113950	文化、体育和娱乐业	73927	—	73927
金融业	249401	—	249401	公共管理、社会保障和社会组织	145386	—	145386

表170

2021年末成华区分行业在岗职工工资总额表

指标名称	合计（个）	第二产业占比	第三产业占比	指标名称	合计（个）	第二产业占比	第三产业占比
总计	19992972	16.4%	83.6%	房地产业	1217996	—	6.1%
制造业	704942	3.5%	—	租赁和商务服务业	2420363	—	12.1%
电力、热力、燃气及水生产和供应业	18736	0.1%	—	科学研究和技术服务业	2750774	—	13.8%
建筑业	2552255	12.8%	—	水利、环境和公共设施管理业	195479	—	1%
批发和零售业	1329321	—	6.6%	居民服务、修理和其他服务业	277895	—	1.4%
交通运输、仓储和邮政业	2820793	—	14.1%	教育	2431304	—	12.2%
住宿和餐饮业	216747	—	1.1%	卫生和社会工作	950433	—	4.8%
信息传输、软件和信息技术服务业	954221	—	4.8%	文化、体育和娱乐业	200121	—	1%
金融业	456404	—	2.3%	公共管理、社会保障和社会组织	495188	—	2.5%

表171

1995—2021年部分年份成华区教育系统基本情况表

指标名称	单位	2021年	2020年	2019年	2015年	2010年	2005年	2000年	1995年
普通中学校	所	24	21	21	21	21	15	24	29
初中	所	6	4	5	5	4	3	17	15
高中	所	9	8	7	7	6	4	7	14
九年一贯制	所	9	9	9	9	11	8	—	—
职业中学校	所	2	2	2	3	9	—	2	2
小学校	所	29	28	28	25	23	25	65	71
小学在校学生数	人	64793	61220	58935	49327	44144	44570	35094	32410
小学招生数	人	12314	11301	11415	8738	7255	6556	6495	5893
小学毕业生数	人	8517	8642	8273	7187	8525	6981	6084	5312
小学教职工数	人	3430	2851	2719	1765	2080	1785	1932	2076
小学专任教师数	人	3363	2810	2675	1688	1899	1638	1664	1737
普通中学在校生数	人	28507	26701	25321	25777	28249	13592	14155	11566

续表171

指标名称	单位	2021年	2020年	2019年	2015年	2010年	2005年	2000年	1995年
普通中学招生数	人	10044	9632	8901	8069	8671	4850	4718	4092
普通中学毕业生数	人	8131	8196	8111	9044	8050	4282	3971	2416
普通中学教职工数	人	3292	2751	2624	2678	2071	1016	1471	1525
普通中学专任教师	人	3019	2573	2461	2485	1859	883	1148	1145
职业中学在校生数	人	2627	2299	2392	3395	11590	—	500	1144
职业中学教职工数	人	215	188	192	193	632	—	124	213
职业中学专任教师	人	202	183	185	172	411	—	86	143
初中毕业生升学率	%	100	100	100	99.3	100	—	100	100
小学入学率	%	100	100	100	100	100	100	100	100
小学毕业生升学率	%	89.03	84.52	83.28	82.61	100	100	100	100

表172 2021年成华区各类学校学生人数、教师情况表

指标名称	学校数（所）	在校学生数（人）	招生数（人）	毕业生数（人）	教职工数（人）	专任教师（人）
总计	55	95927	23468	17303	6937	6584
1. 普通中学	24	28507	10044	8131	3292	3019
教育部门和集体办	19	25819	8998	7377	2642	2540
(1)高中	9	6823	2461	1942	1783	1602
教育部门和集体办	7	6280	2203	1882	1414	1351
(2)初中	15	21684	7583	6189	1509	1417
教育部门和集体办	12	19539	6795	5495	1228	1189
2. 小学	29	64793	12314	8517	3430	3363
教育部门和集体办	29	60316	11571	7599	3430	3363
3. 职业中学	2	2627	1110	655	215	202
教育部门和集体办	2	2627	1110	655	215	202

表173 2000—2021年部分年份成华区卫生事业基本情况表

指标名称	单位	2021年	2020年	2019年	2015年	2010年	2005年	2000年
卫生机构数	个	62	64	64	52	47	48	38
医院	个	48	50	48	36	30	33	26
卫生机构病床数	张	7374	7500	6806	5480	4131	3155	3659
医院	张	7020	7244	6419	5015	3419	2730	2987
卫生工作人员	人	14871	14259	12845	9307	6015	3675	4195
医院	人	9397	9190	8158	6024	4692	3256	3565
卫生技术员	人	12161	11498	11282	7474	4976	3040	3233
医院	人	7506	7231	6308	4885	3898	2695	2779
卫生机构医生	人	4510	4258	3841	3078	1918	1232	1392
医院	人	2603	2526	2134	1813	1524	1074	1167
卫生机构护士	人	5726	5444	4807	3131	1943	1129	388
医院	人	3766	3632	3171	2236	1613	1028	352
社会福利院数	个	—	—	—	—	—	4	4
社会福利院病床数	张	—	—	—	—	—	1489	339

表174

2021年成华区卫生机构、床位、人员数表

指标名称	单位	合计	医院					疾病预防控制中心	卫生执法监督大队	妇幼保健院	社区卫生服务中心
			合计	综合医院	中医医院	中西医结合医院	专科医院				
卫生机构数	个	62	50	33	1	1	13	1	1	1	11
实有病床数	个	7374	7020	5808	0	61	1037	0	0	0	188
卫生工作人员	人	14871	9397	7559	2	70	1620	102	25	343	888
卫生技术人员	人	12161	7506	6222	1	58	1126	80	21	289	743
执业医师	人	4510	2603	2228	1	18	309	38	0	98	240
注册护士	人	5726	3766	3094	0	26	604	0	0	157	402

注:卫生机构不含诊所

表175

2010—2021年部分年份成华区法人单位情况表

指标名称	单位个数					比重				
	2021年	2020年	2019年	2015年	2010年	2021年	2020年	2019年	2015年	2010年
总计	19214	18786	18362	6044	5628	100%	100%	100%	100%	100%
一、按三次产业划分										
一产业	10	7	5	8	10	0.1%	0.0%	0.0%	0.1%	0.2%
二产业	2215	2162	2252	830	1194	11.5%	11.5%	12.3%	13.7%	21.2%
三产业	16989	16617	16105	5206	4424	88.4%	88.5%	87.7%	86.2%	78.6%
二、按国民经济行业门类分组										
采矿业	6	8	7	4	4	0.0%	0.0%	0.0%	0.1%	0.1%
制造业	639	643	635	510	950	3.3%	3.4%	3.5%	8.4%	16.9%
电力、燃气及水的生产和供应业	15	13	11	10	11	0.1%	0.1%	0.1%	0.2%	0.2%
建筑业	1555	1498	1599	306	221	8.1%	8%	8.7%	5.1%	3.9%
交通运输、仓储和邮政业	358	360	359	247	592	1.9%	1.9%	2.0%	4.1%	10.5%
信息传输、计算机服务和软件业	1522	1446	1416	253	335	7.9%	7.7%	7.7%	4.2%	6%
批发零售和住宿和餐饮业	6730	6636	6457	2294	1940	35%	35.3%	35.2%	38.0%	34.5%
金融业	58	66	59	39	28	0.3%	0.4%	0.3%	0.6%	0.5%
房地产业	800	787	738	366	231	4.2%	4.2%	4.0%	6.1%	4.1%
租赁和商务服务业	3308	3219	3113	578	382	17.2%	17.1%	17.0%	9.6%	6.8%
科学研究、技术服务和地质勘查业	1530	1474	1424	297	128	8%	7.8%	7.8%	4.9%	2.3%
水利、环境和公共设施管理业	94	85	78	35	22	0.5%	0.5%	0.4%	0.6%	0.4%
居民服务和其他服务业	720	744	731	242	264	3.7%	4%	4%	4%	4.7%
教育	501	481	461	256	157	2.6%	2.6%	2.5%	4.2%	2.8%
卫生、社会保障和社会福利业	269	215	200	91	62	1.4%	1.1%	1.1%	1.5%	1.1%
文化、体育和娱乐业	828	804	768	189	79	4.3%	4.3%	4.2%	3.1%	1.4%
公共管理和社会组织	271	300	301	319	222	1.4%	1.6%	1.6%	5%	3.9%
三、企业法人合计	18525	18047	17621	6044	5159	100%	100%	100%	100%	100%
内资	18466	17991	17566	5990	5074	99.7%	99.7%	99.7%	99.1%	98.4%
国有和集体	173	159	111	475	353	0.9%	0.9%	0.6%	7.9%	6.8%
股份制、有限责任公司和其他单位	2518	2552	2623	3756	1194	13.6%	14.1%	14.9%	62.1%	23.1%
私营	15775	15280	14832	1759	3527	85.2%	84.7%	84.2%	29.1%	68.4%
外资和港、澳、台商投资	59	56	55	54	85	0.3%	0.3%	0.3%	0.9%	1.6%

表176　　2010—2021年部分年份成华区城镇住户家庭收支情况表

指标名称	单位	2021年	2020年	2019年	2015年	2010年
家庭基本情况						
调查户数	户	200	200	200	234	100
家庭平均人口数	人/户	2.82	2.94	2.9	2.77	2.87
人口就业情况						
有收入者人数	人/户	2.27	2.2	2.2	2.04	2.36
1. 就业人口数	人/户	1.43	1.3	1.4	1.42	1.71
2. 离退休人数	人/户	0.84	0.9	0.9	0.48	0.63
3. 其他有收入者人数	人/户	0	0	0.0	0.14	0.02
无收入者人数	人/户	0.55	0.9	0.8	0.81	0.5
期末家庭人口数	人/户	2.82	2.94	2.9	2.75	2.86
负担系数	人/就业者	1.97	2.37	2.2	2.35	1.68
家庭主要消费品拥有量						
1. 家用汽车	辆/百户	50	46	46	30.1	19.8
2. 洗衣机	台/百户	99	101.0	100.5	98.8	99.01
3. 电冰箱	台/百户	97.5	102.0	99.5	99.5	100.0
4. 彩色电视机	台/百户	109	120.5	120	133.1	158.42
5. 家用电脑	台/百户	72.6	78.2	76	74.5	105.94
6. 微波炉	台/百户	77.5	84.5	80	78.1	84.16
7. 摄像机	架/百户	—	不统计	不统计	13.4	7.92
8. 空调器（空调）	台/百户	116	122	115	119	123.76
9. 固定电话	部/百户	10.5	23	23.5	55.5	82.18
10. 移动电话	部/百户	242	250	247.5	221.8	234.65
住房情况						
1. 家庭居住人口数	人/户	2.82	2.94	2.93	2.8	2.87
2. 现住房总建筑面积	平方米/人	28.8	28.3	28	31.13	24.73
3. 住宅建筑式样比重						
单栋住宅		—	—	—	5.6%	—
四居室		1.5%	3%	3%	—	3.96%
三居室		36%	35.5%	35.5%	34.2%	28.71%
二居室		54.5%	49.5%	49.5%	55.7%	59.41%
一居室		8%	12%	12%	2.5%	3.96%
普通楼房		—	—	—	—	1.98%
平房及其他		—	—	—	2%	1.98%
家庭人均现金收入情况						
一、家庭总收入	元/人	—	—	—	—	23286.64
可支配收入	元/人	55349	51202	48358	35349.25	21105.05
（一）工薪收入（工资性收入）	元/人	32068.8	29877.4	28295.7	20573	13146.47

续表176

指标名称	单位	2021年	2020年	2019年	2015年	2010年
1. 工资及补贴收入	元/人	30717	28767.6	27167.1	16508.84	12934.51
2. 其他劳动收入（其他）	元/人	1351.8	1109.8	1128.6	59.57	211.96
（二）经营净收入	元/人	5437	4579.9	4740.6	3215	2007.93
（三）财产性收入	元/人	4744.4	4300.1	4163.2	3236	1742.5
1. 利息收入	元/人	347.6	433.7	378.8	352.63	87.31
2. 股息与红利收入	元/人	245.1	408.1	428.3	39.18	63.65
3. 保险收益	元/人	343.8	360.2	399.8	—	—
4. 出租房屋收入	元/人	1032.3	939.1	884.5	992.42	519.14
（四）转移性收入	元/人	13098.6	12444.2	11158.8	8325	6389.75
1. 养老金或离退休金	元/人	12390	11694.8	10138.7	7966	5483.19
2. 社会救济收入	元/人	39.6	45.2	39.8	11.26	1.75
3. 赡养收入	元/人	669	704.0	980.2	573.97	198.71
二、出售财物收入	元/人	—	—	—	—	8.54
三、借贷收入	元/人	319.1	366.4	384.5	1537.21	4305.46
提取储蓄存款	元/人	216.2	175.6	164.5	1507.8	4289.74
家庭人均现金支出情况						
一、家庭总支出	元/人	—	—	—	—	20252.85
（一）消费支出	元/人	33216.5	30306.7	31569.6	23019.52	16331.47
服务性消费支出	元/人	—	—	—	—	4612.94
1. 食品（食品烟酒）	元/人	10933.2	10243.3	10159.8	7965.66	6413.51
2. 衣着	元/人	2712.4	2531.4	2915.0	2082.3	1540.66
3. 生活用品及服务	元/人	1642.6	1555.1	1791.9	1217.23	843.75
4. 医疗保健	元/人	2197.4	1996.6	1854.7	1326.47	1122.09
5. 交通通信	元/人	3195.9	2664.1	3020.9	2292.34	2385.71
6. 教育文化娱乐	元/人	3048	2796.5	3457.4	2443.94	2150.07
7. 居住	元/人	8317.3	7436.3	7097.8	4809.83	1315.32
8. 其他用品和服务	元/人	1169.7	1083.4	1272.1	881.76	560.36
（二）购房与建房支出	元/人	1368.6	976.2	889.5	356.89	—
（三）转移性支出	元/人	3995.1	3593.5	3699.3	1928.25	1717.81
（四）财产性支出	元/人	611.4	589.9	734.5	349.68	215.45
（五）社会保障支出	元/人	3608	2817.2	2841.3	1594.85	1988.12
二、借贷支出	元/人	2044.9	1362.4	1121.1	2.95	3530.03
1. 存入储蓄款		215.3	230.4	240.6	493.46	2962.36
2. 归还住房贷款	元/人	1312.4	807.1	798.6	722.48	282.97
在外饮食	元/人	2572.4	2460.2	2003.6	2086.04	1809.15
旅游人次	次/百人	—	—	—	—	3.98
旅游花费	元/百人	390	194	1267.7	1294.56	705.75

注：2015对财产性收入和支出算法进行修订，将自有住房虚拟成本和支出分别计入财产性收入和支出

主题索引

编制说明

一、本索引为2022年卷《成华年鉴》的内容分析索引。通过本索引所选的主题词条，可以对具有独立检索意义的完整资料进行检索。

二、本索引按汉语拼音字母（同音字按声调）顺序排列。索引词条用宋体字标明。数字表示该词条内容所在页码，后面的拉丁字母（a、b、c）表示栏别（从左到右）。内文中有关图表仅对其标题进行索引，并在页码数字后面加注“图、表”的字样。

三、“卷首图片专辑”和内文中的“特载”“大事记”“重要文献”内容以及内文照片、小资料未作索引，内文中的名单、图表仅对其标题作索引。

A

B

C

D

E

F

G

H

J

K

L

M

N

P

Q

R

S

T

W

X

Y

Z

（编辑部）